中華再造善本工程編纂出版委員會◎編著

# 中華再造善本續編總目提要（上）

明代編

國家圖書館出版社

**圖書在版編目(CIP)數據**

中華再造善本續編總目提要：全二册 / 中華再造善本工程編纂出版委員會編著. --北京：國家圖書館出版社，2017.12
ISBN 978-7-5013-5969-1

Ⅰ.①中…　Ⅱ.①中…　Ⅲ.①古籍—善本—圖書館目錄—中國　Ⅳ.①Z838

中國版本圖書館 CIP 數據核字(2016)第 258577 號

書　　名　中華再造善本續編總目提要(全二册)
著　　者　中華再造善本工程編纂出版委員會
責任編輯　張愛芳　靳　諾　黄　静　陳瑩瑩

出　　版　國家圖書館出版社(100034　北京西城區文津街 7 號)
　　　　　(原書目文獻出版社 北京圖書館出版社)
發　　行　010—66114536　66126153　66151313　66175620
　　　　　66121706(傳真)　66126156(門市部)
E-mail　nlcpress@ nlc. cn(郵購)
Website　www. nlcpress. com→投稿中心
經　　銷　新華書店
印　　裝　河北三河弘翰印務有限公司
版　　次　2017 年 12 月第 1 版　2017 年 12 月第 1 次印刷

開　　本　787×1092　1/16
印　　張　82
字　　數　1230 千字

書　　號　ISBN 978-7-5013-5969-1
定　　價　680.00 圓

# 中華再造善本工程規劃指導委員會

主任委員：

孫家正（文化部部長）

項懷誠（財政部部長）

副主任委員：

周和平（文化部副部長）

金立群（財政部副部長）

任繼愈（國家圖書館館長）

委　員：

張少春（財政部教科文司司長）

李　雄（文化部計劃財務司司長）

陳琪林（文化部社會文化圖書館司司長）

楊炳延（國家圖書館黨委書記、常務副館長）

安平秋（高等學校古籍整理委員會主任）

傅熹年（建設部建築研究院研究員、院士）

李致忠（國家圖書館研究館員）

陳高華（中國社會科學院歷史所研究員）

潘寅生（甘肅省圖書館研究館員）

王世偉（上海圖書館研究館員）

規劃指導委員會辦公室

主　任：

陳琪林（文化部社會文化圖書館司司長）

副主任：

張彥博（國家圖書館副館長）

成　員：

王家新（財政部教科文司文化處處長）

劉小琴（文化部社會文化圖書館司圖書館處處長）

邊　偉（文化部計劃財務司財務預算處處長）

胡惠英（國家圖書館計財處副處長）

# 中華再造善本工程編纂出版委員會

學術顧問（按姓氏筆畫排序）：

朱家溍（故宫博物院研究員）

李學勤（中國社會科學院歷史所研究員）

季羡林（北京大學東語系教授）

侯仁之（北京大學地理系教授、院士）

宿　白（北京大學考古系教授）

啓　功（中央文史館館長、北京師範大學中文系教授）

主任委員：

李致忠（國家圖書館研究館員）

委　員（按姓氏筆畫排序）：

方廣錩（中國社會科學院宗教所研究員）

史金波（中國社會科學院民族所研究員）

白化文（北京大學信息管理系教授）

朱鳳瀚（中國歷史博物館副館長、研究員）

周小璞（文化部社會文化圖書館司副司長）

許逸民（原國家古籍整理出版規劃小組辦公室主任、中華書局編審）

馮其庸（中國藝術研究院研究員）

傅璇琮（中華書局原總編、編審）

編纂出版委員會辦公室

主　任：

周小璞（文化部社會文化圖書館司副司長）

副主任：

陳　力（國家圖書館副館長）

成　員：

王家新（財政部教科文司文化處處長）

張小平（文化部社會文化圖書館司圖書館處副處長）

張志清（國家圖書館善本部主任、副研究館員）

劉乃英（首都圖書館副研究館員）

李國慶（天津圖書館副研究館員）

陳先行（上海圖書館副研究館員）

郭又陵（北京圖書館出版社社長）

注：中華再造善本工程規劃指導委員會和編纂出版委員會名單據二〇〇二年五月二十七日文化部、財政部『關於印發《中華再造善本工程實施方案》的通知』（文社圖發〔二〇〇二〕二一號）。

# 《中華再造善本》序言

我國是一個有着五千年歷史的文明古國。在長期的生産與社會實踐中，中華民族創造了光輝燦爛的文化，積纍了豐富的文化典籍。歷史上雖屢遭政治動蕩及兵燹水火之厄，但迄今遺存的古代典籍，仍是浩如煙海。這些典籍承載着中華文明，凝聚着民族智慧，不僅具有極高的歷史文物價值和文獻研究價值，而且在當前建設有中國特色社會主義、建設民族先進文化的進程中，亦具有啓迪民智、古爲今用的重要作用。因此，加强保護和開發利用現存古籍，批判地繼承歷史文化遺産，不斷地推陳出新，歷來是我們黨和國家的一項基本文化政策。

半個多世紀以來，古籍的收藏已漸次形成以公藏爲主的格局，現存古籍的絶大部分聚藏於全國各級各類型圖書館中。據不完全統計，全國圖書館系統共收藏古籍二千七百五十餘萬册，其中可列入善本的亦有五萬部二百五十餘萬册。這是一筆豐厚而寶貴的文化財富。將這些歷盡劫難而幸存於世的古籍善本保管好，安全地傳諸子孫後代，是我們這一代人的歷史責任。現在全國各級各類型圖書館保管古籍的條件已經逐年有所改善，但毋庸諱言，現階段也還沒能達到保證萬無一失的要求。況且在『保管重於流通』的管理理念之下，古籍善本很難與廣大讀者見面，當然也就無法充分發揮其應有的作用。什麽樣的保護措施使古籍善本永無災厄之虞，又能在保護的基礎上得以廣泛流通，從而爲弘揚中華民族優秀傳統文化服務，爲繁榮學術研究服務，這是亟待我們研究解决的一個時代新課題。

正是基於黨和國家關於保護和利用古籍的一貫政策，基於我國各級各類型圖書館保管古籍的現實狀況，在經過廣泛的調查研究和充分論證以後，文化部和財政部決定自二〇〇二年八月起，在全國實施『中華再造善本工程』。此項工程將分藏於中國國家圖書館和各省、自治區、直轄市圖書館以及高校、科研系統圖書館，乃至博物館的珍貴古籍善本，有計劃地利用現代印刷技術影印出版。這樣一方面可以使珍稀的孤本、善本化身千百，分藏於各地，確保珍貴文獻的傳承安全；另一方面借此可以擴大流通，促進古籍善本最大限度的傳播和利用。這是一項功在當代、澤被千秋的宏偉事業，是關係到子孫後代的長遠事業，也是堅持中國先進文化前進方向的一項重要舉措。

當前正值我國改革開放以來國力日盛的時期，經濟的發展必將帶動文化藝術的繁榮和中華民族的偉大復興。『中華再造善本工程』的實施適逢其時，自然將成爲這個偉大時代的一個文化標誌。惟其如此，這項工程同時也就要肩負起時代賦予的巨大職責。所謂時代職責，主要是指『中華再造善本工程』的標準一定要建立在當代最高最好這個層面上。具體而言，就是要在甄選編纂方面體現出系統性、權威性，在出版方面體現出高質量、高品位。也就是説，在編纂體例、選録標準以及提要撰寫等方面，力求達到當今學術研究的新高度；攝影、印刷乃至用紙、裝幀等，要具備現代印刷技術的水準。

《中華再造善本》凡分五編，自唐迄清爲《唐宋編》《金元編》《明代編》《清代編》，這四編包括了中華歷代各民族的著述，而用少數民族文字書寫、版行的古籍，則專門編爲《少數民族文字古籍編》。考慮到中國古籍散藏於世界許多國家，將其中的善本一次性收集齊全頗屬不易，故此次的選錄範圍暫以我國内地的收藏爲主，其他收藏在港、澳、臺地區及流散海外的珍稀版本，祇能留待以後有條件時再行訪採。又考慮到各個時代古籍的留存數量不同，愈古愈少，愈古愈貴，故此次選收版本大抵宋元以前從寬，明清兩代從嚴。『從嚴』自然意味着反復比較，優中選優，最所看重的是其版本的代表性和重要性。而所謂『從寬』，亦並非不加檢選，包羅一切，例如：魏王弼、晉韓康伯注《周易》九卷，唐邢璹注《略例》一卷，中國國家圖書館現藏有三種宋刻，一種元刻，三種宋刻中一種無題跋，一種配清影宋抄本，惟有董其昌、文嘉、文震孟、文從簡、秦蕙田題跋本，既卷帙完足，又經前賢鑒評，最足入選；元相臺岳氏荆谿家塾本《九經》零種，乃元初義興岳氏據多種不同版本校正重刻，號稱精審，故亦得入選。又如：《史記》一百三十卷之二、三家注本，《中國古籍善本書目》著錄宋元（含蒙古）刻本共計十五種，其中惟有宋乾道七年蔡夢弼東塾刻本、宋淳熙三年張杅桐川郡齋刻八年耿秉重修本、宋黄善夫家塾刻本（清黄紹箕題款）和蒙古中統二年段子成刻明修本、元至元二十五年彭寅翁崇道精舍刻本入選，其餘則或以原本殘缺過甚，或以配補用本略晚而遭淘汰。由此可見，即令珍如拱璧的宋元刻本，也因爲卷帙的限制而不得不有所割愛。

如上所說，《中華再造善本》很重要的一條選録原則，是儘可能選擇卷帙完足的版本。但時代相去久遠，原本難免會有殘損，或者一書歷經數人數代輾轉遞藏，也難保其卷帙不會流散。此次爲要保證影印的學術質量，專門提出了一個同書同版配補的原則。這樣的配補大抵有兩種情況，一是數地數部歸一，一是數部同時印出。前一種如宋刻本《京本點校附音重言重意互注周禮》由上海圖書館和北京大學圖書館所藏配齊；元刻本《學易記》由中國國家圖書館和遼寧省圖書館所藏珠聯璧合。後一種如宋潛説友纂修的［咸淳］《臨安志》一百卷，《中國古籍善本書目》著録了三處所藏宋咸淳刻本，各自所存卷數不等，其一藏中國國家圖書館，存七十八卷（一至二十五、二十九至四十五、六十至六十三、六十五至八十九、九十一至九十七，清傅王露、楊紹和跋）；其一藏南京圖書館，存九十五卷（一至六十三、六十五至八十九、九十一至九十七，清周廣業校並跋，清沈烺校跋並題詩，清丁丙跋）；另一種亦爲中國國家圖書館所藏，僅止三葉。此二者每種都抄配孔多，配補合一後難以優勝劣汰，故各自獨立印出，保持原貌，以便讀者擇善而從。

自清代乾嘉以來，藏書家日益推重宋元舊刻，顧千里曾慨嘆『宋元本其距今日遠者甫八百餘年，近者且不足五百年，而天壤間乃已萬不存一』，故而呼籲『舉斷不可少之書，覆而墨之，勿失其真，是縮今日爲宋元也，是緩千百年爲今日也』（顧廣圻《思適齋集》卷十二）。這是久有仿真影刻宋元本行世的遠因。至近代，張元濟主持石印《四部叢刊》初、續、三編，專一收集古籍善本，耗時十七八年，規模空前宏大，但三編總計收書亦止四百七十七種，一萬一千九百二十一卷。與之相比，《中華再造善本》前四編共收書一千三百餘種，其中單是元以前版本就達七百五十餘種，已遠遠超出了《四部叢刊》的數量。現在我們所以能够做到這一點，當然與黨和國家幾十年來重視和保護古籍的政策分不開，也與此次實施『中華再造善本工程』能够集全國之庋藏分不開。如果再用現代影印技術與當初的石印技術相比，《中華再造善本》的影印效果則更遠勝《四部叢刊》。

還有更加重要的一點，就是《中華再造善本》爲收入的每一種書都撰寫了提要，簡介作者生平，考辨版本源流，評述學術價值，這也是《四部叢刊》未曾做過的事情。祇此而言，不惟《四部叢刊》，即便歷數晚清以來輯印善本的種種叢書，能如《中華再造善本》選録之富、影印之精、學術價值之高者，迄未有之。

當年張元濟在印行《四部叢刊》的啓示中，曾歸納他所做的工作有『七善』，前四善是：『彙刻群書，昉於南宋，後世踵之，顧其所收類多小種，足備專門之流覽，而非常人所必需。此之所收，皆四部之中家弦户誦之書，如布帛菽粟，四民不可一日缺者，其善一也。明之《永樂大典》，清之《圖書集成》，無所不包，誠爲鴻博，而所收古書，悉經剪裁。此則仍存原本，其善二也。書貴舊本，昔人明訓，麻沙惡槧，安用流傳。此則廣事購借，類多祕帙，其善三也。求書者，縱胸有晁、陳之學，冥心搜訪，然其聚也非在一地，其得也不能同時。此則所求之本，具於一編，省事省時，其善四也。』這四點的確反映了《四部叢刊》的特色，也表達了編纂出版者與廣大讀者的共同心聲。今天我們編纂出版的《中華再造善本》，上述四大特色尤爲鮮明。除此之外，因爲時代進步了，研究水平和印製技術都相應有了提高，在版本鑒别、影印效果等方面，均後出轉精。如果再要補充幾善的話，那麽有利於全國各級各類型圖書館庋藏更多的善本，有利於學術界獲得更加豐富的研究資料，有利於中外文化交流，讓世界更加瞭解中國，這些應該都是《中華再造善本》最具時代特色的優長之處。

『中華再造善本工程』是一項氣勢恢弘、意義深遠的重要文化工程，爲了統籌規劃，加强領導，文化部、財政部專門成立了中華再造善本工程規劃指導委員會和中華再造善本工程編纂出版委員會。規劃指導委員會主任由文化部、財政部部長擔任，副主任由文化部、財政部等有關部門分管部領導擔任，委員由文化部、財政部相關司負責人及部分專家擔任。編纂出版委員會由古籍版本專家和熟悉出版業務的人員組成，負責日常的編纂、出版工作。《中華再造善本》的成書過程，無論是規劃的制訂、各方面關係的協調，還是選目的確定、底本的提供以及提要的撰寫，每前進一步，無不得到文化部、財政部兩部領導的關懷與支持，同時也得到了學術界的廣泛支持與襄贊，得到了中國國家圖書館及各省、自治區、直轄市圖書館及科研系統、高校系統圖書館、各地博物館、文物保管單位的通力合作，值此《中華再造善本》即將蕆事之際，我們謹表示由衷的謝忱。

中華再造善本工程規劃指導委員會
中華再造善本工程編纂出版委員會
二〇一二年十月一日

# 前言

啓動於二〇〇二年的『中華再造善本工程』，已出版兩期。一期工程所作之書名爲《中華再造善本》（以下簡稱《一期》），分爲唐宋編和金元編，收錄珍稀善本圖書七百五十八種；二期工程所作之書名爲《中華再造善本續編》（以下簡稱《續編》），分爲明代編、清代編、少數民族文字古籍編及唐宋編補遺兩種，收錄善本圖書五百八十三種。兩期相加，總爲一千三百四十一種。二〇一四年歲末，《中華再造善本續編》印製工作已全部完成，提要初稿到二〇一五年底已完成。

《中華再造善本》編纂出版工作雖分兩期進行，但選目則是在中華再造善本工程編纂出版委員會正式成立之前，特邀相關專家一氣呵成甄選出來的。從二〇〇二年『五一』節期間在大覺寺開始，一直到杏林山莊、中苑賓館、友誼賓館，迭經四個月的多次反復研討，最終將《一期》與《續編》再造書目全部甄選出來，並正式上報中華再造善本工程規劃指導委員會，請求審批。經上級同意，持續十二年多的再造善本工程拉開了序幕。

《中華再造善本》選目時確定的指導思想是『繼絶存真，傳本揚學』，旨在透過甄選和再造，確保原本的傳承安全，弘揚優秀傳統文化，提供中外學術界廣泛利用。依此標準，衹要是版本孤罕、珍貴、重要，均可入選，這就使《一期》選目工作進展得比較順利。這顯然是將『傳本』放在首位、『揚學』放在二位帶來的便利，對唐、宋、金、元各個不同歷史時期遺存下來的珍貴典籍，無疑是正確的。但《續編》選目也在此同一指導思想下産生，專家學者就有了不盡相同的思考。

衆所周知，所謂中國古籍浩如烟海，指的主要是明、清兩代傳抄、版印的古代典籍。在如此浩瀚的典籍中，僅選擇五百餘種作爲再造的對象，這就産生了遵循什麽指導思想加以甄選的問題。仍堅持『傳本揚學』理念，將選本放在首位，此期傳本之多、情況之複雜，幾乎令人無從下手，且極易産生仁者見仁、智者見智的偏頗，故在《續編》選目同《一期》選目一道産生之後，在編纂出版委員會上就有人提出，《續編》選目應遵循『揚學傳本』原則，不應仍是『傳本揚學』，意即除元以前人重要著作爲明、清時代所始抄始刻，或元以前人重要著作當時曾有傳本，至明、清時代失傳，而明、清時代傳抄、版印之本成爲各該書最早傳本之外，選目時不應再將傳本放在甄選的首位，而應將典籍的學術價值放在考量的第一位。因此，在《一期》的編纂過程中，《續編》選目便在不同學術領域專家中徵求意見，並作適當調整。

《中華再造善本續編》啓動於二〇〇八年九月。啓動之後不久，規劃指導委員會的領導同志曾提出選目時應多考慮省市圖書館。這意見顯然是從全局層面提出來的，旨在調動更多圖書館的積極性、參與性，同時尊重被選藏書單位的正當權益。這與《續編》選目時衹注意所選之書的版本好、書品好、藏地近的思路產生了齟齬，故在《續編》工作啓動之初，對選目，尤其是在某書相同版本多館都有收藏時，不得不作適當調整。如元王禎的《農書》，明嘉靖山東布政使司刻本，先選山東省館所藏，結果因其不全而捨棄；再選浙江省館所藏，結果是因書品略遜而捨棄；再選南京圖書館所藏，目驗之後尚可，《續編》便採用了南圖本。再如陸游祖父陸佃所作《埤雅》二十卷，現存最早版本是明建文二年（一四〇〇）林瑜、陳大本刻本。最初選定中國藝術研究院藏本，存十九卷，後經鑒定乃是明代的翻刻本，捨棄；再選北京大學藏本，存十八卷，鑒定仍是明代的翻刻本，再捨棄；再選上海圖書館藏本，存十八卷，回復也是明代的翻刻本；百般無奈，衹好回過頭來再選國圖藏本，雖衹存十二卷，確真是建文二年原刊。再如清代揚州八怪之一鄭燮的《板橋集》，傳世的青暉書屋刻本，以遼寧省圖書館所藏爲好，《續修四庫全書》所用即是此本。後去北京師範大學驗證明内府刻本《歷代臣鑒》，順便檢閲他們所藏的《板橋集》，發現該館所藏該集可能是現存最全最早的匯印本，青暉書屋付梓時很可能以此本爲藍本，因改用北師大藏本。像這樣的例子還可以舉出很多。總的來説是爲多用其他單位藏本，改來改去，費了不少周折。

《中華再造善本續編》所選之書，得到很多收藏單位的大力支持，有的甚至選而未用，也没有任何怨言，這種顧全大局、共襄其事的無私精神，令人十分感佩。在《中華再造善本續編》編纂出版已经蕆事之際，我們編纂出版委員會向各收藏單位表示崇高的敬意和衷心的感謝。

當然，在《續編》用書過程中，也遇到過不少收藏單位不配合的情況。這裏没有批評的意思，意在説明衹要一家不提供再造底本，我們的選目就不得不捨此而趨彼，且常因一書之變，帶出幾書聯動調整，衹好再徵求學科專家意見。而一徵求意見，又會因偏好出現畸輕畸重，還得進行調整。這樣的工作不計其數。

《中華再造善本續編》底本拍攝之前，原則上都要到藏書單位去目驗原書，以確認版本，並審其能否使用。結果有的書翻到中間掰不開，壓不平，又不能拆裝，無法拍照，衹得放棄；有的稿本浮簽太多，且脱離原位，拍照之後，無法恢復浮簽正確位置，也衹得割愛放棄；有的版面漫漶，模糊不清，拍照製作出來效果不好，也衹得放棄。凡此種種，又産生一批選好的底本重作調整。一調整，就又連鎖反應，煞費苦心。

上述種種原因造成的種種調整，總數大約有一百零九種之多，絶對數字雖不足《續編》全部選目的五分之一，但這一百零九種的選出，背後却是幾個一百零九種。徵求專家意見，請專家提出新的選目，再徵求意見，直至最後定稿，約有十數次，使《續編》選目幾乎始終處在動態管理中。今天《續編》製作出版工作已經完成，特向中華再造善本編纂出版委員會各位委員和社會公衆作如上説明和報告。

《中華再造善本續編》收明代傳抄、版印的漢文典籍三百二十三種；清代傳抄、版印漢文典籍二百二十九種；少數民族文字典籍二十九種；宋版補遺兩種，總爲五百八十三種。其中有二十九種漢文典籍，早在『一期』印製之初，就已應需提前印製出版，不僅已配送到百所大學和各省級圖書館，社會上亦早已發行，故《續編》編製過程中實際印製出版的祇是五百五十四種。其中『明代編』中明會通館銅活字印本《會通館校正音釋書經》十卷，明洪武三年（一三七〇）王氏勤有堂刻本《貞觀政要》十卷，明天順五年（一四六一）内府刻本《大明一統志》九十卷，明弘治十四年（一五〇一）涂禎刻本《鹽鐵論》十卷，明弘治碧雲館活字印本《鶡冠子》三卷，明末毛氏綠君亭刻本《洛陽伽藍記》五卷，明天啓刻本陳老蓮《水滸葉子》不分卷，明崇禎十年（一六三七）涂紹煃、宋應星刻本《天工開物》四卷，明抄彩繪本《履巉巖本草》，明萬曆二十一年（一五九三）胡承龍金陵刻本《本草綱目》五十二卷《圖》二卷，明萬曆三十五年（一六〇七）刻本意大利利瑪竇口譯、明徐光啓筆受《幾何原本》六卷，明嘉靖錫山安氏銅活字印本《顔魯公文集》十五卷《補遺》一卷《年譜》一卷《附錄》一卷，明弘治九年（一四九六）張習刻公牘紙印本《僑吴集》十二卷《附錄》一卷，明弘治十六年（一五〇三）金蘭館銅活字印本《西菴集》十卷等等，不僅書籍本身重要，版本也絶無僅有，洵爲珍貴。

『清代編』中如惠棟《周易本義辨證》稿本、戴震《續方言》稿本、焦循《雕菰樓易學》稿本、黄以周《十翼後錄》稿本、翁方綱《儀禮蠡測簽注》稿本等，都是學術價值很高的秘本。他如清影元抄本《大元聖政國朝典章》六十卷、《新集至治條例》不分卷，清初毛氏汲古閣影宋抄本《小學五書》五卷、《梅花衲》一卷、《剪綃集》二卷，清初刻本黄梨洲《明夷待訪錄》一卷，清順治五年（一六四八）裒古堂刻蕭雲從繪《太平山水圖畫》，清康熙七年（一六六八）柱笏堂刻劉源繪《凌煙閣圖》以及稿本《聊齋志異》等等，也都是十分珍貴的典籍。

『少數民族文字古籍編』中三至十世紀于闐文寫本《對治十五鬼護身符》、五代回鶻文寫本《大唐慈恩寺三藏法師傳》、西夏文木活字印本《吉祥遍至口合本續》、清抄本彝文《勸善經》、東巴文寫本《東巴舞譜》、古壯文《麽破塘》、水書《逄井》、察合台文抄本《納瓦依詩集》、元刻回鶻式蒙古文《孝經》、清内府寫本《御製盛京賦》等等，也都是十分珍貴的傳本。現在已將這些珍貴典籍影印出版，既使原底本因有再造而得到保護，又使這些深藏善本書庫的秘籍得以流傳，發揮其應有的學術價值。苦心經營十二年的『中華再造善本工程』，至此可以畫上句號，我們編纂出版委員會也感到十分欣慰。

早在『中華再造善本工程』啓動之初，我們就承諾『再造』的每一種書，都會撰寫一篇提要，爲讀者披閲時提供方便。這一承諾《中華再造善本》一期就已兑現，《中華再造善本續編》提要將結集出版，以飨讀者。

李致忠

二〇一六年十月於北京

# 凡　例

一、本書乃《中華再造善本續編》各書提要的結集，即將付梓版行，旨在爲讀者利用《中華再造善本續編》時，提供導讀性的方便。

二、《中華再造善本續編》共分三編，即明代編、清代編、少數民族文字古籍編，另附唐宋編補遺兩種，收書凡五百八十三種。每種撰寫提要一篇，故本書所錄提要亦爲五百八十三篇。

三、《中華再造善本續編》中之明代編、清代編，所收皆爲漢文古籍，提要各依經、史、子、集排列。四部中各書提要依四部分類法各部慣常列序原則部居。

四、少數民族文字古籍編收書凡二十九種，撰寫提要二十九篇。其編排依文種出現的先後部居。

五、爲方便讀者利用舊有書目進行檢索，本書各篇提要在款目著録時原則上仍遵循原書目。而在提要撰寫過程中，若發現在書名卷數、著者輯者、版本考定等方面確實證明舊目著録有誤，則在提要中加以闡述。

六、提要撰寫前曾有文字性的體例要求，但因出於衆人之手，實際表現出來的並不完全統一。

七、本書每篇提要末尾藏書印鑒的著録，旨在説明該書流傳有緒，用之可信。對治印文字著録採用原印文用字，圖形文字隸定成通用繁體字。出現的簡、繁、異體字並存等現象，爲遵行體例所致。

八、時至今日，仍用類分檢尋書籍者屈指可數，一般多利用索引，故書後附編《書名筆畫索引》《著者筆畫索引》及《書名與ISBN號對照表》，以便尋檢。

# 總目錄

上册

## 下册

# 中華再造善本續編總目提要目錄

## 明代編

### 經部

## 史部

## 子部

九章詳注比類算法大全十卷乘除開方起例一卷（明）吳敬撰　明景泰元年王均刻　弘治元年吳訥重修本　二四七

幾何原本六卷（意大利）利瑪竇口譯　（明）徐光啓筆受　明萬曆三十五年刻本　韓應陛跋　二四九

三易洞璣十六卷（明）黃道周撰　明刻本　二五二

靈棋經一卷題（晉）顔幼明（宋）何承天（元）陳師凱（明）劉基注解　明正德十五年榮府刻本　二五三

珊瑚木難不分卷（明）朱存理輯　稿本　王廣　翁方綱　楊繼震跋　顧渚題詩並跋又錄文徵明　文震孟　吕一經等詩翰　二五五

廣川書跋十卷（宋）董逌撰　明吳氏叢書堂抄本　黄丕烈校　葉萬　顧莼　張蓉鏡　席佩蘭　方若衡跋　二五七

書法鈎玄四卷（元）蘇霖撰　明嘉靖三十六年嚴嵩刻本　二五九

書史會要九卷補遺一卷（明）陶宗儀撰　明洪武九年刻本　二六〇

新編分類夷堅志甲集五卷乙集五卷丙集五卷丁集五卷戊集五卷己集六卷庚集五卷辛集五卷壬集五卷癸集五卷（宋）洪邁撰　（宋）葉祖榮輯　明嘉靖二十五年洪楩清平山堂刻本　三一四

北堂書鈔一百六十卷（唐）虞世南輯　明抄本　孫星衍　嚴可均　周星詒校並跋　王石華　洪頤煊　王引之　錢東垣　顧廣圻　譚儀校　傅以禮跋　戴望　譚儀　葉昌熾　鄧邦述題款　三一六

龍筋鳳髓判二卷（唐）張鷟撰　明弘治十七年沈津刻本　三一八

金剛般若波羅蜜經一卷（後秦）釋鳩摩羅什譯　明永曆九年孫可望刻朱印本　三二〇

佛説摩利支天菩薩經一卷（唐）釋不空　（元）釋法天譯　明永樂元年鄭和刻本　三二二

道德經講義十二卷（宋）呂知常撰　明宣德七年周思得刻本　三二四

## 集部

新刊大宋宣和遺事四卷　明金陵王氏洛川刻本（有抄配葉）　六一八

李卓吾先生批評忠義水滸傳一百卷引首一卷　（元）施耐庵撰（明）李贄評　明容與堂刻本　六一九

第五才子書施耐菴水滸傳七十五卷七十回　（元）施耐菴撰（清）金人瑞評　明崇禎貫華堂刻本　六二一

# 清代編

## 經部

## 史部

元史新編不分卷（清）魏源撰　清抄本　七〇五

明史稿不分卷（清）萬斯同撰　稿本　七〇七

蒙古通鑑長編八卷（清）王先謙撰　稿本　七〇九

靖海紀不分卷（清）施琅撰　清活字印本　七一一

大金國志四十卷題（宋）宇文懋昭撰　清盧文弨家抄本　七一四

元朝祕史十五卷清抄本　錢大昕跋　七一五

明季野史三十四種三十六卷清抄本　七一七

靳文襄公奏疏八卷（清）靳輔撰　清雍正初靳治豫刻本　七一九

南陵無雙譜一卷（清）金古良撰　清康熙刻本　七二〇

## 子部

瑶琨譜二卷二筆一卷（明）姜紹書撰　清初姜氏韻石齋刻本　八四一

金樓子附校六卷（清）吳騫撰　清稿本　八四二

雞肋編不分卷（宋）莊季裕撰　清初影抄元抄本　八四三

茶餘客話十卷（清）阮葵生撰　稿本　戴璐校正　阮鍾瑗批注　八四五

雲自在龕隨筆不分卷（清）繆荃孫撰　稿本　八四七

日知録八卷譎觚十事一卷（清）顧炎武撰　清康熙九年自刻本　傅增湘跋　八四九

陶廬雜録六卷（清）法式善撰　清嘉慶二十二年陳預刻本　八五一

使黔雜記不分卷（清）翁同書撰　稿本　八五三

道餘録一卷（明）姚廣孝撰　清初抄本　金可埰　黄丕烈跋　八五四

## 集部

德藻堂詩集一卷（清）曹溶撰　稿本　李因篤批並跋　張廷濟　郭麐跋　九〇三

安雅堂詩不分卷（清）宋琬撰　稿本　九〇五

越游艸一卷（清）施閏章撰　清順治刻本　九〇六

堯峰文鈔五十卷（清）汪琬撰　（清）林佶編　清康熙三十二年林佶寫刻本　九〇八

呂晚村先生文集八卷續集四卷（清）呂留良撰　附録一卷　清雍正三年呂氏天蓋樓刻本　九一〇

古夫于亭稿二卷（清）王士禛撰　清康熙四十六年成文昭刻本　九一二

西陂類稿五十卷（清）宋犖撰　清康熙毛扆　宋懷金　高岑刻本　九一三

憺園文集三十六卷（清）徐乾學撰　清康熙三十六年冠山堂刻本　九一五

有懷堂文稿二十二卷詩稿六卷（清）韓菼撰　清康熙四十二年長洲韓氏刻本　九一七

蓺香詞六卷（清）吳綺撰　清康熙刻本　一〇〇一

納蘭詞五卷補遺一卷（清）納蘭性德撰　（清）汪元治輯　清道光十二年汪元治結鐵網齋刻本　一〇〇三

迦陵詞稿不分卷（清）陳維崧撰　稿本　一〇〇六

秋林琴雅四卷（清）厲鶚撰　清康熙六十一年瓮熺刻本　一〇〇七

玉壺山人詞稿一卷洳東夏課一卷（清）改琦撰　稿本　一〇〇八

定盦詞五卷（清）龔自珍撰　清抄本　龔橙校並跋　一〇〇九

疏影樓詞五卷（清）姚燮撰　稿本　一〇一一

苦海航一卷（清）姚燮撰　稿本　沈鎔經等題詩　一〇一三

冷紅詞四卷（清）鄭文焯撰　稿本　一〇一四

獅吼記一卷（明）汪廷訥撰　清内府五色抄本　一〇三四

秣陵春傳奇二卷（清）吳偉業撰　清乾隆五十九年重修本　一〇三五

一笠庵新編占花魁傳奇二卷（清）李玉撰　清初萃錦堂刻本　吳梅批注並跋　一〇三六

秦樓月二卷（清）朱㿥撰　二分明月集一卷（清）陳素素撰　名媛題詠一卷　清康熙文喜堂刻本　一〇三八

風箏誤傳奇二卷（清）李漁撰　清翼聖堂刻笠翁傳奇十種本　一〇三九

曲波園傳奇二種四卷（清）徐士俊撰　清初徐氏曲波園刻本　一〇四一

長生殿傳奇二卷（清）洪昇撰　清康熙稗畦艸堂刻本　佚名墨筆批點　一〇四三

桃花扇傳奇二卷（清）孔尚任撰　清康熙孔氏介安堂刻本　一〇四五

紅雪樓九種曲十三卷（清）蔣士銓撰　清乾隆蔣氏紅雪樓刻本　一〇四七

看山閣樂府雷峰塔二卷（清）黄圖珌撰　清乾隆三年黄氏看山閣刻本　一〇四九

新鐫綴白裘合選四卷　題（明）鬱岡樵隱　積金山人輯　明刻清康熙翼聖堂重修本　一〇五〇

劇説六卷（清）焦循撰　稿本　一〇五三

慶賞昇平不分卷　清彩色繪本　一〇五四

聊齋志異不分卷（清）蒲松齡撰　稿本　一〇五六

西湖佳話古今遺蹟十六卷　題（清）墨浪子搜輯　清康熙金陵王衙刻五色套印本　一〇五七

四大奇書第一種六十卷一百二十回（明）羅本撰　（清）毛宗崗　杭永年評定　清康熙刻本　一〇五八

脂硯齋重評石頭記八十回（清）曹霑撰　（清）脂硯齋主人評　清抄本　一〇六一

脂硯齋重評石頭記八十回（清）曹雪撰 （清）脂硯齋主人評 清抄本 一〇六三

儒林外史五十六回（清）吳敬梓撰 清嘉慶八年卧閑草堂刻本 一〇六五

# 少數民族文字古籍編

## 于闐文



## 藏文



## 回鶻文



## 西夏文

## 白文



## 蒙古文

## 滿文

范忠貞公文集四卷（清）范承謨撰　（清）范時崇輯　（清）圖爾泰譯　清康熙四十七年內府刻本　一一〇一

異域錄二卷（清）圖理琛撰　清雍正九耐堂刻本　一一〇三

三合便覽不分卷（清）敬齋輯　（清）富俊補　清乾隆五十七年富氏刻本　一一〇六

御製盛京賦三十二卷（清）清高宗弘曆撰　清乾隆十三年內府寫本　一一〇八

## 東巴文

創世經（《祭天·崇搬薩》）舊抄本　一一〇九

東巴舞譜舊抄本　一一一一

## 傣文

## 水文



## 古壯文

# 唐宋編補遺

## 子部

揚子法言十三卷（漢）揚雄撰（晉）李軌（唐）柳宗元（宋）宋咸 吴祕 司馬光注 音義一卷 宋淳熙八年唐仲友台州公使庫刻本　一一二三

## 集部

重刊邵堯夫擊壤集七卷邵堯夫先生詩全集九卷（宋）邵雍撰 宋刻本　一一二五

# 明代編

# 經部

## 讀易餘言五卷

（明）崔銑撰　明崔氏家塾刻本。框高十七·八釐米，寬十四·一釐米。每半葉十行，行二十字，白口，左右雙邊。

崔銑（一四七八—一五四一）字仲鳧，又字子鍾，號後渠，又號洹野，世稱後渠先生，安陽（今屬河南）人。明弘治十八年（一五〇五）進士，授翰林院編修。因忤權閹劉瑾，正德四年（一五〇九）被外放爲南京吏部驗封司主事。翌年，劉瑾伏誅，召還北京翰林院史館。正德十二年，引疾歸。嘉靖元年（一五二二）被召入京，次年擢爲南京國子監祭酒。嘉靖三年，因議『大禮』，罷職還鄉，遂潛心學問。嘉靖十八年，重被起用，任詹事府少詹事兼翰林院侍讀學士。後陞南京禮部右侍郎。尋以病乞歸。卒謚文敏。著有《讀易餘言》《洹詞》與《彰德府志》等。

崔銑好《易》，其於嘉靖庚子（十九年）冬十一月庚子日爲本書所作自序云：『銑童丱居陜，聞蜀蘇氏茂之講《易》，心樂之』，『齒六十有三，憂喜夷險，履行處運，亡一日而不體夫《易》也』。並批評『好奇者求義於象，流爲詭誕』。故崔氏此書，以程頤《易傳》爲主，兼採王弼《周易注》、吳澄《易纂言》《易纂言外翼》諸説，而『暢二氏（王弼、程頤）之疑者』（自序），因而與《周易本義》多有出入。是書捨象數而闡義理，諸儒卦變之説，亦無取裁。可謂議論純正，篤實近理。但其《上經卦略》《下經卦略》《大象説》全删經文，則爲其不足。

是書版心鎸有『崔氏家塾』字樣，因知其爲崔氏家刻本。封面鈐有『張氏珍藏』。自序前有『燕越胡茨邨氏藏書印』。胡茨邨氏即胡介祉，茨邨乃其字，直隸大興（一作宛平）人，約一六九二年前後在世。胡氏原籍浙江山陰（今紹興），後遷至直隸，故其自稱『燕越胡茨邨氏』。官至河南按察使，著有《隨園詩集》《隨園曲譜》。自序前另有『罽茷』『二數』『宛平王氏家臧』『慕齋鑒定』『毓芝軒臧書記』『紺目』等。其中『宛平王氏』爲北平著名藏書家族，『慕齋鑒定』即宛平王氏家族王熙之印。王熙（一六二八—一七〇三）字子雍，清順治四年（一六四七）進士，順治十七年拜禮部尚書，康熙二十一年（一六八二）拜保和殿大學士，二十五年加太子太傅。其事迹見《清史稿》《清史列傳》等。卷一《乾卦》前亦有『罽茷』『二數』『曾在王鹿鳴處』與『何寶善印』等。其中，何寶善（一八九六—一九七九）字楚侯，一九二七年任平民學校江北慈幼院第二任院長，後又創辦『淮安私立集一圖書館』。何氏祖母係學者羅振玉姑母。受家學影響，何氏對金石學頗有研究。何氏故後，是書入藏中國國家圖書館。卷三《大象説》前鈐有『罽茷』『二數』『宛平王氏家臧』『慕齋鑒定』『曾在王鹿鳴處』等。卷五末有『毓芝軒臧書印』。可見該書流傳有緒。（羅瑛）

**讀易備忘四卷**　（明）黄克復撰　明嘉靖銅活字印本。框高十九・二釐米，寬十三・二釐米。每半葉十一行，行二十三字，黑口，左右雙邊。

黄克復（？—一五三九）初號毅齋，晚號潛翁，晉江（今屬福建）人。十六歲中秀才，在其子黄潤登第後即不復應科舉試。［乾隆］《晉江縣志·人物傳》有『黄克復』條，云其『以子潤貴，贈大中大夫、山西布政使』。黄潤曾官松江太守。［嘉慶］《松江府志·職官表》，載黄潤任松江知府的時間爲嘉靖十五年至十八年（一五三六—一五三九）。［嘉慶］《松江府志·名宦傳》則載其『父憂去官』，説明黄克復卒於嘉靖十八年。《千頃堂書目》卷一著録『黄潛翁《讀易備忘》四卷』，朱睦㮮《授經圖義例》卷四著録『《讀易備忘》四卷，黄潛翁』。［乾隆］《泉州府志·藝文志》著録黄克復著述有《人心道心圖》《太極圖説》等。

是書前有明嘉靖十五年華亭沈霽序，云：『先生（指黄潛翁）由庠校教其子潤登第，遂不樂仕進，以潛自況。』書後有嘉靖丙申（十五年）四明楊楷後序，云：『晉江潛翁老先生，我太守東石公尊翁也……予嘗聞翁少有大志，年十六遊邑庠，潛心易學，慨然以行道濟時爲己任，因號毅齋。厥後以東石公恩典拜封，遂屏去舉子業，淡然無欲，益邃窮研，老而靡倦。其著述固多，而於易學尤加意焉者，乃今號曰潛翁。』卷一卷端以作者題記起始，並有落款『嘉靖乙未歲七月既望晉江黄潛翁書』。書前襯葉有焦循嘉慶癸酉（十八年）五月墨筆題記，云：『朱檢討《經義考》著録黄潛翁《讀易備忘》四卷，稱爵里世次未詳，載《聚樂堂藝文志》。此書蓋檢討所未見也……潛翁乃作者之字，其子潤，號東石，登第，官松江太守，因刻此書。』

是書爲黄克復唯一傳世著作。書後楊楷後序介紹成書原委，稱作者『少講《易》蔡虚齋門下，口傳心悟，隨手記劄，備遺忘耳。其始將以成己，終而究極天人，自成一家』。則黄克復乃明代著名理學家蔡清的門生。蔡清（一四五三—一五〇八）字介夫，别號虚齋，福建晉江（今屬泉州）人，晚年在家鄉泉州開元寺講學，廣收門徒。蔡清因《易》爲五經之首，故對《易》深加研究，著有《易經蒙引》等書，多獨到見解。是書傳蔡清之易學，加以作者自己的領悟，楊楷後序稱：『其理精以當，其文典以則，其言約以盡，不假費辭而造化聖人之藴，炳若目前。究其矩度，雖不出乎《膚見》《蒙引》《易説》之外，然芟繁就簡，闡難於易，而初學者由之入門，卒學者循之定一，一展卷間而諸説皆廢矣。』

北京大學圖書館藏的這部《讀易備忘》係孤本。《北京大學圖書館藏李氏書目》著録該書爲明嘉靖活字印本，《中國古籍善本書目》亦沿用北大著録。其版面字行歪斜，墨色深淺不一，文字疏密不整，卷三第八葉正面第五行『業』字倒置，用墨爲油墨，字畫剛硬，呈金屬活字特點，可進一步細定爲銅活字印本。此後該書再無其他任何版本刊行於世。

書中鈐印有：『莊和鼎』『字玉鉉』『龢鼎』『莊和鼎印』『玉鉉父』『理堂』『焦循私印』『焦氏臧書』等。則此書曾經清代大儒焦循收藏，後爲李盛鐸所得，一九三九年隨李氏書入藏北京大學圖書館。

（于義芳）



**會通館校正音釋書經十卷**　明會通館銅活字印本。框高二十三・七釐米，寬十六・三釐米。每半葉九行，行十七字，小字雙行同，白口，四周單邊。

會通館乃明代出版家華燧之齋名。華燧（一四三九—一五一三）字文輝，無錫（今屬江蘇）人。少於經史多所涉獵，中歲好校閱同異，輒爲辨證，手錄成帙，既而爲銅字版以繼之，曰：『吾能會而通之矣。』乃名其所居曰會通館，人亦稱之曰會通君。其擺印活字本書，所知有《錦繡萬花谷》《容齋隨筆》《會通館印正輯補古今合璧事類》等。事迹具明邵寶《容春堂後集》卷七《會通君傳》。

是書爲《尚書》白文，凡十卷，音釋在每篇後。書前有宋蔡沈序，蔡沈（一一六七—一二三〇）字仲默，號九峯，建陽（今屬福建）人。少學於朱熹，專研理學。慶元己未（五年　一一九九），朱子囑蔡作《書傳》。至嘉定己巳（二年　一二〇九）書成行世，影響日深。元代自仁宗延祐恢復科舉制度之後，《尚書》一直沿用蔡傳。

此本版心上原有活字擺版刷印年號，遭人割去並描黑。下題『會通館活字銅版印』。傅增湘《藏園群書經眼錄》卷一著錄會通館有《會通館校正音釋詩經》二十卷，明弘治十年（一四九七）華燧會通館活字印本，九行十七字，版心上題『弘治歲在彊圉大荒落』，中題詩經幾卷，下題『會通館活字銅版印』。《中國版刻圖錄》（增訂本）著錄《會通館集九經韻覽》，明弘治十一年（一四九八）華燧會通館活字印本，九行十七字，版心上題『弘治歲在著雍敦牂』，下題『會通館活字銅版印』，與此本版式相同。此本或爲華燧於弘治十年前後擺印。今孤帙僅存，洵可寶貴。

此本鈐有『曾在上海郁泰峰家』『李書勳印』等印。現藏上海圖書館。（林寧）

## 尚書考異不分卷　（明）梅鷟撰　明藍格抄本　顧廣圻校跋　丁丙跋。框高二十一釐米，寬十四釐米。每半葉九行，行二十二字，白口，四周單邊。

梅鷟（一四八三—一五五三）字鳴岐，號平埜，又號致齋，旌德（今屬安徽）人。正德八年（一五一三）舉人，嘉靖二十二年（一五四三）前後任南京國子監助教，尋陞浙江嚴州通判，仕至雲南鹽課司提舉。撰著除本書之外尚有《尚書譜》《南雍志·經籍志》《古易考原》《春秋指要》《儀禮翼經》等。其中《尚書考異》與《尚書譜》系統考辨僞古文《尚書》的流傳歷史及僞作痕迹，開闢古文《尚書》辨僞之新意。

西漢武帝年間，魯恭王毀故孔子宅，得古文舊典數種於孔壁之中，其中即有《尚書》，孔安國以今文傳注之，知其較伏生所傳《今文尚書》多出十六篇，此即孔壁本《古文尚書》。晉元帝定都建康之後，再次徵集天下遺書，豫章内史梅賾獻《孔傳古文尚書》五十八篇，此即後世所謂僞《古文尚書》。唐代孔穎達主持編纂《五經正義》，其中《尚書正義》即以梅賾本爲據。開成二年（八三七）分刻石經時亦依此本楷定，這就是後世習見的《尚書》五十八篇。至宋代，學者開始懷疑此《尚書》五十八篇之真僞，程頤、晁説之、吴棫、朱熹、蔡沈、王柏、趙汝談、黄震、王應麟等人皆有所發難辨疑。其中吴棫《書稗傳》論述最爲詳實，而蔡沈《書集傳》影響最廣，亦於每卷中分别今文古文。元代趙孟頫撰《尚書古今文集注》，已將今文古文分編。吴澂著《尚書纂言》則專釋今文。至明代，官方限定科舉考試的内容爲四書五經。永樂間《五經大全》頒行天下，其中《書傳大全》幾乎全録宋代蔡沈《書集傳》，以梅賾所獻古文爲據，並以此作爲科場考題之軌範。明代學者之《尚書》研究，專主蔡注者多爲科場文字，内容雷同，崇尚古義者亦衹注重糾蔡注之偏誤，無有新意。明代中後期心學盛行，士人空談義理，學風空疏，有識之士爲之扼腕，漸起反動，求實主義思潮乃隨之湧動，强調讀書博聞的學者，繼承了宋學之疑古傳統和考證方法，梅鷟的《尚書》研究即在此時。

《尚書考異》歷敘《史記》《漢書》直至《朱子語録》對於《古文尚書》的記述與評論，認定梅賾所獻《古文尚書》中增出的二十五篇及『孔安國傳』皆爲僞作，『羅列書傳，以相證驗』（顧廣圻《校定尚書考異序》），『逐條考證，詳其所出』，『所指摘皆有依據』（《四庫全書》該書正文前提要），唯其中指孔壁古文中較今文所多出之十六篇爲張霸僞造，梅賾所獻僞《古文尚書》中多出之二十五篇爲皇甫謐所作，論述未爲精當，尚待後人抉發。然其條分縷析，釐訂蹤迹，開閻（若璩）、惠（棟）諸人辨僞研究之先聲，創科學辨僞之途徑，是僞《古文尚書》考辨史上一部非常重要的著作。

《尚書考異》在明代未能刊刻，以抄本傳世。入清以後，《四庫全書》編纂時用寧波天一閣范氏家藏明抄本，原書不分卷，館臣以書中有『鷟按』字樣，認定爲梅鷟著作，並『約略篇葉，釐爲五卷』（《四庫全書總目》該書提要）。嘉慶間，孫星衍校刻《平津館叢書》，訪得舊抄本多種，其一即南京圖書館藏明藍格抄本，即本次影印所據底本。此書缺失卷首《序》至『孔安國尚書註』共十一個條目，卷末缺失從徐廣、司馬貞、孔穎達等人注疏中抄録的古文與今文二十八篇之經文、小序的字句歧異之處，即四庫本之卷五、平津館叢書本之卷六内容。孫星衍得此本後，又據另外版本補正，釐訂爲六卷，收入《平津館叢書》，這是《尚書考異》的第一個刊刻本，清道光五年（一八二五）立本齋刻六卷本和清光緒十八年（一八九二）浙江書局刻六卷本，皆由《平津館叢書》本所出，但卷首皆誤置《尚書譜》之序。

南京圖書館藏明抄本爲孫氏刊刻《平津館叢書》底本之一，顧廣圻於嘉慶十七年壬申（一八一二）和十九年甲戌分別以朱筆和墨筆兩次校勘，一一勾勒，詳加考定，首册卷中有其朱筆跋語兩條，云：『嘉慶壬申十月讀於江寧寓中。顧廣圻記。』『此旌德梅氏鷟之《尚書譜》也。鷟，明正德間人。驗鈔本字迹尚屬出於明代之手，宜其較尋常鈔本獨勝矣。廣圻又記。』卷末又有墨筆跋語：『甲戌六月再校一過，益歎此鈔本之善，不可輕議删改也。時將寫樣刊行，因細加勘定，後之覽者其詳焉。思適居士又記。』封面則以朱筆題作《尚書譜》，可知亦爲嘉慶十七年初校時所題。十九年再校時又以墨筆補題『明梅鷟撰』，『嘉慶甲戌六月，元和顧廣圻校定，時寓江寧』。且《校定尚書考異序》中謂：『其書不甚顯於世，故著錄家有五卷四卷一卷之不同，而書名或稱《考異》或稱《譜》。』可知顧氏實誤判《尚書考異》與《尚書譜》爲一書，雖前人著錄如黄虞稷《千頃堂書目》中明列《尚書考異》與《尚書譜》爲兩條。《四庫全書》收《尚書考異》而僅列《尚書譜》於存目，對兩書之評斷亦有天壤之别，謂《尚書考異》『引據頗精核』，而謂《尚書譜》『徒以空言詆斥，無所依據』。顧氏之誤延至一九九七年編纂《四庫全書存目叢書》時，本書仍被當作《尚書譜》收入經部第四十九册。

此本曾經乾隆時期萃古齋主人錢時霽（號聽默）之手，後爲孫星衍訪得，再轉入杭州丁氏八千卷樓。鈐有『白堤錢聽默經眼』『八千卷樓珍藏善本』『錢塘丁氏正修堂藏書』『八千卷樓所藏』等印。現

藏南京圖書館。（趙彦梅）

## 詩説解頤總論二卷正釋三十卷字義八卷

〇〇四

（明）季本撰　明嘉靖四十一年（一五六二）胡宗憲刻本。框高十八·三釐米，寬十二·八釐米。每半葉十行，行二十一字，小字雙行同，白口，左右雙邊。

季本（一四八五—一五六三）字明德，别號彭山，會稽（今浙江紹興）人。明正德十二年（一五一七）進士，授建寧府推官，官至長沙知府。師事王守仁，獲聞致良知之説。曾講學敷文書院、辰陽書院，傳陽明之學。著有《廟制考義》《春秋私考》《讀禮疑圖》《四書私存》等凡十一種一百二十卷。事迹詳徐渭《師長沙公行狀》（商維濬刻《徐文長三集》卷二十七）。

『解頤』一詞，語出《漢書·匡衡傳》『匡説詩解人頤』，季氏自序云：『宋范處義、國朝朱善皆以「解頤」名詩説，則「解頤」者，釋經之舊名也。今愚亦以是名書，其名同，其義不相襲也。』是書首《總論》二卷，爲提綱，仿朱熹《詩》序，於辯説之外又詳論六義綱領之法，總論爲大小序、六義、詩樂、删次、章句音韻、訓詁、傳授《詩經》學基本問題；次《正釋》三十卷，釋《詩經》正文；次《字義》八卷，專釋名物典制。

是書季氏自序謂『凡書之所載，有不可盡知者，不必正爲之解。其要取於求吾心之通，以適於用而已。用吾心之所通，以求書之所未通』云云，可見亦不免受『六經注我』學風之影響。《四庫全書總目》

是書提要云：『大抵多出新意，不肯剿襲前人，而徵引該洽，亦頗足以自申其說。凡書中改定舊説者，必反覆援據，明著其所以然。如以《南山》篇之「必告父母」句爲魯桓告父母之廟；《九罭》篇之「公歸不復」句，謂以鴻北向，則不復爲興；《下泉》篇之郇伯，爲指郇之繼封者而言；「皇父卿士」章，謂以寵任爲先後，故崇卑不嫌雜陳；《頍弁》篇之「無幾相見」句，爲兄弟甥舅自相謂。如斯之類，皆足於舊說之外，備説《詩》之一解。雖閒傷穿鑿，而語率有徵，尚非王學末流以狂禪解經者比也。存此一編，使知姚江立教之初，其高足弟子研求經傳、考究訓詁乃如此，亦何嘗執「六經注我」之説，不立語言文字哉！』前人評價此書，大抵不出四庫館臣之論。

是書經季氏門人會稽馬棫等校正，嘉靖三十九年胡宗憲爲之刻梓，傳世印本十分少見，檢《中國古籍善本書目》，僅四家圖書館有收藏。丁丙《善本書室藏書志》卷二著錄此本，云爲『胡宗憲刻並序』，今此本序第一葉佚失下半面，季氏自序佚去前半葉，兩半葉文不相接，前序即胡宗憲序。《徐文長三集》卷十九《詩説序》，前數句與此本第一葉所存部分文字正相同。徐氏《詩説序》標題下注云『代』，當即代胡氏所撰。

此本鈐有『謙甫』『張聲驷印』『八千卷樓臧書之記』『嘉惠堂丁氏臧書之記』等印。現藏中國國家圖書館。（樊長遠）



## 毛詩正變指南圖一卷詩經金丹彙考一卷詩經難字一卷　題（明）顧起元撰　明版築居刻

朱墨套印本。框高二十三・四釐米，寬十四・七釐米。每半葉十一行，行字不等，白口，四周單邊。

顧起元（一五六五—一六二八）字太初，江寧（今南京）人。萬曆二十六年（一五九八）進士，官至吏部左侍郎兼翰林院侍讀學士，謚文莊。著有《金陵古金石考》《客座贅語》《説略》《蟄庵日記》等。

是書由《毛詩正變指南圖》《詩經金丹彙考》《詩經難字》三部分組成，首爲《毛詩正變指南圖》，後兩者分上下格，版框、行款皆與前文不同。《毛詩正變指南圖》之内容，與《六經圖》中《毛詩正變指南圖》一致，字詞與通行本略有差異。《詩經金丹彙考》實則是由幾部分組成：《詩經金丹彙考》《詩經異同句辨》《詩經備考》（内含《論諸家》《論序》《論毛詩傳》《論删詩》）。《詩經難字》疑源自《五經難字》，乃明末坊賈所依托。三卷合刻，内容蕪雜，不知所起。考明代劉毓慶、賈培俊撰《歷代詩經著述考》，著録《新刻顧鄰初太史硃批詩經金丹八卷首一卷》一書，『日本内閣文庫藏有明刊本。無序。卷首爲《毛詩正變圖指南》，次分上下格，上格《詩經金丹彙考》，下格《詩經難字》。正文上格署「新刻顧鄰初太史硃批詩經金丹」，下格爲朱子《詩集傳》。書末署「金陵築居傅少山梓行」』。『築居』即『版築居』，因另有版築居刻本《輿圖備考全書》題有『綉谷傅昌辰少山氏校梓』，可知傅少山即傅昌辰，版築居主人。其卷首内容、版式皆與此本同，且此本内封題有『顧太史隣初先生纂著　詩經金丹　版築居藏板』，當爲同一刊本，是以此本即當爲《新刻顧鄰初太史硃批詩經金丹八卷首一卷》之卷首一卷。

是本雖爲殘帙，但仍爲國内孤本，《新刻顧鄰初太史硃批詩經金丹八卷首一卷》亦僅見於日本内閣文庫，流傳甚罕。是本刊刻者爲明末金陵書坊版築居，書坊主傅昌辰字少山，曾刊刻多種書籍。是本爲其刊刻朱墨套印本之代表作之一。

現藏北京師範大學圖書館。（洪琰）

## 詩外傳十卷　（漢）韓嬰撰　明沈氏野竹齋刻本　黄丕烈校跋並題詩　黄美鎏　周叔弢校並跋　陸損之　顧廣圻　鈕樹玉　陳鱣校　王大隆跋並録張紹仁跋。框高十九・七釐米，寬十四・八釐米。每半葉九行，行十七字，白口，左右雙邊。

韓嬰（生卒年不詳），西漢燕人。文帝時爲博士，景帝時至常山太傅。武帝時，曾與董仲舒論於帝前，不落下風。其孫韓商亦爲博士。嬰治《易》《詩》。《漢書・藝文志》有著録：易類《韓氏》二篇，詩類《韓詩》二十八卷、《韓故》三十六卷、《内傳》四卷、《外傳》六卷、《詩説》四十一卷。今僅存《外傳》。《四庫全書總目》是書提要評述其『雜引古事古語，證以詩詞』，述孔子逸聞、諸子雜説與春秋故事，尾以詩結，爲韓嬰借《詩》闡述其政治、哲學思想之作。卷首《韓詩外傳序》，謂其『文辭清婉，有先秦風』。自《漢書・藝文志》始，歷代官修書目均收録該書。《四庫全書》亦收入是書。宋洪邁《容齋續筆》卷八曰：『《藝文志》：韓家《詩經》二十八卷，《韓故》三十六卷，《内傳》四卷，《外傳》六卷，《韓説》四十一卷。今唯存《外傳》十卷。』《隋書・經籍志》著録『《韓詩外傳》十卷』，今傳本亦多爲十卷。關於是書内容及卷數之變化衆説紛紜，《直齋書録解題》謂其『多記雜説，不專解《詩》』，十卷中有後人增入者；《郡齋讀書志》以爲將原來卷篇重新編排，『析十篇』。近代學者楊樹達在《漢書窺管・藝文志》中提出内外傳合爲今本《外傳》十卷，『《内傳》四卷，實在今本《外傳》之中』。

是書在北宋有杭州刻本，前引《容齋續筆》卷八《韓嬰詩》，謂『慶曆中，將作監主簿李用章序之，命工刊刻於杭。末又題云「蒙文相公改正三千餘字」。予家有其書』。此本今不傳。今存元至正十五年（一三五五）嘉興路儒學刻明修本之殘本。及於明代，有多種刻本，其中以蘇獻可通津草堂本和沈氏野竹齋刻本較爲有名。據陳先行先生考證，沈氏野竹齋本爲依照通津草堂的校改後印本翻刻，文字對通津草堂初印本略有校改。

是本序文版心下鎸『王良智刻』字樣，序後有『吳郡沈辨之野竹齋校雕』亞字形篆文牌記，可以用以區別後來之翻刻本。原爲『士禮居』黄丕烈所藏，蕘翁曾前後兩次將其與原藏元刻本對校，有兩次校記爲證：『端陽節後，連日天陰，礎潤而不雨，潮濕薰蒸，正所謂黄梅時節也。』『適又届端陽節後，連日天陰，惟雨不甚大，天亦不甚熱，較十七年前稍異耳。』而其孫黄美鎏亦曾『復以殘元本校一卷至四卷』。且該本前五卷由黄丕烈臨陸損之校語，後由陸損之自錄其校語，其中更有顧千里、鈕樹玉、陳仲魚校語若干，益顯是本珍貴。後此本轉歸周叔弢收藏，已失九、十卷，據卷十末王大隆跋知弢翁『據毛奏叔校本補之』，又請王大隆據張紹仁校本臨其校語於該本。

是本鈐有『黄丕烈印』『復翁』『海寧陳鱣觀』『曾爲徐紫珊所藏』『曾在周叔弢處』『弢手校』等印，流傳有緒，洵爲珍貴。現藏中國國家圖書館。（洪琰）

## 周禮十二卷

（漢）鄭玄注　明嘉靖吳郡徐氏刻《三禮》本。框高十九・八釐米，寬十四・二釐米。每半葉八行，行十七字，小字雙行同，白口，四周雙邊。

鄭玄（一二七—二〇〇）字康成，北海高密（今山東高密西南）人。著名經學家，《後漢書》卷三十五有傳。鄭玄曾遍注群經，兼採今文、古文、緯學，自成一家，著述甚多，今存世有《三禮注》《毛詩箋》。

明嘉靖間，吳郡徐氏仿刻宋本《三禮》單注本，此書即其一。此書不附音義，分卷及款式與唐石經相同，卷末夾注經、注字數。此書見於諸家目錄者均祇稱『徐刻三禮』『徐氏刻三禮』，或稱嘉靖本。徐氏其人，蓋指明吳郡（今蘇州）徐時泰。葉德輝《書林清話》卷五載『東吳徐氏嘉靖間仿刻《儀禮注》十七卷，見陸《志》』。其按語又曰『徐刻三禮罕見，黄丕烈士禮居仿刻之《周禮注》，亦其一也。蓋《三禮》皆據宋本』。可知所謂徐刻《三禮注》者，確爲東吳徐時泰。泰，萬曆二年（一五七四）進士，官工部郎中。饒富家資，在蘇州建有東園和西園。又喜藏書刻書。嘗仿刻宋廖瑩中世綵堂所刻《朱文公校昌黎先生集》，『卷末俱刻「東吳徐氏刻梓家塾」，或長方、或橢圓，或亞字形印。每葉版心俱刻「東雅堂」。』『時泰仿刊時，以瑩中爲賈似道黨人，不足重，削去每葉「世彩堂」字，改題「東雅堂」。』（《天祿琳琅書目後編》卷十八）

徐刻《周禮》祖本，清阮元《重刊宋本周禮注疏校勘記》謂『當是依北宋所傳古本』，孫詒讓《周禮正義・序例》以書中『桓』字缺筆，謂當係南渡初所翻北宋本。而近人王國維《傳書堂善本書志》云：『余以岳倦翁《九經三傳沿革例》證之，知出宋建大字本。倦翁謂《小宰》經「贊王幣爵」之事諸本「王」

皆作「玉」，惟越《注疏》及建大字本作「王」。此本正作「王」，而又不附《疏》，其出建大字本無疑。建大字本宋人謂之「無比九經」，觀上所舉諸條殆不愧此稱。自來目録家均未舉出，故特著之。』王説可爲定論。

『徐刻《三禮》』素爲清代學者所重，但流傳較少，故黄丕烈以徐刻《周禮》爲底本，據各種宋刻殘本重校重刊於《士禮居叢書》中，並將諸本異同及其去取之故撰爲《札記》。黄氏自云：『（重刻時）於經注訛舛之字，悉校宋刻正之，集腋成裘，以期美備。至於嘉靖本之獨勝於各本者，其佳處不敢以他本易之，存其舊也。』『此刻係校宋本，故改字獨多，然必注明以何本改定，非妄作也。』黄氏據宋本校改徐刻本，雖『以期美備』，實則妄改者不少，疵纇屢見。孫詒讓在《周禮正義》中歷舉其校改疏誤之處，王國維亦以烏程蔣氏所藏徐氏刊本及明翻相臺岳氏本校黄本，又在孫氏之外更校出黄氏紕繆數十條。《士禮居叢書》大行於世，世稱精善，但其中覆刻之《周禮》却不佳，恐謬種流傳，故略辨於此。

現存《周禮》之善本有南宋婺州市門巷唐宅刻本，遠勝余仁仲萬卷堂本、相臺岳氏本。徐刻《三禮》本源出宋建大字本，且文字與婺本大抵相合，兩本可以互證。阮元撰《十三經注疏校勘記》，以徐刻本爲參校本，稱『此不附音義而勝於宋槧余氏、岳氏等本』。孫詒讓《周禮正義·略例》亦稱『經本以唐石經爲最古，注本以明嘉靖倣宋本爲最精（自注：雖明刻，而在諸宋本之上）』。由此可見徐刻本《周禮》刊刻精良，允稱佳槧。

徐刻《周禮》今在中國國家圖書館、北京市文物局圖書資料室、揚州市圖書館等處均有收藏。國圖所藏一本有清錢聽默、黄丕烈、陸損之校並跋，即《傳書堂善本書志》著録之本。又一本則爲周叔弢先生舊藏本。此次所採用者爲周叔弢先生舊藏本。此書卷端有『朱氏子忠』『曾在周叔弢處』等藏印。

（樊長遠）　〇〇八

## 儀禮十七卷

（漢）鄭玄注　明嘉靖吴郡徐氏刻《三禮》本。框高二十釐米，寬十四·一釐米。每半葉八行，行十七字，小字雙行同，白口，四周雙邊。

鄭玄生平爵里、學行業績簡況，前録明嘉靖吴郡徐氏刻三禮本《周禮》時已介紹。

明嘉靖間，吴郡徐氏仿刻宋本《三禮》單注本，此乃其一。此書不附音義，其款式爲卷首首行題『儀禮卷第一』，次行依次題『士冠禮第一』『儀禮』『鄭氏注』字樣，卷末標題次行小字雙行記經若干字、注若干字。版心魚尾下題『儀禮一』，下記卷數，最下有刻工名，字體相對草率，多用俗體。此書見於諸家目録者均祇稱『徐刻三禮』。

世傳《儀禮》單注本以宋刻嚴州小字本爲最佳，即宋張淳《儀禮識誤》所謂『嚴之重刊巾箱本』。黄丕烈於乾隆五十九年（一七九四）得之，並於嘉慶二十年（一八一五）影刻於《士禮居叢書》中。以徐刻本與嚴州本對勘，經注文字十有八九相合，但亦有嚴州本訛字爲此本所無，此本訛字爲嚴州本所無者。故顧廣圻校讀後認爲徐刻本是『祖嚴本而稍異』（《思適齋書跋》），其説當可信據。近人王國維《傳書堂善本書志》云：『其與嚴本異者多從宋監本，亦用張忠甫《識誤》之説。蓋其原本刊刻在張氏書成以後也。』則此本與嚴州本相異之處，或是付刻之時曾據宋監本、《儀禮識誤》校正過。或以爲徐刻本是翻相臺岳氏本（《文祿堂訪書記》引段玉裁跋、《藏園群書經眼録》等），實則有誤，張政烺《讀相臺書塾刊正九經三傳沿革例》詳述相臺本群經中本無《儀禮》一書。

嚴州小字本經黄丕烈影刻之後聞名於世，而其原本却在黄氏身後絶迹不傳。徐刻《儀禮》源自嚴州本，又有優於嚴本之處，且印刷清朗，字大悦目，有其不可替代之價值。

此書卷一『儀禮卷第一』大題下有『顧廣圻覆校一過，時嘉慶丙寅』兩行朱字，書中有朱筆斷句，有眉批、夾批校勘識語。但批語中稱『廣圻案』『玉裁案』，顯非一人口氣。且審其字體，亦不似顧、段二人手筆，故《中國古籍善本書目》著録爲『張敦仁校並臨顧廣圻、段玉裁校』。不過書上所鈐『顧廣圻印批校臧書』印似屬真迹。

張敦仁（一七五四—一八三四）字古餘（一作古愚），山西陽城人。乾隆四十年進士，爲官四十餘年，卓有政績。著書甚多，尤嗜曆算。事迹見清同治十三年（一八七四）《陽城縣志》卷十、［光緒］《山西通志》卷一百三十四、羅士琳《疇人傳續編》。張氏又好刻書，與顧廣圻交往密切。據《思適齋書跋補遺》所載嘉慶十年至十一年，顧廣圻應張敦仁之招赴江寧，爲其校刻《韓非子》《儀禮注疏》及宋淳熙四年（一一七七）撫州公使庫本《禮記》鄭注等書，用數月之功以唐石經、嚴州本、單疏本、張淳《儀禮識誤》校讀徐刻《儀禮》。在此期間，張敦仁過録顧氏校語於此本之上，以後又録段玉裁校語。今書上所題『顧廣圻覆校一過時嘉慶丙寅』兩行朱字及『顧廣圻印批校臧書』之印，當爲顧廣圻覆校張氏過録本後所留。

此本有「四明張氏約園藏書之印」「陽湖陶氏涉園所有書籍之記」「顧廣圻印批校藏書」「陽城張氏省訓堂經籍記」「張敦仁讀過」「文章太守」等藏印。現藏中國國家圖書館。（樊長遠）　〇〇九

**大樂律呂元聲六卷大樂律呂考註四卷**　（明）李文利撰　（明）李元校補　（明）范輅校正

明嘉靖十四年（一五三五）浙江布政司刻本。框高二十·九釐米，寬十四·九釐米。每半葉十行，行二十一字，白口，四周雙邊。

李文利（？—一四九七）字乾遂，號兩山，莆田（今屬福建）人。明成化十六年（一四八〇）舉人，弘治三年（一四九〇）秋授桂陽教諭，弘治十年爲思南教授，不逾年而歿。

李元（一四三二—？）字乾伯，號梅東，李文利之兄。成化間曾爲廬江知縣，後棄官鄉居，嘉靖元年年九十，歸隱已四十餘年。李文利、李元生平見《莆田志》。

范輅（一四七四—一五三六）字以載，桂陽（今屬湖南）人。輅少師文利，正德六年（一五一一）進士，授行人。除南京御史，尋命清軍江西，執法不撓，劾治寧王宸濠伶人秦榮驕奢，又劾鎮守太監畢真貪虐十五事。遭畢真誣陷下獄，淹繫經年，至十四年四月，謫龍州宣撫司經歷。世宗立，復故官。遷福建僉事，轉江西副使，致仕歸。又以胡世寧薦，起密雲兵備副使。歷江西、福建左右布政使，卒於官。輅有氣節，歷官有能聲，時論多稱之。《明史》卷一百八十八有傳。

李文利是書作於桂陽，至思南教授時猶未脱稿。後病重，命侄岳清謄録之，甫成，謝世。兄李元惘其志，復加校補成帙。後二十餘年，范輅官福建，訪得乃師遺作，命三子范永官與李文利侄孫李景昕相與校正，嘉靖三年成，范輅之侄范永鑾獻諸朝廷。

書名『元聲』乃指『黄鐘之宫』。中國傳統音律理論，『音』定音階，『律』定音高。音律相配，確定基準音，即可推求其餘。『黄鐘』爲『十二律』之首，『宫』爲『五音』之首，『黄鐘之宫』，是爲『元聲』。定音之法爲吹管，《史記》等定管長爲九寸，其餘音律以『三分損益法』推求。以此求得『十二律』爲不平均律，不能從最後一律推回至第一律，故稱『往而不返』。

文利定管長三寸九分。是説始於《吕氏春秋》，後世從者頗不乏人。其推求之法，則全棄三分損益法，每律之間增減皆以九分，唯黄鐘至大吕增六分，蕤賓至林鐘減六分。以此法求得十二律循環往復，且頗合曆理，故時人楊廉亟稱之。然其所定管長過短，增減分數違背樂理，其書進於朝廷，王廷相、韓邦奇等皆不以爲然，而朱載堉駁之尤爲確切詳明。《四庫全書總目》是書提要全襲朱説。

是書雖未被朝廷採用，但由范輅、范永鑾叔侄整理刊刻，又經楊廉揄揚，名重一時，屢見於著録。明黄虞稷《千頃堂書目》、清張廷玉等撰《明史·藝文志》等均著録此書，《四庫全書總目》卷三十九《經部·樂類存目》亦存此書。

此書當有李岳清謄清稿、李元校補稿、范輅校正稿，然皆不存。今所存唯一版本爲嘉靖十四年浙江布政司刻本，此本全書末卷卷尾題刻木記一行，云『嘉靖十四年仲春吉刊於浙江布政司』。南京圖書館藏樸學齋抄本，内容、行款與此刻本完全一致，書末抄有『嘉靖十四年仲春吉刊於浙江布政司』小字一行，可見據明嘉靖刻本所抄。

此本卷首鈐『處世不隨流俗轉』印，一九二九年三月入藏浙江圖書館。（吴志堅）

〇一〇

**樂律全書十五種四十八卷**　（明）朱載堉撰　明萬曆鄭藩刻本。框高二十五·五釐米，寬二十釐米。每半葉十二行，行二十五字，黑口，四周雙邊。

朱載堉（一五三六—一六一一）字伯勤，號句曲山人，謚端清，故稱『端清世子』，明仁宗朱高熾第六代孫，鄭藩恭王朱厚烷之子。恭王於嘉靖二十七年（一五四八）上書得罪，後被削爵，隆慶元年（一五六七）復爵。萬曆十九年（一五九一）載堉襲王爵，然其『肆力於玉册鴻寶』，不樂名利，故引疾辭，不允，後又六次上疏辭爵，萬曆三十三年神宗詔允之，其讓國之舉被譽爲『昭代天潢一勝事，千秋萬代一美談。可以丹青治化，照耀簡編者也』（《明神宗實錄》卷四百十五）。朱載堉一生勤於著述，《明史》稱其『博古通今』，所著曆、律、算之書『考辨詳確』，著有《韻學新説》《先天圖正誤》《律吕正論》《瑟銘解疏》《毛詩韻府》《禮記類編》《金剛心經註》《醒世詞》等。因其首次以求解等比數列之方法完成十二平均律之計算，與現代鍵盤樂器和音樂藝術數理相一致，又曾精確地測定過北京的地磁偏角、計算回歸年長度值、最早用算盤作開方運算並解決不同進位制的换算問題，故今人多以科學、藝術名家稱之。事迹詳王鐸《鄭端清世子賜葬神道碑》及《明史》卷一百十九《諸王列傳》。

《樂律全書》十五種，凡《律學新説》四卷、《樂學新説》不分卷、《樂經古文》不分卷、《算學新説》不分卷、《聖壽萬年曆》二卷、《萬年曆備考》三卷（附録謝廷訓等四疏）、《律曆融通》四卷（附《音義》一卷）、《律吕精義》内外篇各十卷、《六代小舞譜》不分卷、《小舞鄉樂譜》不分卷、《二佾綴兆圖》不分卷、《靈星小舞譜》不分卷、《操縵古樂譜》不分卷、《旋宫合樂譜》不分卷、《鄉飲詩樂譜》六卷。是書各卷均題『鄭世子臣載堉謹撰』。

據《聖壽萬年曆卷首》朱載堉認爲：『夫術士知數而未達其理，故失之淺；先儒明理而復善其數，故得之深。數在六藝之中，乃學者常事耳。仲尼之徒通六藝者七十餘人，未嘗不以數學爲儒者事。數非律所禁也，天運無端，惟數可以測其機；天道至玄，因數可以見其妙。理由數顯，數自理出，理數可相倚而不可相違，古之道也。』又云：『明律義，凡天下之理皆可通，不但爲作樂而已。』（《律學新説》卷一）故其樂律之書，尤詳於數之精確及方法之簡易，並對前賢觀點審慎判定，折衷諸家之法，取其簡要者别著新法，由此對數理、樂理、律理均有獨創見解，故此書爲音樂史、科技史研究之重要史料。

《律學新説》前有萬曆十二年序，後附《律學四物譜序》，前有小注云：『舊稿原有，正本則無。今依原本續增，附於此卷之末。』又云：『《四物譜》原稿，文煩而考據詳密，後乃删煩摘要，更名曰《律學新説》，成書以進。校其原稿，特十分之一耳。兹因暇日重校原稿，見此序文，不忍棄去。是故續刊附於末簡，使覽者知作書初意。』則是書先有繁富之初稿，後爲進呈乃删繁就簡並更改書名。今存之文即進呈改定之本。又據《鄭端清世子賜葬神道碑》，朱載堉曾獻《樂律全書》二十卷，則此書首次成書並獻於神宗者或爲精簡之本，今所見之全書十五種者乃後續增補刊行者，故各書字體風格差異較大。《算學新説》卷末注：『萬曆叁拾壹年捌月初叁日刻完。』《操縵古樂譜》前有《玉音坊圖》，即萬曆三十四年丙午歲爲鄭世子載堉所建讓國牌坊圖，並附《操縵古樂譜》序，云：『謹按，樂以人聲爲主，故先永而後律。永者聲氣之元，樂之本也；律者和聲而已，樂之末也。歌不永言，聲不依永，臣父患之。表章操縵者，遵聖諭及舜典之定論故也。』則此書部分版片乃朱載堉生前刊刻，部分爲朱載堉晚年或其過世後其子所刊者。此本又附有大量版畫插圖，有人物、器具等，刻畫皆極精妙。此本現藏中國國家圖書館。（向輝）

## 〇一一 春秋國華十七卷 （明）嚴訥輯 明萬曆活字印本。框高十八·八釐米，寬十二·六釐米。每半葉九行，行二十字，小字雙行同，白口，四周單邊。

嚴訥（一五一一—一五八四）字敏卿，號養齋，吳郡（今屬蘇州）人。明嘉靖二十年（一五四一）進士，授編修。其時，東南吳越等處屢遭倭寇侵擾，加之天降災荒，百姓流離失所，死者幾半。嚴訥據實上奏，皇帝乃免三吳賦役。後超授翰林學士，歷太常少卿、禮部尚書，纍官至太子太保、吏部尚書、武英殿大學士。任輔弼時，唯賢是舉，吏治爲之一新。後患病辭歸，敬孝雙親。及故，追贈少保，謚文靖。事詳《明史》本傳。嚴訥工書畫，善文章，有《嚴文靖公集》二十卷。

此本書前有兩篇序文，其中陳瓚《春秋國華序》云：『吾邑相國嚴公，初在史館時，每讀《春秋》，必及三傳。久之，患其泮不相合，於是請沐三閱月而《春秋國華》就編焉。』據此可以略見是書編纂之緣起。全書以《春秋》之列國分卷，將《春秋》所載諸事，分列於周及列國之下，而年代仍從魯之十二公，實際上就是按國別、編年的體例將《春秋》重新裁剪編排。經文之下，則雜採資料以詳實之。其所引資料，除《春秋》及《公羊》《穀梁》與《左氏》外，尚有《孔子家語》《國語》《晏子》《史記》等。書前徐栻《春秋國華序》盛稱是書『比之武庫爲益新，較之《繁露》爲益正』。陳瓚《春秋國華序》亦極力稱贊。實則徐栻、陳瓚分別爲嚴氏的門生與外甥，故評論非但不公允，反而有所誇大。《四庫全書總目》以此書入春秋類存目，館臣論曰：『潦草編排，取盈卷帙，宜但鈔録舊文，無所發明考證矣。』

徐栻與陳瓚的兩篇《春秋國華序》及書末嚴訥之子嚴治所撰《春秋國華跋》中，雖都曾提到本書刻書之事，然均未明言刻印時間。徐序落款時間爲『萬曆三年（一五七五）乙亥孟春吉旦』，因知此書付梓當在此之後，但至於是否即『萬曆三年』則未必。考此本正文，框格邊角或有斷裂，版中文字或見歪斜，印刷墨迹或分濃淡，均屬明代活字印本的特徵。仔細觀察書中文字及框格的邊角處，可發現字體框格的邊緣都磨損得較爲圓潤，且略有所形變，這是用過一段時間的木版字的特徵。故而，此本當係『明萬曆木活字印本』。

據《中國古籍善本書目》，此本海内僅中山大學圖書館藏有一部，稀見罕傳，尤爲珍貴，惜其卷一缺第十四葉、卷二上缺第六十七葉、卷九缺第三十五葉。經查，此本在日本尚存有一部，凡三册，似亦非完帙，不知能否補此本之缺葉。

此本鈐『抱經樓』印記，知其曾爲清人盧址（一七二五—一七九四）舊藏。現藏中山大學圖書館。

（陳卓）　　〇一二

**春秋孔義十二卷**　（明）高攀龍撰　明崇禎十三年（一六四〇）秦堈刻本。框高二十釐米，寬十四・六釐米。每半葉九行，行十九字，白口，四周單邊。

高攀龍（一五六二—一六二六）初字雲從，更字存之，别號景逸，無錫（今屬江蘇）人。文學家、東林八君子之一。自幼嗜書，工於文章。明萬曆十七年（一五八九）進士，二十年授行人司行人。後因疏論王錫爵，謫官廣東揭陽縣典史。萬曆二十三年卸職回鄉，隱居講學。萬曆三十二年與顧憲成重修東林書院，講學會友，研讀經史，乃東林學派代表人物。天啓元年（一六二一）熹宗即位，起用貶謫諸臣，復官後，任光禄寺少卿。又因彈劾魏忠賢，被削籍爲民。天啓六年，錦衣衛追捕東林黨，從容投湖赴死，崇禎二年案情得以昭雪，追贈太子太保、兵部尚書，謚忠憲。著有《周易簡説》《二程節錄》《正蒙釋》等。詳見《明史・高攀龍傳》。

明崇禎十三年，其侄世泰爲是書作序云：『後世學者，奉古之心終不勝好異之心，廼是意見横生，義理巧出。大圭呂氏以爲《六經》之不明，諸儒穿鑿害之，而《春秋》爲尤甚。……凡經無傳，有者不敢信也；經有傳，無者不敢疑也。』《四庫全書總目》説是書『意主於以《經》解《經》』，其『顔以孔義者，欲誦法孔子者，不失爲聖人之徒也』。正孔子之臆説，而非諸儒之臆説，故命之《春秋孔義》。又説是書内容『斟酌於《左氏》《公羊》《穀梁》、胡安國四家之《傳》，無所考證，亦無所穿鑿』。故評曰：『雖持論稍拘，較之破碎繳繞、横生異議，猶説《經》之謹嚴者矣。』《續文獻通考》《千頃堂書目》《傳是樓書目》《經義考》《八千卷樓書目》皆有著録。

世泰序亦云：『世泰久悼遺音已邈，揚厲未能，而儼海秦先生倡明辨絶，嘉弁來兹，惧經教之澌淪，忞末學之放失。既捐貲板《周易孔義》，復續板《春秋孔義》。伯父有志，得先生而言益章……自兩義明，而《六經》之義無不明。』知高氏兩部作品均由秦堈出資捐刻。是書卷端署『後學秦堈編輯』，即序中所提之『秦先生』。秦堈（生卒年不詳）字器新，號儼海，無錫人。明天啓二年壬戌進士，除澤州知州，改知福寧，擢户部員外郎。有《静遠堂集》。

是書鈐有『鼇峰書院藏書』『莫友芝圖書印』『莫彝孫印』『莫繩孫印』等印。『鼇峰書院』，福建四大書院之一，清康熙四十六年（一七〇七）巡撫張伯行建於福建福州鼇峰坊。以重振程朱理學爲旨，倡導『經世致用』，『不爲科第人計』來培養學生，頗受朝廷器重。莫友芝（一八一一—一八七一）字子偲，自號郘亭，又號紫泉、眲叟，獨山（今屬貴州）人。晚清金石學家、目録版本學家。著述甚多。莫彝孫，原名哀孫，字伯崑，莫友芝長子。莫繩孫（一八四四—一九一九後）字仲武，號省教，莫友芝次子。清末藏書家。是書曾經莫氏父子遞藏，現藏中國國家圖書館。（郭晶）

〇一三

**春秋存俟十二卷**　（明）余光　余颺撰　明弘光元年（一六四五）文來閣刻本。框高二十・六釐米，寬十四・五釐米。每半葉九行，行二十字，注文小字雙行十九字，白口，四周單邊。無直格。

余光、余颺兄弟，莆田（今屬福建）人。余光，字希之，諸生。有文名，鏃厲名節，潛心著述。所著有《春秋存俟》《李賀詩注》及《耐庵集》十卷。余颺，字賡之，崇禎丁丑（十年　一六三七）進士，授宣城知縣。以制舉業，與同年夏允彝、陳子龍齊名。颺詳銷杜督三策，巡按陳起龍依請施行，案牘爲之一清。崇禎己卯（十二年　一六三九），颺分校鄉闈，所取如王亦臨輩，皆知名士。服闋，補上虞縣。未幾復歸，杜門著書。刻《蘆中詩文集》四十卷，《蘆臘》《史論》《識小錄》各若干卷。南明弘光時，颺官吏部考功司郎中，出爲廣東按察副使。未幾歸里，杜門不出。魯王朱以海監國，召爲左都御史，纍辭不就。清順治元年（一六四四），颺與原南京禮部尚書朱繼祚等在莆田參加抗清起義，兵敗被俘，逾年得釋（一説不屈而死）。

余氏《春秋存俟》雜輯《春秋》諸家舊説，爲舉子習讀提供方便，發明者無多。

是書版心鐫『文來閣踞觚錄』字樣，可知其爲文來閣刻本。考此書陸世鎏《後序》：『屈伸之志，詳略之文，隱有爲隱，顯有爲顯，存其隱以俟顯而已。疑有爲疑，信有爲信，存其疑以俟信而已。』因知是書原爲『存其疑以俟信』而作，故以《春秋存俟》名書。

余氏兄弟撰著此書，正如《後序》所云：『賡之余夫子同伯兄希之先生，上下千古，獨闢義解。嘗縱論二千四百年間事，遇有不快意處，若身負痛癢，竟日抑搔。又若老吏治獄，聲氣俱聽，及其聞一快論，則狂喜起舞吟誦，纍日夕……猶極篤好，薈撮「四傳」，漁獵百家，義必析諸精，議必要諸當，而猶不敢以顯者爲無隱，以信者爲無疑，存之俟之，以庶幾於見聞傳聞之互証。』可謂殫精竭慮。

北京大學圖書館藏有此書明崇禎刻本。書前有明李世熊於崇禎十二年所寫之序。李序云『始闢諸儒，繼闢「四傳」，究乃舉闢諸儒四傳者而並闢之。考世知人，務合筆削之初意而止，此其想遘至精，同符千載，既源遠而流長矣』，不免溢美之嫌。此次再造影印之所以未選更早一點的版本，旨在保存行用極短的南明弘光時某些遺籍。

是書黄道周序前有『子剛經眼』『永寶用之顧子剛贈』印。此二印爲曾在中國國家圖書館工作過的顧子剛先生之印。顧子剛名鋭，字子剛，曾購得徐世昌家散出的三册《永樂大典》，於一九五一年捐贈給北京圖書館（現中國國家圖書館），成爲第一個私人向國家捐贈此書的人。顧先生逝後，其家人將《春秋存俟》捐給北京圖書館（現中國國家圖書館）。（羅瑛）

## 〇一四 孝經列傳十二章 （明）胡時化編集 明萬曆刻本。框高二十·七釐米，寬十三·七釐米。每半葉七行，行十五字，小字雙行同，白口，左右雙邊。

胡時化（生卒年不詳）原名權，字龍江，餘姚（今屬浙江）人。明隆慶五年（一五七一）進士，曾任蘇州知府、河南按察司僉事等。著有《注解孝經》一卷、《名世文宗》三十卷等。

本書囊舉先秦至兩宋的孝行事迹，共計一百十四篇。卷首有明成祖朱棣《御製孝順事實序》，又有萬曆三十七年（一六〇九）胡氏自序及其識語。胡氏自序稱：『我皇祖以孝治天下，編《孝順事實》十卷，與聖經相表裏」，「讀聖經者，得聞孝道，不知其人，可乎？」在卷末結語中又稱：「宜遵《孝順事實》所載，採而録之，終篇以勸天下後世行孝者。」由此可見，本書的編集與《孝順事實》一書有着十分密切的關係。

明永樂十八年（一四二〇）内府曾刻印《孝順事實》十卷，經與之對比後發現：一、兩書均以人物分條立目，不過《孝順事實》以年代先後爲序，《孝經列傳》則以天子、王公、諸侯等身份等級編次；二、《孝順事實》共收録人物二百七人，每人一條，而《孝經列傳》則收録一百十五人，凡一百十四條（周武王事併入周文王條），後者皆取材於前書；三、在文字上，《孝經列傳》更爲短小淺顯，且每條均配有插圖。據此，可以判定，《孝經列傳》是在《孝順事實》基礎上重新編成的普及讀物。

「夫孝，德之本也」，《孝經》作爲儒家經典，所提倡的「孝道」乃是父子兄弟、昭穆嫡庶的等級觀念，而這一觀念，在《孝順事實》中是没有的，《孝經列傳》亦如是，故其書算不得解經論道之作，衹不過是孝行故事集而已。

考此本諸册版心魚尾上均標「孝經列傳」四字。正文之前的五葉，葉碼連續，其第一、二、三、五葉版心中部標「序」，第四葉則標「目録」。而正文一百七十餘葉版心中部均標「卷之七」。復考其《目録》，知其共分「十二章」，曰「發明孝行傳之首章」「天子孝傳之二章」「王公孝傳之三章」云云。正文中插圖均爲單面雙欄，上欄約二字高，標列傳之目名。首幅圖上鎸有「金陵陳文慶繪」字樣，觀其畫風，當屬金陵版畫一派，既與建安派有明顯區別，又未受到新安派的影響。而第九葉插圖的下角，又鎸有「談志遠刻』四字，因知此本的刻工是談志遠。按諸《明代刊工姓名索引》，陳文慶乃明萬曆時人，曾與刻萬曆四十三年本《喻林》等書。又據《中國古籍版刻辭典》，談志遠亦萬曆時人，曾與刻南監本正史、彭端吾本《痘疹全書》及王雲鷺本《隸釋》等書，也在南京一帶活動。故此本刻於南京，恐無疑義。

此本鈐有『鳴埜山房圖籍』『見即買 有必借 窘儘賣 高閣勤曬 國粹公器勿污壞』及『浙東湯氏臼藝宧藏』等印記，表明此本曾經沈復粲、湯壽潛遞藏。現藏廣東省社會科學院圖書館。（陳卓）

此書並非經典之作，又殘缺不全，本可不選。爲慎重起見，事先曾請當地專家前往代審，但未得許可；攝製底片時，隨去編輯雖發現了問題，亦未及時反映；責任編輯以爲片子已作，不加編印亦是浪費，遂發稿編入。終審者言。

## 〇一五

**刪微三十六卷** （明）孫穀輯　明崇禎刻本。框高十九・四釐米，寬十三・七釐米。每半葉八行，行十九字，小字雙行同，白口，四周单邊。

孫穀（一五八五—一六四三）字子雙，號賁居子，南郡華容（今屬湖南）人。諸生，屏棄舉業，以著述爲事。嘗雜採舊文，分爲四部，總謂之《微書》。一曰《焚微》，輯秦以前逸書；一曰《綫微》，輯漢、晉間箋疏；一曰《闕微》，徵皇古七十二代之文；一曰《刪微》，即此書。前三種今皆不傳，唯《刪微》獨存。

《删微》三十六卷，是輯佚緯書之作，以緯書爲經文之删餘而名之。是書輯録凡《尚書緯》十一種，《春秋緯》十六種，《易緯》八種，《禮緯》三種，《樂緯》三種，《詩緯》三種，《論語緯》四種，《孝經緯》九種，《河圖緯》十種，《雒書緯》五種。孫氏藏書甚富，從事輯佚時代較早，用力尤勤，故所得多有出後人之外者；標題和正文條目下又多有考證或通釋文字，頗有參考價值。《四庫全書總目》是書提要稱此書『採摭編綴，使學者生於千百年後，猶見東京以上之遺文，以資考證，其功亦不可没。《經義考》毖緯一門所引，據出穀書者十之八九，則用力亦可謂勤矣』。

據書首崇禎十年（一六三七）四月管紹寧序可知，《古微書》四種乃孫氏積二十餘年之功而成，崇禎十年業已成書。此本卷一至五卷端第三行均題『麻城劉侗閲正』，卷六以下則空白一行。劉侗卒於崇禎十年，此本前五卷經其閲正，卷六以下則未有，故推測此本付刻於崇禎十年前後，大抵不誤。且書中不避清帝名諱玄、曆等，亦證其刻於明代。是書清以來還有抄本與坊刻本十餘種，分屬單行本與叢書本兩大系統，然均以崇禎本爲祖本。

書中鈐『怡庭』『李昆垕印』『香簡堂臧書』『劉昐遂印』『水西堂』『隴西布衣』等印記。現藏中國國家圖書館。（張燕嬰）

〇一六

**釋名八卷**　（漢）劉熙撰　明嘉靖三年（一五二四）儲良材　程鴻刻本　黄丕烈校　蔣鳳藻跋。

框高二十·六釐米，寬十三·一釐米。每半葉九行，行二十字，白口，四周單邊。

劉熙（生卒年不詳，熙一作熹）字成國，漢末建安時期北海（治所在劇縣，今山東昌樂西）人。曾避地交州（治所在番禺，今屬廣東）講學，所終不詳。《隋書·經籍志》在《大戴禮記》條下有注云：『梁有《謚法》三卷，後漢安南太守劉熙注。』然徧考典籍，後漢無安南郡，則謂劉熙曾任安南太守不可信。陳振孫《直齋書録解題》卷三著録云『漢徵士北海劉熙成國撰』，《中興館閣書目》同，『徵士』之説近是。《後漢書》《三國志》均無傳，其時代、籍貫、仕履可參考近人余嘉錫《四庫提要辨證》。

此本無劉熙自序，《直齋書録解題》卷三引其自序，略述著作之旨云：『夫名之於實，各有義類，百姓日稱而不知其所以之意，故撰天地、陰陽，四時、邦國、都鄙、車服、喪紀，下及民庶應用之器，論敘指歸，謂之《釋名》，凡二十七篇。』可知其目的是爲推勘古人命名萬物之本意。二十七篇爲：卷一釋天、釋地、釋山、釋水、釋丘、釋道；卷二釋州國、釋形體；卷三釋姿容、釋長幼、釋親屬；卷四釋言語、釋飲食、釋采帛、釋首飾；卷五釋衣服、釋宮室；卷六釋床帳、釋書契、釋典藝；卷七釋用器、釋樂器、釋兵、釋車、釋船；卷八釋疾病、釋喪制。分類略同於《爾雅》而有所變化擴充。

全書主要採用聲訓法釋義，即採用音同或音近的詞解釋詞義、説明語源，如：『日，實也；光明盛實也。』『月，闕也；滿則闕也。』與《爾雅》重在義訓迥然不同。所收聲訓釋例一千五百餘條，是考證漢代語音及方言的寶貴資料，雖然牽强附會之處不少，但給後世語言學者以重要啓發，宋代『右文説』、清代因聲求義法及今人對詞族、同源詞之研究，其淵源均可追溯到《釋名》。書中所收字詞，有許多出於《爾雅》《説文解字》之外者，有助於訓釋古書；因『下及民庶應用之器』，又可藉以考察漢代名物制度。

宋王堯臣《崇文總目輯釋》卷一『原釋』云：『劉熙即物名以釋義，凡二十七目。見《玉海》「藝文」類及陳道人刻《釋名跋》。』知此本乃由宋陳起書籍鋪刊本所從出。此本卷末有嘉靖三年高陵呂柟重刊後序，自稱侍御儲公邦掄得南宋臨安刻本，命其校正，付絳州守程君鴻刊布云云。清范邦甸《天一閣書目》卷一著録《釋名》八卷，並云：『明儲邦掄重刊，作後序云「是書南宋時刻於臨安，尋燬不傳。今侍御谷泉儲公邦掄得之於嵩山僉憲李公，李公得之於中丞石岡蔡公，乃命柟校正付梓，州守程均鴻刊布焉」。』亦證明此本確實源於宋陳道人所刻之本。卷首當有劉熙自序並陳道人刻書識語、儲良材序、蔡天祐跋，此本均佚去。張金吾《愛日精廬藏書志》卷七載有宋臨安刻殘本四卷，今不詳所之。此本源自宋槧，爲存世最早之本，文字亦較其他明刻諸本爲勝。書中有朱墨筆詳校，審是黄丕烈手迹，惜未言所據何本，且僅校至卷四而止。後有蔣鳳藻跋，稱此爲查浦（嗣瑮）舊藏。鈐有『嗣瑮私印』『德尹号楂浦』『吴下蔣郎』『秦漢十印齋藏』『涵芬樓』等印。現藏中國國家圖書館。（樊長遠）

〇一七

**廣雅十卷**　（魏）張揖撰　（隋）曹憲音解　明刻本　顧廣圻　黄丕烈校並跋。框高十九・四釐米，寬十四・三釐米。每半葉十一行，行二十二字，小字雙行同，白口，左右雙邊。

張揖（生卒年不詳）字稚讓，清河（今河北臨清縣）人。魏明帝太和中官博士。精於文字訓詁，後魏江式《論書表》云：『魏初博士清河張揖著《埤倉》《廣雅》《古今字詁》，究諸埤廣，綴拾遺漏，增長事類，抑亦於文爲益者。然其《字詁》，方之許慎篇，古今體用，或得或失矣。』(《魏書》卷九十一《江式傳》)《埤蒼》《古今字詁》見《隋書·經籍志》著録，均久已亡佚，内容僅散見於他書所引。

此書是爲推廣《爾雅》而作，故名《廣雅》。張揖認爲《爾雅》雖然文約義固、精研無誤，但『發百家之訓詁，未能悉備也』，故搜羅先秦兩漢經傳子史詩賦醫書字書中凡文同義異、音轉失讀、八方殊語、庶物易名不在《爾雅》者，詳録品核，以著於篇(《上廣雅表》)。其於《爾雅》已收之詞，亦有補充説解。編撰體例一仍《爾雅》之舊，自《釋詁》至《釋畜》凡十九篇。某些種類範圍有所擴展，如《釋親》增形體，《釋器》增飲食，《釋水》增舟楫等。訓詁體例也與《爾雅》大體相似。全書共二千三百四十多個條目，保存古詞古義極多，可爲閲讀訓釋周秦典籍之憑依。王念孫《廣雅疏證序》評價此書云：『蓋周秦兩漢古義之存者，可據以證其得失；其散逸不傳者，可藉以窺其端緒；則其書之爲功於詁訓也大矣。』又胡樸安《中國訓詁學史》更指出是書中『漢以後之訓詁名物，亦頗有之，可以見社會文化進步之跡』。

張氏《上廣雅表》云『分爲上、中、下』，可知是書原分三卷，後因輾轉傳寫，分爲四卷，又析爲十卷。傳寫過程中篇目離析合併，而内容未嘗缺佚。隋曹憲爲之作音釋，因避隋煬帝楊廣諱，改稱《博雅》，著爲《博雅音》四卷。其後二名並稱。曹憲，揚州江都人。仕隋爲秘書學士，精於文字之學。傳見《舊唐書》卷一百八十九、《新唐書》卷一百九十八《儒學傳》。

此本十卷，爲明畢效欽所刊，曹憲音隨文附注，不别行。後有《上廣雅表》。宋本至明末時已不傳，今可見者有正德十五年（一五二〇）皇甫錄世業堂刻本、胡文煥刻《格致叢書》本、天啓六年（一六二六）郎氏堂策檻刻《五雅》本等，諸本魯魚亥豕不一，王念孫《疏證》以此本爲最善。錢曾《讀書敏求記》卷一著錄正德乙亥（十年）支硎山人抄本《博雅》十卷，號爲影宋抄本，文字優於諸刻本，嘉慶間歸黃丕烈士禮居，黃丕烈遂請顧千里用影抄本校於畢效欽本之上，顧氏有長跋述影抄本之善。其後黃氏又據惠棟校本圈點改誤，並過錄支硎山人跋。即此《中華再造善本續編》影印之底本。書衣及扉葉題『嘉慶壬戌重裝，校影宋本《博雅》，士礼居臧』，『影宋抄本校，影宋本已誤者，悉不改正』。影宋抄本後轉歸張金吾愛日精廬，其後不知所蹤。今得顧、黃校宋本，舉一書可得二本之善。

此本曾入楊氏海源閣，散出歸周叔弢。鈐有『宋存書室』『楊印以增』『彦合珍存』『周暹』等印。現藏中國國家圖書館。（樊長遠）

〇一八

**埤雅二十卷** （宋）陸佃撰　明建文二年（一四〇〇）林瑜　陳大本刻本。框高二十·三釐米，寬十四·九釐米。每半葉十二行，行二十三字，黑口，左右雙邊。

存十三卷：一至六、十四至二十。

陸佃（一〇四二—一一〇二）字農師，號陶山，越州山陰（今浙江紹興）人。陸游祖父。家貧苦學，映月讀書。千里尋師，過金陵，受經於王安石。熙寧三年（一〇七〇）入京應考，時王安石當國，首問新法，佃則如實回答：『法非不善，但推行不能如初意，還爲擾民，如青苗是也。』（《宋史·陸佃傳》）廷試，從容條對，擢爲甲科。與王子韶修定《説文》進呈，帝召見，佃考禮以對，神宗悦，用爲詳定郊廟禮文官。加集賢校理、崇政殿説書，進講《周官》，神宗稱善，同修起居注。元豐定官制，擢爲中書舍人、給事中。哲宗立，遷吏部侍郎，以修撰《神宗實録》徙禮部侍郎。進禮部尚書。紹聖初，坐修《神宗實録》不實罪，落職，知泰州，改知海、蔡二州。徽宗即位，召爲禮部侍郎，修《哲宗實録》。建中靖國元年（一一○一）拜尚書右丞，遷左丞。崇寧元年（一一○二），以名在元祐黨籍，謫知亳州，數月卒，年六十一。追爲資政殿學士。佃工詩文，又精通禮象、名數、小學，著書二百四十二卷，著有《爾雅新義》《埤雅》《禮象》《春秋後傳》《鶡冠子》等。事迹詳《宋史》卷三百四十三《陸佃傳》。

元豐中，陸佃獲對神宗，答對中縱言至於物性，帝聽後稱善，且恨古未有著爲書者。佃則對曰己嘗爲之，然草創未成，不敢進御。帝意欣然，欲見未成之稿，佃遂進呈《説魚》《説木》二篇。自此，益加筆削，先撰成《物性門類》。書將成，神宗駕崩，未及再進。加之此時出爲外官，略有餘暇，遂傾心論撰，並先注《爾雅》，賡作此書，號曰《埤雅》，以爲《爾雅》之輔。陳振孫《直齋書録解題》卷三著録陸佃《爾雅新義》二十卷，並謂：『頃在南城傳寫，凡十八卷，其曾孫子遹刻於嚴州，爲二十卷。』《直齋書録解題》卷三又著録陸氏《埤雅》二十卷，並謂：『既注《爾雅》，遂成此書。其書物性精詳，所援引甚博。』可證《爾雅新義》與《埤雅》之間確有先後因果關係。

《埤雅》凡釋魚二卷、釋獸三卷、釋鳥四卷、釋蟲二卷、釋馬一卷、釋木二卷、釋草四卷、釋天二卷，總二十卷。北宋徽宗宣和七年（一一二五），其子陸宰序而傳之，詳見本書卷前所存陸宰《埤雅序》。本書卷前又有張存《重刊埤雅序》，謂：『其後五世孫罊，由秘閣修撰來知贛州，再用刻於郡庠。』因知陸佃《埤雅》曾由其五世孫陸罊刻於江西贛州郡庠。

檢明許東望纂修之［嘉靖］《山陰縣志》卷五，載『陸罊，佃五世孫，後改名景思。紹定五年（一二三二）徐元杰牓』進士。清李亨特纂修之［乾隆］《紹興府志》卷五十四載：『陸罊，字景思，號雲西，會稽人。佃五世孫。紹定五年進士，官禮部員外郎、崇政殿説書。謝皋羽編《天地間集》，列於文謝諸公後。』可證陸罊確爲陸佃五世孫，嘗知江西贛州，故將先祖陸佃《埤雅》刊於贛州郡庠。時間當在南宋理宗紹定五年以後。

據本書卷前張存《重刊埤雅序》，至明初，宋刊贛州本《埤雅》『歷世既久，悉燬於兵燹。間有遺編，多爲世俗秘而藏之，人罕得聞』，故於『天子建文貳年，會奉議大夫、江西道肅政按察使司僉事、古閩林公瑜字子潤巡按贛上，公莫遑他務，首以興起斯文爲己任，乃訪於耆民黄維，得是書以讀之』。『於是診於衆曰：「吾欲散是書與四方學者共之，當今屬官誰可與者？」僉曰：「莫如太守陳大本克承公意也。」乃命鳩工刻之。』可知此本確於建文二年（一四〇〇）由林瑜、陳大本刻於江西贛州，其源當由宋陸罊贛州郡庠本所從出。

林瑜字子潤，福建龍巖人。洪武中以太學生授五軍右斷事，折獄有方，擢江西僉事，轉副使。陳大本，安徽無爲人。洪武中任贛州同知，據清謝旻［康熙］《江西通志》載其『撫民以寬，臨吏以莊，應務以敏，尋陞本府知府』。仕履行實證明林、陳二人其時確在江西爲官，與重刊《埤雅》事契合。

清耿文光《萬卷精華樓藏書記》卷十三著錄有明仿宋寫刻本《埤雅》二十卷；傅增湘《藏園群書經眼錄》卷二著錄有元末刊本《埤雅》二十卷，爲每半葉十行，行十九字，黑口，四周雙邊。今皆不知下落。《中國古籍善本書目》著錄明建文二年刻本，此書今存四部，除國圖藏本外，其餘三部均係建文本之翻刻本。《中華再造善本續編》配書原則是相同版本可配補，不同版本不相與配，故雖有建文本的翻刻本，亦不得拼配，衹得印製國圖所藏十三卷殘本。書内鈐有『雙鑑樓珍藏印』印，表明曾是傅增湘藏園舊物，現藏中國國家圖書館。（李致忠）

〇一九

## 干祿字書一卷 （唐）顔元孫撰 （唐）顔真卿書 明嘉靖六年（一五二七）孫沭萬玉堂刻本。

框高二十·八釐米，寬十五·八釐米。每半葉八行，行十七字，小字雙行行字不等，白口，左右雙邊。

顔元孫（？—七三二）字聿修，京兆萬年（今陝西西安）人，郡望琅邪臨沂（今屬山東）。垂拱初年，登進士第，有文名。歷遷太子舍人，滁州、沂州、濠州刺史，贈秘書監。元孫工詞賦章奏，擅長草隸。有子杲卿，侄真卿。生平見兩唐書《顔杲卿傳》附及《顔魯公集》卷十六《贈豪州刺史顔元孫墓誌》。

元孫以爲『自改篆行隸，漸失本眞，若總據《説文》，便下筆多礙，當去泰去甚，使輕重合宜』，『遂參校是非，較量同異……勒成一卷，名曰《干祿字書》』（顔元孫《干祿字書》自序）。『干祿』蓋典出《毛詩》卷十六《棫樸五章章四句》：『旱麓受祖也。周之先祖，世修后稷、公劉之業，大王、王季申以百福干祿。』唐孔穎達《正義》曰：『言文王受其祖之功業也。』又謂：『大王以前先公皆修此二君之業，以至於大王、王季重以得天之百福所求之祿焉。』又曰：『福言百明，祿亦其數多也；祿言干明，福亦求得之……言大王、王季修行善道，以求神祐，是申以百福干祿之事也。』意即『干祿』含有以善道求福求官求祿之義。元孫是書專爲官吏書寫章奏、書啓、判狀時用，書寫得好壞、正誤，雖屬小事，却與福祿相關，故名『干祿』。

該書以四聲隸字，每字分俗、通、正三體。本書《自序》稱『偏旁同者不復廣出，字有相亂因而附焉』。《四庫全書總目》是書提要稱『其書酌古準今，實可行用，非詭稱復古，以奇怪鈞名。言字體者，當以是爲酌中焉』。依《寶刻叢編》所載，元孫侄顏真卿於『大曆九年正月刻石於湖州』。其書法價值在於『魯公書刻石者多，而絕少小字，唯此注最小而筆力精勁可法，尤宜愛惜』。《新唐書·藝文志》《崇文總目》《郡齋讀書志》皆有著錄。

據周祖謨《〈干祿字書〉之湖本與蜀本》考證，是書初以石刻流傳，但至開成間，石已殘缺，開成四年（八三九），楊漢公秉元孫親侄顒之意，又摹刻於蜀中。至南宋紹興十二年（一一四二），由府尹龍閣宇文公主持，以原本與楊漢公所摹二本參校，『摹勒刊石於泮』（《干祿字書》卷末勾詠記）。所謂『府尹龍閣宇文公』，吳省欽《潼川干祿碑跋》據元費著《氏族譜》考，當爲成都宇文時中。《四庫全書總目》是書提要稱『楊漢公復摹刻於蜀中』，與其摹刻後記不符，亦與楊漢公仕途履歷不符，蓋誤。世所謂湖本，當爲真卿原書與楊漢公摹刻二本，因其皆刻於湖州；蜀本則爲宋紹興十二年刻於潼川之本，今原石尚存。

是書之刻本系統，據勾詠記『蜀大夫所見惟板刻』，知在南宋紹興時或更早已有刻本流傳。據《四庫全書總目》卷四十一載，『宋寶祐丁巳（五年　一二五七），衡陽陳蘭孫始以湖本鋟木』，然其『率多謬誤。如卷首序文本元孫作，所謂伯祖故祕書監，乃師古也。蘭孫以元孫亦贈祕書監，遂誤以爲眞卿稱元孫，而以序中元孫二字改爲眞卿以就之』。四庫所收馬裕家藏本，則爲此宋槧翻刻本也。宋刻本今不存，所見傳世最早之刻本，即明嘉靖萬玉堂本。此本版心下鐫『萬玉堂雕』，書後附三次刻石記錄：大曆九年（七七四）真卿書、開成四年楊漢公摹刻後記、紹興十二年梓學教授成都勾詠翻刻後記，終以嘉靖六年孫沐後記。此本序中保留『元孫伯祖』，未如後世翻刻宋寶祐本誤爲『真卿伯祖』；勾詠後記完整，尚有刻工『左遂王幼文同宗王材刻』，均與故宮藏南宋晚期拓本（拓勾詠本，即蜀本）合。故宮藏南宋晚期拓本有近代張瑋跋，云『明代已損勾詠之跋，存不及半』。據孫沐後記，『右《干祿字書》再以魯公石刻校之』，可知其當以蜀本校之，或徑以之爲底本，保留是書較早面貌。是本爲傳世孤本，洵爲珍貴。

是本鈐有『長白敷槎氏堇齋昌齡圖書印』『曾在周叔弢處』等印，知經富察昌齡、周叔弢遞藏。富察昌齡，曹楝亭之甥，葉昌熾《藏書紀事詩》曰：『傅閣峰尚書子，性耽書史，筑謙益堂，丹鉛萬卷。』現藏中國國家圖書館。（洪琰）

〇二〇

**汗簡七卷**　（宋）郭忠恕撰　明馮舒抄本。框高二十二·五釐米，寬十五·七釐米。每半葉八行，小字雙行行字不等，白口，左右雙邊。

郭忠恕（?—九七七）字恕先，又字國寶，洛陽（今屬河南）人。七歲能誦書屬文，舉童子試及第。後周廣順元年（九五一），召爲宗正臣、國子書學博士、周易博士。宋太宗時，授國子監主簿，受命刊定歷代字書。以『使酒，肆言謗讟，時擅鬻官物取其直，詔減死，決杖流登州』（《宋史·郭忠恕傳》）。太平興國二年死於齊州臨邑途中。工畫山水，尤擅界畫，樓觀舟楫皆極精妙。傳世作品有《雪霽江行圖》《明皇避暑宫圖》。兼通小學，尤精於篆籀，又善史書。著《汗簡》三卷，依《説文》分部，錄存古代文字。又著有《兼山易解》二卷、《中庸説》一卷，定《古文尚書》並《釋文》行於世。事迹詳《宋史》卷四百四十二本傳。

《後漢書》卷六十四《吳祐傳》載：『吳祐，字季英，陳留長垣人也。父恢，爲南海太守。祐年十二，隨從到官。恢欲殺青簡，以寫經書。祐諫曰：「今大人逾越五嶺，遠在海濱，其俗誠陋。然舊多珍怪，上爲國家所疑，下爲權戚所望，此書若成，則載之兼兩。」』其在『殺青簡，以寫經書』下小字注曰：『殺青者，以火炙簡，令汗取其青，易書復不蠹，謂之「殺青」，亦曰「汗簡」。義見劉向《别錄》也。』此爲『汗簡』之出典，亦爲《汗簡》書名所由出。

《汗簡》是集錄歷代古文字體的字書。據本書郭氏《序》載，郭忠恕任國子監主簿期間，曾『校勘正經石字，繇是諮詢鴻碩，假借字書，時或採掇』，編成此書。《序》云：『汗簡者，古之遺像，後代之宗師。』可見郭氏非常重視古代文字典籍的作用。其在《略敘目錄》中又言：『鳥迹科斗，通謂古文，歷代從俗，斯文患寡，目論臆斷，可得而聞。太史公曰「禮失求諸野」，古文猶不愈於野乎，亦下臣之志也。』

所謂『古文』本是漢代人對秦代以前古文字的統稱，郭氏承襲了漢代人的看法，並尊崇『古文』。據黄錫全、何琳儀等學者的研究成果，《汗簡》徵引『古文』，大部分來源有據，形體結構可信，除部分字體與甲骨文、金文吻合外，與戰國文字相符的例子更多，不但可補證《説文》、石經，甚至可以根據某些字形以考證先秦古文字。

《汗簡》今本正編六卷，《略敘目錄》一卷，凡七卷。此書在《説文》《魏三體石經》的基礎上，廣泛收集當時存世典籍、石刻文獻上的古文字體，其卷前列舉了七十一種徵引文獻，很多文獻如《義雲章》、林罕《集字》、郭顯卿《字指》、裴光遠《集綴》等均已亡佚。《汗簡》現存古文字體二千九百六十一個，收字體例爲每字一體，相同的字不做歸併；依照《説文》『分別部居』『始一終亥』的次序排列；一部之内，『乃以《尚書》爲始，石經、《説文》次之，後人綴緝者殿末焉』；每字上列古文字體，下爲楷書釋文，釋文一般不作隸定（其中有的實際是假借字），每個古文字形均標注出處，有的還有反切注音。

《汗簡》在北宋時曾是很重要的古文字書，對宋代金石學的勃興起了一定作用，宋人夏竦還在此基礎上輯成《古文四聲韻》。但《汗簡》在宋代流傳並不廣泛，現存的幾部宋代目錄如《崇文總目》《郡齋讀書志》等都祇著錄郭氏《佩觿》而未提及《汗簡》。直至元代所修《宋史·藝文志》纔著錄郭氏《汗簡集》七卷。此後該書很少受人重視。近年來，隨着戰國文字材料的大量出土，《汗簡》的重要性纔逐漸凸顯。

《宋史·李建中傳》記載李建中（九四五—一〇一三）『嘗手寫郭忠恕《汗簡集》以獻，皆科斗文字，有詔嘉獎』。此本是《汗簡》傳本中已知的最早祖本。雖然李建中距離《汗簡》成書不遠，然而他所見到的書稿已缺著者姓名，在請求見了文字學家徐鉉（九一六—九九一）之後，《汗簡》卷末載，『製復舊臼字部末、[illegible]字注脚、趙字下俱有臣忠恕字』，乃明此書爲郭氏所作。今本僅卷一『辵』部『趙』字下存『臣忠恕嘗覽滑州趙氏碑，是唐衢題額尚如此作』字樣。據北宋天禧二年（一〇一八）李直方《汗簡後序》，可知李直方又據李建中本抄録。《汗簡》書後還有元至元二十七年（一二九〇）鄭所南（一二四一—一三一八）爲坐磵葉君所題《汗簡》跋語，可推知葉君藏本或抄刻本是《汗簡》流傳過程中又一重要環節。

目前所見《汗簡》最早的本子即是此馮舒清順治二年（一六四五）抄本。馮舒（一五九三—一六四五）字巳蒼，號癸巳老人，江蘇常熟人。據《汗簡》馮跋，馮舒曾於崇禎十四年（一六四一）向山西張孟恭氏借得抄本，後於乙酉年（順治六年）携書避兵入鄉，此間發興抄書，二十日而畢。據《汗簡》卷末載，『但此書向無刻本，張本亦非曉字學者所書，遺失訛謬，未可意革』。由此也可見馮舒審慎的態度。

除馮舒本外，《汗簡》還有其他幾種版本：其一《曝書亭集》卷四十三《汗簡跋》云爲朱彝尊潛采堂藏舊抄本，此抄本下落不明，康熙四十二年（一七〇三）汪立名據此本翻刻，經校勘發現，汪本與馮本同源，馮本較早且多處勝於汪本；其二爲楊氏海源閣藏舊抄本，此本爲馮本的過録本；其三爲愛日精盧主人張金吾所藏抄本；其四爲孫本芝抄本。清莫友芝撰《郘亭知見傳本書目》載：『馮已蒼抄本七卷，在昭文張氏。又孫本芝抄本。』可知後兩種版本亦爲馮本的傳抄本。馮本曾影印入《四部叢刊》，流傳甚廣。

馮舒本曾經清人張迺軒、陸時化、袁雪、黄丕烈及瞿氏鐵琴銅劍樓所藏，鈐有『虎兒藏書』『紙窗竹屋』『袁雪印』『袁卧生』『士礼居臧』『鐵琴銅劍樓』等印，並有馮舒、黄丕烈題跋。此書現藏中國國家圖書館。（孫俊）

〇二一

**佩觿三卷**　（宋）郭忠恕撰　**辨證一卷**　明嘉靖六年（一五二七）孫沐萬玉堂刻本。框高二十一·一釐米，寬十五·八釐米。每半葉八行，行十七字，小字雙行二十五字，白口，左右雙邊。

郭忠恕生平爵里、學行業績簡況，前錄明弘光元年馮舒抄本《汗簡》時已介紹。

宋歐陽守道《巽齋文集》卷二十《題危恕齋佩觿錄後》云：『《禮》子事父母，左佩小觿，右佩大觿。觿，解結之具也。其狀如錐，以象骨爲之，取其堅强而不折，滑澤而不滯。常佩於身，備適用也。絲縷纓帶之結以觿解，經學理義之疑，以恕齋此《錄》解，故曰《佩觿錄》。』明馮復京《六家詩名物疏》卷十七《國風衛二》云：『觿，《禮記》云「子事父母，婦事舅姑，左佩小觿，右佩大觿」。注，觿貌如錐，以象骨爲之。《説文》云：「觿佩角鋭，耑可以解結。毛云成人之佩也。劉向云治煩决亂者，佩觿。」』可知郭忠恕以《佩觿》名己書，蓋取觿可解惑釋疑之義。

此書首題『朝請大夫國子周易博士柱國臣郭忠恕記』，此爲郭氏入宋前在後周所任之官職。上卷總論，歷舉俗書之誤，備論形聲訛變之由，分造字之旨、四聲之作和傳寫之差三科；中、下二卷，則取字畫近似者，以四聲分爲十段，加以辨析；末附與《玉篇》《廣韻》音義異者十五字。又附《辨證》一卷，以《説文》《集韻》《魯語》《刊謬正俗》《廣韻》《尚書故實》等辨證一百餘字，爲考證之資。後附《郭忠恕傳》和《談苑》《集古跋尾》《嘉祐雜誌》《玉壺清話》《塵史》《五代史補》等有關郭氏記載。最後爲徐充《題新刻佩觿後》。

徐充云：『《佩觿》三卷，考論字源，邃窮肯綮，學者宗焉。嘗與顔祕監《干祿字書》並刻於宋，遂成二妙。』本書另有張士俊重刻本，其中附張氏重刻跋，稱：『《佩觿》一書，考諸宋《藝文志》，與《汗簡》並列，皆郭宗正忠恕所撰述，其《佩觿》尤詳變隸以降字學寖失之由。其書世不多見。』《四庫全書總目》卷四十一是書提要云：『忠恕洞解六書，故所言具中條理。……忠恕所論，較他家精確多矣。』故王力之《中國語言學史》將此書與唐顔元孫《干祿字書》、宋張有《復古編》並列爲正字法之書。於漢字源流考證、字學研究等，頗有啓發。

此本版心有『萬玉堂雕』字様，知爲明嘉靖孫沐萬玉堂刻本。孫沐，字志新，明太學生，丹陽人，好古博雅，有萬玉堂，刻《太玄經解贊》十卷、《干祿字書》一卷等書。據徐充跋，此書有宋刻本，惜流傳未廣。孫氏續刻此書作爲家塾訓諸子之用，徐充家藏有此書與《干祿字書》影宋抄本，故以兩書相校並重刻。後出之《佩觿》單刻、叢刻本若干種，如明萬曆十二年（一五八四）李齊芳刻本、萬曆十八年吴期炤刻本、毛氏汲古閣抄本、明萬曆格致叢書本、明刻唐宋叢書本、明宛委山堂刻《説郛》本、清康熙四十九年（一七一〇）張士俊澤存堂五種本、《四庫全書》本、清末續知不足齋叢書本、民國《叢書集成初編》本等，多以此刻爲祖本。此本源出宋本，既爲舉世之稀珍，又以探源宋槧足貴，雖梓明代，要與天水遺刊同其罕秘。

此本曾爲周叔弢插架之物，鈐有『曾在周叔弢處』印。現藏中國國家圖書館。（向輝）

〇一三

**古文奇字十二卷**　（明）朱謀㙔撰　明萬曆刻本。框高二十一・五釐米，寬十四・八釐米。每半葉七行，行大字不等，小字雙行二十四字，白口，左右雙邊。

朱謀㙔（生卒年不詳）字鬱儀，寧府鎮國中尉，寧獻王朱權七世孫，私謚貞静先生。萬曆二十二年（一五九四）廷議增設石城、宜春管理，命謀㙔以中尉理石城王府事，得劾治不法者，典藩政三十年，宗人咸就約束，暇則閉户讀書。謀㙔貫串群集，通曉朝廷典故。著《易象通》《詩故》《春秋戴記》《魯論箋》及他書凡百十有二種，皆手自繕寫。傳附見《明史》卷一百十七《寧王權傳》、《明史》卷三百八十五《儒林傳》等。

是書自序云：『予自弱冠潛心《丘》《索》，尤嗜六書，逮今四十餘年，日窺月測，似有獨寤，嘗撰《六書本原》三篇……别撰《説文決疑》《六書貫玉》各十數卷，皆有條緒。自念變易積習，未若追研古始，乃取家藏弘、正間楊氏《書統》善本，並諸金石、史籀舊文，分别部次，博採群説，折衷己意，爲《古文奇字輯解》十二卷。』因知是書旨在解古文，昭奇字。《澹生堂藏書目》《千頃堂書目》《傳是樓書目》《絳雲樓書目》等私家書目皆有著録。

是書按天、地、人、物分部，後附拾遺部。首列一字古文，後附釋義，兼釋音形。後列楊桓《六書統》、金石鐘鼎、史籀等文中古文字形，間作辨訛。自序言：『今之錄者大略八千有奇，一點一畫皆仍史籀、鐘鼎之舊，無敢改變，以墜失先聖人本指。其有擬議傳訛者，則附之註中。』是本朱謀㙔序末略殘，臺灣『中央圖書館』藏本與是本同版，其序末有『萬曆壬子春正月望日南州朱謀㙔鬱儀甫書』落款。而序中提及『方欲就正大方名碩，而仲子錋用所鈔本遂雕梓之，以故其間錯綜重疊之未删、訓故辯駁之未正，往往而有』，故是本可定爲明萬曆四十年朱氏家刻本。除此萬曆本外，是書僅有抄本行世。是本流傳稀少，甚爲珍貴。現藏中國科學院文獻情報中心。（洪琰）

## 〇二三　華夷譯語不分卷　（明）火源潔等撰　明内府刻本。框高二十五・六釐米，寬十八・一釐米。每半葉八至五行，行字不等，黑口，四周雙邊。

火源潔（生卒年不詳）或譯爲『火原潔』，明代蒙古族人，洪武時官翰林侍講。精通漢語與蒙古語，編《華夷譯語》。

今存《華夷譯語》四種：洪武《華夷譯語》；永樂《華夷譯語》；會同館《華夷譯語》；會同四譯館《華夷譯語》（《『華夷譯語』調查記》，《文物》一九八一年第二期）。此書屬第一種。《明太祖高皇帝實錄》卷一百四十一載：『洪武十五年……丙戌命翰林院侍講火原潔等編類《華夷譯語》。上以前元素無文字，發號施令但借高昌之書，製爲蒙古字，以通天下之言。至是乃命火原潔與編修馬沙亦黑等，以華言譯其語。凡天文、地理、人事、物類、服食、器用，靡不具載。復取《元秘史》，參考紐切其字，以諧其聲音。既成，詔刊行之。』劉三吾《華夷譯語序》，敘述其成書緣起與《明實録》同，落款爲洪武二十二年（一三八九）。蓋此書始作於洪武十五年，至二十二年始成書，刊行於世。

是書乃是用漢語記録蒙古語讀音的字書，前半部分分天文、地理、時令、花木、鳥獸、宫室、器用、衣服、飲食、珍寶、人物、人事、聲色、數目、身體、方隅、通用十七門，所收詞語用漢字譯音。後半部分收録十二篇文章，用漢字記録蒙古文語音，旁注漢文逐字翻譯。前五篇文章，一句或兩句後附全句翻譯。含全句翻譯的五篇中，前四篇幾爲文言翻譯，最後一篇《敕禮部行移安答納哈出》則爲通俗翻譯，其後各篇取消了全句翻譯。由此可知，該書非出於一人之手，火源潔應爲組織和主要編撰者。

本書凡例曰：『用漢字譯寫胡語，其中間有有聲無字者，今特借聲音相近字樣，立例於後，讀者依例求之，則無不諧矣。』另外特别强調字旁字下小注中的中、舌、丁、勒、黑、卜等字，用以區分不同發音部位，在語音史上有重要研究價值。另外，各門類收録的詞語有鮮明的蒙古特色，對詞彙史及蒙古史的研究，也具有重要價值。《四庫全書總目》是書提要稱本書『粗具梗概，訛漏孔多。《欽定元國語解》已有成書，源潔此編，直付之覆瓿可矣』，僅從翻譯角度評價，忽略了其歷史語言學的價值，不甚恰當。洪武後名爲《華夷譯語》的書有多部，各書目收録或有混淆。《文淵閣書目》《四庫全書存目叢書》均收録《華夷譯語》一卷，《千頃堂書目》收録《華夷譯語》九卷，未知爲分卷錯誤抑或與後代《華夷譯語》相混淆。

永樂年間開設四夷館,『特設蒙古、女直(真)、西番、西天、回回、百夷、高昌、緬甸八館,置譯字生、通事,通譯語言文字。正德中,增設八百館,萬曆中又增設暹羅館』(《明史》卷七十四)。至清代設『四譯館』,『凡八館,曰西天、曰暹羅、曰回回、曰八百、曰高昌、曰西番、曰緬甸、曰百譯』(《大清一統志》卷二),都曾翻譯、出版過『譯語』類書,也曾冠以《華夷譯語》之名,後世屢有混淆。以僅存各種『譯語』觀之,洪武本《華夷譯語》僅有蒙古譯語,後代多是各種譯語匯合;洪武本無蒙古語原文,後代多附原文;僅洪武本旁注發音位置。

是本前有洪武二十二年序,言及『輯錄刊布』,又版式疏朗開闊,觀其版刻風格及前序,知其確爲明内府刻本。此本成書年代、刊刻年代均爲現存《華夷譯語》中最早者,文獻、版本價值俱佳,彌足珍貴。是本僅鈐有『京師圖書館收藏之印』,蓋原爲内閣大庫書。現藏中國國家圖書館。(洪琰)　〇二四

**高昌館課不分卷**　明抄本。框高二十三・三釐米,寬十五・一釐米。每半葉七行,行十二字,藍口,四周雙邊。

《高昌館課》又稱《高昌館來文》,是明代四夷館所屬高昌館編撰的漢文、回鶻文對照公文書。明永樂五年(一四〇七)始設四夷館,乃我國最早培養翻譯人才的官方機構,主要負責翻譯邊疆少數民族及朝貢國家的往來文書。初分韃靼、女真、西番、西天、回回、百夷、高昌、緬甸八館,後增設八百、暹羅兩館,清沿襲改爲四譯館。高昌館主要負責朝廷與西北少數民族往來的翻譯和教習回鶻文。據清江蘩

《四譯館考》一書所載，高昌館翻譯和保管的文書有『哈密、安定、阿端、曲先、罕東、魯陳、亦力把力、黑婁』等，『其地東至哈密，西連亦力把力，南抵于闐，北接瓦剌，東南至肅州』。這些地方涵蓋了現今新疆以及十九世紀下半葉被沙俄侵占的我國巴爾喀什湖以東及以南的全部地區。《高昌館來文》就是上述各地區地方政權與明朝中央政府的往來文書，其中以奏摺爲主。

中國國家圖書館所藏明抄本《高昌館來文》，是收錄篇數最多的一個傳本。該書共四册，白綿紙，青絲欄，漢文、回鶻文均用毛筆楷書。其中三册以漢、回鶻兩種文字對照，包括漢文文書八十六件，一件缺回鶻文譯文；對譯的回鶻文文書八十五件，一件缺漢文對照，此外還有漢文殘葉一片。另一册爲漢文與托忒蒙文合璧，除明朝皇帝給亦力把力的敕文和罕東左衛的來文兩件與新疆有關外，其餘都是官方文告並包含有建州衛（今遼寧新賓一帶）的來函。

雖然《高昌館課》所收各函均未注明年月，但從一些函件内容可以推斷其大致的時間。如吐魯番來文中所提到的『國主』有阿力速壇（此人一四六九—一四七八年在位）、阿黑麻王（一四七九—一五〇四年在位）、滿速兒王（一五〇五—一五四五年在位）、馬黑麻王（一五七一年始在位）等。由此可以判斷《高昌館課》收文至少跨越了十五世紀下半葉至十六世紀中葉。

《高昌館課》體現了明代中央政府與新疆各地在政治、經濟等方面的密切聯繫，具有重要的歷史文獻價值。新疆各地方割據政權對明中央政府自稱爲『地面』，始終保持着臣屬關係。不僅各『地面』的首領由明王朝敕封，而且一些高級軍事官員亦由明中央政府加陞。《高昌館課》中明朝皇帝給亦力把力頭目馬哈木的敕文，集中反映了這一政治上的臣屬關係。敕文寫道：『爾能敬順天道，尊事朝廷，遣使以阿魯骨馬來進，誠意可嘉。特賜爾綵段表裏，爾宜益堅臣節，永效勤誠，以副朕望。』《高昌館課》還記錄了新疆各地的六十七次朝貢活動，而這僅是當時新疆與中央政府交流的一小部分實證。該書記載了新疆各地向中央政府進貢的物品二十三種，最爲常見的有馬、玉石，此外還有奇獸如獅、豹及土特産金剛石、瑪瑙、貂鼠皮等。新疆各地要求的賜物亦有二十餘種，以絲綢、瓷器爲主，還有一部分金銀工藝品。這些都是漢唐絲綢之路貿易的主要物品，因此明代西域與中央的朝貢貿易是對漢唐絲綢之路的繼續和發展。

《高昌館課》還具有重要的語言學研究價值。《高昌館來文》應該是先寫成漢文，而後逐字直譯成回鶻文。雖然它不一定能真實反映當時維吾爾族人民的口語情況，也很難從中看出當時維吾爾語的語法特點，但它有助於我們研究當時回鶻文字的使用情況和瞭解維吾爾語的詞彙。

《高昌館課》除中國國家圖書館藏明抄本外，還有以下幾種比較重要的版本：一、日本東洋文庫藏本，收來文十五篇；中央民族大學圖書館藏有該本的曬藍本。二、匈牙利人李蓋提（L. Ligeti）在《匈牙利科學院東方學報》（*Acta Orientalia*）發表的來文，收來文四十一篇；三、德國柏林國家圖書館的夏德（F. Hirth）藏書本，其中有兩篇來文爲中國國家圖書館藏明抄本所無。

本書曾爲清康熙朝進士張瑗舊藏，鈐有『張瑗蘧若章』『玉堂侍御』等印。現藏中國國家圖書館。

（孫俊）

## 洪武正韻十六卷　（明）樂韶鳳　宋濂等撰　明初刻本（卷四至六配明抄本）。框高三十一・七釐米，寬二十二・五釐米。每半葉十三行，行字不等，小字雙行三十六字，白口，四周雙邊。

樂韶鳳（生卒年不詳）字舜儀，一字鳴瑞，或又字致和，或來儀，號廷瑞，全椒（今屬安徽）人。洪武三年（一三七〇）授起居注，歷兵部尚書、侍讀學士、國子祭酒。十三年致仕歸，以壽終。編著《大明日曆》《回鑾樂歌》等。事迹具《明史》卷一百三十六本傳。

宋濂（一三一〇—一三八一）字景濂，號潛溪、玄真子，浦江（今浙江金華）人。元至正中薦授翰林院編修，不赴。朱元璋克婺州，聘爲五經師。至正二十年（一三六〇）邀至應天，授江南儒學提舉，命教授太子讀書，尋改任起居注。洪武二年任《元史》總裁官，書成遷翰林學士，兼修國史。纍官至翰林學士承旨。洪武十年致仕，十三年因長孫宋慎坐胡惟庸案，流茂州，十四年卒於夔州。正德中，追謚文憲。《明史》稱之與劉基『學術醇深，文章古茂，同爲一代宗工』。事具《明史》卷一百二十八本傳。

汪廣洋（？—一三七九）字朝宗，高郵（今屬江蘇）人。元末進士，朱元璋率軍渡江，召至。纍官元帥府令史、江南行省都事、江西參政等職。洪武元年理山東行省事。三年，召任中書左丞，後封忠勤伯，官拜右丞相。十二年十二月，以胡惟庸案謫廣南，旋賜死。著有《鳳池吟稿》。事具《明史》卷一百二十七本傳。

明初，太祖重韻書，親詔大臣『廣詢通音韻者刊定之』。是書洪武八年三月首次纂集，樂韶鳳、宋濂、王僎、李叔允、朱右、趙壎、朱廉、瞿莊、鄒孟達、荅祿與權、孫蕡爲纂集者，汪廣洋、陳寧、劉基、陶凱爲質正者（宋濂序）。以七十六韻成書，詔刊行之。十二年秋又以汪廣洋總裁修訂，朱孟辯、宋璲、桂慎、劉仲質等參與校正（吳沈《洪武正韻序》），以八十韻成書。宋濂序七十六韻本謂是書『壹以中原雅音爲定。……凡六謄稿，始克成編。其音韻協者併入之，否則析之，義同字同而兩見者合之，舊避宋諱不收者補之，註釋則一依毛晃父子之舊。勒成一十六卷，計七十六韻，共七十萬言。書奏，賜名《洪武正韻》。……隨音刊正，以洗千古之陋習』（《宋濂全集·翰苑續集卷之二·洪武正韻序》）。《四庫全書總目》是書提要云：『其（《洪武正韻》）註釋一以毛晃《增韻》爲稿本，而稍以他書損益之。蓋歷代韻書，自是而一大變。……（宋）濂亦曲學阿世，强爲舞文耳。……其書本不足錄，以其爲有明一代同文之治，削而不載，則韻學之沿革不備。』七十六韻本《洪武正韻》後世多有覆刊，正德、嘉靖至崇禎年間有官刻與藩府刻多種。

八十韻本校正七十六韻本之明顯疏失，並調整韻書之語音結構，優於初編。然此編總裁汪廣洋於洪武十二年十二月被賜死，十三年此書校正宋璲坐胡惟庸獄死。故此，八十卷本或不再刊行，世所罕見，此本或爲僅存之本。

此本首有洪武十二年冬十一月二十日吳沈《洪武正韻序》、次凡例八則，次目錄（缺葉，僅存平聲）。正文卷一至十六，全書以平聲、上聲、去聲、入聲四聲八十韻編排，收錄單字約萬餘。

此本正文葉象鼻處記每葉字數『一千五百八十二』『一千五百三十』等。書口三魚尾，上兩魚尾間題『洪武正韻卷某』，下記該卷葉數，第三魚尾下記刻工，葉面模糊，多不可辨識，其能釋讀者有：可、子青、余文、楊茂、李、東、名遠、范孟央、吳美、呂、□克名、何、吳英、□伯上、朱佰、朱、何真、陳義、朱彥□、宗等，或可補《明代刊工索引》之缺。

此本爲目前存世之唯一八十韻本《洪武正韻》，於《洪武正韻》研究及相關問題解決極有助益，殊可寶之。現藏中國國家圖書館。（向輝）

○二六

**西儒耳目資三卷** （法國）金尼閣撰 **釋疑一卷** （明）王徵撰 明天啓六年（一六二六）王徵張問達刻本。框高二十三・七釐米，寬十五・一釐米。每半葉十二行，行二十字，小字雙行同，白口，四周雙邊。

金尼閣（Nicolas Trigault 一五七七—一六二八）字四表，法國天主教耶穌會傳教士。明萬曆三十八年（一六一〇）來華，先到澳門，次年赴南京學習中文。後到南昌、建昌、韶州、杭州以及河南、山西、陝西等地傳教。晚年居杭州。

《西儒耳目資》爲幫助西方人學習漢語、漢字的羅馬字注音字書。金尼閣認爲，西方人初到中國，『聞新言，耳鼓則不聰；觀新字，目鏡則不明』，故在早期傳教士利瑪竇、郭居静、龐迪我等人的基礎上編成此書，天啓六年成書版行。該書分三編：第一編《譯引首譜》，以圖例、問答形式闡發音韻、邊正之理；第二編《列音韻譜》，可從拼音查漢字；第三編《列邊正譜》，可從漢字查拼音。書中收字一萬四千有奇，點畫聲律，一遵《洪武正韻》。

金尼閣的羅馬字注音方案僅用二十五個字母（五個母音字母，二十個輔音字母）和五個表示聲調的符號，就可以拼出當時『官話』的全部音節。這種比反切簡單容易的注音方法，引起當時中國音韻學者極大的注意和興趣。韓雲（字景伯）稱『先生字學，實千古所未發，若拒而不納，乃真聾瞽矣』。還有學者從中受到啓發，産生了中國文字可以拼音化的設想。如方以智《通雅》卷一中曰：『字之紛也，即緣通與借耳。若事屬一字，字各一義，如遠西因事乃合音，因音而成字，不重不共，不尤愈乎。』今人更可根據書中所記『官話』讀音，推研《洪武正韻》的基礎方言系統。故該書有益於我音韻之學者良多。《四庫全書總目》卷四十四著録是書，稱『惟此本殘闕頗多，《列音韻譜》唯存第一攝至十七攝，自十八攝至五十攝皆佚，已非完書』，故僅入存目。今此本首尾完備，字畫清晰，足資使用。書前有天啓六年丙寅五月癸亥日張問達撰《刻西儒耳目資序》，稱『爰命兒輩校而梓之，以廣其傳』；『譯引首譜』『列邊正譜』末均有牌記，題『天啓丙寅孟春望日了一道人良甫梓行』。知此本爲王徵、張問達所刊，時在天啓六年。

王徵（一五七一—一六四四）字良甫，又字葵心，號了一道人、了一子、支離叟，涇陽（今甘肅平凉）人。天啓二年進士。官至登萊監軍僉事，尋告歸。留心經世致用之學，後以經算教授鄉里，致力於傳授西方學術。對傳播西方科學、促進文化交流卓有貢獻，與徐光啓並稱『南徐北王』。

張問達字德允，涇陽人。萬曆十一年（一五八三）進士。由知縣徵授御史。天啓初，爲吏部尚書，『梃擊』『紅丸』『移宫』三大案皆經其手，持議平允，不激不隨。秩滿加太子少保，致仕。

書中還有王徵《西儒耳目資釋疑》一篇，末曰：『是書也，創作之者四表金先生，贊成之者豫石呂銓部、景伯韓孝廉、子建衛文學，而冢宰誠宇張先生與其季子敬一則所爲捐貲刻傳之者。余小子徵，特周旋終其役耳。至於一字一音、一點一畫，細加校讎而毫不致有差遺者，則金先生之門人鼎卿陳子之功爲最。書作於乙丑年夏月，於丙寅年春月告竣。』於此書成書、刻梓過程中與有力者多有表曝，可以參看。

書中鈐『涵芬樓』『海鹽張元濟經收』印。現藏中國國家圖書館。（張燕嬰）

〇二七

# 史部

## 新唐書糾謬二十卷　（宋）吴縝撰　明影宋抄本。每半葉十四行，行二十五字，注文小字雙行，無格。

吴縝（生卒年不詳）字廷珍，四川成都人。北宋治平間（一〇六四—一〇六七）進士，官至左朝散郎，曾知邛、蜀、洋、萬四州。生平力學，博通古今，尤以考史見長，多求前史謬誤而參訂之。惜其成果大多未能流傳，傳世之作，僅《新唐書糾謬》《五代史纂誤》二書。

北宋嘉祐中，詔宋祁、歐陽修等重修《唐書》。時有蜀人吴縝，初登第，因范景仁而請於歐陽修，願預官屬之末。縝且致書歐陽公，言辭懇切。歐陽修却以其年少輕佻而拒之，縝怏怏而不樂。逮書修成，縝則指摘其間瑕疵紕繆，遂成《新唐書糾謬》二十卷。吴縝序稱：『唐書自頒行，迨今幾三十載，學者傳習，與遷、固諸史均焉。縝以愚昧，從公之隙，竊嘗尋閲。《新書》間有未通，則必反復參究；或舛駁脱謬，則筆而記之。歲時稍久，事目益衆。深怪此書抵牾穿穴，亦已太甚。揆之前史，皆未有如是者：……元祐四年己巳歲八月望日，夷陵至喜亭咸林吴縝序。』其作書之緣起、經過，皆昭然可知。是書凡二十卷，分二十門，就《新唐書》抵牾錯漏、剪裁不當、編纂失例、文字乖謬之處予以糾駁，計四百四十九條。並總結《新書》修撰之失有八：一曰責任不專，二曰課程不立，三曰初無義例，四曰終無審覆，五曰多採小説而不精擇，六曰務因舊文而不推考，七曰刊修者不知刊修之要而各徇私好，八曰校勘者不舉校勘之職而唯務苟容。故《四庫全書總目》以爲該書『深中其（《新唐書》）病』。所糾《新唐書》中《鄭善果傳》『聊城』誤作『遼城』；《僕固懷恩傳》『橫水』誤作『黄水』；《王義方傳》『龐萌』誤作『逢萌』；《李懷仙傳》『仙』誤爲『先』，雖僅一字之誤，而牽涉到地理、人名諸多史實，不糾不足以得其實。故李慈銘《越縵堂讀書記》贊其『有功於史學甚大』。

紹聖元年（一〇九四），《新唐書糾謬》由侍讀胡宗愈推薦，表進於朝。『紹興中，福唐吴仲實元美爲湖州教授，復刻於郡庠。』（《天禄琳琅書目》卷二《新唐書糾謬》）因知此書至晚於南宋紹興八年（一一三八）已在湖州州學付梓。此爲影宋抄本，字迹精工，一絲不紊，頗能傳宋本神韻。而其底本或即湖州本，原本中所避宋帝名諱，影本均仍其舊，如玄、朗、殷、弘、勖、敬、驚、貞、恒、構等字缺末筆，提行亦然；『慎』字則不避。查《中國古籍善本書目》，此書宋本已無傳世者，據此抄本，則可一睹宋本風貌。卷六末有『穀齋李世倬抄録』一行，卷九末有『穀齋李世倬録』一行，卷十二倒數第二葉有『穀齋李世倬臨抄』一行，前人編目時判斷此三行署名爲僞。

書中鈐『濟之』『會侯珍藏』『世澤堂』『曾在周叔弢處』等印記。現藏中國國家圖書館。

（張燕嬰）

〇二八

**元史二百十卷目録二卷** （明）宋濂 王禕等撰 明洪武三年（一三七〇）内府刻本。框高二十五・六釐米，寬十七・五釐米。每半葉十行，行二十字，黑口，四周雙邊。

宋濂生平爵里、學行業績簡況，前録明初刻本《洪武正韻》時已介紹。

王禕（一三二一—一三七三）字子充，號華川，義烏（今屬浙江）人。元末受朱元璋召，先後任中書省掾、江南儒學提舉、漳州府通判。朱元璋曾説：『吾固知浙東有二儒，謂卿與宋濂。』（《皇明書》卷三十一《忠節》）故與宋濂同任《元史》總裁，繼授翰林待制、承直郎、國史院編修、同知制誥等職。洪武五年，奉詔赴雲南招降元朝殘餘梁王把匝剌瓦爾密，次年遇害。後賜謚文節，正統六年（一四四一）改謚忠文。著作有《王忠文公集》二十卷、《王忠文公文集》二十五卷、《大事記續編》七十七卷、《華川卮辭》一卷、《青巖叢録》一卷、《逐鹿記》一卷等。

明洪武元年八月，明大將徐達攻克大都，將元政府所藏史籍悉數運至南京。同年十二月，朱元璋即『詔儒臣發其所藏，纂修《元史》，以成一代之典』（《元史・宋濂序》）。次年二月，在南京天界寺（今南京朝天宫東）正式開局，以左丞相李善長爲監修，宋濂、王禕爲總裁，徵召山林遺逸之士汪克寬、胡翰、趙壎、高啓等十六人參與其事。這次修史，主要以元大都繳獲之元十三朝《實録》和元官修政書《皇朝經世大典》八百八十卷爲基礎，至八月即初步修成，計本紀三十七卷，志五十三卷，表六卷，列傳六十三卷，共一百五十九卷。因元順帝一朝無《實録》可稽考，於是又下詔遣使至各地搜集相關史料。洪武三年二月，儒士吕復（字仲善）等人將採集到的元順帝元統以後詔令、章疏、拜罷、奏請等公牘，元朝官修《六條政類》《后妃功臣列傳》等大型政書史料，以及見於野史、碑文、群儒家集等相關文獻，匯聚到南京，於是重新開局，仍以宋濂、王禕爲總裁，率領趙壎、朱右、貝瓊等十五人繼續纂修，至同年七月全書告成。增編順帝紀十卷，增補元統以後的《五行》《河渠》《祭祀》《百官》《食貨志》各一卷，三公和宰相表的下卷，列傳三十六卷。統合之前所纂，計本紀四十七卷、志五十八卷、表八卷、列傳九十七卷，全書共二百一十卷。兩次纂修，歷時僅三百三十一天。刊刻速度更快，至洪武三年十月便已『鏤版訖功』（《元史·宋濂序》）。

此本實爲配本。書前凡例、目錄及目錄後洪武三年（誤刻爲二年）宋濂序和正文前五卷（即《本紀》前五卷）爲嘉靖十一年（一五三二）南京國子監補刊本，版心上方時鎸『嘉靖九年補刊』『嘉靖十年刊』等字樣，紙質也與之後各卷不同。自第六卷以後均爲洪武三年原版印本，但非初印，應是嘉靖十一年南京國子監補刊前刷印之本。故書中斷爛殘缺之處不少，如《本紀》卷第十第十六葉上半部分書版殘失，出現半版空白；《本紀》卷第二十九第五葉、第六葉下方約四分之一書版殘失，出現大片空白。《列傳》卷七十九第十一、十二葉脱落不存，故《盧琦傳》不全，鄒伯顔、劉秉直、許義夫三人無傳；《列傳》第九十七第十七葉背面和第十八葉（全書最後一葉）缺失。洪武三年版印本上書口鎸字數，下書口鎸刻工姓名，如胡拱之、何宗六、周東山、何澤之、朱仁卿等，約百人。嘉靖十一年南監本則版心字數、刻工悉無。

此本卷端鈐印『燕京大學圖書館章』，原爲燕京大學圖書館收藏，現藏北京大學圖書館。（姚伯岳）

〇二九

**前漢紀三十卷** （漢）荀悦撰 **後漢紀三十卷** （晉）袁宏撰 明嘉靖二十七年（一五四八）黄姬水刻本 黄丕烈校並跋 孫潛校 馮舒 傅增湘 周叔弢跋。框高十九・三釐米，寬十四・七釐米。每半葉十一行，行二十字，白口，左右雙邊。

荀悦（一四八—二〇九）字仲豫，潁川潁陽（今河南許昌）人。官至秘書監、侍中。著有《申鑒》《崇德》《正論》及諸論數十篇。《後漢書》卷六十二附見其祖荀淑傳。

袁宏（三二八—三七六）字彦伯，陳郡陽夏（今河南太康）人。纍官至大司馬桓温府記室，後入爲吏部郎，授東陽太守。著有《竹林名士傳》三卷、詩賦誄表等雜文凡三百首，今存《後漢紀》。《晉書》卷九十二有傳。

《漢紀》後世因與《後漢紀》合刻，故冠以『前』字相區别。《前漢紀序》稱『（獻）帝好典籍，常以班固《漢書》文繁難省，乃令悦依《左氏傳》體以爲《漢紀》三十篇，詔尚書給筆札』。將《漢書》改編爲編年體，『凡《漢紀》十二世十一帝，通王莽二百四十二年』。清王鳴盛《十七史商榷》卷二十八云：『其篇首當言「十一世十二帝，通王莽二百三十年」。』其説是。是書與《漢書》間有異同處，堪資考證班書記載及傳刻訛誤，《四庫全書總目》之《申鑒》提要謂其『文約事詳，足稱良史』。

《後漢紀》體例全仿《漢紀》。自序謂《後漢書》煩穢雜亂，『聊以暇日，撰集爲《後漢紀》』。其所掇會《漢紀》、謝承書、司馬彪書、華嶠書、謝忱書、《漢山陽公記》《漢靈獻起居注》《漢名臣奏》，旁及諸郡《耆舊先賢傳》凡數百卷。前史闕略，多不次敘，錯謬同異，誰使正之』，經營八年，又參以張璠所撰《後漢紀》（今已佚）而成書。

二書自《隋書·經籍志》以至宋元諸書目俱有著録。此本末有紹興十二年（一一四二）汝陰王銍《重刻兩漢紀後序》，稱『祥符中刊版於錢塘，版廢幾百年，今始合二書，用諸家博（博爲傳字之誤）本校其異同，撥其訛誤，稍條然可讀，遂再刻之』，兩書合刻殆由此始。明黄省曾得雲間朱氏（横經閣主人朱大韶）所藏紹興本，其子姬水刻之，是此書今存世最早刻本。清末《藝風堂藏書記》著録有正德十六年（一五二一）何景明刻本，未見傳世。

黄姬水（一五〇九—一五七四）初名道中，字致甫，一字淳父，吴縣（今屬江蘇）人。從祝允明學書法，翁方綱評爲『有明一代楷法之勝者』（《明人小楷論》）。著有《貧士傳》《白下集》《高素齋集》等。《國朝獻徵録》卷一百五有馮時可撰《黄淳甫姬水傳》。

歷來版本學家對黄刻《兩漢紀》評價不高，馮舒跋甚至稱『訛謬百出』，傅增湘稱『奪文誤字，觸目皆是』（《藏園群書題記·校後漢紀書後》），今此《中華再造善本續編》影印本之獨特價值在《前漢紀》之諸家校跋。卷末有孱守老人跋，黄丕烈考其人即明末清初藏書家馮己蒼（馮舒），卷首之『璜谿釣叟』『大樹將軍』印，亦馮氏印。清孫潛得書後，又據舊抄本校並補抄目録，云『舊抄本每葉二十行，每行二十四字不等』，鈐『潛夫』『矢志讀書不求聞達』等印。乾隆五十六年（一七九一）黄丕烈得《前漢紀》於西山書肆中，以家藏影宋抄本作校勘於書眉，『卷中致疑各條，黄刻校皆一一爲之補完』（傅增湘跋）。民國間輾轉歸傅增湘，經仔細校勘，『全書增補改易凡二千一百三十有五字』（《校後漢紀書後》）。後

荀袁二書均爲周叔弢所得，仍合爲《兩漢紀》。周氏自此書始鈐『周暹』二字白文小印以護書。現藏中國國家圖書館。（樊長遠）

〇三〇

**三朝北盟會編二百五十卷** （宋）徐夢莘撰 明抄本（卷一百五十一至一百五十五配清抄本）。框高二十五·七釐米，寬十六·五釐米。每半葉十行，行二十字，白口，左右雙邊。

存二百三十卷：卷一至一百十、一百二十一至一百三十五、一百四十六至二百五十。

徐夢莘（一一二六—一二〇七）字商老，臨江（今江西清江）人。幼慧，耽嗜經史，下至稗官小說，寓目成誦。宋紹興二十四年（一一五四）進士。歷官南安軍教授，改知湘陰縣，轉知賓州，以議鹽法不合，罷歸。夢莘嗜學博文，恬於榮進，平生多所著述，有《集補》《會錄》《讀書記志》《集醫錄》《集仙錄》等。生平事迹見宋人樓鑰所著《攻媿集》卷一百八《直秘閣徐公墓誌銘》及《宋史·儒林傳》。

夢莘幼值靖康之亂，遭際時難，哀嘆『嗚呼，靖康之禍古未有也！』及長，自念生長兵間，欲得盡見事之本末，宦遊四方，收羅野史及他文書，多至二百餘家，自序云：『然各説有同異，事有疑信，深懼日月浸久，是非混淆，臣子大節，邪正莫辨，一介忠欵，湮没不傳。』乃網羅舊聞，薈萃同異，爲《三朝北盟會編》二百五十卷，自政和七年（一一一七）海上之盟，訖紹興三十一年金海陵王完顔亮被殺，次年宋金恢復和議止，上下四十五年。成書於光宗紹熙五年（一一九四），時夢莘已近古稀。書成後，又將後續所搜資料編爲《北盟集補》五十卷，然未傳世而佚。

是書又名《三朝北盟集編》，採編年體例，會集宋徽宗、欽宗、高宗三朝有關宋金和戰多方面史料，以事立目，按年月日詮次本末，凡分上、中、下三帙。上爲政、宣二十五卷，中爲靖康七十五卷，下爲炎、興一百五十卷。靖康爲時不過一年半，篇幅幾占全書三分之一，且敘事亦極細緻，以揭示自『海上之盟』到『靖康之禍』原委終始。

是書大量徵引文獻，凡曰敕、制、誥、詔、國書、書疏、奏議、記傳、行實、碑誌，登載靡遺。有學者指出，若排除奏章等單篇文獻，《三朝北盟會編》引書有明確書名者共一百三十五種，其中雜史、筆記、雜著一百三種，《詩選》一種，實錄二種，圖經一種，行狀十種，家傳八種，神道碑和墓誌十種（湯勤福《〈三朝北盟會編〉引書數量及相關問題》）。

書中徵引皆全錄原文，無所去取，亦無所論斷，自序曰：『其辭則因原本之舊，其事則集諸家之說，不敢私爲去取，不敢妄立褒貶。參考折衷，其實自見。』極大保存了文獻材料原貌。一些後來散佚文獻，亦賴該書得以保存。此外，有些史籍諸如《建炎通問錄》《順昌破賊錄》《靖康小雅》《僞齊錄》等，多與《會編》所載文字相同，當係後人從該書輯錄而出。再有，因李燾《續資治通鑑長編》徽宗、欽宗部分全部散失，而是書北宋末部分共有一百卷之多，故尤顯珍貴。《四庫全書總目》稱讚其爲南宋野史中之佳作，地位僅次於李心傳《建炎以來繫年要錄》。

是書完成後，先有四個抄本，爲實錄院所藏二本、樓鑰所藏一本，原本則爲徐家所藏。宋世以還，出現大量抄本，然竄改甚多。又有一種摘抄本，名《三朝北盟會編摘抄》，同他本相較，不僅內容（如人名、地名、時間等）有不同，且錯誤也少，頗具校勘價值。通行刊本有清光緒四年（一八七八）袁祖安活字排印本及光緒三十四年許涵度校刻本，許本較勝於袁本，然文中多有避諱。由於二本所據祖本皆難稱善，袁、許在校勘中又不甚謹慎，故皆有諸多錯誤。

此本爲季振宜舊藏明抄本，初爲何子宣所藏，每葉有何子宣騎縫圖記。後歸季氏，季氏身後又輾轉多人，民國間爲涵芬樓購得。前人對此抄本多所推許，瞿鏞《鐵琴銅劍樓藏書目録》卷九曰：「（是書）傳鈔者率多謬訛脱落，惟泰興季氏藏本尚爲舊帙，友人邵君恩多據以校過，有跋曰：『《北盟會編》世無刊本，惟季滄葦家鈔藏本，每葉有何子宣騎縫圖記者，最爲近古。向藏蘇氏，今爲張君子謙所有，向其借得，屬余參校，凡訛謬脱略，悉爲訂正，可稱完善。』」傅增湘《校本〈三朝北盟會編〉跋》曰：「余生平所見寫本不下十許。涵芬樓藏明鈔本，大字闊行，源出宋刊，爲張子謙舊物，斷推第一。」對此本評價甚高。然陳樂素《〈三朝北盟會編〉考》折衷前人之説，謂：「現存之諸本中，論者多以季振宜舊藏之明鈔本爲最佳。……此本大抵直接抄自宋本，較其他諸本爲早。然其抄手不甚高明，且缺數册。余嘗以他本合校其前六十卷，則知其脱誤亦已多。故所謂佳本，仍不過比較言耳。」概因是書所有傳本皆出自實録院藏本系統（鄧廣銘、劉浦江《〈三朝北盟會編〉研究》），許多訛誤帶有普遍性，因此難稱最善。

鈐「何子宣躋德樓封識」「躋德樓藏」「季振宜藏書」「滄葦」「愛日精廬臧書」「張月霄印」「張承焕印」「子謙」「汪士鐘字春霆号朗園書畫印」「祕册」「海鹽張元濟經收」「涵芬樓臧」等印，知迭經何子

宣、季振宜、張金吾、張承焕、汪士鐘諸人收藏。現藏中國國家圖書館。（楊印民）

〇三一

## 元史續編十六卷

（明）胡粹中撰　明永樂刻本。框高二十·五釐米，寬十四·二釐米。每半葉八行，行十八字，小字雙行同，黑口，四周雙邊。

胡粹中（生卒年不詳）名由，字粹中，以字行，山陰（今浙江紹興）人。洪武中爲儒學訓導，永樂初任楚府右長史，悉心輔導凡二十年，及卒，府中皆涕泣。博通經史，尤長於《毛詩》《春秋》三傳。著有《讀史筆記》《元史評》等。生平見錢謙益《列朝詩集小傳》乙集。

是書卷前有永樂元年（一四〇三）自序，云明初所纂《元史》成書後，衹有執事近臣得賜摹本，版藏中秘，外間得見者甚少。其後張美和、梁寅撰《元史略》行於世，而其書辭約事簡，無以見一代之典故。胡氏仕楚府之次年始得讀《元史》，有感於其詳於元世祖攻戰之事，而於成宗以下治平之迹略而靡悉，順帝時史事亦多闕漏，因作此書以補其闕。

元末明初人陳桱曾撰《通鑑續編》，專記兩宋事，胡氏書名《元史續編》，即續陳氏之書，非續《元史》。改官修《元史》之紀傳體爲編年體，記事起自元世祖至元十三年（一二七六），即宋上降表之年；終於順帝至正二十八年（一三六八），即順帝北走之年，通九十三年。全書仿《通鑑綱目》體例，編年繫月，大字爲提綱，小字爲細目，頗便省覽。有所論斷，則以『評曰』起首，隨事附見，全書評語近兩百則。《四庫全書總目》是書提要論其中書法云：『如文宗之初，知存泰定太子天順年號，而於明宗元年轉削而不紀，仍書文宗所改之天曆二年，進退未免無據，又英宗南坡之變，書及其丞相云云，蓋欲仿《春秋》之文，而忘其當爲内辭，亦劉知幾所謂貌同心異者。其他議論，雖尺尺寸寸，學步宋儒，未免優孟衣冠，過於刻畫。然如謂張世傑奪舟斷港，未能決性命於義利之閒；謂吴直方勸托克托大義滅親，爲不知《春秋》之義。持論亦未嘗不正。至於文宗陰謀害兄，更能據故老之傳聞，揭史家未發之隱，尤爲有關於懲戒。』商輅等修《續通鑑綱目》，於有元一代史事，全取此書爲藍本，並其評語亦頗採之，然持論之公，不及此書。《續通鑑綱目》問世後，是書遂不顯於世。《明史·藝文志》有《元史續編》七十七卷，卷數恐誤。又别出《元史評》，而不著卷數，《四庫全書總目》疑當時或析其評語别爲一本以行，如《後漢書贊》之例。

是書大黑口，字體仿趙，純是明初風格，又有永樂元年自序，故前人定爲永樂刻本。傳世頗罕，清代僅有一抄本而已。是爲明初補遺《元史》僅存之作。現藏中國國家圖書館。（樊長遠）

## 聖政記十二卷　（明）宋濂撰　明抄本。框高十九·五釐米，寬十四·三釐米。每半葉十行，行二十二至二十六字不等，白口，四周單邊。　〇三二

此書一名《洪武聖政記》，與明宋濂《洪武聖政記》同名，原著録明宋濂撰。《四庫全書總目》提要已發現本書『載至太祖之末，又有成祖時夏元吉等進《太祖實録》表文』，且『其文皆抄撮實録，别無異聞』，顯非宋濂所撰。

是書編年紀事，內容均節錄自《明太祖實錄》，所載偏重朝廷大政、詔諭嘉言，而於朱元璋起事前行迹僅錄一事； 於攻取集慶、鎮江等地戰事僅以數語略述之； 於《實錄》所載典禮儀節之繁複者則徑删去，其餘繁文細事亦多有删略。《四庫全書》館臣疑此書係『書賈贋托』，似有未諦。蓋《實錄》卷帙浩繁，深藏內府，民間傳抄不便，故明代已有節抄之本行世，如明陸深家書有云：『寄回《聖政記》一部十二本，此即《太祖實錄》。』（《儼山集》卷九十六）本書當亦屬此類節本。

此明藍格抄本，文字與《實錄》原本頗有異同，如卷一『得民兵號義兵，又曰「廬州路義兵」』，《實錄》作『得民兵號二，其文曰「廬州路義兵」』； 卷二報元主書『官軍奮勇』，《實錄》作『官軍隔絶』； 祭神祇文『亦除殘虐』，《實錄》作『掊斂殘虐』，皆可資參校。

是書《中國古籍善本書目》著錄有三部： 南京圖書館所藏明抄本僅存半部，卷六下至十二配另一抄本； 上海圖書館所藏除此本外尚有明抄殘本一部，僅存卷一、二、四、七，且錯簡、訛誤較多； 唯此本首尾完具，訛誤較少，允稱善本。

此本鈐有『禮邸珍翫』『姚氏』『鴛湖姚氏頌南珍藏』『頌南珍藏』『嘉興姚壽同長生安樂』『楊元吉』等印。 現藏上海圖書館。（沈從文）

〇三三

**華陽國志十二卷** （晉）常璩撰 明嘉靖四十三年（一五六三）張佳胤刻本。框高十九·八釐米，寬十三·二釐米。每半葉十行，每行二十字，白口，四周單邊。

常璩（約二九一—三六一）字道將，江源（今屬四川）人。祖上爲江源望族。自幼博極群書，學識淵博，李雄擅權時，因重其才，任其爲散騎常侍。晉穆帝永和三年（三四七），桓温伐蜀，李雄敗，温惜其才，授璩參軍之職。著有《漢之書》和《唐志》，惜二者俱佚。唯《華陽國志》傳世。

華陽之地，以處華山之陽而得名。今秦嶺以南，四川、雲南、貴州一帶，均屬華陽。《尚書·禹貢》：『華陽黑水惟梁州。』璩取首二字以名其書，故稱《華陽國志》。乃巴、漢中、蜀、南中等地區上起遠古，下迄東晉穆帝永和三年之通史，地理、風俗，及公孫述、劉焉、李特等事迹，均有所描述，是研究中國古代西南地區的重要歷史文獻。北宋呂大防爲此書作序，亦云『蜀記之可觀，未有過於此者』。清代經學家、文學家洪亮吉認爲，是書與《越絶書》乃中國最早的方志，亦被當今學界譽爲我國現存最早且最爲完整的志書。

是書有北宋神宗元豐間呂大防成都刻本、南宋嘉泰四年（一二〇四）李壆四川丹稜刻本，惜二者已佚。明嘉靖劉大昌成都刻本，多半殘缺。唯明嘉靖四十二年張佳胤四川銅梁刻本，内容完整且版本較早。是書刻印拙樸，惜缺失嘉靖癸亥五日張佳胤《刻華陽國志序》，同本複本尚存，序云：『余往歲薄遊江原，遵常氏之故墟，痛先民之如在，因憤漢以來地理諸典僅存類目，使往行嘉言沉淪略盡。』『顧前刻損逸，垂四百年，作者之功，幾同灰燼。余舊得鈔本於澶淵晁君石太史家，篇章所存，缺脱十五。後艤舟江陽，與成都楊用脩夜談里中文獻，因請所藏璩《志》舊本，錄之笥中。數年，余以罪謫陳、蔡間矣，邇又得副本於大梁朱灌甫氏。交互取質，魚亥稍明。今守蒲阪，退食既暇，採摭史志，或參證明訛，或附註鉤深，或循體準制，獨於疑闕不能臆筆。爰付梓人，用章淹廢。惟巴郡士女，傳讚並逸。』足證是書乃明嘉靖四十二年張佳胤刻本無疑。張佳胤（一五二七—一五八八）字肖甫，四川銅梁人。明嘉靖二十九年進士，《明史》卷二百二十二有傳。

是書鈐印纍纍，有『籍書園本』『林汲山房藏書』『福山王懿榮收藏記』『福山王氏正孺藏書』『海上精舍臧本』『曾在周叔弢處』『怡静齋印』等。『籍書園』『林汲山房』乃清乾隆藏書家周永年藏書處，周永年（一七三〇—一七九一）字書昌，一字書愚，祖籍餘姚（今屬浙江），後遷山東。清乾隆三十八年（一七七三）入四庫館，任校勘《永樂大典》纂修兼分校官。王懿榮（一八四五—一九〇〇）字正孺，一字廉生，山東福山人。近代金石學家、甲骨文字發現者。著有《漢石存目》二卷、《南北朝存石目》八卷等。是書現藏中國國家圖書館。（郭晶）

〇三四

**貞觀政要十卷** （唐）吴兢撰　明洪武三年（一三七〇）王氏勤有堂刻本。框高十九・三釐米，寬十二・七釐米。每半葉十三行，行二十四字，黑口，四周雙邊。

吴兢（六七〇—七四九），汴州浚儀（今河南開封）人。武周後期，頗受魏元忠、朱敬則器重，薦直史館，與修國史。中宗時，改右補闕、起居郎、水部郎中。玄宗時，官衛尉少卿兼修文館學士，纍遷太子左庶子。天寶八年（七四九）卒，年八十。吴兢博通經史，以史才稱，畢生嗜修史。因爲官忠諫，又秉筆直書，故有良史之風。曾私撰《唐書》《唐春秋》，未果。撰有《梁史》《齊史》《周史》《陳史》《隋史》《唐史》《則天實錄》《中宗實錄》《睿宗實錄》，多散佚，唯《樂府古題要解》《開元生平源》與《貞觀政要》傳世。《舊唐書》卷一百二、《新唐書》卷一百三十二有傳。

唐太宗李世民雄才大略、文武兼通、勵精圖治，繼西漢『文景之治』後八百年，創造了『貞觀之治』。是書兢自序云：『太宗時政化良足可觀，振古而來，未之有也。』『至於垂代立教之美，典謨諫奏之詞，可以宏闡大猷，增崇至道者，爰命不才，備加甄錄。』兢遂『綴集所聞，參詳舊史，撮其指要，舉其宏綱』，纂輯成書『凡一帙一十卷，合四十篇，名曰《貞觀政要》』。『庶乎有國有家，克遵前軌，擇善而從，則可久之業益彰矣，可大之功尤著矣。』纂輯緣起、成因經過、意義目的等，皆由此序昭然可知。

宋王應麟《玉海》卷四十九引《中興館閣書目》曰：『兢於《太宗實錄》外，採太宗與群臣問對之語，以備勸誡。……始君道、政體、任賢、求諫，終於謹終。』知是書乃隨事載錄而成，以記言爲主，旨在爲後世君主樹立施政楷模，故其後歷代君臣多珍視此書。唐憲宗李純元和二年（八〇七）十二月謂宰臣曰：『近讀《貞觀政要》，粗見當時之事。以太宗神武，一事少差，諫者往復數四，況朕寡昧。事不得中者，卿須十論，不得一二而已。』（《玉海》卷四十九）到唐宣宗李忱臨朝執政時，索性『書《貞觀政要》於屏風，每正色拱手而讀之』（出處同上）。足見《貞觀政要》在其後帝王中所起的作用。元代戈直云：『自唐世子孫既已書之屏帷，銘之几案，祖述而憲章之矣。至於後世之君，亦莫不列之講讀，形之論語，景仰而效法焉。』（元戈直《貞觀政要序》）清乾隆皇帝曾爲《貞觀政要》作序，云：『余嘗讀其書，想其時，未嘗不三復而歎曰：「貞觀之治盛矣！」』

《文淵閣書目》《四明天一閣藏書目録》《萬卷堂書目》《晁氏寶文堂書目》《百川書志》《澹生堂藏書目録》等書目皆有著録。

是書開篇有宋濂《重刻貞觀政要序》，云：『太和初政，燦然可觀，雖未能如貞觀之治，亦可謂能法其祖武者矣。自是以來，其書盛行於世。南北刻本，多有舛訛。臨川戈直嘗集諸家而校讎之，然亦未能盡善。昇有良士曰：「王敬仁，故大族也，欲刊梓於家塾以傳。」予遂假中祕本重爲正之。理有可通者，因仍其舊，不敢輒改。』知此本乃經宋濂校勘。是書目録後有長方書牌，曰『洪武庚戌仲冬王氏勤有堂刊』。序後小字一行云『寓吴郡盧遂良刻』，可證是書爲明洪武三年王氏勤有堂刻本。勤有堂，明洪武年間潤州（今江蘇鎮江）王敬仁室名，曾刻《魁本對相四言雜字》及《朱文公校昌黎先生文集》等。

是書鈐有『黄岡劉氏校書堂藏書記』『黄岡劉氏紹炎過眼』『宗室文慤公家世藏』『曾臧汪閬源家』『吴郡西崦朱未英書画印』『駿昌』『雅庭』『吴中汪六』『儀正堂印』『杭州汪駿昌藏』『姑蘇城外人家』『小有壺天』等印。兩枚『黄岡劉氏印』印主劉卓雲（？—一九四〇），字紹炎，湖北黄岡（今黄岡）人，民國藏書家。經商之餘廣購古籍，藏書處命名爲『校書堂』。『宗室文慤公家世藏』印主盛昱（一八五〇—一八九九）字伯熙，隸滿洲鑲白旗，肅武親王豪格七世孫。光緒三年（一八七七）進士，官至國子監祭酒。喜藏書，有藏書樓名爲『意園』『鬱華閣』。『吴郡西崦朱未英書画印』印主朱良育，吴縣（今江蘇蘇州）人，明正德年間藏書家。是書迭經各家收藏，流傳有緒。現藏中國國家圖書館。（郭晶）　〇三五七年（一五九九）錢達道刻本。框高二十釐米，寬十四·五釐米。每半葉十行，行二十字，白口，左右雙邊。

## 吳越備史五卷補遺一卷　題（宋）范坰　林禹撰　雜考一卷　（明）錢受徵輯　明萬曆二十

《吳越備史》卷前題『武勝軍節度使掌書記范坰、武勝軍節巡官林禹譔』，然二人生平均難詳考。陳振孫《直齋書録解題》卷五著録：『《吳越備史》九卷，吳越掌書記范坰、巡官林禹撰。《吳越備史遺事》五卷，全（金）州觀察使錢儼，俶之弟也。其序言《備史》亦其所作，托名林、范，而遺名墜跡、殊聞異見、闕漏未盡者，復爲是編。』此後著録多取托名之説。

錢儼（九三七—一〇〇三）字誠允，本名信（或弘信），五代臨安（今浙江杭州）人。吳越王錢鏐之孫，忠懿王錢俶之異母弟。幼入沙門。漢乾祐間，曾任鎮東軍安撫副使。開寶三年（九七〇）知湖州。歸宋後，出任隨州觀察使，改金州。後出判和州，任職十七年，咸平六年（一〇〇三）卒於職，年六十七，謚静宣。錢儼自幼嗜學，博涉經史，樂爲文辭，敏速富贍，吳越國中辭翰多出其手。晚年以整理吳越國史爲己任。著有《吳越備史》《吳越備史遺事》《忠懿王勳業志》及《貴溪叟自序傳》。《宋史》卷四百八十有傳。

錢受徵，錢氏二十四世孫，吳中（今江蘇蘇州）人。曾任奉直大夫。

吳越國乃五代十國之一，公元九〇七年由錢鏐創建，都杭州，稱吳越王。經三世五王，公元九七八年，忠懿王錢俶被迫獻土納宋，吳越國終結。吳越因地利經濟繁榮、百姓富足，如是書王遴序云：『吳越之錢最後起，而繁衍烜赫最冠之。』是書錢岱序亦云：『當時中原内地，鞠爲戰場，獨吳越人嬉遊化國，迄今林林摠摠，莫不有祖有宗。』爲使祖功宗德事迹得以流傳，不至爛於青史，不至遺忘後世，錢儼雖已爲宋臣，仍以留存吳越文獻爲己任而撰寫是書，故是書當成於九七八年之後，乃錢儼晚年之作。

《吳越備史》記事起於後梁太祖戊辰年（天平二年　九〇八），終於《補遺》所錄宋太宗丁亥年（雍熙四年　九八七）。是書收錄錢鏐以下纍世事迹，以各王事迹爲中心，仿唐五代實錄體，逐年記載吳越國與唐王朝、宋王朝及當時各種割據政權勢力間的軍事鬥争、經濟往來和文化交流，再現了吳越國創立、興起、消亡之全過程。特别是對某些重臣或貴胄，作者着重加以介紹。錢儼乃吳越王室後裔，曾參政議事，更是錢氏後人，追述亡國史同時，亦敘述錢氏族譜家史，故是書收錄史實詳實可靠，且組織頗工，條系分明。

《崇文總目》《中興館閣書目》《直齋書錄解題》《文獻通考》《宋史·藝文志》及《四庫全書簡明目錄》皆著錄是書。

是書附吳越武肅王二十五世孫錢岱序云：『《吳越備史》五卷，至十九世緒山公，命門人馬生補《忠懿逸事》，合六卷，刻之姑蘇學署。余叔柱峰封公受而讀之，喜得畢睹當年盛美，而尤虞前刻不能遍吳中子姓，遂並平日手輯《雜考》六條，付五卿弟刻之兖中。己亥（萬曆二十七年）春，千里緘寄，時余方僻索本支之遺，滛搜瓜瓞之末，彙吾譜之大全。』卷末有二十五世孫錢達道跋云：『家封公慨然有嘉惠之志，以原本械發兖中，命不肖重梓，而又自爲《雜考》六首，附諸《備史》之末，删訛訂贋，成一家言，猗與盛矣！謹合而鏤之版，以眎吾虞宗人，家置一帙，傳之世世，俾知祖功宗德，爛焉青史，不敢自棄於後云。』知錢氏子孫秉承先人修史之志，由錢岱彙集完本，錢達道剞劂而成，足證是書乃明萬曆二十七年錢達道刻本。

是書鈐『壽椿堂王氏家藏』『太原仲子』『靈石王臣恭觀』『靖廷』『靖廷讀過』『小萬卷樓主人』『山右王郎』等印。前五枚印主爲王靖廷（生卒年不詳），字臣恭，山西靈石人。現藏中國國家圖書館。

（郭晶）

〇三六

**靖康孤臣泣血録二卷**　題（宋）丁特起撰　明萬曆三十四年（一六〇六）張豫誠刻本。框高二十·七釐米，寬十三·三釐米。每半葉八行，行十六字，白口，四周雙邊。

丁特起（生卒年不詳），廬州合肥（今屬安徽）人。太學生。靖康之際數上書言戰和事。紹興五年（一一三五）由貴州文學特差鼎州龍陽縣尉。事迹見此書自序及《建炎以來繫年要録》等。

是書所記自宋欽宗靖康元年（一一二六）十一月五日起，至高宗建炎元年（一一二七）五月一日即位止，載北宋末汴京失守、徽欽二帝被金兵擄而北還之事，欲以激忠臣義士之心，正亂臣賊子之罪。《四庫全書總目》是書提要謂『其中稱范瓊爲高義，而於瓊殺吳革一事亦無貶詞，頗乖公論』。彭元瑞《知聖道齋讀書跋》亦曾歷舉其立論偏頗及偶誤之處。然館臣及彭氏之所指摘，多關乎史家筆法，若書中所載史實，則多爲作者親歷目擊，自是第一手重要史料，故是書盛行當世，《建炎以來繫年要録》《三朝北盟會編》等引用頗多。

卷前有丁特起自序。《四庫全書總目》以書中直書『太學生丁特起上書者三，皆不似自述之語』，又其『自序粗鄙少文，敘事亦多俚語』，頗疑『當時好事者所爲，以特起上書有名，故以托之』。後世書目或因此而著録爲『題丁特起撰』。余嘉錫《四庫提要辨證》卷五以爲是書初出，已見引於著述之家，且自陳振孫以來，皆署丁特起，未嘗疑其依托，四庫館臣之説，不足採信。

此本前卷版心上方刻『靖康元年』，後卷版心刻『靖康二年』。寫刻精緻。卷首萬曆三十四年丙午王在公序云：『長洲張豫誠出其先人藏本付梓，梓成，余撮其大旨。』可知此爲張豫誠刻本。《直齋書録解題》卷五著録《孤臣泣血録》三卷《拾遺》一卷。《四庫全書總目》卷五十二雜史類存目一所收爲明吳思所刊一卷本，云『首尾完具，年月聯貫，不似有所闕佚者，殆後人所合併耶』。又《浙江採集遺書總録》有寫本《靖康紀聞》一册又《紀聞拾遺》一卷，題『宋太學生武陵丁特起撰』，『疑即《孤臣泣血録》也』。丁丙《善本書室藏書志》卷八亦著録清錢塘吳氏四古堂抄本《靖康紀聞》一卷附《拾遺》一卷，云『《紀聞》所載與《泣血録》全同，大約輾轉抄傳，或更名爲《靖康蒙塵録》，名雖三而實則一也』。蓋傳刻、傳抄不一，内容無大異，而題名、卷帙屢有改易。《三朝北盟會編》卷九十七曾引及丁特起《孤臣泣血録拾遺》云云，則恐今傳本較陳振孫著録之本已有闕佚。

《四庫全書》所收吳氏刊本今亦有多部存世，取校此本，可得異文若干，如第三葉『既嘗許之』，吳本『許』誤作『與』；『敬瑭』，吳本『瑭』誤作『塘』之類，皆可據此校正。此書又是《建炎以來繫年要録》

《三朝北盟會編》等書之原始資料，可以互相參正。

鈐有『劉明陽王静宜夫婦讀書之印』『寶静簃王静宜所得祕笈記』『研理樓劉氏臧』三印。現藏中國國家圖書館。（樊長遠）

〇三七

**黑韃事略一卷**　（宋）彭大雅撰　（宋）徐霆疏證　明嘉靖二十一年（一五四二）抄本　姚咨跋。

框高十七釐米，寬十四・六釐米。每半葉十三行，行二十字，白口，四周單邊。

彭大雅（生卒年不詳）字子文，宋鄱陽（今屬江西）人。嘉定進士，歷朝請郎。曾官四川安撫制置副使，知重慶府。淳祐元年（一二四一）以貪黷獲咎，被詔除名。然元佚名氏《宋季三朝政要》則另有異説，頗稱其守蜀之功，言淳祐（一二四一—一二五二）間，蒙古兵入川，時蜀已殘破，大雅披荊棘，冒矢石，築重慶城以禦利閬，堅守二十年之久，蜀人德之，爲立祠。謚忠烈。

王國維據《宋史・理宗紀》以爲大雅以書狀官一職隨鄒伸之等出行蒙古當在紹定五年（一二三二）十二月。但據李文田、張政烺諸人考證，大雅實際出行則在紹定六年六月，由襄陽啓程，第二年即端平元年（一二三四）二月抵達蒙古汗帳，見太宗窩闊台汗。鄒伸之一行隨即返程，於同年六月至汴（今河南開封），七月抵襄陽（今屬湖北）。應以後説爲是。

徐霆，字長孺，永嘉（今屬浙江）人。據明凌迪知《萬姓統譜》卷七載：徐霆少爲母舅陳埴育養，『勵以講學，由是得聞性理之要』。成人後遍遊四方，所見益廣，『連中漕舉』。紹定間，李全作亂淮楚，徐霆爲趙善湘幕僚，『軍謀檄筆，實參其事』。李全亂平，以功補官。後授江東路兵馬鈐轄。移江西，再移廣東。歷守欽州、復州、漢陽軍，以武功大夫致仕。

端平元年十二月，宋再遣鄒伸之等使蒙古，徐霆隨使。歸後著《北征日記》，惜今已佚，『嘗編敘其土風習俗』。後於襄陽與彭大雅邂逅，『各出所編以相參考』，無甚差別，遂用彭大雅所編者爲定本。間有不同，則徐霆復疏於下方。

是書所稱『黑韃』，爲宋人對蒙古的稱呼，以別於漠南的白韃靼（即汪古部）。作者親歷其地，耳聞目睹，詳細敘述了當時蒙古國朝廷要員、地理氣候、放牧和圍獵方式、語言文字、曆法、筮占、官制、風俗習慣、差發賦税、貿易買販、軍隊、武器、作戰方法、行軍陣勢，以及所屬各投下狀況、被征服各國的名稱等内容，實爲一部蒙古見聞錄。

彭文多以『其』字打頭提行立題，如『其主』『其相』『其地』『其産』『其言語』『其騎射』等，凡四十六題，皆頂格足書；徐『疏』則低一格。疏文或夾或尾，本視聽需。徐疏凡三十五款，均用『霆』字開頭起筆，提行書之。徐、彭二人之文，皆來自親歷聞見，互證互補，相輔相成，據事直書，生動實際，描繪出蒙古人早期社會歷史場景，很少徵較其他典籍文存，是研究十三世紀前半期彌足珍貴之第一手『元前蒙古史料』。王國維《黑韃事略箋證》跋云：『蒙史開創時，史料最少，此書所貢獻，當不在《秘史》《親征錄》之下也。』另，書中多處提到『回回』一詞，是繼沈括《夢溪筆談》之後，宋人著述中涉及『回回』及伊斯蘭教最多的撰著，對於研究回族史、維吾爾族史及蒙古、回、維吾爾等各民族關係史，均有一定參考價值。清末以來，此書引起中外學者的廣泛注意，李文田、沈曾植、羅振玉、王國維、繆荃孫、陳士可、那珂通世、内藤湖南、箭内亘、神田喜一郎、伯希和等都對此重要典籍進行過整理與研究。

此書流傳頗罕，曾爲清人錢曾《述古堂書目》、丁日昌《持敬齋書目》二書著録，但原刊本久已不存，通行諸本中以王國維一九二五年箋證本爲佳。此本爲現存最早傳本，姚咨尾跋云：『是編爲秦生借王太史家藏宋刻本抄寄。嘉靖壬寅秋八月上旬。』

此本鈐『姚舜咨圖書』『范氏天一閣藏書』『集虚林印』等印，知爲姚咨、范欽等遞藏。現藏中國國家圖書館。（楊印民）

〇三八

## 吾學編六十九卷

（明）鄭曉撰　明萬曆二十七年（一五九九）鄭心材刻本。框高十八·三釐米，寬十三·八釐米。每半葉十行，行十九字，白口，左右雙邊。

鄭曉（一四九九—一五六六）字窒甫，號淡泉，海鹽（今屬浙江）人。嘉靖元年（一五二二）舉鄉試第一，次年成進士，授職方主事。歷官至刑部尚書，以事違嚴嵩，落職，居鄉有年。卒後，朝廷念其生前禦倭之功，詔復舊職。隆慶初，贈太子少保，謚端簡。曉兼資文武，博洽多聞，諳悉掌故，鄭履淳《徵吾録序》稱其『每談昭代，明證周悉，鑿鑿示掌』。建藏書樓淡泉書屋、獨寤園，以抄書、藏圖籍自娱。平生著述除是書外，又有《鄭端簡公文集》《徵吾録》《古言》《今言》《鄭端簡公奏議》《史論》《禹貢圖説》等數種，並行於世。《明史》卷一百九十九有傳。

是書所記明洪武至嘉靖近二百年間紀傳體本朝史，仿歷代正史體裁而略有變通，亦有學者稱之爲篇卷體或分類體（錢茂偉《論鄭曉〈吾學編〉》）。是書得名，取於孔子『吾學周禮，今用之，吾從周』。全書分記、表、傳、述、考，凡十四篇，六十九卷。《大政記》十卷，以歲繫月，凡關係大政者各爲一記；《遜國記》一卷，搜集遺文，補建文在位四年事迹；《同姓諸王表》二卷、《傳》三卷，列同姓諸王分封列藩；《異姓諸侯表》一卷、《傳》二卷，列開國、靖難、禦胡、剿寇、戚畹、佞幸、列爵等以别功罪，爲萬世勸懲；《直文淵閣諸臣表》一卷，表内閣、太宰成員；《兩京典銓表》一卷，表南北兩京吏部尚書；《名臣記》三十卷，記文武名臣一百九十餘人政績；《遜國臣記》八卷，記遜國諸臣忠義事迹；《天文述》一卷，載災異；《地理述》二卷，辨疆界；《三禮述》二卷，述祀典；《百官述》二卷，載諸司職掌；《四夷考》二卷，記明與各國關係；《北虜考》一卷，述明與蒙古關係。

是書原本還有女后、樂律、儀制、兵略、茶馬、鹽糧、運法、水利、馬政、藝文、隱逸、酷佞、方技、災異、奸佞、讒佞等十六篇，惜成稿後被焚，今僅存《吾學編餘》所輯少部分殘稿。

是書在明人寫明史中最早記載建文一朝史事，又書中《北虜考》所記正統元年（一四三六）至嘉靖二十八年有關蒙古史事，皆爲《明實錄》所闕，可補之未備，爲後世纂修明史提供了史料依據。

是書記事語言極其簡略，筆削率意，巨細不論，雖一年一月之史事，衹用一兩言概括，而不具一事之始末。如《大政記》僅有事綱，所記内容多限政治、軍事活動；又如人物傳，『止敘其官爵遷降存没歲月，後乃稍著其人短長，雖名大臣，寥寥數言』（吳炎《上錢牧齋書》）。此種簡明風格，後世學者毁譽參半。明人姚士麟《吾學編餘題辭》云：『吾鹽鄭端簡公《吾學編》，以審慎質直爲國朝信史第一』；祝世祿《昭代典則序》譽其『文直事核，綱舉目張』；清初吳炎更將之比擬《三國志》，以爲『文章簡質，頗近陳壽』（《答陸麗京書》）。然王夫之《明紀野獲序》直言是書雖爲一代之史，『閱三百年而無可觀者，鄭端簡自命作者，而一往芟夷，如耘荑稗，並良苗而拔之』，可謂刻薄露骨。

是書於《世善堂藏書目》《澹生堂藏書目》《八千卷樓書目》《千頃堂書目》等皆有著録。因書中《四夷考》内《女直傳》『有誣罔失實之處』，曾遭禁毁，見姚覲元所編《清代禁毁書目》。

是書初刻於隆慶元年（一五六七），有工部尚書雷禮序。此萬曆二十七年刻本爲曉孫心材在初刻本基礎上復校並付梓，刻印相當精美，有李當泰跋。

鈐『湘蘭精藏書畫』印。日本侵華期間，是書曾收藏於日本在北平（今北京）設立的興亞院華北聯絡部調查所，故鈐有『興亞院華北聯絡部圖書』等章。現藏中國國家圖書館。（楊印民）

〇三九

**今言四卷**　（明）鄭曉撰　明嘉靖四十五年（一五六六）項篤壽刻本。框高二十一釐米，寬十三·八釐米。每半葉八行，行十六字，白口，左右雙邊。

鄭曉生平爵里、學行業績簡況，前録明萬曆二十七年鄭心材刻本《吾學編》時已介紹。

《今言》記事凡三百四十四條，分爲四卷，所涉内容，從洪武至嘉靖一百八十餘年之國政朝章、兵戎邦計、文化掌故等，無所不言。其中許多記載，不僅可補史之闕疑、正史之訛誤，更爲明代前期社會政治、經濟、軍事、文化諸方面研究提供了極爲寶貴的資料。

此書卷前有鄭曉自序，曰：『文獻不足，杞宋無徵；方策尚存，文武未墜，蓋通今學古非兩事也。洛陽少年通達國體，嘗曰：「不習爲吏，視已成事。」予有取焉。述《今言》三百四十四條，藏之故篋中。項甥子長進士錄而觀之曰：「周官師典常，漢史述故事，盍與《古言》並梓之。」予不能止也。嘉靖丙寅二月既望，鄭曉識。』通篇九十四字，一句一典。欲理解其大意，關鍵在『洛陽少年通達國體，嘗曰：「不習爲吏，視已成事。」』一語。『洛陽少年』當指西漢初年青年政治家賈誼。賈誼，洛陽人，少負奇才，十八歲成名，歷有洛陽才子、洛陽少年之稱。他在《新書·保傅》一文中嘗云：『鄙諺曰：「不習爲吏，而視已事。」又曰：「前車覆而後車戒。」夫殷周之所以長久者，其已事可知也。然而不能從，是不法聖智也。秦世之所以亟絶者，其轍跡可見也。』其後之《漢書》《大戴禮記》亦都引用此諺，故顔師古注曰：『已事，已往之事』『法謂則而效之』，意思是説不懂得如何爲吏，可以看已經過往之事，前事之不忘，後事之師也。鄭曉作《今言》正取此之意，即今所記之事，可以作爲日後的借鏡。

序中還提到『項甥子長』將之與《古言》『並梓之』。項子長（一五二一—一五八六）名篤壽，號少溪，浙江秀水人。項元淇弟，鄭曉外甥。嘉靖四十一年進士，官至廣東布政司參議。喜藏書刻書。因知《今言》初刻，乃出自其甥項篤壽之手。序後年款爲『嘉靖丙寅二月』，丙寅，即嘉靖四十五年，故此書確係明嘉靖四十五年項篤壽所刻。此本乃此書現存最早的刻本。現藏中國國家圖書館。

（李致忠）　〇四〇

**弇山堂别集一百卷**　（明）王世貞撰　明萬曆十八年（一五九〇）翁良瑜雨金堂刻本。框高十九·六釐米，寬十三·九釐米。每半葉十行，行二十字，白口，左右雙邊。

王世貞（一五二六—一五九〇）字元美，號鳳洲，又號弇州山人，太倉（今屬江蘇）人。嘉靖二十六年（一五四七）進士，官至南京刑部尚書，以疾辭歸。卒贈太子少保。著述等身，有《弇州山人四部稿》一百七十四卷、《續稿》二百七卷、《嘉靖以來首輔傳》八卷、《觚不觚録》一卷、《鳴鳳記》二卷等。《四庫全書總目》卷一百七十二《弇州山人四部稿》提要稱『自古文集之富，未有過於世貞者』。《明史》卷二百八十七有傳。

王世貞早年與李攀龍同爲『後七子』領袖，攀龍死後，獨主詩壇近二十年。《明史》本傳稱其『才最高，地望最顯，聲華意氣籠蓋海内。一時士大夫及山人、詞客、衲子、羽流，莫不奔走門下，片言褒賞，聲價驟起』。倡導文學復古運動，主張『文必西漢，詩必盛唐』。作品摹古或有藻飾太甚之嫌，晚年文學思想轉變，以『恬淡自然爲宗』。

是書記述有明一代君臣事迹典故，因『無當於經術政體，即雕蟲之技又弗與焉』（自序），又其詩文已有《弇州山人四部稿》，『而此則國朝典故，比一代實録』（陳文燭序），故曰『别集』，實爲雜史之體。凡分六門：《皇明盛事述》五卷，《皇明異典述》十卷，《皇明奇事述》四卷，《史乘考誤》十一卷，《帝系》《帝曆》《帝統》及《同姓諸王表》等六十一表三十四卷，《親征考》等十一考三十六卷。此乃王世貞爲編修此段歷史所搜集之史料書，其自序云：『是書行，異日有裨於國史者，十不能二；耆儒掌故取以考證，十不能三；賓幕酒次以資談謔，參之十或可得四。其用如是而已。』

王世貞熟悉朝章國故，又能博覽群書，多識於前言往行，故此書所述頗爲詳洽。雖徵事既多，不無小誤，但敘述詳明，足以補歷朝實錄之闕漏。《四庫全書總目》是書提要云：『其間如《史乘考誤》及《諸侯王百官表》，《親征》《命將》《謚法》《兵制》《市馬》《中官》諸考，皆能辨析精核，有裨考證。』卷五諸表頗受批評，李紱《穆堂初稿》卷四十七有《書〈弇州別集〉諸表後》云：『《弇州別集》作《同姓諸王表》，既不分世與年，徒列諸王國目於前，而逐一紀其事於後，謂之傳可也，何謂之表？《高帝功臣表》其謬亦然。永樂以後功臣既稱年表，仍用前法，功臣襲封，薨除各敘其年，不相聯屬，顧名思義，謂之年表可乎？』四庫館臣亦批評其所爲各表有失體裁，其《盛事》《奇事》諸述頗涉詼諧，亦非史體。

是書初刻於南京國子監，見目錄後條記。《明史·藝文志》、《四庫全書總目》卷五十一皆有著錄，明董復表曾採掇世貞文集中有關朝野記載者裒合成書，名曰《弇州史料》，清乾隆時列入全燬書目，因之《弇山堂別集》亦流傳稀少。此爲初刻初印本，曾經近代藏書家莫伯驥收藏，鈐有『東莞莫伯驥号天一藏』印。現藏中國國家圖書館。（樊長遠）

〇四一

**皇明馭倭錄九卷**（明）王士騏撰　**附略二卷寄語略一卷**（明）王士騏輯　明萬曆刻本。框高二十·二釐米，寬十三·七釐米。每半葉十行，行二十字，白口，左右雙邊。

王士騏（生卒年不詳）字冏伯，太倉（今屬江蘇）人。王世貞長子。明萬曆十年（一五八二）解元，十七年進士，官至吏部員外郎。曾任兵部主事，有政績。萬曆三十一年，受『妖書』事件牽連，削官奪籍。士騏長於文學，詩文俱佳。著有《醉花庵詩選》《武侯全書》及《皇明馭倭錄》。事迹附載《明史》卷二百八十七《王世貞傳》末。

明自開國，屢遭倭寇侵擾，屢次征討，雖有成效，但屢禁不止。與馭倭相關的著述，也次第而生，是書乃其中之一部。是書士騏自序曰：『紀倭事者，有薛浚之《考略》、有王文光之《補遺》，而鄭若曾之《籌海圖編》加詳焉。臣不佞讀之，而嘆其用意之勤也。已稍稍參以國史，始恨事略者百不得一，而一且失真。士大夫不考於先朝之故事，而動以野史爲證，則所誤多矣。』故士騏據史編纂是書，旨在『神而明之可以酌祖訓，可以定廟謨，可以廣朝士之見，可以正野史之謬』。

是書凡與抗倭關聯之詔旨，諸臣奏議及中外戰守方略等，幾悉數收錄其中，自序云：『《皇明馭倭錄》蓋列聖之詔旨、諸臣之章奏、公私創革之始末、中外戰守之機宜，悉在焉。』《四庫全書總目》是書提要亦云：『是編乃其爲兵部主事時採明一代倭寇事迹，起洪武元年，訖萬曆二十四年。凡當時所奉詔旨及諸臣章奏，並中外戰守方略，案年編紀，本末頗具。』表明是書將與倭寇關聯之史事，以編年方式，逐一臚列，條分件繫，組織頗工。卷九收錄萬曆二十四年御史朱鳳祥奏章，主述明嘉靖末浙江及廣東兩省抗倭事迹。故是書衹就所錄抗倭史實來説，應終於明隆慶六年（一五七二）。朱鳳祥（生卒年不詳），字君采，又稱朱侍御，長興（今屬浙江）人。《明王文成與朱侍御三札》中有朱君記載。另是書附《附略》兩卷，將歷代古書記載的倭寇事宜，諸如朝貢歷史、地理位置、生活環境等内容整理其中，始於

《三國志·魏書》《晉書》之記載，而止於《元史》。是書《寄語略》則將《籌海圖編》記載的與日本語略有區別的字詞，分門別類加以整理，以供後人參考。

是書刻印清晰。卷首有王錫爵序。王錫爵（一五三四—一六一四）字元馭，號荆石，南直隸太倉（今屬江蘇）人，萬曆二十一年正月至二十二年五月任武英殿、建極殿大學士。由錫爵作序及任職時間，推知是書當成於明萬曆二十一年至二十二年間。其付梓版行亦當在萬曆一朝，且爲初刻。現藏中國國家圖書館。（郭晶）

〇四二

## 遜國君紀抄一卷臣事抄六卷

（明）鄭曉撰　明抄本。框高二十二·九釐米，寬十五·四釐米。每半葉十二行，行十二字，白口，四周單邊。

鄭曉生平爵里、學行業績簡況，前録明萬曆二十七年鄭心材刻本《吾學編》時已介紹。

《遜國君紀抄》一卷，載建文帝、建文皇太后、建文皇后、懿文四子、建文二子諸王事。《遜國臣事抄》六卷凡三類，《死事傳》《隱避傳》及《外傳》。《死事傳》又分八目，曰首事並諫死、謀國死、戰守死、守義死、事後圖報死、幽隱死、以論逮死、事後自盡死。《四庫全書總目》是書提要云是書『辨湯宗曾事文皇，終於宣德之世，足正《吾學編》《表忠記》之誤。而於建文皇子育宮中一事，隱取宣宗爲建文帝子之説，殊妄誕不足取矣』。入《四庫全書存目叢書》。

此本卷端題『鹽官淡泉翁編，勾吳潛菴子訂』。按明萬曆年間有南京國子監刊本《子彙》二十四種，中多潛菴子按語。明孫繼臯《孫宗伯集》卷七有《通議大夫吏部左侍郎兼翰林院侍讀學士掌詹事府事贈禮部尚書謚文恪儆菴周公行狀》，曰：『公諱子義，字以方，儆菴其所自號。世爲我常州無錫人……公所訂正書，梓在南雍者有《周禮》《史記》《五代史》，而《子彙》則所自編輯者也。』陸心源《儀顧堂續跋》據此考爲明周子義所輯，並謂『丁丑爲萬曆五年（一五七七），正子義爲南京司業兼攝祭酒時也。《行狀》不言其又號「潛菴子」者，略之也』。無錫，春秋時屬吴國。疑本書參訂者『勾吴潛菴子』與《子彙》輯者無錫之周子義爲同一人。

此爲明抄本，用明代中後期常用之藍格紙寫。鈐有『翰林院印』滿漢文大方印，或即《四庫全書》著録之『兩淮鹽政採進本』。

是帙又鈐有『秦更年印』『秦曼青』『曾在秦嬰闇處』等印。現藏上海圖書館。（林寧）

〇四三

**建文朝野彙編二十卷**　（明）屠叔方撰　明萬曆刻本。框高二十・七釐米，寬十四・八釐米。每半葉九行，行十八字，白口，左右雙邊。

屠叔方（生卒年不詳）字宗宜，秀水（今浙江嘉興縣北）人。明萬曆五年（一五七七）進士。知宿松，以才調鄱陽，拜廣東道監察御史，出按陝西，再按雲南，歷官山東兵備副使，致政歸。

是書卷前自序云：『高皇帝既定胡服，遂命宋濂、王禕等纂修《元史》，元將福壽戰殁，敕以崇祀，謚以忠肅，擢其子以爲太僕少卿……《元史》且修，何況建文元臣且旌，何況諸臣子，此叔方是編之所繇彙也。』此乃是書所作之緣起。

是書分爲遜國編年、報國列傳、建文傳疑、建文定論等諸目，包括《建文即位始末》在内的數百篇文獻，第一卷至第六卷爲遜國編年，以建文帝朱允炆簡介始，記述燕王攻佔南京的詳細過程，以洪武年所頒聖旨爲終。第七卷至第十八卷爲報國列傳，記載建文名臣，如方孝孺、王艮、張昺等個人成就以及在靖難之役中的種種忠烈事迹。第十九卷爲建文傳疑，記述建文帝個人傳記，重點記述其靖難之役逃脱、朱棣攻打首都等一些重要史實，還有朱棣覲見朱元璋的一些細節等。第二十卷爲建文定論，主要比較建文帝與明成祖朱棣的種種不同，較爲細緻地再現了二者在重大歷史事件的不同表現，夾雜作者自己的主觀判斷。是書内容取材廣泛，涉及『國家之掌故，郡縣之記牒，以及山經地志、崖鐫塚刻之屬』。序後將所用書目詳列，從史料到地方志再到筆記資料，如《建文編年》《八閩通志》《菽園雜記》等百餘部書籍，還有個人著作，如《桃溪稿》《詹氏小辯》《陸中丞集》等。亦非一人謄寫成，於每一篇後寫明謄寫人，如遜國編年中建文二年内容結束，即在文末標明『嘉善曹承宗寫』。史料亦詳加備註出處，多出自《奉天靖難錄》《秘史》《革除備遺錄》等書。

據本書屠叔方序，作此書之目的有三：一是釐清史實，因後世對建文帝的傳聞『是非真訛復相半』，欲藉此書發明幽暗，綴補拾遺，以修史的態度來對待是書之寫作；二是表彰建文時期的忠臣名士：『則一切纂述必使無負於諸君子，使諸君子之心迹亦曉然無負於天下國家。』第三則是要把建文帝期間種種忠烈事迹加以發揚，流傳以繼。『泯泯無傳，惜哉姓名之傳止此而已，所以然者諸君子子孫甚微，當年之史筆甚諱，後世之探奇吊古訪求其故聞而搜揚其風節者，人又若以爲甚冷甚迂而不知開闢以來未絶之綱常實績。』故多選用突顯成祖的殘暴專制的史實，今人看來有失客觀。

屠氏對建文朝君臣評價頗高，序中稱：『忠賢雖死，而一腔熱血、十族遊魂，上可以與夷齊争光，下可與田横比烈。其混蹟緇黄，埋名傭販，賣卜絶域，痛哭深村，斯亦殷頑民晉處士之伯仲已。』他自己也頗有『建文遺老』之風，所謂『臣子之羽翼綱常，在筆札，進則疏請之於朝，退則裒集之於書』。

是書後有海鹽姚士粦跋語，云：『今天子用言者議，俾存一代昭鑑。』

然此書謬誤頗多，《四庫全書總目》是書提要謂：『蓋雜採野史傳聞之説，裒合成編。大抵沿襲訛傳，不爲信史。至摭典故輯遺之謬説，謂宣宗爲惠帝之子，尤無忌憚矣。』

是書前有『延古堂李氏藏』。延古堂主人爲李之郇，清同治中人，字伯雨，號蓮隱，宣城（今屬安徽）人。官郎中，清史有傳。同治中遊京師，搜羅善本頗富。此本現藏中國國家圖書館。（張偉麗）

〇四四

**新刊金文靖公前北征錄一卷後北征錄一卷** （明）金幼孜撰　**新刊楊文敏公後北征記一卷** （明）楊榮撰　明弘治十七年（一五〇四）劉氏安正堂刻本　潘介繁跋。框高十九·二釐米，寬十二·九釐米。每半葉十二行，行二十六字，黑口，四周雙邊。

金幼孜（一三六七—一四三一）本名善，以字行，新淦（今江西新干）人。建文二年（一四〇〇）進士，授户科給事中。明成祖即位後，改翰林檢討，與解縉等同直文淵閣，遷侍講。累官至禮部尚書兼武英殿大學士。卒謚文靖。有《金文靖集》《北征集》。《明史》卷一百四十七有傳。

永樂八年（一四一〇），明成祖北征韃靼阿魯台，十二年征瓦剌，金幼孜皆扈從出塞，本書即其行軍途中所記内容。分前後兩録，隨日記載，詳録兩次北征期間明成祖之言行，以及行軍路程、山川古迹、見聞趣事等。《明史》卷一百四十七本傳稱『帝重幼孜文學，所過山川要害，輒命記之。幼孜據鞍起草立就。使自瓦剌來，帝召幼孜等傍輿行，言敵中事，親倚甚』。《四庫全書總目》卷五十二是書提要云：『《前録》自永樂八年二月至七月，《後録》自永樂十二年三月至八月，並按日記載。其往返大綱，均與史傳相合。其瑣語雜事，則史所不録者也。』

楊榮（一三七一—一四四〇）初名子榮，字勉仁，建安（今福建建甌）人。建文二年進士，授編修。明成祖即位，入直文淵閣，累官至工部尚書兼謹身殿大學士。卒謚文敏。曾與金幼孜奉命同修《五經四書性理大全》《古今列女傳》等書。有《楊文敏集》。《明史》卷一百四十八有傳。

永樂二十二年明成祖北征阿魯台，楊榮扈從，亦逐日詳記其往還始末而成此書，自正月甲申迄八月壬子止。《四庫全書總目》卷五十三《後北征記》提要評此書云：『編排月日，敘述頗詳。榆木川之事（引按，指明成祖班師途中卒於榆木川之事），即是役也。其事世多異説，榮所記則與史符合。蓋史官以其帷幄之臣，身預顧命，故用以爲據。然其實録與否，亦無可考矣。』

金、楊二書歷來合刻，最早有明成化二十三年（一四八七）刻本，今不傳。後世翻刻、傳抄不斷，雜史筆記叢書多有收錄。《四庫全書總目》收入雜史類存目。

此本金幼孜《前北征錄》之秦民悦成化二十三年序缺兩葉。《後北征記》後有『弘治甲子季冬劉氏安正堂刊』牌記二行。劉氏安正堂爲明時建陽名肆，刻書甚多。曾經清蘇州藏書家潘介繁收藏，卷末潘氏跋云：『光緒己卯臘月閲於雲溪驛館，微雪初積，呵凍記此。』有『茮坡過眼』『潘氏桐西書屋之印』等印。後歸武進陶湘，有『陽湖陶氏涉園所有書籍之記』等印。現藏中國國家圖書館。

（樊長遠）　〇四五

## 甲申紀事十三卷附工部新刊事例一卷　（明）馮夢龍輯　明弘光元年（一六四四）自刻本。

框高十九・七釐米，寬十一・五釐米。每半葉八行，行十九字，白口，左右雙邊。

馮夢龍（一五七四—一六四六）字猶龍、耳猶、子猶，别署龍子猶、顧曲散人、墨憨齋主人、詹詹外史等，長洲（今蘇州）人，通俗文學家、戲曲學家。天性聰穎，博學多識，却屢試不第，衹能坐館教書，聊以生計。心中鬱鬱，常進出青樓酒肆，故知曉民間疾苦，後衆多通俗小説素材大致源於此。明崇禎三年（一六三〇），補爲貢生，任丹徒縣訓導。七年陞福建壽寧知縣。十一年離任歸鄉，後經朝代更迭，在復明期許中，於清順治三年（一六四六）憂鬱而終，亦傳被清兵所害。畢生作品頗多，主要著作《智囊》《喻世明言》《警世通言》《醒世恒言》以及《甲申紀事》等。

甲申即明崇禎十七年（一六四四），李自成帶領農民起義軍進京、吳三桂引清兵入關、明朝遺老擁福王朱由崧於南京即位，建立『南明』，史稱弘光帝。是書即彙集甲申年朝代更替之史實及遺聞軼事，體裁雖不一，但主題相同。上自弘光帝登基實錄、聖旨、詔書、策論、討賊檄文，乃至臣工應對國難的心態言行，下訖文人實錄、抒情詩文、民間異聞怪事，皆有所錄。其中也包括編者自撰見聞——《甲申紀聞》《紳志略》及《中興實錄》等。是書自序注：『未幾，得程進士《孤臣紀哭》；又未幾，得無名氏《都城日紀》；最後得陳太學《再生紀略》，合之而事迹始備……奏疏書議諸篇，多關國家經濟之大略。並加採拾，以供觀覽。』

又云：『甲申之變，天崩地裂，感憤莫喻，不忍紀亦不忍不紀……其感憤吊詩，偶有惠教，即不能盡傳，聊附一二於簡末。因冠以《聖諭》《聖旨》二道，見新天子寬厚而復精明如此。百爾臣工，所不仰體宸衷，同心戮力，及是時而明政刑者，非人也……余閱北來諸紀，無不切齒官兵者，故因敘茲刻而及之。』證明此本確爲明弘光元年自刻本。

是書鈐有『子剛經眼』和『吳泰衍□平倩』兩印。顧子剛（一九一九—一九八四）名鋭，字子剛，上海人。原北京圖書館副研究員。是書乃顧先生於一九五〇年八月捐贈。現藏中國國家圖書館。

（郭晶）

〇四六

**皇明祖訓一卷** （明）明太祖朱元璋撰　明洪武禮部刻本。框高二十七・二釐米，寬十六・九釐米。每半葉十行，行二十字，黑口，四周雙邊。

朱元璋（一三二八—一三九八），明朝開國皇帝。初名重八、興宗，字國瑞，濠州鍾離（今屬安徽）人。其先世居於沛，後徙句容，再徙泗州，至其父始徙濠州之鍾離。年十七，父母兄相繼殁世，孤無可依，乃入皇覺寺爲僧。元至正十二年（一三五二）投郭子興部紅巾軍，自親兵陞九夫長，並娶子興養女馬氏爲妻，號『朱公子』，始改名取字。十三年，擢爲鎮撫。十五年郭子興卒，其子郭天敘爲都元帥，朱元璋爲左副元帥。同年郭天敘陣亡，朱元璋乃獨任元帥府事，從此統帥大軍東征西討，出兵北伐，直至滅元。洪武元年（一三六八）正月即皇帝位，定天下之號曰『明』。

朱元璋本書序曰：『自平武昌以來，即議定著律令，損益更改，不計遍數，經今十年，始得成就，頒而行之，民漸知禁。至於開導後人，復爲《祖訓》一編，立爲家法，大書揭於西廡，朝夕觀覽，以求至當。』因知朱元璋纂輯《祖訓》，旨在國有國法，家有家規，各有所守，長治久安。

史載朱元璋平定武昌在元至正二十三年（一三六三），故『經今十年』，則當是洪武六年。據明陳建《皇明通紀法傳全錄》卷六記載，洪武六年『五月《祖訓錄》成，上親爲序。目十有三：曰箴戒、曰持守、曰嚴祭祀、曰謹出入、曰慎國政、曰禮儀、曰法律、曰内令、曰内官、曰職制、曰兵衛、曰營繕、曰供用。命頒賜諸王，並錄於謹身殿東廡乾清宮東壁，仍令諸王書於王宮正殿内宮東壁，以時觀省』。證明確在洪武六年，《祖訓錄》成書。明焦竑《國朝獻徵錄》卷二十《翰林一》《翰林學士承旨嘉議大夫知制誥兼修國史兼太子贊善大夫致仕潛溪先生宋公濂行狀》亦曰：『初，上作《祖訓錄》，至是成，命先生作序，諭以大意。先生歷言帝王之道及皇上創業之艱，以致箴戒之意於後人。上稱善，命刻於篇。』因知是書御製序中所謂『復爲《祖訓》一編』，指的確實是《祖訓録》。《祖訓録》成書後，爲『求至當』，又七易其稿，至洪武二十八年閏九月始成《皇明祖訓》，中經二十有二年。本書御製序述其原因是『俗儒多是古非今，姦吏常舞文弄法，自非博采衆長即與果斷，則被其眩惑，莫能有所成也』。明王世貞《明朝通紀會纂》卷一《明紀》曰：『二十八年，《皇明祖訓》成，上自爲之序。』證實《皇明祖訓》成書確在洪武二十八年。

本書朱元璋御製序又曰：『今令翰林編輯成書，禮部刊印，以傳永久。凡我子孫欽承朕命，無作聰明，亂我已成之法，一字不可改易。』因知書成製序之當年，禮部已經刊印，故此書之版本當著録爲『明洪武禮部刻本』或『明洪武二十八年禮部刻本』，均皆可信。此書開本寬闊，楷法端莊，印紙考究，一派皇家氣息。《文淵閣書目》《酌中志》《明宫史》等均有著録。鈐有龍飾邊紋白文『淵』字印，或是明代文淵閣舊物，洵爲珍貴。現藏中國國家圖書館。（李致忠）

## 張文忠公奏疏抄四卷　（明）張居正撰　（明）李贄輯並評　明刻本。框高二十·六釐米，寬十四·一釐米。每半葉九行，行二十字，白口，四周單邊。　〇四七

張居正（一五二五—一五八二）字叔大，號太岳，謚號文忠，江陵（今湖北荆州）人，世稱張江陵。少時穎敏絶倫，嘉靖二十六年（一五四七）進士，改庶吉士，授翰林院編修。隆慶元年（一五六七）任吏部左侍郎兼東閣大學士參政。隆慶六年受遺詔佐政。神宗即位後，代高拱爲首輔，掌軍政大權。其所處

時代正值明王朝由盛而衰之際，内政腐敗，外患頻仍。當國十年間，張居正在政治、經濟、軍事等各方面推行了一系列卓有成效的改革，因而《明神宗實錄》稱其時『海内肅清，四夷讋服，太倉粟可支數年，冏寺積金不下四百餘萬。成君德，抑近侍，嚴考成，核名實，清郵傳，核地畝，洵經濟之才也』。然死後遭人譖毁，削爵奪謚，籍没家産，至崇禎三年（一六三〇）方復二蔭及誥命。著有《張太岳集》《書經直解》等。《明史》卷二百十三、《明神宗實錄》卷一百二十五有傳。

是書爲李贄所選評之張居正奏疏。李贄爲張居正同時代人，亦深知彼時民生之苦、官場之弊，評點中多有切中肯綮者，較之《明史》對張居正的評價應更爲可靠且值得注意。眉批多『真大臣行事』『見識不同』『好好』『妙妙』『難與俗人言』『忠誠』等讚譽之詞，體現了李贄對張居正的高度認同。此本傳世稀少，國内其他圖書館未見有藏，且距張、李二人之世未遠，則其文字内容較後世流傳之本多有可參酌之處。

全書分四卷，收文四十篇，對研究明中後期社會政治、經濟、軍事情況極具價值，從中可看到當時豪强勢力膨脹、土地兼併現象漸烈、民不聊生、財政困窘、政治腐敗、統治動蕩的社會現實。李贄眉批中亦時有『可悲可痛』『傷哉』『苦痛』『刺心』之語。考察奏疏内容，可知張居正在政治上以儒家經世致用爲務，以内聖外王爲根本，認爲『帝王之治天下，有大本，有急務。正心修身建極以爲臣民之表率者，圖治大本也。審幾度勢，更化宜民者，救時之急務也。大本雖立，而不能更化以善治，譬之琴瑟不調，不解而更張之，不可鼓也』（《陳六事疏》）；在經濟上堅持民本思想，秉持重農而不抑商原則；在軍事上整飭邊備、鞏固邊防、善任軍事將領； 在教育方面堅守儒家重實精神，倡導敦本務實，反對空疏學風。是書現藏中國國家圖書館。（白雲嬌）

〇四八

## 天聖令三十卷 （宋）呂夷簡 龐籍等纂修 明抄本。框高二十・五釐米，寬十四・三釐米。每半葉十行，行十九至二十字，注文小字雙行字數不等，白口，四周單邊，末二十三葉四周雙邊。

存十卷： 卷二十一至三十。

呂夷簡（九七八—一〇四四）字坦夫，壽州（今屬安徽）人，祖籍萊州（今屬山東）。真宗初進士，歷任通州通判、濱州知州、禮部員外郎、刑部員外郎兼侍御史。真宗末年以刑部郎中權知開封府。仁宗立，拜同中書門下平章事、集賢殿大學士。《宋史》卷三百十一有傳。

龐籍（九八八—一〇六三）字醇之，單州成武（今屬山東）人。真宗大中祥符八年（一〇一五）進士，歷任黄州司理參軍、江州軍事判官、開封府司法參軍等，官至同中書門下平章事、昭文館大學士。《宋史》卷三百十一有傳。

中國古代法制，至隋唐之際發展形成以律、令、格、式組成的嚴密體系。各個時期修訂的律、令、格、式前加以修訂年號以命名，如《新唐書・藝文志》著録之隋《開皇令》、隋《大業律》、唐《貞觀律》、唐《永徽令》、唐《垂拱式》、唐《開元格》之類。宋承唐制，宋仁宗天聖七年（一〇二九），『詔參知政事呂夷簡等參定令文，乃命大理寺丞龐籍、大理評事宋郊爲修令』（《宋會要輯稿》刑法一之四），是爲《天聖令》。該書『取唐令爲本，先舉見行者，因其舊文參以新制定之。其今不行者亦隨存焉』（同上）。書中先列當時現行的條文，再將當時不行的條文附抄於後，並注明『右令不行』，故現存十卷十二篇中共有宋令二百九十三條、唐令二百二十一條，是研究唐宋法制史乃至社會生活面貌的第一手資料。

此本封面簽題『官品令』，當是傳抄者不知原書名而將第一篇之名誤題作書名（戴建國《天一閣藏明抄本〈官品令〉考》，《歷史研究》一九九九年第三期）。下端題『貞』字，出自《周易·乾卦》『元亨利貞』，古人常用作書籍、器物等編號，因知此書足本應分元、亨、利、貞四册，現僅存第四册。全册一百一十二葉（末葉無文字），包括田令卷第二十一、賦令（卷末題『賦役令』）卷第二十二、倉庫令卷第二十三、厩牧令卷第二十四、關市令卷第二十五（捕亡令附）、醫疾令卷第二十六（假寧令附）、獄官令卷第二十七、營繕令卷第二十八、喪葬令卷第二十九（喪服年月附）、雜令卷第三十。而據晁公武《郡齋讀書志·後志》卷一著録之『天聖編敕』三十卷子目，知除以上十二篇令之外，尚當有官品令、户令、祠令、選舉令、考課令、軍防令、衣服令、儀制令、鹵簿令、宫室令。

此書於天聖十年（一〇三二）『下崇文院鏤版頒行』（《玉海》卷六十六），至宋神宗改革法制，以《元豐令》五十卷取代《天聖令》，該書遂廢止不用。加之景祐三年（一〇三六）明令禁止『民間私寫編敕、刑書及毋得鏤版』（《續資治通鑑長編》卷一百十九），故該書傳世甚罕，致宋人晁公武已不能明辨。此本爲明抄，然遇宋諱『徵』『通』等字輒改作『理』『兼』以避之，可知其抄錄之底本爲宋本，且係該書存世唯一傳本，彌足珍貴。

書中鈐『范氏天一閣藏書』印記，知係天一閣舊物。清嘉慶十三年（一八〇八）阮元主編之《天一閣書目》『史部職官類』著録此書三十卷完帙，道光二十七年（一八四七）劉喜海主編之《天一閣見存書目》『史部政書類』則注此書僅存卷二十一至三十，可知此書之散亡在嘉道間。現藏寧波天一閣博物館。（張燕嬰）

〇四九

## 列女傳十六卷 （漢）劉向撰 （明）汪道昆增輯 （明）仇英繪圖 明萬曆刻清乾隆四十四年（一七七九）鮑氏知不足齋印本。框高二十三・一釐米，寬十五・五釐米。每半葉十行，行二十一字，白口，四周單邊。

劉向（前七七？—前六）本名更生，字子政，西漢沛縣（今屬江蘇）人。楚元王劉交四世孫，劉歆之父。治《春秋穀梁》，以陰陽休咎論時政得失，屢上書劾奏外戚專權。宣帝時，任散騎諫大夫給事中。元帝時，擢爲散騎宗正給事中。後以反對宦官弘恭、石顯專權，被譖下獄。成帝即位，得進用，更名向。遷光禄大夫，官至中壘校尉。校閲中秘群書，撰成《別録》，爲我國目録學之祖。撰有《新序》《説苑》等。《漢書》有傳。

汪道昆（一五二五—一五九三）字伯玉，號南明，明歙縣（今屬安徽）人。嘉靖二十六年（一五四七）進士。授義烏知縣，教民講武，練成義烏兵。後與戚繼光募義烏兵破倭寇。官至兵部侍郎，王世貞亦曾任此官，天下因稱王、汪爲兩司馬。文章簡而有法，常與李攀龍、王世貞相切磋。有《太函副墨》

《太函集》。《明史》有傳。

仇英（一四九三—一五六〇）字實甫，號十洲，明太倉（今屬江蘇）人。漆匠出身，居蘇州，從周臣學畫，以賣畫爲生，知名於時。善摹宋元名迹，落筆亂真。擅山水、花鳥，尤長人物，設色、水墨、白描均精。與沈周、文徵明、唐寅並稱『明四家』。詳見《明畫錄》卷一。

據《漢書·劉向傳》記載，西漢成帝時禮制衰頹，内寵驕恣，光禄大夫劉向以爲王教由内及外，自近者始，故採《詩》《書》所載賢妃貞婦興國顯家可法則及孽嬖亂亡者，序次爲《列女傳》，凡八篇，以戒天子。是書爲女教經典，流傳廣泛，影響深遠。屢經傳寫刊刻及後人注釋、增補，其卷帙分篇多有不同，人物亦由最初之一百零五人衍至明代之三百餘人。明萬曆年間，歙人汪道昆於劉向《列女傳》基礎上大幅增輯，人物自『有虞二妃』起，至『熊烈女』訖，釐爲十六卷。所增人物皆出明代，多爲歙郡汪、程二姓節烈女子事迹。其書删去向書頌文，改以傳後之『汪□□曰』代之。每篇皆附以插圖。雖仍其名曰《列女傳》，實爲《列女傳》之增輯改編本。

卷前有盧文弨《汪氏輯列女傳序》，略云：『今此十六卷者，乃明新安汪某之所增輯。其紀年至明之神廟而止，其紀述近事則歙郡居多，而一郡之中，又汪氏、程氏爲獨多。其稱引太函則汪氏之翹楚名道昆者是也。於向之本書去其子之所爲頌，而繫以己所爲説。於劉氏之輕信者正焉，其事則善矣，而猶有未盡善者，又復爲之推論焉。删其所爲孽嬖亂亡者，而後傳授之間不至赧赧然難以形於口。其析義也精，其敘事也確，其繪畫也又極其工，其爲文辭，亦幾幾乎與向爲甚似焉。剞劂既備，未及印行，距今幾二百年無知之者。有得其版以示吾友鮑君以文，鮑君固歙人，重是鄉前輩之書，爲重價購焉，其名則不知誰，何所刊去，亦嘗遍考之，而卒未得也。』署『乾隆四十有四年孟夏之吉東里盧文弨撰於西湖之崇文書院，錢塘後學汪庚書』。

《列女傳》最早著錄於劉向《七略》及《漢書·藝文志》，此後史志、公私目錄多有著錄，篇卷不一。歷代版本衆多，版本源流複雜。南宋嘉定間，武夷人蔡驥整理刊刻《列女傳》，頌義大序排於目錄前，小序七篇散於目錄間，頌則置於各人傳後，現存明代以來各本多源出蔡驥改定八卷本。汪道昆本則自成體系，每傳前有圖，計三百十二幅，插圖由傳統之上圖下文式擴展爲單獨一版，合葉相連。

書前有扉葉，鐫『仇十洲先生繪圖列女傳知不足齋藏版』。目錄下有『仇英實甫補圖』一行。每卷首葉書口下鐫『仇英實甫繪圖』。鄭振鐸以爲『所云仇繪，根本無稽，明代徽派刻工，人物形態，往往都作斯狀，實非出仇十洲手筆也』（《關於版畫》）。仇英之説，蓋爲托名。雖無鐫工題名，就其筆筆落實之風格及嫻熟刀法，或出於新安黄氏刻工。此本繪畫雕工極爲精美，綫條細膩流暢，典雅峭麗，毫髮畢現，爲明代徽派版畫精品。明版初印者殊不可得，亦未見有全本存世。清乾隆年間，歙人鮑廷博重金得其板片，板片尚完好如初，遂重新刷印。知不足齋印本因其版畫精美，頗爲後世推重。另有日本大正十三年（一九二四）圖本叢刊會覆刻本，幾與原刻分毫不差，常有作僞者裁去覆刻牌記，僞充知不足齋本。現藏清華大學圖書館。（劉蕎）

**歷代臣鑒三十七卷**　（明）明宣宗朱瞻基撰　明宣德元年（一四二六）内府刻本。框高二十六・九釐米，寬十七・九釐米。每半葉十行，行二十字，粗黑口，四周雙邊。

朱瞻基（一三九八—一四三五），明仁宗朱高熾長子，永樂九年（一四一一）立爲皇太孫，數從祖父成祖朱棣北巡、征討。其父仁宗即位，立爲皇太子。洪熙元年（一四二五）六月即位，以明年爲宣德元年。八月，漢王朱高煦反，朱瞻基御駕親征。兵至樂安，兩次遣書諭降。又以矢繫敕書射城中，曉以禍福利害，高煦出降，改樂安爲武定州。有司鞫問高煦同謀者，詞涉晉王、趙王，詔勿問。二年，從閣臣楊士奇、楊榮等議，停止用兵交阯，重視整頓吏治和財政，繼續施行仁宗緩和社會矛盾的措施，以成『仁宣之治』。《明史・宣宗本紀》謂其即位以後『吏稱其職，政得其平，綱紀修明，倉庾充羨，閭閻樂業，歲不能災』。

朱瞻基《御製歷代臣鑒序》認爲，天生民立君，『必有道德明碩之士相與翼贊』，纔能成其『康濟之功』。又謂『朕嗣承祖宗洪業，夙夜惓惓，究爲治理，所賴文武之臣同寅協恭，以圖無忝，蓋古者君臣有交相助益之義』。故特命館臣類錄春秋以來二千餘年爲臣行事善惡之大概，『總三十七卷，名《歷代臣鑒》，用賜群臣，俾時覽省……此《臣鑒》所繇作也』。因知《歷代臣鑒》乃爲君臣交相助益，以求長治久安而作。

清龍文彬《明會要・學校下》載：『宣德元年四月，御製《外戚事鑒》《歷代臣鑒》成，頒賜外戚及群臣。』並諭曰：『治天下之道，必自親親始。文武諸臣欲同歸於善，前事不忘，後事之師也，故於暇日采輯前代外戚及群臣善惡吉凶之迹，彙爲此書，用示法戒。其擇善而從，以保福禄，並手自製序。』進一步表明朱瞻基爲編輯此書而頗費宸衷。

明雷禮《皇明大政記》卷九載宣德元年『乙卯敕修《歷代臣鑒》《外戚事鑒》。命大學士楊士奇等總裁館中編纂及繕寫，官有不遵約束者，悉聽稽督責罰；敢有違越者，具聞黜之』。可知當年奉敕而編撰此書者，乃大學士楊士奇。楊士奇（一三六五—一四四四）名寓，字士奇，號東里，後以字行，江西泰和人。幼貧力學，嘗在今湖北武漢等地課徒自給。建文初以薦入翰林，充編纂官，與修《太祖實録》。永樂初，與解縉等七人同入内閣。成祖北巡，與蹇義等留輔太子。仁宗即位，陞禮部左侍郎兼華蓋殿大學士，歷兵部尚書。宣宗及英宗初，主政内閣。與楊榮、楊溥等同心輔政，並稱『三楊』。

此書所選，凡臣之行事善可爲法者，自列國鄭子産，迄於元臣余闕，釐爲二十九卷；惡可爲戒者，自漢田蚡，迄元孛羅帖木兒，釐爲八卷。每人各書其事迹，以爲鑒借。

此書於宣德元年由内府刊行，卷前有是年四月御製序可證。時内府司禮監專司刻書，司禮監下設經廠，專門負責刻印中央政府所用經史官書。經廠所刻書通常開本宏闊，行格疏朗，字體嚴整，紙白墨黑，粗黑口，特色十分明顯，且多鈐有『廣運之寶』御印。考之此書，上述特色全具，爲明代内府開版無疑。明劉若愚《酌中志》卷十八載有『《歷代臣鑒》十本，五百六十葉』。明吕毖《明宫史》卷五亦載『《歷代臣鑒》計十本，五百六十葉』。這兩種書都是專門登載明代内版書的著作，其所記亦可反證明代内府確實刻過此書。因定此書爲明宣德元年内府刻本，當無疑義。

此書鈐有『廣運之寶』大印，現藏北京師範大學圖書館。（李致忠）

**歷代君鑑五十卷**（明）明景帝朱祁鈺撰　明景泰四年（一四五三）内府刻本。框高二十七·九釐米，寬十八釐米。每半葉十行，行二十字，粗黑口，四周雙邊。

朱祁鈺（一四二八—一四五七）明代宗景皇帝。明宣宗朱瞻基第二子，明英宗朱祁鎮異母弟。正統十四年（一四四九），土木堡之變，明英宗被瓦剌俘虜。爲免主少國疑，于謙等大臣勸服孫太后，立郕王朱祁鈺爲皇帝。次年改元景泰，因此又稱景泰帝。景泰八年正月，奪門之變，明英宗復位，改元天順。二月，廢景泰帝爲郕王，軟禁於西苑。郕王薨，享年三十。謚曰戾。明憲宗追認其皇帝之位，謚曰恭仁康定景皇帝，史稱明景帝。南明時期，加謚符天建道恭仁康定隆文布武顯德崇孝景皇帝，廟號代宗。朱祁鈺選賢任能，在外依仗于謙，在内寵信興安，挽狂瀾於既倒，使得社稷轉危爲安。除此書外，還敕編有《寰宇通志》等。

是書雖署朱祁鈺御撰，實際上是由明宣宗宣德五年（一四三〇）之探花、修撰官林文等大臣於景泰四年編纂而成。林文（一三八九—一四七六）字恒簡，福建莆田人。係永樂四年（一四〇六）狀元林環之表弟。宣德元年中舉。宣德五年登庚戌科進士一甲第三名（探花），授翰林院編修。正統初年參與編撰《宣宗實錄》，正統七年修成《天下郡志》，陞翰林院修撰，並兩次出任會試主考官。景泰三年陞左春坊左諭德兼修撰。次年修《歷代君鑑》成，因此而陞任左庶子兼侍講。天順八年（一四六四），明憲宗即位，其以舊講讀官陞太常寺少卿兼翰林侍讀學士，一個月後辭職歸里。死後贈禮部左侍郎，謚莊靖。

是書卷帙浩大，其内容顧名思義，乃是爲封建帝王統治天下所編纂的一部職業性案例教科書，以便其以古爲鑒，參照施政。全書所收帝王案例，上迄傳説時代的太昊伏羲氏，每卷收錄歷朝歷代的帝王案例若干，並將其中每一帝王代表性的事迹羅列於後，而這些事迹則主要取材於歷代史傳、經史讀本、儒家性理道學和明代政令典制等書籍之中。比如講宋仁宗的部分，『（宋仁宗天聖）三年，五月，幸南御莊觀刈麥，聞民舍機杼聲，召問之，乃一貧婦也，因賜以茶帛。諭輔臣曰：其勤如此而貧，可無恤哉？』此一段就主要摘自《續資治通鑑長編》一書。每一位皇帝的行狀之前，還特意標有『善可爲法』或『惡可爲戒』的題注，而這些題注均出自司馬光的《資治通鑑》一書，其書中云：『删削冗長，舉撮機要，專取關國家興衰，係生民休戚，善可爲法、惡可爲戒者，爲編年一書，使前後有倫，精粗不雜。』意在提醒帝王，對於前朝前代的帝王，要以其中的善君爲榜樣，以惡君爲警戒，纔能統治好國家。結束之處，則或以『史臣贊曰』『史臣論曰』等附上史家對前朝前代帝王的論定。

查《中國古籍善本書目》史部傳記類，是書早期版本僅此一種，即明景泰四年内府刻本。此本國内存世較多，除北京大學圖書館外，還有國家圖書館、清華大學圖書館、人民大學圖書館、故宮博物院圖書館、上海圖書館、天津圖書館、遼寧省圖書館、南京圖書館等二十餘家古籍收藏單位有藏。此本爲明代司禮監所掌管之經廠刻本（世稱『經廠本』），紙色瑩潔，墨彩飛騰，開本寬大，天頭敞闊，行格疏朗，字大如錢，精彩悦人。乃明代内府本中之精品。

此本品相完好，卷前鈐『廣運之寶』朱文印，乃明代皇室之玉璽印。據王圻《續文獻通考》卷一百二十七所載，明寶璽凡十四，『獎諭臣工，則用「廣運之寶」』。另鈐有『燕京大學圖書館』印。現藏北京大學圖書館。（王燕均）

〇五二

**宗藩訓典十二卷** （明）馮柯輯　明萬曆三十年（一六〇二）襄藩貞白書院刻本。框高十九·五釐米，寬十三·九釐米。每半葉十一行，行二十一字，白口，四周雙邊。

存九卷：子、丑、寅、巳、未、申、酉、戌、亥。

馮柯（生卒年不詳）字子新，號寶陰，光浙子，慈溪（今屬浙江）人。年七歲，御史魏英以『牆上麒麟』命對，柯應聲曰『河中龍馬』。英大奇之。長則精研性理，自信聖賢可學。讀書日積一寸。二十二歲作《三極通》《質言》等書，爲時所稱。入府學，補增廣生，屢試第一，然七赴鄉試而不遇。其家自曾祖父馮厚爲淮府長史始，四世爲藩府王官。萬曆初，襄王聘修國史。爲著《宗藩訓典》，賜號貞白高士。授宗學教授，以疾歸。以仲子馮烶貴，纍贈江西參政。著有《三極通》《小學補》《質言》《迴瀾正諭》《求是編》等，彙刻爲《貞白五書》《貞白全書》等。

《宗藩訓典》乃馮柯奉襄靖王之命所作。馮柯認爲秦之前諸侯各有國史，但漢以降至遼金元，諸侯王無史，其事附載正史中，然二十一正史皆藏之中秘，世莫得覩。有明一代，雖各藩府設紀善所，有修撰官紀善，然亦有善未必紀也。因取二十一史而遍考之，凡諸藩封行事足資勸戒者，或錄其全傳，或摘錄其略，或參以別傳，或證以他書，各繫以評論，以寓己意。全書起秦漢迄金元，得宗屬七百二十三人，附與事之臣八十六人，共爲評一千一百三十八條，以地支之名釐爲十二帙，取材宏富，是一部輯錄宗藩傳記資料的專題史，具有較高的史料價值。

此書初修之時，曾開館於隆中廣德寺。然創稿未半，柯因喘告歸，歷十載乃成書。萬曆二十一年馮柯自敘該書已繕寫一部，然年齒已邁，冀他日有卒其志者刊刻此書。二十三年，光禄寺少卿涂杰應馮柯季子馮瑛之請爲該書作序。三十年，馮瑛進書於襄忠王朱翊銘，襄忠王命工刊刻，以廣流傳。

明代二百七十餘年，封王建藩之制與明王朝相始終，對明代的政治、經濟、軍事産生了巨大影響，這正是《宗藩訓典》成書的重要背景。同時，明代的藩府刻書數量大、質量高，對當時乃至後世影響甚深。本書即萬曆三十年襄藩貞白書院刻本。襄藩刻書存世極少，本書的版本價值更顯珍貴。前有涂杰、馮若愚、馮柯序文。其序文、目錄、正文版心下均鎸『貞白書院』，唯馮若愚序文版心下鎸『適適山堂』。明適適山堂位於慈溪，曾刊刻過馮柯《貞白全書》，但與《宗藩訓典》的刊印關係尚不明確。版心下鎸刻工，多爲簡稱，有翟、才、演、狄、力、順、八、余、川、正、公、良全、五、王巳等人。上海圖書館藏有萬曆三十七年襄藩貞白書院重刻本《宗藩訓典》，存寅、辰、戌、亥四卷，辰卷可配補本書。

黄虞稷《千頃堂書目》著錄馮柯《歷代宗藩訓典》十二卷。《四庫全書總目》子部著錄此書，乃江蘇周厚堉家藏本。

此書曾爲翁心存舊藏，鈐『賜本』『臣翁心存恭臧』印。現藏中國國家圖書館。（孫俊）

## 殿閣詞林記二十二卷　（明）廖道南撰　明嘉靖刻本。框高二十・三釐米，寬十五釐米。每半葉十行，行二十字，白口，左右雙邊。

廖道南（一四九四—一五四七）字鳴吾，蒲圻（今屬湖北）人。明正德十六年（一五二一）進士，改庶吉士，授翰林院編修。嘉靖四年（一五二五）纂修《明倫大典》，擢中允，充日講官。纍官至侍講學士。嘉靖二十六年卒於家。著有《殿閣詞林記》《楚紀》等書。

是書前有嘉靖乙巳（二十四年　一五四五）九月廖道南《殿閣詞林記敘》，云『宰相須用讀書人，翰林當以宿儒處，圖政本者尤宜深長思焉』。《四庫全書總目》是書提要云：『（道南）在詞垣最久，嫻習掌故。因集詞林殿閣宫坊諸臣舊事，分類記載，以成是編。』又説：『華蓋、武英諸殿者曰殿學，文淵、東閣者曰閣學，兼六館者曰館學，晉詹事者曰宫學，屬春坊者曰坊學，屬宏文者亦曰館學，典成均者曰廱學，陞本院者曰卿學，有節義者曰贈學，擅書翰者曰藝學，終始本院者則名之曰院學。』又説是書『仿列傳之例，悉載其官階恩遇，而事實亦附見焉』。卷一至二爲殿學、卷三閣學、卷四院學、卷五部學、卷六館學、卷七國初宫詹等附、卷八國初史館附。自卷九始體例稍異，如卷九無總目，其細目爲殿閣、親擢、視事、幾務擬旨、密疏、會議、繕寫、書辦、閣禁、參見、弘文、東閣等。羅玘《圭峰集》卷一云，有明一代『言館者，合翰林、詹事、二春坊、司經局，皆館也，非必謂史館也。今言閣，東閣也，晨必會於斯，故亦曰閣也，非必謂内閣也。然内閣之官，亦必由館閣入，故人亦蒙冒，概目之曰館閣云』。大學士爲内閣長官，仍以殿閣名入銜，如中極殿、建極殿、文華殿、武英殿、文淵閣、東閣等，宰執通稱『殿閣』。

是書卷前序署『皇明賜進士經筵日講官同修國史奉直大夫前翰林院侍講學士臣廖道南謹撰』。卷一至六每葉爲綫魚尾，上魚尾上方題『明學記卷之某』；序、卷七至二十二爲上黑下綫魚尾，黑魚尾上題『殿閣詞林記』，下題『卷之某』。卷九至二十署『皇明賜進士南京國子監祭酒黄佐翰林院侍講學士廖道南同編』。《四庫全書總目》云：『自卷九以下，標題皆作「國子監祭酒黄佐侍講學士廖道南同編」。蓋道南採掇黄佐《翰林記》之文，不没所自，猶有前輩篤實之遺。』

此本爲明嘉靖刻本。《浙江採集遺書總錄》丁集著録刊本，即爲此嘉靖刊本。上虞羅振常《善本書所見録》卷二著録，爲天一閣藏本。

此本曾經清劉喜海藏，鈐有『文正曾孫』『劉喜海印』『燕庭藏書』等印。劉喜海（一七九三—一八五三）號吉甫，山東諸城（今諸城）人，著有《古泉彙考》《古泉苑》《三巴金石苑》等書。現藏中國國家圖書館。（向輝）

〇五四

## 晏子春秋八卷

明活字印本（目録、卷一第三至九葉、卷七第一至六葉、卷八第二十八至二十九葉、後序配清抄本） 丁丙跋。框高十六·八釐米，寬十二·一釐米。每半葉九行，行十八字，白口，左右雙邊。

晏子名嬰，春秋時齊國名相，後人採其生平行事及諫諍之言成《晏子春秋》。《漢書·藝文志》最早著録爲八篇二百一十五章，劉向定本。其後《隋書·經籍志》作七卷，《崇文總目》《郡齋讀書志》《直齋書錄解題》等又作十二卷，並稱《晏子》八篇已亡，故宋時已不詳劉向所定八篇之原貌。明時八卷本重現，分内篇諫上、下，問上、下，雜上、下六卷，外篇重而異者及不合經術者二卷，每章又另有標題。外篇二卷題名與劉向《敘錄》中所述之意相合，但未見於宋以前文獻。一九七二年銀雀山漢墓出土竹簡，中有《晏子春秋》之十數章，章節分合較八卷本多有不同，且篇章均無標題，可作旁證，故明八卷本或爲元明間人以宋人十二卷本更改篇帙、添加標題以合《漢志》而成。

《晏子春秋》宋刻本至清代已散佚無存，但尚有數家號稱藏有元刻，即張金吾爱日精廬、吴騫拜經樓、孫星衍藏本、陸心源皕宋樓及丁丙八千卷樓，均爲八卷本。張氏藏本後不詳所蹤，吴、孫、陸三家所藏經王懿榮、傅增湘等人鑒别，當爲同一版明刻本，傅增湘驗其字體筆法稱當在明正德間，而丁丙藏本則爲明活字印本，由此學界懷疑張金吾所藏之元本亦有可能是这兩種明本之一。

此次影印之明活字印本即丁丙所號稱之元本。葉面無斷版，同葉之中字體不一，大小不同，且排列不齊，墨色濃淡不匀，字間筆畫絶無交錯，爲活字本無疑，而從其版面風格判斷不晚於明代中期。此本與上述孫星衍所藏明刻本，即傅增湘稱爲明正德時所刻本，版式相同，字體近似，當屬摹刻關係。傅氏稱活字本從孫星衍本翻刊，但細審之，後者在字塊高低、歪斜處，或大小肥瘦不一致處與活字本一一吻合，因其墨色均匀，版面顯得較爲整齊；又卷六末標有『晏春子秋内篇雜下第六』，二本相同，應是活字本排字時工匠手誤所致，孫星衍本摹刻時未察；此外孫星衍本誤字較多，如『助』誤爲『扐』，『止』誤爲『上』，『損』誤作『揖』等，此種誤刻在翻刻本中頗爲常見，故孫星衍本當從活字本翻刻無疑，傅氏失察。

明萬曆時沈啓南曾刻有八卷本，前有萬曆乙酉（十三年　一五八五）張之象序，提及《晏子春秋》有正德銅版，序稱：『（晏子春秋）世遠無傳，正德間錫山華氏曾布諸銅版以行，久且散逸，兹就（檇）李沈君道明頗訢慕晏子，因覓善本反覆校勘，付之剞劂。』錫山華氏銅版書應即現所謂華氏銅活字本，此部明活字印本，版心等處無華氏印記，字多古體和異體，墨色不佳，與現存華氏諸活字本之版式、字體風格均不相類，無華氏本明證。然觀其字體筆鋒，細緻鋭利，其四周版框及版心魚尾處拼合緊密，幾無縫隙，於木活字本較爲少見，或爲金屬活字有待考證。歷來諸家目錄不曾著錄有華氏銅版及別家金屬活字本《晏子春秋》，張之象序中稱正德間銅活字本久已散佚，可能僅是聽聞而未得見此銅活字本，故華氏是否刻印此書並不能确定，而此部明活字本有正德間版式字體風格，亦有可能爲當時別家所刻銅活字本。

此部明活字本尾有缺葉，因孫星衍本在卷八『公曰章』之後注缺字，故活字本亦當如是。現存明代所刻八卷本尚有嘉靖間何喬刻本、隆慶元年（一五六七）含山縣儒學刻本、萬曆間緜眇閣刻《先秦諸子合編》本均同此缺，諸本文字經筆者校核，或同此明活字本，或同孫星衍本。除八卷本外，今所知其他明代刻本均不早於萬曆間，其中萬曆初南京國子監刻二卷本（即子彙本）、萬曆十六年吳懷保刻四卷本、萬曆黄之寀校刻四卷本，萬曆間吳勉學刻七篇本、明末凌澄初刻朱墨套印六卷本等均出自八卷本，故此部明活字本當爲現存所有版本之最早版本。此本首尾缺失處，藏者以清嘉慶二十一年（一八一六)吳鼒校刻本文字抄補,末錄顧廣圻後序亦爲吳鼒校刻本所有。書中有道光時人海鹽馬玉堂『古鹽馬氏』,『笏齋珍臧之印』『漢唐齋』印三枚,又有『實穎之印』『先庭』『讀易小子』及八千卷樓諸印。現藏南京圖書館。(李培文)

〇五五

## 聖蹟圖一卷

(明)張楷編繪 (明)何廷瑞增繪 明嘉靖二十七年(一五四八)瀋藩朱胤栘刻本。框高二十七釐米,寬五十七釐米。每半葉十二行,行十五字,小字單行同,白口,四周雙邊。

本書舊有著錄多無撰繪者。據張楷跋文知該圖爲張楷編繪。張楷(一三九九—一四六〇)字式之,號介庵、守黑子,慈溪(今屬浙江)人。永樂十三年(一四一五)舉人,永樂二十二年進士。宣德二年(一四二七),任兵部主事,旋任江西道監察御史。宣德八年以忤旨奪官。正統初年還任。正統五年(一四四〇),除陝西按察僉事,尋遷副使。正統十二年,陞爲都察院右僉都御史。正統十三年福建鄧茂七叛亂,拜爲監軍,總制閩浙,便宜行事,景泰元年(一四五〇)平定之。天順二年(一四五八),詔以其右僉都御史舊職致仕。次年復命督理陝西軍餉,事竣還京,詔轉南京都察院右僉都御史。天順四年卒於北京,時年六十二歲。著有《四經糠粃》《大明律斛律條撮要》等。

《聖蹟圖》係採擇孔子故事,繪製成系列連貫的圖畫,材料多取自《論語》《史記》二書,有繪本、刻本、石刻、拓本等多種版本類型。繪本出現最早,據說宋朝已有,但未見傳世。現存最早之繪本爲元代畫家王振鵬所繪,圖共十幅,舊藏項元汴天籟閣,後流落到日本,清光緒三十四年(一九〇八)由鄧實影印，有上海神州國光社影印本。刻本中最早者，據《山東通志》卷一百三十二《藝文》記載，有元大德年間孔子五十三代孫孔澤所刻《孔聖圖譜》三卷，惜此本已佚，無由考查。傳世最廣者，是以明代張楷所繪《聖蹟圖》爲母本刊印的各種版本。

明正統九年，張楷依據《史記・孔子世家》，旁採《論語》《孟子》等，編繪成《聖蹟圖》三十幅，反映孔子生平中的三十事，並撰寫了每圖的序和贊，刻印傳世。張楷所繪之《聖蹟圖》原圖後流失到日本，二〇一一年從日本購回。明成化二十一年（一四八五），衡陽太守何廷瑞又令人增繪九圖，連同摹繪張楷原圖共計三十九幅圖，但新增九圖有序而無贊。原圖流傳至今。明弘治十年（一四九七）吉王府曾據之刊印行世。

《中國古籍善本書目》著錄存世《聖蹟圖》刻本共七種，其中所謂明嘉靖二十七年（一五四八）瀋藩朱胤栘刻本爲國圖藏本。該本原爲鄭振鐸先生所收，一九五八年上海古典文學出版社據之影印出版，爲鄭振鐸所編《中國古代版畫叢刊》之一種。書中有『長樂鄭振鐸西諦藏書』印。鄭氏爲影印本所撰跋中將其定爲明正統九年刊本。該本後隨西諦藏書入藏北京圖書館（今國家圖書館），一九六三年文物出版社出版的《西諦書目》修改著錄爲明嘉靖二十七年瀋藩朱胤栘刻本，故《中國古籍善本書目》亦照此著錄。但經與北京大學圖書館藏嘉靖二十七年本比對，發現並非同一版本。國圖藏本有北大藏本所缺的第十二葉，但缺第二十三葉和卷末的瀋藩朱胤栘『刻孔夫子聖蹟圖跋』以及鄧文質跋。一九九四年據湖北長陽縣文化館藏明末刻本影印的《聖蹟圖》，書前有徐孝宓序言，稱《中國古代版畫叢刊》中影印之所謂正統九年刊本，實際是明弘治十年吉王府刻印的何廷瑞新增九圖本。

北大圖書館藏此明嘉靖二十七年瀋藩朱胤栘刻本，原誤著録爲明正德元年刻彩色印本，導致《中國古籍善本書目》亦沿襲了這一錯誤。此本現存四十四葉。前三葉録《史記·孔子世家》朱熹節略全文，卷端題『漢司馬太史遷譔，宋朱文公熹纂』。自第四幅起始爲圖，中缺第十二圖，故實際有圖三十八幅。每幅左圖右文，圖係墨版刷印，手工設色敷彩。除首圖有『先聖小像』四字題名外，其他各圖均不注題名，僅有與本圖相配事迹的序和贊，如最後一圖序爲：『魯歲時奉祠孔子塚，後世因廟藏孔子衣冠琴書，至漢二百年餘年不絶。高皇帝過魯，以太牢祀焉。』贊文爲：『穆穆廟庭，聖德斯尊；肅肅衣冠，聖澤斯存；漢祖崇儒，躬拜闕里；太牢之祀，百代伊始。』後三葉中，首葉爲明正統甲子（九年）張楷跋，次葉爲正德元年揚州知府鄧文質跋。最後一葉爲『刻孔子聖蹟圖跋』，末署『皇明親王瀋藩南山子熏沐拜書』，跋云：『嘉靖戊申春孟吉旦，潞庠姚生正貢之期西還，得《聖蹟圖》一册，謁予以獻，展而閲焉，乃知斯圖也，所以圖先聖出處遺跡……庸是敬刻以傳之。』由此知該圖係嘉靖戊申（二十七年一五四八）瀋藩刻本。瀋藩廟號『憲』，名胤栘，號南山子，其封地在潞州（今山西長治），卒於嘉靖二十八年，亦即《聖蹟圖》刻成之次年。

此本没有任何藏章印記及後人題識，現藏北京大學圖書館。（于義芳）

〇五六

**新刊真楷大字全號縉紳便覽一卷**　明萬曆十二年（一五八四）北京鐵匠衚衕葉鋪刻藍印本

繆荃孫 鮑毓東 曹元忠跋 周慶雲 李詳 金蓉鏡等題詩。框高二十二·五釐米，寬十六·二釐米。每半葉十行行字不等，藍口，上下雙邊。

縉紳亦作『搢紳』『薦紳』，古代官僚插笏於紳（腰帶），故以縉紳泛指士大夫。尤指通過科舉得官之現任官員及致仕家居之鄉官。書坊將内外官吏姓名、籍貫、出身等編輯成册，逐年刊行，名曰《縉紳錄》，又稱《縉紳便覽》，俗稱『官册子』。明清時官場中頗爲流行。

此書爲明萬曆十二年春内閣、詹事府、翰林院、六部、五城兵馬司等京官及各省總督、巡撫、巡按、御史職名册。各官職列出現任者之姓名、字號、籍貫與科第，進士出身者以干支標其中第年代，餘則分别標以儒士、監生、恩貢、生員等。國家圖書館尚有鐵匠衚衕刻《新刊南北直隸十三省府州縣正佐首領全號宦林備覽》一部，爲萬曆十二年各省布按、經歷、照磨、府州縣官職名册。或當時觀念認爲自布政司爲始，不與以縉紳之目，故兩書題名有此不同。

是書之所以定爲萬曆十二年春『官册子』，曹元忠跋云：『校以《明史·七卿年表》，兵部尚書張學顔以十二年二月加太子少保，而「册」止稱兵部尚書者，十二年春季官册必在十一年冬印成，學顔於十二年二月所晉之階自不及載。』清張鑒《冬青館集》乙集卷七有《書萬曆十二年春官册子後》長跋，詳考此册與史傳、志、表之相合、互異及齟齬之處，可以參考。

縉紳之書淵源甚古，《左傳·僖公二十三年》：『策名委質，貳乃辟也。』杜預注：『名書於所臣之策。』孔穎達疏：『古之仕者於所臣之人書已名於策，以明繫屬之也。』可見由來已久。《隋書·經籍志》著録百官名之類書已不少。宋洪邁《容齋三筆》卷第五《郎官員數》條載：『紹熙四年冬，客從中都來，持所抄《班朝録》一編相示，蓋朝士官職姓名也。』一般認爲此乃關於《縉紳録》之最早正式記載。清末沈家本在《枕碧樓偶存稿》卷六《道光五年縉紳跋》一文中有所考述，可參看。清代有官刻、私刻兩途，吏部所編《爵秩全覽》以吏部檔案爲據，按季刊刻，體例已十分完備。此類官册子時效性甚强，其使用價值如同曆書，新編一出，舊册即廢，原非藏書家世襲珍藏之物，官私書目少見著録，故早期刊本傳世頗罕，遂成珍品。

此册與《宦林備覽》二册歷來合函，被視作一部書。但二者行款不同，且《宦林備覽》用墨印，故國家圖書館析爲兩部書著録。三册皆阮元舊藏，乃其夫人孔繼華奩中物。阮元弟阮亨《瀛舟筆談》卷六云：『予嫂孔夫人字經樓，爲至聖七十三代長孫女。幼嫻詩禮，于歸後授封一品。』卷七又云：『明萬曆十二年春季《縉紳》，爲吾嫂孔夫人闕里舊書。』後流入徐乃昌積學齋，徐氏視作驚人秘笈，《積學齋藏書記》云：『（《便覽》）字體清晰，紙張廓大，與今之《縉紳》迥不相同。是書在當時斷無人珍惜，而數百年後轉成希世珍，亦奇遇也。』而後被端方借去，久而未還，端方卒後藏書散出，徐氏乃『復以餅金六十輾轉購歸』（李詳題詩自注）。兩番得書，徐氏愈加珍視，屢請舊雨新交作詩題跋，使得此書題跋纍纍，展卷悦目。卷末鎸『北京宣武門裏鐵匠衚衕葉鋪刊行麒麟爲記』一行。有『陳文田硯鄉氏臧本』『揚州阮氏』『琅嬛僊館』『積餘秘笈讀者寶之』等印記。現藏中國國家圖書館。（樊長遠）

## 寰宇通志一百十九卷 （明）陳循等纂修　明景泰刻本。框高二十七·五釐米，寬十八·一釐米。每半葉十行，行二十二字，大黑口，四周雙邊。

陳循（一三八五—一四六二）字德遵，號芳洲，泰和（今屬江西）人。永樂十三年（一四一五）進士第一，宣德初進侍講學士，後進翰林院學士。正統九年（一四四四）入文淵閣，次年進户部右侍郎兼學士。景泰間進户部尚書，後進少保兼文淵閣學士，加太子太傅兼華蓋殿大學士。正統十四年『土木之變』後支持兵部侍郎于謙抵禦也先。英宗復位後受到牽連，遭刑杖一百，充軍鐵嶺衛。石亨死後獲釋爲民，仍居鐵嶺，不久病歿。于謙昭雪之後亦獲平反，詔以原職賜祭。陳循居政日久，熟悉政事，剛而能斷，進言多納。著有《芳洲集》《東行百詠集句》，均入《四庫全書》。《明史》有傳。

《寰宇通志》爲明代第一部官修地理總志。景泰五年（一四五四）七月，明代宗朱祁鈺爲『深居九五而欲知四海萬邦之詳，不出户庭而欲究古今興替之悉』（本書御製序），故敕令陳循、高穀、彭時等人負責《寰宇通志》的纂修，依《元一統志》之體例，以《元和郡縣志》《九域志》《輿地紀勝》等爲藍本，派多人分赴全國各地廣採事迹風俗，至景泰七年五月書成，凡一百十九卷。該志分兩京、十三布政使司、一百五十一府、三十七直隸州、一百八十一屬州、一千零九十三縣；十六都指揮使司、四行都指揮使司、三百七十四衛、二百三十八千户所、諸雲貴川土司及『外夷』各國；分記建置沿革、郡名、山川、形勢、風俗、土産、城池、祀典、山陵、宮殿、宗廟、壇壝、館閣、苑囿、府第、公廨、監學、學校、書院、樓閣、館驛、堂亭、池館、臺榭、橋梁、井泉、關隘、寺觀、祠廟、陵墓、墳墓、古迹、名宦、遷謫、留寓、人物、科甲、題詠等三十八門，引用《五經大全》等典籍約一百五十種。

該志甫一修成即逢『奪門之變』，明英宗朱祁鎮不欲朱祁鈺有修志之譽，故以『繁簡失宜，去取未當』（《明實錄·天順實錄（二年八月）》）爲由，將之重編爲《明一統志》，書成之日《寰宇通志》即遭封禁，後世流傳甚稀，《四庫全書》也隻字未提。《寰宇通志》與後來的《明一統志》相比，『館驛』等類目記載較詳爲其長，祇列『科甲』不列『户口』，過於龐雜粗疏爲其短。明以前的地理總志，《輿地紀勝》《方輿勝覽》祇有南宋疆域的資料，記載完備的《元一統志》早已散佚十不存一，承上啓下的《寰宇通志》可謂功不可没。

葉盛《水東日記》記載：『此書印裝已備，方欲下頒，適天順改元，遂已。』《寰宇通志》御製序文寫於『景泰七年五月十五日』，無具體版本年代記載，推測應爲景泰五年至七年之間，即所謂『景泰本』；抗戰時期鄭振鐸等學者將之影印並收入一九四七年出版的《玄覽堂叢書續集》中，即所謂『玄覽堂本』。『景泰本』現僅存於天津圖書館且爲全本。

是書鈐有『三殘書屋』和『振采珍藏』兩印。原收藏者任鳳苞（一八七六—一九五三）字振采，江蘇宜興人，民國銀行家、藏書家，以收藏方志廣富聞名，著有《天春園方志目》。是書乃任先生於一九五二年捐贈。現藏天津圖書館。（王進）

〇五八

**大明一統志九十卷** （明）李賢　萬安等纂修　明天順五年（一四六一）内府刻本。框高二十七釐米，寬十七·九釐米。每半葉十行，行二十二字，小字雙行二十一字，大黑口，四周雙邊。

存八十六卷：卷一至七十三，七十七至九十。

李賢（一四〇八—一四六六）字原德，鄧縣（今河南鄧州）人。明宣德八年（一四三三）進士，纍官至少保、吏部尚書兼華蓋殿大學士、知經筵事。卒後追授太師，謚文達。《明史》有傳。

萬安（一四一七？—一四八八）字循吉，眉州（今四川眉山）人。正統十三年（一四四八）進士。憲宗朝外戚，因萬貴妃受寵，身居内閣首輔之位長達十年。孝宗朝被免，次年卒，追贈太師，謚文康。《明史》有傳。

明正統十四年，明英宗於土木堡遭俘，群臣擁立其弟即位，是爲代宗。景泰間，代宗曾敕群臣修《寰宇通志》。及書成，英宗復位，深忌弟專美於前，乃於天順二年以《寰宇通志》『繁簡失宜、去取未當』等爲由，詔李賢、彭時及吕原等重新編修。三年後，書成進呈，賜名《大明一統志》，由内府鋟版頒行。

是書襲《元一統志》體例，以政區爲綱，分立卷目。卷一至五爲京師，卷六至十八爲南京（含中都），卷十九至八十八爲十三布政使司。每府、直隸州皆載録建置沿革、郡名、形勝、風俗、山川、土産、公署、學校、書院、宫室、關梁、寺觀、祠廟、陵廟、古迹、人物、流寓、列女、仙釋等名目。較之《寰宇通志》，本書删去館驛、關隘、井泉、遷謫、科甲、題詠六目，增立流寓、列女及仙釋三目。卷八十九及九十載『外夷』各國。

是書内容宏富，貫古通今，保存了許多明代史料，有一定的史料價值。但也確如四庫館臣所評『其時纂修諸臣，既不出一手，舛訛牴牾，疏謬尤甚』（《四庫全書總目》是書提要）。存在不少記載失實之處。顧炎武《日知録》對其謬誤曾有所是正，可資參考。

是書編成後，交司禮監刊行，其後在明代又曾被翻雕、重刻過數次，今可見者，尚有慎獨齋本、歸仁齋本、萬壽堂本等。此次《中華再造善本續編》據以影印的底本，雖稍有殘損，但爲明内府最初刻本。其書開本宏闊，紙墨精良，行格疏朗，字大體正，可謂刻印俱佳。且鈐有『廣運之寶』大印，是比較典型的明代内府刻本。

此本鈐『廣運之寶』『少南』『念祖堂臧書印』等印。現藏中山大學圖書館。（陳卓）

## ○五九　廣輿圖二卷　（元）朱思本撰　（明）羅洪先增補　明萬曆七年（一五七九）錢岱刻本。框高三十三・七釐米，寬三十三・四釐米。行字不等，白口，四周雙邊。

朱思本（一二七三—？）字本初，號貞一，臨川（今江西撫州）人。少年即往信州龍虎山拜入正一道修真，『嗜聖經史傳、諸子百家，若饑渴然』。元大德三年（一二九九），奉玄教大宗師張留孫之命至大都，協助其處理道教事務，此間曾多次奉旨代祀嵩、衡等名山。至治元年（一三二一）離大都，前往杭州出任玄妙觀住持提點，不久調任龍興路（今江西南昌）玉隆萬壽宫住持，任職達十年之久，約於順帝元統、至元間病逝於此。除《輿地圖》外，朱氏又編撰《九域志》八十卷，今僅存序言和殘本八卷。詩文亦爲時人稱道，有《貞一齋詩文稿》存世。

羅洪先（一五〇四—一五六四）字達夫，號念庵，吉水（今屬江西）人。明嘉靖八年（一五二九）舉進士第一，授翰林院修撰。後召拜春坊左贊善。十九年，上疏諫議世宗朱厚熜不理朝政，上怒，奪其官，歸鄉里。罗氏自幼好學，『躍馬挽强、考圖觀史，自天文地志、禮樂典章、河渠邊塞、戰陣攻守，下逮陰陽算數，靡不精研』。被貶後，專心於朱思本《輿地圖》闕略訛誤處的訂正增廣，於嘉靖二十年前後完成《廣輿圖》二卷。卒後，贈光祿少卿，謚文恭。

朱思本一生周遊大半個中國，在奉詔代祀名山同時，『質諸藩府，博采群言，隨地爲圖』，沿途進行廣泛實地考察，『訊遺黎，尋故道，考郡邑之因革，核山河之名實』。又查閱前人著述《水經注》《通典》《元和郡縣圖志》《元豐九域志》《元一統志》等，參考古今，量校遠近，依『計里畫方』之法，繪製全國若干局部分圖，最後拼合爲長、寬各七尺的大圖，名《輿地圖》。『其間河山繡錯，城連徑屬，旁通正出，布置曲折，靡不精到。』然於『漲海之東南，沙漠之西北，諸蕃異域』之地，因『遼絶罕稽』，『姑用闕如』，體現了朱氏從嚴求實的嚴謹態度。圖成之後，曾刊石於上清之三華院。因圖幅甚大，不便流傳及保存，圖和圖碑均已失傳。

《輿地圖》注重實地考察與書本知識相結合，所撰内容和圖形輪廓相當準確。然偏重山川位置分布記載，於郡縣鄉鎮方位距離注意不足，故而圖中『山川悉而郡縣則非』；其次，系統地使用幾何符號，表示自然、人文地理等内容；再次，朱氏從八里吉思家中得到帝師所藏圖書，據書中『（黄河源頭）

水從地湧出如井，其井百餘，東北流百餘里，匯爲大澤，曰火敦淖爾』之記述，最早將星宿海及由西南方向流入該海的水道（即喀喇渠）繪作黄河之源，與前人以積石山爲黄河源頭之説法不同。

羅洪先『嘗遍觀天下圖籍，雖極詳盡，其疏密失準，遠近錯誤，百篇而一，莫之能切也。訪求三年，偶得元人朱思本圖，其圖有計里畫方之法，而形實自是可據，從而分合，東西相侔，不至背舛。於是悉所見聞，增其未備，因廣其圖，至於數十』（《廣輿圖序》）。此即所謂《廣輿圖》。羅氏病《輿地圖》『長廣七尺，不便卷舒』，乃以之爲基礎，並集元人李澤民《聲教廣被圖》，明《大明一統圖志》，許論《九邊圖論》，楊虞坡、徐斌《水圖》等十四種資料作參考，彙集增補，改編成地圖集形式。其中總圖、兩直隸及十三布政司計十七幅圖縮編自朱氏《輿地圖》，據明制更改地名並詳加記注，已佚之朱氏《輿地圖》因此得以保存部分内容。又另增繪九邊圖十一，洮河、松藩、建昌、麻陽、虔鎮圖五，黄河圖三，漕運圖三，海運圖二，朝鮮、安南、西域、朔漠圖四，計有圖四十五幅。又『凡沿革附麗，統馭更互，難以旁綴者各爲副圖六十八』。實際上，這些副圖並非地圖，而是政區沿革、形勝所轄範圍和計徵田賦數字等内容之説明文字及圖表，分别附在各圖之後，成爲圖集内容重要組成部分。

是書繪畫工整，鎸刻精細，首次採用二十四種地圖符號列出山、河、路、界、府、州、縣等，對增强地圖科學性、豐富地圖内容起到了重要作用。作爲我國古代第一部綜合性地圖集，因繪製精確，又實用方便，易於保存，成爲明清以來諸多傳統輿圖編繪時所據之底本。

是書又有《廣輿圖記》《廣輿圖全書》等名，先後翻刻達七八次之多。傳世主要有明嘉靖三十四年

（一五五五）前後刊本，爲初刻原刊本； 明嘉靖三十七年南京十三道監察御史重刊本； 明嘉靖四十年胡松刻本。此本在原刊本基礎上增入日本、琉球二圖，並在各圖空白處增加百字左右評論性文字； 明嘉靖四十三年吳季源刻本。此版把輿地總圖的畫方任意減少四分之三，然圖角説明中仍是初刻本所標『每方五百里』； 明嘉靖四十五年巡按山東監察御史韓君恩刻本。此本出自胡松本，唯將開本縮小，每幅圖改爲雙面連式。並分全書爲二卷，增加桂萼《輿圖記敘》、許論《九邊圖論》； 明萬曆七年（一五七九）錢岱翻刻韓君恩本。此版開本比韓君恩本略大，但仍小於初刻本。地圖畫方變成長方形，使羅氏原圖出現明顯變形。在輿地總圖中增繪長城，並在北直隸圖中改『隆慶』爲『延慶』。又將黄河源繪成葫蘆形； 清嘉慶四年（一七九九）章學濂刊本。此版是對明萬曆七年本的翻刻，二者内容幾乎相同。

此本原著録爲明萬曆七年（一五七九）錢岱刻本，然據任金城《〈廣輿圖〉的學術價值及其不同的版本》一文考證，當以明嘉靖三十四年（一五五五）前後初刻本爲是。

中國國家圖書館所藏此本有殘缺，前序、鈐印俱失，書尾葉（一一五至一一七葉）有殘損。

（楊印民）

〇六〇

**皇明職方兩京十三省地圖表三卷** （明）陳組綬撰 明崇禎九年（一六三六）刻本。框高三十·九釐米，寬二十二·三釐米，白口，四周單邊。

陳組綬（生卒年不詳）字伯玉，武進（今江蘇常州）人。崇禎七年進士，授兵部職方主事。著有《五經副墨》《孝苑》《編史》《舫齋詩文》等書。傳見《武進陽湖縣合志》卷二十四。

《明史》卷七十一《選舉志》云：『兵部凡四司，而武選掌除授，職方掌軍政，其職尤要。』又卷七十二《職官志》云：『職方掌輿圖、軍制、城隍、鎮戍、簡練、征討之事。凡天下地里險易遠近、邊腹疆界俱有圖本，三歲一報，與官軍車騎之數偕上。』可見編製輿圖是兵部職方司主事分内職責。

是書簡稱《職方圖》《皇明職方地圖》，崇禎八年陳組綬組織編製，翌年完成並雕印。凡分三卷，共繪地圖五十二幅。上卷先錄《尚書·禹貢》及《周禮·職方氏》文，次皇明大一統圖二幅，兩直隸十三布政司圖十五幅。中卷邊鎮圖表，所繪圖計薊州、内三關、全遼、大寧、開平興和、宣府、大同、榆林、寧夏、洮河（目錄未列，書中實有）、甘肅（目錄甘肅下列四鎮總圖，書中實無）、松潘、建昌、麻陽、虔鎮各一幅。下卷江山、河嶽、弱水、黑水等川海圖四幅，漕黄治蹟圖、海運圖、江防圖、海防圖、日本入寇圖、太僕牧馬地圖各一幅，周禮馬政圖（實爲周禮馬政之法表）一幅，朝鮮、安南、西域、朔漠等地圖各一幅，二祖清漠始末圖（目錄有，書中實無），皇明貢夷圖一幅。各圖均畫方，每方一百里、二百五十里或五百里不等。每圖有敘、表、論、説、考略等。鎸刻精細。

前有《皇明職方地圖或問》一篇，述《職方圖》與羅洪先《廣輿圖》之區别、搜輯討論之同志名氏以及不用西學五大洲之説而衹繪中國四海九州之故。《皇明大一統圖》後有組綬所撰《大序》一篇，詳述對舊圖之批評及自己改進創新之處，並附圖例省文新法一則。由序及圖内注文可知，是書編製時曾參考大量圖籍，如朱思本《輿地圖》、羅洪先《廣輿圖》、桂萼《大明輿圖指掌》、李默《天下輿地圖》、許論《九邊圖論》、鄭若曾《萬里海防圖論》、余寅《禹貢河山圖》、申用懋《九邊圖説》、程百二《方輿勝略》以及《寰宇通志》《大明一統志》等，尤以對朱、羅二圖研究最詳。

《職方圖》是綜合性地圖集，以《廣輿圖》爲藍本增删修訂。據《武進陽湖縣合志》所載：『凡京省都邑、九邊四塞、山川險阻、錢賦出入關軍機要害者悉載焉。』其特點是增加大寧、開平、興和、東勝四邊圖以嚴邊防；作江山、河嶽、弱水、黑水四山川圖以察地勢；修改萬曆以來政區地名之沿革。又《廣輿圖》之漕運圖僅畫運河，而此圖則黄河與運河合繪。王庸《中國地理圖籍叢考》甲編《明代總輿圖彙考》又記『《廣輿圖》有東南海夷及西南海夷兩總圖，而《職方圖》則併爲皇明朝貢島夷圖；《廣輿圖》末有華夷總圖，而《職方圖》無之；又《廣輿圖》中有日本圖（抄鄭若曾所繪圖），而《職方圖》代之以日本入寇圖，此亦二圖互有詳略之處也』。總之本書内容更豐富，繪圖更準確，且尤重視邊疆軍事地理，强調實用性。

是書刊行未久即明清鼎革，清時陳組綬所著書除《詩經副墨》（《四庫全書總目》著録）外皆遭禁燬，故流傳至少。書中夷、虜等字或被抹去、剜去，蓋清人所爲。現藏中國國家圖書館。（樊長遠）

〇六一

**[洪武]平陽志□□卷** （明）張昌纂修　明洪武十五年（一三八二）刻本。框高三十·九釐

米，寬十九·六釐米。每半葉十行，行二十字，黑口，四周雙邊。

存九卷：卷一至九。

是書未著撰者，《山西文獻總目提要》此條寫作「張昌修纂」，未詳何據。張昌（生卒年不詳），臨汾（今屬山西）人。元代進士，不就顯職，乞爲晉山書院山長。入明，洪武二年（一三六九）聘至禮部，講究禮儀，上深嘉之，除國子監助教，授皇太子經。尋致仕。甲子（洪武十七年　一三八四）、丁卯（洪武二十年　一三八七）、庚午（洪武二十三年　一三九〇）三科連考本布政司鄉試。修平陽郡志。嘗撰《平陽府臨汾縣創建縣學記》《新修華池神行祠記》《勤政堂記》《武聖門記》《新修中鎮廟碑》等。並爲清音亭賦詩：「清音亭上春無限，且放滄浪入管弦」（清高塘修［乾隆］《臨汾縣志》卷二）。有《存齋稿》。張昌在元代所撰碑刻，現存兩通，一通在堯廟，近年出土；一通在陶寺里關帝廟，題爲《襄陵縣陶寺里新修關公行祠碑》。

是本卷前《序》末題「洪武壬戌春三月甲子金華朱林可謹識」。壬戌，即洪武十五年，知此志蓋爲是年修成付梓。明清以來公私藏書目録概未著録，可知傳世甚稀。全志無目録。前四卷爲平陽府總説，包括沿革、州縣、山川、風俗、鄉里、公廨、壇壝、坊巷、土産、渠堰、關隘、古迹、陵墓、臺榭、寺觀、仕宦、仙道、人物、驛傳十九門。以後每卷記一縣或數縣，縣首有圖。卷五至卷九記述臨汾、洪洞、趙城、襄陵、太平、浮山、岳陽、曲沃、翼城、汾西、蒲縣十二州縣，其餘州縣闕失。州縣所記門類與府基本相同，祇是「州縣」目改爲「鄉」目，多「里路」目，缺「驛傳」目。志中不見歷任職官，不見賦税户口，不見藝文。明代平陽府轄六州二十九縣，該志除平陽府外，共記有十二個州縣的有關資料。［洪武］《平陽志》的價值在於保存了一些明代以前和明初的資料，且許多記載經過作者實地核實，足可珍貴。

一九八〇年前後，中國國家圖書館在整理書庫時發現該殘本三册，未見國內外圖書館著録，爲存世孤本，亦是山西省目前最早的地方志原刻本，彌足珍貴。是書現藏中國國家圖書館。（白雲嬌）

〇六二

**長安志二十卷**（宋）宋敏求纂修　**圖三卷**（元）李好文撰　明成化四年（一四六八）郃陽書堂刻本　黄丕烈跋。框高二十五·五釐米，寬十八·六釐米。每半葉十二行，行二十二字，小字雙行同，黑口，四周單邊。

宋敏求（一〇一九—一〇七九）字次道，趙州平棘（今河北趙縣）人。宋仁宗寶元二年（一〇三九）召試學士院，賜進士，爲館閣校勘官，加集賢校理，任編修官，預修《新唐書》。治平中知制誥，判太常寺、加龍圖閣直學士，修兩朝正史，卒禮部侍郎。家中藏書甚富，達三萬餘卷，惜元符中失火，蕩爲煙塵。宋氏諳於朝廷典故，編著有《唐大詔令集》一百三十卷。筆記《春明退朝錄》，多記掌故時事。又私撰唐武宗以下六世實錄一百四十八卷。其都邑地志方面撰述除是書外，尚有《河南志》二十卷、《東京記》三卷，均已亡佚。

李好文（生卒年不詳）字惟中，自號河濱漁者，元大名之東明（今屬山東）人。登至治元年（一三二一）進士第，授大名路浚州判官。歷官至光禄大夫、河南行省平章政事，以翰林學士承旨一品禄終其身。李氏一生著述豐富，除《歷代帝王寶鑒》《大元太常集禮稿》等外，還參與編修《金史》和《宋史》。時人虞集爲作墓誌銘，對其人其事記述頗詳，文見《道園類稿》卷四十四。

據《四庫全書總目》是書提要所云，《長安志》一書皆考訂長安古迹，以唐人韋述《西京新記》疏略不備，因更博採實録、傳記、家譜、古志、古圖，碑刻、筆記等參校成書，共二十卷，凡城郭、官府、山川、道里、津梁、郵驛，以至風俗、物産、宮室、寺院，纖悉畢具。其坊市曲折及唐盛時士大夫第宅所在，皆一一能舉其處，粲然如指諸掌。

書首另附圖三卷，内容包括城市圖、官坊圖、古迹圖和農田水利圖等多幅。其初稿成於元至正二年（一三四二），至正四年，李好文再度出任陝西行臺治書侍御史時對原稿又做了補充。《元史》所録李好文著作中，遺漏了是圖，所以《四庫全書總目》是書提要批評説『《元史》疎漏，此亦一端矣』。黄虞稷《千頃堂書目》曾將書名誤作《長安圖記》。清人將圖併入《長安志》，並更名爲《長安志圖》。

《四庫全書總目》是書提要評述此書對研究長安歷史地理價值頗高，司馬光嘗以爲考之韋述《西京新記》，其詳不啻十倍。且韋氏之書久已亡佚，而此志精博宏贍，舊都遺事藉以獲傳，實非他志所能及。然是書亦有不足之處，程大昌《雍録》稱其引類相從，最爲明晰，然細細校之，亦不免時有駁複，如曲臺既入未央，而又入之三雍，是分一爲二矣。長門宮在都城之外長門亭畔，而列諸長信宮内，則失其位置矣。況宮殿園囿又多空存其名不著事迹，則亦無可尋繹矣。

是書對後世影響深遠，元明清之際多有人仿其體例、借其資料撰述古長安城之作。除前説李好文著《長安志圖》三卷外，元人駱天驤採用該書體例與資料，削繁分類，編纂《類編長安志》十卷，增補了金、元時期重要史料。清人徐松撰《唐兩京城坊考》，其中長安部分完全承襲該書體例與內容，又稍加增補。顧炎武《歷代帝王宅京記》亦仿其體例，徵引賅洽，考據亦頗精審。

是書宋代刻本久已失傳，存世有明成化刻本、嘉靖刻本、清《四庫全書》本及流傳較廣的清畢沅校刻本。此明成化四年郃陽書堂刻本乃現存最早之本。據書後所附黄丕烈嘉慶十四年（一八〇九）所作題跋，此本乃郡中某故家舊藏，黄氏以重值購獲，並命工重裝，且據嘉靖本補其失葉。今審書中數處鈐有『錢氏書印』印記，或即出於錢謙益、錢曾舊藏亦未可知。蓋錢謙益家常熟，黄丕烈家吴縣，同屬蘇州府，且錢謙益《絳雲樓書目》、錢曾《述古堂書目》均著録有《長安志》一書，或即此帙。

此本書法拙樸可愛，鈐印纍纍，有『錢氏書印』『曾臧汪閬源家』『楊紹和審定』『宋存書室』『楊氏海原閣鑑藏印』『周暹』等章，迭經錢謙益、錢曾、黄丕烈、汪士鐘、楊氏海源閣、周叔弢等諸名家寶藏。現藏中國國家圖書館。（楊印民）

〇六三

**[正德]瓊臺志四十四卷** （明）唐胄纂修　明正德刻本。框高二十二·六釐米，寬十五·五釐米。每半葉九行，行大字不等，小字雙行，黑口，四周雙邊。

存四十卷：卷一至二十一、二十四至四十二。

唐胄（一四七一—一五三九）字平候，號西洲，瓊山（今屬海南海口）人。明弘治十一年（一四九八）舉於鄉，十五年中進士，授户部廣西司主事。因父喪丁憂，時宦官劉瑾擅權，謝病不出。正德五年（一五一〇）瑾被誅，朝廷復用，胄因目睹朝政腐敗，以養老母爲由，返鄉居家數年。嘉靖改元後，胄應召赴京，任户部主事，屢擢陞，歷任河南司主事、本司員外郎、雲南金騰副使、雲南右參政、右布政使、廣西左布政使、都察院右副都御史、山東巡撫、南京户部右侍郎、左侍郎。嘉靖十七年（一五三八），因反對嘉靖帝爲其父定廟號，削籍入獄，冬遇赦，復官，次年卒。隆慶元年（一五六七），追贈都察院右都御史。唐胄爲人正直，爲官清廉，工詩文，被贊爲『嶺南人士之冠』。著有《江閩湖嶺都臺志》《瓊臺志》《西洲存稿》及《廣西通志》等。事迹詳見《明史》及王弘誨撰《通議大夫户部左侍郎贈都察院右都御史西洲唐公神道碑》。

瓊臺（今海南），至明仍無完備志書纂述。如［正德］《瓊臺志序》云：『唐人稱郡僻無書，至宋《瓊筦志》《萬州圖經》，元人又不能蓄。』『丘文莊公晚年嘗言已有三恨，郡牒未修一也。桐鄉王公載筆數十年……迺命所集爲《外紀》，以自成一家之書。』『後守方公取閱其書，謂獨詳於人物、土産，而他目仍舊。』丘文莊公即丘濬，字仲深，瓊山，謚文莊，瓊山人。官至明代文淵閣大學士及武英殿大學士，著有《本草格式》及《大學衍義補》等。王公即王佐，字汝學，號桐鄉，臨高（今屬海南）人。著有《雞肋集》和《瓊臺外紀》。王佐師從丘濬，又爲唐胄之師。王佐雖編《瓊臺外紀》，却未録新目，不甚完備。唐胄承師之願、補師之憾，居家數年，致力搜集地方文史，成就是書。

是書四十四卷，五篇序。現存四十卷，僅王佐《東嶽行祠會修志序》保存完整，唐胄《瓊臺志序》缺失，餘下三篇多殘，無法辨識。此本乃孤本，因唐胄《瓊臺志序》被後輩多次翻刻，得窺全貌。是書内容豐富、考證詳實，以郡邑疆域圖及沿革表開篇，而後述及山川水利、地理土産、賦税學校、軍事民情、人物户口，終於文學。王佐《東嶽行祠會修志序》云：『凡事有關涉風化、利益軍民者，一一修舉，俱要事無遺漏，爲一代全書。』

《明史》《天一閣書目》《千頃堂書目》均有著録。

王佐《東嶽行祠會修志序》云：『經始於正德六年某月日，告成於某月日，一一皆資公定其可否，而江右貳守李公贊成其事，僉議以佐年歲優多，首辱延訪，俾爲之序其首。』知是書始修於正德六年。唐胄《瓊臺志序》署：『正德辛巳秋七月既望。』，知此志完成於正德十六年。是書雖殘，却傳世孤罕，乃海南現存最完整、最早之志書，故彌足珍貴。

全書僅有『范氏天一閣藏書』鈐印一枚，現藏寧波市天一閣博物館。（郭晶）

〇六四

**［景泰］雲南圖經志書十卷**　（明）鄭顒　陳文纂修　明景泰刻本。框高二十四·四釐米，寬十四·六釐米。每半葉八行，行二十四字（卷七至十爲每半葉九行，行二十八字），小字雙行同，黑口，四周雙邊。

鄭顒（生卒年不詳）字士昂，錢塘（今浙江杭州）人。宣德舉人，授江西安樂縣教諭，以成就人才爲己任。陞大理寺少卿，遷右僉都御史，調福建按察司副使。尋陞雲南巡撫。修此志時，正巡撫雲南。陳文（一四〇五—一四六八）字安簡，明廬陵（今江西吉安）人。正統元年（一四三六）進士，官雲南右布政使、禮部侍郎兼文淵閣大學士（詳見《明史》本傳）。當爲景泰四年（一四五三）雲南任上與修此書。此書爲現存明代雲南最早的一部省志。

其書凡十卷，卷首有鄭顒、陳文序。前六卷爲地理志，按各府、州、宣慰司、宣撫司、指揮司、長官司，分載其郡名及建置沿革；次置『事要』項，分郡名、至到、風俗、公廨、學校、名宦、人物、科甲、題詠等二十一門敘述，『事要』所載文字簡略，大都録自前人志書，並非當時採訪。後四卷爲藝文志，載元人詩文碑記之文，亦録自前志書。是志在纂修中，遠稽諸經，近考史籍，條分縷析，明白詳盡。

明代雲南省志編修全面發展，洪武時即有兩種《雲南志》，惜無傳本，今存景泰、弘治、正德年間等志。此景泰志書的存世，保留了明初雲南大量珍貴史料，如卷一湯池渠、南埧閘及達達、色目人；卷四蒲蠻、西番；卷五阿昌族等，是研究雲南史志和邊疆開發的重要參考資料。另鄭顒序及凡例中均提及參考了李景山之志等，即現存最早的雲南省志元李京之《雲南志略》，書中强調修志是因『聲教、制度、禮樂文章、道德風俗』，相比元代有了較大進步，於今人深入瞭解元明以來方志的編纂和發展狀況大有裨益。

清初以來，此景泰志在雲南已經失傳。清代的幾部大型官修《雲南通志》中均未著録。二十世紀三十年代初，雲南設立通志館，遍訪雲南地方文獻，在北平圖書館訪得此書。方臞仙《臞仙年錄》載，由朱希祖先生代抄回滇，『此書爲海内孤本，當設法重印流播』。方國瑜《雲南史料目録概説》云：『一九四四年，袁同禮將印《善本叢書》第二集，收景泰《雲南志》，已攝全書影片，惟叢書未見出版。』一九六二年雲南歷史研究所油印抄本數十部，該志得以廣布流傳。

是書曾藏明人吴岫處，卷首及卷端等處鈐有『方山』『吴岫』『姑蘇吴岫家藏』諸印爲證。吴岫爲明嘉靖吴縣（今江蘇蘇州）人，字方山，號濛南居士，藏書家。至清代，曾爲常熟陳揆稽瑞樓舊藏，鈐有『稽瑞樓』『文鄉孺子』印。陳揆（一七八〇—一八二五）字子準，清常熟人。嘉慶時與張金吾並以藏書稱，其『藏書尤備於地志』，得唐劉賡《稽瑞》一卷，因以名其樓。此本後歸瞿氏鐵琴銅劍樓，卷首及卷末鈐『鐵琴銅劍樓』印。流傳有緒，彌足珍貴。現藏中國國家圖書館。（李慧）

〇六五

**［弘治］貴州圖經新志十七卷**　（明）沈庠　趙瓚　王佐纂修　明刻本（卷一至三、八至十配明抄本）。框高二十三·九釐米，寬十四·五釐米。每半葉八行，行二十四字，黑口，四周雙邊。

沈庠（生卒年不詳）字尚倫，上元（今江蘇南京）人，明成化十七年（一四八一）進士，纍官貴州按察副使。趙瓚，葉榆（今雲南大理）人，官貴州宣慰使司儒學教授。沈氏等人於弘治年間纂成此志，以宣慰使司、府、州、衛、所爲次序，山川、土産、人物、科甲，又各列一門，凡十七卷。每府州前有地圖，後分建置沿革、形勝、風俗等二十一類，依類記載，是貴州省第一部省志。其書雖以『圖經』爲名，卻包含建置沿革、郡名、至到、風俗、形勝、山川、公署、寺觀、祠廟、關梁、土産、科貢、人物、詩文題詠等多種内容，已是門類齊全、體例完備的方志。

明代方志發展，在前代基礎上廣徵博採，纂修達到前所未有的水平。此書的編纂正是『遍考《史記》、兩《漢書》《三國志》、晉宋齊梁陳魏隋唐五代史、綱目、宋元史、《文獻通考》《玉海》並輿地諸書，及故老所傳、碑碣所載，取其可信，缺其可疑，採摭備録，略無遺逸矣』。另明朝省府州縣志對《大明一統志》多有祖法，此志的編纂亦遵從是例，故其《凡例》云：『古今地理圖經志書，體制不一，至宋祝穆作《方輿勝覽》，綱舉目張，事類頗悉，而爲諸家之冠，然亦未盡善也。迨我《大明一統志》出，一掃群志之陋，而程式之美，足爲萬世志法。故此志之作兼準二書焉。』

明永樂十一年（一四一三）分湖廣、四川、雲南三布政司地，置貴州布政司，治所在貴州宣慰司（今貴陽），始立爲一省。此志爲建省後首創之志，且在明代方志中成書較早，故而志書内容尚顯陋略，體例不一，如卷十六單列山川、土産、人物、科甲四門，竟與宣慰使司、府、州、衛、所並列，又與其下細目重複；書中所收題詠詩，『每詩皆取一句大書於上，而以全詩細字分註於下』，後［嘉靖］《貴州圖經新志》沿用此例，遭致四庫館臣大加詬病。但該志保留了諸如地形西高東低、河谷深切，多束形盆地等有價值的記載，對烏江、南盤江、北盤江等略有敘述，於苗嶺、大婁山、武陵山等也有提及。爲之後［嘉靖］《貴州通志》、［萬曆］《貴州通志》的編修提供了良好的借鑒。

是書曾藏明人吴岫處，卷中鈐有『濠南居士』『方山』『吴岫』『姑蘇吴岫家臧』諸印爲證。至清代，遞屬汪啓淑、陳揆收藏。汪啓淑（一七二八—一七九九）字愼儀，號秀峰，又號訒庵，清代安徽歙縣綿潭人。室名開萬樓，藏書百橱，乾隆修《四庫全書》，進書六百餘種。此本目録鈐『開萬樓藏書印』。另鈐有『稽瑞樓』『文鄉孺子』印，即爲常熟陳揆稽瑞樓所得。該志後歸瞿氏鐵琴銅劍樓，卷首及卷末鈐『鐵琴銅劍樓』印，歷經名家收藏，洵爲珍貴。現藏中國國家圖書館。（李慧）

〇六六

## 黔記六十卷　（明）郭子章撰　（明）宋興祖　畢三才校正　明萬曆刻本。框高二十四・三釐米，寬十五・一釐米。每半葉九行，行二十二字，白口，四周雙邊。

存五十八卷：卷一至二十四、二十七至六十。

郭子章（一五四二—一六一二）字相奎，號青螺，自號蠙衣生，泰和（今屬江西）人。明隆慶五年（一五七一）進士。能文章，尤精吏治，由建寧府推官累遷至福建左布政使，皆有政績。萬曆二十七年（一五九九）擢右副都御史，巡撫貴州，兼督理湖北軍務，佐總督李化龍平播州楊應龍之亂，又奏行改土歸流。三十二年，以功進右都御史兼兵部右侍郎，巡撫如故。三十五年，陳情終養，疏九上，許之。四十年卒，贈太子少保、兵部尚書。子章於書無所不讀，尤精於《易》。宦轍所至，隨地著書，平生所撰近百種七百餘卷，涉獵範圍極廣，其有關黔省者即有《黔中止榷記》《黔中平播始末》《撫黔公移》《撫黔奏疏》《黔草》《黔小志》《西南三徵記》等。《明史》卷三百三十三、［乾隆］《貴州通志》卷十九等均有傳。

是志計六十卷，首以『大事記』起，中間依次爲志、表、紀、傳，末以諸夷、西南夷總論兩卷銜尾。其中，志分星野、輿圖、山水、災祥、群祀、止榷、藝文、學校、職官、貢賦、兵戎、郵傳、公署、討逆，共十四目；表有公侯伯總兵參將都司守備表、總督撫按藩臬表、守令表、文武科第表、貤恩表；紀專爲帝王事紀；傳分宦賢、遷客、寓賢、鄉賢、忠臣、孝子、棲逸、淑媛、方外、宣慰、故宣慰、土官十二目。現存刻本第二十五、二十六兩卷已佚，據明郭孔延編《資德大夫兵部尚書郭公青螺年譜》所記，佚文應爲《討逆志》。

是書卷首有時人丘禾實、陳尚象序文，知此志於明萬曆三十一年（一六〇三）即已成篇，然觀《大事記》所記事實止三十六年七月，則此書付梓當在此之後。

全書體例整飭，史料豐實，爲明代黔省志書中卷帙最富、門類創新較多之私撰省志。陳尚象序中稱此書，『記中所載，則理學文章，忠孝節義，種種具備』。志中材料多出嘉靖、萬曆《貴州通志》而加詳，其所加詳者，多爲撰者親所聞見，或採自當時案牘檔册，每有可取。是志内容詳贍，考證精核，且多訂正舊志之訛，爲後世所稱。篇中又多作者議論，皆以『蠙衣生曰』標明，或敘述著作緣由，或評論史事人物，或徵引舊聞，標舉軼事，或考證史實、訂正訛誤，反映著者立場和態度，成爲研究明代官員思想狀態一扇視窗。

是志首創《大事記》，爲前志所無。述事略遠詳近，簡潔有法，時人稱之，丘禾實序以爲『黔之故實，釐然指掌，雖黔人不諗也』。此後貴州修志者，多遵襲不改。『凡名公傳，止載黔事，不及其他』（卷三十七《宦賢列傳·僉都御史江東之》），矜慎而得史法，詳悉而有次第，所記内容均爲朝廷及中土文士不甚瞭解而極欲知曉之事，成爲私人撰志範型之作。同時，是書參照紀傳體史書體裁而作，分志、表、紀、傳諸綱，一如正史規模，在中國地方志書編纂中頗具特色。藝文志詳列書名、卷帙、撰者，多有提要，或節錄序跋，以見作者立言之旨。其中所列部分典籍今已亡佚，而賴是書得見篇目概況。

貴州自永樂十一年（一四一三）建省以來，土地從未丈量，萬曆六年張居正下令對全國土地進行清丈，限三年竣事，貴州於次年度田，『田始有額』。《貢賦志》詳載此次清丈後貴州田地畝數及户口、税糧、一條鞭法、官俸、屯田、倉廩諸情況，從中可以考見當時貴州社會經濟狀況。

貴州土司，其制始於元，發展於明，撰者特立宣慰、故宣慰、土司土官三傳以概述之。諸夷一門雖有濃厚民族歧視色彩，然亦可考見民族淵源、遷徙及分布狀況。文中所附時人江進之《黔中雜詩》十首，中有『耕山到處皆憑火，出户無人不佩刀』『洞女膚妍工刺錦，蠻姬髮短不成粧』等句，形象道出明代貴州少數民族日常生産生活概貌，極具史料價值。

是書於《千頃堂書目》《明史·藝文志》皆有著録，均作『六十卷』。因撰成後在黔省流布極稀，故清代三次修貴州通志，覓得之本均有殘缺訛脱，難見足本。流傳至今，除此刻本外，一九六六年，貴州省圖書館彙集北京、上海兩圖書館萬曆刻本殘卷油印復製，並進行整理校勘，將原書訛落、錯誤、顛倒、竄改之處逐一校正，並附校勘記於書後。雖仍缺《討逆志》兩卷，然視他本尚稱完善，使用較廣。

此書鈐『鄧城開國』『汲古閣』『曲沃秦氏紫峯藏書』『紫峰』『紫峰福亭』『笑竹』等印，知經毛氏汲古閣、秦紫峰等庋藏。現藏中國國家圖書館。（楊印民）

**中吳紀聞六卷**　（宋）龔明之撰　明末毛氏汲古閣刻本　毛晉　毛扆校　陸貽典校並跋。框高二十·五釐米，寬十四·七釐米。每半葉九行，行十八字，黑口，左右雙邊。

龔明之（一〇九一—一一八二）字熙仲（一作希仲），號五休居士，崑山（今屬江蘇）人。屢試不第，以教書授徒爲生。南宋紹興二十年（一一五〇）鄉貢。乾道八年（一一七二）以特恩廷試，授高州文學，時年逾八十，法不應出官，以薦得監潭州南嶽廟。淳熙五年（一一七八）乞致仕，因舉經明行修，遷宣教郎致仕。居崑山黄姑别墅，作期頤堂，日飲其間。事見《中吳紀聞》附《傳》、《夷堅志補》卷一、《吳郡志》卷二十七。

此書爲龔氏晚年之作，旨在保存一代遺聞軼事，以便後人不忘中吳地區（今江蘇蘇州、昆山一帶）所流傳下來的風物人情。書成於南宋淳熙九年（一一八二），龔氏時年九十二，『恐其説之無傳也，口授小子昱，俾抄其大端，藏之篋衍』。書中所載均出於龔氏耳聞目睹，較爲可信。龔氏自謂此書『不惟可以稽考往跡，資助談柄，其間有裨王化、關士風者頗多，皆新舊《圖經》及夫地志所不載者。至於鬼神夢卜，雜置其間，蓋效范忠文《東齋紀事》體；　談諧嘲謔，亦録而弗棄，蓋效蘇文忠公《志林》體，皆取其有戒於人耳』（龔氏自序）。

明正德九年（一五一四）刻本龔弘跋云：『是書出自宋淳熙間，弘九世祖龔明之著。時年九十二，後四年祖始終。（筆者按：　此處龔明之卒年或爲誤記，可參考羅炳良《龔明之生卒年代問題祛疑》，《文史》第四十輯，中華書局一九九四年）又三年，八世祖昱述鍾離松所譔《墓誌銘》附後，刊行於世。』

此書最早之本或爲宋淳熙十六年（一一八九）刻本，然無更多佐證。元至正間，武寧盧熊修《蘇州志》，訪求此書而校定之。至正二十五年（一三六五）盧熊作跋記其事。此書現存最早之本爲明弘治七年（一四九四）嚴春刻本，卷首有楊子器序，謂：『元運訖於至正三十二年，及於皇明，通計三百六十餘年，未有刻而傳者。乃重加校勘，命邑義民嚴春刻而傳之。』《蛾術軒篋存善本書錄·辛壬稿》卷二稱弘治本『字體樸茂，大似元刻。各家書目著錄，亦往往誤爲元刻。近武進董氏誦芬室重刊，亦然。則據至正盧熊記而失去楊子器新刻序也』。弘治本之後有明正德九年龔弘刻本，其中龔弘跋謂：『吴人摩印日衆，積二十年餘，板不可行。弘以爲先世故物，不敢廢墜，復以嚴本重壽諸梓，用彰不泯。』其後，又有明末若墅堂刻本及明末毛氏汲古閣刻本。

明末毛氏汲古閣刻本，初爲毛晉所刻，清康熙十八年（一六七九）毛扆曾修版重印。《藏園群書經眼錄》卷五錄康熙十八年毛扆跋云：『丁巳秋，先兄華伯没，檢其遺籍，得家刻樣本，方知先君子曾付剞劂，但未流通耳。遍搜其板，惜十缺其三矣。今年自春徂夏，鳩工重整，缺者補之，譌者正之，始復爲完書。』此本首有宋淳熙元年（當爲『九年』之誤）龔氏自序，末有元至正二十五年（一三六五）盧熊跋、毛晉跋、附《傳》。每卷首葉、末葉版心題『汲古閣 毛氏正本』。書中有朱、墨二色校記。據《涵芬樓燼餘書錄》『校改諸字，有筆意端凝者，當爲斧季手筆』，可知墨筆校記當出毛扆之手。此本盧熊跋末有『戊午穀日刻本校一過 覿菴』朱字一行，又經比對字迹，可知朱筆校記當出陸貽典之手，校勘時間爲康熙十七年，適爲毛扆修版重印前一年。經與毛扆修版重印本（現存毛氏汲古閣刻本大多爲毛扆修版重印本，各卷卷末有『虞山毛晉挍刊　男扆再挍』一行可證）比對，此本尚爲毛晉所刻原貌，其上毛扆、陸貽典校改諸字幾乎全已改入毛扆修版重印本中。由此可知，此本當爲毛扆修版重印前的校改底本，毛扆、陸貽典均參與修版重印前的校正工作。此本卷四末雖有『虞山毛晉挍刊　男扆再挍』一行，蓋因毛扆修版重印時於卷四末增入《著作王先生》一篇（此本目録中無此篇，可知毛晉原刻當無此篇），此本卷四末二葉當爲毛扆修版重印後抽换所致。除此末二葉外，卷四其他書葉仍爲毛晉所刻原貌，其上毛、陸二氏校字也已改入毛扆修版重印本中。

此本鈐有『謏聞齋』『竹泉珍秘圖籍』『海鹽張元濟經收』『涵芬樓』等印，知爲顧錫麒（字竹泉，一字敦淳，别署謏聞齋主人，江蘇婁江人）、張元濟舊藏。現藏中國國家圖書館。（包菊香）

〇六八

**籌海圖編十三卷**　（明）鄭若曾輯　明嘉靖四十一年（一五六二）胡宗憲刻本。框高二十·七釐米，寬十五·八釐米。每半葉十二行，行二十二字，白口，四周雙邊。

鄭若曾（一五〇三—一五七〇）字伯魯，號開陽，崑山（今屬江蘇）人。嘉靖十五年，以三十四歲覃恩貢入京師，翌年參加丁酉科會試；三年後即嘉靖十九年，又參加京師庚子科會試，結果一以對策切直，觸動時弊；一以考官分歧，争執不下，均名落孫山。遂絶志科名，無意仕進，潛心學問，講學於家鄉清嘉里，四方學者宗之。若曾生而聰穎，夙承家學，自幼即以天下爲己任。少師魏校，深得賞識，有『吾道赤幟』之譽，遂以兄女妻之。繼遊於湛若水、王守仁之門，經世之志愈堅。嘗與吕涇野、王龍溪、唐荆川、茅鹿門闡明理奥，務爲有體有用之學，不欲專以文章名世。大凡天文地志、山川險要、賦稅兵機、政治得失等均畢志搜討，故當軸者交相推轂，薦爲大用，均以嚴嵩柄國專權而堅辭不起。

若曾生活時代，正是倭寇肆虐海上之際，崑山亦屢遭劫掠，深被其害。目睹劫後慘狀，以爲倭之深入，實由我之對策不豫，遂輯《沿海圖》十有二幅，用其方略，輒有成效。中丞翁大立、曹邦輔先後造廬，咨以殄寇機宜；總制胡宗憲、侍御周如斗亦薦參浙、閩軍事。鄭氏出於保家衛國熱忱，毅然起而應聘，充任胡宗憲幕府，直接參與平倭大業。《籌海圖編》即是其在胡幕期間完成的重要海防專著。嘉靖四十年，鄭若曾《籌海圖編序》曰：『荆川唐公順之謂予應有所述，勿復令後人之恨今也。稿未成，荆川不逮，龍池王公道行顧余旅舍，因命成之。會少保（胡宗憲）公徵辟贊畫，參預機宜，且獲從幕下……越數月而書竣事。』可知該書之成，乃名公肇意，平倭需要，若曾潛心研究之産物。

《籌海圖編》分十三卷，卷一冠《輿地全圖》及廣東、福建、浙江、直隸、山東、遼陽沿海山沙圖；卷二分上下，上分别撰述王官使倭事略、使倭針經圖説、倭奴朝貢事略、倭國事略，二下爲日本國論、日本紀略、寇術、倭國圖；卷三至七分别爲廣東、福建、浙江、直隸、山東、遼陽圖説；卷八又分上下，卷上列嘉靖以來倭奴入寇總編年表，卷下列寇踪分合始末圖譜；卷九爲各次大捷考；卷十又分上下，上爲遇難殉節考，下爲遇難殉節考拾遺；卷十一至十三均分上下，爲《經略》一至六。十分細緻入微，即使以今天眼光視之，仍不失其應有價值。

嘉靖四十一年，總制胡宗憲爲《籌海圖編》序謂：『詳核地理，指陳得失，自嶺南，迄遼左，計里辨方，八千五百餘里，沿海山沙險阨延袤之形，盜蹤分合入寇徑路，以及哨守應援、水陸攻戰之具，無微不核，無細不綜，成書十有三卷，名曰《籌海圖編》。余展卷三復，而歎鄭子之用心良苦矣。』『余既刊其《萬里海防》行世，復取是編釐訂以付諸梓。』（序見清康熙三十二年鄭啓泓刻本《籌海圖編》）此序既對《籌海圖編》作了確評，又明示此書首刻乃胡宗憲所主持。梓行之地是武林（今杭州）。然迄今不過四百五十年，這個首刻之本在海内竟僅存兩部，均藏中國國家圖書館。一部雖全，但有配補，一部佚去卷八，兩者配補，纔能成爲全帙。（李致忠）

〇六九

**蜀中廣記一百八卷**　（明）曹學佺撰　明刻本。框高二十·八釐米，寬十四·八釐米。每半葉十行，行二十字，白口，四周雙邊。

由中國國家圖書館、寧波市天一閣博物館與北京大學圖書館所藏配補成一百六卷（國圖：蜀中名勝記三十卷，蜀郡縣古今通釋四卷，蜀中風俗記四卷，蜀中人物記六卷，蜀中方物記一至十一，蜀中著作記十卷，蜀中高僧記十卷，蜀中詩話四卷，蜀中畫苑四卷，蜀中宦遊記四卷；天一閣：蜀中神仙記八卷，蜀中方物記卷十二；北大：蜀中邊防記十卷）。

曹學佺（一五七四—一六四六）字能始，一字尊生，號雁澤，又號石倉居士、西峰居士，侯官（今屬福建福州）人。萬曆十九年（一五九一）舉人，二十三年進士，授户部主事，調任南京大理寺正、南京户部郎中。萬曆三十七年任四川右參政，有政聲。三十九年陞任四川按察使。四十一年考績，以曾獲罪蜀王遭罷，蜀人遮道相送。天啓二年（一六二二），復起用爲廣西參議，對廣西社會不法勢力究治甚嚴；駐軍亂政管束有力，社會晏然。六年秋，遷陜西布政副使，未及赴任，以所著《野史紀略》中直書萬曆四十三年『梃擊』案而遭魏忠賢黨羽劉廷之挾嫌彈劾，繫獄七十天後削職爲民，書版被毁。崇禎十七年（一六四四），李自成攻入北京，崇禎帝自縊，佺聞訊投池自殺，爲家人所救。翌年，唐王朱聿鍵在福州稱帝，改元隆武，佺進見，授太常寺卿，遷禮部侍郎兼侍講學士。以纂修《崇禎實録》，進禮部尚書，加太子太保。隆武二年即清順治三年（一六四六），力贊朱聿鍵親征收復失地，並捐銀萬兩以助餉。然親征失敗，清軍反陷福州，學佺則『奔鼓山佛前問休咎，甫下拜，見繩一縷，携之歸，題壁辭曰：「生前一管筆，死後一條繩。」』（清徐鼒《小腆紀傳》卷二十六《曹學佺傳》）而後自縊殉國。清乾隆十一年（一七四六）追謚忠節。學佺博獵天文、地理、音律、禪理、諸子百家，尤工詩詞。藏書上萬卷。一生著述三十餘種，《蜀中廣記》乃其中之一。

萬曆三十七年至四十一年，學佺履職蜀中，於蜀中山川關隘、名勝古迹、人文方物、遊宦仙釋、風土人情、詩話畫苑多有記載，爾後悉心整理編次，以成《蜀中廣記》。該書分名勝、邊防、通釋、人物、方物、仙、釋、遊宦、風俗、著作、詩話、畫苑，凡十二門。《四庫全書總目》是書提要謂其『搜採宏富，頗不愧《廣記》之名……談蜀中掌故者，終以《全蜀藝文志》及是書爲取材之淵藪也』。

清嵇璜《續文獻通考·經籍考》著録《蜀中廣記》一百八卷。《四庫全書》所收《蜀中廣記》，爲兩淮馬裕家藏本，亦爲一百八卷。然是書各門自行起訖，並非從一至尾通相聯屬。緣此書分門類編，容易整體移錄，成爲他書。如阮元《文選樓藏書記》著錄之《蜀中廣記》三十八卷，便是摘錄《蜀中廣記》中郡縣、風俗、方物、藝文四類内容所成之書。而徐乾學《傳是樓書目》著錄及《四庫全書》所收之《蜀中名勝記》三十卷，乃明萬曆四十六福建福清林古度錄自《蜀中廣記》『名勝』一門内容而梓行於金陵者。

傳世之一百八卷本《蜀中廣記》有兩個系統：一爲明刻匯印本，一爲《四庫全書》本。這兩個系統，在卷數上雖完全相同，但在版本價值上則又不能等量齊觀。《四庫全書》採錄之本，來自馬裕家，論者謂爲曹學佺最終手定之稿，但非刻本，而是抄本。卷帙齊全，内容文字却有嚴重缺陷。《邊防記》中涉及清廷違礙之處，删改較多。加之傳抄中常不止一處漏略數百字，使庫本價值大打折扣。

關於明刊本《蜀中廣記》，傅增湘於《藏園群書題記》卷第四《蜀中廣記跋》曾言：『通觀十二記，其中義例不一，字體各殊，疑其撰成非一時，授梓非一地也。』又曰其中『名勝、人物、遊宦、邊防，皆方體字，餘八卷則以楷書上板』。今覽此書，正如傅氏所言。因知此書既非一時所刻，亦非出自一人之手，乃集各本版片重加彙印而成。然其行款字數、版式風格又大體一致，仍不失萬曆後期刻書特點，故此書版本定爲『明刻彙印本』似更確當。

中國内地現存明刊本《蜀中廣記》凡三部：一藏中國國家圖書館，存九十一卷；一藏北京大學圖書館，存二十二卷；一藏寧波市天一閣博物館，存五十四卷。《中華再造善本續編》收錄時，以三館所藏總爲一百零六卷，仍闕兩卷，但基本可觀。

是書鈐有『如皋李猶龍元惪氏』『如皋李猶龍元德父海嶽山房藏書記』『海嶽道人』『畏天畏人心法

積書積德名家』『傳增湘印』等印記。李猶龍，字海嶽，江蘇如皋（今如皋）人。萬曆二十四年舉人。家富藏書，晨夕披閱。此書經他收藏，亦表明是書之刻，蓋仍在明代萬曆天啓間。（李致忠）〇七〇

## 河防一覽十四卷

（明）潘季馴撰　明萬曆十八年（一五九〇）自刻本。框高二十二・五釐米，寬十五・三釐米。每半葉九行（部分每半葉七行），行二十字，上黑口，下白口，四周單邊。

潘季馴（一五二一—一五九五）字時良，號印川，烏程縣（今浙江湖州）人。明嘉靖二十九年（一五五〇）進士，授九江推官。四十四年，由左少卿進右僉都御史，總理河道。與朱衡共開新河，加右副都御史。隆慶四年（一五七〇），河决邳州、睢寧。起故官，再理河道，塞决口。翌年，工竣，坐驅運船入新溜漂没多，爲勘河給事中雒遵劾罷。萬曆五年（一五七七）冬，召爲刑部右侍郎。是時，河决崔鎮，黄水北流，清河口淤澱，全淮南徙，高堰湖堤大壞，淮、揚、高郵、寶應間皆爲巨浸。大學士張居正深以爲憂，會河漕尚書吴桂芳卒，六年夏，命季馴以右都御史兼工部左侍郎代之。潘氏以故道久湮，雖浚復，其深廣必不能如今河，議築崔鎮以塞决口，築遥堤以防潰决。翌年冬，兩河工成。又翌年春，加太子太保，進工部尚書兼左副都御史。

季馴凡四奉治河命，前後二十七年，習知地形險易。增築設防，置官建閘，下及木石樁埽，綜理纖悉。日久積勞成病，三疏乞休，不允。萬曆二十年，泗州大水，城中水三尺，患及祖陵。時季馴與巡撫周寀等因泄洪意見不合，都給事中楊其休請允季馴去。歸三年卒，年七十五。有《兩河經略》《留餘堂

集》等。事具《明史》本傳。

萬曆八年河工告成，季馴僚屬將其河工奏疏及他人贈言彙編成集，取名《宸斷大工錄》，共十卷。後潘氏認爲此書『事體不備，檢閲未詳』，故於『畚鍤之暇』，復加增削，類輯成編，名曰《河防一覽》。首《敕諭圖説》一卷，『重王命』『明地利也』；次《河議辨惑》一卷，『闡水道也』；次《河防險要》一卷，『慎厥守也』；次《修守事宜》一卷，『定章程也』；次《河源河决考》一卷，『昭往鑒也』；次前人文章之關係河務及諸臣奏議，凡八十餘篇，分九卷，《刻河防一覽引》認爲此書，『古今稽證，備考覈也。而諸臣章奏次第纂入，便檢括也』。

《四庫全書總目》是書提要云：明代仰東南轉漕，以實京師。又泗州祖陵，逼近淮泗，故治水者必合漕運與陵寢而兼籌之。中葉以後，潰决時聞，議者紛如聚訟。潘氏獨力主復故道之説，其大旨謂通漕於河，則治河即以治漕；會河於淮，則治淮即以治河；合河、淮而入於海，則治河、淮即以治海。故生平規劃，總以『束水攻沙』爲第一要義。是書較爲全面匯總前人治河之經驗，又系統總結自身長期治河之實踐，是衡量我國十六世紀水利科學技術水準的標志性著作。後來治河諸家雖時有變通，而終奉是書爲圭臬。清初學者閻若璩《潛邱劄記》有《與劉頌眉書》曰：『考萬曆六年，潘司空季馴河工告成，其功近比陳瑄，遠比賈魯，無可移易矣。乃十四年河决范家口，又决天妃壩；二十三年河、淮决溢，邳、泗、高、寶等處皆患水災；天啓元年（一六二一）河决王公堤。安得云潘司空治後無水患六十年！大抵潘司空之成規具在，縱有天災，縱有小通變，治法不出其範圍之外。故曰《河防一覽》爲平成之書。』實謂平情之論。

此本爲該書最早刻本，刻於明萬曆十八年，清乾隆十三年（一七四八）又有河署刻本。

本書鈐『北皮亭鎦氏所臧祕笈』『癸丑』『劉駒賢印』『千里』等印，知爲藏書家劉駒賢所寶藏。現藏中國國家圖書館。（楊印民）

〇七一

## 西湖遊覽志二十四卷志餘二十六卷 （明）田汝成撰 明嘉靖二十六年（一五四七）嚴寬刻本。

框高十九·八釐米，寬十四·一釐米。每半葉十行，行二十字，細黑口，四周雙邊。

田汝成（一五〇三——一五五七）字叔禾，錢塘（今浙江杭州）人。明嘉靖五年進士，授南京刑部主事，尋召改禮部。遷禮部祠祭郎中，出爲廣東提學僉事，謫知滁州，復遷貴州僉事，進廣西右參議，釁遷福建提學副使，後罷官歸里。汝成博學工文，尤長於敘述，除《西湖遊覽志》《西湖遊覽志餘》外，尚有《炎徼紀文》四卷、《遼史》一卷、《田叔禾集》十二卷、《武夷遊詠》一卷等。《明史》卷二百八十七有傳。

罷歸後，汝成絶意仕進，盤桓湖山，遍訪武林名勝，又諳曉前代遺事，撰成《西湖遊覽志》二十四卷《志餘》二十六卷。前者記西湖山水勝迹，詳載其興廢沿革，並廣錄歷代文人騷客歌詠西湖之作；後者分門臚載南宋遺聞軼事，尤以人物歷史掌故最爲詳備。《四庫全書總目》是書提要云：『是書雖以遊覽爲名，多記湖山之勝，實則關於宋史者爲多。……因名勝而附以事迹，鴻纖鉅細，一一兼該，非惟可廣見聞，並可以考文獻，其體在地志雜史之間。與明人遊記徒以觴詠登臨、流連光景者不侔。』此書保存大量杭州地方史資料，可補正史之闕略。『惟所徵故實，悉不列書名』，此沿襲明人通弊，於考覽者不便。

此本爲該書最早刻本，書前有嘉靖二十六年冬十一月田汝成自敘，云：『至是侍御劍泉鄢公（懋卿），按部兩浙……訪及此書，覽而嘉之。謂郡守嚴公（寬）曰：「是誠郡史，可以傳矣。」嚴公敬諾，屬貳守丘公綜理之，而民部秋軒薛公、水部洪宇王公，咸榷税於杭，聞兹盛舉，亦捐貲焉。未浹四旬，勒梓已竟。』可知此本由鄢懋卿命杭州知府嚴寬刊刻。此後，《西湖遊覽志》及《志餘》又歷多次增删翻刻，計有：萬曆十二年（一五八四）范鳴謙重修本；萬曆二十五年季東魯重修本；萬曆四十七年商惟濬刻本；康熙二十八年（一六八九）姚靖刻本；光緒二十二年（一八九六）丁氏嘉惠堂刻本等。後世諸刊本於嘉靖初刻皆有所增删，但已失原書面貌。

此本版心下鎸刻工，如劉序、葛堂、温厚、趙盛、蔡武、付魁、吳春、王宇、浩、夏忞、王汗、孫暉、王海、王思通、王思道、王經、王元、黄定、曹金、曹堂、夏恕、劉中、付耀、沈榮、王以、黄旻等，皆爲嘉靖間蘇、浙、閩地區的刊刻良工。

此本鈐有『肖岩藏書之章』『東山外史肖岩沈氏珍藏書畫』諸印，知此書曾爲沈閬昆舊藏。沈閬昆字肖岩，晚號東山外史，清歸安（今浙江湖州）人，官上虞縣訓導。性喜藏書，得異本必手自校正，跋而藏之。現藏中國國家圖書館。（趙文友）

## 吴中水利通志十七卷

明嘉靖三年（一五二四）錫山安國銅活字印本。框高十九·七釐米，寬十四釐米。每半葉八行，行十六字，小字雙行同，白口，左右雙邊。

本書不著撰人名氏。前七卷分敘吴中蘇州、松江、常州、鎮江並杭州、嘉興、湖州七府之江河、湖泊、溪流、溝瀆、塘港等水脉，而各以歷代修浚之治績附載於後。次列歷代興修吴中水利有關史料，分別爲考議、公移、奏疏、紀述。本書爲四庫存目書，見於《四庫全書總目》著録。

安國（一四八一—一五三四）字民泰，號桂坡，無錫人。富於資，善爲銅活字印書。除本書外，嘗用銅活字印行《東光縣志》六卷（已佚）、《重校魏鶴山先生大全集》一百十卷、《顔魯公文集》十五卷。安國生平與水利相關事迹足資重視，清安璿《桂坡安徵君傳》記載『辛巳（一五二一）中丞西蜀李公治水於吴白茅塘者，西受昆承、李墓諸水以注於江也。永樂、景泰、弘治間凡三浚之，尋復湮阻，徵君得其要領，往謁李公曰：「河身浚則土潰善崩，奈何？弗爲釜形乎，可以不壅。」公從之，且檄而董焉。民皆鼓踴趨事，迄於今宣泄疏利。』又《膠山安氏詩集·桂坡遺草》後有安吉所記安國小傳，稱安國『濬白茅河諸大役，公皆有力焉』。本書卷十五《宫保尚書兼副都御史李公預處財用以興修水利奏》《宫保尚書兼副都御史李公興修水利奏》等奏疏便與正德十六年（一五二一）至嘉靖元年疏浚白茆河有關。可見安國不僅主持本書之刊印，或許還在一定程度上參與本書編纂。

明代江南地區經濟發達實賴水利之興，因此相關水利著作也極爲豐富，以吴中而論，治理太湖及太湖流域相關水利著作有伍餘福《三吴水利論》、姚文灝《浙西水利書》、吴韶《全吴水略》、歸有光《三吴水利録》等。本書體例該備，不僅彙集整理前代水利史料，而且補入大量當代事迹記述，具有重要史料參考價值，對於此後明代水利著作的編纂亦有一定影響，如張國維《吴中水利全書》『水脉』的記述基本同於本書前七卷各府『敘水』内容，張内藴、周大韶《三吴水考》與本書『考議』部分亦有重合。但本書的重要性以及與他書關係尚未得到今人充分關注。

本書刊行於明嘉靖三年，卷七、九、十三、十七末均有『嘉靖甲申錫山安國活字銅板刊行』題記，而載記内容止於明嘉靖二年，如卷一『嘉靖二年開塘港河浦』、卷二『嘉靖二年開華亭上海塘港』、卷三『嘉靖二年開各縣河瀆』、卷六『嘉靖二年重修海鹽塘』等，其編纂至印行僅閲一年。書口記録印工姓名，有張賢、許寧、張賢、李太、王鼎、王頂等人。中國國家圖書館藏有一部鐵琴銅劍樓舊藏明刻本《吴中水利通志》十七卷，除書口無刻工姓名外，其餘如文字内容、行款版式等均與此活字本相同，兩書孰先孰後及明刻本由何人刊刻等問題尚待研究。

本書曾經清王鳴盛、趙宗建以及近人趙元方遞藏。鈐有『西莊居士』『王鳴盛印』『光禄卿之章』『舊山樓』『趙鈁珍藏』『無悔藏書』『無悔齋』『元方』『一廛十駕』等印，並有題記『壬午（一九四二）七月得於故都，元方』。趙宗建《舊山樓書目》著録。現藏中國國家圖書館。（孫俊）

〇七三

**汴京遺蹟志二十四卷** （明）李濂撰 明嘉靖二十五年（一五四六）自刻本。框高十七・一釐米，寬十三・四釐米。每半葉十行，行二十字，小字雙行同，白口，四周單邊。

李濂（一四八九—一五六六）字川甫，一作川父，嵩渚祥符（今河南開封）人。少負俊才，得文學名士李夢陽賞識，聲馳河雒間。舉正德八年（一五一三）鄉試第一，翌年成進士。授沔陽知州，遷寧波同知，擢山西僉事。嘉靖五年以大計免歸，年纔三十八。既罷歸，肆力於學，遂以古文名於時。里居四十餘年，著述甚富。事具《明史·文苑傳》。

《四庫全書總目》是書提要謂濂以歷代都會皆有專志，獨汴京無之。又言宋孟元老《東京夢華錄》蕪穢猥瑣無足觀，遂摭拾舊聞，編次成帙。凡分八目，曰官署、山岳、河渠、宮室、寺觀、祠廟庵院、雜志、藝文，总二十四卷。然藝文一目即十一卷，幾占全書之半。該目因錄有撰者部分詩文，或有譏誚者，以爲有失君子謙遜之風。

《四庫全書總目》提要謂該書『義例整齊，頗有體要。徵引典核，亦具見根據。在輿記之中，足稱善本。雖其精博辨晰不及《長安志》《雍錄》諸書，而自朱梁以迄金元，數百年間建置沿革之由、興廢存亡之迹，皆爲之彙考臚編。略存端緒，亦復粲然如指諸掌。宋敏求《東京記》今已不傳，得濂此書，亦足以補其闕矣』。

作者於序言中論本書之旨要云：『聊亦摭故實，備考索，舒慨惋，資譚噱；補鄉國之闕文，消山林之長日而已。』又謂：『一代興衰治亂之故，亦略寓於其中。讀是編者，當自得之。』微言大義，可見一斑。作者直指北宋亡國乃因徽宗等大搞花石綱、修艮嶽等土木花石之役，勞民傷財。却又認爲王安石變法使『天下騷然，遂基一代之亂』，明顯是因襲道學家們的保守觀點。

是書輯錄前代正史及筆記材料，『凡例』稱『荒唐幻怪之説悉黜之，間有删削未盡者，闕疑也』。又小至一溝一渡，一梁一井，無不汲汲然窮其究竟。所徵引之書籍、篇章不下六十餘種，具有極高的校勘價值。同時一些佚書、佚文賴是書得留傳後世，實屬可貴。

名家之作嚮來引人注目，《國史經籍志》《述古堂藏書目》《千頃堂書目》《明史·藝文志》以及明嘉靖後以迄清代、民國大量書目莫不先後著錄。正是由於該書有着較高的史料價值，歷代刻本、抄本屢見不鮮。除此嘉靖二十五年自刻本外，尚有《四庫全書》本、民國十一年（一九二二）河南官書局所刻《三怡堂叢書》本。其他見於著錄的還有澹生堂余苑本、畢沅刻本等。現藏中國國家圖書館。（楊印民）

〇七四

## 洛陽伽藍記五卷

（北魏）楊衒之撰　明末毛氏綠君亭刻本　毛扆　黄丕烈　周星詒　周寅校並跋　薛雪　顧廣圻跋。框高二十·三釐米，寬十三·三釐米。每半葉八行，行十八字，小字雙行同，白口，四周單邊，無格。

楊衒之，『楊』一作『陽』，又作『羊』，今人范祥雍《洛陽伽藍記校注》認爲陽、羊皆誤。生卒年不詳。北魏北平（今天津薊縣一帶）人。北魏孝莊帝永安中（五二八—五三〇）爲奉朝請。帝躍馬射於華林園，讀三國魏明帝《苗茨之碑》，衒之於『苗茨』之釋，衆咸稱善。後爲期城太守，遷撫軍府司馬。東魏孝静帝武定五年（五四七），因事過洛陽，時值戰亂之後，東魏遷都於鄴，洛陽城廓崩毁，寺廟斷壁殘垣，荒煙蔓草，衒之見而生黍離麥秀之悲，乃撰《洛陽伽藍記》。後爲秘書監，曾上書孝静帝，謂釋教虚誕，有爲徒費，乞立嚴勒，知其真僞，然後佛法可遵。未被採納。《洛陽伽藍記》以散文加駢句形式，描述洛陽寺院之宏麗、宫室之奢華、園林之精妙、風土人情之特色，皆逼真生動，爲後人所傳誦。

此書前自序中，楊氏先勾勒了北魏時洛陽寺觀的繁華狀況，繼而表述緣起曰：『至武定五年（五四七），歲在丁卯，余因行役，重覽洛陽。城郭崩毁，宫室傾覆。寺觀灰燼，廟塔丘墟。墻被蒿艾，巷羅荆棘。……京城表裏，凡有一千餘寺，今日寮廓，鐘聲罕聞。恐後世無傳，故撰斯記。』因知此書乃楊氏重返洛陽之後所發的興廢之嘆。

是書正文共五卷，按城内、城東、城南、城西、城北順序，分别記述北魏洛陽城内比較有影響佛寺的興建過程、鼎盛狀況及一些典故雜談。書中全面介紹的佛寺有四十所，簡略提及的有四十五所。

是書雖以寺院爲綱，但撰述中却記載了許多當時的政治事件、風俗習慣、人物風情、地理沿革及鄉野傳聞等内容，因此，除對研究南北朝佛教史有重要價值外，對研究和瞭解北魏末年的社會政治、經濟生活、民風習俗及北魏洛陽城建置、坊巷、變遷等，也具有很重要的參考價值。正如四庫館臣所云：『其文穠麗秀逸，煩而不厭，可與酈道元《水經注》肩隨。其兼敘爾朱榮等變亂之事，委曲詳盡，多足與史傳參證。其他古迹藝文，及外國土風道里，採摭繁富，亦足以廣異聞。』

此書今存明代刻本數種，以如隱堂本、吴琯本及此本較爲有名。但是書傳抄既久，難免魚魯亥豕，且自兩宋以降，已有正文竄入注文、注文誤入正文的現象出現，因此明刻諸本間也各有優劣。

此本每葉版心下方均標『綠君亭』字樣。『綠君亭』乃毛晉早期刻書之堂號，以校勘水平較高、刊刻質量上乘而知名。加之至今存世稀少，益顯珍貴。然而，毛氏刻書雖以精審見稱，但此本中仍留下了不少遺憾，乃至其子毛扆在手跋中都不得不發出『惜乎！付梓之時，未見點竄筆迹，遂致涇渭不分。深痛此書之不幸』之嘆。其後，毛扆、黄丕烈、周星詒、周紹寅等名家相繼以他本對此本進行較爲詳備的勘校，爲此本增添了不少資料與藝術價值。

此本鈐『虞山毛扆手披』『黄丕烈印』『星詒』等印，知其流傳有緒。現藏中國國家圖書館。

（陳卓）

〇七五

## 殊域周咨録二十四卷　（明）嚴從簡撰　明萬曆刻本。框高十九・七釐米，寬十三・七釐米。每半葉九行，行二十字，白口，四周單邊。

嚴從簡（生卒年不詳）字仲可，號紹峰，嘉興（今屬浙江）人。嘉靖三十八年（一五五九）進士，歷官婺源縣丞，轉揚州同知，入行人司任行人、刑科右給事中。樂安王府以金幣餽，悉郤不受。轉工科給事中，管盔甲廠，稽核嚴密，閹豎銜之，謫揚州同知，解綬歸。爲人純粹真誠，素不事家產，唯以清白貽子孫。嗜書不釋卷，平生著述除是書外，尚有《安南來威輯略》《詩教》《使職文獻通編》等。明［萬曆］《嘉興府志》、清［雍正］《浙江通志》有傳。

明前期，中國與周邊及海外國家和地區往來密切，明太祖多次派使臣出使朝鮮、琉球、日本、安南等國；又設立行人司，掌管外事。誠如是書作者《題詞》所云：『明興文命，誕敷寘廷。執玉之國，梯航而至。故懷來綏服，寶册金函，燦絢四出，而行人之轍遍荒徼矣。』是書即撰於作者官行人司行人、刑科右給事中之時，約成書於明神宗萬曆二年（一五七四）。全書以明王朝爲中心，分別記載其東、南、西、北四方鄰近及有交往海陸各國和地區的道里、山川、民族、風俗、物産等，以供當時官員出使時參考。所用資料取自明王朝歷年頒發的敕書、各國間交往大事和相互來往使節所作的文字記錄以及行人司所藏文書檔案等。

是書以厚今薄古爲宗旨，『所輯多今時事而略於古者』。作者在《題詞》中解釋原因是：『蓋自漢唐以來各夷自有成史，不必再贅，故但揭其大綱以見立國之由可也。若我朝之撫馭各夷者，其文典藏秘館，世莫易窺，苟有散見於各帙者，必盡著之，以表國家章程之大，以博臣工經略之猷。祇懼其語焉不詳，未論其擇焉不精也。至其中有雜説一二，亦以原非正史，聊廣見聞。』可見該書於衆家之説廣收博採，務致詳細。

是書將明代周邊民族、國家和地區按地理方位分爲東夷、南蠻、西戎、北狄四部，共二十四卷。其中卷九雲南百夷、卷十吐蕃、卷十二至二十四所記均爲明代邊疆地區民族情況。

明時邊患不絶，尤爲甚者，『國家纖疥之恙，在東南莫狡於日本，在西北莫蔓於韃虜』。吏部尚書嚴清《序》云：『名以周咨者，因靡及之懷勤採訪之博，蓋專以備使臣銜命外邦之猷，而帥臣敵愾干城之策亦具焉。』『雖於祖宗之耿光大烈未克兼總其全，若於富弼之請，門類分編，則豈非爲天下九經中柔遠人、懷諸侯之模範哉。』道出本書編撰目的和意義。

該書是研究明代中外關係史及少數民族史之重要資料，敘事詳細，遇有歧説則並列相關史料，不輕易排斥異説。又注明材料出處，給後人研究提供方便。此外，正文後面之按語和輯錄之有關詩文亦頗有價值。

是書於明焦竑《國史經籍志》、黄虞稷《千頃堂書目》、《明史·藝文志》、丁丙《八千卷樓書目》《善本書室藏書志》諸書皆有著録。然因將女直列入東北夷，故入清後被列爲禁書。

鈐『御書堂家藏』『大中丞章』，知經清人汪琬、鐵保珍藏。現藏中國國家圖書館。（楊印民）

〇七六

**職方外紀六卷首一卷**（意大利）艾儒略增譯　（明）楊廷筠記　明天啓刻本。框高二十一·一釐米，寬十四·八釐米。每半葉九行，行十九字，白口，左右雙邊。

艾儒略（Giulios Aleni　一五八二—一六四九）字思及，意大利傳教士。學識淵博，擅天文、曆算。明萬曆三十八年（一六一〇）至澳門，萬曆四十一年入中國内地傳教。自天啓五年（一六二五）直至亡故的二十多年，在福建傳教。曾接納李之藻、楊廷筠等入教。萬曆四十四年，二十位在華耶穌會士遭到嚴厲處罰，艾儒略避難杭州楊廷筠家中，期間他用中文編著《職方外紀》《西學凡》等書，介紹西方地理、宗教。

楊廷筠（一五六二—一六二七）字仲堅，號淇園，洗名彌格（Michael），浙江仁和（今屬杭州）人。萬曆二十年進士，曾任監察御史。原信奉佛教，後與傳教士利瑪竇、郭居静、金尼閣和艾儒略等交往，一六一一年改信西教。著有介紹基督教義的《代疑編》《聖水紀言》等書。他與徐光啓、李之藻並稱爲中國基督教的三柱石。

艾儒略的《職方外紀》是在利瑪竇《萬國圖志》和龐迪我所譯西方地圖的基礎上增補而成。艾氏自序云：『偶從蠹簡得睹所遺舊稿，乃更竊取西來所携，手輯方域梗概，爲增補以成一編，名曰《職方外紀》。』中國古有『職方氏』，《周禮》云：『職方氏掌天下之圖，以掌天下之地，辨其邦國、都鄙、四夷、八蠻、七閩、九貉、五戎、六狄之人民，與其財用九穀、六畜之數要，周知其利害，乃辨九州之國，使同貫利。』《天學初函》本《職方外紀》有李之藻序，釋書名云：『凡係在職方朝貢附近諸國俱不録，録其絶遠舊未通中國者，故名職方外紀。』《職方外紀》從地理位置、風土人情等多方面，介紹當時已知的五大洲和海洋的狀貌。它是繼利瑪竇《萬國圖志》之後，在中國系統介紹世界地理知識的重要著作，也是我國最早的中文版世界地理專著。

《明史·藝文志》《四庫全書總目》均著録『艾儒略《職方外紀》五卷』。《明史·藝文志》地理類所録歐洲人專著僅有兩種：艾氏此書和龐迪我《海外輿圖説》；《四庫全書》所收僅艾氏此書及南懷仁《坤輿圖説》。但清朝士人對書中的地理知識並未完全認同，《四庫全書總目》是書提要云：『所述多奇異，不可究詰，似不免多所誇飾。』

《職方外紀》一書最初於天啓三年由楊廷筠刻爲五卷本。艾儒略曾於此年作序云：『淇園楊公雅相孚賞，又爲訂其蕪拙，梓以行焉。』天啓五年艾氏受葉向高之邀入福建，於閩地重刻此書，葉氏爲之序云：『此書刻於浙中，閩人多有索者，故艾君重梓之。』葉向高卒於天啓七年，故閩本刻於天啓五年至七年之間。此次重梓，原書由五卷析爲六卷。

此本即爲於福建重刻的六卷本。書前有楊廷筠序、葉向高序、艾儒略自序、瞿式穀小言、許胥臣小言，及龐迪我翻譯利瑪竇《萬國全圖》事奏疏。卷首爲『五大洲總圖界度解』，卷一至五分别介紹亞細亞（亞洲）、歐羅巴（歐洲）、利未亞（非洲）、亞墨利加（美洲）、墨瓦蠟尼加（大洋洲），卷六爲『四海總説』。書中言五大洲乃因當時將南北美合爲一洲、南極洲尚未述及之故。卷端著者題爲『西海艾儒略增譯』『東海楊廷筠彙記』，以東海、西海區别中西。

六卷本是在五卷本舊版上稍作修改而成。首先是分卷，書中關於『墨瓦蠟尼加』的介紹僅有兩葉，舊版附於卷四『亞墨利加』之後，六卷本則將之單獨列爲第五卷。卷五正文後有王一錡『書墨瓦蠟泥加後』明其原因：『今析之，另立爲一卷。即龐氏向奏神宗皇帝亦云地凡五大洲，今闕其一不可不補。』其次是各卷卷首，六卷本將各大洲名稱在每卷首行標出；又將五卷本各卷次行的『總説』二字抹去，改爲著者。此外，五卷本原有圖七幅，此六卷本則無圖。

天啓三年所刊《職方外紀》五卷本未見流傳。據謝方《職方外紀校釋》前言記載，現存五卷本有清嘉慶十三至十六年（一八〇八—一八一一）張海鵬刻《墨海金壺》本，及清道光二十四年（一八四四）錢熙祚《守山閣叢書》本。而六卷本存世稀少，可反映出此書内容的調整。此書現藏中國國家圖書館。

（李文潔）

〇七七

## 宣和奉使高麗圖經四十卷 （宋）徐兢撰　明抄本。每半葉十行，行二十字，無格。

徐兢（一〇九一—一一五三）字明叔，號自信居士，先世建州甌寧縣（今福建建甌）人，後籍和州歷陽（今安徽和縣）。幼穎異不群，年十八入太學。工畫山水神物，尤工篆籀。以蔭入官，攝事雍丘、原武二縣，民服其化。宣和中隨使高麗，歸撰是書以上之，徽宗嘉悦，召對賜同進士出身，擢知大宗正丞兼掌書學，又遷尚書刑部員外郎，纍官至朝散大夫。

陳振孫《直齋書録解題》著録此書，云：『宣和六年（一一二四）路允迪、傅墨卿使高麗，兢爲之屬，歸上此書。物圖其形，事爲之説。』卷首徐兢序云：『然則乘輶軒而使邦國者，其於圖籍固所先務。矧惟高麗在遼東，非若侯甸近服可以朝下令而夕來上，故圖籍之作尤爲難也。』『謹因耳目所及，博采衆説，簡法其同於中國者而取其異焉，凡三百餘條，釐爲四十卷。物圖其形，事爲之説，名曰《宣和奉使高麗圖經》。』周煇《清波雜志》稱徐兢仿王雲所撰《雞林志》爲《高麗圖經》，徐兢序亦云：『臣嘗觀崇寧中王雲所撰《雞林志》，始疏其説而未圖其形。』則《雞林志》無圖，此書配圖。徐兢素善丹青，以書畫擅名，張世南《遊宦紀聞》云高麗是年有請於上，願得能書者至國中，於是以徐兢爲國信使禮物官。則徐兢高麗之行，特以工書遣，故徐兢稱：『耳目所及非若十三歲之久，亦粗能得其建國立政之體、風俗事物之宜，使不逃乎繪畫紀次之列。』是書分二十八門，如建國、世次、城邑、門闕、宮殿、冠服、人物、儀物、仗衛、兵器、旗幟、車馬、官府、祠宇、道教、民庶、婦人等，凡高麗山川風俗、典章制度以及接待之儀文、往來之道路，無不詳載。《直齋書錄解題》《宋史·藝文志》並著錄四十卷，即今本篇第。

靖康之變後，徐兢原書圖亡而經存，《直齋書錄解題》云『今所刊不復有圖矣』。《四庫全書總目》是書提要亦云『是宋時已無圖矣』。北宋宣和末，徐蒧之父徐邦在歷陽雖得此書見其圖，但僅能抄其文而略其繪畫。至南宋乾道三年（一一六七）徐蒧據訪本而重刻，即澂江郡齋刻本，雖曰《高麗圖經》實則僅刻經文。徐蒧跋云：『仲父既以書上御府，其副藏家。靖康丁未（一一二七）春，里人徐周賓乞觀未歸而寇至，失書所在。』

此本出於舊抄，卷二十二、二十七、三十九、四十中前後字迹相異者有數葉，爲毛扆工楷抄補。書中抄有宋乾道三年徐蒧刻書跋，末附張孝伯所撰《行狀》，當據宋澂江郡齋本傳抄，然其行款已不同於宋本。又據毛扆批語如『封上宋本空四格』『國上宋本空四格』等，知此抄本已不同於宋本格式。《汲古閣書跋》錄有毛扆跋云：『此本抄手最劣且多錯簡，久置不觀。甲申五月從宋中丞借得宋槧本，自六月十五日校起，時方校訂《詩詞雜俎》，鳩工修板，因多間斷，至七月二十三日方畢。他日從此錄出，可稱善本矣。惜宋本亦缺三葉，無從是正爾。』毛扆跋中所謂宋中丞者，即宋犖，所校之宋本當即澂江郡齋本。甲申當爲康熙四十三年（一七〇四）。張金吾《愛日精廬藏書志》云『此本據宋槧校補二百五十三字，可稱完善』。毛扆所校存疑而不臆改，如卷二十五『副使詔授使』句，毛扆校云：『副使下疑脫以字。』知此本雖據宋澂江郡齋本傳抄，但校以宋本已多訛脱；然出於毛扆手校，洵爲佳本。

此本鈐有『松韵齋藏』印，不知出於誰家。又鈐『虞山毛扆手校』印，表明清初曾爲毛氏汲古閣插架之物。另鈐『汪士鐘印』『三十五峰園主人』『鐵琴銅劍樓』諸印，又知後經汪士鐘、張金吾愛日精廬、瞿氏鐵琴銅劍樓遞藏，現藏中國國家圖書館。（劉明）

〇七八

**翰苑群書二卷** （宋）洪遵輯　明抄本　傅增湘等跋並題詩　陳寶琛　夏孫桐　邵章　陳雲誥　郭則澐　俞陛雲題記。框高二十二·四釐米，寬十七·五釐米。每半葉十行，行十八字，白口，四周雙邊。

洪遵（一一二〇—一一七四）字景嚴，號小隱，饒州鄱陽（今屬江西）人。紹興十二年（一一四二）中博學宏詞科，賜進士出身，除秘書省正字。通判常、婺、越三州。二十八年爲起居舍人，遷翰林學士兼權吏部尚書。三十一年出知平江府。孝宗即位，進翰林學士承旨。隆興元年（一一六三）拜同知樞密院事，以端明殿學士提舉太平興國宮。乾道六年（一一七〇）起知信州，徙太平州、建康府、江東安撫使兼行宫留守。淳熙元年卒，年五十五，謚文安。事見《宋史》卷三百七十三本傳及清洪汝奎《洪文安公年譜》。

是書卷末有乾道九年二月洪遵跋：『翰苑秩清地禁，沿唐迄今，爲薦紳榮……曩嘗稡《遺事》一編，揭來建鄴，以家舊藏李肇、元稹、韋處厚、韋執誼、楊鉅、丁居晦洎我宋數公，凡有紀於此者，併栞之木，仍以《國朝年表》《中興題名》附。』洪遵於乾道七年六月知建康府，九年十二月提舉臨安府洞霄宮。

據[景定]《建康志》卷十四，是書當成於乾道七年六月至九年二月知建康府任上。

是書初爲三卷，《讀書附志》卷五上著録：『唐李肇《翰林志》、元稹《承旨學士院記》、韋處厚《翰林學士記》、韋執誼《翰林院故事》、楊鉅《翰林學士院舊規》《皇朝禁林宴會集》爲一卷；錢惟演《金坡遺事》、晁迥《別書金坡遺事》、李宗諤《翰苑雜記》爲一卷；蘇易簡《續翰林志》《學士年表》《翰苑題名》《翰苑遺事》爲一卷。』《玉海》卷五十四載：『乾道《翰苑群書》，乾道間洪遵纂。唐李肇《翰林志》、元稹《承旨學士院記》、韋處厚《學士記》、韋執誼《翰林院故事》、楊鉅《學士院舊規》、丁居晦《壁記》、本朝李昉《禁林燕會集》、錢惟演《金坡遺事》、晁迥《別書金坡遺事》、李宗諤《雜記》、蘇易簡《續志》、蘇耆《次續志》、沈該《中興翰苑題名》及《學士年表》《翰苑遺事》粹爲一書，凡三卷。』《直齋書録解題》卷六著録：『自李肇而下十一家及《年表》《中興後題名》共爲一書，而以其所録《遺事》附其末，總爲三卷。』是本二卷，卷上李昉《禁林讌會集》前有丁居晦《重修承旨學士壁記》，與洪跋、《玉海》合，卷下蘇易簡《續翰林志》後有蘇耆《次續翰林志》，亦與《玉海》合，缺卷中錢惟演《金坡遺事》、晁迥《別書金坡遺事》、李宗諤《翰苑雜記》，蓋已佚失。前所言『自李肇而下十一家』即唐代六家——李肇、元稹、韋處厚、韋執誼、楊鉅、丁居晦及宋代五家——李昉、錢惟演、晁迥、李宗諤、蘇易簡。十一家均曾爲翰林學士。蘇耆未居其職，《郡齋讀書志》《直齋書録解題》皆以其父子所作《續翰林志》《次續翰林志》並列一目，故不應單算一家。

據洪跋，是書最早當爲南宋乾道九年刻本，惜已久佚。目前所知存世最早之本當即是本。是本卷前有傅增湘跋，謂於民國二十一年（一九三二）購於北京文友堂。傅跋云：『筆墨精美，紙幅闌格尤古雅絶倫，望而識爲明代内府藏書，以楷法風氣觀之，必爲嘉、隆時翰苑人手寫。且版式寬展，卷中語涉朝廷空格，《翰苑遺事》卷末有乾道九年遵跋十行，提行款式一仍舊觀，又必從宋本撫摹無疑。』傅氏據楷法風氣推論是本爲明代嘉靖、隆慶間翰苑人抄本，當屬可信。

是本鈐有『湯焕之印』『汲古主人』『寒可無衣飢可無食至於書不可一日失此昔人詒厥之名言是可爲拜經樓藏書之雅則』『聖清宗室盛昱伯羲之印』『增湘』『藏園』諸印，可知歷經明湯焕、毛晉，清吴騫、盛昱、傅增湘諸家收藏，端緒可尋，尤足珍重。現藏中國國家圖書館。（包菊香）　〇七九

## 皇明太學志十二卷　（明）郭鎜　王材　高儀等纂修　明嘉靖三十六年（一五五七）國子監刻隆慶萬曆遞修本。

框高二十・八釐米，寬十四・八釐米。每半葉十行，行二十一字，白口，四周雙邊。

郭鎜（?—一五五八）字允新，高平（今屬山西）人。與弟郭鋆同登嘉靖十四年進士第，選庶吉士，授檢討，歷修撰，司經局洗馬。嘉靖三十四年任北京國子監祭酒，後任南京工部右侍郎。曾奉命修《大明會典》，著有《翰林詩稿》《國學文集》《家居文集》等。

王材（一五〇九—一五八六）字子難，新城（今屬江西）人。嘉靖二十年（一五四一）進士，改庶吉士，由檢討晉南京國子監司業，嘉靖三十四年改任北監司業。後陞南京太常寺卿，管南京國子監事。有《念初堂集》《黎川文緒》傳於世。

高儀（一五一七—一五七二）字文象，錢塘（今浙江杭州）人。嘉靖二十年進士，改庶吉士，授編修，嘉靖三十六年以中允任國子監司業，後歷禮部尚書、詹士府掌事兼文淵閣大學士。贈太子太保，謚文端。郭鎜序云：『自乙卯（嘉靖三十四年）春承命來司厥職，歷覽並觀，得之親見。』『因分任官屬，修其殘缺，復其湮微，釐正其居民侵没之跡，紀始末於册，以備重修考據之資。』『當丁巳歲（嘉靖三十六年）三月春和之際，分任所屬十員，各以類編其大略，而總裁筆削之宜，公（王材）自任之。』『甫三越月而遂告成功。』『無何，公有南太常之命，編修高公（高儀）以宮允來代其任，皆樂襄其成者也。』知前此已有《北京國子監志》，今已佚，此本爲現存最早之明代《北京國子監志》。郭鎜於其任内始修纂此書，王材曾任總裁，僅三個月即基本完成。旋調任，高儀繼任司業並襄其成，故編纂者應列入高儀。

據郭鎜序，可知此志於嘉靖三十六年編纂完成，隆慶、萬曆、崇禎均曾續修，最晚續修時間不早於順治元年（一六四四）。卷十二『監丞』第六葉最末爲韓廷鑰，順治元年任，是年九月内陞户部主事。

此書十二卷，凡典制、謨訓、禮樂、政事、議論、人材各爲上下卷。典制卷含建學、祀先師、設官、官民生、生員巾服、經籍、倉庫、官員俸給、師生廪饌、賜予、印信、官吏給由等，内有先師廟、啓聖公祠等各類建築樣式圖多幅；禮樂卷載臨幸、春秋釋奠、釋菜、行香、射禮、謁廟儀等；有古祭器圖、陳設圖、樂舞圖等各類圖示多幅，其中樂舞圖達四十餘幀，並配有説明文字，極爲細緻；人材卷則備載北監職官表及著名師儒、諸生之傳記。各卷紀事自明初迄嘉靖，修補版有隆慶、萬曆間者，唯職官表之祭酒訖於崇禎七年（一六三四）、司業訖於天啓六年（一六二六）、監丞訖於清順治元年。

是書原版寫刻精工，然歷經多朝，迭有修版增補，多有缺失及漫漶處。現藏中國國家圖書館。

（向輝）

〇八〇

## 南廱志二十四卷 （明）黄佐撰 明嘉靖刻隆慶增修本。框高二十一·六釐米，寬十四·七釐米。每半葉十行，行二十字，小字雙行同，白口，四周雙邊。

黄佐（一四九〇—一五六六）字才伯，號希齋，晚號泰泉，香山（今廣東中山）人。明正德十六年（一五二一）進士，嘉靖初由庶吉士授翰林院編修。其後歷任江西僉事、廣西學督、南京國子監祭酒、少詹事等職。佐博通經史，學宗程朱，唯理氣之説，獨持一論，明代嶺南知名學者，人稱『泰泉先生』，著述四百多卷。卒贈禮部右侍郎，諡文裕。《明史》卷二百八十七、黄儒炳《續南廱志》卷十九有傳。

南廱者，明南京國子監之謂，故《南廱志》乃記南京國子監掌故之書。明成祖遷都北京後，改稱南京國子監爲南廱。明黄儒炳《續南廱志》卷十九『黄佐傳』謂：『南廱故有舊乘，而止於景泰。』『舊乘』即爲吴節的《南廱舊志》，此爲南廱創志之始。《南廱志》卷十八《經籍考》之下篇《梓刻本末》云：『《南廱舊志》十八卷，景泰七年刊，祭酒吴節編，内缺二面。』但自此至嘉靖二十三年（一五四四），近百年故實闕如。雖嘉靖初崔銑曾重纂，然未成書。黄佐爲改嘉靖間南廱的奢麗席寵之風，網羅資料，以吴《志》爲藍本，對崔公之稿重加修訂，纂修《南廱志》二十四卷。明嘉靖二十三年黄佐序中曰：『會得故祭酒崔文敏公遺牘於笂蠹中，禮樂法制存焉。乃與監丞趙子恒，博士王子製、周子瑞，助教梅子鶱緒成之。』書中《經籍考》爲梅鷟所撰。《南廱志》卷十八《經籍考》曰『今委助教梅鷟盤校，分有九類』。《四庫全書總目》《善本書室藏書志》亦均稱梅鷟撰。故《南廱志》當爲明黄佐等撰。

《南廱志》二十四卷，一至四爲事紀、五至六爲職官表、七至八爲規制考、九至十爲謨訓考、十一至十二爲禮儀考、十三至十四爲音樂考、十五至十六爲儲養考、十七至十八爲經籍考、十九至二十四爲列傳。纂修以《史記》爲法，而微有異同。此書較其他紀錄南廱之書，詳辨宏博，最爲完贍。黄儒炳稱其『網羅無漏，爾雅詳核，足稱完書』。傅增湘在其《藏園群書題記》卷六中更稱：『學者欲考其詳，則黄氏之《南廱志》已覆刊行世，取而觀之，一代豐鎬作人之化可知其大凡矣。』

此書刻印精良，刻工衆多，如王倫、文四、胡江、劉丙、段輝、易贇、王兵等。《南廱志·經籍考》下篇《梓刻本末》云：『《南廱志》二十四卷，嘉靖二十三年刊。』書中嘉靖二十三年黄佐序亦云『緒成之』，『諸生以姚讓故事各競梓之』。但與天一閣博物館所藏明嘉靖二十三年刻本比對，此書目錄後多了明嘉靖二十八年李默跋，卷八規制考中多了嘉靖二十三年以後的記事，卷六職官表記事止隆慶四年（一五七〇），且這兩卷内容排版與嘉靖二十三年本有異。故定此版本爲明嘉靖刻隆慶增修本。

傅增湘《藏園訂補郘亭知見傳本書目》著錄其『明嘉靖二十三年刊本，經隆慶間增修，四庫存目』。清沈初等編《浙江採集遺書總錄》、朱緒曾《開有益齋讀書志》著錄其爲刻本。

此本曾爲陶湘所藏，後又爲民國張壽鏞所藏。黄佐序首鈐有『陽湖陶氏涉園所有書籍之印』，又有『四明張氏約園藏書之印』。現藏南京圖書館。（武心群）

# 大明會典一百八十卷 （明）徐溥 李東陽等纂修 明正德六年（一五一一）司禮監刻本。框高二十五・九釐米，寬十七・四釐米。每半葉十行，行二十字，黑口，四周雙邊。

徐溥（一四二八—一四九九）字時用，號謙齋，洑溪（今江蘇宜興）人。景泰五年（一四五四）進士，弘治五年（一四九二）八月至十一年七月任首輔。卒贈太師，謚文靖。詳見《明史》本傳。

李東陽（一四四七—一五一六）字賓之，號西涯，茶陵（今屬湖南）人，以戍籍居京師。明英宗天順八年（一四六四）進士，選庶吉士，授翰林院編修，纍遷侍講學士、東宮講官、左庶子、太常少卿、禮部右侍郎兼侍讀學士。明孝宗弘治八年（一四九五），以本官直文淵閣，參預機務，後進太子少保、禮部尚書兼文淵閣大學士。武宗即位，加少傅兼太子太傅。正德七年以老疾乞休，卒，贈太師，謚文正。詳見《明史》本傳。

是書前有弘治十五年十二月十一日明孝宗朱祐樘序，云『自古帝王君臨天下，必有一代之典，以成四海之治』。次明武宗朱厚照正德四年十二月十九日序，次弘治、正德皇帝敕諭，次李東陽等《進大明會典表》，次纂輯諸書，次開報文册衙門，次奉旨校正大明會典官員職名，次凡例。是書詳於有明一代之典章制度，上自洪武，下迄當朝，參以《諸司職掌》《皇明祖訓》《大誥》《大明令》《大明集禮》《洪武禮制》《禮儀定式》《稽古定制》《慈孝錄》《教民榜文》《大明律》《軍法定律》《憲綱》等十二種頒降的官書，『其義以職掌爲主，類以頒降群書，附以歷年事例，使官領其事，事歸於職，以備一代之制』。詳於文職衙門，卷一爲宗人府，卷二至一百六十三皆記吏、户、禮、兵、刑、工六部掌故，卷一百六十四至一百七十八爲諸文職官，末兩卷爲諸武職官。

明孝宗朱祐樘嗣位後，因洪武後纍朝典制散見迭出，未及編彙，無以供臣民遵循，遂於弘治十年三月，敕命大學士徐溥、劉健等纂修，賜書名爲《大明會典》，十五年修成，未刊行。正德四年武宗朱厚照又命李東陽、焦芳、楊廷和等參校，六年，由司禮監刻印頒行，史稱《正德會典》，都一百八十卷。其後嘉靖、萬曆間又有增補，益爲二百二十八卷，仍由内府刊行，故有正德六年司禮監刻本、明内府抄本、萬曆十五年（一五八七）内府刻本、萬曆刻本等。

此本有正德六年四月初十日司禮監太監張永等奉傳聖旨，云『司禮監便命工刊印，頒賜群臣，傳行天下』，故此爲《大明會典》第一次纂修本，即正德六年司禮監刻本。按《四庫全書總目》卷八十一著録爲明萬曆刻本，並云『未見其本（正德本、嘉靖本），莫知存佚』。又，丁丙《善本書室藏書志》卷十二著録明内府刊本，亦明萬曆内府本。可知正德本之稀。

是書曾經朱檉之藏，鈐有『朱檉之印』『九丹』『玖聃』等印。朱檉之（生卒年不詳）字淹頌，號九丹，又號琴客、皋亭，直隸永清（今屬河北）人。是書現藏中國國家圖書館。（向輝）

〇八二

**六部纂修條例不分卷** 明抄本。框高一十釐米，寬十六釐米。每半葉九行，行字不等，白口，四周雙邊。

是書原無序跋、題名、著者，考其内容爲各部、院題奏事項，且經皇帝敕准，以類編次，題爲《六部纂修條例》。題奏文本具有較爲統一的編寫體例，大致可分爲四個部分：一是標題，概括題奏的主要內容及目的，如吏部題奏『申明舊例以嚴考課事』『公薦舉以備任用事』；二是各部、院題奏信息，包括題奏部門、題奏人和題奏的內容，如『禮部題儀制清吏司案呈奉本部送禮科抄出。巡按直隸監察御史鄭坤等題。本年六月十三日南京太廟火災』；三是引錄與題奏事由及與其相關的前朝條例或現行條例、詔書事例、祖宗舊制、《大明會典》等，如『遵聖諭定條約嚴考察以新風紀事』條，『臣等伏覩嘉靖陸年捌月內皇上勑諭都察院有云……成化七年憲宗皇帝欽准事例』；四是下達聖旨，如刑部題奏『議錢鈔以便納贖回事』條，『聖旨：是。贖罪收贖錢鈔則例，依擬行。欽此，欽遵』。據册前目錄統計，是書共收條例四百五十二條。

是書涉及成化、弘治、正德等三朝舊例，稱『憲宗皇帝聖旨』『孝宗皇帝聖旨』『武宗皇帝聖旨』等等。題奏時間爲嘉靖朝，則直書『聖旨』，如『申明舊例酌處改調官員事』條，題『武宗皇帝聖旨：是。欽此。……嘉靖三十年陸月十一日該本部尚書李等具題。本月十三日奉聖旨：是。欽此，欽遵。……查照本部題奉欽依內事理。欽遵施行。等因。到院準此擬合通行』。是書刑部題奏條例，有『嘉靖捌年三月奏』至『嘉靖二十三年八月奏』三十三條，考之范欽等編《嘉靖新例》，除標題《六部纂修條例》爲『嘉靖某年某月奏』，《嘉靖新例》爲『嘉靖某年某月某部（司）議』略有區别外，條款內容相同。其中，『嘉靖二十四年十一月奏，準今後有犯毆殺、故殺人殺死之後慾避罪將屍割碎』條，應爲『嘉靖十四年』例。是書字體不一，非一人一時所抄寫。總此，此本《六部纂修條例》似可定爲明抄本。

《販書偶記》《中國古籍總目》《臺灣『中央圖書館』善本書志初稿》《日藏漢籍善本書録》《東北地區古籍綫裝書聯合目録》等均未見著録，亦無刻本流傳。現藏天津圖書館。（胡艷杰）





## 大明集禮五十三卷

（明）徐一夔　梁寅等纂修　（明）李時增修　明嘉靖九年（一五三〇）内府刻本。框高二十四・九釐米，寬十七・三釐米。每半葉九行，行十八字，小字雙行同，白口，四周雙邊。

徐一夔（？—一四〇〇）字惟精，又字大章，號始豐，天台（今屬浙江）人。博學善屬文，擅名於時。元末嘗官建寧教授。初，朱元璋設置律、禮、誥三局，一夔入誥局。明洪武三年（一三七〇）詔一夔等撰《大明集禮》。復受命參修《大明日曆》一百卷，一夔之力居多。書成，將授翰林院官，以足疾堅辭歸。詳見《明史》本傳。

梁寅（一三〇九—一三九〇）字孟敬，新喻（今屬江西）人。元末纍舉不第，後徵召爲集慶路儒學訓導。明初以名儒就徵，入禮局，其議論精審，諸儒皆服，故與修《大明集禮》。書成，以老病辭歸，結廬石門山講學，四方之士多從學，稱『梁五經』『石門先生』。著有《石門詞》。詳見《明史》本傳。

李時（一四七一—一五三八）字宗易，號序庵，河北任丘人。舉弘治十五年（一五〇二）進士，改庶吉士，授編修。正德中，歷侍讀、右諭德。明世宗嗣位，爲講官，遷侍讀學士。嘉靖三年，擢禮部右侍郎。八年爲禮部尚書。後加太子太保兼文淵閣大學士，入閣。屢加少傅、太子太師、吏部尚書、華蓋殿大學士。卒，贈太傅，謚文康。詳見《明史》本傳。

是書洪武年間寫定後並未刊行，至嘉靖八年禮部『請刻布中外，俾人有所知見。乃命內閣發秘藏，令其刊布。茲以訖工，遂使廣行宣傳』（《天祿琳琅書目》卷八）。考《明史》卷九十七著録《集禮》五十卷，云『洪武中梁寅等纂修。初係寫本，嘉靖中詔禮部校刊』，亦印證了這一點。世宗時，禮部李時等增益修訂此書。《明史》卷四十七載：『暨乎世宗，以制禮作樂自任。其更定之大者，如分祀天地，復朝日夕月於東西郊，罷二祖並配，以及祈穀大雩，享先蠶，祭聖師，易至聖先師號，皆能折衷於古。……《祀儀成典》，則李時等奉敕而修。』

是書卷一至十六爲吉禮，卷十七至二十九爲嘉禮，卷三十至三十二爲賓禮，卷三十三至三十五爲軍禮，卷三十六至三十八爲凶禮，卷三十九爲冠服，卷四十爲冠服圖，卷四十一爲車輅，卷四十二至四十四爲儀仗，卷四十五至四十六爲鹵簿，卷四十七爲字學（目録著録爲字學，卷四十七正文爲書學，分總敘、六書、字體、書法、書品、正訛），卷四十八至五十三爲樂，諸禮制具備，每一禮制下分子目、細目。内容上先總敘某禮制特徵，後按歷史先後從三代及以下漢唐以迄有明一代敘述各禮制具體細節。明世宗認爲該書各類禮制『莫不詳備，允爲萬世之法程，子孫之所世守而遵行推衍之也』。是書卷四十七書學頗不爲今人重視，實際上意義相當重大，正如書學總序云：『人文既作，則有字書。生民日用之至切者也。』其考訂字學書學之源流，訂正流俗字體，頗類今日之國家標準者，於今似仍有借鑒意義。

世傳此書爲嘉靖九年内府本，乃據御製序尾年月處鈐『欽文之璽』印而言。此書嘉靖刻本《天祿琳琅書目》、嚴紹璗《日藏漢籍善本書録》、陳先行《柏克萊加州大學東亞圖書館中文古籍善本書志》著錄。日本宮内廳書陵部藏本、南京圖書館藏本有『儒士某某寫』字樣者，且『書極圓潤，刻亦精湛』（丁丙語）。

此本曾經傅吾康收藏，各册卷内均有『傅吾康審定珍藏』印。傅吾康（一九一一—二〇〇七）爲當代德國著名漢學家、二戰後漢堡學派主要代表人物，著有《明代史籍彙考》。此書現藏中國國家圖書館。

（向輝）

〇八四

**皇明典禮不分卷**　明建文三年（一四〇一）内府刻本。框高二十六·四釐米，寬十六·九釐米。每半葉十行，行二十字，黑口，四周雙邊。

此書又題爲建文帝御纂、敕撰。建文帝即朱允炆，朱元璋孫。事迹詳見《明史》卷十七。

明陳子龍《經世文編》卷四百三十六《謝賜皇明典禮揭》云：『竊惟皇上稽古考今，貫串諸書，動協典禮；又念臣等寡陋無聞，將御纂《皇明典禮》一書，特賜臣等存貯閣中，兼降與禮部各一本，各用爲稽考成法之資。』謝表中不僅提到了『御纂』，更言及《皇明典禮》修成印製後，頒贈諸臣並在内閣文庫及禮部各有收儲。

是書卷首冠建文帝御製《皇明典禮序》，曰：『朕惟禮者，所以正名分，辨尊卑，别上下，先王爲治之要道也。』『朕纂承鴻業，祖述成憲，凡宗廟朝廷之禮，壹惟祖訓是遵。然尚慮儀文散見於簡牘，懼夫久而遺忘，因命重加蒐閲，集爲一書。專紀皇家宗室之禮，號曰《皇明典禮》，以示久遠。』並云：『始乎宗室而化及萬民，朕於是書之傳，深有望焉。』纂修之緣起，昭然可知。

全書分封爵、品級、冠服制度、册寶、儀仗、粧奩、食禄、官制、賞賜、儀注、冠禮、婚禮、喪禮、祭禮、樂章、典禮通例，凡十六部分。書僅九十五葉，刻工却用七十餘名，足見其時之急之迫。

萬曆三十三年（一六〇五）一月，太子（後之明光宗）第一子生（即後之明熹宗朱由校），母王氏，三月禮部擬上封號爲『才人』，不稱神宗聖意，傳諭再議。禮部遂出『《皇明典禮》一書，内載：「皇太子正妻，皆封妃，次皆稱才人。」』（明張惟賢《明光宗實録》卷一）可見《皇明典禮》一書，直到萬曆時仍被諸臣用爲典制依據。然靖難後，永樂帝朱棣雖『未嘗惡建文之名而必去之，但榜文條例並皆除毁』（清潘檉章《國史考異》卷四）。《明實録·太宗永樂實録》卷十亦載『建文年間所出一應榜文條例並皆除毁』。故是書流傳日稀，至晚清，幾無傳本。清葉昌熾《緣督廬日記》卷十五載：『《皇明典禮》世無傳本，靖難之後五百餘年未見天日，新從友人處得見，前有建文三年御製序。共九十葉，皮紙精印。』今檢此書，大部正如其説，唯『九十葉』之數，與前人所記不符。明劉若愚《酌中志》卷十八著録『《皇明典禮》一本，九十五葉』。明呂毖《明宫史》卷五亦著録『《皇明典禮》，計一本，九十五葉』。葉昌熾所記非脱字即已殘，不可全信。今據以影印之底本，乃建文帝内府原刊，難能可貴。現藏大連圖書館。（郭晶）

〇八五

**絲絹全書八卷**　（明）程任卿輯　明萬曆刻本。框高十八·九釐米，寬十一·九釐米。每半葉十行，行二十二字，白口，左右雙邊。

程任卿（生卒年不詳），徽州府婺源城西三圖（今屬江西婺源）人。邑諸生，司理署邑篆，爲人慷慨負奇節。萬曆初，因白絲絹事忤當國，坐獄擬斬。繫獄廿年，後余懋學白其冤，得減戍邊，復以邊功授把總歸。鄉人士誦其義，爲之傳《義行》。事見［康熙］《徽州府志》卷十五《人物志四・尚義傳・程任卿》及［光緒］《婺源縣志》卷三十一《人物志十・義行一・程任卿》。

隆慶四年（一五七〇）至萬曆七年（一五七九），徽州府下屬歙縣、休寧、婺源、祁門、黟縣、績溪六縣，因歲辦人丁絲折絹稅祗攤到歙縣一縣，其餘五縣均未派攤，此事被程任卿率先發現，並告至有司。其後圍繞絲絹稅應該如何分擔的紛爭，六縣士民紛紛參與，導致事態擴大，並由此爆發了以生員爲中心的『徽州激變』。萬曆六年，府、縣當軸者乃以『秀才與衙中胥吏勾結』之罪名，下程任卿等獄，以謀反罪論。任卿在獄中乃搜集自隆慶四年至萬曆七年帥嘉謨等爲首呈申請、按院批復、會議貼文、府按告示、文移及鄉宦往來書信等，彙編成册，題名《絲絹全書》。書前有『徽婺冤人程任卿』《自序》，敘編纂此書之緣由，云：『（於獄中）乃搜求各邑之書，窮其顛末，補亡逸，删煩冗，次先後，彙成一集，剖爲八卷。凡夫始之所發端，終之所極致者，肯綮俱在，庶可以指掌而見。』以鳴其不白之冤。該書内容至爲豐富，對研究徽州乃至江南省賦稅、物産、官民糾紛及吏治腐敗情形等，均有較高個案價值。謝國楨《春明讀書記》稱其『頗足以見明代壓制人民嚴重朘削之情況，與徽州地方所發現之房地契約同有史料保存的價值』。然此兩句結論與事實皆不符，日本學者夫馬進撰有《試論明末徽州府的絲絹分擔紛爭》（《中國史研究》二〇〇〇年第二期）一文，論述頗爲清晰，可參考。

是書尚有萬曆七年稿本爲鄧拓購得，現藏人民日報社圖書館。據卷首序言編者自署『萬曆七年季秋望日，徽婺宛人程任卿含哀書於徽州府司獄司』，可知是書編成於明萬曆七年。此八卷四册萬曆刻本最初爲鄭振鐸訪得，《西諦書目》著錄，後歸於北京圖書館（今中國國家圖書館）。（白雲嬌）　〇八六

## 漕運通志十卷

（明）楊宏　謝純　撰　明嘉靖七年（一五二八）楊宏刻本。框高二十一·二釐米，寬十五·三釐米。每半葉八行，行二十二字，白口，左右雙邊。

楊宏（生卒年不詳）字希仁，海州（今江蘇連雲港）人。其先祖珪，元季以良家子應募，官至燕山護衛鎮撫。三傳至其父政，正統間，纍征麓川。宏生六歲而孤，以蔭敘襲指揮使。嘉靖初，節鎮淮揚，督漕運，聲績偉然。事具清嘉慶《海州直隸州志·人物傳》。事實上，楊宏以都督僉事出任漕運總兵時間爲明正德十六年（一五二一）至嘉靖九年。

謝純字梅岐，甌寧（今福建建甌）人，天性聰穎，文畫兩絶，尤諳兵法星占。正德亞魁。嘉靖十一年出任海州知州，海州有『龍圖』之誦。因巡方貪婪，純以清介招尤，遂棄官歸。事見清康熙《建寧府志·文苑》。

關於是書編撰緣起，謝純《序》云：『歲辛巳（正德十六年），皇上（明世宗朱厚熜）初御極，廷臣僉舉今大總戎楊公來提漕事。五載於斯，漕政聿修。暇則閱諸志而各究其攸趣，然煩簡不同，事變日異，若有不能已於言者。於是博採群書，旁徵案牘，原其事之所始，迹其要之所歸，觀其會通，以約於典常，

成手錄若干言。』即謂楊宏本人親自收集了大量資料，並初步加以整理。然是志的最後成書乃出於謝純之手。南京兵部尚書廖紀《序》云，楊宏『閲前志有未備、今例有未載者，手自記錄，搜集成書。然猶不敢自是，廼延甌寧鄉進士謝君純博考古今沿革，作爲《表》《略》九卷，以垂後範，其用心可謂公且溥矣』。謝純序文亦自謂『於是竊承其意，撮其所錄，删多而益寡，□□以會要作《表》六卷、《略》三卷，名曰《漕運志》』。

《表》六卷者：首漕渠，次漕職、漕卒、漕船、漕倉、漕數。《略》三卷者：首漕例，次漕議、漕文。以《漕渠表》文繁，分爲二卷，故總十卷。謝純序云：『夫有地利而後人力可施，故首之以「漕渠」，而「漕職」次之；有大人之言而後有小人之事，故「漕卒」次之；順以動旅而後可以□□，故「漕船」次之；動必有所居，故「漕倉」次之；居有□□而後可稽，故「漕數」次之；上有道揆，下有法守，故「漕例」次之；議事以制，政乃不迷，故「漕議」次之；績載以文，文以通政，故「漕文」終焉。』

是書以『觀法』『立事』『通變』爲宗旨，立例嚴謹，分類科學。通過六《表》、三《略》的縱陳橫剖，做到了經緯相承，本末互見，洪纖並著，『綱挈而目炳如也』。唐龍《序》亦謂：『夫志「渠」則會源厮流，排壅捍決，尋水道者弗迷焉。志「職」則因官以系氏，因氏以考績，業守明矣。志「卒」則十夫一艘，而數千里閔然撫其窮也。志「船」則形制畫一，而考度之理彰。志「倉」則在內在外，轉船支運，偏可救也。志「數」則率二石而致一石，不亦艱與。至於法以守經，例以通變，天下之事存乎議，天下之議存乎正，志「例」、志「議」，法也；文以紀事、以著勳、以述德，志「文」斯備矣。』應當說，唐龍所評較爲切當，並非一味溢美。

是書三《略》雖衹三卷，但文字篇幅却占全書約四分之三。《漕例略》以時爲經，以事爲緯，依次逐條記述自永樂元年（一四〇三）至嘉靖十五年一百三十四年間有關漕運條例沿革之大事記。其中有一百七十六條下有長短不等的附注文字，這些附注文字吸納了記事本末體的優長，使其成爲編年體兼記事本末體的大事記略，史料價值極高。《漕議略》彙集歷代名賢重臣治渠建倉、通漕保運的重要奏議凡二十餘篇，以史爲鑒，議論風發，假古聖賢之口，申編纂者之見，其資政作用不言而喻。《漕文略》則收録宋、元、明三朝通漕保運各類碑文序記凡七十一篇，特别是歐陽玄《河防記》等多篇文章，又可補各自文集之缺，尤爲珍貴。

是書《明史·藝文志》著録爲『楊宏《漕運志》四卷』，卷數有誤。《文淵閣四庫全書總目》著録爲十卷。

此本鈐『青箱世業』『蓉裳收藏印』『仲』『黄氏借竹宧藏書』等印，知經襄平黄海長等收藏。現藏中國國家圖書館。（楊印民）

〇八七

**鹽政志十卷** （明）朱廷立 史紳等撰 明嘉靖刻本。框高十八·四釐米，寬十四·八釐米。每半葉八行，行十六字，白口，四周單邊。

朱廷立（一四九二—一五六六）字子禮，一字兩崖，湖廣通山（今屬湖北）人。初曾與徐日仁、鄒守益、錢惠洪同受學於王陽明。嘉靖二年（一五二三）進士，授諸暨縣令。嘉靖六年陞任河南道御史，十一年出任四川督撫，後任順天督學御史。十六年陞南京太僕少卿，二十七年陞工部右侍郎，次年轉禮部右侍郎。自禮部侍郎辭官後，閉門著述，日坐炯然亭中，吟詩論學不輟。嘉靖四十五年夏，卒於正寢。有《鹽政志》《兩厓集》《家禮節要》《清朝疏草》《馬政志》等行世。事見明胡直《禮部右侍郎朱公廷立傳》（《國朝獻徵錄》卷三十五）及明雷禮《國朝列卿紀》卷九十一。

卷前有唐龍《鹽政志序》，稱嘉靖八年春二月，朱廷立奉命清理兩淮鹽政，『自警有九誡，修法有五事，戢姦有十五要，訓商有九令，皆可述也。尤督學官弟子員之才者，自夫出産與建立，與制度，與制詔，與疏議，與評論，與鹽官禁約，逖搜博綜，舉綱分目而志成焉』。可知是書作於嘉靖八年。是本凡例後記有編纂者史紳、劉璣、陳克昌、馬新民、金獻可、桑蔓、崔縺、王延祀等人，應爲唐龍序中所指『學官弟子員之才者』。書共十卷，分七門，每門各分子目，凡三百九十有四，蓋制詔疏議每一篇立一目，『故其繁至是也』（《四庫全書總目》卷八十四）。卷末陳克昌《鹽政志後敘》贊曰：『斯志也，綱舉目張，始終條理，莫不畢備。』

是書《萬卷堂書目》《天一閣書目》《千頃堂書目》等多有記載，著者及卷數皆無異議。是書現藏中國國家圖書館。（白雲嬌）

〇八八

**大明律釋義三十卷**　（明）應檟輯　明嘉靖三十一年（一五五二）廣東布政使司刻本。框高二十・一釐米，寬十四釐米。每半葉十行，行十八字，小字雙行同，白口，四周雙邊。

應檟（一四九四—一五五四）字子材，遂昌（今屬浙江）人。嘉靖五年進士，授刑部主事，纍遷山東布政使，擢兵部右侍郎，總督兩廣軍務，卒於官。著有《蒼梧總督軍門志》《讞獄稿》等。

是書爲明代中期私家注律之名作，檟自序云：『自丁亥（嘉靖六年）備員法曹，幸無多事，而素性褊狹，不善應酬，乃得暇日究心於律文，每有所得，隨條附記，積久成帙，大率本之疏義，直引諸書而參之以己意而已。』稿本未及整理，至嘉靖二十二年應氏官湖廣提學副使時，始命工彙次謄寫成書。

此本前有洪武三十一年（一三九八）御製序，卷末附嘉靖二十二年應檟自序，後有『嘉靖三十一年春三月吉廣東布政使司重校刊行』題記二行。刻工有富、施、王仁、敬、裕、馮希、李元、譚祖、陳三、關元、廣、王右、王繼仁、程、關士芳等，蓋應氏總督兩廣時所刻，既云『重校刊行』，知其絶非初刻。

是書另有明嘉靖二十八年濟南知府李遷刻本，與此本行款一致，卷末有『嘉靖二十八年冬十月既望濟南府知府李遷校正重刊』題記二行（現藏日本尊經閣文庫。《中國律學文獻》第二輯據以影印，黑龍江人民出版社，二〇〇五年版），蓋刻於應檟任山東布政使時。取校此本，文字稍異：卷三葉十六後行六『封掌印信』條，『故違者杖一百』，李本作『杖八十』；卷八葉六後行八『舶商匿貨』條，『告獲者官給賞銀五十兩』，李本作『二十兩』；卷十六葉四後行四『乘官畜脊破領穿』條，『各減典牧，所官罪三等』，李本作『二等』；卷二十三葉一後行一『官吏受財』條，『無祿人減二等』，李本作『三等』。考明嘉靖范承鑾本《大明律》，以上文字或同此本，或同李本，無一定之律。按《大明律》自洪武三十年頒行後，有明一代再未修訂，後世多以發布詔令或制定條例等方式予以補充，此二刻所引律文異同，其故可思。

此本雖非初刻，然已孤帙僅存。鈐有『赫舍里氏如山之章』『徐安』等藏印。現藏上海圖書館。

（陳雷）

〇八九

**天工開物三卷**（明）宋應星撰　明崇禎十年（一六三七）自刻本。框高二十一·四釐米，寬十四·二釐米。每半葉九行，行二十一字，白口，四周單邊。

宋應星（一五八七—一六六一）字長庚，奉新（今屬江西）人，萬曆四十三年（一六一五）舉人，此後五次科考不第。但經多次長途赴京會試，見聞大增，於田間、作坊，瞭解到許多科技知識，爲著書立説積纍了豐富實踐經驗。曾任分宜教諭、汀州推官、亳州知州。崇禎十七年棄官回鄉，清順治十八年卒，年七十有四。宋應星生平注重實學，博學多能，尤究心農工生産技術，著有《卮言十種》《畫音歸正》《雜色文》《原耗》《野議》《論氣》《談天》《思憐詩》及《天工開物》等。《天工開物》爲其代表作。

『天工』典出《尚書·皋陶謨》『天工人其代之』；『開物』見於《周易·繫辭傳》『易開物成務』。四字相合，表達人以自然力開通萬物，亦如該書卷下《五金第十四卷》中所言『人巧造成異物』，將『天人合一』的思想運用到科技領域。全書共三卷十八篇，詳細記述了中國古代農業、手工業生産技術和經驗。書中附插圖加以説明，爲明代圖文並茂之科技著作。

此書名作『天工開物卷』。卷前有宋應星《天工開物卷序》，稱『幸生聖明極盛之世，滇南車馬，縱貫遼陽；嶺徼宦商，衡遊薊北。爲方萬里中，何事何物不可見見聞聞』。在此基礎上『著書一種，名曰《天工開物卷》。傷哉貧也，欲購奇考證而乏洛下之資，欲招致同人商略贋真而缺陳思之館』。正值無措可施之際，『吾友涂伯聚先生，誠意動天，心靈格物……昨歲，《畫音歸正》繇先生而授梓，兹有後命，復取此卷而繼起爲之，其亦夙緣之所召哉！』序末鐫『時崇禎丁丑孟夏月，奉新宋應星書於家食之問堂』年款。可知此書乃得其友人涂伯聚資助刊行，後世又稱『涂本』。時在崇禎丁丑，即崇禎十年。

涂伯聚名紹煃，字伯聚，號映薇。與宋應星同鄉，同榜舉人。崇禎九年贊助宋應星刻梓《畫音歸正》，第二年又出資幫助宋氏版行《天工開物》。故此書版行出資人爲涂伯聚，雕版印刷之事當爲宋應星自行操持。以此種情節，將此書僅著錄爲宋應星自刻本，於理欠妥，可著錄爲『明崇禎十年涂紹煃、宋應星刻本』。

全書分上、中、下三卷，各卷端題『天工開物卷』，卷内分篇以『卷』名之。目錄所列『殺青第十三卷』，於正文誤作『殺青卷第十一』。序中有『觀象、樂律二卷，其道太精，自揣非吾事，故臨梓删去』語，今檢此書目錄後另有四行墨釘，正可循當時『臨梓删去』之迹。故此本當是涂、宋二氏初刻之本，洵爲珍貴。

此後，國内單行本僅見明書林楊素卿刻本，爲據涂本翻刻之坊刻本，書名『天工開物』無『卷』字。因其刊於明末清初，書中『崇禎』『國朝』等均剜改爲『明朝』。乾隆年間，宋應星胞兄宋應昇之《方玉堂全集》被列爲禁書，《天工開物》未入《四庫全書》，恐緣於此。清代大型官修類書《古今圖書集成》《欽定授時通考》均有其内容及插圖；《植物名實圖考》《雲南通志》等專著亦援引此書。此書刊行不久即流傳海外，日本、歐洲漸有刻本及譯作，尤以日本菅生堂本《天工開物》流傳最廣。

此本鈐有『墨澥樓珍藏書画鈐記』印記。墨澥樓蓋爲蔡鴻鑑之藏書樓。蔡鴻鑑（一八五四—一八八一）號季白，浙江寧波人，後寓上海。家富藏書。蔡氏喜交遊，滬上雅士常赴墨澥樓雅集唱和。現藏中國國家圖書館。（楊照坤）

〇九〇

**宋應星四種**（明）宋應星撰　明崇禎刻本。框高二十一·六釐米，寬十三·九釐米。每半葉九行，行二十一字，白口，四周單邊。

宋應星生平爵里、學行業績簡況，前錄明崇禎十年自刻本《天工開物》時已介紹。

四種指《野議》《思憐詩》《談天》《論氣》四種。其中《野議》含《世運議》《進身議》《民財議》《士氣議》《屯田議》《催科議》《軍餉議》《練兵議》《學政議》《鹽政議》《風俗議》《亂萌議》十二章；《論氣》含《形氣化》《氣聲》《水非勝火説》《水塵》《水風歸藏》《寒熱》等廿三章；《談天》含《日説》六章；《思憐詩》含《思美詩》十首、《憐愚詩》四十二首。此四種原非一書，或爲藏家合併裝訂在一起者，又名之曰《宋應星四種》。

此書係宋應星政治、哲學及詩歌著作。其中《野議》序末題：『崇禎丙子（九年）暮春下弦日分宜教諭宋應星書於學署。』所謂野議對朝議而言，乃在野之士人議論時事，『夫朝議已無欲訥之人，而野復有議，如世道何？雖然，從野而議者無惡，於朝議何傷也』（《野議序》），故效法東漢仲長統（一七九—二一九）《昌言》和崔寔（？—一七〇）《政論》，揭露時弊，直陳治國安民之策。《論氣》序末題：『崇禎丁丑（八年）季夏月，奉新宋應星書於分宜學署。』《談天》序末題：『崇禎丁丑初秋月，奉新宋應星書於分宜學署。』因《論氣》卷首題『論氣第八種』，《談天》卷首題『談天第九種』，或以爲《談天》《論氣》爲宋應星《卮言十種》之一。《論氣》《談天》兩種爲形而上哲學著述，提出了『形氣論』，即『盈天地皆氣也』（《水塵二》）。『天地間非形即氣，非氣即形。由氣而化形，形復返於氣。』（《形氣》）又提出『以今日之日爲昨日之日，刻舟求劍之義』（《談天》），均富有哲學意義。因宋應星著述留存不多，故此書乃瞭解其人政治理念、哲學思想及其詩歌藝術之第一手材料，對於研究古代哲學史、科技史頗有史料價值。

此本鈐有『江西省蔚挺圖書館章』『江西省人民圖書館珍藏』印，封題『明宋應星《野議》《論氣》《談天》《思憐》四種著作　蔚挺圖書館珍藏』。蔚挺圖書館乃蔡敬襄（一八七七—一九五二）藏書室。敬襄字蔚挺，民國初任江西省教育廳視學，此書當爲蔡氏視學分宜時所收。蔡氏卒後，其蔚挺圖書館藏書歸江西省人民圖書館。此爲崇禎間原刻本，爲海内外孤本。現藏江西省圖書館。（向輝）　〇九一

## 金薤琳琅二十卷　（明）都穆撰　明嘉靖刻本。框高十九・二釐米，寬十五・一釐米。每半葉

十行，行十七字，白口，左右雙邊。

都穆（一四五九—一五二五）字玄敬，自號虎丘山人、虎丘老樵，居南濠里，郡人稱爲南濠先生，吳縣（今江蘇蘇州）人。弘治十二年（一四九九）進士，弘治十七年官工部都水司主事，歷南京兵部武庫司、工部員外郎、禮部主客司郎中，以太僕寺少卿致仕。清人王鳴盛云：『古來以金石學名家者七人，宋之歐陽修、趙明誠，明之都穆、趙崡，清之顧炎武、王澍、朱彝尊。』（錢大昕《潛研堂全書・金石文跋尾序》）著有《使西日記》《壬午功臣爵賞錄》《壬午功臣別錄》《寓意編》《都公談纂》《南濠居士詩話》《鐵網珊瑚》等。

都氏於金石之學乃有家學淵源，其《漢北海相景君碑》按云：『予家自祖宗來，藏碑頗富，兼以予好收錄，中間得於朋友之助者，十常四五。』都氏廣加搜羅，細緻考證，於金石名家之論多有所補，如卷四所錄《魯峻碑陰》之文，都氏云：『歐陽公、趙明誠皆失收錄，至洪丞相《隸釋》於漢碑搜羅殆盡而亦復遺焉。予家此碑，不特人間少有，且文字麄完可讀，惜不令三公見之。』又卷六《漢蕩陰令張君碑》按云：『此碑予官京師時，嘗於景太史伯時處見舊搨本，不及錄。近得之友人文徵仲。按《隸釋》云：「東漢及魏，其碑到今不毀者，十纔一二，凡歐、趙《錄》中所無者，世不復有。」予生去宋數百年而此本兩見，歐、趙《錄》中蓋未嘗載，《隸釋》並《隸續》亦無其文。《通志・金石略》所載碑目雖多，然亦未之及。乃知昔人之言未必可信，而舊物之在天壤間者，固不可盡謂之無也。』又『此碑（《漢魯相置孔子廟卒史碑》）殘闕處，宋洪丞相《隸釋》錄其全文。蓋漢文高古難得，將以供學士大夫之嗜好，而不特此碑然也。

凡予之錄漢刻，其殘闕者，皆以洪本足之。』據此可知都氏實事求是，所錄文字可徵，故盧文弨評云：『（前人）各以意屬讀，故彼此差齵而莫能相一，競逞私智，妄爲附益，則何以取信於後？識者病焉。都氏固無此失。』（盧文弨《重刻金薤琳琅敘》）而張元濟則稱：『（此）書中諸碑跋文，即南濠文略所載者，采錄碑誌，皆據家藏舊拓，爲後來所難得。』（《張元濟全集》第八卷《涵芬樓燼餘書錄》）

是書爲明代金石學代表作，『仿《隸釋》之例，取金石文字搜輯編次，各爲辨證。凡周刻二、秦刻六、漢刻二十三、隋刻五、唐刻二十七，於古碑皆錄原文，其剝落不完者則取洪适《隸釋》補之，不盡據石本也。……所錄碑刻，具載全文，今或不能悉見』（《四庫全書總目》卷八十六該書提要）。起《周壇山石刻》，終《唐顏少保碑》，計碑文六十三種，錄其全文，繫以跋尾，各爲辨證，文字足徵，而所按之語多有可觀者。

此書無序跋目錄，每卷題『太僕少卿吳郡都穆』。全書字體不一，且似有補抄處。清乾隆六年（一七四一）宋振譽作《金薤琳琅補遺》，稱『向閱王阮亭前輩評跋，有搜訪《金薤琳琅》垂三十年始得之良友者，自謂十五連城莫之與易，其珍貴可知也』。據張元濟《涵芬樓燼餘書錄》：『此爲嘉靖刊本，是書後經補板甚多，此尚是初印本。』（《張元濟全集》第八卷）今通行之本爲清乾隆間刻本，此明刻本，清人尚且寶之，況於今乎。

此書爲涵芬樓故物，鈐有『海鹽張元濟經收』『涵芬樓』諸印。現藏中國國家圖書館。（向輝）

○九二

**集古印譜不分卷** （明）顧從德輯　明隆慶刻鈐印本。框高十六・一釐米，寬十二・六釐米。分上下二欄，上欄每半葉三行，下欄每半葉九行，白口，四周單邊。

顧從德（一五一九—一五八七）字汝脩，别號方壺山人，上海人。好刻書，曾校刻《重廣補註黄帝内經素問》《松籌堂集》等。生卒年詳杜志强《關於顧氏〈集古印譜〉和〈印藪〉版本的初步考察》。

是書前有隆慶六年（一五七二）沈明臣序云：『上海顧氏稱世家，三世以博雅傳。』搜羅古印，收購遠近，不遺餘力，得玉印一百五十有奇、銅印一千六百有奇，輯成印譜，凡二十本。首尚方諸璽，次官印，次私印。私印以沈約韻爲前後，而始朱氏，尊國姓也。集印者，太原王常幼安氏云云。王常，本名南斗，歙人，羅龍文子。因其父同嚴世蕃斬於西市而出亡，後更名王常，字延年。沈序題太原人，蓋稱郡望。

此本共十二册，首尾完具。前有隆慶六年沈明臣序，隆慶五年辛未黄姬水序，均以行書上版。次凡例十五條。正文分上下欄，上欄鈐蓋印文，下欄空白，似待寫入考釋文字。序前有戳記云：『古玉印百五十有奇，古銅印千六百有奇。家藏及借四方者，集印數年乃成。茟廿本，手印者、藏印者、硃楮者三分之。手印友隨亦致病。斯譜有同秦漢真迹，每本白金十兩。』知爲顧氏手鈐廿本之一。

此譜編成後，顧從德又採掇趙子昂《印史》及楊宗道、吴孟思、王厚之、錢舜舉諸家印譜，並加考釋，分爲六卷，於萬曆三年（一五七五）刊版，是爲顧氏芸閣刻本，王穉登爲之序，題曰《印藪》。取對此本，印章排列次序相近：即此本每二册略當刻本一卷。刻本凡例與此本字句雖異，結構實同，可見漸變之迹。顧氏增輯《印藪》，或即據此爲藍本。世所見者多爲顧刻《印藪》，又經翻版，不免愈翻愈失。好古之士或且欲據以摹擬秦漢印，則所謂郢書燕説而已。

此手鈐原本，印色神氣完足，篆法古樸淳邃，較諸《印藪》之棗木傳刻者大相逕庭。足本流傳絶少，此帙而外，所知僅有謝磊明藏本，見於羅福頤《印譜考》，今已不可蹤迹，則此帙幾爲人間孤本。卷末有清道光二十七年（一八四七）吳憲澂跋，道光二十九年季錫疇跋，光緒二十六年（一九〇〇）翁同龢跋，又有己卯年（一九三九）吳湖帆、陳巨來觀款。吳憲澂跋云此帙曾爲虞山顧養之氏插架物，養之名顧浩，顧湘弟，道光間曾輯刻《小石山房印譜》。翁同龢跋云此帙後歸『次公』收藏，次公即趙宗建（一八二八—一九〇〇），字次侯，常熟（今常熟）人。事迹詳翁同龢撰《清故太常博士趙君墓誌銘》。家有舊山樓，蓄金石圖史甚富。又有『趙仲舉印』『能遠』二印，仲舉爲宗建次子，字能遠。又鈐有『錫疇』『老松』『翁同龢觀』『松禪居士』『醜簃』等印。現藏上海圖書館。（郭立暄）　〇九三

**史通二十卷**　（唐）劉知幾撰　明萬曆五年（一五七七）張之象刻本　何焯批校並跋又錄馮舒評語　顧廣圻　鄧邦述跋。框高十九釐米，寬十四·九釐米。每半葉十行，行十九字，小字雙行同，白口，左右雙邊。

劉知幾（六六一—七二一），因『幾』與唐玄宗李隆基之『基』音同，觸嫌名諱，改名子玄（顧炎武《日知錄》卷二十三《嫌名》云：『玄宗諱隆基，而劉知幾改名子玄；箕州改名儀州』），彭城（今江蘇徐

州)人。自幼博覽群書,喜談名理,弱冠舉進士,擢獲嘉縣主簿,後調定王府倉曹。武后時歷任著作佐郎、左史等職,兼修國史。玄宗時官至左散騎常侍,後坐事貶安州都護府別駕,卒於官,追贈工部尚書,謚曰文。知幾生平專攻史學,通覽諸史,任史官三十餘年,曾預修《三教珠英》《唐史》《則天實録》《中宗實錄》《睿宗實錄》等。著有《劉氏家史》十五卷、《劉子玄集》三十卷,均已散佚,唯《史通》一書傳世。《舊唐書》卷一百六、《新唐書》卷一百四十五有傳。

劉知幾屢任修史之職,得以遍覽國家秘笈,洞悉史館修書之利弊。據《新唐書》所載,劉氏在史館修史時,深感宰相大臣監修多所干預,不能秉筆直書,難以發揮史才,『自以爲見用於時而志不遂』,遂私撰《史通》,於景龍四年(七一〇)成書。另據張之象《史通序》言命名之義曰:『司馬遷後封爲史通子,兼取《白虎通》之義,命曰《史通》。』《史通》全書二十卷,分内、外篇,各十卷,内篇三十九篇,其中《體統》《紕繆》《弛張》三篇早已亡佚,僅存目錄,故今内篇爲三十六篇,外篇十三篇,全書共計四十九篇。内篇主要敘述史書體例,辨别是非;外篇論述史籍源流及雜評古人得失。内外篇雖各有側重,然亦有重複抵牾之處,四庫館臣認爲『是先有外篇,乃撷其精華以成内篇,故刪除有所未盡也』。是書詳論前代和唐朝史書體例、内容得失,體現了劉氏史學思想及研究方法,爲我國第一部史學理論專著。《四庫全書總目》是書提要對《史通》在學術上給予很高評價,認爲《史通》『貫穿今古,洞悉利病,實非後之人所及』,『縷析條分,如别黑白,一經抉摘,雖馬遷、班固幾無詞以自解免。亦可云載筆之法家,著書之監史矣』。

《史通》自成書以來，歷經傳抄刊刻。據王應麟《玉海》卷四十九、章俊卿《山堂群書考索》、盧文弨《群書拾補》等所記，宋刻本《史通》曾有數種，然清中葉以後皆湮没無聞。現存最早版本爲明嘉靖年間陸深刻本，然陸本因無别本參校，脱訛頗多。此本爲萬曆五年張之象刻本。張之象（一五〇八—一五八七）字月鹿，又字玄超，别號碧山外史，晚號王屋山人，華亭人。卷首張之象萬曆五年刻書序曰：『逮我明嘉靖間，吾鄉儼山先生陸文裕公始購得《史通》鈔本及他刻本，採撰《會要》，多所闡明。已而是正，翻梓川蜀，猶自謂訛舛尚多，惜無别本可校。……偶梁溪友人秦中翰汝立視予家藏宋刻本，字整句暢，大勝蜀刻，儼山先生所未及覩者。……乃相與銓訂，尋討指歸，將圖不朽。復與郡中諸賢雋徐君虞卿、馮君美卿等，參合衆本，丹鉛點勘。大較以宋本爲正，餘義通者，仍兩存之。』可知張之象乃以嘉靖間陸深刻本爲底本，又據宋刻校勘陸本，糾繆補缺，重新刊刻。傅增湘稱此本『頗能訂陸之誤』，『在明代校刊古本中爲最』。清修《四庫全書》所收《史通》即據張之象本抄校。

此本鈐『顧苓之印』『員美』『陳中鑑印』『漢陽葉名澧潤臣甫印』『葉名澧潤臣印』『江安傅氏臧園鑑定書籍之記』『雙鑑樓藏書印』諸印。知此本迭經顧苓、葉名澧、傅增湘等名家遞藏。顧苓字雲美，一作員美，號濁齋居士，明末清初吴縣（今蘇州）人。葉名澧（一八一一—一八五九）字潤臣，號翰源，湖北漢陽（今屬武漢）人。道光十七年（一八三七）舉人，歷任内閣中書、方略館校對、文淵閣檢閲、浙江候補道等職。藏書至數萬卷，藏書處名『八萬卷書樓』『敦夙好齋』等。傅增湘《藏園群書經眼録》卷六著録此本，云爲『盛昱鬱華閣遺書』，於一九一二年以八十元購得。現藏中國國家圖書館。（趙文友）

# 子部

## 鹽鐵論十卷

（漢）桓寬撰　明弘治十四年（一五〇一）涂禎刻本　毛扆校並跋　馮知十跋　馮武抄補並跋。框高二十・四釐米，寬十三釐米。每半葉十行，行二十字，白口，左右雙邊。

桓寬（生卒年不詳）字次公，汝南（今河南上蔡西南）人。治《公羊春秋》，舉爲郎。漢宣帝時官至廬江太守丞。博通善屬文。嘗整理昭帝劉弗陵始元六年（前八十一）賢良文學之士與丞相、御史論辯民間疾苦成因的記錄，以成《鹽鐵論》。

武帝時桑弘羊領大司農治粟都尉，推行鹽鐵官營、酒類專賣、平準均輸等一系列經濟政策。本書卷一《復古第六》記載桑弘羊之所以要『總一鹽錢，非獨爲利入也，將以建本抑末，離朋黨，禁淫侈，絶並兼之路也』。並認爲『山澤之財，均輸之藏，所以御輕重而役諸侯也』，故極力推行上述三法。他的這些主張，符合武帝時内政外交的政治需要，所以深得武帝支持和信任。武帝臨終前特受之御史大夫，與大將軍霍光等受遺詔共輔昭帝。

《漢書》卷六十《杜延年傳》載昭帝時，『國家承武帝奢侈師旅之後』，『年歲比不登，流民未盡還』，故杜延年屢向大將軍霍光建言，認爲『宜修孝文時政，示以儉約寬和，順天心，説民意，年歲宜應』。霍光採納杜延年建議，於是『舉賢良，議罷酒榷鹽鐵』。賢良文學們則認爲『貴德而賤利，重義而輕財』，乃古來聖賢遵循之信條，國家經營鹽、鐵，是與民争山澤之利；酒類專賣，是政府利用行政手段干預市場；平準均輸，則是與商賈争市利，故提出種種責難，桑弘羊均一一給予有力回答。争論還涉及武帝時的屯田戍邊及對匈奴的和戰政策。這是中國歷史上關於國家政治經濟政策的著名論辯與交鋒，也稱爲鹽鐵會議。争論的結果除廢止了酒類專賣和關内鐵官，其餘則依然如故。這次會議有詳細的論辯記録，三十年後桓寬根據這次論辯的官方記録，加以推衍和增廣條目，編纂而成《鹽鐵論》十卷（亦有釐爲十二卷者）。全書凡六十篇，篇各標目，實則反復問答，諸篇首尾相屬。篇末雜論一篇，述汝南朱子伯之言，記賢良茂陵唐生、文學魯萬生等六十餘人，其中最突出中山劉子雍和九江祝生對桑弘羊、車千秋的詰難，顯出桓寬傾向於賢良、文學的儒家立場。

《鹽鐵論》一書，《郡齋讀書志》《直齋書録解題》《宋史·藝文志》等均有著録。葉德輝嘗跋此明刻本，謂『莫友芝《宋元舊本書經眼録》載有宋本《鹽鐵論》十卷，云每半葉九行，每行十八字。第十卷末葉有「淳熙改元錦溪張監税宅善本」楷書木記。豐順丁氏收藏。按此即丁禹生中丞日昌《持静齋書目》所載之宋本也』。二十八年後，即南宋寧宗嘉泰二年（一二〇二），又有淳熙翻刻本行世。兩個宋刻本，今皆不知所蹤。存世者當推此弘治本爲最早。

此本卷末有涂禎跋：『禎游學宫時，得漢廬江太守丞汝南桓寬次公所著《鹽鐵論》讀之，愛其辭博，其論覆可以施之天下國家，非空言也。惜所抄紙墨歲久漫漶，或不能句，有遺恨焉。迺者承乏江陰，始得宋嘉泰壬戌刻本於薦紳家，如獲拱璧，因命工刻梓，嘉與四方大夫士共之。弘治辛酉十月朔日，新淦涂禎識。』辛酉，即弘治十四年，因知涂禎於是年將此書重刻於江陰。此書卷末還有同年都穆後序，曰：『其書在宋嘗有板刻，歷世既久，寖以失傳，人亦少有知者。新淦涂君知江陰之明年，令行禁止，百廢俱興，親民之暇，手校是書，仍捐俸刻之，使學者獲見古人文字之全。而其究治亂、抑貨利，以裨國家之政者，則不但可行之當時，而又可施之後世，此固涂君刻書之意也。』『弘治十四年歲在辛酉十月朔旦，吴郡都穆書。』此又可證明此本是涂禎於弘治十四年知江陰時捐俸所刊。而其所據底本，便是宋嘉泰本，但行款則有變化。此本是《鹽鐵論》現存最早刻本，且直接來自宋刻，洵爲珍貴。

此本鈐有『袁又愷藏書』『曾在趙元方家』『元方審定』『人生一樂』等印記。現藏中國國家圖書館。

（李致忠）　〇九五

**申鑒五卷**　（漢）荀悦撰　明嘉靖十二年（一五三三）張惟恕刻本。框高二十釐米，寬十三·七釐米。每半葉十行，行二十字，白口，四周單邊。

荀悦（一四八—二〇九）字仲豫，潁陽（今河南許昌）人。東漢末哲學家、史學家。出身名儒世家，爲荀子十三世孫。早年喪父。年十二，能講《春秋》。家貧無書，然刻苦爲學，博聞强記，所見篇牘，一覽多能誦記。性沉静，尤好著述。漢靈帝時，宦官專權，士人多退身窮處，不與宦者合污，荀悦亦趁此托病隱居。後辟舉爲鎮東將軍曹操府供事，尋遷黄門侍郎，與荀彧及少府孔融侍講宫中，爲獻帝所賞識，纍遷秘書監、侍中等職。年六十一卒於官。《後漢書》卷六十二有傳。荀悦著述，有《漢紀》《申鑒》

《崇德》《正論》及諸論數十篇，除《漢紀》《申鑒》外，餘皆失傳，明張溥曾輯《荀侍中集》一卷，有《漢魏六朝百三名家集》本行世。

《後漢書・荀悦傳》稱，悦侍講禁中，見政移曹氏，『志在獻替，而謀無所用，乃作《申鑒》五篇』，爲政體、時事、俗嫌、雜言上下。『其所論辨，通見政體』，書成奏上，『帝覽而善之』。此書以儒術談政治，主張德刑並用，駁斥讖緯符瑞之説。旨在申述歷史教訓，供人君借鑒，故名。《隋書・經籍志》子部儒家類著録『《申鑒》五卷，荀悦撰』，此後《舊唐書・經籍志》《新唐書・藝文志》及《郡齋讀書志》《直齋書録解題》等均著録，未有篇卷變化。《四庫全書總目》是書提要云：『此書剖析事理，亦深切著明。蓋由其原本儒術，故所言皆不詭於正也。』

今所知《申鑒》最早刻本，爲南宋尤袤江西漕臺刻本，惜已不存，唯尤序收入明清刻本中。《增訂四庫簡明目録標注續録》載有元陳仁子本，今亦未見。現存最早刻本，係明正德十三年（一五一八）大梁李濂刻本，前有尤袤序及李濂自序。李濂本刊成次年，即正德十四年，吴縣黄省曾注文始堂刻本始問世。

嘉靖十二年張惟恕刻本爲李濂本翻刻本。張惟恕字子行，明河南上蔡人，正德十六年進士。曾任丹陽縣令、湖廣副使。嘉靖十二年曾刻朱元璋《大誥武臣》一卷。張惟恕《申鑒》刻書題識云：『予觀荀氏《申鑒》爲文古，論事精也，推而行之，治體之補世教之關不少也，深有取焉，思與有志者同之，敬爲之重梓，以廣其傳云。』此本行款格式與李本無二，因知脱胎於李本。

此本卷端首葉鈐『四明林氏大西山房臧書之印』、卷五首葉鈐『林集虚印』『心齋』諸印。考林集虚，本名昌清，字喬良，號心齋，鄞縣人。性好古籍。其父在外爲官，隨其父生活，另行經營書業，店名『大西山房』，同時搜藏其所好圖書，藏書室曰『藜照廬』。時故家藏書淪墜，求售者常交於林集虚，林且買且賣，久之即能辨别版本之真假。歷三十餘年收集，藏書漸富，［民國］《鄞縣通志》記述其所藏善本一千一百七十三卷。此本爲林集虚舊藏，後歸藏國家圖書館。張惟恕刊本傳世極罕，《中國古籍善本書目·子部》僅著録中國國家圖書館收藏，洵可珍貴。（趙文友）〇九六

## 宋司馬温國文正公家範十卷

（宋）司馬光撰　明萬曆七年（一五七九）莫與齊刻本。框高二十一·一釐米，寬十五·七釐米。每半葉十行，行二十字。白口，四周雙邊。

司馬光（一〇一九—一〇八六）字君實，陝州夏縣（今山西夏縣）人。北宋寶元元年（一〇三八）進士，歷仕仁宗、英宗、神宗、哲宗四朝，卒贈太師、温國公，謚文正。著有《稽古録》《涑水記聞》等。據《四庫全書總目》是書提要載，是書首引《周易》及節録諸經之語爲之綱領，以下分十九篇，皆雜採史事可爲法則者，亦間附以論説。其節目備具，切於日用，簡而不煩，足爲儒者治行之要。

此本卷端題『明侍御鉅鹿後學陳世寶介錫校正』，前有萬曆七年莫與齊序、萬曆三年司馬祉序；後有嘉靖三十三年（一五五四）馬巒序、萬曆三年馬化龍序及司馬晰跋。蓋陳世寶初得《家範》遺書於夏邑，訂其訛，敘其次，分爲十卷，既而付梓。後其巡視東南河道，復囑莫氏重梓。陳世寶字介錫，鉅鹿

（今河北巨鹿）人，萬曆中官監察御史，巡按江西，著有《古今寓言》。莫與齊，馬平（今廣西柳州）人，隆慶五年（一五七一）進士。此本或據萬曆三年陳世寶本翻出。刻工有王崇高、吳計秋、李元春、許高、郭淳等。

此本卷四第十二葉『言笑之微』下脱『君子以爲難』至『外盡物内盡志』云云二百餘字，清乾隆二十四年（一七五九）亦政堂本脱字正同，與此屬同一版本系統。是書另有明萬曆二十四年忠恕堂刻《由醇録》本，取對此本，卷一葉七後行七『子生七歲，男女不同席』，忠恕堂本作『七年』；卷三葉十行九『未嘗輒出門閣』，忠恕堂本作『門閤』；卷五葉八行五『漢蜀郡太守范廉』，忠恕堂本作『廉范』；葉八後行八『原平伏勤』，忠恕堂本作『服勤』；卷六葉三後行七『及令死，當送葬』，忠恕堂本作『還葬』；卷七葉十二後行十『梁郡□成二人』，忠恕堂本作『車成』；葉十五後行八『婦人將欲趣火』，忠恕堂本作『自欲』；卷九葉八行六『食方於前』，『方』忠恕堂本作『方丈』。清康熙五十八年（一七一九）朱軾刻《朱文端公藏書》本係據忠恕堂本重刻，《四庫全書》又據朱軾本著録，屬另一版本系統。此刻爲是書現存次早版本，與後來通行之本文字有異同，頗具校勘價值。

此本鈐有『璜川吳氏收臧圖書』『瓣香』『求慊齋』『群玉山房』等印。現藏上海圖書館。

（陳雷）

## ○九七

## 讀書録十卷續録十二卷 （明）薛瑄撰 明嘉靖三十四年（一五五五）沈維藩刻本。框高二

十·四釐米，寬十三·七釐米。每半葉十行，行二十字，白口，四周雙邊。

薛瑄（一三八九—一四六四）字德温，號敬軒，河津縣（今山西萬榮縣）人。永樂十九年（一四二一）進士，纍官至禮部左侍郎兼翰林院學士。卒後，贈禮部尚書，謚文清。隆慶五年（一五七一）詔從祀孔廟，爲有明三百年從祀孔廟第一人。明代前期著名理學家，『河東學派』創始人。著有《薛文清公文集》《讀書録》《讀書續録》和《理學粹言》等。《明史》有傳。

薛氏講學授徒二十餘年，弟子遍及秦晉關隴和吴楚閩越，蔚然成派，對明代尤其北方理學發展功不可没。河東學派與王陽明所創姚江學派分庭抗禮，成爲明代兩大『顯學』之一。

薛氏之學『一本程朱』，兼融張載，『以復性爲宗，濂洛爲鵠』，注重切己體道與躬行踐履，被清儒譽爲『明初理學之冠』，並以『實踐之儒』著稱於世。其文章雅正，遊記清新麗雋，古風雄奇高縱，律絶高秀有陶、韋之風。《四庫全書總目·薛文清集》提要云：『有德有言，瑄足當之。』『七十六年無一事，此心惟覺性天通』，是其一生學問的真實寫照。

二録屬筆記性質，雖不系統，但是其一生讀書、講學之真切體會，成於景泰七年（一四五六）以後。本意非爲成書，因張載曾言『心中有所開，即便劄記，不思則還塞之矣』，『遂於讀書心中有所開時，隨即劄記，……積二十餘年乃成』，蓋以備『不思還塞』。閻禹錫《禮部左侍郎兼翰林院學士薛先生行狀》亦云：『值冬夜雪飄盈几，讀誦不輟。或思有所得，即起而燃燭記之。或通宵不寐，味而樂之，有不知手舞而足蹈者，遂積爲《讀書録》。』

此書自成書以來評價不一，但褒勝於貶。劉宗周認爲『薛文清多困於流俗』，於其人其作頗有微詞；黄宗羲指其『悃愊無華，恪守宋人矩矱』，亦云『閲先生《讀書録》，多兢兢檢點言行間，所謂學貴踐履，意蓋如此』。認爲此書『大概爲《太極圖説》《西銘》《正蒙》之義疏』，爲『體驗身心』而作；《四庫全書總目》是書提要認爲『其書皆躬行心得之言』。王夫之則讚之爲『見道明，執德固，卓然特立，不浸淫於佛老』。

該書在明清兩代嘗多次刊刻，主要有八卷本、十卷本、十一卷本、二十卷本、二十四卷本幾種形式，以十一卷本爲流傳主綫，其他幾種卷數的刻本均有所編排整理。

十卷本有明正德十五年（一五二〇）鄭維新本，嘉靖三十四年沈維藩本，嘉靖三十四年古郇何尚賢延安府刊本。此書爲沈本。沈氏時任平陽府聞喜縣知縣，刊刻此本爲『表章正學，以一士習，以振風教』。此本有正德庚辰（十五年）九月癸未鄭維新《重刊讀書録序》，卷末有正德十五年冬十一月四日許讚《重刊讀書録後序》，據此可知沈本所據原本應是鄭本，且與鄭本内容與形式基本一致。另有平陽府解州聞喜縣《重刊讀書録公移》，版本由此而確定。

此本鈐有『合肥王氏臧書畫印』『冰翠堂』等印，有朱筆圈點。現藏中國國家圖書館。（肖剛）

○九八

## 困知記二卷續二卷附録二卷續補一卷外編一卷　（明）羅欽順撰　明天啓三年（一六二

三)羅珽仕、羅璇仕刻本。框高二十·七釐米,寬十四釐米。每半葉九行,行二十字,白口,左右雙邊。

羅欽順(一四六五—一五四七)字允升,號整庵,泰和(今屬江西)人。弘治六年(一四九三)進士,授翰林院編修,歷官南京國子監司業、吏部左侍郎、南京吏部尚書等。辭官歸里後,潛心著述,有《困知記》,又有《整庵存稿》《整庵續稿》等,《明史》卷二百八十二有傳。

羅氏自稱此書之作乃『欲以告初學之士,使不迷其所向焉爾』(《續集》卷上跋),故李維楨云『《困知記》一百五十六章(指上下篇而言),專發明儒釋「道不同不相爲謀」之故,後學誦者十一』(《羅文莊公合集序》);何維栢云:『《困知記》以理一分殊論性,而性命流行之妙可徵;以動静體用論心,而道心人心之幾以著,此皆獨得之見』(《祭太宰整庵羅文莊公文》);黄宗羲則稱:『考先生(羅欽順)所最得力處,乃在以道心爲性,指未發而言;人心爲情,指已發而言』(《明儒學案·師説》);明史本傳稱『欽順爲學,專力於窮理、存心、知性。初由釋氏入,既悟其非,乃力排之』。

是書爲其晚年論學之書,其中上下篇二卷成於嘉靖七年(一五二八),凡上篇八十一章,下篇七十五章;續集上卷成於嘉靖十年,凡八十章;續集下卷成於嘉靖十二年,凡三十六章;三續一卷成於嘉靖十七年,凡三十六章;四續一卷成於嘉靖二十五年,凡三十三章,是書於是凡四續焉。據羅欽順識語:『記凡六卷(此本重刊訂爲四卷),首尾經二十年,體認之功不爲不勤。』

是書自成書後,先後刻印多次,羅氏最後一個自刻本刻於嘉靖二十五年,其後羅氏子孫、學者等多加續補翻刻。此本爲天啓三年羅氏曾孫羅珽仕、羅璇仕重梓之本,校定者爲歐陽照、楊嘉祚,編次者爲陳夢暘。此本析爲八卷，其中《困知記》上下篇二卷續二卷附録二卷續補一卷外編一卷，共分八册，其中第一册爲諸家序文及羅氏自序。首爲李維楨、董其昌《羅文莊公合集》，據二序可知萬曆、天啓年間，羅欽順曾孫羅珽仕嘗於萬曆四十八年（一六二〇）重刊《困知記》，後又彙集其先祖之文，含《羅文莊公存稿》《困知記》等，以合集之名刻於南京者，今僅存此《困知記》。此本有羅珽仕《重刊困知記後跋》、顧起元《重鐫困知記序》云：『《（困知）記》舊多刻本，歲久漫漶，世罕覯見之』，（羅）珽仕、琁仕兄弟『志在紹明家學，廼再授諸梓，以廣其傳』。此乃羅氏家刊之本，校訂精審，文字完足，足資參考。現藏首都圖書館。（向輝）

## 〇九九 涇野子内篇二十七卷 （明）吕柟撰 （明）王光祖輯 明萬曆十五年（一五八七）吕昀刻本。

框高二十·一釐米，寬十五釐米。每半葉十行，行二十二字，白口，四周單邊。

吕柟（一四七九—一五四二）字仲木，號涇野，高陵（今屬陝西）人。明正德三年（一五〇八）進士第一。授翰林院修撰。歷任解州判官、南京吏部考功司郎中、尚寶司卿、南京太常寺少卿、國子監祭酒，南京禮部右侍郎致仕。終身以教授爲主，與湛若水、鄒守益共主講席三十餘年。卒謚文簡。曾受學於薛敬之，接薛瑄之傳。其學以窮理實踐爲主，主張格物以窮理、先知而後行。時天下言學者，不歸王守仁，則歸湛若水。獨守程、朱不變者，唯吕柟與羅欽順。著有《四書因問》《周易説翼》《尚書説要》《毛詩説序》《春秋説志》《禮問》《涇野子内篇》《涇野子外篇》《涇野集》《宋四子抄釋》《小學釋》《史館獻納》《南省奏稿》《寒暑經圖解》《史約》《監規發明》《署解文移》《詩樂圖譜》等。事見明馬理《南京禮部右侍郎涇野呂先生墓誌銘》、馬汝驥《通議大夫南京禮部右侍郎涇野呂公柟行狀》，《明史》卷二百八十二有傳。

王光祖（生卒年不詳）字克孝，解州（今山西運城）人。呂柟門人。

此書爲呂柟講學語録之彙編，乃王光祖輯録廉介、張伊、權世用、吉士、丘東魯、胡大器諸門人所記而成。全書共二十七卷三十五篇，按講學先後順序編排並標明篇次，凡《雲槐精舍語》三篇、《東林書院語》一篇、《東林書屋語》二篇、《端溪問答》一篇、《解梁書院語》一篇、《柳灣精舍語》二篇、《鷲峰東所語》十三篇、《過江北行途中語》一篇、《再過解州語》一篇、《太常南所語》三篇、《乙未邵伯舟中語》一篇、《太學語》二篇、《春官外署語》二篇、《禮部北所語》一篇，實爲三十四篇，缺第九篇。卷一卷端署『門人解梁王光祖編』，少數卷端署『門人潁川魏廷萱校正』。大多篇名下有記録者姓名，個别篇末還有重録者姓名。據書中内容，可推知王光祖編成此書當在呂柟致仕或卒後。書中採用呂柟與諸生問答形式，所論以程、朱爲歸，斥王守仁『良知』説爲非。

此書有明嘉靖十一年（一五三二）章詔序，章序有『大器諸友欲謀刻之，以公於天下後世』之語，可知呂柟語録最早刊本當爲明嘉靖十二年胡大器刻本。據章序及呂柟仕履，胡大器刻本當僅有《雲槐精舍語》至《鷲峰東所語》諸篇。

此後乃有王光祖所輯二十七卷三十五篇本。萬曆十五年，呂柟次子呂畇在書末增《涇野子内篇門人録》一篇，始廉介，終郭岱，凡二百零八人，末有吕眴識曰：『眴歸田二十一載始能理之。若不登録，恐歲久弗能徵之矣。况遊先君之門，或學而後舉，或舉而後士，或居館院臺省，或居部署藩臬，以至通顯。謹令姪全機書之，其不知者缺焉，以便覽者察之。』此本即爲明萬曆十五年吕眴刻本，前有嘉靖十一年章詔序、嘉靖十二年陳昌積序、嘉靖十二年程默序。此本版心上方鎸『涇野先生文集』，初疑此書爲《涇野先生文集》之部分，然經沈津《美國哈佛大學哈佛燕京圖書館中文善本書志》考證，吕柟文集現存之本有嘉靖三十四年于德昌刻三十六卷本（十行二十三字四周雙邊）、萬曆二十年李楨刻三十八卷本（九行二十字四周單邊）、明嘉靖刻本（爲殘本，十二行二十三字四周單邊），皆與此本不同。此本卷一至十六、卷十七至二十七兩部分字體風格、版心卷次、魚尾等均有不同，而卷十第六十二葉、卷十三第十五葉、卷十九第二十三葉版心鎸『督學許補刊』，且三處字迹與前後不同，由此可推知此本或由不同版本的舊刻版片彙印而成，間有少量補版。

此本鈐『盱眙王氏十四間書樓藏書印』，知爲晚清藏書家王錫元舊藏。王錫元（一八二四—?）字蘭生，江蘇盱眙人。清同治三年（一八六四）舉人，同治四年進士。曾任吏部文選司主事、淮安府里河同知、盱眙知縣。晚年寓居寶應。此本現藏復旦大學圖書館。（包菊香）

一〇〇

**兵垣四編四卷附四種四卷** （明）閔聲編　明天啓元年（一六二一）閔氏刻三色套印本。框高二十・四釐米，寬十四・七釐米。每半葉八行，行十八字，四周單邊。

閔聲原名中正，字毅夫，號雪蓑，烏程（今浙江吳興）人。好吟詠刻書。自幼仰慕古代俠義之士，懷經濟天下之志。明末，薩爾滸之戰明軍不敵後金，此後屢屢戰敗，閔聲自恨書生不能殺敵衛國，「則悉探秘笈，不靳流傳，以禆登壇請纓者考焉」（《兵垣四編》閔暎張跋）。可知此書乃閔聲爲當時將帥軍士作戰參考而編。入清後閔聲曾以莊廷龍《明史》案下獄，年餘始解，貧益甚，而踵門求書及篆刻者未嘗絶也（《皇清書史》卷二十四）。

《兵垣四編》乃兵書類編，《明史·藝文志》著録。此書輯有《黄帝陰符經》一卷、《黄石公素書》一卷、《孫子》一卷、《吳子》一卷。每篇解題、行間夾注、眉批及篇後評述均以朱色套印。書前有陳繼儒、顧天埈序，後有臧懋循、閔聲跋。書後又附《海防圖論》一卷，閔暎張跋；《九邊圖論》一卷，有徐亮跋。卷後各有世德堂主人藍印小引一篇。據閔暎張跋可知各編來歷：《黄帝陰符經》得之毗陵唐氏，《黄石公素書》爲閔氏家藏，孫吳二子得之瑯琊王氏，《海防圖論》得之瞜城殷氏，《九邊圖論》得之中州許氏。此四編爲閔聲輯得，與其侄閔暎張共同刊印而成，經張商英、唐順之、王世貞、殷都、湯顯祖、王士騏、臧懋循批閱，徐亮、沈承、閔聲、閔暎張參閱。

書中所收《黄帝陰符經》即《陰符經》，《新唐書·藝文志》始見著録，著者不詳，假托黄帝所作；《四庫提要辯證》以其爲東晉道士所著。共有神仙抱一演道章、富國安民演法章、彊兵戰勝演術章三章，内容涉及養生、修煉、用兵、縱横之術等，常與《道德經》《南華經》並列爲道家經典。此編輯有陰符經序（唐順之撰、臧懋循閲）、陰符經考（唐順之輯）、陰符原評、陰符經目録、陰符經（唐順之評釋、臧懋循參訂）及陰符解（湯顯祖輯）。

《黄石公素書》即《素書》，相傳爲黄石公所作，並授予張良。《素書》全書分爲原始、正道、求人之志、本德宗道、遵義、安禮六章，集道、儒、兵、法諸家思想，闡述立身治國、運籌帷幄之術，歷代視爲奇書。此編輯有素書序（張商英撰、臧懋循閲）、素書考（張商英輯）、黄石公傳（慎懋賞撰）、素書原評、素書目錄、素書（張商英參）。

《孫子》爲春秋末期著名將領孫武所著兵法，十三篇。此編輯有孫子序（王世貞撰、臧懋循閲）、孫子傳（司馬遷撰）、孫子目錄、孫子（王世貞評釋）。《吴子》爲戰國初期著名將領吴起所做兵法，六篇。此編輯有吴子序（王士騏撰）、吴子傳（司馬遷撰）、孫吴贊、吴子目錄、吴子（王士騏評釋）。後世常將《孫子》《吴子》並稱爲孫吴兵法，兩書均爲我國古代著名兵學經典。

所附《海防圖論》又名《海防圖説》，或《海防論》，舊題胡宗憲撰，實爲鄭若曾《萬里海防圖論》部分内容。此本輯有海防圖論小引、海防圖論序、海防圖論評、海防圖論目錄、海防圖及廣東要害論、瓊管論、廣福人通番當禁論、福洋要害論、福洋五寨會哨論、福寧州論、廣福浙兵船當會哨論、浙江四參六總分哨論、舟山論、浙直福兵船會哨論、蘇州水陸守禦論、江北設險方略論、江淮要害論、山東預備論十四篇，並補輯遼東軍餉論、日本考略各一篇。每篇後均附評論，述禦敵方略，乃爲抗倭而作。《九邊圖論》爲明許論所著。九邊即九鎮，明代爲防禦北方，設遼東、蘇州、宣府、大同、榆林（延綏二邊）、寧夏、甘肅、固原九鎮。許論爲兵部尚書時作《邊論》九篇，又繪《九邊圖》，於嘉靖十六年（一五三七）進呈明世宗，備受推崇，後更名爲《九邊圖論》。此本輯有九邊圖論小引、九邊圖論引、九邊圖論目錄、九邊圖略、九邊總論、九邊全圖及九邊分論，全書一圖一論，詳述九邊關塞要道及兵防布局。此兩書均圖文並茂，海防、地勢、軍情瞭然在目，爲研究明代海防、軍事、地理之重要資料。

此本爲閔版，刻印精美，批校精當，爲歷代兵家推重。鈐有『小蓮』等印，《海防圖論》後附『丁未秋七月下旬讀五日竟。小蓮戈培記』墨筆題識，當爲陳小蓮舊藏。現藏中國軍事科學院軍事圖書資料館。（廖甜添）

## 一〇一 孫子參同五卷

（明）李贄撰（明）閔于忱輯 明萬曆四十八年（一六二〇）閔于忱松筠館刻朱墨套印本。框高二十·二釐米，寬十四·六釐米。每半葉八行，行十八字，白口，四周單邊。

『參同』者，『相合爲一』之謂。李贄反對『文武兩途』之說，主張『文武合一』，提倡將《武經七書》與儒家《六經》兩者參同，以盡其變。

李贄（一五二七—一六〇二）原名載贄，號卓吾，又號篤吾，别號温陵居士，晉江（今屬福建）人。嘉靖三十一年（一五五二）舉人。不應會試。歷共城知縣、國子監博士。萬曆中爲姚安知府，旋棄官，寄居黄安、麻城。在麻城講學期間，從者數千人，中雜婦女。反對以孔子之是非爲是非，譏刺其時倡導周、程、張、朱理學者，皆口談道德，却心存高官，志在巨富，品格反不如市井小夫。晚年往來於南北兩京及山西、山東等地。給事中張問達劾以『離經叛道』『勾引士人婦女到庵裏聽講』等罪狀，甚至捏造

『與妓女同浴』等無稽之談，遂下獄，自刎死。有《焚書》《續焚書》《藏書》等。《孫子參同》乃其著述之一。

萬曆二十四年秋，李贄應丁憂家居的吏部侍郎劉東星之請，到山西上黨沁水坪上村做客。第二年春夏之交，又應山西大同巡撫梅國楨邀請前往大同。在大同期間，李贄與梅國楨談禪論道、遊覽雁門關外壯景，同時修訂其《藏書》，並集中精力撰寫《孫子參同》。李氏撰寫此書，一是爲梅國楨屢建戰功却未獲重用鳴不平，進而爲國家邊患憂心忡忡；二是認爲蒙溪張鏊所寫《武經七書序》不足以推翻道學家『文武兩途』的謬論，『獨恨其不以《七書》與《六經》合而爲一，以教天下萬世也，故因讀《孫武子》而以魏武之注爲精當。又參考六書以盡其變，而復論著於各篇之後焉』（本書李卓吾《孫子參同序》）。於是成《孫子參同》五卷。

閔于忱編輯此書，其注釋既列曹操至黄治徵十五家，批評又採蘇洵至陸宏祚十家，而在卷諸人却不盡見；篇中所見者，如茅坤、王鏊等，又不列其名，『輾轉糾紛，無從得其端緒』，因推斷其『蓋坊賈湊合之本，故漫無體例如是也』（《四庫全書總目》）。故《四庫全書》捨而不錄。

此書卷前有吴興松筠館主人閔于忱《孫子參同小引》，謂：『甲寅歲，余留鄴邸，冬官景愚郎公以所刊鳳洲（王世貞）批註十三篇見示……後復於舊笥中撿得了凡（袁黄）手筆……讀之數過，恍若起孫武而面質之，與卓吾子所參吻合，因請以歸，集爲合璧，付剞劂氏，公之宇内云。時萬曆庚申歲菊月□日，吴興松筠館主人識。』庚申即萬曆四十八年，故此書版本定爲『明萬曆四十八年閔于忱松筠館刻朱墨套印本』無疑。

吴興閔氏，以春秋末期孔子弟子閔子騫爲鼻祖。閔子騫時居今河南開封。至宋室南渡，閔氏將仕公始遷吴興晟舍。傳至八世孫閔珪，家族始盛。閔珪（一四三〇—一五一一）字朝瑛，天順八年（一四六四）進士，弘治七年（一四九四）遷南京刑部尚書，不久召爲左都御史。太監劉瑾用事，連章乞歸。年八十二卒，贈太保，謚莊懿。至萬曆時期，閔珪玄孫閔一範、閔振業、閔振聲中，始有以刻書爲業者。閔一範字仲甫，號龍池，生於嘉靖二十年，萬曆八年進士，曾任湖廣巴陵知縣。於萬曆十一年卒。生有六子：文齊、夢得、齊商、齊華、齊伋、齊言。其中閔齊伋，乃閔家進行刻版套印書籍的代表人物。閔于忱（一五八三—一六四三）字丹叔，號瑶臺。當是閔一範之孫輩。此書現藏中國國家圖書館。（李致忠）

一〇二

**司馬灋集解三卷**　（明）閻禹錫輯　明弘治元年（一四八八）邢表刻本　孫星衍跋。框高二十一·七釐米，寬十四·一釐米。每半葉十二行，行二十字，黑口，四周雙邊。

《司馬法》（『灋』『法』古今字，通行作『法』），又稱《司馬兵法》，舊題齊司馬穰苴（或田穰苴）撰。穰苴爲齊田完之後，因其被齊景公尊爲大司馬，故名。《史記·司馬穰苴列傳》稱『齊威王使大夫追論古者《司馬兵法》，而附穰苴於其中，因號曰《司馬穰苴兵法》』。《太史公自序》又曰：『自古王者而有《司馬法》，穰苴能申明之。』是本書乃齊國大夫所追輯，而《隋書·經籍志》、新舊《唐書》均誤題爲穰苴自撰。《周禮疏》卷十一竟誤爲『齊威王大夫等追論古法，又作《司馬法》，附於穰苴』。

《漢書·藝文志》有《軍禮司馬法》一百五十五篇，劉氏《七略》原列之兵家，班固以其合於古軍禮，改入禮類，並冠以『軍禮』之名。漢以後長期流傳，散佚嚴重。隋、唐時僅存三卷，一般認爲即今《仁本》《天子之義》《定爵》《嚴位》《用衆》等五篇。以致凌廷堪《校禮堂文集》卷二十四《復姚姬傳書》疑《漢志》所載《司馬法》與今之所行爲兩書。孫星衍翻刻《司馬法》序云：『《御覽》引古《司馬兵法》文，與今本多同。又載《穰苴兵法》，不在此書。』余嘉錫《四庫提要辨證》考證後認爲『今本所存之五篇，乃威王諸大夫所追論之軍禮，非其所附之《穰苴兵法》』。古《司馬法》與《穰苴兵法》佚文多見引於古類書、注疏，今存五篇文字又不免竄亂，清人陳慶年、黄以周、曹元忠等皆有校輯。

《續資治通鑑長編》卷三百三載，宋神宗元豐三年（一〇八〇），『詔校定《孫子》《吴子》《六韜》《司馬法》《三略》《尉繚子》《李靖問對》等書，鏤板行之』。元豐六年，『丙辰，國子司業朱服言：「承詔校定《孫子》《吴子》《司馬兵法》《衛公問對》《三略》《六韜》。」』《宋史·藝文志》著錄『朱服校定《司馬法》三卷』。朱服所校定之兵法後彙刊在《武經七書》，列於學官，爲後世傳本所自出。《司馬法》或與《武經》另六書合刻並行，或單行。單行本或『以篇葉無多，併爲一卷』（《四庫全書總目》卷九十九）。

《司馬法》曾有唐以前古注，久已失傳。後世注本以明太原劉寅《司馬法直解》（在《武經七書直解》中，或單行）最有名。又有江陰劉源注本。明成化間閻禹錫以《武經七書》本爲底本，採輯二劉注作《集解》。閻禹錫（一四二六—一四七六）字子與，洛陽（今河南洛陽）人。正統十年（一四四五）會試中乙榜，授昌黎訓導。天順元年（一四五七），大學士李賢薦爲國子學正。再遷至南京國子監丞，掌京衛武學，超拜監察御史，提督畿内學政。著述甚富，有《自信集》《司馬法吳子批註》《武學詞範》等行於世。《明史》卷二百八十二有傳。焦竑《國朝獻徵錄》載明馬中錫撰《監察御史閻公禹錫墓誌銘》。

閻氏任南京國子監丞掌京衛武學時刊行此書。自序云：『至司馬一書，多缺文誤字，且難爲句讀，而解者又不多得。唯見二劉之説平正通達，援引切當，遂採輯而校正之，間亦竊附管見並句讀音釋。』其體例是正文頂格，集解低一格。先引『太原劉氏曰』，以『○』隔開，再引『江陰劉氏曰』，有所按斷則在引文後加『愚謂』以申述己見。孫星衍跋云：『俗所傳誦《武經》文字訛謬，注解粗疏，……（《司馬法》）二劉注甚疏陋，然猶□於俗間本。』所論未免排詆過甚。是書嚮來注本甚少，閻氏能集二劉注並下己意，難能可貴。尤其是『引用注解』謂劉源爲『本朝布衣』，劉源所注未見有傳本行世，諸家書目亦不載，其書曾刊版與否，亦未可知，賴閻氏所引以存。

此本裝池精美，書衣有『乾隆年仿金粟山藏經紙』楷書印。内封有孫星衍篆書題簽。目錄後有蓮花式牌記曰：『《七書》之中，惟《司馬灋》最古，久無注解，豈非缺典？幸逢全集，奚啻拱璧。將門弟子，少而讀之，壯而行之，庶幾三代揖讓之兵復見於今日矣。敬用鏤板，以廣其傳。收書君子，幸垂覽焉。成化己丑孟夏，金臺馮氏忠孝堂新刊。』己丑當爲成化五年（一四六九）。卷末條記云『弘治元年歲次戊申冬十有一月之吉四川布政使司左布政使文安邢表刊』。則此書爲邢表重刊忠孝堂本。

此本鈐有『璜川吴氏收藏圖書』『寶静簃王静宜所得祕笈印』『劉陽明王静宜夫婦讀書之印』等藏

遂初園，營藏書樓以藏書。此書現藏中國國家圖書館。（樊長遠）印。璜川吳氏，指吳銓，字容齋，號璜川，康熙時人。籍安徽歙縣。早年隨父居松江，晚年移居蘇州，建

一〇三

## 諸葛孔明心書一卷　題（蜀）諸葛亮撰　明正德十二年（一五一七）韓襲芳銅活字印本。框高十六・七釐米，寬十一・八釐米。每半葉七行，行十四字，黑口，四周雙邊。

諸葛亮（一八一—二三四）字孔明，瑯琊陽都（今山東臨沂）人，蜀漢時官至丞相，封武鄉侯。卒謚忠武。事迹具《三國志・蜀書》本傳。

是書凡五十篇，論爲將用兵之道，舊題諸葛亮撰。考忠武書作，《蜀書》本傳詳列目録，初無是書之名，隋、唐諸志亦不見載。《四庫全書總目》著録，以本書『五十篇内之文，大都竊取孫子書，而附以迂陋之言，至不足道，蓋妄人所僞作』，列入《存目》。

此本卷端題『浙江慶元學教諭瓊臺韓襲芳銅板印行』。前有正德十二年韓襲芳序云：『先任江右，寧都寇變，不測得此書，助其籌畫，收效良多，兹用活套書版翻印，以與世之志武事者共之。』檢明余文龍、謝詔等纂修《贛州府志》卷十，正德間寧都縣訓導有韓襲芳，文昌人，蓋即其人。卷前附成化十九年（一四八三）魯敏序，末附成化二十一年商良臣序，蓋出自明成化刊本。

是書傳本頗多，推上海圖書館藏明刻黑口本存世最早，而以明末坊本最爲通行。凡此本與通行本文字異同處，如《將善》第八，『心欲察也』，通行本作『心欲一』；《戒備》第十七，『預備不虞』，通行本

作『而虞』；《軍蠹》第十九，『擅結其身』，通行本作『擅給其財』；《謹侯》第二十一，『善食士卒』，通行本作『善養』；《假權》第二十八，『不聞有天子勑矣』，通行本作『天子之詔』；《三賓》第三十，『捷爪騰猿』，通行本作『捷若』；《揣能》第三十四，『主孰勝也』，通行本作『聖也』；《輕戰》第三十五，『與無主同矣』，通行本作『無將』；《戰道》第四十二，『持嚴金鼓』，通行本作『特嚴』；『設堅棚以衛之』，通行本作『堅柵』；『或多大鼓以亂其耳目』，通行本作『火鼓』；《西戎》第四十九，『自蹟石以南』，通行本作『以西』。明刻黑口本皆與此本相符，知此本文字確有所本，與流俗印本自不相同。明末坊本書版曾收入《廣漢魏叢書》，尚爲五十篇，後又收入《唐宋叢書》《説郛》，雖屬一版摹印，而削去《東夷》第四十七、《南蠻》第四十八、《西戎》第四十九、《北狄》第五十，共四篇，文字更不足據。

此本爲孤帙僅存，經佚名者以朱墨二色手批。鈐有『吳興周越然臧書之印』『曾留吳興周氏言言齋』『楊元吉』等印。周越然《言言齋藏書目》著録。現藏上海圖書館。（陳雷）

一〇四

## 紀效新書十八卷首一卷　（明）戚繼光撰　明隆慶刻本。框高十八・九釐米，寬十三釐米。每半葉九行，行十九字，小字雙行同，白口，左右雙邊。

戚繼光（一五二八—一五八七）字元敬，號南塘，晚號孟諸，登州（今屬山東）人。世襲登州衛指揮僉事，嘉靖間襲職，陞都指揮僉事。歷官薊州、永平、山海總兵，纍進中軍都督府左都督、太子太保。《明史》有傳。所著又有《練兵紀實》《止止堂集》等。

是書乃繼光官浙江參將時所著。嘉靖三十八年（一五五九），獲准於義烏募兵抗倭。爲練兵治軍，『乃集所練士卒條目，自選畎畝民丁，以至號令、戰法、行營、武藝、守哨、水戰，一一擇其實用有效者，分別教練，先後次第之，各爲一卷，以誨諸三軍俾習焉。顧苦於繕寫之難也，爰授梓人，客爲題曰《紀效新書》』。前有自序，未署年月，全書約成於嘉靖四十一年。凡分禮、樂、射、御、書、數六帙。禮帙爲總序，含移文兩篇及《紀効或問》，闡明作書之旨；樂帙以下，分束伍、操令、陣令、諭兵、法禁、比較、行營、操練、出征、長兵、牌筅、短兵、射法、拳經、諸器、旌旗、守哨、水兵十八篇，篇各一卷，俱繫以圖而爲之説，語多質樸，辭務詳明，蓋皆所身經，故能稽古不泥，多有發明，凌駕乎前代兵書之上。

此書相聞有嘉靖刻本，未見流傳，現存最早者爲隆慶年間刻本，即民國三十年（一九四一）潘承弼、顧廷龍所纂《明代版本圖録初編》著録者，過往鮮爲人知；又因《中國古籍善本書目》誤作萬曆刻本著録，故學界皆以爲中國大陸無隆慶傳本。今按其字體近似嘉靖仿宋本風格，而與萬曆諸本横細直粗之字體迥異；卷一兵、隊長、哨長及卷十八水兵之腰牌圖内，皆鎸刻隆慶年月，而其他明本皆無『隆慶』字樣，則將此本定爲隆慶所刻當無疑義。臺灣『中央圖書館』善本書目著録之『嘉靖本』，實與此同版。又美國國會圖書館藏有一部隆慶本，據王重民《中國善本書提要》有隆慶三年（一五六九）李邦珍序、嘉靖四十五年王士貞序、崔棟序及戚氏自序，該本『將士腰牌圖』亦鎸刻隆慶年月，行款與此本相同，因未見原書，未知兩者版刻異同若何。

隆慶以後，有萬曆二十三年（一五九五）周世選刻本及江殿卿刻本頗爲知名，其實源自隆慶本，但文字已現錯訛，今人整理本多有發現，此不贅言。須提及者，世人皆以爲周世選本與江殿卿本係同一年付梓，後者據前者翻刻，然《中國古籍善本書目》著録江殿卿本之年代，實據周世選序文題署而來，旁無憑證。另有疑竇者，江殿卿本之特徵，乃目録鎸有『嶺南書林江殿卿重刻發行』一行，卷末鎸有『明雅堂江殿卿重刻發行』一行，而觀此兩條刊記，尤其卷末一條，其字體爲軟體寫刻，與正文横細直粗字體不類，似非同時所刻，頗疑該兩條刊記是後來增刻者，即所謂江殿卿本，或係得周世選刻本書版重新刷印而非翻刻，唯不獲兩本比對，未敢遽定。至於清代較爲通行之本，則有嘉慶九年（一八〇四）虞山張氏照曠閣刻本、道光二十三年（一八四三）年錢塘許乃釗刻本等。照曠閣張氏不知有隆慶本，以爲周世選本即原刻，據以翻雕，沿訛既久，至有難以句讀者；而許乃釗刊刻是書時，竟連周世選本也不得一見，雖其校核稱謹，欲還原本面貌而不能也。是則隆慶本之可貴，不言亦明矣。現藏上海圖書館。

（陳先行）



## 武備志二百四十卷

（明）茅元儀輯　明天啓元年（一六二一）刻本。框高二十一・二釐米，寬十四・四釐米。每半葉九行，行十九字，小字雙行同，白口，四周單邊。

茅元儀（一五九四—一六四〇）字止生，號石民，又署東海波臣、夢閣主人、半石址山公等，歸安（今浙江吴興）人。出身書香門第，自幼好學不厭，博覽群書，尤『喜讀兵農之道』。青年時期曾以『知兵』被任贊畫，隨大學士孫承宗督師遼東，抵禦後金。以戰功擢副總兵，督理覺華島（今遼寧興城菊花島）

水師。先被權臣所忌解職，後受遼東兵嘩之累，充軍福建漳浦，因憂憤國事，鬱鬱而終。元儀文武雙全，時人方以智《流寓草·酬茅將軍》贊譽他『年少西吳出，名成北闕聞。下帷稱學者，上馬即將軍』。一生著述宏富，除是書外，尚有《督師紀略》《石民四十集》《江村集》等六十餘種，數百萬言。然因屢遭清廷禁毁，大多散佚無尋。

元儀目睹明季武備廢弛現狀，多次上言富强大計，並彙集兵家、術數之書二十餘種，歷時十五年輯成《武備志》一書。是書由兵訣評、戰略考、陣練制、軍資乘、占度載五部分組成。

《武備志》全書二百四十卷，約二百萬字，附圖七百三十八幅，後人有『軍事學百科全書』之美譽。做爲一部大型綜合性輯評體兵書，體系宏大，條理清晰，體例統一，圖文並茂。全書分類排纂史料，每類之前有序言，考鏡源流，概括内容，説明編纂指導思想和資料依據；大類之下有小類，小類之下根據需要設置細目；文中有夾注，解釋難懂字詞典故；文旁有批點，文上有眉批，或贊揚，或批判，不拘一格，評論凝煉概括，既講歷史沿革，又講當代研究最新成果和獨家看法。尤難能可貴在於輯録諸多他書罕載珍貴材料，如『鄭和航海圖』『航海天文圖』及一些雜家陣法陣圖和明代罕見艦船兵器、火器等。

是書蘊涵豐富軍事思想，如呼籲加强武備，富國强兵。重視軍隊訓練，在國家防禦方面，主張邊、海、江防要並重。同時主張開礦、屯田、發展經濟。在中國乃至世界軍事史和軍事學術史上均占有重要地位。毋庸諱言，書中亦有謬誤之處，然瑕不掩瑜。

由於茅氏本人長期與後金政權處於敵對狀態，此書即爲抗擊後金、保衛明廷而作，故書中有諸多對女真族和後金不敬之語。清乾隆間被列入《違礙書目》和《清代禁毁書目》之《禁書總目》，致使此部兵書版本産生較爲複雜流變。主要有明天啓元年刻本，爲傳世最善之祖本，内中『多悖礙字句』，在清禁書嚴律下，流傳不廣，且某些本子被清人挖掉部分『違礙字詞』。書版後被錢塘人汪允文收藏，汪氏對該版進行挖改修補後重印，世稱蓮溪草堂重印本。清道光時，書禁乃開，是書得以公開印行，通謂清道光木活字本。此外又有清末湖南刻本等版本。

此本通篇有手書日本假名注音，疑曾一度流入日人手中，後爲鄭振鐸所有，鈐『长乐郑振铎西谛藏书』印。現藏中國國家圖書館。（楊印民）

一〇六

**耕餘剩技六卷**　（明）程宗猷撰　明萬曆四十二年（一六一四）至天啓元年（一六二一）程禹跡等刻本。框高二十六·四釐米，寬十九·三釐米。每半葉十二行，行二十二字，白口，四周雙邊。

程宗猷（一五六一—？）字沖斗，徽州休寧（今屬安徽）人。生於商賈大族，醉心武學。少年志在疆埸，爲求真藝，雲遊四方，訪師學技。嘗於少林寺苦練武功十餘載，刀、槍、棍、弩等兵器之精技集於一身。尤長棍法，並改良製作新型弩機。天啓二年（一六二二），應天津巡撫李群之請，投身行武任都司僉書。用所創强弩及刀槍諸法訓練津兵，頗有成效。後李群調任他地，程氏亦告老回鄉。著有《射史》八卷和《耕餘剩技》六卷。

明朝後期，中國備受倭寇侵擾，朝廷無禦敵良策，百姓懼之，商賈尤恐。徽地多行商，爲保生計，民多習武。程氏家族亦如此。程氏習武之初衹爲保家，後以倭寇横行，徽書四至，乃奮起率衆抗倭衛國。又將家族多年習武心得和技法彙編成是書，用於練兵。正如《少林棍法·闡宗紀略》所言：『爰從暇日，哀集師友所授，及閲歷證合者，命工繕寫圖像，不辭鄙俚，以歌訣於左，積録成秩』，『授諸桑梓，爲異日保障丘墓之備』。是書旨在『俾師門之指授，益籍光且大也，是又余之志也』。程胤萬《少林棍法闡宗跋》亦稱譽是書『爲皇家保生民，而桑梓得籍安寧』，『略無摽劫之警，陰受其福久矣』。

是書題名之意，見於其弟胤萬《耕餘剩技序》：『以弩之制度兼長槍、倭刀法共爲一書，與曩棍法合而行焉，曰此余草莽之臣耕餘所得者也，因目爲《耕餘剩技》。』是書由《少林棍法闡宗》《蹶張心法》《長槍法選》和《單刀法選》四部分組成，其中《少林棍法闡宗》最早成書並曾獨自刊行。是書採用釋文及圖示並行的方式，圖示棍、弩、槍和刀四種武器的特點、使用身形，再用釋文點出各兵器使用時的動作要領及實踐運用。茅元儀評曰：『諸藝宗於棍，棍宗於少林，少林之説，莫詳於近世新都程宗猷之《闡宗》，故特采之。』（《武備志》卷八十八）《明史》《澹生堂藏書目》及《千頃堂書目》皆有著録。清道光二十二年（一八四二）聚文堂曾翻刻是書，民國間影印此本並以《國術四書》之名行世。

明萬曆四十二年，汪以時《少林棍法闡宗序》云：『已復精思悟會，更爲闡發，圖繪成帙，各綴以訣。向所謂秘莫問者，披閲瞭若指掌，都人士尚武者繕寫服習，競景附之，甚有冒其名以詑四方。君不知，問且曰：是代吾廣布者也。』知《少林棍法闡宗》備受習武者追捧，冒名之作次第而生，故刊行是書，以正視聽。又程胤萬《耕餘剩技序》云：『棍法闡於萬曆丙辰（四十四年），弩法成於今上辛酉（天啓元年），余因敘其時月並輯是書之意。』可知《少林棍法闡宗》或於萬曆四十二年始刻，萬曆四十四年竣工。又程宗猷天啓元年《蹶張心法》自序云：『曩者曾輯棍法，授諸桑梓，爲異日保障丘墓之備。同好者，復促輯，此因以制度演用之法，付諸剞劂。』此可證將四部分彙印行世乃在天啓元年。正文卷端著錄程禹跡等閱梓，故知是書爲作者侄輩程禹跡等刻印。現藏中國國家圖書館。（郭晶）

一〇七

**射史八卷**　（明）程宗猷撰　明崇禎二年（一六二九）自刻本。框高二十一·六釐米，寬十四·七釐米。每半葉九行，行十九字，白口，四周雙邊。

程宗猷生平爵里、學行業績簡況，前錄明萬曆四十二年至天啓元年程禹跡等刻本《耕餘剩技》時已介紹。

《射史》爲程宗猷所著有關射技之專書，在軍事史上有比較重要的影響。其内容依次爲大射之儀、鄉射之禮、周禮六官、射義、射錄、名射、弓矢錄、射器圖、射法直述並圖，僅射法就包括射者之立法、身法、手法、審法、换法、撒放法、决拾法、調弓矢法、藏弓矢法等，並附繪圖，内容宏富，可謂有關射技之集大成之作。程夢周《序》贊曰：『繪以精圖，詳以步法，直令見者按圖索射，無不吻合，百發百中猶掇之耳。』陳繼儒《序》亦曰：『採擇古人要旨，最得射中三昧。』

此本前有陳繼儒《序》，另崇禎二年立春日程宗猷《自序》及崇禎元年秋七夕程夢周《小敘》，序後列凡例。程宗猷《自序》謂射乃『六經之一，聖人且以爲教，以故留心最久，至老不倦』。至天津返鄉後，程氏便着手整理編輯此書，並由從弟程夢周、婿孫時申校訂，婿金汝孝、子程時浗、侄孫程有康對讀。關於此書彙集成書之事，夢周《序》曰：『爰出《三禮射文》並《考歷古射語》合爲一集，命曰《射史》。』而程宗猷《自序》曰：『因取篋中《射法》授之梓人，又懼以鄙俚，弗能及遠，復取《古射儀文》彙成一書，而以鄙聞附焉。』據此可知《射史》一書當爲程氏晚年集昔日多種稿本釐正而成。

此本鈐『趙鈁珍藏』『一廛十駕』『曾在趙元方家』諸印，可知此本乃趙元方舊藏。趙元方（一九〇五—一九八四）原名鈁，字元方，號無悔，後以字行。世居北京，歷職銀行界，夙愛古籍，喜收藏，因而與文祿堂王文進友誼最厚，故委之代爲集採，並相互切磋版本之學。其收藏多宋、金、元、明著名刻本，尤喜收藏明代銅活字印本，藏量雖不甚多，然皆精本，室名『無悔齋』。建國初，趙氏擇其精本，捐獻北京圖書館（今中國國家圖書館）。（趙文友）　一〇八

**農書三十六卷**　（元）王禎撰　明嘉靖九年（一五三〇）山東布政使司刻本。框高二十四·一釐米，寬十五·八釐米。每半葉十一行，行二十二字，注文小字雙行同，白口，四周單邊。

王禎（生卒年不詳）字伯善，元東平（今屬山東）人。元貞元年（一二九五）由承事郎陞任旌德（今屬安徽）縣尹，蒞任六載，大德四年（一三〇〇）調尹信州永豐（今江西廣豐）。王禎亦善詩，有《農務集》。清顧嗣立《元詩選》輯入其農器詩多首。《元史》與《新元史》無傳。其事迹散見於安徽、江西兩

省地方志。

元祝將仕稱王禎『東魯名儒，年高學博，南北遊宦，涉歷有年』。王禎博通經史，清介自持，兩任縣尹，戴表元序稱其『山齋翛然，終日清坐』。每歲教民農桑，授之以方；又圖畫所爲諸雜用之農器，使民爲之。勸導農桑，頗著成效。《農書》撰著始自王禎旌德縣任内，初僅有《農桑通訣》《農器圖譜》《穀譜》，在永豐任内最後續成。是書《四庫全書》本録有作者自序，題爲『皇慶癸丑』，實際成書時間可能略早於此。《百川書志》稱此書『據六經，該群史，旁兼諸子百家，以及殊方異域咸著，首通訣，繼器譜，終諸種民事，通諸上下者，蓋備矣』。丁丙則曰『南北治農治蠶之法，纖悉具備』。其書典贍有法，於實用有裨，每圖之末，附以銘贊詩賦。

書成既有江西刻行之説，然久佚，莫友芝《郘亭知見傳本書目》著有元刊本，疑非親見。明楊士奇《文淵閣書目》著録農書一部，十册，不知爲何本。《永樂大典》目録載農書一至十六，四庫館臣則稱『永樂大典所載併爲八卷』，卷數有異。至嘉靖九年，山東布政使司『惜乎久無刻本』，『既今流傳抄本見在，合無再加校正，命工翻刻』，爲本書現存最早刻本。明孫能傳《内閣藏書目録》、朱睦㮮《萬卷堂書目》、高儒《百川書志》、黄虞稷《千頃堂書目》均有著録。清錢曾《讀書敏求記》載《農桑通訣》六，《穀譜》十，《農器圖譜》二十，與之合。

其後明萬曆二年（一五七四）山東章丘縣署所刻即直接翻自嘉靖本，萬曆四十五年鄧渼亦據嘉靖本重刻，《天禄琳琅書目》著録。

南圖藏明嘉靖九年山東布政使司刻本，蓋山東巡撫邵錫、右布政使顧應祥始刊，左布政使李緋成之。前有嘉靖庚寅（九年）臨清閻閎《新刻東魯王氏農書序》，云：『巡撫山東右副都御史安州邵公得元王禎氏農書，顧右布政使長興顧公，謂兹實大關民事而政之首也，當轉寫善本，即布政使司刻之，以廣流布。』『刻半，左布政使固始李公至，乃趣完刻。』此書各卷卷端均題篇名，順序爲《農桑通訣》集之一至集之六；《農器圖譜》集之一至集之二十；《穀譜》集之一至集之十一。但集之十一飲食類的《豳七月詩説》和《食時五觀》有題無文，祇輯録了末尾的《備荒論》於第十集末，書末載『山東等處承宣布政使司爲遵明旨刻農書以勸勸課事』之刊印文移。另《農器圖譜》後附雜録二目，載《造活字印書法》，爲古代印刷史上的珍貴文獻。此書版框大，繪畫工緻。本館另有《農書》一部，原爲過雲樓藏書，與此本版式行款一致。日本内閣文庫藏明嘉靖本中載有大德八年（一三〇四）九月傳達成宗聖旨的『抄白』，此文不見於各家書目，亦未曾見歷代藏書家提及。

較之四庫本，明嘉靖本更多地保留了原書痕迹，《農桑通訣》首農事起本、牛耕起本、蠶事起本三條列於集一之前，上圖下説；《穀譜》集一之前有神農嘗穀圖、黄帝火食圖，每集之前各有總目；《農桑通訣》目首有雙行注五十餘字，言所以名『集』不名『卷』之由。王禎自序『爲集三十有七』，則集之名爲原本所有，非明人妄加；圖像證史，尤爲珍貴。陸心源儀顧堂題跋云：『《齊民要術》久無善本，脱訛幾不可讀，當藉此書校正之。』其文獻價值自不待言。

是本先後爲清許焞、丁丙收藏，鈐有『許焞收臧』『个是醇夫手種田』『八千卷樓收臧書籍』『善本書室』『鷗寄室王氏收藏』等印。許焞字醇夫，號慕迂，清海寧人。雍正癸卯(元年 一七二三)進士，官翰林院編修。有《學稼軒書目》。書前舊有丁丙原跋文，佚，見《善本書室藏書志》卷十六。現藏南京圖書館。(王英姿)

一〇九

**泰西水法六卷** (意大利)熊三拔撰 (明)徐光啓筆記 (明)李之藻訂正 明萬曆四十年(一六一二)曹于汴 彭惟成等刻本。框高二十·九釐米，寬十四·一釐米。每半葉十行，行二十二字，白口，左右雙邊。

熊三拔(一五七五—一六二〇)，天主教耶穌會意大利籍傳教士，明萬曆三十四年來華，同年到北京協助利瑪竇工作。熊氏在中國傳教約十五年，留有《泰西水法》《簡平儀説》等五部著作，是研究西方水利科學的行家，又具較高文學造詣。擅繪畫，通建築和宗教的密傳學説。萬曆四十五年因南京教案被押解到澳門，四十八年死於澳。

徐光啓(一五六二—一六三三)字子先，號玄扈，教名保祿，明南直隸松江府上海縣(今上海)人。萬曆二十五年舉鄉試第一，又七年中進士，由庶吉士歷贊善。從西洋人利瑪竇學天文、曆算、火器，『盡其術』，遂遍習兵機、屯田、鹽策、水利諸術。『雅負經濟才，有志用世』。後入天主教，與利瑪竇等翻譯西書。四十年，充曆書纂修官，與傳教士熊三拔共製天、地盤等觀象儀。崇禎五年(一六三二)以禮部尚書兼殿閣大學士，入參機務，次年卒於北京。贈少保，謚文定。編著《農政全書》《崇禎曆書》，譯《幾何原本》《泰西水法》等。事具《明史》本傳。

李之藻（一五六五—一六三〇）字振之，一字我存，號涼庵居士，又號涼庵逸民，明浙江仁和（今杭州）人。萬曆二十六年進士，歷官平禄寺少卿、知州、太僕寺卿、南京工部員外郎等職。『曉暢兵法，精於泰西之學』，與徐光啓相友善，同從利瑪竇遊。崇禎二年，新設曆局以修正曆法，次年六月到局視事，旋病卒於任所。

是書所作緣自利瑪竇。利氏嘗言於徐光啓曰：『薄遊數十百國，所見中土土地人民，聲名禮樂，實海内冠冕。而其民顧多貧乏，一遇水旱，則有道殣，國計亦詘焉。』建議儘早譯出『象數之流』的『水法一事』，可以『言傳器寫，倘得布在將作，即富國足民，或且歲月見效』。此正合『嘗留意兹事二十餘年』的徐光啓心意。後因利瑪竇去世，徐氏與利氏弟子熊三拔合作，遂成此書（徐光啓《泰西水法序》）。

《四庫全書總目》是書提要載，是書共六卷，皆記取水、蓄水之法。卷一曰龍尾車，用挈江河之水；卷二曰玉衡車，附以專筩車；曰恒升車，附以雙升車，用挈井泉之水；卷三曰水庫記，用蓄雨雪之水；卷四曰水法附餘，皆尋泉作井之法，而附以療病之水；卷五曰水法或問，備言水性；卷六則諸器之圖式也。

此書乃第一部傳入中國的西洋農田水利技術專著。明吏科都給事中曹于汴在序文中對徐光啓編譯此書之舉大加稱賞，言其『軫念民隱，於凡農事之可興，靡不採羅。閲泰西水器及水庫之法，精巧奇絶，譯爲書而傳之，規制具陳，分秒有度。江河之水，井泉之水，雨雪之水，無不可資爲用，用力約而收效廣。蓋肇議於利君西太，其同儕共終厥志，而器成於熊君有綱。中華之有此法，自今始』。《四庫全書總目》是書提要亦言：『西洋之學，以測量步算爲第一，而奇器次之；奇器之中，水法尤切於民用，視他器之徒矜工巧、爲耳目之玩者又殊。固講水利者所必資也。』徐光啓本人對此書亦十分重視，譯成之後還親自依法試用，獲利甚豐。後在編著《農政全書》水利部分時，全錄此書。是書又先後被編入《天學初函·器編》和《四庫全書·子部·農家類》。是書除此本外，又有清末掃葉山房複明刻本。

此本現藏中國國家圖書館。（楊印民）

一一〇

**東垣十書十九卷**（金）李杲輯　明嘉靖八年（一五二九）遼藩朱寵瀼梅南書屋刻本。框高十八·四釐米，寬十三·五釐米。每半葉十一行，行二十字，白口，左右雙邊。

《東垣十書》是一部醫學著述類編，屬叢書性質。卷前嘉靖八年遼藩朱寵瀼《重刊東垣十書序》稱『予遼始祖簡王遷國於荆』，『見十書於生人大命有補於仁民之道也，乃梓行於時』，則本書最初乃洪武三十五年（即建文四年，一四〇二）遼簡王朱植改國荆州之後編刊，具體年月已不可考。本書收錄宋、金、元醫家著作十種，故題名十書。其中《脾胃論》等三種爲李杲所著；其餘七種爲其他醫家的著作。

李杲（一一八〇—一二五一）字明之，晚號東垣老人（東垣，即今河北省石家莊市東古城村，原屬正定），金元時真定（今河北正定）人。中國醫學史上『金元四大家』之一。《元史》記載『杲幼歲好醫藥，時易人張元素以醫名燕趙間，杲捐千金從之學」。並盡得其傳而又獨有發揮。杲十分强調脾胃的作用，通過長期的臨床實踐，提出脾胃内傷學説。因脾胃於五行屬中央土，故其學説被稱作「補土派」。

李氏對《内經》《難經》等中醫經典研究頗深，勤於臨床，生平著述頗豐，著有《脾胃論》《内外傷辨惑論》《蘭室秘藏》《活法機要》《醫學發明》《東垣試效方》和《用藥法象》等。本叢書收其著述三種，其中《脾胃論》成書於一二四九年，全書崇《内經》「土者生萬物而法天地」的宗旨，以「人以胃氣爲本」的思想爲基礎，着力闡發「内傷脾胃，百病由生」的病機理論，宣導培補脾土、潛降陰火的治療理念，形成較爲系統的脾胃内傷病的辯證論治理論體系。《内外傷辨惑論》又名《内外傷辨》，成書於一二四七年，是李氏晚年論定之作。全書重點闡述對内傷病的獨到見解和内外傷辯證要點，以及治療大法、具體方藥。於飲食勞倦，虚人感冒，主用補中益氣湯，取補土生金、升清降濁、陰陽生化之法。反映了李氏從脾胃論病，補土敦脾的學術特點。《蘭室秘藏》成書於一二七六年，全書列方二百八十餘首，包括内、外、婦、兒、五官臨床各科。所列諸方，如補中益氣湯、清暑益氣湯、升陽益胃湯等，法度謹嚴，療效顯著，是東垣學説的具體應用，均爲後世常用的名方。

《東垣十書》另外七書，一爲宋代崔嘉彦撰《脉訣》一卷，稱經李杲批評。另《湯液本草》三卷、《此事難知》二卷，爲元代王好古所撰，其學也出於李杲一門，爲補土學派的重要著作。其餘如元代朱震亨撰《格致餘論》一卷、《局方發揮》一卷，元代王履撰《醫經溯洄集》一卷，元代齊德之撰《外科精義》二卷，則與李氏之學淵源有别，《四庫全書總目》是書提要説此書「概名爲東垣之書，殊無所取。蓋書肆刊本，取盈卷帙，不計其名實乖舛耳』。此書雖非書肆刊本，然其名實不甚符，則誠如四庫館臣所言。

明初，《東垣十書》僅遼藩初刊本行世，『中外搢紳知慕之者恒欲得之爲快』，經過數十年，至遼靖王朱豪（成化九年襲封，成化十四年薨）之世，行之既久，『原板漫漶，不成完書』。明嘉靖八年遼藩光澤榮端王朱寵瀼梅南書屋爲之校正歸全，『重稍朗書，刻梨行之』，以大字書版，重爲刊行，版心下端鎸『梅南書屋』四字，爲此書現存最早版本。後之刻本多從此出，今存有明嘉靖十七年詹氏進賢書堂刻本、明萬曆十一年（一五八三）周曰校刻本、明書林楊懋卿刻本、明吳門書林德馨堂刻本等。另有明敦化堂刻本、明隆慶二年（一五六八）曹灼刻本等又在原有的十種醫書後增附了元代王好古撰著的《醫壘元戎》《癍論萃英》二種。清代仍不斷有人刊刻，現存清刻本十餘種。

此書卷首有『陽湖陶氏涉園所有書籍之記』『四明張氏約園臧書之印』，知其曾入藏陶湘涉園。陶氏涉園書散出時，爲張壽鏞購得，張氏約園之書後由其子女捐贈北京圖書館（今中國國家圖書館）。現藏中國國家圖書館。（汪桂海）

一一

**重廣補注黄帝内經素問二十四卷**　（唐）王冰注　（宋）林億等校正　（宋）孫兆改誤　明嘉靖二十九年（一五五〇）顧從德影宋刻本。框高二十一·八釐米，寬十五·六釐米。每半葉十行，行二十字，小字雙行三十字，白口，左右雙邊。

宋王應麟《玉海》卷六十三《藝文》著録《内經素問》十四卷，並云『黄帝坐明堂之上，與岐伯上窮天紀，下極地理，遠取諸物，近取諸身，更相問難。雷公之倫授業傳之，而《内經》作也』。

王冰（七一〇？—八〇五）號啓玄子，里居籍貫不詳。寶應中爲太僕令。弱齡慕道，講求攝生，究心醫學，尤嗜《内經》，『於先生郭子齋堂受得先師張公秘本』（王冰《黄帝内經素問序》），自天寶九年（七五〇）至寶應元年（七六二），注成《素問》。另撰《玄珠》一書，以陳其道，此書宋時已佚。

林億（生卒里貫不詳）。宋李燾《續資治通鑑長編》卷一百十四云『丙午以應書判拔萃科，潞州司法參軍江休復爲大理寺丞，張伯玉、林億、閻詢並爲兩使幕職』；元馬端臨《文獻通考》云『嘉祐中光禄卿林億』；明李濂《嵩渚文集》卷八十七云『嵩渚子曰：「宋熙寧初，光禄卿、直秘閣林億，校諸醫經方書。」』從這些零散材料中，可略窺林億的某些職官履歷。林氏精醫術，治學嚴謹，校正《素問》一書，廣採漢唐書錄古醫經之存世者數十家，或端本尋支，或溯流討源，正繆誤六千餘字，增注義兩千餘條。

孫兆（生卒年不詳），陜人。自言爲思邈後，其父孫用和官太醫令，父子皆爲當時名醫，自昭陵迄於熙豐，無能出其右者。纍官至殿中丞。著有《傷寒方》《傷寒脉訣》。《宋史翼》卷三十七有傳。

《黄帝内經》是現存最早的中醫基礎理論著作，相傳爲黄帝創作，實非出自一時一人之手，約成書於春秋戰國時期。《漢書·藝文志》著錄爲十八卷，包括《素問》《靈樞》各九卷。《隋書·經籍志》有南朝齊梁間人全元起注《黄帝素問》八卷，則其時《素問》已非完帙。後經唐人王冰訂補，計有八十一篇，編爲二十四卷，定名爲《黄帝内經素問》。其中《天元紀大論》等七篇所載與《素問》略不相通，宋人疑爲《陰陽大論》之文，王冰取以補所亡。《宋史·藝文志》及宋人晁公武、陳振孫諸家均著錄《黄帝内經素問》二十四卷，無『重廣補注』之名，陳氏《解題》但言『嘉祐中光祿卿林億、國子博士高保衡承詔校定補注』，亦無孫兆改誤之事，大約『重廣補注』之名爲孫氏所加。《宋會要》載，嘉祐二年（一〇五七）置校正醫書局於編修院，以直集賢院官掌禹錫、林億校理，張洞校勘，蘇頌等並爲校正，後又命孫奇、高保衡、孫兆同校正。先後校定《素問》《靈樞》《難經》《傷寒論》《金匱要略》《脉經》《諸病源候論》《千金要方》《千金翼方》《外臺秘要》等古醫書。每一書畢即奏上，億等皆爲之序，下國子監版行。可知林億等校正本北宋時已經刊行。

此本卷後有嘉靖二十九年庚戌武陵顧從德識語，稱其父『以宋刻善本見授』，『予小子敢遂翻刻』，可知顧氏翻刻之底本爲宋本。書中炅、恒、玄、弦、徵、敬、殷等宋諱有缺筆以避諱者，亦證其確據宋本影刻。卷前有國子博士高保衡、光祿卿直秘閣林億等所上表文，唐寶應元年王冰自撰序文，後列孫兆、高保衡、孫奇、林億銜名四行。卷端署名題『啓玄子次註，林億、孫奇、高保衡等奉敕校正，孫兆重改誤』，均應爲宋本舊式。書口下端宋代刻工名亦一同影刻，故傳世此本若佚去顧氏識語，則頗易誤認爲宋本。如《天祿琳琅書目後編》卷五著錄宋本《重廣補注黃帝内經素問》二十四卷共四部，《書林清話》卷十已疑其爲僞，劉薔《天祿琳琅研究》考證均係顧氏影刻本。民國十一年（一九二二）惲鐵樵所謂『宋本』實爲此本，今亦特予表出。

此本鈐『吳興抱經樓藏』『授經樓藏書印』『五萬卷藏書樓』『陽湖陶氏涉園所有書籍之記』『四明張氏約園藏書之印』『張壽鏞印』等印記，知其曾經沈德壽、陶湘、張壽鏞等遞藏。現藏中國國家圖書館。

（張燕嬰）

一一二

## 類經三十二卷　（明）張介賓類注　圖翼十一卷附翼四卷　（明）張介賓撰　明天啓四年（一六二四）自刻本。框高二十一・四釐米，寬十四・六釐米。每半葉八行，行十八字，小字雙行同，白口，四周單邊。

張介賓（一五五二—一六三九）字會卿，號景嶽，别號通一子，山陰（今浙江紹興）人。十四歲隨父進京，青少年時即拜名醫金英（夢石）爲師，開始學醫。壯年曾從軍，到過河北、山東、榆關、碣石、鳳城等地。但遊歷數年，功名未就，終於回歸，致力於醫學事業。晚年撰成《景嶽全書》這一綜合性醫書。另有《古方八陣》《新方八陣》等著作。

《類經》一書乃張介賓歷時數十載，悉心鑽研的力作。在長期的行醫實踐中，他深感《黄帝内經》原文内容難以理解，體例編排也不便於查詢，以往的注釋闡述又有錯漏或釋義不清之處。正如葉秉敬在是書序中所説，介賓『猶恐《内經》資其自用而不能與天下共用，遂乃著而爲《類經》』。介賓自序亦言：『由是遍索兩經，先求難易，反復更秋，稍得其緒，然後合兩爲一，命曰《類經》。類之者，以《靈樞》啓《素問》之微，《素問》發《靈樞》之秘，相爲表裏，通其義也。』冀以『發隱就明，轉難爲易』，使後學『見悉本原』（見原書張介賓序）。

是書對《黄帝内經》的内容條分縷析，共得三百九十條詳加闡釋，分十二類，釐爲十七卷，又益以

《圖翼》十一卷、《附翼》四卷。其醫易同源的主張，受到後代醫家重視。《四庫全書總目》收録該書，其提要評價《類經》云：『雖不免割裂古書，而條理井然，易於尋覽。其註亦頗有發明……《内經》分類實自李杲創其例，而羅天益成之。今天益之本不傳，介賓此編雖不以病分類，與杲例稍異，然大旨要不甚相遠，即以補其佚亡，亦無不可矣。』

此本有明天啓四年葉秉敬序、張介賓序。又序中有付梓前後經過之敘述，知爲明天啓四年自刻本。繪圖亦精麗，卷一内版心下方有『會稽謝應魁鎸』一行。謝應魁，天啓間刻工。

此本鈐有『樊鴻錫藏書印』。現藏清華大學圖書館。（宋建昃）

一一三

**難經本義二卷**　（元）滑壽撰　明薛己刻萬曆十八年（一五九〇）南京太醫院重修本。框高十八·一釐米，寬十三·三釐米。每半葉十行，行二十一字，白口，左右雙邊。

滑壽（生卒年不詳）字伯仁，號櫻寧生，祖籍襄城（今屬河南），後遷儀真（今江蘇儀徵），又遷餘姚（今屬浙江）。其人性警敏，習儒書，日記千言。有思致，爲文援筆立就，長於樂府。京口王居中客醫儀徵，善治方脉，壽往叩之，得《素問》《靈樞》之旨，遂著此書。所著尚有《十四經發揮》《診家樞要》《讀素問抄》等。

《難經》凡二卷，八十一篇，相傳爲秦越人撰，發明《内經》之旨；經文有疑，各設答問，解釋疑難。歷代以來，注家相踵，無慮數十，今多不傳。元滑壽爲此書，辯論考證，訂正訛脱，精核在諸家之上。

此本卷端下題『許昌滑壽伯仁著』『吴郡薛己新甫校刊』二行，表明此書之刻，乃吴郡薛己。薛己（一四八七—一五五九）字新甫，號立齋，吴縣（今江蘇蘇州）人，薛鎧子。幼承家學，精内、外諸科，正德時被選爲南京太醫院院判，嘉靖間官至太醫院使，則此本似即刻在嘉靖中。萬曆時詹景鳳署南京太醫院，又命人『借善本訂校而正其訛字，補其版之缺失者與其磨滅之不可讀者，工甫完而印布諸局』，落款年份爲萬曆十八年。因知此本又經萬曆十八年南京太醫院修補重印。故其版本著録爲『明薛己刻萬曆十八年（一五九〇）南京太醫院重修本』，可信而無疑。

從本書卷首所存舊序可知，元至正間嘗有刻本。朱學勤《别本結一廬書目》載有元刻本，現藏上海圖書館，前有慶元路牒文，刻工袁子成、袁子明等，爲存世最早刊本。此本行款與元刻本相同，當出自元刻本，文字間有闕誤：《難經圖》末，元刻本有『配遇之圖』『補水瀉火之圖』，此本脱失；卷上葉十二後行一『仍三陽用事之始也』，此本作『之之』，衍一『之』字；葉三十五後行六『又不可以先後拘也』句下，此本缺『詳見靈樞』四字。後來通行之萬曆吴勉學刻《醫統正脉全書》本、明末陳長卿刻《薛氏醫按》本，皆源出此本，文字闕誤正同。此本於本書版本體系中，承先啓後，位置重要，且印本流傳絶少，洵可珍重。

此藍印本，經後人以朱、墨二色筆描改。卷上葉十七後行四『所謂色脉行肉不相先也』，墨筆改『先』爲『失』；卷下葉十八行三『飲食榮倦』，朱筆改『榮』爲『勞』；葉二十五行三『刻逆者足厥之别』，墨筆改『刻』爲『欬』即是。現藏上海圖書館。（陳雷）

**履巉巖本草三卷**　題（宋）王介撰　明抄彩繪本。框高二十七・六釐米，寬十九・三釐米。四周單邊，無行格。

王介（生卒年不詳）字聖與，一作聖予，號默庵，琅琊（今屬山東黄島區）人。南宋慶元間内侍，歷官殿司太尉。工畫，善作人物山水。人物兼學馬遠、夏珪，取法高妙；兼及梅蘭，綽約有風致。清王毓賢《繪事備考》卷六有傳。

此書前有宋嘉定庚辰十三年（一二二〇）王介所撰《履巉巖本草序》，稱其感於藥物『産類萬殊，風土異化』，真僞卒難辨析，又無法足歷目周。故於晚年考其住地杭州慈雲嶺一帶草可入藥者頗多，然能辨其名與用者僅二百件。乃繪其圖形，參以單方，編繪成書。其山中有堂，曰履巉巖，因以名書。可知此書當成於『嘉定庚辰』。王氏原繪圖本今已不存，現存明抄彩繪本，乃在宋代彩繪本基礎上仿繪而成，既存宋時遺韻，又爲現存最早，其珍貴不言而喻。

該書原收藥二百零六種，今僅存圖二百零二幅。全書不分部類，每藥一圖，先圖後文，兼述各藥别名、性味、功治、單方等。内容或取自其他本草書，或採自民間經驗。藥圖均係寫生彩繪，注重細節，常截取植株局部以表現全體，爲今存最早之彩繪地方本草圖譜。此書對瞭解南宋時期杭州一帶民間用藥情況及本草考證等方面均有重要意義，後世本草書籍亦多援引、收錄其内容。

此書傳世絶少，清代以前未見著錄。此本前有『庚寅四月鄧之誠』題『宋王介手繪履巉巗本艸三卷』，『晉卿先生屬陶北溟題』『宋王介手繪履巉巗本艸三卷』。一九五〇年，王文進曾欲將此本轉售於著名藥學家趙燏黃，因價高而罷。趙氏甚愛之，譽其『硃砂礦緑，歷久如真；鐵畫銀鉤，古樸有力。宋以後之本草墨迹，以余所見，惟有明畫家趙文淑所繪者可以並駕』。並自寫考釋，請人謄抄、摹繪插圖一部以自用。此摹繪本後隨趙氏藏書捐予中國中醫研究院。

此本鈐有『鄧之誠文如印』『任邱王文進字晉卿藏』『夢莊秘笈』『晉卿珍藏』『文禄堂印』等印，表明曾經鄧之誠、王文進遞藏。現藏中國國家圖書館。（肖剛）

一一五

**本草綱目五十二卷圖二卷** （明）李時珍撰　明萬曆二十一年（一五九三）胡承龍刻本。框高二十·五釐米，寬十四·二釐米。每半葉十二行，行二十四字，小字雙行同，白口，四周單邊。

李時珍（一五一八—一五九三）字東璧，號瀕湖，蘄州（今湖北蘄春）人。世業醫，父李言聞曾任太醫院吏目。李時珍少受父命，精讀四書五經，冀取功名，然數試而不第，乃棄儒習醫，因博通醫籍，醫術精良，名重一時。嘗官楚王府奉祠正。嘉靖時曾赴京供職太醫院，旋托病歸，以行醫著述爲事。其著述除《本草綱目》外，尚有《瀕湖脉學》《奇經八脉考》等。《明史》卷二百九十九有傳。

據王世貞《本草綱目》序及《明史》所載，李時珍深感歷代《本草》品類煩雜、混析不清，於是窮搜博採，而後於『複者芟之，闕者緝之，訛者繩之』，歷三十年，閱書八百餘家，稿三易而成此書。書中每藥『標正名爲綱，附釋名爲目』，故以《本草綱目》爲名。該書共五十二卷，將藥釐爲十六部，六十二類，凡一千八百九十二種，增藥四百一十三種，附方一萬一千零九十六則，新增八千一百六十則，插圖一千一百零九幅，分述各藥物之釋名、集解、氣味、主治、修治、發明、正訛及附方等目，並辨正歷代本草相沿之疑誤。該書所引文獻上自戰國，下迄明萬曆間，實爲中國古代醫藥文獻之集大成者。王世貞贊譽此書『博而不繁，詳而有要，綜核究竟，直窺淵海。兹豈僅以醫書覯哉，寔性理之精微，格物之通典，帝王之秘籙，臣民之重寶也』。

此本爲《本草綱目》初刻之本，卷前有萬曆十八年王世貞序，後列『輯書姓氏』，題曰：『敕封文林郎四川蓬溪縣知縣蘄州李時珍編輯，雲南永昌府通判男李建中、黄州府儒學生員男李建元校正，高第應天府儒學生員黄申、高第同閱，太醫院醫士男李建方、蘄州儒學生員男李建木重訂，生員孫李樹宗、生員孫李樹聲、生員孫李樹勳次卷，荆府引禮生孫李樹本楷書，金陵後學胡承龍梓行。』知此本乃李時珍以闔家之力撰繪校訂，並由金陵書賈胡承龍資助刊行，世稱『金陵本』。李時珍子李建元於萬曆二十四年將此書進呈朝廷，在《進本草綱目疏》中提到『甫及刻成，忽值數盡，撰有遺表，令臣代獻』，知李時珍在此本即將刻竣之時逝世，其時約在萬曆二十一年。金陵本爲李時珍親自校訂之本，最能反映《本草綱目》圖文原貌，後世諸本均在金陵本基礎之上衍化翻刻而來，故金陵本實爲中外一切《本草綱目》之祖本。此本流傳絶少，目前所知國内僅存三部，洵可寶貴。

此本原爲上海名醫丁濟民先生（一九一二—一九七九）所藏，後於上世紀六十年代由中國中醫科學院圖書館購進珍藏。此本現藏中國中醫科學院中醫藥信息研究所。（趙文友）

# 仲景全書二十六卷

（漢）張機等撰　明萬曆二十七年（一五九九）趙開美刻本。框高十八・六釐米，寬十三・一釐米。每半葉十行，行十九字，白口，四周單邊。

是書實爲傷寒類類編小叢書，包括《傷寒論》十卷，王叔和據張仲景所述撰成；成無己《注解傷寒論》十卷；宋雲公《傷寒類證》三卷；張仲景《金匱要略方論》三卷。凡四種。

張機（一五〇？—二一九）字仲景，史稱『醫聖』，南陽郡涅陽縣（今屬河南）人。幼聰穎，通群書，嗜醫道，從同郡張伯祖習醫，勤求古訓，善治療；博採衆方，精經方。先舉孝廉，官至長沙太守，有『張長沙』之稱。仲景確立『辨證論治』原則，載方二百有餘，被後世譽爲『醫中之聖，方中之祖』。撰有《傷寒雜病論》及《金匱要略方論》等。《仲景全書》之《醫林列傳》有傳。

王叔和（二〇一—二八〇）名熙，山陽郡高平（今屬山東）人。魏晉醫家、醫書編纂家，官至太醫令。整理《傷寒論》並撰寫《脉經》。

成無己（一〇六三？—一一五六）聊攝（今山東聊城）人。金代醫學家，主攻《傷寒論》，傷寒派主要醫家之一。撰有《注解傷寒論》《傷寒明理論》《藥方論》。成氏《注解傷寒論》推動了傷寒派的發展。

宋雲公（生卒年不詳），内鄉（今屬河南）人。金代醫家，撰有《傷寒類證》。

是書卷首有趙開美《刻仲景全書序》。明萬曆二十三年，趙郡疫病肆虐，得沈大夫施救，其族倖免。後知沈君醫術源於舊藏《傷寒論》，趙開美久聞是書而未見，故借之，知是書乃成氏《注解傷寒論》，洵爲孤罕，欲與《金匱要略》合刻，命爲《仲景全書》。又機緣巧合，『復得宋板《傷寒論》焉。予曩固知成注非全文，及得是書，不啻拱璧，轉卷間而後知成之荒也，因復並刻之……又故紙中檢得《傷寒類證》三卷……去其煩而歸之簡，聚其散而彙之一……仲景之法於是粲然無遺矣，乃並附於後』。知是書成於明萬曆二十三年後。

是書乃傷寒叢書，凡與傷寒派相關的醫書、病癥、病理、施治經驗及藥方皆收錄。當時的『傷寒』爲熱病通稱，即受冷發熱之病，異於現代傷寒癥。東漢末年，張仲景撰《傷寒雜病論》十六卷及《金匱要略方論》三卷。因多佚多蠹，僅存斷章殘卷，北宋治平二年（一〇六五），醫官王叔和率衆整理，將傷寒及雜病分開，校輯成《傷寒論》十卷及《金匱要略》三卷。《傷寒論》論述熱病病理變化及施治方法，收方一百餘種，被譽爲『中醫四大經典之一』。《金匱要略》以論述雜病病癥爲主，收方二百六十餘種，乃現存最早的雜病專著。南宋紹興十四年（一一四四），成無己《注解傷寒論》刊行，詳解白文本《傷寒論》，闡述仲景辯證施治之法及立法處方之妙，乃現存最早之全注本。南宋隆興元年（一一六三），宋雲公《傷寒類證》三卷刊行，以表格列述傷寒諸證及施治方法。

趙開美萬曆二十七年刻《仲景全書》序云：『故躓之日多，達之日少，而是書之刻也，其先大夫宣公之志，與今先大夫歿垂四年而書成。』證明此書爲明萬曆二十七年趙開美刻本。清光緒年間再次翻刻。趙開美（一五六三—一六二四）又名琦美，字玄度，一字如白，號清常道人，江蘇常熟人。官太僕丞。富藏書，撰有《脉望館書目》。

《傷寒論》卷四末葉有『世讓堂翻刻宋板趙氏家藏印』牌記、卷五至卷十末葉均有『世讓堂翻宋版』

牌記，故證所據底本當爲宋版。然《傷寒論》曾以兩種字體行世，一爲北宋治平官刻大字本，此本存佚未詳。一爲北宋皇祐三年（一〇五一）小字本，即趙氏所得之本，乃是書所收《傷寒論》之祖本。趙開美翻刻後，底本隨即亡佚，趙氏《傷寒論》因得原本古貌，故業界一直稱其爲『宋本《傷寒論》』，足見此本之珍稀。北京中醫藥大學教授錢超塵《宋本〈傷寒論〉現藏何處》云：『《傷寒論》是中醫靈魂，讀《傷寒論》貴得善本。』

是書首葉鈐有『中央衛生研究院圖書館藏』『津沽張氏藏善本醫書』『柏心堂』『志剛臧書』及『郭元極印』等印。今存中國中醫科學院中醫藥信息研究所。（郭晶）

一一七

## 金匱要略方三卷

（漢）張機撰　（晉）王叔和輯　（宋）林億等詮次　明洪武二十八年（一三九五）吳遷抄本　徐乃昌題識。框高二十三・八釐米，寬十七・五釐米。每半葉十二行，行二十四字，小字雙行同，白口，四周單邊。

張機生平爵里、學行業績簡況，前録明萬曆二十七年趙開美刻本《仲景全書》時已介紹。王叔和（生卒年不詳）名熙，字叔和，高平（今山東微山）人。官太醫令。著有《脉經》。

是書舊本三卷，上則辨傷寒，中則論雜病，下則載其方，並療婦人。北宋翰林學士王洙於蠹簡中拾得，校正醫書官孫奇、高保衡、林億等校，仍以逐方次於證候之下。又採散在諸家之方，附於逐篇之末。以其傷寒文多節略，故取自雜病以下，終於飲食禁忌，凡二十五篇，除重雜各二百六十二方，勒成上、中、下三卷，依舊名曰《金匱要略方》。

是書有北宋治平三年（一〇六六）國子監刻大字本，至紹聖三年（一〇九六），國子監將《千金翼方》《金匱要略方》《王氏脉經》《補注本草》《圖經本草》等五種醫書開作小字本，以利民間購用。後來通行者爲元刻大字本，屬另一系統，文字違異甚多，訛誤纍纍。明代以下諸本悉出元大字本系統，紹聖小字本系統久不爲人所知。

此本爲洪武二十八年吴遷據舊本手抄。卷末有北宋紹聖三年、治平三年鏤版者銜名，知源出北宋紹聖刻小字本。紹聖本之面目久晦，賴此本可窺其梗概。後來傳本之訛誤，賴此本可得以糾正，段逸山、鄒西禮《明抄北宋小字本〈金匱要略方〉研究》就此書進行了全面考證，可資參考。

此帙用宋元之際建刻本紙背寫，可考者凡得《大學會要》《大學講稿》《中庸會要》《中庸講稿》《中庸五十義》等五種，均爲南宋平湖人陳堯道敬之撰，未見於各家著録。雖非全豹，而吉光片羽，彌足珍重。清怡府舊藏，後歸仁龢朱氏結一廬，繼歸張佩綸。鈐有『吴遷印』『吴景長』『明善堂覽書画印記』『安樂堂藏書記』『結一廬臧書印』『仁龢朱復廬臧書籍』『仁龢朱澂』『朱澂之印』『子清真賞』『子清校讀』『徐乃昌讀』等印，《別本結一廬書目》著録。現藏上海圖書館。（林寧）

一一八

**重訂丹溪心法三卷**　（元）朱震亨撰　（明）程充重訂　**附録一卷**　明弘治六年（一四九三）程祖興等刻本。框高十八釐米，寬十二·二釐米。每半葉十行，行二十字，黑口，四周雙邊。

朱震亨（一二八一—一三五八）字彦修，婺州義烏（今屬浙江）人，因世居丹溪，後世尊稱丹溪先生或丹溪翁。自幼好學，天資聰穎，日記千言，讀書即瞭大義，聲韻詩賦刻燭而成，老師長者咸器重之。至大三年（一三一〇）因母病而粗學醫，延祐三年（一三一六）拜同郡學者許謙習舉子業，後又得羅太無（諱知悌）爲師。年餘學成，返義烏，醫名漸起。著有《格致餘論》《局方發揮》《傷寒辨疑》《外科精要發揮》《本草衍義補遺》等。事見宋濂《故丹溪先生朱公石表辭》及戴良《丹溪翁傳》。《新元史》卷二百四十二有傳。

是書由朱氏弟子門人據其平素所述纂輯而成。卷首有十二經見證、不治已病治未病、亢則害承乃制、審察病機無失氣宜、能合色脉可以萬全、治病必求於本六篇醫論。全書分列各科病癥，以内科雜病爲主，兼及其他各科。論述病癥，先引朱氏原論，次則記述朱氏門人戴元禮有關辨證等方面的論述，並介紹治療方劑。其中各病癥的附録部分，對於解釋病因、癥候、治療等方面有深入分析。末附《故丹溪先生朱公石表辭》《丹溪翁傳》兩篇。全書比較全面地反映了朱氏『陽常有餘，陰常不足』的學説以及氣、血、痰、鬱諸病治療方法。其臨床治療雖重視滋陰，但不拘泥專方，治法也比較靈活機變，是一部研究内科雜病和朱氏學説的重要著作。

是書問世後流行頗廣。明景泰年間，楊楚玉類集《心法》，後來刊於陜右，稱作『陜本』；成化初年，王季瓛又增附方，重梓於西蜀，稱爲『蜀板』。程充（字用光，安徽休寧人，明代醫家）認爲二刻或篇目重出，或增附他論，失却丹溪本旨，因而取震亨曾孫朱賢家藏舊本，又『取《平治薈萃》經驗等方，及

《玉機微義》《衛生寶鑑》《濟生拔萃》、東垣河間諸書』重加校正，釐爲三卷，於明成化十七年（一四八一）刊版於新安。嘉靖以後，此重訂本又出現五卷本。是本爲程充重訂本之早期版本，存世甚稀，彌足珍貴。

是書現藏中國中醫科學院中醫藥信息研究所。（白雲嬌）

一一九

## 名醫類案十二卷 （明）江瓘輯 （明）江應宿補 明萬曆十九年（一五九一）刻本 丁丙跋。

框高十九・八釐米，寬十三釐米。每半葉十行，行二十三字，小字雙行同，白口，四周單邊。

江瓘（一五〇三—一五六五）字民瑩，人稱篁南（或篁南子），明歙縣（今屬安徽）人。十四歲喪母，立志爲學。初爲諸生，後屢試不第，以病疾棄舉子業。嘉靖二十三年（一五四四），其弟江珍考中進士，則隨之遊歷閩、贛、江、浙等地，其才學及見識頗得士人肯定。著有《江山人集》。明汪道昆爲撰《明處士江民瑩墓誌銘》。江應宿字少微，號南仲，江瓘次子。承繼父業，以醫名邑中。

江瓘平生『以縫掖稱作者，托於醫以隱』（江應宿《名醫類案跋》），有感於《褚氏醫書》『博涉知病，多診識脉，屢用達藥』之論，念山居僻處，博歷無由，故廣輯古今名賢治法奇驗之迹，類摘門分，積二十年，編爲《名醫類案》十二卷。嘉靖二十八年己酉（一五四九）江瓘自序云：『書凡十二卷，爲門一百八十有奇』，則此書成稿於嘉靖二十八年。書既成，未及刊行，卒於里。其子江應宿跋云：『惧先集未梓，久而散逸，因取遺稿，編次補遺。亦越歲十九，凡五易抄，更與伯兄參互考訂，勒成全書。』

是書上採《史記》《三國志》所載秦越人、淳于意、華佗諸人之要説，下迄元、明諸名醫精論，捃摭殆遍。分二百五門，各詳其病情方藥。瓘所隨事評論者，亦夾注於下。應宿又以瓘之醫案分類附之，作醫案附後。

此書爲我國早期醫案專著，清黄虞稷《千頃堂書目》卷十四著録曰：『汪瓘《名醫類案》十二卷。』嵇璜等撰《欽定續文獻通考》卷一百八十四、《欽定續通志》卷一百六十一皆有著録。《四庫全書總目》卷一百四是書提要謂其『多所駁正、發明，頗爲精審』，雖有『與治病毫無所涉』之語，『然可爲法式者固十之八九，亦醫家之法律矣』。

此本首有嘉靖三十一年壬子南京禮科給事中游震得序、南京國子祭酒張一桂序、萬曆十四年丙戌禮部尚書許國序、萬曆十九年辛卯江應宿跋及江瓘自序。其後列述補兩則、凡例九則。凡例末題『諸門後各自分板，不相連屬，庶後可續編入，不亂其成書也』。可證此書爲萬曆十九年初刻本。目録之後有墨書數行，係乾隆三十五年（一七七〇）鮑廷博重刊是書，以此帙爲底本時所題。鮑氏知不足齋刻本成爲後世通行本所據之底本，其中間附考證，稱『琇案』者，乃清代杭州魏之琇所加。魏之琇更廣而輯爲《續名醫類案》，收入《四庫全書》。

該本流傳較少。王重民《中國善本書提要》著録有明萬曆間刻本，封面題『太醫院發刊，傅少山梓行』。現藏美國國會圖書館。

此本鈐『親仁堂印』『嘉惠堂臧閲書』『善本書室』『錢塘丁氏臧書』『八千卷樓』等印，卷前有丁丙

跋。現藏南京圖書館。（方雲）

**渾蓋通憲圖説二卷首一卷**（明）李之藻撰　明萬曆三十五年（一六〇七）樊良樞刻本。框高二十三·五釐米，寬十五·一釐米。每半葉九行，行十八字，小字雙行同，白口，四周雙邊。

李之藻（一五六五—一六三〇）字振之，又字我存，號存園寄叟、涼庵居士，浙江仁和（今杭州）人。明萬曆二十六年進士。歷任南京工部營繕司員外郎、工部分司、開州知州、敕理河道工部郎中等職。曾跟隨利瑪竇學習西學，積極主張採用西法。與利瑪竇等來華傳教士合作翻譯了多種西學著作，並將當時傳入的西洋著作二十種編成叢書《天學初函》。此書流傳較廣，對西學的傳播有較大影響。

李之藻與鄭懷魁友善。鄭懷魁（一五六三—一六一二）字輅思，别號心葵，福建龍溪（今漳州）人。萬曆二十三年進士，曾任處州（今浙江麗水）知州，官至浙江觀察副使。萬曆三十一年秋，李之藻赴閩主持鄉試時，鄭懷魁與其結識，開始交往，並對西學産生興趣。《渾蓋通憲圖説》成稿後，李之藻將之交與鄭懷魁，請他作序並幫助刊行。鄭懷魁交付麗水知縣樊良樞負責校閲與刊版。

是書首題『浙西李之藻振之演』『漳南鄭懷魁輅思訂』。但利瑪竇在一六〇八年八月二十二日致羅馬耶穌會總會長阿桂委瓦（P. Claudio Acqaviva）信中稱：『同我交往已五年的一位名叫李之藻，曾刻印我的《世界地圖》，有三度高、六度長，跟我學數學已好久了，今年再印刷《渾蓋通憲圖説》，是我恩師克拉維奥神父的（Astrolabio）的節譯本，由我口授而他筆錄。分兩卷印行，兹呈上一本。』（達基·宛杜里編、羅漁譯《利瑪竇書信集》下册，臺灣光啓出版社、輔仁大學出版社，一九八六年，葉三八八）李之藻在《渾蓋通憲圖説自序》中也稱得自利瑪竇口授，即『耳受手書，頗亦鏡其大凡』，説明利瑪竇參與了翻譯工作。書中調和渾天、蓋天二説論述，以及二十四節氣和二十八宿圈等項内容，爲李之藻本人研究心得，非源自西方原著。

《渾蓋通憲圖説》是第一部介紹西方平儀（即星盤）製作和使用方法的中文著作。首卷對地心説、地圓學説的一些概念進行了説明。内容涉及地平坐標、地平綫、子午綫、黄道與南北回歸綫（即『晝短規』『晝長規』）、赤道坐標及經緯度、黄道十二宫等概念。卷上主要説明平儀地盤的製造法，分爲十二節。第一節説明平儀的全體面貌以及各組成部位。第二至四節分别説明周天分度和按度分時法和投影法，均採用西法。第五節主要説明地盤上的各圈與黄道圈的製圖方法。卷下則説明星綱（天盤）以及儀背的製作法和平儀的使用法。第十三節説明星綱的做法，也包括主要恒星的黄道經緯度與赤道緯度之立成表，採用黄道十二宫，也有中赤道坐標的二十八宿。第十四節至第十六節則介紹儀背的製法。第十七節爲窺衡、指示尺的製作法與説明。第十八、十九節爲用例説明，其中第十九節專述勾股測量的原理與方法。後設附録，説明具體的勾股測算方法。

此本前有車大任序、鄭懷魁序、李之藻自序，書後有樊良樞『鍥渾蓋通憲圖説跋』，序跋署萬曆丁未或萬曆彊圉協治之歲日，係萬曆三十五年初刻本。

《渾蓋通憲圖説》崇禎初彙入《天學初函》，則爲翻刻本。二本多有異同，略舉如下：《天學初函》

本卷次、版式、行款與此本基本相同。但係寫刻，不及初刻精美，然附刊句讀，爲此本所無。初函本無車大任、鄭懷魁二序，樊良樞跋半葉七行行十三字，此本樊跋則爲七行十四字。李之藻自序，此本爲方體，初函本爲寫刻，内容亦略有差異。首卷之『渾象内二規之圖』，表現日、月、地三天體相對位置。此本所繪正確無誤，初函本此圖則將日、月錯置於赤道。此外，二本卷上、卷下也有異文。

乾隆年間修《四庫全書》，又收入此書。《四庫全書》本首卷並入上卷，改爲二卷，原書序跋悉數削去。《四庫全書總目》是書提要記其底本爲兩江總督採進本。對照上述異文，俱同《天學初函》本。

道光間，《渾蓋通憲圖説》刻入《守山閣叢書》，仍爲兩卷首一卷。書前冠四庫提要，次爲李之藻自序，無其他序跋。李氏自序文字與此本同；卷首『渾象内二規之圖』則同初函本，亦誤。

現存該書明刊本，分藏中國大陸、臺灣以及韓國、日本、法國、意大利、梵蒂岡等處。其單行本非考察原書，不易判斷版本。如《中國古籍善本書目》著録清華大學圖書館、中國科學院圖書館等六家藏書單位所藏《渾蓋通憲圖説》爲明萬曆三十五年樊良樞刻本。然經比對，科學院圖書館藏本係重刻本。此本現藏清華大學圖書館。（馮立昇）

一二一

**回回曆法一卷**　明洪武十六年（一三八三）内府刻本。框高二十四・六釐米，寬十六・七釐米。每半葉十一行，行二十二字，黑口，左右雙邊。

回回曆（或稱回曆）是我國對伊斯蘭教曆法的舊稱。伊斯蘭教曆純爲太陰曆，以月亮圓缺一次爲一個月，十二個月爲一年，不置閏月。凡單數月三十日爲大月，雙數月二十九日爲小月，故全年三百五十四日；與十二個月實際月相差八時四十八分，積至三年左右即多出一日，故以三十年爲一週期，共置十一閏日（閏日添於第十二月内），則帶閏日的年份爲三百五十五日。

回回曆以穆罕默德從麥加城遷至麥迪那之翌日爲曆元，時當唐武德五年（六二二）。宋元時傳入我國，對元朝及以後歷代天文曆法及民間歲時祭祀皆有影響。元人郭守敬所撰《授時曆》及明代頒行的《大統曆》，都曾參照過回回曆。回回曆在我國傳播過程中，形成不少典籍，一類是對回回文原著的漢譯或編譯本；一類是漢族學者介紹、闡釋伊斯蘭曆法的論著。此書屬後類，詳細闡述了回回曆法的大體規則和體系。據《明實錄》記載，洪武十五年，朱元璋命翰林吳伯宗、李翀會同回回大師馬黑亦沙、馬哈麻等人翻譯了一批西域天文、陰陽、曆象著作，此書即其中一種。

此書前有洪武十六年五月吳伯宗序，稱『今又譯成此書』，『刻而列之，與中國聖賢之書並傳並用』，則《回回曆法》一書洪武間已付梓。此本《回回曆法》爲殘本，僅存『回回曆法釋例』『七政經緯度法』『太陰五星凌犯』『交食』等内容。北京大學圖書館藏清抄本《回回曆法釋例》一書（兩書著録書名不同，然重合的部分文字内容完全一致，故當爲同一種書），末有南京欽天監監副貝琳跋一則，稱：『此書上古未有也。洪武初年，遠夷歸化，獻土盤曆法，預推六曜干犯，名曰《經緯度》。時曆官元統去土盤，譯爲漢算，而書始行乎中國，歲久湮没。予任監佐，每慮廢弛而失真傳。成化六年（一四七〇）具奏修補，欽蒙准理。又八年矣而無成。今成化十三年秋而書始備，命工鋟梓，傳之監臺，以報聖恩。』《明實錄》卷一七一記載，成化十三年十月乙未，南京欽天監監副貝琳等奉敕修《大統曆》《回回曆》成，刊印進呈，「上曰禮部其移文，令以刊板送京」。則在成化十三年，是書又經修補刊進。此本究係洪武初版，抑或是成化新刊，因後部殘缺（止於「推日月出入帶食法」），不能遽定。據知，日本內閣文庫藏明刻本《回回曆法》全本六册，當參考彼書酌定此本時次。

書中鈐「鐵琴銅劍樓」「稽瑞樓」等印記。現藏中國國家圖書館。（張燕嬰）

一二三

**西洋新法曆書□□種□□卷** （明）徐光啓 李天經編 明崇禎清順治間刻本。框高二十·一釐米，寬十四·七釐米。每半葉九行，行二十或二十二字，白口，左右雙邊。

存二十五種九十二卷：首二卷、曆引一卷、日躔表二卷、大測二卷、渾天儀四卷、割圓勾股八綫表一卷、新曆曉或一卷、月離表四卷、五緯表十一卷、交食表九卷、恒星出没表二卷、測量全義十一卷、交食曆指七卷、測食二卷、學曆小辯一卷、黄赤距度表一卷、日躔曆指一卷、古今交食考一卷、測天約説二卷、幾何要法四卷、恒星經緯表卷五至六、恒星曆指卷三、月離曆指卷二至四、治曆緣起八卷、五緯曆指九卷。

徐光啓生平爵里、學行業績簡況，前錄明萬曆四十年刻本《泰西水法》時已介紹。

明《大統曆》襲用元《授時曆》，因循日久，交食往往不驗。崇禎二年，欽天監據《大統曆》《回回曆》推算日食，皆不驗，徐光啓時任禮部侍郎，以西法推算而合。禮部因而奏請開局修曆，獲准。徐光啓先後召請耶穌會士龍華民（NiccolòLongobardo 一五六五—一六五五）、鄧玉函

（P. Joh. Terrenz Schreck 一五七六—一六三〇）、湯若望（P. Joh. adam SchallvonBell 一五九二—一六六六）和羅雅谷（RhóP. Giacomo 一五九二—一六三八）入曆局，編譯曆書，製造儀器。這些傳教士分別來自意大利、德國、比利時，通曉天文、數學、機械等自然科學知識。其中湯若望是羅馬教廷作爲天文學家派遣的傳教士，自崇禎三年參與曆法修訂工作，從未中輟。

曆局前後編譯西方天文曆法書籍四十六種一百三十七卷，成《崇禎曆書》。分爲『節次六目』和『基本五目』。『節次六目』爲日躔、恒星、月離、日月交會、五星交會，分別爲太陽、恒星、月球、日月交食、行星運行的原理和計算；『基本五目』爲法原、法數、法算、法器和會通，分別爲天文學基本理論、天文用表、天文計算、天文儀器、度量換算。

此書由中西雙方合作完成，即如崇禎三年徐光啓《修改曆法請訪用湯若望羅雅谷疏》中所言：『臣等藉諸臣之理與數，諸臣又藉臣等之言與筆，功力相倚，不可相無。』而徐光啓雖具名爲『督修』，實則參與了具體的撰寫和訂定，崇禎四年徐光啓《奉旨續進曆書疏》謂其『釋義演文，講究潤色，校勘試驗，獨臣一身』，『每卷必須七八易稿』。據《明史》，此書自崇禎四年至八年分五次進呈，徐光啓歿後，李天經董理其事，第五次十種三十二卷乃由天經審定。但改曆之事議而難決，經幾種曆法的多次比較驗證，據西學修訂的曆法於崇禎十七年正月頒行，但因國變未及實施。此書集中引進了西方近代天文、數學的知識，成爲中國發展近代科學的起點。

清順治元年（一六四四），湯若望進呈是年新曆，清廷以《時憲新曆》之名頒行，明末改曆之成果因改朝易代得以實行。順治二年，湯若望進呈《西洋新法曆書》十三部，實爲明版《崇禎曆書》中的二十二種八十三卷，新增曆書九種十八卷、清順治《奏疏》二卷，共三十二種一百零三卷，外加製作爲屏風的『恒星屏障』一具。清代印本將明代刻版的扉葉書名换爲《西洋新法曆書》；突出了撰述者中的傳教士，而略去曆局人員的職務，一律稱爲『門人』；將明代皇帝的尊稱以『○』替代；部分數值稍作修改。

《西洋新法曆書》曾經多次修訂。順治末康熙初年再印時，湯若望增補順治五年至十七年的奏疏，成四卷。南懷仁則在康熙十二年（一六七三）、十七年、二十二年，以《新法曆書》之名重印此書，後來的兩次印本添入《康熙永年曆》的内容。

湯若望順治二年進呈時奏稱一百卷；《四庫全書總目》著録《新法算書》一百卷，乃避乾隆帝諱更换書名。但現存各部有一百卷、一百零三卷、一百零四卷等情況。種數與卷數上的差别，乃因多次刊印時，内容有所增補，各書分合造成的。如《恒星曆指》合《恒星經緯圖説》四卷和《恒星經緯表》二卷成六卷，《黄赤正球》合《黄赤道巨度表》一卷、《正球升度表》一卷成二卷等。又因此書並無一定的編排順序，顯得較爲混亂。此本中《奏疏》扉葉題『天文新法曆書』，《渾儀用法》之序言誤裝於《治曆緣起》之前，亦爲歷次修訂，間有錯葉之反映。

據專門研究《崇禎曆書》的潘鼐調查，存世種數、卷數較多的《西洋新法曆書》，全世界共十九部。國内以故宫博物院所藏卷帙較爲完整。此本爲國家圖書館所藏二部配卷而成。二部均於撰者朝代

『明』『聖』改爲『〇』、職官改爲『門人』； 未摻入《康熙永年曆》，則可判定非明版和康熙中後期刻本。二書各自具備順治二年本的若干特徵：《治曆緣起》八卷、《奏疏》二卷、《新法曆引》書口作『曆引』、《恒星曆指》合《恒星經緯圖説》四卷和《恒星經緯表》二卷爲六卷等。

此二部之一爲京師圖書館舊藏，存二十一種； 每書皆爲黃綾書衣； 首末鈐『京師圖書館收藏之印』； 如存扉葉，則題爲『西洋新法曆書』，另半葉列撰者姓名。另一部存十六種。此次影印，選取二部書之二十七種，凡遇重合，皆取非京師圖書館舊藏之一部。但此次影印時第十、三十七册《古今交食考》，第九、四十册《割圓勾股八綫表》二種重複選取，配卷後實際可得二十五種九十二卷。

（李文潔）

一一三

**九章詳注比類算法大全十卷乘除開方起例一卷** （明）吴敬撰　明景泰元年（一四五〇）王均刻弘治元年（一四八八）吴訥重修本。框高二十一·三釐米，寬十三·一釐米。每半葉十行，行二十二字，黑口，四周雙邊。

吴敬（生卒年不詳）字信民，號主一翁，浙江仁和（今杭州）人。博通數算，曾任浙江布政使司幕僚，負責田疇、糧税、户口諸事。據書前景泰元年吴敬自序所言，此書最初於該年刊刻，時吴敬已年老目昏，據此推斷吴敬或生於洪武末年至永樂初年。又據弘治元年項麒序云，刊刻之後，『未幾板毁於隣烻』，『翁之長嗣怡庵處士歎惜彌深』，揣其意，版毁之時吴敬已殁，蓋即卒於景泰年間（一四五〇—一四五六)。

《九章算術》乃漢唐間成書之『算經十書』中最重要的一種,它基本確立了中國古代數學的學科框架。三國魏劉徽、唐李淳風、南宋楊輝都曾爲之作注解,且後續的著作往往保留了前代的研究成果。吴敬所撰《九章詳注比類算法大全》爲明代初年繼用『九章』體例、彙集前代成果内容的一部重要算書。

是書乃吴敬『採輯舊聞,分章詳注,補其遺闕,芟其訛謬』而成,『前增乘除開方起例之法,中添詳注比類歌詩之術,後續鎖積演叚還源之方,增千二百題,通古舊題,總千四百餘問』。此書卷首爲吴敬新增之『乘除開方起例』,介紹記數方法、度量衡、算法用詞、運算規則等。第一至第九卷按《九章算術》目次,分别講解方田、粟米、衰分、少廣、商功、均輸、盈不足和勾股等類型的題目。各卷又分古問、比類和詞詩三類,古問彙集此前算書中的例題,比類爲結合當時生産實踐的應用題,詞詩則爲用詞牌編寫的算題。卷十專論『各色開方』。

學者研究,吴敬此書借鑒此前古算書十幾種,其中受楊輝《詳解九章算法》的影響最大,在内容編排和解法上皆有模仿,而書中所引古問共約二百五十條也幾乎全部來自楊書。比類和詞詩兩類共約一千二百問,當即吴敬所説的『增千二百題』。其中約一百條與此前的《孫子算經》《張丘建算經》《楊輝算法》《算學啓蒙》《四元玉鑑》等算書有淵源關係,或直接引用,或題意相同或解法相同。

此書有景泰元年吴敬自序,云此書積功十年成稿,乃請頖宫何均書録成帙,金臺王均見而重之,命工鋟梓以廣其傳。又據弘治元年項麒序云:『未幾板毁於隣煁,而十存其六焉。翁之長嗣怡庵處士歎惜彌深，輒命其季子名訥字仲敏而號循善者重加編校而印行之，以上繼其父祖之素志。』則景泰刻版毀後，吴敬孫吴訥重新編校補刊。

此本即爲弘治元年重修本。書中有斷版或刻印模糊之處。又有朱筆圈點，天頭偶有批校。該書除在目録標明每卷題目總數及各類題目數量之外，又於書中每卷首葉標注該卷題目總數，在古問、比類、詞詩起首處標明此類算題數量。其中方田卷首葉題『計二百一問』，又注明『古問三十八問』『詞詩三十六問』，但實際的題目數量當爲目録中的『計二百一十四問』『古問四十一問』『詞詩四十六問』。二者數量的不一致，當爲重修删定所致。

此書《四庫全書》未收。鈐『養素居士』『海鹽張元濟經收』『涵芬樓』『涵芬樓藏』，近代由張元濟收入涵芬樓。現藏中國國家圖書館。（李文潔） 一二二四

## 幾何原本六卷

（意大利）利瑪竇口譯　（明）徐光啓筆受　明萬曆三十五年（一六〇七）刻本　韓應陛跋。框高二十一釐米，寬十三・八釐米。每葉十行，行二十二字，白口，左右雙邊。

《幾何原本》又稱《原本》，約公元前三〇〇年，古希臘數學家歐几里得整理公元前七世紀以來希臘幾何學纍積的成果，撰成十三卷本的《幾何原本》，被譽爲『數學的聖經』。利瑪竇所學之《幾何原本》乃其師歐洲數學家克拉維斯，即『丁先生』注釋之拉丁文本，因其在卷後加兩卷校注，故使《幾何原本》成十五卷。

利瑪竇（一五五二—一六一〇）號西泰、清泰、西江，意大利人，天主教耶穌會傳教士、學者。明萬曆十一年來中國，先到肇慶，經韶州、南昌、南京等地傳教至北京，久居並卒於此。首位閲讀、鑽研及翻譯出版中國經典的西方學者。在中國積極傳播天文、數學、地理等科學知識，被尊稱爲『泰西儒士』『歐洲漢學之父』。撰有《乾坤體義》《交友論》《二十五言》等，譯作有《天主實録》《幾何原本》等。《四庫全書》評《乾坤體義》爲『西學入中國之始』。

徐光啓生平爵里、學行業績簡況，前録明萬曆四十年刻本《泰西水法》時已介紹。

明萬曆二十八年（一六〇〇），利氏與徐光啓結忘年契於南京。徐光啓對西方科技久有興趣，見利氏所携《原本》，認爲『（其）以裨益民用，斯千古大快也』（徐光啓《跋二十五言》）。徐氏在序中亦云：『《幾何原本》者，乃度數之宗……此書未譯，則他書不可得論。』（阮元《疇人傳》卷三十二）又是書卷前利氏《譯幾何原本序》云：『《原本》者，明幾何之所以然』，曾三次嘗與他人翻譯此本，皆因譯文艱澀作罷。萬曆三十四年秋，徐光啓慨然決定同譯《幾何原本》，由利氏口述，徐氏筆受。『迄今春首，其最要者前六卷獲卒業矣』，因知萬曆三十五年春《幾何原本》前六卷已翻譯竣事。

利氏序有云：『今詳味其書，規摹次第，洵爲奇矣！題論之首，先標界説，次設公論、題論所據；次乃具題，題有本解，有作法，有推論。先之所徵，必後之所恃。十三卷中，五百餘題，一脉貫通。卷與卷、題與題相結倚，一先不可後，一後不可先。纍纍交承，至終不絶也。』二人還創造出諸多數學專業術語，如：點、綫、面、直角、鈍角、鋭角、體積、比例等，沿用至今。

《四庫全書總目》《明史》《澹生堂藏書目》《八千卷樓書目》《千頃堂書目》等皆有著録。是書問世，影響深遠。《四庫全書總目》評曰：『光啓序稱其窮方圓平直之情，盡規矩準繩之用，非虚語也。又案此書爲歐邏巴算學專書，且利瑪竇序云前作後述，不絶於世，至歐几里得而爲是書，蓋亦集諸家之成，故自始至終，毫無疵纇。加以光啓反復推闡，其文句尤爲明顯。以是弁冕西術，不爲過矣。』清數學家李鋭《疇人傳》之《傳論》云：『論曰《天學初函》諸書，當以《幾何原本》爲最，以其不言數而頗能言數之理也。如云「自有而分，不免爲有。兩無不能並爲一有」。非熟精度數之理，不能作此造微之論也。』梁啓超《清代學術思想》亦云：『徐利合譯之《幾何原本》，字字精金美玉，是千古不朽之作。』

利序稱：『太史意方鋭，欲竟之，余曰：「止請先傳此，使同志者習之，果以爲用也，而後徐計其餘。」太史曰：「然是書也，苟爲用，竟之何必在我？」遂輟譯而梓。』梓成。『萬曆丁未，泰西利瑪竇謹書。』徐欲譯完全帙，利未允，故是書付梓於明萬曆三十五年。另書末韓應陛跋記：『按：此書利氏引末有西洋圖記方、圓各一，無徐氏序及「考訂校閲姓氏」及「雜議」「題再校本」二條，當係丁未歲京師原刊板。』證是書爲明萬曆三十五年北京初刻初印本。韓應陛（？—一八六〇）字對虞，又號緑卿，清松江（今屬上海）人。道光二十四年（一八四四）舉人，官内閣中書舍人。勤於學，長譯算及西方『格致』之學。英人偉烈亞力與李善蘭續譯《幾何原本》後九卷，韓氏爲其復校而授之梓。

此本一出，諸多版本遂現，如：萬曆三十九年徐光啓、龐迪我與熊三拔校閲重修之再校本；崇禎初年，李之藻將之輯入《天學初函》，即『初函本』；後被收入《欽定四庫全書》，即『四庫全書本』；清道光年間有『海山仙閣本』，至清同治四年（一八六五）李善蘭與英籍漢學家偉烈亞力同譯是書後九卷，完成了徐、利未盡之業，世稱『局本』或『金陵本』，至此，產生了首部完整的《幾何原本》漢譯本。

是書鈐印有『韓繩夫一名熙字价藩讀書印』『希逸』『張』『珩』『韞輝齋』『張珩私印』『吳興張氏圖書之記』。『韓繩夫一名熙字价藩讀書印』印主韓繩夫（一九一六—？）一名熙，字價藩，亦作介藩，號致軒。韓應陛重孫，家藏甚富。後面鈐印之主張珩（一九一五—一九六三）字葱玉，別署希逸，上海人，古書畫鑒定專家。其祖父張均衡、伯父張乃熊，均爲著名藏書家。現藏中國國家圖書館。（郭晶）

一一二五

**三易洞璣十六卷**（明）黃道周撰　明刻本。框高二十一·七釐米，寬十五釐米。每半葉十行，行二十一字，小字雙行同，白口，四周單邊。

黃道周（一五八五—一六四六）字幼玄，一字幼平，初字螭若，號石齋，漳浦（今福建漳州）人。天啓二年（一六二二）進士。崇禎初，官右中允。福王時，官禮部尚書。南都覆，唐王以爲武英殿大學士，率師至婺源，與清兵遇，兵敗不屈死。謚忠烈。著有《易象正》《洪範明義》等。事迹具《明史》本傳。

是書撰成於崇禎二年（一六二九），時道周年四十有五。道周有『料理三易稍已就緒之作』，詳明莊起儔編《漳浦黃先生年譜》。又據其門人洪思所撰《黃子傳》，是書與《易象正》《孝經大傳》《坊記集傳》《表記集傳》於黃氏生前即已刊行，並由洪氏編入《石齋十二書》。《四庫全書》入子部術數類數學之屬，是書提要云：『是編蓋約天文曆數歸之於《易》，其曰三易者，謂伏羲之易、文王之易、孔子之易也。曰洞璣者，璣衡古人測天之器，謂以易測天，毫忽不爽也。』

此初刻本，觀其字體風貌，當刻在崇禎中。凡得十六卷：《宓圖經緯》三卷、《文圖經緯》三卷、《孔圖經緯》三卷、《雜圖經緯》三卷、《餘圖總經總緯》一卷、《貞圖經緯》三卷。而原書卷端衹書十五卷，其中卷十三有二，一爲《餘圖總經》《餘圖總緯》，一爲《貞圖經上》《貞圖緯上》。清康熙三十二年（一六九三）晉安鄭開極刻《石齋先生經傳九種》本，係從此本翻出，行款俱同，字體相似，而卷數改爲十六卷。是書《千頃堂書目》著録作十五卷，所據或爲崇禎初刻本；《明史・藝文志》作十六卷，所據或爲康熙翻刻本。

康熙翻刻本多缺字，有作墨釘者，或是底本模糊所致；有留白者，則是語涉違礙所致。《四庫全書》本據康熙翻本繕出，底本作墨釘處，四庫本多注爲『闕』；底本涉違礙處，四庫本或逕删去，或易作他文，如此本卷十六葉六後行四『胡煇始盡』，康熙本留白，四庫本改爲『天下爲一』。據此可知，是書後來傳本均經改削，不及此本之善。

此本刷印清晰，現藏上海圖書館。（徐瀟立）

二二六

**靈棋經一卷** 題（晉）顔幼明（宋）何承天（元）陳師凱（明）劉基注解 明正德十五年（一五二〇）榮府刻本。框高二十二・五釐米，寬十四・四釐米。每半葉十行，行二十八字，小字雙行同，白口，四周雙邊。

《崇文總目》著錄《靈棋經》一卷，未署著者姓氏。《文獻通考·經籍考》四七引『晁氏曰』：『《靈棋經》二卷，漢東方朔撰，又云張良、劉安，未知孰是。晉顔幼明、宋何承天注』。《澹生堂藏書目》著錄爲二卷，元陳師凱、明劉基解。此本卷端則題『晉駕部郎中顔幼明注、宋御史中丞何承天注、元廬山叔才陳師凱解、大明誠意伯劉伯温解』，知其責任者所署由來有自。

靈棋爲古時占卜之法，其法以十二棋子三分之（以象天、地、人三才），上、中、下各四（以象少陽、少陰、太陽、太陰四象），擲而成卦，卦占而有辭，其取象或直言時義，或托物爲喻，猶以爲未盡而復繫以詩，或五言爲句，或七言爲句，或四言不等，使占者曉然以見吉凶禍福，故曰靈棋。顔、何、陳、劉注解每卦皆具，劉注最爲詳盡，詞旨亦較三家雅馴。書前並有『辛丑歲夏五月甲子日括蒼劉基序』，則知劉注實成於元至元二十一年（一三六一）。

此本正文前有正德十五年庚辰仲春《榮國重刊靈棋經序》，稱：『吾於理藩之暇時常閲之，參互考訂，去謬存正……命工壽梓，以永其傳。』據《明史·諸王世表五》，榮莊王朱祐樞，憲宗庶十三子，弘治四年（一四九一）封，正德三年就藩常德府，嘉靖十八年（一五三九）薨。則此序當爲榮莊王朱祐樞所作。序末有『榮府圖書』墨色印記，因知此本爲榮府刻本。書中可見黄鏞、黄守言兩刻工名，均爲明嘉靖間歙縣名工。明代藩王刻書多講求質量，聘請名工操刀。唯此書係在徽地付刻，還是榮府延工至常德操作，則已不可知。《靈棋經》一書尚有正德十五年杭州喬遷刻本，書末有正德十五年庚辰仲冬初吉寧都董天錫《重刻靈棋經序》一篇，手寫體上版。此本書末亦有董序，字體則與全書渾然一致，是榮府本付刻時當已得見喬遷本，故其刊刻時間至早在正德十五年末。此本現藏中國國家圖書館。（張燕嬰）

一二七

## 珊瑚木難不分卷

（明）朱存理輯　稿本　王廣　翁方綱　楊繼震跋　顧渚題詩並跋又録文徵明　文震孟　呂一經等詩翰。每半葉十六行，行三十字，無格。

朱存理（一四四四——一五一三）字性甫，又字性之，號野航，長洲（今江蘇蘇州）人。明代藏書家、學者、鑒賞家。博學工文，以布衣終。與同郡文人學者李應禎、吳寬、沈周、祝允明、文徵明等友善。文徵明《朱性甫先生墓誌銘》謂其『聞人有奇書，輒從以求，以必得爲志。或手自繕録，動盈筐篋。群經諸史，下逮稗官小説，山經地志，無所不有，亦無所不窺』。［乾隆］《江南通志》云：『元季明初，中吳南園何氏、笠澤虞氏、廬山陳氏，書籍金石之富，甲於海内。繼其後者，存理其尤也。』纂集有《珊瑚木難》《經子鈎元》《吳都獻徵録》《名物寓》《野航漫録》《鶴嶺隨筆》《鐵網珊瑚》等。生平事迹見《國朝獻徵録》卷一百十五。

《珊瑚木難》主要輯録元至明初的書畫題跋及有關詩文，部分題畫詩不見前人文集，詩文輯佚頗可採擇。《四庫全書總目》是書提要云：『兹編悉載所見字畫題跋，其卷中前人詩文世所罕睹者，亦附録焉。』每種下具記得自某氏，大約皆出於杜東原、沈周、黄應龍、沈維時、王雲松、趙思式諸人所藏。每條結尾間附題跋，記其年月或記得於某處詩文，其中有辛丑、壬寅、乙巳、丙午、戊申、壬戌諸年所記。考性甫生於正統九年（一四四四）甲子，卒於正德八年（一五一三）癸酉，年七十，故此稿應爲成化、弘治間所成。

《珊瑚木難》久無版刻，長期以抄本流傳，轉相傳寫，訛脱頗多。楊紹和《宋存書室宋元秘本書目》、丁丙《善本書室藏書志》、丁仁《八千卷樓書目》、陸心源《皕宋樓藏書志》、耿文光《萬卷精華樓藏書記》，皆著録有《珊瑚木難》抄本。清修《四庫全書》收《珊瑚木難》八卷，爲兩淮鹽政採進本，並『詳加釐正，而闕其所不可知者，著之於録』。

一九一五年，張鈞衡刻《適園叢書》，收《珊瑚木難》八卷，據張鈞衡後跋言，『此書出於湖州瓜纑外史章綬銜家，爲明崇禎元年（一六二八）王廣所抄，據莪齋跋，爲野航原本，並有墨癡道人顧渚跋，……又假柯遜庵（柯逢時）中丞藏本補足，遂梓入叢書以傳之，歲在旃蒙單閼（一九一五）冬月，烏程張鈞衡跋』。可知《適園叢書》所據底本爲章綬銜家藏抄本（現爲南京圖書館所藏清抄本，有章綬銜校並跋、丁丙跋），並借柯逢時家藏本補充，然所刻頗爲粗糙，錯誤頗多。此稿本爲朱氏手稿，書内間有朱墨點校，爲《珊瑚木難》現存最初之稿本，可與四庫本、《適園叢書》本及各抄本互校，極具校勘價值。

此稿本鈐『吳門朱存理印』『野航』『文徵明印』『文休承氏』『文嘉之印』『肇錫余以嘉名』『文起』『王廣之印』『顧渚之印』、『秀峰賞鑒』（汪啓淑）、『何焯私印』『翁方綱』『楊繼震印』『周暹』諸印，因知迭經文徵明、文嘉、王穉登、王騰程、顧渚、楊繼震、周叔弢等遞藏。文嘉於萬曆二年甲戌(一五七四)曾裝潢題籤,今佚。王騰程號莊叟,其子王廣,號莪齋,崇禎二年復跋於前,並又加重裝。後又歸於顧渚,復題記於前後。顧渚號渚山,又號墨癡道人,第一册尾有呂一經所作《墨癡小傳》,及文震孟、文徵明、吳偉業贈詩,從字體上看,似皆爲顧渚山過録。清道光藏書家楊繼震又跋,繼震字幼雲,漢軍鑲黄旗人,收藏甚富,金石、圖書皆收羅,家有『石笋館』『雪蕉館』『星風堂』,自稱自少至長,嗜書彌篤,積數年所得,藏書數十萬卷。此稿本最後由周叔弢先生捐入中國國家圖書館。(趙文友)

一二八

## 廣川書跋十卷

(宋)董逌撰　明吳氏叢書堂抄本　黄丕烈校　葉萬　顧蒓　張蓉鏡　席佩蘭　方若蘅跋。框高二十二·三釐米,寬十三·七釐米。每半葉十行,行二十字,紅格,紅口,四周雙邊。

董逌(生卒年不詳)字彦遠,東平(今屬山東)人。靖康中爲國子監祭酒。建炎元年(一一二七)四月率諸生至南京勸進,除宗正少卿,轉江東提刑,旋召爲中書舍人,充徽猷閣待制。家富藏書,有《廣川藏書志》二十六卷,早佚。博學好古,收藏鐘磬鼎彝及石刻、書畫頗多,長於鑒别,考訂精當。又有《廣川畫跋》六卷、《廣川詩故》四十卷。董氏以附張邦昌而人品不足道,其鑒賞水平則爲世人所推崇。事迹散見張淏《紫微集》、王明清《揮麈前録》、李心傳《建炎以來繫年要録》等。

此書是金石碑帖文字考證及鑒賞心得之作。題曰『廣川』,從其郡望。卷一至三跋周以前銅器銘文六十六則;卷四跋《秦公敦銘》《詛楚文》等秦代銘刻十五則;卷五跋漢代金石銘刻十一則;卷六跋魏晉六朝至隋之碑、帖、表、銘，包括王羲之《蘭亭序》《十七帖》、智永《千字文》等名帖計五十七則；卷七跋唐宋書迹一百三十三則；卷八跋《魯公祭侄文》《懷素七帖》等唐代書迹三十三則；卷九跋《劉統軍碑》《平淮西碑》等碑帖十一則；卷十跋五代至宋書帖十二則。各條下詳記其來源出處、流傳軌迹，考辨金石真贋、書法源流、書體流變等等，雖難免舛誤，終不掩其鑒別之精。《四庫全書總目》是書提要評之曰『論斷考證，皆極精當』。别本或有紹興二十七年（一一五七）其子棐所撰序，簡述成書始末，爲此本所闕。

書成後並未刊行，董棻序云『繕寫藏諸家廟，别録以示子孫』，以抄本行世，故《郡齋讀書志》《直齋書録解題》《宋史·藝文志》等俱不載。明末收入毛晉《津逮祕書》，始有刻本，其後多以《津逮》本爲基礎，參校其他抄本翻刻。此本是明吴寛叢書堂抄本，所收各條與其他抄本、刻本相校，條目、歸卷、文字頗有不同。吴寛（一四三五—一五〇四）字原博，號匏庵，室名『叢書堂』『匏案』，長洲（今江蘇蘇州）人。官至禮部尚書，卒贈太子太保，謚文定。《明史》卷一百八十四有傳。《藏書紀事詩》卷二稱其抄本『精采奕奕，筆法絶似蘇長公』。

此本版心有『叢書堂』三字。上册字體粗率，下册書法秀美，寫樣當非出一人之手。有朱筆眉批，前人定爲吴氏手迹。上册末方若衡跋云：『道光辛卯秋九月，從味經書屋假校陸敕先藏本，正訛字二十餘處。吴文定叢書堂抄本素稱善本，良然。』方氏校訛字於原字之側。下册末顧蒓跋云：『叢書堂精鈔本，内有文定手蹟校舊抄别本，多是正，珍護之。』書末有明藏書家葉樹廉（名萬，一字石君）跋，述得書及流傳過程，鈐『樹廉』『石君』印。清嘉道間歸黄丕烈，有簽條校語兩處，錢大昕曾借讀並題款。後爲張蓉鏡『小琅嬛福地』所得，鈐『在處有神物護持』『蓉鏡珍藏』等印。書衣有題識云：『此書毛氏雖曾刻本，以此校彼，多所是正，且幾及三百年舊寫本，更爲罕見，讀者宜寶藏之。』又有『周暹』印。現藏中國國家圖書館。（樊長遠）

一二九

## 書法鉤玄四卷 （元）蘇霖撰 明嘉靖三十六年（一五五七）嚴嵩刻本。框高十七・四釐米，寬十四・四釐米。每半葉十行，行二十字，白口，左右雙邊。

蘇霖（生卒年不詳）字子啓，自稱虚静道人，京口（今江蘇鎮江）人。《書法鉤玄》卷端下署『朱方蘇子啓編纂』，朱方爲春秋時期吴國縣邑，秦治丹徒縣（今鎮江東南），宋代屬鎮江府。書中有元統甲戌（二年 一三三四）蘇霖序，述成書經過云：『余於書不工，粗知有法。前人論議，靡不搜訪抄録以備講習，積之纍年，遂成鉅帙。又慮多涉浮華，無益學者，故特纂其要言爲一編，凡四卷，目之曰《書法鉤玄》。』知《書法鉤玄》乃蘇霖抄纂前人有關書法的論述而成。書中彙集書論凡六十五篇，自漢揚雄始，於宋劉辰翁終。《書畫書録解題》著録此書，謂其蓋仿唐張彦遠《法書要録》、宋朱長文《墨池編》、宋陳思《書苑菁華》而作，並多取用三書文字。

此書卷前有嘉靖丁巳（三十六年 一五五七）嚴嵩『刻書法鉤玄序』。嚴序云：『昔奉使過衡山，得一舊帙，載元蘇霖《書法鉤玄》四卷、劉惟志《字學新書摘抄》一卷。其載先賢論議，頗爲明備，然問諸今士大夫，此書皆未之見。因取舊帙命治書者校之而刻，以廣其傳，庶爲字學之一助云耳。」嚴嵩善書法，至今仍有一些榜書、碑文傳世。嘉靖三十五年七十七歲時，他還於舊日所書『千字文』後撰跋敘述其研習書法的經歷。

《書法鈎玄》流傳不廣，明嘉靖時嚴嵩已稱之爲士人未見之書。歷代書目著録亦罕，《千頃堂書目》經部小學類著録『蘇霖《書法鈎元》四卷』，《四庫全書總目》子部存目。此書現存除明嘉靖嚴嵩刻本外，另有明單刻本三種，又有明王世貞《王氏書畫苑》本及明徐氏鐵研齋抄本。明單刻本中之兩種曾分别爲黄丕烈、傅增湘收藏，均殘，且皆爲翻刻，文字參差漫漶。又一種單刻與《王氏書畫苑》本，則均於多條下注曰『另見』，將整篇文字略去。明徐氏鐵研齋抄本，乃合抄《書法鈎玄》與《字學新書》二書，與嚴嵩序言合，蓋曾見嚴嵩所據舊帙，然多篇文字衹摘録首尾，頗爲疏略，仍無法見舊帙原貌。諸本之中，僅嘉靖三十六年嚴嵩刻本内容完整。此本字劃謹嚴端正，刊刻時間明確，爲刻、印皆精之佳本。

此本鈐『翰林院印』，爲清代官府舊物。又鈐『吴定』『吴静庵』，『长乐郑振铎西諦藏书』等印，曾爲近代書畫名流吴定收藏，後歸鄭振鐸。現藏中國國家圖書館。（李文潔）

一三〇

**書史會要九卷補遺一卷**　（明）陶宗儀撰　明洪武九年（一三七六）刻本。框高十八・七釐米，寬十一・七釐米。每半葉十一行，行二十字，黑口，左右雙邊。

陶宗儀（一三一六—？）字九成，號南村，黄巖（今屬浙江）人。元代嘗應鄉試，不中即棄去，務古學。元末避兵，僑寓松江之南邨，因以自號。纍辭辟舉，教授生徒以自給。工詩文，所摭典故遺聞，有裨史學。有《説郛》《輟耕録》《草莽私乘》《古刻叢抄》《遊志續編》《南村詩集》《滄浪櫂歌》等。事迹具《明史·文苑傳》。

是書録載古來能書之人，上起三皇，下至元代，釐爲八卷，末爲《書法》一卷，而附以補遺。余紹宋《書畫書録解題》著録，稱本書『摭采至爲繁富，文筆簡當，間加評論，褒貶頗得其平』。

此本前有洪武九年金華宋濂敘、永嘉曹睿新民序，洪武丙辰陶氏自序，次目録，次引用書目。末有洪武丙辰四明鄭真序。補遺後附《考詳》、江陰孫作《南村先生傳》。此爲陶氏自刻，每卷後鐫有刊刻捐資者姓名，如張珏、盧祥、林應麟等，合計達三十八人之多。前人或以捐資人爲出版者，取捨不同，著録遂異，實則同爲此本耳。

是書行世者有明崇禎三年（一六三〇）朱謀垔刻本，訛誤甚多，又增入朱氏作《續編》，所載皆明人，已非舊觀。《四庫全書總目》以朱謀垔本著録，未足稱善。

此刻存世者，有羅振玉藏本，又有朱翼菴藏本。民國十八年（一九二九），武進陶珙據羅振玉藏本影刻，羅本缺卷一至三，因用朱謀垔刻本照行款補寫，視原本多所牴牾。後借得朱翼菴藏完本，將前三卷毁版重雕，傅增湘《藏園群書題記》卷六《洪武本〈書史會要〉跋》詳加考述。陶氏改刻後，前三卷行款悉同原本，而文字仍有互異：如卷一第五葉『周官保氏』條，『而至於隸草書之體滋廣矣』，陶本『至於』下多『諸』字；卷二第十葉『宋翼』條，『翼學書稱繇』，陶本『稱』作『於』；『邯鄲淳』條，『字子淑」，陶本作「子叔」；卷三第十葉「謝萬」條，「才器雋秀」，陶本「器」作「氣」；第十二葉「謝敷」條，「性登靖」，陶本作「澄靖」；第十四葉「宋珽」條，「書法訛緊」，陶本作「精緊」。以上諸條，陶本皆同朱刻本，足見陶氏之改刻重在形式摹真，文字則保留朱刻本特點，仍非洪武本原貌。

此朱翼菴舊藏本，鈐有「翼盦珍祕」印。卷二第二葉「揚雄」條第一至四行末二字，原本爲「增廣」「之學」「通倉」「言之」，是帙紙張破損，經人以墨筆改填爲「增損」「篇斷」「通倉」「古文」八字。取對陶刻，此處與改填字正同。知此即陶珙改刻前三卷所依據之朱翼菴本。現藏上海圖書館。（林寧）

一三一

**廣川畫跋六卷**　（宋）董逌撰　明嘉靖韓宸刻本　黃廷鑑校。框高二十一·二釐米，寬十四釐米。每半葉九行，行二十一字，白口，四周雙邊。

董逌生平爵里、學行業績簡況，前録明吳氏叢書堂抄本《廣川書跋》時已介紹。

是書共録畫作題跋一百三十四篇。畫作主題多爲歷史故事及人物風俗，宮廷藏品及私人所藏皆録。以考據和鑒賞爲主，亦評畫理和畫法，兼述畫作所反映時代之風尚、章程、儀式，但不究畫作技法之優劣，祇據詩文、題跋、人物及故事來源明解釋疑、訂誤辨訛。明何良俊《四友齋叢説》卷二十八曰：「蓋不甚評畫之高下，但論古今之章程儀式，可謂極備。若天子欲議禮制度考文，則此書恐不可缺。」近人余紹宋《書畫書録解題》亦評曰：「題故事圖畫，應以此種爲正宗，然非學有本源者不辨，故後來無能效之者。』

《直齋書録解題》《汲古閣珍藏秘本書目》《佩文齋書畫譜》《四庫全書總目》《皕宋樓藏書志》等皆有著録。

是書卷前有明嘉靖二十一年（一五四二）劉大謨序，曰：『聞（逌）有書跋六卷，想在昔以善書名者靡不經其品題，而篆、隸、正、草、行書、八分之微旨奥義發明殆無餘藴矣。若得原本與此共爲一編，更與升菴近刻《宣和書畫譜》並傳於世，則凡遊藝於翰墨丹青者，寧不得以契其六法而達其三昧矣乎。』意謂若得《廣川書跋》原本，與此《畫跋》共爲一編，同時付梓，可令遊藝於書畫者契六法，達三昧。表明寫此序時，是書已付梓。劉大謨（一四七六—一五四三）字遠夫，儀封（今屬河南）人，方志學家。上世紀五十年代國家圖書館著名版本目録學家趙萬里先生曾在本書編目草片附注：『楊慎跋，框外左下角原有「什邡縣知縣韓宸刻」一行，此本脱。』是書卷末確有楊慎跋，韓宸曾爲楊慎門生，大理（今屬雲南）人，明嘉靖任什邡令。故是書著録爲明嘉靖韓宸刻本可信。

是書鈐『鐵琴銅劍樓』印。現藏中國國家圖書館。（郭晶）

## 一三二　吴姬百媚二卷

（明）宛瑜子輯　明萬曆貯花齋刻本。框高二十一·七釐米，寬十三·六釐米。每半葉八行，行十八字，白口，四周單邊，無直格。

宛瑜子，史不明書。考《新刻出像點板增訂樂府珊珊集》四卷，卷端次行均題『吴中宛瑜子手定』，該書前有周之標《增訂珊珊集小引》，云『嚮余序《吴歈萃雅》，海内輒爲嗜痂，此刻老矣，《珊珊集》繼起，仍屬余手自增定』，可知『手定』該書的宛瑜子即撰寫《珊珊集小引》的周之標。周之標（生卒年不詳）字君建，江蘇長洲（今蘇州）人。與長洲馮夢龍（一五七四—一六四六）、崑山張大復（一五五四—一六三〇，字元長）、吴江沈同和（萬曆丙辰會元，遇科場案）等有交。輯刻《吴歈萃雅》《女中七才子蘭咳集》《女中七才子蘭咳二集》等書，刻《周君建鑒定古牌譜》。

書前有丁巳（萬曆四十五年　一六一七）夏日吴下宛瑜子《百媚小引》一篇，曰『吾次秦樓女，而取一顧百媚生之義』，則是書專爲歌詠蘇州秦樓女子而作。書中借科舉考試錄取名次爲序，包括一甲三名，元魁八名，副榜二名，二甲十五名，三甲二十二名，新榜一名，並附載老鼎甲三名，共計五十四人。正文則包括姬人小傳、品解，爲之所賦詩詞歌賦曲，及宛瑜子總評。又存圖像二十五幅，繪姬人凭欄、彈棋、弄毬、披古、撫琴、醉春、春游等情狀，以目錄所載核之，尚有走馬、鬭草、簪花、雅謔四圖今已殘去。畫面景物布局簡潔合理，富有詩意，人物頎身細腰，神情體態細膩逼真，畫工、刻工俱佳。據此頗可見明末江南士人狎妓之風，遂有此種花案著作版行。此書在戲曲史研究方面亦頗具價值，如『二甲二名梁小乙』『總評』中提到當時『曲冠江以南，吴下歌友出其門者十之二三』的曲家龔慕溪，現各種研究成果均闕如，此書資料正可補缺。

此本書口上端刻書名，下端則有書坊名。其中文字部分（除序言五葉外）均題『吴姬百媚』及『貯花齋原板』，圖像部分則題『吴姬圖像』及『貯花齋藏板』。或該書文字部分爲貯花齋自刻，圖像部分則委托他家代勞，以版畫刻工技藝較高，非尋常工匠即可勝任。而刊刻時代則在明末，當不會早於萬曆四十四年，因『老鼎甲』『狀元馮乙』『總評』中提及沈同和科場案（『知樂敗』），或在序言寫作之萬曆四十五年丁巳後不久。書中玄、弘字均不諱，亦其爲明刻之證。

此本裝次有誤，從目録排次及書口尚存的文字看，屬於附載内容的『老鼎甲』『狀元馮乙』的三葉被誤裝在卷一葉十二之前。讀者當注意。

此本鈐『吳康叔印』『康叔漢璹』等印記。現藏中國國家圖書館。（張燕嬰）

一三三

**水滸葉子不分卷** （明）陳洪綬繪　明天啓刻本。框高十七・六釐米，寬十・五釐米。每半葉一像，四周單邊。

陳洪綬（一五九八—一六五二），幼名蓮子，胥岸，字章侯，號老蓮、小净名等，諸暨（今屬浙江）人。青年時受業於劉宗周、黄道周。崇禎時國子監諸生，授舍人。召爲内廷供奉，不就。明亡後，隆武帝、魯王曾先後授之職，亦不赴。順治三年（一六四六），清兵陷浙東，在紹興雲門寺落髮爲僧，並改號悔遲、悔僧、九品蓮臺主者。一年後還俗，往來於杭州、紹興、蕭山間，以賣畫爲生。

洪綬很小就顯出繪畫天賦，詩、書、畫皆能，以畫爲功。山水、花鳥，尤以畫人物見長。爲人仗義疏財，尤喜爲貧不得志人作畫，以周其乏，貧士借其生者，數十百家。《水滸葉子》就是爲周濟周孔嘉所畫的酒令牌。本書卷前張岱所撰《緣起》謂『畫水滸四十人，爲孔嘉八口計』，即指此。

黃湧泉《陳洪綬年譜》『明天啓五年』中有如下記載：『是歲，趙頤光卒。先生年二十八歲。是年，先生作《水滸圖卷》，凡四十人。』黃湧泉定陳老蓮《水滸葉子》作於天啓五年（一六二五），根據是孔尚任《享金簿》所記《陳章侯水滸圖卷》中卷首有『趙頤光草篆題贊「英武神威」』。而趙頤光的卒年即是天啓五年，其篆題必在他謝世之前，不可能晚於此年，故認定陳老蓮《水滸圖卷》作於明天啓五年。

此書卷尾有菌閣主人王亹《陳章侯畫水滸葉子頌有引》，謂：『水滸者，忠義之別名也，文士筆端造化偶爾幻出……而忠義兩字入火燒乎入水泐乎，陳子從幻中點出一段不幻光明毫端生，果以此四十人不燒不泐者正告天下。嗟乎！陳子而爲此也，□□陳子而爲此也！……菌閣主人王亹漫題。』王亹字予安，別署菌閣主人，明末清初會稽山陰（今浙江紹興）人，陳老蓮摯友之一。據老蓮後人陳子良撰文説，正是王亹會同陳老蓮、張岱將《水滸葉子》刊行於世。

此書國家圖書館所藏清初刻本，有江念祖所寫《陳章侯水滸葉子引》，謂：『陳章侯復以畫水滸妙手，圖寫貫中所演四十人葉子上，頰上風生，眉間火出，一毫一髮，憑意撰造，無不令觀者爲之駭目損心。』亦贊美老蓮與水滸人物聲氣相通，心心相印。江念祖，字遙止，明末清初安徽歙縣人。布衣。工書畫，字畫皆極力摹古，頗爲自得。晚年居浙江金華、衢州間，閉門深山，不與人接。

《水滸葉子》書内第十九圖朱武像欄外左下鎸有『徽州黃君蒨刻』字樣，此可作爲刻工證據加以考察。周亮工《讀畫録》卷一《陳章侯》條載：『初畫《楚辭》像，刻於山陰；再刻《水滸牌》行世。及崇禎間，召入爲舍人，使臨歷代帝王圖像，因得縱觀大内畫，畫乃益進，故晚年畫《博古牌》，略示其意。』

黄君蒨（亦作倩），是明代後期徽州派版畫黄姓刻工中的佼佼者，名一彬，字君蒨，其主要活動在萬曆、天啓間。據王伯敏《中國版畫史》及其他材料記載，黄君蒨在萬曆三十三年（一六〇五）曾與刻《程氏墨苑》；又在萬曆四十年與黄元吉、黄伯符、黄亮中、黄師教、黄暘穀一道合刻《閨範圖説》；四十四年又與黄桂芳合刻《青樓韻語》；萬曆間還刻過《王李合評北西厢記》；天啓年間又刻過《彩筆情辭》及《西厢》五劇的插圖。這些版畫都刻在萬曆天啓時期。所以王貴忱先生在其《記明黄君蒨刻本水滸葉子》一文中説：『見於著録和傳世之黄君蒨版畫，未見天啓以後作品。』果如此，則出現『徽州黄君蒨刻』字樣的《水滸葉子》，當也刻在天啓年間，不會再晚。

至若上引周亮工《讀畫録》中所説『初畫《楚辭》像，刻於山陰；再刻《水滸牌》行世。及崇禎間，召入爲舍人，使臨歷代帝王圖像……』的表述，揆其語義，是説陳章侯早先畫的《楚辭》像，版行於山陰。緊接著『再刻《水滸牌》行世』。表明陳老蓮的《九歌圖》與《水滸牌》是相繼刊刻的，也許正因爲這兩件畫作的相繼刊版行世，在畫壇産生了較大影響，纔有『及崇禎間，召入爲舍人，使臨歷代帝王圖像』的事情發生。這裏的『及崇禎間』顯然是『待到崇禎間』之意。如果這樣理解確是周亮工的原意，則《水滸葉子》之刻，確當在『及崇禎間』之前。前到什麽時候，時間跨度非常狹窄，即當在天啓五年《水滸葉子》産生之後，天啓最後一年即七年之前。如果突破了天啓七年，那就到了崇禎間，不符合周亮工《讀畫録》所説『及崇禎間』語意。因此，將陳老蓮《水滸葉子》之刻定在天啓五年，缺乏足够證據；而定在天啓五年至七年比較符合歷史事實。

陳老蓮《水滸葉子》天啓初刻本珍貴之處在於它能反映原作人物的精神面貌，而翻刻，在人物神態、眉眼鬚髮、衣服皺褶等細微之處，與原刻有了明顯的不同。最要緊的區別是在朱武像左欄外的刻工，由初刻本『徽州黄君蒨刻』變成了『黄肇初刻』。黄肇初，名一中，字肇初，與黄君蒨爲昆仲輩，亦是有名的刻工。生於明萬曆三十九年，較君蒨從事刻印版畫的最早年份至少晚二十年。其生既晚，而到他再翻刻《水滸葉子》時，可能已届崇禎之時，甚或已届清初。

《水滸葉子》天啓初刻本的遞藏脉絡是嚴邦英—王貴忱—李一氓—四川省圖書館。

嚴邦英（一八九一—一九五〇）字炎南，廣東順德大良人。此人能文，喜篆刻，尤好收藏，凡金石書畫、圖志古籍，皆嗜搜羅，並建崇寶閣以貯之。能親自手拓金石碑記，割裱整理。輯有《崇寶閣印存》。天啓刊本陳老蓮《水滸葉子》，即是他家的插架之物。今書中所鈐『順德嚴邦英印』『順德嚴氏崇寶閣臧書印』『嚴氏家藏』『邦英私印』『邦英之印』『炎南珍藏』『炎南過目』等印記，便都是他的收藏印鑒。嚴氏得此書後，曾經重新裝裱，裝裱之後在卷前附有另紙内扉，内扉下半葉寫有『大清宣統元年歲序己酉夏五月端陽節日，順德嚴氏書香齋重裝並藏』長方形題記四行。表明嚴氏得此書大概在宣統元年（一九〇九）五月之前，或更早一點。

嚴氏藏書散出後，一部分爲羊城王貴忱所得。王氏在《水滸葉子》一書後跋中曰：『余所得順德嚴邦英氏舊藏圖籍，多率題識，印章纍纍，蓋亦好事者。』證明他確曾得到過一些嚴邦英的舊藏。然此《水滸葉子》却不在其所得嚴氏舊藏之中，而是『往承一位書友見贈』（見一九九六年廣東教育出版社出版之《學士》創刊號王貴忱《記明黄君蒨刻本水滸牌》一文《後記》）。今書中鈐有『貴忱印信』『王貴忱印』等印記可證。王貴忱，號可居，一九二八年生，遼寧鐵嶺人。一九四五年八月參加中國人民解放軍，遼瀋戰役後隨軍入關南下，直抵羊城。一九五二年轉業地方，曾任粵東銀行經理、汕頭地區建設銀行行長。一九五七年被錯劃爲右派。一九七八年平反，先後任廣東省中山圖書館副館長、廣東省博物館副館長、廣州市地方志編委會副主任。王先生喜收藏，尤喜古錢幣，並有較深的研究造詣。解放戰爭時期，李一氓曾在東北工作，王先生入伍後可能與李老有軍旅之誼，而李老又是我國老一輩無産階級革命家中喜好書畫典籍收藏的名家之一，所以上世紀七十年代末他携這部《水滸葉子》來京時，便慷慨割愛將之送給了一氓老。今書中有『一氓精鑑』『一氓讀画』『一氓所臧』等印記可證。一氓老晚年將自己藏書分成了三份，一份贈送北京圖書館（今中國國家圖書館）；一份贈送四川家鄉；一份留下自己使用。《水滸葉子》就在贈送四川家鄉部分中，現藏四川省圖書館。

（李致忠）

一三四

**臞仙神奇秘譜三卷** （明）朱權輯　明洪熙元年（一四二五）刻本。框高二十三·七釐米，寬十六·六釐米。每半葉十行，行字不等，黑口，四周雙邊。

朱權（一三七八—一四四八）自號臞仙，又號涵虚子，或稱丹邱先生。明太祖第十七子，封寧王，就藩大寧。永樂元年（一四〇三）改封南昌。已而人告權巫蠱誹謗事，密探無驗得已。自是日韜晦，構精廬一區，鼓琴讀書其間，日與文士相往還，托志翀舉。好宏獎風雅。群書秘本，莫不刊布之。著有《漢唐秘史》等。

是書上卷『太古神品』，凡十六曲；中、下卷『霞外神品』，凡四十八曲。每曲前有臞仙按語。『太古神品』多爲唐、宋間琴曲；『霞外神品』爲宋末以後流傳之琴曲。南宋晚期楊纘等人編寫《紫霞洞琴譜》，形成紫霞琴派，曾以己意改編琴曲。是書所稱之『霞外』，指未經紫霞派改編之曲譜（説詳查阜西《〈臞仙神奇秘譜〉後記》）。現存之琴譜專集，推此爲最早。

此本（以下簡稱甲本）前有洪熙乙巳（元年）臞仙序云：『今是譜乃予昔所受之曲，皆予之心聲也，其一字一句，一點一畫，無有隱諱。其名鄙俗者悉更之，以光琴道，故不凡於俗。刊之以傳於世，使天下後世共得之，故不致泯於後學。屢加校正，用心非一日矣。如此者十有二年，是譜方定。』序文及每曲前按語均以趙松雪體上版，舊題『明洪熙元年刻本』。洪熙僅一年，刊雕版本流傳者絶少。傳世印本所知僅此一帙，是否確爲洪熙原刻，尚存疑問。

另一明刻本（以下簡稱乙本），今在臺北『故宫博物院』，框高二十三·九釐米，寬十五·八釐米。與此本行款相同，字體相近，前有洪熙乙巳臞仙序。上卷之末有小注二行：『前數曲舊譜無句點，近於暇日竊以私意詳其聲趣，點於句下，庶知音者察焉。龍集辛未夏四月謹識。』此辛未當在朱權卒年之後，知乙本爲翻版。甲本上卷曲譜亦有點句，而卷末並無辛未識語二行，不知何故。

或謂乙本爲明嘉靖元年（一五二二）汪諒翻本，甲本爲萬曆翻本（説見《琴曲集成》第一輯前附查阜西撰《劇本提要》）。按，此説可疑。嘉靖元年汪諒刻本《文選注》有汪氏廣告云：『金臺書鋪汪諒見居正陽門内西第一巡警更鋪對門，今將所刻古書目録列於左，及家藏今古書籍不能悉載，願市者覽焉。』所附目録分上、下兩列，上列爲『翻刻』，下列爲『重刻』，《神奇秘譜》列入『重刻』目。今觀明刻乙本似屬『翻刻』，與汪氏之『重刻』恐非同一版本。甲本字體流利，較乙本爲佳，二者孰爲後先，實難定論。今姑沿舊説，以俟他證。

鈐有『長留』『清嘯軒珍藏印』等印。胡公玄舊藏，今歸上海圖書館。（郭立暄）

一三五

**風宣玄品十卷** （明）朱厚爝編　明嘉靖十八年（一五三九）徽藩刻本。框高十九·八釐米，寬十三·四釐米。每半葉十一行，行二十四字，白口，四周雙邊。

朱厚爝（一五〇六—一五五〇），徽簡王朱祐檯庶第一子，嘉靖五年由安邑王改封徽世子，同年襲封徽王。在位二十四年，卒謚恭。《明史》卷一百十九有傳。

是書前有序云：『奉藩事親之暇』，讀諸家琴譜，『或譜訛而文謬，或言舛而音乖，深爲初學之病』，故延請專精之輩『參互考訂，使訛者更之，謬者正之，音調而字吻』，裒爲一帙。序未具名，以行文語氣及時間可推知是朱厚爝自序。卷一爲琴論，包括指法、儀式制度、造琴法、指訣等文字六十二則，手勢圖一百五十四幅。文字大部分是轉録宋代田芝翁《太古琴遺音》中之琴論材料。卷二至卷十爲琴曲和琴歌，收曲一百零二首，包括三十二首琴歌。

書前又有嘉靖十八年己亥張鯤序，稱『吾王般之以爲州異國殊，情習不同，乃博採風俗，協比聲律，綴訂茲譜，刊之徽邸』云云。《千頃堂書目》卷二著錄《張鯤風宣玄品》十卷，乃誤以張鯤爲編撰者，萬斯同《明史·藝文志》（清抄本）同誤。

明代是中國古琴發展之重要時期，琴派衆多，名手雲集，所刻琴譜甚多。此書是目前所知年代較早之琴論與琴譜合集，對研究明代及明之前關於七弦琴之琴制、儀式、演奏理論以及琴曲等有重要參考價值。

是書自徽藩刊行，入清之後湮没無聞，傳本極爲稀少。國家圖書館藏有明抄本，僅存六卷，且缺葉，錯訛之處不少。此次影印之徽藩刻本係海内孤本，洵爲珍貴。民國十五年（一九二六），傅增湘曾於琉璃廠文友堂書肆見此本，著錄於《藏園群書經眼錄》中。後爲古琴家鄭穎蓀購得，二十世紀六十年代由中國音樂研究所（中國藝術研究院音樂研究所前身）購得，入藏時已缺卷首首葉目錄，一九五三年王世襄爲之補寫目錄一葉。浙江桐鄉琴人馮水與其女式荃曾抄輯此書爲《風宣玄品摘本》，摘錄其中《廣陵散》曲譜及卷首目錄、序文等，後馮水將其抄本付印，命名爲《廣陵散譜》。馮氏抄本今亦藏藝研院圖書館。

鈐『跛仙』及『蕺卿閱過』等印，現藏中國藝術研究院。（樊長遠）　一三六

**新刻文會堂琴譜六卷**（明）胡文煥撰　明萬曆二十五年（一五九七）胡氏文會堂刻本。框高

十九·五釐米，寬十三·九釐米。每半葉十行，行二十字，小字雙行同，白口，左右雙邊。目錄中有空白葉，末缺一葉。

胡文焕（生卒年不詳）字德甫，號全庵，別署抱琴居士、百衲主人，錢塘（今浙江杭州）人。監生，萬曆四十一年任耒陽縣丞，四十三年署興寧知縣。著《文會堂琴譜》《文會堂詩韻》《文會堂詞韻》《古器具名》《胡氏粹編》等，傳於世。

胡氏博洽諸史，嗜好藏書，建『文會堂』藏書樓。又設書肆，以刻書爲事，用於流通古籍。一生刊刻圖書六百餘種，一千三百餘卷，大都手寫上版，在萬曆、天啓間坊刻本中獨樹一幟。其中《格致叢書》收書數百種，多秘册珍籍，爲最著名者。又擅名藝苑，深通音律，尤善鼓琴。選編《群音類選》二十六卷，廣收博取，成明代最大的戲曲選本，中多今人未知未見之劇。然該書僅收曲詞，不錄賓白，可見其突出音樂文本的編選特色，亦與胡氏之擅場相合。

《文會堂琴譜》六卷，前三卷記琴之制式手法、音律曲名；後三卷爲琴譜，共六十九曲，皆胡氏親傳之浙操，順暢而雅正，潔净而精當。據胡文焕《新刻文會堂琴譜序》可知，此書萬曆二十四年作成。是版印本國圖共藏兩部，此其一；另一部僅存前四卷，但較此本多内封一葉，上鐫『虎林胡氏文會堂』，右下鐫『萬曆歲次丁酉』，中鐫『文會堂琴譜』，左下鐫『季夏吉日新梓』，因知此版爲萬曆二十五年所刻。胡文焕刻書多加『新刻』二字，以區别於前人，故此書稱『新刻』云云，並非翻刻、重刻之類。

書中鈐『长乐郑振鐸西諦藏书』等印記。現藏中國國家圖書館。（張燕嬰）

**奕藪四卷棋經注一卷** （明）蘇之軾撰　明天啓二年（一六二二）自刻三色套印本。框高二十一．八釐米，寬十四．二釐米。每半葉八行，行二十字，小字雙行同，白口，四周單邊。

蘇之軾（生卒年不詳）字具瞻（後世多誤作『亦瞻』），休寧（今屬安徽）人。幼年學弈，九歲有聲名，十五歲稱國手。明程光祚稱其『學書不成去學奕，一出輒與以斯道名代者抗行分席，故海内遍有「小蘇」之名』（程光祚序）。明曹嗣軒《休寧名族志》卷三曰：『之軾，禮部儒士。垂髫時遂以善弈名，世人多束手莫能與對。一時名卿碩輔多折節下之。著有《弈藪》行世。』

此書乃圍棋棋譜。蘇之軾自序《小説》曰：『日取諸譜帙翻閲，遍訪海内名家。凡一局之變換與一子之推敲，無不沉思細訂……持是以遊縉紳先生，遇得意處，多所錄存，縉紳先生亦多所許可，於是輯成一帙。』天啓二年程明宗跋云：『蘇君抉奕之精，挈奕之領，囊括於《滿局》，窮變於《起手》，斡運於《侵分》，收攝於《殘局》，類分圖説，品輯成編。洵藪材於鄧林，而藪流於瀚海矣，因以《奕藪》名篇，蓋比擬於《印藪》《墨藪》云云。』

此書分元、亨、利、貞四集，元集爲『滿局』五十局，亨集爲『起手』七類一百三十二變，稱之爲『初學入門之第一義』，利集爲『侵分』七十六變，貞集爲『殘局』一百四十變。此書『有輯舊，有編新』（汪文懋跋），廣泛搜羅諸家經訣圖譜，又因他譜布勢多取全圖不免繁亂，故擇簡而精者收錄，間或參以己意，定爲新局，特以盡縱横變化之妙。舊譜原是黑白互先，此書一律改爲白先。書中對所引舊譜一一注明出處，如《適情錄》《秋仙》《玉局藏機》《萃奕搜玄》《奕選》《奕微》《媲杜集》《奕彀》《奕玄》等，其中後四書現已不存，賴此書可窺一斑。書中對各譜精妙之處均有簡要點評。利集、貞集之間尚有《棋經注》一卷，乃首次爲《棋經》十三篇作注解，頗便初學。

此書最早之本當爲此明天啓二年刻三色套印本。萬曆四十七年（一六一九）朱輅序有『友人亦可氏因其《奕藪》輯成，將付剞劂』之語，程明宗後跋中亦有『命之剞劂』之語，可證此書由程明宗刊刻行世。程明宗（生卒年不詳）字亦可，休寧（今屬安徽）人。天啓二年程光祚序稱『亦可已入直秘省』。此本前尚有陳繼儒、韓敬等序，吴達可、潘守正等贈詩，潘紹顯、汪文懋等跋。此本用朱、墨、藍三色套印，在圍棋棋譜中爲目前僅見，且流傳甚罕，洵足珍貴。現藏中國國家圖書館。（包菊香）　一三八

## 周君建鑒定古牌譜二卷　（明）胡貞波撰　明末周之標刻本。框高十九釐米，寬十一・七釐米。每半葉八行，行二十字，白口，四周單邊。

胡貞波（生卒年不詳）字冰心，安徽天都（歙縣）人。適長洲周之標。能琴善簫，通曉音律，古今人詩，靡不披覽。王士禎《香祖筆記》卷八著録歷代閨秀著作，即有『胡貞波《古牌譜》上下卷』。

古牌，又作骨牌，亦稱牙牌，是一種行酒賭博游戲。牌譜之作，始自宣和牌，後代屢有續撰，而閨秀所著之牌譜，似僅此胡氏一種而已。此書凡例稱以一色爲投瓊，二色爲雙成，三色爲鬭腰，四色爲除紅，五色爲續貂，六色爲宣和；故上卷爲《宣和譜》，以誌其始事；下卷爲《投瓊譜》《雙成譜》《鬭腰譜》《除紅譜》《續貂譜》，以顯其增華。正文首列色子點數，次引詩句，下注作者。引詩則五言在前，七

言居後。採詩則唐宋居多，明詩反少，六朝及於元亦間採之。引詩句有會意、有象形、有辨色、有諧聲、有紀數。

書前周之標序曰：『余舊有牌譜而未全也，冰心氏出胸中之詩，詮補無遺……譜藏笥中，爲日已久。近余刻《女中七才子》一書，因憶此譜可附以傳。』知此書爲周之標刻《女中七才子蘭咳集》時所附刊。今考《女中七才子蘭咳集》中所收錄之支如璔《小青傳》有『萬曆壬子歲』的紀年、汪大年《會稽女郎詩序》末署『己未人日漫記』，則《蘭咳集》一書至早編成於萬曆四十七年（一六一九），而刊刻亦當在此後。又，周之標所刻《吳歈萃雅》書前小引署『丙辰臘月』，書中『校點』之『校』字未避明熹宗朱由校名諱，則丙辰或即爲萬曆四十四年；書前周氏題辭爲『古吳章鏞刻』，章氏爲萬曆間吳郡刻工。可知周氏之刻書活動確在明末無疑。此本『玄』字、『絃』字均不缺筆，亦係此本爲明末刻本之證。唯《販書偶記續編》載是書，稱『無刻書年月，約天啓間刊』，若斷作天啓間本，尚無明證。此本現藏中國國家圖書館。（張燕嬰）

一三九

**程氏墨苑十二卷** （明）程大約撰 **人文爵里八卷** 明萬曆程氏滋蘭堂刻彩色套印本。框高二十四·三釐米，寬十四·八釐米。行字不等，白口，四周單邊。

程大約（一五四三？—？）字幼博，別字君房，號筱野，又號玄玄子、守玄居士、墨隱道人、獨醒客、鴻蒙氏、鄣山放民、紫宸近侍等，安徽歙縣岩鎮（今黄山市徽州區）人。明代制墨四大名家之一，被譽爲李廷珪後第一人。太學生，善古文，曾仕鴻臚寺序班，著有《程幼博集》六卷。

程氏既好蓄墨，又精墨法。製墨不受陳法約束，博取衆家之長，講究配方、用料、墨模，首創超漆煙墨製法。其墨堅而有光，黝而能潤，舐筆不膠，入紙不暈。有墨坊『還樸齋』專以製墨，所製墨曾貢入宮中。

當地另一名家方于魯，嘗從君房習製墨，後兩人相牾而獨張墨業，輯有《方氏墨譜》六卷行銷於市。萬曆二十二年（一五九四），程氏因『叔侄之難』，繫居圜户六載。出獄後知方氏『以淫奪理』『以怨叛德』『背德負恩』，亟欲置之於死地，以致其身陷囹圄、家敗名裂；又因方墨漸有出藍之譽，程氏憤而邀名家名工輯刻《程氏墨苑》，於萬曆三十三年刻成。萬曆三十四年，程氏北上獲謝枋得《中山狼傳》，有感而作《續中山狼傳》與之同梓行世，直斥方于魯等人忘恩負義之舉。

此譜由名畫家丁雲鵬、吴廷羽等繪圖，徽州黄氏名工黄應泰、黄一彬等鎸刻。圖文並茂，圖稿精麗絶倫，刻畫栩然如真。該書收録墨樣五百餘種，其中圖版五十五幅，分玄工、輿圖、人官、物華、儒藏、緇黄六類。另有許多抑人揚己之題跋、詩篇和頌詞等。爲造聲勢，程氏還請董其昌、申時行等名流作序，序文多達十七篇。

程譜雖與方譜性質、内容相近，部分甚至雷同，然程氏不惜工本，刻印精益求精，在插圖數量和藝術水準上遠超方譜。書中所收墨樣，於墨形設計和圖式安排上新意迭出。墨形有方形、圓形、圭形及不規則形狀，題材含山川景物、草木禽獸、佛道祥瑞等；程氏還將利瑪竇所贈西方文字和聖像，繪成四幅天主教圖畫，並附以羅馬注音，首次將西方聖經故事圖像收入中國版畫。

作爲明代四大墨譜之最精者，該譜首次採用一版套色印刷，是爲套版之前驅。程氏曾自言『我墨百年後可化黄金』，董其昌《程氏墨苑序》贊曰：『百年之後無君房，而有君房之墨；千年之後無君房之墨，而有君房之名。』（董其昌《容臺集》文集卷一）鄭振鐸《劫中得書記》云：『此「國寶」也！人間恐無第二本。……今所知之彩色木版畫，當以此書爲嚆矢。……我國人談及彩色套版，每不知起源於時，得此書，則此疑決矣。』

《程氏墨苑》有彩色套印本和墨印本二種，版本情況複雜。萬曆三十三年，程氏完成《墨苑》十二卷及詩文集《人文爵里》八卷，彩印行世，是爲初印本；墨印本爲續刻本，有十二卷、十三卷、十四卷甚至十五卷者。所附詩文亦有八卷、九卷之分。部分續刻本附有《中山狼傳》與《續中山狼傳》各一卷。

此本是存世唯一一部保存完整的彩印本；國家圖書館另藏有兩種版本：《程氏墨苑》十二卷《人文爵里》九卷，收錄《中山狼傳》一卷《續中山狼傳》一卷，明萬曆程氏滋蘭堂墨印本；《程氏墨苑》十四卷《人文爵里》九卷，明萬曆程氏滋蘭堂墨印本。首都圖書館藏有《程氏墨苑》十四卷附錄九卷，明萬曆滋蘭堂墨印本。此本現藏中國國家圖書館。（肖剛）

一四〇

**遠西奇器圖説錄最三卷** （瑞士）鄧玉函口授　（明）王徵譯繪　**新製諸器圖説一卷** （明）王徵撰　明崇禎元年（一六二八）武位中刻本。框高二十・六釐米，寬十四・二釐米。每半葉九行，行二十字，白口，四周雙邊。

鄧玉函（Johannes Terrenz 一五七六—一六三〇）字涵璞，瑞士人，耶穌會傳教士。精通多國文字，與伽利略同爲塞西學院院士，是一位天文學家兼物理學家，亦長於醫學、數學。撰有百科全書式的自然史著作《印度的普林尼》。明末來華，大力傳播天文學及醫學知識，是向中國人介紹望遠鏡和近代解剖學的第一人。崇禎三年，病逝於北京。

王徵（一五七一—一六四四）字良甫，號葵心，又號了一道人、了一子、支離叟，涇陽（今陝西三原）人。萬曆二十二年（一五九四）舉人，天啓二年（一六二二）進士。授直隸廣平府推官。六年，補揚州府推官。崇禎四年，由孫元化薦舉，授山東按察司僉事監遼海軍務，協助孫氏練兵。次年，因孔有德『吴橋兵變』而失官充軍，後遇赦還鄉。

萬曆四十二年，王徵從友人處獲贈耶穌會傳教士龐廸我（Diego de Pantoja 一五七一—一六一八）所著《七克》一部，日取展玩，深受感動。後又從龐氏習學天主教『畏天愛人』之理，自此入教，教名斐里伯（Philippe）。天啓五年（一六二五），王徵邀金尼閣（Nicolas Trigault 一五七七—一六二八）至三原開教，居留半載，並爲其家人付洗。

崇禎十六年，李自成陷西安，王徵自題墓石曰『有明進士奉政大夫山東按察司僉事奉敕監遼海軍務了一道人良甫王徵之墓』，拒絕徵召，絶粒七日而卒。王徵一生勤於撰述，有著作四十餘種，惜多散佚，今僅存十餘種，最有影響的當屬和來華傳教士翻譯合著的《西儒耳目資》和《遠西奇器圖説録最》

二種。

《遠西奇器圖説録最》於天啓七年在北京成書，共分三卷：第一卷敘述力學基本知識與原理，包括地心引力、重心、各種幾何圖形重心的求法、重心與穩定性的關係、各種物體的比重、浮力等。阿基米德浮力原理也首次被介紹給中國；第二卷爲器解，講述各種簡單機械的原理，如天平、杠杆、滑輪、輪盤、螺旋和斜面等；第三卷介紹各種實用機械，共五十四幅圖説，包括起重十一圖，引重四圖，轉重二圖，取水九圖，轉磨十五圖，解木四圖，解石、轉碓、書架、水日晷、代耕各一圖，水銃四圖。

是書從西人帶入中國的書籍中選擇當時先進的科技知識並切於民生日用部分翻譯重構而成，是第一部系統介紹西方機械的中文專著，也是我國最早採用拉丁字母符號排序的科技書籍。機械學家劉仙洲説『有計劃有條理地寫一部關於機械工程學的著作，不能不首推明代末年的王徵』，認爲他是『我國三百多年前第一位機械工程學家』（見劉仙洲《王徵與我國第一部機械工程學》，《機械工程學報》六卷三期，一九五八年九月；轉引自賈二强《明末陝西科學家王徵》，《陝西師範大學學報》一九八四年第一期）。

《新製諸器圖説》成書於天啓六年（一六二六），共載九器，包括虹吸、自行磨、自行車、代耕、連弩等，爲王徵丁憂期間在家鄉寫就，乃其出仕前的科學成就及發明。

崇禎元年（一六二八），王徵任揚州推官期間，由揚州府儒學訓導武位中重新繪圖，首次將兩書合刻刊行。因二書從未單行，後世常以《奇器圖説》一名代稱此二書。

《四庫全書總目》是書提要稱『其製器之巧，實爲甲於古今』，『且書中所載，皆裨益民生之具，其法至便，而其用至溥。錄而存之，固未嘗不可備一家之學也』。

崇禎元年十月至崇禎四年間，徽州汪應魁據武位中刊本校訂翻刻，爲該書的第二個版本。崇禎四年，吳懷古又據汪應魁刊本剜刻修版而成西爽堂刻本。在此三種明刻本的基礎上，先後衍生出《古今圖書集成》本、《四庫全書》本、王企校刊本、來鹿堂刻本和《守山閣叢書》本等，以及若干抄本，包括梅文鼎在康熙二十五年（一六八六）訂補的抄本。《守山閣叢書》本和《古今圖書集成》本因被多次影印而流傳頗廣。

《西諦書目》著錄武位中刊本。鄭振鐸《西諦書話》稱『此書刊本甚多，以崇禎間武位中刊本爲最可靠，圖式皆準確無錯。後來新安書坊所刊者，已大爲改動，謬訛百出』。

此本鈐有『长乐郑振铎西谛藏书』『長樂鄭氏臧書之印』等印記。現藏中國國家圖書館。

（肖剛）

一四一

**飲膳正要三卷**　（元）忽思慧撰　明景泰七年（一四五六）內府刻本。框高二十四·五釐米，寬十八·七釐米。每半葉十行，行二十字，黑口，四周雙邊。

忽思慧（生卒籍里不詳）又譯爲和斯輝。是書附忽氏天曆三年（一三三〇）三月三日進書表，知其爲元文宗天曆時人，於延祐至天曆年間（一三一四—一三三〇）任宮廷飲膳太醫。忽氏長於食療養生，掌管皇家飲食營養及藥物補益諸事。

忽氏任食醫一職，行走宮廷多年。其《進書表》云：『臣思慧自延祐年間選充飲膳之職，於兹有年，久叨天禄，退思無以補報，敢不竭盡忠誠，以答洪恩之萬一。……天曆三年三月三日，飲膳太醫臣忽思慧進上。』可知此書乃忽氏感恩之作，成書當在元天曆三年。

是書卷首有虞集天曆三年五月朔日序、忽思慧自序。卷一首列《三皇聖紀》及養生、妊娠、乳母、飲酒等避忌五篇，次列『異饌』九十四種；卷二列各種營養保健食品，詳述其功用及製作方法；卷三附圖論述穀物、果蔬、禽魚等性味與主治病癥。其《進書表》云：『是以日有餘閑，與趙國公臣普蘭奚，將累朝親侍進用奇珍異饌、湯膏煎造及諸家本草、名醫方術，並日所必用穀肉菓菜，取其性味補益者，集成一書，名曰《飲膳正要》，分爲三卷。本草有未收者，今即採摭附寫。』此書爲食療養生專著，歷代書目著錄皆入子部醫類。

《四庫全書總目》《元史·藝文志》《讀書敏求記》《皕宋樓藏書志》均著錄此書。『萬有文庫』叢書將其作爲第二輯第三百七十八種收錄其中。

是書於天曆三年進呈後，當即命中政院刊刻行世，是爲初刻本，亦是元代唯一刊本。及於明代，明景帝朱祁鈺覽此書，大爲稱賞曰：『朕嘉是書而用之，以資攝養之助，且鋟諸梓，以廣惠利於人，亦庶幾乎好生之仁。』（本書御製序）末署『景泰七年四月初一日』。知此本爲明景泰七年内府刻本。明劉若愚《酌中志》卷十八《内板經書紀略》著錄此本：『《飲膳正要》三本，七（疑爲一之訛）百七十五葉。』明呂毖《明宮史》卷五《内板書數》亦載《飲膳正要》計三本，一百七十五葉。證明明代内府確實刻過此書。此書現存元刻僅有殘本，唯此明景泰刻本爲三卷，尤屬珍貴。

是書鈐有『陸時化印』『鐵琴銅劍樓』印。陸時化（一七二四—一七八九）字潤之，號聽松，清江蘇太倉人，精於鑒別。著有《吴越所見書畫録》《書畫説鈴》《賞鑒雜説》。可知是書先爲陸時化所藏，後乃歸鐵琴銅劍樓。現藏中國國家圖書館。（郭晶）

一四二

**茶書二十七種三十三卷** （明）喻政編 明萬曆四十一年（一六一三）刻本 丁丙跋。各種尺寸行款不一，第一種《茶經》框高二十·九釐米，寬十五釐米。每半葉九行，行十八字，小字雙行同，白口，左右雙邊。

喻政（一五七一—？）字正之，號章瀾，又號鼓山主人，明銅仁府（今屬貴州）籍江西南昌人。萬曆二十三年（一五九五）進士。自兵部郎中出知福州府，陞巡道，後致仕。爲人謙和坦易，爲官清修自勵，愛民如子。曾修［萬曆］《福州府志》。［乾隆］《貴州府志》有傳。

論茶之著作，自唐代陸羽作《茶經》以降，歷代騷人墨客轉相紹述，互有拓充，至明代萬曆時已有十餘種。喻政曾藏《陸羽烹茶圖》一幅，賞鑑家多以爲唐寅真迹。後出任福州知府，政暇之時多與同僚、鄉紳品茶賞圖，廣徵題詠，輯成《茶集》二卷。復取前人談茶著述，彙爲是書。前有謝肇淛序，曰：『吾郡侯喻正之先生自拔火宅，大暢玄風，得唐子畏烹茶卷，動以自隨，入閩期月，既已勒之後矣。復命徐興公裒鴻漸以下《茶經》《水品》諸編，合而訂之，命曰《茶書》。』喻政自序亦云：『與徐興公廣羅古今之精於譚茶若隸事及之者合十餘種爲《茶書》。』徐興公即徐𤊹，字惟起，後字興公。福州藏書家。是書爲我國第一部茶學著作總集，有些著作未見單獨刊行，因躋身於本書而得以流傳。

此書最早見於明祁承㸁《澹生堂藏書目》著録曰：『《茶書全集》三十三卷，共五册。』未題編者、版本。後附子目書名、卷數。民國楊守敬、李之鼎撰《叢書舉要》卷二『茶書全集』條下有『明喻政輯，明刊本』，子目與《澹生堂藏書目》相同。

此本前有萬曆四十年壬子周子夫及謝肇淛序，又喻政萬曆四十一年癸丑自序中有『方付殺青』語，則此本之刊刻完成於萬曆四十一年。正文前目録分仁、義、禮、智、信五部，收書二十七種，即仁部：《茶經》《茶録》《東溪試茶録》《北苑貢茶録》《北苑别録》《品茶要録》；義部：《茶譜》《茶具圖贊》《茶寮記》《荈茗録》《煎茶水記》《水品》《湯品》《茶話》；禮部：《茗笈》（上下）、《茗笈品藻》《煮泉小品》；智部：《茶録》《茶考》《茶説》《茶疏》《茶解》《蒙史》（上下）、《别紀》《茶譚》；信部：《茶集》、附《烹茶圖集》。正文卷端各題子目書名，不題所屬何部。書口所題刻工有江、江泗、志、光、安、正、劉、劉俊、宇、張忠、張照、招、章和等。

此本國内流傳極少，日本國立公文書館内閣文庫及國立國會圖書館藏有全本。日本内閣文庫及静嘉堂文庫存另一印本，十八種，衹有萬曆壬子（四十年）謝序，目録分元、亨、利、貞四部。日本布目潮渢比較兩本，認爲十八種本係萬曆四十年初刊本（稱甲本），二十七種本爲萬曆四十一年增補本（稱乙本）。其中甲本元、亨、利三部同乙本仁、義、禮，使用了相同的版本；甲本貞部收喻政輯《茶集》二卷，附《烹茶圖集》（有目無書），乙本信部《茶集》中多『茶事詠』數葉，且《烹茶圖集》内容齊全；乙本智部八種内容，甲本無，爲萬曆四十一年增補刊行（見《中國茶文化經典》附錄布目潮渢撰《中國茶書全集解説》文）。依據其説，則此本應爲明萬曆四十年刻四十一年增補印本。

此本鈐有『八千卷樓藏書之記』『善本書室』印，丁氏《八千卷樓書目》卷十二、《善本書室藏書志》卷十八著錄。現藏南京圖書館。（方雲）　一四三

**墨子十五卷**　明嘉靖三十一年（一五五二）芝城銅活字藍印本　黄丕烈校並跋。框高十九・三釐米，寬十三・一釐米。每半葉十一行，行二十二字，白口，四周單邊。

墨子（前四六八？—前三七六）名翟，戰國初魯國人，一説宋國人。墨家創始者。曾任宋國大夫。阻止魯陽文君攻鄭。又説服公輸般，阻止楚攻宋。初學儒者之業，受孔子之術；後另立新説，聚徒講學，弟子滿天下。與儒家並稱『儒墨顯學』。《史記・孟子荀卿列傳》曰：『蓋墨翟，宋之大夫，善守禦，爲節用。或曰並孔子時，或曰在其後。』宣傳『摩頂放踵，立天下而爲之』。主張兼愛、非攻、尚賢、尚同，反對儒家繁禮厚葬，提倡薄葬非樂，反對世卿世祿制度，提出三表法，以檢驗言論是非。自漢代中期，墨學由『天下顯學』漸爲民間私學，治墨者一度寥寥。發展至明清，墨學再度由晦而顯。

《墨子》成書約在戰國中後期。《四庫全書總目》是書提要謂：『書中多稱子墨子，則門人之言，非

所自著。』『第五十二篇以下皆兵家言，其文古奥或不可句讀，與全書爲不類。疑因五十二篇言公輸般九攻、墨子九拒之事，其徒因採摭其術附記其末。觀其稱弟子禽滑釐等三百人已持守固之器在宋城上，是能傳其術之徵矣。』可見該書内容並非墨子一人所言，乃墨子及其後學者論斷之結集。

《漢書・藝文志》著録《墨子》七十一篇十八卷，含目録一卷。其後尚有西漢卷書本、魏晉分章本、隋唐寫本，今未見傳世。《崇文總目》著録《墨子》十五卷，未提及目録一卷。南宋陳騤撰《中興館閣書目》著録《墨子》『一本，自《親士》至《雜守》爲七十一篇。所存六十一篇』，此爲十五卷殘本，已亡《節用》《節葬》《明鬼》《非樂》《非儒》及目録等十篇。又云『一本，止存十三篇』，此爲三卷殘本。其後晁公武《郡齋讀書志》卷十、王應麟《玉海》卷五十三亦有相同記載。三卷本雖文字訛脱錯亂甚多，亦可據以校勘十五卷本。此二部亦佚。明道藏本《墨子》爲迄今得見之該書最早版本，尚保留有早期刻本痕迹，如：《耕柱第四十六》中『夏后開』之『開』避漢景帝廟諱『啓』；《魯問第四十九》篇『匡其邪』缺『匡』字，避趙匡胤諱。該本在《道藏》沛字號，共五十三篇，較《中興館閣書目》所載又缺八篇，至此存世篇目基本無異。此後版本可以嘉靖銅活字本、唐堯臣刻本爲代表。清末孫詒讓著《墨子閒詁》，乃集諸家之説而成。

此本卷前有韓愈撰『讀墨子』，言『孔子必用墨子，墨子必用孔子，不相用不足爲孔墨』，指出二者並爲『顯學』。目録後鐫『明刑部河南清吏司郎中吳興北川陸穩校行』。卷八末中豎鐫『嘉靖三十一年歲次壬子季夏之吉芝城銅板活字』條記。卷十五末鐫『嘉靖壬子歲夷則月中元乙未之吉芝城銅板活字』。

夷則月，乃孟秋之月。芝城爲福建建寧府城之別稱，即今福建之建甌縣。因知此本爲明代中葉福建銅活字印本。此本自清代以來在版本學界享有盛名，傳世至罕，爲僅見之本。

卷首有黄丕烈墨跋一篇，卷末另有其墨跋、朱跋各一篇，言『《墨子》嚮無善本，往時顧抱沖訪書海鹽張氏，曾得一藍印本，歸其從弟千里，歎爲絶佳』；又言『家藏子書極多宋刻，唯《晏子》《墨子》皆明本之善者，是可喜已』。可知《墨子》早期版本未見，此藍印本亦爲可貴。《楹書隅録》卷五提及『昔得黄氏「百宋一廛」藍印《墨子》，復翁校用黄筆』。書中有多處朱筆點校，每卷末均有『道藏本校』等字樣，並將《道藏》本每卷標題下『沛一』等數悉記於卷尾。

此本鈐有『平陽汪氏藏書印』『東郡楊紹和字彦合藏書之印』『東郡楊氏宋存書室珍藏』『東郡楊氏鑑臧金石書画印』『宋存書室』『張一麐』等印記。此本迭經顧千里、黄丕烈、汪士鐘、楊紹和等收藏。現藏中國國家圖書館。（楊照坤）

一四四

**鶡冠子三卷**　（宋）陸佃注　明弘治碧雲館活字印本（四庫底本）　清高宗弘曆題詩。框高二十·八釐米，寬十四·七釐米。每半葉十行，行二十字，白口，四周單邊。

《漢書·藝文志》著録《鶡冠子》一篇，曰：『楚人，居深山，以鶡爲冠。師古曰：「以鶡鳥羽爲冠。」』是書主張黄老刑名之道，以語録體方式記録天地陰陽之道、治國兵法之道乃至選人用人之道。《四庫全書總目》是書提要曰：『其説雖雜刑名，而大旨本原於道德，其文亦博辨宏肆。自六朝至唐，劉勰最號知文，而韓愈最號知道，二子稱之，宗元乃以爲鄙淺，過矣。』

陸佃生平爵里、學行業績簡況，前録明建文二年林瑜、陳大本刻本《埤雅》時已介紹。

《鶡冠子》一篇，《漢書·藝文志》以降，《隋書·經籍志》《舊唐書·經籍志》《新唐書·藝文志》《郡齋讀書志》《直齋書録解題》《通志》《宋史·藝文志》等皆有著録。

是書書衣鈐有『乾隆三十八年（一七七三）四月兩淮鹽政李質穎送到馬裕家藏鶡冠子壹部計書壹本』印，知此本爲當時兩淮鹽政採進本。馬裕，字元益，又字竹泉，原籍安徽祁門，先世業鹽於揚州。其藏書多來自馬曰琯『叢書樓』和馬曰璐『小玲瓏山館』。卷前乾隆御筆題詩曰：『鐵器原歸厚德將，雜刑匪獨老和黄。朱評陸注同因顯，柳謗韓譽兩不妨。完帙幸存書著楚，失篇却勝代稱唐。帝常師處王友處，戒合書紳識弗忘。』足見此本在當時很受重視。

是書版印清朗，版口下鎸有『碧雲館』『弘治年』和『活字本』，知碧雲館曾於明弘治年間（一四八八—一五〇五）以活字排印是書。傳碧雲館刻書僅此一本傳世，然碧雲館主人，難以考證。趙萬里等編製的《中國版刻圖録》著録是書爲『明弘治碧雲館活字印本』，將其混排在銅活字印本中，無法斷定其爲何種材質的活字，而後世更多認爲屬木活字排印本。

此本鈐印纍纍，有『乾隆御覽之寶』、袁克文『袁氏仲子』及『克文私印』、惲毓鼎『毓鼎』及『澂齋收藏書畫』、莊蘊寬『蘊寬讀過』和『恩緘手書』及周叔弢『周暹』等印。袁克文（一八八九—一九三一）字豹岑，别署寒雲，袁世凱次子，項城人（今屬河南）。長於詩文，擅書法。惲毓鼎（一八六二—一九一七）

字薇孫，一字澄齋，祖籍江蘇常州。清光緒十五年（一八八九）進士，歷任翰林院侍講，國史館協修、纂修、總纂、提調，文淵閣校理。莊蘊寬（一八六六—一九三二）字思緘，號抱閎，晚年稱無礙居士，常州人（今屬江蘇）。擅書法，曾爲故宮博物院圖書館館長。

是書曾爲揚州鹽商馬氏兄弟小玲瓏山館舊藏，清光緒時藏於恽毓鼎處，幾經輾轉歸藏於周叔弢先生，新中國成立後，周氏捐贈國家。現藏中國國家圖書館。（郭晶）

一四五

**淮南鴻烈解二十一卷** （漢）劉安撰 （漢）許慎 高誘注 明萬曆八年（一五八〇）茅一桂刻本（四庫底本）。框高十九·六釐米，寬十二·七釐米。每半葉九行，行十九字，注文小字雙行同，白口，左右雙邊。

劉安（前一七九—前一二二），漢文帝弟淮南厲王長之長子，文帝十六年（前一六四）襲父封爲淮南王。喜好文學，嘗奉武帝之命撰寫《離騷傳》，又招致賓客集體編寫此書。元狩元年（前一二二）因謀反罪下獄自殺。事迹詳《史記》本傳。

許慎（三〇—一二四）字叔重，東漢召陵（今河南郾城）人。曾爲太尉南閣祭酒，從賈逵受業，博涉經籍，尤長於文字訓詁之學，撰有《説文解字》並敘目十五篇、《五經異義》十卷等。

高誘（生卒年不詳），漢末涿郡（今河北涿州）人。從盧植學，建安十年（二〇五）辟司空掾，除東郡濮陽令，撰有《呂氏春秋注》《戰國策注》等。

《郡齋讀書志》謂劉安『招致諸儒方士講論道德，總統仁義，著内書二十一篇，號曰《鴻烈》』，故是書本名『鴻烈』。高誘敘云：『鴻，大也；烈，明也，以爲大明道之言也。』西漢劉向校定劉安内、外書統稱之爲《淮南》，《漢書·藝文志》即將此書著録爲『淮南内』，《隋書·經籍志》則稱『淮南子』。自《通志》著録始題『淮南鴻烈解』，《宋史·藝文志》則題『淮南子鴻烈解』。其内容頗爲博雜，書中《要略》云：『著書二十篇，則天地之理究矣，人間之事接矣，帝王之道備矣。』又高誘敘云：『言其大也，則燾天載地；説其細也，則淪於無垠，及古今治亂存亡禍福、世間詭異瓌奇之事。其義著，其文富。物事之類，無所不載。』東漢許慎、馬融、延篤等爲之注，至漢末高誘又『參以經傳道家之言，比方其事爲之注解』，後其他諸家注亡佚，僅存有許慎、高誘兩種注本流傳。

此本爲明萬曆八年茅一桂刻本，其依據爲國家圖書館藏另一部相同版本《淮南鴻烈解》，有萬曆庚辰（八年 一五八〇）歸安茅一桂序，云：『今年春與允文彙藏經鈔本，參相校讎，攈摭經傳，而稍稍爲之損益。』『或曰此《鴻烈》之完善本也，因出而鏤諸木，以與世之博物君子共焉。』按《善本書室藏書志》著録一帙『歸安鹿門茅坤批評』本《淮南鴻烈解》，録有臨海王宗沐序云：『鹿門從子一桂故嗜書業，已訂《淮南》行海内。』知茅一桂乃茅坤從子。此本寫刻清朗，刀法遒勁，洵爲明槧佳本。據書口所鎸刻寫人等姓名，知寫樣者多爲長洲或無錫人，如章莒、侯國臣、侯祖等。又刻工鄒邦彦、余用、王志、汪和等，俱爲江西籍刻工。清乾隆年間纂修《四庫全書》，此本選爲《淮南子》的底本，書中卷首之館臣簽批猶存。檢《四庫全書總目》是書提要稱《淮南子》所用底本爲内府藏本，故書中鈐有『翰林院典簿廳關防』印。

此本鈐有『心吉』『時億之印』『陽湖陶氏涉園所有書籍之記』『四明張氏約園藏書之印』『張印壽鏞』『約園』諸印，民國間陶湘舊藏，繼爲張壽鏞所得，現藏中國國家圖書館。（劉明）

一四六

**劉子二卷** （北齊）劉晝撰 （唐）袁孝政注 （明）孫鑛評 明末刻本。框高二十一・二釐米，寬十四釐米。每半葉九行，行二十字，白口，四周單邊。

該書作者，前人曾有過不同著録。《舊唐書・經籍志》《新唐書・藝文志》均題南朝梁劉勰撰。宋陳振孫《直齋書録解題》引袁孝政序文作北齊劉晝孔昭撰。《宋史・藝文志》亦作劉晝。或以爲劉歆、劉孝標、袁孝政及貞觀以後人所作者，皆非也。目前學界大致認定爲劉晝撰。劉晝（五一四？—五六五）字孔昭，渤海阜城（今屬河北）人。《北齊書》卷四十四、《南史》卷八十一並有傳。

此本卷端下題『北齊劉晝著，播州袁孝政注，東海孫鑛評』。卷上起《清神》第一，迄《命相》第二十五；卷下起《妄瑕》第二十六，迄《九流》第五十五。卷首有武林王道焜序，版式字體爲明末刻本典型風貌。

是書現存版本以一八九九年發現之敦煌寫本殘卷爲最早。存世有宋刊本，其次爲明正統道藏本。二本文字互異之處不少，後世傳本多出此二本。可據以分爲二系：一宋本系，一明道藏本系。此本屬道藏本系，《禍福》四十八，『亳有桑穀』，此本脱『亳』字；『以聖賢之舉措』，此本『措』作『止』，疑文字有改動，已非道藏本原貌。

鈐有『扶風馬氏』『華亭梅氏臧書』『金山錢熙祚錫之氏臧書記』『守山閣』『金山顧觀光尚之氏校勘圖記』『顧觀光尚之勘』『泉塘耀松楊祚昌經眼』等印。現藏上海圖書館。（郭立暄）　一四七

**封氏聞見記十卷**　（唐）封演撰　明抄本　蔣杲校並跋。框高二十二・七釐米，寬十五釐米。每半葉十行，行二十字，藍格，白口，四周雙邊。

封演（生卒年不詳），渤海蓚（今河北景縣）人。天寶末進士及第。曾爲薛嵩僚屬，後改入田承嗣幕府，官至朝散大夫、檢校尚書吏部郎中兼御史中丞。該書卷三《銓曹》條載：『中宗時，余從叔希顔始爲大樂丞。』知演有一族叔名希顔，據《元和姓纂》和《新唐書・宰相世系表》記載，希顔爲封隆之的後人，封行賓之孫。行賓有兩弟：行高、梁客。演當爲此三人之一的曾孫。撰有《古今年號録》《錢譜》和《元正占書》各一卷，均亡佚。存世著作除《封氏聞見記》外，另有《魏州開元寺新建三門樓碑》一文。

此書約成於唐貞元年間（七八五—八〇五），大抵前六卷敘典制與風習，七八兩卷敘古迹與雜論，末兩卷敘士人軼事。記事以類相從，標題立目。每目之下敘事若干，間有論述或另加按語，首尾完具。所論多爲唐事，兼及前代。此書語必徵實，源委詳明，足資考證。所記多爲親見，其論每脱臼巢，故今人劉葉秋歸之爲考據辯證類筆記小説。《四庫全書總目》是書提要稱『唐人説部，自顔師古《匡謬正俗》、李匡乂《資暇集》、李涪《刊誤》之外，固罕其比偶矣』。盧見曾亦贊其爲『説部之佳者』。全書共一

百零一條，保留了一些頗足珍貴的歷史資料，是研究史學、語言文字學、科舉制、科技史料、地理、考古等方面的重要參考。在流傳過程中，因輾轉抄刻，散佚嚴重。全書今存近三萬字，爲後人輯録而成，但仍有闕佚。

《崇文總目》《新唐書·藝文志》《通志·藝文略》《宋史·藝文志》《文獻通考》《郡齋讀書志》均著録爲五卷，而《直齋書録解題》著録爲二卷。殆輾轉傳抄，互有分合。而後世流傳的多爲十卷本。十卷本起於何時，無確論。宋周南《山房集》卷五《題跋》載：『《封氏聞見記》，唐德宗時吏部郎中封演撰，凡十篇。首篇《道教》，敘道君符應之誕，辨河上公非漢文帝時人。《儒術》篇記廣文館本末，與孔子廟祈子之事。《文字》《石經》，所載甚詳。其後雜載官名制度，名物殊異，終於《侮謔》。』周氏所見與今本類似，首末篇皆同。略有不同之處是周氏稱第二篇爲《儒術》，而今爲《儒教》，或爲後人求同而改。周氏跋有『《儒術》篇記廣文館本末』一句，今本無，蓋是脱文。周南字南仲，吴郡人，淳熙庚戌（一一九〇）登甲科，官至秘書省正字。其生活年代早於陳振孫，且得見十卷本，而此本於《直齋書録解題》《宋史·藝文志》均未著録，可見十卷本非當時主流。宋之後，元明清時期出現了很多手抄本。

傅增湘《藏園群書經眼録》卷八著録有明藍格寫本、明寫本、明上党馮氏寫本、舊抄本四種抄本，其中的明寫本即爲此本。傅氏曰：『《封氏聞見記》十卷，唐封演撰。明寫本，十行二十字，後有夏庭芝、朱良育跋。蔣子遵杲跋録後：「此本乙未歲從小山處得之，是舊抄善本，而首卷、三卷、七卷脱誤甚多。己酉秋抄，假紅豆齋新抄對校，乃傳自吴方山、秦酉巖、孫伏生、陸敕先者，夏伯和、朱良育二跋亦錄於卷尾。其大脱誤處一如是帙，而傳寫訛舛更多，惜無完書，成兹合璧，輒是以俟博雅君子。杲識。」鈐有汪閬源藏印數方。按：此書余藏有兩本，一舊抄，莫郘亭指爲明隆慶所寫者，一明抄藍格，乃天一閣舊藏。莫本自是佳勝，近日富陽趙君貞信校勘兹書甚勤，余兩本皆以假之矣，有校證十卷，旁徵博考，匡謬訂訛，無微不至。惜其書已行世，未及更見此本。第據蔣氏跋，此帙亦出紅豆齋，而脱誤更多，則披沙揀金亦戛戛乎難矣！沅叔書於長春室中。（邢贊亭藏書，甲戌二月見。）」

此本爲邢之襄所藏，有清蔣杲校並跋。從傅氏記載亦可見該書經傳抄，訛誤和闕佚在所難免。《封氏聞見記》一書刊刻至今，版本甚多。在抄本方面，有天一閣藏明抄本，莫郘亭藏舊抄本，凌紱曾藏抄本，《四庫全書》本，天津周氏藏抄本；在校本方面，有海源閣藏朱邦衡校蔣氏本，陸心源校本，繆荃孫雲輪閣藏校本，王國維校本；在刻本方面，有雅雨堂叢書本，江都秦贇刻本，《學海類編》本，封氏家刻本，指海續刻本等。

此本鈐有『古民氏』『三十五峰園主人』『汪士鐘印』『汪士鐘字春霆号朗園書画印』『邢之襄印』『南宮邢氏珍臧善本』等印，表明曾經汪士鐘、邢之襄等人遞藏。現藏中國國家圖書館。（肖剛）



**南部新書十卷**　（宋）錢易撰　明刻本　錢曾　胡珽校　何焯　周錫瓚　顧廣圻校並跋。框高二十・三釐米，廣十三・八釐米。每半葉十行，行二十字，白口，左右雙邊。

錢易（九六八—一〇二六）字希白，吴越王倧之子。入宋後，年十七舉進士，以才藻知名。真宗朝纍遷至左司郎中，爲翰林學士。才學贍敏過人，數千百言，援筆立就。蘇易簡贊其『爲歌詩殆不下（李）白』。擅長尋尺大書行草。喜觀佛書，曾校理《道藏經》，著《殺生戒》，有《金閨》《瀛州》《西垣制集》一百五十卷，《青雲總録》《青雲新録》《洞微志》卷一百三十。《宋史》卷三百十七有傳。

此書是宋真宗大中祥符間錢氏知開封縣時所作，抄纂《國史》《太平廣記》、唐人筆記以及小説野史而成，以十天干分卷，凡約八百五十餘條。所記以唐時士大夫遺聞佚事爲主，間及五代、宋初。主要内容有唐代政治制度及官場典故；唐代狀、敕、令、式等原始文書史料；人物事迹之可補史傳者；音樂百戲、節慶風俗、衣食器物等瑣屑雜事。雜采諸書，行文簡潔，而罕涉怪異，史料價值甚高。《四庫全書總目》將之歸入卷一百四十子部小説家雜事類，並提要評云：『多録軼聞瑣語，而朝章國典，因革損益，亦雜載其中，故雖小説家言，而不似他書之侈談迂怪，於考證尚屬有裨。』李慈銘《越縵堂日記》亦云：『其書言唐事者十之九，多資掌故，足裨兩書之闕。希白世居吴越，唐之故老，多居其國，故承平文獻，述之尤詳。』

卷首題『籛後人希白』，《四庫全書總目》是書提要謂『蓋以《姓譜》載錢氏出籛鏗也』。《郡齋讀書志》袁本雜史類、小説類重出此書，衢本入雜史類，均作五卷。《直齋書録解題》作十卷，題作《南郡新書》，『郡』字恐誤。《宋史·藝文志》以下均作十卷。晁氏所記五卷本，提要推測『殆别一合併之本也』，抑或有缺失，已不得其詳。是書有嘉祐元年（一〇五六）其子錢明逸序，謂『以《新書》次爲門類，繕録净本，致於鄉曲，以圖刊鏤』，然傳世各本未見分門别類。

是書宋本久佚，行世多爲轉相傳録之本，明刻本亦十分稀有。此本原爲清初錢曾述古堂舊藏，錢明逸序原佚，錢曾收得後手録補全，書中瘦筆批點字體亦出錢氏之手。卷末有『孟公』跋，云錢氏不得宋刻名抄是正，訛脱尚多，『康熙庚寅余從心友架上借閲，稍改其可知者』。庚寅即康熙十九年（一七一〇）。後又經胡珽、何焯二人批校，胡批粘浮簽，何氏作朱批。嘉慶間書歸周錫瓚，卷首有周氏簽條云：『此是錢、何兩先生校正，别無副本，内夾簽條亦不可遺失。』慎加護持如是。黄丕烈曾借讀此本，《士禮居藏書題跋記》卷四謂何氏等所校有未可盡據者，故未曾過録諸家校語於自藏抄本之上，云『余之不敢録入校語者，正恐妄人强作解事爾』，顧廣圻跋亦謂『義門所改頗有未妥者』，而『其駁正也是翁所校之誤多是』。傳世各抄本多經不熟唐事之人改竄，此本爲存世最早之本，多存舊貌，諸家批校亦頗有可取之處，故再造影印行世。

鈐有『虞山錢曾遵王臧書』『平陽伯子』『汪印士鐘』『曾在周叔弢處』等印。現藏中國國家圖書館。

（樊長遠）

一四九

**春渚紀聞十卷**　（宋）何薳撰　明天啓四年（一六二四）王□抄本　吴翌鳳校跋並録毛扆題識　黄丕烈　陳壿　周星詒校並跋　蔣鳳藻跋。每半葉九行，行十八字，無格。

何薳（一〇七六—一一四五）字子楚，一説字子遠，號韓青老農，浦城（今屬福建）人。其父去非，曾任右班殿直、武學教授之職，參與校正『五經七書』。後改官武學博士，遷左侍禁。其時三蘇文章風行於世，去非摹寫蘇氏策論，神貌酷肖。元祐四年（一〇八九），蘇軾讀到去非策論，歎爲班、馬之匹，上疏稱揚，請改任爲太學博士，不果，乃改任徐州教授。知富陽縣，通判滄州、廬州。何薳始終侍父宦遊，並在徐州拜『蘇門六君子』之一的陳師道爲師。後者安貧樂道、不爲進取計的作風，對何薳一生行止有深刻影響。其父歿後，何薳隱居不仕，晚年更以讀書自樂，常著青麻短衣，執杖談笑林莽間。著《春渚紀聞》十卷。

何氏父子世銘蘇氏，凡蘇公遺文，刀筆題志、小辨雜説，無不收誦，縱横用之。故此書卷六《東坡事實》所引詩、文，往往爲蘇軾詩文集中所缺失，多爲輯佚者所取。卷七《詩詞事略》，或雜記唐人及本朝人詩詞軼事，或訂正前人詩句之誤，是珍貴的詩史資料。卷八《雜書琴事》（《墨説》附）、卷九《記硯》，記録大量名不見經傳的墨工、硯工姓名與技能，具有重要文獻價值。卷十《記丹藥》反映了宋代煉丹術的盛行，爲現今研究古代化學史者所重。前五卷題爲《雜記》，記述仙道異事、民間奇聞，宣揚人生壽夭、官位爵禄乃前知前定，讖語、經文、夢境、道術的靈驗神效，多屬荒誕無稽之談，最爲後世訾議。然其中多有隱晦曲折地影射抨擊時相秦檜的内容，如卷二《黄涅槃讖語》讚揚當時正受秦檜排擠陷害的黄公度、卷五《陳涂共爲冥史》稱頌因支持胡銓彈劾秦檜被謫外任而死的陳剛中，均可見作者的襟懷與膽識。

《春渚紀聞》對《墨莊漫録》《夷堅志》《容齋隨筆》《雲麓漫鈔》等一批晚出宋人筆記均有影響。至遲在宋寧宗、理宗朝已有刻本，清人尚得見之。此本黄丕烈補抄目録八葉，末有『臨安府太廟前尹家書籍鋪刊行』一行，爲轉録自宋刻本之明證，惜今已不見宋刻傳本。明人陳繼儒將此書刊入《寶顔堂秘笈》，然僅六卷；後毛晉得全本，刻入《津逮秘書》，但第九卷仍缺一葉，非完帙。常熟張氏以完帙彙刻入《學津討原》，盧文弨有《春渚紀聞補闕》一卷，收入《抱經堂叢書》中，學者始得見全本。此本爲明人舊抄，卷十末有『皇明天啓甲子孟春上浣録完，王□』識語一行。入清，經吴翌鳳以毛本校勘；後歸百宋一廛，又以宋本補校；過陳墫手，再據毛本精校；至周星詒，則據張本讎校。故書中朱字粲然，是正尤多。得此本，可見宋本、毛本、張本異同與諸校勘名家手澤。

書中鈐『枚庵流覽所及』『士礼居』『仲遵收藏』『西畇草堂』『翁斌孫印』等印記。現藏中國國家圖書館。（張燕嬰）

一五〇

## 習學記言序目五十卷　（宋）葉適撰　明抄本　葉萬跋　周星詒校並跋。每半葉十二行，行二十四字，無格。

葉適（一一五〇—一二二三）字正則，温州永嘉（今屬浙江）人。淳熙五年（一一七八）進士第二，授平江節度推官。纍官至寶文閣學士。韓侂冑伐金時，葉適以寶謨閣待制知建康府兼沿江制置使，屢挫敵鋒。開禧三年（一二〇七）侂冑誅，葉適被劾附侂冑而奪職，遂杜門講學、著述，自成一家。卒贈光禄大夫，謚忠定。著有《水心集》等。史稱其爲文藻思英發，志意慷慨，雅以經濟自負。提倡『事功之學』，爲永嘉學派代表人物，學者尊稱『水心先生』。《宋史》卷四百三十四有傳。

是書有嘉定十六年（一二二三）葉氏門人山陰孫之宏序，云：『初，先生輯録經史百氏條目，名《習學記言》，未有論述。自金陵歸閒，研玩群書，更十六寒暑，乃成《序目》五十卷。』《宋史·藝文志》誤作四十五卷。古籍書目著録或作《習學記言》，省『序目』二字。凡分經十四卷，諸子七卷，史二十五卷，文鑒四卷。《四庫全書總目》是書提要謂『所論喜爲新奇，不屑摭拾陳語，故陳振孫《書録解題》謂其文刻峭精工，而義理未得爲純明正大。劉克莊爲趙虚齋作《註莊子序》，亦稱其講學析理，多異先儒』。黄宗羲《宋元學案·水心學案》則謂葉氏於經史群書『靡不該覽綜貫，抉其義藴，其淹博尤非陋儒所敢望，未可以陳伯玉（即陳振孫）所論遽譏其偏駁也』。

孫之宏序又云：『（先生）子寀既以先志編次，諗今越帥新安汪公鋟木郡齋。』『汪公』即汪綱（字仲舉），時知紹興府。汪跋云：『余曩得林德叟（名居安，葉氏弟子）所傳水心《習學記言》前後兩帙，一自《書》《詩》《春秋》三經、歷代史訖五代史，大抵備史法之醇疵，集時政之得失，所關於世道者甚大。一自《易》《禮》《語》《孟》五經諸子訖吕氏《文鑑》，大抵究物理之顯微，著文理之盛衰，所關於世教者尤切。』孫之宏携來鋟版之本『乃用諸經史子前後排比次第，聚爲一書，總五十卷』。疑是書未定稿時，門人已競相抄録，故前後不同。孫詒讓《温州經籍志》卷十七謂『以汪氏所述，推之林本，先後分合，義例不甚可解，固不若孫本之精整，然今本書末亦有「學生林居安校正」一行，則汪刊雖依孫本，亦經林氏手校矣』，所引『學生林居安校正』一行此本未見。此本汪跋末句『癸未良月望日新安汪綱仲舉父書』

轉行至下葉，而其葉適闕，孫氏所引恐正在所佚之葉末。又卷四十六末孫之宏附記云：『按諸子書惟《莊》《列》《文中子》不及論述，先生嘗答之宏書云「《記言序目·孫卿》後僅有四卷。如《莊》《列》諸書能（『能』字孫詒讓引作『雖』）熟商量，莫知所以命筆，衹得且放過」』云云，今本《荀子》在卷四十四，後凡六卷。故孫詒讓疑『葉案及門人編定時或有分併矣』。

汪綱所刻即所謂新安郡齋本，久已失傳。是書存世者皆明以來舊抄本。此本有跋署『南陽道轂』，鈐『歸來艸堂』印，當即明末藏書家葉樹廉抄本。樹廉又名萬，字石君，博古好學，藏書皆手自校正，爲世所寶。清周星詒朱筆校字並作跋，謂『校讀訖，更影寫副本寄孫琴西觀察於江寧』。孫琴西即孫衣言，此錄副本今存南京圖書館。卷九第一葉鈐『白沙翠竹邨庄』印，卷十八、二十八、三十五鈐『孫從添印』『慶增氏』二印。現藏中國國家圖書館。（樊長遠）

一五一

**蘆浦筆記十卷**（宋）劉昌詩撰　明穴研齋抄本　黄丕烈　王芑孫跋。框高十九釐米，寬十六釐米。每半葉十二行，行二十字，白口，四周單邊。

劉昌詩（生卒年不詳）字興伯，宋清江（今江西樟樹）人。主要活動於淳熙八年（一一八一）至嘉定八年（一二一五）間。嘉泰二年（一二〇二）前，久客他鄉。開禧元年（一二〇五）登進士第，後任華亭蘆瀝場鹽官，嘉定七年任六合縣知縣。《清江縣志》云：『（劉）博綜群籍，爲文精於考據。』著有《蘆浦筆記》。事迹見《六合縣志》《清江縣志》及《宋會要輯稿》。

是書卷首自序云：『予服役海陬，自買鹽外無他職事。官居獨員，無同僚往來。』『兀坐篝燈，惟繙書以自娛。……久懼遺忘，因並取疇昔所聞見者而筆之册，凡百餘事，稡爲十卷。……嘉定癸酉中和節清江劉昌詩興伯敘於通山閣。』因知是書當成於劉氏任鹽官期間，乃閒暇之隨記。卷末自跋云：『昌詩讀書不多，托子墨以自試。……後二年乙亥（八年）秋，輟清俸，鋟梓於六峰縣齋，非敢以傳世也，亦願聞其誤焉爾。重陽日書。』因知是書初刻於劉氏罷鹽官任知縣間，即嘉定八年。惜今不傳。

是書名爲『筆記』，實爲『雜錄』。僅十卷，無題材拘囿，內容廣泛，正如序中所云：『凡先儒之訓傳，歷代之故實，文字之訛舛，地里之遷變，皆得遡其源而循其流。』劉氏擅考據，故此書備受推崇。《四庫全書總目》是書提要云：『其書多糾吳曾《能改齋漫錄》之失。其論泥軾、屏星、金根車……杜甫詩錯簡，皆有特識。……皆足以資考據。』王士禎《池北偶談》尤稱其記王復死節之事，可補《宋史》之闕，又稱『其書流傳甚少』。

《四庫全書考證》《千頃堂書目》《續文獻通考》《皕宋樓藏書志》《絳云樓書目》均有著錄。

是書版印清晰，書口下端有『穴研齋繕寫』字樣，故此本確爲明穴研齋抄本無疑。然穴研（硯）齋究竟屬明還是屬清，歷來著錄混亂。

檢沈曾植《海日樓題跋》卷三『穴硯齋藏王雅宜小楷千文真迹册』條載：『《無錫縣志》：「秦柱字汝立，秦金之孫，工書，師歐陽率更，草師孫虔禮。以薦授中書舍人。」《士禮居藏書記》屢稱穴硯齋抄本，而不知其時代前後，觀此乃知汝立印也。』因知穴硯齋乃明無錫秦柱齋名室號。高拱當國，柱有通家之舊，未嘗輕詣其門。及拱得罪去，門生皆走匿，柱獨追送百里外。吳中行疏，論張居正奪情杖闕下，柱挾醫視湯藥，得不死（事詳見清于琨〔康熙〕《常州府志》卷二十四、清尹繼善〔乾隆〕《江南通志》卷一五八）。其實無錫秦氏，乃自宋以來望族，名人輩出，家有饒資。特別是到秦柱、秦汴、秦柄兄弟輩，家富藏書。時届皇明，許多宋元舊本尚可得見，故設穴硯齋繕録以傳，以利後學。王惕甫跋云：『此穴硯齋抄本，雖非一人書、一時書，其中有作柳誠懸體者，其人筆筆是唐碑。雖以抄書故不甚修謹，然正緣草略乃使筆法盡露。初學觀此，可以助臨帖之功。』王惕甫即王芑孫（一七五五—一八一七），字念豐，一字漚波，號惕甫，又號鐵夫、楞伽山人，長洲（今江蘇蘇州）人。擅書法，亦工詩。著有《淵雅堂詩稿》。卷末黄丕烈跋亦云：『曾以此抄本校鮑刻，所正甚多，其尤可笑者，《趙清獻公充·御試官日記》。……共脱九行……頃惕甫借觀，還此追記，所知如是，俾共知穴研齋繕寫本精妙，真無與匹已。』因知此本爲全帙。

是書鈐有『漚波』『老鋏晚年書』『王鋏夫閲過』『惕甫借觀』『惕甫經眼』『翁斌孫印』等印。翁斌孫（一八六〇—一九二二）字弢夫，江蘇常熟人，同龢侄孫。卷末鈐有『遼州之契』，印左側題字『此明代官印，予得之太原』，印之右下角有『翁斌孫印』。按『遼州之契』，當是地方官印。明崇禎十六年（一六四三年）李自成攻入西安，遂定國號爲大順，年號永昌。馮夢龍《甲申紀事》卷四載：『以前印信，俱着職方司彙收繳進。改印爲契。凡逆闖三代祖宗名諱，以及其身如定、光、印、務、自、成，俱戒勿犯。』而李自成的父亲李守忠，又名印家，故回避『印』字，稱『遼州之契』。遼州屬山西大同府，轄榆杜、和順二縣。可知此本《蘆浦筆記》曾是闖王永昌時遼州官書，意義特殊。同時，亦進一步證明穴硯齋是明時齋號。現藏中國國家圖書館。（郭晶）

一五二

**焦氏筆乘六卷續集八卷**　（明）焦竑撰　明萬曆三十四年（一六〇六）謝與棟刻本　孫祖同跋。

框高二十·八釐米，寬十三·八釐米。每半葉九行，行十九字，白口，四周單邊。

焦竑（一五四〇—一六二〇）字弱侯，又字從吾、叔度，號漪園，又號澹園，著文署漪南生、澹園子、澹園居士等，江寧（今江蘇南京）人。萬曆十七年始以殿試第一官翰林修撰，遷東宮講讀官，後謫爲福寧州同知。辭官還里，以講學著述終身。學問屬陽明後學之泰州學派。《明名臣言行錄》稱其『生平養深性定，無旁睇，無倚容，澹然得失之場。擁書數萬卷，日哦詠其中，有若寒士。副墨之傳，得其片楮剩牘，争襲之』。《明史》稱其『博極群書，自經史至稗官雜説，無不淹貫。善爲古文，典正馴雅，卓然名家』。《四庫全書總目》《莊子翼》提要評云：『明代自楊慎以後，博洽者無過於竑。』著有《國史經籍志》《易荃》《禹貢解》《遜國忠臣錄》《支談》《焦弱侯問答》《焦氏類林》《玉堂叢話》《獻徵錄》《焦氏筆乘》《澹園集》等。詳《明史》本傳。

是書載焦氏讀書與講學劄記，焦氏自序云：『余觀古今稗説，不啻千數百家。其間訂經子之訛，補史傳之闕，網羅時事，綴輯藝文，不謂無取。』此本首有顧起元《澹園先生正續筆乘序》、次焦氏自序。卷端題『秣陵焦竑弱侯輯』『門人謝與棟吉甫、男焦尊生茂直校』。版心上題『焦氏筆乘』，下計某卷及葉數。卷末有孫祖同跋，云：『焦氏筆乘正集六卷續集八卷，凡十四卷，爲繆筱珊丈舊藏，乃《藝風藏書記》僅載八卷，因何致訛，殊不可知。又此書曾刊入《粤雅堂叢書》，然續集第八卷第二十二葉至二十五葉竟缺未補。於此可見善本之足珍，更幸不才之得窺全豹也。辛卯夏六月朔旦孫祖同讀竣記。』是書内容豐富，凡名物典章、古今人物、文史經籍及儒釋道醫方等内容均爲研究焦竑學術思想及明嘉靖時期學術之重要文獻資料。《四庫全書總目》是書提要亦云：『是書多考證舊聞，亦兼涉名理，然多剿襲説部，没其所出。』《適園讀書志》卷八云：『弱侯藏書最富，朱竹垞稱其所儲勝於中秘，多手自抄撮。是書考證舊聞，推演名理，博雅淹貫，亦不讓楊用修。』

此書有明萬曆八年刻本，今已亡佚。此萬曆三十四年本爲現存最早之刻本。且詳校精鎸，字畫工整，楮墨精麗，具校勘價值。

此本曾經孔繼涵、繆荃孫、孫祖同等遞藏，鈐有『孔繼涵印』『葒谷』『荃孫』『雲輪閣』『虚静齋藏書』諸印。孔繼涵（一七三九—一七八三），山東曲阜人，乾隆三十六年（一七七一）恩科進士，官至户部河南司主事兼理軍需局事。著有《紅櫚書屋集》，刻《微波榭叢書》七種及《算經十書》等，皆稱精本。孫祖同，字伯繩，爲清末民國時期收藏家，名其藏書處爲『虚静齋』，著有《虚静齋詩初定稿》《虚静齋宋元明本書目》等。現藏中國國家圖書館。（向輝）

一五三

**珊瑚林二卷金屑編一卷**（明）袁宏道撰　明清響齋刻本。框高二十一・四釐米，寬十三・四釐米。每半葉八行，行十九字，白口，四周單邊。

袁宏道（一五六八—一六一〇）字中郎，號石公，又號六休、石頭道人、空空居士，荆州公安（今屬湖北）人。萬曆十六年（一五八八）舉人，萬曆二十年進士，不仕，與兄宗道、弟中道遍遊楚中。萬曆二十六年任順天府教授，補禮部儀制司主事。次年，任國子監助教。萬曆二十九年又辭官返里，卜居柳浪湖畔，潛學撰文。六年後又出仕，任吏部驗封主事、攝選曹事、陝西主試等職。萬曆三十八年九月初六，病逝於沙市，年僅四十三歲。中郎少敏慧，擅詩文，提出『獨抒性靈，不拘格套』之性靈説，與兄、弟並有才名，合稱『公安三袁』。著有《敝篋集》《錦帆集》《廣陵集》《瓶花齋集》《瀟碧堂集》《破硯齋集》等。今人錢伯城整理有《袁宏道集箋校》，可參考。

袁宏道自幼年始，即因父輩親友影響對佛學産生興趣。萬曆十七年，中郎試禮部未中而歸，其兄袁宗道也因事返里，二人『朝夕商榷』。宏道更是『索之華、梵諸典』，『極力參究』，以至『如此者屢年，亡食亡寢，如醉如癡』。萬曆十八年，他從一千七百多條禪宗公案中精選七十二則，『皆是百千諸佛相傳之髓』，然後加以評説，彙成《金屑編》一書。次年，袁宏道帶着剛完稿的《金屑編》前往麻城龍湖，專程拜訪李贄：『時聞龍湖李子冥會教外之旨，走西陵質之。李子大相契合，贈以詩，中有云：「誦君『金屑』句，執鞭亦忻慕。早得從君言，不當有『老苦』。」蓋龍湖以老年無朋，作書曰『老苦』故也。仍爲之序以傳。留三月餘，殷殷不捨，送之武昌而別。』（袁中道《吏部驗封司郎中中郎先生行狀》）

大約在萬曆二十七年，袁宏道由熱衷狂禪，轉向對净土的追求，其《西方合論序》有言：『余十年學道，墮此狂病，後因觸機，薄有省發，遂簡塵勞，皈心塵土。』表明這一轉變過程。萬曆二十九年至三十四年，袁宏道隱居公安縣柳浪湖長達六年之久。這期間，他不僅從對禪宗『形而上』的研究轉入禪浄雙修，還注重佛教的世俗形式，禁絶葷腥，吃齋念佛，引導妻妾兒女學佛，帶動袁氏家族及母舅龔家修佛堂、做善事，虔誠信仰西方浄土。隱居之時，還著有《珊瑚林》一書，實爲一部長篇談話記録。緣於萬曆三十二年初秋，袁宏道前往桃花源旅行途中，在德山塔院休憩時，與同行僧人寒灰、雪照、冷雲及居士張明教等，每晚沐浴過後，棄絶糅雜，展開的一次次禪學暢談。據書後馮賁跋語，該書先由張明教記録整理，後經袁宏道加工提煉，挑選其中一部分『近醇者』『可與世語者』一卷付梓，名《德山塵談》。因當時雖已入秋，但『餘暑尚熾』，又名《德山暑談》。袁宏道去世後，全本《珊瑚林》方刊刻出版，華亭陳繼儒爲之序。現藏中國國家圖書館。（白雲嬌）

一五四

**世説新語八卷** （南朝宋）劉義慶撰 （南朝梁）劉孝標注 （宋）劉辰翁 劉應登 （明）王世懋評 明凌瀛初刻四色套印本。框高二十·九釐米，寬十四·六釐米。每半葉八行，行十八字，小字雙行同，白口，四周單邊。

劉義慶（四〇三—四四四），彭城（今江蘇徐州）人。南朝劉宋宗室，武帝劉裕異母弟道憐之子，又出繼於道憐弟道規。東晉安帝司馬德宗義熙十二年（四一六），義慶隨劉裕北伐。十四年，授豫州刺史。劉裕代晉，襲封爲臨川王，徵爲侍中。宋文帝劉義隆元嘉元年（四二四），轉散騎常侍，徙丹陽尹。六年，加尚書左僕射。九年出爲荆州刺史。十六年遷江州刺史。翌年又遷南兗州刺史。十九年染病，入都。二十一年正月卒，年四十二。追贈司空，謚康王。《宋書》卷五十一、《南史》卷十三並有傳。

義慶爲政平和，性簡素，寡嗜欲，好文義，才辭爲宗室之冠。撰有《徐州先賢傳》十卷、《江左名士傳》一卷、《宣驗記》十三卷。又擬班固《典引》而爲《典敘》。自己所寫詩文並不多，然致力於編纂典籍，招聚才俊，袁淑、鮑照、張暢、何偃、蕭思話、何長瑜、陸展等飽學之士，均在其幕中，編纂《集林》二百卷。

劉孝標，本名法武，後改名峻，字孝標，平原（今屬山東）人。八歲被掠爲奴，貧不能自立，隨母出家，後還俗。南朝梁武帝天監初爲典校秘書，旋又被免。後任荆州户曹參軍。曾講學東陽紫巖山。所著《辯命論》反映了他的世界觀，認爲『自然』是不可抗拒的力量，鬼神不能預，聖哲不能謀，死生有命，富貴在天。所注《世説新語》，乃其主要的傳世之作。《梁書》卷五十、《南史》卷四十九有傳。

劉辰翁（一二三二—一二九七）字會孟，號須溪，廬陵（今江西吉安）人。入元托方外以歸，隱居著述，終老其身。早從王泰來學詩，尤以善評詩著稱，一生點評多部唐宋人詩集，還點評過《班馬異同》《越絶書》《老子道德經》及《世説新語》等。

劉應登字堯咨，安福（今屬福建）人。南宋景定間漕貢進士。宋室將危，隱居不仕。爲文出入經史，劉辰翁、趙文交相推許。有《詩經訓注》《杜詩句節》《耘廬集》等行世。

王世懋（一五三六—一五八八）字敬美，號麟洲，太倉人。王世貞弟。嘉靖三十八年（一五五九）進士。除南儀制主事，出爲江西參議，陜西、福建提學副使，擢南京太常少卿。好學善詩文，聲名僅次其兄王世貞，人稱『小美』。這幾位都是文學名家，有他們的閲評，自是錦上添花。

《世説新語》本名《世説》，今存唐寫本殘卷名《世説新書》。主要記敘東漢、魏、晉名士的言行、佚事，保存了較多的清談思想資料。對豪門士族的奢淫、放誕亦有所非議。文辭簡遠雋永，尤爲後世所稱道。宋黄伯思《東觀餘論》卷下《跋世説新語後》曰：『《世説》之名肇劉向，六十七篇中已有此目，其書今亡。宋臨川孝王因録漢末至江左名士佳語，亦謂之《世説》……本題爲《世説新書》。段成式引王敦説「澡豆事」，以證陸暢事爲虚，亦云「近覽《世説新書》，而此本謂之《新語》，不知孰更名之」。』《唐書·經籍志》著録劉義慶《世説》八卷，劉孝標《續世説》十卷。宋《崇文總目》則著録爲十卷。《郡齋讀書志》推測義慶原書爲八卷，劉孝標續二卷，通計爲十卷。《直齋書録解題》和《宋史·藝文志》著録爲三卷。唯《玉海》謂爲八卷，與今本卷數合。雖卷數有異，皆爲三十六篇。

此本目録前引録南宋高似孫《緯略》卷九劉孝標《世説》中一段文字云：『宋臨川劉義慶，採擷漢晉以來佳事佳話，爲《世説新語》，極爲精絶，而猶未爲奇也。梁劉孝標注此書，引援詳確，有不言之妙。如引漢、魏、吴諸史及子傳地理之書，皆不必言，秖如晉氏一朝史及晉諸公列傳、譜録、文章，皆出於正史之外，記載特詳，聞見未接，實爲注書之法。』並且將其引用之書開列於後，凡一百六十八種。可知《世説新語》固爲精絶，而劉孝標之注更有不言之妙，所以歷來爲諸家所推重。

《世説新語》乃是早期名著，宋代即有刻本，惜已無完帙流傳。現存較早刻本有明正德四年（一五〇九）刻本、明嘉靖袁褧嘉趣堂刻本。另外還有萬曆七年（一五七九）管大勳刻本、萬曆三十七年周氏博古堂刻本等，凌瀛初刻本衹是其中的一種，且爲四色套印，在衆本中具有特色，故印入《中華再造善本續編》。

是本卷前有王世懋、劉應登、袁褧、喬懋敬舊序，又有高氏舊題、陸游舊跋，其後是凌瀛初藍印識語。識語曰：『弱冠嘗覩是書，以豫章藩司所刻不能家傳户誦爲恨。萬曆十年壬午嘗命之梓行，不久版又星散。』『嗣後家弟初成得馮開之先生所秘辰翁、應登兩家批註本刻之。』並曰：『予復合三先生手澤，耘廬綴以黄，須溪綴以藍，敬美綴以硃，分次井然，庶覽者便於别識云。吴興凌瀛初識。』因知此書之刻當在萬曆十年之後。今核以原書，確係朱、墨、黄、藍四色套印，洵爲精麗。

吴興凌氏，原出浙江練溪，其中凌晏如在明初曾做過都察院右僉都御史。正室周氏，衹生一子名凌敬便與世長辭。繼室唐氏生四子：名啓、肇、敦、敷。宣德九年（一四三四）凌晏如卒於官，年僅五十三歲。父親早卒，家道中落，最小的兒子凌敷衹得入贅於烏程閔家，遷至吴興晟舍，爲閔家上門女婿。此後凌、閔兩家世代姻親，共居吴興晟舍鎮。凌敷與閔珪是同一代人，他們的後人，不乏做官爲宦者，亦多爲詩禮之家。如凌濛初的曾祖凌震就是俊才。凌氏從事刻書事業，大概始於凌濛初的父輩凌稚隆。凌瀛初乃凌濛初從兄。凌濛初（號初成）刻此書時已帶有劉辰翁、劉應登評語，瀛初又加進王世懋評語，故云『予復合三先生手澤』而刻之。因知此本確係凌瀛初刻四色套印本。鈐有『括仙蔡建熙』

『何焯之印』『屺瞻』等印記。現藏中國國家圖書館。（李致忠）　一五五

## 涑水記聞二卷　（宋）司馬光撰　明抄本。

框高二十·四釐米，寬十四·八釐米。每半葉九行，行二十六字，藍格，白口，四周單邊。

司馬光生平爵里、學行業績簡況，前錄明萬曆七年莫與齊刻本《宋司馬温國文正公家範》時已介紹。

司馬光編寫《資治通鑑》時，已準備『取《實錄》、正史，旁採異聞，作《資治通鑑後紀》』（《文獻通考·經籍考》），以記北宋建國以後史事。《涑水記聞》即司馬光平時隨手記錄所見所聞，起於宋太祖，訖於宋神宗，皆關乎北宋軍政大事、歷代皇帝、文臣武將、朝章政典、契丹西夏等大事，亦間涉瑣事，以備撰寫《通鑑後紀》之用。每條皆注其述説之人，故曰《記聞》。其偶忘名姓者，則注曰『不記所傳』。其間有數條不注者，或總注於最後一條，以括上文，或後來傳寫不免有所佚脱。司馬光在世時，未曾整理、編次和刊刻此書，身後則由子孫藏諸祖廟，直至北宋滅亡，亦無人整理、刊刻。原書稿『細書粘連，綴集成卷』，尚未定稿。宋高宗紹興六年（一一三六），范沖奉詔整理爲十册奏呈，從此深藏内府，世人無由得見該書原稿。然《記聞》此前早已廣爲傳抄，紹興十五年，建安書坊且一度有刊本。南宋江少虞《宋朝事實類苑》、李燾《續資治通鑑長編》、朱熹《五朝名臣言行錄》《三朝名臣言行錄》等史書對《記聞》均有大量徵引，足見當時流傳之廣。

此書最初祇名曰『記聞』或『紀聞』，後又有冠以『温公』或『司馬温公』者，至南宋晚期，各本多採用『涑水記聞』爲書名。然《記聞》一書乃未定稿，無卷次之别，傳抄者爲便利計，往往隨意編錄。傳抄既多，分卷遂有差異，《郡齋讀書志》作五卷、《直齋書錄解題》作十卷、《宋史·藝文志》作三十二卷。清代流傳的本子則有作十六卷者：武英殿聚珍本、《學津討源》本，舊抄本或清抄本，見《皕宋樓藏書志》卷六十二、《抱經樓藏書志》卷四十六、《藏園群書經眼錄》卷九。有作兩卷者：明抄本，見《藏園群書經眼錄》卷九；清知不足齋抄本，見《浙江採進遺書總錄》；清抄本，見《藝風藏書續記》卷八、《藝風藏書再續記·校本第五》《藏園群書經眼錄》卷九、《中國古籍善本書目》卷十八；舊抄本，見《寒瘦山房鬻存善本書目》卷四、《善本書室藏書志》卷二十一、《藏園群書題記》卷八『明抄本《涑水記聞》跋』所説李盛鐸藏潘介繁本（李盛鐸藏本現藏北京大學圖書館）。各本分卷不一，條目次第多不同，詳略大異，且有甲本有某數條而乙本缺佚者。

傳世諸本以明抄、清抄兩卷本之條目編次爲最合理，其字句脱漏、錯訛亦最少。此明抄兩卷本，在傳世本中爲最古，較接近舊貌。此本卷上皆據『閣本』以朱筆一一校過，校改之處有校記書於天頭，作『某字據閣本改』『某下閣本有某字』『某字閣本作某』等。所謂『閣本』，其文多與武英殿聚珍本同，當指聚珍本。一九二七年，文祿堂曾送傅增湘賞鑒，傅增湘曰：『此本爲天一閣舊藏』，『其字體亦在明正、嘉以前』，又曰王鴻甫『以聚珍本校於上方』。是此本曾經天一閣、王鴻甫遞藏。一九二八年，周叔弢自文祿堂購得此書，後捐獻北京圖書館（今中國國家圖書館）。（汪桂海）

## 茅亭客話十卷　（宋）黄休復撰　明穴研齋抄本　黄丕烈　王芑孫跋。框高十八・九釐米，寬十六釐米。每半葉十二行，行二十字，白口，四周單邊。

黄休復（生卒年不詳），北宋初人，字歸本，一作端本。嘗收集唐乾元至宋乾德間與蜀地有關的畫史資料，著有《益州名畫記》。李畋《益州名畫記序》稱江夏黄氏休復字歸本，通春秋學，又稱其鬻丹養親。畋序作於宋初，或沿唐、五代餘習題黄氏郡望。陳振孫《直齋書録解題》已不詳黄氏里貫，亦衹題郡望江夏，因其所言多蜀事，疑爲蜀人。據《茅亭客話》内容，黄休復曾久居蜀中。

本書卷十《任先生》記載，天禧元年（一〇一七）任玠訪黄休復於茅亭，曾題一絶於亭壁，云：『聚散榮枯一夢中，西歸親友半成空。惟餘大隱茅亭客，垂白論交有古風。』《郡齋讀書志》云：『茅亭，其所居也。暇日，賓客話言及虚無變化、謠俗卜筮，雖異端而合道，旨屬勸懲者皆録之。』疑此爲《茅亭客話》書名的緣起。

《茅亭客話》爲黄休復見聞雜録，多記蜀中佚事，起自五代十國，迄於北宋真宗時期，具有較高的史料價值。

石京《茅亭客話後序》言：『先祖太傅藏於書笥僅五十餘載，而世莫得其聞也。余因募工鏤板，庶幾以廣其傳。』此序作於宋元祐八年（一〇九三），推知書成於慶曆三年（一〇四三）以前，至元祐八年始有刻本流傳。惜北宋刻本早已失傳。錢曾《讀書敏求記》記載該書有南宋太廟前尹家書籍鋪刊行本。此南宋本曾經清代顧廣圻、黄丕烈遞藏，咸豐二年（一八五二）王珽從金順甫手中購得此書，並刊入《琳琅秘室叢書》之中。今南宋本亦下落不明。《茅亭客話》還曾刊入毛氏《津逮秘書》及張海鵬《學津討源》中，但據王珽《茅亭客話校勘記》可知，毛本、張本訛誤較多，與宋本有霄壤之别。

黄丕烈曾藏有三部《茅亭客話》：一爲南宋太廟前尹家書籍鋪刊行本，一爲錢穀家藏抄本，一爲穴研齋抄本。穴研齋抄本版心下鎸『穴研齋繕寫』，書中『徵』『構』『玄』等字避宋諱。黄跋云以『此册取對宋板，大段都同，中有正文寫爲小字者，宋板如是，故仍之。古書源流，明眼人能自辨之，弗可爲外人道也』。可判定穴研齋抄本源自宋本，勝於他本。

此穴研齋抄本原著録爲清抄本，實則爲明抄本。沈曾植《海日樓題跋》卷三『穴硯齋藏王雅宜小楷千文真迹册』一條，云：『《無錫縣志》：「秦柱字汝立，秦金之孫。工書，師歐陽率更，草師孫虔禮。以薦授中書舍人。」《士禮居藏書記》屢稱穴硯齋抄本，而不知其時代前後，觀此乃知汝立印也。』沈曾植將穴研齋抄本上的鈐印『立齋』歸於秦柱。冀淑英《關於穴研齋抄本》因秦柱長兄秦柄爲萬曆五年（一五七七）貢生，推知秦柱時代相去不遠，判定穴研齋抄本爲明抄本。據冀氏考察，國家圖書館藏穴研齋抄宋人説部書十四種，臺灣『中央圖書館』藏穴研齋抄雜史二十一種。

該書有清人王芑孫（字惕甫）借觀時所作題跋。曾經繆荃孫收藏並刊入《對雨樓叢書》，又被陳琰古書流通處收購，後爲許厚基所得。本書鈐有『惕甫借觀』『荃孫』『藝風堂藏書』『陳立炎』『古書流通處』『吴興許博明氏懷辛齋法書印』『雲溪許氏申申閣章』諸印。現藏中國國家圖書館。

（孫俊）

## 新編分類夷堅志甲集五卷乙集五卷丙集五卷丁集五卷戊集五卷己集六卷庚集五卷辛集五卷壬集五卷癸集五卷

（宋）洪邁撰　（宋）葉祖榮輯　明嘉靖二十五年（一五四六）洪楩清平山堂刻本。框高十八・九釐米，寬十三・三釐米。每半葉十行，行二十字，白口，左右雙邊。

洪邁（一一二三—一二〇二）字景盧，號容齋，饒州鄱陽（今屬江西）人。南宋紹興十五年（一一四五）中博學鴻詞科，賜同進士出身。歷兩浙轉運司幹辦公事，福州教授，起居舍人，秘書省校書兼國史院編修官，吏部員外郎。慶元四年（一一九八）進龍圖閣學士。嘉泰二年（一二〇二）卒，贈光祿大夫，謚文敏。洪邁以文學名世，其父皓杖節使金不辱使命，時有賢名。邁與兄适、遵俱有文名。《宋史》稱『名滿天下……而邁文學尤高』。洪邁本人則『雖稗官虞初，釋老傍行，靡不涉獵，以博洽受知孝宗，謂其文備衆體』。葉祖榮，據明陳桂芳嘉靖間纂修之《清流縣志》卷四《陰陽學術》記載：『葉祖榮，坊郭人，宣德間舉保。』

明時福建清流縣有坊郭里，葉祖榮或即此地人。明陳道於弘治間所修《八閩通志》卷八《地理》載『高風岭，在縣（清流縣）東北坊郭里。宣德間創亭，其上扁曰「高善」』。其實坊郭的形成，蓋與唐宋時的坊郭户有關。唐代將城市居民稱爲坊郭户，宋代則將居住在府、州、縣城和鎮市的人户，乃至居住在州、縣近郊，即草市的人户，統稱爲坊郭户，但有主、客之分。並根據人户具有的房產、財產抽税。所以古代的坊郭，各地都有，不僅福建。

『夷堅』之名，典出《列子》卷五《湯問》，謂：『有鳥焉，其名爲鵬，翼若垂天之雲，其體稱焉，世豈有知此物哉？』『大禹行而見之，伯益知而名之，夷堅聞而志之。』故知夷堅乃是大禹時代記載怪誕故事之人，後世遂成爲志怪之象徵，洪邁因以爲名。田汝成《夷堅志序》中稱此書『雜採古今陰騭冥報，可喜可愕之事』，『殃可以懲凶人，祥可以悤吉士』。邁撰此《夷堅志》歷時六十年，文筆清俊簡潔，故事環奇絶特，當時即引起巨大轟動，至『家有其書』。王質《夷堅別志序》謂：『志怪之書甚夥，至鄱陽《夷堅志》出，則盡超之。』

《夷堅志》最早見於南宋尤袤《遂初堂書目》小説類，無撰人、卷數。後陳振孫《直齋書錄解題》小説家類記載始著錄齊備。田汝成《夷堅志序》言是書『爲四百二十卷，史氏稱其博極載籍，而稗官虞初靡不涉獵』。可知原書凡四百二十卷，《直齋書錄解題》詳記爲甲志二百卷、支志、三志各一百卷，四甲四乙共二十卷。此書卷帙浩繁，傳抄版刻均有困難，故宋代即出現陳日華、何異等三種不同選本。陳本重點摘選其中詩詞、雜著、藥餌、符咒等内容，而後以類相從，釐爲十卷，刻於湖州計臺；何本重點選摘其中不涉神怪，近於人事而又可資鑒戒者，亦得十卷，刻於章貢；葉祖榮則重點選取有關志怪的内容，分爲三十六門，一百三十類，釐爲十集五十一卷。明洪楩所刻即葉祖榮所輯之本。此本既接近原著又便於閱讀，故流傳較廣，在明清兩代成爲《夷堅志》的通行本。此本對《夷堅志》的校勘有較大價值，明代胡應麟即用它校勘百卷本的《夷堅志》。清陸心源等人俱認爲可補他本之闕。是書版心上方鎸『清平山堂』四字，前有嘉靖二十五年錢塘田汝成序。

洪楩（生卒年不詳）字子美，明代錢塘西溪（今屬杭州）人，以祖蔭仕至詹事府主簿。田汝成《夷堅志序》謂：『洪君子美者，景廬之遙胄也。秀雅而文，刻是書而傳之，庶幾乎不墮手澤之遺者。』家中藏書甚富，其『清平山堂』係明嘉靖間杭州有名之書坊。梗校刻宋元本，頗有影響。曾刻宋羅泌之《路史》。梗亦工於繪事，明汪砢玉《珊瑚網》、清康熙《欽定佩文齋書畫譜》、清卞永譽《式古堂書畫彙考》等書收其畫作。

此本曾藏於清人陸心源處，《皕宋樓藏書志》有載。後藏於繆荃孫處，《藝風藏書續記》有載。轉又藏於傅增湘，又轉入會稽章壽康處，有『會稽章氏臧書』之印。卷首鈐有『沅叔心賞』『緝經室』『雙鑑樓』『會稽章氏藏書』，最後歸入中國國家圖書館。（張偉麗）

一五八

**北堂書鈔一百六十卷**　（唐）虞世南輯　明抄本　孫星衍　嚴可均　周星詒校並跋　王石華　洪頤煊　王引之　錢東垣　顧廣圻　譚儀校　傅以禮跋　戴望　譚儀　葉昌熾　鄧邦述題款。框高十八·八釐米，寬十六·二釐米。每半葉十二行，行十八字，藍格，藍口，四周單邊。

虞世南（五五八—六三八）字伯施，越州餘姚（今屬浙江）人。隋大業初授秘書郎。入唐後，累官至弘文館學士，授秘書監，封永興縣子，授銀青光祿大夫，世稱『虞永興』。卒贈禮部尚書，謚文懿。書法繼承二王，爲唐初四大書家之一，傳世墨迹碑刻甚多。有詩文集三十卷，已散佚不全。民國時張壽鏞輯爲《虞秘監集》四卷，收入《四明叢書》。《舊唐書》卷七十二、《新唐書》卷一百十五有傳。

唐劉禹錫《嘉話録》云：『虞公之爲秘書，於省後堂集群書中事可爲文用事，號爲《北堂書鈔》，今北堂猶存，而《書鈔》盛行於世。』可知北堂爲秘書省之後堂，是書乃虞氏在隋爲秘書郎時所作。凡分帝王、后妃、政術、刑法、封爵、設官、禮儀、藝文、樂、武功、衣冠、儀飾、服飾、舟、車、酒食、天、歲時、地等十九部，八百五十一類。每一類目下，抄撮彙集經史百家中之相關材料，摘出原句，附注出處、解釋及虞氏案語。書中所引經典，據清孔廣陶統計，除集部外，引書八百多種，『皆三代、漢、魏迄於南朝宋、齊，其最晚者沈約《宋書》、蕭方等《三十國春秋》、崔鴻《十六國春秋》、魏收《後魏書》；其詩、賦、頌則顔、謝、鮑爲最晚，陳、隋隻字不鈔，鈔者今世亡其本十蓋八九，其存者亦流俗寫變，殘闕誤訛，不爲典要』（《清嚴可均《鐵橋漫稿》卷八《書陳禹謨刻本〈北堂書鈔〉後》）。保存隋以前古本文獻資料極爲豐富，是今存最古之大型類書，爲歷代學者所推重。

《隋書・經籍志三》雜家類有《書鈔》一百七十四卷，當即是書。《舊唐書・經籍志》《新唐書・藝文志》作一百七十三卷。宋《崇文總目》《中興館閣書目》《直齋書錄解題》等均作一百六十卷，與今本同，較隋唐時已有所亡佚。王應麟《玉海・藝文》云：『三館舊闕虞世南《北堂書鈔》，惟趙安仁家有本，真宗命内侍取之，嘉其好古，手詔褒美。』則是書在宋代已稱罕見。其後長期抄寫流傳，明萬曆二十八年（一六〇〇）始有陳禹謨校刻本，然其所據傳抄底本脱誤甚多，且刻版時又憑臆增删、改動，大失原書面貌。明代書賈作僞，曾改題爲《古唐類範》《大唐類要》。

清嘉慶間，孫星衍得此明抄本，作跋尾定之爲天台陶宗儀影宋抄本，實則並無實據。此本雖亦不免訛謬誤脱，然較陳禹謨本接近宋元舊本原貌。孫氏遂約同嚴可均、洪頤煊、王引之、顧廣圻、王石華、錢東垣等先後加以校勘整理，詳情可參看嚴可均《書〈北堂書鈔〉原本後》一文。此本卷一百三十九後有嚴氏手跋云：『嘉慶二十年十一月初六日校此卷起，至十七日校訖。每日黎明即起，至二鼓或三鼓就睡，窮十二日之力，始得清本一卷，嗚呼難矣！』其難校可以想見，故嚴氏稱『世間難校之書，此爲第一』。經各家校勘後，尚餘六十九卷未校。光緒間，此本爲南海孔廣陶所得，遂與林國賡及其子孔昭熙、孔昭述、孔昭鋆等分校之。此本面貌與陳氏刻本已有天壤之别，可謂存世《北堂書鈔》相當精善之本。孔氏所校定之本於光緒十四年（一八八八）刻印，通行於世。

此本卷首鈐有『雲章閣收藏圖籍印』『紉佩齋清賞印』，不知何人印鑒。自孫星衍五松書屋散出後，爲何夢華所得，何氏去世後，其子售予秀水陳徵芝，同治四年（一八六五）周星貽以七百金收得。其後流傳過程中迭經名家題款。鈐有『五松書屋』『蘭鄰』『閩中韜庵陳氏珍臧』『祥符周氏瑞瓜堂圖書』『星貽』『少唐煙雲過眼之物』等印。現藏中國國家圖書館。（樊長遠）

一五九

**龍筋鳳髓判二卷**　（唐）張鷟撰　明弘治十七年（一五〇四）沈津刻本。框高十六·三釐米，寬十二·八釐米。每半葉十行，行十六字，白口，左右雙邊。

張鷟（六六〇？—七三三？）字文成，自號浮休子，時稱『清錢學士』，深州陸澤（今河北深縣）人。自幼聰慧好書。唐高宗上元二年（六七五）登進士第。後授岐王府參軍，再授長安尉、又遷鴻臚丞。後因言多譏諷，開罪他人，於開元初貶嶺南。開元中，入爲司門員外郎，年七十三卒。著有《朝野僉載》和

《龍筋鳳髓判》二書。事迹附兩《唐書》之《張薦傳》。

鷟擅對策，故此書集取士考試中策題與答策，爲當時應試之範文。陳振孫《直齋書録解題》卷十六《别集類》："『唐以書判拔萃科選士，此集凡百題，自省台、寺監、百司，下及州縣，類事、屬詞，蓋待選預備之具也。』可見此書收録内容廣泛，深受舉子期許。又《四庫全書總目》是書提要云："『其（鷟）文臚比官曹，條分件繫，組織頗工。蓋唐制以身言、書判、銓試選人。……此則縟麗，各一時之文體耳。洪邁《容齋隨筆》嘗譏其堆垛故事，不切於蔽罪議法。然鷟作是編，取備程試之用，則本爲隸事而作，不爲定律而作。自以徵引賅洽爲主，言各有當，固不得指爲鷟病也。』其文語言華麗，結構緊湊，先引判例案由，後加判詞批語，以四六駢體寫就，共收七十九條判例案由，乃爲應試而撰之判詞集。前人多將其歸入『集部』之『别集類』，至《宋史·藝文志》始入『子部』之『類書類』。

《崇文總目》《新唐書·藝文志》《通志·藝文志》《文獻通考·經籍志》《絳雲樓書目》均載『張鷟《龍筋鳳髓判》十卷』。《天禄琳琅書目》載："『《龍筋鳳髓判》一函二册。唐張鷟著，二卷……按此書載於《文獻通考》者稱爲十卷，今止二卷，蓋因書僅百題，故後人翻刻遂省併也。』

是書版本清晰。卷前祝允明序云："『《龍筋鳳髓判》二卷，唐司門員外郎張鷟撰，近時少傳，允明得之先外大父武功徐府君家，乃元人録本。嘗以出示沈君津潤卿，……益思有以助仕學者，謂是書其一也。將取而刻之。津進曰："「愚請任之，不足煩我公。」遂以登梓，工完，倩述其故。……弘治十七年甲子夏四月既望鄉貢進士長洲祝允明序。』故此本乃沈津於明弘治十七年剞劂完工。書末都穆跋亦云：『甲子四月晦日，觀沈潤卿氏刻本，偶書。都察院進士丹陽都穆。』證此本確爲沈津刻本無疑。都穆（一四五九—一五二五）字玄敬，吳縣（今江蘇蘇州）人。著有《周易考異》及《金薤琳琅》《史外類抄》等。沈津（生卒年不詳）字潤卿，明吳縣（今江蘇蘇州）人。著有《鄧尉山志》《吏隱錄》等。

此本鈐有『錢氏書印』『錢府之印』『曾臧汪閬源家』『鐵琴銅劍樓』等印。原藏於汪士鐘處，清咸豐年間汪氏藏書散出，又爲瞿氏收藏。現藏中國國家圖書館。（郭晶）

一六〇

## 金剛般若波羅蜜經一卷　（後秦）釋鳩摩羅什譯　明永曆九年（一六五五）孫可望刻朱印本。

框高二十九·九釐米。每紙折爲五面，每面五行，行十四字，上下雙邊。經折裝。

鳩摩羅什（Kumārajīva，三四四—四一三）籍天竺，出生於西域龜兹國（今新疆庫車）。博通大乘小乘。後秦弘始三年（四〇一）入長安，至十一年，與弟子譯成《大品般若經》《法華經》《維摩詰經》《阿彌陀經》《金剛經》等經和《中論》《百論》《十二門論》《大智度論》《成實論》等論，系統介紹龍樹中觀學派的學説。所譯經之總數，《出三藏記集》著録作三十五部二百九十四卷，《開元釋教録》作七十四部三百八十四卷。其《金剛經》譯本爲該經六種漢譯本中流傳年代最久、範圍最廣者。

書末有草書跋文一則，稱：『孤舞象而背先王考，及冠而背先王妣，奄有南曹，報德無由，食蓀以爲沉痛。得宋蘇軾爲二親故手書《金剛經》，喜藉是可以寄哀慕也。諏吉之薰作禮而向世尊，願謹行是經，以資冥福。兼刻《靈應》，證是經有如是功德爾。永曆乙未冬秦王書。』下鈐『秦國之章』印。永曆乙未爲九年（清順治十二年）。此所謂秦王爲孫可望（？—一六六〇），原名孫可旺，陝西延長縣（或作米脂縣）人。明崇禎三年（一六三〇），張獻忠在陝北起義時參加義軍。崇禎十七年，張獻忠在成都建立大西政權，孫可望位列群將之首，以平東將軍另加監軍節制文武。張獻忠在川北亡後，孫可望與李定國等率大西軍餘部南下佔領雲貴一帶，堅持抗清。永曆五年獲封秦王。六年，擁迎南明永曆政權至滇，並以武力挾制永曆朝廷。在對待永曆帝的態度問題上，與大將李定國産生矛盾，導致内訌。永曆十一年，孫可望攻打李定國，因部將倒戈，不敵李定國，遂向清軍投降，引清兵入黔。清順治十七年病卒（一説狩獵時爲清軍射殺）。

據孫跋，可知此經是在其獲得蘇軾爲雙親所寫《金剛經》後付刻，亦有爲雙親積福報、寄哀思的目的。孫氏刻此經，正值他在南明政權地位穩固之時，書刻規格也與明代諸王的藩府刻本相仿，恰好反映出跋文『奄有南曹』云云的得意之情。而跋中所謂『《靈應》』，或指《持誦金剛經靈驗功德記》。

此經卷首扉畫描繪須菩提向釋迦摩尼問道場景，卷末有韋陀像，法相莊嚴，刻畫細膩，質量上乘。且爲朱印本，書中並有浮簽三十二處，墨筆添注十三處，均顯示其爲初印之本。

此本現藏雲南省圖書館。（張燕嬰）

一六一

## 佛説摩利支天菩薩經一卷

（唐）釋不空 （元）釋法天譯　明永樂元年（一四〇三）鄭和刻本。框高二十二·一釐米。御製序每半葉四行，行十三字。正文每半葉四行，行十字。無直格。經摺裝。

『摩利支』，梵語音譯，意譯爲『陽焰，威光』，初爲南亞次大陸民間信仰衆多神靈之一。佛教興起之後，甄選衆神之中優秀者納入『護法諸天』，於是又有『摩利支天』之謂。『摩利支天』，又作『摩里支天』『末利支天』，或稱『末利支提婆』『摩利支天菩薩』，均係梵名，意譯爲『威光天』『陽焰天』。此天是毗盧遮那佛的化身，境界果位是菩薩第九地之善慧地，其密號是戰威金剛，具有隱形自在之大神力。常行於日月之前，爲人消除障難，增進利益。尤能救護兵戈等難。故此經自唐迄元，一再翻譯。唯宋代天息災所譯者爲七卷，其中咒法與儀軌甚多，且由仁宗御製聖教序以冠其首，但流傳不廣。流傳較廣者，乃唐不空譯本。

不空（七〇五—七七四）又作不空金剛，南印度師子國人。幼從叔父遊南海諸地，後出家，十四歲從金剛智三藏學悉曇章，誦持梵經。尋渡南海入唐，於唐玄宗開元八年（七二〇）抵洛陽。開元十二年在洛陽廣福寺受具足戒，時年二十歲。後又往天竺求法，遍遊印度，法益精進。天寶五年（七四六）還京師，爲玄宗灌頂，住浄影寺。以祈雨靈驗，賜號『智藏』，並賜紫袈裟。肅宗時加號『大廣智三藏』。代宗大曆六年（七七一），表進開元以來所譯經七十部一百零一卷。此經乃其中之一。九年圓寂，世壽七十。追贈司空，謚號大辯證。元釋法天，待考。法天所譯咒語，與前譯不完全相同。

此經卷尾鎸有『永樂元年歲在癸未秋八月二十又三日，僧錄司左善世沙門道衍』刻經記，謂『福善一日懷香過余請題』，故告之『李珏問神人稱名而免難，隆祐奉聖像致禮而獲福，況能依佛所説誦此經者哉？』於是『菩薩戒弟子鄭和，法名福善，施財命工刊印流通。其所得勝報，非言可能盡矣』。道衍，乃姚廣孝法號，燕王朱棣座下高僧，頗有謀略。

鄭和（一三七一或一三七五—一四三三或一四三五），雲南昆陽（今晉寧）人。本姓馬，小字三保（又作寶）。回族。曾祖、祖父均嘗赴麥加朝聖，故幼年鄭和就對外洋有所耳聞。明初爲宦官，從燕王起兵，賜姓鄭，陞爲内官監太監。永樂三年（一四〇五）奉命與副使王景弘等率艦隊通使西洋，兩年而返。他『施財命工刊印』此經，蓋與受命出洋有關。據明張輔《明太宗文皇帝實録》卷十九載『永樂元年五月辛巳，命福建都司造海船百三十七艘』；『永樂元年八月癸亥，命京衛及浙江、湖廣、江西、蘇州等府衛造海運船二百艘』；『永樂三年五月己卯，遣中官鄭和等齎敕往諭西洋諸國，並賜諸國王金織文綺綵絹各有差』。蓋即在此緊張籌備出洋背景下，鄭和率先刻印此經，以祈求摩利支天菩薩消除出洋障難。

此經卷首和卷尾均有版畫。卷首扉畫爲摩利支天菩薩像，妙相莊嚴，布局嚴整，紋飾纖細，刀法暢快；卷尾韋陀像精神尚武，神態自若，服飾綫條更加流暢。明代洪武至建文三十多年，乃政權始定、百廢待興之草創時期，反映在書籍插圖版畫方面極其粗劣，如洪武年間所刻《天竺靈籤》，人物僅具形態，鎸刻刀法粗放笨拙，小開本，粗厚黄紙雙面刷印，一看便知乃兵戈初定、物力維艱時期之民間通俗作品（現藏國家圖書館）。但到永樂、宣德以後，版畫鎸刻則一改洪武、建文時的粗放風貌，呈現突飛猛進發展之勢。王伯敏在《中國版畫史》中稱『此種單刊之佛經，最足珍秘。扉畫一幅，富麗精工，爲永樂型版畫之代表作』。

此經鈐有『長樂鄭氏藏書之印』，現藏中國國家圖書館。（李致忠）

一六二

**道德經講義十二卷**（宋）呂知常撰　明宣德七年（一四三二）周思得刻本。框高二十三・三釐米，寬十五・五釐米。每半葉十行，行十九字，黑口，四周雙邊。

呂知常（生卒年不詳），南宋道士。淳熙十五年（一一八八）上表進獻此書，表末署『左街鑒義主管教門公事佑聖觀虛白齋高士』。慶元三年（一一九七）爲《通神先生蓑衣何真人事實》立石（陳垣編纂《道家金石略》第三七一至三七二葉），末署『左街鑒義主管教門公事虛白齋高士知通神庵事』。由此可知呂知常爲孝宗至寧宗時人，曾任左街鑒義主管教門公事，受封『虛白齋高士』，淳熙時知佑聖觀，慶元時知通神庵。

呂知常於修煉之暇，精研《道德經》（即《老子》），遂成此書。淳熙十五年八月十五日將此書進獻宋孝宗，據此可知此書成於是年或稍前。此書從道家內丹學角度發揮老子長生久視之道，主張身國同治，修身、治國並重，提倡性命雙修。注中時引《參同契》《黃庭經》《西升經》《真誥》《陰符經》《內觀經》《天寶金鏡靈樞神景內經》等道經以申其說。在疏釋各章大意時，除明引西漢嚴君平注及《關尹子》等書外，間或暗引、雜糅北宋陳景元、蘇轍、宋徽宗等人注釋。書中較多運用道教專門術語，在宋代道教老學文獻中並不多見。此書係較早以道家內丹學詮釋《老子》的代表作之一，從中可窺宋元道教老學宗趣轉變之一斑。此書不載於明《正統道藏》，而《正統道藏》所收明初危大有《道德真經集義》中已引呂知常注。

此書最早之本當爲宋淳熙十五年呂知常進獻孝宗之本，惜孝宗閟而未傳。至明宣德年間，周思得受命至京，獲睹此書，其序稱此書『詞簡而理優，語近而旨遠』，深得老子作經之微意，遠勝歷代浩瀚無際、泛而不約的諸家注釋。又因所見舊本『歲月經久，未能無魯魚亥豕之訛』，故『因其舊本闕略，重加較訂』，於宣德七年刊版行世，爲目前所見此書最早之刻本。

周思得（一三五九—一四五一）字養真，别字素庵，又曾署名思德，錢塘（今浙江杭州）人。早年師從杭州宗陽宫提點丘公學道，後從四十三代天師張宇初學道。永樂初召至京師，嘗扈從北征，寵賚優厚。住持京師顯靈宫、朝天宫。宣德三年封履和養素高士。宣德七年爲此書作序時爲履和養素崇教高士。宣德、正統間纍封崇教弘道高士，領道録司事。卒贈弘道真人。事見明習經所撰《周思得墓誌銘》，明沈德符《萬曆野獲編》補遺卷四及《明一統志》卷三十九。

宣德七年周思得刻本，有初刻本、補版重印本之别。初刻本，首有宣德七年周思得序，次爲宋淳熙十五年《進〈道德經講義〉表》。補版重印本，於卷七第四葉『昔之得一章第三十九』下題『此書二張　呂浩謄字　黄鑰刊列』，檢視卷七第三、四葉，可見兩葉字迹與前後不同，此二葉即爲後人補版。此本首有宣德七年周思得序，但佚失淳熙十五年呂知常《進〈道德經講義〉表》，由卷七第四葉題『此書二張　呂浩謄字　黄鑰刊列』可知此本爲補版重印本。

此本鈐有『四明張氏約園藏書』印，知曾爲張壽鏞約園舊藏。現藏中國國家圖書館。（包菊香）

一六三

**金丹正理大全四十二卷** 涵蟾子輯　明嘉靖十七年（一五三八）周藩刻本。框高十九・七釐米，寬十三・七釐米。每半葉十行，行二十一字，黑口，四周雙邊。

涵蟾子，里貫行實不詳。清鄭珍［道光］《遵義府志・陳志》卷四曰：『明萬曆間，鄒志學爲顛仙撰碑云：涵蟾子煉丹所，涵蟾豈即上陽乎？有顛仙石室。山後峭壁百仞，爲捨身巖。』又《遵義府志》卷三十八曰：『涵蟾子，不知名姓及何許人，鄒志學紫霞山記稱：山去播南三十里乃涵蟾子煉丹之地。考明嘉靖間周恭王睦㮮校刊《金丹正理大全》，其中彭曉《參同通真義》、陳顯微《參同解》、陳致虛《參同分章注》、翁葆光戴起宗《悟真注疏》、葆光《悟真直指詳説》諸種並題紫霞山人涵蟾子編輯，知涵蟾必在致虛之後顛仙之前。志失載今補。』知涵蟾子乃道家者流，苦心孤詣輯道家之書，常年居於遵義紫霞山峭壁巖洞修煉金丹。

是書乃道家煉丹之書的類編，輯録多種道家内丹著作而成的叢書。從内容來看，元代道家陳致虛《金丹大要》居首，篇幅最長，爲該叢書之主要内容。彭曉《周易參同契通真義》、陳顯微《周易參同契解》、張伯端黄自如《金丹四百字内外注解》、翁葆光戴起宗《悟眞篇注疏》、張伯端《諸真玄奥集成》等均爲道家内丹著作。校刊精審，紙墨精良，版印精湛。

是書朱睦㮮自序云：『予藩維之暇，夜坐於存心之殿，正八月中秋，金精壯盛之時……渴念間，有人進予書一部，計二十四本，名曰《金丹正理大全》，予喜而若狂……遂乃命工鋟梓，用傳諸方，廣在天洞府諸仙師弘仁孔德之心……嘉靖戊戌孟秋鵲橋之日。周藩嵩嶽主人謹序。』書序後有『樂善齋』『存心殿圖書』『嵩嶽主人圖書』三墨印。

朱睦㮮（一四八八—一五三八），明宗室。安徽休寧人，號嵩嶽主人，朱橚五世孫，周悼王朱安㵂庶出長子。初封鎮國將軍，弘治十四年（一五〇一）襲封周王。嘉靖十七年卒，謚號周恭王。

《中國古籍善本書目》收是書兩種，版本分别爲明嘉靖十七年周藩刻本和明刻本。華東師範大學圖書館、陝西省中醫藥研究院圖書館、天津圖書館藏周藩刻本全本，復旦大學圖書館、中科院自然科學史研究所圖書館、國家圖書館藏周藩刻本殘本。蘇州市圖書館藏明刻本。

是書鈐『八千卷樓所臧』『呂氏藏書子孫是教借毁及售均爲不孝』『呂伯龍印』『光緒辛巳所得』印，爲晚清錢塘著名藏書家丁申、丁丙兄弟的藏書。現藏天津圖書館。（常虹）　一六四

**陽山顧氏文房小説四十種五十八卷**　（明）顧元慶輯　明正德嘉靖間顧元慶刻本。框高十七・八釐米，寬十二・九釐米。每半葉十行，行十八字，小字雙行同，白口，左右雙邊。

顧元慶（一四八七—一五六五）字大有，號大石山人，長洲（今蘇州）人。平日以圖書自娛，好藏書、刻書。經史叢説，多有纂述。齋名『夷白』，藏書萬卷，宋元舊本頗多，擇而刻之，署『陽山顧氏文房』。

年七十五，猶酬對不倦。著有《十友圖贊》《雲林遺事》《夷白齋詩話》《紫府奇言》《陽山新錄》《山房清事》《大石八景記》《瘞鶴銘考》《茶譜》等十餘種。事見《列朝詩集小傳》《武陵顧氏宗譜彙編》《武陵埭川支顧氏宗譜》等。

魏晉至宋元，志怪、傳奇多有流傳。至明代世俗文學繁榮，筆記小説空前興盛。而遺文軼事、叢殘小語，不便單行，彙刻之風遂起。此書即爲顧元慶所輯宋代之前唐宋傳奇、志怪小説及見聞雜錄，擇其精善版本校刊而成。收書四十種五十八卷，其中傳奇有《周秦行紀》《楊太真外傳》等，志怪集異有《博異志》《續齊諧記》等，筆記雜著有《開元天寶遺事》《隋唐嘉話》等，地理雜史有《卧遊錄》《洛陽名園記》等，音韻詞譜類有《小爾雅》《嘯旨》，文藝品評有《詩品》《本事詩》等。

此書部分書葉版框外有『陽山顧氏文房』書耳；各卷卷末題記各異，有『長洲顧氏宋本校行』『長洲顧氏家塾梓行』『長洲顧氏家藏宋本校行』『陽山顧氏十友齋宋本重刻』『夷白齋宋本重雕』『夷白齋宋版重雕』『正德丁丑長洲埭川顧氏雕』『正德庚辰陽山顧氏宋本翻刻』『嘉靖壬午長洲顧氏家塾梓行』『嘉靖辛卯夷白齋重雕』等，可知各卷刊刻年代不一，當爲顧氏擇家藏善本，陸續校行或重刊。其中《詩品》卷末題有『正德丁丑長洲埭川顧氏雕』，《松窗雜錄》卷末題有『嘉靖辛卯夷白齋重雕』，可知此書刊刻時間在明正德至嘉靖間。此書無總題名、目錄，題名當爲後人所加。

此書所收各書，大多據顧氏所藏宋本、善本校刊而來，頗具版本價值，多爲後世祖本，後世彙刻叢書多取資於此書。清黄丕烈曾得一部《顧氏文房小説》本《開元天寶遺事》，跋曰：『書僅明刻耳，在汲古閣毛氏時已珍之，宜此時視爲罕秘矣。』可見該書在明末已爲學界所重。

此本鈐『涵芬樓』『海鹽張元濟經收』等印，曾爲張元濟等人藏，現藏中國國家圖書館。

（廖甜添）

# 集部

**楚辭十七卷** （漢）王逸章句　**楚辭疑字直音補一卷**　明隆慶五年（一五七一）豫章夫容館刻本。框高二十・六釐米，寬十四・三釐米。每半葉八行，行十七字，小字雙行同，白口，四周雙邊。

王逸（生卒年不詳）字叔師，東漢南郡宜城（今湖北宜城）人。約生活於漢和帝至漢順帝時。漢安帝元初四年（一一七）舉上計吏，爲校書郎，順帝時爲侍中，順帝後期，出任過豫州刺史。著《楚辭章句》，並參與撰修《東觀漢記》。事迹詳見《後漢書・文苑傳》。其《楚辭章句》，爲流傳至今最早最完整的《楚辭》注本，乃漢代注楚辭之典範，在楚辭學史上佔有重要地位。

是書首楚辭目錄，次史記列傳、班固序騷、劉勰辨騷、楚辭疑字直音補。正文楚辭卷第一至第十七，凡離騷經章句、九歌、天問傳章句、九章、遠遊、卜居、漁父、九辯、招魂、大招、惜誓、招隱士、七諫、九懷、九歎、九思傳章句諸篇。《四庫全書總目》是書提要云：『集部之目，楚辭最古』，又云『初，劉向裒集屈原《離騷》《九歌》《天問》《九章》《遠遊》《卜居》《漁父》，宋玉《九辯》《招魂》，景差《大招》，而以賈誼《惜誓》，淮南小山《招隱士》，東方朔《七諫》，嚴忌《哀時命》，王褒《九懷》及向所作《九歎》，共爲《楚辭》十六篇』。『逸又益以己作《九思》與班固二敘爲十七卷，而各爲之注。』逸恪守漢學治經家法，引經據典，博采異聞，兼備衆說，『注雖不甚詳賅，而去古未遠，多傳先儒之訓詁。故李善注《文選》，全用其文』。

此本刊者爲朱多煃，字用晦，明寧獻王朱權六世孫，故是本亦有人稱『王孫本』。據黄源海《夫容館楚辭章句版本述略》，此本有原刻本、重修本和遞修本之别。初刻本目録後有『隆慶辛未歲豫章夫容館宋板重雕』刊記一行，天啓三年（一六二三）遞修本則改刻爲『熙寧辛亥夔州官舍鏤板』一行。辛亥即熙寧四年（一〇七一），故或云此本源自北宋夔州本，或云夫容館仿宋刻本。是本卷一首葉版心下有刻工名氏，爲『章芝刻』；卷一末葉題『姑蘇錢世傑寫章芝刻』。卷一卷端題『漢劉向編集，王逸章句』，且宋諱匡、殷、貞等不避，此爲原刻本特徵。但『兮』字大多已改刻爲『兮』，卷二葉十三中的『慧』字改爲『彗』，爲重修本特徵。傅增湘《藏園群書經眼録》載該書楊守敬云：『此本即以宋槧翻雕，其誤字亦皆仍之，唯宋諱缺筆則悉填補。嘉慶間大小雅堂本又據此翻刻，而多用洪本校改，失真面目矣。』

（向輝）

此本曾經傅承霖、趙元方遞藏。趙元方（一九〇五—一九八四）原名趙鈁，字元方，以字行。蒙古族。室名無悔齋。此本鈐有『傅家場明善堂記』『明善選置』『臣承霖印』『硯耘』『永清縣傅家莊明善堂書画印』『永清傅承霖讀過』『曾在趙元方家』『趙鈁珍臧』『無悔齋臧』『一廛十駕』等印。書衣後有傅氏題識『書背奏遊草，紙字皆佳，古香可愛，務必保存不可遺失。傅承霖先浦記』三行；目録末有傅氏題識『花翎鹽運同升銜候補班補用知州江蘇布政使司布理向傅承霖識』兩行。現藏中國國家圖書館。

**賈長沙集十卷**　（漢）賈誼撰　明成化十九年（一四八三）喬縉刻本　傅增湘跋。框高十八・六釐米，寬十二・二釐米。每半葉九行，行十八字，黑口，四周雙邊。

賈誼（前二〇〇—前一六八），洛陽（今屬河南）人。文帝時召爲博士，超遷至大中大夫。出爲長沙王太傅，轉梁王太傅。事迹具《漢書》本傳。

是書實即賈誼《新書》也。按《漢書・藝文志》著錄《賈誼》五十八篇，《隋書・藝文志》著錄《賈子》十卷《錄》一卷，《舊唐書・經籍志》作《賈子》九卷，《新唐書・藝文志》作《賈誼新書》十卷，晁公武《郡齋讀書志》作《新書》十卷，而陳振孫《直齋書錄解題》作《賈子》十一卷。是唐以後，其本不一。宋刻傳於今者凡有二本：一建本，目錄後有『建寧府陳八郎書鋪印』一行，《過秦》分上、下二篇，而以《漢書》本傳爲第五十八篇；一潭本，宋淳祐八年（一二四八）長沙刻，從淳熙八年（一一八一）程漕使本重雕，《過秦》分上、中、下三篇，仍爲第五十八篇，雖附本傳而不計入篇數。清人盧文弨曾校定《新書》，收入《抱經堂叢書》，備列潭本、建本文字異同，可資參考。

此本前有成化癸卯（十九年）七月朔，賜進士出身承德郎工部主事洛陽喬縉撰《賈生才子傳序》，謂與誼爲鄉人，因取馬、班二家之傳，並誼所爲論賦，略加隱括，纂而爲一，目曰《賈長沙集》。復捐貲繡梓，以廣其傳云云。次目錄、《洛陽賈生傳》。《過秦》分上、下二篇，合本傳凡得五十八篇（卷五《問孝》、卷十《禮容語上》二篇有目無文，與别本同）。《宗首》篇『彼自丞尉以上偏置其私人』，『偏』不作『徧』；『豈有異秦之季出乎』句下有『且謂天何權不甚奇而數制人豈可得也』十六字；《藩傷》篇『禍之所雜』，『雜』不作『罹』。《階級》篇『可謂長太息者也』，『謂』不作『爲』。皆與建本相合，與潭本違異。或即源出建本，與潭本不屬同一文本體系。卷端首行題『賈長沙集』，有補刻痕迹。次行空一格題『賈誼新書卷第幾』。

此本卷三《威不信》篇前，目録有《解懸》篇，正文缺失。卷七《諭誠》篇『舉被而爲禮』句下有小字注：『此間拆一板正文也』，後接『大使者曰否』至『楚王媿』云云，凡六十二字，爲《退讓》篇殘字。蓋所據底本此二處缺葉所致。明弘治十八年（一五〇五）沈頡刻本《賈誼新書》有頡識語云『謹將「洛本」與他本三復參校』。取對此本，《退讓》篇文字缺誤略同，知頡所據之『洛本』即此本。此本在明弘治間已不易得，流傳至今，更屬罕遇難求。除此之外，僅中國國家圖書館藏有殘帙，存卷二至三，凡二卷。

鈐有『新安汪氏』『啓淑信印』『古潭州袁卧雪廬收藏』『積學齋徐乃昌藏書』『南陵徐乃昌校勘經籍記』等印。傅增湘《藏園群書經眼録》曾予著録。現藏上海圖書館。（徐瀟立） 一六七

**蔡中郎文集十卷外傳一卷** （漢）蔡邕撰　明正德十年（一五一五）華堅蘭雪堂銅活字印本　黄丕烈跋。框高十六·一釐米，寬十二·二釐米。每半葉七行，行十三字，小字雙行同，白口，左右雙邊。

蔡邕（一三二—一九二）字伯喈，陳留圉（今河南杞縣南）人。性至孝，少博學，師事太傅胡廣。喜好辭章，精通經史、天文、音律。工書法，尤善隸書。初爲司徒橋玄屬官，出任河平長，又召拜郎中，校

書東觀，遷議郎。熹平四年（一七五），與堂谿典等寫定『六經』文字，邕書丹上碑，刻成石碑，立於洛陽太學門外，世稱『熹平石經』。因上書論朝政闕失獲罪，流放朔方。遇赦後，避宦官陷害，亡命江湖十餘年。董卓專權，强任爲侍御史，遷左中郎將，故世稱『蔡中郎』。卓被誅，邕又以附逆爲王允所捕，死於獄中。著詩文百餘篇，原有文集十二卷，已散佚，今傳本皆爲後人所輯。生平事迹見《後漢書》本傳及今人鄧安生著《蔡邕集編年校注》。

蔡氏長於碑記，工整典雅，善辭賦，《文心雕龍・銘箴》稱『蔡邕銘思，獨冠古今』。《隋書・經籍志》著錄蔡邕文集爲十二卷，注云：『梁有二十卷，錄一卷。』則蔡集至隋已非完帙。唐人漸次搜求，增至十五卷，吳兢《西齋書目》著錄之。唐末之亂，文獻罹劫，《崇文總目》著錄僅五卷，《宋書・藝文志》爲十卷。北宋仁宗天聖間歐靜序稱『今之所傳纔十卷，亡外計六十四篇』，其中《宗廟頌贊》等三篇爲後之好事者混入他人之文，『非十五卷之本編』，知蔡集亦未免於唐末兵燹之厄。《舊唐書・經籍志》《新唐書・藝文志》並稱蔡集二十卷，『二十卷』當即『十卷』之誤。

歐靜序本爲現存蔡集之祖本，盧文弨《鍾山劄記》言有歐靜序本，今未見。今存蔡集可考知者約二十餘本，而以此華堅蘭雪堂銅活字印本爲現存最早之本。華堅字允剛，明無錫（今屬江蘇）人，葉德輝《書林清話》卷八『明錫山華氏活字版』條稱『明人活字版，以錫山華氏爲最有名』。錫山華氏活字版多出自宋刻，勝於元、明諸本。

此本首冠歐序，書口上方印有『蘭雪堂』三字，中題『伯喈集』三字，下記葉碼，葉碼下方錄聖、勳、慶、魁、廣諸印工，目錄後有『正德乙亥春三月，錫山蘭雪堂華堅允剛活字銅版印行』正楷牌記，《外傳》後有『錫山蘭雪堂華堅允剛活字銅版印』牌記，又卷五、六、八至十後皆有『錫山』圓形圖記及『蘭雪堂華堅活字版印行』篆文牌記。據牌記年號可知，此本乃正德十年印本。此本正集十卷，收文六十三篇，已删去歐序所稱混入之僞作《宗廟頌贊》及《祀喬太尉文》，然又誤將《宗廟祝嘏辭》離爲二篇，故實存文六十二篇，若加上删去之僞作二篇，與歐序所稱十卷六十四篇之數正合，故陸心源《重雕蘭雪堂本〈蔡中郎集〉敘》稱此本出自歐本，誠非虚言。此本正集之後附有《外傳》，收文八篇，其中《隸勢》爲衛恒作，刊刻者誤輯入此集中。此本雖刊刻不精，訛脱嚴重，然因尚存宋本之舊，且存世絶少，故頗爲清代校勘家所重。

此本鈐有『陳樹杓印』『星邨父』『施子惠印』『施天賜印』『三省堂』『曾在東山徐復菴處』『敦仁堂徐氏珍藏』『尚餘數卷殘書在』『南州孺子』『涵芬樓』『涵芬樓藏』『海鹽張元濟經收』諸印。據卷首嘉慶十五年（一八一〇）黄丕烈跋語，此本乃黄丕烈購之於書賈。現藏中國國家圖書館。（趙文友）

一六八

**阮嗣宗集二卷** （魏）阮籍撰　明嘉靖二十二年（一五四三）范欽 陳德文刻本。框高十七·二釐米，寬十二·七釐米。每半葉九行，行二十字，白口，四周單邊。

阮籍（二一〇—二六三）字嗣宗，三國時魏陳留尉氏（今屬河南）人。『建安七子』之一阮瑀之子。

早年博覽群書，有報國平天下之志，但因身處魏晉亂世，名士多遭殺戮，在政治上遂採取謹慎避禍的態度，《晉書·阮籍傳》稱其『發言玄遠，口不臧否人物』。籍與嵇康、劉伶等七人爲友，常集於竹林之下肆意酣暢，世稱『竹林七賢』。正始三年（二四二），勉强出爲吏，復爲尚書郎，不久便因病免職。正始八年，又被召爲參軍，旋即托病辭歸。嘉平元年（二四九），爲魏太傅司馬懿從事中郎。嘉平四年，復爲魏大將軍司馬師從事中郎。正元元年（二五四），封關内侯，徙散騎常侍。正元二年，拜東平相，十數日辭去。景元三年（二六二），求爲步兵校尉，世稱『阮步兵』。次年冬卒，年五十四歲。《三國志》卷二十一、《晉書》卷四十九有傳。

《詠懷詩》是阮籍之代表作，嚴羽《滄浪詩話·詩評》云：『黄初以後，惟阮籍《詠懷》之作，極爲高古，有建安風内骨。』鍾嶸《詩品》稱其詩『言在耳目之内，情寄八荒之表』，又稱其『厥旨淵放，歸趣難求』。除詩歌外，阮籍尚有《大人先生傳》《清思賦》等長篇作品。

許逸民先生在《中華名著要籍精詮》中謂：『據《隋書·經籍志》著録，南朝齊、梁時代，阮籍的詩文集有十三卷，目録一卷。又據李善《文選注》，宋詩人顔延之、梁詩人沈約都曾爲《詠懷詩》作注，《文選》中收録的阮籍詩文也有十九篇之多。』據許逸民考證，至唐初修《隋書》時，阮集似已有散佚，僅僅是一個無目録的十卷本。《舊唐書·經籍志》《新唐書·藝文志》祇著録《阮籍集》五卷，這個本子又見於《日本國見在書目》，説明唐時已流傳至日本。但《日本國見在書目》還著録《阮步兵集》十卷，又可證十卷本在唐代並未亡佚。阮籍的詩集在明代有多種刻本，較早的有嘉靖刻本《六朝詩集》中之《阮嗣宗集》三卷，李夢陽序刊本《阮嗣宗詩》一卷（收詩八十篇）。

此嘉靖二十二年范欽、陳德文纂刻的《阮嗣宗集》二卷爲現存魏晉人集中難得之古本，是現存最早的阮籍詩文合集本。上卷包括文十二篇，分别是《東平賦》《首陽山賦》《鳩賦》《獮猴賦》《清思賦》《元父賦》《通易論》《莊論》《樂論》《奏記太尉蔣濟》《答伏羲書》《大人先生傳》，下卷爲詠懷詩八十一首，又四言二首。是書卷首有陳德文序，曰：『今覽其詠懷八十一篇，語莊義密，曲高和寡……』並稱『大梁舊刻籍詩南來少傳，郡伯鄞范子取而刻之宜春』。知是書乃范欽開版於江西。

此本刊刻精工，字清墨烏，大氣又不失典雅。有舊時人批語，批語朱墨筆夾雜，邏輯謹嚴，義旨深厚，且字體端莊，廣見於此本書衣、天頭、地脚與字裏行間，朱筆批語與墨黑刻體相得益彰。鈐有『陳氏西畇艸堂臧書印』『西畇艸堂』『平江陳氏』『吴嵩衡印』『雙鑑樓臧書印』『傅沅叔臧書記』諸印，説明此本爲陳墫、傅增湘等諸名家寶愛，現藏中國國家圖書館。（趙銀芳）

一六九

## 謝宣城詩集五卷

（南朝齊）謝朓撰　明末毛氏汲古閣影宋抄本。框高二十一・六釐米，寬十五・八釐米。每半葉十行，行十八字，白口，左右雙邊。

謝朓（四六四—四九九）字玄暉，與謝靈運同族，世稱『小謝』，陳郡陽夏（今河南太康）人。少好學，有美名，文章清麗。初任豫章王蕭嶷太尉行參軍，後在隨王蕭子隆幕下任鎮西功曹、文學等職，頗得賞識。明帝時，任中書郎。建武二年（四九五），出爲宣城太守，故有『謝宣城』之稱。因告發王敬則謀反事，遷尚書吏部郎。後因不參與蕭遥光謀反，被誣下獄死。《南齊書》卷四十七、《南史》卷十九有傳。

《隋書·經籍志》著録『齊吏部郎《謝朓集》十二卷，《謝朓逸集》一卷』，《通志·藝文略》載：『吏部郎《謝朓集》十二卷，又《外集》一卷，《謝朓逸集》一卷。』另，《舊唐書·經籍志》《新唐書·藝文志》《崇文總目》《郡齋讀書志》等，均著録《謝朓集》十卷。十二卷和十卷兩種版本，今已不存。南宋初，宣州知州樓炤家猶藏有十卷本，前五卷詩賦，後五卷文。樓炤因其文多『應用之文、衰世之事』，衹刻了前五卷，時在紹興二十七年（一一五七）。嘉定十三年（一二二〇），洪伋又據樓炤本重刻於宣州郡齋。樓本今亦不存，洪本仍存於世，現藏臺灣『中央圖書館』，據傅增湘《藏園群書題記》卷十一有《宋本謝宣城集跋》著録，存前二卷，餘三卷借此本抄補。

此本宋諱皆缺筆，至『廓』字止。卷末有紹興丁丑（二十七年）東陽樓炤跋、嘉定庚辰（十三年）鄱陽洪伋跋。另，該本的版式、行款、體例、篇次、内容等均同於臺灣『中央圖書館』藏殘宋本，是該本據嘉定十三年洪伋宣州郡齋刻本影抄無疑。《謝朓集》的元代版本未見傳世，明清諸本均源自五卷本，但對宋本原貌多所改變。以明代版本爲例，明代諸本皆源自正德六年武功知府劉紹刻本。此本卷二《鼓吹曲》十首，武功本據《樂府詩集》改爲《隨王鼓吹曲》，正文亦據《樂府詩集》改。此本卷二王融《巫山高》一詩，武功本脱漏作者名，易使讀者誤以爲謝朓之作。此本卷二《有所思》的作者本是王融，武功本錯爲『范融』。此後，明嘉靖黎晨刻本、明萬曆七年史元熙刻本等均沿襲武功本，或錯漏更甚。史元熙本甚至將原屬卷一的《雩祭歌》《侍宴四音詩》析出，歸入卷二。因此，《謝朓集》現存的版本中，除宋本外，當以此本爲最好，而臺灣所藏宋本又亡佚後三卷，故此本的版本價值更非他本所能替代。

此本歷經毛晉、李盛鐸、周叔弢等名家收藏，鈐有『東吳毛氏圖書』『宋本』『甲』『毛氏子晉』『汲古閣』『汲古主人』『子晉書印』『毛晉之印』『汲古得修綆』『李氏玉陔』『明墀之印』『木犀軒臧書』『李盛鐸家藏文苑』『麐嘉館印』『李盛鐸印』『木齋審定善本』『古詵閣』『木齋讀過』『兩晉六朝三唐五代妙墨之軒』『李盛鐸讀書記』『木齋審定秘笈』『周暹』等印。

本書原屬李盛鐸專藏，然而此書卷端却鈐有周叔弢『周暹』印，其間實有一段掌故。細案其書，上鈐『李氏玉陔』『明墀之印』，證明此書先爲李盛鐸父李明墀（一八二三—一八八六）所有。李明墀去世時，周叔弢尚未出生，故該書應係李盛鐸家傳，並非由周叔弢轉讓李家。一九三四年七月十一日，周叔弢致文祿堂主人王文進書云『李木老之書，全須贖回，我處六種，今日取回矣。閣下當須來津一行也』（周叔弢信札原件，北京師範大學圖書館藏）。可見，上世紀三十年代，李盛鐸曾將數種珍貴古籍抵押給周叔弢，後又贖回，此書即其中之一也。現存於北京大學圖書館。（欒偉平）

一七〇

**梁江文通文集十卷**　（南朝梁）江淹撰　明刻本　馮舒校並跋。框高十七・七釐米，寬十三釐米。每半葉十行，行十八字，白口，左右雙邊。

江淹（四四四—五〇五）字文通，濟陽考城（今河南民權）人。南朝著名文學家，歷仕宋、齊、梁三朝。江淹少而沉敏，六歲能詩。十三而孤，家貧，以孝聞。一生謹慎持重，沉静少交遊。

江淹少以文章顯，早年爲始安王劉子真等諸王教授五經，曾入新安王劉子鸞幕。泰始二年（四六六），轉入建平王劉景素幕。因廣陵令郭彦文案被誣入獄，上《詣建平王上書》陳情而獲釋。後舉南徐州秀才，對策上第，轉巴陵王國左常侍。不久，重返劉景素幕，先後任主簿、參軍等職。泰豫元年（四七二），劉景素密謀叛亂，江淹多次勸諫而不納。元徽二年（四七四），反被貶爲建安吴興縣令。宋順帝升明元年（四七七），齊高帝蕭道成執政，將之召回，授以尚書駕部郎，驃騎參軍事之職。

齊代宋之後，任驃騎豫章王記室，領東武令，後遷中書侍郎。齊武帝永明間，任廬陵内史、尚書左丞、國子博士諸職；少帝蕭昭業即位，任御史中丞；明帝蕭鸞時，又任宣城太守、秘書監諸職。

梁武帝蕭衍代齊後，官至金紫光禄大夫，封醴陵伯。梁武帝天監四年（五〇五）病故，年六十二，謚曰憲伯。《梁書》《南史》有傳。

江淹『通方廣恕，好遠兼愛』（明馮惟訥《古詩記》卷八十六《雜體三十首並序》）。其詩兼擅各體，清麗哀婉而不失古樸蒼勁，賦作華麗纏綿又淒切蒼涼。身處元嘉、永明詩風轉變之際，能棄顔、謝之辭藻堆砌，又無沈約等輕靡之弊，難能可貴。於南朝儒釋道交匯融合之際，亦能兼容並蓄三家思想於詩作中。

鍾嶸《詩品》列江淹詩爲中品，稱其『詩體總雜，善於摹擬』，如《雜體詩》三十首乃摹擬自漢至南朝宋三十位詩人之作。然《恨賦》《别賦》却堪稱六朝賦之代表作。其書信如《詣建平王上書》《與交友論隱書》等，命意吐辭頗有漢魏文之淳厚，六朝不可多得。因晚年才思減退，鍾嶸首稱『江郎才盡』，引來後世紛爭不息。

江淹文集由其生前自行編定，《自序傳》稱凡十卷。《梁書》載『凡所著述百餘篇，自撰爲前後集』。《隋書·經籍志》著錄爲『《江淹集》九卷，《江淹後集》十卷』，小注『梁二十卷』，疑爲梁代存前後集之合編本。《舊唐書》《新唐書》均作前集十卷，後集十卷，可見前後兩集至唐代尚存。

宋代公私書目均著錄爲十卷，原本早佚，今可見《四部叢刊》影印明翻宋十卷本，今人多以之爲前集。此集元代僅有抄本傳世，今已不傳。

宋以後，該集版本日趨複雜，由宋迄今近二十種，且多有舛訛、增删。依源流及編排可分兩類：一爲源自宋本，或轉抄、翻刻，或按文體截其一部分刊刻，或雖有補遺而不打亂原有秩序。此類有翻宋本、薛應旂《六朝詩集》本、新安汪刻本和宣城梅刻本、胡注本等；二爲打亂編排，重新整理。此類有《古詩紀》本、《七十二家集》本、《百三家集》本、梁賓刻本和江昉刻本等。

《鐵琴銅劍樓藏書目錄》稱此本『板刻清朗而有訛闕，又闕文多以意補字。馮己蒼氏以元人所抄趙篔翁本手校一過，乙改甚多，並錄卷末』。馮氏認爲『元本所缺，此本又以意填增』者，『文理荒悖可笑，今盡□之』。

馮舒（一五九三—一六四五）字己蒼，號默庵，又號癸巳老人，江蘇常熟人，與弟班並稱『海虞二馮』。其性伉直，善口才，遇事敢爲，不避權勢。家富藏書，皆手自校勘，構小閣以寶藏之。順治間，因揭露邑中漕糧弊端，反被指爲語涉『訕謗』，以此下獄死。著有《空居閣雜文》二卷，《炳燭齋文》一卷，《文谷》二卷，《歷代詩紀》一百卷等。

此本鈐有『馮己蒼讀書記』『馮己蒼』『馮舒之印』『馮氏臧本』『孫二酉珍臧』『孫潛之印』『鐵琴銅劍樓』『稽瑞樓』等印，表明此本曾經馮舒、孫潛、常熟瞿氏及陳揆等遞藏。現藏中國國家圖書館。

（肖剛）　一七一

**梁昭明太子文集五卷**　（南朝梁）蕭統撰　明嘉靖三十四年（一五五五）周滿刻本。框高十九·六釐米，寬十六·二釐米。每半葉九行，行二十字，白口，四周雙邊。

蕭統（五〇一—五三一）字德施，小字維摩，南朝梁南蘭陵（今屬江蘇丹陽）人。梁武帝蕭衍長子。天監元年（五〇二）立爲皇太子，中大通三年（五三一）游園蕩舟墜水，染疾病歿，時年三十一，謚昭明，世稱昭明太子。信佛能文，史稱其藏書近三萬卷。延聚當時文學之士，編選詩文總集《文選》，即《昭明文選》，錄先秦至梁百三十人詩文七百餘篇，爲現存最早之詩文總集。又編《正序》《文章英華》等書，今不傳。詳《梁書》本傳。

此《梁昭明太子文集》爲蕭統詩文集，《梁書》本傳及隋、唐志均著錄二十卷，《宋史·藝文志》著錄僅五卷，知宋時已有散佚。然宋元本不存，今僅存最早之本爲明嘉靖刻本。此本所收凡賦二首、古樂府七首、詩十八首、贊一首、啓六首、錦帶書十二首、書五首、疏一首、議一首、序二首、解義二首，前有

《梁簡文帝昭明太子集序》《梁劉孝綽昭明太子集序》，後附宋淳熙八年（一一七八）池陽郡齋原刻書跋。據四庫館臣對明嘉興葉紹泰刊本考證，明本或爲明人拾掇者，已非原刻原貌（《四庫全書總目》卷一百四十八）。

此周滿刻本爲現存統《集》最古之刊本。《四部叢刊》本周滿跋（此本已被割去）云：『《昭明集》世鮮概見，余得之百泉皇甫公者，又多訛闕未整，乃正之升庵楊公、木涇周公，間以己意訂補，亦略成書。三復遺篇，如獲罕寶，乃刻之齋中，傳諸其人。嘉靖乙卯年午月，雲南按察使前進士成都周滿。』乙卯，即嘉靖三十四年，因知此本爲是年周滿刻本。周滿字謙之，號受庵，一號拘虛子，松潘衞籍漢州（今屬四川阿壩州）人，明嘉靖壬辰（十一年）進士，授户部主事，歷雲南知府，廣西、山東副使，雲南按察使，山西布政使，嘉靖丁巳（三十六年）巡撫南贛右副都御史（據曾國藩［光緒］《江西通志》卷十二）。著有《易象旨》五卷、《春秋原義》《受莽詩集》（據清劉長庚［嘉慶］《漢州志》卷三十八）。

此書字畫精工，傅增湘《藏園群書題記》云『字作軟體』，有宋元舊槧之風，故入《天祿琳琅書目後編》卷六，云『此本雖非原書，尚屬宋舊也』。並於此書封衣題『宋版梁昭明太子文集』，實乃書賈作僞。明刊本另有明嘉靖遼藩刻本（《四部叢刊》據以影印）、明天啓張燮刊本，均以嘉靖周滿本爲據。

此本爲清乾隆天祿琳琅故物，鈐有『五福五代堂寶』『八徵耄念之寶』『太上皇帝之寶』『天祿繼鑑』『乾隆御覽之寶』諸印。現藏中國國家圖書館。（向輝）

## 庾開府詩集四卷

（北周）庾信撰　明正德十六年（一五二一）朱承爵存餘堂刻本。框高十九·六釐米，寬十四·九釐米。每半葉十一行，行二十字，白口，左右雙邊。

庾信（五一三—五八一）字子山，南陽新野（今屬河南）人。幼而俊邁，聰敏絶倫，博覽群書，尤善《春秋左氏傳》。梁元帝時，爲散騎常侍。受聘於西魏，遂留長安。纍官驃騎大將軍、開府儀同三司、司憲中大夫。進爵義城縣侯。後世稱爲「庾開府」。《北史》卷八十三、《周書》卷四十一有傳。

庾信在南朝梁時與徐陵爲文並有綺麗之風，世號「徐庾體」。晚歲詩文，唯王褒能與之相埒。以《哀江南賦》《枯樹賦》最爲膾炙人口。杜甫有「清新庾開府」（《春日憶李白》）、「庾信文章老更成，凌雲健筆意縱横」（《戲爲六絶句》）之評。

《北史》本傳稱其有文集二十卷，即北周滕王宇文逌作序之本。《隋書·經籍志》著録「《庾信集》二十一卷並録」（清倪璠疑是平陳後所得增多一卷）。兩《唐書》有《庾信集》二十卷，宋鄭樵《通志·藝文略》著録《開府儀同庾信集》二十一卷，又《略集》三卷。其餘公私書目俱載二十卷本。《直齋書録解題》卷十六云：「其在揚都，有集四十卷；及江陵，又有三卷，皆兵火不存。今集止自入魏以來所作，而《哀江南賦》實爲首冠。」以上諸家書目所著當爲詩文合編本，至元代皆已散佚。《四庫全書總目》卷一百四十八《庾開府集箋注》之提要引倪瓚《清閟閣集·與彝齋學士書》：「『聞執事新收得《庾子山集》，在州郭時欲借以示僕，不時也。兹專一力致左右，千萬暫借一觀』云云。則元末明初尚有重編之本，今亦未見此本。雖冠以滕王逌序，實由諸書抄撮而成，非其原帙也。」此本卷末朱承爵刻書識語云：『今天府所存者止二十卷，皆自入魏以來所作，而《哀江南賦》實爲冠首，人間罕得而見也。』是明內府有二十卷本，而《文淵閣書目》不載，今亦不傳。

明刊庾信集大抵依據宋元舊本，並從《文苑英華》《藝文類聚》《初學記》等書中抄輯而成。此本僅錄其詩，是庾信詩集存世最早刻本，明正德十六年朱承爵刊。

朱承爵（一四八〇—一五二七）字子儋，號舜城漫士，又號左庵、盤石山樵。明江陰（今江蘇江陰）人。室名左庵、行素齋、存餘堂、集瑞齋等。著有《鯉退稿》《灼薪劇談》《存餘堂詩話》。明書畫家、藏書家。又以刻書精湛著稱。此本有無名氏序，通篇幾乎全用《北史·庾信傳》，序末引及杜甫『清新庾開府』語，是序文出自唐以後人手筆。明刊庾信詩集尚有嘉靖間朱曰藩刻六卷本，校勘較粗疏。其餘明人重輯詩文合編本有：萬曆間屠隆評點《徐庾集》本、天啓元年（一六二一）張燮輯《七十二家集》本、天啓六年汪士賢校刊《漢魏六朝百三家集》本，亦不免有所疏漏。此本雖最早，但不完備，收詩少於其後各本，且小有差異。錢曾《讀書敏求記》卷四云：『余近得子山詩舊抄校之，首卷同存餘堂本，餘卷序次迴異，凡多詩百五十首，始知子儋刻未備也。』錢氏所云舊抄本今已不傳。

此本有前人圈點及眉批評點，朱墨爛然。卷四末抄錄《七夕》詩一首。書末朱筆錄錢曾述古堂《庾開府詩集》題識（收入《讀書敏求記》卷四之中）。鈐有『稽瑞樓』『鐵琴銅劍樓』『錢孝修圖書印』等印記。現藏中國國家圖書館。（樊長遠）

## 楊盈川集十卷

（唐）楊炯撰　（明）童珮輯　明萬曆三年（一五七五）韓邦憲　涂杰刻本。框高十九釐米，寬十四・六釐米。每半葉十一行，行二十字，白口，左右雙邊。

楊炯（六五〇—六九三）行七，唐華州華陰（今陝西華陰）人。幼聰明博學，善屬文，十歲舉神童，待制弘文館。上元三年（六七六）應制舉登科，授校書郎。永淳元年（六八二），以薛元超表薦任太子詹事司職，充崇文館學士。武周如意元年（六九二），出任盈川（今浙江龍游）令，世稱楊盈川。炯恃才傲物，爲政嚴酷。炯善屬文賦，駢儷宏博，張説稱其「文如懸河，酌之不竭」（元辛文房《唐才子傳》卷一）。時與王勃、盧照鄰、駱賓王並稱「初唐四傑」，自言「愧在盧前，恥居王後」。長於五律，開有唐一代邊塞詩先聲。《舊唐書》卷一百九十、《新唐書》卷二百十四有傳。

楊炯所著詩文頗多，新舊《唐書》均載其有文集三十卷，《郡齋讀書志》著録《盈川集》二十卷，惜未傳世。據萬曆三年本童珮序「唐盈川令贈著作郎華陰楊侯炯之所作也，楊侯有詩文二十卷，世遠遺逸，流傳者僅詩一卷」，可知明初曾有單卷本存世，當爲各明刻本之祖本，但未見流傳。此刻本書前有皇甫汸、童珮序。書中所收詩文均爲童珮所輯，共收賦八篇，五言古詩四首，五言律詩十四首，五言排律十四首，五言絶句二首，序十一篇，碑三篇，銘、表、議各一篇，神道碑十一篇，墓誌銘八篇，行狀二篇，祭文四篇，附録收新舊《唐書》本傳及友人贈詩二首、祭文一篇及後世品評七條。

童珮字子鳴，一字少瑜，明龍游人。受業於歸有光，好刻書藏書，《少室山房筆叢》載其藏書二萬五千卷，頗多秘帙，著有《童子鳴集》六卷。童珮爲龍游州民，頗爲敬重楊炯，此書序云：「每見侯（楊炯）文章於他書，輒自手録，凡得如干篇，久之恐復散漫，因爲詮次成帙，仍其舊題曰楊盈川集。』童珮後將所輯詩文獻於衢州郡守韓邦憲。韓侯深獎斯舉，令龍游縣令涂杰鋟梓成書。

楊炯詩文後世多有刊刻，常見於總集、合集。有明銅活字《唐人詩集》、明刻四十九卷本《唐十二家詩》、明嘉靖十九年（一五四〇）朱警輯《唐百家詩》、明刻《唐八家詩》、明嘉靖刻二十六卷本《唐六家詩》、明嘉靖二十七年（一五四八）張明刻《唐四傑集》、明張遜業輯、黄墩刻二十四卷本《十二家唐詩》、明萬曆十二年楊一統輯《唐十二名家詩》、明崇禎十三年（一六四〇）張燮、曹荃刻《初唐四子集》、清江標影刻《唐人五十家小集》、清同治鄒氏刊《初唐四傑文集》等本。其中銅活字本《楊炯集》二卷爲存世明代文獻中所收詩賦最全、分體編次最早者，童珮輯本所用編次即源於此。此本現藏中國國家圖書館。（廖甜添）

一七四

## 王勃詩一卷

（唐）王勃撰　明活字印本　楊世儀跋。框高十八·九釐米，寬十四·七釐米。每半葉十行，行十七字，黑口，左右雙邊。

王勃（六五〇—六七八）字子安，絳州龍門（今屬山西河津）人，郡望太原祁縣（今山西晉中）。乾封元年（六六六）應幽素科舉，對策高第，授朝散郎，咸亨二年（六七一）補爲虢州參軍。高宗上元三年（六七六）初渡南海墜水而卒，時年二十九。善詩，與楊炯、盧照鄰、駱賓王並稱『初唐四傑』。著有《周易發揮》《次論語》《大唐千歲曆》《合論》《舟中纂序》等。勃亡後，著述多佚，後人輯《王子安集》、《四庫全書總目》是書提要云：『明以來，其（王勃）集已佚，原目遂不可考。世所傳《初唐十二家集》，僅載勃詩賦二卷，闕略殊甚。』又云：『勃文爲四傑之冠，儒者頗病其浮艷。』杜甫、韓愈推之。事迹詳《舊唐書》卷一百九十、《新唐書》卷二百一本傳、聞一多《全唐詩人小傳》。

王勃之詩文集，後世書目多著録爲《王勃集》或《王子安集》，卷帙或三十卷或二十卷或十六卷或二卷，明高儒《百川書志》卷十四著録《王勃詩》一卷。《四庫全書總目》是書提要云：『《唐書·文苑傳》稱其文集三十卷，而《楊炯集序》則謂分爲二十卷，具諸篇目。洪邁《容齋隨筆》亦稱今存者二十卷，蓋猶舊本。』此本或是書或爲明人所輯，題《王勃詩》。此本首勃傳一篇，裁《新唐書·藝文上》勃本傳而成。後録賦十一篇（春思、七夕、九成宫東臺山池、寒梧栖鳳、曲江孤鳬、馴鳶、遊廟山、澗底寒松、慈竹、青苔、採蓮賦）（《全唐文》收十二篇，多《釋迦佛賦》一篇），四言古詩、五言古詩、六言古詩、七言古詩、五言律詩、五言排律、五言絶句、七言絶句，計詩八十七首。無序跋。

今存明刊《王勃集》，有一謂明銅活字《唐人集》（或題《唐五十家詩集》）本者，因曾爲傅增湘所考，故多爲世人所知。傅氏《藏園群書經眼録》卷十七著録：『《唐人集》存四十九種，明銅活字印本，九行十七字。』『此書袁寒云克文藏三十七家，蔣夢蘋汝藻藏三十二家。兩家合之，可得四十九家。』其中《王勃集》二卷爲袁克文所有。趙元方跋《杜審言集》云：『此（《杜審言集》）爲活字唐集之一，以太宗爲首，凡五十家，而不著刻印時代、姓氏。』『乃取（明何良俊）《四友齋叢説》閲之，於卷二十四《詩》中，有李端《古别離》條云：「今徐崦西家印五十家唐詩活字本《李端集》」云云，乃恍然大悟，曹集、唐集同出徐氏，而刻於弘正之間也。』今人陳尚君《明活字本唐五十家詩集印行者考》，所謂徐崦西者即徐縉。縉字子容，號崦西，蘇州吳縣（今屬江蘇）人，弘治十八年（一五〇五）進士，曾任吏部左侍郎兼翰林學士，嘉靖八年（一五二九）罷官還鄉，印行《唐五十家詩集》或在其間。

此本非前述傅氏所見之本，今人據此本之版式、字體等將其定爲明活字本。原收藏者清人楊世儀將此本定爲宋本，其所藏明刊活字本《盧照鄰詩》後跋云：『此宋板王子安、盧昇之集也，予少時得之金匱孫氏，計宋至今，已歷六七百年矣。雖楮墨殘蝕而古香猶留，後之覽者可不寶諸？桐鳳識。』楊世儀字桐鳳，清江（今屬江西）人。道光二十九年己酉（一八四九）拔貢，曾於咸豐五年（一八五五）任興國縣學教諭。此本與明活字本《唐五十家詩集》所收《王勃集》一卷之版式、字體及文字均有差異。今以兩本校讎，略具數條，以備考云：《春思賦》『析心之去就』下注云『析心一作以析心』，『僕本浪人』之『浪』字下注『一作恨』，『因狂夫之蕩子』下注『一作目征夫之狂蕩』，『狂夫去去』下注『一作一去』，『草犯春而争密』作『葉抱而争泌』並於『抱』字下注『一作草犯春』；四言古詩《倬彼我系》『原其事業』之『原』作『源』，『臣嬴相劉』之『臣』字作『匡』（缺末筆），『迺武迺文』之『迺』字作『乃』，『晉曆崩折』之『折』字作『圻』，『伊尹祖德』之『祖』字作『徂』，『謂余曰仕』之『曰』字作『白』，『其聲嗷嗷』之『嗷』字作『嗸』；《上巳浮江宴》題後有『韻得阯字』；《懷山》『鳳想疲煙霧』之『霧』字作『霞』；《忽夢遊仙》『寤寐霄漢間』之『寤』字作『寢』；《田家》『阮籍生年懶』之『年』字小注『一作酒』；《採蓮曲》下注『一作採蓮歸』。

此本曾爲清人楊世儀插架之物，鈐『桐鳳』『平林館印』『褒遠堂印』諸印。楊氏於明活字本《盧照鄰詩》後附跋兩則，其一云：『咸豐乙卯冬，郡城爲賊所破，家藏書籍盡被賊毁。此本爲予四弟出城避難時携入山中，故得留存篋衍。劫灰之餘，重睹舊物，何幸如之。殆亦有數存其間也。同治辛未冬月。桐鳳再識。』所謂咸豐兵亂即指太平天國運動。可知此書曾險遭兵難，得以留存實爲不易。現藏中國國家圖書館。（向輝）

一七五

## 盧照鄰詩一卷　（唐）盧照鄰撰　明活字印本。

框高十八・九釐米，寬十四・七釐米。每半葉十行，行十七字，黑口，左右雙邊。

盧照鄰（六三二？—六九五？）字昇之，自號『幽憂子』，幽州范陽（今河北涿州）人。出身望族，幼讀詩書，曾師從曹憲、王義方習小學及經史，博學能文，備受王義方推重。王曾謂人曰：『此吾之相如也。』高宗永徽五年（六五四）爲鄧王府典簽，乾封三年（六六八）初，出任益州新都（今四川成都附近）尉，秩滿，漫遊蜀中。離蜀後，寓居洛陽。曾被横禍下獄，因友人營救得免。後染風疾，心情沉鬱，病疾日重，脚部痙攣，一手殘廢，不堪其苦，便預築墳墓，投潁水自盡。與王勃、楊炯、駱賓王以文辭齊名，世稱『初唐四傑』。照鄰尤工詩歌駢文，以歌行體爲佳，詩筆縱横却不浮豔，對七言古詩的發展有推動作用。有《盧昇之集》七卷、《幽憂子集》七卷存世。《舊唐書》卷一百九十、《新唐書》卷二百十有傳。

照鄰作品的結集流傳應自唐代始，《舊唐書》卷八十四《裴行儉傳》載：『時有後進楊炯、王勃、盧照鄰、駱賓王並以文章見稱，吏部侍郎李敬玄盛爲延譽，引以示行儉。』則知照鄰當時已有詩文作品行於世。《舊唐書·盧照鄰傳》載：『著《釋疾文》《五悲》等誦，頗有騷人之風，甚爲文士所重……文集二十卷。』宋《通志·藝文略》亦著錄《盧照鄰集》二十卷。可以肯定，盧照鄰確有兩種集子行世，大概在其生前就已結集傳播。按《四庫全書總目》是書提要云：『又《窮魚賦序》稱嘗思報德，故冠之篇首，則照鄰自編之集當以是賦爲第一，而此本列秋霖、馴鳶二賦後』，『知由後人掇拾而成，非其舊帙矣』。可推知，盧照鄰生前曾自編文集行於世。檢史書及相關資料，尚未發現當世有人爲其結集的記載，由是推測見於書目著錄的《盧照鄰集》二十卷和《幽憂子集》三卷，也極可能爲盧照鄰自編。宋代，晁公武《郡齋讀書志》、陳振孫《直齋書錄解題》均有著錄。元代亦有相關文獻證明盧集的流傳。《全唐詩》編錄其詩二卷。徐明霞點校《盧照鄰集》即據七卷本《幽憂子集》，並作《補遺》。傅璇琮著有《盧照鄰楊炯簡譜》。

明代刻書業發展迅速，再加上前後七子『文必秦漢，詩必盛唐』的復古之風的影響，相對於宋人整理、刊刻隋唐五代別集範圍狹窄、偏重大家，無暇顧及中小作家的情況，唐人別集在明代的整理、刊刻與出版出現了前所未有的繁榮。盧照鄰詩文集在該時期有多種版本。明活字本《盧照鄰詩》一卷，前有小傳，無目錄。小傳中對照鄰的生平事迹有簡略介紹，並稱其『有集二十卷，又幽憂子三卷』。是本內容按體裁分列，體例清晰，依次爲賦、五言古詩、七言古詩、五言律詩、五言排律、五言絶句、雜言騷體。此書除賦外，其餘體裁均有朱筆圈點。是集名篇觸目可見，如《窮魚賦》《病梨樹賦並序》《長安古意》《五悲詩》等。尤其是《五悲詩》，包括《悲才難》《悲窮道》《悲昔》《悲今日》《悲人生》，其悲愁坎坷之情滲透紙背，滿腹文采縱橫筆端，令人動容感歎。

此本似有殘損，對比同一版式、鈐印相同的明活字本《王勃詩》，書口魚尾部分已明滅不清。但與《王勃詩》不同，此本後有跋兩則，均爲清人楊世儀所寫。其一云：『此宋板王子安、盧昇之集也，予少時得之金匱孫氏，計宋至今，已歷六七百年矣。雖楮墨殘蝕而古香猶留，後之覽者可不寶諸？桐鳳識。』其二云：『咸豐乙卯冬，郡城爲賊所破，家藏書籍盡被賊毁。此本爲予四弟出城避難時携入山中，故得留存篋衍。劫灰之餘，重睹舊物，何幸如之。殆亦有數存其間也。同治辛未冬月。桐鳳再識。』乙卯爲咸豐五年（一八五五），辛未爲同治十年（一八七一）。楊世儀字桐鳳，清江（今屬江西）人，道光二十九年（一八四九）己酉拔貢，曾於咸豐五年任興國縣學教諭。據跋語可知，桐鳳認爲此本爲宋版。至清代桐鳳手中，又曾歷經兵災，實屬珍貴，又知，桐鳳得此本時，紙張墨迹已有殘蝕。是書偶有一二脱字，但總體字迹清晰，古韻猶存，對閲讀無礙。鈐有『平林館印』『桐鳳』『子孫世昌』等印，現藏中國國家圖書館。（趙銀芳）

一七六

**宋之問集二卷** （唐）宋之問撰　明崦西精舍刻本。框高十八釐米，寬十三·三釐米。每半葉十行，行十六字，白口，左右雙邊。

宋之問（六五六？—七一二）字延清，一名少連，虢州弘農（今河南靈寶）人。少居嵩山，師事著名道士潘師正，與其弟子司馬承禎等交遊。高宗上元二年（六七五），登進士第，曾任縣尉等職。武后天授元年（六九〇），與楊炯同爲宫中習藝館學士，後卧病歸陸渾。萬歲登封元年（六九六），爲洛州參軍，陪宫中游宴應制。聖曆中，任司禮主簿，預修《三教珠英》。長安中，遷尚方監丞。中宗神龍元年（七〇五），因諂附張易之兄弟，貶爲瀧州（今廣東羅定）參軍。次年，遇赦北歸，授鴻臚主簿。復依附武三思、太平公主，遷户部員外郎。景龍二年（七〇八），充修文館直學士。遷考工員外郎，知景龍三年貢舉。其年秋，因附安樂公主，爲太平公主所疾，發其知貢舉之贓事，貶越州（今浙江紹興）長史。景雲元年（七一〇）六月，睿宗立，流放欽州（今屬廣西）。先天元年（七一二）八月，玄宗立，賜死桂州（今廣西桂林），年約五十七。著有《宋之問集》十卷，爲其友人武平一所編。

《宋之問集》，《舊唐書·經籍志》《新唐書·藝文志》、《郡齋讀書志》卷十七（作《宋之問考功集》）、《直齋書録解題》卷十六均著録爲十卷。可知原集南宋時猶存，元以後則未見著録。

此本爲現存最早之單行本，即明崦西精舍刊《宋之問集》二卷（簡稱精舍本），版心有『崦西精舍』四字，《四部叢刊續編》曾據以影印，張元濟據其字體定爲嘉靖本。此本按賦、五古、七古、五律、五排、七律、五絶、七絶等分體編次，共收賦二首，詩一百七十六首，其中七古之《下山歌》與七絶之《下嵩山歌》完全相同，故實收一百七十五首。

《鐵琴銅劍樓藏書目録》卷十九著録此書，云：『晁、陳二家書目俱載十卷，近存二卷，蓋明人掇拾之本也。版刻清朗，每版心有「崦西精舍」四字。』張元濟《古籍書目序跋彙編》亦談及此書，謂『審其字體，當在明嘉靖時矣。然版心題「崦西精舍」，不知爲何人所刻』。考徐縉，字子容，號崦西，蘇州洞庭西山人，王鏊女婿。弘治十八年（一五〇五）進士，官至禮部侍郎。與前七子有交往。黄貫曾《唐詩二十家自序》云：『洞庭徐太宰刻陳、杜以下十二家。』即指徐縉。因知崦西精舍乃徐縉堂號，故此書亦當是徐縉崦西精舍刻本。

現存各本收詩均較爲混亂，如精舍本誤收唐太宗等十人詩二十四首，朱本删去了七絶與七古中相重之《下山歌》，黄本、許本删去了誤收的沈佺期《銅雀臺》、康庭芝《望月有懷》（一作沈佺期詩），楊本在黄本基礎上又删去了張九齡《旅宿淮陽亭口號》及本集重出的《下山歌》，但均未能從根本上改變收詩混亂的局面。與精舍本相校，張本雖删除了僞詩八首，又自唐宋典籍中輯得佚詩十五首，但仍未將其中僞詩作徹底清理，所補輯詩文亦皆有僞作。

總之，明刊《宋之問集》均爲輯本。其中二卷本詩集同出一源，又以精舍本爲最早。現藏中國國家圖書館。（胡平）

一七七

## 張子壽文集二十卷　（唐）張九齡撰　明成化九年（一四七三）蘇韡刻本。框高二十一・六釐米，寬十二・六釐米。每半葉十一行，行二十二字，黑口，四周雙邊。

張九齡（六七八—七四〇）字子壽，一名博物，唐韶州曲江（今廣東韶關）人。幼聰敏，善詩文，廣州刺史王方慶嗟賞之曰：『此子必能致遠。』官至中書侍郎，同中書門下平章事，後爲李林甫所譖罷相，貶荆州長史。爲人忠耿剛正，直言敢諫，爲開元賢相。開元二十八年（七四〇）病卒，年六十三，謚文獻。《舊唐書》卷九十九、《新唐書》卷一百二十六有傳。

張九齡工詩能文，名重一時。其文格調剛健，雅正沖淡，著有《曲江集》《講經語録》等。《四庫全書總目》是書提要評曰：『九齡守正嫉邪，以道匡弼，稱開元賢相。而文章高雅，亦不在燕許諸人下。』《舊唐書》著録張九齡『有集二十卷』，《新唐書·藝文志》《崇文總目》及《宋史·藝文志》亦有記載。《直齋書録解題》曰：『《曲江集》本有元祐中郡人鄧開序，自言得其文於公十世孫蒼梧守唐輔而刊之。於末附以中書舍人樊子彦所撰行狀、會稽公徐浩所撰神道碑及太常博士鄭宗珍議謚文獻狀，蜀本無之。』可知《曲江集》曾有兩個宋本，惜未見流傳。明成化五年，翰林院侍講學士丘濬得《曲江集》於館閣群書中，手自抄録成帙。後丘濬奔喪携書稿南歸，期免喪後付梓。韶州知府蘇韡請留刻郡齋，始刊刻成册，題爲《張子壽文集》。

丘濬（一四二〇？—一四九五）字仲深，號瓊臺，瓊山（今屬廣東）人。蘇韡字廷茂，江蘇江陰人，成化中韶州知府，曾刻《武溪集》二十一卷、《張子壽文集》二十卷。

《張子壽文集》明代刊本衆多，多以成化本爲宗，題名有《曲江張先生文集》《唐丞相曲江張先生文集》《張子壽文集》《張九齡集》《張曲江集》等。嘉靖十五年（一五三六）湛若水據丘本翻刻《唐丞相曲江張先生文集》二十卷。另有十二卷本多種，如嘉靖二十四年李而進刻本、萬曆十二年（一五八四）王民順刻本，天啓四年（一六二四）顧懋光刻本等，多出於丘本；清雍正十三年（一七三五）張氏刊十二卷本，附《千秋金鑒録》五卷，亦稱出於丘本。故成化九年本當爲張九齡文集現存最早刻本。

此成化本《張子壽文集》二十卷，卷首前有成化九年丘濬序，於卷末蘇韡刻書跋文曰：『韡承乏韶郡之又明日，進拜文獻公祠，退求夫文獻之猶有存者，僅得詩文二十許篇而已，餘未得也。成化己丑冬，始得全集於翰林學士瓊臺丘公仲深。……捐俸重刊，惠此學者，有能於此。』可知該書係蘇韡得文獻公全集於丘濬處，後捐俸刊刻而成。

書内鈐有『鐵琴銅劍樓』『新安汪氏』『啓淑信印』等印。現藏中國國家圖書館。（廖甜添）　　一七八

**顔魯公文集十五卷補遺一卷**　（唐）顔真卿撰　**年譜一卷**　（宋）留元剛撰　**附録一卷**

明嘉靖錫山安氏館銅活字印本　趙元方跋。框高十九・六釐米，寬十四釐米。每半葉十三行，行十六字，白口，左右雙邊。

顔真卿（七〇九—七八五）字清臣，京兆萬年（今陝西西安）人，郡望琅玡臨沂（今屬山東）。唐開元二十二年（七三四）進士及第，授秘書省校書郎，歷醴泉尉、長安尉、監察御史、殿中侍御史。出爲平原太守。安禄山叛，發兵抵抗，聯結附近十七郡，被推爲盟主。亂平，入官京師，遭讒貶黜。後爲刑部尚書，封魯郡開國公。德宗時，李希烈叛亂，受命往諭，持節不屈，被縊殺。贈司徒，謚文忠。書法精絶，尤擅楷書，世稱『顔體』。事見殷亮《顔魯公行狀》、令狐峘《顔魯公神道碑銘》、《舊唐書》卷一百二十八本傳、《新唐書》卷一百五十三本傳。

真卿有《盧陵集》《臨川集》《吳興集》等，均已早佚。北宋時，吳興沈氏採掇遺逸，編爲十五卷，劉敞爲之序。嘉祐年間，宋敏求集其刻於金石者，又編爲十五卷。南宋嘉定年間，留元剛得宋敏求所編殘本十二卷，乃以史傳諸書、碑迹雜記，詮次年譜，繫以見聞，參異訂疑，搜亡補失，編爲十五卷，末附補遺、年譜、行狀、碑銘及新舊《唐書》本傳，自爲後序。沿及明代，留本亦不甚傳。明嘉靖二年（一五二三），錫山安國（字民泰）得傳錄舊本，欲重梓之，請吳郡都穆校訂。都穆取其家藏舊本與留元剛本互校，認爲留本『有公文補遺及年譜、行狀，皆予家所無，而予家本自《和政公主碑》至《顔夫人碑》十首，又元剛之所未有』，遂重加編訂，『舊本皆以詩居首，今僭爲編訂，以奏議第一，表次之，碑銘次之，書序與記之類又次之，而以詩終焉。若補遺諸作，則各從其類。卷仍十五，以符舊集之數。而年譜、碑狀、列傳諸文，別爲繕寫，以附於後』（明嘉靖二年安國安氏館刻本卷末嘉靖二年都穆後序），由錫山安國安氏館刊刻行世，首有嘉靖二年（一五二三）楊一清序，次爲劉敞序，次爲正文及補遺，後附年譜、行狀、碑銘、新舊《唐書》本傳，末有留元剛後序、嘉靖二年都穆後序。此乃顔氏文集現存最早之本，後曾影印收入《四部叢刊》。此本版心鐫『錫山安氏館』，版心下有印工姓名，各卷卷端題『錫山安國刊』或『錫山安國校刊』。此本卷一爲奏議，已爲都穆編訂後之面貌。此本卷末有民國二十八年（一九三九）趙元方跋，謂『以此本校安國刻本，此本絕勝。是以知活字本之可貴者，不僅以其傳印之少也』。此本流傳絕稀，傳世僅寥寥數部，洵足珍重。

此本鈐有『曾在趙元方家』『一廛十駕』『趙鈁珍藏』『元方心賞』『無悔齋校讀記』『沅叔審定』『臧

園藉觀』等印，知爲趙元方舊藏，傅增湘曾借觀。建國初，趙元方擇其所藏精本，捐獻北京圖書館（今中國國家圖書館）。（包菊香）

一七九

**李文十八卷**　（唐）李翱撰　明成化十一年（一四七五）馮孜刻本。框高二十·五釐米，寬十四·二釐米。每半葉十行，行十九至二十字不等，黑口，四周雙邊。

《李文》者，即李翱之文。李翱（七七四—八三六）字習之，郡望隴西成紀（今甘肅秦安），陳留（今河南開封）人。唐德宗貞元十四年（七九八）進士及第，十五年至浙東，十六年爲義成軍觀察判官。元和初爲國子博士、史館修撰。其後陟黜有時，歷官刑、户部侍郎，山南東道節度使、檢校户部尚書。唐文宗開成元年（八三六）卒，謚文，世稱李文公。《舊唐書》卷一百六十、《新唐書》卷一百七十七有傳。

李翱早年見知於古文家梁肅，後又從韓愈學古文，並成爲韓愈侄婿。其文學思想大致根於韓愈，强調文以載道，以儒家『仁義』爲文之根本，並謂：『義深則意遠，意遠則理辯，理辯則氣直，氣直則辭盛，辭盛則文工，如山有恒、華、嵩、衡焉，其同者高也。』又謂：『文、理、義三者兼並，乃能獨立於一時而不泯滅，於後代能必傳也。』（本書卷六李文《答朱載言書》）本書何宜《李文公集序》云：『公嘗有云：「僕之道，窮則樂仁義而安之者也，如用焉，則推而行之於天下也。」』李氏之論實開清代桐城派思想先河。

《新唐書·藝文志》著録《李翱集》十卷。《直齋書録解題》卷十六著録『《李文公集》十卷，唐山南東道節度使李翱習之撰。蜀本分二十卷。集中無詩，獨有戲贈一篇，拙甚，决非其作也』。因知李翱文集自唐迄宋嘗有十卷本、二十卷本流傳，今皆散逸。存者，以此本爲最早。

此本分十八卷，第一卷收《感知己賦》《幽懷賦》《釋懷賦》三篇； 第二至五卷收文二十一篇； 第六至八卷收答、謝、薦、賀書十六篇； 第九、十卷收疏、狀、奏議十三篇； 第十一卷收行狀、實録三篇； 第十二、十三卷收碑傳、碑述七篇； 第十四、十五卷收墓誌十一篇； 第十六卷收祭文十四篇； 第十七、十八卷收雜著十六篇，總爲一百零四篇，較全面反映出李翱撰述情况。卷前何宜序謂『凡一百三首』，統計有誤。

此書卷前有何宜所撰《李文公集序》，曰：『邵武郡守、西蜀馮君師虞以唐隴西李文公所爲文一十八卷，凡一百三首，命工鋟梓，以傳於天下後世，乃以屬余序。』可知刻印此書者，乃邵武郡守、西蜀馮師虞。師虞名孜，字師虞，四川南充人，舉天順進士。成化三年出知延平府，六年改知邵武府。據明何喬遠崇禎所修《閩書》卷五十八載其在任期間『慎徵輸，平徭役，訟不淹繫，一訊而决』，『公暇，手不釋卷』。馮氏宦迹與序中所言正合。

序後落款爲『成化乙未春二月之吉，賜進士出身，通奉大夫、廣西等處承宣布政使司左布政使、玉融何宜序』。何宜字行義，福建福清人。正統十三年（一四四八）進士。據清饒安鼎［乾隆］《福清縣志》卷十三載，成化初，『疆圉多事，警報遝至，區劃多稱旨，一時卿佐極加器重，大議皆倚以咨决。遷浙江參政，轉江西左布政』。宋王象之《輿地紀勝》卷一百二十八載：『玉融山，在福清縣。』可知『玉融』

乃福清之別稱。行迹、官銜、里貫亦合。故此書確在成化十一年乙未由邵武知府馮孜刊版以行。

此本目錄前鈐有『顧孝柔褱烟閣讀書記』『稽瑞樓』『鐵琴銅劍樓』等藏書印；卷端鈐有『樸學齋』印記。清乾隆時陸時化嘗用懷煙閣一印，顧孝柔懷煙閣待考。樸學齋是清康乾之際葉樹廉藏書齋名；稽瑞樓是清乾嘉時期陳揆藏書樓名，表明此書相繼爲葉、陳二氏收藏，後輾轉歸於鐵琴銅劍樓，現藏中國國家圖書館。（李致忠）

一八〇

**樊川詩集四卷** （唐）杜牧撰 明正德十六年（一五二一）江陰朱承爵朱氏文房刻本 趙元方跋。框高十六・五釐米，寬十四・四釐米。每半葉十行，行十六字，白口，左右雙邊。

杜牧（八〇三—八五二）字牧之，唐京兆萬年（今陝西西安）人。出身高門世族『京兆杜氏』，爲宰相杜佑之孫，繼承了其祖父以《通典》爲代表的經世致用之學，政治抱負遠大，胸懷建功立業之心，其《上李中丞書》中表明其注意研究『治亂興亡之跡，財賦兵甲之事，地形之險易遠近，古人之長短得失』。主張平定外患，維護安內統一之局面，但由於性格耿介，不屑於逢迎權貴，仕途並不順暢。太和二年（八二八）登進士第，在江西等地爲幕僚多年，也曾做黃州等地刺史，亦曾入朝任監察御史等職，官至中書舍人。杜牧才華橫溢，爲詩作文功夫卓越，與李商隱並稱『小李杜』，在《獻詩啓》中自稱『苦心爲詩，本求高絕。不務奇麗，不涉習俗。不今不古，處於中間』。其詩歌題材豐富，七言絕句有不少佳作，在關注現實生活的同時，擅長咏史抒懷，借古時之人、事，引出對時局的看法。其詩情致高遠，筆力勁拔，俊爽峭健之中，時帶風華流美之致。杜牧享年五十歲，有《樊川文集》等傳世，新舊《唐書》有傳，均附載《杜佑傳》內。

杜牧祖父杜佑在長安南面樊川置有別墅，牧喜愛有加，用自己的官俸重新修葺，晚年居於此，自號『樊川子』。其外甥裴延翰彙集杜牧作品，以『樊川』二字入其名，爲《樊川文集》，並在《樊川文集序》中謂，杜牧臨終前，盡搜文章，閲千百紙，擲焚之，留者僅十之二三。幸其外甥裴延翰所貯藏的比焚餘者十多七八，釐爲二十編，共存詩文四百五十篇，題曰《樊川文集》。宋代以後又出現《外集》《別集》，然多混入他人僞作。清人馮集梧《樊川詩集注》是最爲通行的舊注本，馮氏僅注《樊川文集》之前四卷詩歌，《外集》《別集》中詩概不出注，以爲此皆樊川臨終前欲棄焚者，非欲留者。

世行本《樊川詩集》出自《樊川文集》，祇收前四卷詩。此本爲正德十六年朱承爵所刻，版式精勁古雅，字體仿宋，横平豎直，整齊嚴謹，左欄上角書耳中刻有『江陰朱氏文房』六字。朱承爵字子儋，號舜城漫士，又號左庵，明代江陰人。好聚書，尤喜宋版。愛刻書，多刊詩集。除《樊川詩集》外，還刻有《庾開府集》《浣花集》等。

此《樊川詩集》書前有『樂志樓』等印，卷末鈐有『曾在趙元方家』『鈁』等印章。上世紀五十年代，趙氏諸多精本入藏北京圖書館（今國家圖書館），多是罕傳善本。本書趙氏跋語，曰：『此册爲王蓮涇舊藏，卷末葉數及書根皆蓮涇筆也，庾樓丈云。』王蓮涇即王聞遠。聞遠（一六六三——一七四一）字聲宏、又作聲弘，一字叔子，號蓮涇，亦號蓮涇居士，吳縣（今江蘇蘇州）人。精鑒賞、富收藏，所藏之作多

爲名品。從趙元方跋語及相關鈐印知，是書經王聞遠藏，後輾轉歸藏趙元方無悔齋。現藏中國國家圖書館。（趙銀芳）

### 温庭筠詩集七卷别集一卷 （唐）温庭筠撰　明弘治十二年（一四九九）李熙刻本　馮長武校並跋　一八一

框高十九釐米，寬十二·一釐米。每半葉九行，行十八字，黑口，四周雙邊。

温庭筠（八一二？—八七〇）一作廷筠，又作庭雲，本名岐，字飛卿，太原祁（今山西祁縣）人。相貌奇醜，人稱温鍾馗，其人聰穎，才思敏捷，尤長於詩賦，士人翕然推重，每入試，押官韻，八叉手而成八韻，有『温八叉』之稱。然士行塵雜，不修邊幅，且恃才不羈，又喜譏刺權貴，多犯忌諱，取憎於時，故屢試不第，終生不得志，官終國子助教。他與李商隱齊名，時稱『温李』。存詩三百餘首，所涉體裁、題材廣泛，古詩、律詩均有佳作，字裏行間充滿羈旅行役、友人寄贈、身世感懷之情。精通音律，詞采出衆，爲詞華麗，穠豔精緻，領銜『花間派』，與韋莊並稱『温韋』。駢文與李商隱、段成式齊名，他們所創造的『三十六體』在駢文史上亦有深遠影響。《舊唐書》卷一百九十有傳。

此本是現存温庭筠詩集之最早刻本，前七卷收詩二百五十餘首，别集一卷收詩四十二首，偶有幾首詩題旁附有作者創作緣起。據《新唐書·藝文志》等所載可知，温庭筠詩在唐末已成集。《郡齋讀書志》對温集七卷本已有著録，並提及外集一卷。温詩外集應是宋人在本集七卷外，集其佚詩而成。《直齋書録解題》亦提及温詩七卷本。直至今日，七卷本仍爲温詩較通行之本。此外，國家圖書館尚藏有明弘治十二年李熙刻《温庭筠詩集》七卷本的另外一部，有殘，無馮長武跋，集前有李熙序，頗有價值。

此明弘治十二年李熙刻本，正文中詩歌題目低兩格刻印，經馮長武朱筆圈點校過，卷尾馮氏跋云：『太歲戊子季冬之月望後一日校練一過，此本不甚精好，先君子曾獲宋刻半本，爲友人借去，不復得歸，今更存一抄本頗勝於此也。』馮武（一作長武）（一六二七—？）字竇伯，號簡緣，明末清初江蘇常熟人。藏書家馮舒、馮班之侄，能詩善書。其父馮知十藏書頗富，武子承父業，廣肆搜集，精於校勘，隱湖毛氏刊書多經其校訂。家有『世豸堂』，是其藏書與刻書之所。有『海虞馮氏』『簡緣馮氏藏本』『簡緣子』『竇伯藏書記』等印。此本在流傳過程中前後有數葉遺失，經補抄後依然完整呈現出全部内容。補抄部分分别是卷首目錄中的前七葉與卷尾别集中的兩葉，刻本至别集《傷寒宵》詩半戛然而止，剩餘四首詩與馮長武跋均在補抄葉面。由此觀之，推測此書補抄不晚於藏於馮氏之時。

此本墨黑字端，偶有連筆，卷首目錄處與卷尾均鈐有『鐵琴銅劍樓』『簡緣』『馮氏藏書』等印，再參之跋文落款『天目民海虞馮長武竇伯氏識』，可知此本曾爲上黨馮氏所藏，後入鐵琴銅劍樓。現藏中國國家圖書館。（趙銀芳） 一八二

**唐皮日休文藪十卷** （唐）皮日休撰 明正德十五年（一五二〇）袁表刻本 周叔弢跋。框高十八釐米，寬十一・三釐米。每半葉十一行，行二十字，白口，左右雙邊。

皮日休（八三四？—八八三？）字逸少，後字襲美，襄陽竟陵（今屬湖北）人。隱居鹿門山，自號鹿

門子，又號閒氣布衣、醉吟先生。其貌不揚，性情傲慢，詼諧好謔，詩與陸龜蒙齊名。咸通八年（八六七）登進士第，爲著作佐郎、太常博士。據《四庫全書總目・皮子文藪》提要云：《唐書》稱其降於黄巢，後爲所害。然尹洙《河南集》有《大理寺丞皮子良墓誌》，則稱『日休避廣明之難，奔錢氏。子光業，爲吴越丞相。生璨，爲元帥判官。子良即璨之子』。陸游《老學菴筆記》亦據皮光業碑，以爲日休終於吴越，並無陷賊之事。以上兩説，未知孰是。

皮日休著有《皮子文藪》十卷，收其前期作品，乃咸通七年皮氏所自編。此外，《全唐文》收皮日休文四卷，其中有散文七篇，爲《文藪》所未收。《全唐詩》收皮日休詩，共九卷三百餘首，後八卷詩均爲《文藪》所未收。

此書自序稱：『咸通丙戌（七年）中，日休射策不上第，退歸州來別墅，編次其文，復將貢於有司。發篋叢萃，繁如藪澤，因名其書曰《文藪》。』《四庫全書總目・皮子文藪》提要云：『宋晁公武謂其尤善箴銘。今觀集中書序論辨諸作，亦多能原本經術。其《請孟子立學科》《請韓愈配饗太學》二書，在唐人尤爲卓識，不得僅以詞章目之。集中詩僅一卷。蓋已見《松陵唱和集》者不復重編，亦如《笠澤叢書》之例耳。王士禎《池北偶談》嘗摘其中《鹿門隱書》一條、《與元徵君書》一條，皆「世民」二字句中連用，以爲不避太宗之諱。今考之信然。然後人傳寫古書，往往改易其諱字。安知日休原本非「世」本作「代」、「民」本作「人」而今本易之耶？是固未足爲日休病也。』

此書卷末有明正德十五年六月袁表跋。袁表字邦正，號寳華山人，福建閩縣人。嘉靖十九年（一五四〇）爲江西臨江通判，嘉靖二十四年辭歸，自號陶齋，詩酒自娱。著有《河西關志》《黎平府志》《聞德齋志》《江南春集》《閩中十子》等。

此書卷尾附有『建德周氏珍藏』題記及周叔弢跋。據周氏跋云：『此《皮子文藪》，明正德袁表刻本。乙丑（一九二五）十二月，余得諸江都方氏，旋遭繼室許氏之喪。丙寅正月，斥賣藏書，爲營齋奠，歸渠氏者多，此其一也。當時匆促，未及鈐印，祇題卷尾，以誌珍惜之意而已。閲十七年，壬午（一九四二）十二月，觀書渠氏，忽見此本，如睹故人，遂以重值贖之。劍合珠還，良足快意！且可與成化本《甫里先生文集》並儲也。卷中有譚公度印記，余所藏嘉靖本雜劇《十段景》、天順本《揭文安公文粹》，皆譚氏書。錢牧齋稱爲「紈絝兒郎」，不知其於汗簡墨汁有少因緣。如是者，晴窗展閲，益令人緬想其風度不置云。叔弢。』

有『譚公度臧書記』『霝威支人』『周暹』等印。由此可知，此本歷譚公度、錢謙益，又經方氏、周叔弢、渠氏遞藏，後仍歸周氏。一九五二年，周氏將所藏善本書籍七百餘種捐獻國家，由文化部接受，後入藏北京圖書館，即今中國國家圖書館。（胡平）

一八三

**唐甫里先生文集二十卷**（唐）陸龜蒙撰　明成化二十三年（一四八七）嚴春刻本　周叔弢跋。框高二十一・一釐米，寬十三・二釐米。每半葉十行，行二十字，黑口，四周雙邊。

陸龜蒙（？—八八一）字魯望，號天隨子、甫里先生，自比涪翁、漁父、江上丈人，時謂江湖散人，長洲(今江蘇蘇州)人。屢試不第,曾爲湖州、蘇州刺史幕僚,後退隱松江甫里(松江即今吴松江,古稱笠澤),以讀書著述爲樂。工詩文,與皮日休並稱『皮陸』。光化三年(九〇〇)追贈右補闕。著有《耒耜經》《小名録》《松陵集》《笠澤叢書》等。事見《新唐書》卷一百九十六《隱逸》。

陸氏文集中,《松陵集》乃咸通十年(八六九)至十一年間陸氏與皮日休等人在蘇州刺史崔璞幕内唱和之作,陸氏編,皮日休序。《笠澤叢書》爲乾符六年(八七九)後陸氏卧病笠澤期間手編成書,並親爲之序。書中詩文雜編。『以其叢脞細碎,故名《叢書》』,以甲、乙、丙、丁爲次。後又有《補遺》一卷。宋元符間蜀人樊開始序而梓之。政和初,毘陵朱衮復行校刊,止分上、下二卷及《補遺》爲三。』(《四庫全書總目》卷一百五十一)二書之外,陸氏詩文尚有遺漏。至南宋寶祐間,陸氏『遺稿所存,僅有《松陵》《笠澤》二書。……今吴江葉君茵乃作意掇拾而裒益之』(寶祐六年林希逸序)。『葉茵始搜採諸書,得遺篇一百七十一首,合二書所載四百八十一首,共六百五十二首,編爲十九卷,並附録總爲二十卷。』(《四庫全書總目》卷一百五十一)其中卷一至十三爲古今體詩,卷十四至十五爲賦,卷十六至十九爲雜著,卷二十爲附録,録《新唐書》陸龜蒙傳及諸家爲陸氏文集所作序跋等。因陸氏號『甫里先生』,故以名集。

明成化二十三年陸釴序云:『《叢書》《松陵集》總六百五十二篇,並附録爲二十卷,闕晁氏所校《松陵集》六篇,刊於宋寶祐中。』可知此書最早之本當爲宋寶祐間刻本,『林希逸爲序,刊版置於義莊』(《四庫全書總目》卷一百五十一),惜已久佚。現存最早刊本即此明成化二十三年嚴春刻本。

此本卷首有明成化二十三年陸釴《重刊甫里先生文集序》，次爲宋胡宿《甫里先生碑銘》，次爲宋寶祐六年林希逸《甫里先生文集序》，卷末有嚴春題識。陸釴序曰：『崑山嚴景和氏居淞江之滸，密邇甫里，素欽甫里之文，乃訪而重刻之……（葉茵輯本）刊於宋寶祐中。歷勝國以來，歲久版廢，景和所爲重刊者，繼前賢之勝事，誠義舉也。』卷末嚴春題識亦云『春重刊《甫里先生文集》』，由此可知，嚴春或據宋寶祐本重刻，並增胡宿所撰《甫里先生碑銘》一篇。嚴春，字景和，江蘇昆山人，此本之後又於弘治七年（一四九四）刊刻《中吳紀聞》六卷。此本封面有周叔弢題記『明成化嚴氏本，自莊嚴堪藏』一行，卷末有周叔弢跋一篇，謂此本爲民國二十七年（一九三八）十二月自藻玉堂書估王子霖處購得。周氏將此本與黄丕烈校抄本比對後，認爲：『此本即周香嚴舊藏、黄氏據校之本。周氏藏書多無印記，宋元本亦且如是也。』

此本鈐有『璜川吳氏收臧圖書』『周暹』等印，結合周跋，知爲吳銓、周錫瓚、周叔弢舊藏。吳銓，字容齋（一作蓉齋），號璜川，長洲（今江蘇蘇州）人。雍正中爲吉安守，歸田後於瀆川筑遂初園，因懷舊之思題其讀書處曰『璜川書屋』，架上萬卷皆秘笈。周錫瓚（一七四二—一八一九），原名贊，鄉試時改名曰漣，後改錫瓚，字仲漣（一作仲連），號漪塘（一作漪堂），又號香嚴居士，長洲人。所居名『水月亭』，藏書處曰『香嚴書屋』。喜藏書，善鑒定。與顧之逵、袁廷檮、黄丕烈並爲吳中四大藏書家。丕烈每購一書，必借其所藏秘本證之。此本現藏中國國家圖書館。（包菊香）

## 忠愍公詩集三卷 （宋）寇準撰　明嘉靖十四年（一五三五）蔣鏊刻本。框高十七・四釐米，寬十二・二釐米。每半葉八行，行十八字，白口，左右雙邊。

寇準（九六一—一〇二三）字平仲，華州下邽（今屬陝西渭南）人。太平興國五年（九八〇）進士，授大理評事，知歸州巴東縣，擢樞密院直學士，判史部銓。參決政事，正直敢言，爲太宗所寵信。景德元年（一〇〇四）拜相，力主抵抗契丹軍南侵，旋爲王欽若排擠罷相。晚年復職，又爲丁謂排擠去位。後貶死雷州。歿後十一年，封萊國公，謚忠愍。

據《郡齋讀書志・附志》所記，準知巴東時，自選詩作一百五十多篇爲《巴東集》。後河陽守范雍輯其作，編爲是集。準與宋初山林詩人潘閬、魏野、「九僧」等爲友，詩風近似，屬晚唐派。其五律情思淒婉，有賈島詩風；七言絶句意新語工，頗受王維、韋應物詩影響。如『日暮長廊聞燕語，輕寒微風麥秋時』『蕭蕭遠樹疏林外，一半秋山帶夕陽』等句，情景交融，清麗深婉，堪稱佳句。

《巴東集》宋代曾有傳刻，《郡齋讀書志・附志》《直齋書録解題》等書均見著録。明《文淵閣書目》尚有著録，之後不見流傳。《忠愍公詩集》三卷，宋代一刻再刻，文獻屢見記載。《直齋書録解題》卷二十《詩集類》下著録『《忠愍公集》三卷。河陽守范雍得寇公詩二百首，爲三卷，今刻版道州』。《宋史・藝文志》載『《寇準詩》三卷』。宋鄭樵《通志・藝文略第八》：『《寇忠愍集》三卷。』明楊士奇編《文淵閣書目》著録：『《寇忠愍公集》一部一册。』

此本爲嘉靖十四年蔣鏊刻本，正文三卷，收各體詩二百餘首。此書有金紫光禄大夫行尚書户部侍郎知河陽軍州事上柱國范雍《忠愍公詩序》，宣和五年（一一二三）十二月朔濟南王次翁《新開寇公詩集序》。因知景祐間范雍以《巴東集》爲藍本，並『有所持擇』、多有『删汰』，增輯而成《寇忠愍公詩集》三卷。宣和五年，王次翁重刻此本於道州，隆興元年（一一六三）辛斅再刻於揚州。明嘉靖十四年，蔣鏊據上述二宋刻本重刊，是爲此本。

此書迭經吴引孫、陶湘、張壽鏞遞藏，鈐有『真州吴氏有福讀書堂藏書』『陽湖陶氏涉園所有書籍之印』『四明張氏約園藏書之印』『壽鏞』『咏霓』『謨觴』等印，現藏中國國家圖書館。（廖甜添）　一八五

## 伊川擊壤集二十卷集外詩一卷　（宋）邵雍撰　明初刻本　張蓉鏡　邵淵耀跋。框高十九·七釐米，寬十三釐米。每半葉十行，行二十一字，小字雙行同，細黑口，左右雙邊。

邵雍（一〇一一—一〇七七）字堯夫，自號安樂先生，學者稱百源先生、伊川先生。祖籍范陽（今河北涿州），幼隨父邵古徙衡漳（今河北南部），後又移居共城（今河南輝縣）。雍三十歲葬其親於伊水之濱，遂爲河南伊川人。雍少年自雄其才，讀書蘇門百源之上，艱苦刻礪，寒不生爐取暖，暑不打扇乘涼，夜不就席安寢，數年如一日，堅持不懈。李之才攝共城，聞其好學，乃造廬授以物理性命、先天象數之學。北宋仁宗皇祐初年，定居洛陽，西京留守王拱辰爲之購置洛陽天津橋西迤舊地，建屋三十間，自此躬耕自食，並名其室曰『安樂窩』。時富弼、司馬光、呂公著諸賢亦相繼退居洛陽，敬重雍之爲人爲學，常相過從。仁宗嘉祐中詔求天下遺逸，王拱辰以雍薦之，授將作監主簿，復舉逸士，補潁州團練推官，

皆堅辭，上不許，乃受命，但又稱疾不赴。北宋神宗熙寧十年（一〇七七）卒，年六十七。贈秘書省著作郎。哲宗元祐中賜謚康節。

邵雍是宋代理學象數體系的開創者，又是理學詩派的創始人。晁公武《郡齋讀書志》卷四謂雍『邃於《易》數，歌詩蓋其餘事』。《四庫全書總目》是書提要引證朱國楨《湧幢小品》云『佛語衍爲寒山詩，儒語衍爲擊壤集』。意思是説唐代寒山子將佛理引入詩作，宋代邵雍則將理學象數引入歌詩。這是『聖人平易近人、覺世喚醒之妙用』。邵雍主張作詩不必苦吟，隨口成章，直抒胸臆。他在《無苦吟》中曰『平生無苦吟，書翰不求深』；在《閑吟》中又曰『句會飄然得，詩因偶爾成』，正是他對詩歌主張的自然流露。他寫詩從不雕章琢句，祇求在平實順暢中表達深奥理趣。『弄假像真終是假，將勤補拙總輸勤。』（《弄筆吟》）『知行知止爲聖者，能屈能伸是丈夫。』（《代書寄前洛陽簿陸剛叔秘校》）詞淺義深，飽含哲理。河南程顥久識其人，謂『堯夫，内聖外王之學也』（《宋史》卷四百二十七《邵雍傳》）。雍卒，洛人哭吊者不絶於途。親朋故舊聚謀其葬，雍子邵伯温則曰：『昔先人有言，志於墓者，必以屬吾伯淳。』伯淳，程顥之表字。因知邵雍與程顥交遊甚密，相知甚深。著有《皇極經世》《觀物内外篇》《漁樵問對》，皆其理學之作。閒適則寫詩，古風、律詩約有兩千篇。

宋程顥《二程文集》卷四《邵堯夫先生墓誌銘》謂『先生有書六十二卷，命曰《皇極經世》；古、律詩二千篇，題曰《擊壤集》』。宋范祖禹《范太史集》卷三十六《康節先生傳》亦謂邵堯夫『有書六十二卷，曰《皇極經世》；詩二千篇，曰《擊壤集》』。可知《擊壤集》邵氏健在時即已命名成書。

臺灣『中央圖書館』藏有南宋末期刻本《伊川擊壤集》二十卷《集外詩》一卷，卷前有邵堯夫自序云『《擊壤集》，伊川翁自樂之詩也』，並謂『志士在畎畝則以畎畝言，故其詩名之曰《伊川擊壤集》。時有宋治平丙午中秋日也』。丙午，即治平三年（一〇六六），進一步證明早在他去世前十一年，《伊川擊壤集》確已序而傳之。

傳世《伊川擊壤集》各本多有宋邢恕後序，謂：『恕嘗從先生學，而奉親從仕南北，未之卒業，然於講聞其文章，而次第其本末，則或能之。其子伯温裒類先生之詩凡若干篇，先生固嘗自爲序矣，又屬恕以繫其後，義可辭乎！元祐六年（一〇九一）辛未夏六月甲子十有三日，原武邢恕序。』邢恕字和叔，鄭州原武（今屬河南）人。進士。既是邵堯夫學生，當然比較瞭解邵氏詩集成書情況。按邢氏後序説法，邵雍《擊壤集》乃其子邵伯温裒輯類編而成，當年堯夫爲之寫序的傳本，當是邵伯温裒輯類編時主要的取材來源。邢氏後序落款之年是北宋哲宗元祐六年，上距堯夫去世已過十四年。如果説這時有了《伊川擊壤集》的第一個刻本，大體可信。

晁公武《郡齋讀書志》、陳振孫《直齋書録解題》所著録的《擊壤集》都是二十卷，表明二十卷本《擊壤集》乃當時的通行版本。《集外詩》一卷，當是後來重刊時所增輯。

黄丕烈《百宋一廛書録》謂：『此殘宋本《伊川擊壤集》，祇三、四、五、六卷，前一、二卷已抄補，餘皆失之矣。』這是第一位言及此書有宋刻本者。清顧廣圻《思適齋集》卷一《百宋一廛賦》『證《擊壤》於泰興』句下黄氏又注曰：『殘本《伊川擊壤集》，每半葉十行，每行二十一字，所存三至六，凡四卷而已。

泰興季氏舊物也。』表明黄丕烈、顧廣圻都認爲所存的四卷《伊川擊壤集》是宋刻本。

黄氏藏書散出後，此本爲張蓉鏡所得，道光二十五年（一八四五），張氏在跋另一所謂此書宋本時，謂此書曰：『《擊壤集》宋刻罕見。昔年由士禮居得三至六四卷，即《百宋一廛賦》所載，爲季滄葦舊物。』同年十一月，張蓉鏡又得汪士鐘藝芸書舍《伊川擊壤集》二十卷，以爲是宋刻，故跋稱：『此全部，首尾完整，汪氏藝芸書舍散逸，乙巳十一月得之鮑芳穀手，愛不能釋，展讀三復，以血書「佛」字於空葉。惟願此書流傳永久，得無量壽。』此本還有邵淵耀跋文，亦稱此本爲宋刻完帙。《鐵琴銅劍樓藏書目錄》卷二十亦著錄此書，亦署宋刊本。

民國二年（一九一三），傅氏在上海見到了當年黄氏的四卷殘書，並不認爲是宋本，而將其定爲『明刊本』，並在《藏園訂補郘亭知見傳本書目》中進一步定其爲明初所刊，『號爲宋本』。原鐵琴銅劍樓所藏張蓉鏡那部宋刊完本，現藏中國國家圖書館，取而諦審，確非宋刊，故仍定爲『明初刻本』。《中華再造善本續編》之所以選印該本，乃由此本源自宋本，可存宋刊之一脉。（李致忠）

一八六

**石湖居士集三十四卷**　（宋）范成大撰　明弘治十六年（一五〇三）金蘭館銅活字印本。框高二十一釐米，寬十四・九釐米。每半葉十行，行二十一字，白口，左右雙邊。

范成大（一一二六—一一九三）字致能（一作至能），號石湖居士，吴縣（今江蘇蘇州）人。南宋紹興二十四年（一一五四）進士，除徽州司户參軍。乾道六年（一一七〇），以起居郎假資政殿大學士使金，不畏强暴，幾被殺。使歸，遷中書舍人。乾道七年，知静江府兼廣西經略安撫使。淳熙二年（一一七五），除四川安撫制置使。淳熙四年召對，權禮部尚書。淳熙五年，拜參知政事，尋罷。晚年以病退隱故鄉石湖。卒謚文穆。有文名，尤工詩，與尤袤、楊萬里、陸游並稱『南宋四大家』。著述宏富，除本書外，尚有《吳郡志》《攬轡錄》《驂鸞錄》《桂海虞衡志》《吳船錄》《菊譜》《梅譜》等。事見周必大《周文忠公集》卷六十一《范公神道碑》及《宋史》卷三百八十六本傳。

成大『初效王筠一官一集，後自裒次爲《石湖集》一百三十六卷』（周必大《范公神道碑》）。成大一官一集之作，如《西征小集》，淳熙三年陸游爲之作序，謂成大『自桂林入蜀也，舟車鞍馬之間，有詩百餘篇，號《西征小集》，尤雋偉，蜀人未有見者』，因請而刻之。成大晚年將其詩文彙於一編，手自編定，成《石湖集》一百三十六卷。紹熙五年（一一九四）楊萬里爲之作序，稱其子范莘抵書爲父之文集求序，謂『方先公之疾而未病也，日夜手編其詩文，數年成集，凡若干卷』。嘉泰二年（一二〇二）（一作嘉泰三年）其子范莘、范兹爲之作跋，稱『詩文凡百有三十卷，求序於楊先生誠齋，求校於龔編修芥隱，而刊於家之壽櫟堂』。

關於《石湖集》之卷數，周必大《范公神道碑》、陳振孫《直齋書錄解題》、馬端臨《文獻通考》均作一百三十六卷，《宋史·藝文志》作『《石湖大全集》一百三十六卷』，而范莘、范兹跋稱『詩文凡百有三十卷』，或爲概數，或僅計正文詩文卷數而未計附錄六卷。孔凡禮《見於〈永樂大典〉的六十一種宋集考》（《國學研究》第八卷，北京大學出版社二〇〇一年）則認爲『范莘兄弟所刻之本，當不包括《吳船錄》

《攬轡録》《驂鸞録》《桂海虞衡志》《梅譜》《菊譜》六種。此六種，每種計以一卷，適爲六卷』。

據范莘、范兹跋可知，《石湖集》最早刻本當爲南宋嘉泰二年（一作嘉泰三年）范氏壽櫟堂家刻本，後有《石湖大全集》刊於郡庠，二本今皆不存。現存最早之本爲明弘治十六年金蘭館銅活字印本《石湖居士集》三十四卷。三十四卷原在一百三十六卷之内，第一卷爲賦及騷詞，後三十三卷爲詩。『詩不分體，亦不分立名目，惟編年爲次。』（《四庫全書總目》卷一百六十）此本版心上方鐫有『弘治癸亥金蘭館刻』八字，書末有嘉泰二年范莘、范兹跋。

此本鈐有『季振宜藏書』『鐵琴銅劍樓』等印，知爲季振宜、瞿氏鐵琴銅劍樓遞藏。現藏中國國家圖書館。（包菊香）

一八七

**遺山先生文集四十卷**（金）元好問撰　**附録一卷**　明弘治十一年（一四九八）李瀚刻本。

框高二十·八釐米，寬十五釐米。每半葉十行，行十九字，黑口，四周雙邊。

元好問（一一九〇—一二五七）字裕之，號遺山，太原秀容（今山西忻州）人。七歲能詩，興定五年（一二二一）進士第，不就選。正大元年（一二二四）再中博學宏詞科，授國史院編修。歷鎮平、内鄉、南陽縣令。正大八年入都，任尚書省掾、左司都事。金亡不仕，以著述存史自任。采摭金元君臣遺言往行至百餘萬言，成《壬辰雜編》，元人編修《金史》多本其著。纂成《中州集》十卷，附《中州樂府》，有金一代詩詞多賴以存。又有筆記小説集《續夷堅志》等著。元憲宗七年（一二五七）卒於獲鹿（今屬河北）寓舍，年六十八。《金史》卷一百二十六有傳。

是書又名《遺山集》，爲元氏詩文集，其詩、文、詞、曲各體皆工，尤以詩作成就最高；其詞爲金代一朝之冠，可與兩宋名家媲美；散曲雖傳世不多，但影響頗大，有宣導之功。《金史》本傳評其『爲文有繩尺，備衆體。其詩奇崛而絶雕劌，巧縟而謝綺麗。五言高古沈鬱；七言樂府不用古題，特出新意；歌謡慷慨挾幽、並之氣。其長短句，揄揚新聲，以寫恩怨者又數百篇。兵後，故老皆盡，好問蔚爲一代宗工，四方碑板銘志盡趨其門』。大體客觀屬實。

金元之際，元氏被尊爲『北方文雄』『一代文宗』，文壇盟主地位一直無人能撼。郝經《祭遺山先生文》云：『先生雅言之高古，雜言之豪宕，足以繼坡谷；古文之有體，金石之有例，足以肩蔡黨；樂章之雅麗，情致之幽婉，足以追稼軒。其籠罩宇宙之氣，撼摇天地之筆，囚鎖造化之才，穴洞古今之學，則又不可勝言。人得其偏，先生得其全。』徐世隆序本書云：『遺山詩祖李杜，律切精深，而有豪放邁往之氣。文宗韓歐，正大明達，而無奇纖晦澀之語。樂府則清雄頓挫，閑婉瀏亮，體製最備。又能用俗爲雅，變故作新，得前輩不傳之妙，東坡稼軒而下不論也。』稱譽極高。

遺山殁後五年，即元中統三年（一二六二），嚴忠傑將其詩文編録成集，張德輝類次，前有李治、徐世隆二序，後有杜仁傑、王鶚二跋，共四十卷，前十四卷爲詩，收詩一千二百八十首，衹分體不編年，是爲最早刊本。後曹益甫得遺山詩於其家，又續採遺詩八十一首，凡二十卷。益甫殁後，由其子曹輗付梓印行，時在元至元七年（一二七〇），距中統印本不過八年。中統、至元二本並行於元明兩代，後世抄刻諸本皆源於此，然今二本皆不傳。

明弘治十一年四月，沁水李瀚以家藏至元本付梓於河南汝州。同年閏十一月，李瀚得中統本於海陵儲巏處，並付梓於河南開封，此本即是。

先是，儲巏『慕遺山甚篤，嘗以不見全集爲恨，訪之十數年，始得秘本於今禮部程公，錄而藏之，欲托好古者刊行而未得也』（《附錄儲太僕先生手簡》）。正逢李瀚有意重刊，其序云：遺山『詩文全集卷帙頗多，在元時固已盛行，然歷時既久，屢更兵燹，書在人間多是抄本，而魯魚亥豕漫不可讀，瀚竊病之。近始得善本於太僕儲公静夫』。事遂成。

李瀚刊行至元本之時，未見中統本，故無校理之事。及其刊中統本時，其序中一言未及讎校。今觀二本異文頗夥，可知當日李瀚但據元本翻刻而已，並未取二本而讎校其異同多寡。明弘治二本今皆有傳本。

是本鈐印纍纍，有『玉蘭堂』『辛夷館印』『梅谿精舍』『竹塢』『季滄葦圖書記』『季振宜印』『季振宜臧書』『鐵琴銅劍樓』『曾經我眼』『張承渙印』等印，知迭經文徵明、季振宜、常熟瞿氏、張承渙諸名家寶藏。現藏中國國家圖書館。（楊印民）

一八八

**草廬吳先生文粹五卷**　（元）吴澄撰　（明）吴訥輯　明宣德九年（一四三四）吴訥刻本。框高二十二·六釐米，寬十六·八釐米。每半葉十三行，行二十四字，黑口，四周雙邊。

吴澄（一二四九—一三三三）字幼清，晚字伯清，學者稱草廬先生，撫州崇仁（今屬江西）人。元代學者、詩文家。南宋末，試進士不第，元大德後歷任江西儒學副提舉、國子監司業、翰林學士、國史院編修，旋進旋退，均爲時不久。退居講學鄉里，門徒常不下千人。嘗拜程若庸爲師，被列爲朱熹四傳弟子，以道統繼承人自任，與許衡並稱南北鉅儒。元統元年卒，年八十五，追贈臨川郡公，謚文正。吴澄著述宏富，除文集外，另著《易纂言》十卷、《書纂言》四卷、《禮記纂言》三十六卷、《春秋纂言》十二卷等。生平事迹見虞集《道園學古録》卷四十四《故翰林學士吴公行狀》及《元史》卷一百七十一本傳。

吴訥（一三七二—一四五七）字敏德，號思庵，常熟（今屬江蘇）人。明永樂中以知醫薦至京，受命教授功臣子弟。洪熙元年（一四二五）擢監察御史，宣德中巡按浙江、貴州。宣德五年進南京右僉都御史，尋授左副都御史。正統四年（一四三九）以老致仕。著有《删補棠陰比事》《文章辨體》《思庵文粹》等。曾刊刻宋朱熹《楚辭集注》八卷《辯證》二卷《後語》六卷、《晦庵先生文抄》六卷《詩抄》一卷、明林大同《范軒文集》九卷等；並輯刊《唐宋百家詞》一百三十卷。

吴澄一生所作詩文頗多，《四庫全書總目·吴文正集》提要評曰：『詞華典雅，往往斐然可觀。據其文章論之，澄其尤彬彬乎。』其文集歷元、明至清，代有刊刻，主要爲百卷本及五十三卷本。吴澄逝後，長孫吴當編刊其文集百卷，名《支言集》。明永樂四年（一四〇六）吴爟刻前三十六卷，至宣德十年吴炬續刻後六十四卷，集成百卷本。此外，尚有明成化二十年（一四八四）方中、陳輝刻五十三卷本，清《四庫全書》本及清乾隆二十一年（一七五六）萬氏刻本等。

此本爲吳澄文章選本，前有宣德九年吳訥序，言有感於吳爟刊百卷本『篇袠既多，字因細小』，不便閱讀，『因就集中始自雜著終於墓銘，手寫百篇，粗加點校』，輯爲《文粹》五卷，並錄《元史》本傳於後，以備觀覽。後工部侍郎周忱見之，曰：『先生心術精微，具見文集。今書坊無板，獲見者鮮，是宜傳之於梓，俾窮鄉晚進得之窺見先生之學之一二也。』吳訥遂刊之行世，以傳吳澄之學。此本收雜著七篇，答問六篇，序三十篇，記十七篇，碑一篇，説十篇，題跋十五篇，書四篇，墓誌銘一篇，計九十一篇，所謂百篇者，概以約數言之。所選皆吳澄文章之精粹。據王重民《中國善本書提要》，此本於明正統六年由吳澄五世孫吳炬重刊，以『便於应人之求』。王氏所錄之重刊本，抗戰時由北平圖書館寄存美國國會圖書館，現暫存於臺北『故宮博物館』。

此本僅鈐『京師圖書館收臧之印』，知此本當爲京師圖書館早期入藏者。此本流傳絶少，《中國古籍善本書目》僅著錄此一部，洵可珍寶。現藏中國國家圖書館。（趙文友）

一八九

**楚國文憲公雪樓程先生文集三十卷** （元）程鉅夫撰　**年譜一卷** （元）程世京撰　**附錄一卷**

明洪武二十八年（一三九五）與耕書堂刻本（卷五至七配明抄本）　顧廣圻影抄缺葉並跋。框高二十·二釐米，寬十三·二釐米。每半葉十三行，行二十二字，黑口，四周雙邊。

程鉅夫（一二四九—一三一八）本名文海，自避元武宗海山名諱，以字行，號雪樓，又號遠齋，建昌（今江西南城）人。南宋末隨叔父程飛卿以建昌降元，鉅夫入爲質子，授宣武將軍、管軍千户。尋因奏對稱旨，進翰林修撰，歷翰林集賢直學士、侍御史、肅政廉訪使，以翰林學士承旨致仕。至元二十三年（一二八六），程鉅夫奉詔於江南搜訪遺逸，招賢納隱，爲元籠絡人才，穩固統治，客觀上爲促進南北文化融合做出很大貢獻。至大元年（一三〇八），主修《成宗實録》。皇慶元年（一三一二），主修《武宗實録》。延祐三年（一三一六），以病乞歸，特授光禄大夫，賜上尊，命廷臣以下飲餞於齊化門外，給驛南還。居三年而卒，年七十。泰定二年（一三二五），贈大司徒、柱國，追封楚國公，謚文憲。鉅夫宏才博學，被遇四朝。忠亮鯁直，時爲名臣。文章春容大雅，有北宋館閣餘風。其《順宗謚册》諸篇，宋濂等採入《元史》。蘇天爵撰《文類》，録其文十餘篇。其詩磊落俊偉，具有氣格。

《楚國文憲公雪樓程先生文集》又稱《雪樓集》，乃元代重要文集之一，因流傳稀少，歷來爲藏書家詫爲奇秘。程氏所著《玉堂類稿》《奏議存稿》及詩文雜著，本各自爲集，其子大本合輯爲四十五卷，門人揭傒斯校正。元至正十八年（一三五八）重訂爲三十卷。《年譜》由其孫程世京撰，置於正文之前。另有《附録》一卷附於後。卷一至九載《玉堂類稿》，主要收集作者在翰林臺省時所撰文稿。卷十載《奏議存稿》，卷十一至十三載記，卷十四、十五載序、引，卷十六至二十二爲碑銘，卷二十三爲銘、箴、贊、説等，卷二十四、二十五爲題跋雜著，卷二十六至三十爲詩、詞。

元至正癸卯（二十三年）建陽余通父謄寫，劉氏書肆刻成前十卷，餘者寫而未刻。書成，而版片毁於元末明初兵火。明洪武二十八年曾孫程㴻重編爲三十卷，於建安朱氏與耕書堂刊印。有歐陽玄、李好文、彭從吉、熊釗序，曾孫㴻跋。是爲最早之完整本。

該本爲元人繕寫上版，字體遒美，頗類趙松雪，故傳世目錄多誤錄爲元刻本、元刻明修本等，如丁丙《善本書室藏書志》及陸心源《儀顧堂續跋》著錄爲『建陽劉氏書肆，至正癸卯二十三年刻《楚國文憲公雪樓程先生文集》三十卷附錄一卷』，楊氏《海源閣宋元秘本書目》亦著錄爲元刻本，潘氏《滂喜齋藏書記》謂元刻明續修本，至傅增湘《藏園群書題記》始定其爲『洪武二十八年與耕書堂刻本』。《雪樓集》自洪武刊版後，五百年間未經重刊，直至清宣統年間陶湘據家藏本影寫精刊，始有重刻本清末，陶湘於滬上得善化王氏舊藏洪武刻本，遴選高手影刊，又請長洲章鈺校勘，至民國十四年（一九二五）方告竣。傅增湘贊其『雕本精雅絶倫，紙墨古香馣靄，泯然無迹，幾可亂真』。

該書另有清抄本，現知有三種，分别爲上海圖書館藏影抄本；南京圖書館藏觀稼樓抄本，舊藏於丁丙善本書室；臺灣『中央圖書館』藏影抄洪武刻本，陸心源舊藏。

此本卷五至七配明抄本，然經清顧廣圻影抄缺葉並跋，黄丕烈校。雖有殘缺，仍顯珍貴。

此本鈐有『石川張氏崇古樓珍臧印』『恬裕齋鏡之氏珍臧』『鐵琴銅劍樓』『菰里瞿鏞』『潤蕢』等印記，表明此本自明以來流傳有緒，現藏中國國家圖書館。（肖剛）

一九〇

**秋聲集十卷**　（元）黄鎮成撰　明洪武十一年（一三七八）黄鈞刻本　張蓉鏡抄補並跋　方若蘅　錢天樹　李兆洛　祝麒跋　黄廷鑑　蔣寶齡　沈梧　程恩澤　朱昂之題款。框高二十·一釐米，寬十三·四釐米。每半葉十二行，行二十二字，黑口，四周雙邊。

存八卷：卷一至六、九至十。

黄鎮成（一二八七—一三六二）字元鎮，號存存子、秋聲子、學齋先生，邵武（今屬福建）人。自幼刻苦嗜學，弱冠即厭棄榮利，延祐初曾參加科考，不合於有司，遂雲遊天下。後築室城南，名曰『南田耕舍』，隱居著書，慨然以聖賢道學自勵。部使聞其賢，屢薦不就。後授江西儒學副提舉，命下已卒。集賢議謚曰貞文處士。著有《尚書通考》十卷、《周易通義》十卷、《中庸章旨》二卷、《性理發蒙》四卷、《秋聲集》十卷。今存《尚書通考》十卷、《秋聲集》十卷，餘皆亡佚。生平事迹詳見［萬曆］《邵武府志》卷四十六、《元儒考略》卷四、《元詩選·初集》小傳、《元書》卷八十八等。

黄鎮成以秋之爲氣，或能有聲，或能無聲，而『秋聲亦天地間不能無者』，遂以『秋聲』名其集。其集内容多山水、紀遊、田園、題畫之類，亦有少數邊塞詩。雖多隱逸恬淡情懷，亦間有不平之鳴，如《城西紀事》《從軍行》《莫猺行》等，皆關切現實之作。因歷游南北，得江山之助，其山水景物詩便成詩集中之精品。清王士禛《居易錄》稱其寫景小詩『具有風調』。新安鄭潛《秋聲集》序稱黄氏詩云：『如飄風行雲，太音希聲，天籟自鳴……抑亦有所激而鳴其不平者耶？』《四庫全書總目》是書提要評其詩『多憂時感事之語』，『格韻楚楚，頗得錢、郎遺意』，然『邊幅稍狹，氣味稍薄，蓋限於才弱之故』。

此本爲《秋聲集》現存最早之刊本。據洪武十一年冬十月其子黄鈞跋所言，此集原稿爲十卷，『罹己亥之亂，……甫畢而世變無存』。是年秋始克命匠肇工，因力有所不逮，加之『卷帙浩夥，未獲全刊』。此本實有詩六卷、文二卷，缺卷七、八兩卷，故版口卷數、葉數俱留墨釘，可證當時書稿未全刊。凡闕者有待續補。張蓉鏡據順治十一年（一六五四）刻本補《自序》一篇，冠於卷首，卷一又補五律二十三首，卷三補七絕九首、五絕十四首。

此本鈐『吳岫』『張蓉鏡印』『小琅嬛清閟藏書』『密韻樓』『蔣祖詒』『祁陽陳澄中藏書記』諸印，知此本迭經吳岫、張蓉鏡、蔣氏密韻樓、陳清華等遞藏。吳岫字方山，號濠南居士，吳縣（今江蘇蘇州）人，嘉靖諸生。家多貯書，前後收書逾萬卷，有藏書樓名『塵外軒』。又喜抄書，用綠格紙，爲清代藏家所重。此本前有萬曆三十年（一六〇二）壬寅顧起元題『黃鎮成先生秋聲集』八大字，陸貽典『元刻秋聲集』題簽，另有諸多名家題跋及題簽，洵可珍寶。此本現藏中國國家圖書館。

（趙文友） 一九一

**雁門集八卷** （元）薩都剌撰 明成化二十年（一四八四）張習刻本。框高十九釐米，寬十二·五釐米。每半葉十一行，行二十一字，黑口，四周雙邊。

薩都剌（一二七四？—一三四五？）字天錫，號直齋，本答失蠻氏。祖、父因功鎮雲、代，遂居雁門（今山西代縣）。早歲家貧，經商吳、楚，泰定四年（一三二七）進士，授京口錄事司達魯花赤，歷任江南行臺回回掾史、閩海福建道肅政廉訪司知事、河南江北道肅政廉訪司經歷、翰林國史院應奉文字、江浙行中書省郎中、江南行臺侍御史等職。善詩詞，各體兼備，詩風清麗，名冠一時。晚年寓居杭州。好遊歷名山大川，瞻仰古迹名勝，與公卿名士盧摯、虞集、馬祖常、楊維楨等交遊。著《雁门集》八卷、《西湖十景詞》一卷。生平事迹見干文傳《雁門集序》《兩浙名賢録》卷五十四、《元詩選・初集》小傳、《新元史》卷二百三十八本傳等。

《雁門集》爲其詩詞集，因薩氏世居山西雁門，故名。其詩詞多寫自然景物，謳歌壯美河山，間有反映民間疾苦、抒發懷才不遇、憑弔古人及描寫宫廷生活之作，風格俊逸灑脱，清新自然。虞集《清江集序》稱薩氏『最長於情，流麗清婉，作者皆愛之』。楊維楨《竹枝詞序》贊薩詩詞『風流俊爽，修本朝家範。《宫詞》及《芙蓉曲》，雖王建、張籍無以過矣』。

《雁門集》卷首干文傳序，謂薩氏『以彈劾權貴之不法，左遷鎮江録事宣差，後陟官閩憲幕，由是往還吴中，嘗出其所作之詩曰《雁門集》者見示，予得以盡觀』。知薩都剌生前已編定《雁門集》。薩氏手定之本早已亡佚，據康熙刻本《雁門集》附明天順三年（一四五九）薩琦識語，薩氏詩集在元末曾有二十卷及八卷本問世，然因兵燹散失，入明已殘缺不全。明人搜羅遺篇，分編爲三種，即明天順三年裔孫薩琦據元二十卷本所編《雁門集》六卷本、明成化二十年張習刻《雁門集》八卷本、明成化二十一年兖州知府趙蘭刻《薩天錫詩集》六卷本。後世所傳諸本皆據此三本輾轉抄刻而來。

此本即爲明成化二十年張習所刻《雁門集》八卷本。張習字企翱，吴縣人，明成化五年進士，授禮部主事，歷員外郎，出爲廣東提學僉事。據黄丕烈《士禮居藏書題跋記》卷六、丁丙《善本書室藏書志》卷三十四所記，此本原有成化二十年張習刊書後跋，但本書已佚。張金吾《愛日精廬藏書志》卷三十四、瞿鏞《鐵琴銅劍樓藏書目録》卷二十二亦著録此本，然瞿目誤定爲元刊本。疑此本爲書賈有意脱去張跋，僅留舊序，以充元刻。此本千文傳序題『至正丁丑』，而至正無丁丑年。《讀書敏求記》卷四著録爲『至元丁丑』，亦有考證當爲『至正丁亥』者。此本收詩四百零五題四百九十二首，詞十一首。其中八首詩爲六卷本所無，文字與六卷本差異甚多，頗具校勘價值。亦未有重刊之本，最爲稀見。

此本鈐『毛晉私印』『子晉』『鐵琴銅劍樓』『恬裕齋鏡之氏珍臧』『瞿啓文印』『鹿賓』『何濴印』『五湖遊俠』諸印，知其迭經毛氏汲古閣、瞿氏鐵琴銅劍樓遞藏。現藏中國國家圖書館。

（趙文友）

一九二

## 青陽先生文集九卷　（元）余闕撰　明正統十年（一四四五）高誠刻本。框高二十二·六釐米，寬十五·一釐米。每半葉十二行，行二十二字，黑口，四周雙邊。

余闕（一三〇三—一三五八）字廷心，一字天心，世居河西武威（今屬甘肅），以父沙剌臧卜官廬州（今安徽合肥），遂爲廬州人。元統元年（一三三三）進士。至正十二年（一三五二），紅巾軍起，天下震動。闕以代理淮西宣慰副使、都元帥府僉事之職分兵守安慶，前後七年，大小數十戰，城完如初。爲政嚴明，治軍與兵士同甘苦，有古良吏風，纍官至淮南行省左丞。至正十八年正月，陳友諒大集諸部環攻安慶，余闕力戰不敵，遂自刎，沉於清水塘中。妻妾兒女亦皆自盡。元廷贈行省平章，追封豳國公，謚忠宣。事迹具《元史》本傳。

闕曾爲遼、金、宋三史修撰，又以文學致身，文章氣魄深厚。留意經術，於五經皆有傳注。然其所作詩文，卒後不久既已大部散佚。洪武初，廣陵張彦剛首裒其遺文鏤版以傳，然遺漏者多。後門人淮西郭奎復輯古今體詩七十九首，又碑、記、序、書、（銘）錄、墓表、雜著六十篇，各爲一卷；維揚張毅又續得其詩十四首，文八篇，單爲一卷。正統十年，沅陵縣丞高誠彙刊以行，凡九卷。余闕嘗讀書青陽山中，及仕而得禄，多聚書以惠後學，學者稱爲青陽先生，故是集亦以青陽爲名。

本書所收散文，多爲墓表、碑銘、别序、詩文集序及興學、修橋之記和政論、書信等應時文字，直抒性靈者不多。《四庫全書總目》是書提要謂『集中所著，皆有關當世安危。其《上賀丞相》四書，言蘄、黄禦寇之策，尤爲深切』。集中也有一些文章，對有元一代實行民族歧視政策所導致的南北士人之間、吏儒之間的矛盾作了披露。詩歌以漢魏爲宗，優柔沈涵，於元人中别爲一格。其詩一方面通過擬古以寄托自身理想，另一方面又通過描寫見聞直接反映元末戰禍給人民帶來的苦難，有一定現實意義。

余闕以書生典戎，並以身殉國，深得世人敬仰。同年左榜進士李祁爲是書撰序云：『廷心文章學問、政事名節，雖古之人有不得而兼者，廷心悉兼之，世豈復有斯人哉！』於余闕而言，文章雖其政務、兵戎之餘事，『然片言隻字，必求前世作者之精英，而議論雄偉，多過人者』（王汝玉《青陽先生文集附録序》）。李祁亦推崇曰：『廷心詩尚古雅，其文温厚有典則，出入經傳疏義，援引百家，旨趣精深，而議論閎達，固可使家傳而誦之，鑿鑿乎不可易也。』

明黄虞稷《千頃堂書目》著錄：余闕《青陽集》六卷，附錄二卷。《四庫全書總目》著錄爲四卷，而其中實有六卷。如前所述，明洪武初，廣陵張彦剛『首裒其遺文鏤版以傳』，然以散佚者多，故流傳不廣。此九卷本爲門人郭奎所輯，張毅續輯，爲最善之本，然所收余氏文章仍有遺落。

此本鈐『勿之』『臣存恕』『黄氏如珽之印』『鐵琴銅劍樓』『古里瞿氏記』等印，知曾爲黄如珽、黄存恕父子及瞿氏鐵琴銅劍樓藏書。現藏中國國家圖書館。（楊印民）

一九三

**蜕庵詩四卷**（元）張翥撰　明初刻本。框高二十・六釐米，寬十三・五釐米。每半葉十三行，行二十四字，黑口，四周雙邊。

張翥（一二八七—一三六八）字仲舉，晉寧（今山西臨汾）人。少年時負才放蕩，好蹴鞠，喜音樂，不置家業，其父以爲憂。後幡然醒悟，閉門謝客，晝夜讀書，漸以詩文知名。至正初，召國子助教，尋退居淮東。及修宋、遼、金三史，復起爲翰林國史院編修官，纍遷太常博士、國子祭酒、集賢學士，以翰林學士承旨致仕，卒於元末動亂中。

張翥卒於亂世，遺稿多散佚。據卷端題署，知此書爲釋大杼所編選，凡四卷。首五言古詩，次七言古詩，後二卷則爲七言律詩。卷前有釋來復序，稱張翥詩『寫情賦景，兼得其妙，讀之使人興起，誠爲一代詩豪矣』。雖不免褒美過甚，但其詩確有佳者，若五古之《溯農嘆》、七古之《人雁吟憫饑也二章》，俱得漢魏風骨。

此本爲張翥詩集最早刻本，從卷末釋宗泐（此本『宗泐』二字殘損，不可辨識，據文淵閣《四庫全書》本補）跋文結句落款，時間爲『十年冬』（『十年』前的年號，此本殘損，文淵閣本作『洪武』），似可推斷此本刊刻完成就在此後不久，很可能就在洪武十年（一三七七）底或十一年初。今觀此本，無論紙質墨色，或雕工技法，仍帶有很明顯的元代建刻風格。民國初年，董康誦芬室曾據此本覆刻，收入《四部叢刊》。

此本鈐有『金星軺藏書記』『顧廣圻印』『鐵琴銅劍樓』等印記，知其嘗經名家遞藏。現藏中國國家圖書館。（陳卓）

一九四

**僑吳集十二卷**（元）鄭元祐撰 **附録一卷** 明弘治九年（一四九六）張習刻書牘紙印本 黄丕烈 顧廣圻抄補並跋 潘祖蔭 費念慈 葉昌熾跋。框高十八·七釐米，寬十二·七釐米。每半葉十二行，行二十四字，黑口，四周雙邊。

鄭元祐（一二九二—一三六四）字明德，號尚左生，學者稱遂昌先生，處州遂昌（今屬浙江）人，寓錢塘（今浙江杭州），又徙平江（今浙江蘇州）。十五歲即能詩賦，工書法，各體皆能，因病右臂脱骱，改以左手書寫，故自號尚左生。至正十七年（一三五七）除平江路儒學教授，尋稱病去職。至正二十四年擢江浙儒學提舉，居九月，卒於官，年七十三。優遊吳中，與楊維楨、顧瑛、張雨、倪瓚等相唱和，爲顧瑛玉山草堂詩酒雅會座上賓，雅集記敘多出其手，推爲當代耆宿。《四庫全書總目》是書提要評曰：『其文頗疏宕有氣，詩亦蒼古。』著有《僑吳集》十二卷、《遂昌山樵雜録》一卷。生平事迹詳見蘇大年《遂昌先生鄭君墓誌銘》、《吳中人物志》卷十、《元詩選·初集》小傳、《新元史》卷二百三十八本傳。

元祐家本遂昌，而流寓平江近四十年，爲時最久，所作亦多，因名其集『僑吴』。至正二十年謝徽《僑吴集序》曰：『既壯來僑於吴，比老乃彙其所作之文曰《僑吴集》，授徽曰：「吾在杭亦嘗有作，兹僑吴久而作之爲多，故名焉。」』因知，《僑吴集》本鄭氏晚年自訂，以授謝徽。元刊本今已佚，僅雷夢水《古書經眼録》著録『《僑吴集》十二卷，元括蒼鄭元祐撰，元至正刊本』。雷氏所録未見他書言及，元刻與否，實難斷言。

此本爲《僑吴集》現存最早刻本，後有弘治九年秋八月張習刊書識語，言鄭氏本有《遂昌山人集》，與《僑吴集》『多繁蕪重出』，因『通録之，得其詩文之精純者並爲一十二卷，仍名「僑吴」，用梓以傳』。故現存之《僑吴集》非鄭氏手訂，乃張習重訂本。此集内容多記當時江南社會狀況，亦收作者寓杭時所作詩文，計收古今體詩六卷，四百二十首，文六卷，收銘、題記、跋、序、記、碑誌一百二十六篇。清修《四庫全書》時，亦據張習本抄録，然更改較多，甚至有通篇遺漏者。尚有多種清抄本，皆祖此本。此本刊刻精良，行格疏朗，墨色瑩潤，爲明刻本之佼佼者，後有黄丕烈、顧廣圻、潘祖蔭、費念慈、葉昌熾諸家題跋，且爲書牘紙印本，尤爲可貴。

此本鈐『士礼居臧』『廣圻審定』『汪士鐘臧』『長洲汪駿昌臧』『汪鳴瓊印』『靈鶼臧書』『蕭江書庫』『潘氏桐西書屋之印』『茮坡潘介繁珍臧之印』『笏盦』『雲輪閣』『荃孫』『涉園甲戌後得』『陽湖陶氏涉園所有書籍之記』『祁陽陳澄中藏書記』諸印，嘉慶三年（一七九八），黄丕烈購得此本，並書長跋記之。迭經汪士鐘、汪駿昌之手，光緒間爲著名藏書家江標、汪鳴瓊夫婦庋藏，蕭江書庫、靈鶼閣均爲其藏書處，後歸潘介繁。介繁字穀人，號椒坡，蘇州吳縣人，清咸豐二年（一八五二）舉人，富藏書，藏書室名桐西書屋、小學齋等；其子潘志萬，字碩廷，號笏庵，亦喜藏書，字學顏、柳，多藏碑版，著有《金石補編》。此本後歸江陰繆荃孫，一九三四年後成爲陶湘涉園插架之物，復爲著名藏書家陳清華收入囊中。此本迭經名家遞藏，流傳有序，彌足珍貴。現藏中國國家圖書館。（趙文友）

一九五

**倪雲林先生詩集六卷** （元）倪瓚撰 **附録一卷** 明天順四年（一四六〇）蹇曦刻本 沈曾植跋。框高十八·七釐米，寬十二·五釐米。每半葉十行，行二十字，黑口，四周雙邊。

倪瓚（一三〇一——一三七四）初名珽，字元鎮，號雲林，無錫（今屬江蘇）人。家雄於貲，其所居曰清閟閣，藏書數千卷，手自勘定；古鼎法書、名琴奇畫，陳列左右。元末棄家業，泛舟五湖三泖間。工詩，善書畫。有《清閟閣全集》十二卷。事迹具《明史》本傳。

是書凡四言五言古詩一卷、七言古詩一卷、五言律詩一卷、七言律詩一卷、五言六言絶句一卷、七言絶句一卷、附録一卷。各卷首均題『荆溪蹇曦朝陽編集』，前有明天順四年錢溥序，後有卞荣題詩及識語、蹇曦跋。蹇氏跋云：『彝齋（王光大）之季文静號梅西，舊藏《雲林集》，其孫景昇近出而輯之，予得覽焉，不勝追歎。然慮謄繕久將愈訛而廢，因命工鳩梓，用壽其傳，且求詞林宿學、詩壇宗盟序其首而贊其末。』則本書當爲景昇所輯，而由蹇曦付刻。

考朱存理《樓居雜著》有《題雲林子詩後》一篇，稱：『予愛其詩，每見一篇一詠收録之。近得義興蹇氏新刻本，參校其所遺者，存而萃集成帙，多吳遊之作也。計得諸體詩並雜文通若干篇，爲《外集》一卷，俟好事者刻之。』知此刻原非足本。

此爲雲林詩第一刻，明季已罕傳。明萬曆十九年（一五九一）倪瑆刻本、萬曆四十三年潘是仁刻《宋元四十三家集》本、崇禎毛氏汲古閣刻《元人十種》本，皆出此本。此本諸墨釘，倪瑆本、毛本多爲空格，而卷一《次韻別鄭明德》詩『□體保寧謐』，倪瑆本、毛本脱『謐』字；卷二《快雪齋中對月》詩『心境冷然同一潔』，倪瑆本脱『同』字，毛本亦脱『同』字，而加□於『潔』字下；卷四《贈惟寅》詩『看花相約重相過』，倪瑆本脱『相』字，毛本亦脱『相』字，加□於『重』字下。其他訛脱不少，知毛本係以倪瑆本爲底本，又添新誤。潘本删易任心，更不足據。此帙經後人描改，間有失誤。如卷一《聽袁員外彈琴一首有引》小引『道逢神人，與棗食之』，此帙『與』字未印出，後人誤改作『以』字。《四部叢刊》初編據此帙影印，亦失察隨誤。

此本鈐有『乙龕』『植』『子培父』『海日樓』『巽齋所臧』『潭月山房書印』『霞秀景飛之室』『耄遜』『祁陽陳清華字澂中印』等印。現藏上海圖書館。（林寧）

一九六

**鐵崖先生古樂府十六卷**　（元）楊維楨撰　明初刻本。框高十八·三釐米，寬十二·二釐米。每半葉十一行，行二十字，黑口，四周雙邊。

楊維楨（一二九六—一三七〇）後亦署維禎，字廉夫，號鐵崖，晚號東維子，山陰（今浙江紹興）人。

元泰定四年（一三二七）進士，授天台縣尹，改紹興錢清場司令，至正初除杭州四務提舉，轉建德路推官，陞江西儒學提舉，避兵未赴。明初命修禮樂書，旋以老病告歸。著有《春秋合題著説》《史義拾遺》《東維子文集》《麗則遺音》《鐵崖賦稿》等。事迹具《明史·文苑傳》。

據《四庫全書總目》，鐵崖《古樂府》十卷，至正六年（一三四六）門人吴復類編。元季詩格纖靡，歌行尤多類小詞。維楨以雄桀之才，力挽其弊，而矯枉過直，遂至於詭怪不經。要其别調逸情，亦天地間不可磨滅之文。《復古詩集》六卷，至正二十四年門人章琬編。所載皆琴操、宫詞、冶春、遊仙、香奩之類，而古樂府亦雜列其間。以皆時俗所不爲，故題曰『復古』。

此本卷一至十題『鐵崖先生古樂府』，卷十一至十六題『鐵雅先生復古詩集』，而卷數與前十卷連屬，有人爲拼合之迹。卷十有部分詩作重出於卷十四，如《春俠雜詞》十首中有六首重出，《小遊仙》二十首中有十二首重出。《古樂府》前有成化二年（一四六六）王益重刻後敘云：『《古樂府》十卷，乃先生門弟富春吴見心所編，崑山顧仲瑛所刻者。益屢欲鋟梓垂遠，緣無善本，駸尋歲月，竟不克就。成化紀元之春，余邑都憲葉公與中奉敕巡撫兩廣，聽政之暇，留心典籍，嘗校正《古樂府》，命廣州郡守沈公禮刻梓，印寄崑山周德元諸友。』知舊有成化元年沈禮廣州刻本（近人張乃熊舊藏一『明初刻本』，行款爲十二行二十二字，僅《古樂府》十卷，與此本前十卷文字大同小異，或即沈禮刻本，今歸臺北『中央圖書館』）；《復古詩集》後有正統元年（一四三六）楊士奇、衛靖二跋，衛靖跋稱從楊士奇家本錄出，屢欲鋟梓而未遂，知有正統元年寫本。

此本舊題『明初刻本』，實爲明成化五年劉傚刻本，趙松雪體手寫上版，版式爲成化刻書典型風格。卷末有成化五年劉傚跋云：『鐵崖楊先生以文章鳴世，其《古樂府》等作冠絶古今，然未有鋟梓以傳之者。好文之士，罕獲見之。予得是編，不敢私藏，謹爲命工刊布。』疑劉傚所據原爲二書：一成化元年刻《古樂府》十卷，一正統元年寫《復古詩集》六卷，傚重刻時强合爲一，已非舊觀。坊賈射利，撤去劉傚跋及楊士奇、衛靖二跋，各家藏書著録遂有誤認作元刻者。丁丙八千卷樓舊藏之『元刻』，今歸上海圖書館；楊紹和海源閣舊藏之『元刻』，今歸臺北『故宫博物院』；吴重熹石蓮闇舊藏本，吴氏手跋題爲『元刻』，今歸美國柏克萊加州大學東亞圖書館。實皆爲此劉傚刻本。又，此刻傳世本有初印、後印、更後印之别：丁丙舊藏者爲後印本，卷六第一葉、卷十二第二葉、卷十四第六至八葉補版，卷六《楊佛子行》『恒有馴鳥集墓樹，隨佛子往返』，後印本『返』字作墨釘。楊紹和舊藏者爲更後印本，卷二第五至六葉又補版，版式改作四周單邊，且未刻句讀。

是書以明末毛氏汲古閣刻本最爲通行。然毛刻出自此本，而削其行間評注，文字亦多改易：如卷二《城西美人歌》『莫借秉燭添紅粧』，『借』毛本作『惜』；《内人剖瓜詞》『鸞刀未破團玉斗』，『團』毛本作『圓』；《李卿琵琶並引》『一聲一聲如裂帛』，毛本作『一聲如裂帛』；《李卿琵琶並引》『嘗爲溉之學士賞識』，毛本作『李溉之』；《昭君曲》『漢家將軍築高壇』，毛本作『將軍漢家高築壇』。《四庫全書》著録本書，依據毛本繕出，脱誤正同，未足稱善。

此初印本，目録第一至二葉，卷三第七葉、第九葉，卷五第六葉係後人抄配。鈐有『荃孫』『雲輪閣』

等印，繆荃孫《藝風藏書記》卷七曾予著錄。現藏上海圖書館。（徐瀟立）

一九七

**宋學士文粹十卷補遺一卷**　（明）宋濂撰　明洪武十年（一三七七）鄭濟刻本。框高十八·九釐米，寬十三釐米。每半葉十六行，行二十七字，黑口，左右雙邊。

宋濂生平爵里、學行業績簡況，前錄明初刻本《洪武正韻》時已介紹。

宋濂以繼承儒家道統爲己任，爲文主張『宗經』『師古』，取法唐、宋，與劉基、高啓並稱『明初詩文三大家』。其著作以傳記小品及記敘散文爲代表，散文或質樸簡潔，或雍容典雅。《四庫全書總目·宋學士全集》提要評其詩文曰：『雍容渾穆，如天閑良驥，魚魚雅雅，自中節度。』身爲一代文宗，其著作曾一再結集，故版本繁多。作於元朝者，編有《潛溪集》《潛溪後集》；作於明初者，以《宋學士文集》七十五卷本較爲完備。其全集尚有明嘉靖三十年（一五五一）韓叔陽刻《宋學士全集》三十三卷本、清嘉慶十五年（一八一〇）嚴榮刻《宋文憲公全集》五十三卷首四卷本、清宣統三年（一九一一）至民國五年（一九一六）孫鏘刻《宋文憲公全集》八十卷附錄三卷本等。

此書爲宋濂詩文之選本。《誠意伯劉基文集》卷五錄有《宋景濂學士文集序》，謂宋濂著述多至百餘卷，門人劉剛請劉基『擷其精深，別爲一編』，以便誦習。疑此序即爲本書原序，今已佚。卷十末有洪武丁巳（十年）鄭濟刊記，言與其弟鄭洧及同門劉剛、林靜、樓璉、方孝孺等繕寫，並『命刊工十人鋟梓以傳，自今年夏五月十七日起手，至七月九日畢工，凡歷五十二日』。計收文一百二十六篇，古今詩三十五題六十四首，皆宋濂詩文之精華。此本字體娟秀，版刻精雅，爲明代私家刻書之精品。《文粹》另有明刊本，每半葉十三行，行二十五字，黑口，四周單邊，國家圖書館有藏。另一種載於傅增湘《藏園群書題記》卷十七：『（《宋學士文粹》）其版爲粗黑口，十一行，行二十字，字體及寫刻頗爲疏率，疑正、嘉以前所刻。』傅本今未見。建文三年（一四〇一）鄭氏書塾又曾選刊《宋學士續文粹》十卷附錄一卷，爲門人方孝孺選定，並與劉剛、林静、樓璉等親自繕寫，《千頃堂書目》著錄，現藏臺灣『中央圖書館』。

此本鈐『馮氏三餘堂收藏』『馮文昌印』『稽瑞樓』諸印，知此本迭經馮文昌、陳揆等遞藏。馮文昌字硯祥，號吳越野民，清初嘉興人。諸生，寓於杭，工詩，好古書畫，收藏甚富。此本後歸陳氏稽瑞樓，陳揆《稽瑞樓書目》著錄『《宋學士文粹》十卷，舊刻四册』，當即指此本。現藏中國國家圖書館。

（趙文友）

一九八

## 覆瓿集二十四卷 （明）劉基撰 明宣德五年（一四三〇）劉貊刻本 傅增湘跋。框高十六·二釐米，寬十二·一釐米。每半葉十二行，行二十四字，黑口，左右雙邊。

由中國國家圖書館所藏三部配成二十二卷：卷一至十、十三至二十四。

劉基生平爵里、學行業績簡況，前錄明正德十五年榮府刻本《靈棋經》時已介紹。

是書爲劉氏最早之詩文别集。『覆瓿』一詞，語出《漢書·揚雄傳》『吾恐後人用覆醬瓿也』，係自謙之詞。卷一古賦，卷二至五古樂府（末附五古十一首），卷六至十古詩，卷十三至十六詩，卷十七銘頌箴贊，卷十八、十九序，卷二十跋，卷二十一言語問對，卷二十二、二十三記，卷二十四碑銘，諸體俱備。缺卷亦爲五七言詩。所收詩文大都作於元末，亦有少量入明作品。此集風格與其後所著《犂眉公集》不同，明李時勉《犂眉公集序》云：『傷今悼古，牢籠百態，可以超邁當世者，則於《覆瓿集》見之；若夫優遊閒雅，托興微婉，而有以盡其自得之趣者，則於是編（《犂眉公集》）見之。』（見《四部叢刊初編》影印明刊本《誠意伯劉文成公文集》）

前有宣德五年羅汝敬序，云『先生之作有《郁離子》，有《春秋明經》，有《犂眉》《覆瓿》諸集，壽梓者久矣，惟《覆瓿》一編未有序之者』云云，可知劉氏著作曾於明初分别梓行。此本編印者爲其孫劉貊。卷首傅增湘題記云：『密行細字，筆致婉秀，雕工精雅，猶具元代風範，當爲洪武刊本。』疑未確。成化六年（一四七〇）楊守陳《重鋟誠意伯文集序》言劉伯温嘗著《覆瓿集》並《拾遺》二十卷，惜未見傳世。文集將《覆瓿集》歸併爲十卷，編入卷五至十四，後來諸本承之。嘉靖三十五年（一五五六）樊獻科按體裁重編劉集，是爲『真定本』，在此基礎上有隆慶六年（一五七二）校補本，流行最廣。據隆慶本何鏜序，永樂初年有《覆瓿集》十四卷本，惜亦不知其詳。傅增湘曾取隆慶本與此本參校，『如卷十七言詩中題《鍾馗役鬼移家圖》一首，隆慶本乃失載，知彙編各集時不免有所遺佚矣』。

自《誠意伯文集》合編本盛行於世，此單行小集遂寖漸無論。國家圖書館藏宣德刻本凡四部，皆爲殘本。一傅增湘舊藏本，存卷一至十共十卷；一存卷一至六、十九至二十四共十二卷；一存卷十九至二十四共六卷；一存卷十三至十八共六卷。今取各本配補成帙，影印行世。《原國立北平圖書館甲庫善本叢書》中亦有殘本一部，存卷六至十二，可以補此所缺。鈐有『雙鑑樓』『書潛』『江安傅沅叔收藏善本』等印。現藏中國國家圖書館。（樊長遠）

## 一九九　犂眉公集五卷　（明）劉基撰　明初刻本　繆荃孫跋。

框高十六・一釐米，寬十一・九釐米。每半葉十二行，行二十四字，細黑口，左右雙邊。

劉基生平爵里、學行業績簡況，前錄明正德十五年榮府刻本《靈棋經》時已介紹。劉基文集，有《郁離子》《覆瓿集》《犂眉公集》《寫情集》《春秋明經》等，初以單行本行世，永樂時始合爲一帙（呂立漢《劉基文集版本源流考述》，《文學遺産》二〇〇〇年第二期）。宣德五年（一四三〇）李時勉《犂眉公集序》（明隆慶六年謝廷傑、陳烈刻本《太師誠意伯劉文成公集》卷首）稱：『《犂眉公集》者，開國功臣誠意伯劉先生既老所著之作，故取此以爲號云。』錢謙益《列朝詩集小傳・甲前集》亦謂：『公自編其詩文曰《覆瓿集》者，元季作也；曰《犂眉公集》者，國初作也。』黃伯生《行狀》則稱：『遺文《郁離子》十卷、《覆瓿集》二十四卷、《寫情集》四卷。長子璉又集所遺文稿五卷，名曰《犂眉公集》。』由此可知，《犂眉公集》爲劉基入明後晚年所作，卒後由其長子劉璉結集而成。劉璉卒於洪武十二年（一三七九），則《犂眉公集》結集當不晚於是年。

宣德五年羅汝敬《覆瓿集序》（明宣德五年劉貊刻本《覆瓿集》卷首）稱：『先生之作，有《郁離子》，有《春秋明經》，有《犂眉》《覆瓿》諸集，壽諸梓者久矣。』可知《犂眉公集》在宣德五年之前即有刻本行世。此書現存最早之本即此明初刻本。此本卷首無序，亦無目錄，卷末有民國八年（一九一九）繆荃孫跋，謂此本『刻於永樂初年』，不知何據。此本亦無宣德五年李時勉《犂眉公集序》，或刻於宣德五年之前，亦未可知。

此本鈐有『楊守敬印』『飛青閣臧書印』『孫毓修印』『小綠天臧書』等印，知爲楊守敬、孫毓修舊藏。現藏中國國家圖書館。（包菊香）

二〇〇

**蒲山牧唱不分卷** （明）魏觀撰　明成化四年（一四六八）魏銘刻本。框高二十二·七釐米，寬十三·八釐米。每半葉九行，行二十二字，黑口，四周雙邊。

魏觀（一三〇五—一三七四）初名已孫，字杞山，號梅初，湖廣蒲圻（今湖北省赤壁）人，元末明初詩人。元末隱居蒲山，讀書避亂，故有此書名。洪武初歷官太常卿、侍讀學士、祭酒，後坐事謫拓龍南縣。洪武五年（一三七二）又薦授蘇州知府。任上明教化、正風俗、建學舍，課績爲天下最。後以在張士誠宮殿舊址建府衙而被殺。著有《蒲山牧唱》《蒲山集》。《明史》《國朝獻徵錄》《姑蘇志》等有傳。

觀善詩文。其詩風格渾樸，講究氣骨，不從纖靡之習，在元末明初特爲挺出。其古體詩念切民瘼，近體亦清婉可誦。諸作皆骨力遒健，才氣排宕，堪稱開國母音。觀傳世之詩多作於旅途行役，反映戰亂之際人民生活之悲慘，對於民間疾苦描寫深入。

此編乃觀自乙未（一三五五）在蒲至甲寅（一三七四）守蘇時所作，通二百四十篇，以古今體類次，分五言古詩、五言律詩、七言律詩、七言絶句、七言排律和四言。觀卒後其集藏之巖谷，未版行。成化中魏銘爲搜刻行世。魏銘，蒲圻縣人，景泰五年（一四五四）進士，魏觀曾孫。初任户部主事，後坐累外補揚州府通判，以廉謹稱。

此本卷前有成化元年李賢『梅初詩集序』、楊道禾『梅初先生詩集敘』、成化三年彭時『蒲山牧唱集序』，後有成化四年魏銘跋。彭序云：『曾孫銘將刻諸梓，屬予序。』魏銘跋稱，其父告之其曾祖『著述滿天下，獨恨無留稿。此所存者，特汝祖之都，凡吾與汝伯光禄公記憶而筆之者也。又得汝外祖侯司訓先生原吉甫訂而正之』。成化四年魏銘刻本刊行，爲此集第一刻本，然距觀之卒已近百年。《明文衡》載『蒲山牧唱集序』，譽其詩『用事工、體物切，意思深婉而格調高古，足以儷盛唐而追風雅。至於應制諸作，壯麗和平，尤足以鳴國家之盛。其可必傳於世無疑矣！』惜此集傳世版本稀少，高儒《百川書志》、黄虞稷《千頃堂書目》均載爲『蒲山牧唱四卷』，後世未見著録，不知與此本有何區别。此本現藏中國國家圖書館。（肖剛）

二〇一

**槎翁文集十八卷**（明）劉崧撰　明嘉靖元年（一五二二）徐冠刻本。框高二十一·七釐米，寬十五·五釐米。每半葉十一行，行二十一字，大黑口，四周雙邊。

劉崧（一三二一—一三八一）原名楚，字子高，元末明初江西泰和珠林（今屬江西泰和塘洲）人。元末舉人。洪武三年（一三七〇）舉經明行修，改名崧。召爲兵部職方郎中，遷北平按察司副使。受胡惟庸誣害，召拜禮部侍郎，擢吏部尚書。辭歸後，再徵爲國子司業。尋病卒，年六十一，謚恭介。崧博學有志行，從政之暇賦詩達旦。年愈老，思愈壯，詩愈工，雅正標宗，是『江右詩派』的代表人物。當朝學士宋景濂曾贊劉崧詩文：『此司馬遷之文，求之今世，蓋未有過之者。』《四庫全書總目・槎翁詩集》提要評價劉崧詩『大抵以清和婉約之音，提導後進，迨楊士奇等嗣起，復變爲臺閣博大之體，久之遂浸成冗漫。北地信陽乃乘其弊而力排之，遂分正、嘉之門户。然崧詩正平典雅，實不失爲正聲，固不能以末流放失，併咎翦始之人』。著有詩文集《槎翁集》《職方集》等。《明史》卷一百三十七有傳。

此本卷一第二葉、四葉和十八葉爲補版，版心刻『卷之一』，其餘各葉版心無。卷二至十八各卷版心均刻『卷之某』。卷二十五葉版心下端有刻工名『魁万』，卷四十六葉、二十七葉版心下端有刻工名『七』。其餘卷無。卷首有羅欽忠序，曰：『迫於召命瀕行，奉以告吾吉郡太守徐侯士元，侯受之閱已，謂是郡之文獻也，惡可不傳，乃畢校之，且捐俸刻之……在正德庚辰秋閏，梓完則嘉靖紀元夏五也。』由此可知，此書爲明正德十五年（一五二〇）吉安知府徐冠從劉崧後人處覓得家藏文集，編爲十八卷刻之，至嘉靖元年始成。卷末有鄒守益寫《槎翁文集後序》。

此本最後有墨書曰：『嘉慶庚午二月十三日，吳縣鈕樹玉匪石同顧千里來訪南陔家弟，淹留十日，談識極歡，見贈此書。因題其後，以誌良友之惠。晚聞居士識。』晚聞居士爲清乾嘉時期大藏書家，原名王宗炎，浙江蕭山人。黄丕烈在《蕘圃藏書題識》中曾云：『此《槎翁文集》，向聞洞庭鈕匪石曾得之，後爲錢少詹索閲，故未及假觀。頃書友携是書來，以青蚨二兩四錢易之，内缺第二卷第十二葉、第廿九葉後，第十二卷第十葉，餘亦有缺文，未知匪石所藏即此刻否？或可鈔補，亦一快事。』王宗炎和黄丕烈題記中均寫到鈕匪石曾收藏此書，疑是同一部，但經比對，本館此本並無黄丕烈所説缺葉，頗爲完整，應爲同本不同部。

劉崧在明初文壇頗有影響，平生所著詩文萬篇，然罕見傳本。清乾隆時修《四庫全書》，認爲其文頗傷流易，殊不及其詩，故僅收《槎翁詩集》八卷。黄丕烈考證曰：『余思《槎翁詩集》已登《四庫》，而文集未録於類。存目中載有《槎翁集》八卷，專指其文，因詩勝於文，故棄文録詩。余得此册文集十八卷，則八卷之説當脱一『十』字，又據鄒守益後序，云詩曰《職方集》，宋學士景濂評之以傳，又曰《槎翁集》羅吏部允升手校正之，以屬徐郡守士云，俾登之梓。是此册原與詩殊刻也，但未識宋氏所評即羅序所云蕭氏所刻。俟更覓得其詩，以臻全備，更爲善耳。』即四庫所收《槎翁詩集》卷數著録有誤，當爲本館所藏此《槎翁文集》十八卷本，爲僅存版本。另有萬曆刻本《槎翁先生詩選》十二卷，收十分之七劉崧詩作。此詩文集加之，爲崧之一生成果。

書中鈐『湖東不住湖西』印，爲王宗炎藏書印。現藏北京大學圖書館。（常雯嵐）



## 清江貝先生文集三十卷詩集十卷詩餘一卷　（明）貝瓊撰　明洪武刻本。框高二十一・八釐米，寬十三・三釐米。文集每半葉十三行，行二十四字；詩集每半葉十一行，行二十一字。黑

口，四周雙邊。

貝瓊（一三一四—一三七九）字廷琚，一名闕，字廷臣，别號清江，崇德（今浙江桐鄉）人。元末領鄉薦，遭亂退居殳山。洪武三年（一三七〇）應徵與修《元史》，六年除國子助教，與張美和、聶鉉並稱『成均三助』。九年改官中都國子監。十一年致仕。《四庫全書總目》是書提要云：貝瓊學詩於楊維楨，然其論文，稱立言不在嶄絶刻峭，而平衍爲可觀；不在荒唐險怪，而豐腴爲可樂。蓋雖出於維楨之門，而學其所長，不取所短，於温厚之中自然秀拔，其文亦沖融和雅，有一唱三歎之音。

翱字季詳，洪武中以文學選爲楚府紀善，積其禄入之餘，彙粹乃父詩文。文集分《海昌集》一卷、《雲間集》七卷、《兩峰集》三卷、《金陵集》十卷、《中都稿》九卷（附《歸田稿》）。詩集以古今體編次。正文文集、詩集行款不一，疑二者付梓略有先後。此或爲彙印之本。

此本兩集共四十一卷，後世所傳有二十卷本（詳燕翼堂本唐孫華序），又有四卷本（明萬曆三年李詩刻），均非完本。清康熙桐鄉金檀刻有足本，而所據係抄本，卷十七《復初齋記》『洪武□年，始克歸治』、卷十八《武昌譙樓記》『□□謝叔賓治武昌』、卷二十一《故滎陽佚耕處士鄭公墓誌銘》『洪武三年冬十有二月□□』，闕字皆同此本，知抄本亦出自此本。金檀本間有脱誤，如卷二《古泉先生傳》『此後世之弊』，『弊』字脱；卷七《鐵崖先生大全集序》『麗則遺音』，『音』誤作『昔』；《用武提要序》『覆軍殺將』，『軍』誤作『車』；卷二十三《中星解》『白虎七宿』，『虎』誤作『虚』，賴此本得以是正。

是帙卷二十一葉四有《神監説》《敬説》二篇，卷二十二葉四有《贈醫師王德裕序》《送葉孟桴秀才赴雅州敘》二篇，據卷前目録，二者裝訂有誤，應互换。張佩綸澗于草堂舊藏。鈐有『偶爲烏程劉氏珍臧』『疏雨薰習』『咸豐庚申以後收臧』『烏程蔣維基記』『彰緑軒圖書記』『徐乃昌讀』等印。現藏上海圖書館。（陳雷）

二〇三

## 缶鳴集十二卷　（明）高啓撰　明刻本　黄廷鑑跋。框高十九・一釐米，寬十四釐米。每半葉十一行，行二十字，白口，左右雙邊。

高啓（一三三六—一三七四）字季迪，號槎軒，長洲（今江蘇蘇州）人。張士誠據吳，啓遁居松江之青丘，自號青丘子。洪武初爲編修，與修《元史》，官至户部侍郎。後坐魏觀事，腰斬於市。博學工詩，著述宏富，詩有《鳳臺集》《吹臺集》《江館集》《青丘集》《南樓集》《勝壬集》《婁江吟稿》《姑蘇雜詠》等，文有《鳧藻集》，詞有《扣舷集》。事迹具《明史・文苑傳》。

《缶鳴集》係高啓手定，自元至正十八年（一三五八）至二十七年，得詩七百三十二篇，以類編排。後有增益，至洪武三年（一三七〇）王禕序，已稱爲樂府、五七言古近體詩九百三十七首。永樂初年，高啓妻兄之子周立校正重編，收詩凡一千首，刊行於世。陸心源《皕宋樓藏書志》卷一百十一著録明永樂刊本，有胡翰、謝徽、王禕、周立序，十二行二十字，黑口，左右雙邊，現藏日本静嘉堂文庫。

此本出自永樂刊本，末有洪武三年謝徽序，胡翰、王禕、周立序脱。雖無刻梓實證，然審其字體及版式風格，當刻於正德、嘉靖間。核之永樂刊本，文字偶有脱訛：目録卷十一《訪張司馬不值》，「張」作「周」；《山中夜行》，「行」作「月」；卷十二《雨中登天界西閣》，脱「西」字；《吳中親舊寄酒》「親」作「新」。明末介石堂刻本據此重刻，缺誤正同。

是帙卷末有黄廷鑑手跋，云「自《大全集》盛行後，此集寖漸無論。永樂本固不可得，即後來重刊者亦少流傳」，並稱「玩其版款，當是正德前舊刻無疑」。恐未確。卷前附清戴敦元、黄廷鑑致張蓉鏡書札各一通。卷五葉三至四闕，卷八葉四、卷九葉十七至十九抄配。

此本鈐有「文休承氏」「臣班」「二癡」「蔣廷錫印」「譙國」「曹炎」「彬侯」「太史氏」「古緡雲氏」「甲戌進士」「秋谷趙執信印」「汪繹別字東山」「庚辰狀元」「嵇璜曾觀」「蕘圃」「黄廷鑑印」「拙經叟」「琴六借觀」「蓉鏡」「芙川」「清河伯子」「味經」「小瑯嬛福地秘笈」「方氏若衡曾觀」「勤襄公五女」「陳鑾曾觀」「芝楣借觀」「喬松年印」「蘿藦亭長」「鶴儕」「潘祖蔭臧書記」等印。潘祖蔭《滂喜齋藏書記》卷三著録。現藏上海圖書館。（徐瀟立）

一二〇四

**西菴集十卷**　（明）孫蕡撰　明弘治十六年（一五〇三）金蘭館銅活字印本　傅增湘跋。框高二十・九釐米，寬十五・一釐米。每半葉十行，行二十一字，白口，左右雙邊。

孫蕡（一三三四—一三九〇）字仲衍，號西菴，南海平步（今廣東順德樂從）人。性敏邁，資表秀偉，於詩文無所不讀，爲詩文多不屬稿，開卷伸紙，立筆而就。洪武三年（一三七〇）舉於鄉，旋登進士第。

授工部織染局使，遷虹縣主簿。後召爲翰林院典籍。

是本爲明代張習所編，吴中金蘭館銅活字印行，是現存《西菴集》最早版本，亦收録詩歌最多，最爲精善。其中有九十一首詩爲其他版本所缺。是書前有弘治十六年吴郡張習序，後有顧恂跋，共録詩七百三十三首，以體裁與編年相結合的方式編次，以體裁爲主，相同體裁之詩歌按年份編次。據卷前序言可知，弘治十六年張習致仕後偶於家中發現《西菴集》一帙，認爲『此本不僅以稀見爲珍，其墜簡遺篇，足以補閣本之闕失，爲尤足貴也』，遂對其加以校正並作序。光緒六年庚辰（一八八〇）傅增湘得到此本，題跋於書後，再次肯定此本價值：『余意張氏在弘治時，距洪武僅百年，其篋藏舊帙或葉氏原編，故篇什視他本爲備，惟以活字排印傳布，較稀，至萬曆時，已不可得，衹就輾轉鈔帙，取以付梓，致有此失耳。』

是書版心上鎸『弘治癸亥金蘭館刻』字樣。關於金蘭館主人爲誰，歷來説法不一：一説爲張習，一説爲顧恂。從書末顧跋看，張習僅爲編校者。趙萬里《中國版刻圖録》亦云：『金蘭館疑即顧恂。恂，昆山人，粤人林時對任蘇州知府，購得此集，恂爲排版以傳。』

是書尚有萬曆葉初春刻本、乾隆四年（一七三九）葉逢春刻本、乾隆三十五年（一七七〇）孫士斗刻本、道光梁廷枏刻本、民國龍官崇鉛印本等諸多版本，可見歷朝文士對其珍視若此。

是本鈐有『天一閣』『古司馬氏』『毗陵董康審定』『董康暨侍姬玉奴珍臧書籍記』『傅增湘』『藏園』『鈁』『一廛十駕』『趙鈁珍藏』『無悔臧書』諸印，可知歷經范欽、董康、傅增湘、趙鈁諸家收藏，端緒可

尋，尤足珍重。現藏中國國家圖書館。（白雲嬌）

## 、海叟集三卷

（明）袁凱撰　明正德刻本。框高十九・六釐米，寬十四釐米。每半葉十二行，行二十字，黑口，四周雙邊。

袁凱（一三一〇？—一四〇四後？）字景文，號海叟，松江華亭（今屬上海）人。元末明初詩人。幼孤力學，能詩，善謔。元末曾爲府吏，博學有才，議論飆發。洪武三年（一三七〇）薦授監察御史，機敏善辯，史有明文，稱其答洪武帝問，在皇帝與太子施政分歧問題上，巧妙作答，但帝却以凱老猾持兩端，遂惡之，凱懼，佯狂，告歸，得以壽終。凱工詩，少以《白燕》詩得名，時稱『袁白燕』。其詩頗得陸深、李夢陽、何景明推崇，在明初詩人中享有盛名。此本李夢陽序中引陸深語曰：『國初詩人叟爲冠。』《明詩別裁集・序》云：『取有明一代詩論之：洪武之初，劉伯温之高格，並以高季迪、袁景文諸人，各逞才情，連鑣並軫，然猶存元紀之餘風，未極隆時之正軌。』《明史》卷二百八十五有傳。

是書乃袁凱之詩集。凱無詞、曲存世，文亦寥寥。此本收凱詩二百餘首，分上、中、下三卷。卷上爲樂府、五言古詩、七言古詩；卷中錄五言近體、七言近體；卷下乃五言絶句、六言絶句、七言絶句。詩歌題材甚廣，涉羈旅思鄉、詠懷思古、隱逸避世、友朋酬唱、題畫詠物等，各盡其妙。凱詩風蒼鬱有力，頗得杜甫詩歌之精髓，然清新古樸之詩亦雜然其間，雅俗共賞。此本卷首有李夢陽序，對凱詩之毀譽鳴不平，認爲集中《白燕》詩最下最傳，諸高者顧不傳，雖爲雲間人，雲間故吳地却並不可曉。是序中亦提及凱答洪武帝問之事，但記述洪武帝之態度與《明史》有差，夢陽稱洪武帝聽完凱之答語『意遂解』，凱後以病免歸，而《明史》中却爲『惡之』，凱心中恐懼，告歸。

元末明初至今，是書已流傳六百餘載。《中國古籍善本書目》著錄有十四部之多，《北京圖書館古籍善本書目》著錄亦有五部。據相關文獻記載，是書版本流變，要言之有天順本、弘治本、正德本、嘉靖本、隆慶本、萬曆本、康熙本、光緒本等多個版本，序跋亦有多篇，李夢陽、何景明、陸深、曹炳曾等都曾爲之作序，丁丙、黄丕烈、汪文柏等亦曾爲之跋，其中正德本爲是書現存較早善本。《四庫全書》所收乃其康熙本《海叟集》四卷、集外詩一卷，爲藏書家黄叔琳之子黄登賢進呈的家藏本，《四庫全書總目》是書提要云：『此本乃國朝曹炳曾所校，以張本爲主，而參以何氏本，正其謬誤，較諸本差完善焉。』另有江蘇巡撫採進的别本《袁海叟詩集》四卷，被四庫館臣歸入存目，《四庫全書存目叢書》收《海叟集》三卷，爲國家圖書館所藏之明正德本。

此本即爲正德本。李夢陽序寫時間即爲『正德元年秋八月八日』。至於此本源流，夢陽序中云：『子淵購得刻本於京師士人家，楮墨焦爛，蠹涅者殆半，乃删定爲今集，仍舊名者，著叟志也。』序中所言子淵，即陸深。深（一四七七—一五四四）初名榮，字子淵，號儼山，松江（今上海）人。明代文學家、書法家。喜藏書，弘治年間中進士，授編修。可知，正德本正源自陸深、李夢陽等人購得、删定、刊刻之本。此本卷尾有蔣炳章題識。蔣炳章（一八六四—一九三〇）字季和，號虎衫，别號留庵，江蘇吳縣人（今屬蘇州），光緒戊戌年（二十四年 一八九八）中進士，爲翰林院編修，總纂［民國］《吳縣志》，一生藏書、著述甚富，有《留庵詩文集》等傳世。此識寫於壬午年（一九二二），交待本書曾經晚清大儒黄以周之手，黄氏於光緒乙未年（二十一年）將之轉贈於蔣炳章。黄以周（一八二八—一八九九）字元同，浙江定海（今屬浙江定海）人，光緒十四年賜内閣中書銜，幾年後陞教授。曾在江南學政黄體芳在江陰創建的南菁書院任教十五載，江南學子多出其門下，撰有《禮書通故》一百卷。此本鈐有『國立北平圖書館收臧』印章，現藏中國國家圖書館。（趙銀芳）

二〇六

**蚓竅集十卷**　（明）管時敏撰　（明）丁鶴年評　**全菴記一卷**　（明）周子冶撰　明永樂元年（一四〇三）楚藩刻本（四庫底本）。框高二十·六釐米，寬十三·六釐米。每半葉十行，行二十字，黑口，四周雙邊。

管時敏（生卒年不詳）初名訥，以字行，華亭（今上海松江）人。洪武中徵拜楚府紀善，後進左長史，事楚昭王楨二十五年致仕。丁鶴年（一三三五—一四二四）字永庚，元末因父官武昌，遂爲武昌（今湖北武昌）人。好學洽聞，精詩律。著有《鶴年詩集》。

是集名『蚓竅』，蓋取自韓愈《石鼎聯句》『時於蚯蚓竅，微作蒼蠅鳴』。凡十卷：卷一四言古詩；卷二五言古詩；卷三五言律詩；卷四五言長律；卷五七言古詩；卷六七言律詩；卷七七言長律；卷八七言絶句；卷九六言絶句；卷十五言絶句。

此本題『西域丁鶴年評』，評置於各詩後，以白文『評曰』二字别之，行間有圈點。後附《全菴記》一卷，題周子治撰，乃管氏致仕後留居武昌，楚王爲其築室黄屯山，命曰『全菴』，並爲之記。前有洪武三十一年（一三九八）楚府教授吴勤序、永樂元年楚府右長史胡粹中序，云詩爲楚王所刊。

是帙前有翰林院滿漢文官印，《四庫全書》館臣删改之迹宛然具在。卷首吴勤序第一葉有眉批『凡擡寫處俱不擡，評語俱删去，序俱頂格寫，不必空』；《全菴記》眉批『此下不寫』；卷二《白馬篇》『飛箭定叶黎』，改『叶』爲『渠』；卷五《敬賦天馬歌》『昔聞天馬不易得』，改『昔』爲『臣』；卷六《題審理正蔡原輔練林墓圖》『哀余東望千將淚』，改『將』爲『行』等。《四庫全書》本一一照改，知此確爲四庫底本。此本原闕處，如卷三《回從經陽暹》『□世情尤拙』，改『□』爲『入』，庫本作『處』；卷十《江行三首》『□樹微茫裏』，初改『□』爲『雲』，復改作『江』，庫本作『雲』，賴此得窺原貌。

是集傳世另有一本，有吴勤、胡粹中二序，何義門何氏舊藏，《四部叢刊》三編據以影印，定爲『明永樂刊本』。與此行款相同，字體相似，實非一刻。趙萬里跋云：『（永樂本）實遠出庫本上，如卷三《從征古州蠻回途紀驛》二十三首，此本大題後繫以小題，如：右發靖州、右洪江、右安江等，皆小題也，蓋刊時先詩後文，故以「右」字識之。庫本既悉删「右」字，而原詩序次仍而未改，於是前首之題未有不誤爲後一首者。』今觀文淵閣《四庫全書》本，『右』字俱在未改，與趙氏所見不同。四庫諸閣本間文字異同，於此亦可見一斑。

此帙舊爲張子美先生插架物，鈐有『徐乃昌讀』印。現藏上海圖書館。（陳雷）

# 解學士先生集三十一卷

（明）解縉撰　明天順元年（一四五七）黄諫刻本。框高十八・六釐米，寬十三・一釐米。每半葉十二行，行二十字，黑口，四周雙邊。

解縉（一三六九—一四一五）字大紳，一字縉紳，號春雨、喜易，吉水（今屬江西）人。明洪武二十一年（一三八八）進士，授中書庶吉士，改御史、翰林待詔。成祖即位，擢侍讀，直文淵閣，參預機務。主持修纂《永樂大典》，奉命總裁《太祖實録》及《列女傳》。永樂二年（一四〇四），進翰林學士兼右春坊大學士。八年，入京奏事，值帝北征，縉謁太子而還，獲罪下獄，後被殺。謚文毅。事見《明史》卷一百四十七本傳。

縉有才子之稱，生平著述甚富，有《白雲稿》《東山集》《太平奏疏》等，然歿後多散佚。天順初，黄諫慕其人，始輯其遺文編成此書。黄諫字廷臣，號卓庵，别號蘭坡，高郵（今屬江蘇）人，徙蘭州（今屬甘肅）。正統七年（一四四二）進士，授翰林院編修。歷官侍講學士兼尚寶寺卿。曾出使安南。此書有明天順元年黄諫序，序中詳述其搜輯過程。此書初編六卷，乃黄諫在京師時『遍求大夫士家及聞人口誦而録之，並諫所藏者，共得古今詩二百五十五首，文雜體共十七首，爲之校編成集，分爲六卷，乃積所得俸資，托宗友用和謄刻』。此乃解縉卒後，其詩文首次結集刊行。其後，黄諫又陸續從友人及解縉經行之地搜得若干遺文，遂按地里、歲月遠近而次第之，編成三十卷，末綴附録一卷。因解縉學士之名天下共知，故名曰《解學士先生集》。

解縉詩文集，最早之本當爲黄諫初編並托人所刻之六卷本，惜已久佚，現存最早之本即此明天順元年黄諫所刻三十一卷本。此本卷首有天順元年黄諫序，次爲任亨泰序。卷三十一附録楊士奇所撰《解公墓碣銘》。卷四末有民國三十二年（一九四三）盧子樞録自《大明一統志》之解縉小傳。

此本鈐有『盧子樞』『子樞』等印，知爲盧子樞舊藏。盧子樞（一九〇〇—一九七八），原名沛森，又名沛霖，以字行，號一顧樓、九石山房、不蠹齋，廣東省東莞市人。一九二二年與國畫界同仁於廣州組織癸亥合作畫社及國畫研究會。一九二九年於上海參加全國美展。新中國成立後任美協廣東分會會員、廣東省文史館館員。精研國畫，尤工山水，善鑒賞兼長書法。現藏中國國家圖書館。

（包菊香）

二〇八

**逊志齋集三十卷拾遺十卷**（明）方孝孺撰 **附録一卷** 明成化十六年（一四八〇）郭紳刻本 徐鈞跋。框高二十一．五釐米，寬十三．四釐米。每半葉十行，行二十二字，黑口，四周雙邊。

方孝孺（一三五七—一四〇二）字希直，一字希古，寧海（今浙江寧海）人。善屬詩文，嘗從宋濂遊。洪武時，爲漢中府教授，蜀獻王聘爲世子師，顔其室曰『正學』。建文中，召爲翰林侍講學士，改文學博士。燕王朱棣入京師，命代草即位詔，不從，遂磔於市。著有《周易枝辭》《宋史要言》《基命録》等。事迹具《明史》本傳。

孝孺集初刻於蜀，有洪武三十年（一三九七）林右序，又有王紳序。永樂初，因諱不傳。天順七年（一四六三），臨海教諭趙洪始鋟版，僅得詩文二百六十餘首。成化中，謝鐸、黄孔昭因趙洪本未備，搜輯諸家所藏，得文千二百首，屬寧海縣尹郭紳重刻之。

此本前林右序，爲徐鈞據别本補入，次洪武三十一年王紳序。末有成化十五年謝鐸跋、成化十六年黄孔昭跋、成化十八年張弼跋。黄氏跋云：『集既成，福建林僉憲克賢、寧海郭縣尹紳各以書來請壽諸梓，孔昭與侍講圖斯文永久莫如先生桑梓之地，故奉以屬郭尹。郭尹又蒐訪於其邑，得詩與文若干首附益之。』知爲郭紳刻本。分爲四十一卷：卷一至十二雜著、卷十三至十七序、卷十八至二十一記、卷二十二至二十四書、卷二十五至二十六碑誌、卷二十七狀傳、卷二十八至三十詩，又拾遺十卷、附錄一卷。洪武、天順二刻久已失傳，此爲方集存世最早刊本。

孝孺集另有正德十五年（一五二〇）台州府顧璘刻本，編成二十四卷，已有删併。後來傳本，如嘉靖二十年（一五四一）蜀藩朱讓栩刻本、嘉靖四十年王可大刻本等，均屬二十四卷本系統，四十一卷本遂不顯於世。

此爲徐鈞愛日館故物，附徐氏所輯《遜志齋集遺文補錄》一卷，係從明天順刻殘本錄出，計文三篇：《散齋記》《觀瀾軒記》《芥舟記》；詩三首：《慕親樓》《章叔通竹軒》《題王原玉扇》。鈐有『蓮汀』『松石祕笈之章』等印。現藏上海圖書館。（徐瀟立）

二〇九

**楊文定公詩集七卷** （明）楊溥撰　明抄本　羅繼祖跋。框高二十一·四釐米，寬十四·八釐米。每半葉九行，行十八字，白口，四周單邊。

存六卷：卷一至五、七。

楊溥（一三七二—一四四六）字弘濟，號澹庵，别號南楊，湖廣石首（今屬湖北）人。建文二年（一四〇〇）進士，授翰林院編修，歷官太子洗馬、翰林學士、太常寺卿，官至禮部尚書、武英殿大學士。卒贈太師，謚文定。溥謹厚謙恭，學術醇實，著有《禪玄顯教編》《楊文定公文集》《楊文定公詩集》等。《明史》有傳。

此詩集爲四、五、七言古詩，五、七言律詩，七言絶句，各自成卷，中缺五言絶句一卷。内容則主要爲應制詩、題物詩、贈别詩、咏懷詩、寫景詩等。楊溥爲人所稱者乃其雅操，不以文名。朱彝尊《明詩綜》謂「三楊位業並稱，南楊詩名獨不振」，王士禛《居易錄》「今文貞《東里集》、文敏《兩京類稿》皆傳於世，而《文定集》獨湮没，亦可慨也」，可見楊溥詩文集至清初流傳已罕，各家書目亦罕見著録。是書前有明成化五年（一四六九）安成彭時序，謂「公没三（按：『三』疑爲『二』之訛）十餘年，姑蘇項君璁來爲湖廣憲使，以公是邦之望，乃取其詩刻梓以傳，介禮部員外周宗智屬予序」云云。此蓋爲楊溥詩集首次刊刻。

楊溥詩集罕見流傳，據金檀《文瑞樓藏書志》所載：「弘治六年（一四九三）八月知石首縣樂平徐爌識云：『《楊文定公詩》八卷，渢渢乎治世之正音，梓行久矣，以板藏湖臬，人未可易得。爌仕公發身之鄉，興高山仰止之思，視篆暇日，捐俸翻刻以廣其薄（按：當作『傳』）。』前有成化己丑安成彭時爲序，正德元年曾孫楊維宗重刻。」可知楊氏詩集曾有成化初刻和弘治翻刻本。此二本固不可得見，即金檀所藏之正德重刻本，亦未見流傳。南京圖書館所藏之明抄本，或即祖成化初刻之本。

此書函套之書簽作『《楊文定公詩集》明鈔本 貴陽陳氏聽詩齋舊藏』，四合套内左下角鈐有『救堂監製』小印，書内鈐有『大雲燼餘』『大雲精舍』『上虞羅氏』『雪翁』『羅繼祖』『甘孺』等藏印。『大雲精舍』爲羅振玉藏書處，以其藏有北朝寫本《大雲無想經》，故名，藏印即爲羅振玉及其孫羅繼祖所鈐。據羅繼祖跋文，此書爲貴陽陳田購自真定梁氏，陳氏編《明詩紀事》，廣搜明人詩文集，此書入藏其聽詩齋。辛亥後，陳氏將其所藏售與日本人田中慶太郎，『救堂』即田中氏書肆『文求堂』之合文。羅振玉時寓日本，聞此亟購還，歸藏其大雲書庫。由此書護葉所粘標價條，知此書購自上海古籍書店，現藏南京圖書館。（尤德艷）

二一〇

**誠齋錄六卷**　（明）朱有燉撰　明嘉靖十二年（一五三三）周藩刻本。框高二十・八釐米，寬十三・九釐米。每半葉九行，行二十字，黑口，四周雙邊。

朱有燉（一三七九—一四三九）號誠齋，又號全陽子、全陽道人、蘭雪軒、老狂生、錦窠道人、梁園客等，安徽鳳陽人，明太祖朱元璋第五子朱橚長子。襲周憲王之位，謚憲。《明史》關於朱有燉的記載衹有寥寥數語：『子憲王有燉嗣，博學善書……有燉正統四年薨，無子。』朱有燉受明初政治鬥爭之累，在建文帝大規模削藩運動中飽受牽連，一方面爲求自安，另一方面亦興趣使然，將大量時間和精力放到雜劇創作上，創作出很多膾炙人口的佳作。朱有燉係明代藩王，身份獨特，其雜劇作品保存數量是元明作曲家中最多者，可謂明代北曲巨擘。在中國戲曲史上佔有重要的地位。

《誠齋録》乃朱有燉的詩文集，包括《誠齋集》四卷、《誠齋新録》一卷、《花百詠》一卷。《誠齋集》卷一、二爲刻本，卷三、四爲抄本。《誠齋集》中，卷一收五言古詩十四首、七言古詩五十一首、古樂府三十八首、五言律詩五十九首；卷二收五言律詩一百二十五首；卷三收五言絶句十六首，六言雜體詩六首，七言絶句一百二十七首；卷四爲雜文詞作等，序七篇、記二篇、説三篇，箴一篇，賦四篇，論一篇，銘一篇，詞三十三首。《誠齋新録》收十首竹枝詞、十首柳枝歌，記兩篇，古體詩二十餘首，七言律詩四十餘首，歌行體詩歌近十首，墓誌銘一篇。《花百詠》包括詠牡丹、梅花、玉堂春三百餘首古體、近體詩歌。間有墨筆批注。

宣德間，周藩曾刻周憲王朱有燉撰《誠齋録》六卷，《百川書志》卷十五著録『《誠齋録》六卷，周府殿下撰』。是書原有朱有燉序，云：『宣德時，命長史鄭義取新舊之作而因名以《誠齋集》。』另據朱有燉在《誠齋樂府》云：『予既拾掇拙作詩詞而成卷，名之《誠齋録》。』嘉靖年間，博平王朱安涀重新校勘《誠齋録》等朱有燉作品，並命令重新刊刻出版。李夢陽《空同集》之《博平恭裕王墓誌銘》記：『獨恭裕讀書親友，忘勢嗜善，修補《東書堂集帖》，校《誠齋録》。』是本序中云：『誠齋者，我高伯祖憲王之别號也。』與朱安涀爲朱有燉之侄孫身份亦相符。朱安涀對朱有燉評價甚高：『睿德天成，奇才日富。固知本乎天資之高，而復加以學力之至，宜其冠當時，名後世。』寧獻王朱權對其評價爲：『寧藩祖臞仙謂其乃宗室中角而翹立者焉。』鄭義亦言：『（朱有燉）其古選及五七言能造盛唐諸作之奥，辭賦序記等篇得並前宋諸公之驅。』

是本應係朱有燉作品總集，最大限度地保存了朱有燉的詩文作品，較爲接近初刻本，且經朱安㴨整理輯校，有其重要之版本文獻價值。現藏中國國家圖書館。（張偉麗）　二一一

## 菉竹堂藁八卷

（明）葉盛撰　明嘉靖八年（一五二九）葉夢淇刻本　葉恭焕　葉古愚　王禮培跋。框高二十一釐米，寬十三·二釐米。每半葉十一行，行二十一字，黑口，左右雙邊。

葉盛（一四二〇—一四七四）字與中，號蛻庵，自號白泉，崑山（今屬江蘇）人。正統十年（一四四五）進士，授兵科給事中。天順二年（一四五八）以右僉都御史巡撫兩廣。憲宗立，遷左僉都御史巡撫宣城。旋任禮部右侍郎，轉吏部左侍郎。卒謚文莊。著有《葉文莊公集》《葉文莊公奏議》《水東日記》等。

是集爲葉盛官嶺北及撫廣時所寫作品，皆其手自編定，凡詩詞四卷，文四卷。生前未及刊印，後由其孫夢淇付諸梓人。《四庫全書總目》是書提要謂葉『詩詞皆非所長，文有勁直之氣，稍勝於詩，然亦無傑構，惟碑誌諸篇什尚頗整飭有法耳』。列入《存目》。

此本卷端下題『皇明名臣正議大夫資治尹吏部左侍郎謚文莊崑山葉公存稿，奉議大夫同知衡州府事廕孫葉夢淇刊行，鄉進士衡陽門生朱希賢校正』。前有天順三年自序及嘉靖八年《刻菉竹堂藁引》二篇。夢淇字尚源，號約齋，以祖廕入太學，初選大名府通判，復任台州，尋遷衡州府同知，卒於官。事迹

詳《崑山葉氏文莊公世譜》。除本書外，夢淇嘉靖九年又刻葉盛《西垣奏草》九卷。

此書多以抄本流傳。山東圖書館藏清抄本（《四庫全書存目叢書》據以影印），凡此葉夢淇刻本原有墨釘處，如卷一《挽陳孟東》『送我赴□京國』、《爲僧題畫》『□中孤棹遠』、卷四《邢檢討壽詩得旨字》『□重瞳屢顧天顔喜』、卷五《張先生文集序》『未幾拜□命明刑南都』等，清抄本皆留白。又，此帙經前人加紅點，又有朱筆校改，二者色澤一致。據葉恭焕（盛玄孫）跋云『紅點者乃俞仲蔚（允文）所選，將欲錄出，付梓一部』，則朱筆校改或同出俞氏。卷一《答周拱》『且未傷□暮』，改『□』爲『遲』；卷三《赤城夜歸》『浮生富貴皆吾□』，改『□』爲『願』；卷五《圭塘小稿序》『有旱亦勤矣哉』，改『旱』爲『乎』；《守泉亭記》『又從而順之』，改『順』爲『訓』。清抄本文字同此本改後狀態。

是書傳世之本，以清康熙間葉氏賜書樓刻《葉文莊公全集》本最爲通行。康熙本編次全異此本，如此本『五言絶句』入卷一，康熙本入卷三；此本『七言律詩』入卷三至四，康熙本入卷二；此本『墓誌銘』入卷六，康熙本入卷七。具體篇什歸屬亦稍有異同，如此本《賈氏世榮堂》二首，入『七言絶句』，康熙本合爲一首，入『七言律詩』；此本《菊齋》《澱東老漁小詞》入『七言古詩』，康熙本入『辭』；此本《征夷凱歌十章》入『序』，康熙本入『七言絶句』；此本《金衣像贊》入『贊』，康熙本入『五言律詩』。殆經後人重編，已非其舊。

此本爲孤帙僅存。目錄、卷二、卷四、卷六至八有抄配。鈐有『葉恭焕印』『古愚』『禮培私印』『湘鄉王氏秘籍孤本』『杭州葉氏藏書』『武林葉氏藏書印』等印。現藏上海圖書館。（陳雷）

## 白沙先生全集二十卷 （明）陳獻章撰 明刻本。框高十八釐米，寬十二·五釐米。每半葉十行，行二十一字，白口，四周雙邊。

陳獻章（一四二八—一五〇〇）字公甫，號石齋，别號碧玉老人、玉臺居士等，因曾居住白沙里，世稱白沙先生，新會（今屬廣東江門）人。正統十二年（一四四七）舉鄉試，再上禮部試不第。從吴與弼講學，居半載歸，静坐讀書，數年不出户。後入京遊太學，獲國子監祭酒邢讓揄揚，名震京師。授翰林院檢討，乞終養以歸，絶意仕途，收徒講學，形成嶺南學派（又稱江門學派）。萬曆十三年（一五八五）從祀孔廟，追謚文恭。《明史》卷二百八十三有傳。

陳氏心學由宗朱轉而宗陸，下開陽明，承前啓後，影響深遠。黄宗羲云：『有明之學，至白沙始入精微。』（《明儒學案》卷五《白沙學案》）爲學以静爲主，曾自云：『僕年二十七，始發憤從吴聘君（即吴與弼）學，其於古聖賢垂訓之書，蓋無所不講，然未知入處。比歸白沙，杜門不出，專求所以用力之方，既無師友指引，惟日靠書册尋之，忘寢忘食，如是者纍年，而卒未得焉。所謂未得，謂吾此心與此理未有湊泊吻合處也。於是捨彼之繁，求吾之約，惟在静坐。久之，然後見吾此心之體，隱然呈露，常若有物，日用間種種應酬，隨吾所欲，如馬之御銜勒也；體忍物理，稽諸聖訓，各有頭緒來歷，如水之有源委也。於是涣然自信曰：「作聖之功，其在兹乎！」』（《復趙提學僉憲》，見本書卷四）因此，『其教學者，但令端坐澄心，於静中養出端倪』。《四庫全書總目》是書提要評其學『頗近於禪，至今毁譽參半』。其詩文偶然有合，或高妙不可思議；偶然率意，或麤野不可嚮邇，至今毁譽亦參半』，『雖未可謂之正宗，要未可謂非豪傑之士也』。

陳氏生平不事著述而頗有詩興，其全集之刊刻，門人張詡序稱『詩刻於山東者二十之五，刻於梧州者二十之一耳，而文則子弟門人所抄錄，散在四方，未有會輯成集刻而傳之者也，弘治癸亥吉水羅君僑惟升以名進士來知新會縣事』，『政暇搜羅先生詩文爲全集，屬詡序其端』云云。此本後有羅僑跋，又有正德三年（一五〇八）莆田林齊重訂補刻所作跋，此即所謂『正德本』『林本』。按文體編次，分奏疏、序、記、書簡、墓誌銘表、祭文、賦、贊、銘、啓、説、傳狀、題跋及諸體詩，凡文、詩各十卷。其後校刻不斷，或名《白沙子》《白沙集》。嘉靖十二年（一五三三）時，西蜀高簡又刻於揚州，有所增削，併爲八卷。嘉靖三十年，内江蕭世延重刻，編次同於林本，而增刻補遺一卷。其後閩林裕陽、同邑何熊祥先後覆刻，大率以高簡本爲祖，遞有增益，編次大略相同，而羅本及此本遂未有再翻刻者。今羅本僅殘存八卷（藏國家圖書館），陳集刻本完整傳世者推此本爲最早。與高簡本相校，頗有異同。

此本爲錢塘丁氏舊藏，《善本書室藏書志》卷三十六著錄，鈐『八千卷樓藏閲書』印。現藏中國國家圖書館。（樊長遠）

二一三

## 篁墩程先生文集九十三卷拾遺一卷　（明）程敏政撰　明正德二年（一五〇七）何歆刻本

丁丙跋。框高十九・三釐米，寬十三・一釐米。每半葉十三行，行二十七字，白口，四周單邊。

程敏政（一四四五—一四九九）字克勤，號篁墩，休寧（今屬安徽）人。幼穎異，年十歲以神童薦，詔讀書翰林院，爲李賢、彭時等名公器重。成化二年（一四六六）進士，授編修，歷官翰林侍講、左諭德、詹事府少詹事兼侍講學士、太常卿兼侍讀學士等職，官至禮部右侍郎。以陷『己未會試鬻題案』，詔勒致仕，憤恚發癰而卒。敏政勤於著述，編著有《篁墩集》《新安文獻志》《明文衡》《程氏貽範集》等著作近二十種五百餘卷，時有『學問該博稱程敏政』之語。《明史》有傳。

是書卷一至八爲直講、講章、日講；卷九至六十一爲文，俱依類編次；卷六十二至九十三爲詩，不分體，詞亦附入，後有拾遺一卷。程敏政學問淹博，明清學者認爲其詩文格調雖不甚高，然『具有根柢，非游談無根者比』，『要爲一時之碩學，未可盡以蕪雜廢也』（《四庫全書總目》是書提要）。

此書明清書目多有著録：明焦竑《國史經籍志》卷五著録『《程敏政篁墩集》一百七卷』；黄虞稷《千頃堂書目》卷二十『程敏政《篁墩文集》九十三卷，又《外集》十二卷，又《别集》二卷，又《行素稿》一卷，又《拾遺》一卷，又《雜著》十卷』；清代則有徐乾學《傳是樓書目》集部『篁墩文集九十三卷又拾遺一卷』。

是書前有李東陽序，云：『先生之文，有《篁墩》諸稿，共百有餘卷。没之七年，爲正德丙寅，其門人輩摘而刻於徽州，名曰《篁墩文粹》，論者以爲未盡其選。越明年丁卯，知府何君歆暨休寧知縣張九逵、王鍇徵於其子錦衣千户壎，得全稿焉。將並鋟諸梓以示來者，而壎請序於予。』云云，其門人李汛及徽州知府何歆後序所敘亦詳。嘉靖十二年（一五三三）書林宗文堂即據此本翻刻。

此書第二册護葉鈐有『游心太古』閑章，正文卷端有『程家檁』『赤子』『叶三』『八千卷樓藏書印』

『四庫著録』等印，首册末葉有『丹徒陳善餘借觀』印。前四印無考，後二印爲杭州丁氏八千卷樓藏印。『丹徒陳善餘借觀』一印則爲陳慶年印。陳慶年（一八六三—一九二九）字善餘，號困學主人、石城鄉人，晚號横山鄉人，江蘇丹徒人。曾任湖北譯書局總纂，兩湖書院分教，主持江楚編譯局、江南圖書館（南京圖書館前身），曾協助繆荃孫赴杭州購回丁氏藏書，使不東流。此本現藏南京圖書館。（尤德艷）

二一四

## 吴文定公詩稿不分卷　（明）吴寬撰　稿本　王穀祥題首　王世貞　梁章鉅　韓葑　尤興詩　吴廷琛　朱琦題詩　文嘉　王穉登　錢謙益　查禮　石韞玉跋。

吴寬（一四三五—一五〇四）字原博，號匏庵，明長洲（今江蘇蘇州）人。成化八年（一四七二）會試、廷試皆第一，授修撰。侍孝宗東宫。孝宗即位，遷左庶子，預修《憲宗實録》，進少詹事兼侍讀學士。丁憂後，入東閣，專典誥敕。進禮部尚書。卒謚文定。寬行履高潔，不爲激矯，而自守以正，於書無不讀，詩文有典則，兼工書法。著有《匏庵家藏集》等。《明史》有傳。

是書録吴寬詩八十六首，末文嘉跋云：『五七言律、絶、歌行、古選、排律，諸體略備，蓋皆公手筆。蓋偶録一時之作耳，非特爲此集也。』其中三十首爲《四庫全書》本《家藏集》所未收，其中三首未題詩名。《壽季誠眷丈八十》一首，《家藏集》無，《式古堂書畫彙考》收入，作蘇軾作。後《蘇詩補注》等亦採録。或因其書學眉山，誤爲蘇軾之作。另有《題畫竹二首》，《家藏集》僅收其中一首，題爲《墨竹》。

《乘涼》一首，《家藏集》納入《西山雜興七首（效范文穆公）》之中。且除《畫雞》一首外，其餘詩作標題皆有改動。標題改動體現寬手自訂定，較之稿本表意更爲確切。如《題賦梓樹次韻》，《家藏集》題作《次韻啓南寫贈施焕伯范莊梓樹圖》。稿本詩後有小字二行：『啓南作此以贈焕伯，豈特爲一玩之資而已？蓋焕伯將出以爲世用，托此以比之耳。予故發其意而歸之。』由《家藏集》所改，可見是把詩後所敘緣起化入標題。而此稿本與其手自編輯的《家藏集》相比，雖同一詩作，亦有文字改動。其中《和陳惟寅姑蘇懷古詩》，《家藏集》題作《元人陳惟寅有蘇杭懷古詩各六首予以杭未至而蘇事甚多總和六首》。此六首有兩首重寫，另四首亦有較大改動。又如《七月八日園居對雨》，《家藏集》題爲《秋日園居對雨》，『不聞人悲夏』改爲『未聞人悲夏』；『見彼易凋謝』改爲『見汝易凋謝』。可見用字之琢磨。此類改動不在少數，亦有稿本已有墨筆修改之處，如實反映在《家藏集》中，可見此稿本之價值。『寬學有根柢，爲當時館閣鉅手，平生學宗蘇氏，字法亦酷肖東坡，縑素流傳，賞鑒家至現藏弆。詩文亦和平恬雅，有鳴鸞佩玉之風。』（《四庫全書總目》是書提要）然其遺迹多行草，末文嘉跋稱：『此帙楷法精謹，尤爲可寶。』

是本鈐有多位名家藏印，明王穀祥題首，末有明王世貞，清梁章鉅、韓崶、尤興詩、吳廷琛、朱琦題詩，明文嘉、王穉登，清錢謙益、查禮、石韞玉跋。題詩、題跋後各有鈐印。王穀祥（一五〇一—一五六八）字祿之，號西室，明長洲人。嘉靖八年（一五二九）進士，纍官至禮部員外郎。善書畫古文詞。末跋以王世貞爲首，題此書『爲題寄江陵張先輩。此公禮部、廷試皆第一也，勉之勉之』。以其交遊考之，或爲贈予張居正三子張懋修（參見《國圖藏吳寬手稿本〈吳文定公詩稿〉藏書題跋考釋》一文，《文獻》二〇一二年七月第三期）。次文嘉（一五〇一—一五八三）字承休，號文水，明長洲人。文徵明次子，亦爲吳寬友人文林之孫。長於書畫，故能賞吳寬『楷法精謹』之處。跋中提及『王履吉印章，則知嘗爲雅宜所留賞者』。『雅宜』者，雅宜山人，王寵（一四九四—一五三三）之號，字履仁，後字履吉，明吳縣（今江蘇蘇州）人，文徵明之友。據後王穉登跋，此帙『舊藏王履吉黄勉之二先生家，故兩君皆有印識』。後是本歸孫承澤，孫曾以此書示錢謙益，錢遂手跋於後。錢謙益（一五八二—一六六四）字受之，號尚湖，又號牧齋，明末清初常熟人。文冠東南，筑絳雲樓，藏書極富。此帙輾轉，查禮於『乾隆戊辰秋得於京師之櫻桃斜街鬻古家』（後跋）。梁章鉅後跋，敘其流傳，『冊歷爲王雅宜、黄勉之、孫退谷所藏，最後歸宛平查檢堂撫軍。今爲予有，因略審定一過，而繫以詩』。章鉅對稿中出現人名曾做一定考釋，並繫以題詩。後又請石韞玉、韓崶、尤興詩、吳廷琛、朱琦等人題跋或題詩。吳廷琛跋語落款未署姓氏，但從詩中『同姓科名』一語可知作者亦姓吳（《國圖藏吳寬手稿本〈吳文定公詩稿〉藏書題跋考釋》）。尤興詩（一七六〇—？）字肆三，號春樊，一號月舫，清長洲人。乾隆五十一年（一七八六）舉人，官至內閣中書。詩學眉山、書學山谷，皆不似。與黄丕烈一同發起『問梅詩社』。

此書既爲名家稿本，又經諸名家詩贊題跋，洵爲書中白眉，不可多得。現藏中國國家圖書館。

（洪琰）

## 石田稿不分卷

（明）沈周撰　稿本　繆曰藻　陳鱣跋。框高二十五・二釐米，寬十七・九釐米。每半葉十六行，行二十三字，黑口，四周雙邊。

沈周（一四二七—一五〇九）字啓南，號石田，自稱白石翁，又號竹莊老人，長洲（今江蘇蘇州）人。沈氏一生不應科舉，雅集交遊。富於藏書，精於誦肄，詩格高朗，以書畫名重一時，爲時人所稱道。清姜紹書《無聲詩史》卷二謂：『王元美稱先生畫爲國朝第一，文徵仲亦稱吾石田爲神仙中人云。』著有《石田集》《客座新聞》《江南春詞》《石田雜記》等。室名有『有竹居』『水雲居』『煮石亭』『碧梧蒼括軒』等。印有『啓南』『石田』『石田翁』『沈周寶玩』『八十一翁』『沈氏啓南』『有竹可免俗無錢不厭貧』『江鄉深處』等。

《石田稿》凡四册，簽題『石田先生詩稿』，凡百八十四葉，收錄明正統十四年（一四四九）至成化十九年（一四八三）沈氏所作詩文。卷末有雍正七年（一七二九）繆曰藻和嘉慶二十一年（一八一六）陳鱣跋文。繆曰藻跋曰：『此稿自正統十四年己巳起，是時翁廿三歲，至成化十九年癸卯，翁五十七歲止，其中三十五年製作……明季先在文氏正氣堂，後爲錢罄室所藏，吕仲咸曾經賞鑒，國初入朱卧庵桂髓樓，康熙間並經陸殿元珍秘，後又在蘭陵南有堂，今幸歸余寶宋樓。』可知此書流傳有緒，曾爲錢穀、朱之赤、陸殿元、蔣光焴、繆曰藻、陳鱣等人遞藏。

沈周詩作後世多有刊刻，有明弘治十六年（一五〇三）黄淮集義堂《石田稿》三卷，據卷首嘉定知縣靳頤序可知，黄淮曾游從沈氏，嘗手錄其平日詩，後承巡撫彭禮之命梓行。該本編排殊無體例，未作編年、分類，蓋依所錄詩作先後刊行；萬曆四十三年（一六一五）陳仁錫刻《石田先生集》不分卷，即陳仁錫所刻《沈陳二先生集》中之沈周詩集，爲沈周詩集之通行本，按體編排，收詩最多，然校刊不精，謬訛甚多。

石田稿傳本中唯此稿本經沈氏親手改定，部分詩作標有『原刪』字樣，錯訛甚少；且收錄詩作大多依年代編排，爲考查沈周早中期詩畫創作及交遊行實之寶貴資料，乃其所做詩文現存最早稿本。書中鈐有『正气堂』『中吳錢氏收臧印』『朱臥菴收臧印』『臣光熫印』『蘭陵繆氏珍藏』『簡莊審定』等印，現藏中國國家圖書館。（廖甜添）

二一六

## 李氏弘德集三十二卷　（明）李夢陽撰　明嘉靖四年（一五二五）張元學刻本。框高十九・二釐米，寬十四・一釐米。每半葉十行，行二十字，白口，四周單邊。

李夢陽（一四七三—一五三〇）字獻吉，號空同子，慶陽（今屬甘肅）人，徙居扶溝（今屬河南）。因母夢日墮懷而生，故名。弘治七年（一四九四）進士，授户部主事，遷郎中。十八年應詔上書，極論得失，言及外戚，忤張皇后，奪三月俸。正德中，劉瑾用事，夢陽助韓文等逐瑾，謫山西布政司經歷，致仕。瑾欲陰殺之，康海爲説乃免。瑾誅，遷江西提學副使。後以爲寧王宸濠撰《陽春書院記》被逮，削籍以卒。著有《空同集》六十五卷、《空同子》一卷等。《明史》卷二百八十六有傳。

明代文學，自洪武以來多昌明博大之音，成化而後多臺閣雍容之作，陳陳相因，千篇一律。夢陽於弘治間倡文必秦漢，詩必盛唐，與何景明、徐禎卿等號七子，以復古自命，士林影響風從，文體爲之一變。自序借與王崇文問答闡其詩論，標榜『真詩乃在民間』。其詩始則摹擬唐李白、杜甫歌行古體，進而六朝短歌、魏晉五言詩、漢魏樂府騷賦、秦漢古歌詩，上溯《詩經》四言雜言諸體，句擬字摹，食古不化，雖有振起之功，亦肇泥古之弊。

是集爲李氏手自訂定，序云自錄其詩，皆弘治、正德間詩，故自題曰『弘德集』。卷一至三爲賦三十五篇，卷四至十五爲四、五言古體詩四百七十篇，卷十六至二十爲七言歌行二百一十篇，卷二十一至二十五爲五言律詩四百六十二篇，卷二十六至二十九爲七言律詩二百八十三篇，卷三十、三十一爲七言絶句二百二十七篇，卷三十二爲五言絶句並六言雜言一百二十篇，凡三十二卷一千八百七篇。卷四至十三各卷標目多作『古體』『古調歌詩』『樂府雜調』等，其餘卷則屢有擬初唐體、李杜、張籍、王建、李賀、李商隱等詩作，可見其摹擬之迹。而李氏宦途大事，一是弘治十四年（一五〇一）劾后戚壽寧侯，一是正德元年（一五〇六）劾閹宦劉瑾，前奪三月俸，後則幾於死。故卷十有《述憤》十七首，自注云『弘治乙丑年四月作。是時坐劾壽寧侯逮詔獄』；又有《離憤》五首，自注云『正德戊辰年五月作。是時閹瑾知劾章出我手，矯旨收詣詔獄』；卷十九有《去婦詞》，自注云『正德元年户部尚書韓文暨内閣師保等咸相繼去位，李子作此詞也』；卷二十四《下吏》，自注云『弘治辛酉年坐榆河驛倉糧，乙丑年坐劾壽寧侯，正德戊辰年坐劾劉瑾等封事』，詩云『十年三下吏，此度更沾衣。梁獄書難上，秦庭哭未歸。圜墻花自發，鎖館燕還飛。況屬炎蒸積，憂來不可揮』，則指陳時事，紀事抒懷，深得元白新樂府之旨。

是書版本作『明嘉靖四年張元學刻本』，蓋據自序有『嘉靖四年，陳留尹張元學者，進士之巨也，獲李子詩觀焉，刻而布』語。按，［康熙］《陳留縣志》卷二十二『知縣表』載明世宗嘉靖朝『張祿，山東平原人。辛巳進士』，又《明清進士題名碑錄》載明正德十六年辛巳科三甲第一百四十六名『張祿，山東平原人』，又《明代登科錄彙編》『正德十六年辛巳科』載『張祿，貫山東濟南府德州平原縣民籍。國子生。治詩經。字原學。行四。年四十』。檢［乾隆］《平原縣志》卷七『選舉』載：『（正德）張祿，字岱野，辛巳科。陳留知縣，陞福建道御史巡按宣府，終河南參議。』蓋張祿字原學，又作元學，山東平原人。正德十六年辛巳科進士，嘉靖初爲陳留縣知縣，而此集即張祿知陳留縣事時刻以行世者。故其版本當作『明嘉靖四年張祿陳留刻本』。此爲李氏自訂詩集首次刊刻，故《嘉業堂藏書志》卷四載繆荃孫撰《李氏弘德集》提要云：『凡詩人所自定之集，如宋景濂刻於元代之《潛奚初集》，高季迪之《缶鳴集》《姑蘇雜咏》，均爲人所重。此本亦猶是也。』而後李空同諸集所收詩文，皆以此爲本，然多刪每卷詩體標目，並目下諸詩亦多改易卷屬，頓失作者手訂文集之本意。

本書明黄虞稷《千頃堂書目》著錄作三十三卷。《中國古籍善本書目》集部明別集類著錄二部，一爲明嘉靖四年張元學刻本，即此本；二爲明嘉靖刻本，爲國家圖書館、中國社會科學院歷史所庋藏。按，《北京圖書館古籍善本書目》集部明別集類載：『李氏弘德集三十□卷，明刻本，四册。十行二十字，白口，四周單邊。存二十三卷：四至十五、二十二至三十二。』崔建英《明別集版本志》載『李氏弘德集三十二卷，明李夢陽撰，明嘉靖四年張元學刻本。十行二十字，白口，無魚尾，四周單邊。版心中鎸「弘德集」，卷端題「北郡李夢陽撰」』，館藏列有中國社會科學院歷史研究所圖書館、浙江圖書館。所述特徵與此本合，故當爲同一版本。

此本鈐有『海陵王學淵字海上』『吳興劉氏嘉業堂藏』『吳興劉氏嘉業堂藏書記』『張叔平』等藏印，表明其在清代曾爲海陵王學淵所藏，入民國爲湖州劉承幹嘉業堂收藏，後爲張叔平所得。現藏浙江圖書館。（陳誼）

二一七

**空同集六十三卷**（明）李夢陽撰　明嘉靖三十一年（一五五二）朱睦㮮刻本。框高十八・三釐米，寬十四釐米。每半葉十一行，行二十字，白口，左右雙邊。

李夢陽生平爵里、學行業績簡況，前錄明嘉靖四年張元學刻本《李氏弘德集》時已介紹。

李夢陽以興復古學爲己任，講節義正文體，然『爲人氣高節挺，孤立峻視，不能少縮下時依貴人』（王廷相序），且以『君子之仕也，非爲人也，人之望於君子，非欲己悦也。然捨是二者則難乎免於今之世』（卷五十五《送左載道序》），故仕途蹉跎，歸鄉後寄情詩酒，其云：『詩至唐，古調亡矣，然自有唐調可歌詠，高者猶足被管弦。宋人主理不主調，於是唐調亦亡。』『宋人主理作理語，於是薄風雲月露，一切剷去不爲，又作詩話教人，人不復知詩矣。』（卷五十一《缶音序》）其爲文標舉『非古弗則，非聖弗遵，非經弗由』（卷五十二《贈劉大夫序》），因仕途蹙阻，故希冀以文學復古覺民救時，故特以詩歌爲重。又云『君子之於邦也，不患不從而患弗躬』，故爲一代文豪。此《空同集》乃李氏一生爲文心血之所在，以之觀明中期社會風氣，睹先賢之言志，諷諫可謂嘉矣。

是書首嘉靖十年王廷相《空同集序》，次嘉靖九年黄省曾《空同先生文集序》，次朱睦㮮《空同先生傳》，次目録，卷末附嘉靖十一年呂柟《空同李子集後序》及嘉靖三十一年壬子朱睦㮮識語。全書總六十三卷，凡賦三卷、詩三十四卷、族譜一卷、奏疏二卷、碑文三卷、墓誌四卷、記二卷、序八卷、傳一卷、雜文三卷、書一卷、祭文一卷。版心中記空同集卷次，下記葉數及文類。卷端署『北郡李夢陽撰』。

據朱睦㮮識語云：『初右使曹君刻其舅氏《空同李公集》，凡六十三卷，藏於家塾。及右使殁，鏤板散失。歲辛亥，宫直與槐謝公出參汴垣，謂余曰：「李集乃中州之文獻也，盍亟收之？」余求其家，無有。及訪之它所，謹得十之三四。余乃取吴本，補其闕者，正其訛者，增其所未刻者，視舊頗完整，因又取余曩譔公傳置之卷首，庶覽者有所稽焉。』朱跋所謂『乃取吴本』，指的即是黄省曾刻本。黄省曾序云：『先生於戊子之冬以手編全集寄我姑蘇，殷勤札書，屢貽叠受。既而先生問醫南下，邀予京口，千里不暇。命僕爲序，辭謝再三，屬委逾至，乃得論襟於緑雲之亭，品文於大峴之山，並館逾旬，雪涕成别。長江悠悠，雲帆遂遠。歲之除夕，先生告徂。』戊子即嘉靖八年，則李氏全集爲其生前既已編訂者，故托黄省曾序刻之，即嘉靖九年吴郡黄省曾刻本今不多見。因知嘉靖三十一年朱睦㮮刻本，更多是來自黄省曾吴中之本。吴本之外又有其外甥曹嘉刻本。曹嘉字仲禮，正德十二年（一五一七）進士，曾任鳳陽知府。

此本鈐有『李氏藏書』『弢齋藏書記』諸印，乃天津徐世昌（一八六九—一九四三）舊藏。現藏中國

科學院文獻情報中心。（向輝）

二一八

**渼陂集十六卷** （明）王九思撰　明嘉靖十二年（一五三三）王獻等刻本。框高十八釐米，寬十三・三釐米。每半葉十行，行二十一字，白口，四周單邊。

王九思（一四六八—一五五一）字敬夫，號渼陂，別署紫閣山人，鄠縣（今屬陝西）人。弘治九年（一四九六）進士，改翰林院庶吉士，官至吏部郎中。坐劉瑾黨，降壽州同知，尋致仕。九思在文學上倡導文必秦漢、詩必盛唐的主張，被列爲『弘治七子』（即『前七子』）之一。著有《渼陂集》十六卷，《渼陂續集》三卷，雜劇《杜子美沽酒遊春》《中山狼》，散曲集《碧山樂府》等。《明史・文苑傳》附見《李夢陽傳》中。

是書係《渼陂集》單行本，不附續集。全書按文體分卷編排。詩六卷，其中賦、四言詩、古樂府等一卷，五言古詩一卷，七言古詩一卷，五言律詩、五言排律一卷，七言律詩、七言排律一卷，五言絶句、六言詩、七言絶句一卷；文十卷，其中説、對、書、銘、箴、贊等一卷，序二卷，記一卷，碑一卷，志銘、墓表四卷，傳、行狀一卷。共計十六卷。卷首有嘉靖十年王九思自序，嘉靖十一年康海序，嘉靖十二年王獻跋。王九思早期創作『詩學靡麗，文體萎弱』（《自序》），後受李夢陽、康海影響，風格有所轉變。其詩歌主要寫他仕途失意後的隱逸生活和怨悵之情，代表作如《南山操》《秋泉歌》《雪後探菊》等。也有少數接觸社會問題的詩篇，如《賣兒行》《馬嵬廢廟行》《孤兒吟》，或敘村媼賣兒的慘狀，或述宦官氣焰的囂張，或寫當時世態的炎凉，有一定現實意義。在藝術上，他的詩具有才情爛漫、語言綺麗、情懷細膩的特點。但也存在着對漢魏、杜詩模擬痕迹較重等不足。九思的散文代表作有《漢陽太守傳》《懷遠將軍傳》《梅塘記》等，其成就高下在歷史上則評價不一，康海評價其文『其敘事似司馬子長而不瑣屑於言語之末，其議論似孟子輿，而能從容於抑揚之際』。《四庫全書總目》是書提要則認爲九思創作多受李夢陽、康海二人影響，故『其詩體文格與二人相似，但詩之富健不及夢陽，文之粗率尤甚於海』。九思的戲曲作品頗富思想内容及生活氣息，在藝術上不落俗套，語言精煉清暢，特爲西北地方文人和廣大群衆所喜愛，争相傳誦。不少評論家稱其作品『詞曲工美奇』『秀麗雄爽』，認爲其成就當『不在關漢卿、馬東籬（致遠）之下』，特别是《中山狼》劇本還被近人選列爲中國十大古典喜劇之一。明代文學家李開先在其《六十子詩》中評價九思曰：『戲編今麗曲，善作古雄文。振鬣長鳴驥，能空萬馬群。』又在其《渼陂王檢討傳》中説九思『詩文蒼古，而詞曲則新奇，不止守元人之家法，而且得元人之心法矣。膾炙人口，洋溢人耳』。這當是對九思詩文、雜劇、散曲的全面評價。

關於九思别集之明代版本，王重民先生在《中國善本書提要》美國國會圖書館藏明《重刻渼陂王太史先生全集》二十七卷本專條概括云：『按《渼陂集》十六卷，嘉靖癸巳九思門人王獻所刻；續集三卷，嘉靖丙午翁萬達所續刊；再續集八卷，則崇禎間始出，張孟宗刻之。並修補正集、續集舊版，合印爲《全集》二十七卷。再續集凡五種，爲：《碧山樂府》四卷（卷一至四）、《碧山詩餘》一卷（卷五）、《南曲次韻》一卷（卷六）、《杜子美沽酒遊春記》《中山狼院本》各一卷（卷七、八）。』是則九思别集在明代有三刻，即明嘉靖十二年王獻等刻正集本、明嘉靖二十五年翁萬達刻續集本及明崇禎十三年（一六四〇）張孟宗遞刻重修全集本。北京大學圖書館所藏此本乃明嘉靖十二年王獻等刻正集本，亦即九思別集最早刻本。另，除北京大學圖書館外，上海圖書館、吉林圖書館、重慶圖書館和山西祁縣圖書館等國內古籍收藏單位也藏有此本。考此本乃關中地區雕版，當地白綿紙印刷，版刻精整，字體雅致，堪稱陝西明代民間刻書之精品。

此本品相完好，書中鈐有『王元達印』『燕京大學圖書館珍藏』等印。現藏北京大學圖書館。

（王燕均）

二一九

## 王文成公全書三十八卷

（明）王守仁撰　明隆慶六年（一五七二）謝廷傑刻本。框高十八·九釐米，寬十四·二釐米。每半葉九行，行十九字，白口，四周雙邊。

王守仁（一四七二—一五二八）字伯安，餘姚（今屬浙江）人。因曾築室於紹興會稽山陽明洞側，世稱『陽明先生』。明弘治十二年（一四九九）進士，先後任刑、兵部主事。正德初年，因得罪宦官劉瑾，被貶謫貴州爲驛丞。後以鎮壓農民起義和平定『宸濠之亂』，封新建伯，官至南京兵部尚書。染病卒於南安舟中。追封新建侯，謚文成，故後人又稱王文成公。守仁弟子盈天下，形成『王學』一派。上承宋濂、方孝孺之緒，下開王慎中、唐順之、歸有光之先。著有《王文成公全書》（或稱《王陽明全集》）行世。王守仁和南宋陸九淵合稱陸王學派，與程（程顥、程頤）朱（熹）學派相並立。《明史》卷一百九十五有傳。

此書共三十八卷，卷一至三爲《語録》，包括《傳習録》附《朱子晚年定論》，守仁在世時門人徐愛所輯。卷四至八爲《文録》；卷九至十八爲《别録》，包括奏疏等；卷十九至二十五爲《外集》，包括賦騷詩、書、序、記、説、雜著、墓誌銘、墓表、墓碑、傳、碑、贊、箴、祭文等；卷二十六至三十一爲《續編》；卷四至三十一爲守仁去世後門人錢德洪編訂。卷三十二至三十八爲《附録》，包括年譜三卷、年譜附録二卷、世德紀一卷、世德紀附録一卷，爲錢德洪與王畿所纂。

此書卷前有華亭徐階序，云：『隆慶壬申，侍御新建謝君奉命按浙，首脩公祠，置田以供歲祀。已而閲公文，見所謂録，若集各自爲書，懼夫四方之學者或弗克盡讀也，遂彙而壽諸梓，名曰全書。』由此可知此本是隆慶六年謝廷傑巡按浙江時，將各個單行本合而刊之，仿《朱子全書》之例而命名。守仁著作，大備於此。徐階序後有隆慶二年誥命、新建侯文成王公小像及像贊、徐愛撰《傳習録序》、嘉靖丙申（十五年 一五三六）鄒守益撰《陽明先生文録序》、錢德洪撰《陽明先生文録序》、王畿撰《重刻陽明先生文録後語》、徐階撰《陽明先生文録續編序》、乙未年（嘉靖十四年）正月《刻文録敘説》，後附編輯文録姓氏、校閲文録姓氏及彙集全書姓氏。後有目録。

現存《王文成公全書》最早的兩個版本是隆慶二年郭朝賓杭州刊本和隆慶六年謝廷傑應天府刊本。隆慶二年杭州本流傳甚少，隆慶六年應天本流傳較廣，《四部叢刊》收録的『明隆慶刊本』，即爲隆慶六年謝廷傑應天府刊本。《四庫全書總目》中著録爲《王文成全書》。後又有清刻本、民國二年（一九一三）上海中華圖書館石印本、《四部備要》排印本等，或題《王陽明先生全集》。明崇禎八年（一六三五）葉紹榮編刻《陽明書要》八卷、附錄五卷，康熙時王守仁五世孫貽樂編刻《王陽明集》十六卷，康熙二十八年（一六八九）張向達編刻之《陽明文鈔》二十卷，均列入《四庫全書存目叢書》。

此書刻印精美，書中鈐『北京大學藏』印，現藏北京大學圖書館。（常雯嵐）

二二〇

**對山集十九卷**　（明）康海撰　明嘉靖二十四年（一五四五）吳孟祺刻本。框高十九・六釐米，寬十三・五釐米。每半葉十行，行二十字，白口，四周單邊。

康海（一四七五—一五四〇）字德涵，號對山，晚號沜東漁父、滸西山人、太白山人等，武功（今屬陝西）人。自幼聰穎，明弘治十五年（一五〇二）狀元，歷任翰林院修撰、經筵講官，參與修憲宗及孝宗兩朝實錄。康海爲搭救李夢陽，折節劉瑾。正德五年（一五一〇）瑾敗，康海遭瑾黨論，落職。自此絕意仕途，居家三十餘年，恣意放縱，遊歷山水，着意詩文，傳世作品頗豐，爲明代文學史上『前七子』之一。又醉心雜劇、散曲，自創『康王腔』。撰有《武功縣志》、詩文集《對山集》、雜劇《中山狼》、散曲集《沜東樂府》、雜著《納涼餘興》《春遊餘錄》等。《明狀元圖考》有傳。

康早年喪父、中年喪妻、老年喪子，盛年坐廢，飲盡人間疾苦，但一直未改不畏權貴、不懼時政的『前七子』文風，頗受友人尊敬。是書劉儲秀《刻對山先生集敘》云：『翰林修撰對山康先生集，凡若干篇次甫成。嘗托其友比部張太微且序之。先生逝矣，言猶在耳，於是太微方謀板行。』知康海友人張治道搜其詩歌、碑銘、文章、廷試等重加校讎，輯成《對山先生集》，並爲之序。康先生謝世後，纔欲刊行傳世，故是書應成於明嘉靖十九年後。其中康先生最爲有名的廷試《制策》也輯入其中，曾被贊曰：『詞意高古，嫻於政理，不惟三百人及，自有《制策》以來，鮮見其比。』（李開先《對山康修撰傳》）《天一閣書目》《萬卷堂書目》《國史經籍志》《千頃堂書目》《八千卷樓書目》等書目皆有著録。是書乃《四庫全書》收録的唯一明代陝西作家别集，《四庫全書總目》是書提要曰：『明人論海集者是非不一，要以俞汝成「文過於詩」語，爲不易之評。其《擬廷臣論寧夏事狀》及《鑄錢論》諸篇，尤頗切時弊。崔銑、呂柟皆以司馬遷比之，誠爲太過。然其逸氣往來，翛然自異，固在李夢陽等割剝秦漢者上也。』

是書嘉靖二十四年張治道《對山先生集序》云：『公殁之六年，值中丞東厓翁公撫臨關中，搜其集付西安守六泉吳君刻之以傳。』吳孟祺《刻對山集後序》亦云：『因具達之撫臺今制府翁公，檄終其役，無費之惑。噫！余志也何敢辭？乃重以校正，托諸張君而畀之良梓，梓成。』知是書爲明嘉靖二十四年吳孟祺刻本。吳孟祺（一四九八—一五六八）字元壽，號六泉，别號警庵，寧陽縣（今屬山東）人。性耿介，篤志學。官至刑部主事、西安知府。著有《義命箴規》《拙修邇言》《六泉漫稿》《警庵文集》等。

是書鈐印有『濳川洪軾澂藏書』『拭塵鑒賞』等印。現藏中國國家圖書館。（郭晶）

一二一

**何氏集二十六卷**　（明）何景明撰　明嘉靖沈氏野竹齋刻本。框高十六·四釐米，寬十三·四釐米。每半葉十行，行十八字，白口，左右雙邊。

何景明（一四八三—一五二一）字仲默，號白坡，又號大復山人，信陽（今屬河南）人。八歲能詩古文，明弘治十五年（一五〇二）進士，歷官至陝西按察司提學副使。爲明『前七子』之一，與李夢陽輩倡詩古文，在明代文壇影響甚大，其詩文集被多次刻印，有諸種刊本行世。《明史·文苑傳》又載『何大復先生年譜一卷附録三卷』。

《何氏集》全書二十六卷，卷一至三辭賦，卷四四言古詩，卷五至六樂府，卷七至八『使集』，卷九至十三『家集』，卷十四至二十『京集』，卷二十一『秦集』，卷二十二『内篇』，卷二十三至二十六『外篇』。其中，卷七至二十一主要收録五言及七言古詩、律詩、排律等，皆以所官或所居地爲集名，實際是按年編次。使集者，乃景明初任中書舍人時，奉哀詔南下時所作；家集者，其因劉瑾專權，以養病家居時所作；京集與秦集即景明在京時和在陝西時所作。《内篇》録訪古諸子二十五節；《外篇》録書、問、序一卷，記、誄、墓誌銘一卷，行狀、壙誌、祭文一卷，雜著一卷。

此書卷前有嘉靖三年（一五二四）蘭溪唐龍《何仲默集序》曰：『康子德涵、張子時濟，皆何子之友也。何子既殁，張子收其逸稿，訪康子於滸西之野，而共揚搉之，凡得若干首，洋洋灑灑，一唱三歎，而有遺音焉。』由此可知，在何景明卒後三年左右，其友康德涵、張時濟收集逸稿，輯録此本付梓。序言第二葉下書口鐫『野竹齋雕』。野竹齋爲明吴郡沈與文之室名，沈曾刊刻過不少書籍。王重民在《中國善本書提要》談及將沈氏校刻《韓詩外傳》與之比較，『持以並觀，字蹟刀法並相同』。

嘉靖三年野竹齋刻本是何景明詩文集的最早刻本，同刻於嘉靖三年的《何仲默集》十卷爲《何氏集》之別本，而前者更代表何氏全集的早期全貌。至嘉靖十年出現義陽書院重刻本，其版式字體、内容體例均承野竹齋本之脉。清光緒間又有何氏詩集二十六卷本，一爲清光緒二十一年（一八九五）長沙張氏湘雨樓刻本《弘正四傑詩集》之《何大復詩集》二十六卷，一爲清光緒三十三年渭南嚴氏刻本《明四子詩集四種》之《信陽詩集》二十六卷。雖同爲二十六卷，但其體例内容與野竹齋本已完全不同。除二十六卷本外，嘉靖三十四年何景明之甥袁璨所刻《大復集》三十七卷《附録》一卷亦爲重要一支。此刻較《何氏集》二十六卷多出十一卷，計詩多八卷，雜文多一卷，序文多三卷，原《内篇》改編爲序文，編入序文中，並按詩之體裁分類編排，奠定了《大復集》的編排體例及規模，後世之刻基本沿襲此本。至嘉靖三十七年重刻時增爲三十八卷，其後萬曆五年（一五七七）、乾隆十五年（一七五〇）賜策堂、咸豐二年（一八五二）世守堂均有三十八卷本重刊。

此次再造善本以野竹齋《何氏集》二十六卷本爲底本。此本品相甚佳。觀其字體，筆法遒勁，寬渾大氣，飽滿中透出雋秀，墨色清朗，筆鋒鮮明。此書曾經修繕，有包角。卷十三首二葉空白，並於天頭處粘籤墨書：『卷十三少第一二兩葉。』首葉『何仲然集序』右下角鈐『鶴徵之印』。『鶴徵』爲唐鶴徵（一五三八—一六一九）字元卿，號凝庵，江蘇常州人。明儒大師唐順之之子，隆慶五年（一五七一）進士，選禮部主事，歷工部郎、尚寶司丞、光禄寺少卿、太常寺少卿、南京太常。此書曾經明唐鶴徵收藏，現藏北京大學圖書館。（楊芬）

## 鈐山堂集三十二卷 （明）嚴嵩撰 附録一卷 明嘉靖二十四年（一五四五）自刻本。框高十八・三釐米，寬十四・五釐米。每半葉十行，行二十字，白口，左右雙邊。

嚴嵩（一四八〇—一五六六）字惟中，號介溪，又號勉庵，袁州府分宜縣（今屬江西）人。弘治十八年（一五〇五）進士，選庶吉士，授翰林院編修，世宗時纍官至禮部尚書、太子太師、華蓋殿大學士。嚴嵩恃寵攬權納賄，凡直陳時政者皆斥戮之，專國柄二十餘年。晚年因其子世蕃罪抄家，罷官爲民，寄食墓舍，老病以死。嚴氏工詩古文辭，除《鈐山堂集》外，尚有《南宫奏議》三十卷、《歷官表奏》十卷、《直廬稿》二卷、《南還稿》一卷，纂修［正德］《袁州府志》及［嘉靖］《袁州府志》等。生平事迹詳見《明史》卷三百八本傳。

嚴氏舉進士後，曾因病辭歸，在鈐山築堂讀書十年，故以之名集。是書收録嚴嵩絶大多數作品，包括賦、詩、文、頌、序、記等文體，内容繁富。嚴氏執國柄多年，其詩多爲扈從恭和、奉敕應制之作，然其早期詩歌亦不乏清麗婉轉、沖澹閑遠之作。因嚴氏聲名狼藉，《四庫全書總目》將本書列入存目，然該書提要却云：『嵩雖怙寵擅權，其詩在流輩之中乃獨爲迥出。』可謂公論。

據孫偉《鈐山堂詩序》可知，嚴氏詩集最早編於明武宗正德十年（一五一五）。其詩、文、奏議初爲單行，而後漸備，始彙刻成集。嚴氏文集自嘉靖中期又屢次刊行，卷帙亦一再增加。據明以來公私書目所載，《鈐山堂集》先後有十三卷、二十卷、二十六卷、三十二卷、三十五卷、三十六卷、四十卷等不同版本。王重民先生在《中國善本書提要補遺》中指出，此種現象乃『隨刻隨印，故傳本卷數不同』。

此本卷首有嘉靖乙巳張治序，云：『集凡三十有二卷，賦、頌若干篇，五、七言古體詩若干篇，五、七言律、絶句若干篇，序、記、碑、志若干篇，内制及講章若干篇，《南宮奏議》三十卷、《歷官表奏》十卷亦類附焉，刻在乙巳之歲。』乙巳即爲嘉靖二十四年，當時嚴氏文集已有三十二卷，正與此本卷數相合。且據張序可知，與三十二卷本《鈐山堂集》一同刊刻者，尚有《南宮奏議》三十卷及《歷官表奏》十卷。

此本卷首另有王廷相、唐龍、劉節、黄綰、崔銑、孫偉等人序，文集所收詩歌皆按年編次，又以其生活階段命名爲《前稿》《使粤》《留院》《使郢》《留省》《南詮》《南宮》諸小稿，其賦、詩有孫偉、唐龍、楊慎等評點。此本爲現存所知《鈐山堂集》的最早刊本。現藏中國國家圖書館。（趙文友）　一一一三

## 鳥鼠山人小集十六卷　（明）胡纘宗撰　明嘉靖刻本。框高十七・一釐米，寬十三・五釐米。每半葉十一行，行二十字，白口，四周單邊。

胡纘宗（一四八〇—一五六〇）字初學、孝思，更字世甫，號可泉，自號鳥鼠山人，秦安（今屬甘肅）人。正德三年（一五〇八）進士，授翰林檢討，出爲嘉州判官，遷知潼州，歷吏部郎中、安慶知府、蘇州知府，官至右副都御史，巡撫山東、河南，俱有政績。汴城行臺起火，引咎乞歸。家居數年，因詩案入獄，後得釋歸里，以著書爲娛。胡氏博學多才，除本書外，另著有《擬漢樂府》《擬涯翁擬古樂府》《願學編》《儀禮集注》《春秋本義》《讀子錄》《近取編》《安慶府志》等，編選《漢音》《魏音》《唐雅》《雍音》《秦漢文》諸書。生平事迹詳見何棟撰《墓誌銘》及《明史》卷二百二本傳。

胡氏本隴西巨室，後徙居秦安。隴西有鳥鼠山，《尚書·禹貢》稱此山『鳥鼠同穴』，而胡氏自號鳥鼠山人，並以之名集，足見其桑梓之思。《明史·藝文志》著録《鳥鼠山人集》十八卷，實含《鳥鼠山人小集》十六卷及《鳥鼠山人後集》二卷。《鳥鼠山人小集》爲其歸田以前所作，始於正德五年，止於嘉靖十八年（一五三九），分爲《正德集》（即《辛巳集》）、《嘉靖集》《鳥鼠集》三部分。《正德集》所收爲正德間作品，《嘉靖集》所收多爲嘉靖十年以前作品，《鳥鼠集》所收多爲嘉靖十年至嘉靖十八年作品。其中《正德集》四卷、《嘉靖集》三卷、《鳥鼠集》九卷，計爲十六卷，卷一至九爲詩，包括樂府、古詩（四、五、七言）、絶句（五、六、七言）、律詩（五、七言）和排律諸體；卷十至十六爲文，除《安慶志》《秦安志》外，皆爲序、記、説、引、題辭、解、贊、辨、喻、文、論、傳、碑陰、箴、戒、對、斷、讀、書、題、跋等類。《四庫全書總目》是書提要評曰：『其詩激昂悲壯，頗近秦聲，無嫵媚之態，是其所長；多粗厲之音，是其所短。』

此本爲《鳥鼠山人小集》現存最早之刊本。卷前録崔銑、伍餘福、王慎中、顧夢圭、李濂、袁袠、邵寶、韓邦奇諸序及門人歸仁識語，其時間最晚者爲嘉靖十八年李濂序，序中曰：『詩文統若干卷，凡嚮慕者争梓之以傳……公所至有惠政，集傳於宦地，寔著甘棠之愛云。爾廉不佞，辱交於公者二十年矣，樂睹刻集之成，得以嘉惠海内學者於無窮。』觀此本版式風格、款式字體皆具嘉靖刻本特徵，故其刊刻當距李序時間不遠。此本每卷卷端皆鎸編校者姓名，版心魚尾下鎸『正德集』（小集卷一至四）、『嘉靖集』（小集卷五至七）、『鳥鼠集』（小集卷八至十六）卷次及葉數。

此本鈐有『蒼巖山人書屋記』『國立北平師範大學』諸印，知此本曾爲清初收藏家梁清標家舊物。

梁清標（一六二〇—一六九一）字玉立，一字蒼巖，號棠村，又號蕉林，直隸真定（今河北正定）人。明崇禎十六年（一六四三）翰林，清康熙二十三年（一六八四）擢保和殿大學士，二十七年入相。富藏書，以子、集爲多。翁方綱《題蕉林書屋圖》有句云：『項家蕉窗梁蕉林，圖書之富甲古今。』室名有秋碧堂、悠然堂、蕉林書屋、蒼巖山人書屋等。此本現藏北京師範大學圖書館。（趙文友）

## 二二四　太史升菴文集八十一卷　（明）楊慎撰　（明）楊有仁輯　明萬曆十年（一五八二）蔡汝賢刻本。

框高二十一釐米，寬十四釐米。每半葉十行，行二十字，白口，四周單邊。

楊慎（一四八八—一五五九）字用修，號升菴，明宰輔楊廷和之子，新都（今屬四川）人。正德六年（一五一一）殿試第一，授翰林院修撰，嘉靖三年（一五二四）因『大禮儀』事忤世宗謫戍雲南永昌衛，居雲南三十餘年，死於戍地。

楊有仁，楊廷和之孫，楊慎弟楊淳之子，出撫楊慎。萬曆五年丁丑科第三甲進士。後以行人選爲御史，纍遷河南僉事。抗論不避權勢，拂衣歸，居鄉清儉。

明王世貞《藝苑卮言》卷六稱『明興，稱博學饒著述者，蓋無如用修』。《明史・楊慎傳》評『明世記誦之博，著作之富，推慎爲第一』。四庫館臣稱其『以博洽冠一時』。葉德輝《郎園讀書志》卷五稱：『升庵先生博洽多聞，在明時可與王弇州（王世貞）對壘，近世漢學家動以疏陋譏明人，如楊王二公，士復有幾？士恨不學耳。』宋仕《訂刻太史升菴文集序》稱是集收錄楊慎主要作品，『閎言眇詞、徹於著述比興者，亦略具是』。據四川省圖書館《楊升菴著述目錄》統計，楊慎著述凡二百九十八種。然至萬曆時稿多散漫，梓行不一，故蔡汝賢總括彙集重新編排，以『紀文明之盛事』（蔡汝賢跋）。傅增湘《藏園群書題記》卷十七認爲此書雖不無體例殊乖之處，但『條理頗爲清晰，釐定之功要補課没焉』。

是書凡八十一卷取陽數，二十八册象列宿，文以類分，凡賦序論詩，天文地理，凡有一言皆錄之，計錄諸體文百五十餘篇、詩千八十餘首；論説之文，凡易三十餘篇、詩書五十餘篇、春秋三十餘篇、禮樂七十餘篇、四書三十餘篇、史類三百三十餘篇、諸子七十餘篇、文學百十餘篇、詩學五百篇、字學百六十餘篇、瑣語六篇、雜類三百九十餘篇、仙佛三十餘篇、地理百四十餘篇、花木百十餘篇、鳥獸百十餘篇。是書封題『升菴文集』並標卷次，卷端題『太史升菴文集某卷，成都楊慎著，從子有仁編輯』，卷一前有萬曆壬午（十年）宋仕《訂刻太史升菴先生文集序》、陳文燭玉叔《楊升菴先生文集序》，卷八十一後有蔡汝賢跋，並錄四川布政司監梓吏袁九思、戴金臺、朱甲等三人，繕寫吏李文洛、鍾孝、程夢詔、陳世魁、于朝光、殷屏、陳鳳鳴、夏良輔、范習成、沈文碧、盧盡忠等十一人姓名。陳玉叔序云：『蔡用卿（蔡汝賢）再入蜀，求用修（楊慎）從子大行公家本，手自讎校，删冗正誤，以成完帙，共圖不朽。』及蔡汝賢跋，知主持其事者應如傅增湘所言爲蔡汝賢，撫臺張士佩玉成此事。

蔡汝賢（生卒年不詳）字用卿，一字思齋，號龍陽，松江華亭縣（今屬上海）人。隆慶二年（一五六八）進士，萬曆三年、九年兩次出守四川，終南京兵部侍郎。著有《東南夷圖説》《嶺海異聞》《諫恒疏草》《披雲堂集》等。蔡氏跋詳記是書刊刻過程：萬曆乙亥（三年）冬入川，與沔陽陳玉叔謀刊，未果。

辛巳（九年）再入蜀，自楊慎從子益所公購得家本數種及未梓者若干篇，加以删定，自萬曆十年春始，歷三時而竣於仲秋。而宋仕序於壬午仲夏望日，陳玉叔序於壬午秋日。故是集編定於萬曆十年仲秋，刊行時日當在此後，故傅增湘稱之爲萬曆本。此書後有趙開美校本、陳大科刻本、王藩臣蕭如松刻本、莊城刻本、陳宗器刻本等，均取於此本。此爲楊慎文集之較早刊本，爲《太史升菴文集》刻本之祖，具校勘、文獻與文物價值，殊可寶之。

此本曾經傅增湘藏，有傅氏批校簽條及朱筆、墨筆圈點多處，傅氏《藏園群書題記》卷十七有跋。鈐『傅沅叔藏書記』『雙鑑樓藏書印』諸印。現藏中國國家圖書館。（向輝）

二二五

## 太師張文忠公集十九卷　（明）張孚敬撰　明萬曆四十三年（一六一五）張汝綱　張汝紀等刻本。框高二十一・二釐米，寬十四・五釐米。每半葉十行，行二十字，白口，左右雙邊。

張孚敬（一四七五—一五三九）字秉用，號羅峰，初名璁，因與世宗朱厚熜同音，賜名孚敬，字茂恭，永嘉（今浙江温州）人。正德十六年（一五二一）進士，官至少師、禮部尚書、華蓋殿大學士，爲輔臣、次輔、首輔先後凡七年，嘉靖十四年（一五三五）乞休致仕。十八年卒，詔加太師，謚文忠。著有《禮記章句》《大禮要略》《正先師孔子祀典集議》《金縢辨疑》《杜律訓解》《敕諭錄》《諭對錄》《欽明大獄錄》《霏雪編》、［嘉靖］《温州府志》等。生平事迹詳見葛守禮《太師張文忠公神道碑》及《明史》卷一百九十六本傳。

張氏以大禮議得君寵，故其著述多半皆考禮之詞，其集亦然。此集奏疏八卷、文稿六卷、詩稿四卷、詩稿續一卷。據其孫張汝紀題識，其奏疏早已付梓，而文稿則嚮無刊本，稿藏貞義書院，後毀於倭亂，復經其孫汝綱、汝紀、汝經等廣爲輯錄，終得遺文九十餘篇，並同舊有奏疏、詩稿，擴爲十九卷。《四庫全書總目》是書提要評曰：『所論未必百無一當，然穿鑿附會以遷就時局者，比比然也。』清孫詒讓《温州經籍志》卷二十六曰：『文忠以議禮得君，其相業功過蓋不相掩。此集奏議自大禮諸疏外，若救張延齡、議大同兵變諸疏，皆關涉當時大政，足與史傳互證。惟詩文多率意抒寫，不甚擅場。』

此本爲明萬曆四十三年張汝綱、張汝紀等刻本，卷前録徐栻、楊鶴、丘應和、李思誠諸序。丘序曰：『然去今七十餘載，孫太守君始輯其遺文，類而鋟之。』丘序作於萬曆乙卯，即萬曆四十三年。此本奏疏卷八、文稿卷六、詩稿續卷末皆刊有萬曆四十六年仲春張汝紀題識，湖北省圖書館所藏同一版本多李維楨、劉康祉二序，而劉序亦作於萬曆四十六年仲秋，且言曰：『公詩文稿至多，未入梓，……公孫太守公，出入中外，苦心捃拾，得其餘賸，釐爲十一卷，附之奏議，而公集稱全。』據此，該本似付梓於四十三年，刊成於四十六年，而總其任者實爲龍安府知府張汝紀。然題識字體風貌與正文略微有別，或爲四十六年增刻亦有可能。此本版心上鎸『敕建貞義書院』，下鎸卷次、葉數及字數，張氏於正德十三年創羅峰書院，嘉靖七年賜名『貞義書院』，應編校刊刻於此。清道光間，張氏裔孫一慎又據此本重刻文稿六卷，題曰《明羅山張文忠公文集》。

此本鈐有『退一步齋收藏書圖記』『廣東肇陽羅道關防』『陽湖陶氏涉園所有書籍之記』諸印，知此

本曾爲陶湘涉園舊藏。現藏中國國家圖書館。（趙文友）

## 林屋集二十卷　（明）蔡羽撰　明嘉靖八年（一五二九）刻本。

框高十八釐米，寬十三・四釐米。每半葉十二行，行二十字，白口，左右雙邊。

蔡羽（？—一五四一）字九逵，號林屋山人，又稱左虛子、消夏居士，吳縣（今江蘇蘇州）洞庭西山人。明代文學家、書法家。師從王鏊。鄉試十四次皆落第，嘉靖十三年六十四歲爲貢生，授南京翰林院孔目。三年後退休回西山，卒於東蔡。工詩詞，好古文，文章師法先秦、兩漢，自負甚高。被列爲『吳門十才子』之一。有《林屋》《南館》二集及《太藪外史》等。

是書又名《林屋山人集》，係蔡羽之詩文別集。卷首有明嘉靖八年《林屋山人自序》，卷端下題『山人蔡羽著』。全書詩、文各爲十卷，係其門人所編次。其中前十卷爲各體詩賦，後十卷則爲序、記、論、書、傳、贊、行狀、墓碣、墓誌銘等各類。蔡羽詩風格高古，人評之如『詩鬼』李賀，他却自稱：『吾詩求出魏晉上，今乃李賀耶？吾愧殺也！』（《明史》卷二百八十七《文徵明》附傳）其著名詩作有《清涼臺》《姑蘇臺》等。蔡羽爲文超拔有奇氣，不囿於八股文字，因此應試四十年而不售。其文集各體兼備，堪稱一家。清朱彝尊《静志居詩話》評曰：『其集具在，篇無妍辭，句無警策』，『雖有詩賦八百餘首，文二百首，恒河之沙，鈎金安在？』缺乏篩選，是其短處。

陳宏榮在明嘉靖二十八年《林屋》《南館》二集校勘合印本卷末識語中云：『昔吾師蔡先生居林屋

山中，所著《林屋集》二十卷，門人刻行於世。逮先生官南翰時又著《南館集》十三卷，顧委宏榮曰：「文以人傳，不必皆吾親也，盡屬之子矣！」歸田無何而先生没，郡守南岷王公聞有是集，即令刻成，而公又去蘇矣。久藏府中未獲並行，戊申六月宏榮請歸《南館集》更加讎校，始與《林屋集》合。』是則蔡羽之個人别集先後有《林屋》《南館》二集。《林屋集》爲其居林屋山中時所著之前期詩文集，於其生前由弟子編次刊刻。而《南館集》則是其六十四歲以後爲官南京翰林院期間的晚年詩文别集，直到其死後兩年纔由王廷刻於南岷。後來又由其學生陳宏榮將二集重加彙校，並於明嘉靖二十八年合印並行於世。可見，此本乃蔡羽第一個個人别集之最初刻本，且存世量極其稀少，故具有很高的版本和文獻研究價值。

此本書品極佳，觸手若新，書外裱白綾書衣，内加金鑲玉襯裝，極爲雅觀悦目。書中鈐有『半巢書屋』『紹白經眼』『燕京大學圖書館珍藏』等印。現藏北京大學圖書館。（王燕均）

二三七

**遵巖先生文集四十一卷** （明）王慎中撰　明嘉靖四十五年（一五六六）劉湊刻本。框高二十·一釐米，寬十四·二釐米。每半葉九行，行十九字，白口，左右雙邊。

王慎中（一五〇九—一五五九）字道思，號遵巖居士，後號南江，明晉江（今福建泉州）人。年十八舉嘉靖五年進士，授户部主事，尋改禮部祠祭司，官至布政司河南參政，嘉靖二十年報罷歸里。王氏與唐順之、李開先、陳束、熊過、呂高、任瀚、趙時春等號『嘉靖八才子』，爲明文學史之唐宋派代表，反對李夢陽、何景明等標舉『文必秦漢』之復古派。劉溱稱王慎中於時頗有聲望，『四方馳書走幣争來乞言者，足跡交於道』，『人皆稱今之曾氏也。觀所撰《南豐文粹序》，則其所取法而自期負者，端在子固矣』（《遵巖先生文集後序》）；四庫館臣云：『正（德）嘉（靖）之際，北地（李夢陽）、信陽（何景明）聲華藉甚，教天下無讀唐以後書。然七子之學，得於詩者較深』（《四庫全書總目》是書提要）；《四庫全書總目·文編》提要又云：『日久論定，言古文者終以順之及歸有光、王慎中三家爲歸。』事迹詳《明史》卷二百八十七本傳。

或以爲唐宋派乃推崇文以明道，王慎中云『文與道非二也』，『浸涵六經之言，以博其旨趣』。今以《遵巖文集》觀之，王氏以爲『大學之所謂致知者，信在内而不在外，係於性而不係於物』（《與唐荆川》）；『竊見一時士風吏治多封己而病民，先身而後君，豈彝性使然，亦由學問道缺、本心不明故，處義不精而易爲放失也。覺民救時，其道在公，或處或出，皆有以係天下之重。此海内之公言，非吾黨之私頌也』（《與歐陽南野》），則王氏所推重者乃當世之心學可徵矣。而王氏重唐宋亦非人云亦云之，如王氏云『初唐本未是詩之佳者，故唐人極推陳子昂，以其能變初爲盛。而李杜繼出，此道遂振，同時高岑王孟乃其大家。初唐之詩千篇一律，數家之集皆若一人，而一人之作亦若一首。盛唐之詩則人人有眼目，篇篇有風骨』（《家書》第十五）；『七言四句樂府，最愛中唐諸家，爲有風人之致，慕而爲之』（卷十二），則其所推崇之唐宋乃爲有眼目有風骨之唐宋詩文。

是書四十一卷，依文體排列，詩十二卷，詞一卷，文二十八卷，計：卷一至二爲五言古詩、卷三至四爲七言古詩、卷五至六爲五言律詩、卷七爲五言排律、卷八至九爲七言律詩、卷十之十一爲七言絶句、卷十二爲古樂府、卷十三爲詞、卷十四至二十一爲序、卷二十二至二十四爲記、卷二十五爲碑、卷二十六至二十八爲誌銘、卷二十九爲墓表、卷三十爲傳、卷三十一爲行狀、卷三十二至三十四爲祭文、卷三十五爲雜著、卷三十六至四十爲書，卷四十一爲家書。首洪朝選序，次全書詳目。卷末爲嘉靖丙寅（四十五年）秋七月劉溱《遵巖先生文集後序》。

是書劉溱後序云：『督府大中丞芳洲洪公爲（王慎中）君同鄉又姻家也，因刻其集，並序諸首以傳。謂余小子，嘗董梓事，不可無言。』而洪氏之序稱此書爲王慎中殁後，其『婿進士莊君國禎、子庠生同康輯君詩文爲四十卷。余因付之蘇守劉君溱刻之』。則是書之編輯者爲王氏之子王同康與之婿莊國禎，並由王氏姻親洪朝選請劉溱刊刻，而家書一卷或洪氏序成後再增者。王氏在世時其文集刻本有嘉靖二十九年刻本《玩芳堂摘稿》四卷、嘉靖三十一年句吴書院刻本《家居集》七卷。此《遵巖先生文集》或爲王慎中全集之最早刊本。其後有隆慶五年（一五七一）邵廉刻四十一卷本、隆慶五年嚴鎡刻二十五卷本、清康熙五十年（一七一一）閩中同仁書社刻四十二卷本、《四庫全書》二十四卷本等，此本校勘精審，傳承有自。

此本鈐有『池北書庫』『讀易樓秘笈印』『玉棟之印』諸印。『池北書庫』乃清人王士禛（一六三四—一七一一）藏書印。王士禛原名士禛，字子真，號阮亭，又號漁洋山人，人稱王漁洋，謚文簡，富藏書。玉棟乃清代藏書家，王芑孫《讀易樓記》：『吾友玉棟筠圃，於今輦下爲藏書家。讀易樓，其所貯書處多收自漁洋、崑圃二家。所藏書，於集部尤富。』（葉昌熾《藏書紀事詩》卷五）現藏中國國家圖書館。

也。……沈編墜帙，渝墨敗紙，世所滅没不經見者，往往都來讀易樓中。』王欣夫補注云：『筠圃藏書

（向輝）　二二八

**重刊校正唐荆川先生文集十二卷續集六卷奉使集二卷**　（明）唐順之撰　明嘉靖三十四年（一五五五）安如石刻金陵書林重修本。框高二十・六釐米，寬十四・四釐米。每半葉十行，行二十字，白口，四周單邊。

唐順之（一五〇七—一五六〇）字應德，一字義修，號荆川，武進（今江蘇常州）人。舉嘉靖八年會試第一，改庶吉士。歷官翰林編修，兵、吏部主事，右僉都御史，鳳陽巡撫等職。年五十四卒，崇禎中，追謚襄文。生平苦節自厲，輟扉爲床，不飾裀褥。曾卜築陽羨山中，讀書十餘年。《明史》本傳謂『於學無所不窺，自天文、樂律、地理、兵法、弧矢、勾股、壬奇、禽乙，莫不究極原委。盡取古今載籍，剖裂補綴，區分部居，爲《左》《右》《文》《武》《儒》《稗》六編傳於世』。《明史》卷二百五有傳。

是書收録唐氏平生絶大部分詩文作品，按體裁可細分爲策、詩、書、序、記、説、銘、贊、祭文、墓誌銘、行狀、墓表、傳、雜著、數論、敕命、部剳等，是研究作者生平創作及學術思想之重要素材。

唐氏爲明中葉文壇唐宋派領袖，『文宗歐（陽修）、曾（鞏），詩仿初唐』（《明史・文苑傳一》），詩文創作自成一家，尤以古文著稱。清人方苞《欽定四書文》言：『歸（有光）、唐（順之）皆以古文爲時文，

唐則事類情，曲折盡意，使人望而心開。』《明史》本傳亦稱其『爲古文，洸洋紆折有大家風』。其語言生動流暢，時常夾用口語，不避俚俗，尤其記敘與議論巧妙結合，不落俗套。主張『天機自然』，提倡『文章本色』，强調文學創作應『直據胸臆，信手寫出』，『開口見喉嚨』，抒發『真精神與千古不磨滅之見』。《四庫全書總目·荊川集》提要稱揚其文『考索既深，議論具有根柢』，『在有明中葉屹然爲一大宗』。唐氏文章大家地位自明清以還一直無可撼動，明人彙編各類詩文總集中，唐氏文章皆爲重點收録對象，如張時徹《皇明文範》、何喬遠《皇明文徵》、賀復徵《文章辨體彙選》、黄宗羲《明文海》《明文授讀》等。至清人張汝瑚選《明八大家集》、劉肇虞選評《元明八大家古文選》、李祖陶選《金元明八大家文選》，唐氏古文亦赫然在列。文學成就之高，可見一斑。

是書於黄虞稷《千頃堂書目》、《明史·藝文志》皆有著録，唯卷帙有別，前者著二十六卷，後者著『唐順之《荊川集》二十卷，又《續集》六卷，又《奉使集》一卷』。明清以來，是書多次刊印，大致可分嘉靖十二卷本、萬曆十七卷本、康熙十八卷本和光緒集大成本四大版本系統（張慧瓊《唐順之〈荊川集〉版本研究》）。此本係嘉靖二十八年安如石刻本，由金陵書林薛氏三十四年重刻。

鈐『吳權之印』『超士』『光熙之印』『裕如秘笈』等印，知經吳權、那木都魯·光熙收藏。現藏中國國家圖書館。（楊印民）

二三一九

**龍谿王先生全集二十卷**　（明）王畿撰　明萬曆十五年（一五八七）蕭良榦刻本。框高十九·

八釐米，寬十二．七釐米。每半葉九行，行十九字，白口，四周單邊。

王畿（一四九八—一五八三）字汝中，號龍谿，山陰（今浙江紹興）人。嘉靖十一年（一五三二）進士，官至兵部武選司郎中，在官不足兩年。史云王學末流之恣肆，自龍谿始。其學説被内閣首輔夏言斥爲僞學，遂謝病歸。後益務講學，學者稱龍谿先生，年八十六卒。所著有《龍谿王先生全集》《龍谿語録》及《大象義述》。

是集凡二十卷，語録八卷、書四卷、序二卷、雜著二卷、記説一卷、詩一卷、祭文一卷及狀誌表傳一卷，由其子應斌、應吉彙輯而成，其門人郡守蕭良幹刻之。龍谿先生爲陽明王公之同郡宗人，亦係陽明公入室弟子。陽明公晚年，倡良知之學，惟先生獨契之。然陽明先生初倡致良知之時，天下疑以爲禪。《四庫全書總目》是書提要曰：『畿傳王守仁良知之學，而漸失其本旨。如謂虚寂微密是千聖相傳之祕，從此悟入，乃範圍三教之宗。又謂佛氏所説，本是吾儒大路。是不止陽儒而陰釋矣。故史稱其雜以禪機，亦不自諱。史又載畿嘗言學當致知見性而已。』此論言龍谿之學已非儒學，而入佛學之禪宗，不合乎封建正統思想，故是集不入《四庫全書》。龍溪之學以悟良知、了生死爲核心，在其全集中於生死問題諸方面皆作了詳細論述。龍溪所謂『佛氏所説，本是吾儒大路』，蓋其所著力闡揚者乃儒家本有之教法，此種教法或暗合於禪宗，實爲有功於孔門也。

是集現今存世之版本有：明萬曆十五年蕭良幹刻本，明萬曆四十三年丁賓、張汝霖南京文成祠刻本，清道光二年（一八二二）莫晉刻本，清光緒八年（一八八二）海昌查炳麟重刻本及民國間上海明善書局排印本。其中天津圖書館所藏是集，前有萬曆十五年丁亥蕭良榦序云：『余爲訂次刻之。』又萬曆十六年戊子王宗沐序云：『先生門人郡守拙齋蕭公刻梓以傳。』因知確爲明萬曆十五年蕭良榦刻本，且爲是集之初刻初印本，其餘版本均從此出。

是集鈐有『四庫坿存』與『嘉惠堂臧閱書』兩印。『嘉惠堂』爲清末著名藏書家丁丙之藏書室名。丁丙（一八三二—一八九九）字嘉魚，別字松生，晚號松存，錢塘（今浙江杭州）人。與其兄丁申（字竹舟），有『雙丁』之稱，爲清季四大藏書家之一。此本經名家收藏，流傳有緒，尤顯珍貴。現藏天津圖書館。（王國香）

二三〇

**陳子兼文稿不分卷**　（明）陳鎏撰　稿本　陳驥德補目　蔣鳳藻跋。框高二十釐米，寬十四·八釐米。每半葉九行，行字不等，白口，四周雙邊。

陳鎏（一五〇六—一五七五）字子兼，號雨泉，吳縣（今江蘇蘇州）人。明嘉靖十七年（一五三八）進士，除工部營繕主事，纍官至四川右布政使。善書法，工小楷，出入鍾、歐，自篆、隸、行、草，擘窠以逮箋疏、榜署書，尤豐媚遒逸，有天然趣，與祝允明、文徵明先後各成一家。詩文沖遠有致，著有《已寬堂集》，並輯刻《皇明歷科狀元錄》四卷。生平事迹見［同治］《蘇州府志》卷八十本傳。

《四庫全書》收陳氏《已寬堂集》四卷，僅錄詩詞而無文。並云：『所載詩，自嘉靖壬辰至萬曆乙亥，計四十四年之作，篇什雖多，頗傷蕪雜。前有岷王定耀序，言其子出《已寬堂詩文》二編，而此帙有詩無文，蓋不全之本也。然《千頃堂書目》已作四卷，則文集之佚久矣。』據此，知四庫館臣當時並未見其文稿。

此文稿爲陳鎏親筆手書，收序文五篇、紀事一篇、議一篇、書一篇、跋六篇、贊一篇、傳記二篇、墓誌銘十篇、祭文一篇，總計二十八篇。扉葉書『明陳子兼方伯手書文稿，渤海陳德大曾鼎山房珍藏』楷書題簽，後爲陳驥德於咸豐六年（一八五六）夏五月既望增補目錄，目後並鈐『德大』『曾鼎主人陳子有』二枚篆文墨印。《北京圖書館善本書目》著錄此本爲『陳德大補目』。據查，陳德大本名陳驥德，字千里，『德大』乃其號，別署子有、菊磵後人、良齋，乃清咸、同間浙江海鹽人，著有《吉雲居書畫錄》。故據此可更正爲『陳驥德補目』。此本所用稿紙版心皆印『石湖』二字，其塗抹勾乙，層見迭出。觀此稿，非但可識陳氏爲文之歷程，亦可補其文集之缺失。

此本鈐有『蔣鳳藻印』『香生』『御題忠孝傳芳』『茂苑香生蔣鳳藻秦漢十印齋祕匧圖書』『秦漢十印齋藏』『長洲蔣鳳藻印信長壽』『香生祕玩』『香生珍賞』諸印，知此本乃長洲蔣鳳藻舊藏。蔣鳳藻字香生，清長洲（今江蘇蘇州）人。家資甚富，雅好文翰，納資爲郎，補福建福寧知府。在閩時，曾結交周星詒，盡傳其目錄之學，又與魏錫談金石學甚爲相契。嗜書成癖，留心搜訪。星詒遣戍時，蔣氏以三千金購所藏精本，藏書漸富。其藏書室名有『書鈔閣』『鐵花館』『心矩齋』『十印齋』『秦漢十印齋』等。據目後蔣跋曰：『光緒庚辰六年得於滬上，以藏十印齋，亦我鄉文獻也，可寶也。鳳藻敬誌。』知此本乃蔣氏於光緒六年（一八八〇）得之於上海。現藏中國國家圖書館。（趙文友）

## 何翰林集二十八卷　（明）何良俊撰　明嘉靖四十四年（一五六五）何氏香嚴精舍刻本。框高十九・七釐米，寬十四・九釐米。每半葉九行，行十七字，白口，左右雙邊。

何良俊（一四六五—一五四七）字元朗，號柘湖，松江華亭（今屬上海）人。嘉靖三十一年以歲貢生授南京翰林院孔目。後寓居南京、蘇州近十年，隆慶三年（一五六九）歸故里。富藏書，稱四萬卷；勤於著述，有《四友齋叢説》三十八卷、《何翰林集》二十八卷、《何氏語林》三十卷、《書畫銘心錄》一卷等。事迹詳《明史・文苑傳》。

皇甫汸序稱是書『綴（何氏之）詩文纍萬言，輯成名《何翰林集》，繫之官也』；莫如忠則稱『（何）君於文法劉向、司馬遷氏，詩本蘇、李，而近體出高、岑間，至其醞釀群籍，勒成一家』。何氏爲王陽明高弟聶豹（一四八七—一五六三）之授業門生，故此集卷二十書類首錄其致聶氏書兩通，其一云：『某爰自髫年即授業門下，承先生提携訓誨，視某如子。某之所以事先生者亦不異嚴父。』而聶氏文集卷四則錄有《贈翰林孔目何元朗之南都序》云：『元朗竟以選貢生出遊太學，歸潛海濱，續文篤行，聲籍籍稱，吳中人士咸知有元朗而願交焉。』（《聶豹集》）故四庫館臣稱『良俊在當時，頗有文名，所作縱橫跌宕，亦時有六朝遺意』（《四庫全書總目》卷一百七十八），並非過譽。

是書總二十八卷，凡賦詩七卷（卷一至七）、序記八卷（卷八至十五）、雜著書傳題跋等十三卷（卷十六至二十八）。前有莫如忠、皇甫汸序，次全書總目錄。

是書爲何氏家刻本。每卷末有寫刻者名姓，全書寫工爲長洲吳曜，刻工有黄周賢、袁宸、袁宏、姚舜卿、陳益、何成德、何祥、章亨、章慶、章權、張鳳、時、邦等。目録及卷二十八末葉有木記『嘉靖乙丑何氏香嚴精舍雕梓』刊記二行。或因其爲家刻，故流傳不廣，四庫館臣亦僅見兩淮商人馬裕家呈送之二十二卷殘本，故列存目。

此本鈐有『丁氏八千卷樓臧書記』『蘭笑樓臧書印』『潘氏所臧』『東方文化事業總委員會所臧圖書印』『四庫坿存』諸印。丁氏爲南京藏書家丁丙（一八三二—一八九九），其藏書後多歸南京圖書館，此本爲零種流出者。東方文化事業總委員會，乃日本於一九二四年以庚子賠款退還者所組建，在北平設有東方文化圖書及北平人文科學研究所，中方委員有王樹枏、柯劭忞、熊希齡諸人，其主要工作爲續修《四庫全書》。現藏中國科學院文獻情報中心。（向輝） 一二三二

## 白雪樓詩集十卷 （明）李攀龍撰 明嘉靖四十二年（一五六三）魏裳刻本。框高二十·七釐米，寬十五·五釐米。每半葉九行，行十八字，白口，四周單邊。

李攀龍（一五一四—一五七〇）字于鱗，號滄溟，歷城（今山東濟南）人。幼孤家貧，十八歲入縣學爲諸生，嘉靖二十三年舉進士。歷任刑部廣東司主事、刑部員外郎、刑部山西司郎中，順德（今河北邢臺）知府。嘉靖三十五年爲陝西按察司提學副使，不久乞歸去職。隆慶元年（一五六七）起復，任浙江按察司副使，隆慶三年，詔拜河南按察使。任職四個月，因母喪扶柩歸里。第二年暴疾而卒，終年五十七歲。

李攀龍爲官有善政，却以引領文學潮流而著稱於世。他自幼性情疏放，不耐當時書塾中講授的經訓内容和八股文，被視爲狂生。先與友人殷士儋、許邦才學爲詩歌。後又與王世貞、謝榛、宗臣、吴國倫、梁有譽、徐中行等互相標榜，結爲詩社。他們因與『前七子』同樣宣導文主秦漢、詩規盛唐的文學主張，開展徹底改變『臺閣體』統治文壇局面的復古運動，形成一個新的文學流派，史稱『後七子』。李攀龍主盟文壇二十餘年，影響及於清初。有《白雪樓詩集》《滄溟先生集》，編選有《古今詩删》《唐詩選》等。其行實《明史》有傳。

《白雪樓詩集》初刻於嘉靖癸亥（四十二年 一五六三），多爲與朋友的唱和之作。在正文之前，依次有楚人魏裳順甫氏、歷城許邦才殿卿、李于鱗所做序。魏裳序曰：『于鱗歸自關中，結樓鮑山。鮑山故管、鮑論交地。……余以尊酒過從，和歌樓上，相得懽甚亡厭，乃名樓白雪，並索其全詩刻之，題曰《白雪樓詩集》。……嘉靖癸亥冬十月朔日楚人魏裳順甫氏書。』《四庫全書總目》是書提要亦謂：『此集刻於嘉靖癸亥，猶在《滄溟集》之前。』

是書分體爲卷：卷一、二爲樂府，卷三、四爲五言古詩，卷五爲七言古詩，卷六爲五言律詩，卷七爲七言律詩，卷八爲五言排律，卷九爲五言絶句，卷十爲七言絶句、六言律、六言絶句、三言（賦）。卷十末有『肥城縣知縣萬鵬程校、平原縣知縣曹楠刊』刊記。

李攀龍的樂府詩自視甚高，實則剽竊模擬十分嚴重，《四庫全書總目》是書提要云：『蓋當時特以樂府相誇，然而後來受詬厲者，亦惟樂府最甚焉。』正如王世貞所説：『于鱗擬古樂府，無一字一句不精美，然不堪與古樂府並看，看則似臨摹帖耳。』（王世貞撰、羅仲鼎校注：《藝苑卮言校注》卷七）當然其間亦有佳作，如《登黃榆、馬陵諸山是太行絕頂處四首》《春興》等。或贈答抒懷，或描山摹水，或關心時政，均各具特色。書經襯紙，當爲以後修整。

《白雪樓詩集》明本多爲隆慶年間所刻，嘉靖刻本流傳較少，是書係清華大學於一九三二年購於北平保古齋，現藏清華大學圖書館。此外，中國國家圖書館、北京大學圖書館等亦有收藏。（宋建昃）

一二三三

**弇州山人讀書後八卷**　（明）王世貞撰　明刻本。框高二十二釐米，寬十五・二釐米。每半葉八行，行十八字，白口，四周單邊。

王世貞生平爵里、學行業績簡況，前錄明萬曆十八年翁良瑜雨金堂刻本《弇山堂別集》時已介紹。

是書卷端下題：『瑯琊王世貞元美撰，侄士騄校正，華亭陳繼儒仲醇定，長洲許恭訂。』書前有王士騄、徐亮跋。關於其成書及内容，《四庫全書總目》是書提要稱：『此書本止四卷，爲世貞《四部稿》及《續稿》所未載，遂至散佚。其侄士騏（按：此處稱士騏爲世貞侄，誤，實係其長子）得殘本於賣錫者，乃錄而刊之，名曰《附集》。後吳江許恭又採《四部稿》中書後之文爲一卷；《續稿》中讀佛經之文爲一卷，讀道經之文爲二卷，併爲八卷，重刻之。而陳繼儒爲之序，稱其如呂氏《讀書記》、晁氏《讀書志》。案晁公武《讀書志》每書皆詳其卷數撰人，以及源流本末。世貞此書則九十五篇之中，爲跋尾者四十二，爲史論者五十三；　而四十二篇之中又皆議論之文，無一考證之語，與晁氏書南轅北轍。繼儒殆未見《郡齋讀書志》，而偶聞其名，妄以意揣度之，謂亦如此書之跋尾耳。』可見，是書非『考證』性的書志之作，而是世貞晚年所撰以『議論』爲主的讀書筆記的結集。其每篇所論者，既有以完整典籍立目的，也有以抽選之典籍篇章立目的，還有以籠統的作家作品立目的，如讀莊子、列子、墨子、尹文子、孔叢子、劉子、子華子、楚語論等，及書（《史記》）趙世家公孫杵臼程嬰事、伍子胥傳、樂毅傳、司馬穰苴孫武傳、呂不韋黄歇傳、蔡澤傳後等，乃至讀杜甫、韓文、柳文、歐陽文、王介甫文、曾子固文、三蘇文及明人集等。這些讀書筆記由於均是『弇州生平極得意之作』（許仲謙之語），故值得引起更多讀者的關注。

綜合《中國古籍善本書目》《北京圖書館古籍善本書目》《日藏漢籍善本書錄》《韓國所藏中國漢籍總目》《王世貞書目類纂》等各家書目的著録，是書現見於著録的明刻本僅有行款爲八行十八字的八卷本一種，且海内外諸多圖書館均有收藏，如國家圖書館、上海圖書館、北京大學圖書館（藏有兩部）等十八家館，及臺灣的『中央圖書館』和日本的内閣文庫、静嘉堂文庫、東京大學東洋文化研究所和公文書館，韓國的韓國學中央研究院藏書閣，美國的國會圖書館、芝加哥大學圖書館等等各館，其已知的現存總量當不下二十六七部之多。然據查，各館書目在對此本具體刊刻年的著録上却略有差别。大多數館均與《中國古籍善本書目》相同，將其簡略地著録爲明刻本；　有的則依照序文著録爲明萬曆間長洲許恭刻本；　北京大學圖書館則依據王重民先生的結論將其著録爲明天啓、崇禎間刻本（見王重民《中國善本書提要》）。王先生還在《中國善本書提要補遺》美國國會圖書館藏明《弇州山人讀書後》八卷本提要中進而指出：『按《四庫簡明目録標注》謂此本爲「萬曆中刊本」，玆以「校」字作「挍」，改題啓、禎。蓋原本四卷，刻於萬曆；此翻本八卷，爲啓禎間所刻矣。』再查《四庫簡明目録標注》中著録有萬曆刊《讀書後》八卷一種，並稱：『此書原本四卷，爲《四部稿》《續稿》所未載，吴江許恭又採兩稿中題跋之文，編爲四卷以足之。』兩相參對可知，王先生認爲是書初刻本（王士騏所刻）爲四卷，刻於萬曆，而八卷本（許恭所刻）則是增訂的翻刻本，當刻於天啓、崇禎間（諱字爲證）。目前，初刻的明四卷本已不見著録，故明刻八卷本就是現今可查到的是書最早的存世單刻本。

根據今人魏宏遠更新近的研究，是書的初刻其實並非像記載的那樣簡單。他在《王世貞〈弇州山人續稿附〉發覆》（見《文獻》二〇〇八年二期）一文中指出，上海圖書館等館至今還藏有一種較稀見的世貞著作《弇州山人續稿附》的明萬曆刻本，此本共十一卷，其中卷七至十一的内容與《弇州山人讀書後》一書基本相同，衹是後者分前者中這五卷爲四卷，且打亂篇次，重新編排，並加入兩稿中題跋之文擴充爲八卷單行。這説明，是書的初刻還有不少未弄清之處，其究竟是單行的四卷本還是作爲《弇州山人續稿附》一書的後五卷而一同梓行的十一卷本，目前還難下最後的定論。由於《弇州山人續稿附》一書長期銷聲匿迹，幾乎未見於著録，也一直未進入研究者視野，故還需要對其進行進一步的深入研究，以便爲弄清是書的初刻問題提供更多的證據資料。

此本品相完好，書中鈐有『休寧汪季青家藏書籍』『擒藻堂藏書印』等印。現藏北京大學圖書館。

（王燕均）　二三四

## 歸先生文集三十二卷附錄一卷　（明）歸有光撰　（明）王執禮校　明萬曆四年（一五七六）翁良瑜雨金堂刻本。框高十八・八釐米，寬十四・一釐米。每半葉十行，行二十字，白口，四周雙邊。

歸有光（一五〇七—一五七一）字熙甫，號震川，崑山（今屬江蘇）人。嘉靖十九年（一五四〇）舉人，會試八次不第，徙居嘉定（今屬上海）安亭江，讀書論道，學生常數百人，世稱震川先生。四十四年始成進士。歷長興知縣、順德通判、南京太僕寺丞，留掌内閣制敕房，參與纂修《世宗實録》。卒於南京。深於經術，尤長古文，與當時學者王慎中、唐順之、茅坤等被稱爲『唐宋派』。著有《震川先生集》《三吴水利録》《易經淵旨》《史記評點》等。《明史》卷二百八十七有傳。

此書凡三十二卷，卷一爲經術，卷二爲議，卷三至四爲書，卷五爲制誥及奏疏，卷六爲策問，卷七爲志，卷八至十三爲序，卷十四至十六爲記，卷十七至十九爲雜著，卷二十爲行狀，卷二十一至二十二爲墓誌銘，卷二十三爲墓表，卷二十四爲碑碣，卷二十五爲銘頌贊，卷二十六至二十七爲傳，卷二十八爲説，卷二十九爲祭文，卷三十爲題跋，卷三十一爲壽序，卷三十二爲詩。

此書卷前有萬曆三年門生周詩所寫《歸先生文集小引》。卷端下題『吴郡歸有光著，門人王執禮校』。附録有隆慶六年（一五七二）有光子子祜所作《先君述》，子子寧所撰《先君序略》及《愍道賦》，書後有萬曆四年祭文，書末題『萬曆癸酉男子祜、子寧編次，丙子浙人翁良瑜梓行』。刻書時翁姓書商寓居崑山，故稱之爲崑山本。清時此書入《全燬書目》。因書中語多悖謬，乾隆年間被三度禁燬，以後歷代皆禁，直至民國初年禁始解。

有光著作前代大多散存世上，直至康熙間，有光曾孫歸莊以家藏抄本和錢謙益校訂本互相校勘，補入未刻之文，收文逾六百篇，彙爲《震川文集》三十卷《別集》十卷，付梓行世。此書現藏北京大學圖書館。（常雯嵐）

二三三五

**樵雲詩集一卷**　（明）朱拱梃撰　明嘉靖刻藍印本。框高十九·一釐米，寬十三·二釐米。每半葉十行，行十七字，白口，四周雙邊。

朱拱梃（生卒年不詳）號樵雲，明寧藩宗室，寧獻王朱權五世孫。此書明嘉靖二十七年（一五四八）吳桂芳序云『余自己亥得友樵雲邦君，時君齒甫冠』之語，可推知拱梃生於明正德十四年（一五一九）或稍前。拱梃事迹，相關史籍殊少記載，［萬曆］《新修南昌府志》、［雍正］《江西通志》隻字未提，《明史》卷一百十七僅述及拱梃於嘉靖二十四年上疏爲父湶雪事。拱梃好學工詩。吳桂芳序稱之『翛然如儒生寒士。間往候之，每見其披卷讐校，至則竟日辯難，亹亹不倦，蓋勤學好問類此。所製詩一準唐王右丞、杜工部諸人，不啻達其堂奧』。拱梃著有《樵雲詩集》一卷、《巢雲集》四卷（《明詩紀事》卷二上）。

此書前有嘉靖二十七年吳桂芳（號自湖）序，後有嘉靖二十七年傅弘（字道甫）後序。吳桂芳序云：『歲癸卯，余與君別去。去之數年，君製作日多，名日盛，一時藩臬諸君才名赫奕者悉嘉與之唱和，蓋髮髮成帙矣。今年春，友人道甫傅子馳書謂余曰：「樵雲君集富矣，某將請壽諸梓，子曷言焉？」』傅弘序云：『自湖由甲辰登進士，官於朝。予嘗走書自湖，曰：「邦君制作視昔日富矣，弘欲請梓之，子無言哉？」自湖業已題諸首。刻成，弘再拜讀之。』據二序可知，此書最早刻本當即明嘉靖二十七年傅弘刻本。此本乃是刻藍印本，字畫清晰，紙墨瑩潔，且爲海内孤本，彌足珍重。現藏寧波市天一閣博物館。（包菊香）

二三六

**越吟一卷** （明）包大炣撰　明萬曆元年（一五七三）木活字藍印本　趙元方跋。框高二十釐米，寬十二・三釐米。每半葉九行，行二十字，白口，四周單邊。

包大炣（生卒年不詳）字明臣，鄞縣（今屬浙江）人。歲貢生。隆慶間嘗任潮陽縣（今廣東潮陽市西北）主簿。少年常侍乃父於楮筆之間。嗜吟詠，夢寐唐人聲偶而習之。弱冠從先大父宦遊八桂、三楚，遂南登衡嶽，北遊洞庭，黄鶴樓、岳陽樓、九嶷山諸勝境均曾登臨，後更歷齊魯燕趙，飽覽北國河山，每到一處，常觸景吐詞，寫下不少優美詩篇。此本《越吟》便是他這些詩詞的結集。

此書無目錄，檢其篇題，總爲一百二十七首，其中《滿庭芳・喜雨》《蕙蘭花引・謝周懷竹送玉蘭花》兩首是詞。大部分是詠物寫景之作，亦有部分送別、感懷之詩。如《文丞相祠》：『海上青山丞相祠，靈松神檜盡南枝。忠魂不逐胡塵散，大節寧同宋祚移。夜雨春江流宿恨，夕陽啼鳥泣殘碑。從容就義元無愧，動業文章萬古垂。』讀來仗義悲歌，婉轉動人。又如《寄哭盧天宇》：『海上盧生何處歸，精魂已逐白雲飛。可憐貧病同原憲，賸有才名似陸機。暮色經春先入草，淚痕和雨欲沾衣。人間忽報文星殞，一夜天門失少微。』感情真摯，動人肺腑。大部分寫景詩，亦不乏佳句名聯，但也有不少陳詞濫調無足稱道者，故傳世極罕，祇見於《天一閣書目》著錄。

是書乃包大炣官潮陽主簿時結集成帙。包大炣跋曰：『詩詞諸體凡若干首，付之梓人。時萬曆改元秋八月既望，鄞人包大炣識。』因知此書乃明萬曆元年包大炣自付梓人排版藍印者。

此書鈐有『一廛十駕』『趙鈁珍藏』『曾在趙元方家』等印記，均是趙鈁的藏書印。趙鈁（一九〇五—一九八四）字元方，光緒時軍機大臣榮慶之孫，姓鄂卓爾氏，蒙古正黄旗人。長期從事銀行業。先住天津，後居北京。早年受業於吳江沈兆奎，通版本目錄之學。喜收藏，藏書之所曰無悔齋。是書卷後有趙氏跋曰：『癸巳二月，與孟涵同坐無悔齋中讀此。余所藏明活字本凡十五種，以其十四獻之北京圖書館，餘此書以自娛。元方。乙未元日觀此因題。此本是木活字。丙午三月。』下鈐『趙氏元方』朱印。知此書原爲趙元方所藏明活字本十五種之一，十四種先已捐獻國家圖書館，此本後亦入藏，故趙氏所藏十五種明活字本，今均藏中國國家圖書館。（李致忠）

二二三七

## 園居雜詠一卷　（明）屠隆撰　稿本　顧臯　顧蒓　張壽鏞　錢儀吉　朱爲弼　葉恭綽等跋。行款不等。

屠隆（一五四二—一六〇五）字長卿，又字緯真，號赤水，別號由拳山人、一衲道人、蓬萊仙客，晚號鴻苞居士，鄞縣（今浙江寧波）人。萬曆五年（一五七七）進士，授潁上知縣，後任青浦令，遷禮部主事、郎中。後遭刑部主事俞顯卿所誣，罷官回鄉。屠氏工詩文，善書法，嘗學詩於沈明臣，主張復古，文必西漢，詩必盛唐，爲明末五子之一。青浦任上常招名士飲酒賦詩，遊九峰、三泖，以仙令自許，又不廢吏事，爲士民愛戴。罷官後縱情詩酒，賣文爲生。著有《棲真館集》《白榆集》《由拳集》《采真集》《南遊集》《鴻苞集》《考槃餘事》《遊具雅編》《翰墨選注》等。屠隆精通戲曲音律，與湯顯祖、馮夢楨等人交好，常與群優倣戲。著有傳奇《曇花記》《修文記》《彩毫記》三種，合稱《鳳儀閣樂府》，文詞典雅駢儷。萬曆十五年前後，屠隆於阿育王舍利殿移植娑羅樹一棵，將其書齋『棲真館』改爲『娑羅館』，其晚年所著《娑羅館清言》《續娑羅館清言》即以此爲名。《明史》卷二百八十八有傳。

是書成於萬曆二十九年（一六〇一），爲屠隆生前手書真迹，屠隆後裔世代珍藏。書前有『屠赤水先生手寫園詠五十首 古娑羅館珍藏 趙□□敬署』題籤，鄞縣後學沈□□『赤水玄音』題字，卷端無目錄。所收詩作多爲佛道感悟，正文後有屠隆親筆題字，附歷代名流題識數十通，及二十一世孫屠恒題識。屠氏先祖輩視作家寶，行必隨之，歸必珍藏。自萬曆辛丑，世世相傳，至今歷時三百餘年，爲當世孤本，殊可寶貴。據書後屠隆二十一世孫屠恒所題，其母張韻梅將此真迹贈予中國科學院圖書館，以期嘉惠學林。

此本鈐有『古娑羅館』『屠隆之印』『屠氏緯真』『飛僊閣』等印，先後經顧皋、黄定文、童槐、朱爲弼、陸言、錢儀吉、顧蒓、王驤陸、張壽鏞、葉恭綽等當世名流題識，現藏中國科學院文獻情報中心。

（廖甜添）

## 焦氏澹園集四十九卷　（明）焦竑撰　明萬曆三十四年（一六〇六）刻本。框高二十·六釐米，寬十四釐米。每半葉九行，行十九字，白口，四周單邊。

焦竑生平爵里、學行業績簡況，前録明萬曆三十四年謝與棟刻本《焦氏筆乘》時已介紹。

此書爲研究焦竑學術思想及明代政治、社會之重要資料。清初，焦竑因『違礙』和『空疏』遭斥，其著述如《澹園集》等在禁燬之列，《四庫全書》僅全録《俗書刊誤》《老子翼》和《莊子翼》三書，故鄭振鐸《劫中得書記》云：『《澹園集》列清代禁書目中，故極不易得。余久訪未得全本。』此本首耿定力《焦太史澹園集序》，次臧爾勸《焦澹園先生集敘》，次陳懿典《尊師澹園焦先生集序》。版心上題『欣賞齋』，下計某卷及葉數。是集録焦竑萬曆二十五年貶官前所撰之誥命、策疏議贊、書信、序跋、詩詞文賦及講學答問等。陳懿典序云：『我朝惟王新建伯安、唐中丞應德志真儒之學，而擅通人之才，其爲文得古人之法，不尋今人之習。』『先生之學，以知性爲要領，而不廢博綜。』

許吴儒《刻澹園集記》（此本闕）云：『澹園先生所著多不自惜，頃直指黄雲蛟公欲刊布之，乃稍檢括，裁什二三耳，屬謝利州嵩總校入梓。』此本著録爲萬曆三十四年刊，應爲黄雲蛟之刊本，是現存最早的刻本。萬曆間又有《續集》二十七卷刊本行世。民國初，《澹園集》有蔣國榜《金陵叢書》本，較萬曆本亦有闕佚。此萬曆本《澹園集》四十九卷，爲未遭禁燬之本，詳校精鐫，特足珍耳。

此本曾經吴卓信、楊守敬遞藏，鈐有『吴卓信印』『臣卓信印』『立峯』『項儒』『楊守敬印』『飛青閣藏書印』『松坡圖書館藏』諸印。吴卓信（一七五四—一八二三）字項儒，號立峰，晚號寒知老人，藏書

家，江蘇常熟人。著有《澹成居文鈔》《漢書地理志補注》《讀詩餘論》《儀禮剳記》等。此本現藏中國國家圖書館。（向輝）

一二三九

## 四印堂詩稿一卷　（明）董其昌撰　稿本。框高十九・三釐米，寬十五・二釐米。每半葉八行，行字不等，白口，四周單邊。

董其昌（一五五五—一六三六）字玄宰，號香光，别號思白、思翁、香光居士等，松江華亭（今屬上海）人。萬曆十七年（一五八九）進士，纍遷湖廣提學副使。光宗立，召爲太常寺少卿。天啓五年（一六二五），拜南京禮部尚書，逾年告歸。崇禎四年（一六三一）重起爲南京禮部尚書，三年後致仕，以書畫終天年，卒謚文敏。《明史》卷二百八十八有傳。

董氏擅畫山水，爲明末華亭派山水畫之首領。其畫師法董源、巨然、黄公望等，筆意安閑温和，氣韻秀潤，瀟灑生動。用墨明潔雋朗，温敦淡蕩，古樸典雅。其畫及畫論對明末清初畫壇影響甚大。能詩文。著有《畫禪室隨筆》《容臺集》《畫旨》《畫眼》等。董氏以書畫聞名，同時也精於鑒賞。嘗積極整理歷代法帖，刊刻《戲鴻堂帖》《寶鼎齋帖》等，所刻《戲鴻堂帖》以『粗漫傳神』而聞名。

此稿全帙共有詩百餘篇，主要是與他人交游唱和之作。有墨筆句讀、批注。批注較多，當爲董氏自注。有題『七十九翁』『時年八十一歲』等，可知其晚年仍在對該稿進行增補批校。

此稿紅色欄綫，版心鐫『四印堂』。書衣有吳湖帆題簽『董思翁四印堂詩稿真迹』，復有吳氏題『董思翁四印堂詩稿真迹一册，吳湖帆鑒署』，内葉有『己丑春三月歸錢氏數青艸堂珍藏』一行。鈐有『董氏玄宰』『董玄宰』『昌』『吳湖颿』『倩盦』『湖颿鑑賞』『錢氏數青艸堂臧書』『海昌錢鏡塘臧』等印，表明曾經吳湖帆、錢鏡塘等遞藏。此本現藏上海博物館。（肖剛）

## 一二四〇　高子遺書十二卷（明）高攀龍撰（明）陳龍正輯　附録一卷　明崇禎五年（一六三二）錢士升、陳龍正等刻本。框高二十一釐米，寬十四．四釐米。每半葉九行，行十九字，白口，四周單邊。

高攀龍生平爵里、學行業績簡況，前録明崇禎十三年秦堈刻本《春秋孔義》時已介紹。攀龍學問以格物爲先，兼取朱熹、陸九淵兩家之長。初自輯其語録文章爲《就正録》。後其門人陳龍正編爲此集，分十二類：一曰語，二曰劄記，三曰經説辨贊，四曰備儀，五曰語録，六曰詩，七曰疏揭問，八曰書，九曰序，十曰碑傳記譜訓，十一曰志表狀祭文，十二曰題跋雜書。每類一卷。《四庫全書總目》著録稱『其講學之語，類多切近篤實，闡發周密』。

此本有錢士升序一篇、陳龍正序兩篇。錢序云：『竊謂欲正人心先正學術，欲正學術必宗程朱，而先生此書實爲程朱心印。』陳序對是書也頗多贊譽。

此本爲現存『高子遺書』中最早版本，刊刻精工。錢士升在序中所述：『先生殁，門弟子從高長公伯珍傳寫笥中遺文若干篇，陳惕龍爲訂之、次之、詳之。』該序中還指出，當時市面上流傳的其他高子著作雜亂不精。遇有重要語句，此書編纂者則用圈點在其下作標識，於天頭處用墨筆小字批注讀書心得，寥寥數語，言簡意賅。錢士升（一五七四—一六五二）字抑之，號御冷，晚號塞庵，明嘉善魏塘鎮（今屬浙江）人。未登第時與顧憲成、高攀龍等人宣導理學，精通周敦頤、朱熹之學説。萬曆四十四年殿試第一，授翰林院修撰。天啓初，士升以養母乞歸，如願以償，杜門十載。後進詹事府左中允，未赴任。陳龍正（？—一六四五）初名龍致，字惕龍，號幾亭，與士升同爲嘉善人。師事高攀龍，精研理學，旁通經濟。明崇禎七年進士及第，崇禎十年授中書舍人，遷國子監丞。後杜門著書，未幾卒。錢士升、陳龍正與高攀龍交往頗深，對其思想有全面瞭解和深刻認識，極爲推崇高子學説。本書版心多處鎸有刻工姓名，如『茹松』『朱臣』等。鈐有『靈泉許氏家藏』等印，現藏中國國家圖書館。

（趙銀芳）　二四一

## 汲古閣集四卷

（明）毛晉撰　稿本　王振聲校並跋。框高二十一釐米，寬十五・二釐米。每半葉十行，行十九字，小字雙行同，白口，左右雙邊。

毛晉（一五九九—一六五九）原名鳳苞，字子久，後改字子晉，號潛在、隱湖，又號汲古主人、篤素居士等，常熟（今屬江蘇）人。家中建汲古閣、目耕樓，專收世間善本秘笈，藏書達八萬四千餘册。曾校刻《十三經》《十七史》《六十種曲》及《津逮秘書》等，傳布天下。又好抄録罕見秘笈，繕寫精良，世稱『毛抄』。毛晉在大量刻書、抄書之同時，兼事著述及詩文創作，撰輯有《毛詩陸疏廣要》四卷、《隱湖題跋》二卷、《虞鄉雜記》三卷、《詞苑英華》四十五卷等。

是書含《和古人詩》《和今人詩》《和友人詩》《野外詩》各一卷，按詩作主題編次，約編成於崇禎十六年（一六四三）。《和古人詩》有崇禎十五年周榮起題詞、徐遵湯敘，《和今人詩》有陳瑚序，《和友人詩》有顧夢麟序，《野外詩》有金俊明序。毛晉少時，曾從同邑魏沖（字叔子）學詩，後成立佳日、尚齒、隱湖等詩社，屢與友朋相唱和，顧序謂『此三十餘年中者星橋煙水，無日不來泛雪之船，無夜不連聽雨之榻』。各卷作序之人即其詩社社友。『惟《野外》爲率然自命之言，《和古》《和今》《和友》皆次韻作也。然《和古》《和今》僅列所以次其韻者而止，《和友》則附見其友之詩』，『彼此互照』（顧序）。《和友人詩》收錄六七十人詩作，頗有助於考察毛晉之生平及交遊。

此爲毛晉稿本，用汲古閣抄書版格紙抄寫，黑格，版心下有『汲古閣』三字。全書字體工整秀麗，繕寫精良，與傳世毛氏汲古閣精抄本書爲同一風格。書中凡遇錯字皆用白粉塗改，亦汲古閣抄本特點之一。王振聲（字寶之，號文邨居士）跋云：『《汲古閣家塾藏板目》載《隱湖遺稿》四種，曰《和古》《和今》《和友》《野外》，注云「已刻」而印本顧未之見。』後世亦無刻本記載。咸豐間爲瞿氏恬裕齋所得，瞿氏念及毛氏刊布群書，厥功甚偉，而所自著乃將湮没，於是委托友人王振聲勘校之，書中凡朱筆校字皆出王氏手筆，將卷端『和古』『和今』『和友』『野外』諸題改爲『汲古閣集卷某』，版心『和友人詩卷』等五字亦改爲『汲古閣集卷二』。書前貼簽條云『汲古閣』三字改寫『恬裕齋』，側寫右旁，並詳細説明其他應改格式，如空幾格等等。咸豐十年（一八六〇）刻版印行，惜僅刷印數部樣本，版片即燬於火。民國間常熟丁祖蔭又據此稿重新刊印，收入《虞山叢刻》，始有通行之本。

書中鈐有『毛氏子晉』『毛晉之印』『鐵琴銅劍樓』等印，現藏常熟市圖書館，爲鐵琴銅劍樓後人瞿鳳起捐贈。（樊長遠）

二四二

**唐百家詩一百種**　（明）朱警編　**唐詩品一卷**　（明）徐獻忠撰　明嘉靖十九年（一五四〇）刻本。框高十七・六釐米，寬十二・六釐米。每半葉十行，行十八字，白口，左右雙邊。

朱警字東愚，明嘉靖間松江府華亭縣（今上海）人，生平不詳。

此書前有嘉靖十九年朱警《唐百家詩後語》，云：『先大人馳心唐藝，篤論詞華，乃雜取宋刻，裒爲百家。初以晚唐諸子格詞□下，欲加刪易……友人徐君伯臣作《唐詩品》一卷……差爲品目，於舊本之外，補入一十二家，而以徐君所撰冠諸其端。』則此書大半成於其父之手，唯不知其父之名。其父去世後，朱警庚續其業，並以其友徐獻忠的《唐詩品》作爲選編標準，增補《唐百家詩》的内容，遂將徐獻忠《唐詩品》一卷置於全書之首。以此緣故，《萬卷堂書目》《千頃堂書目》《國史經籍志》諸書目著錄此書時，作者皆誤作徐獻忠。

徐獻忠（一四八三—一五五九）字伯臣，號長谷、九靈山長，松江府華亭縣（今上海）人。嘉靖四年舉人，授奉化知縣，有政聲。嘉靖中辭官歸里，後因避倭亂徙居吳興，年七十七卒，王世貞私謚貞憲。著述甚富，有《長谷集》十五卷，收其所作賦、詩、文；撰有《水品》二卷、《唐詩品》一卷，纂輯有《吳興掌故集》十七卷、《樂府原》十五卷、《金石文》七卷、《六朝聲偶》七卷等書。生平見王世貞《徐先生墓誌銘》(《弇州山人四部稿》卷八十九),傳附《明史》卷二百八十七《文苑傳·文徵明傳》中。

全書版面風格不一。其中《王昌齡詩集》卷末有落款爲『正德己卯鄉進士勾吳袁翼題』之刻書跋語。《唐女郎魚玄機詩》卷末的刻書題跋,亦非嘉靖時人所撰,且版面殘泐,係用舊版修補刷印。傅增湘《藏園群書經眼錄·唐百家詩(明刊本)》云:『余疑當時首彙刻者爲吳中袁氏,其後逐漸增加,流布有先後不同,故多寡因之亦異,至朱警乃裒集增爲百十二家,冠以徐獻忠《唐詩品》耳。卷中有正德袁翼跋語,字體刊工亦類彼時所刊,後印者乃有嘉靖補板。』袁翼字飛卿,吳縣人,正德舉人,終身未仕。據載,袁翼正德間曾刻印多種唐人詩集,如《皇甫冉詩集》《皇甫曾詩集》《王昌齡詩集》等。查三人別集均見於此《唐百家詩》中。可見《唐百家詩》之出版,多係湊聚正德間所刊舊版刷印,絕非嘉靖時全部重新雕刊。而正德本多據宋本翻雕,如《唐百家詩》所收《劉駕詩集》《李丞相詩集》等別集,正文後都鎸有『宋本翻刊』字樣,所以《唐百家詩》所收許多唐人詩集確實保留了宋本的面貌。

《唐詩品》首爲自序,總論唐詩風格演變,敘述歷代詩歌變遷及其原因;正文則以人立目,逐人品評其詩風。大致按年代先後排列,自太宗、玄宗、虞世南、許敬宗、王楊盧駱初唐四傑,至南唐李建勳、女冠魚玄機、羅虯止,共八十三人。但李白、杜甫、白居易、元稹諸大家均未論及,不知何故。

《唐百家詩》篇幅宏大,且所錄多爲傳世較少的別集,尤以中晚唐二三流詩人爲多,故被後出各種唐詩總集多所取資。如季振宜編《全唐詩稿本》時,直接採用朱警《唐百家詩》所收別集的就有三十四種。據書前朱警撰《唐百家詩後語》,稱其父編輯此書『雜取宋刻,裒爲百家』,後來朱警又補入一十二家，則該書總計應收錄唐人別集一百一十二家。但書前目錄所列實爲一百家，與書名相符。經比對該書各種印本，並未發現百家之外的其他唐人別集。蓋朱父生前所編未及百家，後由朱警補入一十二家，方符百家之數。

此本首爲徐獻忠序，署『九靈山長華亭徐獻忠』；次爲唐百家詩目，詩目後和《唐詩品》正文後重複刻入《唐百家詩後語》，末署『嘉靖庚子之秋華亭朱警識』。版面墨釘及空白處頗多，其上多有後人朱筆校正補闕。每册首尾鈐『北京大學臧』印，現藏北京大學圖書館。（姚伯岳）

一二四三

**唐詩絶句類選三卷補一卷**（明）敖英　凌雲輯　明吳興凌雲刻三色套印本。框高二十・五釐米，寬十四・六釐米。每半葉八行，行十九字，白口，四周單邊。

敖英（生卒年不詳）字子發，號東谷，清江（今屬江西）人。明正德十六年（一五二一）進士，除南京刑部主事，歷禮部郎中、陝西提學副使，官至河南右布政使。工詩文，有《慎言集訓》《東谷贅言》《綠雪亭雜言》《心遠堂文草》《心遠堂詩草》存世。《皇明詞林人物考》卷六稱其『所著心遠堂詩，興幽思遠，盡絶蹊徑，超悟上乘，足稱名家』，又『《綠雪亭雜言》《東谷贅言》，皆關修身立政之大者，非尋常稗官可例觀也』。《列朝詩集》丙集卷十六、《明詩紀事》戊集卷十四、《明詩綜》卷四十二、《明分省人物考》卷二十六有傳。

是書又稱《類編唐詩絶句》《彙編唐人絶句》，《天一閣書目》卷四之三著錄：『《類編唐詩絶句》二卷，刊本。五言絶句，明慈溪王交批點。七言絶句，清江敖英批點，王交删訂。』可知此唐詩選本原有五絶、七絶各一卷。《千頃堂書目》卷三十一所載『敖英《類編唐詩絶句》一卷』與《中國古籍善本書目》所載『《類編唐詩七言絶句》一卷。明敖英輯並批點，明王交删訂，明嘉靖刻本』，即爲敖選七絶部分。另清同治九年（一八七〇）《清江縣志》卷九、同治十年《臨江府志》卷十四著録此書，書名作《彙編唐人絶句》，均無卷數。此次影印選本爲凌雲據敖氏選本補輯而成。凌雲字宣之，吴興（今浙江湖州）人，幼時習詩以敖選爲讀本，故補而刻之，以成此書，即《中國古籍善本總目》所録『《唐詩絶句類選》四卷《總評》一卷《人物》一卷。明敖英、凌雲輯，明凌雲刻三色套印本』。此書前三卷爲敖英原編，敖氏序云：『昔在宋季，章泉、澗泉相與選唐詩絶句一百一首，叠山從而注之，可謂異代賞音。然詩家猶病其決採過嚴，而於李、杜大家而或遺。予暇日忘其譾陋，復取諸家詩分類選之，得三百八十首，而謬加批點。』所分凡十五類：吊古、送别、寄贈、懷思、遊覽、紀行、征戍、寫懷、悲感、隱逸、宫詞、閨情、時序、雜詠、道釋。敖氏原評用朱色，所增顧璘批語用藍色，另録其餘數十家評點。又於宋人趙蕃、韓淲之唐人絶句選本中，輯出敖氏所删七絶凡三十一首，補爲卷四，此卷因止載顧東橋之説，評語皆藍印。書後附『唐詩絶句總評』，録嚴羽、劉辰翁等十家評述，另有『唐詩絶句人物』，收王勃等一百十二位唐詩人小傳。

是書爲明末吴興凌氏刻本，閔凌刻書素有『湖刻之精，不下宋版』之譽，此本亦爲三色套印本之精品，正文以墨色印刷，規格工整，評語以朱藍二色别之，色彩斑斕，娱目怡情。同時增刻集評，以敖評、顧評爲主，兼采衆評。卷首凌雲識語稱：『是選也，以敖東谷爲準，顔之以硃；後於陳鍾鼇處復得顧東橋選本，而敖所選者無不彙焉，其評多異人處，今別之以藍。凡係二公所評，不標姓號，此外諸名家評之精確者，不下數十人，亦俱綴入。』於敖批、顧批之外另引謝枋得、桂天祥、楊慎、胡應麟、蔣一葵等人批語，兼具套印本與集評本之特色，極富研究價值。

書前有明施宸賓《唐七言絶選敘》、凌雲《七言絶句選引》及再識、敖英《唐詩絶句類選序》，卷四前有謝枋得《補唐詩絶句原序》。其中施序後有『施我嘉氏』印鑒一枚，凌序後有『凌雲印』『無明』印鑒二枚，當爲施宸賓、凌雲之鈐印。是書現藏北京大學圖書館。（楊楠楠） 二四四

**玉臺新詠十卷** （南朝陳）徐陵輯　明崇禎六年（一六三三）趙均小宛堂刻本　伊秉綬　王霖　葉志詵　屠倬　劉嗣綰　汪喜孫　管同　梅曾亮　鄧瑶　李士棻等題款　陳鴻壽跋。框高二十一釐米，寬十四・二釐米。每半葉十五行，行三十字，黑口，左右雙邊。

徐陵（五〇七—五八三）字孝穆，南朝陳東海郯城（今屬山東）人。徐摛子。八歲能文，及長博涉經史。初仕梁，爲通直散騎常侍。梁武帝太清二年（五四八）使魏，值侯景之亂，七年不得南歸。後歸陳，纍遷御史中丞。勇於彈劾權要，官至太子少傅。其詩歌駢文辭藻綺麗，與庾信齊名，世稱『徐庾體』。

唐劉肅《大唐新語》卷三載：『先是梁簡文帝爲太子，好作艷詩，境内化之，浸以成俗，謂之宫體。晚年改作，追之不及，乃令徐陵撰《玉臺集》，以大其體。』可知徐陵輯《玉臺新詠》乃梁簡文帝欲革詩

風，特令徐陵而作。《玉臺新詠》是繼《詩三百》和《離騷》之後又一詩歌總集。上自西漢，下迄南朝蕭梁，前八卷爲五言詩，第九卷爲歌行，第十卷爲五言二韻之詩。《四庫全書總目》是書提要謂其所選之詩『雖皆取綺羅脂粉之詞，而去古未遠，猶有講於温柔敦厚之遺，未可概以淫豔斥之』。當爲確評。

《玉臺新詠》版本十分複雜，已有劉躍進、傅剛、談蓓芳、張蕾等諸君深入研究，可參考，此不贅述。《四庫全書》採録此書所用之本，據提要曰：『爲趙宧光家所傳宋刻，有嘉定乙亥（八年 一二一五）永嘉陳玉父重刻跋，最爲完善。』此説蓋不可信，量其所説蓋非真宋，而即此崇禎六年趙均小宛堂覆宋刻本。此本密行細字，版式精雅，宋諱仍有缺筆，卷末有宋嘉定乙亥陳玉父《後敘》。若是將趙均小宛堂覆宋刻本跋文撤掉，極易被誤爲就是嘉定乙亥陳氏刻本。此本之所以有衆多前人觀款，即因題款之人皆以此本爲宋刻。此本卷九前有一段識語，謂：『此集録之最古者，後人以枚乘證昭明之謬。然刊本謬誤宏多，及得此宋槧，老目爲之一明。惜均之不肯割愛，題字還之……時嘉慶丁丑長至前一日，同觀者聽香曼生晴厓蘧庵並記於袁浦之竿木龕。』此段短跋，道出了題款者的心迹。

中國國家圖書館所藏另本，有一葉臨摹趙均所撰《玉臺新詠集跋》，謂此集『凡爲十卷，得詩七百六十九篇，世所通行，妄增又幾二百，惟庾子山七夕一詩本集俱闕，獨存此宋刻耳。虞山馮己蒼未見舊本，時常病此書原始梁朝，何緣子山厠入北之詩。……故今合同志詳加對證，雖隨珠多纇，虹玉仍瑕，然東宮之令旨還傳，學士之崇尊斯在。竊恐宋人好僞，葉公懼真，敢協同人，付諸解士，矯釋莫資，逸篤終馳焉耳。崇禎六年歲次癸酉既望，吳郡寒山趙均書於小宛堂。』由於趙均於崇禎六年覆宋鐫刻此書時有此一跋，因而確知其爲崇禎六年趙均小宛堂覆宋刻本，而非陳玉父宋刻原本。

趙均是趙宧光之子，字靈均，從其父傳六書之學，又從燕山僧見林習大梵字及諸國字母，夜以繼日，父子自相講習。趙宧光字凡夫，吳縣（今蘇州）人。讀書稽古，精於篆書，與夫人陸卿子隱於寒山，築小宛堂以居，足不入城市。時人慕其名，多造門求見，宧光亦不下山報謁。可知小宛堂乃趙宧光所築，屬於趙均家的堂號。其家所傳宋本此書，在明清易代之際失傳，故有人撤去趙氏覆宋《玉臺新詠跋》，亂人眼目，冒充宋本。民國十一年（一九二二）南陵徐氏積學齋又請高手黄岡、陶子麟精心覆刻趙本，被傅增湘贊爲『鏤刻甚精，所謂下真迹一等也』。故徐覆趙本也成了造僞稱宋的獵物。此本雖刻年較晚，但直接來自宋本，今宋本失傳，尤顯珍貴。鈐有『子京之印』『季滄葦藏書印』『海鹽張元濟經收』『涵芬樓』等印記。現藏中國國家圖書館。（李致忠）

二四五

## 古歌謡殘稿不分卷　（明）范欽輯　稿本。每半葉十二行，行二十字，小字雙行同，無格。

范欽（一五〇六—一五八五）字堯卿，號東明，鄞縣（今浙江寧波）人。嘉靖十一年（一五三二）進士，纍官至兵部右侍郎。明代著名藏書家。其藏書處『天一閣』是中國現存最早的藏書樓。范欽獨具慧眼，致力搜集明人著述及明刊前代典籍，所藏尤以明代方志、明代登科録最爲著名。

本書未署題名、著者，没有序跋、凡例。書中大部分文字爲工楷繕録，另有大量行草補録、修改之處。將此書與國家圖書館藏范欽輯《雜抄》稿本（鈐『古司馬氏』『天一閣』印）、上海圖書館藏范欽輯

《建安七子集》稿本進行比對，可以判定《古歌謡殘稿》行草字迹爲范欽親筆，故本書確係范欽稿本。

是書廣泛徵引《左傳》《史記》等大量典籍，尤其注意利用《菽園雜記》《七修類稿》等明代文獻，收録凡七百餘條。依五帝、夏、商、周、秦、漢、魏、晉、吴、蜀、宋、齊、梁、陳、隋、北朝、唐、宋、明（原書作『本朝』或『國朝』）順次輯録。按歌、謡、諺語類次。歌、謡二類現存較爲完整，尤其是明朝謡數量較多，且多爲范欽親筆寫録。諺語類僅存漢諺語、吴諺、晉諺語、國朝諺語。每條一般載記標題、出處、本事、歌謡諺語原文，部分條目未注明出處、本事。

原始歌謡是中國文學的源頭。《詩經·園有桃》：『心之憂矣，我歌且謡。』《毛傳》：『曲合樂曰歌，徒歌曰謡。』謡是原始的歌，不需要伴奏，衹是隨意唱出的韻語；歌則有樂器伴奏，歌是謡的發展。諺語是民間口頭流傳，具有説理、勸誡等作用的語句。以今天的眼光來看，本書收集的歌、謡、諺語多數屬於民間文學的範疇。

在民間文學的發展史上，明代是一個非常重要的時期。尤其是明中葉以後，大量古今歌謡、諺語得到搜集、整理、刊刻。除散見於筆記、雜著外，還輯録爲專書，例如：

一、楊慎輯《風雅逸篇》《古今風謡》《古今諺》，記載上古至漢代的謳歌、謡諺，以及一部分魏、晉至明代的民謡、農諺，並扼要注明出處及本事。

二、馮惟訥輯《古詩紀》一百五十六卷，全面收羅上古至隋朝的詩歌，包括歌謡、諺語、逸詩等，對當時乃至後世詩歌總集的編纂影響深遠；其《前集》十卷以楊慎《風雅逸篇》爲藍本。

范欽輯録《古歌謡》大概受到了當時風尚的影響。經核對發現，本書隋朝以前的内容主要摘録自《古詩紀》，每條文字基本相同。

國家圖書館藏有一部明嘉靖三十九年甄敘刻本《詩紀》，鈐『古司馬氏』『天一閣』印記，係天一閣舊藏，有少量范欽批注。如《詩紀·漢詩紀》卷九『紫宫諺』條，范欽書：『查《漢書》無。當是符堅事，楊升菴引之，見《晉書》。裴孝改注《劉子》，謂是李延年事。』並有貼簽，云：『改符堅下。』《漢詩紀》卷九『崔寔引里語』條，貼簽云：『在諺。』《古歌謡殘稿·漢諺語》此兩條均用墨筆勾劃。這些情況反映了《古歌謡》以《詩紀》爲藍本，並重新進行了編排和核訂。由此可推知，《古歌謡》編輯時間當在嘉靖三十九年之後。

在借鑒他書的基礎上，本書將全部内容區分爲歌、謡、諺語三類，實爲創新之舉。因當時歌、謡、諺語常混編在一起，如：《古今風謡》歌、謡混編爲一卷；《古詩紀》雖然對於歌、謡、諺語的分類較爲清晰，但時常有混編之例。本書歌類所收大多名『歌』或『操』，也有少量作『辭』『引』或『曲』。謡類多名『謡』，或曰『童謡』『民謡』；也有不加『謡』字，如《許叔重》；也有作『語』『辭』，如《諸儒語》《赤雀辭》。諺語類多名『諺』；也有不加『諺』字，如《東家棗》。雖然個别歸類有模糊之處，如謡、諺語二類均收有《逐彈丸》，但整體反映了范欽對歌謡諺語性質的認識和分類思想。《古歌謡殘稿》是研究范欽文學思想的珍貴文獻，但尚未引起足够重視。

本書見於清嘉慶十三年（一八〇八）阮元等所編《天一閣書目》著録，記『《歌謡諺語》一卷，抄本，明司馬公未定稿本』。光緒十年（一八八四）薛福成等重編《天一閣見存書目》著録范欽撰『《古歌謡》一册，手稿』。民國二十九年（一九四〇）馮貞群編《鄞范氏天一閣書目内編》著録『《歌謡諺語》，明范欽撰，未定稿本，存六葉』，現藏天一閣。駱兆平《范欽著作考略》目驗此六葉殘稿，係『輯注《東觀漢記》《後漢書》《孔叢子》等古書的歌謡而成』。

究其内容，本書與現存天一閣的殘稿當爲一書所分，即阮目、薛目所著録。由於本書不單收録古代，也收録當代（明代）；不單輯録歌謡，也輯録諺語，《北京圖書館善本書目》擬題『古歌謡殘稿』，不能全面反映本書内容。阮目、馮目題曰『歌謡諺語』，比較準確。

本書鈐『東官莫伯驥所藏經籍印』『東官莫氏五十萬卷樓劫後珠還之一』印。自清末民初散出天一閣後歸莫伯驥所有。現藏中國國家圖書館。（孫俊）

二一四六

**瀛奎律髓四十九卷**　（元）方回輯　明成化三年（一四六七）紫陽書院刻本。框高二十·九釐米，寬十三·二釐米。每半葉十行，行二十一字，小字雙行同，黑口，四周雙邊。

方回（一二二七—一三〇七）字萬里，號虛谷，歙縣（今屬安徽）人。幼孤，從叔父學。南宋理宗景定三年（一二六二）别省登第，嘗提領池陽茶鹽。初媚賈似道，似道敗，又上十可斬疏，其人品可知。後知嚴州，元兵至，以城降。入元爲建德路總管，尋罷歸，肆意於詩。著有《桐江集》《續古今考》，輯有《瀛奎律髓》。

『瀛』者，典出『十八學士登瀛洲』，語出《新唐書·褚亮傳》。唐武德四年（六二一），太宗時爲天策上將軍，寇亂稍平，即立文學館，禮聘杜如晦、于志寧、蘇世長、薛收、褚亮、姚思廉、陸德明、孔穎達等十八人，『每暇日訪以政事，討論墳籍，榷略前載，無常禮之間。命閻立本圖像，使亮爲之贊，題名字爵里，號「十八學士」，藏之書府，以章禮賢之重。方是時，在選中者，天下所慕向，謂之「登瀛洲」』（《新唐書》卷一百二《列傳第二十七》）。『瀛洲』，傳説中的仙山，成仙得道者始可登臨。意謂躋身十八學士之列，有如仙者登瀛洲之難。

『奎』者，謂五星聚奎，也稱五星聯珠，本指金、木、水、火、土五大行星排列近乎直綫時的一種天象。它的出現，古人認爲乃太平盛世、人才濟濟的象徵。《宋史·竇儼傳》曰：『丁卯歲五星聚奎，自此天下太平。』於是前後出現了周敦頤、程頤、程顥、邵雍、張載等五大哲學、思想家。『瀛奎』連用，意謂此書所選之詩如十八學士登瀛洲，精華薈萃。『律』指此書所選皆爲唐、宋律詩；『髓』指此書所選皆爲律詩精髓。故曰《瀛奎律髓》。

《瀛奎律髓》類屬詩歌總集，輯選唐、宋三百七十六位詩人五言律詩和七言律詩二千九百九十二首，釐爲四十九類。每類前標以類目，如登覽類、朝省類、風土類、昇平類、宦情類、風懷類、宴集類、老壽類等。類爲一卷，凡四十九卷。每類前冠以類序，如『登覽類』小序曰：『登高能賦，於傳識之名山大川、絶景極目能言者衆矣，拔其尤者，以充雋永，且以爲諸詩之冠。』用以引導『學者求之，髓由是可得也』（本書卷前方回自序）。每詩後有詩家小傳、掌故、考證及方氏賞評。有話則長，無話則短，不拘一格，爲後人留下不少佳評及難得資料。然紀曉嵐《瀛奎律髓刊誤序》則批評是書『非盡無可取，而騁其私意，率臆成編』，並謂其選詩『大弊有三：一曰矯語古淡，一曰標題句眼，一曰好尚生新』。又曰『其論詩之弊一曰黨援，一曰攀附，一曰矯激』。甚至認爲可能疑惑後人，故『别白是非，各於句下箋之，命曰《瀛奎律髓刊誤》』（清紀昀《紀文達公遺集》卷九）云云。

此書卷前有方回自序，落款爲『至元癸未良月旦日』。癸未，即元世祖忽必烈至元二十年（一二八三），因知是年《瀛奎律髓》當業已成書。卷十三收白居易《戊申歲暮詠懷》二首，詩後小注『予年五十七歲選此詩，深愧之』。五十七歲，亦正是至元二十年癸未。

《增訂四庫簡明目録標注·續録》於《瀛奎律髓》款目之下標注：『元至元癸未刊巾箱本，其板至明天順間始廢。』意謂此書脱稿同年既已刊行。癸未『良月』，即十月，十月始成之書即能同年刊行，不可遽信。本書卷後有明人龍遵敘後跋，謂『續又得定宇陳先生手自抄本，共十類。定宇自識云惟「節序類」得虚谷親校本抄之，餘皆傳録本，疑誤甚多』。陳櫟（一二五二—一三八四）字壽翁，因所居堂名『定宇』，學者咸稱『定宇先生』，是方回晚年好友，並曾參與整理方回遺著。此人所見皆爲傳録本，未曾獲見『至元癸未刊巾箱本』，故巾箱本之説，蓋子虛烏有。

此本卷末龍遵敘後跋又云：『天順甲申，叨守新安，實先生（指方回）鄉郡，因搜訪得其（指《瀛奎律髓》）傳録全本，間有舛訛，卒無善本校正之。續又得定宇陳先生手自抄本，共十類……遂以其本與先所得本參對之』，『惜不得全編通校之，於是又遍訪郡之儒者，因得各家所藏抄本』，『遂會取諸本通參訂之』，『然後是編始獲復全……故不敢私之於己，敬壽諸梓，以廣其傳』。跋後落款爲『成化三年龍集丁亥六月下澣，皆春居士識』。因知此書乃由龍遵敘搜集各種傳抄之本並悉心加以整理編校方獲復全，且由他『敬壽諸梓』始獲廣傳。然他所壽梓的機構，資訊不明。楊守敬《日本訪書志》卷十三著錄此書，謂是『朝鮮重刊明成化本，首有方回自序，序後有「成化三年仲春吉日，紫陽書院刊行」木記』。因知方序後當有鐫書木記，此書已被剜去。故此書版本當著錄爲『明成化三年龍遵敘紫陽書院刻本』。此乃是書之最早刻本。

龍遵敘，號皆春居士，吉水（今屬江西）人。吳松江由嘉定入海，江口淤塞百年，民受其患。龍遵敘以御史左遷嘉定尹，到官之日，親蒞其地，召父老講求水利，兩越月不雨，遂奏功，號御史河。時掘得一碑，長尺餘，文曰『得一龍，江水通』。童謡亦云『要開吳松江，須等海龍王』。龍氏成化初來守新安，遂刻《瀛奎律髓》於紫陽書院。

此本鈐有『經卧雪齋鑒藏一次』『麗蘇樓』『傳是樓』『光焰萬支樓』『因是』等藏書印，表明清初曾藏季振宜、徐乾學等處。現藏中國國家圖書館。（李致忠）

二四七

**詩紀一百三十卷前集十卷外集四卷别集十二卷**　（明）馮惟訥輯　明嘉靖三十九年（一五六〇）甄敬刻本。框高十八・九釐米，寬十四釐米。每半葉九行，行二十一字，小字雙行同，白口，四周單邊。

馮惟訥(一五一三—一五七二)字汝言,號少洲,臨朐(今屬山東濰坊)人。馮裕第四子。嘉靖十七年(一五三八)進士,由南直隸常州府宜興令纍擢至江西左布政使,以光禄寺卿致仕。與兄惟健、惟敏俱以詩文名齊、魯間。著有《風雅廣逸》《楚辭旁注》《選詩約注》《文獻通考纂要》及雜劇《僧尼共犯》《不伏老》等。同時人余繼登《淡然軒集》卷六有《明通奉大夫光禄寺卿少洲馮公墓誌銘》,述其生平甚詳。

明弘治、正德間,『前七子』李夢陽、何景明等倡導『文必秦漢、詩必盛唐』,影響日廣。馮氏『見世之爲詩者多根抵於唐,鮮能窮本知變以窺風雅之始,乃溯隋而上,極於黄軒,凡三百篇之外逸文斷簡、片辭隻韻無不具焉,秦漢而下詞客墨卿、孤章浩帙、樂府聲歌、童謡里諺無不括焉,《七略》四部之所鳩藏、《齊偕》《虞初》之所志述無不搜焉』(張四維序)。先曾輯上古至秦佚詩爲《風雅廣逸》,雜收箴、銘、頌、誄等文,自成一書,後又益以漢、魏迄於陳、隋諸詩,總名曰《古詩紀》。凡前集十卷,收先秦古佚詩(即原題《風雅廣逸》);正集一百三十卷,收漢至隋詩歌;外集四卷,收録仙鬼之詩;别集十二卷,收前人統論、品藻、雜解、辨證等論詩之語。其書之編纂『始事於甲辰(嘉靖二十三年)之冬,集成於丁巳(三十六年)之夏,歲凡十四稔』『遇通儒博士無不出而訂焉,驟見之編、郡邑之載、金石之刻無不取而覈焉』(張四維序)。涉及時代綿長,採摭繁富,然不免真僞錯雜,舛漏頻出(詳參逯欽立《古詩紀補正敘例》)。《四庫全書總目》總集類序謂總集之編纂『一則網羅放佚,使零章殘什,並有所歸;一則刪汰繁蕪,使莠稗咸除,菁華畢出』,以此衡量馮氏《詩紀》,則於『網羅放佚』頗有功,而於『刪汰繁蕪』則用力少。其後臧懋循《古詩所》、張之象《古詩類苑》、梅鼎祚《八代詩乘》，相繼而出，均以是書爲藍本而有所訂補，但又各有不足，難以取而代之。誠如《四庫全書總目》是書提要所評：『溯詩家之淵源者，不能外是書而別求，固亦採珠之滄海，伐木之鄧林也。』明清兩代俱以馮氏此編爲論詩之淵藪。

《詩紀》通稱《古詩紀》，嘉靖三十九年太原甄敬刊版於陝西。卷首有嘉靖庚申（一五六〇）甄敬序，嘉靖戊午（一五五八）河中張四維序，次凡例三十條，次引用諸書，次總目。每集卷末均有督刊、校正二人銜名。督刊者，秦州知府李宋。校正者，《前集》爲蘭州知州陳經正；《正集》爲儒學生員白純；《外集》爲儒學訓導馬儐；《別集》爲儒學生員王瑶。馮舒曾撰《詩紀匡謬》一卷，凡一百一十二條。萬曆時吴琯重刻本較此本校讎稍詳。此爲初刻初印本，間有前人眉批、簽條。

鈐『天一閣』『古司馬氏』『海鹽張元濟經收』『涵芬樓』等印記。現藏中國國家圖書館。

（樊長遠）

一二四八

## 篋中集一卷 （唐）元結輯　明刻本　繆荃孫校並跋

框高十六・五釐米，寬十三・三釐米。每半葉十行，行十八字，白口，左右雙邊。

元結（七一九—七七二）字次山，唐魯山（今河南魯山）人。少時不羈，十七歲乃折節向學。安祿山反，元結曾率族人避難猗玗洞（今湖北大冶境内），因號『猗玗子』。天寶十二年（七五三）舉進士。安史之亂中，史思明攻河陽，肅宗召之進京問策，乃上《時議》三篇，受到賞識，擢爲右金吾兵曹參軍，攝監察御史，爲山南西道節度參謀。以討史思明有功，遷監察御史裏行，又進水部員外郎。代宗即位，拜道州刺史，進授容管經略使，加左金吾衛將軍。大曆七年（七七二）入朝，同年卒於長安。結同情民間疾苦，在道州任間，曾兩次上書，請求蠲免百姓租稅，得到皇帝許可。又爲百姓免去徭役、建造屋舍，召還流民萬餘人，受到百姓的愛戴。元結主張詩應有規諷寄托，有益政教。其詩文注重反映政治現實和社會矛盾，文風力求擺脱六朝以來雕飾華靡的弊病，清淡簡潔，純真自然。唯過於質樸，文采稍遜。元結亦是唐代古文運動的先驅者之一，原有集，已散佚，明人輯有《元次山集》。

此爲唐人選唐詩的重要選本，書中刻有『元結次山編』字樣，所選詩歌一定程度上反映了唐代由盛轉衰的社會生活，標新立異，不選當時名家、大家，所選七位詩人詩作共二十四首，按順序依次爲沈千運四首，王季友二首，于逖二首，孟雲卿五首，張彪四首，趙徵明三首，元季川四首。集前有元結於乾元三年（七六〇）所作序及目錄，元結在序中云，所選詩人爲正直無祿位且貧賤之士，元結彙集其篋中所有，編爲集子，力矯時習，警示時人勿忘風雅切世之風。此集所選詩歌多爲感時傷別之作，詩人們以悲憤之語寫人生疾苦。

此本經繆荃孫通本校過，並作跋。繆荃孫跋稱，其丙午中燭前三日據臨安府太廟前大街尹家書籍鋪刊行本校。繆荃孫所提到的刊行本當爲宋本，因其在校語中多用『宋本作』語。繆荃孫（一八四四—一九一九）字炎之，又字筱珊，晚號藝風老人，江蘇江陰人。清光緒進士，喜藏書，精通校勘、目錄學、方志、金石，被尊爲『中國近代圖書館之鼻祖』。

繆荃孫用朱筆圈點此本，其校語則見於地脚，爲墨筆小字。《藝風藏書記》中對此本有簡略記載。此本字體工整，遒勁有力，圈點校對精細，爲明刻本之佳品。書前鈐有『藝風審定』『曾臧汪閬源家』『藝風堂藏書』『錢氏幽古堂收臧印記』等，書中沈千運『感懷弟妹』一詩前鈐有『雲輪閣』『荃孫』印，而目錄處又有『周暹』『上下千年』等鈐印，可知是書曾被錢曾、汪士鐘、繆荃孫、周叔弢所藏。現藏中國國家圖書館。（趙銀芳）

二四九

## 國秀集三卷 （唐）芮挺章輯　明刻本。

框高十六·三釐米，寬十三·三釐米。每半葉十行，行十八字，白口，左右雙邊。

芮挺章（生卒里貫不詳），唐開元時與樓穎同爲國子監諸生。清徐倬《全唐詩錄》卷十九稱芮挺章爲『天寶進士，常依秘書監陳公、國子司業蘇公。編《國秀集》三卷』。此書編於天寶三年（七四四），樓穎序言此書收錄『自開元以來，維天寶三載』的詩人九十人，詩作二百二十篇，今本實存詩人八十八人，共選八十五人詩作二百一十八首。另外呂令問、敬括、韋承慶三人有名無詩。《國秀集》以李嶠、宋之問、杜審言、沈佺期四位初唐宫廷詩人爲引首，其餘所選大多爲盛唐之作，其中還包括編選者芮挺章自己的詩作兩首和樓穎詩作五首。芮挺章此種作法被四庫館臣指斥爲『露才揚己，先自表章，雖有例可援，終不可爲訓』。此書以『風流婉麗』『色彩相宜』爲選詩標準，所收錄的詩歌以近體五言詩爲主，同時也有一些五古、歌行和雜言詩。詩的内容不出模山範水、感物傷懷、唱和贈答、送别懷人範疇。後人雖多詬病，但作爲爲數不多的唐人選唐詩選本，仍是我們研究唐代詩歌創作情況的重要參考文獻，與《河岳英靈集》等唐人選唐詩一樣，具有非常重要的文學和文獻學價值。

《國秀集》於《新唐書·藝文志》《崇文總目》均闕而不録。陳振孫《直齋書録解題》始見著録。其後《宋史·藝文志》、高儒《百川書志》、祁承㸁《澹生堂藏書目》、《汲古閣校刊書目》《欽定四庫全書總目》《善本書室藏書志》、傅增湘《藏園群書題記》、《西諦書目》等書目均有著録。《中國古籍善本書目》著録有五種版本，其一爲明刻本，清姜渭校，行款與此本相同，但此本無姜渭之校。《四部叢刊》所用《國秀集》的版本爲上海涵芬樓借江南圖書館所藏明刊本影印。

此本在國家圖書館館藏目録著録中爲明刻本，據其版式風格、字體特徵，可斷定其年代當不晚於嘉靖朝。書中鈐有『無竞先生獨志堂物』『长乐郑振鐸西諦藏书』『長樂鄭氏臧書之印』，表明其在清末民初爲張其煌所珍藏，後又爲鄭振鐸所珍藏。現藏中國國家圖書館。（馬琳）

## 一二五〇　唐御覽詩一卷

（唐）令狐楚輯　明趙均抄本　黄丕烈跋。每半葉八行，行十八字，無格。

令狐楚（七六六—八三七）字慤士，自號白雲孺子，行四。祖籍敦煌（今屬甘肅），後遷居宜州華原（今陝西耀縣）。唐貞元七年（七九一）登進士第，由太原掌書記遷節度判官、監察御史。《新唐書》《舊唐書》均有傳。

楚宦海一生，歷德、順、憲、穆、敬、文宗六朝，官至吏部尚書、校檢左僕射，進封彭陽郡開國公。開成元年（八三六）充山南道節度使，卒於任上。謚曰文。令狐楚爲政有德聲，獎掖後進，李商隱早年曾受其提携。才思俊麗，能文工詩，高步瀛《唐宋文舉要》稱其駢文『隸事生動，尤得子山遺意』。其詩境界開闊，尤善爲樂府、絶句，與李逢吉、劉禹錫、廣宣唱和甚多，後分别編爲《彭陽唱和集》《斷金集》《廣宣與令狐楚唱和集》，均佚。元和中與王涯、張仲素所作樂府詩，編爲《元和三舍人集》，今存。其著作於《新唐書·藝文志》中尚著録有《漆奩集》一百三十卷、《梁苑文類》三卷、《表奏集》十卷，今皆不存。又《宋史·藝文志》著録《歌詩》一卷、《雜纂集》一卷亦已散佚。《全唐詩》存其詩一卷，又《全唐詩補編》補其詩二首。《全唐文》存文五卷。

《唐御覽詩》又名《唐歌詩》《選進集》《元和御覽》。此集乃令狐楚元和年間爲翰林學士、中書舍人時所奉敕編選進呈之選集。據陸游後記可知此集選録大曆至元和間詩人三十家，詩作二百八十九首，比碑文中所説的三百一十首，已多有散佚。此本實際存詩爲二百八十六首，可見南宋之後又有散佚。其中選詩最多的爲李益三十六首、盧綸三十二首、楊凝二十九首。所選詩歌均爲近體的五七言律詩和絶句，以氣格開闊的邊塞詩和辭藻婉麗的閨怨詩爲主。《四庫全書總目》是書提要評曰：『大致雍容諧雅，不失風格，上比《篋中集》則不足，下方《才調集》則有餘，亦不以一二疵累棄其全書矣。』另外，中唐一些名望不高的詩人如李何、鄭鏦等人的詩作因此集而得以傳世。

陳振孫《直齋書録解題》中著録有『《唐御覽詩》一卷』。錢曾《述古堂書目》、《四庫全書總目》、《嘉業堂鈔校本目録》、徐乃昌《積學齋藏書目》等均有此集的著録。

《御覽詩》最早的版本爲南宋陳解元書籍鋪本，傅增湘《藏園群書題記》謂『今各家書目皆不載』。此本爲明趙均抄本。黄丕烈跋云：『此《唐御覽詩》，爲寒山趙靈均所校而箋注。其異同者，非復本書舊觀矣。余友陶蘊輝識是靈均手迹，持以示余。余以青蚨十金易得。蓋靈均所寫，余固未灼見，而楮墨頗饒古趣，列諸名抄祕册中，當亦得一位置地也。』足見此本之珍貴。前有趙均萬曆四十七年（一六一九）所作題詞，衹言從友人林若撫處得之，與他本互爲校閲，爲之箋注，而未交待出自何本。集後雖有陸游跋語，然是否爲南宋刻本也未可知。

此集朱印纍纍，除『趙均之印』『趙靈均』『靈均』等之外，還有『積學齋鎮庫』『南陵徐乃昌審定善本』『積餘秘籍識者寶之』等印，可見其曾爲徐乃昌所收藏。現藏中國國家圖書館。（馬琳）

二五一

**極玄集一卷**　（唐）姚合輯　明毛氏汲古閣影宋抄本。框高十七·三釐米，寬十三釐米。每半葉十行，行十八字，白口，左右雙邊。

姚合（七七五—八五四？），陝州陝石（今河南陝縣）人，一説吳興（今屬浙江）人。元和十一年（八一六）進士及第，授武功主簿。歷官監察御史，金、杭二州刺史，諫議大夫等，終於秘書少監。詩家皆謂之姚武功，其詩派稱武功體。有《姚少監詩集》十卷行世。

是書集上起王維、下至戴叔倫二十一人詩，共一百首。二十一人中，除王維、祖詠外，多爲大曆間詩人。所選詩作頗具清幽淡遠之風，以五言居多。書名『極玄』，蓋出自老子『玄之又玄，衆妙之門』語，姚氏自題云：『此皆詩家射鵰之手也。合於衆集中更選其極玄者，免後來之非。』

此本卷端署『諫議大夫姚合纂』，次列詩家名氏，次自題三十四字，下接正文。宋諱玄、朗、慇、桓等字缺筆，避諱不甚謹嚴。字體近宋書棚本，或即據書棚本影寫。

是集以明末毛晉汲古閣刻《唐人選唐詩》本最爲通行，取校此本，互異者約有數端：一、分卷。此本一卷，詩即接寫姚合所題後，毛本分爲上、下二卷，無姚合題記。二、排次。此本韓翃在前，暢當在後，毛本則暢當在前，韓翃在後。三、所收詩作。此本較毛本多《送謝夷甫宰鄮縣》一首，毛本戴叔倫詩較此本多《贈李山人》一首，以二者互補，正合一百首之數。二本文字異同處不少，如祖詠《蘭峰贈張九皋》『輦輅入秦京』，毛本『輅』作『路』；『長懷魏國情』，毛本『國』作『闕』；司空曙《經廢寶炎寺》，毛本『炎』作『慶』；郎士元《送楊中丞和番》『漢壘今由在』，毛本『由』作『猶』；《送奚賈歸吴》『霜葉落行舟』，毛本『霜葉』作『楓葉』；韓翃《羽林》，毛本『羽林』下有『騎』字。

毛本前有元後至元五年（一三三九）建陽蔣易序，蓋源出元蔣氏刻本。是書另有明嘉靖刻《唐人選唐詩》本、明隆慶三年（一五六九）楊綵刻《六家詩選》本等，皆作二卷，排次、收詩及文字與毛本略同，可同歸爲元本系統。又有清初錢氏述古堂影宋抄本，康熙中何焯曾見之，校異同於毛本上。何校本現藏上海圖書館，凡此本與毛本異同處，述古堂本悉同此本，知述本與此本源出宋本，可歸爲宋本系統。元刻二卷本系統諸本流傳較廣，宋刻一卷本系統諸本傳世頗罕。檢《新唐書·藝文志》《宋史·藝文志》《崇文總目》《直齋書錄解題》，是書均作一卷，則當以宋本更爲接近原貌。宋本久已不傳，此影宋精抄之本，亦罕而可珍。

此本鈐有『毛晉私印』『子晉』『汲古主人』『宋本』『甲』『毛』『晉』『汪士鐘印』『三十五峰園主人』『結一廬藏書印』『徐乃昌讀』等印。現藏上海圖書館。（陳雷）

二五二

**雅音會編十二卷**　（明）康麟輯　明嘉靖二十四年（一五四五）瀋藩勉學書院刻本。框高二十·六釐米，寬十五·四釐米。每半葉九行，行二十字，白口，四周單邊，無直格。

康麟（生卒年不詳）字文瑞，號介軒，順德（今屬廣東）人。明景泰五年（一四五四）進士，試監察御史。景泰六年，授監察御史。天順五年（一四六一），由南京湖廣道監察御史陞爲福建按察司僉事。事詳明郭棐《粤大記》卷二十四、［康熙］《順德縣志》卷七。

此書成於天順年間，乃康麟以韻類集唐詩之作，旨在爲初學者提供方便。據書後天順七年康麟自序及王鈍後序可知，康麟認爲先前諸家選唐詩艱於檢閲，因此選取楊士弘《唐音》之五、七言律絶，仍分始音、正音、遺響，又增補李白、杜甫、韓愈三家集及《三體唐詩》《唐詩鼓吹》《唐詩正聲》《章泉澗泉二先生唐詩選》《光嶽英華》等集之五、七言律絶，以平聲三十韻爲綱，將諸詩按韻分隸，名曰《雅音會編》，凡十二卷，詩總三千八百餘首。王序認爲：『是編之作，不混伯謙音律編次，而又增入諸家所選，而不没其名，及録李、杜、韓詩，皆伯謙所未克選者，可謂能取人之善而揚之矣。』《四庫全書總目》著録，入《存目》。

此書最早之本爲天順七年漳州刻本。半葉九行，行二十字，白口，四周單邊。前有天順七年康麟自序及王鈍後序。康序云：『天順癸未春，余按清漳，……用鋟諸梓，以廣其傳。』明代中期以後，翻本甚多。至嘉靖二十四年，又有瀋藩勉學書院刻本，即此本。此本前有嘉靖二十四年瀋藩《翻刊雅音會編敘》，謂此書『書房之刻最多，而閩板獲之未易。予嘗檢閱板之式與詩之編，次敘、款目俱佳……因付所司，翻而刊之傳永』。敘後署『瀋藩南山道人題於勅賜勉學書院』。瀋藩，始於瀋簡王朱模，明太祖朱元璋庶出二十一子，洪武二十四年（一三九一）封，永樂六年（一四〇八）就藩潞州（今山西長治）。嘉靖二十四年，時爲朱模五世孫瀋憲王朱胤栘。胤栘（一五〇一—一五四九）號南山道人（《瀋國勉學書院集》十二卷所收《保和齋稿》題『瀋憲王南山道人著』），嘉靖五年襲封靈川王，九年以懷王絶嗣，管理府事，十年進封瀋王，二十八年卒（《明史》卷一百二《諸王世表三》）。勉學書院爲朱模四世孫瀋靖王朂泄之書院，弘治十八年（一五〇五）武宗賜名（《明武宗毅皇帝實錄》卷一）。此本卷末有天順七年康麟自序及王鈍後序，行款與天順本同，當是直接或間接從天順本翻刻。

此本鈐有『虛静齋藏書』『伯繩祕笈』等印，知爲孫祖同舊藏。孫祖同《虛静齋宋元明本書目》著錄。此本現藏中國國家圖書館。（包菊香）

二五三

**西崑酬唱集二卷**　（宋）楊億等撰　明嘉靖十六年（一五三七）張綖玩珠堂刻本。框高十七·二釐米，寬十三·二釐米。每半葉十二行，行二十字，白口，四周單邊。

楊億（九七四—一〇二〇）字大年，建州浦城（今屬福建）人。北宋雍熙元年（九八四）十一歲，召試詩賦，授秘書省正字。淳化三年（九九二）賜進士第。真宗即位，與修《太宗實録》。景德中，與王欽若等同修《册府元龜》。纍官至翰林學士、工部侍郎。卒謚文。其人才思敏捷，博覽强記，爲北宋前期文壇領袖。除此書外，尚著有《武夷新集》二十卷。詳見《宋史》卷三百五本傳。

此書爲楊億彙集《册府元龜》編修期間同僚唱和詩作而成。景德二年（一〇〇五）九月，宋真宗下詔令王欽若、楊億編修《歷代君臣事迹》，王欽若奏請以錢惟演等十人同編修。大中祥符六年（一〇一三）八月，書成，賜名《册府元龜》。期間，楊億、錢惟演、劉筠等人與同僚『歷覽遺編，研味前作，挹其芳潤，發於希慕，更迭唱和，互相切劘』（楊億自序）。其後，楊億將這些唱和詩作彙爲一集，『析爲二卷，取玉山策府之名，命之曰《西崑酬唱集》』（楊億自序）。全書以詩題編次各家唱和之作，同題唱和之作列於一處，原唱在前，和詩在後；詩題大體以創作時間先後爲序。

關於此書結集時間，有景德四年、大中祥符元年、大中祥符六年諸説。楊億自序署『翰林學士户部郎中知制誥』，而《宋史》卷三百五本傳記其『大中祥符初，加兵部員外郎、户部郎中』。又此書所收諸詩，有明確紀年而時間最晚者爲《戊申年七夕五絶》，戊申乃大中祥符元年，由此可推知此書結集不會早於是年。大中祥符六年之説蓋由錯誤繫年造成。此書成於大中祥符元年，當較爲可信。

關於此書所收酬唱人數，有十七人、十八人二説。楊億自序曰：『余景德中忝佐修書之任，得接群公之遊。時今紫微錢君希聖、祕閣劉君子儀，並負懿文，尤精雅道，雕章麗句，膾炙人口，予得以游其墻藩而咨其模楷。二君成人之美，不我遐棄，博約誘掖，置之同聲……而予以固陋之姿，參酬繼之末……其屬而和者又十有五人。』揣摩楊億自序之意，『其屬而和者又十有五人』應不包括楊億、錢惟演、劉筠三人。宋劉克莊《後村詩話》續集卷四曰：『今考十五人者，丁謂、刁衎、張詠、晁迥、李宗諤、薛映、陳越、李維、劉隲、舒雅、崔遵度、任隨、錢惟濟，有名秉不著姓（筆者按：清代通行本作劉秉，今人多疑爲張秉），王沂公衹有一篇，在卷末。』由此可知，劉克莊所見本中，參與酬唱者爲十八人，與楊億自序正合。此本及後世傳本皆收十七人，脱王沂公（王曾）一人。

關於此書所收詩歌篇數，楊億自序曰『凡五、七言律詩二百四十七章』，此本及後世傳本實收二百五十首，較之初期原貌，脱王曾詩一首，衍詩四首。具體爲何，已不可考。

此書編成不久，即有刊本行世。宋李燾《續資治通鑑長編》卷七十一載，大中祥符二年正月，『御史中丞王嗣宗言：「翰林學士楊億、知制誥錢惟演、秘閣校理劉筠唱和《宣曲》詩，述前代掖庭事，詞涉浮靡。」上（真宗）曰：「詞臣，學者宗師也，安可不戒其流宕！」乃下詔諷勵學者，自今有詞屬浮艷不遵典式者，當加嚴譴。其雕印文集，令轉運使擇部内官看詳，以可者録奏』。爲此書而發的禁浮文詔（《宋大詔令集》卷一百九十三）中有『別集衆製，鏤版已多』之語，又歐陽修《六一詩話》『《西崑集》行』也顯指刊行。由此表明此書時已刊行。《郡齋讀書志》《直齋書録解題》《後村詩話》《玉海》等書均著録此書，亦可證此書宋時當有刻本，惜已不存。

此書現存最早刻本當爲明嘉靖十六年張綖玩珠堂刻本，即此本。張綖字世文，自號南湖居士，江蘇高郵（今屬江蘇）人。少聰敏，十五歲入郡庠，與兄經、紘，從弟繪合稱『張氏四龍』。正德八年（一五一三）舉人，八試會試不中，謁選爲武昌通判，官至光州知州。後歸隱武安湖上，構草堂數楹，藏書數千卷。此本版心上方鎸有『玩珠堂』三字。前有嘉靖丁酉（十六年）張綖序，次楊億自序，次詩人姓氏一葉。此本較爲罕見。民國初年爲揚州秦更年珍藏，民國十一年（一九二二）傅增湘轉歸傅氏藏園。《藏園群書題記》卷十九《明玩珠堂本〈西崑酬唱集〉跋》云：『此本既以舉世稀見爲珍，又以探源宋槧足貴，雖梓於明代，要與天水遺刊同其罕秘也。』張元濟輯印《四部叢刊初編》初用寫本，重印時傅氏遂舉此本易之。

此本鈐有『江都秦更年曼青之印』『增湘』『佩德齋』『晉生心賞』等印，知爲秦更年、傅增湘、傅忠謨（字晉生，傅增湘子）遞藏。現藏中國國家圖書館。（包菊香）

二五四

**雅頌正音五卷**　（明）劉仔肩輯　明洪武三年（一三七〇）王舉直刻本（四庫底本）　徐世章題識。框高十八釐米，寬十二·六釐米。每半葉十一行，行二十字，黑口，四周雙邊。

劉仔肩（生卒年不詳）字汝弼，鄱陽（今屬江西）人。工詩文。陶安守饒州，薦之入京，宋濂、張謙皆友之。安賦《贈劉汝弼赴京》詩贊之曰：『劉君孤鳳凰，文彩無與儷。才難古所嘆，寥寥不三二。……掇此芝蘭芳，移栽上林地。南風天宇高，目送青雲驥。』

是書卷首與卷末分別有宋濂所作《序》及張孟兼所作《後序》，兩序署年均爲洪武三年，知其成書當不晚於此。孟兼名丁，以字行，金華浦江人。《千頃堂書目》卷三十一著録曰此選集爲明初時明人之詩作。《四庫全書總目》是書提要云：『（仔肩）洪武初因薦應召至京，集同時之詩爲此書，上自公卿，下至衲子，凡五十餘人，而仔肩所作亦附焉。』是本無目録，國家圖書館另有劉氏藏洪武三年刻本，目録尚存，中有劉仔肩自注亦提及：『仔肩所采之詩，但得之即録入。不敢以爵位壽年分先後次第者，蓋續有所得，庶幾易增添云。』可知仔肩採詩編選詩集乃完成在京師，且隨得隨録。

是書共五卷，收録洪武時期五十八位詩人的三百餘首詩，編排方式爲以詩繫人，詩人名下注以籍貫。所收詩人中身份自衲子至公卿，均爲明初一時名人。編選之意在歌頌功德，是書價值，亦不可掩。朱彝尊《静志居詩話》卷五云：『汝弼一應鶴書，旋集都人士詩，爲《雅頌正音》，而以己作附之，殆游大人以成名者。……雖擇焉不精，然草昧之初，干戈甫戢，風雅未墜於地，至今得存，不可謂非群賢揚扢之功也。』《四庫全書總目》是書提要亦云：『所選之詩，每人寥寥數首。蓋是時諸人之集皆未成編，隨得隨録，故未能賅備。然明初諸家今無專集行世者，頗藉以略存梗槩。其時武功初定，文治方興，仔肩擬之雅頌，固未免溢美。要其舂容諧婉，雍雍乎開國之音，存之亦足以見明初之風氣也。』

此本卷末鎸有牌記：『右《雅頌正音》前集五卷，本家已刊梓行世，所有後集今將編類，四方君子或有佳作毋惜示及，以成盛事，幸甚。金陵王舉直謹白。』知爲王舉直刻本。《四庫全書總目》是書提要云：『此本猶洪武時舊刻，歲久刓敝，頗有模糊佚脱之處，無别本可校，今悉姑仍其舊焉。』書中有四庫館臣塗乙之迹，知其爲《四庫全書》底本。

是本鈐有『徐端甫』『端甫過目』印，可知爲徐世章（一八八六—一九五四）舊藏。現藏中國國家圖書館。（白雲嬌）

二五五

**鐫翰林考正國朝七子詩集注解七卷**　（明）李攀龍　王世貞等撰　（明）李廷機考正　明萬曆二十二年（一五九四）鄭雲竹宗文書舍刻本。框高十九・六釐米，寬十二・八釐米。每半葉十行，行二十字，小字雙行同，白口，四周雙邊。

李攀龍生平爵里、學行業績簡況，前錄明嘉靖四十二年魏裳刻本《白雪樓詩集》時已介紹。王世貞生平爵里、學行業績簡況，前錄明萬曆十八年翁良瑜雨金堂刻本《弇山堂別集》時已介紹。

李廷機（一五四二—一六一六）字爾張，號九我，晉江新門外浮橋（今屬福建晉江）人。少貧勵學，隆慶四年（一五七〇）舉順天（今北京）鄉試第一，萬曆十一年會試復第一，以進士第二授翰林院編修，纍官禮部尚書兼東閣大學士。遇事果敢，廉潔清明，造福百姓，以『廉』『正』『勤』『儉』著稱於世，深得神宗器重。曾奉詔考察京師百官，察舉公正，一無偏私。廷機被授禮部右侍郎之時，四度推辭，逝世後得贈少保，謚文節，入祀學宮。一生勤於讀書與著述，有《李廷機文集》《宋賢事彙編》等。《明史》卷二百十七有傳。

李廷機對明代後七子之詩喜愛有加，故搜集揀選，注解考證。翰林院修撰爲掌修國史之臣，廷機曾任此職，故書内題有『翰林院修撰閩晉江李廷機考正』等字樣，『鐫翰林考正國朝七子詩集注解』之名蓋緣於此。『後七子』名稱首見於《明史·文苑·李攀龍傳》，爲明代重要的文學流派，主要活動在嘉靖、隆慶年間。李攀龍、謝榛、梁有譽、宗臣、王世貞、徐中行、吴國倫七人，並以文章詩詞名世，被稱作『七子』，即李廷機所稱述的『國朝七子』。因在文學主張上對李夢陽、何景明、徐禎卿、邊貢、康海、王九思、王廷相等『前七子』有所沿襲且出現時期稍晚，故稱『後七子』，又稱『嘉靖七子』。前、後七子的文學宣導有相似之處，比如都有復古主張，强調『文必秦漢，詩必盛唐』，但和『前七子』相比，『後七子』在詩歌理論上有新的發展變化。『後七子』作爲一個嚴密的文學流派，對明末至清代不少詩人及詩歌團體的詩歌創作和理論有重要影響。

此書以人分卷，每人一卷，共七卷，分爲兩册。首卷一至九葉散佚，比對其下各卷所標詩人姓名，可知當爲李攀龍所作。每卷詩人姓名下方有廷機雙行小字注解，交待作者概况。每句詩後均有注解，廷機引經據典，考證細密。詩歌句讀由朱筆圈點，注解句讀用墨筆勾畫，以示區别。是書收詩頗多，注解縝密，對研究明代文學頗有價值。

此本版心刻有『宗文書舍』字樣。宗文書舍爲福建坊間刻書之所，元代開始興起，主要活動於明代。此書卷末葉鐫有『萬曆甲午歲吉旦鄭雲竹繡梓』木記，現藏中國國家圖書館。（趙銀芳）

## 女中七才子蘭咳集五卷　（明）周之標輯　明末刻本。框高十九·三釐米，寬十一·七釐米。

二一五六

每半葉八行，行二十字，白口，四周單邊。

周之標（生卒年不詳）字君建，長洲（今江蘇蘇州）人。輯評《女中七才子蘭咳集》《女中七才子蘭咳二集》等書。

此本即《女中七才子蘭咳集》五卷，無序跋，且殘損較甚，據尚存之卷端與書口處題名可知，書中收入馮小青《焚餘草》，王修微《未焚稿選》《遠遊篇選》《閒草選》《期山草選》，尹紉榮《斷香集選》，杜瓊枝《題壁詩》（闕），會稽女子《題壁詩》，徐安生（闕），佘五孃等七人詩詞作品（卷四末附載劉玄芝《宮詞三十七首》，殘存『其十七』至『其三十七』，共二十一首），及支如增《小青傳》、陳翼飛《小青傳》、陳繼儒《微道人生壙記》、許經《修道人生誌銘》、無名氏《徐安生傳》、呂尚絅《佘五孃小傳》等傳記資料，與申繹芳《偶見女子杜瓊枝題壁詩屬和二首》、徐文衡《和杜瓊枝壁間詩》、馮謙吉《和杜瓊枝原韻》、周之標《劉玄芝宮詞三十七首小序》、范景文《和會稽女子詩》、申繼揆《和會稽女子詩》、申紹芳《和會稽女子詩首韻》、吳楨《和會稽女子題壁詩》、汪大年《和會稽女郎詩》、周之標《和會稽女子詩並爲解嘲》、黄雙蕙《和會稽女子驛亭三絶》、呂尚絅《題佘五孃詩後》、吳思穆《題佘五孃詩和韻》、鄭元勳《和韻》、周之標《和韻》等和作及支琳《吊小青文》、汪大年《會稽女郎詩序》。從這些尚存的内容或可窺見周氏存詩存人、注重交遊的編纂原則。書中所選作品多加圈點與評語，又有朱墨筆手批，署『仙洲評』或『洲評』，不知何許人也。

書中所收録之支如增《小青傳》中有『萬曆壬子歲』的紀年，汪大年《會稽女郎詩序》末署『己未人日漫記』，則此書至早編成於萬曆四十七年（一六一九），而刊刻亦當在此後。除此書外，周之標還刻有《吳歈萃雅》《周君建鑒定古牌譜》等書。其中《吳歈萃雅》書前小引署『丙辰臘月』，書中『校點』之『校』字未避明熹宗朱由校名諱，則丙辰或即爲萬曆四十四年；書前周氏題辭爲『古吳章鏞刻』，章氏爲萬曆間吳郡刻工。則周氏之刻書活動在明末無疑。另據《周君建鑒定古牌譜》書前周之標序，《古牌譜》附刊於《女中七才子蘭咳集》之後。今核驗兩書行款、開本一致，允爲同時之刻。此本現藏中國國家圖書館。（張燕嬰）

二五七

## 名家詩法八卷　（明）黄省曾編　明嘉靖二十四年（一五四五）結綠囊刻本。框高二十・三釐米，寬十三・二釐米。每半葉十行，行二十字，小字雙行同，白口，四周單邊。

黄省曾（一四八九—一五四〇）字勉之，號五嶽山人，吳縣（今屬江蘇蘇州）人。嘉靖十年舉於鄉，後纍試不第，以任達放佚終其身。曾從學於王陽明、湛若水，又學詩於李夢陽。工詩文，好農桑。著述有《五嶽山人集》三十八卷、《騷苑》三卷、《西洋朝貢典錄》三卷、《養魚經》《稻品》等。生平事迹詳見《明史》卷二百八十七、《明儒學案》卷二十五。

『詩法』者，指詩之創作方法與規律。明代承襲元代鑽研詩法之風，多將前代詩格、詩式與詩法加以彙集刊行。是編即爲詩法彙編叢書，收錄唐、宋、元詩法著述七種，卷一白樂天《金鍼集》，卷二嚴滄浪《詩體》，卷三范德機《木天禁語》，卷四楊仲弘《詩法》，卷五《詩家一指》，卷六《詩學禁臠》，卷七、八分別爲《沙中金集》上、下。是編《國史經籍志》詩文評類著録爲『《黄勉之詩法》八卷』，《萬卷堂書目》雜文類作『《詩法源流》八卷』，《千頃堂書目》文史類作『《詩法》八卷』。明成化間，楊成校刊有《詩法》五卷，分内、外二篇，所收品種與是編相同，故一般認爲是編乃據楊成《詩法》重編而成，並將五卷析爲八卷，稍作增減。此編各書雖真僞雜糅，然將多種古代詩論文獻彙爲一集，頗便觀覽。萬曆間，朱紱又以此編爲基礎編成《名家詩法彙編》。

此本爲明嘉靖二十四年結綠囊刻本，卷八末有『大明嘉靖二十四年歲次乙巳孟春之吉結綠囊刊』『浙江葉杏園梓行』二行刊記可證。此本無序跋，各卷卷端皆題『吳郡黄省曾編次，劉佑校正』字樣。卷内有朱墨圈點，間有文字校正。此本所收各書文字與他本多有不同，頗具校勘價值。據《中國古籍善本書目》著録，是編尚有明嘉靖三十四年詹氏白雲館刻本、明贛郡蕭氏古翰樓刻本，二者皆爲此本之翻刻本。

此本鈐有『北平孔德學校之章』諸印，知此本曾爲民國間北平孔德學校收藏。孔德學校由蔡元培、沈尹默等於一九一七年在北京東城方巾巷創辦。上世紀五十年代初，北京市政府將孔德學校藏書調撥首都圖書館。今仍庋藏其館。（趙文友）

二五八

**劉子文心雕龍二卷注二卷**　（南朝梁）劉勰撰　（明）楊慎　曹學佺等批點　（明）梅慶生音注

明閔繩初刻五色套印本。框高二十一・二釐米，寬十五・一釐米，每半葉九行，行十九字，白口，四周單邊。

劉勰（四六五？—五二〇？）字彦和，東莞莒（今山東日照）人。勰早孤，篤志好學，家貧未婚娶，依沙門僧祐居十餘年，博通儒釋經典。南朝梁天監年間曾官太末令、東宫通事舍人、步兵校尉等，政有清績。然勰名不以官顯，却以文彰，所撰《文心雕龍》五十篇，起初不爲時流所稱，而沈約重之，謂爲深得文理。勰爲文長於佛理，京師寺塔及名僧碑誌多出其手。後敕許出家，改名慧地。《梁書》卷五十、《南史》卷七十二有傳。

楊慎及曹學佺生平爵里、學行業績簡況，前錄明萬曆十年蔡汝賢刻本《太史升菴文集》及明刻本《蜀中廣記》時已介紹。

《文心雕龍》爲我國歷史上較早出現之文學批評論著，含總論、文體論、創作論、批評論凡五十篇，内容詳盡，體系精密，有『藝苑秘寶』之美譽，又有『作文者不可無《雕龍》，作史者不可無《史通》』之説。是書爲楊慎、曹學佺批點，梅慶生注本。書前萬曆壬子年（四十年）曹序稱：『《雕龍》苦無善本，漶漫不可讀，相傳有楊用修批點者，然義隱未標，字訛猶故。予友梅子庚從事於斯，音注十五而校正十七，差可讀矣。予以公暇，取青州本對校之，閒一籤其大指，是亦以易見意，而少補兹刻之易見事易誦者也。』可知此本乃於楊慎批點基礎上，經梅慶生音注、曹學佺等人考評、校正而成書。後有《楊升菴先生與張禺山書》、吴興閔繩初《刻楊升菴先生批點文心雕龍引》及吴興凌雲《凡例》六條，又附《劉舍人本傳》與《文心雕龍校讎姓氏》。全書分五册，前四册收『原道』至『序志』共五十篇，第五册爲注解。是書爲五色套版印刷，正文黑色，行間與眉端有五色批點。

《文心雕龍》迄今可見最早版本爲敦煌遺書中之唐寫本殘卷，現藏大英博物館。其次是元至正十五年（一三五五）刻明修本，現藏上海圖書館。明刊本較多，傅增湘云明代刻本，以弘治甲子吳門本爲最先，嗣是嘉靖中建安、新安等處付梓者凡六本。萬曆中，自張之象以後，付梓者凡四本，而奪文訛字，多不能舉正，至金陵梅慶生本出，乃取諸家校本，彙輯而刊傳之。雖校定未必悉當，然考證之功，亦云勤矣。其中萬曆三十七年楊慎批點、梅慶生音注本爲後傳多種評校本之祖本，此次影印所選閔繩初刻套印本（又稱閔本、凌本、色本）即源於此。然梅氏刊本以五種符號替代楊慎五色原批，而閔本增錄曹學佺等人批點，用五色套印以示區别，其《凡例》稱：『楊用修批點，元用五色。刻本一以墨别，則閱之易溷，寧能味其旨趣？今復存五色，非曰炫華，實有益於觀者。』是書墨色斑斕，刻印精美。據《中國古籍善本書目》載，楊慎批點本凡十餘種，而套印本僅此一種，足見其珍貴。

此本序前有『李盛鐸印』『木齋』『俞之甲印』『振鱗』鈐印，乃李盛鐸、俞之甲舊藏。現藏北京大學圖書館。（楊楠楠）

一二五九

**鍾嶸詩品三卷**　（南朝梁）鍾嶸撰　明沈氏繁露堂刻本。框高十八釐米，寬十三・八釐米。每半葉十行，行十六字，白口，四周單邊。

鍾嶸（？—五一八？）字仲偉，潁川長社（今河南長葛）人。齊永明中，與兄鍾岏、弟鍾嶼並爲國子生。後舉東州秀才，出爲南康王侍郎。梁初，衡陽王出守會稽，引爲記室。後遷西中郎將晉安王記室。卒於官。

嶸學通《周易》，詞藻兼長，所作《詩品》又名《詩評》，選漢魏以來一百二十人詩，論其優劣，並借鑒漢代以來『九品論人，七略裁士』之法，將所選詩人詩作分爲上品十一人、中品三十九人、下品六十九人，釐爲上、中、下三卷，亦不失爲創格。每品之首各冠以序，妙達文理，與《文心雕龍》並稱。《四庫全書總目》是書提要曰：『王士禎極論其品第之間多所違失。然梁代迄今，邈踰千祀，遺篇舊製，什九不存，未可以掇拾殘文，定當日全集之優劣，惟其論某人源出某人，若一一親見其師承者，則不免附會耳。』又曰：『史稱嶸嘗求譽於沈約，約弗爲獎借，故嶸怨之，列約中品。案約詩列之中品，未爲排抑，惟序中深詆聲律之學，謂蜂腰鶴膝，僕病未能；雙聲疊韻，里俗已具。是則攻擊約説，顯然可見，言亦不盡無因也。』《梁書》卷四十九、《南史》卷七十二本傳載嶸爲衡陽王記室時，曾受命作《瑞室頌》，『辭甚典麗』，惜其文已佚。

此帙爲明沈與文繁露堂刻本，版心下鐫『繁露堂雕』。正文標題、人名均以白文標識。卷前有藏園先生七十歲小像。書衣有張蓉鏡題識，曰：『道光甲午六月，得之郡城袁氏，舊臧書家也。子孫保之。』又題『宋槧《鍾嶸詩品》足本祕册，明楊五川先生藏善本』。卷下末附刊《文獻通考》所錄陳氏《書錄解題》一則，後有嘉定戊寅六月十六日東徐丁黼書於上饒之覽悟堂跋語。卷末有後人錄楊五川跋。

楊五川名楊儀，字夢羽，號五川，江蘇常熟人。嘉靖五年（一五二六）進士，工部主事，辭官歸里後築『萬卷樓』，聚宋元舊本及法書名畫、鼎彝古器，江左推爲博雅。

此書當爲楊儀所藏，清初歸吳天章。吳天章名倬，號闇然室主人，生於崇禎年間，清初徽州休寧派製墨高手，擅製集錦墨。此書後輾轉至吳中袁氏手中，道光十四年（一八三四）又爲張蓉鏡所得。

傅增湘《藏園群書題記》云丁黼跋後『有割裂痕，意爲刻書人原跋，書估割去，欲以冒宋本耳』。書中有『雯』『天章』朱文連珠印、『蓉鏡珍藏』『張印蓉鏡』『雙鑑樓』『傅沅叔臧書記』『藏園名士』『晉生心賞』『萊娛室』『萬象涵古今』等印。表明此本遞經名家收藏，流傳有緒。現藏中國國家圖書館。

（廖甜添）

二六〇

**石門洪覺範天厨禁臠三卷** （宋）釋惠洪撰　明活字印本。框高十六・六釐米，寬十一・七釐米。每半葉九行，行十八字，白口，左右雙邊。

惠洪（一〇七一—一一二八），初名德洪，俗姓喻，一説姓彭，字覺範，賜號寶覺圓明禪師，自稱寂音尊者、明白庵人，筠州新昌（今江西宜豐）人。十四歲父母雙亡，失怙入三峰寺爲童僧。十九歲試經剃度後，修《唯是論》，並博覽子史群書，外習詩賦，獲詩名。二十九歲後雲遊江南各地，嘗住持臨川北禪寺及南京清凉寺。又好論古今治亂及是非成敗，爲時政所不容，先後三次蒙冤入獄。又以醫識張商英，並往來於郭天信之門。徽宗政和元年（一一一一）張、郭獲罪，洪亦受累配至朱（珠）崖（今海南海口），數年釋歸，改名惠洪。洪工詩善畫，尤擅繪竹梅。『每用皂子膠畫梅於生絹扇上，燈月下映之，宛然影也。』（宋鄧椿《畫繼》卷五）著有《石門文字禪》《冷齋夜話》《林間録》《僧寶傳》《臨濟宗旨》等書，是書乃其詩論之作。

《晉書》卷七十九《謝混傳》謂晉元帝渡江，鎮守建業，財用不足，每得一豚，視爲珍膳。尤以豚項之肉味美，群下不敢自食，特以獻帝，稱爲『禁臠』。後用以比喻别人不得染指的獨占之物。『天厨』本爲星官名，後演變爲天厨可烹美酒佳餚，不是一般人可享用。此書命名《天厨禁臠》，自謂其所選之詩、品評之語，不是一般人能欣賞享用，如同禁臠。

此書以唐宋名家、名句爲式，標論詩法、詩格，提出了二十多種詩法、句法、韻法。分上中下三卷，上卷分『近體三種頷聯法』『十字句對法』『四種琢句法』等十五類；卷中分『比物句法』『賦題法』『造語法』等八類；卷下分『古詩押韻法』『頓挫掩抑法』『换韻殺斷法』等十五類。每類前有小序，然後選詩，詩後是品評。如杜甫《寒食對月》詩：『無家對寒食，有淚如金波。斫却月中桂，清光應更多。』評謂：『此杜子美詩也，其法頷聯雖不拘對偶，疑非聲律，然破題引韻已的對矣，謂之偷春格，言如梅花偷春色也而先開，山谷嘗用此法作茶詞。』然宋魏慶之《詩人玉屑》卷二則批評此書曰：『惠洪《天厨禁臠》最爲誤人。』元方回《桐江集》卷四亦謂：『《洪覺範天厨禁臠》誤人處極多，或以是釋杜詩，山谷不以爲然，宜戒之。』《四庫全書總目》是書提要進一步批評此書曰：『多强立名目，旁生枝節，如首列杜甫《寒食對月》詩爲偷春格，而謂黄庭堅茶詞疊押四山字爲用此法，則風馬牛不相及。』故祇入存目。

然此書傳本極罕，此本乃是書現存最早印本，丁丙《善本書室藏書志》卷三十九著錄此書，並謂：「正德丁卯東川黎堯卿跋云：『《天厨禁臠》頗得三昧之法，勝國前有摹本，今亡矣。予得鈔本訂正，秣陵進士張天植遂成吾志，刻之。』有王宗炎印。」今檢此書，目錄後果有此跋，然並非刻本，而是活字排印本。觀其版面文字，行歪字扭，確有活字排印特徵。正德丁卯，即正德二年（一五〇七），故此書版本可著錄爲「明正德二年張天植活字印本」。

是書鈐有「王宗炎印」「八千卷樓」「江蘇第一圖書館善本書之印記」「四庫坿存」等印記，知原爲丁氏八千卷樓之物，後歸江蘇第一圖書館，現藏中國國家圖書館。（李致忠）

二六一

**剡溪詩話一卷**（宋）高似孫撰　**歲寒堂詩話一卷**（宋）張戒撰　明正德十二年（一五一七）俞弁抄本。框高十六・八釐米，寬十一・七釐米。每半葉八行，行十七至二十字不等，白口，四周單邊。

高似孫（一一五八—一二三一）字續古，號疏寮，鄞縣（今浙江寧波）人，一説餘姚（今屬浙江）人。文虎子。孝宗淳熙十一年（一一八四）進士。歷官校書郎，通判徽州，遷守處州。因上韓侂胄詩九首，寓九錫之意，爲清議所不恥。有《疏寮小集》《剡錄》《史略》《子略》《緯略》《硯箋》等。事迹見《宋史翼》卷二十九。

《剡溪詩話》輯錄與嵊縣（漢剡縣）有關之事迹三十八則，未見宋人著錄，前人或疑出於依托。其中名篇警句，多見載於似孫《剡錄》，郭紹虞疑爲『後人從《剡錄》輯出之書，非似孫原有此著也』（《宋詩話考》中卷之下）。

張戒（生卒年不詳）字定復，絳州正平（今屬山西）人。徽宗宣和六年（一一二四）進士。高宗紹興間以趙鼎薦，授國子監丞。官至司農少卿。

《歲寒堂詩話》一卷，傳本罕見，《四庫全書》著錄本係從《永樂大典》輯出，分爲二卷，《簡明目錄》云：『其論古來詩人，由蘇、黄上溯風騷，分爲五等。大旨尊李、杜而推陶、阮。始明言志之義，而終以無邪之訓。』

此爲俞弁手抄本，書前無序，《剡溪詩話》卷末有俞氏跋云：『《剡溪詩話》一卷，從柳大中處假歸，余遂手錄。愚意此書非似孫所著，觀其筆力與《緯略》不同，姑書此，以俟博洽者辯之。丁丑六月十七日，後學俞弁子容甫書於紫芝堂中。』弁字子容，又號守約居士，長洲人。好藏書，能詩。有《山樵暇語》《續醫説》。事迹見［民國］《吳縣志》卷七十五。俞弁與柳大中交最莫逆，所見兩人抄本，常互相校跋。觀此手寫之本，可以想見二人氣求聲應之樂。

此帙曾經明吳岫、毛晉，清李宏信及近人葉景葵收藏。鈐有『姑蘇吳岫家藏』『毛晉私印』『毛氏子晉』『汲古主人』『小李山房』『景葵所得善本』等印。現藏上海圖書館。（林寧）

二六二

**精選古今名賢叢話詩林廣記十卷後集十卷** （宋）蔡正孫輯 明弘治十年（一四九七）張

鼎刻本。框高二十二・三釐米，寬十四・六釐米。每半葉十行，行二十字，小字同，白口，四周單邊。

蔡正孫字粹然，號蒙齋、蒙齋野逸、蒙齋野逸人、蒙齋野逸叟等，建安（今福建建甌）人。據正孫所編《唐宋千家聯珠詩格》卷十五《客程尋詩》自注『僕己未年二十有一』，由此可推知其生當爲南宋嘉熙三年（一二三九），卒年不詳。《唐宋千家聯珠詩格》自序末署『歲庚子春三月』，即元大德四年（一三〇〇），是年正孫仍在世。師事謝枋得，入元不仕，以詩酒自適，結醉鄉吟社、湖海吟社。除此書外，尚著有《東坡和陶詩話》（即《陶蘇詩話》）、《唐宋千家聯珠詩格》。事見《詩林廣記》自序。

宋亡後，正孫棄舉子業，肆意於諸家之詩，編成此書。前有自序，署『歲屠維赤奮若』，蓋成於元至元二十六年（一二八九）。自序稱：『暇日採晉、宋以來數大名家及其餘膾炙人口者，凡幾百篇，抄之以課兒侄，併集前賢評話及有所援據摹擬者，冥搜旁引，而麗於各篇之次。凡出於諸老之所品題者，必在此選。』《四庫全書總目》是書提要稱此書『前集載陶潛至元微之共二十四人（按：實爲二十三人），而九卷附錄薛能等三人，十卷附錄薛道衡等五人。後集載歐陽修至劉攽二十八人（按：實爲二十九人），止於北宋。其目錄之末，稱編選未盡者見於《續集》刊行。今《續集》則未見焉。兩集皆以詩隸人，而以詩話隸詩。各載其全篇於前，而所引諸説則下詩一格，條列於後。體例在總集、詩話之間』。書中所選詩篇詩話今或散佚，賴此以傳，故彌足珍貴。然《四庫全書總目》是書提要言此書『凡無所評論考證者，即不空錄其詩』，故所選之詩未必爲作家代表作，又偶有截取詩句或遺漏詩題者，且有搜採詩話而失於鑒識者。

《唐宋千家聯珠詩格》最早由其子彌高刻梓，此書最早或亦家刻，惜久已不存。後有元刻本，每半葉八行，行十六字，黑口，左右雙邊，中國國家圖書館藏有一部，惜不全，殘存十五卷（卷一至三、七至十，後集卷一至八）。後有明正統十一年（一四四六）王瑛刻本，黄裳《來燕榭讀書記》曾著録，謂『半葉八行，行十六字。大黑口，單欄。末有正統十一年龍集丙寅季春中旬日奉政大夫陝西按察司僉事陽平王瑛跋，有秋霜烈日印』。王瑛跋曰：『予按臨西□，公暇往謁參贊軍務大理寺丞洛陽羅公尚綱，出斯集見示。……（予）因念寧夏僻在邊方，人罕得睹，遂捐廩給命工鋟梓，以廣其傳。』惜其蹤迹渺杳。正統本之後，又有明弘治十年張鼐刻本，即此本。

此本首爲張鼐《重刊詩林廣記序》，稱：『第舊板磨滅，魯魚互出，因命子齊貢士較正重刊，藏於家塾，與鄉黨學詩者共之。』末署『弘治丁巳春三月望日，賜進士中憲大夫河南提刑按察副使奉敕保固河防兼督水利前監察御史濟南張鼐書於黄陵之半閑堂』。張鼐，卒於明正德五年（一五一〇），字用和，歷城（今山東濟南）人。成化十一年（一四七五）進士出身，授襄陵知縣，後任監察御史。弘治初年，陞河南僉事，進參議，因協助治理黄陵岡遷副使。事見《明史》卷一百八十六。

此本鈐有『安樂堂藏書記』『明善堂覽書画印記』等印，知爲怡親王弘曉怡府舊藏。現藏中國國家圖書館。（包菊香）

## 妙集吟堂詩話三卷　（明）瞿佑撰　明初刻本。框高十八・九釐米，寬十三・三釐米。每半葉十行，行二十字，上下黑口，雙魚尾，四周雙邊。

瞿佑（一三四七—一四三三）又名祐，字宗吉，號存齋、山陽道人，晚號樂全，錢塘（今浙江杭州）人。學博才敏，著述宏富，有詩名。明洪武間舉明經，歷官浙江仁和、臨安，河南宜陽等縣訓導，國子監助教，周王府長史。永樂六年（一四〇八）罹詩禍，被逮錦衣衛，謫戍保安十年，洪熙中釋歸。有《春秋貫珠》《閱史管見》《剪燈新話》《存齋詩集》等。

是書凡詠女七言絶句一百二十首，分上、中、下三卷，每卷四十首，每首以四字爲題，前有引文敘述所詠主題本事，詩後徵引各家著述加以注解。考明徐伯齡《蟫精雋》卷十五載：『先正瞿存齋先生宗吉，嘗詠女故事三百絶，名《香臺集》。前百首爲《香臺百詠》，次百首名《續詠》，又百首爲《新詠》。引用深僻，諷刺切實，讀者不能遍考，每遇事而病焉。予嘗爲菊莊先生言之，先生乃命爲之訓詁。因不揣僭妄，承命考注，閱三月而稿成，凡所引書千有餘種。』而明趙用賢《趙定宇書目》録有『《香臺集》即《吟堂詩話》一本』。則是書當爲徐伯齡所注瞿佑早期詩集《香臺集》之殘帙或選本（據考，《香臺集》約撰於元至正二十六年（一三六六）至明洪武八年（一三七五）間）。伯齡乃瞿佑友徐珙之子，生卒年不詳。字延之，天順、成化間浙江嵊縣（一説錢塘）人。博學能文，工琴善畫。有《大音正譜》《醉桃佳趣》等。

是書僅收一百二十首，相較於原有三百首，所缺甚多。其中原委，或因原本缺佚，或爲選輯所致，不得而知。其雕刻年代至早應在明天順、成化間徐伯齡作注以後。《中國古籍善本書目》作『明初刻本』，且僅著錄爲『瞿佑撰』，未揭示徐伯齡爲之作注的事實。

是書著錄首見於明趙用賢《趙定宇書目》，錄有『《香臺集》即《吟堂詩話》一本』一條；後黄虞稷《千頃堂書目》分别於子部小説類錄『瞿佑……《香臺集》三卷』、集部文史類錄『瞿佑《吟堂詩話》三卷』；《明史・藝文志》亦依此著錄。此處所錄《香臺集》歸入小説家類，應非瞿佑原本詩集，而當爲徐伯齡所注《香臺集》。則注本《香臺集》曾分别以兩種版本流傳：其一仍沿用《香臺集》原名，其二則更名爲《吟堂詩話》（即《妙集吟堂詩話》）。

是書除此刻外，臺灣『中央圖書館』藏明抄本《香臺集》三卷。兩相對照，其内容及編排次序大體一致，但文字互有訛誤，如卷上第二首《神女行雲》引文，抄本作：『宋玉《高唐賦》：楚襄王與王遊於雲夢，望高唐之上有雲氣。王曰：昔先生晝寢……』刻本則作：『宋玉《高唐賦》：楚襄王與玉遊於雲夢，望高唐之上有雲氣。玉曰：昔先王晝寢……』語句上亦有個别增減，如《神女行雲》注文，刻本有『胡曾詩：「何人更有襄王夢，寂寂巫山十二重」』，抄本無此句；而卷上第九首《王母仙桃》注文，抄本有『《史記》：周穆王好神仙，觴王母於瑶池之上』，刻本則無。則兩本似無直接關係，或爲各自獨立的傳本，而刻本訛誤較少，版本上當更胜一籌。

瞿佑罹禍後，其著作多散佚，《香臺集》全本今似已無存，故是書對於元末明初文學家瞿佑著作的校勘、保存彌足珍貴。且徐注徵引廣博，大批文獻因此得以保存、流傳，亦屬難得。

是書正文首卷卷端鈐『錢塘丁氏正修堂臧書』藏印，原爲清丁氏八千卷樓藏書，現藏南京圖書館。

（徐亚玲）　二六四

## 詩源辯體三十六卷

（明）許學夷撰　明崇禎五年（一六三二）許氏更定稿本。無版框。每半葉十行，行二十一字。毛裝。

許學夷（一五六三——一六三三）字伯清，江陰（今屬江蘇）人。幼有高識，不事舉業，終生未仕。性疏略，不治邊幅，不理生産，唯文史是好。嘗與沈鶩、邱維賢、徐益等結滄州社，學夷爲其中翹楚。著有《許伯清詩稿》《澄江詩選》《詩源辯體》等。

據卷首學夷自序，其以『詩自《三百篇》以迄於唐，其源流可尋而正變可考也，學者審其源流，識其正變，始可與言詩矣』，遂博訪古今作者若干人，詩凡數千卷，搜閲探討，統而辯之。其論以《詩經》爲源，漢、魏、六朝、唐人爲流，至元和而其派各出。古詩以漢魏爲正，太康、元嘉、永明爲變，至梁陳而古詩盡亡；律詩以初、盛唐爲正，大曆、元和、開成爲變，至唐末而律詩盡敝。其學蓋本諸嚴羽『作詩者須窮極諸家之體，然後不爲旁門所惑』（見本書卷一）。然其書自《詩經》以至五代，採其撰論所及有關一代者一百六十九人並無名氏，共詩四千四百七十五首，亦可謂弘且廣矣。學夷生當明季，能折中前後七子及公安、竟陵之説而不執一端，亦可謂卓而有識。

學夷生前此書嘗流行吴中，清初黄虞稷《千頃堂書目》及《明史·藝文志》皆著録其十六卷本。然自此而往，終有清一代迄未見公私藏家著録。

此本凡三十六卷，總計九百五十六則，其篇目卷次與今通行本皆相同。卷首有學夷序，署『崇禎改元孟冬上澣』，後『改元孟冬上澣』六字爲墨筆抹去，改爲『五四年春日』，後復改爲『五年壬申』。而此本各卷卷端題名下皆題『改定本』，唯首卷改題『第十二稿定本』。按，是書初刻於明萬曆四十一年（一六一三），夏樹芳於《詩源辯體序》中言其『稿凡十易而後成』。據此則知此本原爲第十一稿之清稿本，即學夷所謂『改定本』。後就其本塗抹修改，遂成此『第十二稿定本』。又，是書首卷卷端於『江陰許學夷伯清述』後復有朱筆書『館甥陳所學君命閲梓』，《凡例》首行朱筆書『先寫上一條』，其天頭朱筆書『刻板二十二字，首行二十一字，以下二十字』，而書中朱筆校改之處森然，則知此本又爲其婿陳所學校刊付寫之底本也。

是書初刻於明萬曆四十一年，凡十六卷，所據者爲伯清所改定之第十稿，末附《許伯清詩稿》一卷；明崇禎十五年陳所學重刻此書，凡三十六卷，附後集纂要二卷；又有民國十一年（一九二二）上海褧廬鉛印三十六卷本，附後集纂要二卷、伯清詩稿一卷、遺詩輯補一卷；一九八七年人民文學出版社鉛印杜維沫點校三十八卷本，收入《中國古典文學理論批評專著選輯》中。

此本卷首序末葉及首卷卷端鈐『許學夷印』。後經李盛鐸收藏，書中鈐『麐嘉館印』。現藏北京大學圖書館。（劉大軍）



## 鍾伯敬先生硃評詞府靈蛇四卷　（明）鍾惺選　（明）李光祚輯　明金陵唐建元刻套印本。

框高十一・六釐米，寬九・一釐米。每半葉八行，行十六字，白口，四周單邊。

鍾惺（一五七四—一六二四）字伯敬，一字景伯，號退谷、止公居士，竟陵（今湖北天門）人。萬曆三十八年（一六一〇）進士，授行人。歷任工部主事、南京禮部祭祠司主事、南京禮部儀制司郎中等，天啓初遷福建提學僉事，不久以父喪去官，丁憂期間病逝。有《隱秀軒集》。鍾惺在詩文上反對擬古，提倡性靈，標榜新奇的文風，對晚明文學産生了不小的影響。其作品極其講求言語及風格的艱澀幽峭，並往往援引禪學，被時人稱爲『詩妖』。與同鄉譚元春共爲『竟陵派』的先驅，世稱『鍾譚』。詳見《明史・文苑傳》。

李光祚（生卒年不詳）字贊庭，豐城（今屬江西）人。

是書開卷有朱墨牌記，黑字標『鐫鍾伯敬先生硃評詞府靈蛇』，朱文鐫『金陵唐翼甫藏板』。其後爲鍾惺天啓四年（一六二四）長至日序，稱本書旨在教授作詩方法。正文以元、亨、利、貞爲次分四集。元集含詩法正論、詩學正源、章法、篇法、格局與氣象等内容；亨集編選既往詩話中的論說，涉及取材、押韻、煉字、用典等方面；利集、貞集則收録元范德機、揭曼碩等前人論詩雜著。

經查，此書有一續作，名《鍾伯敬先生硃評詞府靈蛇二集》（現藏臺北），卷前有鍾惺天啓五年秋日序文，稱之前的《詞府靈蛇》僅爲『初集』，這次是『二集』，往後還會有一本精選歷代論詩名句的『三集』（此『三集』未見任何著録，未知是否刊行過）云云。但天啓五年秋日時，鍾惺已去世，故所謂『二集』當屬借名依托之作。至於『初集』即本書，似亦有僞作的可能：一、明季書坊冒用大家名號刻書兜售的現象比較常見；二、現存鍾氏的傳記、文集中均未見提及此書。但未得明證，姑且存疑，有俟再考。

據前人考證，明代南京書坊林立，尤以唐姓爲盛。但囿於史料，很難稽考這諸多唐姓書坊主之間究竟是何關係。主持本書刊刻的唐建元，目前僅知他字翼甫，是晚明南京的一個書坊主人。今檢此本，書中鍾惺序末葉鈐有『鍾惺之印』等二枚鍾氏私印（疑僞），後半葉鐫『秣陵程雲從龍德甫書』，並有『程雲從印』『龍惪父』二印。

此本巾箱小帙，筆姿秀雅，朱墨燦然，當屬套印之佳者。又海内孤本，彌足珍罕。現爲金鑲玉裝，藏於中國國家圖書館。（陳卓）

二六六

## 幽蘭草三卷 （明）李雯 陳子龍 宋徵輿撰 明崇禎刻本

框高十九·八釐米，寬十三·八釐米。每半葉九行，行十八字，白口，四周雙邊。

李雯（一六〇七—一六四七）字舒章，華亭（今上海松江）人。明崇禎十五年（一六四二）舉人。入清，爲内閣中書舍人，充順天鄉試同考官。有《蓼齋集》。事迹具宋徵輿《雲間李舒章行狀》。

陳子龍（一六〇八—一六四七）字人中，更字卧子，號大樽，華亭人。崇禎十年進士，選紹興推官，以定亂功，擢兵科給事中。命甫下而京師陷，乃事福王於南京。尋以受魯王部院職，結太湖兵欲舉事，事露被獲，趁隙投河死。有《平露堂集》《白雲草》《湘真閣稿》《安雅堂稿》等。《明史》卷二百七十七有傳。

宋徵輿（一六一七—一六六七）字轅文，一字直方，華亭人。清順治四年（一六四七）進士，授刑部江西司主事，晉員外郎中，官至副都御使。工詩賦，與同里陳子龍、李雯稱『雲間三子』。有《林屋詩文稿》。

是書爲李、陳、宋三子詞集，前有陳子龍『題詞』，通論唐五代以下詞作盛衰之迹，闡明雲間詞人創作旨趣。中多倡和之篇，當作於明崇禎六年秋至九年秋冬間三子同時賦閑松江且過從甚密時（詳李越深《論〈幽蘭草〉的創作、結集時間以及價值定位》，《浙江大學學報（人文社會科學版）》，二〇〇五年五月，第三十五卷第三期）。

此本開版爲晚明風氣，卷上、中、下版心下方依次鎸三子堂名，曰『彷佛樓』『江蘺檻』『鳳想樓』。陳子龍『題詞』云：『吾友李子、宋子，當今文章之雄也。又以妙有才情，性通宮徵，時屈其班、張宏博之姿，枚、蘇大雅之致，作爲小詞，以當博奕。余以暇日，每懷見獵之心，偶有屬和。宋子彙而梓之，曰《幽蘭草》。』知爲宋轅文所輯刻，成於明崇禎九年或稍晚。前人或以三子某些詞寄興深微，有故國之思，而是書所收詞作之主旨與明清鼎革並無關涉。

卷上李舒章詞，共四十二首，已收入清順治十四年石維崑刻本《蓼齋集》；卷中陳卧子詞，共五十五首，其中《南鄉子》（春風）、《錦帳春》（畫眉）、《木蘭花》（楊花）、《山花子》（雨愁）、《醉花陰》（不寐）、《一剪梅》（咏燕）、《玉樓春》（冬别）、《小重山》（水閣春月）八首爲通行之清嘉慶刻《陳忠裕全集》本所未收；卷下宋轅文詞，共四十八首，清初孔傳鐸編《名家詞抄六十種》之《海誾香詞》僅收録其中四首，清順治刻《倡和詩餘》之《海閶倡和香詞》更無一首見收。是書所收詞較之通行本，字句異同處不少，間有通篇迥異者（如李舒章《清平樂》（秋曉）一首）。

此刻傳本甚稀，爲清代以來諸藏家所未見。鈐有『曾在潘景鄭家』『景鄭詞籍』印。現藏上海圖書館。（徐瀟立）

二六七

**宋元名家詞七十種一百卷**　明抄本。框高十四·六釐米，寬十二·三釐米。每半葉九行，行十五字，白口，左右雙邊。

該本首册末有題跋二，跋一云：『此詞共七十家，宋元各半，爲毛斧季得於梁溪秦留仙後人及孫氏者，蓋明代抄本也。斧季有跋在《秋澗詞》弟一卷末。斧季又借黄俞邰所藏《秋澗集》，命桐子抄補之（又《鶴山長短句》斧季跋有命福兒校正句，是斧季二子名也）。其本半出斧季手校。又如《樂齋詞》《白雪詞》《雀山詞》《秋澗詞》均有斧季朱字跋。至於印章，均精妙可玩。又如《石林詞》《雀山詞》卷中所粘籤條亦出斧季，似付工另抄，而以此爲底本也。以校汲古閣《六十家詞》，未刻者過半，蓋刻本出於子晉，而斧季所得，此則在康熙初矣。然以校《六十家詞》，訛脱不堪，遜此遠矣。如《樂章集》中《傳花枝》《宣清》、《東坡詞》中之《滿江紅》《勸金船》等闋，皆與行世本不同，所以極可寶貴。《東坡詞》首副葉，有士禮居白文印，知爲黄氏所藏。』末署『丙辰』『涉江』，『丙辰』應該是民國五年（一九一六）；『涉江』應該是題跋作者。下鈐『晏』字印。

跋二云：『又考《郘亭書目》卷十六，詞選類，有《名家詞》十卷，侯文燦編。自序謂，「汲古《六十家詞》，外見絶少。孫星遠有《唐宋以來百家詞》抄本，訪之僅存數種，以此考之，《酒邊詞》印章即其人矣」。又斧季跋《秋澗詞》一卷，末云：「從錫山秦氏得抄本詞十四册。後十一年復過錫山，訪於孫氏，又得宋元詞五十餘册。」是斧季既得秦氏抄本，後知爲孫氏物。再訪於孫氏，復得五十餘册，然則此七十家皆出孫氏。所云「紫芝漫鈔」之格紙，即孫氏物也。故斧季云擬舊式刻一格紙，命桐補鈔，是此本之淵源已了然矣。』末鈐『元素』印。確如跋尾所言，讀此二篇題跋後，該本『之淵源已了然矣』。考題跋作者，爲清末民初學者震鈞。震鈞（一八五七—一九二〇）字在廷（亭），又字元素，號涉江，瓜爾佳氏，漢名唐晏。著有《天咫偶聞》《渤海國志》《庚子西行紀事》《西漢三國學案》《八旗詩名媛小傳》《國朝書人輯略》等。震鈞跋一云『此詞共七十家，宋元各半』，實際上是宋詞六十家、金詞兩家、元詞五家，甚至還混入明詞兩家。唐五代十八家歸爲一家，共計七十家。題跋一又云：『内《稼軒詞》缺一卷，《花間詞》缺後二卷，不知何從佚去矣。』

該本爲李盛鐸舊藏，書中鈐有『李少微』印。書中另鈐有『汲古主人』『毛』『晉』『毛晉之印』『毛氏子晉』『汲古閣』『士禮居藏』『陳寶晉守吾記』『約園主人』『劉樹君藏書印』『劉氏樹君』『樹君珍藏之印』『金印若琰』『孫熹』『星遠』等印。『士禮居』爲清代著名藏書家、目録學家、校勘家黄丕烈室名。黄丕烈（一七六三—一八二五）字紹武，一字承之，號蕘圃、復翁、佞宋主人等，江蘇長洲（今屬蘇州）人。陳寶晉字康甫，號守吾，江蘇海陵（今屬泰州）人。近代著名收藏鑒賞家。劉淮年字樹君，號蜀生，順天大城（今屬河北）人。近代著名藏書家。咸豐十年（一八六〇）進士，同治間官惠州知府。工詩，著有《三十二蘭亭室詩存》。張壽鏞（一八七五—一九四五）字伯頌，號泳霓，別號約園，浙江鄞縣人。民國時期著名經濟學家、教育家、藏書家。現藏北京大學圖書館。（李雄飛）

二六八

## 宋名家詞六十一種九十卷

（明）毛晉編　明崇禎毛氏汲古閣刻本　陸貽典　黄儀　毛扆　季錫疇　瞿熙邦校並跋　何煌　何元錫校。框高十八・七釐米，寬十四・四釐米。每半葉八行，行十八字，白口，左右雙邊。

毛晉生平爵里、學行業績簡況，前録稿本《汲古閣集》時已介紹。

是書一名《宋六十名家詞》，實收自晏殊《珠玉詞》至盧炳《哄堂詞》共六十一種，分爲六集（詳目參閲《中國叢書綜録》）。每家之後各附以毛晉所撰跋語，或介紹詞人生平，或評論藝術風格，有些詞前有原序。編次不以時代先後爲準，而以得詞付雕先後爲序。第一集卷前有夏樹芳序，第二集前胡震亨序。據胡序署年，知是書刻於明崇禎三年（一六三〇）前後。各集底本或是宋元刻本，或源自舊抄本，或自全集析出，亦有從《花庵詞選》中輯録者，彙刻成書時，有所校勘取捨、訂訛補遺。宋張炎《詞源》曾提及『刊本《六十家詞》』，明吳訥亦曾彙刻宋元百家詞，而均無傳本，唯此毛刻本三百年來爲學者傳誦，流播最廣，可謂詞林之淵海。毛晉原擬先刻六集，以後陸續再刻印其他詞集，但因財力不足等原因作罷，故張先《子野詞》、賀鑄《東山寓聲樂府》、范成大《石湖詞》、楊萬里《誠齋樂府》、王沂孫《碧山樂府》、張炎《玉田詞》等重要詞家未能收入。

是書網羅散佚，傳播之功甚偉，而其中錯誤亦頗遭詬病，誠如《四庫全書總目》是書提要所言：『其中名姓之錯互，篇章字句之訛異，雖不能免，而於諸本之誤甲爲乙，考證釐訂者亦復不少。』有鑒於此，陸貽典與毛扆乃遍借宋元刻本、舊抄本並此書底本逐卷精校，詳加考訂。今《中華再造善本續編》所影印者即爲此本。

陸貽典（一六一七—一六八六）字敕先，常熟（今屬江蘇）人。諸生，博學工詩，精於校勘，多藏善本，與毛扆爲翁婿。毛扆字斧季，毛晉次子。二人校讎批讀是書近二十年，圈點勾抹，朱墨爛然。每種有題識，交待校本種類、來源、優劣及校改情況，如《樂章集》據『宋本』『趙校本』『周氏、孫氏兩鈔本』校；《東堂詞》『七月廿一日校，凡三抄本，其一即底本也。章次皆同而與此刻異。內一小字本最佳，所得脱誤字極多』；《淮海詞》據『宋刻本集校』；《片玉詞》用元刻本《片玉集》及抄本校，又用底本重校，等等。亦有多種書陸貽典已校過，毛扆又用其校本重校，如《稼軒詞》。每種卷末均書明某年月日、『某某校畢、讀訖』等語。錯訛較多者，毛扆有批云『題詞要毀』（《溪堂詞》）、『跋重刻』（《竹山詞》）、『要重刻』（《近體樂府》《石屏詞》）等語，惜因故未果。此本流傳後世，曾經鮑廷博知不足齋遞藏，又有季錫疇、瞿熙邦、何煌、何元錫等校語數則。今各種參校之本多不存世，賴此校本保留大量異文信息，文獻價值極高。

鈐有『古愚藏本』『西河』『古愚』『冰香樓』『歙鮑氏知不足齋臧書』等印。現藏中國國家圖書館。

## 風雅遺音二卷

（宋）林正大撰　明刻本　黄丕烈丁丙跋。框高二十·九釐米，寬十四·九釐米。每半葉九行，行十八字，白口，單魚尾，左右雙邊。

林正大（生卒年不詳）字敬之，號隨庵，永嘉（今浙江温州）人。清沈辰垣《歷代詩餘》卷一百零七謂正大爲『嘉泰時人，著有《風雅遺音》四卷』。開禧中爲嚴州（今浙江建德）學官。

是書仿蘇軾隱括《歸去來詞》之例，取前人詩文隱括其意製爲雜曲，每首之前仍全載本文。所謂隱括乃是一種文學創作方法，是對原文進行高度概括後的改寫，乃宋人爲詞學另開一徑之獨創。林正大乃宋代創作隱括作品數量最多的人。其書以十五個詞調，隱括六朝、唐、宋時期，李白、杜甫、蘇軾、歐陽修、黄庭堅、范仲淹等十八位作者的詩文四十一篇，其中杜甫的《醉時歌》一篇寫了三調，故全書實際隱括了十八位作者的三十九篇名作。後世對隱括詞總體評價不高，《四庫全書總目》是書提要稱其書『语意蹇拙，殊無可采』，故僅列入存目，蓋力避俚俗，務求雅正。

諸家書目記載是書卷數多有不同，有作二卷，亦有作四卷者，以二卷居多。

此書嘗有宋刻本，《四庫全書總目》是書提要引『編修汪如藻家藏本』卷末過錄的徐釚跋云：『《風雅遺音》上下卷，南宋刊本，泰興季滄葦家藏書。』然此季氏藏本是否爲宋刻，存疑。查《季滄葦藏書目》，並未著錄有宋刻《風雅遺音》者。今季滄葦舊藏《風雅遺音》有幸已隨部分過雲樓藏書歸入南

（樊長遠）

京圖書館。是書鈐有季氏父子諸印。白口方字，行格疏朗，頗有宋版遺風。從字體風格來看，當屬明早期刻本。前人好古佞宋，或疑此書即徐跋所指之宋刻。

今南京圖書館所藏此明刻本，有黄丕烈、丁丙題跋。黄丕烈跋云：『此《風雅遺音》上下二卷，余疑爲元刻，因其紙紋之闊而字畫之古也。……此本殆從南宋本翻雕者耶？……即非元刊，究爲希有，所見古書録中定與稼軒詞争勝矣。』

兩部明刻相較，宛若同槧，兩書均半葉九行，行十八字，白口。然二書版框不同，季氏本爲四周單邊，黄跋本爲左右雙邊。二書版刻字體相似，均端莊凝重，古樸大方。然季本作簡體字或俗體字者，黄跋本多爲繁體字，如：『尔』（季本）作『爾』（黄本），『斈』（季本）作『學』（黄本），『斉』（季本）作『齊』（黄本），『竟』（季本）作『覺』（黄本）等等，不一而足。簡體字或俗體字出現之繁密，爲季本一大突出特徵。

文字内容方面，黄跋本較季氏本多出甲子七夕林正大題識及嘉泰甲子陳子式序。黄本内容完整，第十四葉正面：『添悲切試與含愁……紘空絶忽窻前一夜。』『添悲』『忽』字被鏟掉成墨釘。又下卷第三十一葉正面末行，李白『清平調』詞原文後闕：『雲想衣裳花想容，春風拂檻露华濃。若非群玉山頭見，會向瑶臺月下逢』幾句，又第三十一葉反面、第三十二葉俱逸。

前人題識中，有謂此書爲宋刻者，有謂此書爲元刻者，有謂此書爲明刻者，可知此書版本之難以確定。今觀此本版式風貌、字體風韻確有宋刊或元刻氣息，但又不可遽下結論，尚俟研討。正如黄丕烈所言：『即非元刊，究爲希有，所見古書録中定與稼軒詞争勝矣。』

此本叠經明清名家收藏，流傳有緒。書中鈐有『張廷臣元忠印』『古譚州袁卧雪廬收藏』『黄印丕烈』『蕘圃』『平江黄氏圖書』『嘉惠堂丁氏藏書之印』『八千卷樓珍藏善本』等印。現藏南京圖書館。

（徐昕）

二七〇

**桂洲詞一卷**　（明）夏言撰　明嘉靖十九年（一五四〇）石遷高刻本。框高十八·八釐米，寬十四·二釐米。每半葉九行，行十六字，白口，四周單邊。

夏言（一四八二—一五四八）字公瑾，號桂洲，貴溪（今江西貴溪）人。正德十二年（一五一七）進士，授行人，擢兵科給事中。嘉靖初，定祭祀典禮，進禮部尚書。嘉靖十二年兼武英殿大學士，十五年加太子太保，進少傅兼太子太師、禮部尚書，入閣參預機務。十八年正月擢内閣首輔，爲嚴嵩所忌，漸失帝意。二十一年革職歸。二十四年復任，因支持收復河套事忤帝意，削職，二十七年賜死。隆慶初，追復故官，謚文愍。著有《南宫奏稿》《桂洲奏議》《桂洲集》《桂洲近體樂府》《鷗園新曲》等。生平詳《明史》卷一百九十六。

是書搜集夏言詞作一百五十二首。據吴一鵬序，夏言詞『上賡帝歌，下鳴雅頌，與二三元老更倡迭和於廟堂之上。……公之作華而有則，樂而不淫，實詞林之宗匠也』。《藝苑卮言》亦謂：『我朝以詞名家者，伯温秾纖有致，去宋尚隔一塵。用修好入六朝麗事，似近而遠。公瑾最號雄豪，比之稼軒，覺少精思。錢氏（錢允治）謂：公瑾喜爲長短句，當其得君專政，聲勢烜赫，長篇小令，草藁未削，已流布都下，互相傳唱。殁後未百年，黯然無聞。《花間》《草堂》之集，無有及桂洲名氏者。求如前代，所謂「曲子相公」亦不可得，可一慨也。』（見清王昶《明詞綜》卷三）王國維《觀堂外集·庚辛之際讀書記》亦稱：『有明一代，樂府道衰，「寫情」「扣舷」尚有宋元遺響，仁、宣以後，兹事幾絶。獨文愍以魁碩之才，起而振之，豪壯典麗，與于湖、劍南爲近。方其得路，入正郊廟，出扈禁蹕，一詞朝傳，萬口暮誦。同時名公皆摹擬其體格。門生故吏，争相傳刻，雖居勢使然，抑其風采文采，自有以發之者歟？』（見施蟄存《詞籍序跋萃編》卷六）

夏言詞作刊本頗夥，趙尊嶽《明詞彙刊》著録《桂洲集》六卷、《桂洲集外詞》一卷。今據《中國古籍總目·集部·詞類·别集之屬》夏言之詞集有：《桂洲詞》（《桂洲集》）六卷，明嘉靖二十年朱選刻本，上海圖書館藏；《桂翁詞》六卷、《鷗園新曲》一卷，嘉靖二十五年常熟陳堯刻本，臺灣『中央圖書館』藏；嘉靖四十五年雙童泉氏刻本，中國國家圖書館藏；《桂洲先生詞》九卷《鷗園新曲》一卷，明萬曆十五年（一五八七）吴萊刻本，臺灣『中央圖書館』藏。此本爲明嘉靖十九年石遷高刻本。石遷高（？—一五四九）字謙甫，號易菴，恩縣（今山東平原）人，嘉靖八年己丑科羅洪先榜進士，九年任内黄縣知縣，擢工科給事中、陞户科大名府知府，二十年任江西饒州兵巡副使，二十四年爲河南布政使司分守汝南道右參政，二十七年任四川布政使左使，二十八年任巡撫山西都察院右副都御史，是年卒於官。

今以此本校饒宗頤初纂、張璋總纂《全明詞》（第二册）異文頗夥，略具數條，以備一觀：《水調歌頭・答甬川寫情》『緑槐陰合匝』闋『簡點』爲『點檢』；《水調歌頭・題許司徒松臯書屋》『書屋』爲『書室』，『亂枝』爲『虬枝』；《水調歌頭・柬浚川司馬論詩》闋『蒼花纖』爲『蒼花細』；《沁園春・送蔡都御史巡撫山東》爲『送蔡都御史半洲巡撫山東』；《沁園春》『屢疏求閒』闋『晝錦』爲『晝繡』，『聲名竝起事方張。』爲『聲名並起，事業方張。』；《沁園春・賀大司徒李蒲汀》爲『賀大司徒蒲汀李公』。其他諸如名爲元、才爲材、週爲周、戍爲戌等等亦多見，又有『前調』爲『又』，『首』爲『闋』之類。故知此刻頗具校勘價值，殊可寶之。

此本曾爲鄭振鐸插架之物，鈐『长乐郑振铎西諦藏书』『長樂鄭氏臧書之印』諸印。現藏中國國家圖書館。（向輝）

二七一

**尊前集二卷** 明刻本。框高十七・八釐米，寬十一・七釐米。每半葉九行，行十八字，白口，四周單邊。

歐陽炯《〈花間集〉序》有『競富於樽前』之語，『樽前』即爲『尊前』。《尊前集》意爲宴席飲酒助興之詞篇。此集乃我國較早之唐五代詞選集，編錄帝王與李白等文人詞共二百餘首。前人考證《尊前集》編者大體可歸納爲四種説法，而以謂宋初人較爲可信。宋人王灼《碧雞漫志》及胡仔《苕溪魚隱叢話》等對該書均有稱述，可知北宋時已有此集。宋人提及此書時，多稱《唐尊前集》，因謂此書爲唐末人所編。然書中李煜詞皆題『李王』，考李煜於宋太平興國三年（九七八）卒後追封爲吳王，可知當爲北宋人所編。作爲早期詞集，《花間集》《尊前集》常爲人所樂道，堪稱『姊妹篇』。但與《花間集》僅選晚唐、五代人詞，且詞風單一不同，《尊前集》所選詞作多，且詞人盛、中、晚唐均有，風格多樣，較全面地反映了早期文人詞的風貌，是研究早期詞的珍貴資料。

此集自南宋以後，極少流傳。直到明萬曆十年（一五八二），始有嘉興顧梧芳刻本（即此再造影印底本）。但該集較通行者乃明末毛氏汲古閣刻《詞苑英華》九種本，首有明萬曆十年所撰之引，云：『聯其所製，爲上下二卷，名曰《尊前集》，梓傳同好。』又云：『余愛《花間集》，欲播傳之，而余斯編第有類焉。』卷末有編者後序，稱此本依明刻本重刻，每半葉九行，行二十字，白口，左右雙邊，書口雙魚尾。至於明顧梧芳刻本，則流傳不甚廣，國家圖書館藏有下卷，二十世紀九十年代末，上卷在國家圖書館被發現，核對舊藏下卷，確認是明萬曆顧梧芳刻本無誤，至此，這部珍本纔重現於世。顧梧芳刻本的合璧，爲廣大學者研究中國早期詞提供了難得的研究資料。參照該本，毛氏汲古閣刻本的訛誤得以糾正。

此本收三十六家詞人詞作二百八十九首，無目録，上卷開首題『明嘉禾顧梧芳編次，東吳史叔成釋』，然後依次是明皇一首、昭宗二首、莊宗四首、李王五首、李白十二首，至張泌一首結束，先君後臣，有條不紊。下卷開首爲毛文錫一首、歐陽炯三十一首、和凝七首，至徐昌圖三首止。上卷書後有王國維清光緒三十四年（一九〇八）墨筆題跋，跋語云：『明顧梧芳刻《尊前集》二卷，自爲之引，毛子晉刻入《詞苑英華》，題爲梧芳所輯，朱竹垞跋称吴下得吴匏庵少鈔本，取顧本勘之，靡有不同，因定爲宋初人編輯。』説明前人曾誤以爲此書爲顧梧芳襲用舊名的新編。清代朱彝尊見到明前期吴寬手抄《尊前集》一卷，取顧本對校，詞人之先後、樂章之次第，均無不同，證實顧本衹是以舊本分爲二卷而已。王國維在詞的創作及研究方面均頗有造詣，跋語中對編者與所收詞作真僞均有考證。此外，王國維在跋語中曰：『光緒戊申仲夏借叔蘊先生竹垞藏本跋而歸之。』交待與羅振玉之間的書籍往來。此本刊刻精工，標點存於字裏行間。引言與跋語墨迹稍重，兩卷字墨也稍有差異，下卷較上卷字稍清，墨更烏，上卷鈐有『彄舫』『松陵史蓉莊臧』『羅印振玉』『羅繼祖』『甘孺』『大雲燼餘』等印，此卷曾經朱彝尊手，後被羅振玉收藏，又經其孫羅繼祖保管，後入藏國家圖書館。下卷鈐有『至樂莫若讀書』『程思齋』『羅印振玉』『长乐郑振鐸西諦藏书』『長樂鄭氏臧書之印』，可知下卷原爲羅振玉藏書，後被鄭振鐸收藏，後隨鄭氏書捐贈國家，在國家圖書館，兩書終於再成完帙。現藏中國國家圖書館。（趙銀芳）

二七二

**碧雞漫志五卷**　（宋）王灼撰　明抄本　錢曾校並跋。框高二十·八釐米，寬十三·七釐米。每半葉十一行，行二十字，白口，四周雙邊。

王灼（一一〇五—一一七五？）字晦叔，號頤堂，遂寧（今屬四川）人。南宋紹興中嘗爲幕官，仕宦不顯。著有《頤堂先生文集》五十九卷（一説五十七卷，現存五卷）、《碧雞漫志》五卷、《長短句》一卷（又名《頤堂詞》，現存二十一首）、《祭文》一卷（已佚）、《周書音訓》三十二卷（已佚）、《疏食譜》（已佚)、《糖霜譜》一卷。

此書成於紹興十九年(一一四九)。書前有紹興十九年己巳三月王氏自序,謂紹興十五年乙丑冬寓居成都碧雞坊妙勝院,其後往來於王和先、張齊望二家,每飲歸,『旁緣是日歌曲,出所聞見,仍考歷世習俗,追思平時論説,信筆以記,積百十紙,混群書中,不自收拾。今秋(按:疑爲『去秋』之訛)開篋偶得之,殘脱逸散,僅存十七。因次比增廣成五卷,目曰《碧雞漫志》』。此書卷一論樂,述古初至唐、宋聲歌遞變之由;卷二論詞,品評唐末五代至南宋初之詞人詞作;卷三至五專論詞調,詳述曲調源流,對《虞美人》《念奴嬌》等二十八個曲調,逐一追溯得名之緣起與其漸變宋詞之沿革。

王氏自序有『一時醉墨,未忍焚弃』之語,可知成書之初尚未付梓。據最早著録此書的《郡齋讀書志·讀書附志下》可知,此書曾與《頤堂先生文集》五十九卷、《長短句》一卷、《祭文》一卷合刊行世。《頤堂先生文集》最早刻本爲宋乾道八年(一一七二)其侄王傳編刊之本,現存五卷,卷一末有『乾道壬辰六月王撫幹宅謹記』牌記。王灼《長短句》今傳本有《彊村叢書》本,而《彊村叢書》目録標明所收《頤堂詞》爲『宋乾道刊本』。由此推知,此書最早刻本當爲乾道八年與詩、文、詞合刊之本,惜已久佚。

至明代,此書分爲五卷本、一卷本兩個系統。一卷本是五卷本的删節本,最初由陶宗儀删節編定,收入《説郛》卷十八。五卷本是此書足本,在明代以抄本行世,現存有三個明抄本。一爲明祝允明手抄本,現存國家圖書館,僅抄録五卷本之後三卷。二爲明天一閣抄本,現存臺灣『中央圖書館』,首尾有殘缺。三爲此明藍格抄本。卷末有清初藏書家錢曾於康熙八年己酉(一六六九)所題跋語一行:『己酉三月望日，錢遵王假毛黼季汲古閣本校定訛闕。惜家藏舊本少第二卷，無從是正爲恨。』此本多處鈐有『毛晉』『汲古主人』『汲古閣』等印，而未鈐錢曾一印，知爲錢曾所借之毛氏汲古閣藏本，而非錢曾家藏舊本。此本字裏行間多有朱筆校語，當是錢曾於二本之上同出校語所致。錢曾家藏舊本現已不知下落，據此本校語當可推知其貌。

此本除汲古閣諸印外，尚鈐有『四明盧氏抱經樓藏書印』等印，知曾爲盧址（一七二五—一七九四）抱經樓舊藏。現藏中國國家圖書館。（包菊香）

二七三

## 詞海評林三卷　（明）毛晉撰　明末抄本　毛扆跋。框高二十二・二釐米，寬十四・二釐米。每半葉十二行，行二十五字，白口，四周單邊。

毛晉生平爵里、學行業績簡況，前録稿本《汲古閣集》時已介紹。

此書爲毛氏增訂明張綖《詩餘圖譜》而成。毛晉之子毛扆於康熙四十九年（一七一〇）跋云：『《詩餘圖譜》，填詞之法備焉矣。先君此書之作，規模之而更充廣焉。凡少一字者居前，多一字者居後，旁搜博覽，彙綴成帙，釐爲三卷。一生心力，固不僅於是，而孜孜矻矻，已大費詳慎。正欲付梓，而玉樓之召孔迫，惜哉！』

此本原内封題『詞苑英華』，《詞苑英華》刻本今存《花間集》十卷、《草堂詩餘》四卷、《花庵絶妙詞選》十卷、《中興以來絶妙詞選》十卷、《尊前集》二卷、《詞林萬選》四卷、《詩餘圖譜》三卷、《秦張二先生詩餘合璧》二卷，《少游詩餘》一卷、《南湖詩餘》一卷。此本依張綖《詩餘圖譜》三卷例，分小令（册一至五）、中調（册六至八）、長調（册九至十二）。其中各類均有總目，小令起二十三字《南歌子》至五十九字《接賢賓》計一百五十七調，録詞一千四百七十三首；中調起六十字《一剪梅》至八十九字《玉帶花》；長調起九十字《謝春池》至字數未詳之《醜奴兒令》。册一附圖譜釋字省文、合律正調。各調先爲句之字數、韻之平仄、段數、韻數及總字數，次名家詞作，均注明作者，作者不明者標無名氏。版心標調名及詞調所録詞之葉數。

此本曾經毛晉、毛扆、盧址、許博明等遞藏，鈐有『汲古閣藏』『海虞毛晉子晉圖書記』『毛鳳苞印』『汲古閣』『扆印』『抱經樓』『許氏秘笈』『曾藏吳興許氏申申閣中』『博明審定』『申申閣主人』『讀書樂』『叢桂小筑藏書之記』『高陽氏懷辛秘玩』諸印。許博明（一八九六—一九七〇）名厚基，字博明，號懷辛，別署懷辛閣主人，祖籍吳興（今屬浙江湖州）人，居於蘇州。現藏中國國家圖書館。（向輝）

二七四

**古本董解元西廂記八卷**　明適適子刻本。框高十九·三釐米，寬十三釐米。每半葉十行，行二十字，小字雙行同，白口，四周單邊。

元鍾嗣成《録鬼簿》卷上提格載：『董解元，金章宗時人。以其創始，故列諸首。』未知里貫。據鄭振鐸《宋元金諸宮調考》，謂『解元』二字，在金元時爲對讀書人之通稱或尊稱，不像明人之必以中舉首者爲『解元』。

《西厢記》本事源於唐元稹《鶯鶯傳》（又名《會真記》），敷演張生與崔鶯鶯的愛情故事。董氏在《會真記》基礎上，將部分故事豐富，將不合理處加以改削、增添。如《會真記》結尾張生無故與鶯鶯絶情，發『德不足以胜妖孽』（見《鶯鶯傳》）之感想，董氏改結尾爲二人歷經波折，終成眷屬。明胡應麟《少室山房筆叢正集》卷二十五稱是書『精工巧麗，備極才情，而字字本色，言言古意，當是古今傳奇鼻祖，金人一代文獻盡此矣』。諸宫調爲『聯合不同宫調若干的曲套以詠唱一個故事』，『是絶爲偉大的嶄新的一個嘗試』（鄭振鐸《宋元金諸宫調考》）。是書爲存世最完整的諸宫調作品，足見其珍。

今存世之董氏《西厢記》，除此適適子刻本外，尚有明嘉靖刻本、明黄嘉惠刻本、明湯顯祖評套印本、明會真六幻本、民國暖紅室本等。此本與上海圖書館藏明嘉靖本同分爲八卷，與其他四卷、二卷本不同，應爲較早刻本。此本爲趙萬里於一九五七年赴安徽徽州績溪縣訪書時所得，『按照此書版式和刻工體勢看來，當是嘉靖、隆慶之間或萬曆初年刻本』（《趙萬里文集》第二卷《元適適子本〈董解元西厢記〉跋》）。正文卷端題『海陽風逸散人適適子重校梓』，正文前有手抄明嘉靖三十六年（一五五七）張羽序。有朱筆浮簽，提到『黄本、屠本、湯本、六幻本、煖紅室本（以下稱各本）』，與各本對校的異文。又曰：『此書可能是現存張本最早的刊本，但非張羽原本，而是適適子重校本。』題寫浮簽時，或未見嘉靖本。浮簽内容與趙萬里跋結論相合，或爲趙氏手書。

與嘉靖本（以《續修四庫全書》影印本爲據）對校，此本與嘉靖本多同，與其他各本多異。如卷一第二葉三行『比前賢樂府不中聽』，『前賢』其他各本皆作『前覽』，此本與嘉靖本同，更合文意。又卷二第二葉八行小字『若不仿佛，必被擄掠而去』，『仿佛』其他各本皆作『準備』，此本與嘉靖本同，但『準備』似文意更順。亦有此本與嘉靖本、其他各本均不同處，如卷一第三葉後八行小字『上連霄漢泛槎』中『泛槎』，嘉靖本及各本皆作『泛浮槎』，此爲七言律詩之末句，此本當是脱字。卷一第十葉後一行『而今没這本話兒』中『話兒』，嘉靖本及各本皆作『話説』，此處頗可研究，浮簽亦云此處或事關全曲的破句與韻脚問題。二本來源或相同，也是現存最接近原貌之早期刻本。

是本傳世極罕，彌足珍貴。現藏中國國家圖書館。（洪琰）

二七五

**新刊合併董解元西廂記二卷新刊合併王實甫西廂記二卷**　（元）王德信撰　（明）屠隆校正　明周居易刻本。框高二十二·三釐米，寬十五釐米。每半葉十行，行二十四字，小字雙行同，白口，四周雙邊。

《新刊合併董解元西廂記》二卷，卷端題『赤水屠隆長卿父校正』。屠隆（一五四二—一六〇五）字長卿，一字緯真，號赤水居士，別署由拳山人、一衲道人、蓬萊仙客等，晚號鴻苞居士，明鄞縣（今浙江寧波）人。生有異才，嘗學詩於沈明臣。萬曆五年（一五七七）進士，除潁上知縣，調青浦縣，後遷禮部主事，歷郎中。被劾罷歸，縱情詩酒，尋仙訪道，以消胸中塊壘。與張鳳翼、王道昆、梅鼎祚、湯顯祖等交好。著有傳奇《曇花記》《彩毫記》《修文記》。工詩文，有《鴻苞》《棲真館集》《由拳集》《白榆集》等。

《明史》卷二百八十八附《徐渭傳》後。

《西厢記》本事源於唐元稹《會真記》(又名《鶯鶯傳》),敷演張生與相國小姐崔鶯鶯的愛情故事。金代董解元改編爲諸宫調,元王實甫改編爲雜劇,後又有明李日華、陸天池易北曲爲南曲,演爲《南西厢》。張鳳翼《新刻合併西厢敘》曰:『是集有南北之分焉。董解元、王實甫演爲北調,李日華、陸天池演爲南調……余見今之輕儇子弟,惟拾艷媚新詞,冀以炫耳目、娱心志,毫不諳作者勸懲大義……以故赤水屠先生爲當世博洽君子,而於西厢訂正縱閲,蓋不以曲詞苴視之也……觀者能會作者之意,則庶幾得古人立教之旨矣,此西厢合併也。』此爲西厢合併之始。後又有閔齊伋編《會真六幻》,收元稹《會真記》、董西厢、王西厢、李陸南西厢外,尚有關漢卿《續西厢記》(即《西厢記》第五本)。據蔣星煜《屠隆對〈西厢記〉所作校正的依據和得失》一文,屠隆所作校正,立足於『求調於聲者則協以和』,重點在曲牌定格、套曲組織及文章辭藻等方面,其校正本『不是案頭之曲,而是場上之曲』,其真正價值也在於『反映了當時舞臺演出的實况』。

是本僅存《新刊合併董解元西厢記》二卷《新刊合併王實甫西厢記》二卷,卷端題『赤水屠隆長卿父校正』『樂天周居易子平父校梓』。前有插圖二十一幅,題爲『西厢合併圖像』。《新刊合併董解元西厢記》分二卷,不標折。《新刊合併王實父西厢記》前有屠隆『王實父西厢記敘』,敘末葉缺,分二卷,二十折,不標目。此本脱張鳳翼序,有他本單行《新刊合併董解元西厢記》存張序。據張序稱南北四種西厢,又今存單行周居易刊刻陸采《新刊合併陸天池西厢記二卷》,可知當時刊刻當爲董、王、李、陸四種

西厢合併，今未見全本。此本爲西厢合併之始，雖僅存兩種，亦較罕見。現藏中國國家圖書館。（洪琰）



## 古今雜劇二百四十二種　明抄本。框高十九·六釐米，寬十二·九釐米。行字不等，欄格不一。

是書亦名《脉望館抄校本古今雜劇》，原書種數、册數已不可考，流傳中漸有散失，今存二百四十二種，分裝六十四册，含明刻本《息機子雜劇選》十五種、明刻本《古名家雜劇》五十五種，餘一百七十二種均爲明抄本。是書乃明藏書家趙琦美抄校，爲趙氏藏書室脉望館故物，每册書内幾乎皆有趙琦美於萬曆四十二年至四十五年間（一六一四—一六一七）校跋。

趙琦美（一五六三—一六二四）原名開美，字仲朗，號玄度，又自號清常道人，常熟（今屬江蘇）人。趙用賢子，以父蔭，歷官刑部貴州司郎中，授奉政大夫。平生『損衣削食，假書繕寫，朱黄雕校，欲見諸實用。得善本，往往文毅公（用賢）序而琦美刊之』（《趙氏家乘》）。據琦美編訂《脉望館書目》知，曾收藏圖書近五千種二萬餘册，刊印書籍三十六種一百二十六卷，並抄校過大量秘本。琦美與東閣大學士于慎行之子于小谷交好。小谷名緯，以父蔭爲中書舍人。二人同朝爲官，並爲戲曲愛好者，同氣相投，互通有無，抄録校補自藏雜劇，並考訂諸劇作者，讀者藉以得見明代御戲監戲文真貌。

是書輯録元明兩代劇本，蔚爲大觀，除馬致遠、關漢卿、白樸、鄭光祖等諸名家以外，琦美又請人抄錄衆多無名氏雜劇，並親作校跋。從趙氏題跋可知是書抄本來源有三：一是『從内本錄校』，『内本』即指明宫廷演戲劇本；二是借于小谷家藏本傳抄；三是無題識不知來歷抄本。

此書爲孤本秘笈，收錄古代戲曲最多，是研究元明雜劇及其作者之重要資料。所收劇目約有一百三十六種爲久已失傳的孤本，内又有二十九種元雜劇不見於其他戲曲選本。亦有一些雖與他版名目相同，然異文甚夥，内容亦不盡相同，甚至像另一種雜劇。書中有董其昌在崇禎年間跋文四則及錢曾抄補缺文三行，部分雜劇有何煌在雍正三年至七年間（一七二五—一七二九）校跋，何氏據元刊本雜劇及其他抄本曲類數十種校補本書。是書首册又有黄丕烈抄錄自藏曲目《待訪古今雜劇存目》和親筆題跋一則，對鑒定版本、瞭解元明雜劇傳世情況甚有補益。

是書發現前，元人雜劇多賴明萬曆四十四年刻臧懋循《元曲選》流傳，《元曲選》收元雜劇凡百種，當時於雜劇選中最爲豐富，而是書種數比《元曲選》多出一倍半，可謂爲中國戲曲研究增添一座寶庫。

琦美殁後，是書連同衆多脉望館藏書皆歸錢謙益絳雲樓，後又入錢曾手中。錢曾《也是園書目》著錄大批戲曲書，主要爲琦美抄校本，當時除著錄重複外，是書尚有三百四十種七十二册，後人稱之爲《也是園雜劇目》，或有稱之『也是園戲曲』者。錢曾之後，是書又經季振宜、何煌、黄丕烈遞藏。黄丕烈始定其名《古今雜劇》，一直沿用至今。黄氏之後又輾轉相傳於汪士鐘藝芸精舍、趙宗健舊山樓、丁祖蔭等處。因輾轉數人之手，致此書流傳中不斷散失。已見前説，錢曾時尚有三百四十種，至季振宜著錄時則餘三百種，黄丕烈時又少至二百六十六種六十六册，黄氏手抄目錄四十葉，今附書前。傳至汪士鍾之手，則僅餘今數。一九三八年五月，鄭振鐸於上海淪爲孤島時，由教育部長陳立夫撥專款，從古董商孫某手中購得此書，後入藏國立北平圖書館。

是書明代書目未見著錄，清人書目以錢曾《述古堂書目》和《也是園書目》記錄此書最早。又因《也是園書目》詳載此書中每劇名目，故世稱『也是園古今雜劇』。一九三九年，上海商務印書館從該書選出珍本一百四十四種，由王季烈等人校訂出版，題名《孤本元明雜劇》。一九五八年，鄭振鐸將此書收入其主編《古本戲曲叢刊》第四集影印出版，題名《脉望館鈔校本古今雜劇》，成爲通用版本。

如前所述，琦美之後，此書歷經錢謙益、錢曾、季振宜、何煌、黄丕烈、汪士鐘、趙宗健、丁祖蔭等名家收藏。鈐有『相府賢賢』『杏華書屋』『曾藏汪閬源家』『非昔居士』『常熟趙氏舊山樓經籍記』『舊山樓書藏』等印。現藏中國國家圖書館。（楊印民）

一七七

**元曲選一百種一百卷** （明）臧懋循編 **論曲一卷** （明）陶宗儀等撰 **元曲論一卷** 明萬曆刻本。框高二十·七釐米，寬十三·六釐米。每半葉九行，行二十字，白口，左右雙邊。

臧懋循（一五五〇—一六二〇）字晉叔，號顧諸山人，長興（今屬浙江）人。明代戲曲家、文學家。明萬曆八年（一五八〇）進士，歷任荆州府學教授、夷陵知縣、南京國子監博士。與同郡吳稼竳、吳夢暘、茅維等相唱和，被稱爲『吳興四子』。又與王世貞、湯顯祖等友善。善詩文、書法，精於北曲。萬曆十三年（一五八五）罷官歸里後，馳志於詩文、戲曲，編選刻印《古詩所》《唐詩所》；删訂《玉茗堂傳奇》；並校刻彈詞《仙遊錄》《夢遊錄》《俠遊錄》等，尤以所編《元曲選》最負盛名。另有詩文集《負苞堂集》九卷行世。詳見［乾隆］《長興縣志》卷八本傳及徐朔方先生《臧懋循年譜》。

臧懋循精通音律，重『當行』『本色』之曲，標舉元劇『妙在工而不工』『串合無痕』之體。據《元曲選》序文及《負苞堂集》卷四《寄謝在杭書》所述，臧氏編選此書，一爲『藏之名山而傳之通邑大都』，使一代文學不至淹没無聞；二爲彙集元曲之妙，使當時作家能『知有所取則』。臧氏所據底本，除家藏秘本外，尚搜羅『坊間諸刻』，又從湖北麻城錦衣衛劉承禧處借得宫廷御戲監抄本二三百種。臧氏對入選各劇參互校訂，删抹繁蕪，修其乖謬，使文通字順，曲辭通暢，科白齊全。每折之末又附『音釋』，爲雜劇欣賞、演出及研究提供便利。卷首附陶宗儀等《論曲》一卷及《元曲論》一卷，極具參考價值。臧氏主張戲曲應當『雅俗兼收』，故選入者多屬佳作，名家之作亦多賴以傳世。後人以《元曲選》删改失真，頗以爲病，褒貶不一。臧氏對此並未諱言，其《寄謝在杭書》曰：『比來衰懶日甚，戲取諸雜劇爲删抹繁蕪，其不合作者，即以己意改之，自謂頗得元人三昧。』在《元曲選》前序中亦曰：『若曰妄加筆削，自附元人功臣，則吾豈敢。』此非故弄玄虚，實爲自負之言。《元曲選》刊行後，明王驥德、徐復祚、凌濛初等對它雖不乏批評，然亦均有肯定，贊其『選刻之富』『搜選之勤』，使元雜劇『典型斯備』。全書凡十集，甲集至戊集爲前集，己集至癸集爲後集，每集十卷，每卷一劇，計一百卷一百種劇本，其中元人雜劇九十四種，入明元人作品六種，並附插圖二百二十餘幅，規模宏大，可謂元劇刻本之最。

《元曲選》前有臧懋循二序，前序寫於萬曆四十三年春日，有『因爲參伍校訂，摘其佳者若干，以甲乙釐成十集』語；後序作於萬曆四十四年，有『予故選雜劇百種，以盡元曲之妙』語。又據臧懋循《負苞堂集》卷四《寄黄貞父書》曰：『刻元劇本擬百種，而尚缺其半，搜輯殊不易，乃先以五十種行之。且空囊無以償梓人，姑借此少資緩急，茲遣奴子賫售都門，亦先以一部呈覽，幸爲不佞吹噓交遊間，便不減伯樂之顧，可作買紙計矣。』可知臧懋循因搜輯元劇本資金緊張，於萬曆四十三年先行刊印五十種，另五十種爲萬曆四十四年刊印。且此本分前後兩集，其前集收甲、乙、丙、丁、戊五集（每集又分上、下卷，收十種雜劇），後集收己、庚、辛、壬、癸五集，各收劇五十種，亦爲明證。此本序文末尾均刊有『臧晉叔印』『雕蟲館』等墨印，故此本亦稱『臧懋循雕蟲館刻本』。尚存扉葉署名『本衙藏板』及『博古堂藏板』者，其版刻、内容均與臧懋循雕蟲館所刊《元曲選》一致，故此二本應屬於明萬曆四十三至四十四年臧懋循雕蟲館刻本，或爲其後印本。

此本鈐『臞安』『吴梅』諸印，書衣前後分鈐『蘇州吴梅字瞿安别號霜臣一八八四—一九三九藏書』及『獻書人吴良士、見青、淥青、南青捐贈』兩枚印記，知此本曾爲吴梅舊藏。吴梅字瞿安，號霜厓，别署臞安、逋飛、厓叟等，長洲（今江蘇蘇州）人，近代戲曲理論家、教育家及詩詞曲作家，其藏書處爲奢摩他室及百嘉室，奢摩他室以收藏雜劇、傳奇及散曲集子爲主，至民國已達六百餘種，藏曲之富，一時無雙，被譽爲『藏曲大家』。吴氏藏書後經鄭振鐸介紹，主要捐入中國國家圖書館，此本即爲當年所捐之一種。（趙文友）

## 古雜劇二十種二十卷　（明）王驥德編　明顧曲齋刻本。框高二十・五釐米，寬十三・八釐米。每半葉九行，行二十字，白口，左右雙邊。

王驥德（一五四二？—一六二三）字伯良，號方諸生，別署玉陽仙史、秦樓外史，明會稽（今浙江紹興）人。曾游於徐渭之門。工詞曲。與沈璟、孫鑛、孫如法、呂天成等交好，曲學亦得益於此四人。曾校注《西厢記》，還撰有傳奇《題紅記》及雜劇《男王后》等。另有《曲律》四卷。

是書前有《古雜劇序》，敘其作書緣起，『代擅其至也，亦代相降也，至曲而降斯極矣。然三百篇之有尼父也，騷之有紫陽也，五言之有選也，律之有高棅氏諸家也，詞之有草堂也，非恃傳者恃傳之者也。而獨元之曲類多散逸，而世不盡見』，因而選編若干種雜劇，雖『未竟大全，顧典刑具在。庶幾吾孔氏存餼羊意已』。署爲『玉陽仙史序』，後有墨印『王氏伯良』『白雪齋』，此『玉陽仙史』當爲『王氏伯良』，即王驥德也。據孫楷第《也是園古今雜劇考》，此書爲明人萬曆中選刊元雜劇之一種，與《古名家雜劇》、息機子刊《元人雜劇選》等同出一源，或皆出自明内府本。

是本選雜劇二十種，每劇皆有插畫，今版畫不全，餘二十八幅。版心下鐫『顧曲齋藏板』，序末有『黄德新鐫』字樣，黄德新爲明萬曆時新安黄氏刻工，曾刻印《南華真經旁注》《秦漢印統》等。版畫細膩，上鐫有刻工『端甫』『翔甫』『吉甫』『鳴岐』『原明』『黄一楷』等，亦出自新安黄氏之手。由刻工可知，是本當刻於明萬曆時期。是本完帙稀罕，版畫亦爲徽派之作，甚爲珍貴。

是本二十種十册，來源不一。除前兩册及第八册，餘七册皆有『涵芬樓』『海鹽張元濟經收』等印，爲涵芬樓舊藏。張元濟《涵芬樓燼餘書錄》載:『顧曲齋元人雜劇選十六種　明刊本　八册。是本無序跋,無目錄,顧曲齋亦無考。所輯皆元人作,疑必不全……各種各附本事圖畫,當購入時,多被市估割去,僅存三幅。種數與北平圖書館所藏同。』則此七册原爲涵芬樓插架之物,後歸入國家圖書館。與原《燼餘書錄》所載,缺一册兩種。後考察國家圖書館另藏《古雜劇二十種》殘本四册,其中一册《㑳梅香》《緋衣夢》有張元濟藏印,當爲原《燼餘書錄》所載之一。第八册《梧桐葉》鈐有『长乐郑振铎西諦藏书』『長樂鄭氏臧書之印』『味蕉』等印,《漢宫秋》鈐有『王立承』『孝慈』『鳴晦廬珍藏金石書画記』等印。第七册《臨江驛》鈐張元濟印,但《荆楚臣》鈐『长乐郑振铎西諦藏书』印。此《荆楚臣》《梧桐葉》當即鄭振鐸《所見古書錄》手稿本中提到的『《古雜劇》殘存二種二卷』,『今此二劇附圖獨全,精麗典雅,矜貴之至,尤至喜也!』王立承,字孝慈,河北通縣(今屬北京)人。民國時藏書大家,曾任大總統府秘書、國務院秘書廳僉事等職,後因官運不濟,致力於古籍收藏,尤重版畫及通俗小説,有《鳴晦廬藏書目錄》。國家圖書館藏另一殘本,除一册爲張元濟之藏,其餘三册皆鈐有王立承印。是本前兩册無任一藏印,或爲草片記錄之一九五七年購於寧波文粹書店的二册四種。張元濟藏本上尚有鐘形『曼殊圖書之印』,是否曾爲蘇曼殊所藏,未可知。

總之,是本當爲涵芬樓、鄭振鐸、王立承藏本與後購入書籍彙爲完帙,彌足珍貴。現藏中國國家圖書館。(洪琰)

## 盛明雜劇三十卷 （明）沈泰編　明崇禎刻本。框高二十·六釐米，寬十四·三釐米。每半葉九行，行二十字，白口，左右雙邊。

沈泰（生卒年不詳）字林宗，又字大來，自署福次居主人，杭縣（今浙江杭州）人。生平事迹不詳。與明末傳奇作家袁晉、雜劇作家徐翽等相交甚篤。

明代雜劇創作繁盛，但在沈泰之前，彙刊之作很少。萬曆四十四年（一六一六）吴興臧懋循雕蟲館編刻《元曲選》十集二十卷共一百種。沈泰步武臧氏，崇禎初年就開始廣泛搜求，欲選編《盛明雜劇》。《凡例》言他籲求海内同好『毋吝千里郵筒，共襄百種快事』，然《初集》僅收録三十種。在選編過程中曾與祁彪佳往還探討，商借祁氏所藏戲曲秘本，並轉托祁氏好友王元壽將《盛明雜劇》選目送祁氏過目。祁氏《遠山堂尺牘》中有相關往來書信談及此事。

是編成於崇禎二年（一六二九），凡三十卷，卷各一種。所收自明初以迄明末，嘉靖以後作品較多。前有崇禎二年張元徵、徐翽、程羽文三序。《凡例》云：『此集祇詞人一臠，然非快事、韻事、奇絶、趣絶者不載，出風入雅，戛玉鏘金，何多讓焉。至若偶收鄙穢，似中時俗之盲，又如旁及詼諧，足捧滑稽之腹，亦附集末。其他俗本雖多，未堪解酲，豈敢災梨。』可見其取材頗富，所持標準較高，明人佳作大都網羅在内，然亦難免有隨俗平庸之作。由於所選雜劇風格齊備，可據以窺見明雜劇總體風貌。

所收三十種計有：汪南溟（道昆）《高唐夢》《五湖遊》《遠山戲》《洛水悲》、徐文長（渭）《漁陽弄》《翠鄉夢》《雌木蘭》《女狀元》、陳玉陽（與郊）《昭君出塞》《文姬入塞》《義犬》、沈君庸（自徵）《霸亭秋》《鞭歌妓》《簪花髻》、葉六桐（憲祖）《北邙説法》《團花鳳》、孟子若（稱舜）《桃花人面》《死裏逃生》、康對山（海）《中山狼》、王辰玉（衡）《鬱輪袍》、梁伯龍（辰魚）《紅綫女》、梅禹金（鼎祚）《崑崙奴》、卓珂月（人月）《花舫緣》、徐野若（翙）《春波影》、汪昌朝（廷訥）《廣陵月》、綠野堂（王衡）《真傀儡》、秦樓外史（王驥德）《男王后》、蘅蕪室（王衡。案實爲吴大山作）《再生緣》、破慳道人（徐復祚）《一文錢》、竹癡居士（呂天成）《齊東絶倒》。此從目録所題簡目，簡目所題作者不著真實姓名，或以字行，或用别號，或取室名。多爲江浙籍人，或活躍於江浙一帶，皆負時名。目録後有繡像三十葉，鎸刻精工。各劇在『盛明雜劇』總題次行分署某撰、某評、某閲；一人撰數種者，在第一種列總目或曰正名，後則衹列撰評閲者。如汪道昆所撰《大雅堂樂府》四劇，題『新都伯玉汪道昆撰，瑯琊敬美王世懋評，西湖長吉黄嘉惠、彦雯汪檁閲』，總目爲『楚襄王陽臺入夢、陶朱公五湖泛舟、張京兆戲作遠山、陳思王悲生洛水』。徐渭所撰四劇總題爲『四聲猿』。對入選各劇均寫有眉批評語，點明該劇意韻、關目之微妙所在。評語或爲沈泰所作，或出於袁宏道、王世懋等名家之手。版心鎸劇名。所收各劇在祁彪佳《遠山堂劇品》中皆有品題。

其中若《再生緣》《男王后》《齊東絶倒》《廣陵月》《團花鳳》《昭君出塞》《文姬入塞》《義犬》《霸亭秋》《簪花髻》《死裏逃生》《花舫緣》等，皆傳世孤本，僅見是編。亦有單行本或他本傳世者，如汪道昆所撰四種有萬曆《大雅堂雜劇》本，徐渭所撰四種有萬曆《徐文長三集》附刻本，《桃花人面》有《柳枝集》本，《中山狼》《紅綫女》《鞭歌妓》有孟稱舜編《酹江集》本，《鬱輪袍》有明刊本，《崑崙奴》有萬曆四十三年山陰劉氏刻本，《春波影》有明末《雁樓集》本，《一文錢》有崇禎《四大癡傳奇》本，等等。因編輯體例等原因，雜劇單行本收入是編時或有改動，與他集所收本比較，亦間有異文。作爲有明一代雜劇的重要選本，資料價值甚高。張元徵序認爲是書可『與元人百種（臧氏《元曲選》）並傳』，絶非虚誇。

《盛明雜劇》明刻原本極不易得。王國維《戲曲散論》云：『曩見日本内閣圖書寮書目，有《盛明雜劇二集》三十卷，驚爲秘笈。己酉冬日，得此書於廠肆，是爲《初集》，而《二集》在日本内閣，始知世間尚有完書也。』己酉爲清宣統元年（一九〇九），彼時已難得一見如此。清代藏書目録中亦少見著録。民國七年（一九一八）武進董氏誦芬室仿明精刊之後，方又盛行於世。

鈐『周越然』『越然過眼』『四明朱氏敝帚齋藏』等印。現藏中國國家圖書館。（樊長遠）

## 二八〇　盛明雜劇二集三十卷　（明）沈泰編　明崇禎刻本。框高二十·四釐米，寬十四·四釐米。每半葉九行，行二十字，白口，左右雙邊。

沈泰生平爵里、學行業績簡況，前録明崇禎刻本《盛明雜劇》時已介紹。

崇禎二年（一六二九）沈泰編刊《盛明雜劇初集》完成後，又續刊《二集》，亦三十卷，卷各一種，計有周憲王（朱有燉）《風月牡丹仙》《香囊怨》、許時泉（許潮。或作楊升庵）《武陵春》《蘭亭會》《寫風情》《午日吟》《南樓月》《赤壁遊》《龍山宴》《同甲會》、槲園居士（葉憲祖）《易水寒》《夭桃紈扇》《碧蓮繡符》《丹桂鈿合》《素梅玉蟾》、徐元輝（陽輝）《有情癡》《脱囊穎》、王美陂（九思）《曲江春》、寓山居士《魚兒佛》、袁令昭（于令）《雙鶯傳》、馮北海（惟敏）《不伏老》、凌初成（濛初）《虬髯翁》、孟子若（稱舜）《英雄成敗》、陳太乙（汝元）《紅蓮債》、徐野君（翽）《絡冰絲》、祁元孺（麟佳）《錯轉輪》、車柅齋（任遠）《蕉鹿夢》、王澹翁（澹）《櫻桃園》、王雲來（應遴）《逍遥遊》、吳中情奴《相思譜》。

其中若《武陵春》《蘭亭會》《午日吟》《南樓月》《赤壁遊》《同甲會》《有情癡》《脱囊穎》《魚兒佛》《雙鶯傳》《虬髯翁》《紅蓮債》《絡冰絲》《錯轉輪》《蕉鹿夢》《櫻桃園》《相思譜》等，皆傳世孤本，僅見是編。其他則有單行本或他本傳世，如《風月牡丹仙》《香囊怨》有明宣德間周藩原刻本，《寫風情》有《萬壑清音》本，《龍山宴》有《群音類選》本，《易水寒》有明萬曆間刻本，《夭桃紈扇》《碧蓮繡符》《丹桂鈿合》《素梅玉蟾》有明崇禎間刻《四艷記》本，《曲江春》有明崇禎十三年張宗孟重刻《王美陂全集》本，《不伏老》有《海浮山堂詞稿》附刻本，《英雄成敗》有《酹江集》本，《逍遥遊》有明天啓間原刻本。題名、文字與是編所收本有異同之處。

《二集》體例與《初集》相同，唯繡像不彙刻於目録後，而是分置於各劇之首。沈泰選編過程中亦曾與祁彪佳往還商討，祁氏對此書編刊成功頗有貢獻，參見《遠山堂尺牘》。祁氏並曾改編釋湛然之《地獄生天》爲《魚兒佛》雜劇，且請袁于令評點，收入《二集》。有崇禎已巳（二年）幔亭峰音叟（即袁于令）序。卓人月《蟾臺集》中亦有《盛明雜劇二集序》，此編未載。祁彪佳《遠山堂尺牘》庚午（崇禎三年）册《與沈大來（即沈泰）》信有『大刻二集告成，敢求一部』云云，可見《二集》至遲於崇禎三年業已完成。蓋《初集》《二集》之選編一併完成，唯刊刻稍有先後而已。《中國文學大辭典》等謂《二集》續編於崇禎十四年，不知何據。《虬髯翁》眉批云：『初成（凌濛初）諸劇真堪伯仲周藩，非復近時詞家可比，余搜之數載始得。值此集已告成，先梓其一，餘俟三集奉爲冠冕。』知沈氏有續編《三集》之愿，祁彪佳信亦有鼓勵，不知何故未成。後乃有明末清初無錫人鄒式金編刊《雜劇三集》。

《盛明雜劇》明刻原本極罕見，王國維見日本内閣圖書寮書目，有《盛明雜劇二集》三十卷，驚爲秘笈。民國十四年（一九二五）武進董康誦芬室翻刻明本流傳較廣。

鈐『毗陵董氏誦芬室收臧舊槧精鈔書籍之印』『校書池玉之章』『侍兒池玉』等印，知此本爲董康舊藏，誦芬室翻刻底本。《武陵春》卷端鈐『佐伯文庫』印，可見此本乃董康自日本購回者。現藏中國國家圖書館。（樊長遠）

二八一

## 新校注古本西廂記五卷 （元）王德信撰 （明）王驥德校注 彙考一卷 （明）王驥德撰

明萬曆四十二年（一六一四）王氏香雪居刻本。框高二十一·四釐米，寬十四·二釐米。每半葉十行，行二十字，小字雙行同，白口，四周單邊。

王德信（生卒年不詳），元大都（今北京）人。善詞章。所著雜劇傳於世者有《西廂記》《麗堂春》《破窑記》三種；存佚曲兩種，即《芙蓉亭》《販茶船》；全佚而僅存目者九種。然《西廂》盛行於世。

王實甫根據金人董解元《西廂記》諸宮調改編爲雜劇《西廂記》，其故事來源於唐元稹《會真記》（又名《鶯鶯傳》），敷演張生與相國小姐崔鶯鶯的愛情故事。《西廂記》問世後，流傳甚廣，刊刻衆多。

然流傳既久，未免纂易而失其本真，故王驥德取其所謂『古本』『善本』，『訂其訛者，芟其蕪者，補其闕者，務割正以還故』（自序）。孫楷第《戲曲小説書錄解題》評王之校注，『蓋匯集諸本一一考校而成此書，用力至勤。其注以是正文字者爲多，然亦釋事釋義。……唯其校書過逞己見，以典贍爲上，以整齊爲工，以簡潔爲雅，不免以後來制製曲風氣衡量古人。又古人倚聲製曲，本無定譜。……驥德乃欲劃一，動以三尺繩之，亦不免拘滯』。然其校注嚴謹，首列所引書目，後列凡例三十六則，保存文獻資料價值亦較高，如保存了後佚失之碧筠齋本、金在衡本等資料。

是本前有萬曆四十二年王驥德自序，末有朱朝鼎萬曆四十一年跋，提及『此真西厢善本也，付剞劂廣其傳』，自題『書於香雪居』。卷端下題『山陰徐渭附解，吳江詞隱生評，古虞謝伯美、山陰朱朝鼎同校』。『詞隱生』據本書末卷，知爲吳江沈璟，其評語刻於是本眉端。版心下鎸有『香雪居』。綜上所述，是本當爲明萬曆四十二年香雪居刻本，朱朝鼎當爲刊刻者，即香雪居主人。

是本分爲五折，每折四套，每套附二字標目。前有插圖版畫四十二幅，題爲『長洲錢穀叔寶寫，吳江汝氏文淑摹』，有圖上鎸有刻工『黄應光』。據版畫研究，錢穀生卒年與此本成書年代不符，當爲僞托。其版畫鎸刻精工，綫條細膩，生動傳神，展現了當時徽州版畫的特色。《彙考》中《王實甫關漢卿考》處有簽條，題『世珩按』，當爲暖紅室主人劉世珩。

是本鈐有『八千卷樓』『錢塘丁氏臧書』『希古右文』『不薄今人愛古人』等印，原爲丁丙所藏，後被鄭振鐸在二十世紀四十年代成立的『文獻保存同志會』所收。現藏中國國家圖書館。（洪琰）

## 張深之先生正北西厢秘本五卷　（元）王德信　關漢卿撰　（明）張深之校正　明崇禎刻本。

框高二十・六釐米，寬十四・三釐米。每半葉九行，行二十字，小字雙行同，白口，四周單邊。

此書含王德信《西厢記》四卷，關漢卿《續西厢記》一卷。

德信生平爵里、學行業績簡況，前錄周居易刻本《新校注古本西厢記》時已介紹。著有十餘部雜劇及少量散曲，其作品在元明之際已備受推崇。明初朱權《太和正音譜》譽其詞『如花間美人』，『鋪敘委婉，深得騷人之趣；極有佳句，若玉環之出浴華清，綠珠之採蓮洛浦』。

《析津志輯佚》『名宦類』載：『關一齋，字漢卿，燕人。生而倜儻，博學能文，滑稽多智，蘊藉風流，爲一時之冠。是時文翰晦盲，不能獨振，淹於辭章者久矣。』《錄鬼簿》載其曾官太醫院尹，常粉墨登場，在當時劇壇極負盛名，與鄭光祖、白樸、馬致遠並稱元曲四大家。《太和正音譜》稱其『初爲雜劇之始』。所作雜劇，今知有六十餘種，現存十八種，兼有少量散曲、小令存世。明賈仲明《吊關漢卿》贊其爲『驅梨園領袖，總編修師首，撚雜劇班頭』。

《西厢記》所述崔張故事源自唐元稹所著《鶯鶯傳》（又名《會真記》），金元之際董解元改編爲《西厢記諸宮調》。至王實甫一改雜劇一本四折之格局，始爲五卷本《西厢記》，後世贊王『作詞章，風韻美，士林中等輩伏低。新雜劇，舊傳奇，《西厢記》天下奪魁』，可見《西厢記》其時已爲雜劇之冠。

王實甫《西厢記》歷代刊本衆多，自明代弘治年間始，僅明刊本《西厢記》即有六十餘種之多。現存最早版本當爲弘治十一年（一四九八）金臺岳氏刊《新刊大字魁本全相參增奇妙注釋西厢記》，此外還有劉龍田喬山堂《重刻元本題評音釋西廂記》、萬曆三十八年（一六一〇）徐氏起鳳館刊《王李合評北西廂記》、萬曆四十二年香雪居刊《王伯良校注古本西廂記》以及凌濛初朱墨套印《西廂記》等版本，皆各具特色。而刊刻最精則莫過於《張深之先生正北西廂秘本》。是書爲明崇禎刻本，全書五卷，每卷四折。書衣題『張深之正北西廂記』，目錄後冠圖，圖後題有『谿山老蓮洪綬寫於定香橋畔』。

陳洪綬（一五九八—一六五二）字章侯，號老蓮，浙江諸暨人。工詩詞，以畫見長，尤工人物畫，人謂『明三百年無此筆墨』。陳氏曾數次作西廂版畫，現存世張深之《正北西廂》、李吉辰本《西廂》及李卓吾《評本西廂》三種，尤以張深之本最爲精妙傳神。此本繪有『雙文小像』『目成』『解圍』『窺簡』『驚夢』『報捷』六幅插圖，畫中題『武林項南洲刊』。項南洲爲明末清初武林（今浙江杭州）版刻名工，生卒不詳，刻有十餘種書籍插圖，描繪精研，刀法婉麗，皆甚精湛。

張深之，北方名賢，賃居南湖，每置酒召客，伎樂雜陳，翊則散髮赤足，叫呼號嘯，雖嚴客而不避。與祁彪佳往來過從，同陳洪綬友善。因知其爲晚明人。

此本圖繪筆法流暢自然，刊刻精妙，人物形神俱佳，栩栩如生，堪稱明代版畫精品。卷末有朱澐跋，曰：『丁卯九月廿二日夜遇畏齋小飲，公魯先生出此見示，誠秘本也。』有『劉士泗印』『公魯』『畏齋』等印，現藏中國國家圖書館。（廖甜添）



## 西廂記五卷　（元）王德信　關漢卿撰　（明）凌濛初評　解證五卷　（明）凌濛初撰　會真記

**一卷** （唐）元稹撰 **附錄一卷** 明凌濛初刻朱墨套印本。框高二十・五釐米，寬十四・六釐米。每半葉八行，行十八字，白口，左右雙邊。

《西廂記》作者前代説法不一，有王德信撰、關漢卿補之説，亦有傳爲關作王續、王或關單獨作之説。此朱墨套印本卷首凡例曰：『從周本，以前四本屬王，後一本屬關。』但王德信作之説最爲有據而早出。元鍾嗣成《録鬼簿》在『王實甫』下録《西廂記》，未提關。明初《太和正音譜》亦著録王實甫著。今人普遍公認《西廂記》爲王實甫作品。

王德信生平爵里、學行業績簡況，前録周居易刻本《新校注古本西廂記》時已介紹。關漢卿生平爵里、學行業績簡況，前録明崇禎刻本《張深之先生正北西廂秘本》時已介紹。

王實甫根據金人董解元《西廂記諸宮調》改編爲雜劇《西廂記》，其故事來源於唐元稹《會真記》（又名《鶯鶯傳》），敷演張生與相國小姐崔鶯鶯的愛情故事。《西廂記》問世之後即廣受歡迎，『雜劇以王實甫之《西廂記》、戲文以高則成之《琵琶記》爲絶唱』（明何良俊《四友齋叢説》卷三十七）之看法在明代即出現，明清時期傳刻版本衆多。雖亦有批評其『全帶脂粉』（明何良俊《四友齋叢説》卷三十七）、『多襲前人艷語入詞中』（清周壽昌《思益堂集》日札卷七）之語，但普遍認爲其曲詞優美、敘事得當、人物鮮明，『天下奪魁』（元鍾嗣成《録鬼簿》卷上）。

是本前有凡例，考證作者，解釋此刻評語、解證、體例、插圖、祖本等情況，落款『即空觀主人』，旁附『濛初之印』，證其爲明凌濛初所刻。凡例曰『此刻悉遵周憲王元本』，後世雖有學者質疑周本是否存在，但王國維《戲曲散論》認爲「《西厢》刊本，世號爲最善者，亦僅明季翻刊周憲王本」。孫楷第亦以爲「濛初斯書大致精審，在評刻西厢諸本中，實最爲善本。當明季文人競以己所學易元曲之際，而濛初獨能不衿才、不嗜奇，諄諄焉惟以保存舊本爲務，斯亦難能可貴矣」（《戲曲小説書録解題》卷四）。凡例、目録後，有版畫二十幅，每本四幅。第一本兩幅的版心下鎸「新安黄一彬刻」，其版畫刻畫精工，綫條細膩，生動傳神，展現了當時徽州版畫的特色。正文有朱筆眉批，每本後有「解證」。書末附《附録元人增對弈》、元稹《會真記》。凌濛初（一五八〇—一六四四），明烏程（今浙江湖州）人，著述甚富，有《南音三籟》《拍案驚奇》等。其刻書頗負盛名，尤以套印本著稱，與閔家齊名於世。是本刻印精良，版畫精美，文本選擇考究，是爲善本。

是本鈐有「閩中蔣玢」「三徑藏書」「长乐郑振铎西諦藏书」「長樂鄭氏臧書之印」等印。蔣玢（生卒年不詳）字絢臣，閩縣（今福建福州）人，明崇禎中諸生，雅尚氣節，藏書數萬卷，時多秘本。後此本流入鄭振鐸處，現藏中國國家圖書館。（洪琰）

一八四

**誠齋雜劇三十一卷**　（明）朱有燉撰　明永樂宣德正統間自刻本。框高十八・五釐米，寬十一・五釐米。每半葉十行，行二十字，黑口，四周雙邊。

朱有燉生平爵里、學行業績簡況，前録明嘉靖十二年周藩刻本《誠齋録》時已介紹。

朱有燉所撰雜劇獨步明初，繼承元雜劇體制，甚或化用宋代院本爲曲，創作上有大膽突破。明王世貞《曲藻》評曰：『（周憲王）所作雜劇凡三十餘種，散曲百餘，雖才情未至，而音調頗諧，至今中原絃索多用之。李獻吉（夢陽）《汴中元宵絶句》云：「齊唱憲王新樂府，金梁橋上月如霜。」蓋實錄也。』沈德符《顧曲雜言》亦云：『惟周憲王所作雜劇最夥，其刻本名《誠齋樂府》，至今行世，雖警拔稍遜古人，而調入絃索，穩叶流麗，猶有金、元風範。』可見當時頗爲風行，但後世流傳較少，明代書目僅《晁氏寶文堂書目》樂府類有著錄，《萬卷堂書目》卷四有『《誠齋樂府》七册』，《百川書志》卷六『史·外史』類詳列三十一種雜劇之目，可考見其撰著情況。

是書國家圖書館藏有兩部，一爲二十二種本，清揆敘謙牧堂舊藏，民國間爲吳梅（瞿安）所得，曾影印入《奢摩他室曲叢》；一爲二十五種本。兩種合併去其重複共得三十一種，與《百川書志》所載正合。諸劇蓋隨撰隨刊，初無總集名，後人收得若干種，則冠以『誠齋雜劇』『誠齋樂府』（案『樂府』實爲誠齋所撰散曲集名稱）、『誠齋樂府傳奇』等總稱，故有二十二種、二十五種之别。今以吳梅二十二種（自《甄月娥春風慶朔堂》至《蘭紅葉從良煙花夢》）配以二十五種本中另外之九種再造影印，是爲傳世誠齋諸雜劇之全部。諸劇大多有『引』，即自序，自述撰著過程，末有寫作年月，署錦窠老人等别號。時間最早者《張天師明斷辰鈎月》，永樂二年（一四〇四）作，最晚者《河嵩神靈芝慶壽》《南極星度脱海棠仙》，正統四年（一四三九）作，另有不署年月者數篇，蓋其後續作。以宣德間作品最多。另有《盛明雜劇》《雜劇十段錦》等選編本，與此可以參照。

鈐『謙牧堂藏書記』『吳某之印』等印（前二十二種）。中國國家圖書館藏。（樊長遠）

## 徐文長四聲猿四卷

（明）徐渭撰　（明）袁宏道評點　明萬曆四十二年（一六一四）鍾人傑刻本。框高二十一・七釐米，寬十四・九釐米。每半葉九行，行二十字，白口，四周單邊。

徐渭（一五二一—一五九三）初字文清，後改字文長，號天池，晚號青藤，山陰（今浙江紹興）人。諸生。才名早揚，詩文、書畫皆工。屢試不售，遂客胡宗憲幕。知兵，好奇計，擒徐海、誘王直，皆預其謀。宗憲下獄，懼禍發狂，自戕不死。以擊殺繼妻，下獄論死，被囚七年，爲張元忭救免。此後南游金陵，北走上谷，縱觀邊塞險阨，輒慷慨悲歌。晚年鄉居貧甚，以鬻書畫爲生。有《南詞敘錄》、雜劇《四聲猿》及《徐文長集》等傳世。

《四聲猿》，雖僅《狂鼓史》《翠鄉夢》《雌木蘭》《女狀元》四部雜劇，但『俄爾鬼判，俄爾僧妓，俄爾雌丈夫，俄爾女學士』（澂道人題《四聲猿》），涉及政治、宗教、軍事、科舉和婦女問題諸多領域，大大拓寬了雜劇的題材範圍。其中《狂鼓史》寫禰衡被曹操殺害後，受陰間判官的敦請，面對曹操亡魂，再次擊鼓痛罵，歷數曹操罪惡。實際上此劇是有感於嚴嵩殺害沈鍊而作，借古諷今，表現出作者狂傲的反抗精神。後兩劇都是寫女扮男裝建功立業的故事，反映徐渭對婦女的看法，有一定的反傳統意義。

其時之雜劇創作，凡四折（或另加一楔子），每折一北曲套曲，由一角色主唱到底，幾成恪守不渝的範例。《四聲猿》則一破成規，四部作品長短不一，一折到五折皆有。其中五折的《女狀元》，全用南曲，開創了以南曲作雜劇的新篇章； 其他三劇，並用北曲，本色之處，堪擬元人。王驥德《曲律》稱『徐天池先生《四聲猿》，故是天地間一種奇絕文字』，湯顯祖則稱『《四聲猿》乃詞場飛將』。實則四劇亦頗重演出效果，關目安排、排場調劑俱佳，非祇文字優長。

袁宏道生平爵里、學行業績簡況，前録清響齋刻本《珊瑚林》時已介紹。

據書前鍾人傑序可知，此袁宏道評點《四聲猿》爲其所刻，圖文並茂，甚爲精美。書前有插圖四幅，『漁陽意氣』『暮雨扣门』『秋風雁塞』『玉樓春色』，爲歙人汪修所繪，意態綿遠，鎸刻精工。鄭振鐸定此本爲明末刻本，初印。今著録爲萬曆四十二年鍾人傑刻本者，除書前有鍾氏序一道外，未見更直接的時間證據，故似以鄭説爲宜。

書中鈐『源新劫中得書』『人生一樂』『长乐郑振铎西谛藏书』等印。現藏中國國家圖書館。

（張燕嬰）

二八六

**新刊重訂出相附釋標注拜月亭記二卷** 明萬曆十七年（一五八九）唐氏世德堂刻本。框高二十二·三釐米，寬十二·九釐米。每半葉八行，行二十一字，小字雙行同，上下兩欄，白口，四周雙邊。

《永樂大典戲文目録》作《王瑞蘭閨怨拜月亭》，徐渭《南詞敘録》『宋元舊編』題『蔣世隆拜月亭』。明容與堂刻李卓吾評本、汲古閣刻《六十種曲》本，並作《幽閨記》。相傳爲元人施惠撰。明何良俊《四友齋叢説》、王世貞《藝苑卮言》謂此劇爲元人施君美所作。施惠字君美，元杭州人，世居吳山，商人。與賓客言，多有高談。詩酒之暇，唯以填詞和曲爲事。著有《古今砌語》等。元鍾嗣成《録鬼簿》有傳。

《拜月亭記》爲我國宋元時期的四大南戲之一。其故事主要根據關漢卿《幽閨佳人拜月亭》改編，敷演尚書之女王瑞蘭與窮秀才蔣世隆的愛情故事。二人在戰亂中結合，但王父嫌貧愛富，强行拆散，幾經周折，最後蔣世隆高中狀元，夫婦纔得以團圓。其中穿插了蔣世隆義弟陀滿興福和妹妹蔣瑞蓮的故事。此劇後世刊刻較多，在内容上多有改動，各本之間略有差異。《拜月亭記》在明代就有與《琵琶記》孰高孰低之争論。如何良俊謂『其高出於琵琶記遠甚。蓋其才藻雖不及高，然終是當行……彼此問答皆不須賓白，而敘説情事宛轉詳盡，全不費詞，可謂妙絶』（《四友齋叢説》卷三十七），而王世貞則不予認同，認爲有『三短』：『中間雖有一二佳曲，然無詞家大學問，一短也；既無風情，又無裨風教，二短也；歌演終場不能使人墮淚，三短也』（《弇州四部稿》卷一百五十二）。學者多認同何氏的評價。《拜月亭記》確爲傳世南戲中影響較大、成就較高的代表作。

是本内封有牌記，曰『萬曆己丑夏月世德堂梓』，卷端題名下題『星源游氏興賢堂重訂』『繡谷唐氏世德堂校梓』『海陽程氏敦倫堂參錄』，可知爲明萬曆十七年世德堂刻本。世德堂爲明萬曆間金陵知名書坊，曾刊刻多種戲文曲本及小説。此本上欄有評語，卷内有插圖十幅。據今人研究，《拜月亭記》原有元刊本，但早已失傳，僅在《南曲九宫正始》中保留一百三十三支佚曲，與各明刊本情節、結構、曲調、曲文等方面對比後，可知世德堂本刊刻較早，較多地保留了元本面貌。僅以情節爲例，明人已有論述，『《月亭》後小半，已爲俗工删改，非復舊本矣。今細閲拜新月以後，無一詞可入選者，便知此語非謬』（沈德符《萬曆野獲編》）。而在現存的明刊本中，除世德堂本還保留元本中官媒錯遞絲鞭與王瑞蘭、指責蔣世隆負心等情節痕迹外，其餘各本皆無此情節（參見俞爲民《南戲〈拜月亭〉考論》，《文學遺産》二〇〇三年三期）。

此本一函兩册，書衣上各有朱筆題『世德堂拜月亭記上』『世德堂拜月亭記下』，每册末有墨筆題『長樂鄭振鐸藏書』，當皆爲鄭氏手書。鈐有『衍聖公書画印』『长乐郑振铎西諦藏书』『長樂鄭氏藏書之印』等印，可知其曾遞藏於曲阜衍聖公府、鄭振鐸處。鄭振鐸家人在其身後，按其遺願將其藏書捐贈中國國家圖書館，是本則在此列，保存至今。（洪琰）

二八七

**琵琶記三卷**　（元）高明撰　明萬曆二十五年（一五九七）汪光華玩虎軒刻本（卷中葉十三、十六抄補）。框高二十·八釐米，寬十三·八釐米。每半葉十行，行二十二字，小字雙行同，白口，四周單邊。

高明（一三〇五？—一三五九？）字則誠，一字晦叔，自號菜根道人，瑞安（今屬浙江）人。瑞安古屬永嘉郡，故常自署『永嘉高明』，人稱東嘉先生。生於書香世家，弱冠便以學識淵博著稱，工詩善書，尤擅詞曲，交遊多當時名士。受業於理學家黄溍。元至正五年（一三四五）中進士，歷任處州録事、杭州行省丞相掾、江南行臺掾、福建行省都事等職。至正八年任浙東閫幕都事，因與主帥論事不合，致仕歸隱。方國珍降元，欲招爲幕僚，高氏力辭不從，遂隱居四明（今浙江寧波）櫟社沈氏樓，以詞曲自娱。明初，以疾辭召，後卧病卒，歸葬故里。高明除作《琵琶記》外，尚著有南戲《閔子騫單衣記》、詩文集

《柔克齋集》二十卷，惜已散佚，僅存詩作六十餘首，收入《永嘉詩人祠堂叢刻》中。生平事迹見［嘉靖］《温州府志》卷三、［嘉慶］《瑞安縣志》卷八本傳。

高氏《琵琶記》創作於隱居櫟社期間，約爲至正十七年之後，乃據早期宋元南戲《趙貞女蔡二郎》改編，描寫漢代書生蔡伯喈與趙五娘悲歡離合故事。此劇創作之緣由，明以來衆説紛紜，姚華《菉猗室曲話》曰：『柔克所譏，蓋屬世情之常，不必意中實有其人，即以爲諷世之作可也。』言中肯綮。全劇典雅、完整、生動，在思想内容、人物形象及結構語言方面，皆有獨特之處，被譽爲『南戲之祖』。

《琵琶記》傳本繁多，僅明、清兩代現存之本就有四十餘種。此本爲徽州書肆玩虎軒刊本。玩虎軒爲明萬曆後期徽州汪光華經營之書坊。汪光華（生卒年不詳）名雲鵬，字光華，遷居金陵。玩虎軒所刻書籍尚有萬曆間所刊《元本出相北西廂記》《新鐫紅拂記》《重校孝義祝髮記》及曲選《賽徵歌集》等。

此本版心上鐫卷數，下鐫葉數及『玩虎軒』三字，眉欄上鐫批語及校記。共分三卷，四十二齣，一至十四齣爲卷上，十五至二十九齣爲卷中，三十至四十二齣爲卷下，每齣四字標目，曲牌注宫調名。卷首萬曆丁酉（二十五年）汪氏所作《琵琶記序》，謂：『檢笥中藏本，亦按節想像而付之剞劂，庶俾覽者見子孝妻賢則思勵，見私睖暗約則思懲，而卧者鮮矣，於大道未必無少助云。』序尾鐫『汪光華印』『玩虎軒』二印。次爲『新校琵琶記始末凡例』七則，引《大圜索隱》《推蓬剩語》《真細録》等以辨其本事。再次爲《元本出相點板琵琶記目録》。《凡例》敘其校梓情況云：『點板黜浙從崐，審經名校。』又云：『考本奇諸家刻本凡七十餘種，固是否萬殊。』可知此本乃依昆本《琵琶記》而博採衆長集大全者，爲明代『通行本』之一，在昆本裔本中佔有重要地位。今人黄仕忠《昆山本〈琵琶記〉及其裔本考》一文論之甚詳。

此本有版畫七十四幅，雙面連式，圖版格調清新、繁簡得中，刀筆細膩圓潤與勁挺流利兼得，繪人寫事、圖景抒情，無不已臻化境，被譽爲徽派版畫史上之傑作。

此本鈐『芑香鑒賞』『古黟胡氏』諸印，知此本曾爲嶺南知名藏書家黄紹昌架上舊物。黄紹昌（一八三六—一八九五）字芑香，香山縣（今廣東中山）人。光緒十一年（一八八五）中舉，官中書，主講豐山書院。畢生致力經史研究，長於詩詞，且工書善畫，所藏書編纂有《秋琴館書目》。此本現藏中國國家圖書館。（趙文友）

二八八

**新刻出像音注增補劉智遠白兔記二卷**　明金陵唐氏富春堂刻本。框高十九・五釐米，寬十三・二釐米。每半葉十行，行二十一字，小字雙行同，白口，四周花欄。

《白兔記》作者原不詳，後一九六七年上海出土的明成化永順堂刻《新編劉知遠還鄉白兔記》，其開場明確説該劇係『永嘉書會才人』所作，劇中保留的温州方言及所描寫的撒帳風俗等皆爲其例證。可知，此劇作者爲永嘉書會才人，後歷經不同時代不同書坊不同程度的改編，展現出不同的風貌。

《白兔記》爲我國古代戲曲史上四大南戲之一，其故事來源於《舊五代史》《新五代史》中後漢高祖皇帝劉知遠與高祖皇后李氏的故事。劉知遠與李三娘的悲歡離合故事早就在民間流傳，如宋元時《五代史平話》中之漢史平話，而至金代，《劉知遠》諸宫調的故事情節已與南戲相合。是書描寫劉知遠窮途陌路，由李家招贅與李三娘結合，但因不堪其弟李洪義（信）夫婦的欺侮，被逼參軍，終建立功業並登皇位。而李三娘在家備受其苦致磨坊生子，牙咬臍帶，後送郎至劉知遠處；咬臍郎長大成人後，因追獵白兔而與生母相會，全家因此大團圓。此劇原本不存，今存各種明人改本，故事情節、遣詞造句皆有變化。

是本卷末鎸有『金陵三山街唐氏富春堂梓行』牌記，正文卷端下題『豫人敬所謝天祐校，金陵對溪唐富春梓』，知其爲明金陵唐氏富春堂刻本。金陵唐氏富春堂爲萬曆間名肆，多刻戲曲小説，達百餘種，其插圖版畫用筆疏朗，綫條秀勁，典雅大方。此本有插圖十二幅，生動形象，每圖上題此畫内容，通俗易懂，版框採用四周花欄，有明代書坊刻書的鮮明特色。此本傳世極罕，與流傳的汲古閣本相較，『全本齣數，關目曲文，迥乎相異』（傅惜華《别本白兔記傳奇二卷》，《續修四庫全書總目提要》卷三），彌足珍貴。

是本鈐有『蘇州吳梅字瞿安别號霜厓藏書』『長洲吳氏霜厓居士藏書之章』等印。吳梅（一八八四—一九三九）字瞿安，號霜厓，江蘇長洲（今蘇州）人。近代著名戲曲學家、教育學家。其於戲曲創作、研究及教學方面卓有成就，也收藏、整理曲籍。此本爲吳梅舊藏。現藏中國國家圖書館。

（洪琰）

## 古本荆釵記二卷　（明）朱權撰　（明）屠隆評　明刻本　吴梅 金兆蕃跋。框高二十·五釐米，寬十四釐米。每半葉十行，行二十字，小字雙行同，白口，左右雙邊。

原書未題撰人。徐渭《南詞敘録·宋元舊篇》著録，亦未題作者。王國維《宋元戲曲考》第十四章『南戲之淵源及時代』考《荆釵》作者爲明寧獻王朱權（今暫取此説。朱權生平爵里、學行業績簡況，前録明洪熙元年刻本《臞仙神奇秘譜》時已介紹）。『想舊本當題丹邱子或丹邱先生。丹邱子者，明寧獻王道號也。』吴梅《中國戲曲概論》亦取此説法。然今傳各本未見題作『丹邱子』或『丹邱先生』者。且『丹邱』爲號者衆多，如元柯九思等。清張大復《寒山堂新定九宫十三攝南曲譜》卷首總目著録《王十朋荆釵記》，注云：『吴門學究敬先書會柯丹丘著。』此明刻本未題作者，而書中校語『目録』，則題作『元莆田柯丹丘撰，明吴興臧晉叔校』，似見過明臧晉叔（懋循）改本，或較爲可信。

《荆釵記》爲我國古代戲曲史上四大南戲之一。敷演窮書生王十朋與錢玉蓮以荆釵爲聘結爲夫婦之故事。後王生赴考中狀元，丞相逼婚不從，被改調潮陽。富豪欲娶錢玉蓮，後母逼錢改嫁，玉蓮投江自盡，幸被救起。後與王生於吉安府相會，夫妻團圓。關於王十朋的傳説，早在民間傳播，此劇據以改編。『荆釵曲白都近自然』（清梁廷柟《曲話》卷四），或以爲『其曲本不佳』『出詞平實』（吴梅《中國戲曲概論》）。但其傳本較多，除全本留存外，尚有多齣折子戲，今仍有多劇種演出。

《荆釵記》今傳世者僅明刻本九種，據研究，傳世明本分兩個系統，一爲明嘉靖姑蘇葉氏刻本，其餘皆萬曆及之後諸本。明嘉靖姑蘇葉氏刻本和萬曆刻富春堂本比較接近原本。是本内封著『屠赤水先

生評點　新鐫繡像荆釵記　本衛藏板』，共四十八齣，每卷二十四齣。卷前均有目録，卷上目録後有十葉二十幅插圖，卷下目録後有十一葉二十二幅圖。是本雖爲萬曆本之一，但吴梅跋云：『書中上下方校記頗詳，不知出自誰手，細核之，殊有見地。其云「萃雅」者，《吴歈萃雅》也。其云「三籟」者，《南音三籟》也。其云「臧本」者，臧晉叔（懋循）改本也。晉叔改《臨川四夢》，余有藏本，而不知更有《荆釵》也。其云「新譜」者，吴江沈寧庵之侄自晉著有《南詞新譜》也。其云「馮稿」者，馮夢龍有《南曲譜》，徐靈昭評訂《長生殿》曾一引證也。其云「李批」者，李卓吾（贄）評刻本也。諸書或顯或不顯，而並集一書中，豈非盛舉乎？』據卷上插圖後手書『校正全荆釵目録』，題『元莆田柯丹丘撰，明吴興臧晉叔校，李卓吾、屠赤水兩先生評，浙山草堂纂』，其後目録有二卷，上卷二十三折，下卷三十七折，共六十折。全劇場次與今傳世諸本皆不同，墨筆校書者亦抄録與此本不同之場次原文，頗有參考價值。

是本鈐有『煜珊』『葛金烺字景亮號煜珊』『平湖葛氏傳樸堂三世所聚書』『當湖葛氏守先閣珍藏』『皖歙程守中藏书』等印，卷末有吴梅、金兆蕃跋。葛金烺（一八三七—一八九〇）字景亮，號毓珊，亦作毓山、煜珊，浙江平湖人，清末藏書家。少有才名，博通經史，藏書數萬卷。室名傳樸堂、愛日吟盧。幼子葛嗣浵，承父兄藏書，於光緒二十五年（一八九九）建藏書樓，爲表示其仰承先恩之意，取名『守先閣』。程守中，民國時藏書家，所藏頗有佳本，然隨收隨散，徐積餘遺書餘燼最初見於肆中，精本多爲所收。現藏中國國家圖書館。（洪琰）

**新編林沖寶劍記二卷** （明）李開先撰　明嘉靖二十六年（一五四七）自刻本。框高十九·五釐米，寬十四·七釐米。每半葉十行，行二十字，黑口，四周單邊。

李開先（一五〇二—一五六八）字伯華，號中麓子，别署中麓放客，章丘（今屬山東）人。嘉靖七年舉山東鄉試第二，次年連捷進士，試政户部。三年試政期間，開先曾兩次餉邊，目睹武備敗弊，心生『撻伐四夷，掃除天下，安事一室之志』（《閒居集·塞曲》）。歷任吏部封司郎中、文選郎中、太常寺少卿、提督四夷館。嘉靖二十年因事罷官回鄉，時年四十歲。閑居二十七年，至隆慶二年（一五六八）二月十五日以脾病卒，年六十七歲。嘉靖初年，與王慎中、顧順之、趙時春等並稱『八才子』，有詩文集《閒居集》。

李開先早年即性好詞曲，藏有大量戲曲典籍，有『詞山曲海』之稱。曾從家藏元劇千餘本中選出十六種，編成《改定元賢傳奇》，現存《改定元賢傳奇六種》。還輯印民歌小曲《市井艷詞》《南北插科》。自作戲曲作品有雜劇《皮匠參禪》（佚）、傳奇《寶劍記》《登壇記》（佚）、《斷髮記》及院本《一笑散》（原書六種，現存《園林午夢》《打啞禪》）等。

《寶劍記》，《曲品》著錄。二卷五十二齣，無齣目。寫成於嘉靖二十六年，當年即付梓版行。卷首有嘉靖二十六年雪簑漁者序，並附有同年姜大成《後序》和嘉靖二十八年王九思的《書寶劍記後》。此爲嘉靖原刊，《古本戲曲叢刊初集》即據此本影印。

本劇取材於《水滸傳》中林沖的故事，但作者對這一題材進行了徹底的改造，借古喻今，以發其悲涕慷慨抑鬱不平之衷。作者突出描繪林冲不滿小人撥弄威權，盗竊名器，上本彈劾，結果被貶官謫降，却仍然憂國憂民，堅持與權奸作不屈鬥争，終遭高俅父子陷害，被逼上了梁山。劇中的林冲由被動的受欺壓一變而爲主動上疏、彈劾奸佞，成爲貫穿全劇的主綫，而原著中高衙内調戲張貞娘這一關鍵情節衹作爲一個穿插的關目，被安置在林冲發配之後。總括言之，『是一部具有開創意義的成功之作，它使明傳奇的創作由描寫才子佳人轉向更多地介入社會，並針對時代之弊，提出了反權奸的主題』（卜鍵《李開先及其〈寶劍記〉的再認識》）。《寶劍記》一出，劇壇爲之一新，進而得到廣泛的流傳，很多明代戲曲選集收録了該劇的散齣，明清間一些著名曲譜亦大都摘引了該劇的曲牌。尤其《林冲夜奔》一齣，成爲京昆舞臺上久演不衰的折子戲，贛劇、柳子戲、梆子戲均有改編演出。

是本鈐有『曾留吴興周氏言言齋』『吴興周氏言言齋劫後存藏』『周越然』『四明朱氏敝帚齋藏』『海内孤本』『仰周所寶』諸印，現藏中國國家圖書館。（白雲嬌）

二九一

**繡襦記四卷**　（明）薛近衮撰　明刻朱墨套印本。框高二十・二釐米，寬十四・六釐米。每半葉八行，行十八字，白口，四周單邊。

是書作者現有三説：一『無名氏説』，見明呂天成《曲品》卷下《新傳奇》附無名氏之作，自《繡襦記》至《箜篌記》共十七種，首云：『作者姓名有無可考，其傳奇附列於後。』明祁彪佳《遠山堂曲品》將其列入『雅品』，但未題撰人名氏。葉德均《祁氏曲品劇品補校》云：『《繡襦記》之作者，異説紛紜』，

『今姑依呂氏《曲品》原意及祁氏《曲品》屬之無名氏較妥』；二『薛近衮説』，最早見於明萬曆刻李卓吾批評本《繡襦記總評》：『玉玦主抑青樓，繡襦反之，相傳薛君受青樓之賂，特與鄭若庸相反者也。』清朱彝尊《静志居詩話》卷十四也載：『中伯曳裾王門，妙擅樂府，嘗填《玉玦詞》以訕院妓。一時白門楊柳，少年無繫馬者。群伎患之，乃醵金數百行薛生近衮，作《繡襦記》以雪之。秦淮花月，頓復舊觀』；三『徐霖説』，最早見於明人周暉《金陵瑣事》（卷二《曲品》）：『徐霖少年，數遊狹斜，所填南北詞，大有才情。……余所見戲文，「繡襦」「三元」「梅花」「留鞋」「枕中」「種瓜」「兩團圓」數種行於世。』今暫取『薛近衮説』著録。

是書内容取材於唐代白行簡傳奇《李娃傳》，並以宋元南戲《李亞仙》、元代高文秀雜劇《鄭元和風雪打瓦罐》、元代石君寶和明代朱有燉同名雜劇《李亞仙花酒曲江池》等爲藍本改編而成，描寫唐代書生鄭元和與風塵女李亞仙的愛情故事。全劇結構精煉、語言本色，鄭振鐸《插圖本中國文學史》贊其：『實爲罕見的巨作，豔而不流於膩，質而不入於野，正是恰到濃淡深淺的好處。……觸手有若天鵝絨的温軟，入目有若蜀錦般的斑斕炫人。』此劇刊印後，搬演者甚衆，近世許多地方戲據以改編爲傳統劇目。

據沈德符《萬曆野獲編》卷二十五《填詞名手》載：『南曲則「四節」「連環」「繡襦」之屬，出於成、弘間，稍爲時所稱。』知是書成於明成、弘年間。此朱墨套印本開篇有十六幅圖，版心題作『繡襦圖』，下標葉數。卷首附『汧國夫人傳』，版心題『汧國傳』，下標葉數。其後是『繡襦記目録』，版心題『繡襦記目』，下標葉數。標點、批點皆用朱色。有眉批，每行四字。一九二六年武進陶氏（湘）涉園輯《喜詠軒叢書》乙編據此影印，一九五四年《古本戲曲叢刊初集》亦影印此本。

是本鈐有『曾留吳興周氏言言齋』『越然』『惜陰』印，可知爲周越然（一八八五—一九六二）舊藏。現藏中國國家圖書館。（白雲嬌）

二九二

## 玉茗堂四種傳奇八卷

（明）湯顯祖撰　（明）臧懋循訂　明刻清乾隆二十六年（一七六一）書業堂重修本。框高二十二·四釐米，寬十四·一釐米。每半葉九行，行二十九字，白口，左右雙邊。上有眉欄，注有評點。

湯顯祖（一五五〇—一六一六）初字義少，改字義仍，號海若、若士、清遠道人等，明臨川（今江西臨川）人。少善屬文，有時名。因辭張居正延攬而屢落第。萬曆十一年（一五八三）中進士，官南京太常博士，遷禮部主事。以疏揭時弊，抨擊朝政，謫徐聞典史。後遷遂昌知縣，萬曆二十一年大計，向吏部告歸。家居二十年卒。家居期間，專心戲曲，卓然爲大家。所著傳奇有《紫釵記》（《紫簫記》）、《還魂記》（《牡丹亭》）、《邯鄲記》《南柯記》，四種合稱《臨川四夢》或《玉茗堂四夢》。另有詩文集《紅泉逸草》《問棘郵草》《玉茗堂集》等。《明史》卷二百三十有傳。

臧懋循生平爵里、學行業績簡況，前録明萬曆刻本《元曲選一百種》時已介紹。

玉茗堂四種傳奇，指《還魂記》《紫釵記》《邯鄲記》《南柯記》四種。《還魂記》敷演南安太守之女杜麗娘與書生柳夢梅生死離合的愛情故事。《紫釵記》係《紫簫記》改本，以唐傳奇《霍小玉傳》爲藍本，敷演李益和霍小玉以紫釵爲信物結成良緣、後因强權阻礙經歷波折、得黄衫客相助而終和好的愛情故事。《邯鄲記》以唐傳奇《枕中記》爲藍本，敷演窮困書生盧生經仙人吕洞賓所度，在夢中沉浮宦海五十載的奇幻故事。《南柯記》以唐傳奇《南柯太守傳》爲藍本，敷演淳于棼夢中入槐安國，被招爲駙馬任南柯太守，經歷居高位至被逐歸家，終發現所入槐安國爲自家槐樹下一螞蟻國，所歷爲一夢的故事。「臨川四夢」爲湯顯祖代表作，《曲品》言其作「麗藻憑巧腸而濬發，幽情逐彩筆以紛飛。蘧然破噩夢於仙禪，皭矣銷塵情於酒色」（《曲品》卷上）。湯作「言情」之至，而不拘泥於格律，謂「予意所至，不妨拗天下人嗓子！」臧懋循《負苞堂文選》卷三《玉茗堂傳奇引》稱「爲之反覆删訂，事必麗情，音必諧曲」，意改案頭之曲爲場上之曲，但「僅就曲律，於文字上一切不管……且偶有將曲中一二語，改易己作，而往往點金成鐵者……然布置排場、分配角色、調匀曲白，則又洵爲玉茗之功臣也」（吴梅《顧曲雜談》）。

臧懋循改本《還魂記》二卷，三十五折；《紫釵記》二卷，三十六折；《邯鄲記》二卷，二十八折；《南柯記》二卷，三十五折。初刻本爲臧氏雕蟲館自刻，封面題「雕蟲館校定，玉茗新詞四種，本衙藏板」，現存美國伯克萊加州大學東亞圖書館。經上海圖書館陳先行考定，上海圖書館藏「清乾隆六年金閶映雪草堂翻刻明吴郡書業堂本」，與伯克萊本相較，「實爲同一版本（上海圖書館本已修版）。所謂「吴郡書業堂本」「金閶映雪草堂本」，皆爲遞修後印而非重刻者」（《伯克萊加州大學東亞圖書館中文古籍善本書志》）。今與再造此本相較，亦爲同一版本，據封面題「乾隆廿六年重鎸，臨川湯若士撰、吴興臧晉叔訂，玉茗堂四種傳奇，還魂、紫釵、邯鄲、南柯，金閶書業堂藏版」，當爲雕蟲館乾隆二十六年重修本。此本保留插圖若干幅，其中《還魂記》第十三至第三十五折有插圖，共二十三幅；《紫釵記》第五至第十六折，第十九至第二十折，第二十三至第三十六折有插圖，共二十八幅；《邯鄲記》第一至第三折，第六至第二十折，第二十三至第二十八折，共二十四幅；《南柯記》第一至第二十四折，第二十七至第三十五折，共三十三幅。

是本鈐有『溥陽董氏家藏』『家在溥陽』等印，據《南柯記》卷下書衣題『董亞興』，因推當爲董亞興家藏之物，惜不詳其人里貫。現藏中國國家圖書館。（洪琰）

二九三

## 李卓吾先生批評紅拂記二卷 （明）張鳳翼撰 （明）李贄評 明容與堂刻本。

框高二十三・一釐米，寬十四釐米。每半葉十行，行二十二字，小字雙行同，白口，四周單邊。

張鳳翼（一五二七—一六一三）字伯起，明長洲（今江蘇蘇州）。與其弟張獻翼、張燕翼並有才名，吳人語曰：『前有四皇，後有三張。』嘉靖四十三年（一五六四）舉人，以《易》薦京兆試南宫，未中。迨萬曆八年（一五八〇）以母老不復應考，絶意仕進。善書，晚年鬻書以自給。好度曲爲新聲，自己亦可登臺，『與仲郎演《琵琶記》』（明徐復祚《花當閣叢談》）。嘗作《紅拂記》《祝髮記》《竊符記》《虎符記》《灌園記》《扊扅記》等傳奇，刻爲《陽春六集》，有聲於時。著述甚富，著有《處實堂前後集》《敲月軒詞稿》《談輅》《文選纂注》《夢占類考》等。傳附《明史》卷二百八十七《皇甫涍傳》。

李贄生平爵里、學行業績簡況，前錄明刻本《孫子參同》時已介紹。

張鳳翼《紅拂記》據唐人小説《虬髯客傳》和唐人孟棨《本事詩》樂昌公主的故事，敷演隋末李靖求見越國公楊素，楊府執紅拂侍姬對其一見鍾情，當夜相携私奔。途中遇虬髯客張仲堅，與紅拂結爲兄妹，傾其家財相助。後張仲堅到海外建功立業，而李靖則輔佐李世民滅隋興唐。劇中還穿插樂昌公主，因得到楊素的同情支持，與故夫徐德言破鏡重圓的故事。此劇是較早採用昆曲唱腔創作的曲本。唱詞清雅，明人王世貞評此作『潔而俊，失在輕弱』（明王世貞《弇州四部稿》卷一百五十二），李贄則認爲『此記關目好，曲好，白好，事好』（《焚書》卷四《雜述·紅拂》）。呂天成《曲品》云：『此少年時筆也。俠氣辟易，作法撇脱，不粘滯。第私奔處未見激昂……樂昌一段，尚覺牽合。』其創作完成之後，『演習之者遍中國』（沈德符《萬曆野獲編》），是當時很受歡迎的一部曲作。明代《群英類選》《詞林一枝》《賽徵歌集》中均選有此劇。於明末清初時，『梨園子弟皆歌之』（《列朝詩集小傳·張鳳翼小傳》），『靖渡』『私奔』兩齣，清代歌場尚能演出。其作書緣起，一説爲『新婚伴房一月而成』（清焦循《劇説·卷四》），一説爲『爲尊君稱壽』（繼志齋本《出像點板徐博士孝義祝髮記》蔣夢龍序）。焦循之説見尤侗《北紅拂題記》，恐係傳聞，但被後人沿用。蔣夢龍爲張鳳翼同學，其序所説或較爲可信。

是本卷端題『李卓吾先生批評紅拂記卷之上』，下題『虎林容與堂梓』，多數葉的版心下端鎸有『容與堂』字樣。前有序，署『温陵卓吾李贄撰』。有圖二十幅，上下卷各十幅，每幅占兩半葉，多畫山水村落，上題詩詞語句，附目錄後正文前。其刊印精美，版畫細膩，評點細緻、豐富。容與堂李評本對後世影響較大，其後評本的評語都或多或少參考了此本。容與堂乃晚明杭州的著名書坊，其刻本也具有重要的版刻價值。無論是李評《紅拂記》的文獻價值，亦或容與堂的版本價值，都難能可貴。是本僅鈐有『國立北平圖書館收臧』之印，現藏中國國家圖書館。（洪琰）

二九四

**新鐫女貞觀重會玉簪記二卷**（明）高濂撰　明刻本　鄭振鐸跋。框高十九·五釐米，寬十三·七釐米。每半葉十行，行二十字，白口，四周單邊。

高濂（一五二七?—一六〇六）字深甫，號瑞南，自署湖上桃花漁，别署瑞南道人，錢塘（今浙江杭州）人。少嬰羸疾，有憂生之嗟。隆慶元年（一五六七）入北京國子監，秋試屢失利，入貲任鴻臚寺，後因父喪，未及補官，遂南歸隱居西湖。撰有傳奇《玉簪記》《節孝記》，另存散曲小令十餘支、套曲十餘套。著有《雅尚齋詩草》《芳芷樓詞》《遵生八箋》等。事見汪道昆《太函集》卷四十七《故徵仕郎判忻州事高季公墓誌銘》及徐朔方《晚明曲家年譜·高濂行實繫年》。

《玉簪記》，《曲品》著録，二卷三十三齣，作於隆慶四年。事本明話本小説《張于湖誤宿女貞觀》（何大倫《燕居筆記》）、元無名氏《張于湖誤宿女貞觀》等，敷演開封府丞女陳嬌蓮爲避靖康之亂，隨母逃難，途中失散，流落金陵女貞觀，皈依佛門爲尼，法名妙常。書生潘必正應試落第，不願回鄉，因其姑母法成爲女貞觀主，亦寄寓觀内。潘必正見陳妙常，驚其豔麗而生情，經茶敘、琴挑、偷詩等一番波折，私自結合，終成連理。後被觀主察覺，必正被迫登程赴試，妙常追趕至舟中，哭訴離情。後潘必正登第得官，迎娶妙常團圓。全劇場景富於變化，節奏輕快，曲辭樸素優美，頗具喜劇色彩。故吕天成《曲品》

謂其『詞多清俊』，祁彪佳則稱其『著意填詞，摘其字句，可以唾玉生香』（《遠山堂曲品》）。《茶敘》《琴挑》《偷詩》《秋江》等齣，爲昆曲精彩的折子戲，被川劇、湘劇、漢劇等改編，盛演不衰。後人改本有明凌濛初《喬合衫襟記》、清高宗元《增改玉簪記》。

《玉簪記》傳本有萬曆二十六年（一五九八）觀化軒重梓本、文林閣刊本、長春堂刻本、繼志齋刊本、蕭騰鴻刻本、陳眉公評本、李卓吾評本等諸多版本。是本爲萬曆間黄德時還雅齋刻本，鄭振鐸舊藏。據書後長跋可知，鄭先生得此書頗費周折，前後歷時達三十年，其後題記曰：『聚書滿家，獨此二物縈繫心頭，似燦燦作光。不僅書是白眉，即遇合亦甚奇也。』《古本戲曲叢刊初集》即據此本影印。

是本鈐有『鄞蝸寄廬孫氏臧書』『吴興徐伯郊收臧書画金石書籍印』等印，現藏中國國家圖書館。

（白雲嬌）

二九五

**石巢傳奇四種八卷**　（明）阮大鋮撰　明末吴門毛恒所刻本　吴梅跋。框高二十・六釐米，寬十四釐米。每半葉九行，行二十字，白口，四周單邊。

阮大鋮（一五八七？—一六四六）字集之，號圓海、石巢、百子山樵，安慶懷寧（今屬安徽）人。明萬曆四十四年（一六一六）進士，官户科給事中。明天啓四年（一六二四）以謀遷吏科，陰結魏忠賢，又懼東林黨攻己，未滿一月請歸。明崇禎二年（一六二九）名列逆案，削職爲民。後降清，從攻仙霞嶺，暴死。《明史》將其列入《奸臣傳》，與馬士英合傳。

阮大鋮一生創作傳奇十一種，存世者僅四種：《雙金榜》《燕子箋》《春燈謎》《牟尼合》。佚《井中蒙》《老門生》《忠孝環》《桃花笑》《獅子賺》《翠鵰圖》《賜恩環》七種。他創作的戲曲多含自況意味，旨在『自表無罪，乞怜清流』，故《石巢傳奇四種》頗富寓意。

《雙金榜》全名《詠懷堂新編勘蝴蝶雙金榜記》，創作時間最長，阮在自序中稱：『閣筆八年，偶過鐵心橋一笑有悟，遂坐姑孰春雨二十日而填成。』推算創作時間應自明崇禎九年至崇禎十七年，創作地點爲姑熟（今安徽當塗）曹履吉處。《燕子箋》全名《詠懷堂新編勘燕子箋記》，創作於明崇禎十四年末至十五年初，創作地點在南京。該劇記述唐代士人霍都梁與名妓華行雲、禮部尚書酈安道之女飛雲之愛情故事。前有崇禎壬午（十五年）韋佩居序，稱『此石巢先生所填第六種傳奇』。《春燈謎》全名《詠懷堂新編十錯認春燈謎記》，《自跋》中寫道『癸酉三月望日』。故知《春燈謎》作於明崇禎癸酉（六年）安徽懷寧。寫士子宇文彦一家悲歡離合故事。全劇以巧合與誤會構成，作者意在寫出一部幽默之作。《牟尼合》全名《遥集堂新編馬郎俠牟尼合記》，前有文震亨《題詞》云：『今歲避暑姑熟，十六日而復成《牟尼合》。』該劇初稿完成時間應是在明崇禎九年夏，創作地點在姑熟曹履吉的遥集堂，初稿完成後與曹履吉一同修改定稿。以上四種清高奕《新傳奇品》、民國董康《曲海總目提要》卷十一、李修生《古本戲曲劇目提要》、郭英德《明清傳奇綜録》（上）等戲曲書目有著録。

是書爲明末閶吳門毛恒所刻，是目前所見《石巢傳奇四種》最早之刊本，内容完整。據《中國古籍善本書目》著録，國内全本僅此一種，且經戲曲大家吳梅收藏，有其批校跋語，洵爲珍貴。

是書鈐有『霜厓』『吳梅印信』『瞿安眼福』『霜厓祕笈』印，現藏中國國家圖書館。（張偉麗）

**新鐫全像藍橋玉杵記二卷** 題（明）雲水道人撰 **附一卷** 明萬曆三十四年（一六〇六）浣月軒刻本。框高二十·五釐米，寬十三·一釐米。每半葉九行，行三十字至四十字不等，白口，四周單邊。

雲水道人，乃明代一隱士，喜愛傳奇並能創作，諳於道術，爲虎耘山人之師。有傳奇《藍橋玉杵記》一種、雜劇《天台奇遇》一種、散曲《蓬瀛眞境》一套傳世。

是書前有虎耘山人《藍橋玉杵記敘》，云：『余師謝迹塵囂，怡情雲水，久不作聲。聞想，適友人把玩藍橋勝事，丐爲傳奇以風世。師咤之曰：「箕山之隱，聞風却瓢，予遑爲人間飾鼓吹乎？」友人復跽而請曰：「黄鐘絶而雷缶鳴，郢曲高而知音寡，先生得無是慮邪？世有鍾儀，伯牙未可輟操也。」師數辭不得，乃强取故傳，稍加鉛飾，表以羽曲，大都托人籟以鳴天籟，皆風世寓玄也。』《凡例》篇標其旨，亦云：『首重風化，兼寓玄詮。』乃知是劇係雲水道人在友人力邀下完成，創作本意爲『風世』並藉此詮玄，爲世人指迷。《凡例》又稱是書『本傳原屬霞侶秘授，撰自雲水高師』，霞侶何人，亦無考。虎耘山人《藍橋玉杵記敘》作於明萬曆三十四年，雲水道人創作此劇應在此年之前。

是書二卷三十七齣，首虎耘山人序，插圖近七十幅，並有《集列仙傳》包括《裴仙郎全傳》《劉仙君傳樊夫人附》《裴真妃傳》《鐵拐先生傳》《西王母傳》及《凡例》各一。此劇敘述上界神仙張萼郎與樊雲英相戀，被玉帝貶謫下凡。後張投生裴家爲裴航，樊則投生飛騎將軍李遐壽家，名李曉雲。二人經過種種悲歡離合，最終裴航在藍橋爲玄静搗藥，得與曉雲結合，纔知她即雲英。夫妻相偕到玉峰洞修行，後被召回天界。裴航遇雲英事原出唐裴鉶《傳奇》，後多爲戲曲題材所用。雲水道人《藍橋玉杵記》事本《續列仙傳·裴仙郎全傳》並參考宋元話本《藍橋記》、元雜劇《裴航遇雲英》等敷演而成。是劇注重演出觀賞性，《凡例》中所謂：『本傳逐齣繪像，以便照扮冠服。』

戲曲史上曾有過兩部《藍橋玉杵記》，一爲楊之炯（星水）所作，最早見於呂天成《曲品》，已佚。二爲雲水道人所著，明清各家書目未載，至傅惜華《明代傳奇全目》始著錄，後見於李修生《古本戲曲劇目提要》、郭英德《明清傳奇敘錄》（上）等書目。

是書現存明萬曆三十四年浣月軒刻本，即是本。據是本《凡例》中云：『本傳兹因海内名公聞。多渴慕，故急刊布，未遑音釋，重訂有待。』並有『萬曆丙午仲秋月虎耘山人書於浣月軒中』，知萬曆三十四年浣月軒本爲較早之版本，内容完整，鐫像精美，世不多見。

此本序下鈐有『何可一日無此君』印，現藏中國國家圖書館。（張偉麗）

二九七

**緑牡丹傳奇二卷**　（明）吴炳撰　明末兩衡堂刻粲花齋新樂府本　吴梅跋。框高十九·一釐米，寬十四·五釐米。每半葉九行，行二十字，白口，四周單邊。

吴炳(一五九五—一六四八)字可先,號石渠,明宜興(今屬江蘇)人。萬曆四十七年(一六一九)進士,授蒲沂知縣,崇禎時官至江西提學副使,南明永曆中任兵部右侍郎兼東閣大學士。後殉桂王之難,不食而卒。乾隆中賜謚忠節。長於填詞,所著有《西園記》《情郵記》《畫中人》《療妒羹》《綠牡丹》,合稱『粲花齋五種曲』,此乃其中之一。《明史》卷二百七十九有傳。

《南詞新譜·古今入譜詞曲詩劇總目》著録,二卷三十齣。是書敷演兩對青年男女的婚姻故事。老翰林沈重爲女兒婉娥選婿特開詩社,邀柳希潛、車本高、顧粲赴社,以綠牡丹爲題作文,柳希潛找館師謝英代筆,車本高找妹車静芳代筆,僅顧粲親作。然顧、謝二人與沈、車二女互生情愫,化解柳、車二男阻礙,終結爲佳偶。

此書緣起,歷來認爲與當時晚明復社相關。清葉廷琯《鷗波漁話》、俞樾《茶香室叢鈔》都接受此種説法,至近代吴梅亦採納此説。但俞樾在《茶香室叢鈔》就已提出一個疑問,即『《鷗波漁話》又引汪謝城曰:據李笠翁《閒情偶寄》,此劇爲吴石渠所作。今以黄氏《思舊録》證之,其説信矣。石渠固端人,何以爲温氏作此,不可解也』。羅斯寧在《綠牡丹校注》序中提到,《宜荆吴氏家譜》記載了吴炳二十二歲時因被誣考試作弊而參加復試的事件,與劇中顧粲等人經過三次考試,最後纔辨出真僞的情況極爲類似。而復社崇禎元年(一六二八)纔成立,推斷此劇創作於吴炳中進士之前,早於復社成立。今人或有對創作時間有疑者,但普遍認爲此劇緣起非開釁烏程,而爲作者感於科場舞弊所作。吴梅先生《中國戲曲概論》評曰『以臨川之筆協吴江之律』,『科諢至佳』。

是本内封著『粲花齋新樂府四種　綠牡丹　療妬羹　畫中人　西園　金陵兩衡堂梓行』，爲明末兩衡堂刻粲花齋新樂府本。後有吳梅跋，稱『兩衡堂刻此書，《情郵》尚未脱稿，故僅有四種』。兩衡堂，明末清初金陵名肆，刊刻大量傳奇戲劇小説，尚有《三國志第一才子書》等。此本爲《粲花齋五種曲》中四種的較早版本，與作者創作時間較爲接近。《古本戲曲叢刊》第三輯，即據此本影印。

是本鈐有『蘇州吳梅字瞿安别號霜厓188□-1939藏書』『長洲吳氏臧書』等印，原爲近代戲曲學家吳梅插架之物，現藏中國國家圖書館。（洪琰）

二九八

**八義記二卷明珠記二卷鳴鳳記二卷**　（明）毛晉編　明末毛氏汲古閣《繡刻演劇》初印本。

框高二十釐米，寬十三·四釐米。每半葉九行，行十九字，白口，左右雙邊。

毛晉生平爵里、學行業績簡況，前録稿本《汲古閣集》時已介紹。

《八義記》，無名氏撰，上下二卷，四十一齣，寫春秋時期屠岸賈殘害趙盾全家，周堅、鉏麑、提彌明、靈輒、韓厥、公孫杵臼、程嬰及其子『八義』捨生救護趙氏孤兒、最終報仇一事。本事見《春秋左傳》《史記·趙世家》。明末清初張彝宣《寒山堂曲譜》著録《趙氏孤兒大報仇》云：『明徐元改作《八義記》。』可知此書曾有徐元本，惜此本已失。此明末毛氏汲古閣《繡刻演劇》初印本，今人杜穎陶《曲海總目提要補編》（箋注一）云『其情節與吕、祁兩家所述徐本不合』，爲明世德堂本《趙氏孤兒記》增潤本。

《明珠記》又名《王仙客無雙傳》，上下二卷，四十三齣，寫王仙客與劉無雙忠貞不渝之愛情，二人幾經磨難，終成眷屬。本事見唐薛調所作《無雙傳》小説（《太平廣記》卷四百八十六）。該劇劇情曲折，頗具巧思，爲明陸采所作。呂天成《曲品》稱其爲其兄陸粲草成，陸采續寫；又一説爲陸粲作，明胡應麟《少室山房類稿》載有伶人奏劇，適歌陸浚明《明珠記》，陸浚明即陸粲。此劇今存明末汲古閣原刊本、明末吴興閔齊伋校刻朱墨套印本等。此本爲明末毛氏汲古閣《繡刻演劇》初印本零種。

《鳴鳳記》，無名氏撰，上下二卷，四十一齣，寫夏言、楊繼盛、鄒應龍等忠臣志士不畏强權，與奸臣嚴嵩父子抗争並最終取勝之事。最早見於明呂天成《曲品》著録。此書人物繁多，語言駢儷。傳世版本有明萬曆間寶晉齋刻本（托名湯海若評本）、李卓吾評本、明末汲古閣原刻初本、《六十種曲》本等。

毛氏汲古閣《繡刻演劇》初印本即《六十種曲》本，該書編於崇禎年間，耗時三年刊刻成書。初印無總書名，康熙年間重印時始稱《六十種曲》。此書所收多爲元明時期南戲傳奇名作，其中雜劇《西厢記》一種，傳奇五十八種，無注釋、題評，每種扉葉題『繡刻某某記定本』，亦稱《繡刻演劇十本》或《繡刻演劇》。《六十種曲》本爲我國時間最早、規模最大的戲曲總集，惜其流傳較少，校勘亦不甚精審。此《八義記》《明珠記》《鳴鳳記》書前均有『繡刻某某記定本』，爲毛氏汲古閣所刻《六十種曲》初印本零種，曾爲吴曉鈴原藏，現藏首都圖書館。（廖甜添）

二九九

**彩筆情辭十二卷**　（明）張栩輯　明天啓四年（一六二四）刻本。框高二十·六釐米，寬十三·五釐米。每半葉九行，行二十字，白口，四周單邊。

張栩（生卒年不詳）字叔周，號清河長、天霽齋主人，浙江杭州人。《彩筆情辭》所收均爲文人士子對青樓女子的吟贊之作，如馬致遠、張可久、關漢卿、梁辰魚、沈璟、凌濛初等人的作品。元、明爲散曲最盛的時代，士子文人任誕風流，流連於妓院等玩樂之所，並作有惻豔之曲記錄生活情趣，讚美青樓佳人，其中不乏佳篇美文。明人張栩輯此一編，反映出當時社會與文學的風貌。『辭』在該書中指南北散套和小令。此書前有虎林不盈道人張沖所書引言，强調『情』的重要作用，提倡重視人內心情感，認爲情和愛欲爲人之重要情愫，即使青樓之情也並非卑微不堪，云：『人能真其情，則爲聖、爲賢、爲仙、爲佛，離其情則爲槁木、爲死灰。』交待選編此本之緣由。引言之後，便是張栩本人所作敘言，指出該書繼六觀堂刻《青樓韻語》而作，概述選集收錄宗旨，再次强調青樓男女之爲情癡、爲情死的價值。敘之後便是此書凡例，交待此書特點及編排體例，指出是集所選皆文人散辭，諸傳奇雜劇者並不混入。

《青樓韻語》與《彩筆情辭》雖同爲青樓文學的代表，但《青樓韻語》所載詩詞韻語爲妓人之情，輯選晉、南齊、梁、隋、唐、宋、元、明約一百八十位古代名妓的作品共五百餘首。而《彩筆情辭》則側重文人之情，收共八十位作者之散曲，其中元人三十位，明代作者五十人，包括有姓無名號者一人，有別號無姓字者兩人，共收套數二百餘章，小令三百餘闋。作品按類編排，卷一至二爲贈美類，卷三爲合歡類，卷四爲調合類，卷五爲題贈類，卷六爲間阻類，卷七爲離別類，卷八至九爲感懷類，卷十至十一爲相思類，卷十二爲寄酬類，字裏行間有圈點標記。

此書還有一重要特色，正如張栩在敘言中所强調：『圖畫俱係名筆仿古，細摩辭意，數日始成一幅，後覓良工精密雕鏤，神情綿邈，景物燦彰。』即配有木刻版畫插圖頗爲著名，共十二幅，雙面大版，對葉連式，繪刻精工。所繪山光水色、屋宇樹石及人物器用，皆瀟灑綿密，搖曳多姿，觀之頓覺情境交融，意味濃郁。此書每卷均按目錄、『明虎林叔周甫張栩選次，觀化子張玄參閲』、題名、解題、插圖這五項依次排列。每卷一幅插圖，畫則有『畫圖摘句』字樣，用來解釋畫中内容，如卷一開篇『贈美類』，隨後便解釋『贈美』爲何意，『畫圖摘句』爲『蕊宫仙馭鬢半偏遊戲天衛』；卷六開篇題『問阻類』，釋題之後，畫名爲『儘熏爐燒夜殘把梅花獨自看』；卷八感懷類，畫名爲『斜陽江上烟波疾怎對却西風立』，其他每卷依此例。

是書插圖中偶有小字『古歙黄君蒨刻』。可知此書爲黄君蒨所刻。黄君蒨（又作『倩』），爲明代後期徽州派黄姓刻工中的佼佼者，名一彬，字君蒨，主要活動在萬曆、天啓間。參見李致忠先生《陳老蓮水滸葉子初刻本的再現》一文和王伯敏《中國版畫史》及其他材料記載，黄君蒨在萬曆三十三年（一六〇五）曾參與刻《程氏墨苑》；又在萬曆四十年與黄元吉、黄伯符、黄亮中、黄師教、黄晹穀一道合刻《閨範圖説》；四十四年又與黄桂芳合刻《青樓韻語》；萬曆間還刻過《王李合評北西厢記》；天啓年間又刻過《彩筆情辭》。

此本鈐有『積學齋徐乃昌臧書』『南陵徐乃昌校勘經籍記』『徐乃昌馬韻芬夫婦印』等印，可知爲徐乃昌舊藏。徐乃昌（一八六九—一九四三）字積餘，號隨庵，又號槑絲，安徽南陵人。光緒十九年（一八九三）中舉，後任淮安知府，特授江南鹽巡道。清亡後，隱居著述和校刊古籍，成爲近代著名的藏書家、學者。『積學齋』爲徐藏書之所，曾著稱一時，但至遲抗戰期間，其藏書開始流散，此書當爲積學齋流出之書。現藏中國國家圖書館。（趙銀芳）

三〇〇

## 雲莊張文忠公休居自適小樂府一卷 （元）張養浩撰　明成化十九年（一四八三）邊寧刻本。框高十九・八釐米，寬十二・五釐米。每半葉九行，行十七字，粗黑口，四周雙邊。

張養浩（一二七〇—一三二九）字希孟，號雲莊，又號齊東野人，歷城（今山東濟南）人。唐代名相張九齡弟張九皋第二十三代孫。幼有義行，勤奮好學。以薦爲東平學正。入京師，爲平章不忽木賞識，選授堂邑縣尹，關心民瘼，抑制豪强，賑災濟貧，政聲頗著。武宗時，拜監察御史，不避權貴，繩糾貪邪；不疏仇怨，舉薦廉正。因耿直敢言，爲當國者所不容，改除翰林待制。復以事罷。後復召用。仁宗延祐時，纍官禮部尚書、參議中書省事。文宗初年，政成身退，屢召不赴。文宗天曆二年（一三二九），關中大旱，飢民相食，特拜陝西行臺中丞，散家財以賑災，終日勞碌而不稍息，積勞成疾而卒。至順二年（一三三一），追封濱國公，謚文忠。工詩文，尤以散曲著稱於世。他的作品格調高遠，文字顯白流暢，感情真樸醇厚。明寧獻王朱權所著《太和正音譜》中，稱雲莊之散曲如『玉樹臨風』。著有《雲莊張文忠公休居自適小樂府》《三事忠告》《歸田類稿》等。散曲代表作有《山坡羊・驪山懷古》《山坡羊・潼關懷古》。《元史》卷一百七十五有傳。

張養浩從政時的文學作品並不多。英宗至治二年（一三二二），張養浩辭官歸隱，搆『雲莊』於山中，以詩文自娱。他的文學作品多創作或整理於此間，且多被收入《歸田類稿》中。《歸田類稿》後被收入《四庫全書》。其文學作品在其從政期間和歸隱之後，不僅在數量上有很大變化，在内容上也發生了很多轉變，歸隱後多寄情山水的閑適之作。《雲莊張文忠公休居自適小樂府》即作者閑居雲莊時所製自適之作，共收小令二十七目，彙爲一編，題曰『雲莊休居自適小樂府』。卷首有明艾俊撰《雲莊休居自適小樂府引》，稱此編『誠爲治世安樂之音也』。張養浩在中國古代文學史上成就最著者即散曲，該編即爲作者的一部散曲集，流傳稀少，彌足珍貴。

該編在明初歷下曾有刻本，但因字小漫滅，觀之頗費眼力。明成化年間，有名邊寧者，乃張養浩同鄉，在應天府當差，求得此本，改用大字手録成帙，並捐俸重刻，以廣其傳，是即此本。刻書者及版刻年代據卷末成化十九年金潤撰《書張文忠公雲莊樂府後》。該本爲寫刻本，版印模糊，當爲後印。紙面内容有的被挖去。書有殘卷，内襯紙。

該本爲李盛鐸舊藏。書中鈐有『休寧朱之赤珍臧圖書』『卧菴所臧』『斧季』『毛扆之印』『汲古主人』『毛晉』『汲古閣』等印。朱之赤爲明末清初藏書家，字守吾，號卧菴，休寧（今屬安徽）人。毛扆爲汲古閣後人，毛晉次子，字斧季，號省菴，常熟（今屬江蘇）人，清初著名藏書家。該本曾經兩位藏書大家收藏，現藏北京大學圖書館。（李雄飛）

三〇一

**洪東樂府二卷**　（明）康海撰　明嘉靖三年（一五二四）康浩刻本。框高十七·六釐米，寬十一鼇米。每半葉十行，行二十一字，細黑口，四周單邊。

康海生平事迹簡況，前錄明嘉靖二十四年（一五四五）吳孟祺刻本《對山集》時已介紹。

康海認爲，古來『曲與詩同，自樂府作，詩與曲始歧而二矣，其實詩之變也。宋元以來益變益異，遂有南詞北曲之分。然南詞主激越，其變也爲流麗；北曲主慷慨，其變也爲樸實。惟樸實，故聲有矩度而難借；惟流麗，故唱得宛轉而易調』（本書康海《沜東樂府序》）。又謂『由是興之所及，亦輒有作，歲月既久，簡帙遂繁，乃命僮子錄之，以存篋笥，題曰《沜東樂府》……正德八年歲在癸酉冬十二月朔旦，沜東漁父自序』。因知此書之成在正德八年（一五一三）。李夢陽下獄，海受李夢陽妻弟之托，往見權璫劉瑾，李獲救。逮瑾敗，被指坐瑾黨削職爲民，李却不進一言相救，反作《中山狼》雜劇以刺之。海罷歸後放形物外，寄情山水，廣蓄優伶，以曲爲樂。此書便是他閒居沜東時所作散曲的結集。

《沜東樂府》依文體分爲兩卷：第一卷收散曲小令和帶過曲，凡一百七十五首；第二卷收散曲套數，凡三十三套，其中北曲二十九套，南曲四套。散曲多以北曲寫作，表現出剛勁豪放風格，爲明代散曲創作上做出突出的貢獻。由於其人陟罷非常，故作品中多抒發憤世嫉俗、人生感歎之情，但亦不少表現其閒適散淡、觸景生情之作。『天應醉，地豈迷，青宵白日風雷厲。昌時盛世奸腴蔽，忠臣孝子難存立。朱雲未斬佞人頭，禰衡休使英雄氣』（本書卷一《寄生草》），簡直是對世道不公的吶喊。『半百年華鬢如絲，興如嚼蠟，樂閑心恰，會行踏。雨兒催，風兒刮，心驚膽怕，想平生閱盡浮夸，向人行，再伏低凹』（本書卷二《粉蝶兒·書懷》），無疑是對世態炎涼、人生坎坷的感歎。而在《紅繡鞋·秋望》中則寫道：『撲翠色，秋山如靛；涌寒波，秋水連天，西風黄葉滿秋川。秋喚起天邊雁，秋折盡水中蓮，秋添出階下蘚。』情景交融，作者心態與文學技巧表現得淋漓盡致。

卷末有其弟短跋：『右《樂府》二卷，家兄浒翁舊作也，好事者求録踵至，因刻之以傳焉。嘉靖甲申春三月丁卯，弟浩謹識。』甲申，嘉靖三年。因知此書確爲是年由康海之弟康浩所付梓。康浩，康鑾中子，正德六年進士，户部主事。《天一閣書目》卷四著録其《康旻集》三卷。此本鈐有『壽祺經眼』印記，壽祺蓋爲王禔（一八七八—一九六〇），初名壽祺，字維季，杭州人。喜藏印篆刻，工書法，西泠印社創始人之一。又鈐有『長樂鄭氏臧書之印』印。現藏中國國家圖書館。（李致忠）

三〇二

## 坐隱先生精訂陳大聲樂府全集七種十二卷　（明）陳鐸撰　（明）汪廷訥訂　明萬曆三十九年（一六一一）汪氏環翠堂刻本。框高二十二釐米，寬十四·六釐米。每半葉十行，行二十字，白口，四周單邊。

陳鐸（一四五四？—一五〇七）字大聲，號秋碧，別號七一居士，南直隸下邳（今江蘇邳縣）人，家金陵。世襲濟州衛指揮。工詩善畫，山水仿沈周。尤精聲律，以詞曲馳名，時稱『樂王』。《明史》稱『南都自洪、永初，風雅未暢。徐霖、陳鐸、金琮、謝璿輩談藝正德時，稍稍振起』（《明史》卷二百八十六《文苑第二》）。著有《秋碧軒集》五卷、《秋碧樂府》《梨雲寄傲》《滑稽餘韵》《草堂餘意》等。

汪廷訥（一五七三—一六一九）字昌朝，號無如，別署坐隱先生、無無居士、全一真人、清癡叟。休寧（今屬安徽）人。曾爲鹽商，明萬曆間官南京鹽運使，左遷寧波府同知。汪氏工詩賦，喜製詞曲，辭歸後築坐隱園，設環翠堂書坊，廣藏圖籍。與湯顯祖、李贄等有唱和。著有《環翠堂樂府》（含雜劇九種、傳奇十六種）、《人境陽秋》二十二卷、《坐隱先生全集》十八卷、《環翠堂坐隱集選》四卷、《養正小史》等，編有《文壇列俎》十卷等。環翠堂刻書頗夥，傳世四十餘種。

是書包括陳大聲詞曲傳奇主要作品。據曹學佺序，大聲爲『金陵將家子，生當弘正昇平之世，乃以詞曲鼓吹休明』，凡《梨雲寄傲》《滑稽餘韵》等，及長篇短令，爲『昭代白眉，前無古人』。清末況周頤《蕙風詞話》卷五亦稱『陳大聲詞，全明不能有二』。時人稱其詞曲韻『發而意新，聲婉而辭豔，其體貼人情，描寫物態，有發前人所未發者』。故『按拍花前，兩京教坊，彈絲樽畔，纔一開口便度陳大聲諸曲』（湯有光序）。汪廷訥所作樂府數十種，悉遵陳大聲矩度，因以『原刻不善，日久益復模糊』，不忍『大聲諸作，散佚無統，乃手自訂彙，而更以詩詞二韻，並《草堂餘意》附刻之』，統曰《坐隱先生精訂陳大聲樂府全集》，庶『作者知詩與詞各自爲韻，不得以己意相假借也』。『昔人謂詞絶於明，觀大聲之作，斯言殆未爲信。』（況氏《蕙風詞話》續編卷二）

是書凡五册，册一《梨雲寄傲》、册二《秋碧軒稿》、册三《可雪齋稿》《月香亭稿》、册四《納錦郎傳奇》（末葉已殘損）和《太平樂事》、册五《草堂餘意》卷上下。是書各卷前題『環翠堂精訂陳大聲某書』，標『高士里藏板』，各卷卷端則題『坐隱先生精訂某書』，並標『新都環翠堂藏板』，版心上題『精訂某書』，下著葉數並題『環翠堂』。册一《梨雲寄傲》前有朱鈜書湯有光序，曹學佺序，汪咏湯書汪廷訥刻書序。其餘各册均無序跋。《中國版刻圖録》稱『此刻世不多見』。入清已極稀見，據況周頤《蕙風詞話》卷五載，其曾得鉅帙逾百葉，《草堂餘意》爲『半塘（王鵬運）假去，即付手民，寫樣甫竟，半塘嬰疾遽殁，元書及樣本並失去，不復可求。是書失傳，明詞之不幸，半塘之隱恫矣』。王重民《中國善本書提要·集部四·詞類》略有瑕處：『考《千頃堂書目》卷三十二，著録《草堂餘意》一卷，稱「陳鐸選宋詞，附以己作」。鐸字大聲，卷内題陳大聲者，即黄氏所謂「附以己作」者也。依春夏秋冬分爲四意，與《草堂詩餘》相同，因冠「草堂」之目。此本分爲二卷，殆廷訥所分歟？』上文所論『鐸選宋詞』一説非是，《草堂餘意》全爲陳氏和《草堂詩餘》之作，無宋人詞作。此書中題陳大聲者即爲《草堂詩餘》原書題無名氏者，此書題宋人名氏者即《草堂》原書所題，但詞作已是陳氏所爲。而此本分卷爲卷上下，似亦可稱一卷。

據鄭振鐸日記，此本一九五六年五月二日歸鄭氏。鈐『长乐郑振鐸西諦藏书』『長樂鄭氏臧書之印』諸印。現藏中國國家圖書館。（向輝）

三〇三

**四詞宗合刻五卷**　（明）金鑾　馮惟敏　王磐　梁辰魚撰　明汪氏環翠堂刻本。框高二十三·三釐米，寬十四·六釐米。每半葉十行，行二十字，白口，四周單邊。

此書乃明代四位散曲大家散曲集之合刻，皆經明汪廷訥校訂。四集即金鑾《坐隱先生精訂金白嶼蕭爽齋樂府》一卷、馮惟敏《坐隱先生精訂馮海浮山堂詞稿》二卷、王磐《坐隱先生精訂王西樓樂府》一卷及梁辰魚《坐隱先生精訂梁少白江東白苧》一卷。

汪廷訥生平爵里、學行業績簡況，前録明萬曆三十九年汪氏環翠堂刻本《坐隱先生精訂陳大聲樂府全集》時已介紹。

金鑾（一四九四—一五八七）又作金鸞，字在衡，號白嶼，隴西（今屬甘肅）人。後隨父游宦，寓居金陵（今南京）。科舉不第，以布衣終老。通音律，工散曲。著有詩集《金白嶼集》及散曲集《蕭爽齋樂府》等。事見《列朝詩集小傳》丁集。

馮惟敏（一五一一—一五八〇?）字汝行，號海浮，臨朐（今屬山東）人。嘉靖十六年（一五三七）舉人，後屢試不第。歷任淶水知縣、鎮江府儒學教授、保定府通判。隆慶六年（一五七二）棄官歸隱，終老田園。能詩，尤工散曲。著有散曲集《海浮山堂詞稿》及雜劇《不伏老》《僧尼共犯》二種等。

王磐（一四七〇?—一五三〇?）字鴻漸，號西樓，高郵（今屬江蘇）人。一生鄙棄功名，絶意仕途，縱情山水詩畫之間。筑樓於城西，終日與文人雅士歌吹吟詠，因自號『西樓』。工詩能畫，善音律。著有《王西樓樂府》及《野菜譜》。

梁辰魚（一五二一?—一五九四?）字伯龍，號少白、仇池外史，昆山（今屬江蘇）人。以例貢爲太學生。雅擅詞曲，精於音律。時邑人魏良輔工於樂歌，始變『弋陽』『海鹽』舊調爲『昆腔』。辰魚獨得其傳，填製《浣紗記》傳奇，對昆腔之發展傳播頗有影響。又著有雜劇《紅綫女》《紅綃》（佚）、散曲集《江東白苧》及詩文集《鹿城集》等。其散曲風格綺靡，格律工整，語言雕琢，文采爛熳，並首以昆曲爲腔。晚明曲家皆深受其影響，稱『江東白苧派』。

此書所收四集當時應以單本行世，非有『四詞宗合刻』之名。目前所見，當是清曹寅《楝亭書目》始用此名。此書最早之本當即此明汪氏環翠堂刻本。此本共七册，首册封面題『四詞宗合刻』及四集名稱，當爲後人題寫。四集均先套數，後小令。除《蕭爽齋樂府》套數部分外，各集套數及小令皆按曲牌歸類排列（套數取第一個曲牌），相同曲牌集中一處。各集版心均鎸『精訂某人樂府』及『環翠堂』字樣，各卷卷端均題『新都環翠堂藏板』。汪氏坐隱園始建於萬曆二十八年，至三十年落成。環翠堂爲該園主建築，當最早建成。此本當刻於萬曆二十八年後。環翠堂刻本中，有以『坐隱先生精訂』爲名者，如《坐隱先生精訂捷徑棋譜》二卷、《坐隱先生精訂陳大聲樂府全集》均刻於萬曆三十七年，《坐隱先生精訂草堂餘意》二卷刻於萬曆三十九年，此本或亦刻於是年前後。此本部分册次稍有殘缺：首册目録前三葉缺失；册二目録底部及卷端右下角殘缺，已經抄補相應文字；册五末葉左半業殘缺，已經抄補相應文字；末册目録首葉右半葉缺失，末葉缺失，已另附紙抄補最後一首小令。汪氏以環翠堂之名曾刊行諸多自著及所好圖籍，大多鏤版精美，尤以名家所繪插圖精絶著稱。此書雖無插圖，又有稍許殘缺，但刻印精良，傳世較稀，彌足珍貴。

此書所收四集有二來源：《坐隱先生精訂馮海浮山堂詞稿》鈐有『長洲吳氏臧書』『瞿安』『吳梅之印』『蘉野經眼』等印，知爲曲學大家吳梅（字瞿安）舊藏，其弟子盧前（字蘉野）曾經眼；其他三集則鈐『長樂鄭氏臧書之印』『长乐郑振鐸西諦藏书』等印，知爲鄭振鐸舊藏。此本現藏中國國家圖書館。

（包菊香）　三〇四

## 詞林摘艷十卷

（明）張祿輯　明嘉靖三十年（一五五一）徽藩刻本　曹元忠　吳梅跋。框高十九·五釐米，寬十四·三釐米。每半葉八行，行十八字，白口，四周單邊。

張祿（生卒年不詳），據明朱謀垔《畫史會要》卷四知其字天爵，自號友竹山人、蒲東山人，爵襄隆平侯，張祐（字天吉）從弟。

明嘉靖間，劇作選集合集多有刊行，以《盛世新聲》《詞林摘艷》和《雍熙樂府》最爲著名。劉楫序稱：『今樂府……連篇纍牘，散處諸集，好事者不能遍觀而盡識，往往以爲恨。頃年梨園中搜輯自元以及我朝，凡辭人騷客所作長篇短章，並傳奇中奇時者，宮分調析，萃爲一書，名曰《盛世新聲》。板行已久，識者又以爲泥文采者失音節，諧音節者虧文采……吳江張君天爵，好古博雅之士，間嘗去其失格，增其永備，訛者正之，脱者補之，粲然成帙，命之曰《詞林摘艷》。』知是編乃增訂校正《盛世新聲》而成，散曲與劇曲通選，衹收曲文，不錄賓白，據宮調分類編爲十卷，以十干標目，每卷即爲一集，即：卷之一甲集錄『南北小令』二百九十一闋，其中南小令一百九闋，北小令一百八十二闋，較鄭振鐸（《盛世新聲與詞林摘艷》）經眼之本溢出五闋；卷之二乙集爲南九宮套數五十三章；卷之三丙集爲中呂套數三十八章；卷之四丁集爲仙呂套數二十九章；卷之五戊集爲商調套數三十四章；卷之六己集爲南呂套數四十一章；卷之七庚集爲商調套數三十章；卷之八辛集爲正宮套數三十五章；卷之九壬集爲黄鐘套數三十二章；卷之十癸集爲越調套數三十五章。各集前有嘉靖乙酉（四年）歲中秋前後小引。吳梅補抄之甲集卷首有明嘉靖四年劉楫序，次張禄序，張禄《小引》及本集目録。鄭振鐸《盛世新聲與詞林摘艷》稱：『張禄改訂新聲爲摘艷，最有功者爲加注作者姓氏及雜劇戲文名目這一點。』然亦有考訂不周者，如作者朝代誤元爲明或誤明爲元者間亦有之。孫楷第《戲曲小説書録解題》云此書『唯元人及明初舊曲今不存者，往往載其全套，自一折至數折不等，且悉依原文，不加改訂，實有裨於考校，於曲文保存不爲無功，固亦有足取焉』。

據鄭振鐸《盛世新聲與詞林摘艷》考訂：此書有嘉靖乙酉張氏原刊本，凡分甲、乙等十集，每集有小引一篇。每葉二十行，行二十字，最精工可靠；嘉靖己亥（十八年）張氏重刊增益本，分十卷，無小引。每葉二十四行，行二十四字……此本絶非張禄增益，而是書估以《盛世新聲》與《詞林摘艷》殘版合併刷印；萬曆間徽藩刊本（未見）；萬曆二十五年（一五九七）内府重刊本，每葉十八行，行二十一字。

此本爲鄭氏當年未曾經眼之徽藩刻殘本，刊刻年代爲嘉靖三十年而非萬曆間。曾經范氏天一閣、吳梅收藏，鈐有『吳氏霜厓臧書之印』『臞菴』『吳梅』諸印。第十册後有曹元忠、吳梅跋。曹氏跋云：『明刊《詞林摘艷》殘本六卷本，天一閣故物。其書目子部類書類有刊本十卷，明張禄撰，劉楫序是也。據《百川書志·詞曲類》亦稱嘉靖乙酉吳江張禄校集。以《盛世新聲》博取欠精，速成多誤，復正魯魚，損益新舊，小令百九，南調百七十有七，北調南九宮五十三，北八宮並别調二百七十八。詞林之精備者。今缺南北小令一卷二百三十調爲甲集，北八宮三卷一百七調爲丙集庚集辛集。就其書見存者，每卷首有「吳江張祿詳校刊行」八字，而目錄、每調前小引及卷末康衢道人吳子明跋均題嘉靖乙酉中秋前後，知刊於嘉靖四年乙酉。又壬集後有「嘉靖辛亥歲仲秋吉旦徽藩月軒道人重刊」兩行十七字，知重刊於嘉靖三十年辛亥……宣統戊午五月五日辛卯同郡曹元忠。』次吳氏跋：『越十三年庚午，取江南圖書館藏本補鈔甲丙庚辛四集，是書遂完足。惜君直作古五年，不及見此完帙矣。霜厓吳梅書，時庚午七月朔。』庚午當即民國十九年（一九三〇）。第二册封面有吳氏跋：『此爲明徽藩重刊吳江張氏本。此書刊後未幾即國除，具詳曹君直跋中。嚮爲四明范氏天一閣中物。余得自海上，尚缺甲丙庚辛四册。以月軒道人未詳，屬君直加跋焉。計費銀泉三十枚。乙卯中元重裝既竟，因綴數語。長洲吳梅。』故此書版本宜訂爲嘉靖三十年徽藩刻本（甲集丙集庚集辛集吳梅抄補）。現藏中國國家圖書館。

（向輝）　三〇五

**雍熙樂府二十卷**　（明）郭勛輯　明嘉靖十九年（一五四〇）楚藩刻本。框高二十·六釐米，寬十三·八釐米。每半葉十行，行二十一字，白口，四周雙邊。

郭勛（一四七五—一五四二）字東泉，明初開國功臣武定侯郭英六世孫，正德三年（一五〇八）襲封，先鎮兩廣，後入京師掌三千營。嘉靖時，任掌團營、督團營，兼領後府、太保兼太子太傅。嘉靖十八年進封翊國公，加太師。嘉靖二十年因忤旨下獄，次年瘐死獄中，年六十八。雅好詩文書法，除編刊輯錄《雍熙樂府》外，還編刊有關本族事迹的文獻《毓慶勳懿集》《三家世典》《太和傳》《郭氏家傳》與續傳，及家刻書目《書莊記》一卷等；也曾刊刻白居易詩文集、《元次山集》《水滸傳》《三國志演義》等名著。傳附《明史・郭英傳》後。

《雍熙樂府》收金、元、明三代雜劇、傳奇、諸宫調等套曲及南北曲小令，是現今所知明嘉靖以前最大的曲文總集。以宫調爲序編排：卷一黄鍾宫，卷二至三正宫，卷四至五仙吕宫，卷六至七中吕宫，卷八至十南吕宫，卷十一至十二雙調，卷十三越調，卷十四商調，卷十五大石調、小石調、南曲小令，卷十六南曲，卷十七至二十雜曲。雍、熙，都是『和』的意思，『蓋採唐虞時雍咸熙之語，以詔盛世之治和也』（嘉靖丙寅刻本書前安素春山序語）。後來各種曲譜如萬曆間臧懋循編《元曲選》、清初李玉《北詞廣正譜》等書多取資於此。但此書所收曲文大多不著作者姓氏及作品出處。今人隋樹森爲此特撰《雍熙樂府曲文作者考》一書（書目文獻出版社一九八五年版），統計出《雍熙樂府》全書所收套數共計一千一百二十一套，收雜曲共計一千八百九十七首，並考證出套數有作者姓名者五百三十八套，考出雜曲有作者姓名者九百七首。

北京大學圖書館存有此書三種明刻本：

其一爲明嘉靖辛卯（十年）郭勛初刻本，二十四册三函，爲李盛鐸舊藏。書前有春泉居士王言序云：『太傅武定侯萶畐郭公當太平無事之時，偃武修文之日，遍閲宋元迨我朝文人所作詞曲，採而輯之，凡二十卷，將鋟梓，以廣其傳，題曰《雍熙樂府》，間以示余。』該藏本首册曾經托裱，紙張厚度與其他各册微有異。

其二爲明嘉靖庚子（十九年）楚藩刻本，二十册四函，爲燕京大學圖書館原藏。書前序落款云：『嘉靖十有九年庚子春正月之吉重刊。楚藩長春山人書於翠光樓。』楚藩長春山人即楚愍王朱顯榕（一五〇六—一五四五），嘉靖十五年襲封，二十四年爲世子英燿所弑，年僅四十。

其三爲明嘉靖丙寅（四十五年）安素春山序刻本，四十册六函，爲老北大圖書館原藏。書前有安素春山刻書序，據其語氣，春山應係司禮監太監。王重民先生曾考明劉若愚《内板經書紀略》，其中著録有《雍熙樂府》二十本，一千七百九十三葉。則此本爲司禮監刻本。

明刻本中還有萬曆刻十三卷本，藏上海圖書館，半葉九行，行十八字，卷端署『海西廣氏編』，内容體例及字體與二十卷本不同，應屬一節略本。《四庫全書總目》存目中所録即此本。

民國二十三年（一九三四），商務印書館《四部叢刊續編》根據北平圖書館藏本影印《雍熙樂府》，該藏本首册爲明嘉靖丙寅安素春山序刻本，其餘各册爲嘉靖辛卯郭勛初刻本。以往研究者多謂《四部叢刊續編》影印底本是嘉靖丙寅刻本，誤。

此次影印所據底本爲明嘉靖庚子楚藩刻本，該本係據辛卯本翻刻，刊印質量雖遜於辛卯本及後刻的丙寅本，但以往從未被影印出版，故入選。卷端鈐印：『蓬溪陳氏茸山堂珍藏』『燕京大學圖書館珍藏』。現藏北京大學圖書館。（姚伯岳）

## 新鐫歌林拾翠六卷

題粲花主人輯　西湖漫史點評　明崇禎刻本。框高十九·九釐米，寬十二·二釐米。每半葉九行，行二十三字，白口，四周單邊。

存二卷：卷一至二。

是書正文前有總目、友鳥主人何約序，每卷有分目。每卷首葉題粲花主人選輯，西湖漫史點評。據查，明清兩代以『粲花主人』作爲别號的衹有吴炳（一五九五—一六四八），故浙江圖書館將此書輯者著録爲吴炳。然友鳥主人何約序曰：『採元和之近體，追柏梁之雅什，叢鈞天之遺韻，奏宫懸之麗曲，自謂絶節高唱，有異乎庸聽者矣。』儼然即是編選者。更爲複雜的是，何約序後西湖漫史所撰凡例又言：『余從暇日幽討琅函，賞異拔尤，顔曰拾翠，雖同於握瑜之志，亦云情癡，期免乎買櫝之譏。敢曰曲史。』也顯然以編者自居。今人汪超宏《浙圖藏曲選〈歌林拾翠〉考述》一文認爲吴炳當時不可能編此書，當爲何約所編，題粲花主人選輯，應爲書賈所僞托。

據凡例最後落款，可知是書選編於崇禎十五年（一六四二）。是本爲殘本，現存二卷四册，所選劇目除施惠《幽閨記》、高明《琵琶記》、徐霖《繡襦記》、沈采《千金記》、陸采《明珠記》等爲元末明初至嘉靖間的作品外，絶大部分爲晚明作品，反映了晚明昆曲的演出面貌。

另，浙江圖書館藏有六卷六册《新鐫歌林拾翠》，全題爲《精繪出像點評新鐫彙選昆調歌林拾翠》，爲姚燮舊藏，其《今樂考證》將是本中徐元暉等五人的劇作著録爲『國朝院本』，將史槃等八人的佚曲收入《復莊今樂府選》。浙圖本絶大多數劇目和齣目都與此本相同，卷數也一致，缺失部分幾可互補，可知是同一書的兩個版本。且從目録來看，此本比浙圖本内容要多，浙圖本更像是它的一個簡縮本，或即從此轉刻而成。現藏中國國家圖書館。（白雲嬌）

三〇七

**曲律四卷** （明）王驥德撰　明天啓四年（一六二四）毛以燧刻本。框高二十・七釐米，寬十四・一釐米。每半葉十行，行二十字，白口，四周單邊。

王驥德生平爵里、學行業績簡況，前録明顧曲齋刻本《古雜劇》時已介紹。

王驥德生於書香門第，祖、父皆精於戲曲，並藏元人雜劇數百種。二十歲奉父命改寫祖父《紅葉記》爲《題紅記》，更愜本事《紅葉題詩》原意。萬曆初，拜書畫家、詩人、戲劇家、文學家徐渭爲師，得其指歸，曲學日進。［嘉慶］《山陰縣志》卷十四《徐渭傳》言王與師居衹『隔一牆，渭填詞每畢，輒呼伯良騎牆讀之』。師生情洽，學亦洽。王一生書劍飄零，未入仕途，全身心致力於詞曲研究，嘗作《男王后》《兩旦雙鬟》《棄官救友》《金屋招魂》《倩女離魂》等雜劇五種，今僅存《男王后》一種。傳奇四種，今僅存《題紅記》一種。另外尚有《方諸館集》《方諸館樂府》等作品。其中以戲曲理論專著《曲律》影響最爲深廣。

『曲律，以律曲也。』此爲本書卷三《論曲禁第二十三》中王氏自己的詮釋，一語道破《曲律》爲書之性質。所舉律禁之《重韻》《借韻》《犯韻》《犯聲》《合脚》《陳腐》《俚俗》《錯亂》《蹈襲》等四十種現象，一一指出其違律要害，《曲律》卷三《論曲禁第二十三》並謂這些毛病『如不能盡免，須檢點去其甚者，令不礙眼。不爾，終難爲識者，非法家曲也』。此書分四卷四十章，分別探討南、北曲源流，南曲聲律，傳奇作法，特別是對風神、虛實、本色、當行等戲曲創作理論和寫作規律之探討，尤爲精到，雄踞明代曲壇。

此本卷前有天啓五年乙丑春二月馮夢龍《敘曲律》。又有萬曆三十八年庚戌（一六一〇）自序，説明成書較早。卷末有毛以燧後跋，謂：『歲癸亥先生病，入秋忽馳數行緘一帙來，曰：「吾生平論曲，爲子所賞，顧喙也……今病且不起，平日所積成是書，曲家三尺具是矣，子其爲我行之吳中。」余啓讀之，則《曲律》也。方在校刻，而訃音隨至，兹函蓋絶筆耳。』跋後落款爲『天啓閼逢困敦之歲季春上浣五日，松陵友弟毛以燧跋』。癸亥當即天啓三年。閼逢困敦，即天啓四年，故此書由毛以燧刻於是年無疑。跋後附有王驥德《別毛允燧》詩及毛以燧《哭王伯良先生詩》十三首。回念交友三十年之誼。老友臨終寄稿燧，燧以之付梓版行，自在情理之中。

毛以燧，字允燧，號瑶山，江蘇吳江黎里鎮人。貢生。工詩詞，喜書畫，與同邑周宗建、吳焕、孫枝芳等號稱『松陵八駿』。娶同里汝文淑爲妻。文淑善繪事，摹宋元諸家山水、人物、花草無不畢肖。精畫扇面。《黎里志》卷十一《列女四》載每作一畫，燧爲之題句，文淑則笑曰『君詩中有畫，妾畫中有詩』。兩情甚愜。

書中鈐有『聽鸝學人』『陳氏百聯齋藏』『初授氏』『玉壇山房』『长乐郑振铎西谛藏书』等印。現藏中國國家圖書館。（李致忠）

**中原音韻二卷**（元）周德清撰　明刻本。框高十九・八釐米，寬十三・三釐米。每半葉十二行，行二十字，黑口，四周雙邊。

周德清（一二七七—一三六五）字日湛，號挺齋，元瑞州高安（今屬江西）人。一九七八年寧繼福於錦江鼇香嶺古暇堂村發現之《暇堂周氏宗譜》載：『德清，和公三子，行七，字日湛，號挺齋。宋端宗景炎丁丑十一月生。著有《中原音韻》行世。學士歐陽玄、虞集等贊其詞律俱優，同志羅宗信、瑣非復初各序其妙。邑乘載「文苑」。元至正乙巳卒，享年八十有九。』據此則知，周德清當生於一二七七年，卒於一三六五年。周德清工樂府，善音律，兼長北曲。虞集序稱其曲『隨時體製，不失法度，屬律必嚴，比字必切，審律必當，擇字必精』。瑣非復初序云其『所作樂府，回文、集句、連環、簡梅、雪花諸體，皆作今人之所不能作者。……而公議曰：「德清之韻，不獨中原，乃天下之正音也；德清之詞，不惟江南，實當時之獨步也。」』《太和正音譜》評其曲『如玉笛横秋』。賈仲明所著《録鬼簿續編》有傳。

元泰定年間，『正語作詞』之争興起，周德清不滿當時『世之泥古非今，不達時變』之風，於泰定元年（一三二四）開始撰寫《中原音韻》。據周氏自序云：『泰定甲子，存存托友張漢英以其説問作詞之法於予。予曰言語一科，欲作樂府，必正言語，欲正言語，必宗中原之音……因重張之請，遂分平聲陰陽及撮其三聲同音，兼以入聲派入三聲，如「鞞」字，次本聲後，葺成一帙，分爲十九，名之曰《中原音韻》，並起例以遺之。』《中原音韻・正語作詞起例》云：『《中原音韻》的本内，平聲陰如此字，陽如此字。蕭存存欲鋟梓以啓後學，值其早逝。泰定甲子以後，嘗寫數十本，散之江湖。』知此書是應蕭存存問難而寫作，值蕭早逝，未能刊行，所作抄本亦散於江湖。後經羅宗信等人奔走，於至正元年（一三四一）始刊刻於吉安。

《中原音韻》多引當時關漢卿、馬致遠等人所做北曲典範之作，以正北曲之辨音用字、宫調曲牌及作詞十法等體制，爲後世推爲北曲韻書之首，是中國最早的曲韻著作，故後世傳本衆多。惜羅宗信至正元年刊本今已散佚不傳，現存常見版本有明刻本：明正統六年（一四四一）訥庵本、明萬曆四十七年（一六一九）嘯餘譜本及《四庫全書》本等。

此明刻《中原音韻》二卷，前卷爲韻書，將曲詞中常用韻脚的五千八百六十六字，按音韻分爲十九部，後附《正語作詞起例》，説明韻部編製體例等問題。正文前有虞集、歐陽玄序，周氏自序，羅宗信序及瑣非復初序，書後有周德清泰定甲子（元年）秋後序。原爲瞿氏鐵琴銅劍樓舊藏，《鐵琴銅劍樓藏書目録》注爲元刊。趙萬里先生曾鑒定爲明刻本，大約刊於明弘治、正德間。書中鈐有『稽瑞樓』『鐵琴銅劍樓』等印，現藏中國國家圖書館。（廖甜添）

三〇九

**遠山堂劇品一卷** （明）祁彪佳撰　明末祁氏遠山堂抄本。框高二十一·九釐米，寬十四·五釐米。每半葉九行，行二十字，藍格，白口，四周單邊。

祁彪佳（一六〇二—一六四五）字虎子、幼文，又字弘吉，號世培，别號遠山堂主人、寓山居士，山陰（今屬浙江紹興）梅墅人。父祁承㸁爲明季藏書大家，彪佳七歲讀書，與胞兄、堂兄同學，相互砥礪，皆學有所成。天啓二年（一六二二）進士，次年任福建興化府推官。崇禎四年（一六三一）陞任右僉都御史，六年巡按蘇、松諸府，所至延問父老，察訪民情。後受權臣排斥，家居九年，崇禎末年復官。清兵入關，力主抗清，任蘇松總督。順治二年（一六四五）清兵破杭州，彪佳在家鄉自沉絶食殉國，年四十四。南明唐王追贈少保、兵部尚書，謚忠敏，清追謚忠惠。事見《明史》卷二百七十五本傳及明王思任《祁忠敏公年譜》。

崇禎二年祁彪佳與王元壽信中始提及『欲補作』《遠山堂曲品》，而是年，其與袁于令信中云：『嚮年曾草有明《劇品》，今略次第之，當録求仁兄以數語，但所品止一百九十餘種，殊愧淺漏耳。』（見《遠山堂尺牘·與袁鳧公》）據此可推知《遠山堂劇品》寫作起始時間早於《遠山堂曲品》。然現存《遠山堂劇品》收録明人雜劇共計二百四十二種，而非信中所言一百九十餘種，説明彼時是書尚未定稿，仍不斷增補。崇禎四年祁彪佳與屠用明信中又寫道：『弟曾漫然握於明人之劇與曲，俱加品題……是以於明人之劇與曲，有聞必欲一見，劇已見二百四十餘種，曲已見五百四十餘種。』『曾』字表明『兩品』的寫作自此已經完成，且與現存《遠山堂劇品》收録的劇作數目相符，可知寫作時間下限爲崇禎四年春夏之際。

崇禎十三年，祁彪佳『午後整《曲品》《劇品》付陳繩之謄寫，因將疏稿、詩草同鄭九華各彙爲一函』，然先是『畏禍避仇不敢刻』，繼爲『以遭難破家不能刻』，因而至清代諸曲家亦無著録，以致三百餘年内一直隱没湮沉，不爲世所聞知。一九五二年底，黄裳首見《明曲品》清初起元社黑格殘抄本並抄録大略内容，次年又得『兩品』遠山堂稿本，始著手校録工作。一九五五年四月，《遠山堂明曲品劇品校録》由上海出版公司出版，祁彪佳『兩品』重新面世。後葉德均以黄裳之《校録》爲藍本，『擇其可補充、商榷者二百四十餘則，爲之補校一過』，作《祁氏曲品劇品補校》，對祁彪佳兩品的整理研究作了重要推進。

是書爲專門著録和評論明代雜劇的曲學著作，無序文及凡例，正文自『妙品』始，其後依次爲雅品、逸品、艷品、能品和具品，較爲全面地著録與評價了明代二百四十餘種雜劇，内容完整，頗具價值。《遠山堂明曲品劇品校録》與《中國古典戲曲論著集成》皆以此爲底本。

是本鈐有『黄裳臧本』『來燕榭』『草草亭藏』『黄裳流覽所及』印，可知爲黄裳（一九一九—二〇一二）舊藏。現藏中國國家圖書館。（白雲嬌）　三二〇

**遠山堂曲品一卷**　（明）祁彪佳撰　明末祁氏遠山堂稿本　黄裳跋。框高二十二釐米，寬十六釐米。每半葉十行，行二十字，藍格，白口，四周單邊。

祁彪佳生平爵里、學行業績簡况，前録明末祁氏遠山堂抄本《遠山堂劇品》時已介紹。

崇禎二年祁彪佳與王元壽信中始提及《遠山堂曲品》：『弟欲補作《曲品》，集詞場諸公之始名及所作名目，乞台翁以所作諸記之目逐一示之。』（見《遠山堂尺牘·與王伯彭》）此後與元壽函中又贊其《靈寶符》『婉而暢，精切而工』，可見王元壽果將自己所作劇曲寄示彪佳。因故推知是書撰寫時間自崇

禎二年始。崇禎四年祁彪佳與屠用明信中又謂：『弟曾漫然握於明人之劇與曲，俱加品題……是以於明人之劇與曲，有聞必欲一見，劇已見二百四十餘種，曲已見五百四十餘種。』（見《遠山堂尺牘・與屠用明》）『曾』字表明『兩品』的寫作在此時已完成。另，此函中彪佳又語及『何詞至今日而極盛，然至今日而亦極衰』。而其自作《曲品敘》中亦云：『品成作而歎曰：「詞至今日而極盛，至今日而亦極衰。」』敘言與信函之語如出一轍，故可確知是書寫作下限爲崇禎四年春夏之際。

崇禎十三年，祁彪佳『午後整《曲品》《劇品》付陳繩之謄寫，因將疏稿、詩草同鄭九華各彙爲一函』，然先是『畏禍避仇不敢刻』，繼爲『以遭難破家不能刻』（祁彪佳《祁忠敏公日記跋》），因而至清代諸曲家亦無著録，以致三百餘年一直隱没湮沉，不爲世所聞知。一九五二年底，黄裳首見《明曲品》清初起元社黑格殘抄本並抄録大略内容，次年又得『兩品』遠山堂稿本，始著手校録工作。一九五五年四月，《遠山堂明曲品劇品校録》由上海出版公司出版，祁彪佳『兩品』重新面世。後葉德均以黄裳之《校録》爲藍本，『擇其可補充、商榷者二百四十餘則，爲之補校一過』（葉德均《祁氏曲品劇品補校》），對祁彪佳兩品的整理研究作了重要推進。

《遠山堂曲品》是專門收録和評論明代傳奇的曲學著作，把所著録的傳奇作品分爲妙品、雅品、逸品、艷品、能品、具品與雜調七類。雖爲殘稿，仍留劇目四百六十七種，遠超呂天成《曲品》所收劇目，其中有二百九十五種未見其他戲曲書目著録。是書亦可與呂氏《曲品》相互印證，訂正傳抄本《曲品》的簡脱和錯誤，頗具價值。

此本爲殘稿本，用『遠山堂抄本』書箋寫就，依次分爲逸品、艷品、能品、具品和雜調，缺佚『妙品』『雅品』。正文有墨、藍兩色的删削圈改痕迹，書眉附評語。原書中間夾附單葉紙箋，字小潦草，上列曲目三十一種，重裝後紙箋被附訂於全書卷末。據《遠山堂文稿》之《曲品凡例》云：『沈詞隱他作入「雅」，獨「四異」以「逸」稱。』紙箋中有沈氏作品，蓋爲『雅品』佚文。又云：『高則誠之《琵琶》列「妙」，蓮池師之《琵琶》列「雅」。』但箋中並無《琵琶》一目，可推知此紙箋亦非『雅品』之全璧。

是本鈐有『黄裳藏本』『黄裳青囊文苑』『木雁齋』『黄裳壬辰以後所得』『來燕榭』『草草亭藏』『黄裳流覽所及』印，可知爲黄裳（一九一九—二〇一二）舊藏。現藏中國國家圖書館。

（白雲嬌）

三一一

## 錄鬼簿二卷 （元）鍾嗣成撰 續編一卷 明抄本 鄭振鐸跋。

框高二十·五釐米，寬十四·八釐米。每半葉九行，大字行二十字，小字行二十至三十字不等，藍格，白口，四周單邊。

鍾嗣成（一二七九？—一三六〇？）字繼先，號醜齋，祖籍大梁（今河南開封），久寓杭州。元代雜劇、散曲、戲曲史學家。早年與趙良弼同受業於鄧文原、曹鑑、劉濩等人。屢試不第，亦不屑爲吏，遂閉門讀書，究心文藝，專事戲曲著述。朱凱《錄鬼簿·後序》稱鍾氏『德業輝光，文行温潤』。其所交遊多爲元後期曲家。且『善音律，能隱語』，曾作雜劇多種，惜已失傳，僅餘若干散曲傳世。生平事迹及創作俱見《錄鬼簿·後序》《錄鬼簿續編》《太和正音譜》《全元散曲》等。

《錄鬼簿續編》載，鍾嗣成「以明經纍試於有司，數與心違，因杜門養浩然之志。著《錄鬼簿》，實爲己而發之」。另據《錄鬼簿》自序，鍾氏因思古人「門第卑微，職位不振，高才博藝，俱有可錄」，與「著在方册」之聖賢君臣、忠孝之士同屬於「不死之鬼」，恐歲月糜久，以至湮没無聞，故不懼「得罪於聖門」，傳其本末，吊以樂章，名之《錄鬼簿》。此書分上、下二卷，按方今時序，卷上錄「前輩名公樂章傳於世者」，自董解元以下至元好問四十五人，僅記姓名不記作品；又錄「前輩才人有所編傳奇於世者五十六人」，首關漢卿，末紅字李二，均記其所著劇目；卷下錄「方今才人」五十一人，相知者爲之作傳，亦記其所著劇目，並作凌波仙曲吊之。全書載錄元代「書會才人」「名公士夫」之戲曲、散曲作家一百五十餘人，作品名目計四百餘種，爲元人全面記錄同時代戲曲作家作品之唯一著作，有元一代曲家情況，皆賴此可知。

《錄鬼簿》自序作於至順元年（一三三〇），此當爲初稿寫成之時。現存各本之體例、内容皆不盡相同，記載作家、作品數目亦存若干差異，知《錄鬼簿》各本爲隨時增訂，非成於一時。依傳本内容之詳略，大致可分簡本、繁本及增補本三類。簡本以明抄《説集》本爲代表，通行者爲明末孟稱舜刻本，爲所知作者首次修訂本之傳本。繁本以清康熙四十六年（一七〇七）尤貞起抄本爲代表，通行者爲《楝亭藏書十二種》本，爲至正五年（一三四五）後二次修訂本之傳本，並冠以「新編」二字。

此本即爲賈仲明增補本，賈仲明（一三四三—一四二二？）一作賈仲名，自號雲水散人，淄川（今山東淄博）人，後徙居蘭陵（今山東棗莊）。元末明初雜劇、散曲、戲曲史學家。與羅貫中爲忘年交。《錄鬼簿續編》録其小傳，稱賈氏『豐神秀拔，衣冠濟楚，量度汪洋，天下名士大夫咸與之交』。曾作雜劇十六種，現存五種，尚存散曲若干，《太和正音譜》評其詞『如錦帷瓊筵』，著有《雲水遺音》等集。卷首有賈仲明永樂二十年（一四二二）序文，書中補述元、明間散曲、戲劇家生平及作品簡目，並增吊詞八十餘首。諸版本中，此本介於簡、繁之間，内容較爲完備（含賈氏增補）。

《録鬼簿續編》與《録鬼簿》體例相似，唯未劃分作家類别，亦不作挽詞。計録元末明初劇作家七十一人，作品七十八種，另附諸公傳奇失載名氏作品七十八種，並以鍾嗣成爲首。原本未署撰人名氏，因附於賈仲明所增補《録鬼簿》之後，且書中記述羅貫中、楊景賢諸人小傳中涉及與著者交往之時代，恰與賈氏生存年代相符，故近人或疑爲賈氏所著，唯尚乏確證。從書中紀事考知，著者約生於元至正初，卒於明洪熙或宣德間，書約成於洪熙、宣德間。《續編》附於此抄本之後，未見他本流傳。

此本爲天一閣舊藏孤本，早年散出，據所鈐『授經樓藏書印』『五萬卷樓藏書印』『亞東沈氏抱經樓鑒賞圖書印』『浙東沈德壽家藏之印』『鄞蝸寄廬孫氏藏書』『长乐郑振铎西谛藏书』『長樂鄭氏藏書之印』諸印，知此本後經沈德壽、孫翔熊、鄭振鐸遞藏。沈德壽字藥庵，浙江慈溪人，晚清藏書家，有室名抱經樓，藏書三萬五千餘卷，編有《抱經樓叢刊》，並著《抱經樓藏書志》六十四卷。孫翔熊（祥熊）字蝸寄，浙江鄞縣人，晚清民國藏書家，所收明抄本甚名貴。二十世紀三十年代初，鄭振鐸、趙萬里、馬廉曾訪書寧波，於孫祥熊處見有此本，遂即借歸，三人以一夕之力傳録完成，傳録本於一九三七年由北京大學影印問世。孫祥熊蝸寄廬藏書於抗戰後散出，此本一九四六年見於上海書肆，鄭振鐸舉債得之，並書長跋以記其事。後鄭氏殉職，家屬承其遺志，將藏書捐獻國家。此本現藏中國國家圖書館。

（趙文友）

三一二

## 虞初志三十二卷　（明）陸采編　明弦歌精舍如隱草堂刻本。框高十五·八釐米，寬十一·八釐米。每半葉八行，行十五字，白口，左右雙邊。

《虞初志》係明人編選的小説集。《四庫全書總目》是書提要云：『舊本題《陸氏虞初志》，不著其名。』陸氏應爲陸采。據書中《鶯鶯傳》末葉末行有『如隱草堂』四字，則此書可定爲如隱草堂刻本。如隱草堂爲陸采堂號，趙萬里曾考證《洛陽伽藍記》刻者爲陸采，云：『此書蓋爲長洲人陸采所刻，范氏天一閣書中藏有陸采所著《天池山人小稿》，内有如隱草堂之名，此《伽藍記》之板刻字様正類蘇州刻本。』還有一證：書中《續齊諧記》有跋語云：『是書亦罕得佳本，惟外舅都公家藏有之，命余鋟梓，以傳焉。』錢謙益《列朝詩人小傳》中謂：『（陸）采字子玄，給事中子余之弟，都少卿玄敬之婿也。』玄敬爲都穆之字。陸采（一四九五—一五四〇）字子玄，號天池山人，長洲（今江蘇蘇州）人。陸粲之弟，性豪蕩不羈，不治舉業。年十九即作《明珠記》，後又作《南西厢》《懷香記》等。

『虞初』本是人名，漢武帝時爲方士侍郎。所作《虞初周説》爲小説之淵藪。張衡《西京賦》云：『小説九百，本自虞初。』故後人多用『虞初』爲小説命名，如《虞初志》《虞初新志》《續虞初志》等。如隱草堂本《虞初志》中除《續齊諧記》爲南朝梁人吳均所著，其餘皆爲唐人小説，包括《虬髯客傳》《離魂記》《柳毅傳》《謝小娥傳》等共八卷三十一種。故事情節曲折，人物特點鮮明，文筆優美清俊，俱爲唐傳奇之佳品。書中除《集異記》分爲二卷外，餘皆不分卷。少數小説前標有目次，如第一種《續齊諧記》題下注明『虞初志一』四字、第四種《虬髯客傳》下注明『虞初志二』等，餘者鮮少標明目次。書前有總目將内容分爲八卷，然袁克文序稱：『是書原闕總目，右目乃估人以意補寫，□初欲删去之，嗣以便於檢讀，遂姑存之。』書中間有朱筆點讀，無批。

《虞初志》版本較多，流傳過程中有八卷本和七卷本之分。目前最早之八卷本即爲如隱草堂本。國家圖書館藏有三部如隱草堂本，一部爲全本八卷，另外兩部爲殘本。全本八卷據考證係明刻本，應爲如隱草堂最早刻本。除有『如隱草堂』四字外，《集異記》末行還有『弦歌精舍』四字。弦歌精舍乃明代毛晉室名。據考證，此書蓋弦歌精舍主人在如隱草堂版片基礎上加以補刻重印。以其版本較古，最爲接近原書，内容完整，尤爲可貴。對研究《虞初志》版本流傳和唐代傳奇有重要意義。上海圖書館藏有武進陶湘蘭泉原藏本，『後雲』續補輯本，此本第一卷『寧王』篇下題『如隱草堂』。『後雲』無考，學界稱之爲『後雲氏』。目前《虞初志》之八卷本俱是在後雲氏補陸氏之作基礎上完成。此外還有如隱草堂袁刻本存世，據《武進涉園陶氏鑒藏明版書目》《虞初志》條下記：『虞初志三十二種八卷，袁褧刻。』袁褧字尚之，晚號謝湖居士，明代刻書家、藏書家。此書之後又有隆慶、萬曆年間的正續本傳世。

國家圖書館藏如隱草堂八卷本，原藏袁克文處。袁氏對此書十分喜愛，爲之作序和詩，詩云：『小説梁唐卅一篇，虞初舊志罕流傳。伽藍記外今逢此，如隱堂前兩妙鐫。』『伽藍記』即爲《洛陽伽藍記》，可與前文考證編者爲陸采相互印證。

書前鈐有『雪茗堂印』『曾在周叔弢處』『埽塵齋積書記』『東菴舊史』『寒雲主人』諸印，書後鈐有『克文私印』印。此書後轉入周叔弢處，現藏中國國家圖書館。（張偉麗）

三一三

**新增補相剪燈新話大全四卷附録一卷**（明）瞿佑撰　**新增全相湖海新奇剪燈餘話大全四卷**（明）李昌祺撰　明正德六年（一五一一）楊氏清江書堂刻本　袁克文跋。框高二十一·一釐米，寬十二·八釐米。上欄圖下欄文。每半葉十四行，行二十四字，黑口，四周雙邊。

瞿佑（一三四七—一四三三）『佑』一作『祐』，字宗吉，號存齋，錢塘（今浙江杭州）人，一説山陽（今江蘇淮安）人。幼有詩名，爲楊維楨所賞。洪武初，自訓導、國子助教官至周王府長史。永樂間，因詩獲罪，謫戍保安十年，後遇赦放歸。著有《存齋詩集》《聞史管見》《香臺集》《興觀集》《樂府遺音》《歸田詩話》《剪燈新話》等。

李昌祺（一三七六—一四五二）名禎，字昌祺，一字維卿，以字行，號僑庵、白衣山人、運甓居士，廬陵（今江西吉安）人。永樂二年（一四〇四）進士，官至廣西布政使。爲官清厲剛正，救災恤貧，政聲甚佳。且才華富贍，學識淵博。著有《運甓漫稿》，又仿瞿佑《剪燈新話》作《剪燈餘話》。

《剪燈新話》四卷附録一卷，共二十一篇，與明高儒《百川書志》卷六著録者同。洪武十一年（一三七八）編訂成帙，永樂十八年，瞿佑重新校訂。永樂十七年，李昌祺謫役房山期間，仿擬《剪燈新話》，創作《剪燈餘話》，藉以抒寫胸臆，書成於永樂庚子（十八年）夏。兩書多取材元末明初故實，所載皆幽冥人物、靈異之事，模寫情意，醞釀文辭，懲惡勸善。兩書上承唐宋傳奇之餘緒，下開《聊齋志異》之先河，在文言小説發展史上佔有一席之地。

瞿佑《剪燈新話》初以抄本流行，天順七年（一四六三）前，已由其侄瞿暹付刻。宣德八年（一四三三），建陽知縣張光啓則將《新話》《餘話》兩書合刻。此本《新話》卷端下署『古杭山陽瞿祐宗吉編著』『清江書堂楊氏重校刊行』『書林正巳詹吾孟簡圖相』，卷四缺兩葉，末有『正德辛未孟秋楊氏清江堂刊』牌記；《附錄》卷端下署『古杭瞿佑宗吉編著』『建陽縣知縣張光啓校正』。《餘話》卷端下署『廣西左布政使廬陵李昌倛編撰』『翰林院庶吉士文江劉子欽訂定』『上杭縣知縣盱江張光啓校刊』『建陽縣縣丞何景春同校繡行』，卷二至三有缺葉。因知楊氏清江書堂重刊兩書，均以宣德八年張光啓本爲底本，時在正德六年。

正統七年（一四四二）三月，國子監祭酒李時勉上疏倡禁『剪燈二種』，兩書遂傳世彌罕。今《新話》雖有清乾隆五十六年（一七九一）本、咸豐元年（一八五一）本、同治十年（一八七一）本，然均爲二卷，殘存僅半。《剪燈餘話》除此四卷二十篇本外，另存五卷二十一篇附《元白遺音》本。其中卷五《賈雲華還魂記》爲楊氏刻本卷四第一篇；《元白遺音》爲楊氏刻本卷四末篇。五卷本之卷四較楊氏刻本多《洞天花燭記》《秋千會記》兩篇，則其與楊氏刻本來源不同。

書中鈐『海鹽張元濟庚申歲經收』『涵芬樓』『高世異圖書印』等印。現藏中國國家圖書館。

（張燕嬰）

三一四

## 幽怪詩譚六卷

（明）碧山卧樵纂輯　（明）栩庵居士評閲　明末刻本。框高二十·一釐米，寬十四·三釐米。每半葉九行，行二十字，白口，左右雙邊。

碧山卧樵不知何許人，一説即莫是龍别號。莫是龍字雲卿，以字行，又更字廷韓，號秋水，又號後朋，松江華亭（今屬上海）人。善書，皇甫汸、王世貞輩亟稱之。《明史》卷二百八十八有傳。栩庵居士，姓名不詳。

是書前有崇禎己巳（二年　一六二九）聽石居士《小引》，闡發了《幽怪詩譚》的宗旨，概括説明了作者的大文學觀念，即把詩歌與小説聯繫起來，把文言小説與長篇白話小説聯繫起來，打破了以詩文爲正宗的傳統觀念。既稱『自序』，亦爲作者本人語氣，由此推測『聽石居士』亦即碧山卧樵。

據目録統計，此本爲六卷九十四則，而文實爲六卷九十六則。聽石居士的《小引》是自序，也是《幽怪詩譚》的纂輯總綱，交待了《幽怪詩譚》題名來源及作者的詩學、俗小説觀點。《小引》後爲全書總目録，目録後依次有插圖十二幅，然後依卷分目録、正文，井然有序。每幅插圖均有標題，如首幅爲『申陽福地』，次爲『清江遇故』……插圖和小説文字相匹配，圖文並茂。第五幅『絳幘老人』插圖有『右歙黄真如鎸』六字，説明徽州刻工黄真如曾參與此書的鎸刻。黄真如，明崇禎間安徽歙縣人，版刻工人，曾刻《盛明雜劇》二集三十卷的插圖。

是書爲小説選本，其突出特點是在小説語言中穿插大量詩詞，全書穿插詩詞約四百一十首，平均每篇多於四首。小説中引有唐代詩人皮日休、羅隱、王昌齡，宋代蘇轍、朱淑真等人作品，以及明代高啓等人詩作。書中的小説串連他人詩歌虚構故事，努力契合小説人物心情和故事環境，在編輯詩文選本時，改動原作，藉以表達自己的藝術見解和批評觀念。有不少小説作品取材或改編自前人，也有很多乃明人所獨創，不僅有助於後人深入考查明人編創詩文小説之方法，還保存了許多明代小説及詩歌。是書有四十多篇小説，既不知出處，又不見他書收錄，堪稱保存至今之明代孤本，爲全面認識明代小説創作面貌和編輯出版情況提供了彌足珍貴的資料，對考察明代詩文小説之特徵及演變軌迹，具有不可替代的文本價值，在小説史和詩歌史上，具有重要的文獻價值。

是書眉端有墨筆批語。是書不易見，國内外研究資料較少。國内僅南京大學圖書館藏有明刊全本，國家圖書館藏有兩卷明崇禎間刊殘本，該殘本中插圖保留較好；北京大學圖書館等藏有抄本，二十世紀八十年代南京大學和揚州廣陵書社曾出版過影印本，但印數較少。書末有朱鼎煦跋，交代其得書於市，開卷便覺與其有宿緣，遂斥善價收之。朱鼎煦（一八八六—一九六八）字酇卿、贊卿，號別宥，蕭山（今屬浙江）人。藏書家，編有《朱鼎煦藏書目録》，著録古籍五百餘種。其藏書庋藏兩處，一在鄞縣，一在蕭山。一九四〇年日寇入侵，蕭山藏書盡毁。鄞縣藏書，先遇水災後又不幸遭盗賊劫掠。朱鼎煦去世前立下遺囑，所餘藏書全部捐贈天一閣。一九七九年八月，其後人悉數捐獻天一閣。是書鈐有『蕭山朱鼎煦收臧書籍』『朱別宥收臧記』『鼎煦』『別宥齋』『別宥』『朱家』『朱印鼎煦』『蕭山朱氏別宥齋藏書印』『贊卿心賞』『南京大學圖書館藏書』等印。現藏南京大學圖書館。

（趙銀芳）

三一五

**西湖二集三十四卷西湖秋色一百韻一卷**　（明）周楫撰　明末雲林聚錦堂刻本。框高二十釐米，寬十四·二釐米。每半葉十行，行二十字，白口，四周單邊。

周楫（生卒年不詳）字清原（又作清源），别署濟川子，明末清初武林（今浙江杭州）人。其生平不見於史傳，而據書前湖海士序言與明清之際學者談遷《北游錄·紀郵》等私家著作所記，他大約活動在明萬曆至清順治年間，書序稱其『曠世逸才，胸懷慷慨』『才情浩瀚，博物恰聞』；又述他歷經坎坷，窮途潦倒，是一位『懷才不遇，蹭蹬厄窮』的士人。除此書外，另撰有《西湖一集》，已佚。二書各篇所敘均與西湖有關，故以西湖一、二集稱之。

是書目次下題『武林濟川子清原甫纂，抱膝人訏謨甫評』。書首有湖海士序。正文計三十四卷，包含平話三十四篇。後附《西湖秋色》一百韻，署『武林周楫清原甫署』。同時卷十七和卷三十四後還附有《海防圖式》及《救荒良方》等材料。另外，正文前還配有精刻繪像插圖二十八葉共五十六幅。

此書是明末一部短篇平話小説專集。據考，其原刊行年代大概在崇禎年間。著者爲撰此書廣採博覽，占有資料極爲豐富，引用筆記、野史、正史計二十種以上。據胡士瑩、戴不凡先生考證，其取材來源大部分出自田汝成的《西湖遊覽志餘》和沈國元的《皇明從信錄》，間亦有取材於馮夢龍《情史》、李昌祺《剪燈新話》、陶宗儀《輟耕録》等書者。作者利用現成材料寫小説，不過是『借他人之酒杯，澆自己之塊磊』，以發泄内心之積鬱。誠如魯迅先生在《中國小説史略》中所云：『（是書）文亦流利，然好頌帝德，垂教訓，又多憤言』，故而此書又堪稱是明末諷世小説之代表作。阿英先生亦認爲，是書最突出之點『是很强烈的反映了明末社會：政治的窳敗，官吏的貪污作惡，民衆的不聊生。也反映了當時的風俗習慣，和一部分知識分子對當前的現狀，抱著怎樣的態度』。從是書内容所反映的思想傾向來看，是以『儒』爲主導的，但也相當的受了『釋』『道』二家的影響，是宗王（陽明）學的。另由於此書的題材具有明顯的西湖地域性特點，故對以後不少西湖小説有著較大的影響，清乾隆五十六年（一七九一）陳樹基收輯的《西湖拾遺》四十八篇，選自此書者就有二十八篇。青坡居士收輯的《西湖遺事》實際上全取之於此書。

是書的明刻本存世甚少，且均係行款爲十行二十字的三十四卷本一種。其中有的存有内封，有的則没有内封。内封（再造無）中欄題『西湖二集』，框内右欄題『精刻繪像』，框内左欄題『内附西湖秋色一百韻』，下署『雲林聚錦堂藏板』。是書明刻本中國大陸地區僅有國家圖書館、北京大學圖書館、上海圖書館、中國藝術研究院戲曲研究所等藏有全本，首都圖書館則藏有殘本。另外，臺灣『中央圖書館』以及日本内閣文庫等也有收藏。關於此書明刻本的影印情況，則衹有一九八五年臺灣的天一出版社《明清善本小説叢刊》影印了臺灣藏本，一九八九年上海古籍出版社《古本小説集成》影印了藝術研究院戲曲研究所傅惜華舊藏本。故北京大學圖書館所藏明刻本至今尚未正式影印出版過。該本的特點是書品上好，内容十分完整，衹有少量缺字，而國家圖書館藏本和藝術研究院戲曲研究所藏本等則均有抄配。故此本具有很高的影印出版價值。另外除明刻本外，此書的古代版本還有清刻本，藏南京圖書館。而大連圖書館則藏有此書的選抄本，題作《西湖文言》，衹録九篇。

此本修裝精美，書衣爲灑銀粉紙精製，書葉爲金鑲玉襯裝，外觀極其賞心悦目。原爲著名藏書家馬廉『馬氏藏書』之舊藏。現藏北京大學圖書館。（王燕均）　三一六

**雨窗集五種欹枕集七種**　（明）洪楩輯　明嘉靖清平山堂刻本。框高十七・九釐米，寬十三・二釐米。每半葉十一行，行二十一（或二十二）字，白口，四周單邊。

洪楩生平爵里簡況，前録明嘉靖二十五年洪楩清平山堂刻本《新編分類夷堅志》時已介紹。其家富藏書，編有《洪子美書目》，見於《萬卷堂書目》。又擅校刊，齋名清平山堂，其所刻書版心多鐫此名。清丁申《武林藏書録》卷中之『洪氏列代藏書』稱其『承先世之遺，縹緗積益。餘事校刊，既精且多。迄今流傳者，如《路史》見於《天禄琳琅》，稱其校印頗佳，深於嗜古；《文選》見於《平津館鑒賞記》，田叔禾序稱其得宋本重刊，校讐精緻，逾於他刻，且文雅有足稱者』。另刻有《繪事指蒙》《唐詩紀事》《夷堅志》等書。

是書又稱《清平山堂話本》《雨窗欹枕集》，源出自洪氏編《六十家小説》。據清顧修《彙刻書目初編》戊集著録，《六十家小説》凡六集，名爲《雨窗集》《長燈集》《隨航集》《欹枕集》《解閑集》《醒夢

集》，共收話本六十種，完書已佚，現存殘本有二，一爲《日藏漢籍善本書録》著録内閣文庫藏《清平山堂刊小説》殘本，於寛永十五年（一六三八）入藏楓山官庫，凡三册十五種，不著集名、序目及刊刻年月、姓氏，細目爲《柳耆卿詩酒翫江樓記》《簡帖和尚》《西湖三塔記》《合同文字記》《風月瑞仙亭》《藍橋記》《快嘴李翠蓮記》《洛陽三怪記》《風月相思記》《張子房慕道記》《陰鷙積善》《陳巡檢梅嶺失妻記》《五戒禪師私紅蓮記》《刎頸鴛鴦會》《楊温攔路虎傳》。後北平古今小品書籍印行會據照片影印出版此書，馬廉題書名爲《清平山堂話本》。另一殘本原藏天一閣，據嘉慶間《四明天一閣書目》著録，『歲』字號櫥有《雨窗集》二本、《欹枕集》二本，至阮元《天一閣書目》時已散出，一九三三年馬廉於寧波大酉山房書肆購得此殘本，據書根所題，名爲《雨窗欹枕集》，亦無序目及刊刻年月。其中《雨窗集》上卷收話本五種，下卷佚；《欹枕集》上卷殘存二種，下卷五種，二集共收十二種，細目爲《花燈轎蓮女成佛記》《曹伯明錯勘贓記》《錯認屍》《董永遇仙傳》《戒指兒記》《羊角哀死戰荆軻》《死生交范張鷄黍》《老馮唐直諫漢文帝》《漢李廣世號飛將軍》《夔關姚卞弔諸葛》《霅川蕭琛貶霸王》《李元吳江救朱蛇》。此本後隨馬氏藏書同歸北京大學圖書館，《中國古籍善本書目》所載《清平山堂話本二集十二種》，即爲此書，僅一家有藏，彌足珍貴。

是書爲現存宋元明話本中最接近原貌的版本。各話本最初刊行時均係單篇，版式參差不一，部分篇名亦散見於晁氏《寶文堂書目》、錢曾《也是園書目》等，馬廉《清平山堂話本序目》云：『蓋洪氏當時搜羅所及，便爲梓行，别類定卷，初未之計也。度繹體例，類似叢刻，故多收話本而亦復雜文言小説。

今輒因其内容話本系統之小説居多，名曰《清平山堂話本》，刊刻年月，以洪刻他書序注繫者證之，當在嘉靖二十年至三十年間。』可知各篇話本並非刻於一時，分集合印乃後來所爲。此本與日藏本共爲《六十家小説》現存最早之原刊本文獻，乃曠世珍本，對後世話本、小説、戲曲等文學作品之演變影響甚爲深遠，故極具版本研究價值。

書前卷後均鈐有『鄞馬氏廉隅卿所珍丟书』印。現藏北京大學圖書館。（楊楠楠）

三一七

**三國志通俗演義二十四卷**　（明）羅本撰　明嘉靖元年（一五二二）刻本。框高二十四·八釐米，寬十六·五釐米。每半葉九行，行十七字，黑口，四周雙邊。

羅本（一三三〇?—一四〇〇?）字貫中，號湖海散人，太原人，或説東原（今山東東平）人。明郎瑛《七修類稿》謂爲錢塘（今浙江杭州）人。元至正時曾游江浙，元亡不知所終。元明小説署名羅氏者尚有《隋唐兩朝志傳》《殘唐五代史演義》《三遂平妖傳》等，真僞不可考。羅亦能詞曲，有雜劇《趙太祖龍虎風雲會》《忠正孝子連環諫》《三平章死哭蜚虎子》，今唯《風雲會》存。事迹見明無名氏《録鬼簿續編》等書。

三國故事早在唐、宋間已在民間流傳，宋、金時，民間藝人説唱三國故事者已相當普遍（參見《東坡志林》卷六、《東京夢華録》卷五），金元雜劇亦常用三國時事。羅貫中根據《三國志》及裴松之注、《後漢書》，間採話本、民間傳説，綜合熔裁，再創作而成此書。全書以魏、蜀、吳三國興亡爲綫索，以蜀漢爲中心，大體按編年順序，描寫從漢靈帝中平元年（一八四）始至晉武帝太康元年（二八〇）止，近百年間的歷史故事。繼承講史、雜劇傳統，拋棄某些神怪傳説，而加强史事描寫，如明高儒《百川書志》所云：『據正史，採小説，證文辭，通好尚，非俗非虚，易觀易入，非史氏蒼古之文，去瞽傳詼諧之氣，陳敘百年，該括萬事。』結構完整，規模空前，人物形象鮮明，寫作技巧純熟，是我國第一部長篇章回歷史小説，爲馮夢龍所稱『四大奇書』之一（李漁《兩衡堂刊本三國志演義序》）。書中褒貶抑揚與朱熹《通鑑綱目》相一致。

是書最早版本是嘉靖元年刻本，上海圖書館等地有收藏。卷首有弘治七年（一四九四）庸愚子（蔣大器）序、嘉靖元年修髯子（張尚德）《三國志通俗演義引》，嘉靖元年爲壬午年，故又稱『嘉靖壬午本』。原題『晉平陽侯陳壽史傳，後學羅本貫中編次』。卷端有《三國志宗僚》一篇，於書内人物各繫一小傳。全書凡二百四十則，並不分回，衹分爲二十四卷，每卷首開列十則七言子目。自『祭天地桃園結義，劉玄德斬寇立功』起，至『羊祜病中薦杜預，王濬計取石頭城』止。此本雖無修髯子引，然與上圖藏本對比，知爲同一版本，故前人亦定爲嘉靖壬午本。

《三國志通俗演義》版本甚多，現存明刊本約三十種，清刊本七十餘種，各本間關係十分複雜。大體可分爲嘉靖本（即此本）、『志傳本』（《三國志傳》）、『李評本』（《李卓吾先生批評三國志》）、『毛本』（毛宗崗父子評改本《第一才子書三國志演義》）四個版本系統。各版本系統之來源及其間的演化關係，學界有較大争議。嘉靖本是現存《三國志通俗演義》刊印最早的版本，最爲接近原書原貌（參見鄭振鐸《三國志演義的演化》一文），與其他版本相比，面貌差别很大，對探討《三國演義》的成書時間、原作面貌、版本演變及羅氏的思想傾向有重要價值。

書中有民國十七（一九二八）、十八年于右任、李經邁、陶仲木、張一麐、鄧邦述、周鍾嶽、董康等十餘家觀書題款。鈐有『楊壽祺珍藏』『壽祺讀書』等印。現藏甘肅省圖書館。（樊長遠）

三一八

**新刊校正古本出像大字音釋三國志通俗演義十二卷**　（明）羅本撰　明萬曆十九年（一五九一）金陵萬卷樓周曰校刻本。框高二十二・六釐米，寬十四・五釐米。每半葉十三行，行二十六字，小字雙行同，白口，四周單邊。

羅本生平爵里簡況，前録明嘉靖元年刻本《三國志通俗演義》時已介紹。

是本爲明萬曆間金陵萬卷樓周曰校刻本。每卷封面有墨書題簽『古本三國志通俗演義』，附手抄節目，内封爲上下兩欄，上欄周氏識語稱：『輒購求古本，敦請名士，按鑑參考，再三讐校，俾句讀有圈點，難字有音注，地里有釋義，典故有考證，缺略有增補，節目有全像，如牖之啓明，標之示準。』廣告宣傳極强。下欄兩側豎題『全像三國志傳演義』，其間夾刻『書林周曰校刊』。書前有修髯子引，後鐫『萬曆辛卯季冬吉望刊於萬卷樓』，可爲此書版刻年代之證據。後有庸愚子敘。正文前列『三國志宗寮』，略述三國人物宗譜世系。卷端鐫『新刊校正古本大字音釋三國志通俗演義』『晉平陽侯陳壽史傳、後學羅本貫中編次、明書林周曰校刊行』。全書原有十二卷，每卷二十節，此本闕卷三至五、七至八，僅餘七卷，凡一百四十節。除卷十缺一圖外，存配圖一百三十九幅，均爲雙面連式。每圖右上鎸節目名稱，圖版兩側刻有對句聯語。首二卷有『上元泉水王希堯寫』『白下魏少峰刻』字樣，爲畫工與刻工之籍貫、姓名。

羅貫中《三國志演義》之明刊本中，以嘉靖元年（一五二二）刊本爲最早，上海圖書館、天津圖書館、甘肅省圖書館有藏。另有嘉靖二十七年葉逢春刊本，現藏西班牙。萬曆本流傳較多，以周曰校刊本爲最早，周氏爲明代金陵書賈，坊名萬卷樓，故又稱萬卷樓主人，以此樓名刻印之通俗小説，自萬曆至崇禎間近十種。周氏刊《三國志演義》亦有數種版本，其刊刻年代、版心題字與是否配圖均略有差異。此本爲周氏據所得底本考訂編年、校勘文字、增補缺略、句讀圈點、音注釋義並配繪插圖而成，故以『全像』『音釋』稱之，插圖既多且精，筆力遒勁，綫條粗獷，刀法老到精煉，人物生動傳神，堪稱坊本中之佳品。據書中『萬曆辛卯季冬吉望刊於萬卷樓』字樣，可知其刊刻年代爲萬曆十九年（一五九一）。部分版心刻有『仁壽堂刊』，考明代書肆争相翻刻之風，此本或爲萬卷樓主人得仁壽堂刊本版片加以删削翻刻而成，由於疏漏，部分版心題字尚未鏟除，然仁壽堂原刊本已佚，此本之具體刊刻過程尚待其他證據佐證。據《中國古籍善本書目》載，此本僅北京大學一家有藏，爲域内之珍貴孤本。另查臺北『故宫博物院』藏本與此本行款、卷數及配圖形式均同，應爲同一版本系統。

此本引前有『鄞馬廉字隅卿所藏圖書』『隅卿藏珍本小説戲曲』藏印，卷端鈐『鄞馬氏廉隅卿所珍惡书』。現藏北京大學圖書館。（楊楠楠）

## 新刻考訂按鑑通俗演義全像三國志傳二十卷附錄一卷　（明）羅本撰　明天啓三年（一六二三）黄正甫刻本。框高二十一釐米，寬十二·五釐米。上圖下文，每半葉十五行，行三十四字，白口，四周單邊。

羅本生平爵里簡況，前録明嘉靖元年刻本《三國志通俗演義》時已介紹。

三國故事在民間流行很久。唐代已廣爲傳播。到北宋，『説話』的講史類中，有『説三分』專門科目與專業藝人。宋元時，三國志話本類作品也已出現，唯流傳到今日者僅元至元年間刻《三分事略》和元至治年間刊《三國志平話》。元末明初雜劇中的三國戲，今可知者有四五十種，内容豐富。羅貫中《三國志通俗演義》即大致産生於這一時代。明高儒《百川書志》卷六著録《三國志通俗演義》曰：『晉平陽侯陳壽史傳，明羅本貫中編次。據正史，採小説……非史氏蒼古之文，去瞽傳詼諧之氣，陳敘百年，該括萬事。』明弘治七年（一四九四）刊《三國志通俗演義》庸愚子（金華蔣大器）序曰：『若東原羅貫中，以平陽陳壽傳……留心損益，目之曰《三國志通俗演義》。』蓋羅氏《三國志通俗演義》乃以陳壽《三國志》和裴松之注所載史事爲基礎，充分吸收民間傳説與民間藝人、下層文人創作的雜劇、小説而成。萬曆二十四年（一五九六）誠德堂熊清波刊本《新刻京本補遺通俗演義三國全傳》卷首《重刊杭州考正三國志傳序》稱羅氏《三國志通俗演義》成書之後，使三國故事『明白易曉，而愚夫俗士，亦庶幾知所講讀焉』。

羅氏《三國志通俗演義》成書後影響日廣，傳世明代各種《三國志演義》或《三國志傳》大多以羅氏書爲藍本改編、加工而成，曰《三國志傳》《三國志》《三國志傳通俗演義》《三國英雄志傳》《三國全傳》《三國志演義》等，又多冠以『新刻』『繡像』『京本』『校正』『音釋』等字樣；卷數、回目、引用詩詞及正文各有異同，情節、文字亦有增删，而仍署曰『羅貫中編次』，實非羅氏之舊。且各本紛出而盛行，羅氏原本反漸趨湮没不傳。

《三國志演義》版本甚多，僅現存明刊本約三十種，清刊本七十餘種。各種版本關係亦甚複雜。通常分官本、閩本兩系統，官本作十二卷或二十四卷，閩本作十卷或二十卷。此黄正甫刻本即明代衆多《三國志傳》版本之一，屬閩本系統，亦源自羅貫中編次者，唯卷内未署其姓氏，然不足以否定此書爲羅貫中編撰。

此本卷首有『癸亥春正月』博古生《三國志敘》《全像三國全編目録》《鐫全像演義三國志君臣姓氏附録》。據孫楷第等考證，此癸亥爲天啓三年。卷端下方題『書林　黄正甫　梓行』一行，全書卷末有荷葉形牌記『閩芝城潭邑藝林黄正甫刊行』兩行，『藝』字乃『書』字之誤。芝城即建寧府别稱，以城南有紫芝山而得名。潭邑爲建陽縣。書林指建陽縣崇化里書林。以此知黄正甫乃福建建寧府建陽縣崇化里書林（今書坊鄉）書鋪主人。據清刻《敕建潭溪書院黄氏宗譜》，黄正甫爲南宋理學家黄幹後裔黄尚問之十世孫，名一鶚，字正甫，生活在明萬曆、天啓年間，此書之外，今可知其所刻書籍尚有《興賢日記故事》四卷、《二十四孝日記故事》一卷、《精選古今詩詞筵席争奇》三卷，蓋亦崇化里書林中以刻書爲業者。

卷端題『新刻考訂按鑑通俗演義全像三國志傳』，卷第三至第六、第九至第二十凡十六卷皆題『新刻京本按鑑考訂通俗演義全像三國志傳』。明代閩地書鋪，『凡翻刻南京、北京書，皆冠以京本二字，以示來源，有別杜撰』（鄭振鐸《西諦書話》第六十葉）。可知此本是據『京本』（此處當指南京刻本）或源自『京本』之翻刻本刻印。此本卷内各葉皆上圖下文，圖上部横書小標題。全書二十卷，每卷十二段，首尾共計二百四十段。

此書乃孤本，民國二十四年（一九三五）三月，北平圖書館（今中國國家圖書館）自琉璃廠邃雅齋購置入藏。孫楷第《中國通俗小説書目》著録。現藏中國國家圖書館。（汪桂海）　三三〇

## 新刊大宋宣和遺事四卷　明金陵王氏洛川刻本（有抄配葉）。框高十九·九釐米，寬十三·六釐米。每半葉九行，行二十字，白口，四周雙邊。

《大宋宣和遺事》爲講史話本，撮合多種類型之筆記小説，並以説書方式連貫而成。傳爲宋代無名氏所作，故題名『大宋』云云。元人或有增益，如元集中記陳摶爲宋朝卜都之地，有『一汴、二杭、三閩、四廣』之説，當是宋亡以後所加。全書由講述歷代帝王荒淫誤國之事始，至宋高宗定都臨安止，大體分爲十段：首段歷數前朝荒淫無道之君，直至宋徽宗；次段講王安石變法致禍；再次講蔡京等在徽宗朝用事；四段講宋江等三十六人聚義梁山濼，是爲《水滸》故事之雛型；五段講徽宗寵愛李師師；六段講徽宗迷信道士林靈素；七段記臘月預賞元宵與元宵放燈之盛況；八段講金人入侵，攻

陷京城；九段講金兵擄徽、欽二帝北行；末段講康王南渡即位，定都臨安。全書文白雜糅，文言部分大抵抄襲宋人資料，如第九段即引無名氏的《南燼紀聞録》、《竊憤録》（清人題辛棄疾撰）、《竊憤續録》；白話部分則應是説話人所講故事之記載。因其來源不同，文風亦不盡一致。

是書現存版本系統有二：一爲二卷本，有旌德郭卓然刻本、《士禮居叢書》本；一爲四卷本。《新刊大宋宣和遺事》分元亨利貞四集，屬四卷本系統。此本元集卷端次行鐫『金陵王氏洛川校正重刊』，而其所據底本或爲宋刻。故書中用字，有可見宋本痕迹者，如元集葉八『皇帝』『聖慈』等字提行，葉十、十二、十三『章惇』之『惇』字皆缺末筆等。書前有丁丑冬至盛昱（號韻蒔）跋：『黄蕘圃刻此書，分前後二卷。此本作四卷，《述古堂藏書目》亦作四卷，當即此本。蓋當日委巷流傳非一本也。校讀一過，字句無大異同。黄刻稱從宋本翻雕。此本標題處稱「大宋」，當亦宋季刻也。』元集行間有墨點，天頭處則有盛昱校字。觀此本，可知此本與黄刻之異同。

書中鈐『安樂堂藏書記』『明善堂覽書畫印記』『宗室盛昱收藏圖書印』『海鹽張元濟經收』等印。知此本曾爲康熙帝之孫怡親王弘曉舊藏。現藏中國國家圖書館。（張燕嬰）

三二一

## 李卓吾先生批評忠義水滸傳一百卷引首一卷　（元）施耐庵撰　（明）李贄評　明容與堂刻本。

框高二十一·三釐米，寬十四·五釐米。每半葉十一行，行二十二字，白口，四周單邊。

施耐庵（一二九六—一三七一）本名彦端，字子安，號耐庵，揚州府（今江蘇興化）人。博古通今，才氣橫溢。三十六歲中進士，後棄官歸里，閉門著書。與弟子羅貫中一起研究《三國演義》《三遂平妖傳》的創作，搜集整理關於梁山泊宋江等英雄人物的故事，撰成《水滸傳》。有《施氏家簿譜》存世。

李贄生平爵里、學行業績簡況，前錄明萬曆四十八年閔于忱松筠館刻朱墨套印本《孫子參同》時已介紹。

《水滸傳》初名《江湖豪客傳》，此後又以《宋江》《水滸》《忠義傳》等名流傳。成書於元末明初，此後百餘年其聲不彰。明嘉靖時高儒《百川書志》載：『《忠義水滸傳》一百卷，錢塘施耐庵的本，羅貫中編次。』這是現存關於此書的最早記載。嘉靖、萬曆之後影響漸著。

此本正文前有小沙彌懷林《批評水滸傳述語》《梁山泊一百單八人優劣》等四篇文字。卷末間題『諸名家先生批評忠義水滸傳』。有插圖一百幅，分插每回正文前。正文中有眉批、夾批和各回總批。此本既爲評點本，又是插圖本、全本。

《水滸傳》成書六百餘年，因屢經文人刪改、書商易版，以致版本衆多而複雜。嘉靖至崇禎間，不同版本迭出。影響較大的評點本先後有李贄評容與堂本、葉晝評袁無涯本、金聖歎評貫華堂本等。金本問世後，成爲有清三百年來唯一的通行本。

李贄以『童心説』爲評價《水滸傳》的指導思想，主要表現爲對『真』的頌揚，如『真忠義』『真男子』等評語，强調『童心之至文』；且主張『不必矯情，不必逆性，不必昧心，不必抑志』，可『奪他人之酒杯，澆自己之壘塊』。

明中葉起，已有人考證《水滸傳》的版本、著者。此後，考證辨僞絡繹不絶，至今亦無確論。魯迅將其劃分爲簡本和繁本兩個系統，孫楷第認爲簡本是繁本的删節本。繁本又分爲百回本、百二十回本和七十回本等。容與堂本乃繁本，明萬曆三十年（一六〇二）前後刻於杭州，是現存最早最完整的一種。評點内容涉及社會歷史批評、美學和文學等多個方面，在小説理論史上占有重要地位。此書之後，小説評點形式之體制初備，於小説評點形式發展史有承前啓後作用。

此本鈐有『原覺』『羅原覺』『杳冥君室』『澄觀堂』『嶺海遺珠』等印，表明曾經今人廣東羅原覺收藏。現藏中國國家圖書館。（肖剛）

三三二

**第五才子書施耐菴水滸傳七十五卷七十回**　（元）施耐菴撰　（清）金人瑞評　明崇禎貫華堂刻本。框高二十釐米，寬十四·一釐米。每半葉八行，行十九字，小字雙行同，白口，左右雙邊。

施耐庵生平爵里、學行業績簡況，前録明容與堂刻本《李卓吾先生批評忠義水滸傳》時已介紹。施耐庵詩作流傳極少，有套曲《秋江送别》傳世。其文學成就主要爲與弟子羅貫中編撰《三國志演義》《三遂平妖傳》《江湖豪客傳》等小説。《江湖豪客傳》成書後，定名《水滸傳》。

金人瑞（一六〇八—一六六一）原名金采，入清後改名人瑞，字聖歎（另一説張姓，名喟），别號鯤鵬散士，明末清初蘇州吳縣（今江蘇蘇州）人。幼年生活優裕，後父母早逝，家道中落。才思敏捷，爲人狂放不羈，曾參加歲試，因文怪誕而被黜革。再以金人瑞名參加科試，而考中第一，却絶意仕進，專事讀書著述。順治十八年（一六六一）七月十三日，因在民衆的抗糧事件後前往孔廟哭廟被斬立決，終年五十三歲。

金聖歎博覽群籍，談易講佛，留下『唱經堂外書』『内書』『雜篇』等多種著述。今多散佚。其主要成就在於文學批評，他精於對作品的藝術分析，注重思想内容的闡發，他孜孜於創作規律的探索，把人物性格的塑造放到首位，繼李贄、葉晝之後，將小説戲曲評點推進到新的高度。他稱《莊子》《離騷》《史記》《杜詩》《水滸》《西廂》爲六才子書，擬逐一批注，但僅完成後二種，《水滸傳》即爲第五才子書。

施耐庵依據宋、元平話和説書藝人的再創作編撰而成《水滸傳》後，有多種版本流傳。明代崇禎年間，金人瑞把百回本的《水滸傳》砍掉二十餘回，删去受招安、征方臘等情節，加續了『驚惡夢』作爲結尾，成爲七十回本。每回一卷，正文前另有五卷，第一卷爲序文三篇，第二卷爲史臣斷宋史綱目，第三卷爲聖歎外書：讀第五才子書法，第四卷聖歎外書：錄古本水滸傳施耐庵原序一篇，第五卷楔子。這七十五卷七十回的本子，演繹北宋末年以宋江爲首的一百零八人在水泊梁山起義的故事，至今最爲流行。

此本序中金聖歎曰：『吾既喜讀《水滸》，十二歲便得貫華堂所藏古本，吾日夜手抄，謬自評釋，歷四五六七八月而其事方竣，即今此本是也。』落款爲『皇帝崇禎十四年二月十五日』，書口下方均有『貫華堂』字樣，書中『玄』等清代諱字均不避，眉批、圈點布滿全篇，可知爲明崇禎貫華堂刻本。此本以後多有翻刻，然原本流傳稀少。

是本在民國間先爲劉半農所得，一九四七年，包括是書在內的劉半農藏書，捐贈清華大學圖書館。

書的卷端鈐有『江陰劉氏』印。書經修補並做金鑲玉裝訂。現藏清華大學圖書館。（宋建昃）　　三二三

中華再造善本工程編纂出版委員會 ◎ 編著

# 中華再造善本續編總目提要（下）

清代編　少數民族文字古籍編　唐宋編補遺

國家圖書館出版社

# 清代編

# 經部

## 鄭學十八種 （漢）鄭玄撰 （清）孔廣林輯 清抄本。框高十八・五釐米，寬十四・九釐米。

每半葉十二行，行二十字，小字雙行同，紅格，白口，四周單邊。

鄭學指東漢學者鄭玄經注之學。

鄭玄生平爵里、學行業績簡況，前録明嘉靖吳郡徐氏刻《三禮》本《周禮》時已介紹。

《鄭學十八種》爲清儒孔廣林纂輯鄭氏佚著而成，含《六藝論》一卷、《周易注》十二卷、《尚書注》十卷、《尚書中侯注》六卷、《尚書大傳注》四卷、《毛詩譜》一卷、《三禮目録》一卷、《答周禮難》一卷、《魯禮禘祫義》一卷、《喪服變除》一卷、《箴左氏膏肓》一卷、《發公羊墨守》一卷、《釋穀梁廢疾》一卷、《論語注》十卷、《論語篇目弟子》一卷、《駁五經異義》十卷、《鄭志》八卷、《孝經注》一卷，共計七十一卷，最後附《敘録》一卷。所輯諸書各條均注出處，源源本本。其體例則經用大字，注文、出處用雙行小字，有所考辨則另起一行低一格雙行書寫，以『廣林謹案』標識，條理分明。

清代對鄭玄佚著的輯佚之作有黄奭《黄氏逸書考》、袁鈞《鄭氏遺書》、馬國翰《玉函山房輯佚書》等，《鄭學十八種》較之諸家所輯體例更善，內容更完備。

孔廣林（一七四六—一八一四？）字叢伯，號幼髯，自稱䝴翁、温經老人，山東曲阜人，孔繼汾長子，

著名經學家孔廣森之兄。稟貢生，署太常寺博士。自幼好學，潛心研究經傳，專攻鄭玄之學，頗有成就，其著作編爲《孔叢伯經説五稿》。生平略見於《續修曲阜縣志》（一九三四年）卷五。

《鄭學十八種》編定刊刻時，曾定名爲《通德遺書所見録》，卷末有孔廣林嘉慶十八年（一八一三）所撰後記，内中述纂輯始末云：『在昔戊子（一七六八），廣林年二十有三，習三禮學，究心鄭義。讀注疏、諸史及前代名人著述，凡有鄭君義訓，見即各依其所著書類録之。歲在甲午（一七七四），輯《易注》《書注》《駁異義》《箴膏肓》《發墨守》《釋廢疾》《鄭志》，爲《北海經學七録》（引案：有古雋樓刊本）。自是日積月纍，前後共得十有八種。丁酉（一七七七）春，彙爲一集，敘而録之，題曰《通德遺書所見録》，凡七十二卷。』孔廣林原有意繼續從事於鄭玄緯學著述的纂輯工作，後以年老多病未成。

此抄本各卷字體不盡相同，或用館閣體工楷抄寫，或字體略潦草，似抄非一時，出於多人之手。二〇〇〇年，嘉德秋拍曾拍賣孔廣林所輯之《鄭學》稿本（案即此書，拍品描述稱孫星衍輯録，誤），稿本字體與此抄本迥不同，顯非同一人手筆，可知此本並非孔廣林所抄。《通德遺書所見録》遲至光緒十六年（一八九〇）纔有山東書局刊刻本，且未見翻版，内容較《鄭學十八種》有所加詳，則此抄本當是據孔廣林嘉慶十八年以前未定之稿抄録而成。

此抄本有眉批多處，間引『金説』（金榜）、『臧説』（臧鏞堂）、『盧説』（盧文弨），對原輯本糾繆補遺。眉批者是否即抄書者，尚不能確定。眉批所補正各條不見於《通德遺書所見録》者甚多。盧文弨曾校正《北海經學七録》若干條（見《抱經堂集》卷二十《與莊谷書》），即此所謂『盧説』，已被孔廣林採

入《通德遺書所見録》中。雖然如此，此抄本仍有不小的資料價值。現藏中國國家圖書館。

（樊長遠）

三二四

## 周易集傳八卷

（元）龍仁夫撰　清影元抄本　盛百二跋並録朱彝尊跋。框高十九・六釐米，寬十四・三釐米。每半葉八行，行十七字，小字雙行同，黑口，左右雙邊。

龍仁夫（一二五三—一三三五）字觀復，號麟洲，廬陵（今屬江西）人。博究經史，以道自任。與同郡劉詵、劉岳申皆以文學名。爲文奇逸流麗，學者稱麟洲先生。宋亡，舉爲江浙儒學副提舉，不就。後任陝西儒學提舉，晚寓黄州。事迹附見《元史・儒學傳》。

是書大旨主朱熹《周易本義》而間有發明，每卦爻之下各分變象辭占。原爲十八卷，今僅存八卷，爲上、下經六卷、《象》上下傳二卷。朱彝尊《曝書亭集》卷四十二《龍氏易集傳跋》云：『通志堂集《經解》，以闕書未開雕，寫以藏諸笥。』《四庫全書總目》是書提要云：『夫傳録古書，當問其義理之是非，不當論其篇葉之完闕。殘編斷簡，古人尚且搜輯。仁夫是書，上下經裒然俱完，而以不全棄之，何其慎也！』據元董真卿《周易會通・姓氏》，是書有至治元年辛酉（一三二一）自序，惜久佚。

此本字多俗體，玄字不避。每卷末有『男陽壽校刊』五字，知元時曾經鋟版，然字體不類元刻。《中國古籍善本書目》定爲『清影元抄本』，恐非事實。

是書多以抄本流傳，所見有易培基跋本，現藏中國人民大學圖書館。又有李盛鐸木犀軒舊藏抄本

二種，現藏北京大學圖書館。上述諸本行款同爲八行十七字，卷末均有『男陽壽校刊』五字，當屬同一文本系統。易培基跋本與此本文字略同。李氏所藏兩種抄本均有缺陷，不及此本精善。

第一種抄本有翰林院滿漢文大方印，乃四庫底本，訛字甚多，如卷一乾九四注『故有躍而上升之勢』，『有』作『存』；坤六二注『《漢志》云矩方生繩』，『矩』誤作『短』；蒙初六注『臨川吳氏曰』，『吳』誤作『具』；『若坎體遇離震』，『坎』誤作『次』；蒙六三注『三與上應，上者，三之夫也。上體艮止，有不俯就三之意』，『夫』誤作『天』，『止』誤作『上』；比九五『禽獸前去，皆免成湯祝』，『去』誤作『云』，『皆』誤作『背』；履六三『凡卦主爻多吉』，『凡』誤作『九』。清乾隆間文淵閣《四庫全書》本沿襲該本之失，訛字正同。

第二種抄本經清人李集敬堂氏删削文字，改變面貌，大失作者本旨。清道光十七年（一八三七）海昌蔣光煦刻《别下齋叢書》本繼承該本之誤，亦非善本。陸心源《儀顧堂續跋》卷一《影宋抄〈周易集傳〉跋》有説。

此本附『懷辛齋』書籤，知爲吳興許博明舊藏。鈐有『盛百二印』『臣百二』『秦川』『柚堂』『秀水盛氏柚堂圖書』『皆山樓』等印。現藏上海圖書館。（徐瀟立）

三三五

**周易本義辨證五卷附錄一卷**　（清）惠棟撰　手稿本　丁祖蔭題識。每半葉十二行，行二十二字，小字雙行同，無欄格。

惠棟（一六九七—一七五八）字定宇，號松崖，元和（今江蘇蘇州）人。乾隆十五年（一七五〇）以經明行修薦，不用。治經克紹祖學，專宗漢儒之説。著有《周易述》《明堂大道錄》《禘説》《易漢學》《易例》《古文尚書考》《春秋左傳補註》《後漢書補注》《太上感應篇注》《山海經訓纂》等。《清史稿》卷四百八十一有傳。

是書《續修四庫全書總目》著錄，柯劭忞提要云：『朱子作《易本義》，依呂祖謙所定之古本，分爲經二卷，傳十卷，刪彖曰象，曰文言，曰後增之文。程子《易傳》則仍依王弼本。明人修《周易大全》，取朱子卷次割裂附於程傳。坊本《易本義》遂以程之次第爲朱之次第，沿訛襲繆，占畢之士，莫喻其非，棟著此書以更正之。』

此稿因作者不斷塗乙增刪，不同階段之文本狀態得以保存，並各自與後出版本構成聯繫。卷端題『周易本義旁通』，『旁通』二字未改爲『辨證』，全書無卷次，此最初狀態，姑命之爲甲稿。今逐條細檢，至少又分出四種文本狀態，按時間之先後，依次命名爲乙、丙、丁、戊稿。試舉例如下：

卷五《繫辭》上『聖人之所以極深而研幾也』條，『魏之王輔嗣、晉之杜元凱』下爲『好改經文』四字，末句作『詳見九經會最』，此甲稿也；『杜元凱』下刪改爲『凡應讀之字，直改經文，不復注釋』十二字，末句仍作『詳見九經會最』，此乙稿也；『杜元凱』下又刪改爲『隨讀改字』，末句改作『詳見九經古義』，此丙稿也。

卷二《復》六四『中行獨復』條，無此條者，甲稿也；『四非中稱中行者』句下接『以從道也其時中

之謂歟』十字者，乙稿也；丙稿同乙稿。『四非中稱中行者』句下删改爲『謂初也，詳見《易漢學》』者，丁稿也。

卷三《蹇》卦『卦自小過而來』條，此稿原作『又與彖辭往得中不合，慈明謂乾動之坤五，不言自何卦來，未詳孰是』，後來各本皆然。作者删去此句，改爲『此經四陰二陽之例』云云七十九字，此又戊稿也。

此書以清乾隆間常熟蔣光弼刻《省吾堂四種》本最爲通行，傳世另有作者謄清稿本，葉景葵《卷盦書跋》著錄，今歸上海圖書館；有清惠氏紅豆齋抄本，卷端鈐有倪模『大雷經鋤堂藏書』印，現藏北京大學圖書館，《續修四庫全書》曾據以影印。取校此本，發現蔣本多與乙稿相合，其底本文字狀態當接近乙稿；謄清稿本多與丙稿相合，或從一接近丙稿之本寫出；紅豆齋抄本文字多與丁稿相合，蓋源出一接近丁稿之本。此稿自首徹尾均爲作者手迹，可據以見作者層遞修改之迹，部分文字因出作者晚期修改而不見於各家傳本，足可珍重。

此帙爲丁氏淑照堂舊藏，後歸葉景葵卷盦。鈐有『虞山李氏』『卷盦六十六以後所收書』等印。現藏上海圖書館。（徐瀟立）

三三二六

## 雕菰樓易學四十卷（清）焦循撰 稿本。每半葉十行，行二十一字，小字雙行三十一至三十二字不等，無欄格。

焦循（一七六三—一八二〇）字理堂，一作里堂，晚號里堂老人，甘泉（今揚州）人。嘉慶六年（一八〇一）舉人。爲阮元族姊丈。曾入阮元幕，從之南游浙江，北及河北、山東等地。嘉慶七年應禮部試，不第，次年返鄉侍母，不再出仕。後托疾閉户，著書授徒，以修郡志所得建『雕菰樓』，足不履市十餘年。

焦氏少時聽從劉墉教誨，摒他學而用心於《六經》，專心於《周易》。經學以外，亦精天算、考古、醫理、戲劇、方志學等。壯年名重海内，被乾嘉學者譽爲潛心著述的一代『通儒』。有《孟子正義》《雕菰樓易學》《群經宫室圖》《雕菰樓集》等著作近百種。《清史稿》卷四百八十二有傳。

焦氏三世傳《易》，循承曾祖、祖、父之學，幼而研《易》，著有《易章句》十二卷、《易圖略》八卷、《易通釋》二十卷。焦循合此三書爲《雕菰樓易學》，後世稱爲《雕菰樓易學三書》。考其成書先後，則《易通釋》最先，《易圖略》其次，《易章句》最後，三書在《雕菰樓易學》中的順序則爲其晚年所定。

焦循以『演繹法』推演治《易》，『以測天之法測《易》』，『以數之比例求《易》之比例』，揭示出理解《周易》的六大原則：『旁通』『相錯』『時行』『當位』『失道』『比例』。由『旁通』『相錯』『時行』三條根本原則，另闢蹊徑，熔象數、義理、數理於一爐，鼎薪炮藥，歷經三十餘年而成。主張排除『考據』『漢學』『宋學』之名目和卜巫之説，明辨歷代《易》學原委得失。焦氏《易》學建立了一套完整的符號系統，突破了兩千年諸家傳注之舊説，焦廷琥《先府君事略》載『全以己見貫串取精，前人所已言不復言』，卓然成家。英和亦贊其『所學，非列國非漢非晉唐非宋，發千古未發之藴，言四聖人所同』，『其發揮精義，備於《通釋》；又以數必緣象而顯也，爲《圖略》以表其象；以數之皆附文而著也，爲《章句》，以釋其

文。《章句》之辭，簡而賅；《圖略》之辭，博而辨；而《通釋》則舉《卦辭》《象辭》《爻辭》之一句一字，無不條分縷析，珠連繩貫，以觀其通。《易》之數，得是書而明；《易》之理，亦即是書而備矣』。

此書當時尤負盛名，然褒貶不一。英和、阮元、王引之等名公爲之稱頌，認爲三書雖各自爲篇，然『統之有宗，會之有元』，推其爲『石破天驚』『鑿破混沌』之作；批評者如朱駿聲、李慈銘等指其『附會難通』『支離破碎』，『貌爲高簡，故疏者概視爲空論耳』。究其根本，實因焦氏《易》學雖自成體系，却仍未擺脱傳注《易》學體例的羈絆。

此稿本中多有乙改、增删之處，部分説明更改緣由。此書通行多爲叢書本。

此本鈐有『南陵徐氏仁山珍藏』『徐乃昌讀』『積餘秘笈，識者寶之』『延古堂李氏珍藏』『愚學齋』『積學齋徐乃昌臧書』等印，表明此本曾經徐文達、徐乃昌及天津延古堂李氏等收藏，現藏中國國家圖書館。（肖剛）

三二一七

## 十翼後録七卷　（清）黄以周撰　稿本。每葉行字不等，無欄格。

黄以周（一八二八—一八九九）本名元同，後改以周，以元同爲字，號儆季，浙江定海人。黄式三之子。同治九年（一八七〇）中舉，任浙江分水縣（今桐廬）訓導。光緒十四年（一八八八）賜内閣中書，十六年陞教授。曾在江陰南菁書院主講席十五年，江南學者多出其門。又《清史稿·列傳二百六十九·儒林三》載：『宗源瀚建辨志精舍於寧波，請以周定其名義規制，而專課經學，著録弟子千餘人。』

以周教以博文約禮，實事求是，治學不拘漢宋門户之見。所撰《禮書通故》一百卷，考釋中國古代禮制、學制、國封、職官、田賦、樂律、刑法、名物、占卜等，糾正舊注不少謬誤，『古先王禮制備焉』（同上）。其著作還有《子思子輯解》七卷、《儆季雜著》等。

《十翼後録》一書爲以周二十歲前後奉父命所著。在本書自序中云：『幼承庭訓，以繫辭、説卦傳定諸卦之凡例，以彖傳提諸爻之綱領，以象傳索各爻之訓解，數者互相參考，一有不合，反復尋思不已也。』在本書自序中又言及書的凡例和内容，曰：『承家大人命以周廣搜十翼之注，不拘時代，擇其醇者而存之，名曰《十翼後録》。其有先儒彖爻之注，未悖於聖傳，可以兼録之，而明其義者，亦必移置於聖傳之下，宗聖也。先儒各説必臚列姓字，不敢掠美，尊師説也。舊注之兩異或四五異者，於理無悖，必兼録之。』

全書七卷，分裝十册。第十册正文之後有『戊申十一月二十二日稿畢』，然後列乾坤父母圖、三男主相變圖、三女主相變圖、八辟卦主變圖、泰否二辟卦主變圖等五圖，再列《十翼後録》引用姓氏。

但是書道光戊申年（二十八年　一八四八）並未真正完成，書中增删改易隨處可見，並有『家大人』（即以周父黄式三）連續的審閲日期，分别爲道光戊申、己酉（道光二十九年）、庚戌（道光三十年）、咸豐癸丑（三年　一八五三），因知是書爲寫於道光咸豐年間的稿本。

是書鈐有『懲忿窒慾』『求是室藏書』『晚儆居』『薇香』『豊華堂書庫寶藏印』等印。可見是書先爲黄家所藏，後爲杭州楊氏豊華堂所得。一九二九年，清華大學購得豊華堂藏書五千七百多種，是書即

在其中。現藏清華大學圖書館。（宋建昃）

## 毛詩稽古編三十卷

（清）陳啓源撰　清抄本　錢坫校。每半葉十行，行三十一字，小字雙行同，無欄格。

陳啓源（？—一六八九）字長發，號見桃居士，吴江（今屬江蘇蘇州）人。康熙時諸生，平生喜讀書，自稱其家世爲《易》學，後有餘力涉及其他，獨好《詩經》。晚年精研經學，尤善訓詁。著有《毛詩稽古編》，據《清史稿》所記，陳氏另有《尚書辨略》二卷、《讀書偶筆》二卷、《存耕堂稿》四卷，惜未能保存下來。

錢坫（一七四四—一八〇六）字獻之，號十蘭，别署篆秋、跳扁病夫，嘉定（今屬上海）人。其居室曰十六長樂堂，或浣花拜石軒。乾隆三十九年（一七七四）副榜。纍官至乾州州判，兼署武功縣。嗜金石，精考據，工小篆，兼能鐵筆。晚歲右體偏枯，以左腕書、畫，筆力益加蒼勁。

《詩》是我國古代第一部詩歌總集。漢代傳《詩》者主要有四家，簡稱《齊詩》《魯詩》《韓詩》《毛詩》。齊、魯、韓三家爲今文學家，西漢武帝時已立於學官。《毛詩》則屬古文學派，據傳西漢時由晉人毛亨傳授於趙人毛萇，古稱大、小毛公。《毛詩》至平帝時方立於學官。東漢時，經學大師鄭玄爲《毛詩》作箋，於是學者漸多，《毛詩》遂流傳益廣。後齊、魯、韓三家《詩》逐漸亡佚，而《毛詩》獨流傳於後世。

陳氏於《毛詩稽古編》後敘中言：『竊闚之，方知《詩》有子夏《敘》、毛公《傳》、鄭氏《箋》。大喜

曰此其古人詩説乎！遂請此書於先君子……而嚮日之疑盡釋，更旁覽餘經，愈嘆古經真面目。』在趙序中也可得知陳氏此書是在保持了古書原貌的基礎上進行的訓釋。

陳氏於《毛詩稽古編》後敘中又曰：『起甲寅訖丁卯閲十有四載，三易稿始成此編。』是書成於康熙二十六年丁卯（一六八七）。歷時十四年。該書訓詁以《爾雅》爲準，篇義以《小序》爲準，詮釋經旨以毛《傳》爲準，以鄭《箋》佐之，其名物則多以陸璣《疏》爲主。

古籍中提及此書者，並不多見，《四庫全書總目》是書提要評述云：『國初諸家始變爲徵實之學，以挽頽波，古義彬彬，於斯爲盛，此編尤其最著也。』作者對古經真面目的追求、對宋元儒者治學方法的反省，是清初學風的反映。不過，他雖强力堅守傳統儒學教化，但在解經過程中，有時仍不由自主地呈現佛教思維。皮錫瑞《經學歷史》即云：『陳啓源《毛詩稽古編》能駁宋以申毛，而經説間談佛教。』然而以佛解儒之美中不足，不掩《毛詩稽古編》於清初《詩》學的成就地位。梁啓超將《毛詩稽古編》與《毛詩通義》並稱爲康熙年間《詩》學的代表作。

由此抄本趙嘉稷序中得知，《毛詩稽古編》其原本有二，爲陳啓源自撰自抄自校的本子，藏存耕堂，其一留禾中，司農没後，子彦栻登第後書未散，或云崑山得之；其一即爲趙嘉稷從陳啓源諸昆弟處請之秘本。

此抄本前有康熙十八年朱鶴齡序，又有康熙四十年其門人趙嘉稷序。且二人序與正文字體同，疑爲後人所謄抄。另嘉慶十八年（一八一三）刻本前有文寧和阮元序，其後刻本基本上都有此二人或其

中之一人序，所以疑此抄本謄抄時間爲嘉慶十八年以前。國家圖書館藏有三種清抄本，其一爲清張敦仁校；其二有王季烈題跋，但前面幾葉已殘；其三即爲本書，抄寫最爲工整，保存亦最爲完好。

此書鈐有『何紹基子貞印』『道州何氏收臧』『启林過眼』等印，知其曾爲何紹基等人收藏，流傳有緒。現藏中國國家圖書館。（張珊珊）

三三一九

## 儀禮疏五十卷 （唐）賈公彦等撰　清黄氏士禮居影宋抄本。每半葉十五行，行二十七字，無格。

存四十四卷：卷一至三十一、三十八至五十；存卷中尚缺十三葉。

賈公彦（生卒年不詳），洺州永年（今河北邯鄲）人。唐高宗永徽年間（六五〇—六五五）官至太學博士。撰《周禮義疏》五十卷、《儀禮義疏》五十卷。傳見《舊唐書》卷一百八十九。

《儀禮》又名《禮》《士禮》或《禮經》，是春秋、戰國禮崩樂壞之際，好古懷舊之人將記憶中有關列士至於王朝舉行的各種典禮記載下來而形成的文本。該書雖非古禮原原本本的實錄，畢竟主要儀注、儀節猶存，整體進程、規模俱在，可以再現當初舉行過的禮典並闡發其中蘊含的禮義，因而在七十子後學及後學之後學之間傳抄研習。本書雖遭秦火之災，或有散亡，仍不絶如縷，流傳於世間。漢興，高堂生傳《士禮》十七篇，以今文寫定，五傳至於戴德、戴聖、慶普，宣帝時，三家並立於學官。《漢書・藝文志》有古文《禮古經》五十六卷，相傳出於魯淹中及孔氏，其中有經十七篇，與高堂生傳十七篇同，而多出三

十九篇，即所謂《逸禮》。東漢時鄭玄雜採今古文而取其義長者作注，《舊唐書·經籍志》《新唐書·藝文志》均著録鄭玄注《儀禮》十七卷。齊之黄慶、隋之李孟悊皆曾爲《儀禮》撰作章疏。唐賈公彦以諸家爲之本，擇善而從，兼增己義，撰《儀禮疏》五十卷，經、注之奥義由是而顯。賈疏問世，別本單行，《舊唐書·經籍志》《新唐書·藝文志》著録賈公彦撰《儀禮疏》五十卷，可以爲證。唐中葉以後，治此經者日鮮，斯學式微，遂使疏文剥蝕叢殘，訛舛日甚，幾不可讀。宋景德元年（一〇〇四），吕蒙正等上邢昺、孫奭等校定之賈疏，世稱『景德官本』。宋熙寧後，《儀禮》一經不列於學官，學者又苦其難讀，故治之者頗尠。明正德間，陳鳳梧爲省多讀，合經、注、疏而刊刻之，分卷一依經注，遂失賈疏舊式。其後李元陽刊本、萬曆監本、汲古閣刊本等皆相沿不替。

清人講求古學，秘籍往往間出，其中即有所謂景德官本《儀禮疏》，據稱藏吴中黄丕烈家，存卷一至三十一、三十八至五十，共四十四卷，爲嘉道間重刻諸家如張敦仁、阮元、汪士鐘等之所本。宋刻原本今未知所蹤，而有此黄氏士禮居影宋抄本傳世。清人均以所見單疏本爲『北宋咸平、景德間所校勘開雕』（阮元《儀禮注疏校勘記序》）者。然據此本版心所過録之刻工名，其中劉昭、吴春、徐榮、高寅、繆恭、曹冠英、何澤、毛興祖等，多爲南宋中葉杭州地區刻字工人。則其底本已非景德舊本，至少曾經南宋人修版，甚或爲重刻本。

書前有黄丕烈《校宋刊單行本儀禮疏凡例》四則，曰：『一脱簡，凡宋本缺葉名之曰脱簡，悉以空白存其面目；一闕文，凡宋本墨釘名之曰闕文；一斷爛，凡宋本版壞名之曰斷爛，間有他本可據、已

經寫入行間者，仍加鈐印，以存缺疑之義；一過書，凡宋本字迹隱約、影寫錯誤名之曰過書，各標可識之字於每行上方。』書中則鈐印纍纍，分別標明宋本脱闕斷爛隱約之處，亦較汪士鐘所謂影宋刻者爲近真，足見古書流傳至今之不易。

書中鈐『黄丕烈印』『學耕堂印』『茂苑香生蔣鳳藻秦漢十印齋祕匧圖書』『翁斌孫印』等印，知其曾經黄丕烈、蔣鳳藻、翁斌孫等名家遞藏，現藏中國國家圖書館。（張燕嬰）

三三〇

**儀禮蠡測簽注二卷**　（清）翁方綱撰　稿本　馮敏昌跋　韋協夢　翁方綱　江德量　王嵩高　趙懷玉　吴錫麒　顧宗泰　汪□光　張雲璈　汪庚　李翩　戴□　沈業富　王春煦　□九成　吴舒帷　葛鎣　馮覲光　謝登雋　黄戉題詩。卷軸裝。

翁方綱（一七三三—一八一八）字正三，又字叙彝，號覃溪，又號忠叙，晚號蘇齋，順天大興（今北京）人。乾隆十七年（一七五二）進士，改庶吉士，授編修，纍官國子監司業、禮部侍郎、内閣學士，鴻臚寺卿、内閣侍講學士、翰林院侍讀學士。富藏書，尤長於金石考證。金石、譜録、書畫、詞章之學冠絶一時。與修《四庫全書》，爲校辦各省送到遺書纂修官。著有《兩漢金石記》《經義考補正》《漢石經殘字考》《復初齋文集》《復初齋詩集》《石洲詩話》《粤東金石記》《蘇米齋蘭亭考》《小石帆亭著録》《蘇詩補注》等。

先是，韋協夢撰《儀禮蠡測》十七卷，有道光乙巳年（二十五年　一八四五）帶草軒刻本。協夢（生

卒年不詳)字雲吉,蕪湖(今安徽蕪湖)人,乾隆二十九年舉人,官知縣。著有《儀禮章句》及《儀禮蠡測》。後者刻本有乾隆四十七年翁方綱序、乾隆四十六年韋協夢自序。韋氏自序稱其有『《(儀禮)集解》一編,藉以授徒課子』,但其書『徵引太繁、篇帙太富。恐初學之士或至窮大失居,復詳加參考,錯綜緒説,約之又約,别爲《章句》十七卷。歲月既久,研精覃思,間有考諸經文而有得,徵諸先儒而未安者,既綴其説於全書之内。暇日復校勘參訂,抄撮成編,顔曰《儀禮蠡測》』。翁氏序稱『禮意所存者,萬世同然之義。後人不可不知也。吾嘗欲參以《周官》,見二經之合焉。又嘗欲參之大小戴記,見四經之合焉。此皆韋君所已發其凡者』。

此即翁氏校閲韋氏《章句》及《蠡測》二書之所得者。第一卷係翁氏手迹,有乾隆四十七年十月十日《儀禮蠡測序》及校閲手簽一百六十一條小條與貼褾成卷。此序與刻本一致。翁氏簽條既有對韋氏著述之評論,亦有對刊刻之要求,如:『畢,狀如叉。所以指導其錯鼎之處也。用敖氏之語。導字用鄭注以較教字爲有味。』『當以此證之。正字過甚,擬改。』『純衣者纁裳。此句逶在以冠名服也句下。』『功布,鍛濯灰治之布也。應用此鄭注二語。功布大功小功云云,十七字擬刪。此等處敖氏亦有太簡明者,仍宜以注爲主。』『若將來付梓成書時,序文宜通照本書作小字,不可另作大字。尤不可用圖章。』通計六册,内附方綱管見,粘簽一百十條。』『傳曰:何以期也,大夫不敢降其祖與適也。適孫爲士者節下,脱此一節。』凡此種種,皆可觀。

第二卷爲諸公題詠。韋協夢題識云:『右覃溪先生校儀禮二書手簽。協夢甫弱冠即喜讀《儀

禮》，然熟復鄭（康成）、敖（繼公）諸家，間有心得，不揣擣昧，纂集《章句》十七卷，繼復纂《蠡測》一編。壬寅（一七八二）春，覃溪先生爲詳審刊正。粘簽一百六十一條並各爲序。協夢受而讀之。既韋弁鄙之作獲优（「优」字墨點）正於大匠，且以見先生嗜學之勤、持論之允，而奬掖後進之心，復流露煙楮。爰裝褫成帙，並賦詩一篇用附卷末。』後爲韋氏長詩十二行。

後爲翁氏甲辰冬十有一月詩（收入翁氏《復初齋詩集卷》二十九《次韻答韋静山孝廉》）：『韋君釋禮經，朗若設綿蕝。……韋君力剖析，應節破關捩。……猶取盛（世佐）姜（兆錫）輩，謙言私比竊。去年凉雨浚，添我秋燈閲。狂草跋百條，蕪言蔓徒茁』云云。後爲馮敏昌跋。敏昌（一七四七—一八〇六）字伯求，號魚山，欽州（今屬廣西）人。乾隆四十三年進士，授編修。任户部主事、刑部主事等。工詩及金石篆刻，書善行、隸，著有《河陽金石録》《小羅浮草堂詩文集》《華山小志》《文章心印》等。馮氏跋云：『静山大兄所輯儀禮二書，覃谿師既爲之校閲，静山以師所校簽裝成卷軸，作詩紀之，講析之勤、商訂之切，皆可傳也。』此跋未收入《馮敏昌集》。

此卷既可瞭解翁氏禮學思想，又足徵彼時翁氏門人友朋唱和交流之情狀。觀其筆意，流露煙楮，展而讀之，書法俊秀，文人風雅，令人心醉，殊可寶之。

此卷曾爲向迪琮插架之物，鈐『向中堅考訂書畫鈐記』印。向迪琮（一八八九—一九六九）字仲堅，號柳溪、匏翁，四川雙流人。工書，詞學，擅楷、行書。收藏名墨，著稱一時。本書現藏中國國家圖書館。（向輝）

三三一

# 禮記訓纂四十九卷　（清）朱彬撰　稿本　王念孫簽識並跋　王引之箋識。框高二十一・一釐米，寬十五・三釐米。每半葉九行，行二十二字，小字雙行同，白口，小綠格，四周雙邊。

朱彬（一七五三—一八三四）字武曹，號郁甫，寶應（今屬江蘇）人。乾隆六十年（一七九五）舉人。繼承同鄉王懋竑經法，與外兄劉台拱互相切磋，又常與王念孫、引之父子及邵晉涵等論學。治經有所得，則以書劄往來辨難，必求其是而後已。於訓詁、聲韻、文字之學，用力尤深。著有《尚書異義》四卷、《尚書故訓別錄》一卷、《尚書是正文字》一卷、《經傳考證》八卷、《游道堂文集》四卷等。《清史稿》卷四百八十一有傳。

是書對《禮記》四十七篇加以訓釋，唯《大學》《中庸》兩篇僅依鄭注，列經文原文，以存四十九篇舊貌。博採『《爾雅》《説文》《玉篇》《廣雅》之故訓，又刺取《北堂書鈔》《通典》《太平御覽》諸書之涉是《記》者，虎觀諸儒所論議，《鄭志》師弟子之問答，以及魏晉以降諸儒之訓釋，撮其菁英』（自序），以鄭注孔疏爲主，而附以個人之創見，輯略成書。書中對元陳浩《禮記集説》之疏漏有所糾正。採用王懋竑、王念孫、王引之、劉台拱四家之説最多。又旁證以清初迄乾嘉間諸家之書，不下數十種，力避其鑿空之病與牽强附會之習，而不存漢宋門户之見。清代考據學興盛，諸儒競起爲十三經作新疏，唐人舊疏中，《禮記正義》最爲詳贍，清人新作唯孫希旦《禮記集解》及是書爲較系統之作，又簡要而少蕪雜，故頗爲通行。

朱氏年逾知命始着手撰寫此書，耗費近二十年精力方完此稿，二十年間，數易其稿，不斷增益，今

存世不同時期所撰稿本尚有三部。其一藏上海圖書館，有清許翰校；另兩部藏國家圖書館，行款相同，一即此本，另一爲小紅格本。撰寫過程中與劉台拱及王念孫、引之父子切磋最多，析疑辨難，多有考求。《昭代經師手簡》前編載道光七年（一八二七）朱彬致王念孫書，云《禮記訓纂》『俟一二年後便可寫定，呈上教削』；又道光十年書云：『先生爲海内儒宗，謹以寫成一部呈教，望先生讀書之暇賜以覽觀，爲之存其是而去其非。』此本即王念孫讀後所寄還者。首葉有王氏題識云：『道光十一年正月之廿四日，高郵王念孫讀於京師西江米巷之壽藤書屋，謹附簽二十八，寄請武曹先生正之。時年八十有八。』除王念孫浮簽外，書中亦有王引之箋識。又有其他浮簽多處，引王氏父子及王懋竑之説，是朱氏自己所作補正。

朱彬謝世後，長子士彦校訂是書，未及半而卒；次子士達在陝西任職時，又爲之詮次篇第，並請林則徐作序，歸里後又請劉文淇、王敬之等重加校訂，至咸豐元年（一八五一）方刻版行世，刻本與稿本内容已有很大不同。作爲清儒禮學名著，迭經著名學者校訂，對清代學術史研究有很高價值。現藏中國國家圖書館。（樊長遠）

三三三二

**大戴禮記補注十三卷序錄一卷**　（清）孔廣森撰　清乾隆五十九年（一七九四）孔廣廉刻本　趙春沂校跋並錄盧文弨　孫志祖　丁杰　王念孫　阮元　嚴元照校　丁丙跋。框高十八·七釐米，寬十五·四釐米。每半葉十行，行二十字，小字雙行同，黑口，左右雙邊。

孔廣森（一七五二—一七八六）字衆仲，一字撝約，又字巽軒，曲阜（今屬山東）人。乾隆三十六年進士，官檢討。師出戴震、姚鼐門下，專心學術，廣涉經史。所著《春秋公羊通義》，凡諸經義有可通《公羊》者，皆予採録。精通音韻，著《詩聲類》，分古韻爲十八部，明确提出陰陽對轉之説。又工駢文，爲有清一大名家。有《儀鄭堂駢儷文》《大戴禮記補注》《經學卮言》等。

《大戴禮記》與《小戴禮記》分别爲西漢時戴德、戴聖叔侄爲《儀禮》所作之釋義。後《小戴禮記》因得鄭玄作注而在唐代列爲經書，《大戴禮記》從此式微，幸賴北周盧辯注釋得以流傳，然盧注存在詞旨簡略、大義雖舉而微言仍隱之不足。至清代，《大戴禮記》方日益受到重視，陸續有學者進行整理研究。始有盧文弨、戴震釐正其文字，其後汪照有《大戴禮注補》，孔廣森有《大戴禮記補注》，王聘珍有《大戴禮記解詁》。孔廣森《大戴禮記補注》以補盧注未備爲職志，博稽群書，參會衆説，校補經文、注文，疏通文義，推進了對《大戴禮記》的研究，是研究《大戴禮記》的權威讀本。正如阮元序中所云：『曲阜孔檢討㢠軒乃博稽群書，參會衆説，爲注十三卷，使二千餘年古經傳復明白於世，用力勤而爲功鉅矣。』

是書卷末有『乾隆甲寅弟廣廉校刊』字樣，書前阮元序亦云：『檢討之弟廣廉乃以乾隆五十九年春付刻。』當爲乾隆五十九年孔廣廉刻本無疑。書中有朱、墨筆校，朱筆爲趙春沂過録丁杰、盧文弨、孫志祖、王念孫、阮元、嚴元照校語。趙春沂（生卒年不詳）字雩門，後更名鉞，仁和（今浙江杭州）人。阮元詁經精舍肄业學生，嘉慶年進士，官泰州知州，有藏書處醉經樓、種芸仙館。春沂跋云：『丁小山先生於《大戴禮記》用□力犹深，世間所有大戴本悉取而校之，蓋數十年於此矣，最後得曲阜孔氏補注本，

丹黄點勘，詳加校正，益之評證，稱善本矣。春沂從孫貽穀侍御處借録一過，此朱筆所録及校語皆不著別者是也。』此外，春沂另又過録盧文弨、孫志祖、王念孫、阮元、黄模、嚴元照諸家校語，此本校中曰盧云、孫云、王云、阮云、黄云、嚴云者即是。墨筆爲趙春沂所校，春沂跋中云：『閒有管見，則以墨筆附之。』此本過録諸大家校語，可謂善而又善之本。

此本中所鈐『春沂』『雩門』『雩門校過』『醉經樓』『趙氏家藏』『趙氏種芸仙館臧書印』『趙春沂校』皆爲趙春沂印。『臣學治』『高氏叔荃』爲高學治印。高學治字叔荃，號葺盦，浙江杭州人，官台州府教授。『八千卷樓所臧』『嘉惠堂藏閲書』『善本書室』爲丁丙藏書印。現藏南京圖書館。

（陸音）

三三三

**五禮通考二百六十二卷目録二卷首四卷** （清）秦蕙田撰　清乾隆十八年（一七五三）秦氏味經窩刻本　秦蕙田　盧文弨　姚鼐校　張廷濟　王大隆跋。框高十八·七釐米，寬十四·七釐米。每半葉十三行，行二十一字，小字雙行三十二字，白口，左右雙邊。

秦蕙田（一七〇二—一七六四）字樹峰，號味經，金匱（今江蘇無錫）人。乾隆元年一甲第三名進士，授翰林院編修，歷官至工部、刑部尚書，加太子太保，卒謚文恭。少承家學，以經術篤行知名海内。長於音韻、律呂、算術，尤精《三禮》之學，著有《周易象義箋》《四聲表》《味經齋類稿》等。《清史稿》卷三百四有傳。

清康熙間徐乾學撰《讀禮通考》，總結歷代禮制，而於《周官・大宗伯》所列之『吉、凶、軍、賓、嘉』五禮，衹詳『喪禮』一門。秦氏此書依徐書體例，補其不足，按五禮編排爲七十五類，考證禮制古今沿革、本末源流、異同失得之故，凡禮學異説並先儒辨論及正史紀傳志書議禮之文，務使異同並載，曲直具存，對禮經源流、禮學派别等亦均有論列，詳密精核，井井有條。《四庫全書總目》是書提要稱是書『以《樂律》附於《吉禮・宗廟制度》之後；以天文推步、句股割圓，立「觀象授時」一題統之；以古今州國都邑、山川地名，立「體國經野」一題統之，並載入《嘉禮》。雖事屬旁涉，非五禮所應該，不免有炫博之意。然周代六官，總名曰禮。禮之用，精粗條貫，所賅本博』，故此書雖略顯博雜，但『考證經史，元元本本，具有經緯，非剽竊餖飣、挂一漏萬者可比』。

此本爲白紙最初印本，後印本有《凡例》十三則，爲此本所無。卷中有朱筆批點，據張叔未跋稱相傳爲秦氏自校。又有朱墨兩色筆並附簽者，據卷五十七内墨筆夾簽有『文弨謹案』云云，可推知是盧文弨所校；卷九十一内眉端朱筆有『鼐謂』云云，則是姚鼐所校。盧文弨《抱經堂文集》卷十八有乾隆二十九年《復秦味經先生校勘五禮通考各條書》，述秦氏語有『雖已刊刻完竣，未即行世，恐其中或有參錯不及細檢處，須及今改訂爲善』云云，即指此本中所校各條。舊粘校簽日久往往脱落，莫友芝得此書後用墨筆移錄於書眉。卷一百九十七末有光緒元年（一八七五）賀緒蕃朱筆記云『此本較後定本少附戴氏震《勾股割圜記》五十三葉』一條。此本見《郘亭知見傳本書目》卷二著錄。又葉昌熾《緣督廬日記鈔》卷十六丁巳五月初一日記云：『於翰怡齋遍觀影山草堂出售群籍，皆本朝初印精本。《五禮通考》

《讀禮通考》上方有朱筆校勘，後有張叔未跋，云是文恭手迹。紙白於玉，墨光如漆。字體仿歐陽信本，鬚眉畢現，奕奕有神。閲之心開目朗，令人不忍觸手，真書中尤物也。索千元不爲奢。』民國時爲劉承幹嘉業堂所得。一九五五年王欣夫爲劉承幹滬寓藏書作介，歸復旦大學圖書館，劉氏乃以此書相贈，使之與王欣夫所藏《五禮通考》稿本合爲雙璧（參王欣夫《蛾術軒篋存善本書録》甲辰稿卷一）。書中鈐『莫友芝圖書印』『莫彝孫印』『柳蓉村經眼印』『吳興劉氏嘉業堂藏書印』等印。現藏復旦大學圖書館。（樊長遠）

三三四

## 律呂正義上編二卷下編二卷續編一卷 （清）允祉等撰　清康熙内府銅活字印本。框高二十一・四釐米，寬十四・八釐米。每半葉九行，行二十字，白口，四周雙邊。

允祉（一六七七—一七三二），清聖祖玄燁第三子，世宗憲皇帝異母兄，母榮妃馬佳氏。初名胤祉，世宗皇帝即位，遂改名允祉。康熙三十七年（一六九八）封誠郡王。康熙四十八年晉封和碩誠親王。《清史稿》卷二百二十有傳。

正史嚮有『律曆志』，以敘樂律、曆法之沿革。清聖祖邃於律曆之學，嘗欲效法以明淵源。康熙五十二年（一七一三），聖祖指授誠親王允祉督率儒臣於内府蒙養齋編纂《曆象考成》（初名《欽若曆書》）、《律呂正義》《數理精蘊》三書。儒臣日呈書稿，聖祖仁皇帝親加釐正。《律呂正義》與《曆象考成》二書先行成書。《律呂正義》初成上下二編，上編曰《正律審音》，『以發明黄鐘起數及縱長體積，而

冪周徑、律呂損益之理、管弦律度旋宫之法』(《四庫全書總目》)。下編曰《和聲定樂》,『以明八音制器之要』(同上)。二編皆分上下,各有圖説,而於各篇之中詳考古今之同異。此四卷於康熙末年由内府以銅活字印行。然此銅活字本僅印有圖説,而未附圖。後在四卷本基礎上又增續編曰《協均度曲》,取葡萄牙人徐日昇及意大利人德里格『所講聲律節奏,證以經史所載律呂宫調諸法,分配陰陽二均字譜』(《四庫全書總目》)。續編亦别分上下,有圖有説。續編書名前首冠以『御製』,名曰《御製律呂正義續編》。康熙末年内府再次以銅活字印行。康熙六十一年《御製曆象考成》《御製律呂正義》《御製數理精蘊》三書皆成,總其名曰《御製律曆淵源》。《御製律呂正義》因續編篇幅較少,《協均度曲》不再别分上下,《御製律呂正義》始定編五卷,以合《律曆淵源》百卷之數。雍正二年(一七二四)内府以木版刊行《御製律曆淵源》,《御製律呂正義》首以五卷行世。《四庫全書總目》著録有五卷本。

有清一代,内府銅活印行之書僅數種,《律呂正義》即其一。將此本與《古今圖書集成》比較,字體形制、版式風格完全相同,當爲同一套銅活字排印。考陳夢雷編纂《古今圖書集成》,《翰林院檢討何人龍奏陳澤旺納款宜設重鎮兵屯以固封守及修書議敘宜嚴甄别不得濫除州縣摺》曾奏請聖祖仁皇帝『開銅字館,印刷進呈』。康熙五十九年上諭印行《古今圖書集成》六十部,《古今圖書集成》銅活字排印始於是時。而《律呂正義》因成書在前,采選銅活字排印,當是銅字館於《古今圖書集成》印製前的試印之書。

是書據文津閣《四庫全書》補繪附圖二十三幅。下編末有民國己未(八年　一九一九)佚名墨筆題

跋，云及得書之原委及據文津閣《四庫全書》補繪上下編附圖等事情，並録有文津閣《四庫全書》原本校閲謄録者職名及補繪附圖之校閲謄録者南崇岳、吴景祺之名。此本現藏遼寧省圖書館。

（劉冰）　三三三五

## 古今樂府聲律源流考一卷　（清）吴騫輯　稿本。每半葉九至十行，行二十至二十二字，無欄格。

吴騫（一七三三—一八一三）字葵里，一字槎客，號愚谷，又號兔牀山人，海寧（今屬浙江）人。諸生。生平酷嗜典籍，遇善本輒傾囊購之，先後得書不下四五萬卷，築『拜經樓』以藏之。著有《詩譜補亡後訂》《國山碑考》《陽羨名陶録》《拜經樓詩話》等。《清史列傳》卷七十二有傳。

是書概述自漢至明歷代樂制沿革、聲律源流，内容多輯自正史、政書、禮書，簡而有要，頗便參考。書中於鄭樵《樂府總序》中『樂府之作，宛同風雅，但其聲散佚無所紀繫，所以不得嗣續風雅而爲流通也』，句旁以朱筆圈出；卷末又云：『欲復三代之元音，續漢魏之雅樂，以昭示百世，而上與《雲門》《咸池》《五莖》《六□英》齊修媲美。』皆可見吴氏撰述之微意。前附元李孝光《樂府詩集序》、宋鄭樵《樂府總序》《正聲序論》，末附『宋郭茂倩樂府詩集次序』『元左克明古樂府次第』『國朝朱嘉澂樂府廣序』。

此爲吴氏稿本，書中各朝事迹間以朱筆短畫别之；誤字以朱筆改正，脱字脱文補録於旁，衍字則

畫朱圈或朱墨點於字上。凡此類修改，均出吳氏之手。書眉朱筆批語，如《樂府總序》書眉朱筆批：「二篇括樂府聲律之要，最宜熟玩」云云，亦屬吳氏手迹。是書未見傳刻，存世僅此孤帙，彌足珍貴。

此帙鈐有「兔牀」「拜經樓」「吳翼燕祕篋印」「吳翼燕考臧書畫之印」「吳氏廾克山房珍祕金石書畫圖籍之印」等印。現藏上海圖書館。（沈從文）

三三六

## 左氏古義六卷　（清）臧壽恭撰　清勞氏丹鉛精舍抄本　勞格校並跋。每半葉十行，行二十字，小字雙行同，無欄格。

臧壽恭（一七八八—一八四六）字眉卿，號梅溪，初名燿，字伯辰，長興（今屬浙江）人。嘉慶十二年（一八〇七）舉人，屢試禮部不售，遂閉户著述。性方嚴，有潔癖，不問家人生產事，恒喜抄書，日五六千字，端整無訛奪。嗜漢儒經學，兼通天文勾股之術，於經喜《春秋左氏傳》。因痛杜氏長曆不衷於法，故命弟子楊峴依劉歆《三統術》作《中朔表》十二篇。所著除《左氏古義》六卷外，尚有《南史事略》《春秋朔閏表》《天步證驗》等。事迹詳見［同治］《長興縣志》卷二十三下及《清代樸學大師列傳》卷四本傳。

是書卞斌《左氏古義敘》曰：「伯辰舉孝廉，澹於進取，嗜漢儒經學，嘗言諸家經學後人輯述已辯，惟《春秋》賈、服義尚無所屬，當爲輯之。」於是按十二公次序搜羅周秦、兩漢舊説及賈、服注，凡七易稿，閲二十載而成《左氏古義》，書中間取經文，援引《公羊傳》《穀梁傳》《説文解字》《漢書》《史記》等證之。臧氏又長於時曆，精於數算，故於時曆多親爲推衍，以證劉歆之説。臧氏此書廣輯舊説，以復左氏

古經、古義，於杜氏《集解》中君臣大義晦而弗明者，皆能正其謬。

據同治十二年（一八七三）三月楊峴跋及同治十三年十二月潘祖蔭序，臧氏此書本依陸德明《經典釋文》例，經與傳分列，欲先爲《左氏春秋經古義》，後爲《左氏傳古義》，共若干卷，歿後其傳稿全佚，唯存其經，亦有所闕目，其弟子楊峴補足之，並釐爲六卷。

此勞氏抄本，爲是書現存所知最早之本。勞格（一八二〇—一八六四）字保艾，一字季言，仁和（今浙江杭州）人。喜抄書、藏書，精校讎之學，與兄權並稱『二勞』，凡經其兄弟所校書卷，稱『勞校』。藏書室名丹鉛精舍，爲清著名藏書樓之一。據此本卷末勞格跋曰：『《左氏古義》六卷，長興臧眉卿先生壽恭著，前從烏程周蓮伯孝廉學濂借錄，咸豐己未七月十日戊寅校閲一過，勞格記。』知此本乃抄於烏程周學濂（一八〇八—一八六二）所藏本，且抄寫時間當在咸豐九年（一八五九）之前。

此書刊刻之前皆以抄本流傳，其友卞斌、弟子楊峴曾爲之校補，並釐爲六卷。今此本亦分爲六卷，且葉眉間有按語及注文，可知此本乃據楊峴補正後之本所抄。清同治十三年潘祖蔭輯刊《滂喜齋叢書》，將此書採入，題曰《春秋左氏古義》，爲此書所知最早刻本。將此本與潘本比照，潘本前錄卞斌敘、楊峴跋，而此本皆無；此本葉眉原有按語及注文亦大多融入潘本正文，且潘本所錄條目及内容較此本爲多，可知此抄本所據非楊峴補正之定本，應爲楊氏補正稿本。

此本鈐有『皕印齋』『鹽山劉千里藏書』『劉駒賢印』『千里』『元方審定』諸印，知此本乃劉駒賢所藏舊物。劉駒賢（一八九五？—一九五六）字伯驥，一字千里，河北鹽山人。父劉若曾，清末官至大理

寺卿。其家藏書甚富，喜收袖珍本及精刊初印本，藏書室名傳經堂、皕印齋，其書多售於琉璃廠藻玉堂書店。此本現藏中國國家圖書館。（趙文友）

三三七

**論語古訓十卷附一卷** （清）陳鱣撰 清乾隆六十年（一七九五）簡莊刻本。框高十八・二釐米，寬十四釐米。每半葉十行，行二十一字，小字雙行同，黑口，左右雙邊。

陳鱣（一七五三—一八一七）字仲魚，號簡莊，海寧（今屬浙江）人。嘉慶元年（一七九六）舉孝廉方正，三年中舉人。博學强記，尤專心訓詁之學，嘗從錢大昕、翁方綱、段玉裁等質疑問難，學益精進。晚年於紫微山麓構向山閣，聚書十萬卷，多宋元佳槧及罕見之本，常與吴騫、黄丕烈交换校勘，互相傳抄。著有《石經説》《聲類拾存》《埤蒼拾存》《經籍跋文》《續唐書》《恒言廣證》等，並傳於世。《清史稿》卷四百八十四有傳。

《漢書・藝文志》著録《論語》，在漢代有《齊論》《魯論》《古論》三家之學。《古論》爲孔安國注，而世不傳。安昌侯張禹受《魯論》而兼講齊説，號爲《張侯論》。其後有包氏、周氏作章句，馬融作訓説，漢末鄭玄就《魯論》篇章參考《齊》《古》爲之注。至魏，何晏等集孔、包、周、馬、鄭而益以陳群、王肅、周生烈之説，並下己意，作《論語集解》，學者稱便。《集解》行世而諸家古注漸亡。《隋書・經籍志》云：『梁陳之時，唯鄭玄、何晏立於國學，而鄭氏甚微。周、齊，鄭學獨立。至隋，何、鄭並行，鄭氏盛於人間。』故鄭注多見引於唐人著述，然宋時亦亡。今《論語》漢魏古注完整存世者，唯《論語集解》而已。

清代考據學盛行，學者競輯漢人經解佚説，《論語古訓》之作，亦是『存漢經師之遺義也』，『言古者，以別於今也。不曰《集解補》者，守缺抱殘，不得言補也』（陳鱣自敘）。

此書以何晏《集解》爲藍本，考諸載籍所引遺説，旁搜附益而成。經文從邢昺《正義》本，而以漢唐《石經》、皇侃《義疏》、高麗《集解》本、《經典釋文》及日本山井鼎《七經孟子考文》（『文』字敘誤作『異』）、物觀《補遺》校注於下，或見於他書，亦間爲援證。邢本《集解》舛誤較多，甚至删削語助字導致文義不通，則從皇本、高麗本。其重點在搜輯鄭玄佚説，且下案語疏通證明之，『所以補疏家之未備也』。馬融乃鄭玄之師，王肅乃難鄭氏者，意在發明鄭注，故亦存馬、王之説。至於孔注《古論》，陳鱣自敘云：『據何晏敘，世既不傳，《集解》所採多不類，且與《説文解字》所稱《論語》古文不合，反不如包氏《章句》之古，疑爲後人假托，特與《尚書傳》又異，今姑從《集解》存之也。』又周氏之説，陳氏亦云：『《集解》採七家之説，有兩周氏：一漢人，不悉其名；一魏人，複姓周生，名烈。今皇本、高麗本並作「周生烈曰」，則無漢之周氏；邢本並作「周曰」，則無魏之周生。積疑於中，無從是正也。』今書中引『周生曰』九處，未引周氏説。凡引諸説，或稱官，從鄭注《周禮》書『鄭司農』『鄭大夫』之例；或稱字，從鄭注書『杜子春』之例。阮元《定香亭筆談》卷二贊是書『浙西諸生中經學最深者也』。

前有嘉慶元年阮元敘、乾隆五十九年陳氏自敘。阮敘云：『元在京師，獲見稿本，今來浙而是書付刻初成。』書名葉題『乾隆六十年夏簡莊刊』，知其稿當成於乾隆五十九年，而付梓在六十年。此本爲李慈銘舊藏，鈐有『會稽李氏困學樓臧書印』『李慈銘讀』二印。卷七『君子於其言無所茍而已矣』條上

三三三八

有李氏所作眉批一則。現藏中國國家圖書館。（樊長遠）

## 六藝論一卷　（漢）鄭玄撰　（清）陳鱣輯　清乾隆四十九年（一七八四）陳氏裕德堂刻本。框高十七釐米，寬十二·四釐米。每半葉九行，行十九字，小字雙行同，白口，左右雙邊。

鄭玄生平爵里、學行業績簡況，前錄明嘉靖吳郡徐氏刻《三禮》本《周禮》時已介紹。

《六藝論》是鄭玄綜論《易》《書》《詩》《禮》《樂》《春秋》源流之作。從諸家輯本看，其體例是先有綜論，然後依各經分論。清孔廣林云：『《六藝論》者，猶注書綱領也。大較有四：首敘述原始，次論指趣，次敘師承，終述作注之意。』（《通德遺書所見錄·敘錄》）唐人徐彦《春秋公羊注疏》謂：『鄭君先作《六藝論》訖，然後注書。』（《春秋公羊注疏序》）陳鱣輯本《序》駁之云：『觀其《詩論》云：「注《詩》宗毛爲主。」又《春秋》《孝經論》並云：「玄又爲之注。」則作於注書之後可知也。』《隋書·經籍志》、兩《唐書》均著錄《六藝論》一卷，《崇文總目》及以下公私書目俱不著錄，當是北宋以後逐漸散佚。據《禮記正義》卷一所引有方叔機注，亦亡。

清人校輯鄭玄佚著者有多家，《六藝論》輯本有十種，以陳鱣所輯刊行最早。陳鱣從錢大昕、翁方綱、段玉裁質疑問難。晚年於紫微山麓構向山閣（在海寧硤石），藏書十萬卷，多宋元善本，常與吳騫、黄丕烈交换校勘，互相傳抄。博極群書，尤專心訓詁之學。學宗許、鄭，採輯鄭氏《論語注》《孝經注》《六藝論》遺文，又據本傳編排事實，作《鄭君年紀》。著有《石經説》六卷，《聲類拾存》一卷，《埤蒼拾

存》一卷，《經籍跋文》一卷，《續唐書》七十卷，《恒言廣證》六卷等，並傳於世。阮元稱讚『浙中經學，鱣爲最深』。

此本所輯計四十六條，在諸家輯本中爲數最多，别家所輯出於陳本之外者僅一二條而已。古書所引《六藝論》佚文大體略備。其編次以《六經》爲序，但不標總論、經别。各條下注出處，主要是群經義疏及《北堂書鈔》《太平御覽》《玉海》等唐宋類書以及《路史注》《辨正論·三教治道篇注》等書。因對經義理解不同，陳氏輯本與他家相比，條目分合、文字起訖或有不同。同一條目來源不一，文字也略有差異。總體而言，陳氏輯本尚稱精審。王鳴盛《蛾術編》卷二《説録二·鄭康成總解經之書》評價此書云：『顧所收太濫，一書兩引者未能歸一，又多攔入引書者語，《總論》與《六經》之論往往雜出，失於比次，蓋創始者難爲功也。』可謂切中其病。雖然如此，陳氏廣搜博討，不失爲鄭氏功臣。

本書内封題『裕德堂藏板』，版心鐫『裕德堂』字樣，知爲裕德堂刊本。但『裕德堂』是否爲陳氏堂號，尚缺乏實證。《中國古籍善本書目》徑著録爲『陳氏裕德堂刊本』，未詳其據（再造暫取此説）。後來《涉聞梓舊》本、《後知不足齋叢書》本皆從此出。裕德堂刊本流傳較罕，今據以影印。現藏中國國家圖書館。（樊長遠）

三三九

**九經古義十六卷**　（清）惠棟撰　清乾隆潮陽縣署刻本　嚴元照校並跋。框高十八釐米，寬十四·二釐米。每半葉十一行，行二十二字，小字雙行同，黑口，雙魚尾，左右雙邊。

惠棟生平爵里、學行業績簡況，前錄手稿本《周易本義辨證》時已介紹。是書討論古字古音古訓，前有惠氏《述首》云：『余家四世傳經，咸通古義，守專室，呻槁簡，日有省也，月有得也，歲有記也。顧念諸兒尚幼，久失其讀，有不殖將落之憂，因述家學，作《九經古義》一書。』凡《易》《書》《詩》《三禮》《公羊》各二卷，《穀梁》《論語》各一卷。《左傳古義》更名《補注》，已先出別行，是書虛列其目。

此本目錄葉題『東吳惠棟學，男承緒校』。正文小題在上，大題在下。每卷末鎸覆校者姓名，有益都李文藻、順德張錦芳、欽州馮敏昌、潮陽鄭安道等。盧文弨《抱經堂文集》卷二《九經古義序》云：『余十數年前見是書，即爲之商略體例，校訂訛字，而還之徵君之子承緒。洎余自湖南歸，復從乞借抄，携之京師。嘉定錢學士莘楣（大昕）、歷城周進士書愚（永年）各錄一本以去。』蓋此本之刻，盧氏亦曾提供校勘意見。

此本内封面題『潮陽縣署鋟板』，知爲李文藻官粤東時所校刻，其時南澗刻書十餘種，欲彙印行世，未竟而卒。周永年得其書版歸歷城，重印行世（詳周永年《貸園叢書初集序》）。此刻因而有初印、後印之別：　後印本内封面改題『貸園叢書』。卷二第三葉第六行『言天下之至嘖而不可惡也』，後印本『下之至』三字留白；　第七行『古亞字皆作惡』，後印本『亞字皆』三字留白。清光緒十一年（一八八五），吳縣朱氏槐廬據此翻刻，收入《孫溪朱氏經學叢書》，卷二文字不缺，當是從初印本出。

此初印本，經嚴元照以朱、墨二筆批校，朱筆記嚴氏自按，墨筆錄臧庸校本。鈐有『何元錫印』『夢

華館藏書印」「嚴元照印」「元照之印」「嚴氏修能」「蕙櫋」「張氏香修」「香修」「秋月之印」等印。現藏上海圖書館。（徐瀟立）

三四〇

## 古經解鈎沉三十卷

（清）余蕭客撰　清乾隆刻本（四庫底本）。框高十八·二釐米，寬十三·二釐米。每半葉十一行，行二十字，小字雙行行字不等，黑口，四周雙邊。

余蕭客（一七三二—一七七八）字仲林，號古農，以讀書不輟而失明，人稱盲先生，長洲（今江蘇蘇州）人。少家貧，好詩文，弱冠始留心於經術，年二十二問學於惠棟。曾應直隸總督之聘預修《畿輔水利志》，間遊京師，得識朱筠、紀昀諸人，皆稱贊其學在王應麟、顧炎武之間。後因目疾復作歸里，以貧困終老。著有《文選雜題》《文選音義》《選音樓詩拾》等。生平事迹詳見《清史稿》卷四百八十一本傳及任兆麟《余君蕭客墓誌銘》。

余氏治經本惠棟之説，尊信漢、唐古訓。據任兆麟《余君蕭客墓誌銘》載，余氏「嘗慨漢、唐諸儒舊經注多散佚，爰採輯各家，分條纂錄，編《古經解鈎沉》三十卷」。又據《古經解鈎沉》余氏自序，此書創始於清乾隆二十四年（一七五九），成稿於乾隆二十七年。又言其命名之義曰：「名曰古經解鈎沉，言古以别於現行刊本，言經解不言注疏以並包異同，鈎沉則借晉楊方《五經鈎沉》之名。」是書按十三經順序，首爲《敘錄》一卷，次《周易》一卷，《尚書》三卷，《毛詩》二卷，《周禮》一卷，《儀禮》二卷，《禮記》四卷，《左傳》七卷，《公羊傳》一卷，《穀梁傳》一卷，《孝經》一卷，《論語》一卷，《孟子》二卷，《爾雅》三

卷，共三十卷。而《敘錄》《周易》《左傳》均各分一子卷，實則三十三卷。是書採錄唐以前諸儒訓詁舊説，自諸家經解所引，旁及史傳類書，凡其書尚存者不載，凡原書已散佚而爲古書所引者則旁加搜採，並以北宋精本參校，悉正前明監本之訛缺。《四庫全書總目》是書提要評價曰：『經生耳目之所及者，則捃摭亦可謂備矣。』雖間有別擇不精，乃至『鈎而未沉』『沉而未鈎』之處，然仍不失爲考證唐以前經籍訓詁之重要著作。

此本爲乾隆間刻本，且曾作爲四庫底本，保留了諸多四庫底本之明顯特徵。《四庫全書總目》著録此本爲『江蘇巡撫採進本』，其首卷鈐漢、滿文『翰林院印』官印。書中删改塗乙處頗多，包括四庫館臣校閲夾簽、抄寫格式要求及其他批語，均散見各卷之中。第四册前附『移送單』一份。其夾簽均粘於脱、訛、衍字天頭處，除個別夾簽外，均鈐有『總校潘有爲』便章。潘有爲字毅堂，乾隆三十七年進士，官内閣中書，曾參與校勘《四庫全書》。四庫底本在古籍善本中歷來頗受珍視，由此本又可見四庫底本及校書之概，故獨具價值。此本現藏吉林省圖書館。（趙文友）

三四一

**通雅五十二卷卷首三卷**　（清）方以智撰　清康熙五年（一六六六）姚氏浮山此藏軒刻本。框高二十一釐米，寬十三・五釐米。每半葉十行，行二十四字，小字雙行同，白口，四周單邊。

方以智（一六一一——一六七一）字密之，桐城（今屬安徽）人。明季四公子之一。崇禎十三年（一六四〇）進士，授翰林院檢討。甲申（崇禎十七年）後棄家南還。南明弘光時，爲馬士英、阮大鋮所中傷，

遂變姓名流離嶺表，以賣藥、賣卜爲生。輔瞿式耜擁立永曆於肇慶，擢右中允，旋遭誣劾免職，後屢召不受。清兵入廣東，易服爲僧，被執不屈，釋後避身禪門，居梧州雲蓋寺。更名大智，字無可，别號藥地、五老、浮山愚者、極丸老人等。康熙十年，赴吉安拜文天祥墓，道中卒。方氏生平事迹傳聞頗多，清及近人撰有傳記、年譜多種。

方以智自少即聲譽動天下，主盟復社，議論朝局。生平以氣節自負、學問自許。博涉多通，尤擅小學。著述百餘種，清時遭禁燬。以《通雅》爲代表作。此書乃其遍覽群書所作考證劄記之類編，『主於折衷音義』，而旁及於名物、度數、藝術之類。首三卷分五子目，曰《音義雜論》《讀書類略》《小學大略》《詩説》《文章薪火》，皆通論。正編分《疑始》《釋詁》《天文》《地輿》《身體》《稱謂》《姓名》《官制》《事制》《禮儀》《樂曲》《樂舞》《器用》《衣服》《宮室》《飲食》《算數》《植物》《動物》《金石》《諺原》《切韻聲原》《脉考》《古方解》凡二十四門四十四子目。全書仿《爾雅》體例，兼有類書性質，創獲甚多。《四庫全書總目》卷一百十九是書提要云：『明之中葉，以博洽著者稱楊慎，而陳耀文起而與争，然慎好僞説以售欺，耀文好蔓引以求勝。次則焦竑，亦喜考證，而習與李贄游，動輒牽綴佛書，傷於蕪雜。惟以智崛起崇禎中，考據精核，迥出其上。風氣既開，國初顧炎武、閻若璩、朱彝尊等沿波而起，始一掃懸揣之空談。雖其中千慮一失，或所不免，而窮源溯委，詞必有徵，在明代考證家中，可謂卓然獨立矣。』可見對此書之推崇。

據以智之子中通《陪詩》卷一可知，順治十年（一六五三），黄虞稷登門求教，方以智慨然以《通雅》

相托，『石室名山托，惟君愛隱論』，有藏之名山之意，可知此時《通雅》已定稿。但黄虞稷並未將《通雅》付刻，而是放在千頃堂珍藏而已。至康熙元年，方氏友人何三省、徐芳等發起募梓，門人揭暄赴桐城抄稿校讎，《通雅》始得刊刻。揭暄所抄當爲謄清稿本或方氏自留副本。揭氏並請方以智之師余颺作序（其序不見今本《通雅》），但未能刻完全帙，蓋力有不逮，故改由姚文燮氏刊刻。

姚文燮（一六二八—一六九二）字經三，號羹湖，安徽桐城人。畫家。順治十六年進士。事見《清史稿·列傳二百六十三》。刻《通雅》時任福建建寧府（今建甌）推官。刊刻過程見姚氏所撰《凡例》。此本版心有『浮山此藏軒』五字，故俗稱『姚氏浮山此藏軒刻本』，實則『浮山此藏軒』乃方氏齋堂號（見《浮山志》卷四方以智《浮山報親庵説》）。方氏所著書版心多有此五字。《陪詩》卷三《省親集·揭子宣有募刊老父〈通雅〉之舉，王其人輸費首倡，感而書此》末句自注云：『其人訂約，刊成版歸方氏。』姚刻書版必亦如是，故版心刻方氏齋堂號，而至道光間，方氏後人能據舊版補版重印。

乾隆五十八年（一七九三）張裕葉撰《通雅刊誤補遺》一卷，『以舊稿訂正今本，詳密周至，用力甚勤』（謝啓昆《小學考》卷六胡虔《校〈通雅〉與張君書》），並補輯卷首之二後《與時術齋（以智弟方其義）》《寄吴子遠舅氏（吴道凝）》二文及卷首之三後方中履所録方以智跋、方氏弟子曹晟、揭暄跋以及姚本中所删方中通、黄虞稷等人所作案語，對研究《通雅》有重要參考價值。

姚本雖有不當之處，畢竟是《通雅》首個完整刻本，對於是書之傳布，功莫大焉。乾隆時《安徽省查出應銷毁尚未具奏書目》中有《通雅》一目（雷夢辰《清代各省禁書彙考》），而實際上《通雅》並未遭禁，

仍抄入《四庫全書》中，且獲得四庫館臣很高評價。清人古籍注釋、筆記雜考之書屢稱引之。

鈐『上虞經利彬珍藏印』印。現藏中國國家圖書館。（樊長遠）

三四二

## 續方言二卷　（清）戴震撰　稿本　馬衡　羅常培跋　錢玄同　顧頡剛　傅斯年　袁同禮　章炳麟　胡適　陳垣等題款。

框高十六·五釐米，寬十二·四釐米。每半葉十行，行二十一字，小字雙行同。卷一爲無行格素紙，卷二爲左右雙邊、白口之藍格箋紙，兩卷共計十四葉。

戴震（一七二四—一七七七）字東原，一字慎修，清休寧（今安徽黄山）人。乾隆二十七年（一七六二）舉人，三十八年特詔入館任《四庫全書》纂修官，四十年會試下第，特命參加殿試，賜同進士出身，選翰林院庶吉士，未及散館而卒。其學博聞淹洽，音韻、文字、曆算、地理無不精通。又進而闡明義理，對理學家『去人欲，存天理』之説有所抨擊。撰有《屈原賦注》《原善》《考工記圖》《戴東原集》等。參見《國朝漢學師承記》卷五，《清史稿》有傳。

是書僅採許慎《説文解字》、劉熙《釋名》、何休《公羊傳解詁》及楊倞《荀子注》四書而成。卷一自『昉，適也，齊人語』至『於諸，寘也，齊人語也』，計二十九條，録自《公羊傳解詁》；自『衢道，兩道也，今秦俗猶以兩爲衢，古之遺言歟』至『咸，感也』，計十九條，録自《荀子》本文中者十一條，出於楊倞注者八條；卷二自『齊楚謂信曰訏』至『翈翈，呼雞重言之』，計一百二十六條，録自《説文解字》；自『齊人謂涼爲惠』至『衮州人謂澤曰掌』，計三十八條，皆出自《釋名》。

戴氏輯抄此稿，意在補苴揚雄之《方言》，始以摭録他書，且大體仍依原書爲序，未經董理，後見杭世駿《續方言》引據類次均出己右，於是中輟裒集，此書便於二卷後止，故《續方言》當係一部未完書稿。待乾隆四十年前後戴氏《方言疏證》撰畢，此稿遂廢，不僅戴震本人從未道及此書，後人亦不曾著録，清人錢大昕、段玉裁、洪榜、王昶所撰戴氏《别傳》《年譜》《行狀》《墓誌》中均未言及有此未竟長編。書稿成書時間，據羅常培考證，『屬稿年代約乾隆二十年專攻《方言》之後，三十八年入四庫館以前』，並以此稿本與東原書於乾隆十六年之《春酒堂詩集》手迹相比，以爲其筆勢『遒逸峻整，一望可辨』，推斷應爲清乾隆十六年以後所寫。

杭世駿作《續方言》在乾隆八年以前，戴震撰此書稿明顯晚於杭書，但對比二書内容可知，二人應是閉户暗合，並不相襲。杭書載録群書，諸條依《爾雅》類次，然未明標其目； 戴書所輯，俱以原書爲序，未經排比； 杭書引用之書非常廣博，有《十三經注疏》《逸周書》等十餘種，較東原所引，唯缺《荀子》楊倞注一種。而以戴、杭二人共同徵引之《公羊傳解詁》《説文解字》《釋名》三書互校之，戴書有而杭書無者計三十條，杭書有而戴書無者計十二條。二書不僅引據互有詳略，不相雷同，且義例不同，與各人引證疏密無關。由此顯見此稿與《方言疏證》之前後成書和繼承關係，《續方言》稿應爲戴氏疏證《方言》時之重要積纍。

卷端下題『新安戴震記』。鈐『東原』『震印』（以震卦『☳』代『震』字）、『志付名之不立』三印。一九二八年冬，劉半農於北平琉璃廠書肆購得此稿，加鈐『劉復所臧』『鎦家書庫』『江陰劉氏』三印。這

部手稿甫一現世，即被學界引爲盛事，書後内封遍布名士大家四次觀書後之墨筆題識及鈐章，朱墨燦然，滿紙生輝。第一次觀書爲一九二九年五月六日，有錢玄同、顧頡剛、徐炳昶、莊嚴及馬衡題款，並鈐『錢玄同』『徐炳昶印』『頡剛』諸印。第二次觀書爲一九三〇年十二月十日，地點在北平團城，有馬衡、傅斯年、袁同禮題款，鈐『馬衡』『孟真』『袁同禮印』諸印。馬衡跋云：『去年夏秋之際，半農先生以此册見示，既署名於卷末，擬送歸而未果時，適移居，遂雜入亂書中，搜索一年竟不可得。前月復移入故居，安排既定，清理藏書，始行檢得，不禁爲之狂喜，因鄭重歸之。十九年十二月八日衡又記。』第三次觀書爲一九三一年二月，有章炳麟、袁勵準、尹炎武、陳垣、鄧之誠、敖士英題款，並鈐『章炳麟』『袁勵準印』『石谷』『厓岸』諸印。此次觀書時，章炳麟爲之題寫書簽。最後一次觀書爲一九三二年四月，有馬裕藻、蔣夢麟、沈兼士、胡適、羅常培題款，並鈐『馬裕藻』『胡適之印』諸印。此次觀書後，羅常培於四月五日在中央研究院歷史語言研究所撰寫了長篇跋文，綴於書前。劉半農並未視此稿本爲一己之私，秘不示人，在公諸同好的同時，還出資影印，於一九三二年七月三十日印成，由國立中央研究院歷史語言研究所流通發行。一九三六年《安徽叢書》又據影印本排印，成爲通行之本。劉半農殁後，藏書大多贈與清華大學，故此稿現藏清華大學圖書館。（劉薔）

## 説文解字注三十卷六書音均表五卷　（清）段玉裁撰　清乾隆嘉慶間段氏經韻樓刻本　張文虎　唐仁壽批注

三四三

框高十九釐米，寬十三．九釐米。每半葉九行，行二十二字，小字雙行同，白口，左

右雙邊。

段玉裁（一七三五—一八一五）字若膺，號茂堂，晚年又號硯北居士、長塘湖居士、僑吳老人，金壇（今屬江蘇）人。乾隆二十五年（一七六〇）舉人，居京師時師事戴震，與錢大昕、邵晉涵、姚鼐、汪中等學者相往來。以國子監教習得貴州玉屏縣知縣，旋調四川，署富順及南溪縣事，又辦理化林坪站務。尋任巫山縣。乾隆四十七年以父疾辭官歸鄉，後遷居蘇州，專事著述。嘉慶四年（一七九九）阮元在杭州建『詁經精舍』，集天下學人輯《十三經校勘記》，聘段玉裁主其事。段氏著述宏富，有《古文尚書撰異》《詩經小學》《周禮漢讀考》《儀禮漢讀考》《毛詩古訓傳定本》《戴東原年譜》及《經韻樓集》等三十餘種，以《説文解字注》爲代表作。《清史稿》卷四百八十一有傳。

清代學者主張由小學而通經，由音韻而治訓詁，而治訓詁必以《説文》爲根柢。段玉裁是書卷十五下敘注言『嚮來治《説文解字》者，多不能通其條貫，考其文理』，未得許書要旨，故悉心校其訛字而爲之注。以大徐本《説文》爲本，參考徐鍇《繫傳》以及《爾雅》《玉篇》《古今韻會舉要》《太平御覽》等書進行校勘。先曾於乾隆四十一年開始編纂《説文解字讀》長編，歷時十九載，至乾隆五十九年告成，凡五百四十卷。繼而以《長編》爲基礎，加工精煉，又十三載，於嘉慶十二年完成《説文解字注》，先後達三十一年之久。

是書創獲極多，成就主要在校訂《説文》傳本訛誤，隨文發明許書通例，博引群書訓詁解釋許説、比較其異同，闡發音義關係以及説明古今字與假借字、本義與引申義等。但有時不免自信太過，失之武

斷；墨守許書説解，誤以爲許慎必用本字，解釋訓詁時有錯誤；其説轉注、假借也與許慎原意不甚合。段氏此書雖有瑕疵，但公認爲是體大思精之作，王念孫《説文解字注序》謂『千七百年來無此作矣』。刊行之後，備受推崇，成爲研讀《説文解字》之必讀書。《説文》十五篇後所附《六書音均表》，分古韻爲十七部，以『支』『脂』『之』爲三部，以『尤』『侯』爲二部，『真』『文』爲二部，又提出『古無去聲』『同聲必同部』等論斷，皆發前人所未發，是研究上古音韻之劃時代著作。

此本是乾隆嘉慶間段氏經韻樓刻本，先後經張文虎、唐仁壽遞藏。張氏批校以籤條出之，唐氏則批於書眉。内容爲訂正段氏引書篇名之誤、説解訛誤等。張文虎（一八〇八—一八八五）字孟彪，一字嘯山，號天目山樵，南匯（今上海）人。坐館錢熙祚家三十年，校《守山閣叢書》《小萬卷叢書》等，推崇戴震考據之學。唐仁壽（一八二九—一八七六）字鏡香，號端甫，海寧（今屬浙江）人。諸生。家資富裕，購書纍數萬卷，多秘笈珍本，藏書處名『諷字室』。張、唐二人曾同在金陵書局校勘《史記》等書，宜得相互探討段注得失。

鈐有『海昌唐仁壽號端甫印』『諷字室』二印。現藏中國國家圖書館。（樊長遠）

三四四

## 説文解字段注考正十五卷

（清）馮桂芬撰　稿本　管禮耕　馮世澂批校　周雲青跋。框高十九・二釐米，寬十四釐米。每半葉九行，行二十二字，小字雙行同，白口，四周單邊。

馮桂芬（一八〇九—一八七四）字林一，號景亭，吳縣（今江蘇蘇州）人。道光二十年（一八四〇）

一甲第二名進士，授編修，充廣西鄉試主考官，後陞至詹事府右中允等職。咸豐、同治間在籍辦團練，曾主講金陵、上海、蘇州諸書院。晚年遷居木瀆，即家開志局，纂修《蘇州府志》。爲學重視經世致用，注意研究西學，思想主張對洋務派影響甚大，爲近代改良主義之先驅。少工駢體文，中年後肆力於古文辭。著有《顯志堂稿》十二卷、《校邠廬抗議》二卷等。《清史稿》卷四百八十六有傳。

段玉裁《説文解字注》在清代『説文』研究諸家中成就最大，成爲治『説文』之必讀書。段注體大思精，然其書卷帙繁多，引用宏富，疏漏在所難免，故刊行之後，訂補者有數十家，著名者如鈕樹玉《説文段注訂》八卷、徐承慶《説文解字注匡謬》八卷、王紹蘭《説文段注訂補》十四卷等等。馮氏通經史、小學，曾校宋本《説文韻譜》行世，另著有《説文部首歌》。《考正》一書亦是校勘段氏《説文注》之力作，資料翔實，細緻入微。内容包括六個方面：一、段氏所用許慎本文，一般以大徐本爲主，偶或用小徐本及他書所引，未注明者，皆予考補；二、段氏引書，一般不著卷數、篇名及《春秋》三傳年份，皆予考補；三、段氏引書，往往沿用前人引用之文，時或與今本不同，或古本有而今本無，或爲古有今佚之書，多不著何書所引，皆采其所本，一以今有之書爲主，加以訂正；四、段氏引書有改竄者，有删節以致文義不明者，皆予訂正；五、段氏引書，或僅據一説『某應改作某』，即將所引書徑改作某，亦予訂正。《續修四庫全書總目提要》論此書云：『（馮氏）所見有出鈕樹玉、徐承慶、王紹蘭諸家之外者。凡所駁正，皆有依據，非故爲攻瑕索疵者比也。』胡樸安《中國訓詁學史》亦云：『馮氏之校勘，大有功於段氏。阮氏所謂「精力就衰，不能改正」者，馮氏悉爲之改正矣。阮氏所謂「門下校讎不能參檢本書」

者，馮氏悉爲之檢矣。如有人將馮氏之所訂正者，一一附段氏原書之下，則尤便讀者也。』是書實爲研讀《説文》及段注必備之工具書。

是編成書約在同治間，稿藏於家，馮氏弟子管禮耕及其孫馮世澂等曾爲之整理，批校纍纍，因故未能刊行。張之洞《書目答問》著録誤爲十六卷，云『未見傳本』。民國十六年（一九二七）高燮（吹萬）得書稿於其曾孫馮澤涵處，倡議集資，將稿本付上海蟫隱廬影印，此書始行於世。高氏曾將稿本寄丁福保處，丁氏弟子、目録學家周雲青閲後跋云：桂芬孫世澂『所著《讀段注説文解字日記》，《學古堂日記》中已刊八卷，即竊取先生此書而爲之，無少異也』。馮澤涵謂此跋『措詞荒謬，未便附印』，故民國影印本將周跋删去。《學古堂日記》有清光緒間刻本，可覆案。

書中鈐『無錫周雲青叚觀印記』印。現藏蘇州圖書館。（樊長遠）

三四五

**五經文字三卷**　（唐）張參撰　清初席氏釀華草堂影宋抄本。框高二十二釐米，寬十五釐米。每半葉八行，行十四字，小字雙行二十一字，白口，左右雙邊。

張參（七一四？—七八六），里籍不詳，一説祖籍河間（今屬河北），一説家住涇川（今屬甘肅）。唐開元中舉明經，大曆初，爲司封員外郎。後授國子司業，爲當時名儒，善書。事詳見朱彝尊《曝書亭集》卷四十九《跋五經文字》。

此書卷前有撰者《五經文字序例》：『十年夏六月，有司以職事之病上言其狀，詔委國子儒官勘校

經本，送尚書省。參幸承詔旨，得與二三儒者分經鉤考而共決之，互發字義，更相難極。又以前古字少，後代稍益之，故經典音字多有假借，陸氏《釋文》自南徂北，徧通衆家之學，分析音訓，特爲詳舉，固當以此正之。卒以所刊書於屋壁……乃命孝廉生顔傳經收集疑文互體，受法師儒，以爲定例，凡一百六十部三千二百三十五字，分爲三卷。』十年當爲大曆十年（七七五），張參當時作爲國子司業奉詔參與校勘經本，後恐年久失其本真，而編纂《五經文字》三卷。五經指《易》《書》《詩》《禮》《春秋》。張據《説文》《字林》等考訂字形，兼收字義及反切。顧炎武《日知録》卷十八《張參五經文字》中稱其『刊正謬失，甚有功於學者』。是書辨正文字形體，區分雅俗正誤，又以當時語音注音兼釋義，對漢語語音史和訓詁的研究，具有重要的參考價值。

《四庫全書總目》是書提要云：『五經文字初書於屋壁，其後易以木版，至開成閒乃易以石刻也。』又卷前田敏《國子監重刊書序》：『則有大曆中國子司業張參纂成《五經文字》三卷，刻石於長安太學……但僻在方隅，藐殊年代，傳聞蓋寡，磨滅良多，惜將隊於斯文，願續鐫於印版。』證明此書原先書於太學牆壁，後來曾於唐開成間刻於石經，五代時期曾付之梓木。《崇文總目》《遂初堂書目》《直齋書録解題》均記載有《五經文字》三卷，後於多家書目中未見。《四庫全書》收入該書，爲清馬裕藏本。

《汲古閣珍藏祕本書目》著録：『《五經文字》三本 宋板影抄 六兩；《九經字樣》一本 影宋板精抄 二兩。』證明毛氏曾收藏影宋抄本。是本卷末有毛扆跋文，謂『扆購得《五經文字》一部，係從宋板影寫者』。但全書無毛氏藏印，跋文字體亦不似出自汲古閣。又海源閣曾藏是本，定爲毛氏影抄本。後

轉入周叔弢之手，著録爲『《五經文字》《九經字樣》，席氏景宋抄本』，書中有席氏藏印可證。席指席鑑，字玉照，號茱萸山人，清江蘇常熟人。藏書極富，是清初著名藏書家。是本入藏國家圖書館後，趙萬里斟酌再三，定爲席氏釀華草堂影宋抄本。此本注文詳備，首尾齊全，影摹精妙，楮墨精良，洵爲珍貴。

此本鈐有『趙宋本』『墨紗筆精』『席鑑之印』『釀華艸堂』『席氏玉照』『學然後知不足』『虞山席鑑玉照氏收藏』『別字萸山』『袁廷檮借觀印』『汪士鐘印』『三十五峯園主人』『平陽汪氏藏書印』『東郡楊紹和字彦合臧書之印』『宋存書室』『楊氏協卿平生真賞』『東郡楊氏鑑臧金石書畫記』『周暹』等印。知其自清初以來，迭經名家收藏，流傳有緒，現藏中國國家圖書館。（洪琰）

三四六

**類篇十五卷**　（宋）司馬光等撰　清初毛氏汲古閣影宋抄本。框高二十四·二釐米，寬十八·七釐米。每半葉八行，行十六字，小字雙行行二十字，白口，左右雙邊。

是書凡十四篇，目録一篇，每篇分上中下。分五百四十部，以《説文》部目爲次，收録三萬一千三百一十九字，將《集韻》已收之字收入。北宋仁宗寶元二年（一〇三九）十一月，翰林學士丁度等奏：『今修《集韻》，添字既多，與顧野王《玉篇》不相參協，乞委修韻將新韻添入，別爲《類篇》，與《集韻》相副施行。』詔王洙修纂。久之，洙卒。嘉祐二年（一〇五七）九月，以翰林學士胡宿代之。三年四月，宿奏光禄卿直祕閣掌禹錫、大理寺丞張次立同加校正。六年九月，宿遷樞密副使，又以翰林學士范鎮代

之。治平三年(一〇六六)二月,范鎮出知陳州,又以龍圖閣學士司馬光代之。是時業已成書,惟繕録未畢,四年十二月上呈神宗。次年神宗即改元熙寧,此書之刊印頒行當在熙寧中。

是書北宋熙寧官刻本久已不存。明項氏天籟閣舊藏有明影抄本,今存臺北『故宫博物院』,爲本書傳世最早版本。版心下記刻工名,有陳忠、陳信、鄭彦、周元等一百餘人; 書中遇『旻』『旼』『民』『苠』等字敬缺末筆,避金太祖諱; 遇『晟』『盛』『乘』等字缺筆,避金太宗諱; 遇『雍』『邕』等字缺筆,避金世宗諱; 遇『堯』『蕘』等字缺筆,避金世宗父宗堯諱。世宗以下諱字不避。知源出金世宗大定間印本,或以爲即北宋末年官版,靖康元年(一一二六)十二月爲金人從汴京取得,金大定中重印時除去宋諱,代以金諱(孔仲温《〈類篇〉研究》)。今查書中刻工,周元曾於北宋宣和七年(一一二五)刻開元寺版《大方等大集月藏經》等,陳忠、陳信、鄭彦曾於北宋末年刻十行十九字本《史記集解》《後漢書注》,則其爲北宋刻,確有可能。其餘刻工或有出於金代補版葉者,因書經傳寫,已無法辨别。

此毛氏汲古閣影抄本,與明影抄本行款一致,避諱、刻工相同。各卷尾間有校勘銜名: 卷二下末有『校勘鄉進貢士臣杜融』字樣,卷四中末有『文林郎充辟廱直學臣陳堯臣校對』,卷八上有『校正』二字,卷十一上末有『秘書監校勘臣張璞校正』一行,均與明影抄本符合。二者同出一源,可無疑義。清康熙間曹寅將本書刻入《楝亭五種》,始通行於世。曹本與此本雖屬同一系統,而校勘未精,訛誤多有,不及此本之佳。

鈐有『毛晉之印』『毛氏子晉』『宋本』『希世之珍』『明善堂覽書畫印記』『安樂堂藏書記』『怡府世

寶』『徐乃昌讀』等印。曾爲清怡府收藏，後歸仁和朱學勤結一廬，又歸豐潤張佩綸。民國間徐乃昌曾於張佩綸之子志潛家觀書，並加題識。現藏上海圖書館。（郭立暄）

三四七

**班馬字類補遺五卷**　（宋）婁機撰　（宋）李曾伯補遺　清初毛氏汲古閣影宋抄本。框高十九・八釐米，寬十四・二釐米。每半葉八行，行十五至十七字，小字雙行二十字，白口，左右雙邊。

婁機（一一三三—一二一一）字彦發，嘉興（今屬浙江）人。乾道二年（一一六六）進士。纍官至參知政事，卒贈金紫光禄大夫，加贈特進。《宋史》卷四百一十有傳。史稱其深於書學，尺牘人多藏弆云。著有《班馬字類》二卷、《漢隸字源》六卷、《廣干禄字書》五卷。

李曾伯（一一九八—?）字長孺，號可齋，覃懷（今屬河南）人，後居嘉興，故稱『婁氏爲鄉先生也』（序）。宋理宗時，官四川宣撫使，賜同進士出身，後爲湖南安撫使，進觀文殿學士。景定五年（一二六四）起知慶元府兼沿海制置使。有《可齋雜稿》。《宋史》卷四百二十有傳。

婁書大旨謂世率以《漢書》多假借，古文又時用偏旁，音釋各異，而班固之書實多述司馬遷之舊，論古字當自《史記》始，因取《史記正義》《索隱》《漢書音義》《集韻》諸書訂正古字，以求音義較然而著《班馬字類》。李曾伯作《補遺》，景定五年自序略謂是書『究心字學，採摭二史，旁證曲盡，得之者可無魯魚亥豕之惑』，後隨侍其父入蜀，與老儒王揆相與考訂補闕，『凡有所得，書於四聲之下，共一千二百三十九字，補註五百六十三』。《四庫全書總目・班馬字類》提要評價云：『雖與《文選雙字》《兩漢博

聞》《漢雋》諸書大概略同，而考證訓詁，辨别音聲，於假借通用諸字臚列頗詳，實有裨於小學，非僅供詞藻之撏撦。末有機自跋二則，辨論字義，亦極明析。』其中雖有失於簡汰以及誤引之失，『然古今世異，往往訓詁難通，有是一編，區分類聚，雖閒有出入，固不失爲考古之津梁也』。所評中肯。

前有洪邁序、婁序二則及李氏自序。别本或有樓鑰序，此本所無。以上下平、上、去、入聲分卷。標題次行題『上平聲』，下注『補遺附』，以下各卷均同。取《史記》《漢書》中字標注音義，以二百零六韻分部。每字提行，以婁氏原書列前，原無其字者列爲補遺，附於每韻之末。原有其字而注未盡者，則補於注下，空一格，亦以『補遺』二字别之。《補遺》於婁氏原書，亦頗爲更正（參見《鐵琴銅劍樓藏書目録》卷七）。避諱不甚嚴謹，『昚』字作『廟諱』（二十一震），光、寧二宗嫌名未避，而桓、恒二字末筆或缺或不缺。卷五末署『門生三山潘介校正』一行。

顧廣圻《思適齋書跋》卷一《班馬字類》跋謂是書有繁、簡二本。蓋《直齋書録解題》卷三所著録二卷本爲簡本，因有李氏補遺而廣爲五卷者爲繁本。《宋史·藝文志》誤作《班馬字韻》。李氏序云：『今從而廣之，名以《補遺》，附於韻後，併勒諸梓。』是其曾予以刊刻。今可見者有明抄本兩種；清曹炎、席氏釀華草堂、鐵如意齋等舊抄本數種，又有叢書樓刊本。

《汲古閣珍藏秘本書目》無《班馬字類補遺》之目，不知其據以影抄之宋本詳情如何。而其摹寫之精，則後世無異詞。點畫偶誤，均作修正；脱文奪句，復以朱筆校補。張元濟《涵芬樓燼餘書録》定爲毛扆手筆，並云：『《愛日精廬藏書志》卷七云「傳本絶稀，藏書家幾無有知其名者」，況此精抄名校

乎，是可寶已。』有『宋本』『甲』等毛氏父子諸印及『涵芬樓』『海鹽張元濟經收』等印。現藏中國國家圖書館。（樊長遠）

三四八

**字鑑五卷**　（元）李文仲撰　清初毛氏汲古閣影元抄本　何煌校。框高二十三・二釐米，寬十六・一釐米。每半葉八行，行十九字，小字雙行同，白口，左右雙邊。

李文仲（生卒年不詳），元平江長洲（今江蘇蘇州）人。李世英從子。李世英輯《類韻》二十卷，文仲續爲《字鑑》五卷。

文仲《字鑑序》自謂『《類韻》備矣，韻内字畫有未正者，伯父（李世英）欲正之，未及，留以遺後人。今以《説文》箴增韻之誤，以六書明諸家之失，以卒伯父志』。是以《字鑑》亦按二百六部之韻編次，每字下先注反切，再引《説文》等字書作字形分析、字義闡釋，終辨俗書之正訛。此書最早見於《千頃堂書目》。後《絳雲樓書目》著録有『李文仲《字鑑》五册』與『《字鑑》一册』。《四庫全書總目》收録該書，提要謂其『辨正點畫，刊除俗謬，於諸家皆有所駁正』。

《楹書隅録》以是本爲『影元精鈔本……亦毛氏精鈔本也』。《自莊嚴堪善本書目》曰：『《字鑑》五卷，元李文仲撰，清初毛氏汲古閣影元抄本，清何煌校，二册。……眉間黏簽朱墨筆係何煌校。』是本卷首有『毛晉私印』等毛氏藏印，究其款式，亦與其他毛氏精抄本同，是爲毛氏影元抄本無誤。何煌，字心友，一字仲子，清康熙年間著名藏書、校書家何焯之弟，亦精於校讎。書中眉間之黏簽朱墨筆，當爲

何煌手筆。

此毛氏影元精抄本流傳甚少，清代通行之本，係張士俊刊行之澤存堂五種本，爲朱彝尊『抄自古林曹氏（即曹溶）』（澤存堂本朱彝尊序），曹溶《静惕堂書目》未録該書。毛抄本較之澤存堂本，互有短長，如末篇序尾『研考』後多雙行小字註文六十字，少『西秦張楧敘、檇李唐泳涯謹書』落款，序中空缺少數字，『毋』字下『從女從一』誤爲『從女從丁』，『舡』『趁』字下『類』誤『順』等。國家圖書館另藏有何煌校之澤存堂本，與何校毛氏本比較，蓋何煌或曾對校兩本，如『罙』字下，澤存堂本『罙音文紡切』，眉間何注云：『音罔。毛鈔本如此。案此書用切者無音字。今有音字，當從毛本改正。』毛氏精抄本與澤存堂本，或源出不同，可互相參校。此毛氏影元抄本影摹清晰，楮墨精良，自顯珍貴。

此本鈐有『開卷一樂』『汲古主人』『毛晉私印』『席鑑之印』『席氏玉照』『萸山珍本』『汪士鐘印』『三十五峯園主人』『汪振勳印』『海源閣』『宋存書室』『紹和協卿』『儀晉觀堂』『周暹』等印，知其自清初以來，迭經名家收藏，流傳有緒，現藏中國國家圖書館。（洪琰）

三四九

## 重續千字文二卷　（宋）葛剛正撰並篆注　清影宋抄本。框高十八·七釐米，寬十三·七釐米。白口，左右雙邊。

是書每欄先爲正文篆體八字，後爲正文楷體八字，後爲注釋。

南朝梁武帝時，員外散騎侍郎周興嗣（四六九—五二一）奉命從王羲之書法中選取一千個字編纂

成文，以教皇家子弟，是爲《千字文》。《千字文》以儒學理論爲綱，用四字韻語，井然有序地吟詠天文、歷史、修身、讀書、飲食、居住、農藝、園林、教育等方面知識，既可作識字、學書、習文之用，又可廣見聞，啓蒙儒家倫理思想。此書結構嚴整，對仗工整，協韻流暢，文采飛揚，是我國歷史上綜合性蒙學讀物的開山之作。《千字文》自隋代開始風行後，各種模仿之作叠出，或爲之增廣補充，或改爲某一專題，或强化儒家思想教育等。葛剛正《重續千字文》便爲其中之一。

葛剛正（生卒年不詳）字德卿，自號水雲清隱，江陰（今屬江蘇）人。宋孝宗時右丞相葛邲從孫。葛氏之先籍江陰，故葛剛正亦自稱『中浦葛叟』。

關於本書創作緣起，葛氏在淳祐戊申（八年　一二四八）冬至日所作序文中云：『余曩侍先君，宦遊通川，時四明潘侯伯恭以其先大夫（潘）昌年所書梁韻《千字文》手澤真蹟出示，精神態度，勢若飛動。余嘗作摹本，潘侯謂逼真特甚，孺子可教，乃盡誨之以用筆之法。臨池積習，閱二十餘載，自謂可以遠紹前修，因思以廣其傳。近得朝散侍其公瑋《續千字文》，旨意微奥，文義該洽，卓乎弗可及矣。余不自揣，因綴緝謏聞而三之，悉書以古篆，仍加之詁注……或可發童之蒙，與《兔園册》並行耳。』可知葛氏此書乃因臨摹潘昌年所書梁韻《千字文》手澤二十餘年，又『綴輯謏聞而三之』乃成。葛氏將己書與周氏原書及侍其氏瑋續書並篆之，各爲之注，後葛氏於此二書之注均佚而不傳。

本書最大特色是其詳略得當，其注釋亦能使讀者對疑惑處豁然開朗。其中，注釋文字簡略者如『坡前樵笛，磯畔漁罾』，注曰：『坡，山坡。《杜詩》「野食待漁罾」。《韓文》「或采於薄，或漁於磯」。

磯，水傍大石。罥，網也。』既注詞意，又指出詞之出處。詳者如『臏捐譎詐』注，作者引《史記》，用二百多字注出其實際就是『圍魏救趙』事。而且，是書所採逸書甚夥。如《唐韻》自北宋《崇文總目》以後，不復見於官私書目，而此書注徵引《唐韻》達三十五條，彌足珍貴。是書問世後，元人吾丘衍《學古編》極稱『字法極好』。此書自南宋以來，雖輾轉摹寫，但其結體之工，至今猶見。

葉德輝《郎園讀書志・〈重續千字文〉跋》云毛氏汲古閣藏有宋抄本《重續千字文》，聊城楊氏有宋刻本《重續千字文》及影宋精抄本《重續千字文》，其中影宋精抄本《重續千字文》『楷法勁秀，雅近率更』。此影宋抄本卷首題『重續千字文』，次題『水雲清隱丹陽葛剛正撰並篆注』，書爲篆書，每行之後俱以楷書釋之。又次爲正文，每行四字，每二行後復釋以真書並注。卷前冠以淳祐戊申德卿自序，間注某音某。楊本無毛氏鈐印，但楮墨絶佳，篆法精妙。其每葉行數不一，每行正文篆書四字，注真書二十一字。葉德輝又云，光緒二十三年（一八九七），楊以增刊影宋抄本《三續千字文注》一卷，楊氏並爲之跋。

國家圖書館所藏此書鈐有『彭城中子審定』『稽瑞樓』『鐵琴銅劍樓』印。其中，『彭城中子審定』印爲徐乾學之子徐炯之印。可見，本書曾爲徐氏傳是樓所藏，後又經陳氏稽瑞樓和瞿氏鐵琴銅劍樓收藏，最後入藏中國國家圖書館。（羅瑛）

三五〇

**回回館譯語一卷** 清初刻本。框高十九・三釐米，寬十三・七釐米。每半葉二行，行字不等，

白口，四周單邊，無直格。

《回回館譯語》乃明代官方編纂的一部漢語和波斯語之分類詞典。在古代西亞、中亞及我國新疆地區，不少操波斯語言和突厥語言的民族在信仰伊斯蘭教後，逐漸採用阿拉伯文字母進行書寫。由於政治、經濟、文化的關係，直至十五六世紀，上述地區的人們仍然將以阿拉伯文字母爲基礎的波斯文作爲書面語言。我國史書將這種波斯文稱爲『回回字』或『蒲速蠻字』。回回字在元代與漢字、蒙古字同爲官方通用文字。元政府設有『回回掾史』『回回譯史』等職，還設置了培養譯員的學校——『回回國子學』（後改名爲『回回國子監』），此當爲明代四夷館中『回回館』的前身。

明代四夷館設立於永樂五年（一四〇七），是我國最早培養翻譯人才的官方機構，主要負責翻譯邊疆少數民族及朝至國家的往來文書，並掌管相關語言文字的教習。初分韃靼、女真、西番、西天、回回、百夷、高昌、緬甸八館，後增設八百、暹羅兩館。四夷館不僅編譯與漢語對照的分類詞彙《譯書》（或稱《雜字》），還將上述地區的奏摺和文書寫成漢文並附民族文字譯文（即《來文》），由各館分別保管。清沿襲改爲『四譯館』。據清人江蘩《四譯館考》目錄，回回館『存館來文一部十七葉，存館雜字九百一十四』。又據《四譯館考》卷一，『回回館』附『土魯番、天方、撒馬兒罕、占城、日本、真臘、爪哇、滿剌加諸國，皆習回回教，遇本館代譯焉』，即凡這些信仰伊斯蘭教的國家和地區，上奏來文均用回回字，由回回館代譯。

《回回館譯語》流傳至今有兩個版本系統：一、有少數民族文字和漢字注音對照的分類詞彙集

（稱作『雜字』或『譯語』），或者是漢文和少數民族文字譯文對照的奏摺文書集；二、衹用漢字標注民族語語音，無民族文字的兩種語言對照分類詞彙集，多稱『譯語』，没有《來文》，此系統並非第一種系統簡化或者轉抄而來。屬於第二種系統的版本有：國家圖書館所藏清袁氏貞節堂抄本《譯語》不分卷，中有回回館雜字；英國倫敦大學東方學非洲學學院圖書館所藏明抄本，以及静嘉堂文庫本等。

本書是第一種系統中較爲重要的版本，分爲天文門、地理門、時令門、人物門、人事門、身體門、宫室門、鳥獸門、花木門、器用門、衣服門、飲食門、珍寶門、聲色門、文史門、方隅門、數目門、通用門十八類，共收雜字七百七十五條。

除本書外，第一系統主要還有以下幾個版本：一、德國柏林國立圖書館藏明抄本，有《雜字》和《來文》，收雜字七百七十三條，另有續編，增補詞語二百三十三條，《來文》十六篇；二、日本東洋文庫藏明抄本，有《雜字》及《來文》，收雜字七百七十七條，《來文》三十篇，去除重複，實爲二十一篇；三、英國倫敦大英博物館所藏明刻本，有《雜字》無《來文》，收雜字七百四十九條；四、《回回館雜字》，國家圖書館藏清初同文堂抄本，無《來文》，收雜字七百七十七條；五、法國巴黎國家圖書館藏清抄本，有《雜字》和《來文》，收雜字七百七十七條，《來文》中漢文十七篇，回回字十六篇，内有十二篇與東洋文庫所藏來文相同；六、英國劍橋大學圖書館所藏抄本，衹有《雜字》；七、法國亞洲協會所藏清抄本，衹有《雜字》；八、日本内閣文庫藏清抄本，有《來文》。將這些版本進行綜合整理，去除重複，可以得到雜字一千零一十條，來文二十六篇。

《回回館譯語》在研究回回人的語言、文字、歷史以及研究明代中央政府與新疆以及中亞、西亞的政治經濟關係等方面有重要的學術資料價值，特别是對研究回族形成的多元成份有很大幫助。如《回回館譯語》中有『回回』一詞，其波斯語的漢字注音是『母蘇里媽恩』，意即『穆斯林』，也就是信仰伊斯蘭教的人。這説明到明代爲止，『回回』依然是指西亞、中亞和中國新疆一帶信仰伊斯蘭教的人。從雲南的回族迄今仍被傣、佤等族人民稱爲『帕西』，以及在回族口語中仍使用的經堂語中有大量波斯族語言等情況看，可以較爲確切地説：『操伊朗族語言的各族成份，或雖操突厥語言，但使用波斯語文作爲書面語的各族成份，應是回族來源的主要成份，而非過去某些回族史專家所認爲的，阿拉伯成份是形成回族來源的主要成份』。（胡振華：《珍貴的回族文獻〈回回館譯語〉》）本書現藏中國國家圖書館。（孫俊）

三五一

**西番譯語一卷** 清初刻本。框高十九・七釐米，寬十三・六釐米。每半葉二行，横行六行，行字不等，白口，四周單邊，無直格。

《西番譯語》爲明清時期官方編纂的漢藏對譯辭書，在漢藏對譯辭書編纂史上具有重要地位。

明清兩代中央政府設有聯絡、接待外國及少數民族信使的專門機構，明代稱作『四夷館』，入清稱『四譯館』，清乾隆十三年（一七四八）會同館、四譯館合併爲會同四譯館。明代四夷館設立於永樂五年（一四〇七），初分韃靼（蒙古語）、女直（女真語）、西番（藏語）、西天（梵語）、回回（波斯語）、百夷（傣

語）、高昌（察合台語）、緬甸（緬甸語）八館，後增設八百（泰沅語）、暹羅（泰語）兩館。出於日常翻譯和培養生員的需要，四夷館不僅編譯與漢語對照的分類詞彙《譯書》（或稱《雜字》），還將上述地區的奏摺和文書寫成漢文並附民族文字譯文，即《來文》。四夷館編纂的這一系列漢語與外國語或少數民族語對譯的辭典，後世統稱爲『華夷譯語』，《西番譯語》乃其中之一。乾隆十五年以降，又對華夷譯語重新進行了編定。

《西番譯語》包括《西番館雜字》和《西番館來文》兩部分，《雜字》是漢藏對譯的分類詞彙，門類齊備，譯例完善，收字豐富，記錄了藏文語詞之古音及歷史音變，具有特殊的語料價值；《來文》則是漢藏合璧的文書選集，包括藏區僧俗頭目遣使入貢等歷史資料，具有珍貴的史料價值。

《西番譯語》可按有無來文分爲兩類，其中收有來文的本子大都流散海外，據王重民《柏林訪書記》介紹，主要有以下幾種：一、柏林本。《華夷譯語》二十四卷，明朱絲欄抄本，普魯士國家圖書館藏（編號 Hirth MS 1. Tue）：卷四《西番譯語》、卷十一《西番譯語》（續添）、卷二十《西番館來文》（二十篇）。二、巴黎本。《華夷譯語》十七卷，明朱絲欄抄本，法國國家圖書館藏（編號 N. F. 986）：卷一《西番譯語》、卷二《西番館來文》（二十篇）。三、伯希和本。《華夷譯語》七卷，明抄本，伯希和藏（編號 Pelliot B. 1691）：卷五《西番館來文》（二十篇）。三種本子均收《來文》二十篇，但三種之異同尚待考察。另有日本東洋文庫藏《西番館雜字》和《西番館來文》。《萬曆起居注》稱『萬曆七年正月十一日丁巳，輔臣傳令四夷館官生寫完《華夷譯語》共十册』，無疑爲探求上述諸本源流提供了重要參照。

《西番譯語》以無《來文》而僅存《雜字》的本子居多，其中以本書，即國家圖書館藏《西番譯語》（以下簡稱『國圖本』）較爲重要。本書凡一百零三葉，卷中無任何序跋文字、鈐印，分爲天文門、地理門、時令門、人物門、身體門、宫室門、器用門、飲食門、衣服門、聲色門、經部門、文史門、方隅門、花木門、鳥獸門、珍寶門、香藥門、數目門、人事門、通用門，共二十類。每門所輯譯語皆常用語，每句首列番字，次漢字本義，次以漢字注番字之音。此本一直以來被定爲清初刻本。一九三九至一九四七年，王重民爲美國國會圖書館藏殘本《華夷譯語》六册撰寫提要，稱此殘本『凡存兩種：一《西番譯語》，百零三葉；二《暹羅譯語》，三十三葉。按是書零本，今尚多有存者，或定爲清初刻本，誤也。余見清初鈔本《暹羅譯語・地理門》有「大清暹羅」字樣，此本「大清」作「大明」，其爲明刻無疑』。有學者據此推測『國圖本』（該本無『大清』或『大明』字樣）與美國國會圖書館藏本同源，疑亦爲明刻本。

與『國圖本』屬於同一版本系統的還有龍威秘書本，乃清人馬俊良所輯《龍威秘書》九集『荒外奇書』之一，乾隆五十九年石門馬氏大酉山房刻，該本與『國圖本』雜字門類及語詞完全相同，僅書體有細微差異。另有日本東洋文庫本《西番館雜字》，較之『國圖本』少了宫室、方隅、人事三門，但所收語詞與『國圖本』對應門類不相重合，其題作『華夷譯語新增』，應是在『國圖本』的基礎上進行了增補。本書現藏中國國家圖書館。（孫俊）

**譯語不分卷**　清袁氏貞節堂抄本　周星詒跋。框高十九・七釐米，寬十四釐米。　三五二

是書爲雜抄，第一至三葉，抄自《書史會要》『帝師八思巴』『外域』中『畏兀兒』『回回』及『天竺』；四至二十三葉『八思巴字韻』，二十四至二十六葉『蒙古字體』，二十七至三十三葉『蒙古譯語』，後爲四種譯語：『韃靼』『委兀兒譯語』『河西譯語』『回回』。

是書内容來源不一。『八思巴字韻』部分未知來自何書，與現存《蒙古字韻》（《續修四庫全書》本）異。《蒙古字韻》首列聲母，再依漢文韻書列韻，且排列順序與漢文同。是書編排與《蒙古字韻》異，每一聲母下列『西番以爲某某字』，附反切，朱筆對照漢文聲母，次列數韻，全篇不依漢文聲韻順序。是書無娘母對應之八思巴字，非、敷母不分。觀《蒙古字韻》中非、敷母所對八思巴字，當爲同源。疑是書内容或早於《蒙古字韻》。

『蒙古字體』『蒙古譯語』據原文可知，摘自《事林廣記》續集、新集。『蒙古字體』爲八思巴文『百家姓』，前有小序，其小序與今存《事林廣記》復刊元泰定本之和刻本大異，與元至順建安椿莊書院刊本、元後至元鄭氏積誠堂刊本似，僅『上世大元聖祖命帝師八合思八製蒙古新字，其母四十有一，其相關扭而成字，今以其字書百家姓於左，以見一代之文字云』一段異。『蒙古字體』收復姓二十個，與至順、至元本同，但排列順序異。另有日本内閣文庫藏元西園精舍刊本，『蒙古字體』無小序，但與是本複姓排列順序同（《八思巴字與元代漢語（增訂本）》，羅常培、蔡美彪編著）。『蒙古譯語』原文曰：『出《事林廣記》新集，中多訛字。』據石田干之助《關於〈至元譯語〉》一文，積誠堂本無譯語，復刊元泰定本之和刻本有題爲『至元譯語』之篇目。而内閣文庫藏西園精舍本，有題爲『蒙古譯語』一篇，惜未見原文。

『韃靼』『委兀兒譯語』『河西譯語』『回回』四種譯語，據馮蒸《〈華夷譯語〉調查記》（《文物》一九八一年第二期）研究，與海外流傳丙種本《華夷譯語》對校，内容基本相同，馮氏以爲此即現存流傳最早之明會同館編纂丙種本《華夷譯語》。其中『河西譯語』更是海内外僅見之一種，彌足珍貴。

此本版心書『貞節堂袁氏鈔本』，爲清代袁廷檮家謄録。袁廷檮（一七六四—一八一〇）字壽階，號又愷，清江蘇吴縣（今江蘇蘇州）人，監生。家世本望族，其『五硯樓』聚書萬卷，與周錫瓚、黄丕烈、顧之逵號藏書四友。因未見袁氏藏書有雜抄來源之書，卷末所録北元印章實物，於清乾隆年間由定邊左副將軍成衮扎布奏進，蓋卷末手繪印章當抄自原底本，而非後録，故是本當爲袁氏據某雜抄底本謄録。卷末手繪『太尉之印』『宣光元年十一月日中書禮部造』印，『宣光元年』乃北元年號，爲明洪武四年（一三七一），後人多據此定此書大概成書年代。《書史會要》初刻於洪武九年，書前洪武九年宋濂序則稱『天台陶君九成新著《書史會要》成，翰墨之家競欲觀之，以謄抄之不易也，共鍥諸梓』。其成書亦在洪武間。而書中『河西譯語』已出現『大明國』詞彙，因抄録内容多爲蒙古、元代相關詞彙、聲韻，且有北元印章，故原底本抄録時間當去元未遠，蓋爲明初，文獻價值較高。

卷首墨筆題『袁壽皆貞節堂寫本，書鈔閣借稼孫仁兄親家藏本録副訖，題此奉歸』。『書鈔閣』爲清周星詒藏書閣，『稼孫』爲其親家魏錫曾，字稼孫。全書無二人印章，但筆迹頗似周星詒手筆。卷中四十三葉有『惠元何記』朱印，當爲紙廠印記。

是本鈐有『海寧陳鱣觀』『得此書費辛苦後之人其監我』『馬氏收藏經籍之印』『持卿』『曜貞珉館所

收』『子培父』『符婁庭』等印，迭經陳鱣、馬瀛、沈曾植收藏，沈氏收藏前或亦曾藏魏錫曾處。馬瀛（一七五〇—一八二〇）字楚材，號二槎，浙江海寧人。當地藏書家陳鱣向山閣藏書散出後，多半爲之所購，藏於『吟香山館』（又稱『吟香仙館』），著有《吟香仙館書目》。現藏中國國家圖書館。

（洪琰）　三五三

**高昌館譯書一卷**　清初刻本。框高二十二・一釐米，寬十四・七釐米。每半葉六行，行字不等，白口，四周雙邊。

《高昌館譯書》是明代官方編纂的一部漢文、回鶻文對照的分類詞彙集，由漢義、回鶻語漢文音譯、回鶻文對照等内容構成，是最早的漢和回鶻語對照詞典。

明代官方編纂民族語文辭書始於洪武十五年（一三八二），翰林院侍講火源潔與編修馬沙亦黑奉敕編纂《華夷譯語》，他們用漢字標蒙古語音，對照漢義。明永樂五年（一四〇七）設立四夷館，專門翻譯邊疆少數民族及鄰國語言文字，初分韃靼、女真、西番、西天、回回、百夷、高昌、緬甸八館，後增設八百、暹羅兩館。四夷館不僅編譯與漢語對照的分類詞彙集《譯書》（或稱《雜字》），還將上述地區的奏摺和文書寫成漢文並附民族文字譯文（即《來文》），由各館分別保管。《高昌館譯書》大概編纂於四夷館設立初期，此時吐魯番、哈密一帶的回鶻人尚未信仰伊斯蘭教，所以詞彙中基本没有阿拉伯、波斯語詞彙，較好地反映了前伊斯蘭時期突厥—回鶻語的原貌。

《高昌館譯書》除本書外，國内所見的主要還有三個版本：

一、《華夷譯語·高昌館雜字》，明抄本，藏國家圖書館。這部《華夷譯語》包括蒙古、女真等幾種民族語言文字，其中三册爲《高昌館雜字》，曾爲清代康熙朝御史張瑗舊藏。

二、《高昌館雜字》，清抄本，版心印『同文堂』三字，藏國家圖書館。

三、《高昌館雜字》，日本東洋文庫藏本，中央民族大學圖書館藏該版的曬藍本。

其中，清抄本《高昌館雜字》與本書内容、版式排列一致。本書每半葉分上下兩排，每排列兩個單詞，每個單詞三行，從右至左豎寫，第一行爲回鶻文原文，第二行爲漢義，第三行爲回鶻文的漢字譯音。凡收詞七百一十六個，分爲天文門、地理門、時令門、花木門、鳥獸門、人物門、身體門、宫室門、器用門、衣服門、珍寶門、飲饌門、文史門、方隅門、聲色門、數目門、人事兼通用門，共十七類。

明抄本除包含上述十七門類的七百一十六個詞語外，還有『續增』部分，收詞七十八個。此外又在『華夷譯語』題名下收詞一百四十八個。凡收詞九百四十二個，除去重複實爲九百四十個。

曬藍本雖然所收詞語衹有二百零八個，但有六十二個爲明抄本所缺。

《高昌館譯書》具有重要的語音學、語法學、詞彙學價值，有助於我們研究明代吐魯番、哈密一帶維吾爾人使用的回鶻文字及其語言特點，其中某些用來注音的漢字讀音，也有裨益於瞭解當時的漢語語音狀況。

《高昌館譯書》的價值不僅體現在語言文字方面，而且對於研究我國少數民族的歷史提供了新的

綫索。該書收進了一些民族名稱，例如『韃靼』『回回』『西番』『高昌』『女直』『河西』等，從回鶻文的對譯來看，其中『韃靼』譯爲『忙灣』即『蒙古』，『回回』譯爲『木速兒蠻』即『穆斯林』，『西番』譯爲『土伯』即『藏』，『河西』譯爲『倘古』即『唐古特』（西夏）等等。這些民族名稱的譯法也值得我們思索。例如『回回』當時泛指伊斯蘭教徒，這有助於研究我國回族名稱在不同時期的涵義。又如『河西』這一名稱的出現，是否説明明代還有西夏的後裔，這都是值得探究的問題。本書現藏中國國家圖書館。

（孫俊）

三五四

## 聲韻考四卷

（清）戴震撰　手稿本　李文藻　段玉裁　孔廣森校　顧廷龍跋。框高十八・四釐米，寬十二・三釐米。每半葉十一行，行二十一字，小字雙行二十一字，白口，左右雙邊。

戴震生平爵里、學行業績簡況，前錄稿本《續方言》時已介紹。

是書四卷，凡十六篇，論及等韻、古音等音韻學問題，多有創見。《經韻樓叢書》本《聲韻考》段玉裁序以爲『學者得是書讀之，證諸宋時所存韻書，參考陳季立、顧亭林、江慎修以及予所著古音之説，可與讀古經傳，知聖人六書之法矣』。

此本有李南澗藏書印，副葉有戴氏親筆識語二則，其一云：『戊子年擬用小板付梓，後因論《古韻》未詳備，遂止，其《古韻》一條，壬辰（三十七年）年始改定。』戊子年即當乾隆三十三年。按段玉裁《戴東原先生年譜》乾隆三十一年條云：『是年先生所著《聲韻考》四卷已成，同志傳寫，凡韻書之源

流得失、古音之由漸明備，皆檃括於此。玉裁刻諸蜀中。癸巳以後，先生又取玉裁《音均表》之説，支、佳一部，脂、微、齊、皆、灰一部，之、哈一部，漢人猶未嘗通用，畫然爲三，補入論《古音》卷内。李大令文藻刻諸廣東，孔户部繼涵又刻諸曲阜。二刻與前刻詳略不同。』本書卷末顧廷龍跋據此定爲『壬辰、癸巳間所改定，爲南澗墨板底本』，當是。癸巳即乾隆三十八年。此本經作者修改，有初、中、後三種文本：初稿分二卷，自『反切之始』至『古音』爲一卷，『書玉篇卷末聲論反紐圖後』以下爲一卷；中稿分四卷，『反切之始』至『宋祥符廣韻』爲卷一，『考定廣韻獨用同用四聲表』爲卷二，『宋景德韻略』至『古音』爲卷三，『書玉篇卷末聲論反紐圖後』以下爲卷四；後稿亦分四卷，所異者『考定廣韻獨用同用四聲表』至『宋寶元集韻』爲卷二，『古音』爲卷三。卷三『古韻』篇『陳第屈宋古音義序』後，中稿有『毛先舒聲韻從説』『又曰進世考古者』兩條，後稿删去。今取此稿與清乾隆段玉裁刻《經韻樓叢書》本、清潮陽縣署刻本（即李文藻本）、清乾隆四十四年孔繼涵刻《微波榭叢書》本勘對，知中稿與段本略同；後稿與李本、孔本接近，是此本之可貴，不僅在於其爲李南澗墨板底本，更在於其能兼存作者前後三種文本之原始狀態，與後來傳刻本形成互補關係。又，此稿間有與李本、孔本互異處，如卷二『考訂廣韻獨用同用四聲表』篇中『如宋人之改，「文」與「欣」通，「吻」與「隱」通，「問」與「焮」通，「物」與「迄」通』。李本、孔本無『「問」與「焮」通』四字，似以此稿爲是。

此本封面題『愛日樓聲韻考』，審爲段玉裁手書。卷一『反切之始』篇中附孔廣森篆書簽注一條。鈐有『李南澗藏書印』『青州東郭李氏藏書』等印。現藏上海圖書館。（林寧）

三五五

# 史部

## 史記考證七卷 （清）杭世駿撰　清抄本。每半葉十行，行十九字，無欄格。

杭世駿（一六九六—一七七三）字大宗，號堇浦、智光居士，晚號秦亭老民，仁和（今浙江杭州）人。雍正二年（一七二四）舉人。十年爲福建鄉試同考官。乾隆元年（一七三六）薦應博學鴻詞科，授翰林院編修。奉旨參與校勘武英殿《十三經》《二十四史》，與修《三禮義疏》。乾隆八年以考選御史建言，觸怒高宗，罷歸。與小山堂趙昱、趙信、丁敬、全祖望等往還益密，與厲鶚、周京等結南屏詩社。後主講廣東粤秀、揚州安定書院。工辭章，著述宏富，有《道古堂集》七十六卷、《榕城詩話》三卷、《續禮記集説》一百卷、《經史質疑》一卷、《石經考異》二卷、《續方言》二卷、《諸史然疑》一卷、《三國志補注》六卷、《晉書補傳贊》一卷、《金史補》不分卷、《漢書蒙拾》三卷、《後漢書蒙拾》二卷、《劫灰錄》一卷、《武林覽勝記》四十二卷、《詞科掌錄》十七卷《餘話》七卷、《訂訛類編》六卷《續補》二卷等傳世。《北齊書疏證》《亢宗錄》《桂堂詩話》等散佚。

清趙慎畛《榆巢雜識》卷二載：『乾隆三年九月，國子監奏太學所貯《十三經注疏》《二十一史》板片模糊，難以修補，請重加校刊……奉旨交武英殿御書處查辦。』並命儒臣『條其同異，附於各卷之後』。杭世駿因方苞之薦參與其事，此即《史記考證》之緣起。杭氏得罪歸里後，同年友齊召南遥寄三册，堇

浦乾隆十年自序曰：『一再覽觀，如逢故物，辛苦所存，不忍捐棄，錄而存之，其名一仍武英殿之舊。』此書《四庫全書》未收，武英殿本二十四史《史記》附考證，堇浦所撰諸條亦收錄。

《史記考證》抄本有清杭福烺道古堂抄本、蔣氏衍芬草堂抄本（即《中華再造善本續編》影印本）、清吳氏金竹山房抄本。刻本有清乾隆五十三年補史亭刊《道古堂外集》本、清光緒二十二年（一八九六）錢塘汪大鈞《道古堂外集》本、民國十四年（一九二五）錢塘汪氏刻《食舊堂叢書·道古堂外集》本。杭世駿卒後，其子杭賓仁於乾隆四十至四十一年刻成《道古堂全集》七十四卷，乾隆五十三年得畢沅分俸助刊《道古堂外集》十種二十六卷，外集卷七至十三即是《史記考證》。《續修四庫全書》所收《史記考證》即以此爲底本。

以衍芬草堂本校乾隆本，乾隆本訛脱較多，衍芬草堂本非出自杭福烺本或乾隆本，係從稿本或較早抄本傳抄，錯訛較少。玄字避諱尚未統一，更接近稿本原貌。因乾隆五十三年正是清代文字獄高峰，杭賓仁付梓前當經嚴格校核，於文字當更審慎。故論諸本之優劣，當以衍芬草堂本最佳。

此本共七卷，每卷卷首題『道古堂外集卷之某』，浙江圖書館藏蔣光焴撰《衍芬草堂藏書目錄》未收錄。鈐『鹽官蔣氏衍芬艸堂三世臧書印』『臣光焴印』『寅昉』等印，一九五四年蔣氏後人捐獻，現藏中國國家圖書館。（田曉春）

**史記志疑三十六卷** （清）梁玉繩撰 清乾隆刻本 李慈銘校並跋。框高十九·一釐米，寬十

三・六釐米。每半葉十二行，行二十四字，白口，左右雙邊。

梁玉繩（一七一六—一七九二）字曜北，自號諫庵、清白士，錢塘（今浙江杭州）人。貢生，不事科舉，專心著述，治學長於考訂，尤精史部，常與杭世駿、陳兆崙、錢大昕、孫志祖、盧文弨等人交遊切磋。著有《瞥記》七卷、《古今人表考》九卷、《元號略》四卷、《呂子校補》二卷、《誌銘廣例》二卷、《清白士集》二十八卷等，以《史記志疑》最著。《清史稿》卷四百八十一及《清史列傳》卷六十八有傳。

《史記》敘先秦史事，時見牴牾；成書不久，部分原稿即遺失，有褚少孫、馮商等人續補，正文漸淆；歷漢魏六朝，輾轉抄寫，字句之間頗有差異，《史記集解》《索隱》《正義》三家注中可見大量異文；且自宋代刻印行世以來，版本既多，不免增改竄亂，又經三家注之合刻，分合之間，舛誤滋生。梁玉繩有感於此，乃起而作《志疑》，力圖正本清源，匡謬正疵，恢復《史記》原文舊觀。『據經、傳以糾乖違，參班、荀以究同異，凡文字之傳訛、注解之傅會，一一析而辨之。』（錢大昕《史記志疑序》，此本佚失錢序，引自《潛研堂集》卷二十四）歷二十餘年，凡五易其稿，乃於乾隆四十八年（一七八三）成書。

《史記》刻本甚衆，各本文字頗有異同，是書據世所盛行之所謂『湖本』凌稚隆《史記評林》爲本立說（見自序後小注），依《史記》篇目，設條辨析疑異之處。各條或直錄舊説，或下案語以申己見，首或加『案』字，或加『附案』字，凡直錄舊説者無『案』字。內容包括校勘文字之訛脱衍倒，考訂史事之舛謬、材料之取捨、各版本之異同以及糾正三家注之妄疑謬解等，對人物抑揚、書法義例亦有所評論，繁簡不一而多精審詳悉。但梁氏以經傳、諸子及《國語》《戰國策》《呂氏春秋》以及《白虎通》《越絶書》等與

《史記》相參證，以史實記載之異同指摘《史記》文字之正謬，斥《史記》所書不合書法，有疑所不當疑之處。且湖本《史記評林》雖稱考訂精確，訛誤亦不少，梁氏之辨湖本之誤而不盡是《史記》本身之誤者，亦不免徒費筆墨。

是書網羅舊聞，貫穿群籍，雖偶涉誤端，然敢於疑古，詳於辨證，用功深而收穫富，錢大昕爲之作序，贊其『洵足爲龍門之功臣，襲《集解》《索隱》《正義》而四之者矣』。是書對後世《史記》研究有較大影響。

此本爲乾隆間梁氏自刻初印本，有殘缺之處，墨筆抄補，不知出何人手。李慈銘越縵堂舊藏，目錄後李氏跋云：『是本爲高郵王氏舊藏，而書中於詞語通借之説間用墨抹，必非石臞（王念孫）、文簡（王引之）所爲，不知出何妄人也。』眉端有李慈銘案語批點十餘處，《越縵堂讀書記》亦有專文辨梁氏『禹無葬會稽事』一條之誤。

鈐有『高郵王氏臧書印』『會稽李氏困學樓臧書印』等印。現藏中國國家圖書館。（樊長遠）

三五七

**東觀漢記二十四卷**　（漢）劉珍等撰　清抄本（武英殿聚珍版叢書底本）。框高二十·八釐米，寬十四·六釐米。每半葉九行，行二十一字，紅格，白口，四周單邊。

《東觀漢記》爲東漢史臣相繼撰修而成的本朝史書。明帝命班固修《漢書》之後，繼令班固、陳宗、

尹敏、孟異等合撰《世祖本紀》，又撰功臣、平林、新市、公孫述事迹，作列傳、載記二十八篇奏上，是爲此書之初創。安帝時，劉珍、李尤、劉騊駼、劉毅等奉命續撰紀、表，及名臣、節士、儒林、外戚等傳，起自光武帝建武，終於安帝永初。此後伏無忌、黄景等又承命撰諸王、王子、功臣等傳，恩澤侯表，南單于、西羌傳，地理志。桓帝時，邊韶、崔寔、朱穆、曹壽撰孝穆、孝崇二皇傳和順烈皇后傳，增補外戚、儒林二傳，崔寔又與延篤作百官表和順帝功臣孫程、郭鎮、鄭衆、蔡倫等傳。靈帝時，馬日磾、蔡邕、楊彪、盧植等又補作紀、傳四十多篇，撰補十志。經東漢史官四次增補，從光武帝至靈帝的東漢史事可稱完備。

班固著述在宫内藏書處蘭臺，所奏二十八篇尚未彙爲一書。東漢章帝、和帝以後圖籍移置東觀，從劉珍至蔡邕皆著作於東觀，此書因之得名。但最初並無定名。《風俗通義》《三國志》《後漢書》等，稱此書爲《漢記》；《文心雕龍》《世説新語》《水經注》或稱《東觀》《東觀記》，或稱《東觀漢記》。直至《隋書·經籍志》，仍有名稱混用的現象，著録爲《東觀漢記》，小序則省稱『其後劉珍、劉毅、劉陶、伏無忌等相次著述東觀，謂之《漢記》』。此後書名既確定，歷代目録皆作《東觀漢記》。

《隋書·經籍志》著録此書爲劉珍等撰，未及始作此書的班固等人，後世書目沿襲未改。劉珍（？—一二六？）一名寶，字秋孫，一作秘孫，南陽郡蔡陽（今湖北棗陽西南）人。少好學，任謁者僕射，遷侍中，轉衛尉。曾奉詔與劉騊駼、馬融校定東觀《五經》、諸子傳記、百家藝術，又撰《釋名》三十篇辨萬物之稱號。另著誄、頌、連珠凡七篇。

晉時此書與《史記》《漢書》號爲三史，六朝及初唐人多徵引以注書類事，較此書晚出的東漢諸史也

多從中取材。但至唐章懷太子李賢集諸儒注范曄《後漢書》，此書漸湮没無聞。《隋書·經籍志》著録『《東觀漢記》一百四十三卷』。至新、舊《唐書》則爲一百二十七卷。《文獻通考》稱此書在北宋時尚有四十三卷。而南宋《中興館閣書目》僅著録八卷九篇、《直齋書録解題》記十卷九篇。《宋史》爲八卷。此書在元明亡佚。直至清康熙，姚之駰據《續漢書十志補注》《後漢書注》《北堂書鈔》《藝文類聚》《初學記》五書所載遺文，輯爲《東觀漢記》八卷，但未按原書體例編排，且掛漏殊多。乾隆時，四庫館臣以姚本爲基礎，又參以《永樂大典》、類書、古注，重加釐正，輯爲《東觀漢記》二十四卷。分《帝紀》三卷、《年表》一卷、《志》一卷、《列傳》十七卷、《載記》一卷，篇第不可考者，别爲《佚文》一卷，又附録此書與范書異同。《四庫全書總目》是書提要詳述此書散失及輯佚之經過，並評價云：『雖殘珪斷璧，零落不完……惟賴兹殘笈，讀史者尚有所稽。其有資考證，良非淺鮮，尤不可不亟爲表章矣。』

此本爲武英殿聚珍版之底本。首爲目録，首行下題『武英殿聚珍版』。次爲《四庫全書總目》是書提要，末署『乾隆四十二年十月恭校上』，題纂修官陸錫熊、紀昀、楊昌霖銜名。第二十四卷除佚文外，又『附東觀漢記范書異同』。書中『丘』『玄』『弘』缺筆，乃避孔子、康熙、乾隆名諱。全書用紅格紙抄寫，在案語部分有較多圈改增删，多爲對史事的考訂、輯佚出處的删除以及行文體例的統一。大部分紙葉的邊欄外有書寫較爲隨意的日期和姓名，應爲抄手所記的抄寫時間及抄手姓名，時間從三月廿四至三月廿八日，抄手則有謝熊、羅風岡、劉、秦、魁等約三十人。全書有十一卷在每葉的邊欄外題『校録黄繩祖』或『黄繩祖』，卷三至五的卷首或卷末題寫『錢濟世』，此二人當負校訂之責。

四庫館臣增輯的《東觀漢記》除由武英殿聚珍版擺印之外，又收入《四庫全書》及乾隆時刻印的《桐華館史翼》五種。《四庫全書》本在提要末署『乾隆四十九年十月恭校上』，晚於本書提要所署的『乾隆四十二年』；而校勘官則題爲李潢、裴謙、程嘉謨三人。《桐華館史翼》本在目錄首行題『武英殿聚珍版原本』，乃是據武英殿本翻刻。四庫本、桐華館本二者文字與最終的武英殿本基本相同，但與此本稍有出入。則此底本仍非最終定稿，書中的抄校者姓名、圈改，及與武英殿印本的文字異同，可反映四庫館臣對此書編纂及反復修訂的過程。此本現藏中國國家圖書館。（李文潔）

三五八

## 後漢書補註二十四卷　（清）惠棟撰　清惠氏紅豆齋抄稿本。框高十九·五釐米，寬十四·九釐米。每半葉十行，行二十二字，小字雙行同。

惠棟生平爵里、學行業績簡況，前録手稿本《周易本義辨證》時已介紹。

是書仿裴松之注《三國志》體例，以范曄《後漢書》爲主，以《東觀漢記》及皇甫謐《帝王世紀》、謝承《後漢書》、謝沈《後漢書》、袁山松《後漢書》、司馬彪《續漢書》、袁宏《後漢紀》、薛瑩《後漢書》等爲之附，博取唐宋以來類書如《初學記》《六帖》《北堂書鈔》《太平御覽》等爲之增益。遇原書有脱字、衍字及差訛者，則復據清人顧炎武、朱彝尊、何焯、閻若璩等考證之説一一校正之。顧棟高謂是書『援據博而考核精，一字不肯放過，亦一字不肯輕下』，可謂允當。按魏晉六朝時撰《後漢書》者無慮數十家，范曄之書以文采稍勝，復得唐章懷太子爲之注，遂與《史記》《漢書》並稱而得傳，其他諸家之作乃漸就湮

没。然范書全本華嶠《後漢書》，於人物史實多有所闕，雖有章懷之注，亦遺略甚多。千百年後經棟之補註，遂使其書粲然可觀，於史實則約而不漏，詳而不繁；於文字則無復有魯魚亥豕之訛，使讀者一見易瞭。『所以昌明絶學，足與小司馬《索隱》並附正史。』乾嘉考據於史學用功獨深，棟實開其先河。

此本凡二十四卷，編排卷次與通行刻本無異。首册襯葉粘顧棟高『後漢書補注序』，亦與今通行本所刻者同。觀其書抄寫精工，而中多訛字。如卷二『十歲能通春秋』條，注文『至十三年』，脱『年』字；注文『少推誠對』，『推』字原誤作『徵』字，『對』字原脱。後皆以墨筆校正。書中又多有浮簽，皆就書中所輯以爲增删，如卷二『子大夫』條之上增『側席異聞注側席謂席不正』條；『富姦行賂』條之上原有『日計不足月計有餘』條，删去。按與通行刻本皆相符合。然據書末嘉慶己卯（二十四年　一八一九）顧廣圻識語，言此本多訛字而不敢輒改，俟他年當以刻本相勘，則其時尚無校改塗抹之迹也。此足可證是本實非惠氏原稿，乃其家據未定本抄寫以遺人者也，版框左下方有『紅豆齋藏書鈔本』字樣。雖然，以惠氏家物而所據者又爲其未定之稿，亦可籍以考見其著作之原委。

此書有清嘉慶九年德裕堂刻本、清咸豐元年（一八五一）南海伍氏刻《粤雅堂叢書》本、光緒二十年（一八九四）廣雅書局刻本、民國二十五年（一九三六）上海商務印書館《叢書集成初編》鉛印本、民國二十六年上海商務印書館《國學基本叢書》鉛印本等。

此本曾經揚州陳逢衡瓠室收藏，顧廣圻嘗借閲一過，卷末有其識語，鈐『顧千里經眼記』『廣』『圻』印。後藏李盛鐸處，首册襯葉粘盛鐸光緒乙酉（十一年）題記。現藏北京大學圖書館。

（劉大軍）

三五九

## 三國志注補六十五卷（清）趙一清撰　稿本。框高二十釐米，寬十四・六釐米。每半葉十行，行二十二字，白口，左右雙邊。

趙一清（一七一一—一七六四）字誠夫，號東潛，仁和（今浙江杭州）人。國子監生。父昱、季父信，同舉博學鴻詞科，築小山堂藏書樓，插架宏富。一清少稟家學，博極群書。後就讀於全祖望，從事根柢之學，『一時詞章之士，莫能抗手』。於酈道元《水經注》用功最勤，著《水經注釋》四十卷、《水經注刊誤》十二卷。又草創《直隸河渠志》一百三十二卷，戴震删爲一百二卷。自著有《東潛詩文稿》。《清史稿》卷四百八十五、《清史列傳》卷七十一皆有傳。

西晉陳壽撰《三國志》六十五卷，其中《魏書》三十卷、《蜀書》十五卷、《吴書》二十卷，記魏、蜀、吴三國鼎立時期斷代歷史。因取材嚴謹、文筆簡潔、長於敘事而深獲贊許，與《史記》《漢書》《後漢書》並稱『前四史』。然因記載過於簡略，對一些重要歷史事件和人物事迹語焉不詳，甚而遺漏，至南朝宋，文帝劉義隆命中書侍郎裴松之爲《三國志》作注。

裴注特點大體有四：條異同，凡同記一事而各説不一者，一併收入，以備異同之擇；正謬誤，凡可確定原著有明顯錯誤，即引證史實予以糾正；論得失，針對時事及陳壽觀點不得當處加以評論；補闕漏，凡有關重要史事不載於原著者，均收入以補其闕。裴注文字數量約超過《三國志》原著三倍，

極大豐富了原著内容，甚得後世學者推許。然《四庫全書總目》亦指出裴注諸多缺點，如『其中往往嗜奇愛博，頗傷蕪雜』等。

裴氏之後，歷代學者治《三國志》者代不乏人，而以清代尤多，相關專著多達數十種，其用功之深，範圍之廣、成果之多，皆遠勝於前。是書即是在裴注基礎上再作補充，按《三國志》紀傳順序，從史書、地方志、類書，如《水經注》《世説新語》《昭明文選》《藝文類聚》《太平寰宇記》《讀史方輿紀要》等諸多文獻中，搜集有關三國時遺文逸事逐卷補入。凡裴氏未注者，則加以補注；裴氏已注而未詳者，則予以擴充；裴注有而不當者，則詳加辯證。涉獵範圍除史事補充、地理考辨、表志補修外，還包括字句校勘、詞義訓釋、典故注解、義理闡發及人物評論等。由於有治《水經注》和撰修《直隸河渠志》功底，趙氏尤精地理方面之考辨，並在補注中完整保存了諸多古代文獻名篇，對研究《三國志》和三國歷史均有參考價值。

全書捃摭宏富，考訂綦詳，其所補注文字數量幾與裴注相埒；其徵引文獻典籍數量與同時代杭世駿所撰同名書相較，趙氏書超過杭氏書約七八倍，堪稱清人研治《三國志》著作中成就最高者。

是書於《清史稿·藝文志》有著録。此稿本除作者補注正文外，於書稿天頭處又另有許多補充説明文字。此外書中還夾帶有數十浮簽，以示作者新觀點、新論據。故此稿本不僅在學術上，在文物、版本諸多方面亦極具價值。

是書完成後未及刊印，至光緒間，張之洞始刻於廣州廣雅書局，此爲首版。刻成後不久版毁，印本

流傳不多。一九九一年書目文獻出版社（今國家圖書館出版社）將此本整理影印出版。鈐『寅昉』『臣光焴印』『鹽官蔣氏衍芬草堂三世臧書印』等印，知經蔣光焴收藏。光焴字寅昉，一號敬齋，浙江海寧人。現藏中國國家圖書館。（楊印民）

三六〇

**西夏書□□卷** （清）周春撰　清抄本。框高二十三・三釐米，寬十五・二釐米。每半葉十行，行二十二字，白口，四周雙邊。

存十卷：　卷五至七、九至十，又一，列傳一至四。

周春（一七二九—一八一五）字芚兮，號松靄，晚號黍穀居士，又號内樂村叟，海寧（今屬浙江）人。清乾隆十九年（一七五四）進士，與王鳴盛、紀昀、錢大昕等人同榜。博學好古，潛研經史，著述頗豐。授官廣西岑溪知縣。任内革除陋規，清理田户，興修水利，有古循吏風。以丁憂去官，後受聘修《梧郡志》。當地百姓建生祠以祀之。歸里後，絶意仕途，專心著述。涉獵範圍極爲廣泛，精通經學、史學、韻學、小學、天文曆法等。有《代北姓譜》《遼金元姓譜》《遼詩話》《十三經音略》《杜詩雙聲叠韻譜括略》《小學餘論》（後三種合稱《音學三書》）傳世。另有《松靄吟稿》《松靄詩話》等。《西夏書》乃其著述之一。清乾隆五十九年撰寫了我國第一部紅學專著——《閲〈紅樓夢〉隨筆》。

是書前有周春所作《西夏列傳自序》。序中云：『嘉慶甲子仲夏既望……思欲撰《西夏書》，五旬而稿粗具……十年乘炳燭之餘光，先成四卷，備西朝之霸史。』據此推算周春撰寫《西夏列傳》當在清嘉

慶九年(一八〇四)陰曆五月。作者廣泛參閲史籍,所謂『綴集舊聞,搜羅逸典』,用五十天左右完成《列傳》卷一至四初稿,然卷四之後是否爲周春所作無確切證據。就現有資料看,周春未寫完全書。清人吴騫認爲《西夏書》完整卷數應爲十五卷,《列傳》部分由周春完成,其餘則由其兄周蓮續作。今人也多認爲周春之《西夏書》係殘書,作者亦非周春一人(胡玉冰《〈西夏書〉考略》)。周春以紀傳體寫西夏史有首創之功,近人胡玉縉在《西夏書書後》指出:『自來言西夏事者,洪亮吉、秦恩復之書不傳,吴氏西夏書事,陳昆事略在是書之後,且皆編年體,此乃紀傳體之先導。』

是書主要内容包括:卷之一『妃嬪傳』,記太祖母衛慕氏至仁宗后罔氏等八位夏主后妃生平事迹;卷之二『家人傳』,主要記與西夏皇族有直接血親關係者的事迹;卷之三『臣傳』,記西夏開國諸臣、叛臣等,其中包括張元、野利旺榮等西夏國重臣;卷之四『外國傳』,主要記述吐蕃、党項、羌等國史事。有墨筆題『西夏書之四載記』;卷之五至卷之七爲『載記』,有殘缺,全者應爲三卷。主要記載西夏各時期國主事;卷之八内容全佚;卷之九『地理考』,言西夏國河南九州、河西九州等地的歷史沿革;卷之十『官氏考』,考證西夏職官、姓氏,列舉西夏職官五十三種、姓氏六十七種。

[光緒]《杭州志·藝文志》、《清史稿·藝文志》、清張之洞《書目答問補正》、清劉錦藻《清朝續文獻通考》、傅增湘《藏園群書題記史部·紀傳類》、鄧衍林《中國邊疆圖籍録·西夏史料·清》等書目有著録。

《西夏書》成書後未經刊刻,衹有抄本傳世,周春自序亦云:『但乞抄胥兩手,何需藩溷。』抄本藏

於國家圖書館、上海師範大學、北京大學等地，均爲殘本。國圖本較爲詳盡地保存了原貌，有其獨特之版本意義。此外，《西夏書》在『載記』中均以夏主年號紀年，這在清代治西夏史諸家中可謂獨樹一幟，且採用『論曰』的形式發表對歷史人物之評價。

是書鈐有『沅叔臧書』印，現藏中國國家圖書館。（張偉麗）

三六一

**遼史拾遺二十四卷** （清）厲鶚撰 **續三卷** （清）楊復吉撰 清抄本。每半葉十二行，行二十五字，無欄格。

厲鶚（一六九二—一七五二）字太鴻，一字雄飛，號樊榭，又號南湖花隱、西溪漁者，錢塘（今浙江杭州）人。先世籍浙江慈溪，四明山有景曰樊榭，遂以自號，世稱樊榭先生。康熙五十九年（一七二〇）舉人。兩上春闈不第，乾隆元年（一七三六）薦應博學鴻詞科，報罷。雍正三年（一七二五）始館於揚州鹽商、叢書樓主人馬曰琯、曰璐兄弟小玲瓏山館，往來於揚州、杭州間。與金農、丁敬、全祖望、杭世駿、小山堂趙昱昆仲、瓶花齋吴焯、振綺堂汪憲等交游。詩文詞兼擅，爲清中期浙詩派、浙西詞派巨匠。有《樊榭山房集》三十九卷傳世。學問博洽，熟精兩宋典實，著《南宋院畫錄》八卷、《東城雜記》二卷、《湖船錄》一卷、《增修雲林寺志》八卷，編纂《宋詩紀事》一百卷，參纂《西湖志》，與同里吴焯、趙昱等合撰《南宋雜事詩》七卷，又與天津水西莊主人查爲仁同著《絶妙好詞箋》。

宋遼金三史修成於元至正間，厲鶚以《遼史》失之簡略，遂作注補於家藏明南監本《遼史》，徵引廣

博，達三百餘種，自比於裴松之《三國志》注，期與杭世駿《金史補闕》並傳於世。稿成於乾隆七年，次年與全祖望分別撰序。馬氏兄弟擬刊未果，厲鶚殁後無子，稿藏其侄厲繡周處，人有借抄者，繡周撤出一卷以借之，故外間傳本多不全（《拜經樓藏書題跋記》卷二『遼史拾遺』）。《遼史拾遺》傳世抄本有：清汪氏振綺堂校定抄本、清抄四庫底本、清沈氏鳴野山房抄本、清三餘書屋抄本等。見於載録者有：清鮑氏知不足齋抄本、清楊復吉抄本。鮑氏知不足齋抄本從厲繡周稿本出，爲足本。楊復吉抄本從知不足齋本出，惜皆不傳。

此本藏國家圖書館，著録爲清抄本，實爲清錢塘汪氏振綺堂校定抄本。乾嘉間仁和朱文藻（朗齋）館於振綺堂，曾從厲繡周所藏稿本抄録。汪遠孫清道光振綺堂刻本《遼史拾遺》跋云：『余家舊藏寫本，爲朱朗齋先生手録。辛巳長夏，與同年友王君學增檢閲群書，詳加參校，字句脱誤，悉爲增訂，付之剞劂，閲十五月而畢。』辛巳即道光元年（一八二一）。孔廣陶《三十有三萬卷堂書目略》著録『《遼史拾遺》二十四卷《拾遺續》三卷。又村居士校定抄本』，即此本，疑據書中夾箋所書『又村居士製』。汪適孫號又村，遠孫弟。葉德輝《觀古堂藏書目》著録所藏三本：『一道光汪遠孫刻本。一四庫館抄底本。一汪氏振綺堂抄本附楊復吉補拾遺三卷。』乾隆五十四年，吴江（今屬蘇州）楊復吉從吴騫拜經樓借抄《遼史拾遺》，並續補三卷四百餘條（《拜經樓藏書題跋記》卷二『遼史拾遺』）。楊氏續三卷原稿舊藏錢塘何元錫、丁氏八千卷樓，今歸南京圖書館。道光元年汪適孫與王學增校定其家舊藏朱文藻手録厲鶚《遼史拾遺》抄本並謄清，將楊復吉續補三卷改訂，附抄於後，以之爲底本，付梓行世（《善本書室藏書

志》卷六《遼史拾遺續三卷》)。此即錢塘汪氏振綺堂校定抄本之由來。此本卷一第六葉天頭有數行『此處稿本有案。鶚案：文進殺存矩始末』，可證此本從稿本抄出。

國家圖書館又藏清抄本一部，爲四庫底本。《四庫全書總目》是書提要著録爲浙江巡撫採進本，《浙江採集遺書總録·閏集》載：『《遼史拾遺》四册，振綺堂寫本。』乾隆朝纂修《四庫全書》時，錢塘汪氏以家藏抄本進呈。存十九卷(一至五、十一至二十四)，行款與振綺堂校定抄本相同。卷中天頭等處有『照原本』『此卷且不必寫』等字，當是四庫館臣手筆，所缺卷，疑爲館臣抽燬。故此次影印，用振綺堂校定抄本而不取四庫底本之殘本。

此本鈐『觀古堂』『葉氏德輝鑒藏』二印，知葉德輝觀古堂曾經收藏。今由中國國家圖書館收藏。

(田曉春)

三六二

## 金史補闕四十卷 (清)杭世駿撰 清抄本 張鑒祥跋。每半葉十二行，行字不等，無邊框。

杭世駿生平爵里、學行業績簡况，前録清抄本《史記考證》時已介紹。

是書首葉下題『仁和杭世駿補注』『汪惟憲審』。該本未避『寧』諱，可斷爲道光前抄本。卷前張鑒祥題識亦云：『全書四十卷，仁和杭大宗補注。世無刻本，有抱經堂、知不足齋藏書印，蓋乾嘉間抄寫本。字雖不精，亦二百年物也。』

是本雖題名『補注』，實係《大金國志》抄録本。《大金國志》是記載金朝始末的一部通史，舊本題

『淮西歸正人宇文懋昭撰』，實則爲雜抄舊史而成的一部僞書。最早論及其真僞的是清初學者王士禎：『《金志》記載與《南遷錄》多相合，與史多謬。其《文學傳》則全節取元好問《中州集》。或云宋人僞造，似也。』（《池北偶談》卷十八《契丹、大金二國志》）《四庫全書總目》在指出其種種牴牾之後，認爲此書『恐已經後人竄亂，非復懋昭原本』。其後，從清儒錢大昕，到近現代學者李慈銘、余嘉錫，都進而指出《大金國志》出自元人之手。該書最早刊刻於元代，章鈺校天一閣抄本《大金國志》跋曰：『吾吳黄蕘翁得殘《契丹國志》十七卷，上方有小字標目，與黄説同，則必景元本也。《大金國志》則未聞有標目之説，而吳氏又藏一抄本，亦十一行二十二字，上有標目，與《契丹志》一律，可證元時兩志必有同時同地刻本，特《金國志》已斷種耳。……此爲天一閣故物，行格雖改，標目則有吳本脱去而此本尚存者。』（《四當齋集》卷二）元本今不見，現存最早的有數種明抄本。杭氏此本包括九帝紀年二十六卷，列傳三卷，楚、齊始末及有關文錄二卷，各項制度及雜儀四卷，宋金往來誓書一卷，京府州軍及女真民俗二卷，許亢宗奉使燕雲行程錄一卷。諸帝紀天頭有小字記事標目，書前無明抄本所附之《經進大金國志表》《金國初興本末》和《金國世系圖》。

杭氏另撰有《金史補》一書，其體例先抄錄《金史》正文，後附所補文字，多處葉眉有補入文字。因題名相近且《金史補闕》不易獲見，學界多將該書誤作《金史補》，實非。

杭世駿《大金國志跋》云：『其書似依仿葉氏《契丹志》爲之，然鋪敘無史例。書太祖創基與《金史》異，《儀衛》《道里》諸篇直是抄撮《北盟會編》而成，蓋僞書也。』（《道古堂文集》卷二十六）雖於《金

史補》中有所採輯，但多有考辨。大概是出於搜集資料之目的，杭氏抄錄《大金國志》，以備補《金史》所用。

是本鈐有『抱經堂藏書印』『歙西長塘鮑氏知不足齋藏書印』印。現藏北京師範大學圖書館。

（白雲嬌）

三六三

## 元史新編不分卷　（清）魏源撰　清抄本。每半葉十行，行二十字，小字雙行同，無格。

魏源（一七九四—一八五七）字默深，又字墨生、漢士，號良圖，邵陽（今屬湖南）人。清道光二年（一八二二）舉順天鄉試。會試落第，入貲爲中書。二十四年中進士，以知州發江蘇，權興化，補高郵，坐遲誤驛遞免，旋復其官。晚年棄官歸隱，潛心學佛，法名承貫。咸豐七年（一八五七）三月卒於杭州東園僧舍。源兀傲有大略，熟於朝章國故，論古今成敗利病，學術流別，馳騁往復，四座皆屈。以清朝幅員遼闊，武功實邁前古，成《聖武記》四十餘萬言。晚遭夷變，謂籌夷事必知夷情，復據史志及林則徐所譯《四洲志》等，成《海國圖志》一百卷。其他所著尚有《書古微》《詩古微》《古微堂詩文集》等。事具《清史稿》卷四百八十六《文苑傳三》。

是書爲紀傳體元史，分本紀、列傳、表、志四體，成書於魏氏晚年，緣作者感於明初所修《元史》『蕪蔓疏陋』，決意『發憤重修』（《元史新編序》）。史料則直接利用《元史》及邵遠平《元史類編》、錢大昕《元史氏族表》《元史藝文志》等，兼採《四庫全書》元人著述百餘種。又旁搜《元朝秘史》《元典章》《元

文類》及域外史料，如馬禮遜《外國史略》、瑪吉士《地理備考》有關漠北、西域等地理沿革内容。作者藉修《海國圖志》所得元代地理知識，並利用耶律楚材《西遊錄》、劉祁《北使記》、劉郁《西使記》、丘處機《長春真人西遊記》諸書，對太祖至憲宗四朝平服各國史實及元代西北地理沿革有諸多補充。

是書一改諸史以『表、志列本紀之後、列傳之前』舊例，採納唐宋史家劉知幾、鄭樵觀點，將列傳置於表、志之前，摒棄『隔制度於紀事之間』，以便觀覽。同時改變傳統一人一傳形式，採用『於屢朝文武將相功臣，以類相從，以及天曆交兵、末年討寇諸臣，分別部居，燦若眉列，以各朝爲先後』（本書《凡例》），即開創以事功爲人物傳記歸類之新體例，實謂『近代元史之大輅椎輪』（李思純《元史學》）。又據錢大昕所作，增補氏族、經籍二志，補充《元史》所闕。

作者摒棄狹隘『夷夏之辨』偏見，肯定蒙古統治者建立元朝統一多民族國家正統地位，對元朝統治盛衰歷史進行『求真』總結，以舊史明治道，有利於清朝統治者藉鑑。同時由於作者對中國邊疆地區給予極多關注，並以中外史料互相補證，遂爲清代學術界蔚然興起之『西北史地之學』開導先路，體現作者『經世致用』的史學意識。

是書有光緒三十一年（一九〇五）湖南邵陽魏氏慎微堂初刻本，計九十五卷，内本紀十四卷，列傳四十二卷，表七卷，志三十二卷。其中《群盜》《釋老》《遺逸》三傳有目無文；又阿姆河、和林、遼陽三行省地志因原稿散佚，付之闕如。一九三六年上海大光明書局將此書收入《史學叢書》，排印出版。

魏氏在完成本書初稿後，未及完全定稿即去世。此本係據魏氏稿本抄錄，内中文字多有删改塗抹

之處。據目錄，計有本紀十三、列傳四十三、表四、志十一。其卷次標示較爲混亂，標出者爲卷首、卷一至二十六、卷五十七至八十五，中間闕卷二十七至五十六。八十五卷以後，除『宋降臣』重複標示爲『卷八十』（當爲卷八十六，卷八十爲『文苑』）外，其餘均祇書『卷』而未標序數。現藏武漢大學圖書館。

（楊印民）　三六四

## 明史稿不分卷　（清）萬斯同撰　稿本。每半葉十至十四行，行字不等，無格。

萬斯同（一六三八—一七〇二）字季野，號石園，鄞州（今浙江寧波）人，門生私謚貞文先生。清初著名史學家。師事黄宗羲。清康熙間薦博學鴻詞科，不就。精史學，熟諳『自兩漢以來數千年之制度沿革，人物出處』，更致力於明代歷史研究，黄百家稱其『於有明十五朝實錄幾能成誦。其外邸報、野史、家乘，無不遍覽熟悉，隨舉一人一事問之，即詳述其曲折始終，聽若懸河之瀉』（清黄百家《萬季野先生斯同墓誌銘》，收入錢儀吉纂錄《碑傳集》卷一百三十一）。以布衣參與編修《明史》，不署銜，不受俸。《明史稿》五百卷，皆其手定。著有《歷代史表》《紀元匯考》《儒林宗派》《群書辯疑》《石園詩文集》等。

傳世《明史稿》抄本有多部，或爲王鴻緒所撰，或爲張廷玉所撰。萬斯同撰者亦有兩部，即《明史紀傳》三百十三卷（存卷一至三百九）、《明史》四百十六卷，藏國家圖書館。此則係萬氏手定之本，彌足珍貴。

關於此稿是萬氏手稿抑或他人抄本，前人多有考證。吴澤（字公阜）跋以萬氏與人手札再三細校，

『字字結撰，不爽累黍，審爲真迹無疑』。張宗祥跋亦云『當爲親筆』。沙孟海《萬季野〈明史稿〉題記》一文則證以刻帖《昭代名人尺牘》卷十一所收萬氏復董巽子札及上海圖書館藏萬氏致董巽子另一札墨迹，確定『《史稿》、手札、刻帖出自一人之手，而《史稿》兩處無名款之簽記皆真實可信』。經查證，此書有六册（第一至五、第九册）爲萬氏親筆。其中有不避『玄』字諱之處，正與萬氏之子萬世標《明史稿流散目錄》所稱『不涉忌諱者又仍先君原本』相合，益證其爲萬氏親手抄寫之稿本。其他六册（第六至八、第十至十二册）爲書手謄抄而經萬氏兩番筆削者，其上增改塗乙，朱墨爛然，其中第七册署『徐潮具稿，監生葉沅錄』，第十册夾有萬氏親筆所撰附傳。卷内一册有『□□野明史稿原本』題簽，且有題記曰：『此乃從稿本中謄者，吾父又仔細看過，抄時當以稿本編次爲據，此不過彙釘成帙耳，無次序也。』下未具名。有數册鈐『季野』印。

康熙十九年（一六八〇），萬斯同爲纂成一代之史，『藉手以報先朝』，接受徐元文之邀參與史局，至四十一年卒於王鴻緒館中，前後二十三年，史館中凡建綱領、制條例、斟酌去取，譏正得失，悉由其典掌；諸纂修官成稿，亦皆送其覆審。然《明史》乃中國史上編修時日最長之正史，自康熙十八年開史局，廣徵博學鴻儒科彭孫遹等五十人修《明史》，至雍正十三年底（一七三六），歷經五十七年，再至乾隆四年（一七三九）刊行，則歷時六十年。其間，監修總裁官迭經更换，史稿幾經修訂、點竄、删改、傳抄，何者爲萬斯同所論定，何者經他人所損益，殊難分辨。今得此稿本，其於《明史》編纂及萬斯同史學思想之研究，意義之大，不言而喻。全部書稿凡十二册，計人物傳記四百六篇，其中正傳二百四十八篇，

附傳一百五十八篇。與王鴻緒《明史稿》、張廷玉《明史》比較，三者分合去取差異很大，萬稿有而王、張皆無者約二十九篇列傳，萬稿、王稿有而張《明史》無者有二十八篇列傳，亦有萬稿有而王稿、張稿俱無者，其間可知編纂者於明史觀點、史實去取乃至民族意識之差異，而萬斯同賡續明朝正統史筆之抱負由此益顯。柳詒徵曾取此稿與通行本《明史》、王鴻緒《明史稿》參互校勘，撰《明史稿校錄》，提出異同得失七事，足資參考。

該稿本舊爲河南周維屏家藏，二十世紀三十年代，周家急欲出售，經沙孟海居間介紹，書歸朱鼎煦（一八八六—一九六七）別宥齋。此稿原裝訂八册，卷内有聲稱『萬焜所書』的無名氏題記及翁方綱、丁傑題跋，經柳詒徵考訂皆係僞作。一九六三年，別宥齋覓良工重爲精裝，改爲十二册，於僞題記皆予去除。今卷内有吳澤（一九三四年）、葛暘（一九三六年）、陳寥士、李晉華（一九三六年）、張宗祥（一九六〇年）等跋，皆書存別宥齋時所題。『文革』中，別宥齋主人蒙難，書暫存天一閣。一九七九年八月，朱氏後人將別宥齋全部藏書、書畫、碑帖、古器物等捐獻寧波天一閣文物保管所（今寧波市天一閣博物館），此書亦在捐贈之列。

書中有『別宥齋』『別宥齋收藏記』『鄭卿心賞』等印，乃別宥齋主人朱鼎煦所鈐。另有『葉志詵』『東卿過眼』『童弟德』等鑒賞印。現藏寧波市天一閣博物館。（汪桂海）

三六五

**蒙古通鑑長編八卷** （清）王先謙撰　稿本。框高二十一·四釐米，寬十五·二釐米。每半葉

十二行，行二十五字，小字雙行同。

王先謙（一八四二—一九一八）字益吾，號葵園，湖南長沙人。同治四年（一八六五）進士，改庶吉士，授編修。同治九年任雲南鄉試副考官，十三年爲會試同考官，光緒年間先後任江西、浙江鄉試考官。光緒六年（一八八〇）補國子監祭酒，十一年任江蘇學政，任滿歸籍，以講學著述爲先，熱心地方教育與政務，曾主講或主持湖南城南書院、嶽麓書院等，又出任湖南師範館館長、湖南學務公所議長等職。辛亥後自居遺老，避地鄉野。王氏乃清末名儒，筆耕不輟，著述宏富，著有《尚書孔傳參正》三十六卷、《詩三家義集疏》二十八卷、《漢書補註》一百卷、《後漢書集解》一百二十卷、《日本源流考》二十二卷、《外國通鑑》三十三卷、《荀子集解》二十二卷；主持編纂《皇清經解續編》一千四百三十卷等。梁啓超評王氏云：『雅善鈔纂，淹博而能別擇，撰述甚富，咸便學者。』徐世昌《清儒學案》稱：『同光以還，詞曹著述之富，陶冶之宏，稱葵園無異詞。其督教勤懇，士類至今猶樂道之。雖晚遭奇謗，顑頷以終，而直節垂聲，遺書傳世，足動高山之仰，匪止湘學之光焉。』（《葵園學案》）生平事迹詳王氏自編年譜《清王葵園先生先謙自定年譜》。

是書八卷，以帝系爲序，卷一至五太祖朝、卷六太宗朝、卷七定宗朝、卷八憲宗朝，附編諸王補傳十二篇，含元史蘇布特傳、哲別補傳、術赤補傳、拔都補傳、伯勒克補傳、忙哥帖木兒諸王補傳、阿八哈補傳、阿魯渾補傳、合贊補傳、合兒班荅補傳、阿里不哥補傳、海都補傳。王氏究心元史，以爲『《元史》疏漏訛舛，海内學者所共知而同病也』。故曾以《元朝秘史》《聖武親征録》《元史譯文證補》三書鱗次相

比，著《元史拾補》（《元史拾補序》）。

王氏於民國四年乙卯（一九一五）九月十一日曾致函繆荃孫云：『涉獵元史，通校何秋濤所校《聖武錄》、李文田注《元秘史》、洪鈞《元史譯文證補》三書，於是摘錄《元史》，以三書低格附錄爲注。《元史》及三書，俱爲之神明燦然。』（《藝風堂友朋書札》）王氏《元史拾補序》稱：『中如太祖初基十三翼之戰，諸書誤敘在前，宜從《秘史》列後，非通校不明。泰亦赤兀困辱太祖不止一次，知有奪文；塞外三宗，足爲《元史・本紀》補異。術赤後王《列傳》則太祖親支，蒙古藩部尤當致詳。貨勒自彌、報達、木剌夷、康里等傳，既徵開國武功，遠極無外，而回部究竟，亦藉以考見崖略。』（《王先謙詩文集》卷六）今王氏《元史拾補》十卷不可見，或以爲此稿本即是書。此稿《元史》頂格，《元史譯文證補》《元秘史》均低一格抄錄，與前述致繆氏函所云一致，卷八後補列王傳十餘篇，紀年附注西曆，又有引稱『西書云云』者，則此稿除前述三書外另引證多書。

是書正文卷端題『王先謙蒙古通鑒長編卷某』，卷四標注作者『長沙王先謙』。文中多有修訂處，或爲抄錄後改定者。又文末《海都補傳》似未完，或稿本殘闕也。此書乃增補訂正《元史》而作，抄撮諸書而成，於元史研究具有一定資料價值。此稿本現藏湖南圖書館。（向輝）

三六六

**靖海紀不分卷** （清）施琅撰　清活字印本。框高二十二・四釐米，寬十四・六釐米。每半葉八行，行十八字，白口，四周雙邊。

施琅（一六二一—一六九六）字尊侯，號琢公，原名郎，福建晉江（今福建泉州）人。初爲鄭成功部下左衝鋒。入清後，歷官同安副將、總兵、福建水師提督，授内大臣，隸漢軍鑲黄旗。清康熙三年（一六六四）授靖海將軍。二十年復任福建水師提督。二十二年率師攻克澎湖，統一臺灣。以功封靖海侯，世襲罔替。卒謚襄壯。《清史稿》卷二百六十有傳。

《靖海紀》亦作《靖海紀事》，爲施琅經略平定澎湖收復臺灣之奏疏、文示之彙編。有不同版本，内容也略有差異。是書收録施琅疏十九篇、記一篇、祭文七篇、示四篇。疏、記之後多附鄉賢評論。時間起自清康熙六年十一月二十四日《邊患宜靖疏》，迄於康熙三十五年三月二十二日《君恩深重疏》。首恭列御製詩章、褒賜祭葬各鴻文及富鴻基、李光地、林麟焻、曾炳、程甲化、陳遷鶴六序，以及襄壯公像贊、傳。末附時人頌揚平南之文《平南行》《平南賦》及蔡致遠、施世綸跋文。其書版框係拼接，字形大小不一，墨色濃淡不均，爲活字印本無疑。書中避高宗皇帝名諱，『弘』字皆缺末筆，仁宗皇帝名諱則不避，蓋當排印於乾隆間。與《靖海紀事》康熙刻本相比較，收録内容雖相同，但體例迥異。《靖海紀事》中疏記文示等，不作類分，衹以時間先後爲序。御製詩章、褒賜祭葬各鴻文，也依時間先後散列其中。康熙四十八年施世驃撰《御敕宸章及平海奏疏總録小引》述及其編年體例云：『我先襄壯公受任靖海，其進取報捷，屢形章奏；迨褒崇錫爵，叠見恩綸。兹修族譜，悉當記録。顧誥敕宜冠簡端，而奏疏應列卷後。但勞臣宣力，歲月具有後先，聖主酬勳，寵班亦分次序。是以依春秋編年之例，不無錯綜；仿史漢列傳之修，並存始末，庶後之孫子，溯先烈、頌聖恩，易於敬觀，不至或紊云。』而活字本則首列御

製詩章、褒賜祭葬各鴻文，以示尊崇，其下則依次按疏、記、祭文、示分爲四類，各類下再依時間爲序列，較康熙刻本結構更爲合理，體例更爲規範。兩書因其體例不同，也造成《中國古籍善本書目》將二者分別編入紀事本末、雜史二類。活字本在内容上亦較康熙刻本略有異同，如《襄壯公傳》文字上就有較大修訂。

清康熙二十四年《靖海紀事》成書前，合閩之諸先生都人士曾刊刻《平南奏疏》，富鴻基、李光地、林麟焻、曾炳、程甲化爲之序，蔡致遠爲之跋。又於每篇疏記之後，附八閩紳士公刊評論。施世綸、施世驃在《平南奏疏》基礎上增輯而成《靖海紀事》。施世綸（一六五九—一七二二）字文賢，號潯江，施琅二子。歷官户部侍郎、漕運總督等職。施世驃（一六六七—？）字文迦，施琅五子。《靖海紀事》今可知刊本有二：其一爲清康熙刻本。此書較《平南奏疏》增入疏二篇及祭文、示，因係增入，未附原評。如康熙二十四年三月十三日《海疆底定疏》《收用人材疏》即爲增入，未附評論。陳遷鶴序中言及施世驃參與編書一事，據康熙四十八年施世驃《御敕宸章及平海奏疏總録小引》，此書刊刻當在是時。此外，《續修四庫全書》中也收有一清康熙刻本《靖海紀事》。審其版本，實爲清康熙刻光緒元年（一八七五）施葆修增補印本，書中增入陳庭焕《施襄壯受降辯》一文。施葆修《重刊靖海紀事序》詳其事。施氏序雖題重刊，實爲康熙刻本之修補增刊。其二爲嘉慶二年（一七九七）施奕學重刊本。是本『取其舊編校而刻之，於原敘、原跋各存其二，以御製《八旗通志》所載名臣傳易族祖聞於公所撰家傳，而舊編所載鄉先生評論以及頌揚詩賦，悉從删焉』（施奕學嘉慶二年丁巳重鐫《靖海紀》跋）。嘉慶刊本雖未經眼，讀

此跋文，亦可管窺。另《續修四庫全書總目提要》著録《靖海紀》原刊本，云是本首有李光地等二序，次列御製詩章、褒賜祭葬各鴻文及《欽定八旗通志·名臣傳》，正文收録奏疏十九篇，並附《師泉井記》一篇，其他祭文、示文未收，末附蔡致遠、施世綸二跋。考《欽定八旗通志》成書於嘉慶初年，原刊之説當屬臆斷。此本現藏遼寧省圖書館。（劉冰）

三六七

## 大金國志四十卷

題（宋）宇文懋昭編　清盧文弨家抄本。框高二十·三釐米，寬十三·七釐米。每半葉十行，行二十字，小字雙行同，白口，左右雙邊。

宇文懋昭（生卒年不詳），金人，後投宋。端平元年（一二三四）《進書表》，自署淮西歸正人，宋授以承事郎、工部架閣。舊傳《大金國志》爲懋昭所撰，然此説尚有疑議。

是書爲金代史事之紀傳體史書，共四十卷，其中九帝本紀二十六卷，開國功臣一卷，文學翰苑二卷，楚、齊始末及有關文録二卷，各項制度及雜儀四卷，宋金往來誓書一卷，京府州軍及女真民俗二卷，許亢宗宣和乙巳奉使燕雲行程録一卷，書前另附經進大金國志表、金國初興本末、金國世系之圖、金國九主年譜。清初學者王士禛在《池北偶談》中最早論及《大金國志》真僞問題，其卷十八《契丹、大金二國志》條中曰：『《金志》記載與《南遷録》多相合，與史多謬。其《文學傳》則全節取元好問《中州集》。或云宋人僞造，似也。』《四庫全書總目》是書提要亦指出《大金國志》之種種牴牾，並認爲此書『恐已經後人竄亂，非復懋昭原本』。其後，從清儒錢大昕，到近現代學者李慈銘、余嘉錫，都進而指出

《大金國志》出自元人之手，現代學者鄧廣銘、劉浦江則推測此書出自『坊肆書賈』之手。該書雖編纂體例冗雜失次，且來歷不明，然就金代歷史資料而言，其價值僅次於《金史》，並可與之相參，仍不失爲研究金史之重要資料。

是書元代即有刻本，今已不存。此本爲盧文弨家抄本，書中卷端所鈐盧文弨諸印鑒可證。此本源自元本，又經盧文弨朱筆校正，不僅可反映元本面貌，亦多有校勘價值，洵爲珍貴。另是書尚有天一閣抄本，亦出自元刻。今之通行掃葉山房刻本，則經清人删改『違礙』之處，殊失原貌。

此本鈐有『武林盧文弨寫本』『盧文弨』『弓父手校』『武林盧文弨家經籍』『曾在趙元方家』『趙鈁珍臧』諸印，可知此本乃趙鈁舊藏。現藏中國國家圖書館。（趙文友）

三六八

**元朝祕史十五卷**　清抄本　錢大昕跋。框高二十一・一釐米，寬十五・七釐米。每半葉十行，行三十字，紅欄格，白口，四周單邊。

是書又名《蒙古秘史》，不著撰人名氏。有學者認爲全書皆由一人撰寫，以國内已故蒙元史專家、内蒙古大學亦鄰真教授爲首的部分學者則贊同是書由若干人合撰而成。此外，學者巴雅爾在《關於〈蒙古秘史〉的作者和譯者》一文中，反駁了德國學者海涅士早已提出的該書作者爲『失吉忽秃忽』的觀點，指出該書作者應爲右丞相鎮海、必闍赤長怯烈哥、必闍赤薛徹兀兒等人。此説尚不能做定論。

是書原文用畏兀儿體蒙古文撰寫。明洪武十五年（一三八二），四夷館的翰林譯員出於教學蒙古

語的需要，始譯之爲漢文，並定名《元朝祕史》。其正文是用漢字音寫的蒙古語，蒙古語的每個單詞旁邊又用漢字注明詞義和語法形態，這種注解稱爲旁譯。全書共分二百八十二節，每節正文和旁譯的後面均有簡要譯文，稱爲總譯。前五十八節記載成吉思汗先人事迹，從二十二代傳説始祖起，依次羅列先祖先宗的名字，直至成吉思汗的父母。書中多有關於蒙古氏族部落起源的傳説和史實。從五十九節至二百六十八節，是有關成吉思汗時代的歷史記載，從成吉思汗的誕生、幼年的艱辛經歷直到成吉思汗豬兒年（一二二七）滅西夏及其病逝，尤詳細記述了成吉思汗統一蒙古各部落的鬥争以及統一後南下西征的歷史過程。涉及當時的政治、軍事及其組織機構等各個方面。自第二百六十九節以後，記載元太宗窩闊台汗時期的重要史事，如拔都西征、滅金、重中怯薛（成吉思汗時建立的禁衛軍）制度、規定賦税額、建立驛站等等。正文以窩闊台總結自己一生之四功四過結束。

是書結尾有『此書大聚會著鼠兒年七月於客魯漣河闊迭額阿剌勒地面處下時寫畢』語，標明成書時間和地點。關於鼠兒年，學界素有争議，有一二二八年戊子、一二四〇年庚子、一二五二年壬子、一二六四年甲子、一二七六年丙子等異説，至今尚無定論。其中，一二四〇年庚子説最早爲清代學者徐松、李文田等人提出，也是至今爲多數學者採用的説法。

《元朝祕史》具有極高的學術研究價值。首先，書中的一些記載是絶無僅有的資料，可以補《元史》《聖武親征録》等不足。其次，該書是古代蒙古社會史資料的寶藏，在反映遊牧經濟的生産活動和生産方式、氏族部落制度、當時的社會心理和風俗人情等方面，提供了最爲具體和準確的資料。再次，該書

對於研究歷史語言學亦很有價值。有關古蒙古語語音、辭彙、語法的資料豐富無比。明翰林譯員們更創製了一套嚴整的用漢字譯寫蒙古文原文的符號體系。同時，書中的旁譯使得許多蒙古古詞語的詞義和語法關係得以保存至今，成爲寶貴的文化遺産。此外，該書亦可以視爲蒙古民族第一部古典文學作品，書中有大量韻文，描繪生動，別有情趣，充滿草原生活氣息。

此書傳世有兩種不同版本：十二卷抄本和十五卷抄本。兩者在内容方面並無任何差別，區別僅在於分卷不同。十二卷本爲明洪武十五年四夷館所譯《元朝祕史》，稱爲明洪武本，由正文十卷和續集二卷組成。錄入明黄虞稷所撰《千頃堂書目》。學術界研究、譯注《蒙古祕史》，通常是以十二卷本爲底本，十二卷本以《四部叢刊》三編本和葉德輝葉氏觀古堂刻本爲最佳。

十五卷本抄本係清代著名學者錢大昕自《永樂大典》中輯出，當時成爲元史學上的一大發現，故錢氏抄本爲十五卷抄本之祖。清嘉道年間曾由阮元進呈内府。國家圖書館所藏此本爲翁同書從廣陵（今江蘇揚州）藏書家手中購得。書首有翁氏於咸豐七年（一八五七）二月手書阮元《元祕史十五卷提要》，並附自序。是本鈐『祖庚在軍中所讀書』『翁伯子』『翁同書字祖庚』印。現藏中國國家圖書館。

（楊印民）　三六九

**明季野史三十四種三十六卷**　清抄本。每半葉九行，行二十一字，無欄格。

全祖望《鮚埼亭集外篇》卷四十四《與盧玉溪請借抄續表忠記書》曰：『明代野史，不下千家。』其

中尤以明季野史爲最，故明高儒《百川書志》始立『野史』一門。

此本乃彙抄諸種明季野史而成，彙編抄寫者未詳。共收書三十四種，計三十六卷。所收諸史作者皆爲明末清初人士，依次著録爲：丁大任《癸巳小春入長沙記》一卷，孫慎行《恩恤諸公志略》一卷，華復蠡《兩廣紀略》一卷，孫慎行《孫愷陽先生殉城論》一卷，蔡鼎《孫愷陽先生前後督師略跋》一卷，范樹鍭《繡江集》一卷，姜燕及《輶軒記事》一卷，顧偉南《丙申日記》一卷，丁大任《永曆紀事》一卷，《江陵紀事》一卷，《東林事略》一卷，《東林紀事本末論》一卷，《督師袁崇煥計斬毛文龍始末》一卷，錢邦芑《崇禎甲申燕都紀變實録》一卷，《甲申三月忠逆諸臣紀事》一卷，華廷獻《閩游月記》一卷，徐世溥《江變紀略》一卷，《殘明紀事》一卷，瞿共美《粵游見聞》一卷，《行在陽秋》二卷，自非逸史《也是録》一卷，容溪樵隱《求野録》一卷，《賜姓始末》一卷，夏允彝《幸存録》二卷，夏復《續幸存録》一卷，《四王傳》一卷，《左疏》《左檄》各一卷，《東明聞見録》一卷，《嘉定屠城紀略》一卷，王秀楚《揚州十日記》一卷，應喜臣《青燐屑》一卷，康範生《仿指南録》一卷，汪光復《續明季遺聞》一卷。此本各史體例不一，所記多涉明季清初史事，雖爲雜記異録，甚至亦有不經之語或無稽之説，然其記敘生動，藉之可質正史疑謬、補緝闕遺，不失爲明清史研究的珍貴參考文獻。

此抄本工整有序，書法端正，間有朱墨筆校改，且不避清諱。其版心上録書名，下記葉數。每册前附寫目録，其字體與正文不同，又與實收書目有異，如第一册許悳士《殉忠録》，第二册宋轅文《東村紀事》、張遴白《難遊録》、憨融上人《宮廷睹記》，第三册方以智《兩粵新書》，第四册宋直方《瑣聞録》《瑣

聞别録》等，皆有目無文。明季野史在清代屢遭禁燬，多賴抄本流傳。此本保存完好，收録品種較多，與現存諸本文字又頗有出入，具有重要的文献價值。此本現藏中國國家圖書館。（趙文友）

三七〇

## 靳文襄公奏疏八卷　（清）靳輔撰　清雍正初靳治豫刻本。框高二十釐米，寬十四·六釐米。

每半葉九行，行二十二字，白口，單魚尾，左右雙邊。

靳輔（一六三三—一六九二）字紫垣，遼陽（今遼寧遼陽）人，隸漢軍鑲黄旗。其祖先爲山東濟南府歷城縣人。順治九年（一六五二）由官學生考授國史院編修，十五年改任内閣中書，尋遷兵部員外郎。康熙元年（一六六二）任兵部職方司郎中，八年爲國史院學士，充任纂修《世祖實録》副總裁。十年授安徽巡撫，加兵部尚書銜。十六年任河道總督。著有《治河方略》八卷、《治河奏績書》四卷和《靳文襄公奏疏》八卷。《清史稿》卷二百七十九有傳。

靳輔曾參與平定三藩，於治河本無研究，有幕僚陳潢（字天一）襄助其事。輔初到任時，河道失治。淮潰於東，黄决於北，運涸於中，决口近百處，海口淤塞，運道斷航。因周度形勢，博採輿論，一日連上八疏，以爲『治河之道，必當審其全局，將河道、運道爲一體，徹首尾而合治之，而後可無弊也』。在繼承明人潘季馴『束水沖沙』之法基礎上，還創開中河，寓濬於築，使河水仍歸故道。輔督河十二年，由於措施得宜，黄河安流三十餘年，漕運亦通暢。二十七年被構陷罷去。三十一年再任河道總督，不久病死，卒賜祭葬，謚文襄。三十五年，允江南士民請，建祠河幹。四十六年，追贈太子太保，予拜他喇布勒哈

番世職。雍正五年（一七二七），復加工部尚書，入祀賢良祠。

此書爲輔前後治河奏疏，由其子治豫彙刊。目録分卷單行，末附《輔撫皖題稿》二篇，極論騷擾驛站、節省錢糧諸事。

康熙四十六年，帝曾評價靳輔治河：『康熙十四五年間，黄、淮交敝，海口漸淤，河事幾於大壞，朕乃特命靳輔爲河道總督。靳輔自受事以後，斟酌時宜，相度形勢，興建隄壩，廣疏引河，排衆議而不撓，竭精勤以自效，於是淮、黄故道次第修復，而漕運大通，其一切經理之法具在，雖嗣後河臣互有損益，而規模措置不能易也。至於𠜱開中河，以避黄河一百八十里波濤之險，因而漕輓安流，商民利濟，其有功於運道民生，至遠且大。朕每蒞河幹，遍加諮訪，沿淮一路軍民感頌靳輔治績者衆口如一，久而不衰。』可爲確論。

此本原曾題清刻本、清乾隆刻本，然前有兵部尚書張大有序。考張氏任兵部尚書在世宗繼位以後，卒於雍正八年，且張序贊輔『樹勳兩朝』，故此本當定雍正初刻本爲宜。此本鈐有『飲冰室』印，表明曾經梁啓超收藏。現藏中國國家圖書館。（肖剛）

三七一

**南陵無雙譜一卷**　（清）金古良撰　清康熙刻本。框高十九·五釐米，寬十二·七釐米。白口，四周單邊。

金古良（生卒年不詳），康熙時人。［乾隆］《紹興府志》卷七十《人物·方技》略載其行迹：『金古

良，山陰人，畫《無雙譜》。先是，陳章侯畫《水滸傳像》，各極意態，妙絶一時，好事者雕行之後，有劉伴阮《凌煙閣功臣圖》。古良名史，以字行，更字射堂。人物名手也。二子可久、可大，世其學。』清張庚《國朝畫徵錄》所載略同。金氏别號南陵，故本書或名《無雙譜》，或冠以其號。據書前陶式玉序，『南陵聲氣才藻爲文坫祭尊三十餘年矣』，可見金古良亦一時名士。與毛奇齡、王士禎相友善。

此書博採自漢迄宋一千四百餘年間之名人繪以成圖，其中有不世英才，亦有爲時所不許者。每人配以一詩一畫，右爲工筆細描人物繡像，旁有題名並記其生平事迹；左繪配合人物生平或事迹的各種器物、圖籍、山水、動物等，金氏所自擬之樂府題詞置於附圖之内或旁。每圖有『無雙』二字朱印，題詞後又各有不同印記。圖文並茂，生動傳神，頗有陳老蓮《水滸葉子》畫風。鐫圖者爲康熙時版刻名工朱圭，朱氏曾入養心殿供事，雕刻過《凌煙閣功臣圖》《行跡圖》等名作。刀法流利，十分精美。毛奇齡本書引言謂『南陵與予同學詩，與徐仲山同學書，□未爲畫也□而畫精。即是譜名無雙而實具三絶，有書有畫又有詩也』。良非虚譽。故《無雙譜》被譽爲清初人物版畫之代表作。自書成起便享盛名，坊間翻刻不斷，《無雙譜》人物也成爲瓷器上常見紋飾。

此本原爲鄭振鐸得自邃雅齋者，鄭氏跋云：『金古良《無雙譜》，予曾收得數本，皆不愜意。此本雖爲兒童所塗污（案：指人物畫像嘴唇多被描紅），猶是原刊初印者，紙墨絶爲精良。』書前有宋俊琴弁言，署康熙庚午，即康熙二十九年（一六九〇）。毛奇齡引言自稱『七十七老人奇齡』，毛氏生於明天啓三年（一六二三），可推知撰引言時在康熙三十八年，此書編繪當在此間。此書無王士禎序，其他版

本或多徐咸清、董良橚序，王士禎題詞，或無毛奇齡引言。《賞奇軒四種合編》中也收録有此書，依此翻刻而頗爲粗疏，不及原作。

二〇〇六年，上海崇源藝術品拍賣公司曾拍賣金古良《無雙譜》手繪原稿，册中畫面與版刻均能一一對應，可據以研究其演化加工軌迹。

此書前有藏書印『长乐郑振铎西谛藏书』，末有『長樂鄭氏藏書之印』印。現藏中國國家圖書館。

（樊長遠）

三七二

**方輿考證一百卷**　（清）許鴻磐撰　稿本。每半葉九行，行二十二字，小字雙行二十一字。

存九十卷：　卷一至十二、十四至九十一。

許鴻磐（一七五七—一八三七）字漸逵，號雲嶠，又號六觀樓主人，濟寧（今屬山東）人。清乾隆四十四年（一七七九）中鄉榜，四十六年成進士，補授江蘇安東縣知縣，擢西城兵馬司正指揮，遷安徽潁州府同知，改泗州直隸州知州、河南禹州知州，『所至有循聲』。博極群書，『漢唐宋諸家盡讀，「三通」「二十四史」往復十數過，强半成誦』。平生著述二十餘種，除是書外，地理類著作尚有《河源述》《金川考略》《泗州考古録》《簡明地圖》等數種。［道光］《濟寧直隸州志》卷八《人物四》有傳。

許氏自言及冠之年讀『二十二史』，見其中歷代郡縣及所載山川、關阨，展卷茫然，遂有志於方輿之學。先是用十五年時間博採衆書，仿《資治通鑑》編年體例，纂爲數百卷長編。四十歲後再『定體例，分

部署』，以唐李吉甫《元和郡縣圖志》各善本爲依據，以《大清一統志》爲憲章，『旁搜者無慮數百家，元元本本，考古證今』。然因宦途坎坷，又困於家計，至道光初年辭官歸里時，全書僅成十之五六。道光十一年（一八三一），許氏以七十五歲高齡課塾於同邑李聯墫家，利用李家豐富藏書，專意是書編撰修訂，至道光十七年五月，全書百卷始克告就，然七月即魂歸道山。許氏原擬成書一百二十卷，其《自記》中提及全書『止缺藩服如内外蒙古、朝鮮、日本、琉球、越南、阿瓦等』。又對山東『所纂甚不愜志』（李聯榜《方輿考證總部序》），亦有修訂『總部』及繪製方輿全圖、分省地圖之意，惜乎天不假年，僅完成札薩克蒙古（内蒙古）二卷。

全書一百卷，前總部六卷以爲發凡提要，首皇朝輿圖敘略、歷代建置及分合形勢，次山川、漕運、海防、邊塞、都邑，上下四千年，縱横二萬里，使人一閲總部即得全書大概。後九十四卷分述京師並南北十九省及東北、内蒙古、新疆、西藏地理概況，考古述今，源流並重。李福泰《六觀樓文集拾遺序》云是書：『所重在沿革、形勢、山川、險要、古迹，而不止名勝；所詳在兵機、河防、屯政、水利，而不取詞章。殆以經濟之學，成有用之書。』李聯榜序文亦言是書『綜體國經野之要，寓設險保邦之策』，實非虚譽。

先是，清之學者以《明一統志》『繆盭尤甚』，顧祖禹作《讀史方輿紀要》雖能『起而正之，訂者已强半』，然顧書『沿革之昧』『考究之疏』『援引之陋』仍復不少。許氏乃奮發所爲，潛心方輿者四十餘年，於上述二書之訛者，『僉加釐正』（李聯榜序），『凡顧氏有所舛漏，一一辨而正之』（李福泰序）。同時在

内容上又比顧書有所充實，如增加歷代原有而顧氏未録、未見之明末至清中期歷史地理資料；敘述地域也較顧書大大擴展，增加東北（即盛京、吉林寧古塔、黑龍江）、札薩克蒙古、天山南北二路（即新疆）、青海、西藏等處。恰如李兆洛序（此本無）云：『此書蓋將以糾其失而補其所不及。所考證諸書博於顧氏，又稍變其例以明統括、定限斷。書成，治地理者可以無憾矣。』

許氏身後無子，概因門生李聯琇嘗『供其筆札』，故書稿全帙正本歸琇所有，琇『視若拱璧，不輕以示人』。琇卒後，『其子能世守之』，至同治七年（一八六八），仍見藏於其家（李福泰序）。約光緒間，此稿轉屬陽湖朱氏，後又輾轉歸於昆明蕭應椿。民國初年，濟寧潘復以巨金自蕭氏處購得，其時原稿已稍有散佚（佚山東首卷，據稱原稿山東部分曾爲山東通志局借去，被其丟失）。一九一八年，潘氏據此書稿付梓，計一百卷，世稱民國濟寧潘氏華鑑閣刻本。

然是書總部六卷成篇最早（當不晚於嘉慶十六年［一八一一］），有二抄本，一本抄於金陵客邸，另一本爲許氏在壽春時命胥吏所抄。李聯榜自云許氏將總部副本存其處，疑即金陵客邸之本。因前揭李聯琇所藏之正本總部較副本『加詳』，聯榜嘗『校而歸之』。許氏卒後，總部副本歸於聯榜，榜『寶此篋編，不敢輕示人』（李聯榜序）。此本總部六卷當爲聯榜所藏之副本無疑，每册皆鈐有许氏名章『鴻磐』『漸逵』『六觀樓』。聯榜序文葉則鈐有『李聯榜印』『棨庭』『聯榜』『約四齋』印，並閒章『實事求是』『安性覃思』；又鈐『道沂眼福』『延熙經眼』印，表明鄒道沂、汪延熙皆爲經眼。此總部六卷副本於道光年間由楊以增出資刊刻。

又，此本卷首止於有清全國輿圖及李聯榜序，不見楊以增刻本及潘氏華鑑閣刻本之嘉慶十六年李兆洛序和嘉慶二十三年作者自記，或已散失。現藏西南大學圖書館。（楊印民）

三七三

**元和郡縣圖志四十卷**　（唐）李吉甫纂修　清初抄本。框高十八·四釐米，寬十四·一釐米。每半葉十行，行二十二字，小字雙行同，白口，左右雙邊。

存三十四卷：卷一至十八、二十一至二十二、二十五至三十四、三十七至四十。

李吉甫（七五八—八一四）字弘憲，趙州贊皇（今屬河北）人。以門蔭入仕，唐憲宗元和二年（八〇七）爲中書侍郎、同中書門下平章事。三年檢校兵部尚書兼中書侍郎平章事，充淮南節度使。六年授金紫光祿大夫、中書侍郎、平章事。九年暴病卒，年五十七。贈司空，謚號敬憲。著《六代略》三十卷、《十道圖》十卷、《古今地名》三卷、《删水經》十卷、《國計簿》十卷、《元和郡縣圖志》四十卷、《百司舉要》一卷等。今僅存《元和郡縣圖志》。《舊唐書》卷一百四十八、《新唐書》卷一百四十六有傳。

是書撰成於元和八年，所謂『元和』，是指成書於憲宗元和年間，而非記述『元和』時的疆域。元和時期，削藩鎮、籌邊防爲重要議題，時人認爲『建州域，物土疆』，『事關興替，理切安危』。李吉甫云：『成當今之務，樹將來之勢，莫若版圖地理爲切。』故是書『辨州域之疆理』，『分天下諸鎮，紀其山川險易故事，各寫其圖於篇首』（李吉甫《元和郡縣圖志序》），以太宗貞觀十三年（六三九）大簿區劃爲綱，配合當時的『四十七鎮』，分十道：關内道四卷、河南道七卷、河東道四卷、河北道三卷缺一卷、山南道

四卷缺二卷、淮南道一卷缺、江南道六卷、劍南道三卷、嶺南道五卷缺二卷、隴古道二卷。元和時，黄河南北五十餘州爲藩鎮割據，川西淪於吐蕃，李吉甫仍因十道劃分，旨在恢復舊土，使之循名核實，用意深刻。同時，又正視現實，『起京兆府，盡隴右道』。書例則取初唐魏王李泰《括地志》，對《太平寰宇記》及元、明、清《一統志》影響巨大，開我國地方總志之先河。《四庫全書總目》是書提要贊此書『輿記圖經，隋唐《志》所著録者，率散佚無存。其傳於今者，惟此書爲最古，其體例亦爲最善。後來雖遞相損益，無能出其範圍。今録以冠地理志之首，著諸家祖述之所自焉』。

原書總四十二卷，至北宋圖已亡佚，南宋時志亦缺損，今存僅三十四卷，缺卷第十九、二十、二十三、二十四、三十五、三十六。卷一、九、十八、三十三亦有殘損。散佚部分清繆荃孫輯有《元和郡縣志缺卷逸文》三卷、清嚴觀輯《元和郡縣補志》六卷。因缺圖，又名《元和郡縣志》。是書以府或州爲敘述單位，先列府或州名，記開元與元和户數、歷史沿革、境界、八到、貢賦、轄縣等，次各縣沿革、山川、城邑、古迹、物産、交通、重大事迹等。疆域政區沿革上溯周秦兩漢，及魏晉南北朝，至唐初。

是書自問世以來一直以抄本行世，至南宋淳熙三年（一一七六）張幾仲（字子顔）於襄陽幕府刊刻此書，附程大昌、洪邁、張幾仲後跋。程氏云：『本朝（宋）疆理天下，率多本唐，則是書之備稽究，特與今宜。』洪氏云：『一旦天子讀此書，悼河山之獨西，想燕冀而慷（忼）慨，睠爲（焉）北顧，思有所出。』則是書宋刊本之旨顯矣。後戰亂頻仍，刊本亡佚，獨賴數抄本存世。至清始又刊之，爲乾隆三十八年（一七七三）武英殿刊本、嘉慶二年（一七九七）孫星衍刻岱南閣叢書本、光緒六年（一八八〇）金陵書

局刊本。

此本爲清初抄本，全書有兩處朱筆校改：第三册卷五第十七葉『亦日』改『亦曰』，『流水』改爲『允水』；第六册卷十二第七葉，『絳州』增一『絳』字。黄丕烈跋陳樹華抄本《元和郡縣圖志》云『抄本必以舊乃佳』，此本所從源自宋版，出怡親王府，頗可寶貴。

此本鈐有『怡府世寶』『明善堂珍藏書畫印記』『安樂堂藏書記』『結一廬藏書印』『仁龢朱復廬校臧書籍』『子清真賞』『涵芬樓』『海鹽張元濟經收』諸印，曾經怡親王弘曉、朱氏結一廬、張元濟遞藏。現藏中國國家圖書館。（向輝）

三七四

## 歷代宅京記二十卷

（清）顧炎武撰　清抄本。每半葉十行，行二十七字，無欄格。

顧炎武（一六一三—一六八二）原名絳，字忠清，明亡，改名炎武，字寧人，號亭林，自署蔣山傭，學者尊稱爲亭林先生。江蘇昆山人。明諸生。曾參加昆山抗清義軍，敗後漫遊南北，屢謁明陵。所至每墾田度地，結交豪傑之士，爲光復計。遊歷中載書自隨，考察山川險要、土物民風，隨時發書核查。康熙間被舉博學鴻詞，堅拒不就。晚歲卜居華陰，篤志經史，卒於曲沃。青年時『感四國之多虞，恥經生之寡術』，發憤爲經世致用之學。倡導『博學於文，行己有恥』，合學與行、治學與經世爲一，於經史兵農、音韻訓詁及典制地理之學無所不通，治學嚴謹，考辨精深，著述宏富。最著者爲《日知錄》，另有《音學五書》《天下郡國利病書》《肇域志》《歷代宅京記》《亭林詩文集》等。顧氏力矯明末學術空疏流弊，

開一代樸實學風，對清代及後世都有積極而深遠的影響。

此書又名《歷代帝王宅京記》（《四庫全書總目》）、《歷代都城宮闕考》（《蘇州府志》），《四庫全書總目》是書提要云：『所録皆歷代建都之制，上起伏羲，下訖於元，仿《雍録》《長安志》體例，備載其城郭、宮室、都邑、寺觀，及建置年月事迹。前爲總論二卷，後十八卷則各按時代詳載本末。』是一部輯録都城歷史資料的專書。史料豐富，徵引詳核，詳略有當，考據亦頗精審。

據徐元文序可知，顧炎武的地理學著作有三部，『曰《肇域志》者，囊括一統志、二十一史及天下府州縣之志書而成者也；繼又摘其有關政事者爲《天下郡國利病書》；而復彙從來京都沿革之故參互考訂，輯成是編，共二十卷，名曰《歷代宅京記》』。據書末顧氏之子衍生跋，此書成於顧氏去世之前，告成最晚。

書成後未刊版，輾轉傳抄以行世，衍生跋稱『復録二本，一貽潘太史，一贈靖逆侯』。潘太史即潘耒。靖逆侯者，據書前丁杰跋，『靖逆侯不知何人，《浙江遺書總録》閏集第八十六翻有《張襄壯公奏疏》六卷，云國朝靖逆侯西安張勇撰，豈衍生贈書之靖逆侯似即張襄壯乎』。丁氏疑此抄本即出靖逆侯本，而潘氏之本不聞所傳。至清嘉慶十三年（一八〇八）始有顧氏五世孫錫祉以家藏稿本付刊，即世所謂來賢堂本。後又有光緒間朱記榮《亭林遺書》本、《槐廬叢書三編》本、方氏《碧琳琅館叢書》本等，而朱氏所刻次序凌亂，脱漏之文連篇纍葉，不知所據爲何底本。此抄本爲足本，且年代較早，可校正刻本訛誤。書中所引文獻，大部分原書尚存，可取以互勘。張敦仁跋稱：『此書所引《三輔黄圖》，雖中不

無删削，然前後錯見大□俱在，較之靈巖山館所刻《黄圖》本互有異同，亦互有得失。』可見此書的版本價值。

此抄本曾經張敦仁手校，間有朱筆校語。張敦仁（一七五四—一八三四）字古餘（一作古愚），山西陽城人。乾隆四十年（一七七五）進士，爲官四十餘年，卓有政績。著書甚多，尤嗜曆算。富藏書，又好刻書。事迹見清同治十三年（一八七四）《陽城縣志》卷十、［光緒］《山西通志》卷一百三十四、羅士琳《疇人傳續編》。

此書前有張氏及丁杰（小疋）跋語。後歸傅增湘，有藏書印『雙鑑樓』『江安傅沅叔收臧善本』。現藏中國國家圖書館。（樊長遠）

三七五

**内府輿地全圖八册不分卷** 清康熙刻本。框高二十一釐米，寬十四·三釐米。白口，四周單邊，無欄格。

《内府輿地全圖》是以《皇輿全覽圖》爲基礎刻印的分省地圖集。清康熙四十七年（一七〇八），傳教士白晉（一六五六—一七三〇）、雷孝思（一六六三—一七三八）、杜德美（一六六八—一七二〇）等人奉康熙帝敕命從北京長城開始，按照北直隸、東北、山東及其沿海一帶、陝西、甘肅、山西、喀爾喀蒙古、河南、江蘇、安徽、浙江、福建、四川、雲南、貴州、湖北、湖南和西藏的順序進行測量。康熙五十六年，測繪工作結束，測繪人員返京編輯圖集。康熙五十七年全圖告成，名曰『皇輿全覽圖』，包括關内十

五省和關外滿蒙各地，尤其是對西藏和臺灣地區的測量，十分珍貴。《皇輿全覽圖》是我國第一次採用經緯圖法和梯形投影等新法繪製的大型地圖。該圖達到了較高的科學水平，直至辛亥革命後仍爲編繪新圖的重要依據。

《皇輿全覽圖》有多個版本，如康熙五十七年木刻初印本、康熙五十八年銅版印本、康熙六十年三十二葉木刻本，這些版本均爲官方正式版本。爲了適應行政管理的需要，還印製了以省、府分幅的木版小葉本，總計二百二十七幅。木版小葉本方便使用，流傳甚廣，《内府輿地圖》《大清輿地圖》《清一統輿圖》等均屬此版，衹是名稱不同而已。木版小葉本系統與官方正式版本的區別是没有經緯綫，衹包括内地各省，缺失了邊境地區的測繪信息。但木版小葉本有助於人們簡要瞭解《皇輿全覽圖》的面貌和研究當時内省的建置沿革。

《内府輿地全圖》首列《山海輿地全圖》一幅，該圖係在意大利傳教士利瑪竇（一五五二—一六一〇）所繪首幅中文世界地圖《山海輿地全圖》的基礎上略加修改而成。次列直隸、江南、浙江、江西、湖廣、福建、山東、山西、河南、陝西、四川、廣東、廣西、雲南、貴州等十五省府圖及盛京府圖。其中十五省反映了清順治二年（一六四五）至康熙二年的設置情況。而圖中的縣、衛等設置却反映了清康熙晚期的狀況，如康熙四十七年湖南省置乾州廳，此《湖廣全圖》上有『乾州』；康熙五十四年貴州省安順府裁寧谷長官司，此《安順府圖》中仍有『寧谷司』，故可判定《内府輿地全圖》大致爲康熙四十七年至五十四年之間刻本。

值得注意的是，本書在直隸、江南（後分爲江蘇、安徽兩省）、浙江、福建、山東、廣東等沿海六省全圖前後有後人抄錄的《直隸沿海道里説》《直隸海防》《江蘇沿海道里説》《江蘇海防》《浙江沿海道里説》《浙江海防》《福建沿海道里説》《福建海防》《山東沿海道里説》以及《廣東沿海道里説》。以上各省《沿海道里説》描述了沿海各省海岸綫及江河入海口等情况；各省《海防》則闡述了一些守衛禦敵的觀點，反映了晚清的海防思想。如《江蘇海防》云：『江督曾國荃續籌布置，以江陰爲第一重門户，實較白茅爲穩。』曾國荃（一八二四—一八九〇）曾於光緒十年（一八八四）署禮部尚書、兩江總督兼通商事務大臣。又如《福建海防》云：『劉中丞銘傳督辦臺防，嚴守臺北，固得難重之宜。』劉銘傳（一八三六—一八九六）曾於一八八五至一八九〇年間任臺灣巡撫。各省《沿海道里説》和《海防》具有較高的史料價值，但目前尚未知其作者和出處。

此本《内府輿地全圖》成書後不久即爲清人羅植所藏。據《清人詩文集總目提要》，羅植生於清康熙十年至十四年之間，字階蘭、蘭齋，號樹堂、墨壽，山東德州人，曾任刑部員外郎等職。本書鈐『羅植字階蘭號墨壽書畫之章』『逢源珍藏』『羅氏中孚以深』等印。現藏中國國家圖書館。（孫俊）

三七六

**海國聞見録二卷**　（清）陳倫炯撰　清乾隆刻本。框高二十四釐米，寬十五·八釐米。每半葉九行，行二十四字，白口，單魚尾，四周雙邊。

陳倫炯（?—一七五一）字姿齋，福建泉州府同安（今屬厦門）人。《清史稿》卷二百八十四有

傳。其父陳昂，年輕時曾到海外經商，《海國聞見錄序》中稱：『所至必察其面勢，辨其風潮，觸目會心。』清軍收復臺灣，陳昂爲清軍指明海道，立戰功，後被清廷授予碣石總兵，官至廣東副都統。陳倫炯自幼跟隨其父，並充當過侍衛，陳父對他『親加教育，示以沿海外國全圖』，對日後《海國聞見錄》的創作不無幫助。後陳倫炯歷官臺灣南路參將、澎湖副將、臺灣水師副將、臺灣總兵、寧波水師提督等職。《海國聞見錄》是陳倫炯在寧波水師提督任上所撰。自序作於雍正八年（一七三〇）冬，初版於乾隆九年（一七四四）。《海國聞見錄》是清朝統一中國以後，第一部全面記載沿海、南洋以至非洲、歐洲輿地形勢的著述。材料來源均爲陳氏見聞，誠如《四庫全書總目》是書提要對本書的評價：『凡山川之扼塞，道里之遠近，沙礁島嶼之夷險，風雲氣候之測驗，以及外蕃民風物産，一一備書。雖卷帙無多，然積父子兩世之閲歷，參稽考驗，言必有徵。』陳倫炯撰寫《海國聞見錄》一書的目的有二：一是記載清聖祖及父輩的教誨；二是點明防禦搜捕之扼塞，使經商的人知道『備風潮，警寇掠』，有『保民恤商之德意』。

是書前有時任閩浙總督那蘇圖、納蘭常安、彭啓豐序。全書分上下兩卷，上卷八篇：『天下沿海形勢錄』『東洋記』『小西洋記』『大西洋記』『崑崙』『南澳氣』『東南洋記』『南洋記』。此書首篇以『天下沿海形勢錄』爲題，重點放在當時形勢漸趨複雜的東南沿海，凡與海防有關者，無不詳加論述。下卷圖六幅，『四海總圖』『沿海全圖』『臺灣圖』『臺灣後山圖』『澎湖圖』『瓊州圖』。然『四海總圖』據傳聞而繪，方位錯亂。另外五幅地圖，因測繪技術較低，在今人看來，謬誤、錯漏之處難免，陳氏父子多年鎮

守海疆，親歷其間，積纍了相當多的經驗，亦有一定的參考價值。

是書見證了中國對南海諸島及其附近海域擁有完全主權，已經超出一般航海資料之意義。出版之後旋即産生了重大影響，魏源在編纂《海國圖志》時，也以該書作爲重要的參考資料。《海國圖志》初刻本五十卷中即有九卷爲《海國聞見録》之内容，且《海國圖志》與《海國聞見録》名字也有傳承性。徐繼畬此後作《瀛寰志略》，也參考此書。

梁啓超將陳倫炯與徐霞客、梁質人三人譽爲『探險的實測的地理學者』。是書在我國地理史上有重要的地位。

由於客觀條件限制，《崑崙》《南澳氣》兩篇，是全書質量較差的部分，表現在少數篇章内容貧乏，論點片面，時見錯訛之處。還摻雜有迷信、神奇的内容。外國地圖部分則衹有東半球，《四海總圖》精細程度不及清《内府輿圖》。

是書初刻於乾隆九年，《四庫全書》收入『史部·地理類』。道光三年（一八二三）有重刻本。另有《藝海珠塵》本、《昭代叢書》本、《明辨齋叢書》本、《舟車所至》本、《小方壺齋輿地叢抄》本。是本爲單行本，内容翔實，圖文悉佳，距初刻年代較近，有其獨特之版本價值。現藏於中國國家圖書館。

（張偉麗）

三七七

**［康熙］臺灣府志十卷**　（清）蔣毓英纂修　清康熙刻本。框高二十·一釐米，寬十四·五釐

米。每半葉十一行，行十九字，小字雙行同，白口，左右雙邊。

蔣毓英（生卒年不詳）字集公，奉天錦州（今屬遼寧）人。官生。清康熙十七年（一六七八）任福建泉州知府，二十三年調任臺灣知府，二十六年任期滿，因治績卓著，官民擁戴，准借留一年，後以按察司副使管事，二十八年四月二十一日陞任江西按察使司按察使。

臺灣設府於清康熙二十三年，下轄臺灣、鳳山、諸羅三縣，隸屬福建省臺厦道。是書爲臺灣設府後第一部志書，凡十卷，分二十五目：曰沿革、曰分野、曰氣候、曰風信、曰封隅、曰敘山、曰敘川、曰物產、曰風俗、曰歲時、曰規制、曰學校、曰廟宇、曰市廛、曰户口、曰田土、曰賦稅、曰祀典、曰官制、曰武衛、曰人物、曰古迹、曰災祥、曰扼塞、曰險隘。

此本内封鎸有『本府藏版』字樣。目次下題『襄平蔣毓英集公氏纂，男國祥、國祚校字』。卷十《災祥》載『丙寅年四月二十日辰時，地大震』，丙寅即康熙二十五年，知此書定稿不早於康熙二十五年。清康熙三十五年高拱乾所修之《臺灣府志》，是爲臺灣府第二部志書。其凡例云：『臺灣自康熙二十年始入版圖，其時諸公勞心草創，於郡志未遑修輯。今人心已正，文治漸敷，欲同車書，莫有大於此者。但新闢殊方，事多荒昧，博採略言，較諸郡守蔣公毓英所存草稿，十已增其七八。』所稱『蔣公毓英所存草稿』當指是志。此蔣志爲臺灣府志之濫觴，而長期不爲人知，後人多誤以高志爲臺灣府志嚆矢。

是志雖屬草創，然體例簡要有法。卷三『敘川』『澎湖三十六嶼』下『大山嶼』條，是志近七十字，

『高志』描述僅爲『横直各三十餘里』七字；卷四『物産』所記物産總類，草之屬，是志載三十種，『高志』較之少十六種；鱗之屬，是志載六十種，『高志』較之少十種；蟲之屬，是志載三十二種，『高志』較之少六種。卷七『户口』，是志詳列時臺灣府實際總人口及男女各自人數『實在民口三萬二百二十九，男子一萬六千二百七十四，婦女一萬三千九百五十五』，『高志』僅列人口總數。類此者甚多，足見是志某些記載較『高志』更爲詳實。『高志』後出，較是志有所增益，然其凡例自稱『十已增其七八』，亦不無誇飾成分。

此本爲孤帙僅存，二十世紀五十年代從造紙廠廢紙中搶救而得。現藏上海圖書館。

（林寧）

三七八 **［乾隆］西藏志四卷** （清）允禮撰　清抄本。每半葉十行，行二十二字，無欄格。

允禮（一六九七—一七三八）別號春和主人，清康熙帝第十七子。雍正元年（一七二三）封多羅果郡王，掌管理藩院及户部三庫，六年，進親王。雍正十二年赴泰寧送達賴喇嘛返藏。乾隆即位後，授總理事務大臣。乾隆三年（一七三八）卒，諡曰毅。允禮博學多聞，善書畫丹青，著有《春和堂集》《静遠齋集》《奉使紀行詩》。《清史稿》卷七有傳。

關於是書著者，多稱佚名，近年學界另有考定：吳豐培先生認爲非允禮撰。允禮卒於乾隆三年，而是書《寺廟》篇記：『十三世直俊羅桑益喜，我朝叠加恩化。乾隆三年圓寂，轉生十四世，乾隆六年

唑麻。』因定爲非出自允禮之手。清光緒十年（一八八四）刻本《黄州府志》卷三十三《藝文志》史部國朝條記：『《西藏志》四卷，廣濟徐天球撰。此書名《西藏志》，天球官四川知縣奉檄駐藏時所撰。』徐天球，廣濟（今屬湖北武穴）人，乾隆二十一年任四川順慶府同知，主辦西藏糧務，故推測是書乃其駐藏時著。出於果親王之手，後人據史補綴抄寫而成。《西藏見聞録》與是書内容相似，故有學者推測此《志》爲《西藏見聞録》的作者蕭騰麟撰寫。

傅增湘《藏園群書題記》卷三《果毅親王使藏日記稿本跋》謂果親王『别著有「西藏志」一書，流傳殊罕』。此取傅説。

是書兩册四卷，三十七章節，乃允禮使藏之行程日志，其中詳載民風民俗、婚育喪葬、山川物産，並將沿途查閲邊防營兵等軍事事宜納入是書，被譽爲『參以史乘而成者』（《西藏志版本異同考》）。《兩浙輶軒續録》卷二十九亦云：『……紀山川、道里、風俗、物産之異，詳核雅贍，可入藏衛志乘。』另此《志》記録之史實，或可彌補《清實録》之缺，其中『事迹』篇云：『敕封西天大善自在佛率領天下釋教達賴喇嘛，予以金册印。』《清實録》未見此事。

是書所記諸事，始於『封爵』篇，曰：『康熙五十九年定藏後始封康濟鼐爲貝勒』，而終於『朝貢』篇，曰：『今達賴喇嘛頗羅鼐爲一班，班禪喇嘛爲一班，各間年一次，遣額爾沁進貢。』此進貢體制設立於乾隆七年正月。由此推知，此《志》應成於乾隆七年後。

是書多以抄本流傳，各本内容次序迥異，殘缺頗多。此本爲全帙，比他本多『方語』篇。此本較之

清乾隆五十七年刻本，無脱字、漏字及誤刻之處。『事迹』篇曰：『蘇隆藏干布又娶白布國王之女爲妾』，刻本脱去『白布』之『布』字；卷四『宴會』篇末尾曰：『次貧者亦必一次云』，刻本全脱。此乃是書之優勢。

傳增湘先生對是書多有批校，卷端鈐有『倚天吟館』印，下册封面題記曰：『癸酉夏獲於上海書坊，藏園老人記。時逭暑香山無量殿中。』現藏中國國家圖書館。（郭晶）

三七九

**欽定滿洲源流考二十卷** （清）阿桂等撰　清乾隆四十二年（一七七七）內府刻本。框高十九·二釐米，寬十四·一釐米。每半葉九行，行二十字，白口，四周雙邊。

章佳·阿桂（一七一七—一七九七）字廣廷，號雲崖，滿洲正藍旗籍，後陞入正白旗。刑部尚書、大學士阿克敦之子。清乾隆三年舉人，授鑲紅旗蒙古副都統，次年補授兵部主事。乾隆八年充任軍機章京。乾隆十一年任户部銀庫郎中，受累於庫項被竊，被降至吏部員外郎。乾隆十三年以『勾結張廣泗，蒙蔽訥親』被劾，乾隆帝念其父年老，未治罪，釋放回家。次年復起任吏部員外郎。後定伊犁、討緬甸、平定大小金川，遷至武英殿大學士兼軍機大臣。因戰功顯赫，被封爲誠謀英勇公。嘉慶二年（一七九七）卒，追贈太保，謚文成。阿桂自幼聰穎、才能膽識過人，勤慎善斷，屢立戰功，乃乾隆朝出將入相的少數重臣之一。編有《軍需則例》十五卷。《清史稿》有傳。

『滿洲』一詞，肇始於清太宗。天聰九年（一六三五）清太宗改女真族名爲『滿洲』，乃部族名，即滿

族。後泛指東北疆域。乾隆時，滿洲已有百餘年歷史，雖有典籍、遺文，因年久失修，傳聞失真，文字互殊，記載易有疏漏，故需『證以地形之方位，驗以舊俗之流傳，博徵詳校』（《四庫全書總目》是書提要），以正視聽。是書卷前乾隆四十二年諭旨云：『唐時靺鞨有渤海王，傳十餘世，有文字、禮樂，是金之先即有字矣。而本朝國書則自太祖時，命額爾德尼、巴克什等遵制通行，或金初之字，其後因式微散佚，遂爾失傳，至我朝復爲剏造未可知也。他如建州之沿革、滿洲之始基，與夫古今地名同異，並當詳加稽考，勒爲一書，垂示天下萬世。着派大學士阿桂、于敏中，侍郎和珅、董誥，悉心檢核，分條編輯，以次呈覽，候朕親加釐定，用昭傳信，而闢群惑並將此通諭知之。欽此。』阿桂等三十五位滿漢大臣奉敕於乾隆四十二至四十三年間撰成是書，旨在正群訛、著淳風、定正史、昭傳信，以垂千古。

全書二十卷，共二千五百餘條，分四類：卷一至七部族類，始於部族傳説，介紹滿洲概況及肅慎、夫餘、挹婁、勿吉等十個部族，並附《金史姓氏考》；卷八至十三疆域類，描述當時各部族都城、故地、屬國或府邸之況，後附《明衛所城站考》；卷十四至十五山川類，詳述所轄内之山川江河，附載單單大嶺諸山與弱水諸水；卷十六至二十國俗類，列舉並介紹騎射、冠服、政教、祭祀等内容，並附《字書》及《金史舊國語解考》。每類均以國朝爲綱，又詳述列朝，以溯本始。《四庫全書總目》是書提要云：『其援據以御製爲據，而博採諸書以廣參稽。允足訂諸史之訛，而傳千古之信，非諸家地志影響附會者所能擬也。』孫文良先生在《〈滿洲源流〉辨析》中評曰：『從對滿族史的研究來看，該書爲科學地研究滿族史奠定了基礎，達到了當時歷史條件下可能達到的最高水平。』

《四庫全書總目》《清文獻通考》《清史稿》及《八千卷樓書目》均有著録。《全唐詩》修竣付梓時，康熙帝嘗命曹寅將與修職事人員全部列名。自此有清一代凡官修之書，幾乎都取法於此。此書全列纂修臣工職名，爲内府刻書常例，故定爲内府刻本。現藏故宫博物院圖書館。（郭晶）

三八〇

## 金遼備考二卷

題（清）林佶撰　清抄本。每半葉十二行，行二十四字，無欄格。

林佶（一六六〇—?）字吉人，號鹿原，又號長林，侯官（今屬福建）人。康熙五十一年（一七一二）進士，官中書舍人。《清史稿》卷四百八十四謂：『佶工於楷法，文師汪琬，詩師陳廷敬、王士禎。』《四庫全書》收録林佶所著《樸學齋詩集》十卷，提要中評價曰：『琬之《堯峯文鈔》、廷敬之《午亭文編》、士禎之《精華録》皆其手書付雕……而琬集則繕寫於身後，故世以是稱之。』

是書前有短序，曰：『《全遼備考》二卷……今東三省龍興之地，當曰全遼，蓋作金遼之誤，以楊賓晞髮堂校之即其《柳邊紀略》，或當時藏書家以賓父遣戍不敢存其書，因嫁名於佶，又以此書一名全遼備考，而傳抄誤作金遼也，故仍其舊題而辨正之。光緒十七年三月五千券室主人記。』另有朱筆題曰：『《柳邊紀略》刊本，有林侗序，一則明云楊可師撰，可師即楊賓字也。』五千券室主人，不知爲何人。據《北京圖書館古籍善本書目》記此書有李文田跋語。另據書中記載『柳條邊』爲遼東與内地之界限，在『邊宫』條有『東北柳條邊内外設將軍三』，另有『邊地里』條『北至發特哈門柳條邊』。有學者考證，是

書應爲林佶抄録楊賓《柳邊紀略》而成，名字爲抄者自署，後人誤認爲作者。

全書係筆記體，主要介紹當時遼東之地理、人文情況。按條分目，形制短小，多則千字，少則數十字。卷一内容主要包括地理坐標介紹，如混同江、寧古塔、長白山、五國城等邊塞邊關記載。其次爲城鎮和重要關隘之介紹，如山海關、長城遺址、黄龍府等。還有各邊部落與邊界之劃定：『東至東海，南至希喀塔山，海界東北至飛牙喀海界，西至威遠堡。』並以漢字發音記載滿文名稱之諸多地名。此外，兼記風物名勝，遼地珍貴物産如海貂皮等，詳細且直白。

除自然風物外，是書還記載了很多女真人的生活、關制、習俗、滿洲特色食品製作等，真實再現了當時歷史面貌與淳樸民風。如『風土』條記載『十年前行柳條邊外者率不裹粮，遇人居直入其室，主者則盡所有』。而中土商賈到來之後，『於是乎非裹粮不可行矣』。

是書除抄録《柳邊紀略》之内容外，還補充了刊本《柳邊紀略》没有的内容，並在相應條目上有朱筆題『無此條』，有其特殊的文獻價值。如關於寧古塔醫生之記録：『寧古塔舊無醫，有之自周長卿始，故滿人多有呼長卿爲周大夫者，而長卿近復以此爲諱。』

卷二以寧古塔周圍自然、人文景觀爲主要内容，有『康熙丁巳寧古塔前梅勒章京薩不蘇奉』字樣。丁巳即十六年。此卷記載邊民之活動，較有文獻價值。如『互市』一則，其條記曰：『寧古塔人與高麗互市，自天聰七年二月始，今則每年八月禮部請旨，差六品通事一員、八品通事一員。十一月初往高麗會寧府市者，多以羊皮袄、布疋往易牛馬紙布甕鹽，而書特貴。』内容側重民間來往、風俗、習慣。此卷

亦有條目係對《柳邊紀略》的補充。

是書多參考《明實錄》《大明會典》諸書，並加以注明。書葉内有朱筆點讀、勘誤、眉批。朱筆點校内容不僅包括評點，將文法錯誤亦一一指出，有獨特之版本價值。

是書無鈐印，現藏於中國國家圖書館。（張偉麗） 三八一

**六朝事迹編類二卷** （宋）張敦頤撰 清初馮知十家抄本 馮知十校 馮武校並跋。框高十六・一釐米，寬十三・一釐米。每半葉十行，行十六字，黑口，左右雙邊。

張敦頤（生卒年不詳）字養正，歙州婺源（今屬江西上饒）人。南宋紹興八年（一一三八）進士，由南劍州教授歷知舒、衡二州，致仕。著有《柳集音辯》《衡陽圖志》等。

是書爲訂補此前建康史志而作。張敦頤紹興庚辰（三十年）自序云：『余因覽《圖經》《實錄》，疑所載六朝事尚有脱誤，乃取《吳志》《晉書》及宋、齊而下史傳與夫當時之碑記，參訂而考之。分門編類，綴爲篇目，凡十有四卷。雖猥陋無益於治道，然展卷則三百餘年興衰之迹若身履乎其間，非徒得之於傳聞而已。』書中多處徵引《圖經》，其中一處寫明爲《金陵圖經》，疑張敦頤所覽即《金陵圖經》。《實錄》指《建康實錄》，書前韓仲通序謂『高陽許嵩作《建康實錄》，文多汗漫，參考者疲於省閱。新安張養正裒舊史而爲《六朝事迹編類》』。

《六朝事迹編類》專記六朝時期建康古迹之興廢，分總敘、形勢、城闕、碑刻等十四門，體例整潔、隱

括宏富，爲上承《建康實録》、下啓［景定］《建康志》的重要著述。書中於『總敘門』力主駐蹕建康，亦爲南宋初年朝野不滿偏安、希望移都以提振士氣的反映。另據今人張忱石統計，書中徵引六朝至宋典籍八十餘種、詩作近百首，多爲亡佚之作，頗具輯佚校勘價值，其中『碑刻門』尤資考鏡。

是書流傳不廣。南宋陳振孫《直齋書録解題》著録有『《六朝事迹》二卷《南朝宮苑記》二卷，不知何人作。記六朝故都事迹頗詳』。《宋史·藝文志·故事類》則著録爲『張養正《六朝事迹》十四卷』。檢此後歷代藝文志，此書題名及内容皆與張敦頤之書相類。又此書分類編排，韓仲通序所言《六朝事迹編類》與之契合，《直齋》《宋史》皆作《六朝事迹》，當爲簡稱。

此書最早當爲韓仲通於紹興二十九年至三十一年知建康期間主持刊刻，書前紹興三十年韓序云：『余叨守建康，養正適以議郎居幕府，因取其書，刊於此邦。』

此後諸刊本亦有十四卷、二卷本兩個系統。十四卷本以十四門分卷，與張敦頤自序所言相合；二卷本則以前五門爲卷上、後七門爲卷下。分卷雖異，内容約略相同。現存十四卷本有清道光二十年（一八四〇）張寶德刻本、清光緒十三年（一八八七）寶章閣仿紹興建康府學刻本。前者的底本爲曹寅舊藏抄本，朱緒曾據其中避諱定爲宋抄；後者底本之末葉有刊刻題記『建康府學開鏤 司書黄永弼校勘 紹興三十年十月 日』二行，後附衆官結銜，重刊本因而標爲『仿宋紹興建康府學本』。二卷本有明吳琯《古今逸史》本、《四庫全書》本、清嘉慶沈兆澐刊本（見《藏園訂補郘亭知見傳本書目》）。

是書亦存明清抄本多種，此馮知十家抄本爲其中之一。馮知十（？—一六四四）字彦淵，因仰慕岳

飛更名鵬舉，蘇州府常熟（今江蘇常熟）人，縣學生。明末，清兵至邑，格鬥死。知十子武，字竇伯，號簡緣，從叔父馮班習書法，著有《書法正傳》《遥擲稿》等。此本首有韓仲通序，次目錄，次張敦頤自序，結銜爲『左奉議郎充江南東路安撫司幹辦公事』。分上下二卷，卷端題『新安張敦頤編』。抄本已刷印邊欄，外鎸『馮彦淵藏本』五字，與《書林清話》『明以來之抄本』所言『馮彦淵抄本，格闌外有「馮彦淵藏本」五字』相合。

此本經馮知十、馮武父子三次手校。書末馮武識曰『先府君彦淵公手校』；清順治五年（一六四八）又識『太歲戊子端午後，長武重校畢』；順治十年，馮武又『借得宋刻，亟爲勘對，復見是編面目，然後册已是印鈔本子』。書中校對文字有朱、藍、墨三色，其中朱筆多在原文字上徑改，又有校改增補；藍筆（僅『山崗門』幾處）、墨筆有在朱筆上之改動，且墨筆除校補文字外還有版式的説明，如『宋板十行十八字』『細字夾註後倣此』等。據其改動痕迹，朱筆所校爲先，墨筆最末，且墨筆乃馮武據宋本重校。此本於第一、三、六、十門末，皆有墨筆『較訖』字樣；下卷雖有少許文字改動但已無版式之説明，此因馮武所假宋本已有配補，故其於江河門第五卷末識曰：『已上照宋板較訖，以下不復可得矣。』另，馮武校書雖已在清順治，但『較』字仍避明末之諱，蓋繼其父馮知十抗清之意。

馮氏抄、校底本皆爲二卷，並均保留宋諱，如玄武湖作真武湖、貞觀作正觀，遇『皇朝』頂格書寫等。底本明顯的一處訛誤是將北宋詩人『楊修之』（名備，字修之，楊億之弟）誤爲『楊修』；而馮武據宋刊勘對，並未校出。此誤現存諸十四卷本無，而爲明代吴琯的《古今逸史》二卷本所有；但馮抄、馮校文

字又與《古今逸史》有出入。因《六朝事迹編類》之二卷本早在南宋已有流傳，故可説馮抄、馮校與《古今逸史》本屬同一版本系統，但並無相承關係。

是書爲有關建康史事的重要著作，但成書之初流傳不廣，至明代始輯入《古今逸史》，明清之際因衆人抄録流傳稍廣，至清代始有十四卷本之重刊。馮武於書末跋曰：『今人耳食相尚，至以此爲奇書，家録一册，沾沾自喜，不暇校讎，至有脱落數行，增入助語，以夾註作正文，傭書之弊也。』馮抄底本亦可謂錯訛纍纍，僅補大段脱文就十餘處，足以見馮氏父子校勘之辛勤。

《書林清話》以『常熟馮己蒼舒、馮定遠班、馮彦淵知十兄弟一家鈔本』爲『明以來鈔本書最爲藏書家所秘寶者』十三家之一，謂之『皆竭一生之力，交换互借，手校眉批，不獨其鈔本可珍，其手迹尤足貴』。此本鈐『馮氏藏本』『馮彦淵讀書記』『馮長武印』印，知爲馮氏家藏舊本；後爲鐵琴銅劍樓所得，鈐『鐵琴銅劍樓』印，並著録於《鐵琴銅劍樓藏書目録》。現藏中國國家圖書館。

（李文潔）

三八二

**夢粱録二十卷**　（宋）吴自牧撰　清初抄本。每半葉十行，行二十字，無格。

關於《夢粱録》作者吴自牧的時代、里貫，歷來説法不一。多數文獻都説自牧是錢塘（今浙江杭州）人。包括《四庫全書總目》亦謂『自牧錢塘人』，『特其仕履則已不可考耳』。一九八五年，官桂銓先生據明代徐𤊹所編《徐氏家藏書目》卷五家集類所録《新安吴氏倡于篇》一卷，其下小注云『唐吴少微、吴

犖；宋吳自牧、吳自中』，從而推斷：『吳自牧原籍新安，爲唐文學家吳少微的後裔，後遷居錢塘，遂爲錢塘人……弟名吳自中，亦能文。』其實從那幾個字的小注，難以導出這樣的結論。好在官先生衹是推斷，並未當作結論。其實明汪舜民弘治年間所修《徽州府志》卷九已載：『吳自牧字益謙，歙溪南人。……稍長，俯視輩行，嘗取鄉薦，三上春官輒不利，益謙不以爲意。退講究問辨，益自信其所得，作講義史評雜著數百篇。』持新安説者還推算出吳自牧生於南宋高宗紹興三十一年（一一六一），卒於理宗嘉熙元年（一二三七）。然書中所記内容已有南宋末咸淳年間事，據此判定此爲同名同姓的兩個吳自牧，『新安説』爲『誤説』，李裕民先生之『訂誤』實爲『誤訂』。由此不難判定，寫《夢粱録》的吳自牧應是由宋入元的錢塘人，否則寫不到咸淳年間的事，更談不上所寫之書叫什麽《夢粱録》。清曾廉《元書》卷二十三、錢大昕《元史藝文志》卷三、俞樾《右台仙館筆記》卷十六、《茶香室叢鈔》卷二等談到《夢粱録》時，均謂吳自牧爲元人。

《夢粱録》是一部筆記體的雜記，記述南宋都城臨安（今屬浙江省杭州市）的歷史和盛時風貌。内容涉及節令、禮俗、道路、橋梁、廟觀、坊巷、官署、館驛、山水、舟船、市鎮、錢會、團行、祠堂、學校、貢院、墓葬、商肆店鋪、人物、科舉、民俗、户口、物産、賦税、民政、園囿、房舍、嫁娶、育兒、妓樂、百戲等方方面面，可謂包羅萬象。此外，還記載了很多典章制度。《四庫全書總目》提要云，該書體例仿照宋孟元老所著《東京夢華録》，而俚俗之紀有甚於《夢華録》。且所記得自見聞，頗爲質實，『與《武林舊事》詳略互見，實可資以稽考故事』。此書正文所記最晚年代爲宋度宗咸淳七年（一二七一）。又卷首有作者自

序，序末署年爲『甲戌』，應該是宋度宗咸淳十年，據此推斷，此書應成於咸淳七年至十年間。此時元朝雖已建立，但南宋尚未滅亡，都城臨安亦尚未陷落。

《夢粱録》成書後靠傳抄流布，故乾嘉之前未見刻本傳世。此書現存最早的版本，爲國家圖書館所藏明抄本。但該本不分卷，是明人楊循吉的删節本。已知現存較早的二十卷本，有北京大學圖書館所藏抄本、中山圖書館藏清初徐釚（一六三六—一七〇八）抄本和復旦大學圖書館藏清初抄本（有朱錫庚跋）。國家圖書館所藏抄本清諱皆不避，故定爲清初抄本。且書中鈐有朱筠（一七二九—一七八一）藏印，亦可作爲佐證。該本字迹雋秀、工整。文中有多處空白，恐因該書歷經數百年傳抄，已有多處脱文。此書在乾隆年間被收入《四庫全書》。以四庫本與國家圖書館清初抄本相較，發現清抄本脱文處，四庫本亦闕；清抄本不闕者，四庫本亦有闕。可見清抄本較四庫本底本爲佳、爲全。四庫本之後，該書開始有刊本行世，且多爲叢書本，如《知不足齋叢書》本、《學津討原》本、《學海類編》本、《武林掌故叢編》本、《筆記小説大觀》本、《叢書集成初編》本。

該本爲近代著名藏書家李盛鐸舊藏，書中鈐有『麐嘉館印』印，另鈐有『大興朱氏竹君藏書之印』印，後者是乾隆時期著名文獻學家、藏書家、學者朱筠藏章。現藏北京大學圖書館。（李雄飛）

三八三

**關中勝蹟圖志三十卷**　（清）畢沅纂修　清乾隆畢沅經訓堂刻本。框高二十・八釐米，寬十三・六釐米。每半葉十行，行二十一字，小字雙行同，白口，四周雙邊。

畢沅（一七三〇—一七九七）字湘生，一字纕蘅，號秋帆，因從沈德潛學於靈巖山，自號靈巖山人，鎮洋（今江蘇太倉）人。乾隆十八年（一七五三）舉人，授内閣中書，充軍機處章京。二十五年一甲一名進士，授翰林院修撰。歷官陝西按察使、布政使、陝西巡撫。五十年，調河南巡撫，次年陞湖廣總督兼署湖北巡撫。嘉慶元年（一七九六）賞輕車都尉世襲，次年卒於辰州（今湖南沅陵），贈太子太保，賜祭葬。畢氏經史、小學、金石、地理之學無所不通，平生著述甚富，除是書外，尚有《靈巖山人文集》八卷、《靈巖山人詩集》四十四卷、《關中金石記》八卷、《西安府志》三十卷、《續資治通鑑》二百二十卷、《湖廣通志》一百卷等。清［道光］《濟南府志》卷三十七、《清史稿》卷三百三十二皆有傳。

畢氏先後撫陝十年，其間名山大澤，每因公務，車塵馬迹大半經行。『每届輶蹟經由，於郵亭候館中諮詢抄撮』，並參閱《大清一統志》《陝西通志》以及《元和郡縣志》《太平寰宇記》《三輔黄圖》《西京雜記》《長安志》《雍録》《雍大記》諸書，『其中或有舛訛疑似，間攄一得之愚，旁加考證，歲月既多，遂成卷帙』。

是書雖名曰《關中勝蹟》，實則囊括全陝。以清乾隆時期陝西府、州分篇，篇前爲圖，附以各府、州疆域、名勝諸圖，全書共附圖六十一幅，其中西安府一地即有二十四幅。篇後爲志，各府、州均繫以地理、名山、大川（水利附）、古迹（宫闕、苑囿、寺觀、祠宇、郊邑、第宅）四目。計三十卷，卷一至卷八爲西安府，卷九至卷十四爲同州府，卷十五至卷十八爲鳳翔府，卷十九至卷二十二爲漢中府，卷二十三爲延安府，卷二十四爲榆林府，卷二十五爲商州，卷二十六爲乾州，卷二十七爲邠州，卷二十八爲興安州，卷

二十九爲鄜州，卷三十爲綏德州。

關中河山，形勢尤雄；奇迹靈蹤，亦往往而在，故遺聞舊事見於典籍者至多。乾隆四十一年，畢沅向皇帝進呈此書時有言：『陝省外控新疆，内毗隴蜀，表以終南、太華，帶以涇渭、淇河。其中沃野千里，古稱「天府」「四塞」之區。粤自成周而後以迄秦漢隋唐，代建國都，是以勝躅名蹤甲於他省。』是書以郡縣爲經，以地理、名山、大川、古蹟四目爲緯，而以諸圖列於前，圖文並茂，『援據考證，各附本條，具有始末』。自唐迄清，陝西地志實多，『然體例各殊，純駁互見。披圖按籍，牴牾實繁』。是書頗能『薈萃群言，歸於畫一』（《四庫全書總目》是書提要），是研究陝西歷史地理及文物古迹，尤其是周秦漢唐史迹之重要文獻。

是書除收入《四庫全書》外，後又收入民國二十五年（一九三六）陝西通志館排印的《關中叢書》第八集。此本扉葉題有『經訓堂藏板』字樣，應爲最早祖本。

鈐『修玟堂主人臧書之印』『南陵徐氏仁山珍臧』『學部圖書之印』印，知爲徐文達（字仁山）珍藏。

現藏中國國家圖書館。（楊印民）

三八四

**唐兩京城坊考五卷**　（清）徐松撰　稿本。框高二十二・七釐米，寬十五釐米。每半葉十行，行二十八字，小字雙行同，白口，四周單邊。

徐松（一七八一—一八四八）字星伯，原籍浙江上虞，幼年落籍順天府大興（今屬北京）。清代著名

地理學家。自幼聰穎好學，弱冠之年即考中舉人。嘉慶十年（一八〇五），以二甲第一名高中進士，改庶吉士，散館授編修，入直南書房。二十九歲入全唐文館，任提調兼總纂官，全面負責《全唐文》的編修，並輯録《河南志》《宋會要輯稿》《中興禮書》等唐宋重要典籍。出爲湖南學政，坐事戍伊犁，遂遍遊南北，考察山川地理。道光初爲内閣中書，官至陝西榆林府知府。著有《西域水道記》《新疆識略》《漢書西域傳補註》《漢書地理志集釋》《唐兩京城坊考》《唐登科記考》《宋三司條例考》《徐星伯先生小集》等。徐氏才學體大思精，以精深的史識與考據功力，成爲乾嘉學派後期的中堅人物。《續碑傳集》有傳。

該本卷首有嘉慶十五年徐松自序，云：『余嗜讀《舊唐書》及唐人小説，每於言宮苑曲折、里巷岐錯，取《長安志》證之，往往得其舛誤，而東都蓋闕如也。己巳之歲，奉詔纂輯唐文，於《永樂大典》中得《河南志圖》，證以《玉海》所引，《禁扁》所載，灼是次道舊帙，其源亦出於韋述《兩京記》而加詳焉。亟爲摹鈔，愛同球璧。校書之暇，採集金石傳記，合以程大昌、李好問之《長安圖》，作《唐兩京城坊考》，以爲吟詠唐賢篇什之助。』

全書以工整、雋秀的小楷書寫而成，有大量的朱筆校注。有些原文被貼籤覆蓋，上有墨筆校改。另貼有大量浮籤，上有墨筆校注。書衣有墨書書名、類名、册數，並署『伯昂題』。伯昂爲姚元之表字。姚元之（一七八三—一八五二）字伯昂，號曼卿，安徽桐城人。桐城派巨擘姚鼐族孫，擅文辭，工書畫。他與徐松爲同榜進士，同爲翰林院庶吉士、翰林院編修，同入直南書房。書前空白葉貼有三籤條，分别

墨書『徐松稿本，張穆校閲』；『抄唐兩京城坊考一』；『唐兩京城坊考一本全，米抄藏』。書中附《唐兩京城坊考圖》十幅，在《西京城坊考圖》端鈐有『大興徐氏臧圖籍印』滿漢合璧陽文朱印。故該本應爲徐松稿本，或由『米氏』謄清。書中朱筆校注與貼籤上的墨筆校注或爲徐松親筆手校。浮籤上的墨筆校注，應爲張穆手迹，書中所鈐『靖昜亭長』『殷齋金石書畫之印』印可爲佐證。張穆（一八〇八—一八四九）譜名瀛暹，字石舟，一作石州，號靖昜亭長、殷齋，山西平定州人。澹泊功名，無意仕進，一心著述。精於西北史地，是嘉道間著名的地理學家、思想家和書法家。《蒙古遊牧記》是其代表作。書中『貯』字不諱，應成於道光末年。《唐兩京城坊考》和《西域水道記》，是清代地理學名著，也是徐松一生的代表作。前者後分別被收入《連筠簃叢書》《畿輔叢書》《叢書集成初編》等叢書中，得以廣泛流傳。清末，學者程鴻詔撰《唐兩京城坊考補記》一卷，對該書進行了增補和校注。上海圖書館藏有徐松手稿本《唐兩京考》二卷，或爲該書之未成稿。

此本爲李盛鐸舊藏，書中鈐有『麐嘉館印』『古潭州袁臥雪廬收藏』印，可知遞藏關係。現藏北京大學圖書館。（李雄飛）

三八五

**欽定河源紀略三十五卷首一卷**　（清）紀昀　陸錫熊等撰　清乾隆武英殿刻本。框高二十一・七釐米，寬十四・八釐米。每半葉十行，行二十一字，白口，四周雙邊。

是書乃乾隆皇帝敕命編撰。乾隆四十六年（一七八一），黄河於河南儀封（今屬蘭考）漫口二十多

處，北岸水勢全注青龍崗（今屬蘭考），然青龍崗築修堤壩屢次合龍未就。乾隆帝遂於次年二月，遣大學士阿桂之子、乾清門侍衛阿彌達前往青海，『務窮河源，告祭河神』。事竣，阿彌達據定南針繪圖具説呈覽。乾隆帝認爲阿彌達探溯河源，爲前人所不及，遂諭示四庫館，尋繹史傳、旁稽衆説，綜其向背，定其是非，輯爲此書。

《河源紀略》卷首冠以上諭，及『御製河源詩』『御製讀宋史河渠志』『御製河源簡明語』三篇，又列辦理河源紀略諸臣職名、凡例。此書正文首『圖説』三卷，以欽定輿圖爲據，繪製河流走向及其潛通顯會，並論説其詳。次『列表』五卷，説明水道之分、合、伏、見。次『質實』五卷，核實水道源流，分别旁支正幹。次『證古』六卷，將史籍記載與此次勘察互相參訂。次『辨訛』六卷，辨别舊説紕繆以祛惑釋疑。次『紀事』六卷，記載水道附近之職貢、列戍等事。末『雜錄』四卷，載錄名山、古迹、物産、土風等。

是書乃四庫館臣在阿彌達實地考察的基礎上，繪圖列表、加以考證而成，在一般編纂《四庫全書》的校輯工作之外，頗多新撰。卷前『辦理河源紀略諸臣職名』，列正副總裁十六人、總纂二人、提調四人、纂修六人、收掌二人。其中總纂紀昀、陸錫熊當負撮舉大綱、修正統稿之責，而纂修吴省蘭、關槐、盧蔭溥、任大椿、王念孫、蔣子蒲則應直接參與編撰。

諸纂修官中，吴省蘭、王念孫二人確曾參與《河源紀略》的撰寫。吴省蘭（一七三八—一八一〇）字泉之，江蘇南匯（今屬上海）人。乾隆二十八年舉人，三十九年任《四庫全書》館分校官，四十三年賜進士，四十五年授編修，官至工部侍郎。吴省蘭著有《河源紀略承修稿》，實爲《河源紀略》的『圖説』『質

實』兩部分。王念孫（一七四四—一八三二）字懷祖，高郵（今屬江蘇）人。乾隆四十年進士，歷工部主事、永定河道等。長於訓詁，精熟水利。據《清史稿》卷四百八十一記載，編纂《河源紀略》時，『議者或誤指河源所出，念孫力辨其訛，議乃定，《紀略》中「辨訛」一門，念孫所撰也』。除以上三部分，《河源紀略》尚有『列表』『證古』『紀事』『雜錄』，亦需考古證今，未詳何人編撰。文淵閣《四庫全書》在各卷首所列纂修官爲王念孫、吳省蘭、任大椿，蓋此三人於編撰出力較多。

關於黄河水源，阿彌達考察認爲『阿勒坦噶達素齊老，流泉百道，入阿勒坦郭勒，是爲黄河真源』，此説較《史記》《漢書》河出崑崙之説，以及元世祖、清康熙時期探河源僅至星宿海，更爲明晰確實，亦符合近年水利部重新界定黄河水源爲約古列宗曲（『阿勒坦郭勒』爲約古列宗曲正源）之結論。

此書在實地考察之外，又詳加考訂，乾隆帝諭示：『所有兩漢迄今，自正史以及各家河源辨證諸書，允宜通行校閱，訂是正訛。』此書『質實』『證古』『辨訛』諸卷，即對舊説進行了全面的釐清。此書於探究河源之外又於『紀事』『雜錄』諸卷詳載西北史地資料，頗具佐理政事之功。此外，書中凡音譯之地名、人名，均照《欽定西域同文志》改定，可訂正因傳譯失真造成的淆亂。

《四庫全書總目》《國朝宫史續編》著錄此書。《河源紀略》有武英殿刻本和《四庫全書》本兩種。乾隆四十七年七月，上諭編撰此書並云：『頒布刊刻，並録入《四庫全書》，以昭傳信。』四十九年七月《四庫全書》本校畢進呈，武英殿本之刊刻應約略同時。因二本之編纂均出於四庫館臣，内容並無二致。不過文淵閣四庫本卷首無『御製讀宋史河渠志』『辨理河源紀略諸臣職名』，而是按照四庫本體例

於各卷首列校勘、纂修、謄錄人員銜名。

此本爲武英殿刻本。武英殿本爲清代宫廷刻書，嚮以精勘精校、紙精墨妙著稱。此書體例嚴謹、圖表精準、刻印精良，反映了武英殿刻書的風貌。現藏中國國家圖書館。（李文潔）

三八六

**徐霞客遊記不分卷** （明）徐弘祖撰　清鮑氏知不足齋抄本　鮑廷博校　吴騫　唐翰題跋。框高二十·二釐米，寬十三·八釐米。每半葉十行，行二十二字，細黑口，左右雙邊。

徐霞客（一五八六—一六四一）名弘祖，字振之，别號霞客，南直隸江陰（今屬江蘇）人。霞客生平及事迹不見於史傳，而以其友陳函煇所撰《徐霞客墓誌銘》記述最爲詳盡，謂其不慕科舉仕進，而好讀奇書，博覽史籍，尤喜輿地方志、山海圖經。性好遊歷，自萬曆丁未（三十五年　一六〇七）起出遊太湖，至崇禎庚辰（十三年　一六四〇）滇南之行止，前後逾三十載。足之所至、目之所及，皆記之以文，成『遊記』數十萬言。臨終，遺命其友季夢良理而輯之，成《徐霞客遊記》。

是書除寫景外，於各地民情、風物、地形、地貌亦多有記載。所記皆作者親歷，故見聞較確，對於山川脉絡的描述剖析尤爲精細詳明。又以其所至多人迹罕至之所，或黔、滇等荒遠之地，故所記多有此前輿地之書所未及者。而關於某些獨特的地理風貌如岩溶地貌（喀斯特地貌）的記述，則是世界上最早的。錢謙益《徐霞客傳》謂此書『當爲古今遊記之最』，《四庫全書總目》是書提要則謂『遊記之夥，遂莫過於斯編』，誠非溢美之評。

是書初以抄本流傳，先後有季夢良、史夏隆、李寄、奚又浦、劉南開、楊名時等多家抄本，或存或佚。乾隆四十一年（一七七六）霞客侄孫鎮始刻於木。《四庫全書總目》卷七十一著録有『徐霞客遊記十二卷』，謂『楊名時所重加編訂者也』，當據楊名時本抄録，而隨意删削，失其原貌。

此本爲鮑氏知不足齋抄本，未知録自何本。正文前有錢謙益《徐霞客傳》及《囑仲昭刻遊記書》，楊名時康熙己丑（四十八年　一七〇九）及庚寅（四十九年）二序，康熙癸未（四十二年）奚又浦序，康熙甲子（二十三年）史夏隆序。卷首吴騫嘉慶丁巳（二年　一七九七）題識云：『予少負書癖，綠飲先生每割愛見贈，《徐霞客遊記》其一也。予什襲珍之，迄今不下三十年矣……夏日曝書，偶得此編。』據此，鮑廷博（淥飲先生）贈書時間至遲在乾隆三十二年，此本抄録時間當在此年之前。

此本第四册版心下題『知不足齋鈔本』，其餘諸册均無，版框大小亦稍有差，而字體風格迥異，非出一人之手。内容闕《黔南遊記》、《滇南遊記》僅存第七和八。正文有朱筆校點，係據康熙四十九年楊名時抄本、民國十七年（一九二八）丁文江整理本校訂，則當近人所爲，亦可資參考。

此本鈐『吴騫之印』『吴重熹』『曾在趙元方家』等印，曾經清人吴騫、唐翰題、吴重熹及近代藏書家趙鈁收藏。現藏中國國家圖書館。（陳清慧）

三八七

**坤輿圖説二卷**　（比利時）南懷仁撰　清康熙刻本　莫棠跋。框高二十·二釐米，寬十三·三釐米。每半葉九行，行二十字，白口，單魚尾，左右雙邊。

南懷仁(一六二三—一六八八)字敦伯,一字勳卿,比利時人。天主教傳教士,清順治十六年(一六五九)來華,康熙初授欽天監副,尋遷正。修訂曆法,製天文儀器。卒謚勤敏。著有《教要序論》《康熙永年曆法》《坤輿全圖》等。

是書爲解説《坤輿全圖》而作,分上、下兩卷,上卷爲坤輿圖、地體之圜、地圜、地球南北兩極、地震、山嶽、海水之動、海之潮汐、或問潮汐之爲、江河、氣行、風、雨雲、四元行之序並其形、人物,多屬自然地理;卷下述亞細亞洲等各洲分論,以及四海總説、海狀、海族、海産、海舶等,多屬人文地理。《四庫全書總目》是書提要稱其書『大致與艾儒略《職方外紀》互相出入,而亦時有詳略異同』。

此康熙原刻本,卷端不著撰人,僅於卷上末尾題『治理曆法極西南懷仁纂著』。傳世印本有初印、後印之别:中國國家圖書館藏本(存卷上)、臺灣『中央研究院』歷史語言研究所傅斯年圖書館藏本爲原刻後印本,文字已經剜改。卷上《坤輿圖説》篇下,後印本有『中國與外國在坤輿圖内布列之理』一篇,題『康熙甲寅歲日躔娵訾之次,治理曆法極西南懷仁立法』,凡三葉,葉數作『又五』『前六』『又六』,初印本無之,知此本之刊刻不晚於康熙十三年(一六七四)。《海之潮汐》篇,第十七葉行二,初印本作『概發二次,卯長午消,酉長子消,若隨處隨時,略有不』,後印本擠刻改爲『概發二次,月在卯位潮起,午位潮滿,酉位潮退,止而復起,子位潮又滿,次日卯位潮退,止而復起,若隨處隨時,或略有不』;同篇第十八葉行六,『是月以所借之光,或所具之德,致使潮長也,如磁石招鐵,琥珀招芥然,或生多氣於海内,使其發潮也,如火使鼎水沸溢然』,後印本改爲『蓋海水海底多蘊育濃熱之氣,大概與硫磺硝等同情

力者，其氣被月之隱德感動，有時潮發，有時潮息，如瘧疾者，雖閉户静室中，月星照不到，然其身之氣仍被月星感動，時而瘧發，時而瘧息然』，『時潮息』至『瘧息然』擠作雙行小字；第十八葉行九，『或問潮汐之爲理者何也？曰：一則以免腐朽之患，蓋水久注必朽』，後印本改爲『或問海水潮汐向用爲何？曰：一則以免腐朽之患，蓋水不動必然朽腐，然腐朽之水氣被太陽蒸升，變爲濃雲，爲風所拂帶至内地，多生瘟疾，人畜必死』。

是書另有乾隆《四庫全書》繕録本、道光錢氏守山閣刻《指海》本，二本文字互異，蓋因各自依據底本不同所致：《四庫》本所據爲原刻初印本，《指海》本所據爲原刻後印本。卷下『海舶』篇末至『瞭如指掌』句下，《指海》本尚有『不待指山島爲準，而其分寸不爽，則更有過焉者矣，蓋度數之法可以測天行黄、赤道之分合，九重天之高卑，自尋常以至杪忽，一一皆驗，測海之法亦即用此耳，以此推之，百不失一，其詳見於西士熊三拔《表度説》』云云，所見後印本無之，不知何據，或所據爲原刻更晚出印本歟？

此初印本，流傳極罕。鈐有『孔昭焕印』『曾經幔亭手披』『獨山莫祥芝圖書記』『莫棠之印』『獨山莫氏銅井文房臧書印』『莫棠字楚生印』『銅井文房』等印。現藏上海圖書館。（陳雷）　三八八

**中興館閣録十卷**　（宋）陳騤撰　**續録十卷**　清錢氏潛研堂抄本　黄丕烈校　程祖慶　楊守敬　葉德輝　余嘉錫　于省吾跋。每半葉九行，行十八字，小字雙行同。

是書存十九卷，《中興館閣録》卷一缺，《續録》卷九祇存書名葉。《續録》目録、卷一《沿革》、卷七

《官聯上》第一至五十一葉上、卷八《官聯下》前十一葉爲錢大昕手抄。

陳騤（一一二八—一二〇三）字叔進，又作叔晉，台州臨海（今屬浙江）人。紹興二十四年（一一五四）進士第一。歷官將作監、秘書少監，贛、秀二州知州，秘書監，經筵官，太平州、袁州知州，吏部侍郎，禮部尚書，紹熙末以參知政事攝行三省事，慶元初以樞密院事兼參政，尋忤韓侂胄，提舉洞霄宫。卒謚文簡。乾道間曾主纂《國朝中興會要》二百卷，淳熙間主編《中興館閣書目》七十卷。詳見《宋史》本傳、《中興館閣録》及《續録》。

是書分沿革、省舍、儲藏、修纂、撰述、故實、官聯、廪禄、職掌九門，備述建炎元年（一一二七）以降館閣典故條格，是徵考南宋職官史事及人物生平之重要文獻。陳騤所撰至淳熙四年（一一七七）止，《續録》乃後人因舊文以增附，於嘉定三年（一二一〇）是正訛舛增補缺略後編定，分門一依《前録》。之後每歲杪或續有增益，刊於各卷之末，各門記事年月不一，晚至咸淳五年（一二六九）。

按此書《前録》，尤袤《遂初堂書目》及《宋史·藝文志》先後著録，應曾有刻本或抄本單行。《續録》始見於陳振孫《直齋書録解題》，與《前録》一併著録。其宋刻本今臺灣「中央圖書館」有藏，該館昔纂之《善本題跋真迹》著録爲「宋嘉定三年刊嘉定四年至咸淳間遞增補本」；《善本書志初稿》著録爲「宋嘉定三年刊寶慶至咸淳間增補本」；新近發表之《希古右文——搶救國家珍貴古籍特選八十種圖録》著録爲「南宋嘉定間刊寶慶至咸淳間增補本」，並謂《續録》「内存空白葉，但印大題及卷次，知印行時已缺。全書又有缺葉。頗有殘泐處，非初印」。由於《續録》之增補非在一時，且很可能隨增隨刻，舊

之後版之損泐，後印時或不及修補。據此，兩《録》之書當有嘉定三年刻印本及之後多種增刻内容不一之後印本流傳；陳振孫約卒於景定間，則《書録解題》著録之本或即嘉定三年刻印本，至少不及其歿後數年之增補文字。然而，衆多不同印本至明初皆泯滅不傳，所幸存者，似唯有臺灣『中央圖書館』所藏一種印本，蓋所有傳抄之本與《永樂大典》輯佚本，與該部宋本皆有兩個明顯特點：一是《前録》缺卷一《沿革》、《續録》缺卷九《廪禄》；一是書首李燾之序文僅存半葉。换言之，後之傳本恐均出自該部宋本。雖然，並不能以爲諸端缺失乃宋代刊刻時固有。

今兩《録》之流傳，主要爲宋本與《四庫全書》本兩大系統。宋本系統除臺灣『中央圖書館』之宋本外，多爲行款與宋本相同之傳抄本。其中最令黄丕烈所稱道者，即此錢氏潛研堂抄本。據宋本黄氏題跋，其曾以錢氏抄本、舊藏顧之逵抱沖氏之影宋抄本與宋本相較，發現宋本將《續録》卷七『提舉編修國朝會要』銜以下三葉文字錯訂入《前録》之中，影抄本亦以訛傳訛，並有臆改，而錢氏抄本則業已糾正。此外，黄氏還悉心以宋本校此抄本《續録》之其他異同，恰從卷七錢氏手抄之處校起，故頗疑錢本之《續録》係抄自别本而非徑自宋本，凡錢大昕手抄之文字，皆經其理董。

至於《四庫全書》本，源自《永樂大典》輯佚本，復經館臣考訂，『補其脱漏者三十一條，正其舛錯者一十六條，而其紀載諸人爵里有與《宋史》互異者並爲臚注』，《四庫全書總目》是書提要更易書名爲《南宋館閣録》《南宋館閣續録》。然與錢氏抄本相較，其文字脱漏仍然不免；宋本《續録》卷七誤入《前録》之三葉文字，其或作删削，但未補入《續録》。此外又有光緒間錢塘丁氏所刻《武林掌故叢編》

本，則據文瀾閣《四庫全書》本翻刻，價值又次一等。

此本鈐有『稺衡』『祖慶』『楊守敬印』『葉德輝』『悳輝』『悳暉私印』『奂份』『德輝』『焕彬父』『郎園』『元尚齋』『郎園主人』『阿慶小印』『葉氏祕宋樓藏』『葉启發東明審定善本』『葉氏啓勛讀過』『葉启蕃』『余嘉錫印』『季豫』『狷翁六十歲後書』『臧之名山傳之其人』『思泊』『于省吾印』『雙劍誃』『未兆盧藏書』等印。現藏上海圖書館。（陳先行） 三八九

## 秘書監志十一卷 （元）王士點 商企翁撰 清抄本。每半葉八行，行二十一字，無格。

王士點（？—一三五八）字繼志，東平（今屬山東）人。王構之子，王士熙之弟。官著作郎。至順元年（一三三〇）爲通事舍人，歷翰林修撰。至正二年（一三四二）遷秘書監管勾，出爲淮西廉訪司僉事、四川行省郎中，陞四川廉訪副使。至正十八年與入川劉福通部將李喜喜戰，被擒，絶食死。有詩文名，長於書法，所作流傳不多。其詩散見於《皇元風雅》等總集。曾奉旨採輯本朝典故，仿唐、宋《會要》，修《經世大典》，因其『俱有見聞，可助撰録』。另著有《禁扁》五卷，詳考歷代宫殿門觀，均有裨於史學研究。生平事迹略見《元史》卷一百六十四《王構傳》，《書史會要》卷七。

商企翁（生卒年不詳）字繼伯，曹州濟陰（今山東菏澤）人。參知政事、樞密副使商挺之孫。國子監貢生，至正元年由翰林典籍遷秘書監著作佐郎。

元秘書監始設於元世祖至元九年（一二七二），其職掌亦承歷代政府『待遇儒臣』之意，『無倥偬之

務，簡牘希闊，公會有期；郎吏陟降，堂序進退，揖諾，禮容甚都』，『視它職尤爲華要』（本書卷二），故『其監丞皆用大臣奏薦，選世家名臣子弟爲之』（《元史》卷九十《百官志》六）。元代秘書監的職事，也是『掌歷代圖籍並陰陽禁書』，兼領天文曆數的部分職務，掌雕印典籍的興文署亦一度隸於秘書監。

此書成於順帝至正年間，分職制、祿秩、印章、廨宇、公移、分監、什物、紙劄、食本、公使、守兵、工匠、雜錄、纂修、秘書庫、司天監、興文署、進賀和題名等十九門，備載至元九年秘書監設立以來之建置遷除、典章故事，司天監亦附錄。其所記錄，多可資考核。如《元史》曰至元二十七年立興文署，召集良工刊刻諸經子史版本。此書載至元十年十一月，依太保大司農奏請，設興文署，掌雕印文書，交屬秘書監，並詳載本署令、丞、校理、楷書、掌紀、雕字匠等各若干。又載至元十四年十二月奉旨將興文署併入翰林院。則興文署非設於至元二十七年可知，可正《元史》之訛。朱彝尊嘗據此以辨吳鄹即張應珍，以大德九年（一三〇五）改名，歷仕秘書少監，非宋遺民，證《吉安府志》之誤。則於史學亦多所裨益。又如卷内載書目二卷，皆無書名、卷數，唯以在庫書、先次送庫書、後次發下書、續發下書等入庫次序登錄，各有若干部、若干册書而已。在庫書分經、史、子、集和道書、醫書、方書、類書、小學、志書、陰陽書、農書、兵書、釋書、法帖各類。内記錄至元十年收藏阿拉伯文數學書籍三十八部。於《大元一統志》編纂經過，亦有詳細記載。此外，書中還登錄了北司天臺譯寫域外天文資料的名稱。故本書對研究元代科學文化有很高價值，對研究中外文化交流也有重要意義。

此書在清代唯有抄本流傳，若陳鱣抄本、劉履芬抄本併從吳騫拜經樓藏本出，又有方功惠藏本，皆

九行十六字者，疑所出同源。此清抄本八行二十一字，與諸本不同，當另有所出。此本爲鐵琴銅劍樓舊藏，鈐有『鐵琴銅劍樓』印。現藏中國國家圖書館。（汪桂海）

三九〇

## 翰林記二十卷 （明）黄佐撰 清初抄本 丁丙跋。每半葉十三行，行二十字，無直格。

黄佐生平爵里、學行業績簡況，前録明嘉靖刻隆慶增修本《南廱志》時已介紹。《翰林記》一書，記明代翰林院典章制度及遺聞軼事，始自洪武，迄於嘉靖初，凡二百七十條，各有標目。内容翔實，本末賅具，較現存明人所撰當朝詞垣制度諸書，最爲完贍。原書無序跋，清乾隆時四庫採進本不著撰人名氏，黄佐本人於諸文字中亦未提及此書，但明焦竑《國史經籍志》、《明史·藝文志》《千頃堂書目》等均記爲黄佐所著。又明廖道南《殿閣詞林記》二十二卷，卷九以下題黄佐、廖道南同撰，文字與《翰林記》前十五卷同，僅略有改動、增補。道南序稱：『臣道南嘗讀中秘書，與泰泉黄君佐纂《翰林雜記》六册。』《翰林記》記事止嘉靖初年，而《殿閣詞林記》記事至嘉靖十五年（一五三六），其間增補嘉靖初至十五年間事，亦多爲道南所親歷。故《翰林記》當爲佐纂無疑，成書大致在嘉靖初年佐任翰林編修時期。

此書明時未曾刊刻，傳本稀少，蓋因内容大部分已彙入《殿閣詞林記》，而《殿閣詞林記》於明嘉靖間即有刻本。至清代，《翰林記》爲《四庫全書》所録。道光十一年（一八三一），廣東商人伍崇曜得嶺南藏書家吴廣文（字石華）藏舊抄本，刊入《嶺南遺書》，是爲《翰林記》首次刊刻。此次影印之本即南

京圖書館所藏抄本，全書風格類清初，無欄格，字體不一，爲多人分段抄成。書寫多用古體，遇『大明』『皇』『詔』『宸翰』『朝旨』『内閣』『文華殿』『文淵閣』等字詞前空一格，以尊明統，但涉及中央官府字詞較多，不似明舊本格式，或爲清初明遺民所爲。全書遇『玄』『弘』二字不避清諱。又以《四庫全書》文淵閣寫本、《嶺南遺書》本相校，有『虜』字處，《四庫》本均用其他字替代，而此本與《嶺南》本未改動。目録葉鈐有『汪魚亭藏閲書』印。魚亭，汪憲號，憲爲錢塘（今浙江杭州）人，乾隆十年（一七四五）進士。以上諸條，足證此本抄録應在清代初年，與《嶺南》本底本即吴廣文本時代大致相同。吴廣文本後爲嘉業堂收藏，現不知所終。此外《翰林記》現存抄本尚有寧波市天一閣博物館藏明抄殘本一部，僅存卷十一至十五；臺灣『中研院』傅斯年圖書館藏清抄本一部，有道光時人徐時棟題記；美國柏克萊加州大學東亞圖書館藏清嘉慶間抄本一部，黄佐八世孫黄培芳校，故南京圖書館所藏之清初抄本當是現存各家藏本中最早且完整的傳本。

此本原爲清丁氏八千卷樓舊藏，現藏南京圖書館。（李培文）

三九一

## 館閣舊事二卷　（明）黄景昉撰　清抄本。每半葉九行，行二十四字，無格。

黄景昉（一五九六—一六六二）字太稚，號東厓，明晉江（今屬福建）人。天啓五年（一六二五）進士。初選庶吉士，歷官庶子、直日講。崇禎元年（一六二八），授翰林院編修，參與纂修《熹宗實録》，十一年進少詹事，十四年以詹事兼掌翰林院，十五年召對稱旨，與蔣德璟、吴甡並爲宰相，十六年加太子

少保，改户部尚書、文淵閣大學士，後引疾歸。入清不仕，蟄居家中十幾年，以著述爲事。［乾隆］《泉州府志》稱其文尚古奥，詩亦洪壯。著有《館閣舊事》《讀史唯疑》《宦夢錄》《經史要論》《經史匯對》《雙聲叠韻譜》《古今明堂記》《制詞》《東崖詩稿》《鹿鳩詠》《燕楚遊詠》《國史唯疑》《館寮十志》《讀諸家詩評》《御覽備邊略》等十多種。清康熙元年，卒於家。

《館閣舊事》是黄景昉對明代館閣制度的記錄，涉及職官、禮儀、輿服、科舉、起居注與實錄編纂、經筵、親王册封、詔敕章奏等，亦間及宫殿布局、館閣人物、重要史事，記載甚爲翔實，多正史或他書所未及者。黄景昉久歷翰林院，後又貴爲閣臣，直接參與館閣中諸多職事，見聞既廣，卷内除了個别條目摘引自《詞林典故》《四友齋記》《名山藏》《金臺紀聞》《菽園雜記》等書，所記率爲親身經歷或親自聞見者，比較可靠，對研究明代政治制度有很高的文獻價值。卷下後附錄《玉堂三考》《桐郡四徵》《追舊十志》《砭俗八鍼》，所載多閩地仕宦館閣者之逸聞。

此清抄本爲中國國家圖書館所藏，未見其他抄本或刻本，亦未見前人著錄，傳世孤罕，彌足珍貴。唯其流傳經過不可考。卷下首葉右下方鈐印兩枚：『國樞』『君軸』，似爲同一人，此書當經其收藏，然不知其姓氏爵里。（汪桂海）

三九二

## 皇朝詞林典故六十四卷

（清）朱珪等撰　清嘉慶十年（一八〇五）武英殿刻本。框高十七·九釐米，寬十三·七釐米。每半葉七行，行二十二字，小字雙行十九字，白口，四周雙邊。

朱珪（一七三一—一八〇七）字石君，號南崖，晚號盤陀老人，順天大興（今屬北京）人。原籍蕭山（今屬浙江），後隨父僑居大興，入籍順天府。乾隆十三年（一七四八）進士。二十五年，出爲福建糧道，擢按察使。三十二年，補湖北按察使。四十年，召授侍講學士，在上書房行走。五十一年，擢禮部侍郎。後歷任兩廣總督，吏、兵、户部尚書，協辦大學士，太子太保，太子太傅等職。嘉慶十一年十二月五日病卒，贈太傅，謚文正。《清史稿》卷三百四十有傳。

乾隆九年，鄂爾泰、張廷玉等奉敕纂輯《詞林典故》八卷，於乾隆十二年告成，御纂序文刊行。嘉慶十年，又敕朱珪等撰《皇朝詞林典故》（又名《續詞林典故》）六十四卷。此書延續乾隆《詞林典故》體制，增益卷帙，述清翰林制度及各館大略、軼聞典故等，並擇君臣唱和及館人佳作入册。刊刻精良，且一直深藏内宫，未經流傳。此本現藏故宫博物院圖書館。（肖剛）　　三九三

**蘇州織造局志十二卷**　（清）孫珮輯　清康熙二十五年（一六八六）刻本。框高十九·七釐米，寬十三·六釐米。每半葉九行，行二十字，白口，左右雙邊。

孫珮（生卒年不詳）字明菴、鳴菴，吴縣（今江蘇蘇州）人。康熙二十九年副貢。是書彭寧求序云：『吴門孫鳴菴氏，名宿也。墨兵筆陣，横掃千人，十進棘闈而不得售，帖括之餘，退而著書立説。』曾編纂《吴縣志》與《滸墅關志》。

蘇州織造局始建於元朝至正年間，明末衰落。清順治二年（一六四五）恢復，康熙年間，與江寧織

造局和杭州織造局並稱『江南三織造』。織造局專管督織解送皇室及官府所需絲織品，又兼朝廷耳目，有上奏密摺之特權。然蘇州織造局自建立以來，一直無記載，如是書劉滋敬序云：『詔直省彙修通志，若郡若州若縣皆有成書，即鹽關衙門亦有記載可考。織造局所關甚鉅，其志安得獨闕？』是書彭寧求序亦云：『邇年來，節省杼柚之供，於姑蘇織局檢核綦詳，蓋經費物力所繫，誠重之慎之也。自設局以來，沿襲紛更，利弊滋起，迨不可稽考，豈可無記載之書，以垂世立法？』故托孫珮纂輯是書，記錄蘇州織造局發展變遷，以顯其地位之重。『上可覲龍光於帝座，下可稽品秩於臣工……壬子冬孫子以其書獻之。』（劉滋敬序）因知是書成於康熙壬子年，即康熙十一年前。

是書内容豐富，如劉序所言：『《織造局志》書凡十二卷，首沿革，明興廢也；次職員，詳細題名也；次官署與機張，肅觀瞻而紀造作也；次工料與口糧，慎出内而昭畫一也；次叚疋，定工限而別尊卑也；次宦迹，誌賢能也；次人役，謹濫收也；次祠廟，有功德於民則祀之也；終之以雜記，載其事以昭勸懲也。』每卷編年繫事，故條理清晰，完整詳實。

是書内封題『孫鳴菴先生纂輯　蘇州織造局志　旌邑劉汝潔梓』，鈐『康熙二十五年諮送禮部』印，知是書刊刻當不晚於康熙二十五年。又康熙二十四年劉序云：『壬子冬，孫子以其書獻之，撫憲大中丞湯公鑒定，織造祁公捐貲以佐剞劂，刊爲全書。』康熙二十五年彭序亦云：『於是考核今古，參酌機宜，彙集成書，凡一十二卷。上之當事，當事頷之，付之剞劂。』故知是書爲清康熙二十五年劉汝潔刻本。劉汝潔，旌邑（今屬安徽）人，生平不詳。

是書鈐有『平湖屈氏一卷書塾所藏』印。此印之主爲屈爔（一八八〇—一九六三），爔字伯剛，號彈山。現藏蘇州圖書館。（郭晶）

三九四

## 大元聖政國朝典章六十卷新集至治條例不分卷　清影元抄本　莫棠補抄　錢大昕跋。

框高二十・二釐米，寬十三・四釐米。每半葉十八行，行二十八字，黑口，四周雙邊。

《大元聖政國朝典章》簡稱《元典章》，未署編者之名，學者一般認爲是元代中期地方官府吏胥與民間書坊商賈合作編纂的詔令、條格和案例彙編。《四庫全書總目》是書提要直言『乃吏胥抄記之條格』。清末沈家本《跋抄本元典章》據書首『劄文』以爲『此書當日乃奉官刊布，以資遵守，非僅爲吏胥之抄記』。近代胡玉縉《四庫總目提要補正》折中二家，認爲『大抵前集爲官刊，新集乃坊賈所次耳』。已故臺灣學者昌彼得頗贊同《四庫全書總目》之説，並認爲該書的編纂起於江西奉使宣撫的建議。

全書分詔令、聖政、朝綱、臺綱、吏部、户部、禮部、兵部、刑部、工部十大類，『以類相從』，分類編排元代法規、法令，共六十卷。内容始自世祖中統元年（一二六〇），訖於仁宗延祐七年（一三二〇）。另附《新集至治條例》，稱作『新集』。新集分國典、朝綱，以及吏、户、禮、兵、刑、工六部共八大類，不分卷，記事止於英宗至治二年（一三二二）。各大類之下又有門、目，目下排列具體文書，全書包括新集在内，共有八十一門，四百六十七目，文書二千三百九十一條。

本書文體獨特，行文不僅有一般的書面語，詞訟文字中又常用元代口語。此外，聖旨、令旨和省、

臺檔中還使用以口語硬譯蒙古語的特殊文體，一般將以上三種文體概述爲文言、語體吏牘和蒙古語硬譯體公牘。尤其是後一種文體，雖採用口語詞彙，然常有蒙古語和其他民族借詞，並不等同於元代漢語口語，其行文又拘泥於蒙古語法，語言結構複雜，文字艱澀難讀。

《元典章》具有極高的史料價值，於元代法令分門臚載，採掇廣泛詳密，大體保留了當時公文文書的原貌，是研究元代前中期歷史的第一手資料。其次，《元典章》所載大量民事、刑事訴訟案例，對瞭解元代基層社會狀況極爲珍貴，可補正史、文集等傳統史料之不足。再次，《元典章》選録文書大多標明其形成、傳遞過程，有助於理解元代官府各機構間之職掌及行政運作環節。最後，《元典章》大量保留有元代漢語文中的俗語、俗字，對研究漢語和漢字發展的歷史有重要參考價值。總之，《元典章》是研究元史、中國古代法制史、漢語史極爲重要的史料。陳垣在《〈校勘學釋例〉序》中稱：『《元典章》爲考究元代政教、風俗、語言文字必不可少之書。』

《元典章》存世元代刊本，民間未見著録。元末孔齊《至正直記》卷一『國朝文典』條提及《國朝典章》等書目，但《國朝典章》是否就是《大元聖政國朝典章》，難以斷定。明楊士奇《文淵閣書目》卷十四《政書類》載『《元典章》一部，十册，闕』。清黄虞稷《千頃堂書目》和錢曾《述古堂書目》所載者均爲抄本十五卷，内容相去甚遠。目前通行本主要有兩種版本，其一是沈刻本。光緒三十四年（一九〇八），武進董康據杭州丁氏所藏抄本刻之於北京法律學堂，由法學名家沈家本爲之作跋，世稱沈刻本。沈刻本刻印精美，受到人們重視，成爲當時最通行的版本。然沈刻本錯誤較多，往往有整段、整葉脱漏。民

國二十年(一九三一),陳垣據故宫所藏元刻本,參以吴氏繡谷亭、闕里孔氏之影抄本及巴陵方氏、南昌彭氏兩抄本進行校勘,校出沈刻本訛脱衍倒多達一萬二千餘處,撰成《元典章校補》十卷。二十三年,陳垣又從中抽取一千餘條進行歸納,撰成《元典章校補釋例》。一九五八年,中華書局重印沈刻本《元典章》時,將兩書收入。其二是元代坊刻本。民國十四年發現於故宫博物院,現藏於臺北『故宫博物院』,書中鈐有『毛晉之印』『毛晉私印』等印,當爲明清之際常熟毛氏汲古閣舊藏。一九七六年,臺北『故宫博物院』據此影印《元典章》,使該書得以原貌重新問世。此外在臺灣以及國外如俄羅斯聖彼得堡和英國劍橋大學等圖書館,也藏有殘抄本和《元典章》刻本若干卷。

此本原係長洲吴企晉(名泰來)家藏本,『紙墨精好』,後贈與錢大昕,錢氏『如獲百朋』。鈐『璜川吴氏收藏圖書』『錢大昕』『莫棠字楚生印』『獨山莫氏銅井文房藏書印』『秦曼青』等印,知吴企晉、錢大昕後,又迭經莫棠、秦更年等寶藏。現藏中國國家圖書館。(楊印民)

三九五

**大唐開元禮一百五十卷**　(唐)蕭嵩等撰　清抄本。框高二十·八釐米,寬十五釐米。每半葉十行,行二十字,白口,四周單邊。

蕭嵩(六六八—七四九),梁宣帝裔孫,雍州長安(今陝西西安)人。神龍元年(七〇五),任洺州參軍事。景雲元年(七一〇),爲醴泉尉。開元初,爲中書舍人,爲姚崇所器重。三遷尚書左丞,尋以兵部尚書節度河西,以破吐蕃功,入爲中書令,遥領河西節度。開元十六年(七二八)拜相,爲蕭氏唐朝拜相

第三人。十七年晉封徐國公。奏事常以順旨爲務，少有直言。二十一年，以屢與同僚韓休争論罷相，終太子太師。新舊《唐書》皆有傳。

唐初禮司無定制，遇事臨時議定禮儀。開元中從張説奏，以貞觀、顯慶二禮舊有儀注諸多矛盾，折衷其説，纂爲定制，以成此編，名《大唐開元禮》，亦稱《開元禮》。由徐堅等創始，蕭嵩等完成，開元二十年頒行。全書共一百五十卷，包括序例三卷，吉禮七十五卷，賓禮二卷，軍禮十卷，嘉禮四十卷，凶禮二十卷。凡二百二十六目，記一百五十二儀。杜佑曾採之入《通典》，新舊《唐書·禮志》亦以此爲藍本。

唐禮以開元禮爲備，本於禮經，極有規模。其編纂者皆爲名臣碩儒，内容廣博而全面，結構縝密，敘述精詳，可稱曠世之典。此後各朝制禮，或官修，或私撰，皆祖周公而宗開元。宋周必大《擬開元禮序》曰：『惟開元皇帝勵精政治，有意太平，故能遴擇儒臣，釐正鉅典。惟堅等辯博通貫，體上之意，故能不泥不肆，克輯成書。自時厥後，朝廷有大疑，不必聚諸儒之訟，稽是書而可定。國家有盛舉，不必蕝野外之儀，即是書而可行。世世守之，毋敢失墜，不其休哉。』章太炎贊曰：『擇善而從，宜取其稍完美者，則莫過於《開元禮》。』《四庫全書總目》是書提要稱『其討論古今，斟酌損益，首末完具，粲然勒一代典制者』，『誠考禮者之圭臬也』。其後雖有踵事增華之作，然究其規模與影響，實難與《開元禮》比肩。於東亞、東南亞漢文化圈的禮樂律令制度均有重大影響。渤海、新羅、高麗、日本都曾請求傳寫《開元禮》，日本的禮樂制度更是全面借鑒唐禮而來。

此本有朱墨圈點、校改、批跋。有浮簽。常熟瞿氏嘗存此本，《鐵琴銅劍樓藏書目録》卷十二著

録：『《大唐開元禮》一百五十卷（舊抄本）：唐蕭嵩等奉敕撰。張氏《藏書志》載有周必大序，此缺。……草創者爲徐堅、李鋭、賈登、張烜、施敬本、陸善經、洪孝昌；成之者，則蕭學士嵩、王舍人仲邱也。……是本抄白甚舊，中有朱筆詳校，不著何人。』可知其中朱筆校改圈點，應於瞿氏得書之前既已有之。據《新唐書·藝文志》載，《開元禮》撰成後，蕭嵩陸續撰有《開元禮義鏡》一百卷、《開元禮京兆義羅》十卷、《開元禮類釋》二十卷、《開元禮百問》二卷等，對其進行注疏、解説。

是書流傳不廣，傳世版本稀少。通行者爲光緒十二年（一八八六）涇縣洪汝奎公善堂刻《洪氏唐石經館叢書》本。《四庫全書》所收《大唐開元禮》係兩淮鹽政採進本，與《通典·開元禮纂類》内容基本一致，僅繁簡有所不同。

此本鈐有『鐵琴銅劍樓』『稽瑞樓』等印，表明曾經常熟瞿氏、陳揆等收藏。現藏中國國家圖書館。

（肖剛）

三九六

**大金集禮四十卷**　清抄本。框高十六釐米，寬十一·二釐米。每半葉九行，行十八字，白口，左右雙邊。

存三十八卷：卷一至二十五、二十七至三十二、三十四至四十。

是書不著撰人名氏，亦不著成書年月。《四庫全書總目》據黄虞稷《千頃堂書目》所載此書爲金章宗『明昌六年禮部尚書張暐等進』，又考『書中紀事，斷至大定，知爲章宗時書』。錢大昕（一七二八—

一八〇四)《潛研堂文集》卷二十八亦稱此書『雖無序文,不知纂輯年月,要必成於大定之世,故於「雍」字稱御名而不及明昌以後事』。

是書以帝王禮制分類,條理清晰: 卷一、二帝號,至大定十一年(一一七一),卷三、四追加謚號,至大定十九年,卷五皇太后皇后,卷六追謚后,卷七妃,卷八皇太子,至大定二十七年,卷九親王公主,卷十皇帝夏至日祭方丘,卷十一皇帝祭皇地祇於方丘,卷十八、十九時享,卷二十、二十一原廟,卷二十二別廟,卷二十三御名,卷二十四赦詔,卷二十五宣命,卷二十七、二十八儀仗,卷二十九、三十輿服,卷三十一班位表奏,卷三十二輟朝廢務,卷三十四岳鎮海瀆,卷三十五長白山,卷三十六宣聖廟,卷三十七雜祠廟,卷三十八沿祀雜錄,卷三十九、四十朝會,卷十二至十七元有闕文,卷二十六、三十三闕。四庫館臣評曰: 『以《金史》諸志相校,其藍本全出於此。而志文援引舛漏,失其本意者頗多。』『非得此書,無以知史志之疏謬也。則數金源之掌故者,此爲總彙矣。』(《四庫全書總目》卷八十二)錢曾《讀書敏求記》卷二云: 『首列太祖太宗即位儀,……凡朝家大典、輿服制度禮文,莫不班班可考。嗟乎,杞宋無徵,子之所歎。金源有人,勒成一代掌故。後之考文者,宜依倣編集,以詔來世。此書諸家目錄俱不載,藏書家亦無有畜之者,尚是金人抄本,撫卷有諸夏之亡之慨。』丁丙《善本書室藏書志》卷十三《大金集禮》四十卷云: 『繡谷(吳焯)謂此編始太祖,終世宗,其後章宗明昌六年張瑋等進《大金儀禮》,豈此編後更續耶,抑史遺之耶? 文獻可徵,藉是不少。』

錢大昕《潛研堂文集》卷二十八《跋大金集禮》云: 『《大金集禮》四十卷,周漪塘、黄堯圃兩家抄

本皆云卷十二至十七元有闕文，又卷廿六、卷卅三元闕。』與此本同。此本未知孰抄，爲傅增湘經眼之本，傅氏《藏園群書經眼録》卷六云：『影抄本，中版心，九行十八字，楷法精美，似毛抄。（景樸孫遺書，文德堂送閲。丙寅。）』完顔景賢（一八七六—一九二六），字亨父，號樸孫，滿洲鑲黄旗人，室名三虞堂，户部員外郎華毓之子。家富收藏，書籍、碑帖、書畫甚富，精於賞鑒。盛昱藏書後多歸樸孫。盛昱（一八五〇—一九〇〇）字伯羲（羲或作希、熙、兮），一字韻莳，號意園，隸滿洲鑲白旗。光緒三年（一八七七）進士，官至國子祭酒。

此本曾經清怡親王弘曉，盛昱、完顔景賢、周叔弢遞藏。鈐有『怡府世實』『安樂堂藏書記』『明善堂覽書画印記』『宗室盛昱收藏圖書印』『周暹』等印。現藏中國國家圖書館。（向輝）

三九七

## 四譯館考十卷　（清）江蘩撰　清康熙刻本。框高二十・二釐米，寬十四釐米。每半葉九行，行二十字，白口，四周雙邊。

江蘩（生卒年不詳）字采伯，號補齋，清初漢陽（今湖北武漢）人。清康熙十一年（一六七二）拔貢，康熙十九年任靈寶縣令，曾三請蠲荒，爲靈寶縣免税銀九千餘兩。又創立桃林書院，並重修夏直臣祠、函谷關及南城樓等。康熙二十五年擢爲御史，後任光禄寺卿、太常寺卿、都察院左副都御史等職。撰有《太常紀要》《奏疏稿》及《四譯館考》等。

清康熙三十四年，江蘩任翰林院提督四譯館太常寺少卿，『乃於考課之暇，裒集舊簡』，編次而成

《四譯館考》。《清史・藝文志》著録《四譯館考》十五卷，但目前未見十五卷本。十卷本《四譯館考》前八卷分别爲回回館、西番館、暹羅館、高昌館、百譯館、緬甸館、西天館、八百館，『爲之著天時土地寒煖燥濕之殊，山川道里險易遠近之異，民風習俗悍樸文質之分，物産土宜多寡貴賤之别，以及往古沿革叛服之故，前人統馭得失之由』（江蘩《四譯館考序》），後兩卷爲《四譯館課集字詩》，主要是江蘩從『各館雜字中比合連屬，綴成韻語』，『每館附存一二詩，並録其字及語音於本字之下』，由各館序班、譯字官生等翻譯而成。

關於四譯館，可追溯到明永樂五年（一四〇七）設立的四夷館。四夷館乃我國最早培養翻譯人才的官方機構，主要負責翻譯邊疆少數民族及朝貢國家的往來文書，並掌管相關語言文字的教習。初分韃靼、女真、西番、西天、回回、百夷、高昌、緬甸八館，後增設八百、暹羅兩館。四夷館不僅編譯與漢語對照的分類詞彙《譯書》（或稱《雜字》），還將上述地區的奏摺和文書寫成漢文並附夷語譯文（即《來文》），由各館分别保管。清順治元年（一六四四），四夷館改名爲四譯館。乾隆十三年（一七四八），四譯館與會同館合併爲會同四譯館。咸豐十年（一八六〇），會同四譯館被同文館取代。

江蘩所記各館有關明朝歷史的部分，基本照録了王宗載《四夷館考》。王宗載於明萬曆六年（一五七八）任提督四夷館少卿，萬曆八年完成了《四夷館考》，主要爲了便於四譯館譯字生在學習夷語的同時，瞭解諸夷的歷史地理、風土人情以及與明朝的歷史關係。該書主要以李賢等《大明一統志》、鄭曉《皇明四夷考》和《皇明北虜考》爲基礎，並涉及嚴從簡《殊域周諮録》的部分内容，主要以抄本形式在

四夷館（清四譯館）内部流傳。將江蘩《四譯館考》與王宗載《四夷館考》對比，西番館、暹羅館、高昌館、西天館、八百館、緬甸館六館有關明代的文字内容基本相同。受政治因素的影響，《四譯館考》所做的最大改動在於删掉了明代四夷館中極爲重要的韃靼館和女真館，此外還將『百夷館』改成『百譯館』。加之歷史沿革，百夷館『舊有景東、鶴慶，久隸版圖，故不錄』（據張文德《王宗載及其〈四夷館考〉》）。

《四庫全書總目》著錄《四譯館考》十卷，底本爲浙江鮑士恭家藏本。四庫館臣對該書評價不高，言『是書略記外藩朝貢之目，恭載列祖敕諭及賜予物數，皆《實錄》《會典》之所有。其國俗土風，則捃摭前代史傳爲之，多不確實。後繫以《集字詩》一卷，皆蘩所自作，而以諸國字譯之。詩既無關於外藩，所譯之字，又不能該諸國之字。則亦戲筆而已，不足以資掌故也』。

本書鈐『趙永』『子貞』等印。現藏中國國家圖書館。（孫俊）

三九八

**熬波圖説二卷** （元）陳椿撰 清抄本。框高二十一釐米，寬十三·九釐米。每半葉八行，行二十一字，紅格，白口，四周雙邊。

陳椿（一二九三—一三三五），元天台（今屬浙江）人，元統時爲下砂場鹽司。《宋史·食貨志》曰：『鹽之類有二：引池而成者曰顆鹽，《周官》所謂盬鹽也。鬻海、鬻井、鬻鹻而成者曰末鹽，《周官》所謂散鹽也。』『鬻海』即今所謂『熬波』，《宋史·藝文志》記錄有陳曄《通州鬻海錄》一卷，惜其未詳。

據原序，是書爲椿因前提幹舊圖而補全之帙，至順庚午（元年　一三三〇）始得大備，並鋟諸梓。《四庫全書總目》是書提要稱其『自各團竈座，至起運散鹽，爲圖四十有七，圖各有説，後繫以詩。凡晒灰打滷之方、運薪試運之細，纖悉畢具，亦樓璹《耕織圖》、曾之謹《農器譜》之流亞也』。《補元史藝文志》《四庫全書總目》著錄。

是本前有《四庫全書總目》提要及原序，後接目錄、正文。四庫本題名不帶『説』，作一卷，是本析爲二卷。是本與四庫本繪圖内容幾同，唯草木、髮飾等處筆觸較細，人物形象、數量略有區別。文字偶有差異：如是本『壩堰蓄水』『就海引潮』均脱『原圖缺』三字；『疏浚潮溝』中『一生甘做泥中鰍』，四庫本脱『鰍』字；『擔灰攤晒』中『草間終日眠嬰孩』，『終』是本作『冬』；『裝泥柈縫』中『亦用草灰褁塗其内』，是本脱『草』字。是本或出自四庫本，而於繪圖有所精進。

是本鈐有『涵芬樓』『海鹽張元濟經收』等印，《涵芬樓燼餘書目》史部著錄。現藏中國國家圖書館。（洪琰）

三九九

**慶元條法事類八十卷**　（宋）謝深甫等纂修　**開禧重修尚書吏部侍郎右選格二卷**　清抄本。每半葉九行，行二十字，小字雙行十八字，無格。

存三十八卷：卷三至十七、二十八至三十二、三十六、三十七、四十七至五十二、七十三至八十，其中卷三爲殘卷；右選格二卷全。

謝深甫（一一三九—一二〇四）字子肅，號東江，台州臨海（今屬浙江）人。少穎悟，刻志爲學，宋乾道二年（一一六六）進士及第，調嵊縣尉。紹熙三年（一一九二）進吏部侍郎，兼詳定敕令官。歷孝宗、光宗、寧宗三朝，官至右丞相。拜少傅，致仕。後以孫女爲理宗后，追封信王，易封衛、魯，謚惠正。擅長詩文，有《東江集》十卷，已佚。事具《宋史》卷三百九十四。

是書爲宋寧宗時法令彙編，所收爲南宋初年至寧宗慶元年間敕、令、格、式和隨敕申明，以事分門進行編纂。始修於嘉泰元年（一二〇一），成書於嘉泰二年，並於次年頒行。今存殘本有職制、選舉、文書、榷禁、財用、庫務、賦役、農桑、道釋、公吏、刑獄、當贖、服制、蠻夷、畜産和雜門，計十六門，各門之下又分若干小類。書首附錄《開禧重修尚書吏部侍郎右選格》二卷，爲開禧二年（一二〇六）三月所頒《開禧重修七司法》中部分内容。

先是，宋代吏部七司有《條法總類》，作爲各司辦事依據。淳熙間，孝宗命按七司所掌政事分類，改編成《淳熙條法事類》，以便檢閱。寧宗依淳熙故事，命宰相謝深甫等據慶元四年（一一九八）九月所頒《慶元重修敕令格式》改編成《慶元條法事類》。因書成於嘉泰二年，故亦稱《嘉泰條法事類》，陳振孫《直齋書錄解題》卷七有載。

關於是書卷數，《玉海》卷六十七云：『嘉泰二年八月二十三日，上《慶元條法事類》四百三十七卷，《書目》云八十卷。』即謂是書有四百三十七卷和八十卷之别。此中《書目》當爲南宋官修《館閣書目》。《宋史·藝文志》著錄此書爲八十卷，當承《書目》而來。有學者認爲四百三十七卷爲原本，八十

卷本爲删節本，八十卷本是今殘存本之祖本（孔學《〈慶元條法事類〉研究》）。

是書僅見殘本傳世，内容不足原書之半。缺佚雖多，仍保存不少有關政治、經濟、軍事、刑法、官制、服飾等方面法令，是研究宋史，特别是中國法制史的珍貴資料。其可補史志者實多，如南宋王應麟所輯《玉海》，載《建隆考課令》有『四善』『四最』。而『四最』僅有其三，據是書則還有『民籍增益，進丁入老，爲生齒之最』一條，恰補《玉海》之闕；是書《十科薦舉令》即《宋史·選舉志》所言紹興三年（一一三三）恢復司馬光建議施行之十科舉士法時所頒具體法令；《武臣薦舉格》即《玉海》銓選類所言隆興元年正月一日三省、樞密院奏請頒行法令之具體内容。又有不少令文，如宋代形勢户法定含意等，僅見於該書。

是書流傳甚少，清乾隆以後有抄本五種，缺卷相同，當同出一源。其中一種藏日本岩崎氏，此本亦五種之一，公認較善。一九四八年十月，燕京大學圖書館曾據此本出版刊行，是現今通行版本。此本鈐『愛日精廬臧書』『祕册』『張月霄印』『鐵琴銅劍樓』等印，知經張金吾、常熟瞿氏等名家寶藏。現藏中國國家圖書館。（楊印民）

四〇〇

**營造法式三十四卷** （宋）李誡撰　清初影宋抄本。框高二十二·五釐米，寬十八·八釐米。每半葉十一行，行二十二字，小字雙行同，白口，左右雙邊。

李誡（?—一一一〇）字明仲，鄭州管城（今屬河南）人。其生年一説在一〇六〇—一〇六五年間

（梁思成《營造法式注釋·序》）。一説在一〇六三—一〇六四年間（左滿常、張大偉《李誡與〈營造法式〉》）。元豐八年（一〇八五），宋哲宗趙煦嗣位，李誡奉父命進獻賀表，得以恩補郊社齋郎，後任曹州濟陰縣尉。元祐七年（一〇九二），調任將作監主簿，崇寧元年（一一〇二）遷試將作少監，崇寧三年，陞將作監。崇寧五年，父喪丁憂。大觀三年（一一〇九），任虢州知州。大觀四年病逝。李誡博學多藝，精書法，善篆籀草隸，長於繪畫，所繪《五馬圖》，曾得到宋徽宗贊譽。撰有《續山海經》《古篆説文》《六博經》等，惜不傳。將作監任内，主持營造辟雍、尚書省、軍營房等宫廷官府建築。

陳振孫《直齋書錄解題》卷七著錄《營造法式》三十四卷、《看詳》一卷『將作少監李誡編修』。並謂：『熙寧中，始詔修定，至元祐六年成書。紹聖四年命誡重修，元符三年上，崇寧二年頒印。』是書李誡進書劄子上奏爲：『熙寧中敕令將作監編修《營造法式》，至元祐六年方成書。』云：『準紹聖四年十一月二日敕：「以元祐《營造法式》祇是料狀，别無變造用材制度，其間工料太寬，關防無術。三省同奉聖旨，差臣重别編修。臣考究經史群書，並勒人匠逐一講説，編修海行《營造法式》，元符三年内成書，送所屬《看詳》，别無未盡未便，遂具進呈。」』知是書始修於宋元祐六年，因『董役之官，才非兼技，不知以「材」而定分，乃或倍料而取長，弊積因循，法疏檢察』（《進新修營造法式序》），故紹聖四年（一〇九七）李誡奉敕重修，元符三年（一一〇〇）書成。

是書凡三十四卷，《看詳》及《目錄》各一卷，共三十六卷，計三百五十七篇，共三千五百五十五條。其中二百八十三條，『係經史等群書中檢尋考究』，餘下三百八篇，計三千二百七十二條，『係自來工作

相傳，並是經久可以行用之法』（《法式·看詳·總諸作看詳》）。知是書乃集諸作工匠智慧經驗之大成。全書卷一至二詮釋各建築及構件名稱，卷三至十五列舉十餘種制度，如『壕寨制度』『石作制度』『雕作、旋作、鋸作、竹作』等，並依次闡釋其歷史、傳統及理論根據，卷十六至三十四分别記諸作之『功限』『料例』及『圖様』。

全書圖考並重、條理明晰，被譽爲我國古代第一部完備的官刻營造規範典籍，飽受贊譽。晁公武《郡齋讀書志》云：『世謂喻皓《木經》極爲精詳，此書蓋過之。』《四庫全書總目》是書提要云：『蓋其書所言雖止藝事，而能考證經傳，參會衆説，以合於古者飭材庀事之義。』中國營造學社創始人朱啓鈐《李明仲八百二十周忌之紀念》云：『上導源於舊籍之遺文，下折衷於目驗之時制，巋然成一家之言，裒然立一朝之典。』朱啓鈐（一八七二—一九六四）字桂辛，號蠖公，開州（今屬貴州）人。民國初曾任交通總長、内務總長、代國務總理等職。一九三〇年組織中國營造學社，自任社長，從事古建築研究。著有《李仲明營造法式》《蠖園文存》等。

《文獻通考》《國史經籍志》《文淵閣書目》和《四庫全書總目》均有著録。

《營造法式》初刻於崇寧二年，稱崇寧本。屬皇家刻書，又秘藏深宫，經靖康之難，幾成絶響。南宋初，平江府（今江蘇）王唤重刻是書，稱紹興本。以上二本均未曾見。明清兩代是書多以抄本流傳，凡有七種：一、《永樂大典》本，多有散佚，全貌不可考；二、范氏天一閣抄本，缺卷三十一；三、趙氏脉望館抄本，清人孫原湘《天真閣集》卷四十三《營造法式跋》云：『《述古書目》稱趙元度得《營造法

式》，中缺十餘卷』；四、錢氏述古堂抄本，傳此本源於紹興本；五、小瑯嬛仙館藏本，實爲影抄錢氏述古堂抄本；六、丁氏八千卷樓抄本，現藏南京圖書館；七、清初影宋抄本，即本書。一九三三年，陶湘於故宮博物院發現是書，行款格式與紹興本同。末尾有『平江府今得紹聖《營造法式》舊本並《目錄》《看詳》共一十四册　紹興十五年五月十一日校勘重刊。左文林郎平江府觀察推官陳綱校勘、寶文閣直學士右通奉大夫知平江軍府事提舉、勸農使開國子食邑五百户王㬇重刊』刊記。宋紹興本之風貌借此而依稀可見，又爲全帙，洵爲珍貴！

是書僅鈐『虞山錢曾遵王藏書』印，知原爲錢氏述古堂舊物。現藏故宮博物院圖書館。（郭晶）

四〇一

**也是園藏書目十卷**　（清）錢曾藏並撰　稿本。每葉行字不等，無行格欄綫。

錢曾（一六二九—一七〇一）字遵王，號也是翁，別號貫花道人，常熟（今屬江蘇）人。明諸生，因奏銷案黜革。少時師從族祖錢謙益，後獲絳雲樓燼餘藏書及錢謙益手稿。著有詩集《交蘆集》《言怨集》《鶯花集》《判春集》《奚囊集》《夙興草堂集》等。生平可參見章鈺所撰《讀書敏求記校證補輯類記》。

錢曾受虞山藏書傳統及家族藏書風氣影響，鋭意收書。獲贈絳雲樓燼餘書後，又不斷從書賈購求宋元舊本，且與葉樹廉、陸貽典、馮舒、馮班、毛扆等藏書家交遊，相約互借校抄，二十餘年蓄積珍貴圖籍逾四千部。他自稱：『竭予二十餘年心力，食不重味，衣不完采，摒擋家貲，悉藏典籍中。如蟲之負

版，鼠之搬薑，甲乙部居，粗有條理』，『然生平所酷嗜者，宋槧本爲最』(《述古堂藏書目》自序)。藏書內容豐富，不囿於正經正史，而能旁騖百家俚俗之書，所收小説、醫書、人物志、地理志亦相當豐富。錢氏見聞既博，辨别尤精，撰有多部藏書目録，爲清初著名版本目録學家。

錢曾藏書處先後命名爲述古堂、也是園、莪匪樓，也是園是其晚年所居别墅名，故自稱也是翁。除《也是園藏書目》外，又編有《讀書敏求記》四卷、《述古堂藏書目録》十卷，三本書目體例、詳略各異，互有重複，差異更多。《讀書敏求記》收録其藏書精華六百三十四種，專記宋元精刻，有解題。《述古堂藏書目》收書二千二百餘種，記載書名、卷數外，間或著録册數和版本。《也是園藏書目》收書三千八百餘種，僅記書名、卷數，實爲賬簿，雖不如前兩種書目精核，但收書最多，便於稽查典籍。此目分類與傳統不同，是在經史子集四部之外，增設明史、三藏、道藏、戲曲小説四部，共設八部，一百四十五類，以卷十戲曲小説最見特色。戲曲小説嚮來不登藏家大雅之堂，藏家著録不多，而錢曾能爲之專立類目著録，資料價值甚大，其中所收脉望館抄校本《古今雜劇》，被鄭振鐸稱爲『國寶』。

此目嚮來以傳抄本行世，直至宣統元年(一九〇九)羅振玉始刊入《玉簡齋叢書》，但訛文脱字不少。今此《中華再造善本續編》影印者乃錢曾手寫稿本，卷中圈改、增補痕迹亦遵王手筆，雖尚屬未定之稿，然其文獻價值已不待言。國家圖書館有清抄本數部，取與此相校，分類、編次都有不同，可據此校正。卷前有《述古堂藏書目後序》，可見兩目之關聯。

鈐有『庾樓心賞』印，知曾經民國藏書家張允亮收藏。現藏中國國家圖書館。(樊長遠)



四〇二

**籀史二卷**　（宋）翟耆年撰　清劉氏味經書屋抄本。框高十八・一釐米，寬十三・三釐米。每半葉八行，行十七字，白口，左右雙邊。

存一卷：卷上。

翟耆年（生卒年不詳）字伯壽，一字子清，别號黄鶴山人，丹陽（今屬江蘇鎮江）人。其父汝文官至參知政事，《宋史》有傳。宋盧憲於嘉定間所修《鎮江志》卷十九附録翟耆年小傳云：『以父任入官，自少知文，名士劉器之所甚愛，而以著騷見稱於張文潛。好古文，介褊不苟合，自謂爲吏必以譴罷。放浪山谷間，著書自娱。辛相范宗尹欲召之，蘇庠曰：「翟子清濁太明，善惡太分，此張惠恕之所以不能取容當世也。」耆年既老，自號謦涾老隱。』《書史會要》卷六稱其『能清言，工篆及八分』。

是書名《籀史》，《四庫全書總目》是書提要以爲『特因所載多金石款識，篆隸之體爲多，實非專述籀文』。周中孚《鄭堂讀書記》卷三十三則謂『諸體之中，籀爲最古，故舉以名書，以括其餘』。合參二説當得其實。是書體例，先輯録諸家金石著作（頂格），其後附以己意（低一格），有所評述論説。前爲宋徽宗《宣和博古圖》等三則，次自《比干墓銅槃記》迄於《晏氏鼎彝譜》凡十七則。下卷十六則，有録無書。所録各圖之後，各爲論説，原委暸然。四庫館臣亦曰：『於岐陽石鼓，不深信爲史籀之作，與唐代所傳特異，亦各存所見，然未至如金馬定國堅執宇文周所作也。所録不及薛尚功《鐘鼎彝器款識》備載篆文，而所述原委則較薛爲詳。二書相輔而行，固未可以偏廢。』清儒治金石、文字之學，多所引用。孫詒讓《籀廎述林》卷六《翟氏籀史跋》贊之云：『此書援據詳博，足資考證，若《周穆王東巡題名》及

《徐鉉古鉦銘》，皆金石家所未及。』書中載唐徐浩、韓愈、韋應物，宋徐鉉、呂大臨、李公麟、劉敞、趙明誠、晏溥等人事迹，足見是書於金石款識、篆隸之外，亦頗有助於考史。宋代金石學發達，成就斐然，士大夫熱衷於收藏、研究古銅器、泉貨、石刻拓片，本書卷下即有《翟氏三代鼎彝款識》之目，蓋其家藏，而翟耆年之父爲宋代名書法家，有《宣抚帖》傳世，故其撰著此書，良非偶然。

《四庫全書總目》以是書首載《宣和博古圖》，有『紹興十有二年二月帝命臣耆年』云云，推測爲南宋初所作。最早見於尤袤《遂初堂書目・雜藝類》，又見《直齋書錄解題》及《宋史・藝文志》，俱作二卷。歲久散佚，僅存上卷，下卷有目無書，不知佚於何時。至明《文淵閣書目》著錄『《籀史》一部二册，闕』，已非完本。此本卷末跋云：『《籀史》上下二卷，此卷從竹垞借抄。竹垞云傳者止此一卷，其下卷遍訪之藏書家，終無可得也。』『竹垞』即朱彝尊。此跋當爲吴翌鳳所作，參下引吴跋。又錄王士禎『曹秋岳侍郎倦圃藏書』跋。四庫館臣云：『惟嘉興曹溶家尚有鈔本，然已僅存上卷。現藏彝家所著錄，皆自曹本傳寫者也。』朱彝尊與曹溶過從甚密，其本恐亦『自曹本傳寫者』。又錄吴翌鳳跋云：『乾隆四十年余抄得是書，後晤武林鮑以文，云毛斧季書目載此書乃是全本，惜其書不知散佚何處矣。友生王範賢與毛氏有連，曾有是書，今亦散佚，未知是全書否耳。珠還劍合，何日得遂！書此以志奢望。吴翌鳳記。時辛丑冬盡。』辛丑當爲乾隆四十六年（一七八一）。然今檢《士禮居叢書》本《汲古閣珍藏秘本書目》並無其目。

觀吴跋可知，吴氏借抄朱彝尊本，劉喜海又從吴本轉抄而成此本。劉喜海（一七九三—一八五二）

字吉甫，號燕庭（一作燕亭、硯庭），山東諸城人。劉統勳之後，官至浙江布政使，清嘉道間金石文獻大家，編著有《海東金石苑》《古泉匯考》《嘉蔭簃雜著》等書。其藏書處爲味經書屋、嘉蔭簃、清愛堂、金石苑等。［民國］《山東通志》卷一百七十五有傳。劉氏味經書屋多抄罕秘之書。此本黑框無格，版心上題書名，框外有『燕庭校鈔』四字。抄寫工妙絶倫。《籀史》傳世僅《守山閣叢書》一刻，其餘皆抄本，而以劉氏所抄最精。其所從出之曹、朱、吴諸本俱不傳。鈐『劉』『燕庭藏書』『東武劉氏味經書屋藏書印』『周暹』等印。現藏中國國家圖書館。（樊長遠）

四〇三

**西清古鑑四十卷錢録十六卷**　（清）梁詩正　蔣溥等纂修　清乾隆十六年（一七五一）武英殿刻本。框高二十九·五釐米，寬二十二·五釐米。每半葉十行，行十八字，白口，四周雙邊。

梁詩正（一六九七—一七六三）字養仲，號薌林，錢塘（今浙江杭州）人。雍正八年（一七三〇）庚戌科一甲第三名進士，授翰林院編修。乾隆十五年，調任吏部尚書。後任工部尚書，調任兵部尚書。二十五年，爲協辦大學士兼翰林院掌院學士。二十八年，授東閣大學士。卒謚文莊。著有《矢音集》。《清史稿》有傳。

蔣溥（一七〇八—一七六一）字質甫，又字哲甫，號恒軒，常熟（今屬江蘇）人。蔣廷錫之子。雍正七年獲賜舉人，八年庚戌科二甲第一名進士，歷任吏部侍郎、軍機處行走、户部尚書、太子少保等。乾隆十八年，爲協辦大學士兼禮部尚書，掌翰林院事。二十年，兼署吏部尚書。二十四年，授東閣大學

士，兼領户部。二十六年卒，贈太子太保，謚文恪。著有《恒軒詩鈔》等。《清史稿》有傳。

『西清』一詞，最早見於《漢書・司馬相如傳》：『青龍蚴蟉於東厢，象輿婉僤於西清。』顔師古注曰：『西清者，西厢清净之處也。』至宋，『西清』成了館閣的美稱。清代『西清』專門指宫廷内南書房。因此書編定於清宫南書房，故名《西清古鑑》。

此書爲乾隆十四年冬梁詩正、蔣溥等人奉敕編纂，乾隆皇帝和多位王公大臣參與編寫。全書共著録清宫所藏始於商周止於唐代之古代銅器一千五百二十九件，其中彝器一千四百三十六件、銅鏡九十三件。所附《錢録》十六卷。『始事於乾隆庚午（十五年）之冬月，……越辛未（十六年）夏仲始克告竣』，共著録歷代貨幣五百六十七枚。

卷前有乾隆十四年十一月初七日上諭：『《宣和博古》一圖播在藝苑，繼之者有吕氏《考古圖》，而外此紀載寂寥……考舊圖多所未載，因思古器顯晦有時，及今不爲之表，……爰命尚書梁詩正、蔣溥、汪由敦率同内廷翰林仿《博古圖》遺式，精繪形模，備摹款識，爲《西清古鑑》一編。以遊藝之餘功，寄鑒古之遠思。』

此書作爲『御纂』的古器物圖録，《四庫全書總目》是書提要云：『以内府庋藏古鼎彝尊罍之屬，案器爲圖，因圖繫説，詳其方圓圍徑之制、高廣輕重之等，併鉤勒款識，各爲釋文。其體例雖仿《考古》《博古》二圖，而摹繪精審，毫釐不失，則非二圖所及。其考證雖兼取歐陽修、董逌、黄伯思、薛尚功諸家之説，而援據經史，正誤析疑，亦非修等所及。』四庫館臣又贊其『讀是一編而三代法物恍然如覩』，雖嫌過

譽而實爲不誣。

此書於各器著録詳盡，又殿本傳世稀少，且器物均深藏内府，世所罕見，故而此書對後世影響甚大，是研究古代青銅器和明清故宫藏品不可多得之寶貴資料。沿其體例，清廷又編纂了《西清續鑑》和《寧壽鑑古》兩書，此書又成爲文物圖譜編纂之範本。然受當時認識水準所限，書内收録有僞器。容庚校勘後，認爲僞器占三分之一。

此書傳世版本主要有：一、清乾隆十六年武英殿刻本；二、清彩繪本；三、清光緒十四年（一八八八）邁宋書館日本銅活字本；另有清光緒十四年上海鴻文書局石印本等版本。此本現藏中國國家圖書館。（肖剛）

四〇四

**寶刻叢編二十卷**（宋）陳思輯　清抄本。框高二十·四釐米，寬十四·五釐米。每半葉十行，行二十字，卷一至七黑口，四周雙邊；卷八起，無格。

陳思（生卒年不詳）字續芸，南宋人。是書原刻本有陳振孫序，謂：『都人陳思賈書於都市，士之好古博雅，搜遺獵忘，以足其所藏，與夫故家之淪墜不振，出其所藏，以求售者，往往交於其肆，且售且價。久而所閲滋多，望之輒能别其真贋。』可知陳思乃臨安（今浙江杭州）人，並在臨安開書肆，且有眼别真贋之功。《小字録》前有結銜：『成忠郎緝熙殿國史實録院祕書省搜訪。』因知思曾爲緝熙殿國史實録院秘書省之圖書採選官。

是書又有别本，存宋紹定二年（一二二九）魏了翁序，知其最晚成於紹定二年，此時陳思當正值中青年。上引陳振孫序曰：『一旦盡取諸家所録，輯爲一編。』又有佚名者爲之序曰：『余嘉其志……又授之秦氏碑目，俾得參討，且助其鋟梓之費。』因知《寶刻叢編》之成書並付梓深得友人之助。

是書詳考石刻所記之古地理，以《元豐九域志》京府州縣爲綱，凡刻石中地域可考者，按各路編纂；未詳所在者，附於卷末。書中兼採《集古録》《金石録》《大觀帖總釋序》《集古後録》《京兆金石録》等書中諸家辯證審定之語，俱著於下。其所引諸書多有今已散佚不傳者，賴是書可窺其一斑，頗資考證。《四庫全書總目》是書提要稱其『能紬繹前聞，博稽方志，於徵文考獻之中寓補葺圖經之意』。書較王象之《輿地紀勝》多録北地碑刻，更爲難得。清時由河南巡撫採進，收入《四庫全書》。

是書最早有陳思自刻本，今已不得見。今傳最早爲宋抄本，現藏國家圖書館，僅存二卷，零葉十五。

此本卷二、卷二十末有『至順改元夏五月五日收此本，保居敬記』，又有『至正庚寅冬得於武林河下之書鋪，歸置於竹江舊隱之凝清齋，俞子中父誌』題記。俞子中即俞和，和（一三〇七—一三八三）字子中，號紫芝生，桐江（今屬浙江）人，寓居杭州。故知是本抄自元本，且元本流傳有序。《鐵琴銅劍樓藏書目録》卷十二有是書舊抄本，其『卷五末葉有題記云「至正庚寅冬得於武林河下之書鋪……」』，又有『保居敬記』之題記，與此本當出同源，而題記所載之處不同，『脱錯甚多』。是書有清抄本多部，獨此本卷帙完整，價值尤高。

是本鈐『南宫邢氏珍藏善本』『邢之襄印』等印，爲邢之襄舊藏，現藏中國國家圖書館。（王沛）

四〇五

## 寶刻類編八卷

（宋）佚名撰　清鮑氏知不足齋抄本　顧廣圻跋　鮑廷博　嚴元照校。框高十八·八釐米，寬十三·五釐米。每半葉十行，行二十一字，黑口，左右雙邊。

《四庫全書總目》是書提要據是書之始周秦訖五代，並記有宣和、靖康年號，斷爲宋人所撰。宋寶慶初爲避理宗名諱，改『筠州』爲『瑞州』，書中凡『瑞州』者數，由此推知爲宋末人。翁方綱《復初齋文集》稱是書『蓋南宋末書坊賈人之所爲也』。

是書彙録石刻碑板，編次以書家姓名爲綱，所載碑目下各繫以年月地名。《四庫全書總目》是書提要載：『金石目録，自歐陽修、趙明誠、洪适三家以外，唯南宋陳思所編《寶刻叢編》頗爲該洽，今亦多殘佚不完，獨此書搜採贍博，敘述詳明。』錢大昕《潛研堂集·寶刻類編序》曰：『同時有臨安陳思者撰《寶刻叢編》二十卷，頗爲藝林所珍，陳氏以郡縣爲綱，此以書家姓名分類，體例雖不同，要皆考金石文字者所宜津逮也。』李文藻因數碑『諸書皆未載而此書載，彌覺其可貴也』。是書最早見於《文淵閣書目》，清代編修《四庫全書》時，自《永樂大典》輯出。

此鮑廷博知不足齋抄本，前有乾隆三十八年（一七七三）《四庫全書總目》是書提要，首卷卷端下注『永樂大典本』，卷八末有『乾隆四十八年癸卯六月，介書客陶友借杭郡嵇氏抄本繕寫，七月十六日完，

知不足齋記』。版心處有『知不足齋叢書』六字。顧廣圻跋此書曰：『觀此知以翁本欲刊之入叢書而未就也，唯校定却非易事，雖經多手，仍不足舉定。』鮑氏於乾隆末年開刻《知不足齋叢書》，所收皆古刻舊抄流傳罕見者。此當爲《知不足齋叢書》欲刊而未成者，然『傳寫必訛，落葉難掃耳』。其後又經盧文弨、嚴元照、李文藻、趙魏等多位名家校勘，其學術價值不言而喻。文中朱筆校改之處，多次提及『周本』，如《蒙山寺碑》之『寺』字改『祠』，旁校：『祠字據周本改。』《王伾》旁校：『周本作丕，俟考。』《檢校左僕射贈空崔群碑》旁朱筆批『疑脱司字，據周本補』。此『周本』或爲《寶刻類編》之又一抄本。校語中標注缺行少字者，亦或據『周本』校定。今傳《寶刻類編》清抄本數部，有乾隆四十二年李文藻跋抄本，並有佚名録鮑廷博、嚴元照等校語，考之似出自此知不足齋抄本。

此本鈐有『歙鮑氏知不足齋臧書』『秦恩復印』『秦伯敦父』『石研齋秦氏印』『顧千里經眼記』『翰題讀過』『劉履芬印』『彦清珍秘』『劉承幹字貞一號翰怡』『吳興劉氏嘉業堂臧書印』等印。現藏中國國家圖書館。（王沛）

四〇六

## 秦漢瓦當文字二卷續一卷 （清）程敦撰 清乾隆五十二年（一七八七）横渠書院刻五十九年續刻本。框高二十一·五釐米，寬十七·三釐米。每半葉十一行，行二十五字，黑口，四周單邊。

程敦（生卒年不詳）字厚孫，歙縣（今屬安徽）懷唐里人，清代書法家、金石家，兼研小學。少有奇才，常游學於武林、吳門間。有狂名。一日至西溪，見汪梧鳳文，大折服，遂留不疏園受業。乾隆時爲

陝西縣令，得秦漢瓦當甚富。

是書内封題『秦漢瓦當文字一卷』，實則正編又析爲上、下卷，加上續編一卷，故全書總計應有三卷。關於是書的編刻時間，正編目録後署『己亥程敦於臨潼横渠書院』，而内封題『乾隆丁未三月刊於横渠書院』，續編目録則署『甲寅八月程敦』，説明是書正編當係清乾隆四十四年（己亥）編定，並於清乾隆五十二年（丁未）刊刻；續編則係清乾隆五十九年（甲寅）續刻。全編三卷共搜刻瓦當凡一百三十九種，其中前編異文者爲三十四種，罕見的十二字瓦當亦得三種。書中每種瓦當的著録形式右爲瓦當圖形文字，皆原墨拓印；而其來歷、釋義及考證文字則附於左。正文首附程敦與鄭耘門、孫星衍等名家之往來尺牘，從中可見鄭、孫二人對是書均有較高評價。可以説，是書爲中國歷史上現存較早的系統著録、研究秦漢瓦當文字的專書之一（乾嘉之際，孫星衍也撰有同名書《秦漢瓦當文字》一卷，現南京圖書館藏有清吴騫抄本一種），其中所收瓦當皆擷自與著者同時代的金石界名家和友人，故此書可謂是聚衆家珍藏於一帙，具有很高的文獻與學術價值，爲中國金石文獻史有關秦漢瓦當的研究提供了重要的原始資料，對古代中國建築史有關建築裝飾的研究亦具有重要的參考價值。另外，是書對後世瓦當的收藏、著録與研究起到了一定的推動和促進作用，如陳介祺、羅振玉等均撰有與此書同名的專著，從中不難看出受到此書影響的一些痕迹和影子。魯迅也是秦漢瓦當的著名收藏家，據載，一九一五年他曾從友人處借得程敦的《秦漢瓦當文字》一書，並認真抄録摹寫成上下兩册，以備參考，從而爲是書留下了一個極其珍貴的現代名家精抄傳本。總之，是書與孫星衍《秦漢瓦當文字》、朱楓《秦漢瓦

當圖記》等書的出現，對秦漢瓦當的著録與研究具有一定的開拓意義。

綜合《中國古籍善本書目》史部金石類及新版《中國古籍總目》史部金石類兩書的記載，知此書有清稿本存世，現藏臺灣『中央圖書館』。而此清乾隆五十二年横渠書院刻五十九年續刻本乃是此書的初刻本，國家圖書館、上海圖書館、北京大學圖書館、復旦大學圖書館、天津圖書館、遼寧省圖書館、南京圖書館、湖北省圖書館和四川省圖書館等十餘家内地古籍收藏單位均有收藏。另外，此書尚有清光緒二十年（一八九四）袖海山房石印本等其他版本。據研究，此書版本在印刷史上具有特殊意義，是中國古代錫澆製版印刷的一大例範，其序言云：『此書瓦文始用棗木摹刻，較諸原字，終有差池。後以漢人鑄印翻沙之法，取本瓦爲範，熔錫成之。』翻砂澆鑄模擬度高，所翻瓦當文字與原瓦無異。以金屬鑄造工藝製作出版物，此例具有獨創性，前所未有。張秀民於《中國印刷史》中對此書亦有積極評價：『秦漢瓦當多有陽文』，『程氏捨棗木刻，而用熔化的錫鑞澆鑄翻印，可稱别開生面的印刷』。

另，北京大學圖書館所藏此本内封後有墨筆、朱筆題記各一則。墨筆題記云：『光緒乙巳新春鄭和卿持贈。和卿時宰常熟，政聲卓著，部民莫不歌舞之也。二月望日遂居士記。』朱筆題記云：『此三卷共遺漏八瓦，内有拓重者二瓦，今由景印本摹放補齊以成完品。民國三十五年歲次丙戌二月望日天津趙景元識。』且書中鈐有『常熟楊氏』『趙』『景園』『趙景元之鉢』『長生安樂趙景元之印』等印，還貼有現代著名學者梁子涵先生贈書簽一枚，説明此本遞藏有序，並經趙景園模仿補全，故使之更具歷史文物價值。

此本品相完好。現藏北京大學圖書館。（王燕均）

# 子部

## 孔子集語二卷 （宋）薛據輯 清抄本 顧之逵跋。每半葉九行，行十八字，無格。

《孔子集語》是關於孔子言行事迹的文字彙編。書成於宋理宗淳祐六年（一二四六），凡二十篇。前薛據自序，有景定元年（一二六〇）《中書省看詳所進孔子集語狀》。

薛據（生卒年不詳）字叔容，南宋永嘉（今浙江温州）人，官至浙東常平提舉。林德陽《霽山集·二薛先生文集序》言『薛氏世學蓋三百年，最後玉成公學於慈湖楊敬仲（簡），刊華據實，猶程門緒餘……以弓冶授其子叔容。志宏力毅，負荷千金，念聖遠言湮，爲《孔子集語》二十卷』。今本但分二十篇，或如此本作二卷，或如四庫本作三卷。蓋初以一篇爲一卷，後人合併，遂成二卷或三卷，非有篇卷佚脱。

此書採録書籍三十餘種，若《春秋公羊傳》《國語》《韓詩外傳》《尚書大傳》《大戴禮記》《孔子三朝記》《韓非子》《呂氏春秋》《申子》《尹文子》《新序》《易乾鑿度》《孝經鉤命訣》《論語讖》《孔演圖》《淮南子》《春秋繁露》《史記》《後漢書》《白虎通》《伏侯古今注》《論衡》《東觀漢記》《説文》《典略》《帝王世紀》《搜神記》《金樓子》等書，俱有採擷，而所取尤以《説苑》爲多。《凡例》稱《曾子》《大戴禮》《孔叢子》《孔子家語》四全書及《左氏》《莊子》《荀子》《列子》概不採及，唯見於他書者採之。然書中亦偶有自亂體例之處，如《顔叔子第十二》引《大戴記》一條。又《公父文伯第六》引《説文》『黍可爲酒，禾入水

也』『一貫三爲王』『推一合十爲士』等語，併數條爲一條，義不相貫，尤爲不當。且摭拾不完，若《韓非子》可採者二十餘條，《淮南子》可採者亦不下十餘條，而書中所錄各僅三條。其他掛漏，可以概知。文字之舛誤脱漏，亦所不免。

歷代輯孔子之言見於著録者有梁武帝《孔子正言》二十卷，唐王勃《次論語》十卷，皆佚。現存有宋楊簡《先聖大訓》六卷、宋薛據《孔子集語》二卷、明潘士達《增訂論語外篇》二十卷、清曹廷棟輯《孔子逸語》十卷、清孫星衍輯《孔子集語》十七卷，唯薛、孫二輯本以《孔子集語》爲名，前者被收入《四庫全書》，後者被收入《續修四庫全書》。諸家輯本中，孫氏輯本最晚出，亦最完備。然孫氏輯本之前，則以薛氏輯本最著，且此書所録尚多秦、漢古書，殘篇斷句，或可藉此以僅存，資料價值自存其間。

此書有明代鍾人傑刊《唐宋叢書》本、清乾隆二年（一七三七）衍聖公孔廣棨刊本、《四庫全書》本、掃葉山房刊《子書百家》本等，以明范欽天一閣刊本爲佳。此清抄本即以天一閣刊本爲底本，唯每段不提行，加圓圈爲識。《鐵琴銅劍樓藏書目録》卷十三著録爲影鈔宋本，且以爲昆山葉氏舊藏，皆誤。卷末有佚名過録錢曾跋。

此書卷端、卷末均有『葉氏菉竹堂臧書』印，乃書賈僞造。卷前有『稽瑞樓』『鐵琴銅劍樓』印鑑，卷末有顧之逵跋，稱壬子（乾隆五十七年）秋得於金陵骨董肆，則此書曾屬陳揆稽瑞樓舊藏，後流入市肆，爲顧之逵小讀書堆所得，抱沖殁後，書又流出，幾經輾轉，入藏瞿氏鐵琴銅劍樓。二十世紀五十年代，瞿氏捐售與北京圖書館（今中國國家圖書館）。（汪桂海）

**小學五書五卷** （宋）張時舉編　清初毛氏汲古閣影宋抄本。框高十九・五釐米，寬十四・八釐米。每半葉十行，行二十字，小字雙行同，白口，左右雙邊。

張時舉（生卒年不詳）字文實，福建閩縣人。南宋乾道八年（一一七二）進士。曾於紹熙間任漳州教授。張金吾《愛日精廬藏書志》卷三十五著録有舊抄本《文苑英華》，其後有筠州幹辦張時舉具名之聲説照會，云：『吉州致政周少傅府昨於嘉泰元年春，選委成忠郎新差充筠州、臨江軍巡轄馬遞鋪權本府使臣王思恭，專一手抄《文苑英華》，並校正重複，提督雕匠，今已成書，計一千卷。其紙札工墨等費，並係本州印匠承攬，本府並無干預，今聲説照會。四年八月一日，權幹辦府張時舉具。』因知張時舉還曾於嘉泰年間在江西筠州做過小官。《直齋書録解題》云：『《弟子職等五書》一卷，漳州教授張時舉以管子《弟子職》篇、班氏《女誡》、呂氏《鄉約》《鄉禮》、司馬氏《居家雜儀》合爲一編。』《宋史・藝文志》著録：『張時舉《弟子職》《女誡》《鄉約》《家儀》《鄉儀》一卷。』今觀本書，由《弟子職》《女誡》《呂氏鄉約》《鄉儀》《居家雜儀》五篇組成，題名據原書題簽。

《弟子職》，始見於《漢書・藝文志》著録，云：『《弟子職》一篇。應劭曰：「管仲所作，在管子書。」』其書記録弟子事師、受業、饌饋、灑掃、執燭坐作、進退之禮，類似今之『學生守則』。

《女誡》，東漢班昭所作。分爲卑弱、夫婦、敬慎、婦行、專心、曲從和叔妹七章，系統規範了女性的道德修養。《後漢書・列女傳・曹世叔妻》載録此篇。

《呂氏鄉約》《鄉儀》，北宋呂大鈞撰。呂大鈞（一〇二九—一〇八〇）字和叔，陝西藍田人。嘉祐

二年（一〇五七）進士。其與兄大忠、大防，弟大臨俱成大家，被尊爲『呂氏四賢』。大忠、大鈞、大臨都曾師從張載。《鄉約》是我國最早的鄉規民約。它號召鄉民應當『德業相勸』『過失相親』『禮俗相交』『患難相恤』，並規定了『罰式』『聚會』『主事』，以保障鄉約的施行。《鄉儀》分賓儀、吉儀、嘉儀、兇儀以記録『禮俗相交』的細則，凡二十一則。

《呂氏鄉約》書末稱『汲郡呂大忠白』，後附載呂大鈞手札三通。並有朱熹淳熙乙未（二年　一一七五）識語，云：『此篇舊傳呂公進伯所作，今乃載於其弟《和叔文集》，又有問答諸書，如此知其爲和叔所定不疑。篇末著進伯名，意以其族黨之長而推之，使主斯約故尔。』呂公進伯即呂大忠，《和叔文集》即呂大鈞集。

《鄉儀》後亦有朱熹淳熙乙未（二年）識語，云：『此篇舊題「蘇氏鄉儀」，意其爲蘇昞季明博士兄弟所作。今按《呂和叔文集》乃季明所序，而此篇在焉，然則乃呂氏書也。因去篇題二字，而記其實如此。』雖然本書卷首、卷尾題名改爲『鄉儀』，但版心仍題爲『蘇儀』。

《居家雜儀》，北宋司馬光（一〇一九—一〇八六）撰。其書嚴格規定了居家生活的禮節範式，對家庭成員的角色定位、行爲準則、懲戒方式均作了明確規定，共二十一則。司馬光《書儀》載有此篇。

張時舉於紹熙間任漳州教授。而宋紹熙元年（一一九〇），朱熹正知漳州。朱熹曾改編《呂氏鄉約》，以成《增損呂氏鄉約》，還曾於淳熙十四年編定童蒙讀物《小學》。朱熹知漳州期間，崇儒興學、整飭吏治、改革風俗，使漳州經濟、文化得到了較快發展。作爲漳州教授的張時舉編集本書或許受到了

朱熹的影響。據《呂氏鄉約》《鄉儀》有朱熹淳熙乙未識語，可知《小學五書》編定當在此之後。

宋刻《小學五書》今已不存，此毛氏汲古閣影宋抄本就愈顯珍貴。此本『字法歐體，工整清勁，影鈔能得其神，洵爲佳本』（《天祿琳琅書目》卷四）。書中敬、弘、讓、恒、慎等宋諱均缺末筆。《天祿琳琅書目》卷四著録有另一部毛氏汲古閣影宋抄本《宋張時舉弟子職等五書》，其中記載汲古閣印記與本書同，唯多鈐一方『月明千里故人同』。天祿琳琅本今不存。

本書曾經清戴植、于昌進收藏，民國間歸陳清華郇齋。戴植字培之，號芝農，清道光間著名收藏家，所藏書畫甚富。于昌進（一八〇七？—一八五七）字湘山，山東文登人，藏書家。書鈐『毛氏子晉』『毛晉之印』『斧季』『毛扆之印』『宋本』『希世之珍』『趙文敏公書卷末云 吾家業儒辛勤置書 以遺子孫 其志何如 後人不讀 將至於鬻 頹其家聲 不如禽犢 苟歸他室 當念斯言 取非其有 先寧舍旃』等汲古閣印記。另有『臣植』『培之』『戴氏芝農臧書畫印』『文登于氏小謨觴館臧本』『湘山心賞』『祁陽陳澄中藏書記』等印。一九六五年本書在周恩來總理關懷下從香港購回，現藏中國國家圖書館。

（孫俊）

四〇九

**黄梨洲先生明夷待訪録一卷** （清）黄宗羲撰　清初刻本。框高十八・九釐米，寬十三・八釐米。每半葉十行，行二十字，粗黑口，四周單邊。

黄宗羲（一六一〇—一六九五）字太沖，一字德冰，號南雷，别號梨洲老人、藍水漁人等，世稱梨洲

先生，餘姚（今屬浙江）人。明清之際傑出的思想家、經學家、史學家，精通曆法。與顧炎武、王夫之並稱『明末清初三大思想家』，有『中國啓蒙思想之父』之譽。其父黄尊素乃明天啓朝東林黨人，後慘遭閹黨殺害，故黄宗羲青年時即參加反對『閹臣』的鬥争。崇禎四年（一六三一）黄宗羲加入復社，清軍南下後，在浙東一帶組織抗清活動。晚年則專心學術，在慈溪、紹興、寧波等地設館講學。著《明夷待訪録》《明儒學案》等書。黄宗羲於史學方面成就尤大，據《清史稿》記載，清廷編寫《明史》逢『史局大意必諮之』。

《明夷待訪録》是黄宗羲闡發其政治理想之代表作，撰寫於『天崩地解』的明清易代之際，是一部帶有啓蒙色彩的著作。成書於康熙二年（一六六三），涉及封建君權、封建君主專制及當時的教育、商業等問題。顧炎武在《與黄太冲書》中稱《明夷待訪録》可以『起百王之弊，還三代之盛』。書前有顧炎武序，下題『後學鄭性訂大節校』。鄭性生於康熙四年，卒於乾隆八年（一七四三），浙江慈溪人，爲黄宗羲再傳弟子，終身布衣，自稱『五嶽游人』。《黄梨洲先生明夷待訪録》原名《待訪録》，『明夷』二字是乾隆時首次刊刻其書的鄭性、鄭大節父子所加。『明夷』語出《易經》卦名，卦象爲日入地中，孔穎達疏曰：『暗主在上，明臣在下，不敢顯其明智，亦明夷之義也。』黄宗羲在書中題識亦有『夷之初旦，明而未融』之謂。『待訪』兩字本取自黄宗羲題識：『吾雖老矣，如箕子之見訪，或庶幾焉。』後人對此解説多有不同。目前，較客觀的説法是黄宗羲一直固守自己明朝遺民之身份，待訪的對象也非當時之清廷，而是像堯舜禹那樣的聖主。

是書主要包括『原君』『原臣』『原法』『置相』『學校』『取士』『建都』『方鎮』『田制』『兵制』『財計』『胥吏』『奄宦』十三方面内容，涵蓋了封建社會的主要方面。以此闡述歷史循環『一治一亂』『天下爲公』『君臣公器』『以公法治天下之新法律』『士大夫主導政壇』『學校議政立法』『中央地方權力相互制約』『均田税最低保障』『均平社會工商皆本』『兵農合一、文武合一』『政用閹臣之弊』等一系列政治觀點。從《明夷待訪錄》中既可看到先秦以降之民本傳統，亦可發現無君論、非君論等思想的影子。黄宗羲理想的君臣關係是『天子之位，惟有德者乃能居之』，『貴不在朝廷也，賤不在草莽也』。此種思想形態含有擺脱『身份』之觀念，頗有君臣『契約』論意味。向『契約』關係轉化，正是中世紀向近代社會邁進的重要標志，人們把《明夷待訪錄》比作盧梭的《社會契約論》即緣於此。此外，對宦官制度之批判，也是書中重要内容，黄宗羲説：『奄宦之如毒藥猛獸，數千年以來，人盡知之矣。』書中種種看似離經叛道的内容使得《明夷待訪錄》形成了鮮明的特色，維新派代表人物梁啓超曾稱其爲『一部怪書』。

是書現存多種刻本，國家圖書館所藏是本爲慈溪鄭氏『二老閣』本，爲《明夷待訪錄》之最早刻本。『二老』指鄭性之父鄭梁與黄宗羲兩位老人，鄭梁曾欲建閣以祀黄宗羲，未果，其子鄭性遂建閣以紀念二老。是本避康熙、乾隆名諱，未見避嘉慶諱，應爲乾隆間刻本。有其獨特之版本價值。

是本曾藏於鄭振鐸處，鈐有『长乐郑振鐸西諦藏书』印，現藏中國國家圖書館。（張偉麗） 四一〇

**武經七書二十五卷** 清影宋抄本。框高二十一·三釐米，寬十四·七釐米。每半葉十行，行

二十字(《六韜》二十二字),白口,左右雙邊。

《武經七書》含《孫子》三卷、《吴子》二卷、《司馬法》三卷、《唐太宗李衛公問對》三卷、《尉繚子》五卷、《黄石公三略》三卷、《六韜》六卷。舊題宋朱服、何去非校定。據《續資治通鑑長編》卷三百三載,元豐三年(一〇八〇)『詔校定《孫子》《吴子》《六韜》《司馬法》《三略》《尉繚子》《李靖問對》等書,鏤板行之』。元豐六年,『丙辰,國子司業朱服言:「承詔校定《孫子》《吴子》《司馬兵法》《衛公問對》《三略》《六韜》,諸家所注《孫子》互有得失,未能去取,它書雖有注解,淺陋無足採者。臣謂宜去注,行本書,以待學者之自得。」詔:「《孫子》止用魏武帝注,餘不用注。」《衛公問對》者,出阮逸家,蓋逸倣杜氏所載靖兵法爲之,非靖全書也』(兩條又見《宋會要輯稿·崇儒四》)。又宋何薳《春渚紀聞》卷五《古書托名》條云:『先君爲武學博士日,被旨校正武舉孫、吴等七書。』先君即何去非。則七書之校定,乃朱服總其成,何去非會同勘正。《鐵琴銅劍樓書目》卷十三是書提要引《宋史》『何博士去非爲武學教諭,校《兵法七書》』,據以證明『是出何氏手定也』,今檢《宋史》並無此句。

朱服(一〇四八—?)字行中,湖州烏程(今屬浙江)人。熙寧進士甲科,徽宗時官至集賢殿修撰,後黜知袁州。又坐與蘇軾游,貶海州團練副使,蘄州安置。改興國軍,卒。有集十三卷,見《宋史·藝文志》,已佚。《宋史》卷三百四十七有傳。

何去非(生卒年不詳)字正通,浦城(今福建浦城)人。明弘治《八閩通志》稱其學問賅博,有識度,好談古兵法。元豐中,對策論用兵之要,擢優等,除武學教諭。使校兵法七書,書奏,復見褒賞。未幾

擢博士。蘇軾見其文，驚曰：『此今班、馬也。』力薦於朝，詔加承奉郎（參見蘇軾《舉何去非换文資狀》）。卒於廬州通判。有文集二十卷、《何博士備論》四卷、《司馬法講義》三卷、《三略講義》三卷。《太平御覽・經史圖書綱目》有《兵法七書》一部，或以爲即《武經七書》之前身，清章宗源《隋書經籍志考證》疑爲兩《唐書》之《張氏七篇》。《宋史・藝文志》著録『朱服校定《六韜》六卷，又校定《孫子》三卷，校定《司馬法》三卷，校定《吴子》二卷，校定《三略》三卷』，可見朱、何校刊之後，各書均單行，故宋代史料中，多稱之爲『七書』『兵法七書』，其彙刻定名爲《武經七書》，疑始於南宋（又參《郡齋讀書志》卷三《六韜》條）。前引朱服言《孫子》諸家注互有得失，宜去注，行本書，詔《孫子》止用魏武帝注，餘不用注。今本《孫子》無注，蓋初用曹注，後取體例劃一，注文一併删去。

《春渚紀聞》言何去非受詔校七書時，『以《六韜》《問對》爲疑，白司業朱服，服言：「此書行之已久，未易遽廢。」』又《直齋書録解題》卷十二《李衛公問對》條亦致疑於《六韜》《問對》等書之僞妄，但七書仍鏤版頒行武學，『凡武學生習七書兵法』（《宋史・選舉四》），從此廣爲流傳，後世代有翻刻，注本衆多，唯翻刻時七書順序或有不同。明清武科皆用此書試士。今傳世有南宋孝宗光宗間刊本，與此本版式、行款、刻工姓名等均相同，當同出一源（清江標《宋元本書目行格表》誤疑二本不同）。宋本原爲皕宋樓舊藏，今已歸日本静嘉堂文庫。南京博物院藏有宋刻元明遞修本。傅增湘《静嘉堂文庫觀書記》云『北平歷史博物館藏宋本《六韜》乃余在内閣麻袋中檢出者，其版式與此（静嘉堂本）正同』，所云宋本《六韜》今存藏情況不明。

此本抄寫極爲雅飭。王重民《中國善本書提要》著録北圖藏清鮑芳如據皕宋樓宋本影抄之本(現寄存臺灣),張蓉鏡跋已視如『唐橅晉帖』,此本價值亦不在彼本之下。瞿氏鐵琴銅劍樓舊藏,有『良士珍藏』『菰里瞿鏞』『虞山瞿紹基藏書之印』『鐵琴銅劍樓』等印。現藏中國國家圖書館。

(樊長遠)

四一一

**商君書新校正五卷** (清)嚴萬里撰 **附考一卷** (清)嚴萬里輯 清嚴可均抄本。框高十九·三釐米,寬十四·九釐米。每半葉十二行,行二十四字,小字雙行同,白口,左右雙邊。

嚴萬里(一七六二—一八四三)又名嚴可均,字景文,號鐵橋,浙江烏程(今吴興)人。道光壬午(二年一八二二)除嚴州建德縣教諭,乙未(道光十五年)引疾歸。

嚴氏精考據,善輯佚,纂輯《全上古三代秦漢三國六朝文》七百四十六卷,彙自上古至隋歷代文章於一編,作者三千四百九十七人,均附以小傳。其藏書處爲四録堂,晚年將其所校輯撰著《説文長編》七十卷、《説文翼》十五卷、《唐石經校文》十卷、《説文校義》三十卷、《古今錢圖》三十卷等七十三種合編爲《四録堂類集》一千二百餘卷。嚴氏嘗館於孫星衍家,爲孫氏校刻古籍,亦同撰同輯。如《三禮圖》三卷、《謚法》三卷、《孔子集語》十七卷、《抱朴子》内、外篇校勘記各一卷等,編《平津館金石萃編》二十四卷《續編》四卷《再續》二卷《三續》一卷。著有《鐵橋漫稿》等多種。

《商君書》又稱《商子》,戰國時商鞅及其後學的著作彙編,是法家學派的代表作之一。據記載成書

於戰國時期，漢以前均以單篇流傳於世。在漢代出現兩種傳本，班固《漢書·藝文志》諸子法家類著錄《商君》二十九篇，兵權謀家著錄《公孫鞅》二十七篇。唐以前無法得知其散佚情況。《隋書·經籍志》有著錄：『《商君書》五卷，秦相衛鞅撰。』《新唐書·藝文志》著錄爲：『《商君書》五卷，商鞅。或作商子。』《群書治要》引用了《商君書》中《六法》《修權》《定分》三篇。《六法》不見於今本。則隋唐《商君書》皆爲五卷本，其中有些篇章今已亡佚。宋代目錄亦有著錄。鄭樵《通志·藝文略》著錄：『法家《商君書》五卷，秦相衛鞅撰，漢有二十九篇，今亡三篇。』晁公武《郡齋讀書志》著錄：『《商子》五卷……本二十九篇，今亡者三篇。』陳振孫《直齋書錄解題》著錄：『《商子》五卷……《漢志》二十九篇，今二十六篇，又亡其一。』可知宋代《商君書》卷數亦爲五卷，同於隋唐，而篇數比較明確，存二十六篇，宋末又有亡佚，衹存二十五篇。明初宋濂云：『予家藏本二十六篇，其第二十一篇亡。』明初《商君書》即爲二十五篇本，略同於宋。《四庫全書總目》法家類著錄『《商子》五卷』，分析了晁公武與陳振孫著錄之不同篇目情況，謂『此本自《更法》至《定分》，目凡二十六，似即晁氏之本，然其中第十六篇、第二十一篇又皆有錄無書』。則清代四庫館臣所見之《商君書》與今本同。

《商君書》文辭質古，精義較少，加之在流傳過程中脱誤衍竄，故世人幾不能讀。明人歸有光，清人孫星衍、嚴萬里、錢熙祚、俞樾等人均做過校釋。這其中尤以嚴氏此校本對後世影響大。嚴萬里在《商君書新校正》中言：『余得元鎸本，始《更法》，止《定分》，爲篇二十六，中間亡篇二：第十六、第二十一，實二十四篇。與今所行范欽本正同。』嚴校本是在廣備衆本的基礎上進行校勘的，如實記錄諸本之

差異後抉擇按斷，兼以己意，校勘精審，爲後世學者對《商君書》做進一步研究提供了一個極佳的底本。《中國古籍善本書目》所見嚴本有兩種，其中《商君書五卷附考一卷》（嚴可均輯），於清光緒二年（一八七六）浙江書局刊刻成《二十二子》本，爲嚴校《商君書》最早刻本，遂使《商君書》嚴校本流傳於世；另一種則爲本抄本。無法考證這兩種是否爲同一種。

此本爲清嚴萬里手抄本。經考證可知『嚴萬里』『嚴可均』實爲一人，萬里爲其早期用名。《商君書新校正》爲其早期撰寫。

是書鈐有『嚴可均之印』『鐵橋』『久與青山爲弟昆』『吴興劉氏嘉業堂藏書記』『章授銜印』『歸安章綬銜字紫伯印』『紫伯收藏』『讀騷如齋』『陸樹聲印』等印，這些印記均表明此本自清代以來便流傳有緒。現藏中國國家圖書館。（張珊珊）　四一二

**韓非子二十卷**　清影宋抄本。顧廣圻跋。每半葉十三行，行二十四字，小字雙行二十四至三十字，無直格。

《漢書·藝文志》著録《韓子》五十五篇，梁阮孝緒《七録》載《韓子》二十卷，與今本相符。傳世以宋乾道改元中元日黄三八郎印本爲最古，今已亡佚不傳。元代有至元三年（一三三七）奎章閣學士何犿寫校本，其中《和氏》《奸劫殺臣》《説林》《内儲説下》等篇有脱文，缺字較多。明代所傳諸本出自元何犿本系統，率多缺文。自萬曆十年（一五八二）趙用賢刻本出，始據宋本補足文字。然趙本凡遇其不

解者，多有更改，字句已非舊觀。

此影宋抄本，字體猶存南宋初建刻遺意，宋諱避至『慎』字。前序後有『乾道改元中元日黄三八郎印』刊記一行。黄三八郎爲南宋初建寧府書坊主人，乾道五年（一一六九）曾刻《鉅宋廣韻》。有清人張敦仁藏記，又有敦仁之二子薦粢、葆采印，疑即張氏家抄。卷五後、卷二十末有清嘉慶十年乙丑（一八〇五）顧廣圻手跋。是年顧氏於張敦仁家得見宋乾道本，係張氏從李書年家借得。顧氏承張氏命，以此抄本覆勘宋本，有跋云：『仍合《藏》、趙三本撰《識誤》上、中、下卷附寫於後，庶將來讀者有以考其得失焉。』可知原書附有顧氏撰《識誤》三卷手稿，今已缺佚。

本書另有清錢氏述古堂影宋抄本，曾經黄丕烈以李書年家藏宋乾道本校過，與此本同出一源，排版方式大體相同，稍有差異：錢抄卷八之第三至四葉、第八葉、第十一至十二葉，卷十一之第四葉，卷十七之第六葉與此本不合，此本與李書年家藏宋本排版方式一致，黄丕烈認爲或是錢抄底本有修版或抄補之病，則此本較錢抄更爲近真。《顯學》篇脱去七十七字，此本與錢抄同，知宋乾道本已有缺文。參酌此本與錢抄，乾道本真面庶幾可見。

是書以清嘉慶二十三年吴鼒影宋刻本爲最著，吴氏所據爲其家影抄宋本，亦出李書年家藏本，校勘出顧廣圻手，卷末附顧氏撰《識誤》三卷，嚮稱精善。然學者近年發現此本與錢抄有明顯錯誤，當是宋刻原本如此，吴本已作修改（張覺《〈韓非子〉版本源流述略》，《古籍整理與研究》第七期）。今取吴本覆核，此本與錢抄同而與吴本不符者約計百處，知吴本已有修改。卷一《初見秦》『復與魏氏爲和』，

此本『和』作『利』； 卷二《揚權》『毋專信一人而失其都國』，此本『都』作『郡』； 卷三《十過》『昔者楚共王與晉厲公戰於鄢陵』，此本『共王』作『王共』； 卷六《解老》『無緣而妄意度也』，此本『妄』作『忘』。以上諸條，改字刻痕較深，疑吳刻試印樣本猶依底本，正式印本始加更正，改字者或爲顧廣圻。顧氏翻刻明吳元恭本《爾雅》，亦經改易，並非底本原貌，與吳本情況相近。顧氏翻刻舊本，不輕改古書，人所習知。然其於底本顯然誤字往往訂正而不予説明，則少有人知。非得此原書參對，不易發現。

鈐有『古餘珍藏子孫永寶』『葆采』『薦粢葆采兄弟之印』『廣圻審定』『顧廣圻印』『思適齋』『顧澗蘋手校』『徐乃昌讀』等印。舊爲豐潤張氏家物，現藏上海圖書館。（郭立暄）

四一三

**農書三卷** （宋）陳旉撰　**蠶書一卷** （宋）秦觀撰　**耕織圖詩一卷** （宋）樓璹撰　清初錢氏述古堂抄本。框高十六・七釐米，寬十三・二釐米。每半葉十行，行十九字，白口，左右雙邊。

陳旉（一〇七六—？），通諸子百家之學，種藥治圃以自給，七十四歲時據實踐經驗撰成《農書》三卷，分別論耕種、養牛、桑蠶。《農書》爲我國現存最早記載江南地區農業生產技術之書籍。據書中洪興祖序、陳旉序，是書最初由洪興祖於紹興十九年（一一四九）付刻； 但陳旉認爲洪刻首尾顛錯、妄自删改，遂於五年後『取家藏副本繕寫成帙，以待當世之君子採取以獻於上，然後鍥板流行』。

秦觀（一〇四九—一一〇〇）字少游，一字太虛，號淮海居士，揚州高郵（今屬江蘇）人。元豐八年（一〇八五）進士，元祐初爲秘書省正字兼國史院編修，哲宗時迭遭貶謫，後徽宗召歸，至藤州而卒。爲

蘇門四學士之一，兼擅詩文辭賦書畫。《宋史》卷四百四十四有傳。秦觀《蠶書》自敘『予閑居，婦善蠶，從婦論蠶，作蠶書』。《蠶書》是中國現存最早的養蠶著作，書中記述了從浴種到繅絲等十個階段，反映了當時吳中及兖州的養蠶經驗。《蠶書》收入秦觀《淮海後集》。

樓璹（一〇九〇—一一六二）字壽玉，一字國器，明州鄞縣（今浙江寧波）人。紹興初爲於潛令，纍官至朝議大夫。《宋史翼》卷二十有傳。宋高宗即位，下詔勸農，於潛令樓璹繪《耕織圖》並配詩以勸課農桑，後進呈高宗，獲嘉獎並宣示後宫。耕、織圖分别附五言詩二十一首、二十四首，涉及耕作、蠶織的全部流程，嘉定三年（一二一〇）由樓璹之孫洪、深勒石流傳。《耕織圖》爲歷代所重，樓璹繪本雖不傳，但後世有多種摹本和刊本，如清代焦秉貞重新繪圖並加入康熙皇帝題詩的《御製耕織圖》。

宋代農業經濟發達，産生了總結生産經驗的農學著作，且成書不久已見於書目著録，如《中興館閣書目》著録《蠶書》，《直齋書録解題》《宋史・藝文志》分别著録《農書》《蠶書》和《耕織圖》。《蠶書》著者有二説：一爲秦觀，《直齋書録解題》主之，依據是《蠶書》收在秦觀《淮海後集》中；另一説爲秦觀之子秦湛（字處度），《中興館閣書目》曰：『《蠶書》一卷，南唐秦處度撰，以九州蠶事獨兖州爲最。』以秦湛爲南唐人，不知何據。

嘉定七年，高郵太守汪綱將《農書》《蠶書》二書合刊。汪綱（？—一二二八？）字仲舉，黟縣（今屬安徽）人。淳熙十四年（一一八七）中銓試，嘉定間知高郵軍，嘉定末知紹興府，所至賑災民、興水利，頗有政績。《宋史》卷四百八有傳。《農書》末有汪綱甲戌年（嘉定七年）跋曰：『余曩得《農書》一帙，凡

耕桑種植之法纖悉無遺，揭來守此，視事之初，急鋟諸木，以爲邦人勸爾。』《蠶書》末孫鏞甲戌年跋曰：『郡太守汪公取秦淮海《蠶書》示予曰：「子謂高沙不可以蠶，此書何爲而作乎？」……乃命鋟木，俾與《農書》並傳焉。』則二書合刻始自汪綱。其中的《農書》有陳旉後序，應爲經陳氏修訂之本。

此外，據日本狩野永納本《耕織圖詩》中保存的嘉熙元年（一二三七）樓杓題識，汪綱亦曾刊刻《耕織圖》。狩野本爲日本延寶四年（一六七六）據明天順宋宗魯仿宋版《耕織圖》（已佚）翻刻，樓杓題識云：『新安汪綱洊蒙上恩，叨守會稽，始得其圖而觀之……於是命工重圖，以鋟諸梓。』《知不足齋叢書》本《耕織圖詩》也保存有此段樓杓題識的末尾部分。二者雖有完、缺之别，但樓杓曾作題識、汪綱曾刊《耕織圖》乃屬可信。據《會稽志》，汪綱曾於嘉定十四年底至寶慶二年（一二二一—一二二六）知紹興府，其刊刻《耕織圖》當於寶慶二年之前，並極有可能附於已刊成的《農書》《蠶書》合刻本之後。《天祿琳琅書目》卷二著録此三書宋刊合刻本亦以《農》《蠶》爲主、《耕》爲附屬：『此本二書合刻，係宋汪綱守高郵時所編。……後附樓璹《耕織圖詩》，並録璹孫洪鐫石題識稱嘉定庚午，蓋汪綱刻書時見此石刻，遂並取之以附於二書之末耳。』

三書本各自獨立，但流傳中多爲二書或三書合綴，蓋因三者篇幅短小而内容相類。此三書多收入叢書，如《知不足齋叢書》《龍威秘書》《藝苑捃華》。現存單行的三書合綴本有毛氏汲古閣影宋抄本、錢曾抄本和陳氏稽瑞樓抄本。《農書》《蠶書》二書合綴本則有四庫本和日本静嘉堂文庫藏吳翌鳳抄本。

此本爲錢曾述古堂抄本。錢曾《也是園藏書目》《述古堂書目》將三書分别著録，但實爲三書合綴之一册。此本《農書》首爲陳旉自序，前空二葉以示闕文；書末有陳旉後序、洪興祖序、陳旉跋、甲戌年汪綱跋。《蠶書》末有甲戌年孫鏞跋。《耕織圖詩》末有樓鑰跋，樓跋接正文書寫，未完部分則抄在書前空葉即《農書序》闕文處。

樓跋中止而再續的現象同樣出現於毛氏汲古閣影宋抄本中：二本均中止於『下務農之詔』處；再續部分與錢抄一樣首行有『農書序』字樣；祇是毛抄將跋文置於書末，中斷處空半葉以作區别，再續部分欄格、行款與之前不同，應爲毛氏以他本補入。細校毛抄與錢抄，書中闕文均同；但錢抄將行款整齊爲十行十九字，而毛抄《農書》爲十行十七至十九字、《蠶書》爲十行十九字、《耕織圖詩》爲十行十八字。毛抄影宋當無疑問；而錢曾《述古堂書目》亦著録《農書》《蠶書》爲宋本影抄，則錢氏影抄將行款稍變，對於樓跋也與毛抄的處理方法不同。錢曾、毛晉常易書抄校，此書錢、毛抄本所據當爲同一底本。

錢曾抄本中的《農》《蠶》二書，與四庫本也有同源關係。四庫收『《農書》三卷附《蠶書》一卷』，該書提要稱之爲『影宋抄本』。文淵閣四庫本《農書序》所闕與錢抄相同；正文中之闕文大略相同，但部分文字稍有增補。然四庫本無汪綱後序、孫鏞跋，疑是人爲截去，以致提要謂《蠶書》『不知何人綴旉書後，合爲一編』。

此書流傳不廣，錢曾抄本爲現存諸本中較早的傳本。《書林清話》以錢抄（錢謙益、錢曾、錢謙貞三

家）爲『明以來抄本書最爲藏書家所秘寶者』十三家之一。《農》《蠶》《耕》三書末葉欄格外均有『錢遵王述古堂藏書』八字。錢曾《述古堂藏書自序》曾謂『今余之書，咸手自點勘疑訛，後有識者，細心繙閱，始知余之苦志。若謂藏書多繕寫本子未足援據，此乃假好書之名而無真好之樂者，竟謂之不知書，不足與言可也』。此本凡遇闕文皆作空白，影寫清秀，一絲不苟，其抄藏之用心可見一斑。

本書鈐『玉函山房臧書』印，爲清代馬國翰故物。現藏中國國家圖書館。（李文潔）

四一四

**方星圖解一卷**（意大利）閔明我撰　清康熙刻本。框高二十四・一釐米，寬十四・九釐米。冊葉裝。

閔明我（Philippus Maria Grimaldi　一六三九—一七一二）字德先，意大利人。天主教耶穌會傳教士。一六五七年入耶穌會。康熙八年（一六六九）抵澳門。時因楊光先誣告湯若望案，各省傳教士二十五人被禁於廣州，其中多明我會會士西班牙人閔明我（Domingo Fernandez Navarrete　一六一〇—一六八九）潛遁離華，意大利人閔明我自願替其入禁廣州。十年，因南懷仁之薦，奉召至北京，供職欽天監。二十四年，繼南懷仁爲欽天監監正。後曾返歐，赴羅馬報告教務，並向西方學者介紹在中國見聞。三十一年，又率一批傳教士啓程返華。卒於北京。著《交食表》《方星圖解》等。

《方星圖》爲天象圖，以中國古代之渾天儀雖符合天象却不易携帶而繪製成平面圖。康熙五十年辛卯歲仲春製成。書首有《方星圖用法》《方星圖解》各一篇，前者說明查認星圖的方法，後者說明星圖

製圖原則。又有圖九幅，包括『北極之圖』『南極之圖』各一幅，春分、夏至、秋分、冬至日星圖各一幅，『方星圖用法圖例』一幅，『經緯全綫方圖』『兩極全綫圓圖』各一幅。參照法國國家圖書館藏該書印本看，『方星圖用法圖例』及《方星圖用法》似宜裝訂於後。且據法藏本可補全此本缺字，如《方星圖用法》第十行作『二查北極圖内上宰與七公第三星此二星雖同經度直綫須用規矩自極心』，《方星圖解》第二十一行作『面之徑與邊亦俱分綴度數每面皆以兩分兩至之赤道度居中其南北左右亦各』。

此本《方星圖解》中『曆』字凡三見、『歷』字兩出，均未避乾隆皇帝名諱，知其付刻當在乾隆年之前。康熙四十七年七月二十七日，赫世亨奏：『閔明我爲測驗新造天球度數分綫均與不均，與《日食圖》勘合，見天球上所畫度數甚均，正與圖吻合；並看出《日食圖》上『今年八月初一日日食，時自申時正三刻七分始，由西向南偏缺』誤刊爲『由東向北偏缺』。可知其時天象曆算之書大抵隨作隨刻，以便司事者隨時驗看。而此本『北極之圖』中『玄』字缺末筆，或可作爲其刻於康熙年間之佐證。

此本鈐『北京圖書館藏』印。現藏中國國家圖書館。（張燕嬰）

四一五

## 天學闡微十卷　（清）王家弼撰　清慈蔭堂抄本。框高二十一・三釐米，寬十五・九釐米。每半葉十行，行二十字，白口，四周雙邊。

王家弼（生卒年不詳）字右卿，號雲巖，鹽城（今屬江蘇）人。歲貢生。道光中，以優貢遊太學，王公貴人争相引重，以狷介故，卒無所遇。歸里後，杜門著述，不與外事，久之卒。王氏有異才，博覽群籍，

凡天算、律呂、韜鈐、壬遁、堪輿、河渠、鹽法諸書無不窺其奧窔，而尤邃於經算之學。著述有《周易條辨》《三禮存疑》《春秋集解》《四書識小録》《求志録》《知性録》《地理續經》《勾股啓蒙》《方田正誤》等。生平事迹詳見［光緒］《鹽城縣志》卷十六本傳。

明清之際，以天主教及西方科學技術等内容爲核心的『天學』在中國廣爲傳播，王氏亦深受影响，認爲在天文曆算方面，中、西方各有所長，主張天文曆算應以中法爲主、西法爲輔。是書爲王氏所著天文曆數之書，書中有『道光甲申』『道光癸巳』『今當道光丁亥』等字樣，蓋成書於道光年間。全書十卷，分爲解經二卷、勾股釋例三卷、天象圖説一卷、地平圖説一卷、推步三卷。書中不僅對前人著述多有繼承與論證，而且廣泛吸收西學學説，並多有創見，如創爲簡平夜儀，兼用緯度以測恒星等，皆爲前人所未及。

是書成書以降，並無刻本流傳，僅以此抄本傳世。該本用紅格稿紙抄寫，字體端正，版面清爽，版心下題『慈蔭堂』三字。查以『慈蔭堂』爲室名者，清代有董師雍、莊清華二人。董師雍原名琛，字玉輝，仁和（今屬浙江）人，道光五年（一八二五）舉人，著有《慈蔭堂詩草》。莊清華（一八五五—一九四一）原名寶華，字仲咸，號曉徵，常州（今屬江蘇）人，光緒二十年（一八九四）舉人，擅書法，著有《慈蔭堂雜著》《慈蔭堂日記》等。董師雍爲嘉、道間人，與王家弼約爲同時，又此本『炫』『弦』等字皆缺末筆，而『寧』字不避，故此本爲董師雍所抄較爲可信。此本前有墨書《錫山友人楊學山〈曆算書〉序》一篇，楊學山爲康熙、乾隆時人，此序文並非王家弼所作，其内容亦與此本無涉，當爲後人所抄附。

此本鈐有『慈蔭堂』『趙氏迪齋』『遼東趙氏臧書印記』『鴻吉之印』諸印，可知此本曾經趙迪齋、何鴻吉等遞藏。此本現藏中國科學院文獻情報中心。（趙文友）

四一六

## 歷代長術輯要十卷古今推步諸術考二卷 （清）汪曰楨撰　稿本。每半葉十行，行二十二字，無格。

汪曰楨（一八一三—一八八一）字仲雍，一字剛木，號謝城，又號薪甫，烏程（今浙江湖州）人。咸豐四年（一八五四）舉人，官會稽教諭。少時受母親趙氏教誨，矢志於學，精通史學、曆算，又兼及音韻、詩詞。著述甚豐，撰曆書《二十四史日月考》《歷代長術》，修志書《烏程縣志》《南潯鎮志》，韻書《四聲切韻表補正》，又有詩文集《荔牆詞》《玉鑒堂詩集》等。

《歷代長術輯要》輯錄汪曰楨畢生曆算研究之精要。長術即長曆，依據曆法推算年月、朔閏。汪曰楨自道光十六年（一八三六）開始，『各就當時行用本法』考辨二十四史記載之月日，根據各時期所用曆法將所有干支紀年逐條換算成爲月、日的形式，此爲《二十四史月日考》，但直至汪氏辭世仍未完稿。同治元年（一八六二），汪曰楨將書中的朔閏、節氣等内容，彙編爲《歷代長術》五十卷。因莫友芝建議『宜別爲簡要之本，庶便於謄寫刊刻』，汪曰楨遂在《歷代長術》基礎上删繁就簡，以一年時間編成《輯要》十卷。是書成於同治六年，專載朔閏，但仍保留諸史記載不相合者以待考訂。書後附《古今推步諸術考》二卷，條列自黄帝術至歐洲葛西尼之術凡一百四十六家，簡要説明曆法變更及推算方法，可視爲

汪氏推步之凡例。《輯要》及《諸術考》二書結合，在展示推步結果、提供相關記載的同時也説明推算依據，顯示出極爲客觀、謹慎的研究態度。

此前的曆學專書如晉杜預的《春秋長曆》，宋劉義叟《長曆》，遼耶律儼《遼宋閏朔考》，清康乾時期陳厚耀《春秋長曆》、顧棟高《春秋大事表》、錢侗《四史朔閏考》等，僅能推算幾百年間之曆法。而汪氏此書上起西周共和元年（前八四一），下接清欽天監《萬年書》，完整地推算出上下兩千五百年的曆譜。中國古代曆法更迭頻仍，汪氏則能使用數十種曆法盡數考訂正史曆日。清末人諸可寶在《疇人傳三編》中評價云：『從未有互證旁通，殫精畢慮，貫穿全史爲一編，如汪教諭之作者。』近世陳垣編《二十史朔閏表》即以此書爲重要參考。

此書《四庫全書總目》未收。《清史稿·藝文志》著録『歷代長術輯要十卷』，及『古今推步諸術考二卷，太歲超辰表一卷，疑年表一卷』。汪曰楨所著《二十四史月日考》（存一百十六卷）、《歷代長術》五十卷、《推策小識》三十六卷皆有稿本存世，其中《二十四史月日考》，國家圖書館出版社於二〇一五年影印出版，其他因篇帙過繁未能梓行。《歷代長術輯要》及所附《古今推步諸術考》，則曾輯入汪氏自刻之《荔牆叢刻》。

此爲汪曰楨撰述之稿本。首有光緒三年（一八七七）俞樾『歷代長術輯要序』，目録後有同治六年汪曰楨自序，皆詳述成書經過。卷前又附同治元年汪曰楨『歷代長術題辭』、咸豐五年汪母趙棻所撰『二十四史月日考序』及『二十四史月日考目録』，蓋因二書未曾付梓而欲令人知其大旨。書中於每卷

末記録該卷字數，《輯要》共計有十二萬四千餘字，《諸術考》計三萬一千餘字。

此書鈐『周昌富書畫金石記』『迮圃所藏』印，知曾爲清末南潯周昌富、近代藏書家張乃熊收藏。現藏中國國家圖書館。（李文潔）

四一七

## 庚子銷夏記八卷　（清）孫承澤撰　清乾隆二十五至二十六年（一七六〇—一七六一）鮑廷博刻本　葉商跋並録何焯批注又録何焯　朱筠　余集　夏璜　盧文弨題識。框高十九釐米，寬十三・五釐米。每半葉十行，行二十字，黑口，左右雙邊。

孫承澤（一五九二—一六七六）字耳伯，一作耳北，又字思仁，號北海、退谷，晚號退翁，别署退道人、退谷老人、退谷逸叟，祖籍益都（今山東青州），其先於永樂中遷入順天大興（今屬北京），故爲北京人。明崇禎四年（一六三一）進士，授陳留知縣，調祥符縣，除刑科給事中。十六年李自成克北京，授爲四川防禦使。入清，起授吏科都給事中，累官至吏、兵部侍郎，都察院右都御史，太子太保。順治十年（一六五三）引疾歸，家居二十餘年，思以講學自見。事見清王崇簡《孫公承澤行狀》（《碑傳集》卷十）。承澤學問淵洽，又家富藏書，一生筆耕不輟，著述甚豐，尤長於書畫鑒賞。

據是本卷一、四兩篇自序，可知是書乃承澤退居後所作，成於清順治十七年庚子四月至六月間，故以『庚子銷夏』名之。是書乃承澤評騭所藏晉唐以來書畫真迹及古石刻之作，凡書畫真迹三卷，古石刻拓本四卷，又《寓目記》一卷，則皆他人所藏而承澤及見者，别爲一卷附之。每條各爲敘述始末，考證異同，四

庫館臣謂其『鑒裁精審，敘次雅潔，猶有米芾、黄長睿之遺風』(《四庫全書總目》卷一百十三是書提要)。

是書最初僅有抄本流傳，最早刊本當爲乾隆二十五至二十六年鮑廷博、鄭竺寫刻本。是本目録末有乾隆二十年鮑廷博跋，云『偶於吴下抄得之』。又是本張賓鶴跋曰：『鮑子以文客吴門，於藏弆家借鈔得之，其中魯魚亥豕不一而足，以文精心校勘，正其訛謬，殆幾完善。且謀剞劂，而慈水鄭君弗人見之色喜，捐資以助其成。余子蓉裳工小楷，爲寫七卷。其《寓目記》一卷，以文屬余續終之。始開雕於乾隆庚辰臘，越辛巳二月克藏事。』據此可知，是本由鮑廷博於乾隆二十年從吴門藏書家借抄而得，經過精心校勘，並得到鄭竺(字弗人，號晚橋)的資助，於乾隆二十五年十二月至二十六年二月期間刻竣。其中，前七卷由余集寫樣，卷八《寓目記》則由張賓鶴寫樣。

此寫刻本尚有兩次補刻。初次補刻增加卷首乾隆辛巳(二十六年)六月盧文弨序、卷末乾隆辛巳霜降節後余集跋、卷一末乾隆辛巳七月十九日鮑廷博題識，補刻時間當爲乾隆二十六年霜降之後。再次補刻又於卷八後增加《間者軒帖考》一卷，蓋鮑氏借抄之本脱此考文，刻成乃得之，故别爲一卷。是本爲原刻本，無上述盧序、余跋、《間者軒帖考》，卷一末雖有鮑廷博題識，細核字體，當爲葉商抄録。

考承澤别有《研山齋珍賞歷代名賢墨蹟集覽》一卷(清抄本，現藏南京圖書館)，其小序與是書卷一幾同；《研山齋珍賞歷代名賢法書集覽》三卷(清抄本，現藏湖北省圖書館)，其小序與是書卷四幾同，大抵其卷一對應是書卷四至六，其卷三對應是書卷七；《四庫全書總目》《研山齋墨蹟集覽一卷·法書集覽三卷》之提要認爲二者『其文亦與《庚子銷夏記》同，惟前後編次頗異，蓋即《銷夏記》之稿本

也』。又有《研山齋珍賞歷代名賢圖繪集覽》三卷(清抄本,現藏湖北省圖書館),其小序與是書卷八幾同,其文亦多具是書中,《四庫全書總目》認爲『此特其隨筆記錄之初稿,其中同異之處皆以《庚子銷夏記》《研山齋圖繪集覽三卷》爲長』。

是本鈐有『翁之缮印』『公勁』『长乐郑振鐸西諦藏书』『長樂鄭氏臧書之印』等印,可知爲翁之缮(一八七四—一九一八,又名之善,字蘭茝、枏士、蘭士,號髙庵、漫時、公勁,晚號晦翁,翁同龢曾侄孫)、鄭振鐸舊藏。現藏中國國家圖書館。(包菊香)

四一八

## 式古堂書畫彙考六十卷目錄四卷 (清)卞永譽輯 清康熙二十一年(一六八二)自刻本

查瑩 柯逢時跋。框高二十一·四釐米,寬十四·二釐米。每半葉十行,行二十二字,白口,四周單邊。

缺書目錄卷一。

卞永譽(一六四五—一七一二)字令之,號仙客,隸漢軍鑲紅旗(《甌缽羅室書畫過目考》《國朝書畫家筆錄》作正藍旗,另有作正白旗、鑲黃旗等),祖籍河南,世居遼寧蓋平縣,雲貴總督卞三元子。以蔭任通政使,遷福建興化知府,浙江按察使、布政使,康熙二十九年擢福建巡撫,三十九年補刑部侍郎,五十年十月以衰疾乞休,次年卒。著有《式古堂書畫彙考》《式古堂朱墨書畫記》《式古堂集》等。

卞氏自幼嗜好書畫,常具筆劄,從名家孫承澤、梁清標、曹溶等伏聆緒論。目睹手寫,樂此不疲。其家藏不富,然因涉歷既多,經驗日富,成爲清初頗有影響之鑒賞家。朱彝尊《論畫詩》有『妙鑒誰能別

苗髪，一時難得兩中丞』之句，即指宋犖、卞永譽二人。蓋二人其時同爲巡撫，又皆精於賞鑒。

《式古堂書畫彙考》爲書畫著録之作，分爲書、畫二編，各三十卷。此書乃彙輯前人書畫録（如汪砢玉《珊瑚網》、張丑《清河書畫舫》等）與本人見聞而成，上溯魏晉，下迄元明，視古來書畫著録之作，收録最爲詳博。全書先綱後目，先總後分，先本文而後題跋，先本卷題跋而後引據他書，條理秩然，徵引特詳。兼記作品年代、尺寸、質地，敘述作品内容、題跋印記、遞藏源流，有宋元明人集中所未收者，賴此獨存。間作評論，俱有可觀。

全書於著録之外，又輯有歷代評論書畫文字，曰書旨、書評，曰畫論，分别置於書考、畫考卷首。次列前人收藏法書、名畫目，足資考證。

此書疏舛亦多。如略世所未睹之文，却具載傳世之文；所録原書題跋前後不同，重複歧出；題跋時間漏略不載，地點、字號有誤等。然此書文字浩繁，舛誤在所難免。

《四庫全書總目》是書提要譽其『登載既繁，引述又富，足資談藝家檢閲者，無過是編。固不以一二小疵，累其全體之宏博焉』。此書一出，書畫著録體例方臻完備，成爲後世典範。余紹宋嘗論曰：『卞氏以前著録書畫之書，或偏重題跋（如《珊瑚網》之類），或僅載品目（如《宣和書畫譜》之類），或夾敘夾議（如《米氏書史》之類），體例未臻完備。至是編始分門别類，綱舉目張，並用大小字體、眉注圈識。又分别正文、外録，使眉目清顯，一覽瞭然，可謂集著録之大觀，盡賞鑒之能事者矣。』

書中凡例提及其著書目的：『以備考真膺』『庶免日久散失』及『以資鑒賞家溯源尋流』，『使覽者

一披卷而古今之書畫紛然羅吾几而悦吾目也』。

此本有朱墨筆批校，末有乾隆乙巳（五十年　一七八五）查瑩和光緒己丑（十五年　一八八九）柯逢時跋文兩條，記述購藏情況。鈐有『查瑩藏本』『查瑩書印』『瑩印』『賜研堂圖書』『賜硯堂圖書記』『遜葊學人』等印，表明曾經清藏書家查瑩、柯逢時收藏。現藏中國國家圖書館。（肖剛）

四一九

## 凌煙閣圖一卷

（清）劉源繪　清康熙七年（一六六八）柱笏堂刻本。無直格。

劉源，《清史稿》卷五百五記其『字伴阮，河南祥符（今河南開封）人，隸漢軍旗籍貫。康熙中官刑部主事，供奉内廷。……少工畫，曾繪唐《凌煙閣功臣像》，鐫刻行世。吴偉業贈詩紀之』。劉源在《凌煙閣圖》自序中稱幼孤食貧，在鄉塾讀書時癖好古人圖畫，苦心摸索，『能知其所以然者』。年齡稍長，喜以圖畫與尺幅而自娱自樂，『或千里漣漪，或層峰飄渺，或白雲紅樹，或細葉疏花，日成一圖，圖必盡意』。年長尤擅微雕技藝，《清史稿》記其『於一笏上刻《滕王閣序》《心經》，字畫嶄然。奉敕製太皇太后及皇貴妃寶範，撥蠟精絶。彩繪人物山水花鳥，尤各極其勝……聖祖甚眷遇之』。劉源之《凌煙閣圖》與同時金古良之《無雙譜》齊名。二者代表了康熙時期的人物版畫風格。是書刻工朱圭，吴郡（今江蘇蘇州）人，以木刻畫爲業，康熙五十一年，爲皇家木刻畫作者，係康熙時吴中名匠。

《凌煙閣圖》也稱《凌煙閣二十四功臣圖》，是以唐代開國二十四功臣爲題材的人物畫集。我國古代很早就有以畫圖形式來表彰功臣將相的傳統，如西漢之麒麟閣、東漢之雲臺。尤以唐代的凌煙閣圖

繪功臣最具盛名。唐貞觀十七年（六四三）唐太宗下詔，在當時長安凌煙閣内繪二十四位開國功臣之像，由著名畫家閻立本作畫，褚亮題贊，此事《新唐書》《舊唐書》均有記載。然凌煙閣毁於戰亂，二十四功臣圖亦衹見於文獻史料記載，無具體圖像可稽，現僅存宋人游師雄刻石拓像殘片四幅，也已無法辨識。劉源所繪《凌煙閣圖》爲仿作中佼佼者，吴偉業曾評爲：『氣象仿佛，衣裝瑰異，雖閻立本再生，無以過之。』封面鎸『劉源敬繪凌煙閣，吴門柱笏堂授梓』，圖前有目録，以裂冰紋爲背，目録前有牌記『吴門朱圭敬鎸』。有康熙七年佟彭年，八年蕭震、沈白、袁訪等序，次後爲劉源自序。劉源自序中稱偶見陳洪綬所畫《水滸》三十六人像，『古法謹嚴，姿神奇秀，輒深向往』。故繪此二十四功臣圖『以紀風雲之盛，立仁義之極』。

是書遵循我國古代左圖右史的傳統，在人物圖像的右上方，取材新舊《唐書》的相關史實作爲人物小傳，達到圖史並重、互相參證的目的。書中精心繪製了長孫無忌、李孝恭、杜如晦、魏徵、房玄齡、高士廉、尉遲敬德、李靖、蕭瑀、段志玄、劉弘基、屈突通、殷開山、柴紹、長孫順德、張亮、侯君集、張公謹、程知節、虞世南、劉政會、唐儉、李世勣、秦叔寶二十四人圖像，末附『大士三尊』『關帝三尊』，共三十幅圖。一圖一贊，在每幅功臣圖後，劉源精心挑選了杜甫詩句做贊語，每幅題贊都仿用一種字體，或仿鍾繇、王羲之、懷素，或仿墳書、懸針篆，或仿蘇軾、黄庭堅、米芾、蔡襄、趙孟頫，所謂『詩則集之工部，字則仿之諸家』。每幅題贊周圍均選用切合主題之鐘磬鼎彝、書硯琴瑟等裝飾，既美觀又較好地襯托出所對應之人物。每幅像後附有概括人物特性之印章，或陰文，或陽文，極精煉傳神又富有情趣。

劉源畫風與陳洪綬非常接近，人物造型高古，綫條凝神聚力，震均編《國朝書人輯略》對劉源的藝術成就給予了高度評價：『天才超詣，書畫尤其所長。』《書畫名家詳傳》《骨董瑣記》等書亦有相關記載。朱圭的高超技藝爲此書增色不少，『細巧求力』。劉、朱兩人可説是相得益彰。是本應爲初刻本，殊可寶貴，圖案精美，刻工高超，有其特殊的版本文獻價值。

是書卷首鈐有『嗚晦盧珍臧金石書畫記』『寸心言不盡』『用拙存吾道』『精至此乎』等印。書中有『留餘堂書畫記』印。是本先藏於鄭振鐸處，現藏於中國國家圖書館。（張偉麗）

四二〇

**讀畫録四卷** （清）周亮工撰　清康熙十二年（一六七三）周氏煙雲過眼堂刻本。框高十六・八釐米，寬十三・四釐米。每半葉九行，行十八字，小字雙行同，白口，四周單邊。

周亮工（一六一二—一六七二）字元亮，一字減齋，號櫟園，別號陶庵、緘齋、適園、櫟下生、櫟園老人、諒工、笠僧、伯安等，學者稱櫟下先生，祥符（今河南開封）人。明崇禎十三年（一六四〇）進士，歷官山東濰縣令、浙江道試御史。李自成進京後南奔江寧。仕清後，纍擢福建左布政使，官至户部右侍郎，遭劾罷。康熙元年起補山東青州海防道僉事、江南督糧道參議。九年復遭劾解職，後遇赦得釋，尋卒。

周亮工自幼好學，博覽群書，好書畫篆刻，喜收藏，精鑒賞。尤喜印，自謂『平生嗜此，不啻南宮之愛石』。家富藏書，著有《賴古堂詩鈔》《讀畫録》《印人傳》《閩小紀》《因樹屋書影》等。室名有因樹屋、藏密庵、蕉堂、恕老堂、偶遂堂等。藏印有『周亮工印』『緘齋藏書』『曾爲大梁周氏所藏』『周元亮鈔

本』『櫟園周氏藏書』『賴古堂』『疏谿堂』『響山樓』『櫟園賞鑒圖書』『賴古堂手鈔』『周亮工鑒定真迹』『賴古堂圖書記』等。

《讀畫錄》乃周氏所作書畫史論隨筆，取明末清初畫家七十七人，各論其品第生平、交遊繪事，兼引時人品評或附以題詠。其中多人與周氏素有交往或爲至友，故所載之事多翔實可靠。正文後附有名無傳者六十九人。此書嘗有周氏賴古堂刻本、清康熙十二年雲煙過眼堂刻本、讀畫齋叢書本、海山仙館本、風雨樓叢書本等傳世。

此清康熙十二年刻本係周亮工之子輩周在浚等所輯而成。書前有毛甡、張遺兩序及周在浚跋。《四庫全書》曾予以著錄，後《四庫全書》詳校官祝堃因書中『人皆漢魏上，花亦義熙餘』之句，疑其有反清之意，遂將其簽出，故《四庫全書》不見著錄。

此本有『晉水徐居敬家臧書』『龔維疆印』『龔維疆字治初』『长乐郑振鐸西諦藏书』等印，現藏中國國家圖書館。（廖甜添）

四二一

**繪事發微一卷**　（清）唐岱撰　清康熙刻本。框高二十・二釐米，寬十五・六釐米。每半葉十行，行二十二字，白口，四周雙邊。

唐岱（一六七三—一七五二？）字毓東，號静巖，又號知生、愛廬、默莊，滿洲正藍旗人。以蔭任驍騎參領，官内務府總管。工山水，畫出王原祁（號麓臺）之門，『用筆沉厚，布置深穩，以畫祇候内廷』。

清聖祖曾賜號『畫狀元』，『海内良畫師皆以爲不愧大名家者也』（陳鵬年序）。清高宗對其畫作品題詩頗夥，如御題其畫《千山落照圖》云：『吾愛唐生畫，屢索意未已。……位置倪黄中，誰能别彼此。』（張庚《國朝畫徵録・續録》卷上）著有《繪事發微》《載樂堂集》。

此書爲畫學論著。首康熙五十七年戊戌（一七一八）五月既望長沙陳鵬年序，次康熙丁酉（五十六年）八月朔雙鶴老吏史沈宗序，次康熙五十七年十月既望阿金序，次康熙五十五年丙申十月朔静巖唐岱自序，次目録。正文三十四葉凡二十四篇，爲正派、傳授、品質、畫名、丘壑、筆法、墨法、皴染、着色、點苔、林木、坡石、水口、遠山、烟雲、風雨、雪景、村寺、得勢、自然、氣韻、臨舊、讀書、遊覽等。附唐五代宋元明人論畫。卷端題『繪事發微，長白唐岱毓東父著』。陳鵬年（一六六三—一七二三）序曰：『讀之令名山大川躍躍欲出肘腕，蓋法無形也；而縷析之若懸象之著於霄，形無形，無形形矣。微之所以顯乎？』唐氏自序曰：『夫畫一藝耳，苟學之有得，每不能自已，而積習在焉。……因舉畫中六法三昧，前人言而未盡者，以至於山水根源、陰陽向背、丘壑位置、用筆用墨、皴染着色，種種諸法，略述管見，以志一得。』清李佐賢《石泉書屋類稿》卷七《書畫題跋・跋名畫集錦山水册》謂：『《繪事發微》一編，議論精通，可爲後學津梁。』楊復吉跋曰：『國朝諸畫家，二王吳惲，人與筆墨而俱高，其在廊廟者，麓臺侍郎以山水，小山侍郎以花卉，象洲别駕以人物，皆旗鼓相當，各開生面，一時之盛，亦千秋之光也。……今得《發微》一書，煙雲變幻，風雨合離，絹素英華，於是乎一泄，香光復起，當欣然首肯，不相河漢矣。』然亦譏其『推演舊説者多，獨抒己見者少。推崇其師爲正派，不免標榜』（俞劍華《中國畫論

類編》第六編）。

是書多爲抄本行世，如丁丙《八千卷樓書目》卷十一子部載有抄本一册，中國國家圖書館藏有清湘繡軒抄本一册，單刻本除此康熙刻本外僅有清余洋星等輯乾隆間刻本，另《昭代叢書》《花近樓叢書》《藝苑叢鈔》《繪事晬編》等叢書收錄此書。此本爲該書之最早刻本，流傳較少，良可寶貴。

此書曾爲崇彝故物，鈐『選學齋藏書印』印。後歸鄭振鐸。鄭氏跋云：『此書原刊本甚罕見。一九五二年十二月二十三日得於京肆，殊爲得意。時晴日滿窗，殘雪未消，間有鳥雀，飛鳴覓食。披卷一過，心曠神怡。西諦。』鈐『长乐郑振铎西諦藏书』『長樂鄭氏藏書之印』諸印。現藏中國國家圖書館。

（向輝）

四二三

**南宋院畫錄八卷**　（清）厲鶚撰　清乾隆二十八年（一七六三）鮑氏知不足齋抄本　鮑廷博校並跋。框高二十·一釐米，寬十三·七釐米。每半葉十行，行二十一字，黑口，左右雙邊。

厲鶚生平爵里、學行業績簡況，前錄清抄本《遼史拾遺》時已介紹。

『南宋自和議既成以後，湖山歌舞，務在粉飾太平，於是仍仿宣和故事，置御前畫院，有待詔、祗候諸官品，其所作即名爲院畫……鶚嘗撰《宋詩紀事》《南宋雜事詩》，於宋事最爲博洽，因臚考院畫本末，作爲此書。』（《四庫全書總目》卷一百十三是書提要）此書卷首康熙六十年厲鶚自序曰：『予家古杭，每樂稽諸人名迹。考《夢粱錄》《武林舊事》等書，姓氏存者寥寥，豈以其院畫少之歟？暇日因據《圖繪

寶鑑》《畫史會要》二書，得如干人，遍搜名賢吟詠題跋，與夫收藏賞鑒語，薈萃成帙，名曰《南宋院畫録》。』此書當成於康熙六十年，然書中卷三第十二、十三葉間有乾隆十二年厲鶚《馬和之小景跋》一葉，當爲成書後又有所得，以别紙夾入者。

此書『首總述一卷，次自李唐以下凡九十六人（按：實爲九十八人），每人詳其事迹，而以諸書所藏真蹟題咏之類附於其下，敘次頗爲賅贍。……然其徵引淵博，於遺聞佚事殆已採摭無遺矣』（《四庫全書總目》卷一百十三是書提要）。此書『先列小傳，次記畫蹟，俱詳出處，信而有徵……首卷《院人年表》已佚，深爲可惜』（余紹宋《書畫書録解題》卷一）。

此書稿本，今已不知所蹤。現存最早本爲清乾隆二十八年鮑氏知不足齋抄本，即此本。此本卷末有鮑廷博二跋，一跋曰『乾隆癸未秋，從樊榭山房稿本清出』，另一跋曰『樊榭先生抄撮古書，往往以意删削，如此書中所引《六研齋筆記》《寶繪録》之類是已。重抄清本，必須覓元書對過，不可草草』，知此本爲鮑廷博於乾隆二十八年從厲鶚稿本抄出。書中校記纍纍，間有記年月者，涉及乾隆二十八年、二十九年、三十年，可知鮑廷博於此三年間曾對此本多次校勘，洵爲珍貴。

此本鈐有『知不足齋』『海鹽張元濟經收』『涵芬樓』等印，知爲鮑廷博、張元濟舊藏。現藏中國國家圖書館。（包菊香）

四二三

## 太平山水圖畫一卷 （清）蕭雲從繪 清順治五年（一六四八）懷古堂刻本。蝴蝶裝。

蕭雲從（一五九六—一六七三）字尺木，號于湖老人、無悶道人、默思、江梅，蕪湖（今屬安徽）人。姑熟畫派創始人。雲從自幼好學，然科考不利，未取得功名。明崇禎十一年（一六三八）與弟雲倩入復興社，次年纔爲副貢生。不結權貴、不肯臣事，仕途慘澹。入清後，閉門拒官，或遊歷山水、或吟詩作畫，篤志繪事，寒暑不廢，成就日著。尤長於山水，師法古人而創新；工詩文，精律曆。詩承杜甫，憂國憂民，雄渾奔放。其作品詩、書、畫三者渾然天成，無穿鑿附會之迹。蕭氏愛國憂民，爲人耿直，晚號鍾山老人、鍾山梅下僧，寓仰鍾山陵闕。傳世作品有《離騷圖》《碧山尋舊圖》《仙臺樓閣圖》《秋山行旅圖》等。《清史稿·列傳二百九十一》《太平府志》有載。

是圖乃蕭雲從應張萬選約繪成。張萬選（生卒年不詳）字舉之，濟南（今屬山東）人，清順治元年任太平府推官。平生酷愛太平山水風情，懼『適量移北去，山川綿渺，遙集爲艱，歲月驅馳，佳游不再』，故搜羅整理前人在太平府所作詩文詞賦，編成《勝概》和《風雅》。又請蕭雲從『撮太平山水之尤勝者，繪圖以寄』。因繪出四十三幅清代太平府（今屬安徽）所轄當塗、蕪湖和繁昌三縣的山水圖，名曰《圖畫》，以供張氏家中『卧遊』。《勝概》《風雅》與《圖畫》三部分合成一體，乃成張萬選之代表作《太平三書》，凡十二卷。是書即《圖畫》，其中首爲一幅『太平山水全圖』，次爲十五幅當塗縣山水圖、十四幅蕪湖縣山水圖及十三幅繁昌縣山水圖。題材均源於實景，蕭氏仿古人筆法繪製，每幅畫作皆題詩，注明仿誰家技法，四十三幅圖用了三十七種風格畫成，無雷同之處。畫稿經徽工劉榮、湯尚和湯義精心雕琢後，印成是書。

此圖行世後，影響頗大，後輩習山水畫者多從臨摹是書入手。《桐陰論畫》評曰：『（蕭雲從）所繪《太平山水圖》追摹往哲，工雅絶倫，極爲藝林珍重。』鄭振鐸《劫中得書記》贊曰：『圖凡四十三幅，無一幅不具深遠之趣，或蕭疏如雲林；或謹嚴如小李將軍；或繁花怒放，大道騁騎；或浪卷雲舒，煙靄渺渺；或田園歷歷如氊紋，山峰聳叠似迭島嶼；或作危岩驚險之勢；或寫鄉野恬静之態。大抵諸家山水畫作風，無不畢於斯。可謂集大成之作矣。』十八世紀，此圖以《蕭尺木畫譜》之名傳至日本，被習畫者當成畫帖廣爲臨摹。

是書末有順治戊子年（五年）蕭雲從跋云：『凡此者則先生之教也。先生又慮其播之不廣、傳之不遠，而壽事於剞劂。又曰，昔米顛父子以摩詰畫如刻畫爲不足道，而《輞川圖》以恕先臨本存於石碣者爲奇畫，豈不可刻乎？』『余得備事爲鳥書之，沐日坐春風，行將附以不朽焉，則先生之所造育與其所扶維者，誠不可量也夫。』另張萬選自序後有『褱古堂』墨印一枚，乃原書序朱印上版後所鎸之迹，因謂是書爲清順治五年懷古堂刻本。

是書鈐有『长乐郑振铎西谛藏书』和『長樂鄭氏臧書之印』兩印，知此爲鄭振鐸先生舊藏。現藏中國國家圖書館。（郭晶）

四二四

**耕織圖一卷** （清）焦秉貞繪　清康熙三十五年（一六九六）内府刻本。框高二十四·五釐米，寬二十四·三釐米。經折裝。

焦秉貞（生卒年不詳）字爾正，濟寧（今屬山東）人。清代宫廷畫家，康熙年間官欽天監五官正。師從天主教傳教士湯若望，吸收西洋畫法中透視明暗原理，所繪對象位置布局自近而遠、由大及小，故焦氏所繪山水花卉精妙絶倫、臺榭亭閣立體突兀、人物形象細膩生動。此畫法後被畫院多相沿襲。傳世畫作有《耕織圖》《漢宫春曉圖》《歸去來辭意圖》等。《清史稿》卷五百四有傳。

《耕織圖》最早繪於南宋紹興年間，以南宋高宗時期於潛縣令樓璹所繪最爲有名。清康熙二十八年，康熙皇帝二次南巡，江南士子進獻藏書，樓氏《耕織圖》亦在其中。康熙見而甚喜，並『感念農夫織女寒苦生活』，而『以示子孫臣庶，俾知粒食維艱，授衣匪易。且欲令寰宇之内，皆敦崇本業，勤以徠之，儉以積之，衣食豐饒，以共躋於安和富壽之域』（是書《御製耕織圖序》）。遂命焦秉貞據之重繪。是書以江南農村日常生産爲題，完整刻畫出糧食生産從浸種到入倉，蠶桑生産從浴蠶到剪帛的勞作環節，圖共四十六幅，耕和織各二十三幅。每圖康熙皇帝均御筆題七言詩一首。

是書卷前有康熙三十五年《御製耕織圖序》，謂此圖『自始事迄終事，農人胼手胝足之勞，蠶女繭絲機杼之瘁，咸備其情狀。覆命鏤板流傳』。知是書爲清康熙三十五年内府刻本。此本末幅畫作左下角鎸『欽天監五官臣焦秉貞畫、鴻臚寺序班臣朱圭鎸』。朱圭（一六四四？—一七一七）字上如，吴郡（今江蘇蘇州）人。善繪事，雕刻書畫精細工緻，無出其右者。後選入養心殿供職，授鴻臚寺序班。此圖出自他手，更顯珍妙。此圖有三種印本傳世：一爲印出樣書的進御本，康熙皇帝在序後及眉端題詩之後，鈐朱色御印，此爲最初印本。二爲各詩文後皆爲墨色印記，祇有序後御印保留朱色，即爲此次影印

所據之本。三爲敷彩印本，傳世極罕。

是書序前鈐有『佩文齋』印，故是書又稱《佩文齋耕織圖》，序後有『康熙宸翰』及『稽古右文之章』之印，詩前鈐有『淵鑑齋』印，詩後鈐有『保合太和』印。五枚印章均爲康熙皇帝御用閑章。現藏中國國家圖書館。（郭晶）

四二五

**白嶽凝煙一卷**　（清）吴鎔繪　清康熙刻本。框高十九・四釐米，寬十三・八釐米。

白嶽，今名齊雲山，位於安徽休寧縣西約三十里，以幽、麗、奇、險著稱，爲道教勝地，與黄山、九華山並稱皖南三大名山。其地盛産松煙，民多以製墨爲業。汪次侯爲康熙年間休寧墨肆主人，此書乃汪次侯專爲宣傳『白嶽凝煙』墨而編製刊行。書前汪瀠序稱：『吾邑處萬山之中……然物産獨寡，惟製墨擅名……吾家次侯世傳斯秘，而性復好山水，動静食息咸與白嶽相晤對，因繪其全圖，選擇上煙，彙爲一函。』

汪次侯（生卒年不詳），休寧（今屬安徽）人。康熙五十三年（一七一四）邵農跋謂『吾友次侯，自稱墨史，家住桃花潭下，名合上蒼，世業文昌閣前，守以太素』，點明其家世代製墨，墨肆開設在休寧縣文昌閣前。壽石工《玄尚精廬墨録》謂汪次侯名聲遠，墨肆名復古齋。汪次侯墨傳世不多，『白嶽凝煙』墨目前所知僅存零散數笏。此書收圖四十幅，可知全套『白嶽凝煙』墨當亦是四十笏，可與書中各圖相對照。

此書首有汪灐序，末有康熙五十三年邵農跋。全書繪圖四十幅，精選齊雲山風景名勝，運用白描手法表現。每幅後附諸家題詠一首。各圖有『鎔』『孔章』『水竹居』等印，在第三十九圖《第一仙關》上有『海陽劉功臣刻』一行。末圖《登封橋》上有『篁圃吳鎔寫』一行。全書序、跋、圖後題詠，字體各異，以行、草、隸、楷分書之。鐫刻者爲休寧劉功臣，鐫法嚴峻雅潔，堪稱清初徽派版畫之上乘者。

此本鈐有『周尹青珍藏印』『樂民』『湯祿名印』『劉埜藏』『劉埜雲門』等印，知爲周尹青、湯祿名、劉埜等人舊藏。現藏中國國家圖書館。（包菊香）

四二六

## 古歙山川圖一卷　（清）吴逸繪　清乾隆阮溪水香園刻本。框高十九・九釐米，寬十四・六釐米。

《北京圖書館古籍善本書目》著錄此圖爲清吴逸繪，所據當來自清勞逢源道光間所修《歙縣志》卷二十八載：『吴逸，工山水，康熙縣志諸圖，皆其手繪。』又民國間石國柱修《歙縣志》卷十載：『吴逸字疎林，向杲人。工山水，仿各家皆妙，善仕女。康熙邑志諸圖，皆其手繪。』其書卷十六引康熙靳志荆修《歙縣志》亦曰：『繪圖者吴逸。』唯清張庚《國朝畫徵錄》卷上作『孫逸』，謂：『孫逸字無逸，號疎林，海陽人，流寓蕪湖。山水兼法南北宗各家，人以爲文待詔後身。歙令靳某所雕《歙縣二十四圖》，是其筆也。』按是書汪士鋐序云：『歲壬申，大令靳公輯歙志，招予友吴子疎林爲山水諸圖，筆墨生動。』壬申，即清康熙三十一年（一六九二），此時孫逸已謝世三十四年，故張庚之説顯然有誤。且本書圖中

有四幅落『吴逸』款，其他皆爲吴逸墨色鈐印。故謂吴逸所繪較爲可信。

是書内封鎸『阮溪水香園藏板』。水香園始建於清康熙初年，位於潛口紫霞山下，門臨阮溪，故稱『阮溪水香園』。由徽商汪度創建，後傳其子汪沅，以汪沅時期盛極一時。汪沅（一六六二—一六九〇）字右湘，號硯村，別號梅麓、秋水。著有《硯村集》《水香園遺詩》。清乾隆二十二年（一七五七）汪氏曾孫汪朝燮購園，並重加修葺，作《重葺水香園記》附是書卷末。汪記曰：『今丁丑夏返故里……鮑子秋蟾聞之，舉所藏《古歙山川圖》《黄山圖》欵門以交，圖列水香於其次，及考之邑志亦並載……然始也圖以人傳，今隸諸圖譜則又以地傳，垂之永久。又豈余所敢私爲己有也哉……今一朝湊集，而其他長篇短什，遺失不知凡幾，所當摭拾舊聞以徵古交，承先志，爰紀歲月以竢。乾隆丁丑仲秋下浣曾孫男朝燮謹識。』知紫霞山一景確爲二十四幅圖中之一，而水香園位列其中。朝燮承祖願，爲使此園名聲遠播，故重葺此園，並記之以傳。知此本確爲清乾隆汪朝燮阮溪水香園刻本無疑。

是書鈐有『五世梅花主』『长乐郑振铎西谛藏书』『長樂鄭氏藏書之印』等印。現藏中國國家圖書館。（郭晶）

四二七

**印存玄覽四卷** （明）胡正言篆刻並輯 清順治十七年（一六六〇）胡氏蒂古堂刻本。框高十九・四釐米，寬十四・三釐米。白口，四周單邊。

胡正言（一五八四？—一六七四）字曰從，別號十竹主人、默庵老人，祖籍海陽（今安徽休寧）。崇

禎間官武英殿中書舍人，入清不仕，僑居金陵雞籠山側，專事刻書、藏書之業。因家中庭院種竹十餘株，顔其室曰『十竹齋』。博學多才，精研六書；善篆刻，亦善書畫；喜製墨，並印箋紙。尤精木刻彩色套印，集前人經驗創『餖版』『拱花』技藝，並輯印《十竹齋書畫譜》與《十竹齋箋譜》，爲其代表作。此外，尚編著有《印存初集》《胡氏篆草》《詞林紀事》等書，刻《六書正譌》《千文六書統要》《牌統孚玉》《古今詩餘醉》《詩譚》等。

自明中葉，篆刻分文（彭）、何（震）二派。文派尚秀雅，何派宗蒼勁，然其後皆入極端，失去古風。明清之際，胡正言欲矯兩派之失，揣摩古意，以端重之刻風摹印，頗合古人摹印之法，並輯爲《印史》，而昔已有書名作此，故取『甚矣存之，難也』之意，更名《印存》。《四庫全書總目》收《印存初集》二卷、《印存玄覽》二卷，提要云：『《初集》以朱印之，别名《玄覽》者，則以墨印之。』據此，則《印存初集》《印存玄覽》原係一書，唯墨色有别耳，前者鈐印，後者刻印。然今考二書，《四庫全書總目》所言不盡賅實，其間異同，不僅在於一十竹齋本，一蒂古堂本，而在其卷次分合、内容、數量等方面亦皆有所不同，僅從數量比較，《印存玄覽》收印一千零六十二方，《印存初集》七百零八方，且《初集》及《玄覽》卷前皆有王相業作《印存序》，二者皆以『印存』爲名，可知《印存玄覽》當脱胎於《印存初集》而有所增删。大抵胡氏一印初成，即鈐若干紙儲之，集有成數，乃分卷合訂，冠以序言，遂成一書。此《玄覽》一書，刊成最後，且易鈐朱爲刊木，蓋其時舊印多不復存，不再能集成一書矣。此本四卷，與《四庫全書總目》著録二卷本不同。

此本版心下鎸『蒂古堂』三字，前有順治十七年陳師泰序、紀映鍾序。陳序有『《玄覽》刻成，列姓氏其間者蓋不少矣』語，可知此本於順治十七年刻。紀映鍾序亦言及刻書事，曰：『中翰胡曰從先生……近乃掇輯其生平所著，壽之梨棗。』惜其作序時間無考。然此本『玄』字皆缺末筆，當是避清聖祖玄燁諱，玄燁於順治十八年正月繼位，以次年爲康熙元年（一六六二）。據此，此本或爲順治十七年始刻，康熙初始刻成；抑或順治間刻成，康熙初年乃挖改諱字並印製，亦有可能。

此本鈐『中山氏家臧鑒賞圖書』『清白吏子孫』『余青園』諸印。現藏中國國家圖書館。

（趙文友）

四二八

## 賴古堂印譜四卷 （清）周亮工輯 清康熙六年（一六六七）周氏賴古堂鈐印本。框高十九・九釐米，寬十三・五釐米。

周亮工生平爵里、學行業績簡況，前錄清康熙十二年（一六七三）周氏煙雲過眼堂刻本《讀畫錄》時已介紹。

本書爲周亮工家藏印章選輯。周亮工喜集印章，長於鑒別。張貞《跋賴古堂印譜》稱：『櫟下先生於印章一道獨有偏嗜，不特於一時作者如穆倩師、黄濟叔、穆生諸子求之曾不遺力，凡文士中有志斯道者，必令奏刀，得其一章半篆，輒喜形於色。積久幾至萬顆，精遴之尚存數千，奇麗怪偉，工妙絶世，所謂《蘭亭》無下品也。』《印人傳》周在浚等序亦稱：『先大夫自自用圖章外，凡名人鎸製有得其印

者，有得其譜者，更有印與譜俱不可得而亦必多方搜索，從人印數章或數十章以歸，錯列之册子上，時時展玩不釋。』

康熙六年，周亮工感多年所聚玩好半屬雲煙，於是取家藏印章，包括其父、其弟遺印以及兒輩用印合輯成《賴古堂家藏印譜》，由家僕陶氏印拓，一年拓成二十五部，兒輩各藏一部，其餘盡散友人（見周在延《〈賴古堂印譜〉跋》）。其子周在浚、周在延、周在建又在原本基礎上進行了編選。其印譜不僅有周氏姓名字號，亦有名言警句，可謂周氏之家乘。例如『圻三十七周亮工百安氏』，可知周亮工原籍之譜名、排行；『我在青州作一領布衫重七斤』『闽海十年游人』諸印，可與周亮工任職青州、福建等事相印證。

明末以來，彙輯文人印章爲譜之風漸盛。後人曾將《賴古堂印譜》與明張灝《學山堂印譜》、清汪啓淑《飛鴻堂印譜》合稱『三堂印譜』。後二者印文多採詩詞成語，用以娱情或自著風雅，《賴古堂印譜》較之更具史料價值。《四庫全書總目·印人傳》提要評價周亮工『所編《賴古堂印譜》，至今爲篆刻家模範』。

《賴古堂印譜》較早編排情況可於清同治二年（一八六三）魏錫曾《書賴古堂殘譜後》窺得一斑。魏氏於咸豐辛酉歲（十一年，一八六一）從朱德園部郎借得賴古堂殘譜剪粘本，白紙綫訂，十二册，存三十餘家印，『其弁語皆楷書，但玩其書法則出國初人物，而與櫟園不類，又不押名字印，頗生疑竇。適於篋中携有櫟園寄黄濟叔札，首鈐「江上信天翁」印，而十二册中黄譜尚存，且列此作，取校無毫髮差，

乃敢灼然信爲真譜。細玩印拓多蟲蝕痕，粘紙則堅好，懸擬當日各譜大小長短未必一律，而弁語必櫟園手書（觀沈逢吉一則有「誤字投筆」等語可知），或歲久蟲傷，不可收拾，後人綴輯其未蝕者，補錄題字，或經飛蚨人手，取原本分一爲兩，僞錄題字，皆不可知，然必非贋本也』。據核，本書卷二亦有『江上信天翁』印。從魏氏記述中，可知其所見之譜爲周亮工自輯本，其上有周亮工弁語，由此也印證了《印人傳》乃《賴古堂印譜》之題跋，别編爲傳者也。

本書爲周亮工之子選編，載有高阜、倪燦、高兆、周銘、張逵、黄虞稷序文，其中張逵序於康熙三年，高阜、周銘序於康熙六年。鈐印凡一千六百餘方，大致每印下均有釋文，每卷基本按照印章大小，由大到小排列。國家圖書館另藏有一部《賴古堂印譜》四卷本，著錄爲周亮工輯，清康熙間鈐印本，書簽題有『賴古堂印譜　嘉慶丁丑秋九月方舟珍藏』，除無釋文外，其餘如序跋、鈐印等内容均與本書同。《中國古籍善本書目》還著錄有兩種《賴古堂印譜》不分卷本，均爲清初鈐印本，國家圖書館與南京圖書館各藏一部：　南圖所藏爲清郭起隆跋本；　國家圖書館藏本無序跋，鈐印編選有異。

本書現藏中國國家圖書館。（孫俊）

四二九

**陽關三叠一卷**　（清）俞宗撰　清乾隆桐園草堂刻朱墨套印本。框高十九·五釐米，寬十三·一釐米。每半葉六行，行二十一字，白口，四周雙邊。

『陽關三叠』乃古琴曲，唐代著名之琴歌。歌詞爲唐代詩人王維所作《送元二使安西》七言絶句：

『渭城朝雨浥輕塵，客舍青青柳色新。勸君更盡一杯酒，西出陽關無故人。』全曲曲調淳樸而飽含激情，並帶有離情別緒和對遠行友人的關懷。清趙殿成《王右丞集箋注》卷十四曰：『至陽關句，反覆歌之，謂之「陽關三疊」，亦謂之《渭城曲》。』然宋蘇軾《仇池筆記》卷上《陽關三疊》則曰：『舊傳「陽關三疊」，今歌者每句再疊而已，若通一首，又是四疊，皆非是。每句三唱，以應三疊，則叢然無復節奏。有文勛者得古本陽關，每句皆再唱，而第一句不疊。乃知唐本三疊如此。樂天詩云：「相逢且莫推辭醉，聽唱陽關第四聲。」「勸君更盡一杯酒」，以此驗之，若一句再疊，則此句爲第五聲，今爲第四，則一句不疊審矣。』意謂上述王維詩配琴曲而歌時，祇第一句不疊唱，其餘三句均疊唱，謂之三疊。今人多認爲至第四句『西出陽關無故人』三次複唱，故稱陽關三疊。短短四句，若祇是第四句疊唱三次，未免過短，恐以蘇説爲是。

此書內容乃清乾隆時琴師俞宗所作操琴指法及《桐園草堂琴譜》卷第十二《淒涼調》中的《陽關操》，凡三疊。蓋因俞宗祇是位琴師，故其里貫行實極難稽考。本書《桐園草堂琴譜》卷端題名之下隔行鎸『古歙俞宗青萼氏輯訂』，因知青萼蓋俞宗表字，桐園蓋其雅號，古歙（今屬安徽）人。其人『雖隱於琴』，其言却『合於道』，且『常傾囊以急友於難，又常獲棄嬰乳之……爰次其言，以爲之序，俾師桐園者毋僅以琴盡桐園也』（本書卷前鄭虎文序）。卷前又有乾隆辛卯（三十六年　一七七一）曹學詩序，卷末有乾隆辛卯一梅山人潘夔跋，可知俞宗大約活動在清乾隆時期。

此書本不分卷，若非要分，則操琴指法當成一單元，作爲一卷；『淒涼調』中的三疊《陽關操》，乃

『陽關三叠』的曲譜，當另作一卷。本書卷前自序亦云『兹將本摻之指法分列於本摻之前，卷合能成一部，卷分則各一帙』。原著録爲一卷，恐不當，似可著録爲二卷。

此書卷前有桐園主人俞宗自序云：『爰不揣鄙陋，以昔所學之摻，重加校正，付之開雕，免疾書訛悖也。』書口下方鎸『桐園草堂』字様，此皆證明是書確爲作者俞宗自刻之本，故當著録爲『清乾隆俞宗桐園草堂自刻朱墨套印本』，其刊刻時間蓋在乾隆三十六年辛卯前後。此書無收藏印鑒，現藏中國國家圖書館。（李致忠）

四三〇

**絃索十三套琵琶譜四卷** 清道光五年（一八二五）秀亭抄本。框高十八・三釐米，寬十四・六釐米。每半葉四行，行字不等，無直格。

『絃索』原指樂器上的絃。唐張籍《張文昌文集》卷三《宫詞》二首之二云：『黄金捍撥紫檀槽，絃索初張調更高。盡理昨來新上曲，内官簾外送櫻桃。』元稹《元氏長慶集》卷二十四《連昌宫詞》有句云：『夜半月高絃索鳴，賀老琵琶定場屋。』王建《王司馬集》卷八《霓裳詞》十首之八云：『絃索摐摐隔彩雲，五更初發滿宫聞。武皇自送西王母，新染霓裳月色裙。』這些詩句中吟詠的『絃索』，均指樂器上的絃。金元以後逐漸演變爲琵琶、三絃等絃樂器的泛稱，亦常指用此類樂器伴奏的戲曲、曲藝，金人董解元《西厢記》諸宫調，也稱爲《絃索西厢》。明清則常以『絃索』爲北曲代稱或北曲的清唱。

清代蒙古族文人明誼（字榮齋）輯有《絃索備考》六卷，收録以絃樂器爲主的合奏曲《合歡令》《將

軍令》《十六板》《琴音板》《清音串》《平韻串》《月兒高》《琴音月兒高》《普庵咒》《海青》《陽關三叠》《松青夜遊》《舞名馬》凡十三首，稱爲《絃索十三套》。按：明誼，清嘉慶時人，榮齋蓋是其字。他既輯《絃索備考》，此《絃索十三套琵琶譜》又是其中的主要内容，故此書輯者，或謂傳此譜者，當亦是明誼，衹是其里貫行實不詳。清佚名所編道光十七年《縉紳全書》，載有『欽差監督張家口捕分、兵部員外郎、加三級明誼，蒙古厢黄旗人』。民國萬福麟所修《黑龍江志稿》卷三十一載有『烏里雅蘇台將軍明誼』，他嘗受命經理新疆，亦與張家口有關。這兩位『明誼』都是軍人，應即同一人，不知是否與輯傳《絃索十三套琵琶譜》者有關。此本爲道光五年秀亭所抄録，秀亭爲誰，亦不詳。

此本雖稱《絃索十三套》，但衹有《清音串》《平韻串》《陽關三叠》《舞名馬》《普庵咒》《月兒高》《琴音月兒高》《十六板》《琴音板》《海青》《松青夜遊》，凡十一曲，而缺《合歡令》《將軍令》兩曲。按《絃索備考》所録十三首樂曲，是各種絃樂器的合奏曲，而分譜中使用的樂器不完全相同，如箏譜便十三套俱全，而琵琶譜、三絃譜、胡琴譜就都衹有十一套。此書題名即是《絃索十三套琵琶譜》，故十一套即全。

從《絃索備考》到《絃索十三套琵琶譜》，都衹有傳抄本，未見有刻本，原因當是這種曲譜難以上木開雕，且須朱墨套印，技術複雜，勞師費時。此抄本每册有内扉，豎分三欄，右欄豎題『道光乙酉年』；中欄豎題『絃索拾叁套琵琶譜』；左欄下方豎題『秀亭録』。其中『絃索』之『絃』字缺末筆，顯係回避聖祖玄燁已祧名諱。無藏家鈐記，現藏中國國家圖書館。（李致忠）

四三一

**飛鴻堂硯譜三卷墨譜一卷瓶譜一卷鼎鑪譜一卷**　（清）汪啓淑輯　清乾隆摹繪本。框高十九・八釐米，寬十一・二釐米。白口，四周雙邊。

汪啓淑（一七二八—一七九九）字慎儀，號秀峰，又號訒庵、悔堂、秀峰山人，自稱印癖先生，歙縣（今屬安徽）人。寓居錢塘（今浙江杭州）。其齋名有飛鴻堂、一泓齋等。爲工部郎，擢兵部職方司郎中。工詩，酷嗜金石文字。家有開萬樓，藏書甲江南，乾隆三十七年（一七七二）曾應詔進獻秘本五百餘種。尤嗜印章，集印數萬鈕。輯《續印人傳》《飛鴻堂印譜》《集古印存》《漢銅印叢》《漢銅印原》《錦囊印林》《秋室印粹》《退齋印類》《擷芳集》，著《水曹清暇錄》《訒菴詩存》《甌江遊草》《焠掌錄》等。［道光］《歙縣志》有傳。

《飛鴻堂硯譜》三卷，共收一百五十餘方硯圖，硯形各異，每方硯一般配兩幅圖，一爲硯面，一爲硯背，亦有配一圖或三圖者。乾隆十一年《硯譜》繪成後，汪氏不時檢視所藏，並將藏物變動情況增記於譜中。卷下第十一葉粘有簽條，上有墨筆所書『此方丁丑年正月初三日載姪清理，抝稱失去，特標出再查』。此丁丑應爲乾隆二十二年。

清代墨譜多爲文字型墨譜，如萬壽祺《墨表》、張仁熙《雪堂墨品》、宋犖《漫堂墨品》等，汪啓淑《飛鴻堂墨譜》則是清代少有的圖像型墨譜之一，且與明代墨商所作、多帶有商業宣傳功能的圖像型墨譜《程氏墨苑》《方氏墨譜》不同，純爲收藏鑒賞與研究。依乾隆十二年序，此譜應成書於此時前後。第三葉天頭墨筆注此葉『漢宫春』墨『甲申八月廿五送錢大人』，第六葉墨筆注程君房製『飛龍在天』墨『甲

申八月廿五日錢大人取去』，第八葉汪鴻漸製『百爵圖』墨亦注『送錢大人』，此『甲申』應爲乾隆二十九年。

汪氏輯繪《飛鴻堂瓶譜》，則如魏三湘序中所説『唯恐興戎，括囊無咎，譜爲是圖，以質英敏之賢，使高談雄辯者亦欲守口如缾而爲笑言之不苟』，因序於乾隆十五年，可知此年《瓶譜》已成。前人論瓶之書，如明屠隆《考槃餘事》等雜賞類，僅偶有文字談及，而《飛鴻堂瓶譜》則爲瓶之專書，一瓶一圖，精繪六十六隻瓶之造型、裝飾圖案，兼繪底座，鑒賞性極爲突出。圖後則以極精簡文字介紹瓶高及底座材質。

《飛鴻堂鼎鑪譜》亦如《瓶譜》，補前人無專書圖繪鼎鑪之缺，精繪鼎鑪三十四件，一器一圖，圖後簡明文字説明其尺寸及重量，名之爲《博古圖》。

上述四譜均採用雕印加墨筆摹繪方式而成，版框及版心文字爲雕版刻印，其中版心上題書名爲朱印，中題葉次及下題汪啓淑齋名『一泓齋』均爲藍印，而序跋、卷端文字及標示各器物尺寸文字均爲墨筆手寫，各器物圖譜則由墨筆摹繪而成。序文中『玄』字避諱，正文器物圖内所摹繪文字中『玄』則依據器物原樣，不加避諱。譜中繪圖細膩精湛，綫紋細入毫髮，造型逼真，具有極强的裝飾美感。

書中鈐有朱印：『濟陽文府』『八千卷樓收藏書籍』『八千卷樓所臧』，現藏於南京圖書館。

（陳曉明）

## 瑶琨譜二卷二筆一卷 （明）姜紹書撰 清初姜氏韻石齋刻本。框高二十・八釐米，寬十三・九釐米。每半葉九行，行二十字，小字雙行同，白口，四周單邊。

姜紹書（生卒年不詳）字二酉，號晏如，丹陽（今江蘇鎮江）人。以祖父禮部尚書姜寶之蔭官南京工部郎中。明亡後不仕，放浪於山巔水涯之間，著書論藝以終。所著書除《瑶琨譜》外，尚有《易義補遺》《無聲詩史》《韻石齋筆談》《練湖考》《瓊琚譜》等，多雜記所見書畫碑帖、鼎彝印璽、玉石瓷器及諸奇玩等。

［光緒］《丹陽縣志》卷二十《文苑》稱其善鑒别，工繪事，『凡古今名蹟一經品題，價增十倍』。清内府藏宋文同《盤谷圖卷》、元趙孟頫《蘭蕙圖》（《石渠寶笈》著録），今北京故宫博物院藏五代黄荃《寫生珍禽圖》，上海博物館藏元張雨行書《臺僊閣記》、明人手劄册、吴偉《鐵笛圖卷》、祝允明小楷《評書卷》俱有二酉印記（參見《歷代藝術史料叢刊・書畫編》之《無聲詩史韻石齋筆談》印曉峰序），可略見其鑒藏之精妙。

『瑶琨』，典出《尚書・禹貢》：『揚州貢瑶琨』，『厥貢惟金三品，瑶、琨、篠簜』。孔傳：『瑶、琨皆美玉。』《正義》：『美石似玉者也。』又引王肅注云：『瑶、琨，美石次玉者也。』《説文》：『瑶，玉之美者。』『琨，石之美者。』後以『瑶琨』泛指美玉奇石。顧名思義，知此書所載乃作者所見所聞之著名美玉石玩，並載其形模色澤及諸家授受得失之始末，且輯録前人及時人之評鑒標準，足資考鏡。書中間或於段末注出處或簡略考證，如『韻石齋識』『袁小修中道述』『馮太史夢禎撰』等。《四庫全書總目》稱

姜氏所著《韻石齋筆談》爲近代説部之可觀者，《瑶琨譜》與之旨趣略同。

此書自清初姜氏韻石齋刊行後，未見翻版，較爲稀見。曾經徐乃昌收藏，有『積學齋徐乃昌臧書』印。現藏中國國家圖書館。（樊長遠）

四三三

## 金樓子附校六卷　（清）吴騫撰　清稿本。每半葉十行，小字雙行行字不等，無直格。

吴騫生平爵里、學行業績簡況，前録稿本《古今樂府聲律源流考》時已介紹。

《金樓子》是南朝梁元帝蕭繹所作，然此書散亡於明代，今本六卷是四庫館臣周永年從《永樂大典》中輯出，後經鮑廷博刻入《知不足齋叢書》，纔得以流傳。鮑氏請朱文藻和吴騫作了簡單校勘，即刻版印行。初次刊印有朱文藻校記二十五條、吴騫四條，其後又多次校勘，此《金樓子附校》即現存兩種校勘記稿本之一。國家圖書館藏另一稿本題『金樓子附校六卷，存五，一、三至六，清吴騫撰，稿本一册』，『金樓子附校，續補凡二十七條，合前通計三百一十八條』，似承前者而來。

是書後序曰：『此草稿未及繕清，本並不留副，日後仍望擲還，騫白。賤名下從「馬」，前刊附訂誤從「鳥」。又及。』今知不足齋本《金樓子》『吴騫』之『騫』下正誤從『鳥』，可知『前刊附訂誤』即指今常見之四條校勘。稿本對《金樓子》文字進行了頗有價值的校勘，如《興王篇一》共出校記五十條，其中文字校勘三十五條，大都言之有據，可以採信。其中『母修己，山行見流星貫昴，意感，又吞神珠薏苡，胸拆而生禹於石坳，夜有神光』條，吴校：乃『石紐』之誤。按：吴校是。石紐，古地名，相傳爲夏禹出

生地，在今四川省汶川縣境。《史記·夏本紀》：『夏禹，名曰文命。』張守節《正義》引漢揚雄《蜀王本紀》：『禹本汶山郡廣柔縣人也，生於石紐。』《三國志·蜀志·秦宓傳》：『禹生石紐，今之汶山郡是也。』吳校不僅精準，而且非常細緻，小至一個字的偏旁有誤均指出，體現了有清一代學者的樸學精神。如『次妃有娀氏女，曰蕑翟，生契』，吳校：『「蕑」當從「竹」。』對於不能論定者，吳騫實事求是，採取存疑的態度。如『禹即位後十五年，舜乃殂』，吳校：『按《尚書》舜薦禹於天十有七年而崩，史傳無異辭。此云十五年乃殂，未詳。』

六卷本《金樓子》除知不足齋本、《四庫全書》本外，尚有《百子全書》本（掃葉山房本）、龍溪精舍本和《叢書集成》本，經比較可知它們實爲吸收了吳校成果後的重刻重印本。如《興王篇一》吳校三十五條文字校記中，《百子全書》本、龍溪精舍本和《叢書集成》本吸收二十六條，有些吳校值得商榷的地方也依然照改，證明了二者之間的傳承關係。

鍾仕倫《〈金樓子〉研究》一書爲國内第一部對《金樓子》進行全面研究的專著，可參看。

是本鈐有『吳騫幼字益郎』『兔牀手校』印。現藏中國國家圖書館。（白雲嬌）

四三四

**雞肋編不分卷** （宋）莊季裕撰　清初影抄元抄本。框高二十一·一釐米，寬十四·五釐米。每半葉十一行，行二十一字，小字雙行同，白口，左右雙邊。

莊季裕（生卒年不詳）名綽，以字行，清源（今屬山西）人，一説泉州惠安人。其父莊公岳在宋哲宗

元祐中與黄庭堅、蘇軾、米芾諸人遊。綽學有淵源。呂居仁《軒渠録》記綽『狀貌清癯，人目爲細腰宫院子』。嘗仕於襄陽、臨涇、順昌、洪州、澧州、筠州、鄂州、南雄州等處，足迹遍及京西、淮南、兩浙、福建、江西以及廣南等十七路之地。博物洽聞，每到一處即實地考察前人所記，驗證古籍所載，並留意當地民俗民風，爲《雞肋編》的撰寫積累了豐富資料，故是書對各地習俗、風物記載詳明生動。綽又有《筮法新儀》《灸膏肓法》等書傳世。

『雞肋』蓋典出《後漢書》卷五十四《楊震列傳》：『（曹）操自平漢中，欲因討劉備而不得進，欲守之，又難爲功。護軍不知進止，何依？操於是出教，唯曰「鷄肋」而已。外曹莫能曉，修（楊修）獨曰：「夫雞肋，食之則無所得，棄之則如可惜。」公歸計決矣。』季裕取此以名書，意謂此書雖爲小道，亦有可觀之詞。書中或記先世舊聞，或記當代事實，既可爲史家之佐證，兼補正史之闕。如所記紹興初兵馬錢穀之數，爲他書所未載。禁剝桑事亦以此書記載最爲詳備。書中關於摩尼教之條目，歷來爲研究摩尼教者所引用。綷絲、種茶及農作物種植等記載，亦爲研究古代經濟史學者所重視。今世『肥皂』一詞即出於此書，故是書被推爲與周密《齊東野語》相埒。

書前原有紹興三年（一一三三）二月九日莊季裕序，後有至元己卯（十六年　一二七九）仲春月觀陳孝先跋，間有朱筆點校。據陳跋，此書乃『莊綽季裕手集也』。自序既題紹興三年，然所記又有紹興九年事，似成書後又有所增補。陶宗儀《説郛》曾録其二三十條。有汲古閣藏明抄本《説郛》（六十卷，現藏浙江臨海縣博物館）第二十卷末有毛扆短跋云：『第二十卷載《雞肋編》，紕繆百出，幾不可讀。

家藏有元人王元伯手抄本，取而校之，改正如右。』此本疑即王氏據抄本所影寫。首卷鈐有『王氏元伯』印可證。王元伯其人待考，《天祿琳琅書目》著録《龜圖注》亦曾藏其家。此書宋代無刻本，僅有元抄本傳世。傳有明抄本，惜後人未見，故此清影元抄本彌足珍貴。後《四庫全書》收入此書並作删改。清咸豐間胡珽以此影元抄本爲底本，對照文瀾閣本，詳加校勘，以活字本印行，收入《琳瑯秘室叢書》。

是書曾藏元人黄鶴山樵者處，黄鶴山樵者乃元代畫家王蒙。王蒙（一三〇八—一三八五）字叔明，號香光居士，浙江湖州人，後因避亂隱居於浙江杭州黄鶴山，自號黄鶴山樵，亦號黄鶴樵者，係趙孟頫之外孫。此書後藏清汪士鐘處，又轉入涵芬樓，張元濟經手。後入吴鏡汀處，有『鏡汀書畫記』之印爲證。吴鏡汀（一九〇四—一九七二）名熙曾，以字行，號鏡湖，祖籍浙江紹興，居北京，爲北京畫院副院長。是書卷首鈐有『黄鶴山樵者』『王氏元伯』『曾藏汪閬源家』『涵芬樓』『海鹽張元濟經收』諸印，卷末鈐有『鏡汀書画記』印。現藏中國國家圖書館。（張偉麗）

四三五

**茶餘客話十卷** （清）阮葵生撰　稿本　戴璐校正　阮鍾瑗批注。框高十八・九釐米，寬十四・九釐米。每半葉十行，行二十字，白口，四周雙邊。

阮葵生（一七二七—一七八九）字寶誠，又字萍廬、樂君，號庴山，一作吾山，晚號安甫，山陽（今江蘇淮安）人。乾隆十七年（一七五二）中舉，二十六年會試以中正榜錄用，授内閣中書，入值軍機處，兼三館纂修。歷任監察御史、通政司參議、刑部侍郎等職。通經史，工詩文，勤於著述，詩賦出入漢魏六

朝，而以流麗爲主。著作有《七録齋集》《茶餘客話》《秋讞志略》等十數種，生前均未付梓。

阮葵生出身於翰墨世家，天資早慧，智力過人，《山陽縣志》稱之『生而才識卓越，爲文下筆立就』。與弟芝生齊名，有『淮南二阮』之目，是『灑掃會』重要成員。其爲人有節，居官清正，『耿直不面諛人，人有過而面斥之，退而相忘』『熟精法律，屢決大獄』『治獄以明察平允見稱於時』，爲『刑名總匯熟諳之員』。

阮葵生『少侍文京師，即識國家掌故』，晚乃訂其詩文。所著《茶餘客話》是其生平讀書論學與記述見聞之筆記，『記前型，搜逸事，考證典物，多有未經人道者』(《國朝詩人徵略》卷三十五)。内容極爲廣泛，舉凡政治、史地、學術思想、科學工藝、文學藝術，以至花木鳥獸、飲食起居，無所不有。隨手記録，不拘形式。長則千言，短者十數字。然創作嚴謹篤實，文筆簡煉。寫作遵從其所抄録唐李肇《國史補》之原則：『言報應，敘鬼神，述夢卜，近幃箔，悉去之；紀事實，探物理，辨疑惑，示勸戒，采風俗，助談笑，則書之。此可爲叢説雜著之式。』(本書卷十九)在清人筆記中，此書流傳較廣，聲名較著，資料價值較高。記載地方掌故軼事較爲詳盡，對於研究淮安地方史有重要參考價值。

此書約成於乾隆二十六年，其子鍾琦及阮元均稱初稿爲三十卷。阮氏去世二年後，其同寅戴璐選十二卷三百二十餘條以印行。戴氏偶有按語，於所記有所訂補。然所選常有刪節，又任意顛倒先後，紊亂原作體制；十二卷本另有嘉慶間南匯吴省蘭《藝海珠塵》本。光緒十四年(一八八八)，王錫祺修《山陽縣志》，得讀全稿，據以印爲二十二卷，計有一千七百餘條。但印數較少，流傳不廣。一九五九

年，中華書局復將王本校改錯訛，並與戴本逐條對校，收入《明清筆記叢刊》中。將戴氏按語以注語補入。戴本所多十條，輯爲《補遺》，附在書後。

此本書衣題『司寇公《茶餘客話》原本，共計拾本。戴璐萠塘先生親筆校正，堂叔高祖鍾瑗定甫公親筆加批。來孫純敬藏』。卷前有阮鍾瑗跋文二篇。知此本曾經戴璐手校，其從子阮鍾瑗批注，且家藏較久。此本雖著録爲十卷，然經細緻清點，所存乃二十一卷，分爲：首册卷一至三（原題有『卷一、卷二』）、二册卷三至四、三册卷五至六、四册卷七至九（卷八原題爲『卷十一淮故』）、五册卷十至十一（卷十原題亦『淮故』）、六册卷十二至十三（卷十二原題『卷十一』）、七册卷十四至十六、八册卷十七至十八、九册卷十九至二十（卷二十原題『卷二十一』）、十册卷二十一（原題『卷二十』）。據書衣所題，此稿似當爲全帙，應不衹十卷，似以析二十一卷爲妥。因係稿本，卷次不甚明晰準確，且内容多有交叉，日後可能析爲三十卷。亦或原爲三十卷，後重新分合爲二十一卷。未得見其他確鑿材料，難以推斷此二十一卷本之來由。

此本鈐有『阮粹軒』『士譽』『少臣』等印。現藏中國國家圖書館。（肖剛）

四三六

**雲自在龕隨筆不分卷**　（清）繆荃孫撰　稿本。框高十七·六釐米，寬十二·七釐米。每半葉八行，行字不等，黑口，左右雙邊。

繆荃孫（一八四四—一九一九）字炎之，一字筱珊，晚號藝風老人，江陰（今屬江蘇）人。初入淮安

麗正書院，後入張之洞幕。光緒二年（一八七六）中進士，改庶吉士，授編修，充國史館纂修、總纂等職。曾任南菁、濼源、鍾山書院講席，先後主江南圖書館和京師圖書館事。辛亥革命後，寓居上海，除參纂《清史稿》外，主要從事版本目録及金石碑帖研究，收藏甚富，藏書處名雲自在龕。繆氏學識淵博，著述繁富，主要有《續碑傳集》《南北朝名臣年表》《清學部圖書館善本書目》《清學部圖書館方志目》《藝風堂文集》《藝風堂藏書記》《藝風堂金石文字目》《藕香零拾》等。編有地方志、文集多種，輯刻巨編亦多。生平事迹詳見夏孫桐《繆藝風先生行狀》、繆祿保《學部候補參議翰林院編修繆府君行述》及自編《藝風老人年譜》等。

是書係繆荃孫晚年所輯讀書見聞筆記，計十萬餘字，殁後又經他人整理成編。其内容涉及論史、書畫、金石、書籍等。其書畫於重要收藏家及其所藏書畫作品的名稱、作者、内容、題跋、鑒賞、流傳等，均有記述，而書以詩劄、詞翰爲多，間記歷代書家、畫家事迹，以清代居多。金石記造像、碑銘、摩崖等，拓本、刻本亦並載，所記碑多帖少，偶録題識，以流轉傳授爲旨。繆氏博學精勤，是書雖隨筆短書，但多足資考鏡。

此本乃繆氏手稿，共四册，分時政、論史、目録、書籍、經籍、金石、雜記七部分，其時政、論史爲一册，目録、書籍、經籍爲一册，金石一册，雜記一册，與通行本條目差異較大。除個别條目外，總體爲繆氏手筆，其中亦有繆氏親筆校改與批注。此本所用稿紙版心皆印『藕香簃别鈔』，『藕香簃』爲繆氏齋號。北京大學圖書館亦藏有繆荃孫三子繆僧保（子彬）手抄稿本六卷，經比對，乃爲由此本整理抄録。

此繆氏手書，保留了是書創作之本來面貌，彌足珍貴。

繆氏一九一〇年至一九一一年任京師圖書館監督，其著述手稿多留於此，《雲自在龕隨筆》即爲其一。此本現藏中國國家圖書館。（趙文友）

四三七

## 日知録八卷譎觚十事一卷　（清）顧炎武撰　清康熙九年（一六七〇）自刻本　傅增湘跋。

框高十八・九釐米，寬十三・六釐米。每半葉九行，行二十字，小字雙行同，白口，左右雙邊。

顧炎武生平爵里、學行業績簡況，前録清抄本《歷代宅京記》時已介紹。

《日知録》是顧炎武的代表作，目録前有小引云：『愚自少讀書，有所得輒記之。其有不合，時復改定。或古人先我而有者，則遂削之。積三十餘年，乃成一編。取子夏之言，名曰《日知録》，以正後之君子。』知本書爲其一生讀書札記的彙編。所附《譎觚十事》是辯答李焕章的十封信，内容多與山東地理有關。

此本乃傅增湘舊藏，傅氏《藏園群書題記》卷八認爲是康熙九年顧炎武應友人勸説在江蘇淮安所刻之八卷本，即世所稱符山堂初刻本，或稱自刻本。清吴騫《拜經樓藏書題跋記》卷四、近人繆荃孫《藝風堂藏書續記》、潘景鄭《著硯樓書跋》等都持此議。按書前《初刻〈日知録〉自序》謂『遂於上章閹茂之歲，刻此八卷。歷今六七年，老而益進，始悔嚮日學之不博，見之不卓，其中疏漏往往而有，而其書已行於世不可掩』云云，『上章閹茂之歲』即康熙九年，六七年後作序，則此本爲康熙十六年後印本。又顧氏

所著《蔣山傭殘稿》卷一《與友人書》稱『《日知録》初本乃辛亥年（康熙十年）刻』。傅增湘認爲『先生札中所言當不誤也』（本書卷首傅氏題記），周可真《顧炎武年譜》認爲前者指開刻，後者指刻成，所説較合理。

國家圖書館藏有另一部著録爲初刻八卷本《日知録》，不附《譎觚十事》。目録第一葉及之前部分佚失，不知有無自序。所存部分與此本對校，有兩處不同：

其一，卷六『漢王子侯』條，另本『誤也。安有王莽時獨此一國不廢者乎。必是叔皮之書，而孟堅矢之不改耳』二十九字，此本改作『《表》云：「傳至曾孫侯會邑嗣，免，建武復封。」是光武之紹封，有此兩人。安衆以褒忠，海昏以嘗居尊位故與』。黄汝成《日知録集釋》卷二十二《漢王子侯》條作『《表》云：「賀以神爵三年薨，坐故行淫辟，不得置後。初元三年，釐侯代宗以賀子紹封，傳至孫原侯保世嗣，傳至曾孫侯會邑嗣，免，建武復封。」是光武之復封有此二人，安衆以褒忠，海昏以嘗居尊位故與？』

其二，卷七『柏梁臺詩』條，另本『又按平王襄，元朔中公卿奏以爲不孝，請誅。天子不忍置法，削五縣，僅有八城。平王於武帝親屬益疏，而又得罪，安得有來朝侍宴之事』數句，『僅有八城』以下二十二字此本改作『而其來朝，一以元朔二年，一以太初四年，皆不當元封時』。《集釋》卷二十一『柏梁臺詩』條作『又按平王襄，元朔中以與太母争樽，公卿請廢爲庶人。天子曰：「梁王襄無良師傅，故陷不義。」乃削梁八城，梁餘尚有十城。（原注：《漢書》言削五縣，僅有八城。）又按平王襄之十年爲元朔二年，來朝；其三十六年爲太初四年，來朝。皆不當元封時』。分析異文可知此本爲修版重印本，《集釋》本

是在此本文字基礎上擴充而成。蓋重印時有所剜改，加《初刻〈日知錄〉自序》十二行（傅氏謂『字仿顏體，當爲張力臣筆』），並附刻《譎觚十事》。《日知錄》在定稿付刻前後已有不少抄本流傳，北京大學圖書館藏有八卷本《日知錄》一部，著錄爲稿本（此稿並非顧氏字體，顯係抄本），文字與此本間有不同，亦可參考。

此本八卷共計一百四十條，原刻有句讀，書眉有前人批注。內容以經義史學、輿地藝文考證爲多。此後十餘年間，顧炎武對《日知錄》不斷增益刪改，標目、歸卷也多所改訂。《自序》謂重印時已『漸次增改得二十餘卷』。至其去世後，門人潘耒據其手稿於康熙三十四年在福建建陽所刻，已擴爲三十二卷，是爲遂初堂本，通行於世。至道光十四年（一八三四），黄汝成又刻《日知錄集釋》三十二卷，更爲通行。八卷本遂流傳甚稀。今《再造善本》影印，對於考察顧炎武學術思想之演變不無裨益。

《自序》題下鈐『陸宇爆印』『抱經樓』印，知本書曾經明末抗清志士陸宇爆、藏書家盧址遞藏。陸宇爆字春明，別署披雲，浙江寧波人。盧址字丹陛，一字青厓，浙江鄞縣人，藏書處名抱經樓。民國時抱經樓書散出，在上海『古書流通處』書肆出售，此本爲繆荃孫所得，後歸傅增湘，一九四九年後傅氏捐贈國家，現藏中國國家圖書館。（樊長遠）

四三八

**陶廬雜錄六卷**　（清）法式善撰　清嘉慶二十二年（一八一七）陳預刻本。框高十六・九釐米，寬十三・一釐米。每半葉十行，行二十一字，白口，左右雙邊。

法式善（一七五二—一八一三）原名運昌，因與關帝（號雲長）音相近，詔改法式善，字開文，别號時帆、梧門、陶廬、小西涯居士。烏爾濟氏，蒙古正黄旗人。乾隆四十五年（一七八〇）進士，曾任四庫館提調。乾隆五十九年任國子監祭酒。嘉慶十八年病逝於詩龕。其父曾受業於翁方綱，翁氏稱其爲門人。法式善自幼聰穎好學、喜詩文，築詩龕三間，藏書萬卷。又性情温厚，嗜詩會友，廣結文緣。乾隆後期，『詩龕』之興盛活躍，可與袁枚之『隨園』媲美，爲當時北方詩壇中心。曾參與編纂《皇朝文穎》及《全唐文》，著有《存素堂詩集》《存素堂文集》《梧門詩話》以及筆記《槐廳載筆》《陶廬雜録》等。《清史稿》卷四百八十五有傳。

是書題名《陶廬雜録》，陶廬毗鄰詩龕，築於嘉慶四年重陽日。取意『瓣香陶淵明』（《存素堂詩初集録存》卷八）。從築廬時間推知，此書當成於嘉慶四年至嘉慶十八年間，乃法式善晚年作品。

是書乃法式善讀書隨筆，不拘形式、不囿内容，故爲『雜録』。正如翁方綱序云：『其於典籍卷軸，每有見聞，必著於録。手不工書而記述之富什倍於人，即此卷可見其大凡矣。』陳預序亦云：『上自内府圖書，下至草茅編輯，罔不詳其卷帙，考厥由來；其中如歷代户口之盛衰、賦税之多寡、職官之沿襲、兵制之廢興，一切水利農桑、鹽茶鈔幣、治河開墾、弭盗救荒、與夫儻論名言，零縑佚事，參稽臚列，語焉能詳。』評價甚高。

是書版印清晰，卷前陳預序云：『嘗念梧門先生於余爲館閣前輩。相從輦下，知交最深。後即中外分官，亦時通書疏。此編之見遺也，無一言。……因思所以報梧門先生父子而並可以質諸辛君者，

計惟壽諸梨棗，以永其傳。爰芟其繁複，釐爲六卷，於丁丑歲二月付之剞劂氏，閱六月工竣，爲誌其緣起。嘉慶丁丑冬十一月北平陳預書於濟南官廨。』後有翁序亦云：『今得見笠帆陳中丞以是編付梓。嘉慶丁丑冬十二月廿有二日。北平八十五叟翁方綱並書。』可知此本爲清嘉慶二十二年陳預刻本。陳預（生卒年不詳）字笠帆，清末北平人，曾於嘉慶間任福建巡撫。

是本卷端鈐有陳乃乾『慎初堂』印。陳乃乾（一八九六—一九七一），文獻學家，編輯出版家。浙江海寧人，清代著名藏書家向山閣主人陳仲魚後裔。有藏書樓『慎初堂』和『共讀樓』。編纂《慎初堂所藏書目》，收書目類圖書一百三十四種。編印《清代學術叢書》《周秦諸子斠注十種》和《重訂曲苑》等著作。此本現藏中國國家圖書館。（郭晶）

四三九

## 使黔雜記不分卷　（清）翁同書撰　稿本。框高十九・三釐米，寬十一・九釐米。每半葉九行，行字不等，紅格，白口，四周雙邊。

翁同書（一八一〇—一八六五）字祖庚，號藥房，又號和齋，常熟（今屬江蘇）人。翁心存長子，同龢兄。道光二十年（一八四〇）進士，授翰林院編修，充廣東鄉試正考官、貴州學政等職。咸豐三年（一八五三）赴江北大營佐琦善籌劃軍事務，後爲江北大營統帥德興阿幫辦軍務。八年擢安徽巡撫，節制安徽境内各軍，鎮壓太平軍及捻軍。因辦理壽州事件不善被曾國藩參劾，後戍新疆。同治三年（一八六四）赴甘肅軍營效力，剿陝甘回亂，卒於軍，贈右都御史，謚文勤。翁氏喜讀書藏書，丹墨批點，雖在軍

旅仍孜孜不輟。著述甚多，有《藥房詩文集》《文勤雜著》等，並輯《宋詩紀事摘録》一百卷、《選學叢書》等。生平事迹詳見《清史稿》卷四百二十七本傳。

翁同書於道光二十八年任貴州學政，至咸豐三年受命赴江北大營佐琦善籌畫軍事止，在黔總計五年。在任期間，翁氏執掌一省學校、士習、文風之政令，主持院試，忠於職守，竭力爲國培養選拔人才，並督察各地學官，努力革除科考弊病陋習。《使黔雜記》正是其任貴州學政期間所作，内容多爲科考選舉之禮儀制度、規範章程及掌故瑣事，隨手所記，簡短而賅博，對考察清代科考制度及貴州地方學政具有重要史料價值。此本用紅格稿紙書寫，版心下印『青雲齋』三字。此本罕無刊行之本，且爲翁氏手書，彌足珍貴。

此本僅鈐『國立北平圖書館收藏』印，現藏中國國家圖書館。（趙文友）

四四〇

**道餘録一卷**　（明）姚廣孝撰　清初抄本　金司琛　黄丕烈跋。每半葉九行，行十八字，無直格。

姚廣孝（一三三五—一四一八）幼名天禧，字斯道，元至正間出家爲僧，法名道衍，自號逃虛子，明長洲（今江蘇蘇州）人。洪武中以高僧從燕王至北平（今屬北京）。建文初，力促燕王起兵『靖難』。成祖即位，論功第一，授僧録司左善世、太子少師，復姓賜名，受命輔導太子、太孫，並先後主修《永樂大典》《太祖實録》等。著有《逃虛子集》等。《明史》有傳。

《四庫全書總目》著録『《逃虛子集》十一卷《類稿補遺》八卷』，其提要云：『附載《道餘録》一卷，

持論尤無忌憚。《姑蘇志》曰「姚榮國著《道餘錄》，專詆程朱。少師亡後，其友人張洪謂人曰『少師與我厚，今死矣，無以報之，但每見《道餘錄》輒爲焚棄』云云」。是其書之妄謬，雖親暱者不能曲諱矣。』

南京圖書館藏本開篇即爲正文，無序無跋，但此書已先收於《嘉興續藏經》中，其開篇即錄有永樂十年姚氏自序一篇。序云：『余曩爲僧時，值元季兵亂。年近三十，從愚庵及和尚於徑山習禪學，暇則披閱内外典籍，以資才識。因觀河南二程先生遺書及新安晦庵朱先生語錄……三先生因輔名教，惟以攘斥佛、老爲心……三先生因不多探佛書，不知佛之底藴，一以私意出邪詖之辭，枉抑太過，世之人心亦多不平，況宗其學者哉？二程先生遺書中有二十八條，晦庵朱先生語錄中有二十一條，極爲謬誕，余不揣，乃爲逐條據理一一剖析。豈敢言與三先生辯也，不得已也，亦非佞於佛也。』此書成書時間，按序中所言乃『年近三十』起，於『兵亂』中『暇則披閱内外典籍』而作，後『稿成，藏於巾笥有年。今冬十月，余自公退，因檢故紙得此稿，即净寫成帙，目曰《道餘錄》，置之几案』。可見此書最後定稿是在永樂十年十月間。

民國間北平中央刻經院鉛印本《道餘錄》前有釋范成的識語，謂其書嘗『列入《永樂大典》，供人研究』。今存最早的版本是刻入《嘉興續藏經》中的本子，稱其屬李贄所閱，錢謙益捐資，由徑山化城寺刻梓，『計字一万二千二百四十』，歲在萬曆己未（四十七年　一六一九）春三月。現有明末清初翻刻本存世。

核《明史・藝文志》和《千頃堂書目》，《逃虚子集》與《道餘錄》均已分列，儼然兩書。而按《四庫全

書總目》提要所云，此書附於《逃虚子集》後，是爲二卷，然今見存《中國古籍善本書目》中諸《逃虚子集》本多未附此書，僅南圖藏一清抄本《逃虚子集》中附存，且所見諸本均無分卷。

南圖藏本，書中『弘』『玄』字皆不避。有清金可埰、黄丕烈跋文。全書看去有多種抄寫風格，非一人手迹。《中國古籍善本書目》作清初抄本，當屬可信。

將南圖藏本與《嘉興續藏經》本相較，除缺抄姚氏自序外，多條辯文中的文字略有删節，細讀所删原文，則多爲姚氏評價程朱之語。如首條中所云『豈道學君子之爲乎？』又如『蓋因程子存物我之心，滞於一偏，而不能撤藩籬而爲大方之家也，悲夫！』等等諸語，正合《四庫全書總目》所云『專詆程朱』之意。此本或因其言涉訐忤而加删節，然其所删之語，或於文中，或於文末，非出一例，且視其上下文意，轉句連文全無唐突，加之抄者非一，斷非抄録時隨意所删，疑其所據底本已如此。

此本先爲金可埰所藏，金氏題跋於前，書中鈐有其『滄蠡閣』『甸華』『金可埰印』等印。後爲黄丕烈續藏，並在書尾題跋，有云：『《道餘録》出姚少師手，余既得《逃虚子集》《逃虚類稿》矣，故併藏之。此書爲金心山所藏。』近代又先後爲章鈺、王季烈收藏，並鈐有章氏『章式之讀書記』、王氏『王季烈字君九』和『螾用心壹』印。金可埰（？—一七九六）字甸華，號心山、心山道人，又號溪山，浙江桐鄉人，寓居江蘇吴縣（今江蘇蘇州）。金檀孫，與黄丕烈友善。黄丕烈（一七六三—一八二五）字紹武，號蕘圃、復翁等，清著名藏書家。章鈺（一八六四—一九三四）字式之，號茗簃，長洲（今江蘇蘇州）人，清末民國初年的藏書家、校勘學家。王季烈（一八七三—一九五二）中國近代學者，戲曲學家，長洲（今江蘇蘇

州）人。現藏南京圖書館。（周蓉）

四四一

## 天方典禮擇要解二十卷後編一卷 （清）劉智撰 清康熙楊斐菉刻本。框高二十釐米，寬十五釐米。每半葉九行，行十八字，小字雙行十七字，黑口，四周雙邊。

劉智（一六六九？—一七六四）字介廉，號一齋，金陵（今南京）人。清初著名回族學者。劉智出身伊斯蘭教世家，繼承其父劉漢英之志，自十五歲開始研習伊斯蘭教經典及相關著作，此後又深入研究儒家傳統著述、經史百家乃至釋、道之書，無不披閱，潛心著述、翻譯、訪尋回教典籍四十餘年，晚年閉門静修。一生著述甚富，但存世不多，其代表作有《天方典禮》《天方性理》《天方至聖實録》《五功釋義》等。其生平與著述詳見金鼎所撰《重修劉介廉先生墓碑銘》和劉氏著《天方至聖實録·著書述》。

明清之際，中國出現一批『學通四教』的穆斯林學者，他們既精通阿拉伯文、波斯文、伊斯蘭經典，又精通儒、釋、道書，他们用漢文譯、著伊斯蘭教經典，並比較儒、釋、道與伊斯蘭教的異同。在他们的影響下，劉智翻譯了伊斯蘭教法的有關内容，彙成《天方禮法》，由於『卷目浩繁』，讀者不便，又擇要編成《天方典禮擇要解》一書。《天方典禮擇要解》約成書於清康熙後期，自康熙四十五年（一七〇六）始，劉智負笈進京，先後以此書求教於俞楷、景日昣、鹿祐、徐倬等回漢學者。

全書共分正文二十卷附録一卷二十九篇，採自四十五部伊斯蘭教經典，主要闡述伊斯蘭教法。前四卷討論伊斯蘭教原旨與信仰體系，其他部分介紹宗教禮儀和生活習俗等内容。《天方典禮擇要解》

一書是中國伊斯蘭教學者『以儒詮經』的代表著作，即以儒家學説、概念來解釋伊斯蘭教教義。這種漢譯著述增加了儒家思想的内容，某些正統伊斯蘭教派中原本並不重要的内容得到凸顯，改變了正統教派教義的構成。《天方典禮擇要解》一書在漢族儒生和穆斯林中産生了深遠影響，這在衆多漢儒與回儒爲該書所撰序文中可見一斑。

《四庫全書總目》卷一百二十五『子部·雜家類存目』著録，評價該書曰：『雜援經義以文其説，其文亦頗雅贍。』

該書卷端下題『山陽楊斐菉淇益校梓』，書前有清康熙四十八年楊斐菉序，詳述該書編纂經過及刊刻緣起。這是該書首次付梓印行。乾隆初年，該書版遭焚燬，五年（一七四〇）京江（今江蘇鎮江）人童國選等照原書版式重新鏤版印行。道光後屢經刊刻，流佈甚廣。

此本無藏印。據毛春翔等編《浙江省立圖書館特藏書目甲編》（一九五六年油印本）卷三，係鄞縣（今浙江寧波）李氏萱蔭樓舊藏。但查《李氏萱蔭樓藏書目録》（浙江圖書館藏本），無載，其來源不得確知。現藏浙江圖書館。（童聖江）

四四二

# 集部

## 楚辭十七卷　（漢）王逸章句　（宋）洪興祖補注　清初毛氏汲古閣刻本。框高十八・三釐米，寬十三・二釐米。每半葉九行，行十五字，小字雙行同，白口，左右雙邊。

《楚辭》經漢劉向、歆父子整理後，著錄於《漢書・藝文志》詩賦類屈原賦之屬，東漢王逸作《楚辭章句》，是今傳楚辭最古之完整注本。王逸（生卒年不詳）字叔師，南郡宜城（今屬湖北襄陽）人。官至豫章太守，長於文學，明人輯有《王叔師集》。《後漢書》卷八十有傳。

至南宋初，洪興祖作《楚辭補注》十七卷，又《考異》一卷。洪興祖（一〇九〇—一一五五）字慶善，鎮江丹陽（今江蘇丹陽）人。登宋徽宗政和上舍第，爲湖州士曹，改宣教郎。高宗召試，授秘書省正字、太常博士，後出知真州、饒州，興學闢荒，頗有政績。因忤秦檜而編管昭州，卒，年六十有六。好古博學，著《老莊本旨》《周易通義》《繫辭要旨》《古文孝經序贊》《離騷楚辭考異》等行於世。事迹見《宋史・儒林傳》。

《直齋書錄解題》卷十五《楚辭考異》條述《補注》及《考異》之撰著過程云：『興祖少時從柳展如得東坡手校《楚辭》十卷，凡諸本異同，皆兩出之。後又得洪玉父而下本十四五家參校，遂爲定本。始補王逸《章句》之未備者。書成，又得姚廷輝本，作《考異》，附古本《釋文》之後。其末，又得歐陽永叔、

孫莘老、蘇子容本於關子東、葉少協校正以補《考異》之遺。洪於是書用力亦以勤矣。』可知舊本兼載《釋文》，而以《考異》一卷附後，今皆散入《楚辭補注》各句之下，非洪氏原本之舊。且《釋文》僅可得七十餘條，必非全書；而『補曰』之前，常混入王注之後内容，如《文選》李善注與五臣注，不知何人所竄亂。《郡齋讀書志》卷四上著録《補注楚辭》十七卷，云『未詳撰人』，實即此書，又引及洪氏自序，今本其序已佚，蓋因洪氏以忤秦檜獲譴，後人有意删之。

《楚辭補注》題『校書郎臣王逸上，曲阿洪興祖補注』。其體例是先列王逸原注，而後補注於下，並以『補曰』二字别之，逐条疏通、證明、辨析，於王注多所闡發，王注未及之處亦多補足。此體例頗爲四庫館臣贊賞，稱其『異乎明代諸人妄改古書，恣情損益，於《楚辭》諸注之中，特爲善本』（《四庫全書總目》卷一百四十八《楚辭補注》提要）。目録後有洪氏《附記》，稱鮑欽止云『《辨騷》非楚詞本書，不當録。班孟堅二序舊在《天問》《九歎》之後，今附於第一通之末』云云。此本《離騷》之末有班固二序，與所記合。而劉勰《辨騷》一篇仍列序後，不詳其故。四庫館臣推測：『豈但言其不當録，而未敢遽删歟？』《補注》雖以《章句》爲主，亦頗存舊説，如云『古本』『唐本』等，可考見隋唐及以前《楚辭》古注及諸家校語，亦常引用時人之説，觀陳氏《直齋書録解題》可知。今古注皆不傳，零章斷句，僅見此書。朱熹後來作《集注》，多取洪氏之説。

晁、陳二目著録之本久已亡佚，蓋因朱熹《集注》行世，《補注》漸不爲人所重，傳本遂稀。《天禄琳琅書目後編》卷六宋版集部有項元汴家藏本《楚辭補注》一部，今亦不存。明翻宋刻有兩種，一爲明嘉

靖間翻宋本（《四部叢刊》影印），一即此本。此外尚有明凌毓枬刻朱墨套印本，爲宋洪興祖、明劉鳳等注，明陳深批點。汲古閣本每卷末題下有『汲古後人毛表字奏叔依古本是正』兩行木記。卷末毛表刻書跋謂『壬寅秋，從友人齋見宋刻洪本，黯然於先人之緒言，遂借歸付梓』，並稱贊『洪氏合新舊本爲篇第，一無去取』，能保存《楚辭》舊觀，學者可以『從紫陽而究其意旨，更從洪氏而溯其源流』。壬寅即康熙元年（一六六二），紫陽乃朱熹。毛表字奏叔，號正庵，汲古主人毛晉之子，故自稱汲古後人。汲古閣本文字優勝，前人已有定論。而同治十一年（一八七二）金陵書局重刊汲古閣本因校讎精審，有後出轉精之譽。

此本毛表跋已佚（前引跋文據金陵書局重刊本）。有王國維批校。卷二末有識語云：『丁巳除夕以正德黃勉之刊章句本校此二卷。』卷三末批：『丁巳除夕復校此一卷。』以朱筆注異文於正文之側，書眉等處有墨筆校語。卷端有『王國維』小印。現藏中國國家圖書館。（樊長遠）

四四三

**離騷圖不分卷** （清）蕭雲從繪並注　清初刻本　王立承跋。框高十八・三釐米，寬十一・八釐米。每半葉九行，行二十四字，白口，四周單邊。

蕭雲從生平爵里、學行業績簡況，前錄清順治五年（一六四八）懷古堂刻本《太平山水圖畫》時已介紹。

是書四冊不分卷，《四庫全書簡明目錄》稱一卷，《涉園鑒藏明版書目》作三卷，或云以冊分卷而原

書不分卷。蕭氏自序曰『余不敏，紓毫補綴，一宗紫陽之注，用備後來之勸懲』。蕭氏《畫九歌圖自跋》曰『畫成，復贅數語，以見良工苦心，不敢炫鬻奇譎，而一本於紫陽先生之義，明其非戲事也』。可知此書經注均遵朱熹《楚辭章句》。首河濱李楷《離騷圖經序》，次《離騷圖目錄》後附凡例六則，次乙酉中秋七日蕭雲從《離騷圖序》，次《三閭大夫卜居漁父》圖，次《離騷經》白文，次《九歌傳》（附注，末附蕭氏《畫九歌圖自跋》），次《天問圖》（附注，首附蕭氏《畫天問圖總序》，末附張纁璧《天問圖跋》），次《九章傳》《遠遊傳》《卜居傳》《漁父傳》《九辯傳》《招魂傳》《大招傳》。各篇篇首或題『區湖蕭雲從尺木甫著』，或題『區湖蕭雲從尺木甫較』，或題『石人蕭雲從尺木甫畫』。圖有《三閭大夫卜居漁父》一圖、《九歌》九圖、《天問》五十四圖，計六十四圖。

蕭氏繪圖考據精深謹慎，深得屈子詩旨，筆意精細，形象生動。姜亮夫稱：『古今無第二人有此精勤，亦無第二人有此偉構，可貴也。』（《楚辭書目五種·楚辭圖譜提要》）是書留存版本有：明刻本（即所謂明弘光乙酉原刊本，是年爲清順治二年，概以蕭雲從乙酉中秋七日序而言）、清初刻本、清順治間刻本、清康熙間刻本。清乾隆間有《四庫全書》本和乾隆十五年（一七五〇）涉園刻本。此本即清初刻本，印製精美，流傳孤罕，良可寶貴。

此本曾爲揚州李氏所藏，鈐有『竹西李氏』『琴白』『謫仙』『詩仙酒聖』等印。後爲王立承插架之物。王立承字孝慈，號鳴晦廬主人，通縣（今屬北京）人。民國廣西法政學堂畢業，曾任大總統府秘書、國務院秘書廳僉事等職，富收藏。王氏跋云：『此書儀徵尹碩公所贈。初，余與陳孝起交，過從頗稔，

見其案頭有此書，心焉好之。因托碩公由甬中代爲物色。久之，碩公以此見貺，遂贈余。云得之揚州陳□（似「萬」字）李姓。□（案：似『若』字，應爲『尺』？）木善畫，同光間極有聲於江浙間，與任阜長伯年齊名，雅人也。此本繪畫可謂盡恢詭之能事，惜刻工不得如黄（子立）項（南洲）諸子，然湯用先亦小有名，其藝不□（案：似『但』字）難望子立、南洲項背，且尚不及旌德鮑氏父子也。宜蔡容莊頗有微詞也。（小字：蔡曾刻任氏四種，《列仙酒牌》跋曾論此刻，頗致不滿。蔡刻則輓近世□□□［案：似『無比手』］矣。）（民國）二十二年十月十六日展觀後題。嗚晦。」蔡容莊即蔡照初，刻有任熊謂長四種：《列仙酒牌》《于越先賢像傳》《劍俠傳》《高士傳》。此本鈐「嗚晦盧珍藏金石書画記」「立承」「孝慈」「嗚晦祕寶」諸印。現藏中國國家圖書館。（向輝）

四四四

## 鮑氏集十卷 （南朝宋）鮑照撰 清初毛氏汲古閣影宋抄本。框高十九·八釐米，寬十五釐米。

每半葉十行，行十六字，白口，左右雙邊。

鮑照（四一四？—四六六）字明遠，南朝宋東海（今屬江蘇）人。鮑照少有文思，臨川王劉義慶愛其才，擢爲國侍郎，宋孝武帝時爲太學博士兼中書舍人。臨海王劉子頊鎮荆州，照爲前軍刑獄參軍，掌書記之任。明帝泰始二年（四六六），子頊起兵應晉安王劉子勛反，鮑照歿於亂兵。鮑照文辭贍逸，長於樂府詩，與顔延之、謝靈運合稱『元嘉三大家』，其七言樂府對唐代歌行體詩産生了重要影響。《宋書》卷五十一、《南史》卷十三皆有傳。

鮑照亡於亂兵之際，詩篇散落，南齊永明年間，虞炎奉文惠太子蕭長懋之命搜求撰集。虞炎《鮑照集序》云：『身既遇難，篇章無遺，流遷人間者往往見在。儲皇博採群言，遊好文藝，片辭隻韻，罔不收集。照所賦述，雖乏精典，而有超麗。爰命陪趨備加研訪，年代稍遠，零落者多，今所存者，儻能半焉。』此處儲皇指武帝太子蕭長懋，蕭長懋未即位而卒，則此書編輯當在齊武帝永明年間。《隋書·經籍志》著録『鮑照集十卷』，注則曰『梁，六卷』。南朝梁時六卷本之規制可能爲鮑照集的原始面貌。隋以後諸目録如新舊《唐書》、《郡齋讀書志》《直齋書録解題》《宋史·藝文志》及《文獻通考·經籍考》皆著録爲十卷。

此毛氏汲古閣影宋抄本，首有南朝齊虞炎序。卷一、二爲賦，卷三至八爲詩，卷九爲疏、表等，卷十爲銘、頌。每卷首列本卷篇次，正文接連而下。版心下鎸刻工，有屈旻、劉中、曲訢、華再興四人，其中屈旻、劉中曾參與南宋初紹興年間的刻書活動。書中玄、弦、殷、朗等字缺筆，避北宋皇帝先祖之諱；又有恒、樹、丸二字缺筆，爲北宋真宗趙恒、英宗趙曙及末帝欽宗趙桓之諱；而南宋帝諱均不避。綜合二者來看，毛氏影抄之底本當刻於南北宋之際。毛扆曾以宋本校正德朱應登本《鮑氏集》，並跋曰『丙辰七夕後三日，借吴趨友人宋本，比校一過』。此處『丙辰』爲清康熙十五年（一六七六），毛氏影抄當在借校之後。

鮑照詩文之宋刻並非僅有一種。此書之底本已與他本文字相校，如卷三收録擬古詩三十二首均以『代』字爲篇名之首，而目録《代東武吟》下注云『一本已下並無代字』。又，近世瞿熙邦亦曾校《鮑氏

集》，『以「明刊校宋本」校讀一過，其異處悉記上方，後又以影宋抄再校，異處其與影宋不同者以「√」記別之』。審其標記處，多爲異寫字，則其『明刊校宋本』所據之宋本與毛氏影抄之底本又不同。《鮑氏集》宋本無傳。現存最早爲明正德五年（一五一〇）朱應登刻十卷本，其底本爲都穆家所藏，版本不詳；《四庫全書》所據即朱本，其卷次及篇目安排與毛抄底本大致相同。明代張溥《漢魏六朝百三家集》之《鮑參軍集》二卷，重新編排篇目，增加詩歌數篇。此後鮑照詩文集多從朱本或張本而來，然二本文字多有訛誤。毛氏影宋抄本篇目次第、文字内容皆依宋刊原貌，具有重要的校勘價值。楊紹和《楹書隅録》評價此本云：『是書宋刻久稀，惟汲古閣影宋抄本最稱精善，即盧抱經學士據校本也。顧近世收弆者，大抵轉相過録，非復毛氏之舊。』

此本紙白如玉，摹寫工雅，周叔弢贊爲所見毛抄中之最精者（《周叔弢批注楹書隅録》）。書中鈐『毛晉私印』『毛扆之印』印，爲毛氏故物。後黄丕烈得之，盛之木匣，其裝幀原貌留存至今。書中另鈐『汪士鐘讀書』『四經四史之齋』『楊以增印』『海源殘閣』等印，經汪士鐘、楊氏海源閣收藏。後陳清華得此書，一九六五年由國家購回。現藏中國國家圖書館。（李文潔） 四四五

## 高常侍集十卷 （唐）高適撰 清初影宋抄本。框高十七·三釐米，寬十三釐米。每半葉十行，行十八字，白口，左右雙邊。

高適（七〇二？—七六五）字達夫，一字仲武，行三十五，郡望渤海，流寓宋中（今河南商丘）一帶，

故被稱爲渤海蓨(今河北景縣)人。少孤貧,落拓不得志,然志存高遠,尚節義,慕功名,志懷經濟,才兼文武,以天下安危爲己任。天寶八年(七四九),張九皋薦有道科,及中第,授封丘縣尉,因不屑官場繁文縟節,厭惡矯揉造作之態,憤而辭官。次年參河西節度使哥舒翰幕,官左驍衛兵曹參軍、掌書記。安史亂起,從玄宗至蜀郡,拜諫議大夫。隨後官淮南節度使,率軍平永王璘之亂。歷任蜀州、彭州刺史,官至左散騎常侍,世稱『高常侍』。受封渤海縣侯。《舊唐書·高適傳》謂其爲『有唐已來,詩人之達者』。永泰元年(七六五)卒,謚曰忠。高適同情民生疾苦,曾親赴邊塞,馳騁疆場,對邊塞生活深有體會。性豪放不羈,《舊唐書·高適傳》稱其爲『負氣敢言,權幸憚之』。其作品沉雄悲壯,《河岳英靈集》謂其詩『多胸臆語,兼有氣骨,故朝野通賞其文』。杜甫《寄彭州高三十五使君適虢州岑二十七長史參三十韻》云:『高岑殊緩步,沈鮑得同行。意愜關飛動,篇終接混茫。』高、岑並稱始於此。嚴羽《滄浪詩話·詩體》曰:『高、岑之詩悲壯,讀之使人感慨。』

高適作品之編集,原有天寶七載左右張九皋編、顔真卿作序之詩集,今佚。新舊《唐書》著錄其文集二十卷。《郡齋讀書志》著錄《高適集》十卷,《集外文》一卷,《别詩》一卷。《直齋書錄解題》著錄《高常侍集》十卷。《宋史·藝文志》著錄《高適詩集》十二卷。《天祿琳琅書目後編·明版集部》著錄《高常侍集》書十卷,賦二首,詩二百四十六首,表九首,贊二首,記一首,序一首,祭文一首。卷數與《唐志》合,無序跋。今有《四庫全書》所收明汲古閣影宋抄本《高常侍集》,凡詩八卷、文二卷。又有《四部叢刊》影印明活字本八卷,無刊刻年月及刊刻人姓名,前有《東征賦》《奉和鶻賦》。《中國版刻圖錄》於

明銅活字印本《岑嘉州集》下云：『銅活字本唐人集，傳世頗罕，前人多誤認爲宋刻本。原書全目已不可考。范氏天一閣藏三十四家，北京圖書館藏四十六家。觀字體紙墨，疑弘正間蘇州地區印本。』另有明張遜業、許自昌等輯本，皆爲二卷。明楊一統輯《高適集》一卷。敦煌《唐詩選殘卷》《高適詩集殘卷》等，尚存部分佚詩。

宋刊《高常侍集》，清初流傳已稀，多被輾轉影抄。此本爲現存高適作品集之較好版本，入選第二批《國家珍貴古籍名錄》。此本遞藏有序，前有『蕘夫』『翁同龢』『校定經籍之記』『汪士鐘印』等印，説明曾經黄丕烈、翁同龢、汪士鐘等人寶藏。此本字體影印摹寫極精，前數葉連版心原刻字數、刻工姓名等字樣，亦照錄不遺。其影寫底本當爲南宋寧宗趙擴臨御時期刊本。避諱至宋寧宗。又《送渾將軍出塞》中『弦』字缺末筆，當是抄者避玄燁諱，故可斷爲康熙年間或其後所抄。據孫欽善《〈高適集〉版本考》，《高適集》傳世之本有不分體十卷本、分體十卷本、分體詩集本三個系統。此本前八卷爲詩，不分體，亦非編年，每卷前皆題『雜著』，總計詩一百八十九題，二百二十五首。第九卷亦題『雜著』，收賦、贊各二篇，記、序、祭文各一篇。第十卷題『表』，收九篇。此本現藏中國國家圖書館。

（趙銀芳）

四四六

**唐秦隱君詩集一卷** （唐）秦系撰　清影宋抄本　傅增湘跋。框高十七·二釐米，寬十一·九釐米。每半葉十行，行十八字，白口，左右雙邊。

秦系（七二〇？—八一〇）字公緒，自號東海釣客，亦稱爲『秦隱君』，越州會稽（今浙江紹興）人。天寶中赴京應舉，未第。天寶末避亂剡山。大曆五年（七七〇）相衛節度薛嵩奏爲右衛率府倉曹參軍，不就。大曆末流寓睦州。建中元年（七八〇）又客居南安九日山，後歸隱越州。貞元七年（七九一），徐泗濠節度使張建封闢爲從事，加檢校秘書省校書郎。晚年居茅山，年八十餘卒。嘗與劉長卿、韋應物等唱酬。其詩多寫山水隱逸，以五言爲多。生平見《新唐書》卷一百九十六、《唐才子傳校箋》卷三。

本集所收秦詩三十九首，其中五絶兩首，五律十五首，七絶十三首，七律八首。此外，末附韋應物《蘇州刺史韋應物答秦十四校書》七絶一首。秦詩語言沖淡平和，言近旨遠，多抒情之作，其中五言尤工，誠如時相權德輿所云：『長卿自以爲五言長城，（秦）系用偏師攻之，雖老益壯。』《新唐書·秦系傳》）韋應物於本集末附詩亦云：『五言今日爲君休。』

據北宋呂夏卿序云：『慶曆六年八月，與弟嗣卿、友人江淵、僧法輝同遊兹亭（案：指後人爲紀念隱君所建之麗句亭），得隱君詩二十九篇於榜。惜乎年代久遠，古人之詩不可得也，又況有遺而不録者，因攟其外詩八篇以揭諸楹間。』『上人全公居南安觀音院，以吟詠禪觀見稱，喜隱君詩益多，願摹刻之。』可知本書初爲東平呂夏卿所輯集，由僧人全公摹刻。南宋時，右承事郎知泉州南安縣主管學事張端重新鏤版刊刻。紹興二十三年（一一五三）十二月張端跋云：『紹興二十有一年冬十月，端試縣南安。暇日登高士峰，覽君遺跡，見其亭館積圮，嚮來詩版無復存者，私心竊謂君詩在處應有神物護持，必未遽散逸。既而尋訪，果獲之。因新其棟宇，録而置諸楹間，仍鏤版以廣其傳，庶幾霑君之膏馥者，

於君不能忘，則他日全編或出焉。舊本所錄有可疑者，姑存之，不敢以意改也。』此本即據端刻所抄，爲現存各種版本中最佳者。傅增湘曾跋此書云：『隱君詩，余曾得明活字本校過。今以此本覆勘，增訂竟達百許字，爲之忻快無已。呂序、張跋各本所無，尤足貴也。』

此書乃清人據宋紹興間張端本影寫，書中有『稽瑞樓』印和『鐵琴銅劍樓』印，可知本書曾經清代藏書家陳揆和瞿氏收藏，現存中國國家圖書館。（羅瑛）

四四七

**臺閣集一卷**　（唐）李嘉祐撰　清初影元抄本。框高十七・二釐米，寬十二・八釐米。每半葉十行，行十八字，白口，左右雙邊。

李嘉祐（生卒年不詳）字從一，趙州（今河北趙縣）人。唐天寶七年（七四八）進士，授秘書正字。至德、乾元間謫鄱陽，後移江陰令，上元中出爲台州刺史，大曆中爲袁州刺史。與李白、劉長卿、錢起、皇甫曾和皎然等交識。嘉祐善爲詩，風格綺靡，長於七律。中唐李肇《唐國史補》載王維曾化用其詩句。高仲武《中興間氣集》評李嘉祐：『往往涉於齊梁，綺靡婉麗，蓋吴均、何遜之敵也。』王夫之《唐詩評選》亦稱其爲『中唐第一佳手』。

《崇文總目》著錄『李嘉祐詩一卷』，《郡齋讀書志》作二卷，《直齋書錄解題》作『李嘉祐集一卷』，又云『亦號《臺閣集》』。

李嘉祐詩集《四庫全書》未收。李肇稱王維取用『水田飛白鷺，夏木囀黄鸝』以爲七言，此詩今僅存

此殘句，知其詩篇早有佚失。李嘉祐詩集至遲在南宋初已付梓。『建炎三年正月甲申郡守陽夏謝克家』所作《李嘉祐詩集序》云：『右李嘉祐詩一卷，以數本參校既定』，『郡之黄唐悉著唐刺史名氏，至有百餘人，能自表見者無幾。嘉祐獨以詩（按：原脱「傳」）可貴也，因刻印以遺邦人』。謝克家曾於北宋紹聖年間知台州，此集乃爲表彰前賢而刻。

李嘉祐詩集宋本無傳，存世單行本僅有黄丕烈舊藏兩種《臺閣集》抄本。通行者則爲唐人詩集叢編本，如明活字本《唐五十家詩集》、毛氏汲古閣《唐人八家詩》、席氏琴川書屋《唐詩百名家全集》。其中明活字本《李嘉祐集》分爲二卷，並按詩體編次，乃明人重編。其餘皆名爲《臺閣集》，不分卷，詩歌編排順序相同。諸本皆收詩一百二十九首。其中兩種明抄本、毛刻本、席刻本尚存宋謝克家序。諸本面貌大略相同，亦可表明現存李嘉祐詩集基本保存着宋代謝克家本的内容。

此本題名《臺閣集》，無目録，無謝克家序，黄丕烈舊藏。黄丕烈曾藏三種《臺閣集》：一爲毛氏汲古閣舊藏抄本；一爲明劉成德刻《李嘉祐詩集》五卷本；另一即此本，黄丕烈稱之爲『精抄本』。黄氏於汲古閣舊藏本跋謂『精抄本無目與序』，又云『彼精抄亦無宋諱，想亦出元本也』。然書中僅見之兩處『玄』『弦』均缺末筆，一爲詩題《同皇甫冉登重玄閣》，一爲《冬夜饒州使堂餞相公五叔赴歙州》詩中『丞相過邦牧，清弦送羽觴』句。書中並無其他宋諱，其他各本亦未見避諱，則此處缺筆蓋爲此本抄寫之時避清聖祖玄燁之諱所致。此本字畫端謹，繕寫精整，無勾畫點抹，頗有影寫本風貌。稱此本爲清初影元抄本較爲可信。

現存諸本文字互有出入。相與校勘，毛氏汲古閣舊藏抄本與其所刻《唐人八家詩》本文字接近，而與他本差别較大。如《至七里灘作》「遷客投于越」句中的「于」，他本皆誤作「干」；《憶楚州史君弟》，他本詩題皆作《白田西憶楚州史君弟》，題下並有「六言」二字；《送元侍御遥荆南幕府》中的「遥」，他本皆改正爲「還」； 以上皆爲二本與他本相異處。毛氏舊藏抄本後歸黄丕烈，黄氏又曾將已藏三種《臺閣集》互校，謂劉本字句多同於精抄本。劉本今不傳，則此精抄本保留了有别於毛本的版本狀況。

此本鈐「丕烈」「士礼居」「汪士鐘印」「鏡汀書画記」「常熟翁同龢藏本」「均齋秘笈」「金德鑑印」「雙瑁閣」等印，知其曾經清黄丕烈、汪士鐘、翁同龢及晚清金德鑒等收藏。現藏中國國家圖書館。

（李文潔） 四四八

**昌黎先生詩集注十一卷**（清）顧嗣立删補 **年譜一卷** 清康熙三十八年（一六九九）顧氏秀野草堂刻本。框高十九・六釐米，寬十五・一釐米。每半葉十一行，行二十字，小字雙行三十字，白口，左右雙邊。

顧嗣立（一六六九—一七二二）字俠君，號秀野、閭邱，長洲（今江蘇蘇州）人。清康熙三十八年中舉，四十四年被徵入京編纂宋、金、元、明詩選、《皇輿全覽》等書。五十一年特賜進士，選翰林院庶吉士。五十三年，入武英殿，纂輯《鳥獸蟲魚廣義》。五十四年，改知縣，因病告歸。著述繁富，除此書外，

尚有《閭邱詩集》《秀野草堂詩集》《閭邱辨囿》《温飛卿集箋注》等，輯有《元詩選》《詩林韶濩》等。事見自撰《閭邱年譜》、清楊繩武所撰《外舅顧秀野先生墓誌銘》、《清史列傳》卷七十一、《國朝先正事略》卷四十、《國朝耆獻類徵》卷一百二十四、《國朝名家詩鈔小傳》等。

唐宋古文八大家之首韓愈，郡望昌黎，世稱韓昌黎。韓集嚮來詩文合刊，單刊韓詩並不多見。《天祿琳琅書目後編》卷六曾著録宋槧《昌黎先生詩集》一部，當爲目前所知首次單刊韓詩者。韓集歷代箋注者衆，然箋注多重文輕詩。專爲韓詩作注並單行於世者，此書首開其端。顧氏於其自序中云：『余於詩雅，宗仰昌黎先生，而論先生詩者，或有以文爲詩之誚，至直斥爲不工……先生之詩，幾爲其文所掩而不能自伸……余覃精既久，欲奉其詩集單行於世，以埽除異論。』顧氏認爲諸家箋注詳略失宜且多所舛誤，故採擇宋慶元間魏仲舉五百家注本、宋寶慶間王伯大音釋本、明季徐氏東雅堂本等諸家箋注，復參以己見，加以校定刪補。康熙三十八年春成書，其後即梓行於顧氏秀野草堂。

此書體例，卷首《凡例》已詳言之。韓愈門人李漢編定韓集四十卷，首列詩集十卷，此書詩篇序次悉仍其舊，復採入外集詩五首、遺詩十六首及文集部分詩作，合爲一卷，總附於後。各詩詩題下有題解，每字後有音釋，每句後有箋注，每詩後附諸家品評。書中廣搜博採，除諸家舊注外，又增宋元以來名公評語，復採當世名家如顧炎武等人之遺書緒論有裨此書者。卷前冠有《昌黎先生年譜》一卷，乃顧氏參考新、舊《唐書》，增訂宋洪興祖、宋方崧卿所作年譜而成。

此書最早刻本即此康熙三十八年顧氏秀野草堂刻本。書中首列康熙三十八年顧氏自序，次凡例，

次《舊唐書》本傳，次昌黎先生年譜，次正文。版心下方鎸『秀野艸堂』及刻工姓名，計有曾唯聖、繆際生、鄧子佩、顧有恒、鄧玉宣、鄧芃生、張公化、唐元吉等。此本精刻精印，秀美明麗，楮墨精良，洵爲清寫刻本之精品。

此本鈐有『獨山莫祥芝圖書記』等印，知曾爲晚清獨山莫祥芝舊藏。現藏中國國家圖書館。

（包菊香）

四四九

## 李商隱詩集三卷 （唐）李商隱撰　清影宋抄本　徐乃昌跋。框高二十·一釐米，寬十四·八釐米。每半葉十行，行十七字，白口，左右雙邊。

李商隱（八一三—八五八）字義山，號玉溪生，懷州河内（今河南沁陽）人。纍官東川節度使判官、檢校工部員外郎。工詩文，駢文與温庭筠、段成式齊名，時號『三十六體』；詩與温庭筠並稱『温李』。

按李商隱之詩集，《新唐書·藝文志》載有《玉溪生詩》三卷，至宋代已佚，後所傳者，乃宋人新輯。檢宋江少虞《皇朝類苑》卷三十四《玉溪生》條，知錢若水曾據唐末浙右傳本採摭於前，得四百餘首；楊億（一説楊大年）復於真宗咸平、景德間重加搜集，得五七言詩、長短韻歌並雜言凡五百八十二首。然二氏之輯是否獨自刊行，後之傳本是否以録詩居多之楊氏輯本爲依據，難以詳考。之後公私目録著録，《崇文總目》有《李義山詩》，《遂初堂書目》《直齋書録解題》《文獻通考》有《李義山集》，《宋史·藝文志》有《李商隱文集》，書名既異，則李集流傳在宋代蓋有數本，惜其原刻亦皆久煙無聞。今所傳諸

本，最爲接近宋本面貌者有二：一爲國家圖書館、上海圖書館所庋藏之影宋抄本《李商隱詩集》三卷；一爲明崇禎年間常熟毛氏汲古閣刊刻之《唐人八家詩》本《李義山集》三卷。

此即上海圖書館藏本，其行款與國家圖書館藏本相同，當同出一源。卷端無著者題署，前後無序跋；目錄首尾皆題『李商隱詩集上中下目錄』。各卷之葉版心中分别有『李上』『李中』『李下』。觀其諸端特徵，疑所據之本非宋時單刻獨行，或是唐人集叢刻之零種亦未可知。因玄、絃、炫、弦、驚、警、擎、鏡、弘、殷、恒、貞、楨、懲、徵等字缺筆，曙、讓不避諱，故前人多以爲其底本刊刻於仁宗時。卷上收錄二百四十一首，卷中二百三十二首，卷下一百二十二首，總凡五百九十五首。其中卷下《席上贈人故桂林滎陽公席上出家奴》一詩，與卷上《席上作一云予爲桂州從事故府鄭公出家妓令賦高唐詩》乃異文重出。卷下初輯至《井泥四十韻》止，以後有所增益，注明『續新添二十六首』，始《夜思》，止《安平公詩》，説明該文本陸續編成，可能非出一手。

粗覽此本，有明顯誤字。如卷上《歸墅》『渠濁村春急』，『春』誤作『舂』；《韓碑》『願書萬本誦萬過』，『願』誤作『頭』；《蝶三首》，目錄與正文詩題皆誤作『二首』；《三月十日流盃亭》，目錄誤三爲二；卷中《聞歌》『斂笑凝眸意欲歌』，『斂』誤作『劒』，『香灺燈光奈爾何』，『灺』誤作『地』；《韓冬郎即席爲詩相送一座盡驚他日余方追吟連宵侍坐徘徊久之句有老成之風因成二絶寄酬兼呈畏之員外》，『余』，目錄、正文誤作『徐』，『侍』，目錄誤作『待』，『久』，目錄、正文誤作『文』；卷下《題道靖院院在中條山故王顔中丞所置虢州刺史捨官居此今寫真存焉》，『寫』目錄誤作『焉』；《行次昭應縣道

上送户部李郎中充昭義攻討》，『討』，目録誤作『計』，等等。此類訛誤雖不知是刊刻抑或抄寫之過，然皆屬魯魚豕亥，未有臆改之迹，基本保存現知最早宋本面貌。而與此本屬同一版本體系之清康熙東山席氏琴川書屋所刻《唐詩百名家全集》本，校勘雖力，宋本面目已改，不能與此本同日而語也。

至於毛氏汲古閣所刻《唐人八家詩》本，與此影抄本書名不同者外，主要區别是：一、删去影抄本卷下之《席上贈人故桂林滎陽公席上出家奴》，易爲《江上憶嚴五廣休》，而此詩影抄本在『續新添二十六首』内；二、改影抄本之『續新添二十六首』部分稱爲『新添集外詩』，在《安平公詩》之後增《赤壁》《垂柳》《清夜怨》《定子》四首（《赤壁》《定子》乃杜牧作，《垂柳》或唐彦謙作，前人已有指出）。或謂毛刻所據底本要早於影抄本之底本，但檢其卷中《題鄭大有隱居》『結構何峰是』之『構』字已闕筆，則其底本當刻於南宋紹興年間。清馮浩《玉溪生詩箋注》引馮班所言，『《赤壁》至《定子》四首，北宋本不載，南宋本始有之』，蓋有以也。且毛氏爲刊刻《唐人八家詩》，統一版式，其行款與字體結構已變異，終不若影抄本得宋本之真。

此本清初曾爲錢興祖之物。檢常熟瞿氏《鐵琴銅劍樓藏書目》著録《六韜》一書（現藏國家圖書館），謂錢興祖從宋本影抄，因疑此影抄本或亦錢氏所爲。後遞經長洲汪氏藝芸書舍、仁和朱氏結一廬收藏，有近人徐乃昌題署。《藏園訂補郘亭知見傳本書目》卷十二著録，傅增湘稱之爲傳世最善之本。鈐有『興祖』『孝修』『士鐘』『閬源父』『結一廬藏』『仁龢朱澂』『子清』『子清真賞』『復廬贅婿滬上所得』等印。現藏上海圖書館。（陳先行）

四五〇

## 李群玉詩集三卷後集五卷　（唐）李群玉撰　清道光四年（一八二四）黄氏士禮居影宋抄本

黄丕烈跋。框高十七・七釐米，寬十二・七釐米。每半葉十行，行十八字，白口，左右雙邊。

李群玉（八〇八？—八六二）字文山，澧州（今湖南澧縣）人。晚唐詩人。清才曠逸，專以吟詠自適。好吹笙，擅草書，不樂仕進。裴休觀察湖南，曾厚禮之。大中八年（八五四）入京，宰相裴休、令狐綯薦之，進詩三百篇，受宣宗賞識，授弘文館校書郎。三年後辭官歸里，十二年復東游，卒於洪州（今江西南昌）。死後追賜進士及第。群玉與張祜、杜牧、段成式等皆有交往，與方干唱酬尤多。其生平事迹於《唐詩紀事》《唐才子傳》卷六等書中均有記載。

李氏詩散佚頗多，此集收詩僅二百五十二首。《湖南通志》稱其『詩筆妍麗，才力遒健』。因久居湘沅，崇屈原、宋玉，故所作頗有湖湘民歌氣息。《題二妃廟》《皇陵廟》等詩膾炙人口。辛文房稱其詩能『曲盡羈旅坎壈之情』（見《唐才子傳》卷七）。賀裳《載酒園詩話》也有頗爲公允的評價：『文山雖生晚唐，不染輕靡僻澀之習，五言古頗有素風，但警拔處亦少。其於温、李不爲，亦不能也。』

《新唐書・藝文志》著録《李群玉詩》三卷、《後集》五卷，爲目前所知最早的著録。陳振孫《直齋書録解題》、《四庫全書總目》、張金吾《愛日精廬藏書志》、《鐵琴銅劍樓藏書目》、傅增湘《藏園群書經眼録》、葉德輝《郎園讀書志》等均有著録。其版本流傳頭緒繁多，以明代刻本、抄本尤爲豐富，而清代版本則校勘精良。《中國古籍善本書目》中録其版本有十二種之多。其中未提及的還有南宋杭州陳起經籍鋪刻本，世稱『書棚本』，卷中朱印纍纍，爲席虞卿、徐乾學、季振宜、黄丕烈等先後收藏，民國間張元

濟編印《四部叢刊》即據此影印。

此本爲黄丕烈據宋本影抄，黄在跋中謂道光三年購得宋刻《碧雲集》《群玉集》兩書，不惜重資請人影抄。又在另一篇序中對所見毛刻與宋本的差異進行了比較：『余家鄉藏舊鈔本《李群玉集》有三本，未知何本爲善，及得宋刻此集，知葉鈔最近，蓋行欵。……毛刻非出宋刻本，故以體分，統前後併爲三卷，或以意改之，抑別有本。七言律羡三首，七言絶羡一首，宋刻皆無之。五言古詩二十四韻一首未有缺，宋刻及抄俱有，而毛刻獨注云缺，則所據必別有本矣。』其中葉抄當指明崇禎三年（一六三〇）葉奕抄本，毛刻應爲毛氏汲古閣刻唐人八家詩本《李文山詩集》。

此本鈐有『黄丕烈』『蕘夫』『蕘圃過眼』『碧云群玉之居』『鐵琴銅劍樓』等印。表明自黄丕烈士禮居散出後，又爲常熟鐵琴銅劍樓所得。現藏中國國家圖書館。（馬琳）

四五一 **禪月集二十五卷**（唐）釋貫休撰　清初影宋抄本　孫潛跋。每半葉十三行，行二十字。無直格。

貫休（八三二—九一二）字德隱，俗姓姜氏，號禪月大師、得得來和尚，婺州蘭溪（今屬浙江金華）人。七歲出家。精奥義，詩奇險，工書畫。乾寧初居杭州，投詩錢鏐，又依荆帥成汭，晚入蜀依王建。著有《西岳集》等。事迹具《宋高僧傳》。

是集爲貫休殁後弟子曇域應衆人之請而編成。曇域自序作於前蜀王衍乾德五年（九二三），稱尋

檢稿草及暗記憶者，約一千首，乃雕刻版部，題號《禪月集》。南宋時，本書已罕見流傳。嘉熙四年（一二四〇）婺州蘭溪縣兜率寺主持禪悟大師可燦訪得舊本，重刊行世。

此本係孫潛據錢謙益家藏舊抄本影寫，宋諱「匡」「貞」字闕筆，不避南宋諱。分卷處題名相銜接，猶存底本原式。前有楊傑、江衍題詩，吳融序，卷末有曇域後序。又有可燦重刻記，周伯奮、師保、祖聞、紹濤、童必明、余璨、徐琰等跋。知源出宋嘉熙四年僧可燦刻本。通計全書，得詩七百十首，與曇域所稱約一千首者差距較大，疑僧可燦刻時已有缺佚，並非完書。

本書有明毛氏汲古閣影宋抄本，常熟翁氏舊藏，今歸中國國家圖書館。又有江夏徐氏所藏影宋抄本，《四部叢刊》初編據以影印。二本行款、文字與此本一致，屬同一文本系統。

本書另有明正德九年（一五一四）柳僉抄本，書末僅附曇域、可燦、周伯奮三序，楊、江題詩、童必明跋，後歸錢謙益，現藏上海圖書館。取對此本，互異不少：卷一《野田黄雀行》「深蒿葉暖」，柳本作「蒿深」；《夜夜曲》「更深撲落金錯刀」，柳本「錯」作「剪」；《擬古離别》「他日再相逢」，柳本「再」作「載」。卷二《陽烏爍萬物》「我本事蓑笠」，柳本「事」作「是」；《常思李太白》「紫皇案前五色麟」，柳本「案」作「殿」；《擬齊梁酬所知見贈二首》「清如仙手琴」，柳本「仙」作「纖」；《漁家》「漁女漁兒掃風葉」，柳本「女」作「父」；《苦熱寄赤松道者》「驕冷奢涼合相憶」，柳本作「驕奢涼冷」。卷三《懷張爲周朴》「赤蟹濁醪許多好」，柳本「蟹」作「面」；《冬末病中作》「東風吹草木」，柳本「東」作「冬」。類此者甚多。通行之明末毛氏汲古閣刻《唐三高僧詩集》本即據柳僉抄本重刻，而多訛字。

《四庫全書》收錄本書，以毛本繕寫。以上三本，同屬另一文本系統。

張金吾《愛日精廬藏書志》卷二十九著錄秦氏雁里草堂舊抄本，後歸瞿氏鐵琴銅劍樓，現藏中國國家圖書館，其文字多同柳本系統，然亦間有與此本同者。

此本卷末有己丑七月孫潛跋，己丑蓋即清順治六年（一六四九）。鈐有「孫潛之印」「潛夫」等印。現藏上海圖書館。（徐瀟立）

四五二

**碧雲集三卷** （南唐）李中撰 清道光四年（一八二四）黄氏士禮居影宋抄本 黄丕烈跋。框高十七·八釐米，寬十二·九釐米。每半葉十行，行十八字，白口，左右雙邊。

李中（生卒年不詳）字有中，九江（今屬江西）人，郡望隴西（今陝西隴山）。南唐時與劉鈞共學於廬山國學。南唐元宗李璟時嘗仕下蔡，後主時官吉水縣尉。入宋後歷新喻、安福、晉陵等縣令，宋開寶五年（九七二）任新淦縣令，終水部郎中。《唐才子傳校箋》卷七有傳。

李中工詩，在新淦縣令任上自編詩集《碧雲集》，友人孟賓於癸酉年（開寶六年）爲之作序，云「以公五、七言兼六言三百篇，目曰《碧雲集》」。收詩三百多篇，多爲酬唱之作。李中詩集流傳甚少，卷帙亦有不同，《崇文總目輯釋》著錄《碧雲集》三卷，《郡齋讀書志》著錄《李有中詩》二卷，《全唐詩》則編爲四卷。

《碧雲集》曾有宋、元刻本流傳。黄丕烈曾藏宋臨安府陳宅書籍鋪刻《碧雲集》三卷；明毛氏汲古

閣刻《唐人八家詩》之《碧雲集》三卷，所據爲元本；清康熙四十一年（一七〇三）席啓寓琴川書屋據宋本刻《唐人百家詩》，有《碧雲集》三卷。毛刻、席刻與黄氏所藏宋本互異，以篇次而言，毛刻、席刻卷上均缺詩八首，宋本則全；宋本、毛本卷中重出一首，席本則無。黄丕烈跋影宋抄本《碧雲集》云：『余見毛刻《碧雲集》，知多闕文。及獲見此集宋刻，初不解毛氏何以有缺，想别有所本也。迨夏間，坊友以毛藏舊抄本來，始知毛刻據元本，故所缺如此。蓋宋元本各有面目在也。抄本中多子晉手校字，可與宋本竝儲。』毛本、席本之底本，今皆無傳，現存《碧雲集》最早的版本即爲原黄丕烈所藏宋本。

道光癸未（三年）三月，黄丕烈於崑山古董鋪中收得宋刻《碧雲集》《李群玉詩集》，二書皆爲宋臨安府陳宅書籍鋪所刻。黄丕烈遂影寫二書，一仍宋本舊貌。《碧雲集》分上中下三卷；目録及卷端下題著者『登仕郎守新淦縣令知鎮事賜緋魚袋李中』，目録後有牌記『臨安府棚北睦親坊南陳宅書籍鋪印』一行，版心上記字數，中題卷數、葉數，下記刻工。避諱字有玄、朗、匡、貞、徵、樹、桓、敦等，避至光宗趙惇。季振宜寫於宋本卷末的『泰興季振宜滄葦氏珍藏』十字，影宋本也照原樣抄録。

至於影寫的時間和緣起，黄丕烈在影宋本《李群玉詩集》跋中提及：購得二書後『海虞友人張君欲丐予讓之』，後『允爲之録副，月霄欣然從予請，不惜重貲酬鈔胥』。跋作於道光甲申清和中澣日，即道光四年四月中旬。則影寫乃因張金吾亦愛二書，不惜重金請黄丕烈雇胥録副。《愛日精廬藏書志》著録《碧雲集》曰『從吴門黄氏藏宋刊本影寫』，後來收藏此書的瞿氏亦於《鐵琴銅劍樓藏書目録》著録曰『此愛日精廬張氏從士禮居所藏宋本影寫』，皆説明此書與張金吾有關。故此《碧雲集》雖由黄丕烈

倩工抄寫，但黄氏僅跋曰『予舉此以與月霄賞析之』，又僅鈐『蕘圃過眼』。

此影宋抄本先後經張金吾及瞿氏鐵琴銅劍樓收藏，鈐『鐵琴銅劍樓』，現藏中國國家圖書館。又，此書影抄所據之宋本清末爲鄧邦述所得，並因而顔其室曰『群碧樓』，現藏中國臺北傅斯年圖書館。

（李文潔）

四五三

**拙齋文集二十卷拾遺一卷** （宋）林之奇撰　**附録一卷**　清影宋抄本（四庫底本）。框高二十二·五釐米，寬十七·四釐米。每半葉十行，行十九字，白口，左右雙邊。

林之奇（一一一二—一一七六）字少穎，號拙齋，侯官（今福建閩侯）人。紹興二十一年（一一五一）進士，調莆田簿，改尉長汀，召爲秘書省正字，轉校書郎。卒謚文昭。其學出於吕本中，又授吕祖謙。著有《尚書全解》《觀瀾集》等。事迹具《宋史·儒林傳》。

是書凡《道山記聞》二卷、詩一卷、雜文十七卷、拾遺一卷，附録一卷。卷末附吕祖謙《祭文》、李𣚴《哀辭》、姚同《拙齋林先生行實》。《行實》云：『先生遺文二十餘卷，子沖之所哀集，及《場遊録》《道山記聞》，藏於子沖之家，世未之見。』知子沖家本與今本編次不盡同。又云：『嘉定五年，郡博潘自牧諸父嘗從吕成公遊，知成公之學原於拙齋，乃請於郡而祠之於學。』則本書之刊刻，當不早於嘉定五年（一二一二）。陳振孫《直齋書録解題》卷十八著録『《拙齋集》二十二卷』，馬端臨《文獻通考》著録同，與今本卷數相符。

此本抄寫工緻，版心下端書刻工姓名：王良、林伸、林文、林楠、林賜、周正、周全、周仲、蔡成、蔡仁、蔡太、鄧浚、鄧洽、鄧沂、傅顕、傅召、傅先、罕匠、葉嵩等。宋諱殷、讓、玄、徵、慎、敦等字缺末筆。是書另有宋刻殘帙，徐氏彊誃舊藏，現藏上海圖書館。觀其字體刀法，爲南宋後期江浙間所刻。取對此本，行款悉同，版心下刻工名一一符合，知此本即源出此宋刻。宋刻僅存卷四至五，凡二卷，賴此得見全貌。

此本卷三版心下無刻工，與他卷不同。所收詩二十九首，見於呂祖謙《宋文鑑》卷十六至二十一，均非林之奇作。疑是書宋刻本傳世過程中曾遺失第三卷，坊賈取他書妄填，以充完本，後人亦失查隨誤（詳王開春《林之奇詩辨僞——兼論〈拙齋文集〉的版本源流》，《合肥師範學院學報》第二十八卷第一期，九十—九十四葉）。丁丙《善本書室藏書志》卷三十著錄之清抄本，出自清初文瑞樓影宋抄本，與此本行款、版式、文字皆同，當係同出一源。

是帙鈐有翰林院滿漢文方印，前人著錄，題爲『四庫底本』。按《四庫全書》以『浙江鮑士恭家藏本』著錄，《浙江採集遺書總錄》壬集以『倦圃藏寫本』著錄，知當時進呈四庫館者非止一本。此帙無鮑、曹二氏藏印，定爲四庫進呈本，似較妥當。又有『仁龢朱復廬校藏書籍』『復廬流覽所及』『子清真賞』『結一廬臧書印』『徐乃昌讀』等印，朱氏《結一廬書目》卷四著錄。現藏上海圖書館。

（徐瀟立）

**平齋文集三十二卷** （宋）洪咨夔撰 清影宋抄本（卷十一至十四、十九至二十二配瞿氏鐵琴銅劍樓抄本） □勤菴 瞿啓甲跋。框高二十釐米，寬十四・八釐米。每半葉十一行，行十九字，白口，左右雙邊。

洪咨夔（一一七六—一二三六）字舜俞，號平齋，於潛（今浙江臨安）人。南宋嘉泰二年（一二〇二）進士，授如皋縣主簿，尋爲饒州教授。後任成都通判、龍州知州、秘書郎、金部員外郎、考功員外郎，旋即罷歸。後以禮部員外郎召，遷監察御史，殿中侍御史，給事中。官至刑部尚書，翰林學士，知制誥。卒謚忠文。著有《春秋説》三十卷、《平齋文集》三十二卷、《平齋詞》一卷等。［咸淳］《臨安志》卷六十七、《宋史》卷四百六十有傳。

此書爲咨夔詩文集，共三十二卷，卷一收賦四篇，卷二至八録詩一千餘首，卷九至三十二收各體文八百餘篇。《直齋書録解題》卷十八著録『《平齋集》三十二卷』，可知此書在《直齋書録解題》成書時即已有刻本流傳。其後此書流傳不廣，僅見於個别書目著録。明《文淵閣書目》卷九曰『洪舜俞《平齋文集》一部十一册，闕』。《國史經籍志》卷五著録『洪咨夔《平齋集》三十二卷』，又『洪舜俞《平齋集》三十四卷』。《内閣書目》卷三曰：『《平齋文集》十册，不全。……凡三十七卷，闕前四卷。』《近古堂書目》卷下著録『宋刻《洪平齋集》』。《絳雲樓書目》卷三録『宋板《洪平齋集》二十册』，陳景雲注：『三十二卷。』諸家著録中，卷數稍有出入，除三十二卷之外，尚有三十四卷、三十七卷，或爲後人改訂增補，今莫可詳。

此書現存最早之本爲宋刻本，現藏日本國立公文書館之内閣文庫，原爲昌平坂學問所舊藏，乃世間孤本。傅增湘《藏園群書經眼録》卷十四曰：『《平齋文集》三十二卷，宋洪咨夔撰。宋刊本，版匡高六寸四分，寬四寸五分，半葉十一行，每行十九字，白口，左右雙闌，版心題「平齋集幾」，上方記字數。字體方整而無精湛之美，頗與棚本相類。此書目録舊題明本，張君菊生（元濟）改訂爲宋本，余細觀之，信宋刊不疑也。然考森立之《經籍訪古志》，固以爲宋本也。』

此書元明間未經翻刻，入清乃有此影宋抄本。此本□勱菴跋曰：『《洪平齋先生集》若干卷，刊於紹定年間，歷元明未經翻刻，余僅獲覩此本，而已失其半，又前後漫漶不可整理，仍不惜捐貲購之，依式繕寫一過。存者珍如安石碎金，闕者庶或别冀一遇。』據此可知，此本乃□勱菴購入殘缺宋本後影抄。今視此本，封面有二簽，一簽曰：『《平齋文集》影宋抄六本』，後鈐『瞿氏鑒藏金石記』印，遂知此本爲瞿氏鐵琴銅劍樓故物；另一簽曰：『缺十一、十二、十三、十四、十九、二十、廿一、廿二共八卷』，可知所據宋本僅缺八卷，而非□勱菴所言『已失其半』。《四部叢刊續編》收有此書，乃據此本配内閣文庫所藏宋本影印，末有張元濟跋，張跋曰：『鐵琴銅劍樓瞿氏有影宋鈔本，闕卷十一至十四、卷十九至二十二……影宋鈔本極精。余以是書久尠流傳，因亟乞影，將以行世。戊辰秋，中華學藝社有輯印古書之議，余偕往日本訪書，抵東京，至其内閣文庫，典守者發篋相眎，適見是集，且爲宋刻，瞿氏所闕八卷儼然具存，借影携歸，與瞿本合印，遂成完璧。』此本原缺八卷，今已抄補。卷二十二末有民國十九年（一九三〇）庚午瞿啓甲跋曰：『家藏景宋《平齋文集》，闕卷十一至十四、十九至二十二卷，凡八卷，恒欲

抄補，以收藏家罕有是集，卒卒未果。鹽官張菊生先生續印《四部叢刊》，商借舊本數十種，是集亦在其列，頗以殘缺爲憾。己巳八月，菊翁訪書東游，於内閣文庫見有刻本，諦審乃宋槧也（文庫爲德川氏藏書，凡宋槧俱提歸圖書寮，惟此書及《陳後山集》誤爲明本，尚存庫内）。大喜，將余家所缺之卷攝影而歸，並以見貽。乃屬歸甥子鈞摹補，以成全帙，用彰菊翁輯佚之功，亦足備書林掌故也。』據此可知，此本原缺八卷乃瞿啓甲屬其甥子鈞據張元濟攝影携歸之内閣文庫所藏宋本摹補，每卷末鈐『歸勝子鈞手鈔』印亦爲其證。此八卷尚有『鳳起手校』『瞿氏祕笈』『熙邦眼福』諸印，可知又經瞿鳳起校勘。除補抄八卷外，此本字體風格頗似内閣文庫所藏宋本，且此本卷一第二葉版心下方有刻工『何允』，内閣文庫所藏宋本該處殘破，但尚存『允』字之左下角，據此可推知，此本影抄之宋本與内閣文庫所藏宋本當爲同版。

此本多處鈐有『吴氏西齋』印，可知當爲吴玉墀舊藏。其後，即入藏瞿氏鐵琴銅劍樓，除上述瞿氏諸印外，尚有『鐵琴銅劍樓』等印。此本現藏中國國家圖書館。（包菊香） 四五五

**漁墅類稿八卷** （宋）陳元晉撰　清乾隆翰林院抄本（四庫底本）　朱文鼎　孫曙滄校。框高二十二・三釐米，寬十五・二釐米。每半葉八行，行二十一字，紅格，白口，四周雙邊。

陳元晉（一一八六—一二四九）字明父，本蜀人，後遷居崇仁（今屬江西）。南宋嘉定四年（一二一一）進士。嘉定十年爲雩都主簿。嘉定十六年爲增城縣丞。寶慶二年（一二二六）知奉化縣兼兵馬監

押。通判衡州，歷知福州、融州、南安軍，遷廣東經略使，纍官邕管安撫使。事見清［同治］《崇仁縣志》卷八之二。

元晉嗜學好義，曾建漁墅書院，因以名集。此書編刊情況不詳。明《文淵閣書目》卷九謂：『陳元晉《漁墅類稿》一部四册，全。』《内閣藏書目録》云：『《漁墅類稿》五册，不全……止存甲、乙、丙、丁、己五册。』《國史經籍志》卷五、《千頃堂書目》卷二十九皆著爲十卷。

此書原本久佚，清乾隆間修《四庫全書》時，四庫館臣『檢《永樂大典》中，尚存雜文八十餘首，各體詩一百一十餘首。謹以類編輯，釐爲八卷』（《四庫全書總目》卷一百六十二）。此本爲清乾隆翰林院抄本，乃此書初輯本，又爲四庫底本，具備四庫底本典型特徵，目録、卷五、卷七首葉鈐『翰林院印』滿漢文大方章，書中多處有墨筆校改，個别書葉天頭貼有浮簽，注明增改刪削之字。各校語末有署名，遂知此本爲朱文鼎、孫曙滄所校。朱文鼎，清監生，乾隆四十九年（一七八四）入四庫館任校對，乾隆五十二年二月二十五日因校書特賜舉人，三月十九日因未校出《諸史同異録》狂悖謬誤之處，被革（《纂修四庫全書檔案》一一八七號、一一九一號、一二〇一號）。孫曙滄，生平不詳，其校記曾署其職爲『謄録』。

此本與四庫本文字略有差異，而於『胡』『虜』諸字，在抄入《四庫全書》時悉加改動，如卷七《和馮眉州九日無酒韻》『寶刀尚染胡兒血』，四庫本改『胡兒』作『健兒』，而此本一仍其舊，較四庫本保留了更多原貌，尤足珍貴。此本現藏中國國家圖書館。（包菊香）

## 敝帚稿略八卷 （宋）包恢撰 清乾隆翰林院抄本（四庫底本）。框高二十二・五釐米，寬十五・二釐米。每半葉八行，行二十一字，紅格，白口，四周雙邊。卷八末有缺葉。

包恢（一一八二—一二六八）字宏父，一字道夫，號宏齋，建昌南城（今屬江西）人。嘉定十三年（一二二〇）進士。官至刑部尚書，簽書樞密院事。其父輩皆從朱熹、陸九淵學，故恢少聞義理之學、心性之旨，學力宏厚。著《易説》《周禮記》《講義》《家傳》等，皆不存。今僅見《敝帚稿略》一書。

包恢少時文譽籍甚，既登仕籍，轉爲功業所掩，或亦由其不自表曝也。嘗作《自識》曰：『疇昔雖或有斐然妄發，未嘗留藁。中間有親友見之，不忍棄，爲之收拾類聚，因而成編，遂有誤傳録以去者。於是不能掩其惡而匿其醜，予每病之，乃就其間選其彼善於此者，姑别存之，曰《敝帚稿略》。』因知此書乃包氏自行編選成集者。門人鄭無妄刻而行之。元劉塤《隱居通議》卷十七稱，包恢爲文根據義理，下筆輒汪洋放肆，娓娓不窮；所作大都疏通暢達，沛然有餘。則其時當有專集存世。然《宋史・藝文志》、馬端臨《文獻通考・經籍考》皆無所著録，是已傳世甚罕。清乾隆間開四庫館，未見恢集傳本，館臣僅從《永樂大典》中採掇編輯，得文七十餘篇、詩八十餘首，釐爲八卷。是爲恢集現存諸本之祖。

此本係四庫底本，行款與四庫正本全同。卷端首行及書口上端均寫『欽定四庫全書』，卷一、卷五首葉鈐滿漢文『翰林院印』。書中有朱筆字迹，注明需補改之字；又有墨筆字迹，説明抄寫格式。所舉諸端，多爲四庫正本所採用。故讀此本，不僅於恢集有所得，亦於四庫館工作始末有所見。書中粘有浮簽若干，其中卷一第十六葉之簽實爲卷一第十八葉者。

書中鈐有『温陵黄氏藏書』印記。現藏中國國家圖書館。（張燕嬰）

## 剪綃集二卷 （宋）李龏撰 清初毛氏汲古閣影宋抄本。每半葉十行，行二十一字，白口，左右雙邊。

李龏（一一九四—？）字和父（一作仲甫），號雪林，荷澤人，家居吴興三匯之交（今屬浙江）。效元、白歌詩，無意仕進，但據其《八月三十日小園桂香清甚招同僚吟賞憶劉判官葉令君》一詩，似曾短期出仕。年登髦期，自作墓誌。無子，死後葬河道兩山間，種梅百株，趙德符題曰『宋詩人雪林李君之墓』。有《吴湖藥邊吟》《雪林采蘋吟》《雪林撚髭吟》《雪林漱石吟》《雪林擁蓑吟》等，均佚。清四庫館臣據《永樂大典》輯南宋陳起所編《江湖後集》李龏詩一卷。此外，李龏編有《唐僧弘秀集》十卷，另有集句詩《梅花衲》一卷、《剪綃集》二卷傳世。《江湖後集》卷二十中有其小傳，《湖州府志》卷九十亦有傳。

集句始盛於宋代，當時與聯句、摘句相媲美。至南宋漸盛，有别録成集者，《剪綃集》即爲其一。《四庫全書總目》之《香屑集》提要論及此，曰：『有唐一代無格不備，而自韋蟾妓女續《楚詞》兩句之外，是體竟亦闕如。至北宋石延年、王安石間以相角而未入於集。孔武仲始以入集，而别録成卷，尚未單行。南宋李龏之《梅花衲》《剪綃集》，文天祥之《集杜詩》，始别著録。』

《剪綃集》現存版本甚多，大都收於宋人詩文合集中，如毛氏汲古閣刻本《詩詞雜俎》，清趙氏小山

堂抄本《南宋群賢小集》，清知不足齋抄本《宋八家詩鈔》，清金氏文瑞樓抄本《宋人小集》及清抄本《兩宋名賢小集》《群賢小集》《南宋群賢詩》等。此汲古閣影宋抄本之行款格式、字迹風貌悉仿宋本。卷末題『臨安府棚北大街陳解元書籍鋪印行』，知此書原爲南宋詩人陳起書坊所刻。其上卷除五言律詩一首外，餘皆古體詩，共二十八首，下卷共九十首，皆七言絶句。詩句均集自唐人，每詩前標明出於何人。

此本有『汲古主人』『毛晉』『毛晉之印』『毛氏子晉』『希世之珍』『宋本』等印，書衣有翁同龢題書名，可知曾先後爲毛氏汲古閣、翁同龢等所收藏，現藏中國國家圖書館。（程佳羽）

四五八

## 梅花衲一卷

（宋）李龏撰　清初毛氏汲古閣影宋抄本。每半葉十行，行二十字，白口，左右雙邊。

李龏生平爵里、學行業績簡況，前録清初毛氏汲古閣影宋抄本《剪綃集》時已介紹。集句始盛於宋代，當時與聯句、摘句相媲美。至南宋漸盛，有别録成集者，《剪綃集》即爲其一。《四庫全書總目》之《香屑集》提要論及此，曰：『有唐一代無格不備，而自韋蟾妓女續《楚詞》兩句之外，是體竟亦闕如。至北宋石延年、王安石閒以相角，而未入於集。孔武仲始以入集，而别録成卷，尚未單行。南宋李龏之《梅花衲》《剪綃集》，文天祥之《集杜詩》，始别著録。』

《梅花衲》爲集前人詩句詠梅七絶，收詩二百十一首，其中七言絶句一百四十六首、五言絶句六十

五首。編者序曰：『此集實如野僧敗襖，將新捺舊，拆東補西，元無一片完物，非衲而何？』可見此書編輯不易。因其内容頗具雅趣，嚮爲藏書家所推重。而《全宋詩》以此書補遺校勘，其文獻價值亦頗可觀。

《梅花衲》現存版本甚多，大都收於宋人詩文合集中，如清冰蕖閣抄本《六十家名賢小集》，清趙氏小山堂抄本《南宋群賢小集》，清知不足齋抄本《宋八家詩鈔》，清金氏文瑞樓抄本《宋人小集》及清抄本《兩宋名賢小集》《群賢小集》《南宋群賢詩》等，而以汲古閣影宋抄本爲佳。卷首有寶慶三年劉宰序，卷後有淳祐二年李龏自序，首末均有牌記，卷首爲『臨安府棚北大街睦親坊南陳宅書籍鋪印』，卷末爲『臨安府棚北大街睦親坊南陳解元書籍鋪刊行』，知此書係南宋詩人陳起書坊所刻，此抄本之祖本當即此，行款格式、字迹風貌悉仿宋本。

此本鈐有『汲古閣』『毛晉』『毛晉之印』『毛氏子晉』『希世之珍』『宋本』等印，書衣有翁同龢題書名，可知曾先後爲毛氏汲古閣、翁同龢等收藏。現藏中國國家圖書館。（程佳羽）

四五九

**劉蕺山先生集十種二十四卷首一卷** （明）劉宗周撰 清乾隆十七年（一七五二）證人堂刻本。框高十八·八釐米，寬十三·七釐米。每半葉十行，行二十二字，白口，左右雙邊。

劉宗周（一五七八—一六四五）字起東，號念臺，晚號克念子，山陰（今浙江紹興）人。萬曆二十九年（一六〇一）進士，授行人。天啓元年（一六二一）爲儀制主事，歷右通政，以劾魏忠賢，削籍歸。崇禎

元年（一六二八）復召爲順天府尹，數上書忤思宗意，遂謝病歸。八年再召授工部左侍郎，纍擢左都御史，復以論救姜埰、熊開元革職歸。福王監國，起故官，劾馬士英等，争阮大鋮不可用，不聽，又告歸。南都亡，絶食二十三日卒，門人私謚正義。治理學以慎獨爲宗，力倡誠敬之説。曾建證人書院，講學於蕺山，人稱蕺山先生。有《周易古文鈔》《聖學宗要》《劉蕺山集》等。詳見《明儒學案》卷六十二，《明史》有傳。

是書分人譜一卷，社約一卷，會語一卷，易圖説、易衍一卷，學言二卷，證學解、原旨一卷，奏疏五卷；文十二卷，又分書、序、記、箴、墓誌銘、墓表、行狀、傳、贊、祭文、雜著、賦、詩十三種。前有卷首本傳一卷。卷前有乾隆十七年雷鋐序、鄭肇奎序、湯大賓序、杜甲序及乾隆十八年彭啓豐序。據諸序所云，浙江學政雷鋐從蕺山後裔訪得手録遺集若干卷，紹興府知府鄭肇奎、前任知府杜甲等捐資開雕，屬郡學博李君凱等董理校勘，乾隆十七年冬鋟版在即，雷鋐調任江蘇學政，繼任者彭啓豐續成其事。則此本爲浙江官刻本。

宗周著述宏富，卒後其子劉汋與弟子門人黄宗羲、姜希轍、董瑒等及紹興官府多次整理蕺山舊稿刊行。首次輯刊在康熙二十三至二十四年（一六八四—一六八五），提督浙江學政王掞捐俸刊刻《劉子遺書》四十卷，黄宗羲序云乃依據家藏底草，逐一校勘而成。此本不傳於世。第二次亦在康熙年間，姜希轍雨水亭刊刻《子劉子遺書》三種七卷，計《子劉子學言》三卷、《聖學宗要》一卷、《周易古文鈔》三卷，《中國古籍善本書目》著録僅清華大學圖書館收藏一部。第三次即乾隆十七年雷鋐、鄭肇奎等人輯

刊之《劉蕺山先生集》十種二十四卷，此本傳世不多，有道光二年（一八二二）翻刻本。乾隆間開四庫館，國子監助教張羲年以家藏乾隆十七年刻本進呈，復删《人譜》《學言》諸書之别行者，唯以奏疏以下十七卷勒爲一編，題《劉蕺山集》，入《四庫全書總目》集部别集類，而《周易古文鈔》等書則分别著録。乾隆以後，道光十五年會稽吳傑得劉氏門人董瑒重訂本，刊《劉子全書》四十卷，王宗炎、沈復粲等人參與校刻。道光二十八年姚瑩、顧沅、潘錫恩輯《劉子文編》十卷，刊入《乾坤正氣集》。

《四庫全書總目》是書提要評價劉宗周『在有明末葉，可稱皦皦完人，非依艸附木之流所可同日語矣』，乾隆四十一年十一月朝廷還屢下諭旨旌謚史可法、劉宗周、黄道周等明末死節諸臣，然而對其著作，却行删改、禁燬之實。劉宗周奏疏之『違礙』字句均被改易，故道光間所刻《劉子全書》四十卷，徒具全書之名，與乾隆十七年證人堂刊《劉蕺山先生集》二十四卷本比勘，多有漏收之處，文字亦互有異同。此證人堂本實乃存世最古且未經删削之蕺山全集本。

書前内封刊『乾隆壬申年新鐫　劉蕺山先生遺集　本衙藏板』，並鈐一朱色木記『每部紋銀壹兩六錢』。目録及正文每葉書口下刊『證人堂』三字。目録後有『山陰後學陳棟森校字』一行。首卷卷端題『劉蕺山先生集卷一』。

是書無私家藏印。現藏清華大學圖書館。（劉薔）

四六〇

**千山詩集二十卷首一卷補遺一卷**　（明）釋函可撰　清抄本。每半葉十行，行二十一字。無

直格。

函可（一六一一—一六六〇）字祖心，號剩人、千山、搕𢶍、罪秃，俗姓韓，名宗騋，惠州博羅（今屬廣東）人。諸生，明禮部尚書韓日纘長子。崇禎十二年（一六三九）落髮，爲曹洞宗第三十四傳。順治四年（一六四七），因携違礙之作於金陵被捕受刑，次年流放盛京（今遼寧瀋陽），後於普濟寺、廣慈寺等七名刹開法，諸遼海王臣道俗稱佛出世，關東奉爲鼻祖。函可流放後不廢吟詠，與遺老流民等共建冰天詩社，開清初東北文人結社之先河。著有《再變記》（一説《變記》）、《千山剩人和尚語錄》等。現《再變記》佚。事見釋函昰《千山剩人可禪師塔銘》、郝浴《奉天遼陽千山剩人可禪師塔碑銘》、［光緒］《惠州府志》等。

此本正文卷端下題『博羅剩人可禪師著　書記今羞編』，故此書準确著錄當爲『（明）釋函可撰　（清）釋今羞輯』。據卷首今羞序所云『爰是類而編之，並誌師言於右』。門弟子今羞和南敬識』，可知今羞爲函可弟子。

是書共收函可詩一千五百餘首，古歌謡、樂府詩、五言、六言、七言、律詩、絶句等各體皆備，卷一至十九除少數附詩外均爲函可自撰，依體裁分卷排列，各卷内大體依時間爲序。卷二十『冰天社詩』，收録順治七年兩次冰天詩社集會三十三人詩作。補遺一卷爲黄華寺所藏函可寓金陵時作品。函可法弟、法嗣、法侄等來往於嶺南與東北苦寒之地，將函可詩作自其戍地帶回嶺南，廣東海幢寺今無、今辨（二者均爲函可法侄）、居士韓十洲等人藏弆。函可去世四十餘年後的康熙四十二年（一七〇三）冬，廣

東華首臺常住彙集諸本，搜羅補充後成《千山詩集》，鏤版流通。乾隆四十年（一七七五），因澹歸案發，函可受牽連，其作品遭禁燬。

補遺後有跋語云：『右七言近體詩三十一首，皆禪師丙丁間寓金陵所作者，稿存黄華寺，瀋陽原集未之載也。梓事將竣，黄華主人始出相示，不及依次編入，附諸卷末，另爲補遺一卷云。』此本缺失。跋語中『瀋陽原集』，一説爲《金塔鈴》，《千山詩集》即在此集基礎上搜羅增補而成。順治十四年，函可避居海城（今屬遼寧鞍山）金塔寺時曾編《金塔鈴》詩集，《千山詩集》卷首函可自序即爲《金塔鈴》序，序中『繞塔高歌，正如風吹鈴鳴』，正合其意。函可臨終前將此集托付同是流人的李呈祥收存。李呈祥免罪釋回後將《金塔鈴》带回關内，康熙元年請同鄉顯宦王士禛、杜溎撰序並刊刻，蓋因詩集中違礙較多，遭二人拒絶，詩集未得刊刻。

函可弟子所編《千山剩人和尚語録》末稱函可有《剩詩》三卷，學者汪宗衍《明末剩人和尚年譜》稱順治十四年函可弟子今羞、今何編《剩詩》三卷並刊印。今《千山詩集》卷首有今羞、今何序，似可印證之。若如此，《千山詩集》應含《剩詩》内容。康熙時《明詩綜》載函可有《剩人詩》，不知是否即爲《剩詩》。

是書除少量早期詩作外，多爲函可獲罪流放後所作。詩中記個人遭際命運、家國山河之變，抒發興亡之慨，反映流人生活及民生疾苦，描寫戍地風光。因清初盛京地区的記載資料較少，是書可作清初關東文化實録，彌補史乘之缺。清史學家贊此書爲『千山史集』，稱其史料價值甚至高於《盛京通志》

等地方志書。

此本前無道光重刊時所特有之『剩人和尚像』、陳棠溪所書『賸人和尚句』及『重刊長慶語錄瞎堂千山詩集捐資列』，且補遺一卷處於卷二十後，與補遺後跋語中『附諸卷末』吻合，而諸館所藏道光本均將補遺置於卷八與卷九之間，知此本之底本應早於道光刻本，疑即爲康熙四十二年初刻本。此本文字與清道光刻本稍有差異。如卷首顧夢游序，道光刻本『妹以救不死』，此本作『妹以救母死』。而是書卷十三『得張覲仲書』中『芙蓉無蒂碎香車』句後有注云：『覲仲元配爲余弟五妹，以救母死，故云。』則道光本『以救不死』誤。此本避諱至『弘』字，知抄寫時間應不早於乾隆。

此本鈐有『屈麥畦鑑藏』『屈麥畦觀』『屈氏望僊山房藏』等印，另有『吾意獨憐才』『别裁僞體親風雅』等閑章。現藏南京圖書館。（陳曉明）

四六一

## 張子文粃十八卷詩粃五卷　（清）張岱撰　稿本。框高十八・八釐米，寬十四・四釐米。每半葉八行，行十八字，白口，四周雙邊，無直格。

張岱（一五九七—一六八四？）一名維城，字宗子、石公，號陶庵、蝶庵，山陰（今浙江紹興）人，祖籍四川綿竹。長期寓居杭州。明亡後入山隱居著書。博學多聞，能詩善文，尤長於散文小品，取公安、竟陵兩派之長，自成一家。兼通戲曲、音樂、書法、繪畫、篆刻、園林諸藝。著述宏富，有《古今義烈傳》《史闕》《石匱書》《石匱書後集》《瑯嬛文集》《陶庵夢憶》《西湖夢尋》《快園道古》《夜航船》《於越有明一

代三不朽圖贊》《琯朗乞巧録》等三十餘種，惜已亡佚殆半。

張岱詩文集名曰《瑯嬛文集》，文、詩分而言之則曰《瑯嬛文集》《瑯嬛詩集》。此本各卷卷端、目次雖題《張子文粃》《張子詩粃》，版心仍題『瑯嬛文集』。清康熙四年（一六六五）張岱《自爲墓誌銘》稱著有《瑯嬛文集》，則知《瑯嬛文集》最初編成當不晚於是年。此本卷首祁豸佳（一五九四—一六八三後）《瑯嬛文集序》曰：『陶菴所作詩文，選題選意選句選字，少不愜意，不肯輕易下筆。凡有所作，皆其選而後作者也。其後彙所存稿，悉簡其代作、應付諸篇什盡付一炬。有所存貯，又皆其作而自選者也。今兹選刻稿尚盈笥，王白嶽又爲之痛芟讎校，在十去七。所定《瑯嬛》一集……淘汰簸揚，選擇最核。』則知《瑯嬛文集》初由張岱自定，其後有選刻本行世，至此本時又經王雨謙（號白嶽）删訂校勘。順治十一年（一六五四）張岱《瑯嬛詩集自敘》曰：『余既取其似文長者而燒之矣，今又取其稍似鍾、譚而終似文長者又燒之，則余詩無不當燒者矣。余今乃大悟，簡余所欲燒而不及燒者悉存之，得若干首，抄付兒輩。』則知《瑯嬛詩集》最初亦由張岱自定，編成當不晚於是年。此本收文至康熙二十三年（《張子文粃》卷六《大善寺修塔功德圓滿碑》），收詩至康熙十八年（《張子詩粃》卷四《己未元旦》），則知此本詩文較最初編成時有所增補。

此本以詩文體裁分卷，一卷一體。《張子文粃》十八卷，收敘、記、啓、疏、檄、碑、辨、制、古樂府、書牘、傳、墓誌銘、跋、銘、贊、祭文、詞、雜著等合計二百六十九篇；《張子詩粃》五卷，收四言古詩、五言古詩、七言古詩、五言律詩、五言排律等合計二百三十八篇，尚缺七言律詩、七言排律、五言絶句、七言

絶句諸體，蓋因《詩粃》殘缺所致。

《瑯嬛文集》現有二稿本存世，除此謄清稿本外，另有一手稿本，有詩無文，黄裳（一九一九—二〇一二）來燕榭藏。黄裳跋曰：『前日過市，見此《瑯嬛文集》，係八千卷樓故物，確爲宗子手稿，不禁狂喜。今春，余於傳薪獲宗子《史闕》手稿六帙，尚爲待刊稿本，剪貼毛訂，所用紙與此册全同，寫手亦出一人。是同爲手迹，可無疑義。』（《劫餘古艷——來燕榭書跋手跡輯存》第八葉）又跋曰：『右凡五卷。自古樂府至五言律，通得詩三百又五章，宗子手稿本也。尚有散葉，夾於卷中。用黑格紙，與所藏《史闕》手稿六帙，用紙全同，手迹如一，手稿確無可疑。原訂一册，止於五言律，疑非全書。歸八千卷樓時，即已如是。』又曰：『原書竹紙黑格，半葉八行，行十八字，白口單邊。以詩體分卷，每卷前有大題，不書卷數。次行屬「古劍陶庵張岱著」。卷中校改甚多。有圈點，有評語，出自一人手。又有鈎乙删削之迹。書眉有書「選」字「删」字者，有題「詩礫」二字者，這應該是宗子擬編未就的另一詩集或選集的名目。』（《銀魚集》之《張岱〈瑯嬛文集〉跋》）由此可知，此詩集稿本塗改較多，當爲原稿底草。

此本爲鳳嬉堂謄清稿本，版心上題『瑯嬛文集卷幾』，下題『鳳嬉堂』。鳳嬉堂，曾於康熙五十六年刻《西湖夢尋》，又於乾隆五年刻《於越有明一代三不朽圖贊》，亦曾擬刻《石匱書》《古今義烈傳》二書（均有鳳嬉堂謄清稿本存世，分别藏於南京圖書館、浙江圖書館）。此本亦爲鳳嬉堂待刻之本，今未見刻成之書。書中各卷卷端署『陶菴張岱著』『白嶽王雨謙評』或『白嶽王雨謙閲』『雪瓢祁豸佳較』或『蟫仙祁豸佳較』。書眉上有評語，當爲王雨謙所評。《文粃》卷前有王雨謙序、祁豸佳《瑯嬛文集序》。

《詩粃》卷前有順治十七年王雨謙《張宗子詩敘》、順治六年張弘《瑯嬛詩集小敘》、順治十一年張岱《瑯嬛詩集自敘》。諸序均爲撰者手書，後鈐撰者朱印。《詩粃》首尾殘缺，尤以卷五爲甚，頗爲可惜。

此本鈐有『鄞馬廉字隅卿所臧圖書』印，可知爲馬廉舊藏。馬廉（一八九三—一九三五）字隅卿，浙江鄞縣人。曾任北京孔德學校總務長，又任北京師範大學、北京大學教授，講授中國小說史課。藏書處曰平妖堂、不登大雅之堂。此本現藏中國國家圖書館。（包菊香）

四六二

**梅村集四十卷目錄二卷** （清）吴偉業撰　清康熙七年（一六六八）顧湄等刻本　趙執信批校並跋。框高十八・二釐米，寬十四・二釐米。每半葉九行，行十九字，細黑口，左右雙邊。

吴偉業（一六〇九—一六七二）字駿公，號梅村、鹿樵生，太倉（今屬江蘇）人。復社領袖張溥弟子，明崇禎三年（一六三〇年）中舉，四年成進士，授翰林院編修，歷任東宮講讀、南京國子監司業等職，崇禎十四年告假歸里。南明弘光朝任少詹事，不久即還鄉隱居。清順治十年（一六五三）應召仕清，初授秘書院侍讀，國子監祭酒，後辭官歸里。吴氏工於詩詞，與錢謙益、龔鼎孳並稱『江左三大家』。著述宏富，除詩文集外，尚著有《春秋地理志》《氏族志》《綏寇紀略》及傳奇《秣陵春》、雜劇《通天臺》《臨春閣》等。《清史稿》卷四百八十四有傳。

此集凡詩十八卷、詞二卷，序、記、碑銘、墓誌、傳等散文、雜著二十卷。其詩多寓身世之感，既委婉含蓄又沉着痛快，早期作品風華綺麗，明亡後多激蕩蒼涼、感慨興亡之音。《四庫全書總目》是書提要

評價曰：『其中歌行一體，尤所擅長。格律本乎四傑，而情韻爲深；敘述類乎香山，而風華爲勝。韻協宮商，感均頑艷，一時尤稱絶調……惟古文每參以儷偶，既異齊梁，又非唐宋，殊乖正格。』

此本爲《梅村集》現存最早刻本。詩集卷端題『後學許旭九日、顧湄伊人訂，男暻元朗、吴喧少融較』，文集卷端題『後學周肇子俶、王昊惟夏訂，侄曉省初校』。詩集目録後附錢謙益《與梅村先生書》，文集卷前有康熙八年盧紘序、陳瑚序。陳序曰：『越十年而爲戊申，先生著作日富，門弟子顧伊人輩裒集其詩文四十卷刻而行之。工將竣，先生以書來告。』戊申爲康熙七年，知此本應由門人顧湄等裒集校訂，於康熙七年付梓，次年刻竣，且書中文字遇『玄』字皆缺末筆，而康熙以下諸帝御名不避，故定爲康熙七年刻本。經與中國國家圖書館所藏同一版本比較，此本佚順治十年錢謙益序文一則及文集目録一卷。此本雖名爲顧湄等編校，實爲吴氏自訂，而後世翻刻諸本又多有抽毁，且詩集多有趙執信眉批，故此本不僅保留了吴氏詩文集原貌，亦爲研究趙執信對吴氏詩學評價之重要文獻。

此本鈐有『吾山』『七録齋記』『秋谷』『趙執信印』諸印，知此本曾爲趙執信舊藏。趙執信（一六六二—一七四四）字伸符，一作仲符，號秋谷，晚號飴山老人，山東益都（今青州）人。康熙進士，授編修，官至右春坊右贊善。工於詩文，家富藏書，藏書樓名『飴山堂』。此本現藏山東省圖書館。

（趙文友）

四六三

## 南雷文定前集十一卷後集四卷附録一卷　（清）黄宗羲撰　清康熙二十七年（一六八八）

靳治荆刻本 王芑孫批 江文煒跋 欽嘉枚批校。框高十九・四釐米，寬二十七・六釐米。每半葉十行，行二十字，黑口，四周單邊。

黄宗羲生平爵里、學行業績簡況，前録清初刻本《黄梨洲先生明夷待訪録》時已介紹。

是書由黄宗羲於康熙二十七年手自選定。是年黄宗羲以七十九歲高齡遊黄山，居停於歙令靳治荆處。靳氏通過黄宗羲次子黄正誼請求爲之結集刻印傳播，黄宗羲乃於康熙十九年起已陸續刻印的《南雷文案》《吾悔集》（即《南雷文案二集》）、《撰杖集》（即《南雷文案三集》）、《蜀山集》（即《南雷文案四集》，今佚）四書中，『十選其二三』，益以近年所寫諸篇，又將當時與之交遊論學的顧炎武、湯斌等人的書札二十六篇編爲一卷，彙成《南雷文定》前集十一卷《後集》四卷《附録》一卷，交由靳治荆付梓。靳氏字熊封，號雁堂，别號黄山長，漢軍鑲黄旗人，康熙二十一年至二十九年（一六八二—一六九〇）間任歙縣知縣，善詩文，好刻書、製墨，時人稱其『博雅嗜書』『風流好事』。有《金陵覽古詩》《思舊録》傳世。

此即清康熙二十七年靳治荆刻本。後出版本中較知名者有咸豐五年（一八五五）南海伍崇曜刻《粤雅堂叢書》所收《南雷文定前集》十一卷《後集》四卷《三集》三卷《詩曆》四卷，光緒間慈溪馮憲祖耕餘樓重刻《南雷文定前集》十一卷《後集》四卷《三集》三卷《四集》四卷《附録》一卷。《四庫全書存目叢書》中收入是書，據湖北省圖書館藏本影印；《續修四庫全書》收入是書，據中國科學院圖書館藏本影印，皆爲此本，然細勘之下仍有細微差别。如《前集》卷一之三十葉第五行『握』字，中科院本已改刻爲『掘』字；卷十一之六葉第三行有一墨釘，中科院本已刻爲『川』字。本書《後集》卷二缺四至二

十一葉，可據中科院本補正，湖北館本卷六缺二十三至二十六葉，《後集》卷一缺二十五、二十六兩葉，又可據本書補正。

此書鈐有『芑孫審定』『鐵夫』『淵雅』『王氏二十八宿研齋秘笈之印』『長洲吳慶咸子斂氏讀過』『雲山所校』『王炳璞臣曾讀』，首册護葉上粘有吳慶咸名帖及欽嘉枚便箋條，末册卷末有江文煒跋語，《前集》卷十一末粘有王璞臣校字半紙。據此可知，此本原藏王芑孫（字念豐，蘇州人）處，後爲吳慶咸（字子漁，蘇州人）所有，吳持此書贈與欽嘉枚（字韻珊，蘇州人），欽氏又將此書轉贈他人。其間經江文煒（字彤甫，常州人）、王炳燮（原名王炳，字璞臣，揚州人）收藏、校訂。現藏南京圖書館。

（趙彥梅）

四六四

**楊園先生未刻稿十二卷** （清）張履祥撰 （清）陳敬璋輯 清咸豐六年（一八五六）徐椿信抄本。每半葉十二行，行二十四字。無格。

張履祥（一六一一—一六七四）字考夫，號念芝，世居楊園村，故學者多稱之爲『楊園先生』，桐鄉（今屬浙江）人。自幼孤貧而不自棄，敏而好學。天啓五年（一六二五）應縣童子試，補縣學弟子員，後屢應鄉試而不第。師從諸叔明、陸昭仲、傅明叔、劉宗周等。時東南文社各立門户，履祥唯與同里顔統、錢寅、海鹽吳蕃昌輩以文行相砥。履祥安清貧、薄名利，終生不仕，專以教學、著述爲務。康熙十三年（一六七四）終於脾病。履祥學術純正，大要以爲仁爲本，以修己爲務，而以中庸爲歸。其所著《原學

記》《經正錄》《初學備忘》《補農書》等皆爲世人所重。乾隆間，鄉紳朱坤與諸生輯刊《楊園全書》，浙江學使雷鋐爲之序。同治三年（一八六四）巡撫左宗棠捐廉修葺楊園墓，並親題墓碑。同治十年從祀文廟。清江藩《國朝宋學淵源記》稱履祥『所著之書切於日用，是時主講者，多不務己，徒騁口辯，深疾其所爲』。清曾國藩亦稱『張楊園之農書，用意至爲深遠』（《曾國藩文集·筆記·世澤》）。履祥頗能詩，清朱彝尊稱其詩無頭巾氣；近代梁啓超《中國近三百年學術史·程朱學派及其依附者》則稱，楊園雖獨善其身，然後人『推崇太過，反失其真』。

陳敬璋（一七五九—一八二三）一作陳璋，字奉莪，號半圭，又號惺庵，海寧新倉人。清詩人、藏書家。查慎行曾外孫，陳確玄孫。郡庠生。工詩、古文辭。

是書有陳敬璋序，自述早年曾與藏書家錢馥訪求履祥遺文佚事，僅得未刻文目六十八篇。乾隆庚戌（五十五年　一七九〇）從丁誠之處得未刻稿三十四篇。嘉慶己未（四年　一七九九）又於吳應和處得未刻者百餘篇。嘉慶庚申（五年）敬璋合而輯之，並詳加校正，以別本參補釐爲十二卷。卷一論；卷二議、辨、喻；卷三説；卷四箴、銘、贊、引；卷五傳、墓誌銘；卷六事略、遺事；卷七弔祭告文、哀辭；卷八題跋書後；卷九雜著；卷十至十二書。是書可助讀者深入瞭解楊園理學思想。且文稿多簡賅，可證書前《楊園先生文集序》所言，楊園之學『言近而指遠』，『文意高遠而詞平易，氣浩瀚而旨昌明』。

《楊園先生未刻稿》存諸抄本。清光緒五年己卯（一八七九）春嘉興孫福清輯刻《檇李遺書》收錄

該書。是書爲清咸豐六年所抄，較其他抄本存卷完整。

是書卷末題『咸豐丙辰秋日子蔭氏鈔畢識』，版本或據此題。另有校刊數條附於後。

是書目次下鈐有『六英手錄』『求卷齋藏本』二印，卷末鈐有『六英』『徐椿信印長壽』二印。

是書字迹清晰，保存完好，現藏天津師範大學圖書館。（付莉） 四六五

**德藻堂詩集一卷** （清）曹溶撰　稿本　李因篤批並跋　張廷濟　郭麐跋。框高二十二·七釐米，寬十三·七釐米。每半葉九行，行二十一字，白口，四周雙邊。

曹溶（一六一三—一六八五）字潔躬，一字秋岳，號倦圃，晚號鉏菜翁，秀水（今浙江嘉興）人。明崇禎十年（一六三七）進士，官御史。順治初，由户部侍郎出爲廣東布政使，左遷山西陽和道。工詩，富藏書。著有《崇禎五十宰相傳》《劉豫事迹》《金石表》《倦圃蒔植記》《粤遊草》《静惕堂詩集》。事迹具《清史稿》卷四百八十四本傳。

此本用『倦圃詩集』版格紙書寫，卷端題『德藻堂詩集』，倦圃爲曹溶别號，德藻堂當是曹溶室名。知此爲曹溶手稿。所録詩作，凡五言古二十四首，末有李因篤墨筆手書跋語一則，署旃蒙大荒落，即康熙四年乙巳（一六六五）；又七言古十四首，亦有李氏一跋爲結。因篤（一六三三—一六九二）字天生，更字孔德，一字子德，富平（今屬陝西）人，以布衣舉鴻博，授檢討，爲『四布衣』之一。未逾月，以母老上疏乞歸，遂不復出。有《受祺堂詩集》。按清順治十七年（一六六〇）至康熙五年間，曹溶任山西按

察使，李氏入其幕（詳謝正光《清初貳臣曹溶及其『遺民』門客》文，《清初詩文與士人交遊考》，南京大學出版社，二〇〇一年版）。此稿之作，或在順治十七年後至康熙四年間。又，此本書眉及行間有李因篤朱筆批語及修改符號。明季詩風，卑靡浮薄，有識之士，思以剛健淳古之風矯之。曹溶詩以古體爲擅埸，李因篤深於漢魏之音，與曹氏同聲相應，同氣相求，故其所撰評語悉中肯綮。

曹溶《静惕堂詩集》有清雍正三年（一七二五）李維鈞刻本，取以勘對，此稿之五古收入刻本卷五，七古收入刻本卷十二，排次大致相同。此稿所附之李氏跋語，刻本一併刊刻。刻本卷七後尚有李氏一跋，不見於此稿。《送姚文初還吴》其二『晏安兆深釁，豈必干戈傷』句，李氏以朱筆『』標出，旁批云：『古詩之妙，陡住陡接，以踈爲佳，絶不宜一語落詮解。』刻本遂削去此句。意者此稿即李維鈞墨版底本之殘餘，張廷濟跋謂『付鐫後手稿零散，今剩有此耳』，其説蓋是。七古《送李雲田還漢陽》『浮踪萬變空酸辛』下，此稿有『庸奴執政太狼藉，醖釀群盜來三秦。銛矛毒矢白日暗，武昌樊口填青燐』句，爲刻本删去；《芙蓉堤上行懷沈逢吉》二首，改易尤多，如『奚必駟馬趨名都，是誰地主下君榻』改作『奚爲流轉如飛鳬，昨年茅堂下君榻』；『書籤角勝恒覆茶，錯刀買醉還燒蠟』改作『銅池賭勝恒覆枰，藥欄買醉還燒蠟』等等。賴此稿本，得存倦圃詩作最初面貌。

此本鈐有『李因篤印』『張廷濟印』『張未未』『竇穰』『新篁里』『臣㕓私印』『老復丁盦』等印。現藏上海圖書館。（陳雷）

**安雅堂詩不分卷**　（清）宋琬撰　稿本。框高二十一・八釐米，寬十五釐米。首葉每半葉八行，行二十字，版心有『安雅堂』三字，白口，四周單邊，其餘各葉有框、無框間雜，行款不一。

宋琬（一六一四—一六七三）字玉叔，號荔裳，萊陽（今屬山東）人。少能詩，有才名。順治四年（一六四七）進士，授户部主事。順治七年被誣下獄，不久事白。歷官陝西隴西道、直隸永平道、浙江寧紹台道，皆有治績。順治十八年，擢浙江按察使。時登州于七起兵反清，宋琬同族子因宿憾，誣琬與于七通謀，琬復被逮下獄，康熙二年（一六六三）冬始放歸。康熙十一年，有詔復起用，授四川按察使。次年入覲，家屬留蜀中，值吴三桂反，成都陷，琬聞變驚悸而卒。事迹見王熙《通議大夫四川按察使司按察使宋公琬墓誌銘》、《清史列傳》卷七十、《清史稿》卷四百八十四。

宋琬一生遭遇坎坷，故其詩多愁苦之音。王士禛以琬詩與施閏章齊名，有『南施北宋』之目。詩集初刻於順治十七年，名《安雅堂詩》，不分卷。順治十八年下獄，著作有所散失（楊繩武《安雅堂拾遺集序》）。康熙十一年，琬在京師，求王士禛定其詩筆爲三十卷（《池北偶談》卷十一），該本久已散佚。乾隆十一年（一七四六），其孫邦憲刻《安雅堂拾遺詩》八卷，收錄各體詩三百六十三首；乾隆三十一年其孫永年刻《安雅堂未刻稿》八卷、《入蜀集》二卷，收詩至千餘首。《四庫全書總目》著錄《安雅堂詩》外，又著錄《安雅堂拾遺詩》，入《存目》，所據爲邦憲本。

此本收錄内容大抵與乾隆三十一年刻本《安雅堂未刻稿》卷一至五相當。按其用紙不同，可分爲兩類：一類用『安雅堂』稿紙，『玄』字不避，當屬宋氏稿本；一類用紙無欄格，『玄』字闕筆，疑爲後

人抄配。稿本部分書眉具前人手批，鈐有『龕山詩老閲過』印。按龕山詩老即明末清初詩人方文（一六一一—一六六九）。文字爾止，號龕山，桐城（今屬安徽）人。入清不應科舉，鋭意著述，以布衣終。書眉批語，或即出方氏手。康熙六年，方、宋二人睽隔十載後，重逢於蘇州，方文作《喜晤宋荔裳觀察四首》，其二自注云：『頃以所著《安雅堂》前後諸集屬予評訂。』（《龕山續集》卷四）方氏評是帙蓋在此時。惜裝池時書眉批語已遭割損，難以卒讀。上册卷末有題識一行：『乾隆二十九年七月望後二日，岑華山人汪景龍閲於壽雲堂。』筆迹與眉批明顯不同。按汪景龍字翊青，嘉定（今屬上海）人，嘗與姚壎同輯《宋詩略》十八卷。

此帙鈐有『臣嶽生印』『樸樹灣』『舊山樓』等印，趙宗建《舊山樓書目》著録。現藏上海圖書館。

（沈從文）

四六七

**越游艸一卷**　（清）施閏章撰　清順治刻本。框高十九·二釐米，寬十四釐米。每半葉九行，行二十字，小字雙行同，白口，四周單邊。

施閏章（一六一八—一六八三）字尚白，一字屺雲，號愚山，晚年又號矱齋、鉅齋，亦稱施侍讀、施佛子，江南宣城（今屬安徽）人。順治六年（一六四九）進士，授刑部主事，歷員外郎，充山東學政，取士有『冰鑒』之譽。遷江西參議，分守湖西道，有惠政。康熙六年（一六六七），以裁缺歸。康熙十八年，召試博學鴻儒，列二等，授翰林院侍講，參與纂修《明史》，充河南鄉試正考官。康熙二十二年轉侍讀，尋病

卒。閏章文章淳雅，尤工於詩，與萊陽宋琬齊名。王士禛稱：『康熙已來詩人，無出南施北宋之右。』（《池北偶談・談藝九之一・施宋》）陳文述云：『國朝人詩，當以施愚山爲第一。』（《施閏章詩鈔後》）又與同邑高詠友善，據東南詩壇數十年，號爲『宣城體』。其詩風格温柔敦厚，辭清句麗，意境幽深。所著有《施愚山先生學餘文集》二十八卷、《學餘文集》五十卷，另有《矱齋詩話》《矩齋詩話》《越游艸》《使粵紀行》《青原志略補輯》《硯林拾遺》等。《清史稿》卷四百八十四、《清史列傳》卷七十有傳。

是本爲愚山手改本。閏章於順治甲午（十一年）夏秋嘗遊浙中，由西湖至蘭亭、剡溪、禹陵等地，每至一處，多有詩作。山陰徐緘、張梧選其遊越詩六十九題，刻爲《越游艸》，李明睿、顧夢遊、施肇元爲之序。顧夢遊（一五九九—一六六〇）字與治，江寧（今南京）人，明末南京復社宗主、詩人。崇禎十五年（一六四二），施閏章始與顧夢遊結識，論詩甚歡，酬唱之作頗多。是本爲愚山早年改本，正文有朱、墨兩色删削圈改痕迹，書眉附評語。此本保存至今，時間已越三百年，乃校勘其詩文之唯一真實依據，殊可珍貴。

是書之來源，與其同藏於國家圖書館之施著《使粵紀行》函套中附箋言之甚明：『《使粵紀行》《越游艸》二書，乃施愚山先生已刻本又經手改者，其中商削之處皆先生親筆。……其書初落宣城張公燾家，河南商城熊公民懷宰宣城，從張氏購出，後又爲同邑洪君購得，兹則公携來者也。』

是本鈐有『宣城張氏收藏』印，知爲張燾舊藏。燾，字慕青，號涵齋，乾隆辛巳年（二十六年　一七六一）恩科進士。現藏中國國家圖書館。（白雲嬌）

四六八

**堯峰文鈔五十卷** （清）汪琬撰 （清）林佶編 清康熙三十二年（一六九三）林佶寫刻本。框高二十・二釐米，寬十四・三釐米。每半葉十三行，行二十五字，小字雙行同，黑口，左右雙邊。

汪琬（一六二四—一六九一）字苕文，號鈍庵，晚居太湖堯峰山，學者稱堯峰先生，長洲（今江蘇蘇州）人。少孤，自奮讀書，舉順治乙未（十二年 一六五五）進士，授户部主事，改刑部郎中。左遷北城兵馬司指揮，復爲户部主事，榷江寧西新關倉。以病乞歸。結廬堯峰山，閉户著書。家居九年，以博學宏詞召試，授編修，與修《明史》。在史館六十日，撰史稿百七十篇，即杜門稱疾。踰年，仍告歸。歸十年而卒，年六十七。著有《鈍翁類稿》六十二卷、《續稿》五十六卷，晚年手自删汰，爲《堯峰文鈔》五十卷。事具［同治］《蘇州府志》卷八十八、《清史稿》卷四百八十四。

林佶（一六六〇—一七二〇以後）字吉人，號鹿原，福建侯官人。受業於汪琬，拔貢，入成均。康熙十四年舉於鄉。四十五年，特旨入直武英殿，抄寫御製詩文集。五十一年欽賜進士第一，官内閣中書舍人，分纂《詩經傳説》，彙纂《子史英華》。家富藏書，爲文尤得於韓愈、曾鞏，著有《樸學齋詩文集》等。性喜金石，工篆、隸、行、楷。［乾隆］《福州府志》卷六十、《清史稿》卷四百八十四皆有傳。

先是，琬未卒前數月，以《鈍翁類稿》《鈍翁續稿》皆係門人編次，未敢有所去取，而傳寫失真，訛誤多有，乃重加汰存，彙爲一編，餘詩十卷、文四十卷。門人林佶手録成帙，次第付梓。詩有古體、今體之分；文有騷、賦、雜文、經解、説、論、史評、問、辯、碑、誌銘、塔銘、墓表、行狀、記、序、書、傳、書事、箴、贊、頌、題跋、祭文、哀詞諸體。

琬詩以清麗爲尚，詩論前後有變，早歲以唐人爲宗，中年專主宋詩，晚年見益融通，非再以時論詩。然總體以觀，詩歌成就與影響遠遜古文。

琬與侯方域、魏禧並稱清初古文『三大家』，爲文根柢六經，浸淫史漢，取法唐宋元明諸大家，立言命意皆有所本，敘事尤有法度。計東爲作《生壙志》，以爲『若其文章，溯宋而唐。明理卓絶，似李習之（翱）；簡潔有氣，似柳子厚（宗元）』。《四庫全書總目》是書提要言其『學術既深，軌轍復正。其言大抵原本六經，與二家（侯、魏）迥别。其氣體浩瀚，疏通暢達，頗近南宋諸家，蹊逕亦略不同』。

在清初古文復興大潮中，琬反思明末『性灵』文學之弊，提倡以六經、孔孟爲法，以昌明博大、用實黜虚爲旨歸，以醇厚雅馴爲文則，鼓揚盛世之文，堪稱『清文』開山鼻祖。康熙帝『嘗與近臣論本朝文學砥行之儒，首稱數先生』（李元度《國朝先正事略》）。然其嗜引經傳之語，斤斤於法度，乃至援八股文法入古文，幾有白璧微瑕之嫌。

然瑕不掩瑜，以琬文成就之高，是書先後被收入清康熙間宋犖、許汝霖輯《國朝三家文鈔》、道光間徐斐然輯評《國朝二十四家文鈔》及《四庫全書總目》《四部叢刊》諸編。

此本由書法名家林佶手寫上版，筆畫古雅圓潤，『字畫精楷，裝潢燦然』（惠周惕跋）。鈐『祁陽陳屺廬臧書之印』『雲笙氏手校書』『鄧之誠文如印』等章，知經陳屺廬、李嘉績、鄧之誠收藏。現藏中國科學院文獻情報中心。（楊印民）

## 呂晚村先生文集八卷續集四卷 （清）呂留良撰 附録一卷

清雍正三年（一七二五）呂氏天蓋樓刻本。框高十七・九釐米，寬十三・七釐米。每半葉十行，行二十字，黑口，正集左右雙邊，續集四周單邊。

呂留良（一六二九—一六八三）字莊生，一字㠥野，又名光輪（一作綸），字用晦，錢謙益嘗爲更字曰留侯，號晚村，別號東莊、耻齋老人、呂醫山人、東海夫子、南陽布衣、南陽村白衣人、南陽村翁，嘉興崇德（今浙江桐鄉）人。少有文名。明亡，散家財結客，圖謀復興。事敗，居家授子侄課業。清順治十年（一六五三）始出應試，改名光輪，爲邑諸生，後深悔之。康熙五年（一六六六）拒不入試，被除名。歸隱城郊南陽村東莊（今屬桐鄉留良），創辦天蓋樓，選刻時文出售。與張履祥等表彰講習程朱理學，創立南陽講習堂，設館授徒。十七年，被薦博學宏詞，誓死不赴。十九年，被薦山林隱逸，遂削髮爲僧，僧名耐可，字不昧，號何求老人，於吴興埭溪之妙山築風雨庵隱居講學。歿後，因雍正間曾静獄牽涉，闔門被禍，著作焚禁，株連甚廣。留良著述甚富，雖經清代查禁焚燬，尚存《呂晚村先生文集》《呂晚村先生古文》《何求老人殘稿》（《東莊吟稿》）、《天蓋樓四書語録》《四書講義》《慚書》《天蓋樓硯述》《晚村先生家訓真蹟》《東莊醫案》《十二科小題觀略》《晚村呂子評語正編》《呂子評語餘編》《晚村天蓋樓偶評》《晚村先生八家古文精選》，以及與吴之振等合輯之《宋詩鈔》、同張履祥合選之《四書朱子語録摘抄》等。事見本書附録其子呂公忠所撰《行略》、清張符驤《呂晚村先生事狀》等。

此書爲留良文集，皆其講學暇日與知舊門人往還答問及因事論著之文。正集八卷，卷一至四爲書

信，卷五爲序、論文，卷六爲論辨、記、題跋，卷七爲墓誌銘、祭文，卷八爲雜著，書末附其子呂公忠所撰《行略》。正集目録後有雍正三年留良曾孫呂爲景跋一篇，曰：『右曾大父晚村先生古文如干首，係王父冰蕸先生手輯，距今三十餘年矣。憶丁酉歲，爲景於舊簏中檢得，什襲珍秘，不輕以示人。……甲辰秋杪，龍山沈椒園偶過南陽村舍，因出藏本相示。……用是不揣愚惷，遂與椒園互相商訂，釐爲八卷，並附《行略》一帙於後。』據此可知，正集初由其子呂公忠（後改名葆中，字無黨，號冰蕸）所輯。康熙五十六年丁酉，呂爲景得於舊簏，遂珍重藏之，秘不示人。雍正二年甲辰秋，沈廷芳（號椒園）過訪，爲景以藏本相示，遂與之互相商訂，將書釐爲八卷，並附《行略》於後。《續集》四卷，卷一、二爲《宋詩抄》列傳，乃留良爲《宋詩抄初集》入選詩人所作小傳，卷三爲《質亡集》小序，乃留良爲已故友朋所寫小傳，卷四爲代人草擬之《保甲事宜》。《續集》目録後署『曾孫爲景編輯』，可知續集四卷乃呂爲景編輯而成。留良文集，初由桐鄉孫學顏（號舫山）編爲《呂晚村先生古文》二卷，康熙五十九年孫學顏小濂溪山房刊行於世。此即雍正三年呂爲景跋所稱『白門刊本』，爲景跋云：『近日白門刊本係桐城孫舫山所編，惜彼時未見全集，惟據傳本授梓，雖考訂精核，而掛漏尚多。』其後，則有呂爲景編訂之《呂晚村先生文集》正集八卷續集四卷之本，雍正三年刊刻行世，即此本。此本爲留良文集較全之本，篇幅遠遠多於孫學顏本。

此本首有民國十九年（一九三〇）董增儒跋，稱民國十六年過滬，得於受古書肆。此本楮墨精麗，的爲初印。惜印行未久即遭禁厄，然二百餘年湮藏至今，殊可寶貴。

此本鈐有『董增儒印』『小嫏嬛室鑒藏』等印，知爲董增儒小嫏嬛室舊藏。董增儒，號蓴翁、蒓翁，江蘇高郵人。此本現藏中國國家圖書館。（包菊香）　四七〇

**古夫于亭稿二卷**（清）王士禛撰　清康熙四十六年（一七〇七）成文昭刻本。框高十六・五釐米，寬十三・二釐米。每半葉十行，行十九字，黑口，左右雙邊。

王士禛（一六三四—一七一一）字子真，一字貽上，號阮亭，别號漁洋山人，新城（今山東桓臺）人。清順治十五年（一六五八）進士，歷官揚州推官、禮部主事、户部郎中、翰林院侍讀、左都御史，纍官至刑部尚書。康熙四十三年，因王五、吴謙獄失察，罷刑部尚書，還鄉閑居，專事著述，卒於鄉。殁後，因避雍正帝胤禛諱，追改名爲『士正』；乾隆三十年（一七六五）補諡文簡，三十九年詔改名爲『士禎』。王氏善古文，兼工詞，與朱彝尊齊名，稱『北王南朱』。一生著述五百餘種，主要有《帶經堂集》《漁洋詩話》《居易錄》《池北偶談》《古夫于亭雜錄》《香祖筆記》等。晚年自删定其詩爲《漁洋山人精華錄》，詞集單行者名《衍波詞》。生平事迹詳見《清史稿》卷二百六十六本傳、《漁洋山人自撰年譜》、金榮《漁洋山人年譜》等。

是書爲王氏罷官歸里後所作詩稿，收詩一百五十二題一百九十七首。據卷前王氏自序所言，王氏曾隱居於魚子山，因山上有古夫于亭，相傳爲陳仲子灌園處，故以名堂，又因以名集。王士禛爲清初著名詩人，繼錢謙益、吴偉業之後主盟詩壇達五十年之久，一生作詩四千餘首，兼擅各體，尤工七絶。王

氏爲詩主『神韻』之説，其詩刻畫工整，極具清新淡遠、含蓄藴藉之風，錢謙益稱其詩『文繁理富，銜華佩實。感時之作，惻愴於杜陵；緣情之什，纏綿於義山』。

此本卷末印有『康熙丁亥夏五，門人侯官林佶輯録，大名成文昭校刊於京師之慈仁寺』刊記，『康熙丁亥』即康熙四十六年。林佶（一六六〇—一七二三）字吉人，號鹿原，别號紫薇内史，福建侯官人，林侗之弟。康熙五十一年特賜進士，授内閣中書。文師汪琬，詩師王士禛及陳廷敬，工於楷法，兼善篆隸。成文昭字周卜，號過村，又號鈍農，直隸大名（今屬河北）人。諸生，屢試不第，爲候補主事，曾入王士禛之門。據此，林佶與成文昭皆爲王氏門人，此本實爲林佶編輯並繕寫，再由成文昭校正並刊刻於慈仁寺，似應著録爲『清康熙四十六年成文昭刻本』較爲妥當。由林佶先後手書上版者，尚有汪琬《堯峰文鈔》、陳廷敬《午亭文編》及王士禛《漁洋山人精華録》，與此本並稱『林佶四寫』，因其字體筆畫古雅圓潤，刻印精良，爲清初寫刻本代表，在版印史上佔有重要地位。此本現藏中國國家圖書館。

（趙文友）

四七一

## 西陂類稿五十卷

（清）宋犖撰　清康熙毛扆　宋懷金　高岑刻本。框高十八·九釐米，寬十四·四釐米。每半葉十行，行十九字，白口，四周單邊。

宋犖（一六三四—一七一三）字牧仲，號完庵，别號漫堂，又署西陂、西陂放鴨翁、滄浪寓公、綿津山人、白馬客裔等，商丘（今屬河南）人。康熙十六年（一六七七），授理藩院院判。纍擢江西、江蘇巡撫，

四十四年，擢吏部尚書。善詩詞古文。工書畫，精於賞鑒。與王士禛、朱彝尊、汪琬等並稱『康熙十大才子』。著有《漫堂書畫跋》《漫堂墨品》《西陂類稿》《筠廊偶筆》《滄浪小志》《綿津詩鈔》《楓香詞》等。《清史稿》卷二百七十四有傳。

犖亦爲著名藏書家。毛晉汲古閣藏書散佚後，大半爲其所得。藏書樓有青綸館、魚麥堂、和松庵、西陂等，藏書多鈐各藏書樓印記。編有《商丘宋氏西坡藏書目》，著錄宋元明本一百三十四種，抄本七十二種。犖不僅藏書，還大量刻書。一生刻書約五十種，除重刻前人著作外，多爲時人著作和宋氏家集。

犖平生詩作頗多，隨得隨刊。其詩縱横奔放，清剛俊健，刻意生新。康熙二十七年，將曾刊之各小集，重自删汰，合爲一編，名曰《綿津山人詩集》。集中仍存諸小集之目，前有汪琬、劉榛序，凡三十一卷，有小集十四種。《西陂類稿》爲犖晚年致仕家居時由門人周龍藻助其編纂而成，康熙五十年編定，卷數較《綿津山人詩集》爲少，而小集之目加多。此書冠有康熙五十年陳廷敬序，稱『綜其條貫，列其敘位，次其時月，別其游處，臚其嚮所名者，匯爲全編，名《西陂類稿》。西陂者，舊廬也』。其卷一至二十二爲詩，卷二十三爲詞，卷二十四至三十一爲各體文，卷三十二至三十七爲奏疏，卷三十八至三十九爲公移，卷四十至四十二爲《迎鑾三紀》，卷四十三至四十六爲《筠廊偶筆》《二筆》，卷四十七至五十爲《漫堂年譜》。收詩、詞凡一千二百餘首，文二百八十一篇。其詩文皆源於蘇軾，宗崇宋詩。疏暢條達，爲時人所推崇。

此本鈐有『犖』『牧仲』『天官冢宰』『山水方滋』等印，表明原爲宋犖舊藏。現藏中國國家圖書館。

（肖剛）

四七二

## 憺園文集三十六卷 （清）徐乾學撰 清康熙三十六年（一六九七）冠山堂刻本。框高二十釐米，寬十四·二釐米。每半葉十行，行十九字，白口，左右雙邊。

徐乾學（一六三一—一六九四）字原一，號健菴，又稱東海、玉峰先生，蘇州府崑山縣（今屬江蘇）人。清代政治家、文獻學家、藏書家。順治十七年（一六六〇）舉順天府鄉試，康熙九年殿試探花，進士及第授翰林院編修，歷官順天府鄉試副考官、左贊善、日講起居注官、翰林院侍講、内閣學士、禮部右侍郎、吏部左侍郎、左都御史、刑部尚書。曾任《明史》總裁官和《大清會典》《大清一統志》副總裁，著有《明史列傳》《讀禮通考》《傳是樓書目》等，編有《資治通鑑後編》《古文淵鑒》《通志堂經解》等，又刊刻大量古籍如《四書集注直解説約》《震川文集》《元豐九域志》《輿地廣記》等。事迹詳《清史稿》卷二百七十一。

徐乾學乃大儒顧炎武外甥，學有淵源。『家富藏書，插架充棟』，『又篤嗜學，少壯迨老，無一日釋卷，自六藝、子史、百家之書，靡不貫穿』。致身高位，不廢學問，尤精於禮學，故『凡朝章國故之鉅，郊廟禮樂制度之沿革，廷議紛挐，必折衷於公』（宋犖序）。徐氏認爲『經學自漢唐諸家發明至暢，宋元名儒乃得其體要，至明季而鹵莽甚矣』。提倡『文以理爲主，而輔之以氣耳。立言者根柢於經學、道學則當

於理矣。不通經固不足語於文，不聞道亦不足語於文也』（卷三十六《教習堂條約》）。四庫館臣稱其『师友渊源，具有所自，故學問頗有根據』（《四庫全書總目》卷一百八十三）。梁啓超稱其『有相當的學問，禮學尤其好』（《中國近三百年學術史》）。徐氏又爲清初藏書之大宗，黄宗羲《南雷文約·傳是樓藏書記》云：『健菴先生生乎喪亂之後，藏書之家多不能守，異日之塵封未觸，數百年之沉於瑶臺牛篋者，一時俱出。於是南北大家之藏書盡歸先生。先生之門生故吏遍於天下，隨其所至，莫不網羅墜簡，搜抉緹帙，而先生爲之海若。』

是書卷首有康熙丁丑（三十六年）商丘宋犖序。徐氏詩文則依文類編次，卷一賦，卷二至九詩（《虞浦集》上中下、《詞館集》上下、《碧山集》上中下），卷十至十一奏疏，卷十二疏，卷十三至十四議，卷十五辨，卷十六説，卷十七或問、論，卷十八考，卷十九至二十四序，卷二十五至二十六記，卷二十七至三十三墓誌銘、墓誌、神道碑銘、墓表、祭文，卷三十四傳、書，卷三十五至三十六雜著。版心單魚尾，左上記本葉字數，中記憺園集卷某，下記葉數。有刻工姓名者四十餘人：士玉、子佩、斉卿、世明、邛文、子珍、祥卿、邛臣、子重、倫采、鄧卿、邛三、邛順、世維、謙公、邛文、九上、甘明、達三、漢英、巨甫、志行、穎涵、邛格、子英、周生、邛九、欽明、紉臣、顧洪、公化、邛卿、憲生、志伯、維伯、甘典、君侯、洪甫、德先（惪先）、君宣、甘彝、甘世、方明等。

《憺園文集》又名《憺園集》《憺園全集》《徐大司寇憺園全集》，由徐乾學長子徐樹穀纂輯而成，首刊於康熙三十三甲戌年，光緒九年（一八八三）重刻本《憺園文集》所附徐乾學五世孫徐楫識語稱：

『是集刻於康熙甲戌之秋，先大司寇喪中用以呈謝大人先生者，造次集鐫。』然是刻倉促而成，未爲精當，且體例均欠考究，『其中編次抬頭未盡穩妥，且有訛錯脱落及應删字句。用過之後，先侍御昆仲亟欲重刻，商之韓慕廬先生，先生札履承命校先師文集』（同上）。又據此本宋犖序，『公著述極博，文集之外，有《讀禮通考》一百廿卷，又有《外集》若干卷，奉詔纂輯諸書，不在是』。可知當時編輯是書時，另有所謂《（憺園）外集》者，或未刊刻，今不及見也。此本乃康熙三十六年徐氏家刻本，故以『冠山堂藏板』書於首，校刊精審，且未經文禁修補，又刊刻精良，足徵清初版刻之風。其後，乾隆三十年（一七六五）或因文禁之故，曾加以重刊，徐榯識語稱：『（《憺園文集》）迄今將百年矣，事歷三朝，中多諱字，讀之者有失敬避之意。謹將原本逐細校讎，所有諱字、訛字、脱字悉行改補，並列目以便查閲。至於重編令刻及刻《外集》《遺集》，且俟後之來者。』後乃有光緒九年付梓者。

此本幾乎每葉均有佚名圈點，無鈐印。現藏中國國家圖書館。（向輝）

四七三

**有懷堂文稿二十二卷詩稿六卷** （清）韓菼撰　清康熙四十二年（一七〇三）長洲韓氏刻本。

框高十八・四釐米，寬十三・七釐米。每半葉十一行，行二十一字，白口，四周單邊。

韓菼（一六三七—一七〇四）字元少，別號慕廬，長洲（今江蘇蘇州）人。康熙十一年八月中順天鄉試，入國子監爲監生。康熙十二年連中會元、狀元，授翰林院修撰。充日講起居注官，歷官順天鄉試主考官、左春坊左贊善、右春坊右贊善、翰林院侍讀學士、翰林院侍講學士、内閣學士、禮部右侍郎兼翰林

院掌院學士、吏部右侍郎、經筵講官、禮部尚書。韓菼博學多識，精通經術，文章清新典雅，負盛名於當時。康熙皇帝曾有詔曰：『韓菼天下才，美風度，奏對誠實。』『菼學問優長，文章大雅，前代所僅有。所撰擬能道朕意中事。』可見韓菼之文才。而其人性情恬淡，曠好山水，兩次乞假歸里，前後鄉居達十三年之久。晚年多次稱疾乞請致仕，未獲允准，康熙四十三年八月卒於禮部尚書任上，終年六十八歲。乾隆十七年（一七五二），帝傳諭並嘉獎云：『菼雅學績文，湛深經術，所撰制義，清真雅正，開風氣之先，爲藝林楷則。』追謚文懿。韓菼曾任《大清一統志》總裁，纂修《孝經衍義》百卷，著有《評點春秋綱目左傳句解彙雋》六卷、《有懷堂詩文稿》二十八卷等書。《清史稿》卷二百六十六有傳。

《有懷堂詩文稿》爲著者晚年精心編選。《文稿》書前康熙四十二年自序：『今此二十餘卷者，本應焚棄，顧硜硜之性，雖復酬應，亦頗不苟：偭規矩而改錯，不敢也；撫仿剽竊，不爲也；迓鼓之誚，庶幾免乎！嗟夫！讀書之志無終，文章之事亦不易盡，而余已老矣。』《文稿》二十二卷，以體裁分類，計分爲頌一卷（卷一），序五卷（卷二至六），論一卷（卷七），記一卷（卷八），制草二卷（卷九至十），表、疏、摺子、議一卷（卷十一），策問一卷（卷十二），傳一卷（卷十三），碑一卷（卷十四），墓誌銘二卷（卷十五至十六），行狀三卷（卷十七至十九），墓表一卷（卷二十），祭文一卷（卷二十一），雜文一卷（卷二十二）。《詩稿》六卷，亦有康熙四十二年自序，正文分爲：卷一《蹢躅集》九十一首，卷二《歸愚集》八十八首，卷三《歸愚集》六十一首，卷四《病坊集》九十一首，卷五《繫迷集》一百二十一首，卷六《繫迷集》五十一首。

是書僅有此一刻本，其後再未見刊行。《詩稿》内封鎸『康熙四十二年鎸 有懷堂詩文集 本衙藏板』，爲其家刻本。此底本原爲李盛鐸收藏，現藏北京大學圖書館。全書僅卷端鈐『北京大學藏印』一方，無其他藏章題記。《詩稿》缺卷六尾葉（第十一葉），與本館所藏其他複本相較，知闕文爲『牛背牧童一篷風吹送魏晉人間去一日却似鶴歸飛仙家千年已幾度』，隔兩行鎸『有懷堂詩稿卷六』。

現藏北京大學圖書館。（姚伯岳）

四七四

**陳檢討集十二卷詩鈔十卷詞鈔十二卷** （清）陳維崧撰 清康熙天藜閣刻本。框高十九·三釐米，寬十四·二釐米。每半葉十行，行二十一字，黑口，左右雙邊。

陳維崧（一六二五—一六八二）字其年，號迦陵，宜興（今屬江蘇）人。明南北都察院都御史、東林黨魁于廷之孫，副貢、復社中堅貞慧之子。縣學生，康熙十八年（一六七九）應博學鴻詞科，以第十名考中，授翰林院檢討，與修《明史》，時年五十四，越四年而卒。維崧天才絶艷，幼承家教，每名流宴集，援筆作序記，千言立就。瑰偉無比，衆皆折服與交。遇花間席上，倚聲度曲，落紙如飛，必得其作以爲榮。與吴兆騫、彭師度有『江左三鳳凰』之稱。入清與王士禄、王士禛、宋實潁、計東等時相唱和。詩詞文悉工。文能駢能散，而駢勝於散，與吴綺、章藻功並稱『駢體三家』。詩始爲雄麗跌宕，一變而爲沉鬱之調。尤善填詞，凌厲光怪，變化若神。維崧與朱彝尊齊名，時稱『朱陳』。領袖陽羡，允稱清初大手筆。所著刻有《湖海樓全集》五十一卷、《兩晉南北史集珍》六卷、《婦人集》一卷等。《清史稿》卷四百八十

四有傳。

此集包括《陳檢討文集》十二卷、《陳檢討詞鈔》十二卷、《陳檢討詩鈔》十卷。其中《文集》按文體排序，録文一百三十篇，目録前有康熙二十二年孟冬月余國柱序，稱『其年既通籍詞垣，從容侍從之列，病革，又以其文詞屬蔣子京少，京少即與尊人慎齋掌科梓而行之』，『其年集成而慎齋屬爲之序』。蔣景祁（字京少）序曰：『余偕南耕校定陳檢討其年先生集，計百三十篇，凡十二卷，以次就版。』『（其年先生）所譔散體古文最多，時散見諸名人集，皆不録，獨以是編授余，其意可知已。』可知陳維崧病篤時交與蔣氏者爲駢體文集，此集經蔣景祁、曹亮武（字南耕）編訂，康熙二十二年末已編刻成書。《詞鈔》以詞牌分類，共收詞七百七十首，蔣景祁《陳檢討詞鈔序》稱：『予初刻先生儷體，謁開府余公，公濡筆爲之序，仍索其填詞，謀梓行之，而家阮葭友、廣存同有此志，公乃屬予與顧子梁汾校讐之。計原稾未刻《迦陵詞》合《烏絲詞》幾千八百篇，今選若干，嚴芟已刻，寬録新詞，而其所去則應酬祝嘏之篇爲多，顔曰《陳檢討詞鈔》，志其闕也。』可知《詞鈔》是在《烏絲詞》刻本和《迦陵詞》手稿的基礎上選輯而成。《詩鈔》以詩體分類，録詩五百首，蔣景祁《陳檢討詩鈔序》稱：『予既校刻先生之詞，復與南耕曹子、雪客周子鈔其詩行世。』可知此書先文次詞後詩的順序，乃蔣氏編書次第，萬不可以詞爲小道而擅易之。

《文集》扉葉題『余佺廬、徐健菴、蔣慎齋三先生鑒定』，『蔣京少、曹南耕同選』，『陳檢討文集』，『天藜閣藏版』；《詞鈔》扉葉題『李容齋、成容若兩先生鑒定』，『顧梁汾、蔣葭友、蔣京少、蔣廣存同選』，

『陳檢討詞鈔』,『《烏絲》《迦陵》合集,金閶葉繼照梓行』;《詩鈔》扉葉題『王阮亭、高澹人兩先生鑒定』,『周雪客、蔣京少、曹南耕同選』,『陳檢討詩鈔』,『天藜閣藏版』(扉葉上均有『天藜閣』印)。其中主要編刻者蔣景祁(一六四四—一六九七)字京少,一作荆子,宜興(今屬江蘇)人。以歲貢生至府同知。工詞,搜羅順治、康熙間詞作精華,輯成《瑶華集》二十二卷,又與儲欣同撰《春秋指掌》三十卷,兩書亦由天藜閣版刻行世。宜興儲大文(一六六五—一七四三),《祭吴霖蒼文》稱『君之辱臨予邑也,實假館城西南天藜閣……大文、在文暨伯兄素田、季弟汜雲時時登閣,縱論古賢喆』(《存硯樓文集》卷十五),則天藜閣爲宜興一文士匯聚之所。《陳檢討集》中有『同學校定姓氏』,其中可查索者如崑山葉奕苞(一六二九—一六八六)、吴江吴兆騫(一六三一—一六八四)、武進惲格(一六三三—一六九〇)、祥符周在浚(一六四〇—一六九六前後)等均爲康熙間士人,且此本中『玄』『絃』等字均缺末筆,『胤』『弘』『曆』等字則不諱,亦可佐證此本爲康熙間刻本。書中鈐『慶勳』『叔彝讀過』等印記,知其曾經上海王慶勳(一八一四—一八六七,字叔彝)收藏。現藏中國人民大學圖書館。(張燕嬰)

四七五

## 聊齋文集八卷附錄一卷　(清)蒲松齡撰　(清)耿士偉輯　清末曲阜孔氏抄本。框高二十·三釐米,寬十二·六釐米。每半葉十行,行二十五字,白口,四周雙邊。

蒲松齡(一六四〇—一七一五)字留仙,一字劍臣,别號柳泉居士,淄川(今屬山東淄博)人。初應

童子試，即以縣、府、道三第一補博士弟子員。然自此科場蹇蹷，遂肆力於古文。其著作除《聊齋志異》外，尚有《文集》《詩集》若干卷，以及《雜著》五册、《戲》三齣、《通俗俚曲》十四種等。

松齡之文天然夷曠，精細透削，而其生平之鬱塞失志，悲憤感慨，又有以激發其志氣，故能絶去町畦，自成一家。然自《聊齋志異》而外，其詩文雜著等多不傳，故清末俞樾《春在堂隨筆》嘗言：『留仙有文集，世罕知之。』據其長孫蒲立德所記，松齡没後，其家尚存文稿五册、詩稿五册、詞稿一册。至五世孫庭橘時，則僅餘賀序一册、序疏碑文一册、婚啓一册、祭文一册。庭橘乃廣爲搜羅，照舊分類，訂爲《聊齋文集》，雖『極欲速爲板行，以公同好，奈家貧無力，實難授梓。不得不藏之書笥，以俟將來』。遺憾的是，庭橘之後，蒲氏子孫一直無力刊行，此文集輯稿藏於其家一小樓後，陰雨樓圮，遂多損壞。至同治元年（一八六二），復罹兵燹，遂焚燬無餘。此後邑中後學摭拾零篇斷簡，裒薈成帙，遞相傳抄，始略復舊觀。

此本文集凡八卷，卷一擬表、賦；卷二書、文告；卷三記；卷四序；卷五論、跋、啓；卷六墓誌、行述、祭文；卷七書；卷八雜著。第三册爲附録，裒輯募疏、賀序、婚啓、祭文等應酬之文計一百十九篇。據耿士偉《聊齋先生文集序》，光緒十一年（一八八五）士偉於淄川偶得東泉先生所輯《聊齋文詩稿》，復從蒙泉宓先生處借得舊本若干卷，删訛去複，親加釐正。數月之間，輯訂成集。其卷帙編次與此本皆符，可知此抄本所據者即士偉輯訂之本。

又據耿序，光緒十三年士偉將赴嶺南，行經漢陽，武岐東觀察留其原稿，欲爲鋟行。其後士偉由粤

返漢，峙東已經解任，原稿遂亡佚。經士偉多方尋索，終獲文集殘稿，爰就僅存者略加詮次而印行之，其集僅二卷，存文四十六篇，亦略存大概而已。此本雖非士偉初輯原稿，而抄錄不苟，遂使松齡之文以及士偉編輯之功得存於世。

今所存蒲氏文集之最早印本爲光緒二十年由上海袖海山房石印本，即耿士偉重輯殘本。此後又有宣統元年（一九〇九）上海國學扶輪社鉛印本《聊齋先生文集》二卷、宣統三年成都清白堂刻本《聊齋先生文集》二卷，民國九年（一九二〇）上海天寶書局石印本《聊齋文集》二卷，民國二十五年上海世界書局鉛印本《聊齋全集》，諸本所據率皆士偉重輯殘本。其後此士偉初輯全本漸爲世人所知，一九六二年中華書局鉛印本《蒲松齡集》，一九八五年上海學林出版社鉛印本《蒲松齡全集》，其《文集》部分則多據以增補。

此本曾經周貞亮收藏，書中鈐『鄂中周氏寶藏』『退舟』印。後歸李盛鐸木犀軒，鈐『麐嘉館印』。現藏北京大學圖書館。（劉大軍）　四七六

**御製避暑山莊詩二卷**　（清）清聖祖玄燁撰　（清）揆敘等注　清康熙五十一年（一七一二）内府刻本。框高十九·九釐米，寬十三·五釐米。每半葉六行，行字不等，小字雙行二十字，白口，四周雙邊，無直格。

避暑山莊爲清聖祖仁皇帝歲巡、展覲、臨朝及聽政之所，肇建於康熙四十二年，至康熙五十年初具

規模，聖祖親臨命名，並遴選園中佳景以四字題額『三十六景』，每景撰詩一首，後稱『避暑山莊三十六景詩』。又親撰《御製避暑山莊記》並命揆敘等大臣爲詩句作注，每詩附一圖，輯爲是書。揆敘（一六七五—一七一七）字凱功，號惟實居士，清滿洲正黄旗人，納蘭明珠二子，兄納蘭性德。康熙三十五年自二等侍衛授侍讀，四十一年擢翰林院掌院學士兼禮部侍郎。五十一年遷左都御史，掌翰林院事。卒謚文端。著有《隙光亭雜識》《益戒堂詩集》《雞肋集》等。

是書分上下兩卷，上卷十六首詩，下卷二十首詩，合爲三十六首。主要描繪避暑山莊内的建築風格及景致，以山石、草木、游魚、流水等園中景物爲吟詠對象，體裁有五言古詩、五言絶句、五言律詩、五言排律、七言古詩、七言絶句。三十六首詩篇篇寫景、句句言情、字字述志，與各景畫面相配，詩情畫意，相得益彰。

此本由武英殿總監造和素及内務府李國屏監刻，時康熙五十一年。同年有是書滿文本刊行，次年又有是書銅版印本行世。和素（一六五二—一七一八）字存齋，純德，完顔氏，滿洲人，隸屬内務府鑲黄旗，滿文翻譯家。官至内閣侍讀學士，御試清文第一，賜巴克什號，翻書房總裁。主持翻譯《資治通鑑綱目》、用滿文釋義《清文鑒》。李國屏，生卒籍里不詳，康熙中任武英殿總監造内務府會計司員外郎。翁連溪輯《清内府刻書檔案史料彙編》上編收録之清康熙朝和素、李國屏奏摺，言及是書刊刻經過，可與此本相互印證。

康熙五十一年七月二十二日奏摺云：『臣等恭謹查得《熱河避暑山莊三十六景詩》計兩卷，九十

二篇，交五十名工匠速套板鎸刻，以刻樣各三套刷完略算之，八月初可得。』康熙帝朱批：『依議。』今觀此本行間有朱色圈點，係用套版印，與奏摺所云『套板鎸刻』相符。

又康熙五十一年八月初一日奏摺云：『已刷之《避暑山莊詩》上下二卷内，奉旨改正五字，改正後，各釘三本具奏……現《避暑山莊詩》用哪種紙，刷多少部，降旨後，奴才將板恭謹整治畢印刷之。』康熙帝朱批：『二百部。』可知此本刻成於康熙五十一年八月。

又康熙五十一年八月初七日奏摺云：『七月二十四日張常住諮稱，奉旨「熱河三十六景」，每景各畫説圖二張，一張於絹板刊刻，另一張交報帶去，於木板刊刻可也。欽此。欽遵。畫完之二張畫交報帶去，伏乞命朱貴、梅雨峰以木板刊刻等語具奏。奉旨交報帶來刊刻。欽此。……將兩張畫一併帶去。續又帶去二張，將此示朱貴、梅雨峰觀之。伊等稱，刊刻此畫時，棗木板材可用。……然僅命二人刊刻，恐需時太久，故命朱貴、梅雨峰，爾等往尋原先能刻之人……奴才等亦分别尋找，爲此謹奏，請旨。』按此本最末一圖左下角鎸有沈崳繪圖，朱圭、梅裕鳳刻等字樣，知奏摺中提及之朱貴、梅雨峰即朱圭、梅裕鳳。沈崳字玉峰，奉天（今瀋陽）人，正黄旗，官至内閣侍講學士。善畫山水。康熙五十年繪『避暑山莊三十六景圖』，乾隆十年（一七四五）繪『雍正御製圓明園畫詠』。朱圭（一六四四？—一七一七）字上如，吴郡（今江蘇蘇州）專諸巷人，曾任鴻臚寺序班。善繪事，工雕刻。曾刻《凌煙閣功臣圖》《耕織圖》《無雙譜》等書。梅裕鳳亦康熙時刊雕名手。

此本鈐有『體元主人』『萬機餘暇』二印，均爲康熙御印。現藏中國國家圖書館。（郭晶）

四七七

## 敬業堂詩集不分卷

（清）查慎行撰　稿本　姜宸英　朱彝尊　唐孫華　查嗣庭評　張載華　吴騫跋。框高二十一・一釐米，寬十四・八釐米。每半葉八行，行二十一字。

查慎行（一六五〇—一七二七）初名嗣璉，字夏重。後更名慎行，字悔餘，號他山，又號查田，海寧（今屬浙江）人。康熙四十二年（一七〇三）舉進士，官翰林院編修，入直内廷。康熙五十二年，乞休歸里，築初白庵以居，學者稱初白先生。雍正四年（一七二六），因弟嗣庭訕謗案獲罪，被捕入京，次年放歸，尋鬱鬱而卒。撰有《周易玩辭集解》《補注東坡編年詩》《初白庵詩評》等。事迹具《清史稿・文苑傳》。

是書隨筆立名，編年繫之，凡五十八集。其近體源出於陸游，古體得力於蘇軾。《四庫全書總目》是書提要云：『明人喜稱唐詩，自國朝康熙初年窠臼漸深，往往厭而學宋，然粗直之病亦生焉。得宋人之長而不染其弊，數十年來，固當爲慎行屈一指也。』

此爲作者原稿，多由查慎行子侄輩抄録，間有作者手寫者。全書勾乙删改處頗多，且不憚再三，竟有通首迥異者，悉屬作者親筆。卷中多前賢評點：《春帆》《獨吟》《竿木》《溢城》《雲霧窟》《客船》《游梁》《皖上》《中江》《得樹樓》《近游》《賓雲》《炎天冰雪》《垂橐》《杖家》《過夏》諸集朱筆評點出唐孫華手，《並轡》《冗寄》《白蘋》諸集朱筆評出姜宸英手，《秋鳴》《敝裘》《酒人》朱墨筆評出查嗣庭手，《直廬》《考牧》《甘雨》《西阡》諸集朱筆評出朱彝尊手，《迎鑾》《還朝》《道院》三集朱筆圈點出揆敘手。

按慎行先有《慎旃》初、二集刊行，亦名《他山詩鈔》，此爲單刻小集本。康熙五十八年，又刻《敬業

堂詩集》，凡四十八卷，止《粵游集》，雍正中補刻《餘波詞》二卷，此爲全集本。《四庫全書》著錄者五十卷，即全集本。《慎旃集》中《荆州護國寺古鼎歌》前四句，單刻小集本作『臨淮王氣久盪摩，東吴西漢相摧挼。天教神器歸一統，九鼎不動如山河』，全集本作『臨淮王氣日盪摩，東吴西漢兩燭娥。天教禹鼎歸一統，掃蕩不再煩矰碆』。取此稿覆勘，單刻小集本文字同此稿未改字，全集本文字同此稿已改字，知單刻小集本與此稿初始文本面貌相近，全集本則與此稿改後文本相近。此稿部分改後文字與全集本仍有異同，如《人海集》中《聞周青士淮南訃信》『風塵吾哭汝』句，作者改爲『餘生知幾日』，全集本作『餘生還自歎』。《偷存集》中《河濱墳》『寧爲不朽計』句，作者改爲『原爲速朽地』，全集本作『寧非速朽計』。類此者，想是開雕時又有改易。《漫與》《餘生》《詣獄》《生還》《住劫》五集，此稿有之，全集本未刻，乾隆中始由查氏後人刻爲《敬業堂詩續集》。

此稿原爲二十三册，經後人改訂爲三十二册。改訂時有錯裝，第五册《假館集上》『流一川稳』以下四葉，當移入第七册《春帆集·出牐》後；第五册《獨吟集》十四葉應移入第八册；第七册《春帆集》『夜夜星明』以下十二葉應移入第五册《假館集下》之前。第七册第二十葉有籤題云：『《春帆集》至此止，以下誤接。』審出張元濟手，則張氏寓目時已有錯裝。

此稿爲吴騫舊藏，張載華曾於乾隆四十八年向吴氏借出，未及還書而下世，乾隆五十年，載華子鶴徵乃以此稿還吴氏。鈐有『張載華印』『芷齋』『拜經樓吴氏藏書印』『醉華庵主』『露鈔雪購』等印。現藏上海圖書館。（徐瀟立）

四七八

## 潛虚先生文集不分卷　（清）戴名世撰　清李文田家抄本　李文田校注。框高二十・四釐米，寬十四・九釐米。每半葉十行，行二十字，綠格，白口，四周單邊。

戴名世（一六五三—一七一三）字田有，一字褐夫，桐城（今屬安徽）人。散文家。生而才辨雋逸，曾授知縣，棄去。康熙四十八年（一七〇九）進士，授翰林院編修。倡古文，爲文氣逸凛然，遭王公貴人所嫉，太學諸生皆稱之爲『狂士』。早年往來於燕趙、齊魯、河洛間，致力於搜集明史遺書，遍訪故老傳聞，擬著明史。名世曾著《憂庵記》以自述，晚年又歸居桐城南山，被稱爲『憂庵先生』『南山先生』，其集因而名爲《南山集》。文字獄興，戴名世行世已久的《南山集》多採用方孝標《滇黔紀聞》中所載南明桂王時史事，並多用南明朝代年號，被御史趙申喬參劾，康熙帝將名世以『大逆』罪下獄，兩年後處死。此《南山集》案牽連數百人，當時方孝標已死，亦被戮屍。是故，清朝民間隱其姓名稱戴名世爲『宋潛虚先生』或『潛虚先生』，稱其集爲『潛虚先生文集』，實即《南山集》也。《清史稿》卷四百八十四有傳。

此本首葉爲原書衣，書衣墨題『褐夫集』，下有小字『從十四卷中選鈔』，署『國朝戴氏撰』，此外，還有『集部別集類不列號』字樣，無目録葉，前有『尤刻原序』三篇。首篇序爲朱書所撰。朱書（一六五四—一七〇七），安徽宿松（今屬安徽安慶）人，字字綠（紫麓），號恬齋，清初程朱理學代表人物。朱序從地靈人傑角度入筆，交待與戴名世交好，名世囑其爲其文作序，稱田有年未壯時出語輒工，至今垂二三十年，稍稍收輯，得若干篇，命之曰『南山集』。南山即其序中所言『霍山』，指出戴集名爲南山集之緣由『志歸隱之地也』。第二篇序爲同里方苞所書。方苞（一六六八—一七四九）字靈皋，晚年號望溪，亦

號南山牧叟，安徽桐城人。散文家，桐城派散文創始人，名列桐城三祖。該序指出壬午（康熙四十一年）年冬，名世歸隱南山，從遊之士刻其古文成是集，多爲未歸時所作。第三篇序文爲其弟子尤雲鶚撰寫，交待雲鶚等弟子及時人對名世文章分外寶愛，但名世並無刊行之意，志在歸隱，雲鶚乃自主爲恩師刊集，序曰：『（雲鶚）乃檢平日所藏鈔本百餘篇，在先生集中僅五之一，爲刊而布之。』可見，通過是集名世文章可窺一斑，名世風流亦非尋常。三篇序後，直入正文。正文首篇爲《撫盗論》，隨後，依次爲《田字説》《褐夫字説》等，末篇爲《紀紅苗事》，全書共收文六十一篇，書後有專文對其編撰體例交代，以序跋、傳記爲主，間以時文、遊記。

此本經李文田朱筆批校。李文田（一八三四—一八九五）字仲約，一字佘光，號芍農，廣東順德（今屬廣東佛山）人。咸豐九年（一八五九）進士，仕至禮部左侍郎。精研版本目録金石之學、金元故實、西北水地、醫方等，善書畫，工詩文，有《宗伯詩文集》等，建泰華樓藏書，以清代禁毁明人文集和西北地理史籍最具特色，是較早著意於清代禁毁書目之學者。《中國古籍版刻辭典》（增訂本）載，李文田抄本有清戴名世《潛虛先生文集》不分卷。此本李文田朱筆批校於書眉或行間，細密精詳，遇有脱訛，輒於原處補充、改正，『南山』二字於此本中就屢屢脱軼。戴名世著述頗豐，但受文字獄影響，遭禍之後，其文慘遭禁毁，終清之世其人其事都很少被人提及，文集流傳不廣。綜觀現存資料，《南山集》名稱及版本著録複雜，據《清人别集總目》所載，民國以前戴名世文集版本有五十二種，收藏單位數以百計，《中國古籍善本書目》著録有九種，《北京圖書館古籍善本書目》著録有五種，其中有康熙四十年尤雲鶚寶翰

樓刻本《南山集偶鈔不分卷》、清抄本《濳虛先生文集十四卷年譜一卷》等。法國學者戴廷傑編《戴名世年譜》，對藏於各地的戴名世文集有專門研究，並進行了介紹和引證。此本現藏中國國家圖書館。

（趙銀芳）

四七九

**板橋集六編** （清）鄭燮撰　清乾隆刻彙印本。框高十六釐米，寬十二·九釐米。各編每版行款字數不等，白口，四周欄綫不一。

鄭燮（一六九三—一七六五）字克柔，號板橋居士、板橋道人，晚年自署板橋老人，因行一，亦自稱鄭大、鄭大郎，江蘇興化（今屬揚州）人。四歲喪母，育於貧困農家，乳母費氏悉心養育。燮少穎悟，父鄭之本居家課徒，隨父學。不喜研經，愛讀史書及詩文詞。生性落拓不羈，喜從釋、道遊。仰慕明人徐渭，常放言高談，臧否人物，慷慨笑傲。乾隆元年（一七三六）第進士，入順天學政崔紀文幕。乾隆七年授山東范縣知縣，兼署朝城縣。十一年，由范縣改知濰縣七年。爲官清廉，知曉民情，深悉民瘼，爲民興利除害，有政聲。因忤上官，十八年被罷。歸里後，往來於揚州、興化之間，與友人詩酒唱和。工詩善畫，以畫蘭、竹、石最爲精妙，並能將詩、書、畫熔爲一爐，號稱『三絶』。清蔣士銓《忠雅堂文集》卷十八《題鄭板橋畫蘭送陳望亭太守》詩曰：『板橋作字如寫蘭，波磔奇古形翩翩。板橋寫蘭如作字，秀葉疎花見姿致。下筆别自成一家，書畫不願常人誇。頽唐偃仰各有態，常人盡笑板橋怪。』三絶一怪躍然紙上。《板橋集》中有一首《予告歸里畫竹别濰縣紳士民》題畫詩：『烏紗擲去不爲官，囊橐蕭蕭兩袖

寒，寫取一枝清瘦竹，秋風江上作漁竿。』是鄭燮爲官一任、爲人一生的真實寫照。鄭板橋一世清貧，晚年以賣畫爲生，飽嘗人情冷暖、世態炎涼。他所留下的詩、詞、小唱、題畫、家書，彙集爲《板橋集》，流傳於世。

《板橋集》乃分時段刻成，初無總目。昭陽單閼即乾隆四十八年癸卯延陵茶垞子清暉書屋翻刻此書時，始加目錄，分爲六編：第一編收古今體詩一百八十八首；第二編收古今體詩一百五十一首；第三編收詞七十七首；第四編收道情十首；第五編收題畫六十五則；第六編收家書十六通。

今人于天池有《板橋集版本脞説》，謂《板橋集》中《詩鈔》《詞鈔》《家書》《題畫》四部分，都曾單獨梓行。《詩鈔》中自《鉅鹿之戰》至《僧壁題張太史畫松》所收之詩，乃鄭氏任范縣令之前作品，刊板當在他知范縣前後；自《音布》至《江七姜七》所收之詩，乃鄭氏於乾隆七至十一年任范縣令期間的作品，刊板即在此期間的范縣；自《逃荒行》至《贈陳際青》所收之詩，乃鄭氏於乾隆十一至十八年任濰縣令時的作品，刊板當在此間的濰縣。將《詩鈔》前後板片集合在一起加以彙印，于天池説是不晚於乾隆十四年。這些板片由於付梓時段不同，行款版式也不完全相同，且有多寡不同的挖改。這些挖改，有的出於作者自己修改不滿意的前作，有的則爲避免文字獄而挖改可能招致禍害的詩句，因而形成《板橋集》中《詩鈔》原刻早期彙印本的特徵。《板橋集》原刻早期印本衹有《詩鈔》《詞鈔》《家書》《題畫》四部分。上世紀九十年代，爲紀念鄭板橋誕辰三百周年，北京師範大學出版社影印出版的《板橋集》即用這個版本。《板橋集》原刻後印本，加進了友人靳畬爲之搜集的《題畫詩》六十五則，這已是鄭

板橋謝世之後的事情了。

乾隆四十八年茶坨子清暉書屋翻刻《板橋集》時撰寫了一篇序文，謂：『板橋先生以風流倜儻之性，縱情翰墨間，其爲詩詞書畫，醞釀古人，自開面目，海内爭寶藏之，而衣鉢真傳不踰是集。予偶購諸賈人，竊喜得窺全豹，又字畫皆出其手，恐傳刻無多，積久就湮，用重付剞劂，以供同好。』可知清暉書屋之所以翻刻《板橋集》，有一個重要理由就是因爲《板橋集》乃鄭板橋手書上版，且從書賈處獲得一部《詩鈔》《詞鈔》《道情》《題畫》《家書》均具的全本。這個全本是哪個版本，于天池文章説是《板橋集》原刻的後印本。這個原刻的後印之本，有《前刻詩序》，亦有『板橋詩刻止於此矣，死後如有托名翻版，將平日無聊應酬之作改竄爛入，吾必爲厲鬼以擊其腦』的版權告白。今北京師範大學所藏另一傳本，正有此告白。此本原爲英斂之舊藏，現藏北京師範大學圖書館。北京師範大學的前身是輔仁大學，輔仁大學的前身是輔仁社，創辦者即英斂之。英斂之（一八六七—一九二六）本名英華，字斂之，以字行，號安蹇齋主、萬松野人、萬松老人，滿洲正紅旗人，一作河北宛平（今屬北京）人。受康梁變法思想影響，曾在澳門《知新報》發表評論國事文章。一九〇二年在天津創辦《大公報》，親主筆政。辛亥革命後，退居北京香山静宜園，以主要精力創辦女學、輔仁社，從事基督教革新，後創辦輔仁大學。原刻《板橋集》後印本，出自英斂之之手，並存藏於北京師範大學，爲此本提高了信譽度。今據之影印者，即此本。

關於《板橋集》，特别是集中的《詩鈔》與《詞鈔》，究竟是鄭板橋手書上板，還是他的高足弟子司徒

文膏模仿鄭氏手書上板，歷來有不同的説法。前引茶坨子翻刻《板橋集》序，已説『字畫皆出其手』，這是認定《板橋集》是鄭氏手書上板的第一人。清張維屏《國朝詩人徵略二編》卷六十二謂『有自書詩集雕板以行者，《鄭板橋集》是也』。葉德輝《書林清話》卷九謂『其自書已集者，則鄭燮自書《板橋集》、金農自書《冬心集》，而尤以江聲自書篆字《尚書集注音疏》十二卷、《經師系表》一卷、《釋名疏證》八卷《補遺》一卷，張敦仁草書《通鑑補識誤》三卷，爲刻版中别樹一幟，今則初刻精印，皆不易得矣』。當然也有説《板橋集》是司徒文膏仿鄭字手寫上板者，其實司徒文膏可能是《板橋集》的刻家，而非寫樣上板者。（李致忠）

四八〇

## 御製圓明園詩二卷 （清）清高宗弘曆撰 （清）鄂爾泰 張廷玉注 清乾隆武英殿刻套印本。

框高十九·七釐米，寬十三·三釐米。每半葉六行，行十六字，小字雙行同，白口，四周雙邊。

清高宗愛新覺羅·弘曆（一七一一—一七九九），清朝第六位皇帝，二十五歲登基，在位六十年，年號乾隆。政治上雄韜偉略，文化造詣亦頗爲突出。即位之前有《樂善堂全集》（其後删定爲《樂善堂全集定本》），在位期間先後有《御製文初集》《二集》《三集》和《御製詩初集》《二集》《三集》《四集》《五集》，退位之後，還有《御製文餘集》和《御製詩餘集》。據《清代御製詩文篇目索引》統計其一生撰文一千零二十八篇、詩三萬零八百三十七首，堪稱中國歷史上最多産的帝王。此外，乾隆帝敕修的書籍也超過了歷代帝王，《四庫全書》中即收錄有八十八部之多，涉及經、史、子、集各部。事見《清史稿·高宗

本紀》及《高宗純皇帝實錄》。

《御製圓明園詩》又名《御製圓明園四十景詩》，是乾隆帝吟詠圓明園四十景詩作的彙集。全書標舉圓明園的四十處勝景，自『正大光明』始，至『洞天深處』止，每景繪圖一幅，圖前有乾隆御製詩一首，詩前附有小序，每一詩句後附小字注釋，如《四宜書屋》『三百六日過隙駒』句注曰：『《書》：「三百有六旬有六日。」《莊子》：「人生天地之間，如白駒之過隙，忽然而已。」朱子詩：「務學修身要及時，競辰須念隙駒馳。」』書分上下兩卷，乾隆十年（一七四五）武英殿刻朱墨套印本。卷前有《世宗憲皇帝御製圓明園記》《圓明園後記》，卷末有鄂爾泰、張若靄等跋，敘詩作緣起及佳處。鄂爾泰字毅庵，號西林，滿洲鑲藍旗人，曾任内務府員外郎、廣西總督、太子太傅等，通習滿漢文字，文集有《西林遺稿》，曾總裁編纂《八旗通志》《八旗滿洲氏族通譜》等書。四十景繪刻，由孫祜、沈源繪圖。圖版精工細作，畫法細膩工緻，刀法亦精工婉麗。作品受西洋透視畫法影響，多作鳥瞰式，代表了乾隆時期版畫作品的藝術風格。

圓明園始建於康熙四十八年（一七〇九），歷經雍正、乾隆至道光續建，成爲清代最著名的皇家園囿。園内共有四十景，以水景爲主，水面與陸地交錯，婉轉曲折間分布各式亭臺樓閣，在中國古建築中别具一格，被譽爲『萬園之園』。惜乎第二次鴉片戰争中，被英法聯軍焚燬，故而是書對研究圓明園建築、布局等情況，提供了重要依據，成爲珍貴的史料。

是本鈐有『长乐郑振铎西谛藏书』『長樂鄭氏藏書之印』印，知曾爲鄭振鐸收藏。現藏中國國家圖

書館。（白雲嬌）

四八一 **鮚埼亭集三十八卷首一卷** （清）全祖望撰 （清）史夢蛟校 稿本。框高二十・一釐米，寬十四・三釐米。每半葉十行，行二十字，白口，四周雙邊。

全祖望（一七〇五—一七五五）字紹衣，號謝山，自署鮚埼亭長，學者尊稱爲謝山先生，清鄞州（今浙江寧波）人。雍正七年（一七二九）貢生，三年後中舉。乾隆元年（一七三六）薦舉博學鴻詞，同年中進士，選翰林院庶吉士。次年返里，後未出仕，專事著述。曾主講於浙江蕺山書院、廣東端溪書院。生平服膺黄宗羲。精於史學，尤熟於宋末與明末清初史事。阮元贊謂：『經學、史才、詞科三者得一足傳，而祖望兼之。』（見《清史稿・全祖望傳》）撰《鮚埼亭集》三十八卷，《外編》五十卷，《詩集》十卷。另有《漢書地理志稽疑》六卷，輯補《宋元學案》一百卷，《全校水經注》四十卷並補附四卷等。

是書卷端下題『鄞全祖望紹衣譔，餘姚史夢蛟竹房校』。據祖望弟子董秉純《全謝山年譜》等記載，是書原乃祖望臨歿之前，即清乾隆二十年手定其畢生文稿，得五十卷而成。後此稿先交揚州馬氏叢書樓寄存，再後則又被祖望好友杭世駿借走而再未歸還。待到清嘉慶九年（一八〇四）史夢蛟校刊此書時，此稿已遺失十二卷而僅餘此三十八卷。據夢蛟校書識語稱，此三十八卷之殘稿乃是夢蛟從沈松門處所得，而沈松門又得之於杭世駿。另外，董秉純等在清乾隆年間還編《鮚埼亭集外編》五十卷，後由汪繼培刻於清嘉慶十六年，後世纔有《鮚埼亭集》三十八卷，《外編》五十卷，《詩集》十卷的合刻本。

《鮚埼亭集》一書，乃清代史學史上的名著。書中内容關於明清史事、掌故、人物者，居全書過半。亦有論學書劄及雜文等。包括頌、賦、語、辭、碑銘、傳狀、論、記、序、議、簡帖、雜著、題跋等諸種文體。所載錢忠介、張煌言等明季抗清節義之士碑表，詳盡賅實，足以補《明史》之缺。另外，對清初著名學者如顧炎武、黄宗羲、李顒、方苞、傅山、姚際恒、劉獻廷、毛奇齡、厲鶚等之行事，也詳加稽訪，撰爲碑、表、傳、志以彰之。而於漢唐經師，易、禮、詩諸經及緯説、謚説、辨證名物之論，亦有可採。不僅可視爲明、清之際重要史料之彙集，且於考論此間三百餘年學術流别也頗有可讀之處。在文章風格上，是書與司馬遷之史家筆法頗近，文中臧否人物，縱横古今，酣暢淋漓，真正是『風騷驅使古人書』。陳垣先生嘗稱譽是書『惟其文美及有精神，所以不沾沾於考證』（見陳垣致陳樂素書信）。又曰《鮚埼亭集》『文章、意義均佳，在清人集中總算第一流』。

北京大學圖書館所藏此《鮚埼亭集》三十八卷清校稿本，即史夢蛟於嘉慶九年校刊《鮚埼亭集》正集三十八卷時所整理的一部工作稿本，其所依據的底本當出自杭世駿借出的全祖望手稿。而史夢蛟刻本乃是《鮚埼亭集》在歷史上的首次刊刻，表明此一校稿本在研究《鮚埼亭集》正集三十八卷的整理刊刻過程方面具有十分重要的意義。此本共六册，文字用墨筆抄寫在黑格稿本上，全稿字體前後不一，當係清代最初校刊是書時經多人抄寫的謄清稿本。書中還貼有大量校書浮簽，表明此稿抄竣之後又經專人進行了進一步的校勘。以此校稿本與史夢蛟之刻本加以對校可以發現，二者之間還是有一些細微的文字出入，如卷二十一稿本中『陳大孔』一名刻本作『陳丈孔』等，表明稿本在校正刻本的訛誤

方面也具有一定的作用。

此本書品較好，第十三卷卷首略有殘缺。現藏北京大學圖書館。（王燕均）

四八二

## 于文襄公手札不分卷　（清）于敏中撰　稿本　何士祁　黄芳　陳垣跋。每半葉八行，行字不等。

此書所收皆于敏中致陸錫熊論《四庫全書》編纂事手札。

于敏中（一七一四—一七七九）字叔子，一字重棠，號耐圃，江蘇金壇人。乾隆二年（一七三七）丁巳科狀元，授翰林院修撰，官至文華殿大學士兼軍機大臣。四庫館開，于敏中爲總裁。于敏中擅長翰墨，書風近董其昌，是當時頗有影響的書法家。卒謚文襄。奉敕撰《臨清紀略》等。乾隆五十二年發現江南文匯、文宗、文瀾三閣《四庫全書》『舛謬叢生，應删不删，且空白未填者竟至連篇纍葉』，本當治以重罪，『因業已身故，不加追究』。

陸錫熊（一七三四—一七九二）字健男，號耳山，江蘇上海（今上海）人。乾隆二十六年進士。召試，授内閣中書。以文學受知清高宗，初奉命編《通鑑輯覽》，繼爲《四庫全書》總纂官。又編《契丹國志》《勝朝殉節諸臣録》《河源紀略》等書，每書成，表奏進御之文，多出其手。纍遷副都御史。《四庫全書》編成後，以書有訛謬，令重爲校正，寫官所費，責與紀昀分任。又令詣奉天校正、輯補文溯閣藏書，因身心勞瘁，卒於奉天。著有《篁村詩鈔》《寶奎堂文集》《補陳壽禮志》《炳燭偶鈔》《陵陽獻徵録》等，

並傳於世。

手札用箋凡二種，各訂爲一册。札凡五十六通，計附函五，無月日及有日無月者各七，月日皆具者三十七，然皆無年。陳垣先生詳爲考證，得其間實有四年，蓋六月初三日、七月朔日、七月十三日、九月八日諸函皆係乾隆三十八年，五月廿三日、七月初六日諸函皆係乾隆三十九年，七夕函係乾隆四十年，五月廿二日函係乾隆四十一年。諸函前後亘四年，時間不出五月八日至九月十六日，恰值乾隆皇帝秋獮木蘭。蓋諸函皆于敏中隨駕秋獮之際與陸錫熊往來討論或安排《四庫全書》編纂事宜所作，陸氏及其後人有心留存，輾轉流傳至今。依尋常所見，于敏中以文華殿大學士而爲四庫總裁，必以爲徒擁虚名，機軸實出總纂官紀昀、陸錫熊之手。今觀手札所涉之事，或諸方協調，或訂定體例，或分類部居，或選書標準，于敏中『均能發縱指示，密授機宜，不徒畫諾而已』。有關《四庫全書》的編纂，清人詩文集和筆記少有記載，而此諸函『備述當時辦理情形，多爲官文書所不及，事關中秘，殊可寶貴』，乃『四庫學』研究之珍罕資料。

此函札原本爲陸氏家族世代相傳之珍物，道光二十四年（一八四四）由其後人陸小耳之手轉歸上海徐渭仁紫珊春暉堂。咸豐八年（一八五八），徐氏因小刀會佔上海縣城時與之有來往，被官府以『從賊』論處，勒索甚巨，爲籌措錢財，此手札歸星沙黄芳。之後，又爲陶湘所得。未幾，又轉入顧子剛之手。一九四六年，顧氏向北平圖書館（今中國國家圖書館）捐贈明清善本古籍及各種珍稀史料八十五種，此函札即在其列。今檢卷内有『黄芳之印』『荷汀』『星沙黄荷汀鑒藏書畫記』『星沙黄芳天光雲景

樓所藏書畫金石印』『咸豐丙辰後黃氏所臧』等印，又有『鷗侶亭』『歐既金石癖米亦書畫癲』『徐渭仁印』『紫珊』『上海徐紫珊收藏書畫金石書籍印』『子剛經眼』『永寶用之　顧子剛贈』等印。黄荷汀、徐紫珊、陶蘭泉皆近世鑒藏名家，顧子剛曾先後爲清華大學圖書館、北平圖書館館員。卷末有何士祁、黄芳、陳垣跋。此函札可謂流傳有緒。

此函札原爲册葉，編次錯亂。一九三三年，袁同禮囑陳垣爲之訂正，付北平圖書館影印，廣爲流行。然其時僅影印函札手迹，箋紙式樣及諸家印鑒均隱去。今選入《中華再造善本續編》重爲影印行世，箋紙欄框、紋飾等式樣，及諸家鑒藏印記，均原樣保留，較諸前者更勝。（汪桂海）

四八三

**戴東原先生文一卷**　（清）戴震撰　清乾隆間稿本　胡適跋。無版框欄界，各篇行字不等。

戴震生平爵里、學行業績簡況，前録稿本《續方言》時已介紹。

是書收文稿凡二十四篇，内重文一篇，其見於刻本文集者僅四篇。胡適考其確爲戴震所撰者五篇，他人所撰者十篇，餘八篇待考。一九八〇年中華書局校點《戴震文集》，亦嘗詳考此書，於《戴東原集》所録四篇之外，又以其中六篇入『補録』。一九九五年安徽古籍辦整理《戴震全書》，委托胡锦賢整理此書，以其中十六篇爲戴震之文，餘七篇爲他人之文。今詳考此書，胡適之論似慎之太過，而錦賢以爲戴震之文者亦多在疑似之間。要之，此書雖曰戴東原先生文，實未盡爲東原文也。觀書之紙張、墨色、字迹不一，胡適言其或爲戴震家中所存雜碎稿件彙集而成，蓋戴震卒後，家人以其案邊文字訂爲一

册，未暇辨其爲誰氏之文也。

乾隆四十三年曲阜孔氏微波榭刻《東原文集》十卷，此爲戴震文集最初刻本。乾隆五十七年段氏經韻樓復加校勘，刻《戴東原集》十二卷，末附段玉裁撰《戴東原先生年譜》一卷及《覆校札記》一卷。此後清光緒十年（一八八四）鎮海張氏刻本、清宣統二年（一九一〇）渭南嚴岳蓮孝義家塾刻本、民國間商務印書館《四部叢刊》本、中華書局《四部備要》本等，皆據段刻本重刊。

此本所存東原之文多與通行刻本不同。如第十三篇《法象論》，此本先有墨筆圈改，復有朱筆圈改，又復以墨筆大加删削。今刻本内容與朱筆改動相同。其删去之文字，『血氣之男女也』之下凡四十三字，篇末『其想得而終始也』之下凡二百三十一字。如此删削，幾不能成篇。前人以戴震此文幼稚而不合邏輯，今觀此稿乃知其爲著者删削後未及改定之文，後人收入集中，未必著者本意。又，第十八篇《明堂考》，孔刻本有云『世室重屋義未聞』，而下文復云『夏曰世室』『殷曰重屋』，上下文之間互爲矛盾。段刻本删去『世室重屋義未聞』七字，亦未能文理貫穿。此本中間删去正文四十七字，小注二十九字，復增入數百字，遠勝孔、段兩刻本。又，第二十二篇《與某書》於通行本『死矣更無可救矣』之下，多『人各巧言理，視民如異類焉，聞其呼號之慘而情不相通』凡二十二字，復用墨筆塗去。其删去之文悲哀之情畢見，尤可寶貴。以上數例可證此本所存之文足可校正通行本之誤，補通行本之不足，最能完整反映著者本意。

此本所存他人之文，亦足珍貴。如第十六篇《南溪縣漢黄烈婦廟碑》爲段玉裁手稿，文間有戴震塗

改數處，多爲《經韻樓集》刊本所採用。

據段玉裁《戴東原先生年譜》，戴震嘗言『做文章極難，如閻百詩極能考據而不善做文章，顧寧人、汪鈍翁文章較好。吾如大爐然，金銀銅錫入吾爐一鑄而皆精良矣』。可見其對自己的文章能力頗自負。後世宗戴氏學者，多重其訓詁義理，而戴震作文之道遂微而不顯。此本所存戴震對自己文章之删改修訂文字，以及對他人文章之評語，皆可直接反映戴震作文之法，爲研究其學術思想提供了珍貴的一手材料。

此本曾經李盛鐸收藏，書中鈐『麐嘉館印』。後與李氏木犀軒藏書通歸北京大學。民國三十六年胡適嘗撰《跋北京大學藏〈戴東原先生文〉一册》十數葉，附於此本之末。現藏北京大學圖書館。

（劉大軍）　四八四

## 朱笥河先生詩稿不分卷　（清）朱筠撰　稿本。無格。

朱筠（一七二九—一七八一）字竹君，一字美叔，學者稱笥河先生。其先家浙之蕭山，曾祖必名始居京師，遂爲順天大興（今屬北京）人。乾隆十九年（一七五四）進士，授翰林院編修。乾隆三十三年擢侍讀學士，充日講起居注官，三十六年提督安徽學政，大力扶植學術。程晉芳、任大椿皆其所取之士，戴震、邵晉涵、章學誠、王念孫、黄景仁等先後受其指導。三十八年，乾隆下詔求遺缺之書，朱筠奏請從《永樂大典》中輯録古書，使得數百種佚書收入《四庫全書》，得以保存傳世。博聞閎覽，於學無不通。

解經宗鄭、孔，而兼參宋元諸儒之説。論史宗涑水，而歷代諸史亦皆考究貫串，證其同異。擅詩文，善書法，好金石文字。惜所著書多未就，僅傳《笥河文集》十六卷、《笥河詩集》二十卷等。

是書係由朱筠詩稿原件貼裱而成的摺册，分甲、乙、丙、丁四册。藏家製作了專門的木製書箱加以保存，箱面書有『笥河先生詩藁』。箱分四格，每格容放詩稿一册，並配有夾板。首册夾板貼有名簽，墨署『家笥河先生詩稿甲，宗後學樫之題』。册中所收，乃清乾隆十二至十四年三年間朱筠所撰部分詩稿約七八十件。其中詩作以登臨攬勝及交往贈酬之作爲多，如《東巡古禮詩》《秋懷十五首和孟東野》《送徐上舍莘傳歸江陵四首》《錢塘舒郎二十遊京師》等等。其詩宗韓愈、李賀及蘇軾，出入唐宋，五言力追漢魏，造句古樸拗折，奇警不凡，《隨園詩話》嘗舉其《登湖樓》詩稱之。洪亮吉《北江詩話》則稱譽其詩『如激電怒雷，雲霧四塞』。其詩中對乾隆盛世的風貌氣象，也多有反映。

朱筠詩集業經刊刻者，有其子錫庚所編《笥河詩集》二十卷，其弟珪爲之序，清嘉慶八年（一八〇三）椒華吟舫藏版，其中詩作按年編排，首都圖書館等有藏。另有清抄本二：一爲《乙丑詩編》一卷，收清乾隆十年所做詩七十二首，現藏大連市圖書館；一爲《笥河學士詩集》二十八卷，大興朱氏椒華吟舫抄本，現藏日本京都大學圖書館。而其詩之稿本，則僅知北京大學圖書館所藏之此本及日本京都大學圖書館所藏《蠏㲉集》詩册稿本兩種，且此兩種朱筠詩稿均是從朱筠後人家流出，又被清末藏書家朱樫之收藏之物。此本因有『宗後學樫之』所題書名，又有『樫之印信』『朱樫之印』『震旦第一山樵』等樫之藏印，説明此書確曾爲樫之收藏。日本京都大學人文科學研究所所藏朱筠稿本《蠏㲉集》，卷末則

有題記言：『右笥河先生詩册，爲先生少時所作，未知刻本採入否耶？己酉之夏客京師，先生後人盡持家藏鬻之廠市，予所得頗夥。笥河詩文集稿本並少河先生《未之思軒雜著》均歸松厂。』此題記即爲樫之所作，所云『己酉』，當爲宣統元年（一九〇九）。且《嶰穀集》封面題『家笥河先生自書詩稿一册』，注云『永清宗後學朱樫之敬題，時年五十又一』。此題記當即爲收得此書後所題。考朱樫之（一八五九—一九一一後）字淹頌，號九丹、玖聃，一號琴客，又號皋亭，河北永清人。乃晚清知名藏書家，其藏書處爲叢碧簃，書齋名松廠，所藏以集部抄本、金石拓片最爲著名。其中最古者爲南宋抄本，餘以明刻本與清抄本爲主。由此可知，樫之曾於宣統年間收得從朱筠後人家散出之朱筠稿本數種，其中即包括此《朱笥河先生詩稿》及《嶰穀集》兩種詩稿，後兩書又分别被北京大學圖書館和日本京都大學圖書館收藏。説明此書流傳有序，確係朱筠詩稿真品，並具有很高的文學及書法藝術價值，堪稱難得的古代典籍文物。

此本裝潢考究，外觀極其典雅悦目。現藏北京大學圖書館。（王燕均）

四八五

**蔣清容先生遺稿二十八卷**　（清）蔣士銓撰　稿本　袁枚等批　王鳴盛題詩　沈廟勳　高藻　高文藻　王又曾　彭雲鴻　汪彜鼎　張塤　褚寅亮等題詞。框高二十一·三釐米，寬十四·三釐米。每半葉十行，行字不等，白口，四周單邊。

蔣士銓（一七二五—一七八五）字心餘，一字苕生，號清容，又號藏園，晚號定甫，清鉛山（今屬江西

上饒）人。乾隆二十二年（一七五七）進士，官翰林院編修，居官八年，乞歸養親。歸後主講蕺山、崇文、安定三書院。後養親事畢，感上恩，入都供職，以御史用。旋以疾歸。詩詞文曲，無一不工，詩與袁枚、趙翼齊名。有雜劇、傳奇十六種，其中九種合稱《藏園九種曲》，與另三種又合稱《紅雪樓十二種曲》。另有《忠雅堂集》等。事見《清史稿》列傳二百七十二。

此稿有《喻義齋少作稿》十卷（甲子至癸酉），《壽藼堂詩鈔》十三卷（甲戌至丁丑、己卯至庚辰、壬午至丙戌、甲午），《藏園詩鈔》二卷（丁酉、戊戌、補遺），《銅絃詞》二卷，《樂府北曲》一卷（戊寅），收録蔣士銓所作詩詞曲。清劉錦藻《清續文獻通考·經籍考》二十一載：『以詩名與袁枚、趙翼有三家之稱，其結構華贍處不逮袁，組織精緻處不逮趙，而識高味厚、品潔才豪，忠孝之言皆從肺腑中流出，出語一二抵人千百，則非袁、趙所能到矣。』

據蔣士銓著，邵海清校，李夢生箋《忠雅堂集校箋》，此稿存詩二千四百餘首，較刊本《忠雅堂詩集》多出近一倍，存詞較《銅絃詞》二卷刊本多四十二首、曲多三首。此稿所多出詩詞雖爲蔣氏或他人删去，似亦不乏佳作，有評語可證。稿中批語繁多，出自不同人之手，先後迭經評删，亦有格式修改，似是爲刊刻所作之選、删處理。第一册丙寅卷末粘簽有墨筆批語：『先生少作已横絶寰區，猥以不才，蒙唾委訂定，恐負雅意，故不揣冒昧，妄爲贊嘆，至存删重任，尚須與袁太史、高武康諸名公細酌之，與後詩同編入集。倘將來大集付梓，不忘一昔之雅，俾賤名得列校讎之末，使附青雲以垂不朽，則幸甚幸甚。丁亥長□劉□。』批語上方有他人批『劉文蔚』三字。稿中尚有幾處簽條，表明某批語出自袁子才、

高東井等。即此稿經袁枚、劉文蔚、高文照、蔣氏本人及後來等人多次批改、删訂。書中多處見意見往來，如《同年秦礀泉修撰來南昌晤聚喜作》上批『如此類清老之作，不宜忽略删去，存』（旁有『袁子才』簽條），如《可憐》一首題名下有朱筆批『太刻，應删』，後又有墨筆圈掉，下批『不著姓名，無傷忠厚，存之以示懲戒，何如』，亦有蔣氏本人『自删』筆迹。現存蔣氏詩集刊本最早爲嘉慶三年（一七九八）刊本，内封葉題有『嘉慶戊午揚州重刻本』，尚鎔《三家詩話》云其詩集『一刻於京師，再刻於揚州，皆在身後』，今京師刻本不存，嘉慶三年揚州本與稿本恐最爲接近。此稿評點、删改頗多，對研究蔣氏詩作、選集成書過程、來往友人交游、作者及評者詩學思想等都有較大價值，彌足珍貴。

稿中批語除袁枚、劉文蔚外，還有署名『高東井』者。卷末跋語有『水調歌頭二闋武□後學高藻□題』（上批『東井高藻』）、《跋銅絃詞》『東井學人高文藻』，疑皆爲高文照。袁枚《隨園詩話》卷十三載：『高文照字東井……年未二十，詩已千首，目空一世，於前輩中所心折者隨園與心餘而已。舉甲午鄉試，後卒於京師，詩稿不知流落何處。』［道光］《武康縣志》卷十九載：『高文照字潤中，號東井，乾隆甲午舉人。』劉文蔚批語中提及『太史高武康』當亦爲此。書中另有批語『東井真解人也，知讓』，［同治］《鉛山縣志》卷十二載：蔣知讓，蔣士銓三子，字師退，號藕船。乾隆庚子（四十五年）南巡召試欽取第一，賜舉人，授唐縣知縣。批語『前兩首已是，此下可删』後緊接另一字迹批語『後二首亦甚佳，似不可删。蔗泉』。考『蔗泉』，［同治］《南昌府志》卷四十五載：『熊學驥號蔗泉，學鵬弟，南昌人。天資穎異，十五歲舉乾隆庚午鄉試，由刑部主事歷郎中，擢湖南鹽法道……喜風雅，善吟咏，江浙

諸名士客白下者無不造訪，相與唱和，所爲詩秀逸可傳。』其餘題詞者多爲當世名家或鄉里名士。

是書鈐有蔣士銓多枚印章：『清容』『定甫』『紅雪樓』等印。另有『玉堂精暇』『識司記載』等印，或亦屬蔣氏。是稿存詩衆多，批語琳琅，且爲孤本，甚爲珍罕。現藏中國國家圖書館。（洪琰）　四八六

## 秋農詩草一卷　（清）姚文田撰　稿本　陳壽祺　叶紹桂　劉嗣綰跋。每半葉九行，行二十二字。

姚文田（一七五八—一八二七）字秋農，號梅漪，歸安（今浙江吴興）人。清嘉慶四年（一七九九）一甲第一名進士，授翰林院修撰。迭典廣東、福建鄉試，督廣東、河南學政，纍遷祭酒。十八年，入直南書房，朝廷因林清之變，下詔求言，文田上疏建議減税賦、慎刑罰，得仁宗嘉納。二十年，擢兵部侍郎，歷户部、禮部。道光四年（一八二四），擢左都御史。七年，遷禮部尚書。尋卒，依尚書例賜恤，謚文僖。早年以時文著名，又與嚴可均同習《説文》之學，博綜群籍，兼諳天文占驗。著有《學易討原》《古音諧》《説文考異》《廣陵事略》《邃雅堂文集》《邃雅堂學古録》等。事見《清史稿》卷三百七十四、《清史列傳》卷三十四、《續碑傳集》卷八等。

是本頗多朱墨兩色删削圈改處，筆迹與正文相同，知爲作者手稿。正文抄寫工整，修改處則稍顯潦草。據書前自序，詩稿作成於乾隆五十六年（一七九一）冬至，録詩作八十餘首，現存姚氏刻本皆未見收録。稿眉附簽題，多爲墨筆，偶有硃筆，批注者未知，觀其筆迹，似非同一人所作。詩作以五言古體和七律爲主，内容多涉遊歷感懷，如《春日過周氏草堂》：『萬斛閒愁不可量，暫時相賞趁年光。

柳絲慾贈同心結，花意憎爲半面妝……明年春色知何許，拚向東風醉一場。』確爲簽題所云『佳境令人神往』。秋農言詩主於氣，『然氣者存乎言先，非慾言而能强襲之也，則將養吾氣於太虚之表，以觀其所發焉』。陳壽祺、葉紹桂跋語評其『志和音雅，緒密思清』『有清迥之氣，有深湛之思，有研鍊之功，有蒼秀之色，是其肆力於漢魏三唐而得其謹嚴者』。簽題批注亦多『深情古調』『上有古意』『魏晉高格』『其清在骨』『韻合頓挫漢魏之遺』等語，其詩風可見一斑。是書現藏蘇州圖書館。

（白雲嬌）

四八七

## 簡學齋詩一卷 （清）陳沆撰　手稿本　魏源　龔自珍　包世臣批並跋　吴嵩梁跋並題詩　董桂敷　賀長齡　黄平黼　黄修存批　陳恩浦跋並過録魏源跋　汪正鋆　汪正榮　黄之驤　潘曾瑩　陶澍　姚學塽　陸獻　謝鳳孫跋。每半葉八行，行二十二字，無欄格。

陳沆（一七八五—一八二五）原名學濂，字太初，號秋舫，蘄水（今湖北浠水）人。清嘉慶二十四年（一八一九）進士，以第一人及第，授修撰。道光二年（一八二二）典試廣東，次年充會試同考官，官至江南道監察御史。著有《詩比興箋》《近思錄補注》等。事迹見《清史列傳》卷七十三，又見周錫恩《陳修撰沆傳》。

是書原題『白石山館詩』，爲沆在嘉慶十八年至道光四年間作品，共計六十餘首。陳衍《石遺室詩話》卷三載：『字皆人人能識之字，句皆人人能造之句。及積字成句，積句成韻，積韻成章，遂無前人

已言之意，已寫之景；又皆後人欲言之意，欲寫之景。當時嗣響，頗乏其人。』推沆爲清道光以來詩家『清蒼幽峭』一派之首。

沆有《簡學齋詩存》四卷、《詩删》四卷行世，刻於清咸豐二年（一八五二），爲其子陳廷經、婿葉名澧整理編校。以此稿核之，《同人宴集汪均之寓齋即席作》《曉渡清河口》二首入《詩删》，其餘全數收入《詩存》。二者字句間有異同：《送唐竟海太史歸省》『恒懼君所棄』，刻本爲『常懼爲君棄』；《送魏默深歸湖南》『相約同歲寒』，刻本爲『願同歲寒節』；《寄答竟海四首》『道逢舊相識，攬衣要我還』，刻本爲『道逢舊相好，攬衣遮我還』；《中秋飲李雙圃寓齋放歌》『二更看月月色真』，刻本爲『姮娥起舞虹霓裙』；《與蘭階兄》『在鄉情易厚，臨别契彌新』，刻本爲『世情窮易薄，吾道困能伸』。沆友朋批語，刻本收録未全，如《寒谿寺》有黄修存批『一片静氣』、《送唐竟海太史歸省》有龔自珍評語，皆未見於刻本。

沆詩文以獨到爲宗，雖天資儁拔，而思力刻懵，至數易其稿。手録詩稿原存七册：初稿有汪正鋆、汪正榮跋；四、五次稿有董桂敷、賀長齡、黄修存批，清吴嵩梁題詩；第七次稿有包世臣、龔自珍、姚學塽、陶澍諸先生跋（詳本書卷末陳恩浦跋）。魏源與沆相交最契，故每次詩稿皆有批語、題識。此係第七次稿，已將前稿中跋語合裝爲一册，前稿批語亦剪貼粘入。汪氏昆季跋作於嘉慶二十一年，知初稿不晚於嘉慶二十一年；黄之驤、吴嵩梁等跋在嘉慶二十四年，則四、五次稿應不晚於嘉慶二十四年；龔自珍、包世臣等跋作於道光二年，則第七次稿不晚於道光二年。魏源跋語最多，丙子年（嘉

慶二十一年（一八一六）評語云：『第一、二卷，可存者十之一二；第三卷以後，可存者十之六七。』己卯年（嘉慶二十四年）評語云：『余閱秋舫詩，此其第四次矣。如羊角風，轉而益上；如《白雪》曲，唱而愈高。大抵甲戌年是其轉關，丙子後乃其進境。』壬午年（道光二年）評語云：『太初勇於删詩，此本蓋其三轉之醍醐也。』此雖友朋推挹之詞，不無溢量，要亦足見沆詩之進境。

此稿民國間曾有石印本，與魏源《清夜齋詩稿》合印。原稿中龔自珍批語，石印本並未全印。如《劉貞女行》與《移居詩賀程雲芬前輩》二首之間下方，原稿有龔氏批：『破壞文體之作。此本朝江西派，胡爲效之！甚不願先生集中見此種。珍。』即爲石印本所無。王佩諍校定本《龔定盦全集》第八輯《語錄》載龔氏批語，此條失錄，知王氏實未見本書原稿，所據爲石印本。

鈐有『太初』『簡學齋』印。現藏上海圖書館。（林寧） 四八八

**定公破戒草一卷餘集一卷** （清）龔自珍撰 清道光七年（一八二七）手稿本。框高二十·七釐米，寬十五釐米。每半葉行字不等。

龔自珍（一七九二—一八四一）字爾玉，又字璱人，更名易簡，字伯定；又更名鞏祚，號定盦，又號羽琌山民，仁和（今浙江杭州）人。近代思想家、文學家及改良主義的先驅。二十七歲中舉人，三十八歲中進士。官内閣中書、禮部主事。尋告歸，遂不復出。著述有《尚書序大義》《春秋決事比》《左氏春秋服杜補義》《國語注補》《三禮圖考》《兩漢書質疑》《定盦詩文集》等。《清史稿》有傳。

龔自珍年幼聰穎，自視甚高，好慷慨論天下事，常語驚四座，思想激進，言論與當朝時有所悖，於是仕途坎坷，終老懷才不遇。其詩文主張『更法』『改圖』，被柳亞子譽爲『三百年來第一流』。嘉慶二十五年（一八二〇）秋龔自珍官場失意，欲學佛逃禪，爲追求佛家『四大皆空』的精神境界，於是發憤戒詩。道光元年因考軍機章京未錄，賦《小遊僊詩》，遂破戒。至道光七年秋，編訂此間所作，名《破戒草》，後再次戒詩，道光十九年辭官出京，又破戒，數年後成著名之《己亥雜詩》。

是書輯錄龔自珍第一次破戒後所作之詩，後附龔自珍於道光七年十月所撰題識一篇，言『自周以迄近代之體皆用之，自雜三四言至雜八九言皆用之，不自割棄，而又詮次之，錄百二十八篇爲《破戒草》一卷。又依乙亥、庚辰兩例存餘集，凡五十七篇，亦一卷。大凡錄詩百八十四篇』。自識後再記『翌日付小胥抄，越十有三日己亥竣，得三十六紙，如其戒詩之年。定盦又識』。是書卷末各題『定盦文集古今體詩』和『定盦餘集古今體詩』，當爲龔自珍在準備《定庵文集》之前命其婿抄錄的謄清稿本。全篇以行楷抄錄，偶有改字勾畫。書後龔自珍所撰自識、又識兩段文字，亦爲抄錄而成。

此本與通行刻本文字多異，如第一首《能令公少年行（有序）》此本『雖勿能遂』，刻本『勿』作『弗』；《珠明月暖》，刻本『月暖』作『玉煖』。《冬日小病寄家書作》小注『予每聞斜日中簫聲即病』，刻本『即』作『則』。其文字異處，似以刻本爲勝。又此本間有墨筆塗改，如第一首《能令公少年行（有序）》，『公毋哀吟婭姹聲沈空』，『毋』字原作『今』；『應客有元鶴』，『元』原作『猿』；『歸來料理書燈紅』，『燈』原作『聲』；『少年萬恨填心胸』，『恨』原作『事』。其所修改者多抄書者誤書之字，而無

關乎詩句用字之理。

此書有清道光間單刻本，但流傳極少，鄭振鐸《西諦書目》卷三『集部上』曾著録『《定盦文集古今體詩破戒草》一卷《破戒草之餘》一卷 清龔自珍撰 清道光刊本 一册』，現藏中國國家圖書館。其後刻龔自珍文集者皆收録此書，而未改其編次。如同治七年（一八六八）杭州吴氏刻《定盦文集》三卷《續集》四卷《文集補》二卷《續録》一卷《雜詩》一卷《詞選》一卷《詞録》一卷，光緒二十三年（一八九七）萬木草堂刻《龔定盦全集》，其中《文集》三卷、《補》二卷、《補編》四卷、《續集》四卷，宣統元年（一九〇九）上海國學扶輪社鉛印本《龔定盦全集》等。

近代藏書家、金石學家、刻書家吴昌綬曾收藏《龔自珍文集》稿本。此本鈐『怡魂澤顔』『雙照樓夫婦收臧記』朱印各一枚，未辨真僞。現藏北京大學圖書館。（李雲）

## 四八九 半巖廬遺詩一卷 （清）邵懿辰撰 稿本 朱學勤 潘祖蔭 孫詒經 譚獻 楊文瑩 吴慶坻跋 杜文瀾 林啓 陳豪 梁鼎芬題詩 邵章題簽。

邵懿辰（一八一〇—一八六一）字位西，一作蕙西，號半巖，仁和（今浙江杭州）人。道光十一年（一八三一）舉人，授内閣中書，陞刑部員外郎，入直軍機處。咸豐四年（一八五四）以治河無功去職，家居養親。性峭直，以名節自勵。咸豐十一年太平軍圍杭州，助浙江巡撫王有齡守城，城破，死之。博覽典章，諳熟朝章國政，洞悉源流。撰《尚書傳授同異考》一卷、《尚書通義》二卷、《禮經通論》二卷、《曾子

大孝編注》一卷、《孝經通論》《半巖廬日記》五卷、詩文若干。慕李光地之學，輯録《李氏孝經注輯本》一卷。富藏書，精於目録之學，案頭置《四庫全書簡明目録》一部，遇所見宋元舊本、抄本，手記於各書名之下，後編成《四庫簡明目録標注》二十卷。《清史列傳》卷六十五有傳。

邵懿辰嗜宋學，文宗桐城，與曾國藩、梅曾亮、朱次琦等相游處，文益茂美。然所著詩文因戰亂多亡佚，盱眙吴氏望三益齋、吴縣潘氏滂喜齋先後搜刻其詩，分别收録三十五首、一百四首。民國元年（一九一二），其孫邵章入京師，搜訪十載，至民國十一年刻成《半巖廬遺詩》二卷，共收詩一百四十二首，分體編排，並輯道咸諸老酬答之作三十二家一百十則，爲附録一卷。

此爲邵氏稿本，册葉裝，計有詩葉十二開，録詩作十題十七首，詩葉末題『庚戌孟夏，雜録近作，請修伯世兄正之，位西邵懿辰』。諸家題跋、題詩亦十二開，其中同治十年（一八七一）朱學勤跋稱，『此册乃先生在京日爲學勤録所作雜體詩』，『嗣子子進通判來京，索觀，欲丐以爲世守，遂舉而歸之』。可知詩册係道光三十年邵懿辰録贈朱學勤者，同治十年朱氏又回贈邵氏子。書前有丁巳（民國六年）春日邵章題籤，故稿本中的詩作均已收入邵章刻本。然兩本用字、詩句均小有不同，如《陳小鐵貳尹受硯圖》末聯『讀書種注君家事』句，刻本作『神駒赤汗終千里』；《戊申三月隨扈恭紀四十韻》『石馬緬唐年』句下，刻本多『左塞三關控，中峰萬笏連。葱葱佳氣聚，實實閟宫堅』二聯。可知此稿本並非邵章付刻所用底本。且刻本分體排列，若詩題中無明確紀年，則詩作創作時次幾不可考，手稿於此尚可小有補證。稿本中諸家題跋、題詩僅朱學勤、潘祖蔭、譚獻三則見於刻本，他皆未見。此本現藏中國國家圖

書館。（張燕嬰）

四九〇

## 趙悲盦詩文稿不分卷　（清）趙之謙撰　稿本。無格。

趙之謙（一八二九—一八八四）初字益甫，號冷君，後改字撝叔，號悲盦居士，別署憨寮、無悶、鐵三、梅庵，會稽（今浙江紹興）人。清咸豐九年（一八五九）舉人，試進士不第，以謄錄勞敘官，歷知鄱陽、奉新、南城縣事，卒於官。與李慈銘爲中表親，頗不合。書畫篆刻，妙絶古今，與任伯年、吳昌碩並稱爲『清末三大畫家』。好研治《公羊傳》，又長於金石之學。工詩，著有《悲盦居士詩賸》《悲盦居士文存》《補寰宇訪碑錄》《六朝别字記》《勇廬閑詰》，篆刻有《二金蝶堂印存》，並輯印《仰視千七百二十九鶴齋叢書》。事迹見程秉銛《清故江西知縣會稽趙君墓誌銘》、葉昌熾《趙之謙益甫事實》、徐世昌《顔李師承記》卷一。

趙之謙詩文追求新奇，風格簡潔，徐世昌《晚晴簃詩匯》卷一百五十七謂其『詩境力矯膚庸，倔强矯健，是其所長，潘文勤極稱之』。此本爲趙之謙詩文手稿，前半錄文，後半錄詩，扉葉有陶北溟書『趙悲盦手書文稿精品』『趙撝叔詩文賸稿精品』題簽。《文存》多用紅格稿紙，計兩種，一書口上題『豫章書院』，下題『書街集泰號』；另一書口上題『紅樹山莊』，下題『書街振順號』。詩皆用無格稿紙書寫。此本詩文皆趙之謙手書，作者批校修正之語隨處可見，字勘句酌，極爲慎重，塗抹勾乙，皆爲保留。清光緒十六年（一八九〇）所刻《悲盦居士詩賸》一卷、《文存》一卷本，即據此稿整理刊印而成。通觀此

稿，不僅可見作者創作之迹，亦可略補文集刻本之未備，其書法藝術價值亦頗爲珍貴。

此本鈐『陶毅印』『陶毅審定』『陶中穆』『寄情於此』『萬年館』諸印。陶毅生平不詳，僅知其與陶洙、朱綸等曾爲民國政府擬訂《暫行祭祀冠服制》。題簽者陶北溟（一八八二—一九五六）名祖光，以字行，齋號金輪精舍，江蘇武進人，爲藏書家陶湘之侄。民國時期任北平故宫博物院書畫顧問，金石家、書法家、收藏家，精於碑版之學，精鑒賞，富收藏，著有《金輪精舍藏古玉印》一卷。據考，陶洙與陶湘乃從兄弟，陶毅亦爲武進陶氏一族。此本現藏中國國家圖書館。（趙文友）

四九一

## 張香濤詩稿一卷　（清）張之洞撰　稿本。

框高十八釐米，寬十二·三釐米。每半葉九行，行十五至十九字不等，紅格，白口，四周雙邊。

張之洞（一八三七—一九〇九）字香濤，號香岩，又號壹公、無競居士，晚年自號抱冰，直隸南皮（今屬河北）人，世稱南皮制軍。謚文襄，又稱張文襄公。歷道光、咸豐、同治、光緒、宣統五朝，先後任翰林院編修、湖北學政、四川學政、兩廣總督、軍機大臣等要職，與曾國藩、李鴻章、左宗棠並稱晚清『四大名臣』，在改革政治、振興實業、發展教育、編練軍隊以及制定外交策略等方面發揮了重要作用。《清史稿》卷二百二十四有傳。

是書未署撰者，封面左側自上而下有『張香濤詩稿　稚龢題』字樣，『稚龢題』三字明顯較小，説明書名本由稚龢題寫。書末有陳仁軒跋語曰：『張香濤先生之洞，余三姑丈潤濤之胞兄也。十六歲爲順

天鄉試領袖，幼負奇才，文名冠世，長膺彊寄，卓然一代偉人。披閱之下，誠制軍少年二十六歲之佳作。』陳仁軒當即『稚龢』。據許同莘《張文襄公年譜》，張之洞兄弟六人，之洞排行第四，行第六者爲張之湧，字潤濤。另據民國間《南皮張氏四門第十八支家譜》張之湧小傳：『字潤濤，一字季仲，行六，三品蔭生……配陳氏宛平諱瑞麟公女。』由此可知，張之湧之配陳氏，陳仁軒稱之爲『三姑丈』確有實據。

又，是書版心下刻有『天香閣主人自制』。天香閣處於興義府署内，本是張之洞之父任職四川時所建，張之洞曾將少年之作命名爲『天香閣十二童草』（見《張文襄公年譜》卷一『道光二十八年戊申，公十二歲』條）。書中還有諸多詩文可證作者爲張之洞，如《與侯敬溪論薦季藝堂書》末尾落款即爲『之洞頓首』。

是書多數篇目存在字句增删改换現象，修改痕迹隨處可見，與正文筆迹一致，可知爲作者手稿。詩文批注亦多標『自記』，如組詩『古風二十二首』其九『志士苦夜長』詩有『曜靈逝不留，關河昏如磐』二句，天頭處校『磐』字曰：『按唐小説「黄昏風雨黑如磐」，今本多如此，「黑」謂「磐」，是「礐」字之誤。「礐」黑石也。自記。』

據正文首葉天頭處『自庚申臘月起至壬戌四月止共得詩九十七首』批注，可知手稿作於咸豐十年（一八六〇）至同治元年（一八六二）。詩歌以外，還收有《慎獨箴》一篇、《水仙花説》一篇、信札二通、像贊一篇、座右銘六則，詩文共計一百餘篇。除『橘柚生雲夢』『布衣受人恩』『上山采苦菜』古詩三首和《濟南行宫海棠》律詩一首已爲諸刻本所收，其餘皆爲手稿獨有。咸豐十年八月，英法聯軍攻入北

京，張之洞於此年下半年至濟南，入文煜幕，次年三月北返。此前張之洞已刊行的詩文中描寫濟南生活的作品較少，是書恰好主要反映了齊魯風物民情，對於瞭解這一時期他的詩歌追求、性情經歷和胸襟懷抱具有特殊意義。是書現藏山東省圖書館。（白雲嬌）

四九二

## 十家宮詞十二卷　清初毛氏汲古閣影宋抄本　金嘉采跋。框高十七・七釐米，寬十三・四釐米。每半葉十行，行十八字，小字雙行同，白口，左右雙邊。

此書收唐王建，後蜀花蕊夫人，五代和凝，宋王珪、張公庠、王仲修、周彦質、宋白所作《宮詞》各一卷，詩各百首，胡偉《宮詞》集句一卷及宋徽宗宣和御製《宮詞》三卷。

宮詞是以宮廷日常生活爲題材所作之小詩，一般爲絶句。内容如《宋文安公宮詞序》所云：『皆所以誇帝室之輝華，敘王遊之壯觀，抉彤庭金屋之思，道龍舟鳳輦之嬉。』故以鋪寫宮廷華麗生活及歌舞昇平、享樂逸遊情狀之詩爲多，亦偶有寄托深遠、諷諭尖鋭之佳作，以『宮怨詩』最有價值。所寫題材多爲作者親歷親聞，亦有得自内侍、宮妃之口述者。唐大曆中王建所作《宮詞》百首，始以『宮詞』爲題，爲此種體裁之濫觴。稍後花蕊夫人復以《宮詞》一百首大暢其風，後世作者蜂起，宮詞之作遂層出不窮。歷代好事者每有輯録。《直齋書録解題》卷十五著録《三家宮詞》三卷，『唐王建、蜀花蕊夫人、本朝丞相王珪三人所著』，又有《五家宮詞》五卷，『石晉宰相和凝，本朝學士宋白、中大夫張公庠、直秘閣周彦質及王仲修』所著，各百首。明嘉靖間黄魯曾輯《編選四家宮詞》（收王建、花蕊夫人、宋徽宗、王珪

四家），萬曆間又有《三體宮詞》刊行於世。

此本王珪《宮詞》後有『臨安府陳道人書籍鋪刊行』刊記一行，知抄自南宋陳起書棚刻本。集各家宮詞之大成，輯録者當即陳起。王珪《宮詞》後又有嘉定己巳（二年　一二〇九）洪伋跋，云：『宮詞古無有，至唐人始爲之，王建所作多至百篇，繼之者蜀有花蘂夫人，本朝有王岐公客自吴中來，又得胡元邁集句，亦且百篇，宮詞其備矣。予謂建與王守澄遊，故多知掖庭事；花蘂少長僞蜀宮中；岐公久在禁苑，其事皆得於見聞；元邁一布衣，乃能集諸家之善，是固博洽所得。至述清燕之間，遊豫之度，平徹若此，豈『馬周若素宦於朝』之謂歟？因類而刻之，以備好事者觀覽。』可據知陳起輯録來源之一即洪伋所刻王建、花蕊夫人、王珪、胡偉四家《宮詞》，其餘六家則不詳其依據。

今陳氏書棚刻本尚存《宣和宮詞》三卷、《張公庠詞》一卷、《王仲修詞》一卷、《周彦質詞》一卷，與此抄本相校，有數處異文，如《宣和宮詞》卷一『燧人鑽火應時分』，抄本『鑽』從火旁；卷二『想應曾占惜年春』，鈔本『惜』作『昔』；卷三『零露瀼瀼夜未晞』，鈔本『晞』作『晞』；『夜静綺窗輝絳螮』，鈔本『螮』作『臈』。《張公庠詞》『更宜踈雨濕欄杆』，鈔本『杆』作『竿』。此外鈔本『構』字有不缺筆者。可見雖曰影抄，與宋刻原本亦難免差異。《王仲修詞》『徽』『構』『慎』『敦』『廓』等字皆避諱缺末筆。《周彦質詞》『故産皇家是吉祥』，抄本『吉』字爲空格；最末一首宋刻獨占一葉，鈔本無此首，恐抄本所據之本略有殘損，不如今存宋本之完善。雖此抄本與宋刻原本有小小異同，仍大體保存底本文字原貌，是唐宋《宮詞》最重要之傳本。

書中實以王建、花蕊夫人、王珪、胡偉爲四家宫詞，版心分别記『宫詞一、二、三、四』；以和凝、張公庠、王仲修、周彦質爲四家宫詞，版心分别記『和詞一、張詞二、王詞三、周詞四』；宋徽宗所作版心記『宣和一、二、三』；宋白宫詞版心衹記『宋詞』，合爲十家。

此本《汲古閣珍藏秘本書目》不載。書末有光緒元年（一八七五）金嘉采跋，稱此本『筆畫謹嚴精雅，妙絶當時』，『紙質薄韧，絶無簾紋，明潔若卵膜，翻動簌簌有聲』。鈐有『宋本』『甲』等毛氏父子各印，又曾經四明蔡鴻鑑墨海樓收藏，鈐有『琴樵』『碧玉壺蔡鴻鑑校書讀畫之印』等印。現藏中國國家圖書館。（樊長遠）

四九三

**汲古閣景抄南宋六十家小集一百二卷** 明末清初毛氏汲古閣影宋抄本（配民國上海古書流通處抄本）。其中《安晚堂詩集》缺卷一至五，全書實存九十七卷。

南宋中後期，臨安府棚北大街睦親坊南陳宅書籍鋪曾陸續刻印宋人别集，《四庫全書總目·江湖小集》提要云『南渡後詩家姓氏不顯者，多賴是書以傳』，其摭拾之功，不可或没。這批書由書坊主人、江湖詩派成員陳起創刻，其子續芸繼之，從嘉定刻至景定年間，前後歷時近六十載。究竟刻有多少種，已難考見，蓋隨得隨刻隨印，積久既多，時或彙而印之，種數無定，也未刻意以總集頒行，故原無總書名。而曰『江湖集』者，蓋後人依方回《瀛奎律髓》、周密《齊東野語》所記；稱『宋名家小集』『宋人小集』『南宋群賢小集』者，則據歷來各傳抄之本所題。陳起友人周端臣（卒於淳祐寶祐間）嘗撰《挽芸居

二首》詩，中有『字晝堪追晉，詩刊欲遍唐』句（見《文淵閣四庫全書·江湖後集》卷三），似其刻書重在唐集，宋集刊行則多由續芸主事；且所傳若《吾竹小藁》有寶祐六年戊午（一二五八）李龏序，《心游摘藁》有景定二年辛酉（一二六一）林希逸序，更刻於陳起歿後，亦可資證明。因此，以往公私書目於刻本或抄本皆題曰『陳起編』，實不確切。

陳宅書籍鋪所刻宋集傳本稀見，今所存者，以臺灣『中央圖書館』善本書志初稿》著錄之五十八種凡九十五卷題爲《南宋群賢小集》者最爲珍貴，然近年出現於大陸市場之劉克莊《南嶽舊稿》並不在內；與上海圖書館所藏此毛氏汲古閣影抄本也相出入。如李龏《翦綃集》《梅花衲》、林同《孝詩》、釋紹嵩《江浙紀行集句詩》以及陳起所編《聖宋高僧詩選》《前賢小集拾遺》，乃此毛抄所無；而趙汝鐩《野谷詩藁》、鄭清之《安晚堂詩集》、岳珂《棠湖詩藁》、周弼《汶陽端平詩雋》、羅與之《雪坡小藁》、張至龍《雪林删餘》，則彼宋本所缺。故此毛氏汲古閣影抄本，便凸顯其追蹤宋本之價值，其爲世人所重自不待言。

此書舊藏鄧邦述群碧樓，首尾有鄧氏題跋及吳湖帆、吳梅識語。前有鄧氏手自編寫目錄，題作《汲古閣景鈔南宋六十家集目》，《中國古籍善本書目》作《南宋六十家小集》。凡毛氏汲古閣所抄者，卷端鈐有『毛晉』『汲古主人』『宋本』『希世之珍』，卷末鈐有『毛晉之印』『毛氏子晉』兩印。其中有陳宅書籍鋪刊記者爲《石屏續集》《龍洲道人詩集》《白石道人詩集》《安晚堂詩集》《棠湖詩藁》《汶陽端平詩雋》《竹溪十一藁詩選》《菊澗小集》《吾竹小藁》《西麓詩藁》《雪林删餘》《心游摘藁》《適安藏拙餘藁、

乙卷》《端隱吟藁》凡十四種。無陳宅書籍鋪刊記，但版式行款與陳宅書籍鋪刻本相同者爲《野谷詩藁》《雲泉詩集》《橘潭詩藁》《菊潭詩集》《芸隱勧游藁、横舟藁》《梅屋詩藁、融春小綴、梅屋第三藁、梅屋第四藁》《雪坡小藁》《踈寮小集》《雅林小藁》《梅屋吟》《皇荂曲》《庸齋小集》《靖逸小集》《秋江煙草》《癖齋小集》《巽齋小集》《竹所吟藁》《北牕詩藁》《鷗渚微吟》《抱拙小藁》《蒙泉詩藁》《竹莊小藁》《東齋小集》《漁溪詩藁、乙藁》《檜庭吟藁》《骳藁》《露香拾藁》《雪卧詩集》《葛無懷小集》《臞翁詩集》《招山小集》《山居存藁》《斗野藁支卷》《静佳龍尋藁、乙藁》《采芝集、續藁》《看雲小集》《雪窻小集》《小山集》《雪蓬藁》《順適堂吟藁甲至戊集》凡四十種，似亦爲陳宅書籍鋪所刻。又有無陳宅書籍鋪刊記，版式行款字體與陳宅書籍鋪刻本不同，且其刻工無一見諸南宋浙本者，如《方泉先生詩集》每半葉八行，行十五字，四周雙邊，白口，雙魚尾，刻工有陳祥、何廣、李生、葉青；《雲泉詩》每半葉九行，行十七字，左右雙邊，白口，雙魚尾，刻工有周世昌、鍾惟一；《學吟》每半葉八行，行十六字，左右雙邊，白口，單魚尾；《學詩初藁》每半葉八行，行十六字，四周雙邊，細黑口，雙魚尾，刻工有吳清、蔡慶。頗疑此四種書係毛氏汲古閣抄自別本而非陳宅書籍鋪刻本，則臺灣『中央圖書館』著録之版本或可再考，而《四庫全書總目·江湖後集》提要所謂陳氏『其書刻非一時，版非一律』之説未可盡信。

此外尚有《雪巖吟草》《芸居乙藁》兩種，雖版式行款與陳宅書籍鋪刻本相同，但既無陳宅書籍鋪刊記，亦未鈐毛氏印章。觀鄧邦述甲子（一九二三）孟夏之跋，謂此兩種抄本得於書市，與毛抄在伯仲間，含糊其詞，似不知來龍去脉，其實不然。因之前一年即民國十一年，鄧氏曾將此書借與上海陳立炎古

書流通處影印出版，此兩種即古書流通處據别本補抄一併印入。時附於《石屏續集》後之《石屏長短句》及附於《梅屋詩藁》後之《梅屋詩餘》，鄧氏尚未借與吴昌綬刻入《宋金元明本詞》，故影印本尚是毛抄原本，後爲吴湖帆所得，現藏臺灣。而鄧氏所缺該兩種詞集，亦係古書流通處抄補使完。古書流通處影印《汲古閣景鈔南宋六十家小集》之同時，復付印所謂鮑氏知不足齋輯抄之《宋集補遺》《南宋八家集》，而兩鮑抄實皆古書流通處僞造（見國家圖書館出版社出版《陳乃乾文集・海上書林夢憶錄》）。凡古書流通處所抄之本，除《石屏長短句》抄手稍劣外，餘皆如鄧氏所言，抄寫精整，如出一手，唯鄧氏掩隱其詳耳。因此書所有之鄧氏甲子題跋與吴湖帆題識、吴梅題跋在古書流通處印書之後，故影印本缺如。僞造鮑抄之《宋集補遺》今不知蹤迹，《南宋八家集》則藏黑龍江省圖書館。本書現藏上海圖書館。（陳先行）

四九四

## 唐中興閒氣集二卷

（唐）高仲武輯　清初毛氏汲古閣影宋抄本。框高十七・八釐米，寬十三釐米。每半葉十行，行十八字，白口，左右雙邊。

高仲武，生卒年及生平均不詳，約生活於唐代宗大曆時期。《唐中興閒氣集》卷首自署『渤海高仲武』，但唐人喜署郡望，故渤海可能僅爲其郡望而非籍貫。高仲武除編選《中興閒氣集》外，尚著有《格律異門論》及《譜》三篇（見本書卷下孟雲卿評語），惜均已佚。

《中興閒氣集》爲今存唐人選唐詩中的重要選本之一，歷來受到唐詩研究者的重視。《中興閒氣

集》成書之由，據編者高仲武在序中所言：『唐興一百七十載，屬方隅叛涣，戎事紛紜，業文之人，述作中廢。粤若肅宗、先帝，以殷憂啓聖，反正中原。伏惟皇帝，以出震繼明，保安區宇，國風雅頌，蔚然復興。所謂文明御時，上以化下者也……起自至德元首，終於大曆暮年……命曰《中興間氣集》。』按，唐代安史之亂後，肅宗、代宗兩朝戡平叛亂，史稱中興。至於『間氣』二字，蓋源於『正氣爲帝，間氣爲臣』的古代讖諱之説，即謂所選爲諸臣之作。由此可見，本書專選肅、代時期作品，故名爲《中興間氣集》。

過去學界多以序文所言『伏惟皇帝』之皇帝爲代宗，又據『起自至德元首，終於大曆暮年』，認爲《中興間氣集》成書於大曆末。然由『大曆暮年』一語可知，此序必然作於代宗駕崩之後，即大曆十四年四月以後，故『伏惟皇帝』之皇帝實指德宗。傅璇琮先生認爲，此集的編選時間當在貞元初年，較爲可信。

《中興間氣集》共收作者二十六人，作品共一百三十四首。其中，錢起十二首、張衆甫三首、于良史二首、鄭丹二首、李希仲二首、李嘉祐八首、章八元二首、戴叔倫二首、皇甫冉十三首、杜誦一首、朱灣八首、韓翃七首、蘇涣三首、郎士元十二首、崔峒九首、張繼三首、劉長卿九首、李季蘭六首、竇參三首、道人靈一四首、張南史三首、姚倫二首、皇甫曾五首、鄭常三首、孟雲卿六首、劉灣四首。此書大致反映出至德至大曆間詩壇的主要面貌。從取捨標準來看，高仲武特别推崇錢起、郎士元，將二人列爲上下卷之首，而皇甫冉則爲入選作品最多者，達十三首。此集多爲贈别酬和、留連光景之作，也有少數反映民生疾苦的篇什。在藝術上追求清逸幽遠之境，所製多爲五言。高仲武在《序》中提出『體狀風雅，理致

清新』的選取標準，基本符合當時詩風的特點。此書在每家姓氏之後，皆『略敘品彙人倫』，其中不乏精闢見解。如評劉長卿『大抵九首已上，語意稍同，於落句尤甚，此其思鋭才窄也』，頗有見地。但也有品評高下失當之處，如評郎士元《鄭儀宅送錢大》開頭兩句『暮蟬不可聽，落葉豈堪聞』爲『工於發端』，實則『聽』『聞』犯合掌對，微有小疵。鄭谷《讀前集二首》云：『何事後來高仲武，品題《間氣》未公心。』説他不如殷璠《河岳英靈集》品評公允。陸游《跋中興間氣集》也指責他『評品多妄』『議論凡鄙』。

傅璇琮對《中興間氣集》的版本系統進行了較爲全面、細緻的梳理，並將諸多可考較早的存世版本歸納爲四種：一是清初毛氏汲古閣影宋抄本；二是明萬曆本；三是明嘉靖本，即《四部叢刊初編》影印本，與萬曆本字句正合，可視爲同一系統之版本；四是汲古閣刻《唐人選唐詩本》，其異於影宋抄本者往往與嘉靖本同。

錢曾《讀書敏求記》謂得宋鋟本，如朱灣《詠玉》一首，『玉』字作『三』，蓋每句皆藏『三』字義也。後人不解詩義，反以『三』爲訛字，妄改爲《詠玉》。此本則徑作『詠三』。又，凡刻本原缺高仲武自序及張衆甫、章八元、戴叔倫、孟雲卿、劉灣五人評語，都見於何焯校記。自元至明，刻本皆然。但此本則爲清初毛氏汲古閣影宋抄本，『貞』『玄』『恒』等字均缺末筆，錢曾所言刻本不完者，此本皆具。

有『宋本』『甲』『汲古主人』『子晉』『毛晉私印』『三十五峯園主人』『汪士鐘印』『周暹』等印。由鈐印可知此書出自毛氏汲古閣，曾爲汪士鐘所藏，後爲周叔弢所得。新中國成立後，周氏將此書捐贈國家，後入藏北京圖書館，即今中國國家圖書館。（胡平）

**寒瘦集一卷**　（唐）孟郊　賈島撰　（清）岳端輯評　清康熙三十八年（一六九九）紅蘭室刻朱墨套印本。框高十八・九釐米，寬十三・六釐米。每半葉八行，行十八字，白口，四周雙邊。

岳端（一六七一—一七〇四）又寫作蘊端、袁端，字兼山，又字正子，號玉池生，别號紅蘭室主人、東風居士、長白十八郎等，清長白（今屬遼寧）人。出身天潢貴胄，愛新覺羅氏，與康熙皇帝同輩，多羅安和親王岳樂之子，清太祖努爾哈赤之曾孫。初爲勤郡王，後降爲固山貝子，康熙三十七年被革爵。其人在詩歌、繪畫、戲曲、音樂等方面均有突出成就，受到王漁洋、孔尚任等推崇。除輯評、刻印孟郊、賈島詩歌合集《寒瘦集》外，自撰並刻印《玉池生稿》八種十卷，另有《揚州夢傳奇》，頗著名。卒於康熙四十三年，享年三十四歲。

此書衹選孟郊、賈島二人詩。内題『長白岳端兼山選評』。書前有《唐書》孟郊、賈島小傳各一篇及凡例、目録各項。共選詩八十二首，其中孟郊詩四十四首，賈島詩三十八首。五言詩占主體，評語精練，多已見，既評作品，亦評作家。書末有作者《後序》。

孟郊（七五一—八一四）字東野，唐代湖州武康（今浙江德清）人，祖籍平昌（今山東臨邑東北），先世居洛陽。孟郊早年生活貧困，曾周遊湖北、湖南、廣西等地，無所遇合，屢試不第。貞元中張建封鎮徐州時，郊曾往謁。四十六歲（一説四十五歲）始登進士第。然後東歸，遊汴州、越州。貞元十七年（八〇一）任溧陽尉。在任不事曹務，常以作詩爲樂，被罰半俸。元和初，河南尹鄭餘慶奏爲河南水陸轉運從事，試協律郎，定居洛陽。六十歲時，因母喪去官。鄭餘慶鎮興元，又奏爲參謀、試大理評事。郊應

邀前往，到閿鄉（今河南靈寶），暴病去世。張籍私謚之爲『貞曜先生』。唐末張爲作《詩人主客圖》，称他爲『清奇僻苦主』。世人對孟詩的評價，褒貶不一。

賈島（七七九—八四三）字浪仙，唐范陽（河北涿州）人。早年出家爲僧，號無本，元和五年（八一〇）冬，至長安，見張籍。次年春，至洛陽，始謁韓愈，以詩深得賞識。後還俗，屢舉進士不第。文宗時因被謗貶爲長江主簿。開成五年（八四〇）遷普州（今屬四川）司倉參軍。武宗會昌三年（八四三）在普州去世。賈島詩在晚唐形成流派，影響頗大。唐張爲《詩人主客圖》列爲『清奇雅正』升堂七人之一。清李懷民《中晚唐詩人主客圖》則稱之『清奇僻苦主』，並列其『入室』『及門』弟子多人。蘇軾在《祭柳子玉文》中稱『郊寒島瘦』，岳端所輯《寒瘦集》其名即緣於此。

此書文字朱墨相間，墨文爲孟郊、賈島詩文，朱文爲岳端評語及圈點。評語鐫刻於詩後，行首較墨文詩行低一字，且字稍小，字體相近。圈點極爲細緻，精分爲六項，分別表達轉折、平妥與否等不同評價。字體爲楷書，靈動有致，精美典雅。書名右下方鈐有朱文長方印一枚，字迹模糊，已不能辨識。序前及後序後均鈐有兩枚岳端藏書方印，前後章文一致，分別是『长白毓本珍藏』『长白毓本務旃父讀書印』。現藏中國國家圖書館。（趙銀芳） 四九六

**坡門酬唱二十三卷** （宋）邵浩輯　清影宋抄本。框高二十・三釐米，寬十四・五釐米。每半葉九行，行十六字，小字雙行同，白口，左右雙邊。

邵浩（生卒年不詳）字叔義（一作叔誼），金華（今屬浙江）人。此書《坡門酬唱引》有『紹興戊寅，浩年未冠，乃何幸得肄業於成均』之語，可知浩生年不早於南宋紹興八年（一一三八），紹興二十八年入國子學。隆興元年（一一六三）進士。淳熙八年（一一八一），呂祖謙卒，爲作輓詩二首，時知衢州江川縣主管勸農公事。十二年，知江山縣（［弘治］《衢州府志》卷八）。十六年，主管江南西路宣撫司機宜文字。曾問學於朱熹、陸九淵，熹有《答邵叔義》四書，九淵有《與邵叔誼》二書。

詩篇唱酬，爲宋時士大夫風尚，甚至爲士大夫交往所必需。『詩人酬唱盛於元祐間，自魯直、後山宗主二蘇，旁與秦少游、晁無咎、張文潛、李方叔馳騖相先後，萃一時名流，悉出蘇公門下』（張叔椿序）。此書即蘇門唱酬詩篇的彙編之作。紹熙元年（一一九〇），邵浩作《坡門酬唱引》，稱隆興元年癸未，始得第以歸。有以詩篇來求和者，藐不知所向。於是取『兩蘇公』兄弟互相唱和之作及『門下六君子』平日屬和兩公之詩與其自相往復之作，摭而録之，曰《蘇門酬唱》。淳熙十六年己酉，浩官豫章，出此編示臨江謝公，謝公爲之作序，且更曰《坡門酬唱》。據祝尚書《宋人總集敘録》考證，『臨江謝公』當爲謝諤（一一二一—一一九四），新喻（今屬江西）人，光宗時除御史中丞，權工部尚書，與《坡門酬唱引》『臨江謝公自中丞遷尚書』正合。此書編成當不晚於淳熙十六年。從書中不僅可見坡門唱和之雅，更可見當時師友之誼。

此書共二十三卷，録詩六百六十篇。各卷先列首唱，後列和答之作。按唱者分，卷一至十六爲蘇軾，卷十七至二十爲蘇轍，卷二十一爲黄庭堅，卷二十二爲秦觀、張耒，卷二十三爲晁補之、陳師道，唯

李鳶有酬無唱。其不在八人之數，而別有繼和者，亦皆附入，爲注以別之。《四庫全書總目》是書提要評曰：『其詩大抵同題共韻之作，比而觀之，可以知其才力之强弱與意旨之異同，較之散見諸集易於互勘，談藝者亦深有裨也。』

紹熙元年張叔椿序有『命工鋟木，以廣其傳』之語，可知此書最早刻本當爲宋紹熙元年豫章刻本。此宋本今尚傳世，現藏臺灣『中央圖書館』。前有紹熙元年邵浩《坡門酬唱引》、紹熙元年張叔椿序，而《坡門酬唱引》中所稱謝公序已佚失。版心上方記字數，中間標書名卷次及葉碼，下方鐫刻工姓名，有彭卞、吴丙、余光、鄧安等。

此書刊刻後流傳不廣，宋、明人極少著錄，唯《宋史·藝文志》著錄『邵浩《坡門酬唱》二十三卷』。清代所傳，多爲影宋抄本。至清宣統間，貴池劉氏玉海堂將其影刊，爲《玉海堂景宋叢書》之八。

此本亦爲清人從宋本影抄者，前有紹熙元年張叔椿序、紹熙元年邵浩《坡門酬唱引》，但將『邵浩』誤爲『邵詒』。

此本每册前後扉葉鈐『太上皇帝之寶』『八徵耄念之寶』『五福五代堂古稀天子寶』，册首鈐『天祿繼鑑』『乾隆御覽之寶』，册末鈐『乾隆御覽之寶』『天祿琳琅』等印，知爲清天祿琳琅舊藏，《天祿琳琅書目後編》卷八著錄。此本現藏中國國家圖書館。（包菊香）

四九七

## 增廣聖宋高僧詩選前集一卷後集三卷續集一卷 （宋）陳起輯 清初毛氏汲古閣影宋抄

本。框高十七・九釐米，寬十三・一釐米。每半葉十行，行十八字，白口，左右雙邊。

是書爲有宋一代詩僧作品選集，錢塘陳起所編。陳起以經營臨安府棚北大街睦親坊南陳宅書籍鋪著稱，刻書精湛，世稱『書棚本』。此本卷端署『錢塘陳起編』（前集）、『陳起宗之編』（後集、續集）。《前集》收希晝、保暹、文兆、行肇、簡長、惟鳳、惠崇、宇昭、懷古等九家詩作凡一百三十四首；《後集》上中下三卷共收贊寧、善權等三十三家詩作一百五十二首；《續集》收擇鄰、清外等十九家詩作共五十一首。其中以惠崇最著名，其他則生平多不可考。惠崇、保暹曾有詩集，見《宋史・藝文志》，惜已失傳。各集詩歌以五律、五古爲主，學承晚唐，宗法賈島，内容多爲酬唱應答，亦不乏記述行旅風光、寫景感懷之作，精字煉句，詩風清奇，爲宋初晚唐體詩派之代表。

前集所收九家合稱『九僧』，宋初已有詩名，並有合集行世。歐陽修《六一詩話》、司馬光《續詩話》均曾提及。《直齋書録解題》卷十五著録《九僧詩》一卷，云有上述九僧之詩『凡一百七首』，陳克（克當作充）序。《郡齋讀書志》卷二十收録《九僧詩集》一卷，『陳充爲序，凡一百十篇』。《宋史》卷二百九《藝文志》亦有陳充《九僧詩集》一卷，唯不詳篇數。今傳本多出二十餘首，又有《後集》《續集》，當爲編者陳起廣爲收羅增補而成。毛氏《汲古閣珍藏秘本書目》著録『《九僧集》一本，影宋板精抄』，實乃毛扆抄録《前集》，略爲增補並重新命名者，已非宋本舊貌，今存世有若干部。

陳起刻本清初猶存，故毛氏汲古閣據以影抄。今存世毛氏影鈔本有兩部，此《中華再造善本續編》影印本爲其一，與另一部相校，均避宋諱『樹』『貞』『玄』『徵』『慎』『敦』字，缺末筆，此本『樹』字偶不

缺筆。另有小小異同，如『桓』字此本缺末兩筆，另一部不缺筆；《續集·曉上人還浙東》，『浙』字另一部誤作『淅』。清代各版本《高僧詩選》《九僧詩》均以此兩部影抄本爲源頭。

書中鈐毛氏父子各印，經黄丕烈、汪士鐘遞藏，民國時爲袁克文『三琴趣齋』所得，鈐有『佞宋』『克文』及袁克文觀書肖像印。一九三一年入周叔弢『自莊嚴堪』，後捐贈中國國家圖書館。

（樊長遠）

四九八

## 列朝詩集八十一卷 （清）錢謙益輯 清順治九年（一六五二）毛氏汲古閣刻本。框高二十·六釐米，寬十三·三釐米。每半葉十五行，行二十八字，白口，四周雙邊。

錢謙益（一五八二—一六六四）字受之，號牧齋，晚號蒙叟、東澗老人，常熟（今屬江蘇）人。明萬曆三十八年（一六一〇）進士，授編修。崇禎元年（一六二八）任禮部侍郎、翰林侍讀學士，後遭革職。南明弘光朝擢禮部尚書。仕清，爲禮部侍郎管秘書院事，充《明史》館副總裁。順治初，因江陰黄毓祺抗清案牽連入獄，次年獲釋。自是息影居家，築絳雲樓以藏書檢校著述。著作除是書外，尚有《初學集》《有學集》《投筆集》《苦海集》及外集等多種。因身仕兩朝，乾隆朝編《貳臣傳》與列其中。乾隆四十四年（一七七九），錢氏著述被列爲『悖妄著書人詩文』，其已載入縣志者均被删削。

是書爲錢氏於明末清初編選明代一千六百餘位詩人代表作而成的詩歌總集，初名《國朝詩集》，又稱《歷朝詩集》。全書首爲乾集二卷，録明十帝、十八王之詩，附見者二人；甲集前編十一卷，自明太

祖元末至正十二年（一三五二）起兵到至正二十七年，計一百零七人，附七十二人；甲集二十二卷，自洪武至建文兩朝，計二百三十七人，附十二人，是爲有明之初；乙集八卷，從永樂到天順六朝，計二百二十九人，附十二人；丙集十六卷，成化、弘治、正德三朝，計二千一百八十人，附十六人；丁集十六卷，嘉靖至崇禎六朝，計四百五十四人，附五十九人；閏集六卷，爲僧道、香奩、宗室、内侍、青衣、無名氏、集句、神鬼、滇南、朝鮮、日本、占城、交趾、安南等，計三百七十一人，附十五人。

是書曾經錢氏先後兩次編選。一次在明天啓間，經好友程嘉燧（字孟陽）提議，但編次僅三十餘家便中斷。二次則始於清順治三年，成於六年，隨後即交付門人毛晉刻印，歷時三年完成。

是書仿金人元好問《中州集》而纂集，旨在以詩存史，保存一代文獻，故其編輯體例一如元氏成法，以詩繫人，以人繫傳。所選作品一般都屬詩人代表之作，間或借詩以存其人。有詩人小傳介紹其人姓氏、爵里、生平，並點評作品得失，資料臚列詳實，洵可珍貴。康熙三十七年（一六九八），謙益族孫錢陸燦輯録是書小傳彙爲一編，單獨刊行，名《列朝詩集小傳》。小傳於歷史事件、人物多有核正，如楊基、徐賁謫濠，劉三吾之死，及國初『南北榜』科場案等，對正史多有裨益。錢氏亦常借小傳發抒故國之思、興亡之感。總言之，是書較爲完整地反映明代詩歌發展軌迹及各時期、各地域、各流派諸位詩家創作風貌，爲明代詩歌研究提供了極爲珍貴的資料。

錢氏作爲清初文壇盟主，詩評常有精闢獨到見解。在談及詩家不同流派時，雖略有門户之見，但偏激之論不多，尚稱公允。然清四庫館臣阿附乾隆皇帝憎惡，對錢氏極盡貶低之能事，謂其『以記醜言

僞之才，濟以黨同伐異之見，逞其恩怨，顛倒是非，黑白混淆，無復公論」（《四庫全書總目·明詩綜》），實在有失偏頗。

是書於清乾隆四十四年遭毀版禁行，故後世流佈幾稀。至宣統二年（一九一〇）始據順治九年原版重新雕印。此外，北京大學圖書館尚藏有明天啓間稿本一册。此本爲順治汲古閣原刊，頗爲難得。此本經朱彝尊校過，鈐『朱氏竹垞』印。後爲李芝綬所得，鈐『静補齋藏』章。現藏中國國家圖書館。（楊印氏）

四九九

**沈氏三先生文集六十一卷**　（宋）沈遘　沈括　沈遼撰　清初影宋抄本（卷十一至十二、五十二、五十七至五十八配清抄本）。每半葉九行，行二十字，無欄格。

沈遘（一〇二八—一〇六七）字文通，錢塘（今浙江杭州）人。仁宗皇祐元年（一〇四九）進士。歷江寧府通判、知制誥、知杭州。明於吏治，令行禁止。召知開封府，遷龍圖閣直學士，拜翰林學士、判流内銓。

沈括（一〇三一—一〇九五）字存中。沈遘從叔。仁宗嘉祐八年（一〇六三）進士。提舉司天監，擢知制誥，兼通進銀臺司。有《夢溪筆談》《蘇沈良方》等。

沈遼（一〇三二—一〇八五）字睿達，號雲巢。沈遘弟。神宗熙寧初，爲審官西院主簿，監明州市舶司及杭州軍資庫。攝華亭縣，以嫌奪官流永州，徙池州，流連江湖數年，益偃蹇傲世。事迹具《宋史》

本傳。

是書卷一至十爲沈遘《西溪集》，卷十一至五十一爲沈括《長興集》，卷五十二至六十一爲沈遼《雲巢編》。南宋時刊於括蒼（今浙江麗水）。陳振孫《直齋書録解題》卷十七著録《三沈集》六十一卷，今已不可見。可見者最早爲明萬曆刻本，卷尾多有『從事郎處州司理參軍高布重校兼監雕』一行，知所據爲南宋高布處州刊本，或即《直齋》所記之括蒼本。『遘』字敬避，注『御名同音』四字，蓋依宋本原式翻出。《長興集》卷三至十二、三十一、三十三至四十一原闕未刻。

此清初傳抄本，避諱、款式均同萬曆本。萬曆本傳世者，所見有二帙，一王聞遠舊藏本，現藏浙江圖書館，刷印清朗；一劉喜海舊藏本，現藏國家圖書館，刷印未清。卷五十五《德相送荆公三詩用元韻戲爲之》『由來知健捷』之『捷』字、《德相所示論書聊復戲酬》『白髮何爲鑷』之『鑷』字、《初創二山》『基構有遺躅』之『躅』字，卷六十一《雲巢詩並序》『少習因病爲藥瞑』之『少』字等，王藏本清晰可辨，劉藏本模糊難識。今取此本勘驗，劉藏本文字模糊處，此本亦缺字留白，蓋從萬曆本抄出，非直接抄自宋處州刊本。原謂影宋抄本未確。

是書另有清康熙吴允嘉抄本，亦從萬曆本抄出，劉藏本模糊處，吴抄本文字無缺，其底本狀況或與王藏本略同。吴抄本由吴允嘉校補文字，爲後來光緒浙江書局重刻本之底本。卷三十二《延州重修嘉嶺英烈王廟碑文》『而天地鬼神陟降先後出於』下一葉約計三百字，吴抄本脱去，局本亦沿其失，此本該葉則文字完足。由此可見，此本與吴抄本文字互有得失，可以彼此印證。又，吴允嘉跋指『存中與文通

爲叔侄行，今本先《西溪》而後《長興》，以卑冠尊，義不可解。或以文通之孫元用曾爲處州守，此必元用所刻，自尊其祖故也；又或因《宋史》附括、遼於遘傳，殆依史傳爲敘次」，又疑《長興》開卷有缺，故列《西溪》之後，其説恐未確。按之三沈生年，其先後次序正合今本排序。

此本《西溪集》卷一《贈楊樂道建茶》詩後，錯裝入第二卷《送袁陟通判撫州》至《次韻和李審言上元寄王巖夫》十七首，此次《中華再造善本續編》影印，仍依原樣。原抄本紙張光潔度高，多鈐有『古香樓』『休寧汪季青家藏書籍』『四明盧氏抱經樓藏書印』等印，所配之另一抄本無此等印，紙張光潔度差，文字較萬曆本爲多，當另有依據。現藏上海圖書館。（林寧）

五〇〇

## 全宋詩話十二卷 （清）孫濤輯 稿本 施嵩跋。

框高十八・七釐米，寬十二・二釐米。每半葉十行，行二十一字，白口，左右雙邊。

孫濤（生卒年不詳）字樂山，石門（今浙江桐鄉）人，因境内有語兒溪，又自稱語水人。增廣生。博覽群書，尤善形家言，辨析精微。有《全唐詩話續編》二卷。

是書前有乾隆三十九年（一七七四）孫氏自序云：『余性喜諸家詩話，自幼披覽之餘，輒手錄之，積成卷帙，歲在甲子，即仿尤文簡《全唐詩話》例，專輯《全宋詩話》。』甲子當在乾隆九年，知其編輯此書，前後歷三十年。全書收錄詩家五百七十餘人，或因人而存其詩，或因詩與事而存其人。首列帝后諸王，次以年代先後分列諸家，卷末專錄釋、道、閨秀。每則先錄詩事，多引自宋人筆記、詩話、文集等，

末繫小傳。又自序云：『顧前明諸公，尊唐而黜宋，李北地謂不讀唐以後書，是欺人語。比有厭唐人之規幅者，高詡宋人，詆唐人不足師，必曰離之始工，是未知正而先言變，均非持論之平也。』清初以降，詩壇多有宗唐與宗宋之爭。孫氏選録各家，較少門户之見（參見陳尚君《全宋詩話解題》，《上海圖書館未刊古籍稿本》，復旦大學出版社二〇〇八年版）。雖捃摭未稱全備，而有宋一代詩人，燦然略具。

此爲作者謄清稿本，末附清嘉慶十六年（一八一一）施嵩跋是書云：『繕寫方竣，將付梓人，而先生（孫濤）遽赴玉樓，未竟其志。此書流入闤闠，爲友人所購，余披閱之，覺搜羅宏富，如游山陰道上，應接不暇，縱趙宋人才未必盡此，而考其軼事，亦足以備一氏之文獻也。倘復不加愛護，恐先輩畢生精力所寄，一旦徒供蠹食，豈不可惜？爰以名人書畫易得，什襲藏之，俟有能力任剞劂者付焉。』嵩字禮登，號少峰，石門人。工山水。有《少峰詩鈔》《唾餘集》。事迹見李濬之輯《清畫家詩史》卷己上，又見［光緒］《嘉興府志》卷六十《石門》。

是書清華大學圖書館藏有清抄本，有馮登府校並跋，跋稱『是書爲施君少峰收藏』，『吾師顯亭夫子從其假鈔，命爲校讎一通』，知彼本係從此本繕出（參見宋建昃：《一部稀見的抄本—全宋詩話》，《山西大學學報》二〇〇一年第六期）。

此本鈐有『施嵩之印』『少峰』『少施氏』『禮登』『餘閒居』『嵩印』等印。現藏上海圖書館。

（陳雷）

五〇一

## 歷代賦話十四卷續歷代賦話十四卷　（清）浦銑輯　復小齋賦話二卷　（清）浦銑撰　清乾隆復小齋刻本。框高十九·七釐米，寬十四·五釐米。每半葉十一行，行二十一字，白口，左右雙邊。

浦銑（一七二九—一八一三）字光卿，號柳愚，嘉善（今屬浙江）人。制藝根柢經史，尤工詩賦。乾隆三十年（一七六五）選拔貢，次年廷試列高等，不得銓用，遂壯游天下，所至名流無不傾倒。曾先後主秀峰書院、真州書院講席。年八十五卒，終生懷才不遇。著有《歷代賦話》《復小齋賦話》《百一集》《唐宋律賦箋注》《柳愚詩存》《羊城集》《西征集》等，多散佚，或被人竊爲己有。

古人重賦由來已久。唐以後，詩有詩話，文有文評，詞有詞話，獨賦無話。北宋王銍所著《四六話》自序云：『詩話、文話、賦話各别見，顧賦話未見其書也，豈爲之而未成歟，抑失其傳歟？』故浦銑輯著的《歷代賦話》一書，可以説是填補空白的開創之作。作者三十六歲（乾隆二十九年）時開始纂輯此書，遍覽『二十二史』及諸家文集、説部，將載於正史的賦話輯爲正集十四卷；博採他書者輯爲續編，亦十四卷。上自戰國，下逮元明，兩千餘年之賦話略具於此。書中且有作者按語。乾隆四十一年作者四十八歲，此書初稿完成。此後又不斷修訂增補，五易其稿而後成編。《復小齋賦話》則是浦銑原著，是乾隆三十八年他四十五歲時開始創作的。此書一經問世，即引起當時文苑矚目，並獲得高度評價。袁枚爲此書作序，云：『柳愚先生創《賦話》一書，溯厥源流，考其義意，部居别白，錙剎苛碎。凡正史稗官，遺文墜典，有涉於賦者，無不鱗羅而布列之。』孫士毅序云：『柳愚《歷代賦話》一書述而兼作者也。』

『得柳愚輯爲一篇，六義附庸蔚成大國，二千餘年之詞客聚若比鄰夫！』張之洞在《輶軒語》中，稱此書爲學賦之『門徑』。

該本卷首依次有乾隆五十二年袁枚序、乾隆五十三年孫士毅序、乾隆五十三年楊宗岱序、乾隆二十九年自序兩篇。《復小齋賦話》卷首有乾隆五十三年自序，云：『會正續《賦話》工竣，男榮浤從臾授梓。』據此可知，該本刻於乾隆五十三年。卷末有乾隆五十二年王敬禧跋。書中『琰』字不諱。該本上世紀九十年代被收入《續修四庫全書》影印出版，其版本亦著録爲乾隆五十三年刻本。《中國古籍總目》著録爲乾隆五十三年復小齋刻本。浦銑的《賦話》不僅在文獻學和古典文學方面有開創之功，是一部非常重要的文獻。據知見，該本之後再未刊刻過，而且流傳稀少，僅見存於國家圖書館、湖北省圖書館、哈爾濱師範大學圖書館和北京大學圖書館，彌足珍貴。關於浦銑及該書的研究，主要有何新文的《浦銑及其賦話考述》、詹杭倫的《浦銑〈歷代賦話〉收採漢賦資料介紹及其賦論辨析》《浦銑生平著述新考》、湯美麗的《浦銑賦話研究》四篇論文。

該本爲近代著名藏書家李盛鐸舊藏，書中鈐有『木犀軒藏書』『麐嘉館印』兩枚印。現藏北京大學圖書館。（李雄飛）

五〇二

**校補金石例四種十七卷**　（清）李瑶輯　清道光十二年（一八三二）李瑶泥活字本。框高二十一・三釐米，寬十五・一釐米。每半葉九行，行二十字，黑口，左右雙邊。

李瑶（生卒年不詳）字子玉，蘇州人。博學多聞，尤喜漢魏而下駢儷瑰奇之文，好古而好遊。晚年客居杭州，於清道光九年和十二年先後在杭州完成《南疆繹史勘本》和《校補金石例四種》兩部膠泥活字版圖書的印製。

『金石例四種』指元潘昂霄撰《金石例》十卷、明王行撰《墓銘舉例》四卷、清黄宗羲撰《金石要例》一卷、清郭麐撰《金石例補》二卷。是研究歷代碑碣、墓銘、碑誌、碑碣制度以及碑版文字體例的著作。碑碣興於漢魏，迄唐宋以下。元潘昂霄取韓子作品對墓誌、碑銘等石刻文體所産生的重要影響進行探討，提綱舉要，條分類聚，定爲十卷，名曰《金石例》。明王行取韓子以下十五家碑誌，録其目而聚其例，條分縷析，例之正變，作《墓銘舉例》以補元潘氏之遺。黄宗羲以潘書未著『爲例之義』與『壞例之始』作《金石要例》，爲例三十六則，其考據較潘書爲密。清郭麐以爲有例則必從其朔，東漢其鼻祖矣！因據洪氏之書爲《金石例補》，使後之有志於漢唐之學者，不以是非非是冒取不信於人，人且不致易尊其説而陰售其私也。

是書李氏自序曰：『此書原刻精當，而微嫌夾註叢列，坊本則魚豕之病雜陳矣。余迺慨然思廣其傳，即以自治膠泥版統作平字捭之……因別署其編曰《校補金石例四種》，都十七卷。』在此書擺印時，李瑶已『抱屙既久』，重病在身，故其『凡讎校事命吾子辛生參之』。此書由其珍貴性與存世量的稀少，得到衆多收藏家的關注和喜愛。

是書封面鎸『校補金石例四種』，鈐『金石刻畫臣所能爲』印記。背面題『七寶轉輪藏定本仿宋膠泥

版印法』十四字篆文牌記。序後署『道光十有二年冬嘉平既望，吴郡李瑶子玉氏序於杭州吉羊里廡樓』。此外，該書卷一第一葉『疏』『如』『背』，第八葉『曰』字等均有缺筆，這也是膠泥活字容易碰壞之特點。上述證明此本確爲清道光十二年李瑶泥活字印本。此書宋體方字，雕刻精細工整，墨色均勻清晰。涂玉書稱：『它確是一部版印清晰、字體工整的善本。』（涂玉書《用膠泥活字印製的書》，《湘圖通訊》一九八二年三月二十二日）

是書鈐『赤敳』『周氏赤敳』『寒在堂』印，乃藏書家周叔敳先生舊藏，今保存於天津圖書館。

（宋文娟）

五〇三

**國朝名家詩餘四十卷** （清）孫默輯 清康熙孫氏留松閣刻本。框高十八·五釐米，寬十三·八釐米。每半葉九行，行二十一字，白口，左右雙邊。

孫默（一六一三—一六七八）字無言，又字桴庵，號黄嶽山人，休寧（今屬安徽）人。喜交游，好吟詠，重文辭，以能詩聞。明亡後流寓維揚，是王士禛《冶春詩》中『白嶽黄山兩遺民』之一。有詩作《留松閣集》行世。詞亦有集，今不傳。生平事迹見王士禛《祭孫無言文》、汪懋麟《孫處士墓誌銘》、施閏章《孫無言六十序》等。

孫氏客寓揚州時，貧而好客，凡名公巨卿或寒士畸人，工詩文、擅書畫者，無不折節與之交。孫氏雖不以詞著稱，却是清初廣陵詞壇的重要人物。他耗費十四年，以一己之力採輯並世詞家之作彙刻成

《國朝名家詩餘》，將清初詞壇大家囊括其中。

此集先後刊刻四次，康熙三年（一六六四）初刻本衹收鄒衹謨、彭孫遹、王士禛三家，杜濬爲之序；康熙六年續以曹爾堪、王士祿、尤侗三家，孫金礪爲之序；康熙七年又續以陳世祥、陳維崧、董以寧、董俞四家，汪懋麟爲之序；康熙十六年又增刻吳偉業、梁清標、龔鼎孳、宋琬、黄永、陸求可六家，鄧漢儀爲之序。各集前均有名家序論，每篇之末附以評點。以上彙刻爲『十六家詞』，因又有程康莊《衍愚詞》一卷，故《國朝名家詩餘》實收詞十七家，凡四十卷。

因孫氏隨時增刻，全書陸續刊行，故全本稀見，藏家收存亦多寡不一。因著録不同，又有名《四家詩餘》《六家詩餘》《十六家詩餘》等。鄧之誠《五石齋題識》云康熙戊申年（七年）合刻十家詞時始名《國朝名家詩餘》。《四庫全書》採録時删去龔鼎孳、程康莊、孫金礪（此本無孫金礪輯《紅橋唱和詞》《廣陵唱和詞》各一卷。）三家及篇末『惡道』評點，改名《十五家詞》。此書今有《四庫全書》《四部備要》本。

孫氏所選詞集或工於言情，或善於寫怨。雖沿明末積習，標榜聲氣，然作爲有清第一部規模宏偉的詞總集，聚廣陵詞派之大成。其有意構建詞學理論，以期形成創作規範；著力引領詞壇風氣，亦助力於清詞中興。《四庫全書總目》贊其『一時倚聲佳製實略備於此，存之可以見國初諸人文采風流之盛』。然此集亦有未備。孫氏擬收録百名詞家，集中亦著録有五十六人名單，惜至孫氏歿時，衹刊成十七家行世。

此本有朱筆圈點，『十六家詞目録』處於每家詞條下有墨筆注明詞作者。鈐有『姚子真秘笈印』『长

乐郑振鐸西諦藏书』『長樂鄭氏臧書之印』等印，表明曾經清人姚子真、鄭振鐸收藏。現藏中國國家圖書館。（肖剛）

五〇四

## 百名家詞鈔二十卷　（清）聶先　曾王孫輯　清康熙綠蔭堂刻本。

框高十八・七釐米，寬十四・一釐米。每半葉九行，行二十字，黑口，四周單邊。

聶先（生卒年不詳）字晉人，號樂讀居士，廬陵（今江西吉安）人。長期流寓蘇州、江寧等地，具體行年、事迹無考。劉廷璣《在園雜志》卷二稱其『才學頗富，手眼亦高，但性情冷僻』，人謂之『聶怪』。編刻過《百名家詩鈔》五十九卷、《西湖三太守詩鈔》三卷、《西湖六君子詩》六卷（載清丁仁《八千卷樓書目》卷十九集部）、《續指月錄》二十卷等書。

曾王孫（一六二四—一六九九）字道扶，秀水（今浙江嘉興）人。本姓孫。順治戊戌（十五年　一六五八）進士，初授漢中府司理，改補江西都昌令，終四川按察使司提調學政僉事，著《清風堂集》二十三卷傳於世，含《詩文集》六卷、《書牘》六卷、《漢中錄》三卷、《都昌錄》五卷、《四川錄》二卷、《雜記》一卷。生平事迹詳清康熙四十五年（一七〇六）曾安世刻本《清風堂文集》所附查慎行撰《奉政大夫四川按察使司提調學政僉事加一級曾公墓誌銘》。

《百名家詞鈔》又名《名家詞鈔》《國朝名家詞鈔》《詞鈔》《百名家詞》。各詞人詞集前首列詞目，署作者字號、籍貫、集名。詞加圈點，末附時賢評語數則，多爲聶晉人與曾王孫評，今人朱崇才輯

爲《名家詞鈔評》行世。是編『彙集海内之詞華，表章藝林之騷雅』『以備一代偉觀』（《例言》），故卷帙浩繁，輯録百餘詞家詞作，足證清初『四十餘年，禮樂文章，蔚然周漢，而長短填詞，尤稱極盛』。是編採録清初順治、康熙二朝詞人吴偉業、龔鼎孳、曹溶等共百餘家詞别集，人各一集（吴秉仁、吴棠禎二人各有二集），彙而刻之，每集或十餘首，或數十首不等，其中頗有别集未見他刻者，賴此以傳。『鈔詞以氣骨爲主，故專尊平易疎暢一路，以矯近來抉摘刻削之弊。』（見山陰吕師濂黍字《守齋詞》後之聶晉人評語）況周頤《蕙風詞話》卷五稱此編『多沈著濃厚之作，明賢之流風餘韻猶有存者』。

此編『隨到隨梓，隨時隨地，皆可刷印，問世次序先後，所不之論』，故於始刊年歲及卷次，今莫能定於一：孫克强《清代詞學年表》云是編始刻於清康熙二十三年，張宏生《清詞年表初編》云始於二十五年，或云始於二十六年；於卷次則或云百卷，或云二十卷，或云足本一百十卷，或云完整一百八家，或云一百十家。他本或有《百名家詞鈔總目》，或有《徵詞總目》。閔豐《〈百名家詞鈔〉版刻源流探考》據《續修四庫全書》本、《四庫全書存目叢書補編》本及存留之他本等考得《詞鈔》所録詞人一百八家，凡一百十種，而編者之再三規劃遠出此數，另有未刻詞人三十五家，詞集三十八種。馬興榮等編《中國詞學大辭典》云：清季況周頤光緒年間所得一本凡十八册，分甲集與初集。甲集八册四十一家，前有聶氏序及凡例；初集十册六十二家，前有曾氏序。趙尊嶽别抄得七家，分裝兩册。閔豐《清初清詞選本考論》云：《四庫全書總目》卷二百《詞曲類存目》所著録范氏天一閣藏本，僅三十家，實爲殘帙；中

國國家圖書館藏一殘帙，係吴梅舊藏，吴氏跋云：『是書隨到隨刊，與原目前後多不符。余舊得六十一家，癸酉之冬，屬唐生圭璋借趙氏叔雍（趙尊嶽）藏本補鈔成書云。』

據今存各館收藏之本，《百名家詞鈔》印本有：一爲金閶八詠樓刻本，署名聶晉人、曾道扶纂定，題金閶八詠樓梓，並有刻書署記『《名家詞選》乃當代諸名公新製也，四海瑶章，殊難搜索，是集先梓六十名家，餘俟續選以全鉅觀，識者鑒諸』朱文四行，此本有現藏徐州市圖書館者，存七十一家，已入選第三批《國家珍貴古籍名録》；有著録清康熙緑蔭堂刻本者，題金閶緑蔭堂梓，或署名聶晉人、曾道扶兩先生纂，或署名聶晉人、曾道扶纂定，或有緑蔭堂印，此本有多家館藏，所存卷次不一；一爲《名家詞鈔》三十卷者，即上述天一閣藏本，著録爲清康熙間金閶緑蔭堂刻本，現藏中國國家圖書館；一爲《百名家詞鈔》初集六十家，亦著録清康熙間金閶緑蔭堂刻本，現藏中國國家圖書館（缺兩卷），或著録清康熙間刻本，現藏南京圖書館和中科院國家科學圖書館。

一亦著録清康熙緑蔭堂刻本者，亦題金閶緑蔭堂梓，署名聶晉人、曾道扶兩先生纂，無《徵詞總目》，即此本。此本有聶先序，次曾王孫序，次聶先例言，次百名家詞鈔總目。總目將諸家别集或五家爲一卷，或六家爲一卷，釐爲二十卷，但此書已被收藏者改裝爲十六册，每册封面題該册所收詞名目，與目録所分卷次有異。總目列名聶先、曾王孫纂定，江都王庭録紀上校閲。王庭録生卒無考。録詞人一百六家，詞集一百六種。目録闕一葉。較國家圖書館藏另一百卷本多出者爲卷三清張純修《語石軒詞》二十首、卷十清劉壯國《東皋詩餘》六十二首、卷十一清周清原《浣初詞》六十四首、卷十五瞜水

（城）張軫具區《邀笛詞》四十五首、卷十六清魯超《謙庵詞》十五首、卷十八清漲潮《花影詞》三十四首（缺目録葉），每册目録所題本册所收録詞集時，凡上述幾種詞集均用『〇』標出。卷十五《邀笛詞》後附蔣大鴻平階論冰持詞一葉爲錯簡，冰持者爲《容居堂詞》作者周稚廉。此本亦署緑蔭堂刻本，有『緑蔭堂』『承澤堂』印，抑或緑蔭堂藏版之部分曾入承澤堂，倩王庭録校閲並重排定後刷印歟？現藏中國國家圖書館。（向輝）

五〇五

## 醉翁琴趣外篇六卷　（宋）歐陽修撰　清初影宋抄本。框高十八・九釐米，寬十三釐米。每半葉十行，行十八字，黑口，左右雙邊。

歐陽修（一〇〇七—一〇七二）字永叔，號醉翁、六一居士，宋吉州廬陵（今江西吉安）人。少貧，從母鄭氏學。仁宗天聖八年（一〇三〇）進士，調西京推官。歷任館閣校勘、知諫院，改右正言、知制誥，翰林學士、樞密副使、參知政事。曾出知滁、揚、潁、亳、青、蔡等州。熙寧四年（一〇七一）以太子少師致仕，五年卒，贈太子太師，謚文忠。曾知嘉祐二年（一〇五七）貢舉，時士子尚爲險怪奇嶮之文，號太學體。修痛排抑之，文風從是遂變。能詩詞文各體，爲當時古文運動領袖，後人稱唐宋八大家之一。平生獎掖後進，曾鞏、王安石、蘇洵父子俱受其稱譽。奉詔修《新唐書》，自撰《新五代史》。著有《歐陽文忠公集》《集古録》《六一詞》等。《宋史》卷三百十九有傳。

是書收詞二百三首，其中艷詞是否爲歐陽修所作，歷來争議頗多。古人多以爲艷詞非歐陽修所

作，元人吳師道《吳禮部詩話》甚而以爲『近有醉翁琴趣外篇，凡六卷二百餘首，所謂鄙褻之語往往而是，不止一二也。前題東坡居士序近八九語……詞氣卑陋，不類坡作，蓋可以證詞之僞』。今研究者或因古人之説，以爲艷詞皆爲僞作，或如謝桃坊在《歐陽修詞集考》中認爲其中艷詞爲歐陽修編集時新歌詞供官妓或家妓演習之作；另有研究者則認爲其中大部分艷詞爲歐陽修本人作，如唐圭璋在《全宋詞》中對歐陽修詞作了初步辨僞，辨析出疑僞詞和本人之作。

是本見《楝亭書目》卷四，著録爲『《醉翁琴趣》抄本 一函二册 宋廬陵歐陽修著 六卷』。此本後收入吳昌綬輯《仁和吳氏雙照樓景刊宋元本詞》，陶湘後又續以《武進陶氏涉園敘刊景宋金元明本詞》，前有陶湘敘録，稱『武進董大理始得毛鈔歐陽、二晁三家，伯宛據以摹刊。勞顨卿曾見山谷琴趣以篇次分標，明刻卷端。辛酉歲海鹽張太史元濟始得宋槧《山谷琴趣》三卷與《歐陽公琴趣》後三卷。湘假以補完，而歐公《琴趣》末葉仍有缺字，蓋毛鈔即從此宋本出，益足徵流傳有緒也』。陶湘據以摹刊的所謂『毛鈔』《醉翁琴趣外篇》即《中華再造善本續編》此本。而宋刊『《歐陽公琴趣》後三卷』現藏臺灣。傅增湘《藏園群書經眼録》卷十九著録『《晁氏琴趣外篇》六卷、《閑齋琴趣外篇》六卷、《醉翁琴趣外篇》六卷：影寫宋刊本，半葉十行，行十八字。鈐有「宋本」「希世之珍」及毛氏父子印、汪閬源印、曹楝亭印。惟醉翁一册祇有曹氏印，恐是補鈔』。傅氏雖著録爲影寫宋刊本，但以爲醉翁一册無毛氏父子印，恐是補鈔，蓋認爲此三本皆爲毛氏影宋抄本。但檢今日三琴趣外篇，唯閑齋有毛氏父子印，三者版式、字體一致，或因底本同出一源，今此本全書未見毛氏藏印，定爲毛氏影宋抄本，未足據也。

是本鈐有『楝亭曹氏藏書』『寒雲秘笈珍藏之印』『三琴趣齋』『趙鈁珍藏』『趙氏元方』等印，迭經曹寅、袁克文、趙鈁諸名家收藏，流傳有緒。傅增湘稱是本『字畫精湛，楮墨明麗，與真宋刻無異，真銘心絶品』，可見其珍貴。現藏中國國家圖書館。（洪琰）

五〇六

**晁氏琴趣外篇六卷**　（宋）晁補之撰　清初影宋抄本。框高十九·九釐米，寬十三·一釐米。每半葉十行，行十八字，黑口，左右雙邊。

晁補之（一〇五三—一一一〇）字無咎，號歸來子，巨野（今屬山東）人。北宋神宗元豐二年（一〇七九）進士。元祐中，纍遷著作佐郎。因修《神宗實錄》失實，貶官出朝。後召還任禮部郎中兼國史編修等職。不久黨論復起，以宮觀官致仕。還家，筑『歸來園』。大觀末出黨籍，起知達州，改泗州（今安徽泗縣），卒於任上。晁補之工詩詞，與黃庭堅、秦觀、張耒同游於蘇軾之門，人稱『蘇門四學士』。《宋史》有傳。據《宋史·藝文志》，其著有《左氏春秋傳雜論》一卷、《續楚辭》二十卷、《變離騷》二十卷、《雞肋集》（《宋史·藝文志》著錄爲一百卷，現存其族弟晁謙之宋紹興七年所編《雞肋集》七十卷）、《晁補之集》七十卷等。由於黨禁文爭，時代變遷，晁氏著述大都散佚，如今常見者唯《雞肋集》和詞集《晁氏琴趣外篇》六卷。

《四庫全書總目·晁無咎詞》提要稱『其詞神姿高秀，與蘇軾實可肩隨』。現存晁詞一百六十餘首，絶大部分可以編年，最早爲《下水船》『上客驪駒繫』，成於元豐二年進士及第時，最晚爲《洞仙歌》『青

煙冪處』，成於大觀四年（一一一〇）中秋知泗州任上。這些詞或描述田園風光、鄉居野趣，或吐露政壇風波中的失意哀怨，體現對親友的深摯情意，是其各個時期生活經歷與內心世界的真實記錄。

晁補之詞集或稱《晁無咎詞》，或稱《晁氏琴趣外篇》。南宋陳振孫《直齋書錄解題》卷二十一、元馬端臨《文獻通考》卷二百四十六均著錄《晁無咎詞》一卷。明崇禎毛氏汲古閣刊《宋名家詞》中收《琴趣外篇》六卷。毛晉跋云：『其所爲詩文凡七十卷，自名《雞肋集》，惟詩餘不入集中，故云「外篇」。』《四庫全書》收《晁無咎詞》六卷，實本諸毛本，衹是改動了題名。《四庫全書總目》稱宋人如歐陽修、黄庭堅、晁端禮、葉夢得並晁補之五家詞皆有『琴趣外篇』名，殊爲混淆，故仍題曰『晁無咎詞』。近人吴昌綬雙照樓所刻《景刊宋金元明本詞四十種》收錄《晁氏琴趣外篇》六卷，流傳甚廣，底本實即此清初影宋抄本。陶湘《敘錄》稱：『武進董大理（董康）始得毛鈔歐陽、二晁三家，伯宛（吴昌綬）據以摹刊……辛酉（一九二一）歲，海鹽張太史元濟始得宋槧《山谷琴趣》三卷與《歐陽公琴趣》後三卷。湘假以補完，而歐公《琴趣》末葉仍有缺字，蓋毛鈔即從此宋本出，益足徵流傳有緒也。原本半葉十行，行十八字，寫刻精整，蓋出南宋中葉。』陶湘據宋槧黄庭堅《山谷琴趣》三卷與歐陽修《醉翁琴趣》後三卷（兩書現藏臺灣『中央圖書館』）判斷影抄本源出宋本。但斷定影抄本爲毛抄，尚缺乏足够證據。

毛氏汲古閣刊本與清初影宋抄本所據似爲同一宋本，衹是毛本所缺《引駕行》『雅戲』以下一大段和《碧牡丹》《江神子》《好事近》各一首，而影宋本却完全保存。《直齋書錄解題》和《文獻通考》所著錄的一卷本均爲宋刊本，而影宋本爲六卷本，何以出現兩種不同版本，尚不詳其故。

本書紙潔墨潤，繕寫精工。曾經曹寅、耆齡、袁克文、趙鈁等遞藏。鈐「楝亭曹氏藏書」「思巽藏書」「佞宋」「克文」「三琴趣齋」「人生一樂」「與身俱存亡」「相對展玩」「孤本書室」「寒雲秘笈珍藏之印」「趙鈁珍藏」「曾居無悔齋中」「無悔齋」「趙氏元方」等印。現藏中國國家圖書館。

（孫俊）

五〇七

## 閑齋琴趣外篇六卷　（宋）晁元禮撰　清初毛氏汲古閣影宋抄本。框高十九・一釐米，寬十三・一釐米。每半葉十行，行十八字，黑口，左右雙邊。

晁元禮（一〇四六—一一一三）或作端禮，字次膺，其先澶州人，後徙彭門（今江蘇徐州）。晁補之稱之爲十二叔，常相唱和。宋神宗熙寧六年（一〇七三）舉進士，歷單州城武主簿、瀛州防禦推官，兩爲縣令，因忤上官，坐保甲事廢徙。政和三年（一一一三）以承事郎爲大晟府協律郎，到京逾月而卒。事迹詳晁説之《嵩山文集》卷十九《宋故平恩府君晁公墓表》、李昭玘《樂静集》卷二十八《晁次膺墓誌銘》。

元禮工詞，所作與周邦彦相近，而才情稍遜。自創慢詞之調甚多，如《綠頭鴨》《黄河清慢》《並蒂芙蓉》《壽星明》等，皆首創以補大樂中徵調之闕者。其内容或應制頌聖，即黄昇《唐宋諸賢絶妙詞選》卷七所謂「與萬俟雅言齊名，按月律進詞」者，藝術價值一般；或描摹歌妓情思；或寫景狀物，抒發遊宦生活感受。以後者文辭清麗，成就最高。如名作《綠頭鴨・晚雲收淡天一片琉璃》被胡仔譽爲詠

月不亞於蘇軾《水調歌頭》（《苕溪漁隱叢話》後集卷三十九），《水龍吟·夜來深雪前村路》《黃河清·晴景初昇風細細》亦爲時人競相傳唱。

其詞集版本，《直齋書錄解題》卷二十一所著錄長沙劉氏書坊《百家詞》本《閑適集》一卷，題晁端禮次膺撰，饒宗頤《詞籍考》疑即其詞集本名；《宋史·藝文志》八著錄晁端禮、晁沖之《晁新詞》一卷，均佚不傳。南宋中葉閩中書肆刻《琴趣外篇》詞，有閑齋、醉翁、山谷、淮海、晁氏、石村與小山等七種，其中《閑齋琴趣外篇》至明末尚存。《也是園藏書目》《別本結一廬書目》作五卷，《知聖道齋藏書目》著錄《宋元人小詞》本不分卷。此本《汲古閣珍藏秘本書目》未著錄，前人云即據閩本影抄。卷端題『濟北晁元禮次膺撰』。卷六《雨中花》後半以下殘佚二十餘首，實得詞一百十七首。據目錄，卷末尚有『新填徵調』八首，亦已亡佚。所幸目錄完備，可爲輯佚之依據。

今傳世尚有明趙輯寧星鳳閣校抄本，曾經黃丕烈收藏，爲原國立北平圖書館舊藏書，今存臺灣。末有趙輯寧題記云：『《閑齋琴趣外篇》五卷，諸本編次不同。有一本題云《晁次膺詞》，分二卷，較此册多二十七闋，今一一補之，但無從編入，因列爲第六卷云。』趙萬里先生《宋金元名家詞補遺》曾據星鳳閣抄本補毛抄所缺之二十一首半。《全宋詞》據毛抄本及趙輯本入錄，共收詞一百三十八首。

是本鈐有汲古閣毛氏父子各印。曾經汪士鐘插架，民國時爲袁克文『三琴趣齋』所得，鈐『閬原甫』及袁氏『佞宋』『人間孤本』等印。一九五六年隨趙元方藏書售歸北京圖書館，有『趙鈁珍藏』印。現藏中國國家圖書館。（樊長遠）

**酒邊集一卷** （宋）向子諲撰　清初毛氏汲古閣影宋抄本。框高十四・七釐米，寬十・三釐米。每半葉八行，行十四字，白口，左右雙邊。

向子諲（一〇八五—一一五二）字伯恭，宋開封（今屬河南）人。出身顯赫，宋神宗欽聖憲肅皇后之再從侄。元符初，以恩蔭補官。南渡初，歷徽猷閣直學士、户部侍郎，旋罷知平江府。歷神宗、哲宗、徽宗、欽宗、高宗，經靖康之難，處南北宋之交，江河轉變之氣象蘊於詞集中。其爲人剛正不阿，不畏權勢，執法嚴明，頗有政望。南渡後，力主抗戰，以忤秦檜意而致仕。去朝後，卜築於清江（今屬江西）五柳坊，享林泉逸趣，所居號『薌林』，自號『薌林居士』。退閑十五年始卒，享年六十八歲。今有《酒邊詞》傳世。《宋史》卷三百七十七有傳。

此本存向子諲詞一百七十餘首，通爲一卷。卷上共一百八首，稱作『江南新詞』，多悲慨之音；卷下共六十三首，曰『江北舊詞』，多清詞麗句。大多數詞調下用小字解題，交待創作因由。胡寅曾作有《酒邊詞序》，此本不見該序，清光緒十四年汪□刻宋名家詞本《酒邊詞》有此序，名爲《題酒邊詞》，該序云：『退江北所作於後，而進江南所作於前。以枯木之心，幻出葩華；酌元酒之尊，棄置醇味。』序中對蘇軾詞評價甚高，云『及眉山蘇氏，一洗綺羅香澤之態，擺脱綢繆宛轉之度，使人登高望遠，舉首高歌，而逸懷浩氣，超然乎塵垢之外，於是花間爲皂隸，而柳氏爲輿臺矣』。此評語後世頻繁轉引。《直齋書錄解題》載子諲詞有《酒邊集》一卷，《樂府紀聞》則稱四卷。

此毛氏汲古閣影宋抄本，抄寫精工、清晰，字畫無不追慕宋刻，精美典雅，廣受學者、藏書家珍

愛，爲影抄本中精品。章鈺曾據以細校光緒本，吳昌綬也曾影刻收入《雙照樓影刊宋金元本詞》。鈐有『宋本』『甲』『汲古主人』『毛子晉』『毛晉私印』『毛扆』『汪士鐘印』『克文』『惟庚寅吾以降』等印，印記宛然。據《寒雲日記鈔》（乙卯）載，袁克文曾得汲古閣影寫宋本書六種，《酒邊詞》乃其中之一，並云半葉八行，行十四字等，正是此本《酒邊集》。可知此本自毛氏汲古閣之後，又遞經汪士鐘、袁克文收藏。一九五二年，此書隨周叔弢所藏大批善本捐獻國家。現藏中國國家圖書館。

（趙銀芳）

五〇九

**酒邊詞二卷**（宋）向子諲撰　清光緒十四年（一八八八）汪□刻宋名家詞本　章鈺校。框高十五·二釐米，寬十一·八釐米。每半葉十一行，行二十字，黑口，左右雙邊。

向子諲生平爵里、學行業績簡況，前錄清初毛氏汲古閣影宋抄本《酒邊集》時已介紹。

此書存向子諲之詞一百七十餘首。卷上稱作『江南新詞』，多悲慨之詞；卷下則曰『江北舊詞』，多清詞麗句。書前有胡寅序，云『退江北所作於後，而進江南所作於前。以枯木之心，幻出葩華；酌元酒之尊，棄置醇味』。序中對蘇軾詞評價甚高，云『及眉山蘇氏，一洗綺羅香澤之態，擺脱綢繆宛轉之度，使人登高望遠，舉首高歌，而逸懷浩氣，超然乎塵垢之外，於是花間爲皂隸，而柳氏爲輿臺矣』。此評語後世頻繁轉引。《直齋書錄解題》載子諲詞有《酒邊集》一卷，《樂府紀聞》則稱四卷。毛氏汲古閣影宋抄本《酒邊集》通爲一卷，抄寫工整，字畫、紙張、圖章無不追慕宋刻，廣受學者、藏書家厚愛。明毛

氏汲古閣刻宋名家詞本《酒邊詞》，以『江南』『江北』爲界，將此集重新釐爲二卷。《四庫全書》所收即爲毛氏汲古閣刻本。

此本係清光緒十四年汪□刻宋名家詞本，經章鈺朱筆蠅頭小楷據毛抄宋本校，校改『酒邊詞』爲『酒邊集』。章鈺（一八六五—一九三七）字式之，又字茗理，別署甚多，如蟄存、充隱、鷗邊等，晚年自號『霜根老人』，浙江諸暨人，後落籍長洲縣（今屬蘇州）。清末民初藏書家，書齋名爲四當齋，藏書以史部、集部爲多，並以精刻批校本見長。

此本字迹清晰，復經章鈺據毛抄宋本精校，對毛本細緻處皆有描繪。遇原鈐印章則用文字描述，章印色彩、字迹均詳細記錄，其批校功夫之精湛由此可見一斑。書前鈐有吴重熹『仲懌眼福』印，説明此本曾爲吴重熹所藏。書後有毛晉識。現藏中國國家圖書館。（趙銀芳）

五一〇

## 稼軒詞四卷

（宋）辛棄疾撰　清初毛氏汲古閣影宋抄本。框高十七・五釐米，寬十二・九釐米。每半葉十行，行十八字，白口，左右雙邊。

辛棄疾（一一四〇—一二〇七）字幼安，歷城（今山東濟南）人。少時參加抗金義軍，爲掌書記。後率師歸宋，歷任大理寺少卿，湖南、江西、福建、湖北、浙東安撫使等職，仕至龍圖閣待制。落職閑居信州幾二十年，後雖再起，但不能久於其位，抑鬱以没。善爲詞，『其詞慷慨縱横，有不可一世之概，於倚聲家爲變調；而異軍特起，能於翦紅刻翠之外，屹然别立一宗，迄今不廢』（《四庫全書總目》卷一百九

十八），與蘇軾齊名，並稱『蘇辛』。《宋史》卷四百一有傳。《稼軒詞》自來傳誦極廣，而歷代刻本實不多見。劉克莊《後村先生大全集》卷九十八有《辛稼軒集序》，於稼軒詞備極稱揚，知此集中包括詞集在内；岳珂《桯史》卷三《稼軒論詞》條引及『解道此句，真宰上訴，天應嗔耳』之序文，不見於現行各本之中，爲另一本；元王惲《玉堂嘉話》卷五所載新刊本《稼軒樂府》又爲一本；合其他可考見者約五六種，均已無傳。

現存各本優劣互殊，而究其本源均不出十二卷本及四卷本二者之外。十二卷本以現存元大德三年（一二九九）廣信書院刻本爲代表，題《稼軒長短句》，《中華再造善本》金元編已影印。陳振孫《直齋書録解題》卷二十一云『信州本十二卷，視長沙爲多』，或即其所從出。此系統文本流播最廣。四卷本在《直齋書録解題》《文獻通考》及《宋史·藝文志》均著於録，今傳有明吳訥編刻《唐宋名賢百家詞》本及此毛氏汲古閣影抄本。南宋人所徵引之稼軒詞與此本率多相合，蓋當時頗爲通行，然在有清近三百年中寂然無聞。汲古閣刻《宋名家詞》本《稼軒詞》亦四卷，最爲清代倚聲家所重，實乃併十二卷爲四卷者，亦源出大德本。

此抄本分甲乙丙丁四集。甲集前有淳熙戊申（八年　一一八一）門人范開序，謂『近時流布於海内者率多贋本』，似此前曾有刻本流播於世。甲集收詞逾百首，大多爲稼軒四十九歲以前之詞，略依年代爲次。雖出范開輯刻，實出稼軒手訂。乙丙丁三集輯非一人，刻非一時，其詳已不可知。乙集《鷓鴣天·送廓之秋試》一首不避宋寧宗諱『廓』字，輯刻當在宋光宗紹熙間。丙集多收在閩爲官及退居時所

作詞，其輯刻約在嘉泰元年（一二〇一）。丁集所收較泛，蓋裒輯前三集未刊之舊稿付梓。四集之中，凡稼軒晚年帥浙東、守京口時作品，概未收錄，則各集之刊成當均在宋寧宗嘉泰三年前。此本影抄之精，詳見涵芬樓影印本所附《校記》，夏敬觀、張元濟跋文以及梁啓超《跋四卷本稼軒詞》、鄧廣銘《書諸家跋四卷本稼軒詞後》等文章。尤可注意者，此本抄成之後曾經覆校，中多白粉塗改痕迹，提供異文信息不少。『粉塗』乃汲古閣抄本一大特點。黄丕烈曾請顧千里據此本校補大德本之缺葉缺字。

此本四集在流傳中分散，甲乙丙三集爲太倉顧錫麒謏聞齋舊藏，丁集爲趙宗建舊山樓插架之物，涵芬樓分别於光緒末及民國二十八年（一九三九）收得，乃復延津劍合，影印行世。鈐汲古閣毛氏父子印及『舊山樓』『涵芬樓』各印。現藏中國國家圖書館。（樊長遠）

五一一

## 虚齋樂府二卷 （宋）趙以夫撰 清初毛氏汲古閣影宋抄本。框高十七・四釐米，寬十二・八釐米。每半葉十行，行十八字，白口，左右雙邊。

趙以夫（一一八九—一二五六）字用父（用父或誤作用文，虚齋或誤作虚舟），號虚齋，晚號芝山老人，宋宗室，長樂（今屬福建）人。宋寧宗嘉定十年（一二一七）進士，知監利縣。纍官至資政殿學士、禮部尚書兼侍讀。與劉克莊同修國史，且以詩詞相唱和。所著甚富，傳世有《易通》六卷（《四庫全書》收録）、《虚齋樂府》二卷。事迹具劉克莊《後村大全集》卷一百四十二《虚齋資政趙公神道碑》。

《虚齋樂府》分上下二卷，詞凡六十八闋，多填長調。『其倚白石自度曲者：如《角招》第二韻九個

字，可爲姜集誤衍一字佐證；如《揚州慢》歇拍十一個字，可證姜詞以三字四字分讀，於義爲長。《探春慢·四明除夜》云「鯨海停波」，殆指迅速消弭監軍擅斬禁卒激變事。又張榘《芸窗詞》附録虚齋二首，語較平實，疑是初稿，與本集比勘，可見後來修削之功。』（饒宗頤《詞籍考》）可見此集有其文學成就，亦於詞學研究有益。

汲古閣影宋抄本卷前有自序，題『淳祐己酉中秋芝山老人』。卷末有『臨安府棚前北睦親坊南陳解元書籍鋪刊行』條記一行。汲古閣刻詞集甚夥，而此集未刻。影抄底本已失傳，此爲傳世最古本。避諱不嚴謹，『徵』字缺末筆，『殷』字或缺或不缺。曾經黄丕烈收藏，書末有黄氏跋尾，述收書始末。《虚齋樂府》又有錢曾述古堂影宋抄本二卷，亦歸黄丕烈，黄氏曾請顧千里以汲古閣本校述古堂本。顧氏《思適齋序跋》卷四謂述古堂本『每有不審』，『如上卷《夜飛鵲》云「竹枕練衾」，《玉篇》糸部已收「練」字，《集韻》曰：「練絺屬，後漢禰衡著練巾」，《類篇》同於六書假借，亦用「踈」，此作「練」，誤矣。他皆準是。其下卷《摸魚兒》當於「長堤路」句换頭起，又《荔枝香近》當云「涼館薰風遶」以押韻，毛本訛，與此無異，則似宋槧已如是者也』。可見汲古閣本抄寫之精。《天禄琳琅書目》卷四《周易輯聞》條云：『明之琴川毛晉，藏書富有，所貯宋本最多。其有世所罕見而藏諸他氏不能購得者，則選善手以佳紙墨影鈔之，與刊本無異，名曰影鈔。一時好事家皆争仿效，以資鑒賞，而宋槧之無傳者賴以傳之不朽。』《虚齋樂府》即其一例。民國間陶湘曾據以影刊。

鈐有『子晉書印』『汲古閣』『子晉私印』『汲古主人』『竹垞』『黄丕烈印』『蕘圃』等印。現藏中國國

家圖書館。（樊長遠）

五一二

**可齋雜稿詞四卷續稿三卷**　（宋）李曾伯撰　清初毛氏汲古閣影宋抄本。框高十九・六釐米，寬十二・八釐米。每半葉十一行，行二十字，白口，左右雙邊。

李曾伯生平爵里、學行業績簡況，前錄清初毛氏汲古閣影宋抄本《班馬字類補遺》時已介紹。

《可齋雜稿》編刻於淳祐壬子（十二年　一二五二），原書有自序，云『與書塾親友偶閱舊作一二，有勸以刊諸梓示兒曹者，姑俾芟次之』。兩年之後，寶祐二年，又成《續稿》八卷，有自序及尤焴序。《續稿後》不著編年，收錄《續稿》成書後之作品。三稿内收表啓、奏記、詩賦詞、雜著等。其子杓嘗彙刻之於荆州，湖北倉使劉籤重刻於武陵，咸淳庚午（六年　一二七〇）書市又刊巾笥本而杓爲之序，凡三刊本。《四庫全書總目》是書提要云：『三稿皆各自爲編，［至元］《嘉禾志》始稱爲《可齋類稿》，蓋後人合而名之，殊非宋刻之舊。』此所影抄《可齋雜稿詞》，每卷後均有『嗣男杓編次』一行，即自巾笥本出。含《可齋雜稿》卷三十一至三十四、《續稿》卷七、八、十一，計七卷，共收詞二百零二首，蓋自全集中專選其詞影抄者。

《四庫全書總目》稱其『集中多奏疏表狀之文，大抵深明時勢，究悉物情，多可以見諸施用，惟詩詞才氣縱橫，頗不入格。要亦戛戛異人，不屑拾慧牙後』。詞多長調，不作綺艷語，自稱『願學稼軒翁』（《水調歌頭・壽劉舍人》），頗受辛棄疾影響，能反映現實，抒發感慨之情。主帥邊閫有年，感受深切，

間有寫及戰事者，每有豪壯語。小令亦時有精彩，『何處有疏鐘，驚起匆匆。惜春休放酒杯空。芳草天涯寒食又，歸興尤濃』（《浪淘沙》）。有兵家之質樸，而無文人之雕琢（汪玢玲主編《中華古文獻大辭典·文學卷》）。此外自壽、壽人、唱和之作及詠物篇什亦頗多。

李曾伯其人其文並爲當時所重，故《雜稿》三集一刻再刻，然在宋代公私書目中未見著録。明《文淵閣書目》卷九、《内閣書目》卷三、《菉竹堂書目》卷三皆載有十二册，殆爲宋槧舊本，惜俱不存，今所傳皆清抄本。此本乃毛氏汲古閣影抄，源出宋本，影摹極精。底本有缺字，亦留空待補（如《雜稿》卷三十一《醉蓬萊·乙酉壽蜀帥》下闕、《續稿》卷七《八聲甘州》之標題），一絲不苟。版心上有字數，下有『生』『仁』等刻工名。《四庫全書》據鮑士恭家藏舊鈔本鈔録，頗多删改，得此可以校正。南京圖書館藏毛氏汲古閣抄本《宋五家詞》十卷，原丁氏八千卷樓舊藏，中有《可齋詞》六卷，不知與此本抄寫精粗若何。《善本書室藏書志》卷四十，謂『毛晉未綴跋尾，當屬待梓之本』。

曾經汪士鐘、袁克文、趙元方遞藏，一九五六年入藏北京圖書館。鈐有汲古閣毛氏父子各印及『汪士鐘印』『閬原父用』『克文』『三琴趣齋』等印。現藏中國國家圖書館。（樊長遠）　五一三

**山中白雲八卷**　（宋）張炎撰　（清）江昱疏證　清稿本　朱康壽跋。框高十六·三釐米，寬十二·九釐米。每半葉十行，行二十字，白口，四周雙邊。

《山中白雲》是南宋張炎所撰詞集，一名《玉田詞》。張炎（一二四八—一三二〇）字叔夏，號玉田，

又號樂笑翁，張俊五世孫，祖籍陝西鳳翔，家於臨安。宋亡後縱游浙東西，漂泊落拓以終。工長短句，以《春水詞》得名，人因號曰『張春水』。著有詞學理論書《詞源》。今存詞三百餘首。《玉田詞》雖爲歷代倚聲家所喜愛，清初詞壇有『數十年來，浙西填詞者，家白石而户玉田』之説（朱彝尊《曹溶静惕堂詞序》），但元明以來衹有抄本流傳。元代有陶宗儀抄本，清初爲吴縣錢中諧（庸亭）收藏，朱彝尊轉録並釐爲八卷，康熙六十一年（一七二二），龔翔麟與李符據以校刻行世，其後翻刻不斷，乾隆間始有江昱作《疏證》。

江昱（一七〇六—一七七五）字賓谷，號松泉，江都（今江蘇儀徵）人。諸生。仕途不暢，安貧好學，與弟恂著述唱酬。曾爲石鼓書院主教。所居『凌寒竹軒』，擁書萬卷，多藏精本。通音韻訓詁之學，著《韻歧》四卷。精於《尚書》，又好金石文字，有《尚書私學》四卷，考究博雅。長於詩詞，與厲鶚、陳章等頻相唱和。著有《梅鶴詞》四卷、《松泉詩集》六卷、《草窗集外詞疏證》八卷等，並傳於世。《清史列傳》卷七十一有傳。

江氏極好《玉田詞》，謂『詞自白石後，惟玉田不媿大宗，而用意之密，適肖題分，尤稱極詣』，故起而爲之作《疏證》。自乾隆初年始，歷二十年而成書（詳見自序）。

是書以經學考據之法箋釋詞集，先作疏證，後加按語，合計近兩百條，對書中地名、人物、作詞年代、張炎生平事迹及交游等等詳加考證，於地名、人物考證最爲用力。考人物如曾遇、周邦彦、高似孫、王沂孫、袁桷、仇遠、陸文圭等均引翔實資料作小傳。考地名如卷三《高陽臺·古木迷鴉》釋南園建造

始末及園内諸景，卷五《壺中天·咏周静鏡園池》釋烏石峰，《甘州》釋君山，皆大有助於讀者。其他若輯補佚詞、校勘文字、疏通詞意，參考互證，亦時有見。雖小有疏誤，要爲張氏功臣。

首卷卷端題『江昱賓谷輯江恂于九較』，書中字體不一，知是兄弟二人合作而成。以康熙間龔翔麟刻本剪貼裁綴，有所疏證、按斷則書於本詞之後，屢有眉批、簽條，蓋成稿後有所增補。近代論此書版本者皆謂有乾隆十八年序刊本，其實不然（參見夏志穎《〈山中白雲詞〉『汪氏刊本』及『江昱疏證本』考辨》，《文獻》二〇一三年五月第三期），此書始終以稿本存世，至朱祖謀刻入《彊村叢書》，方廣爲人知。《彊村叢書》本於龔本夾注一作某某及卷末所附别本斷章，一律删去，又據疏及他刻校改原書，殊非舊觀。

鈐有『竹西詞客』『小東軒』等印。不知何時歸蔣氏密韻樓，鈐『密均廔』『烏程蔣祖詒藏書』等印。前有吴湖帆署檢。現藏中國國家圖書館。（樊長遠）

五一四

**天籟集二卷摭遺一卷**（元）白樸撰　清康熙楊友敬刻本。框高十七·八釐米，寬十二·三釐米。每半葉九行，行二十一字，白口，四周單邊。

白樸（一二二六—一三〇六？）字仁甫，後改字太素，號蘭谷，祖籍河曲陝州（今山西曲沃）人。其父寓齋，金哀宗時爲金樞密院判官。白樸幼經喪亂，倉皇失母，又與父失散，其父摯友元好問『教之成人』（《天籟集》孫大雅序），後隨父定居真定（今河北正定）。白樸自幼穎悟過人，喜讀詩書，長於詞曲，

無心仕途，史天澤曾多次舉薦其出仕，屢遭婉拒。後白樸棄家出遊，寓居大江南北，最終定居金陵。白樸多作雜劇，與關漢卿、馬致遠、鄭光祖爲元雜劇四大家。《録鬼簿》録載十六種，今存兩種。《四庫全書總目》是書提要稱『樸詞清雋婉逸，意愜韻諧』。

《天籟集》爲白氏生前手定詞集。白樸言：『作詩不及唐人，未可輕言詩。平生留意於長短句，散失之餘，僅二百篇。願吾子讀之。』（《天籟集》王博文序）據傳元末曾有刻本流行，散失於兵燹。後『其孫溟得之姑孰士大夫家，傳寫失真，字多謬誤』（《天籟集》孫大雅序）。洪武七年（一三七四），孫大雅任姑孰郡文學，得白溟所藏《天籟集》，考訂一二，序而歸之。孫大雅回京後，白溟復請其敘之。《天籟集》現存版本有清康熙楊友敬刊本、《四庫全書》本、《四印齋所刻詞》本、丁丙八千卷樓藏抄本、繆荃孫光緒校刊本、王文才《白樸戲曲集校注》本等。

此清康熙楊友敬刻本，爲楊氏得於白樸後裔，凡一百十八篇，朱彝尊訂爲上下二卷，作序並付梓行世。朱序云：『白氏於明初由姑孰徙六安，是集希洛得之於其裔孫駒，將刊行，屬余正其誤，乃析爲二卷，序其端。』書前有朱彝尊序及孫大雅、王博文原序。目録前有蘭谷先生小像，孫大雅、曹安、陳霆、王著像贊，均爲手書上版；正文後補入白樸散曲成《摭遺》一卷，有楊友敬、王皜跋及姜穎新跋。後附洪昇撰《隱括蘭亭序》，有楊友敬、沈紅祚、徐材仲等人題跋。

楊友敬字希洛，號晴麓，又號雪蘿真隱。博覽群書，喜藏古籍，曾任太和縣教諭。清李蔚同治時所修《六安州志》卷二十七謂友敬『詩文不染時趨，嘗遊歷四方，舟車所至，名公宿儒恨相見晚……有《困

學日程』』。王皜字又皜，號雪鴻，好搜羅古籍，精於書法，行、楷得晉唐遺法，著有《向山堂集》《劍南詩集》《六經圖考》等。

此本爲手書上版，書法秀美，刊刻精良，屬清初刻本之精品。鈐有『延古堂李氏珍藏』『古瞟挹百城樓主人珍藏書畫印記』『廖世陰印』『穀木』等印，現藏中國國家圖書館。（廖甜添） 五一五

## 玉琴齋詞不分卷 （清）余懷撰 稿本 吳偉業 尤侗題辭 顧廣圻 孫星衍 魏錫曾 許增 丁丙跋。

框高二十一・一釐米，寬十二・三釐米。每半葉七行，行十八字，白口，四周雙邊。

余懷（一六一六——一六九六）字澹心，一字無懷，號曼翁，又號曼持老人，祖籍莆田（今屬福建），僑居江寧（今南京）。善詩文，著述宏富。嘗賦《金陵懷古詩》，王士禎以爲不減劉禹錫。除是書外，尚存《板橋雜記》三卷、《東山談苑》八卷、《味外軒稿》等。

是書共收詞四百五十首，多爲抒懷和記遊，怡意於花酒丘壑之間。詞牌多用王安石、蘇軾、陸游、辛棄疾、劉克莊諸大家名篇追和，兼魏了翁（鶴山）、辛棄疾（稼軒）之長。吳偉業題辭曰：『澹心之詞，大要本於放翁，而點染藻艷，出脱輕俊，又得諸《金荃》《清真》，此録學富而才儁，無所不詣其勝耳。』尤侗題辭曰：『余子之清言綺語，絡繹奔赴。』顧廣圻跋云：『填詞宗泒，五代、南北宋各極其妙。近人惟撏撦玉田，附會竹西六家，自外皆未之寓目，烏足與知此事耶？觀梅村題中舉放翁、《金荃》《清真》而歸之「學富才儁，無所不詣其勝」，可以知前輩誠不可輕及矣。』許增於題識中稱此本『千古墨

妙』，『今年第一眼福』。

是書卷首有余懷印，稿紙版心有藍印字『南岳幽居著書册』。是書魏錫曾墨筆跋云：『王蘭泉司寇《國朝詞綜》云有澹心手鈔《玉琴齋詞》，精絶無倫。』丁丙《善本書室藏書志》卷四十云：『澹心詞世無刻本。』知是書僅有此稿本，且爲手稿，洵爲珍貴。其載余懷翰墨，有諸名人題跋，經名家收藏，孫星衍稱之『三絶』本：『梅郙作序，澹心手迹，楝亭弆藏。此本可稱三絶。賞鑒家當於花香茗碗閲之，如對古人矣。』民國十七年（一九二八），柳詒徵將其影印出版，後世所見，多爲此本之影印本。

此本鈐有『余褢之印』『廣霞』『味外軒圖書』『楝亭曹氏藏書』『長白敷槎氏堇斋昌齡圖書印』『八千卷樓珍藏善本』『梅郙』『吳偉業印』『顧印廣圻』『孫伯淵』『魏印錫曾』等印。清末爲八千卷樓所得。現藏南京圖書館。（陳立）

五一六

## 蓺香詞六卷 （清）吳綺撰　清康熙刻本。框高十六・二釐米，寬十二・六釐米。每半葉十行，行二十字，白口，左右雙邊。

吳綺（一六一九—一六九四）字園次，一作薗次，晚號聽翁，江都（今江蘇揚州）人。順治十一年（一六五四）拔貢生，授弘文苑中書舍人。康熙五年（一六六六）由武選司員外郎出任湖州知府，『有吏能，人謂其多風力、尚風節、饒風趣，稱爲三風太守』（《清史稿》列傳二百七十一）。康熙八年被劾罷官，結交蘇州派戲曲家李玉和朱素臣等，又往來於杭州、無錫、宜興一帶，與無錫知縣吳興祚締交，與詞家陳

維崧、顧貞觀等唱和。康熙十九年返回故鄉揚州定居，『晚年伏而著書，穿穴搜討，不遺餘力，先生之學，閎且肆矣』（王方岐《吳園次後傳》，見閔爾昌《碑傳集補》）。今存者《亭皋集》《藝香詞》《林蕙堂文集》（此三種與散曲合成《林蕙堂全集》），《嶺南風物記》《揚州鼓吹詞》《選聲集》《記紅集》《唐詩永》《宋金元詩永》《蕭瑟詞》等，未見流傳者《閨情三十詠》《聽翁六懷》《四聲寶蕊》《燃松隸事》《彤史》《三芝集》《巾箱詩詞二韻》，傳奇《忠愍記》《嘯秋風》《繡平原》等。事見《清史稿》卷四百八十四《文苑一》、《清史列傳》卷七十一、［民國］《歙縣志》卷七等。

是書爲康熙刻本。《四庫全書總目·林蕙堂集》提要云：『綺有《嶺南風物記》，已著錄。王方岐作綺小傳，稱所著有《亭皋集》《藝香詞》《林蕙堂文集》諸編。綺没之後，其子壽潛搜訪遺稾，合而編之。此本一卷至十二卷爲四六，即所謂《林蕙堂集》也。十三卷至二十二卷爲詩，即所謂《亭皋集》也。二十三卷至二十五卷爲詩餘，即所謂《藝香詞》也。』此《林蕙堂集》先刻《林蕙堂文集》十二卷，次年又選刻了《文集續刻》六卷、《藝香詞》四卷、《亭皋詩鈔》四卷，共二十六卷。因是分開刊刻，没有『全集』之名。

是書分六卷，首有周斯盛及史伸所作序，收《歌吹詞》《蕭瑟詞》《扶醉詞》《水嬉詞》《登樓詞》《鳳鄉詞》六種共四百四十八首詞作。其中《扶醉詞》《水嬉詞》《登樓詞》前分别有同里後學鄭鍾蔚、汪國梓、閔長虹所作序文，多溢美之詞。吳綺詞頗擅名，徐釚《詞苑叢談》謂：『吳湖州詞有「把酒祝東風，種出雙紅豆」，梁溪顧氏女子見而悦之，日夕諷詠，四壁皆書二語，人因目湖州爲紅豆詞人。』鄒祇謨《倚

聲初集》亦云：『廣陵諸子，善百（陳世祥）、園次（吳綺），巧於言情。宗子梅岑（定九），精於取境。』從其現存詞作來看，婉約、豪放之語皆有，吳梅評曰：『小令學花間，長調學蘇、辛，清初詞家通例也。然能情語者，未必工狀語，園次則兩者皆工。……出語又近迦陵，蓋園次與迦陵爲異姓昆季，是以詞境有相同處。』《四庫全書總目》是書提要云：『國初以四六名者，推綺及宜興陳維崧二人，均原出徐、庾。維崧泛濫於初唐四傑，以雄博見長；綺則出入於《樊南》諸集，以秀逸擅勝。』將吳、陳二人並論。

是本鈐『长乐郑振铎西谛藏书』『長樂鄭氏臧書之印』印，知爲鄭振鐸舊藏。現藏中國國家圖書館。

（白雲嬌）

五一七

## 納蘭詞五卷補遺一卷

（清）納蘭性德撰　（清）汪元治輯　清道光十二年（一八三二）汪元治結鐵網齋刻本。框高十九・一釐米，寬十三・六釐米。每半葉十行，行二十一字，白口，左右雙邊。

納蘭性德（一六五五—一六八五）原名成德，後避東宮太子保成名諱，改性德，字容若，亦稱成容若，號楞伽山人，清滿洲正黄旗人，大學士明珠之子。康熙十五年（一六七六）進士，初授三等侍衛，後晉陞爲一等。精於書畫鑒賞，喜與文人交往，與游皆一時名士，以詞名，有《飲水詞》。又有《通志堂集》等。事具《清史稿》卷四百八十四。

汪元治（？—一八八七）字仲安，一字珊漁，號謐卿，鎮洋（今江蘇太倉）人。曾任河南湯陰、中牟令。晚年曾赴徐州、宿遷、崇明等地書院主講。有《結鐵網齋詩集》十卷、《詩稿補抄》一卷。

納蘭詞集初名『側帽』，或云典出《北史》卷六十一《獨孤信傳》：『信美風度，雅有奇謀大略。……既爲百姓所懷，聲震隣國。……信在秦州，嘗因獵日暮，馳馬入城，其帽微側。詰旦而吏人有戴帽者，咸慕信而側帽焉。』或云取晏幾道《清平樂》『春雲綠處，又見歸鴻去。側帽風前花滿路，冶葉倡條情緒』句意。後由顧貞觀、吴綺訂定更名爲『飲水』，或云取《五燈會元》道明禪師答盧行者語『如魚飲水，冷暖自知』之意。

是書内封題《納蘭詞》『結鐵網𢇁藏版』。首周僖序、次趙函後序、次道光壬辰（十二年）夏六月汪元浩（汪元治之伯兄）跋、次道光壬辰秋七月既望汪元治後跋、次原序（含康熙戊午顧貞觀序、吴綺序、嘉慶丁巳夏五月楊芳燦蓉裳序等）、次詞話（含徐釚《詞苑叢譚》、阮葵生《茶餘客話》、顧貞觀《彈指詞書贈詞後》、袁枚《隨園詩話》等）、次詞評（含陳其年維崧、顧梁汾貞觀、丁藥園澎、聶晉人先等諸家評語）、次納蘭詞目録。全書分五卷附補遺五闋（此本補遺兩葉殘甚）。卷端題『長白納蘭成德容若著，鎮洋汪元治仲安編輯』，卷一終題『錢塘汪燿校』、卷二終題『太倉周升堂校』、卷三終題『歙縣王斑校』、卷四終題『鎮洋蔣希曾校』、卷五終題『昭文蔣寶齡校』。汪元浩跋稱：『仲安因顧梁汾原輯本，及楊蓉裳抄本、袁蘭邨刊本、《昭代詞選》《名家詞鈔》《詞滙》《詞綜》《詞雅》《草堂嗣響》《亦園詞選》等書，彙鈔得二百七十餘闋。其前後之次，則按體編之。字句異同，悉加注明。並采詞評、詞話，録於卷首。』汪元治後跋云：『元治輯納蘭詞四卷……剞劂告竣，將次刷印，復於吳門彭丈桐橋處得《通志堂全集》共二十卷，内詞四卷計三百四闋（實爲三百闋）……爰即補刊於後，編爲卷五。而元治所輯亦有一十九闋

爲全集所未載，殆當時失傳故耳。今彙得三百二十三闋（實爲三百三十六闋），可稱大備無遺憾矣。』周僖序稱：『今珊漁（汪元治）於飲水側帽諸刊外，彙諸家所錄，分體編輯，美矣，備矣，讀者無遺憾矣。』光緒六年（一八八〇）許增邁孫娛園叢刻（即榆園叢刻）本即翻刻此本，許氏本增張預重刻序、補遺十六闋、神道碑、墓誌銘等，此外無增刪。王國維《人間詞話》稱：『納蘭容若以自然之眼觀物，以自然之舌言情，此由初入中原，未染漢人風氣，故能真切如此。北宋以來，一人而已。』此本爲納蘭詞集中首以《納蘭詞》爲名者，納蘭指性德或自此本始，且流傳頗罕，凡體例、校勘等頗具參考價值，殊爲可貴。

據李慈銘日記及跋文：咸豐甲寅（四年　一八五四）秋，李氏從周星貽處借得汪氏刻納蘭詞全帙，即抄錄六十餘闋。但亦云納蘭詞『紘紘掩抑，令人不懽，洵有顧梁汾所謂非文人不能多情，非才子不能善怨者。然根柢太淺，每露其底蘊，長調猶時若不醇，此不讀書之故』。庚申（十年）冬，呂耀斗（字庭芷，一字定子，或稱鶴緣太史，有《鶴緣詞》）屬意李氏評點納蘭詞，並借予汪氏刻本納蘭詞。辛酉（十一年）二月十八夜又讀一過，並評『容若詞長調不如中令，中令不如小令，右三卷已足盡其長矣』（卷三末跋文），李慈銘《越縵堂讀書記・集部・詞曲類》並稱『汪氏本合《飲水》《側帽》二集，又搜其遺賸，共得三百二十三闋（應爲三百二十六闋），所作大約已備』。惜校讎不精，又指『琵琶仙』『秋水』等調爲自度曲，蓋全不知此事者矣』。李氏鈐『絳跗閣主』『慈銘』『霞川花隱』諸印。現藏中國國家圖書館。

（向輝）

五一八

## 迦陵詞稿不分卷 （清）陳維崧撰　稿本

陳維崧生平爵里、學行業績簡況，前録清康熙天藜閣刻本《陳檢討集》時已介紹。

陳維崧創作兼有詩、詞、散文、駢文各體，其中以填詞時間最晚，然用力最勤，數量最多，成就亦最突出。陳氏詞作首部刊行者爲《烏絲詞》，其後，陳維崧又將《烏絲詞》之後出版詞集及其他集外作品彙成一編，名曰《迦陵詞》，故《迦陵詞》實爲陳氏中後期主要詞作之合集。陳詞仿蘇、辛，豪爽跌宕，以壯語著稱，陳廷焯《白雨齋詞話》卷三評曰：『國初詞家，斷以迦陵爲巨擘。』順、康之際，宜興詞人以陳維崧爲首，形成陽羨詞派。

此本爲《迦陵詞》稿本。全書風格大體統一，除少量作品外，皆爲同一抄録者墨筆楷書抄録。書中鈐有陳維崧印章數枚，且存録其親筆題寫評語數條，故此稿雖非陳氏手迹，然其收録、抄寫及修訂當在陳氏指導下完成。是稿共收陳維崧詞作三百五十八調、一千三百九十一首，除二十七首重出之作，實收詞作一千三百六十四首，其中《絳都春·詠雞冠花》《鎖窗寒·夏夕驟涼快作》二首僅見載於此稿。陳維崧四弟陳宗石曾廣泛收集陳氏著述版本爲之編纂刊印《迦陵詞全集》，而此稿詞調旁及詞題之下多鈐『彊善堂主人對訖』長方印及『寓園抄校訖』『寓園閲訖抄訖』字樣。陳宗石字子萬，號寓園，『彊善堂』乃陳宗石安平官署之名，故此稿應爲陳宗石『患立堂』所刊《迦陵詞全集》所用底本之一。此外，詞作正文旁又多鈐『履端』二字，知陳維崧嗣子陳履端亦參與全集之校勘。該稿本彙録衆多名家評點、修改，故在陳氏詞集版本、校勘、輯佚、詞評等方面皆具有重要價值。

此本鈐有『陳印維崧』『其年』『蔣平階印』『大鴻』『章式之讀書記』『任氏振采』諸印。此稿在陳宗石完成《迦陵詞全集》編撰工作後，將其珍重保藏並傳諸子孫，後經陳宗石五世孫陳重攜至天津。陳重（一八二七—一八九一）字小蕃，亦作筱帆，河南商丘人，咸豐二年（一八五二）舉人，任刑部主事，官至永定河道。陳重去世後，詞稿傳至其子陳實銘。陳實銘字葆生，號踽公，幼承家學，爲晚清民國間津門詞壇重要人物。據書前李放題記，陳實銘於一九二五年邀請當時文化名流李放、李準、冒廣生、鄭孝胥、陳曾壽、朱孝臧、胡嗣瑗、温肅等人爲此稿題寫分册書名。此後該書輾轉周折，落入坊間，一九五七年由南開大學圖書館從天津市古舊書店購買入藏，並保存至今。此本現藏南開大學圖書館。

（趙文友）

五一九

**秋林琴雅四卷** （清）厲鶚撰　清康熙六十一年（一七二二）瓮熺刻本。框高十六・九釐米，寬十二・六釐米。每半葉十行，行二十字，小字雙行同，白口，左右雙邊。

厲鶚生平爵里、學行業績簡況，前錄清抄本《遼史拾遺》時已介紹。

《秋林琴雅》一名《樊榭山房詞》，收詞一百六十首，所錄爲厲鶚早期詞作。

此清康熙六十一年瓮熺刻《秋林琴雅》，有杭州徐逢吉康熙六十一年序，吴允嘉、陳撰、吴焯、趙信等題辭，瓮熺跋。徐序云：『去臘於友人華秋岳所讀樊榭高陽臺一闋，生香異色，無半點煙火氣，心嚮往之。新年過訪，披襟暢談，語語沁入心脾，遂相訂爲倡和之作……頃寓秦淮，樊榭書至，知前後俱削

稿，復合以平時所作，付之梓人，先以首卷刻成者寄示。迴環讀之，如入空山，如聞流泉，真沐浴於白石、梅溪而出之者。噫，捨紫山而外，知此者亦鮮矣。』徐逢吉，字紫山，一字紫寧，號青蓑老漁。原名昌薇，字紫凝，錢塘諸生。少能詩，晚年歸隱西湖，有黄雪山房齋。著有《黄雪山房集》。

此書又有瓮熺跋，云『樊榭先生幽居道古，翛然清遠，詩文之外，鋭意於詞……十年以來已有三數曲流傳朋游間，賞音者以所見未多爲憾。予因請于先生盡發篋衍之藏，釐爲四卷，鋟而行之』。表明此書實際操刻者是瓮熺。

此書有墨筆批注，鈐有『帶經堂陳氏藏書印』『茂苑香生蔣鳳藻秦漢十印齋秘篋圖書』等印，曾經陳征芝、蔣鳳藻等名家收藏。現藏中國國家圖書館。（廖甜添）

五二〇

## 玉壺山人詞稿一卷泖東夏課一卷　（清）改琦撰　稿本。每半葉十行，行十九字，無欄格。

改琦（一七七三—一八二八）字伯韞，號香白，又號七薌，别號玉壺外史。其先本西域人，後家江南，居華亭（今上海）。工詩詞，善畫仕女，山水花草蘭竹小品亦運思别巧。《清史稿》卷五百四有傳。改氏以繪事聞名，兼工倚聲。精於南宋各詞家體格，而斟辭酌句，調腔按板，錘煉之中自能清遠疏快。

現有《泖東詩課》《畫餘詞》等多種詞集稿本存世，刻本主要有兩種：一《泖東近課》，爲郡中同人合集，清嘉慶十九年（一八一四）王芑孫刻，内收改詞一卷，凡四十八首；一《玉壺山房詞選》二卷，道光八年（一八二八）沈文偉來雀樓刻，内收一百五十五首。沈本較爲通行，光緒十一年（一八八五）高雨

刻本即從沈本出。

是稿共收録改詞八十一首，分爲兩部分：前半無題名，得五十二首；後半題『泖東夏課』，得二十九首。改氏《泖東詩課》稿本與此本中《夏課》收録篇什略同，而標明諸篇爲辛未（嘉慶十六年）至壬申（嘉慶十七年）作，則《夏課》之寫作年代可據以推定。全書共有二十八首詞牌上端經人施加紅色圈記，取通行之沈本覆核，發現除《子夜歌》（『一絲殘笛飛寒緑』）一首外，有紅圈者均已刊入，據沈文倬所撰《校刊玉壺山房詞引》，改氏『以全稿屬其友郭君麐選存若干首，又復自爲删定，未及付梓，遽歸道山』，疑紅圈即爲改氏所加。

《泖東詩課》稿本與此本中《夏課》文字異同處不少，如《梅子黄時雨》（梅雨）『正葉底黄肥，輕墮無數』，《詩課》作『正檐底熟梅，黄落無數』；『曼聲低按方回句』，《詩課》『方回』作『東山』；『膡麥後殘寒』，《詩課》『殘寒』作『餘寒』。再取刊本《泖東近課》對照，發現刊本文字多同此本。由此推知，《詩課》爲作者早期稿本，此稿則較晚出。

此本通體爲作者手書，字體流美，一筆不苟，文字内容與傳世之兩種刻本關係密切，洵足珍重。鈐有『改琦』『改氏伯韞』『壺中父』『蟫隱廬秘籍印』等印。現藏上海圖書館。（徐瀟立）　五二一

**定盦詞五卷**　（清）龔自珍撰　清抄本　龔橙校並跋。每半葉十行，行二十字，無直格。

龔自珍生平爵里、學行業績簡況，前録清道光七年手稿本《定公破戒草》時已介紹。

龔氏十九歲始倚聲填詞，二十一歲成《懷人館詞》三卷，段玉裁《經韻樓集》卷九《懷人館詞序》稱：『余索觀其所業詩文甚夥，間有治經史之作，風發雲逝，有不可一世之槩。尤喜爲長短句，其曰《懷人館詞》者三卷，其曰《紅禪詞》者又二卷，造意造言，幾如韓李之於文章，銀盌盛雪，明月藏鷺，中有異境……自珍以弱冠能之，則其才之絶異，與其性情之沈逸，居可知矣。』

此本内容包括《無著詞》《懷人館詞》《小奢摩詞》《景事詞》《庚子雅詞》五種，經龔自珍子龔橙手校，行間校字即出橙手，間有數葉如《小奢摩詞》《景事詞》通體爲橙所書，可視作龔橙校輯稿本。龔橙（一八一七—一八七八）初名公襄，字孝琪，又作孝珙，號昌匏，晚自號半倫。幼好學，兼識滿、蒙及唐古忒文字。著書好爲新奇可怪之論，爲世駭愕。裘毓麟《清代軼聞・龔半倫傳》説橙『中年益寥落，至以賣書爲活。舊所藏書畫古玩，斥賣略盡』。撰有《元志》五十卷、《雁足燈考》二卷、《詩圕》稿本、《理董許書》二十一册稿本等，又編《孝珙手抄詞》《龔定盦別集》《定盦詩集定本》。據龔橙書後跋語，是本爲龔詞定本，校於咸豐辛酉（十一年　一八六一）冬，正文有墨色刪削圈改痕迹，書眉附校語，頗具文獻價值。如《桂殿秋》（二首）若依吳煦刻本《定庵詞選・無著詞選》編次，似作於嘉慶壬申（十七年）之後。龔橙手校本此兩闋詞序云『庚午六月望』，樊克政、郭延禮等學者進而論證，此兩闋或作於嘉慶庚午（十五年）。與吳煦刻本相較，此本文字異同不少，如《菩薩鬘》中『輕寒』作『秋陰』，『秋思正沉吟』作『員鏡午粧遲』，『秋陰幾許深』作『鮫綃濯罷時』等，可資校勘者參稽。目前較爲通行之王佩諍校本、楊伯嶺箋説本皆以此本爲底本。

此本鈐有『椿蔭書屋珍藏』『長樂鄭氏藏書之印』『长乐郑振铎西谛藏书』等印。現藏中國國家圖書館。（白雲嬌） 五二三

## 疏影樓詞五卷 （清）姚燮撰　稿本。每半葉十行，行二十一字，白口，無直格。

姚燮（一八〇五—一八六四）字梅伯，號埜橋，一作野樵，晚號復莊，別署大梅山民、汝梅、大某、上湖生、二石生、疏影詞史、東海生、復道人、浣溪遷客等，鎮海（今浙江寧波）人。燮『自經傳子史、諸家詩文集，下及道藏、釋典，稗史、雜家言，靡不觀覽』（《清史列傳》卷七十三），道光十四年（一八三四）舉於鄉，其後三應會試不中，十八年以謄錄例選候補知縣，二十四年會試再報罷。遂絶意仕進，居家著述授徒，作文鬻畫自給。擅繪事，畫風取元末煮石山農王冕，畫仕女、花卉、翎毛皆佳，而梅花尤淋漓盡致，世以大梅先生稱之。嘉道間文壇領袖阮元稱其畫似煮石（王冕），詞似白石道人（姜夔），故字以『二石生』贈之（［民國］《象山縣志》卷二十六）。燮著述繁富，約八百餘卷，凡經史地理、詩詞歌賦均有述作，如《夏小正求是》《漢書日札》《洋煙述考》《復莊詩問》《駢體文榷》《疏影樓詞》《今樂考證》《讀紅樓夢綱領》等，編有《駢文類苑》十四卷、《大梅山館藏書目》等。《清史列傳》卷七十三、［光緒］《鎮海縣志》卷二十四有傳。

姚氏《疏影樓詞》五卷，首刻於道光十三年，後編入《大梅山館集》中。據刻本姚燮序云：『搜宋元以來諸名家集，沈浸討索，效之似，錮之益深。……數年以往，共得千闋，餘並少作，删存六一，釐爲五

卷，各以類從。』姚儒俠序稱，『（姚氏）埜橋爲甬上名秀才……於詞較深，近人無與敵也……其生平得力之處，追蹤秦柳，胎息蘇辛，取裁於夢囱、竹屋之間，沉幽固閟，揮灑流落，體製不名一長』。除此《疏影樓詞》之外，姚燮尚有詞集《疏影樓詞續鈔》《玉笛詞》《苦海航樂府》等。

此爲姚氏稿本，首道光十三年平湖姚儒俠序，稱《疏影樓詞》凡二卷，上卷《吳涇蘋唱》四十九首（含姚仙《疏簾淡月》一首），署『上湖姚燮埜橋』；《聽雨詞》三十二首（含他人原作二首），署『埜橋道人倚聲』；下卷《剪燈夜語》三十三首（含葉元墀和作一首），署『蛟門姚燮汝梅』，《畫邊詞》二十七首（含他人原作三首），署『疏影樓主人手錄』。刻本卷名與此稿本不同，爲《畫邊琴趣》（上、下）、《吳涇蘋唱》《剪燈夜話》《石雲唫雅》。卷上末附澹巖周泰跋。卷下首葉題『已校錄副本，完卷授刊。癸巳七月二十五日上湖生手識』。有姚燮親筆圈點批校修訂，有數闋（如水龍唫、齊天樂等）改動頗多，幾乎爲重寫。

《疏影樓詞》爲其中舉前所作，姚氏自題云：『儂自狂歌自負，當前任贏得，流俗評笑。兩宋三唐，換羽移宮，落寂詞僊多少。江篷荻雨花簾月，且暢寫，隨時懷抱。』（《石雲唫雅・疏影・自題詞集》）稿中多『疏火照船衾』『曉窗鶯語』『湖雨弄湖煙』『樓影事闌珊』之語。故李一氓稱：『詞人每多側媚之詞，爲世人詬病，似亦理所宜然。但姚梅伯則是兩樣，我們讀他的《復莊詩問》對鴉片戰爭的感受，就比較激昂慷慨得多，那些「堪他綽約雙鬟女，坐鄰船背影，泥唱琵琶」（續稿第一首《高陽臺・初泛西湖》）就大不相同了。大概詞人守着「詩言志」「詞要婉約」這些條令在行事，所以説當一個作家，有時也很不

容易。』(讀《疏影樓詞札記》)

以此稿本與刻本比勘，其異頗夥。如《吳涇蘋唱》刻本收錄詞四十二首，起《少年遊》迄《秋深柳》，此本起《眼兒媚》迄《虞美人》，選詞差異極大，僅有十一首相同，此十一首詞亦有字句不同，如《秋深柳》(疏火照船衾)後闋『船尾遂初停，小泊在第三短亭。木落烟昏，雁飛天遠，人語樓深』，刻本爲『秋色動鄉情，盼不了長亭短亭。水落烟寒，雁飛天遠，人語樓深』。《湘華》(斷嵐迴合)『華月滿地』之『滿』字劃掉並改爲『浮』，刻本爲『浮』；『問個吹簫』刻本爲『問個吹笙』。《買陂塘》(趁斜陽)題『邀厲白華……消去幾許魂也』刻本爲『同厲駭谷志……消去幾許愁也』；『趁斜陽、撵撵槳子，轉來斟酌橋渡。曲璚十二船簾挂』刻本爲『送咿啞、蘭舟桂槳，斜陽斟酌桥渡。曲璚十二珠簾挂。』此本《畫邊詞》刻本爲《畫邊琴趣》。

此稿本曾爲姚氏珍藏，鈐有『姚儒俠』『東海生真賞』『梅伯』『汝梅』『石梅』諸印。現藏寧波市天一閣博物館。(向輝)

五二三

**苦海航一卷** (清)姚燮撰　稿本　沈鎔經等題詩。框高十七·一釐米，寬十三·二釐米。每半葉十行，行字不等，白口，左右雙邊。

姚燮生平爵里、學行業績簡況，前錄稿本《疎影樓詞》時已介紹。

此稿爲詞集，乃咸豐間姚氏客居滬上時所作，收同調『沁園春』詞凡一百零八首，描寫滬上煙花柳

巷聲色萬象。時滬地青樓頗多，卷首有作者識語曰：『其蠱人尤甚於他方。閱歲閱月中，陷其中不自拔，以至於而貧而賤、而病且死者，不知凡幾，道人憫之，因製「沁園春」詞一百有八闋。』意『以當晨鐘百八，喚醒癡聾』，以爲世懲。姚氏以爲，此等聲色之地，無異於人間之『苦海』，而墮其中不能自拔者，皆若作苦海之航，故題其詞曰『苦海航』。是書詳述青樓情狀，多用口語，語言俚俗，方言、青樓專用語常見於其中，而每加注解。

此稿未見刊本，故流傳絶少。諸家書目皆不録，《清史列傳》姚氏本傳亦未言及。唯潘衍桐《兩浙輶軒續録》卷三十五、蔡鴻鑒《復莊駢儷文榷二編序》開列姚氏未刊著述時提及。是書稿本別有一部，内容所記與此本略同，唯卷首作者識語稱『製「沁園春」詞六十有四闋』，正文亦僅有六十四首，塗改之處較此本甚多，封面題『苦海航一卷　壬子二年十一月□至日復莊手編本』，壬子二年即清咸豐二年（一八五二）。一百零八首本當據六十四首本謄清且有所增益者。二本今皆藏中國國家圖書館。

（陳清慧）

五二四

**冷紅詞四卷**　（清）鄭文焯撰　稿本。框高十六釐米，寬十一・六釐米。每半葉十行，行十七字，白口，四周單邊。

鄭文焯（一八五六—一九一八）初名豫格，字俊臣，號小坡、叔問，晚號大鶴山人，別署冷紅詞人、鶴道人、石芝崦主等，奉天鐵嶺（今屬遼寧）人。隸正白旗漢軍籍，郡望漢北海郡高密縣通德里。光緒元

年(一八七五)舉人,授内閣中書。後屢試不售,遂絶意仕進,寓居吴中三十餘年,爲督撫幕客。晚景凄凉,行醫鬻畫以爲食。鄭文焯與王鵬運、况周頤、朱祖謀並稱『清季四大家』。工詩文,善倚聲,好訓詁考據,尤長金石書畫,旁通醫理。其詞作以『白石、叔夏爲法』,融合常州與浙西兩派的風格並有所創新。提倡『清空』『寄托』,講究聲律。文焯平生著書甚富,自定書目凡三十九種。生前刻有《瘦碧詞》二卷、《冷紅詞》四卷、《比竹餘音》四卷、《樵風樂府》九卷、《苕雅餘集》一卷。又有《清真集校正》《絶妙好詞校釋》一卷、《詞源斠律》二卷、《醫故》二卷,合刊爲《大鶴山房全集》。詳見戴正誠編撰《鄭叔問先生年譜》。

鄭文焯於光緒十九年新納吴趨歌兒張小紅,别居廟堂巷龔氏修園,爲其賦《折紅梅》詞,詞前小敘云:『《中吴紀聞》:「宋吴應之居小市橋,有侍姬曰紅梅,因以名其閣,嘗製《折紅梅》二詞,傳播人口,春日群宴,必使優人歌之。」余新得吴趨歌兒亦有比紅之賦。』張爾田所撰《近代詞人逸事》亦載:『小坡方有「比紅」之賦,即所謂侍儿紅冰是也。後遂歸於小坡。乃於翦金橋卜西樓以貯之。《冷紅詞》一卷,大半咏此。』又請顧澐爲繪《冷紅簃填詞圖》,其以『冷紅』名集者以此。此集詞作多爲描寫閨情綺怨、閑情逸致。如《暗香》《疏影》前後各有兩首,前者訴相思,後者寫相守。由於作者曾連續五次進京會試不售,亦有詞作抒發身世飄泊之感。

《中國古籍善本書目》著録本書。吴熊和、嚴迪昌、林玫儀合編的《清詞别集知見目録彙編——見存書目》亦有著録。

本書目録及正文均作四卷,《目録》末題:『右冷紅詞五卷,始己丑訖丙申共得一百四十五首。』則詞作當始於光緒十五年己丑,訖於光緒二十二年丙申。『五卷』當爲筆誤,與光緒二十二年(一八九六)沈瑞林耦園刻本對比,篇目亦有闕漏。卷一首篇《菩薩蠻》九首,此本前六首缺,恐爲重裝成金鑲玉時遺失。卷四《踏莎行·送子苾入陝》存前二闋,刻本四闋全。《琵琶仙·江上早春感事别於晦若》《虞美人》『斷腸吴苑』、《遐方怨》『金雀扇玉蟬翹』、《南鄉子·行春橋迴櫂和花間集李珣》《水調歌頭·中秋夜城西樓望月和東坡》《琴調相思引》六首有目無文。《疏簾澹月》正文處詞牌名未題,目録存。卷二卷端下題『北海鄭文焯叔問』一行位置偏後,眉批『誤寫一行,鈔手須改過』,刻本亦改過。卷二末《阮郎歸》『漫把新詞當曲聽』,刻本題名改作《鷓鴣天》,内容不變。卷三首葉眉批『夾縫寫冷紅詞要小』,刻本版心上題增入『冷紅詞』三字。《雨霖鈴·甲午人日載雪西崦》『早春』改作『人日』,刻本作『人日』。《鶯啼序·登北固樓感事再和文英》『且銜杯狂嗅,茱萸解人深意』改作『且銜杯狂嗅,茱萸醉來何意』與刻本同。《揚州慢·甲午九月游廣陵平山堂曲宴即席和白石韻》中『向西亭柳色,倦眼爲誰青。正烽火連江警燧』改作『甚江湖病眼,嘆醉眼還青。正烽火連江警燧』,最後改爲『甚江湖病眼,爲路柳偏青。正哀吹連天警燧』與刻本同。卷四卷端下題『北海鄭文焯叔問』位於書名之下,未另起一行。天頭眉批『當改寫在第二行,秋霽二字以下均推算』,刻本改過。卷四《西江月·木瀆舟中同石瞿分題賦靈巖古蹟采香涇》中『漂花不到若耶西,夢聞浣紗鄰里』,改作『漂花朝暮出城西,莫聞浣紗鄰里』,再改爲『漂花若到若耶西,羞見浣紗鄰里』與刻本相同。《鷓鴣天》『樹隱湖光』小敘『獨愛青芝一

塢，篁椒孤上，幽窗不可階』，改爲『獨愛青芝一塢，林嶂秀岨，人跡罕交』。凡此種種有異於刻本。此稿無作者印信，亦少塗改，與刻本相較，行款字數一致，詞作内容基本相同。據此推斷此本爲謄清稿本。刻本卷末沈瑞林序云：『去年因過大鶴山房，得丈手寫《冷紅詞》，則戊子歲以後所作，凡百數十首，深美閎約，有過前編。固請付鍥，踰年錄副，依編年例都爲四卷。』此稿本疑即所錄副本。首葉鈐有『吳興劉氏嘉業堂藏』，知其嘗爲劉承幹嘉業堂所收藏。現藏南京圖書館。（韓梅）

五二五

**樵風樂府不分卷**　（清）鄭文焯撰　稿本。框高十六·九釐米，寬九·九釐米。每半葉八行，行字不等，白口，四周單邊。

鄭文焯生平爵里、學行業績簡況，前錄稿本《冷紅詞》時已介紹。

本書無目錄，不分卷，剔除重複共收詞二百一十一闋。書中亦有雜記關於史學、金石考證類内容，抄錄李希聖、黃庭堅等人題跋若干篇，以及鄭氏對《通典》人物的考證等。據封面題名，本書原作《可山樓詞》，鈐有『可山樓詞草』印信，封面另有鄭氏光緒三十年甲辰題跋云：『雜錄庚子歲以後之作，零疊匧中，不復省措，久漸遺忘。每從好事者舊紈殘帙中見之，輒寫得一二補入稾本，不暇自綴其漏也。』

本書詞作大致以創作先後爲序，標明寫作日期的詞早自光緒二十八年壬寅年，晚至宣統元年己酉（一九〇九）年，封面又記『吳伯宛欲取余舊刻瘦碧、冷紅詞及比竹餘音合爲十卷，以密行小字墨版』，故

内封題名《樵風樂府》。然其與民國二年（一九一三）吳昌綬（字伯宛）爲其所刻《樵風樂府》九卷本相差甚遠，此稿入刻本僅七十五闋，多集中在卷六至八，卷九祇一闋。《鄭叔問先生年譜》記載：『仁和吳伯宛孝廉昌綬爲棐行《樵風樂府》於京師九卷，前五卷就舊刻瘦碧、冷紅、比竹餘音三集删存十之二三，後四卷爲始壬寅訖辛亥年間匧藁，時世難方亟，因以「苕雅」名集。』《樵風樂府》初刻本卷九末有鄭氏手跋云：『右《苕雅》四卷，始壬寅訖辛亥，删存一百一十七首，舊稿一百七十二首。』《苕雅》選自《樵風樂府》稿本詞作共一百一十四闋。據此可知，《樵風樂府》稿本乃《苕雅》之初稿，而非刻本底稿。《樵風樂府》稿本『塗乙甚多』，天頭地脚、詞首句尾亦多批語旁注。以《念奴嬌・己酉除夕》爲例，首句原作『夢隨年盡，鎮天涯魂斷、無家歸得』。後改爲『五更酒醒，便更歲有夢、無家歸得』。天頭又圈注『夜闌』二字。《苕雅》四卷本作『夜闌酒醒，縱天涯有梦、無家歸得』。已與刻本相一致。如此種種，不胜枚舉。民國四年朱祖謀『補樵風之佚，即以坿苕雅之餘』，爲其刻有《苕雅餘集》一卷，其中收録《樵風樂府》稿本未刊詞作共六十七闋。《樵風樂府》稿本是鄭文焯晚期最重要的作品。從初稿到定稿再至成書，鄭氏字斟句酌，潛心錘煉，充分體現了『大鶴之精』。稿本中保存的大量評注，不僅反映了作者的創作心境，也是研究其詞學思想的寶貴文獻。

《中國古籍善本書目》集部著録是書。

本書題名葉羅列有關鄭文焯所用室名紫薇玉尺精舍、石芝西堪、齊玉像龕、半雨樓、瓶知室、瘦碧龕、樵風廎、藕翅小榭、威喜芝庭、冷紅閣、琴西老屋、紅可簃、大鶴山房、漚園、明玕廊、清瑶淑、竹醉寮、

並例述其意，如：『《岳陽風土記》：五月十三日謂之龍生日，可種竹，《齊民要術》所謂竹醉日也。予生肖爲龍，又愛竹，更手植盈畝，以竹醉榜所居焉。』作者工書善刻，書中鈐有所刻印章十餘枚：『鄭文焯』『小坡』『大鶴山人題記』『鶴道人』『大鶴天隱者』『文芷』『通德里』『石芝』『石芝西堪題記』『冷紅詞人』『叔問填詞』『吴水城東墅』『傖歌』『樵風近製』等。另鈐有劉承幹嘉業堂收藏印『吴興劉氏嘉業堂藏』。現藏南京圖書館。（韓梅）

五二六

## 苕雅四卷餘集一卷苕華詩餘一卷

（清）鄭文焯撰　稿本。框高十八・一釐米，寬九釐米。

鄭文焯生平爵里、學行業績簡況，前録稿本《冷紅詞》時已介紹。

鄭文焯少即工詞，光緒八年從鄂人李復天學琴，遂精於律。光緒十一年於吴中壺園舉詞社，與湘人易順鼎、易順豫兄弟，蜀人張祥齡、蔣文鴻等唱和。光緒十四年刻行《瘦碧詞》二卷，二十二年有《冷紅詞》四卷之刻，二十八年（一九〇二）有《比竹餘音》四卷行世。宣統三年（一九一一）重新寫定舊刻，付仁和吴昌綬重雕版於武昌，以辛亥革命爆發，未能蕆事。至民國二年（一九一三），重寫定舊刻刻入《樵風樂府》前五卷。鄭氏又有憫時之作，始壬寅，迄辛亥，凡一百七十三首，取《詩・苕之華》傷周室將亡之意，初名《苕華詩餘》，辛亥四月易名《苕雅》，後選刻入《樵風樂府》卷六至九，存一百十首。民國四年，又將未刊之詞及新作者凡八十二闋，彙編爲《苕雅餘集》付刻。

此本爲《苕雅》與《苕雅餘集》稿本。册一首有書名葉，題『苕雅』『樵風佚叟手鈔』，卷一卷端鈐『高

密』『冷紅詞客』『樵風遺老』等印記，卷四末有『樵風逸民手藁，時壬子春仲』，『以上癸丑之春仁和吴伯宛刻於京師』題記兩則。均爲稿本之證。册二《茗雅餘集補遺》之前亦有書名葉一紙，題『茗雅』『餘集附録一卷』『附詩品雋語』『樵風佚民鈔』，今據以題識書名。檢鄭氏詞集刻本核之，《茗雅》稿本中天頭有紅圈的作品都刻入《樵風樂府》，餘者多刻入《茗雅餘集》；《餘集附録》中的作品亦多已刻入《茗雅餘集》。稿本中的未刊篇什，僅《如夢令》『又是江城吹絮』、《點絳唇》『摇落吴臺』、《浣溪紗》『江樹春寒緑意遲』、《蝶戀花》『□酒重尋看鞠處』等幾題；然其中的圈改字迹，則對瞭解作者的創作構思、遣詞造句功夫頗有助益。

書中鈐印還有『吴興劉氏嘉業堂臧』，知曾經藏劉承幹處。現藏中國國家圖書館。（張燕嬰）　五二七

## 唐宋諸賢絶妙詞選三卷　（宋）黄昇輯　清初毛氏汲古閣影宋抄本。框高二十一·一釐米，寬十五釐米。每半葉十行，行十七字，白口，四周單邊。

黄昇（生卒年不詳）字叔暘，號玉林，又號花菴詞客，宋建安（今屬福建建甌）人，理宗淳祐年間在世。據胡德方《中興以來絶妙詞選序》，昇不事科舉，性喜詩詞。著有《玉林詞》或稱《散花菴詞》，編《絶妙詞選》。毛晉《隱湖題跋》云：『叔暘雅意讀書，顔其居曰散花菴。嘗選唐宋詞及中興以來詞各十卷，曰《絶妙好詞選》。』

黄昇編《絶妙詞選》通行本爲二十卷，前十卷爲《唐宋諸賢絶妙詞選》，收録一百三十四家詞五百一

十五首，始於唐李白，終於北宋王昂，方外、閨秀各爲一卷附之；後十卷爲《中興以來絶妙詞選》，收錄八十九家詞七百六十首，始於康與之，終於洪瑹，附昇自作之詞三十八闋。二書後世合稱《花菴詞選》，共錄詞人二百二十三家，詞一千二百七十五首，各有詞人小傳及評語，爲今存宋代規模最大的詞集。《四庫全書總目》著錄内府藏本《花菴詞選》二十卷，是書提要並云：『觀昇自序，其意蓋欲以繼趙崇祚《花閒集》、曾慥《樂府雅詞》之後，故搜羅頗廣。其中如李後主《山花子》一首，本李璟之作，《南唐書》載馮延巳之對可證。亦未免小有疎舛。然昇本工詞，故精於持擇。自序稱暇日裒集得數百家，而所錄止於此數。去取亦特爲謹嚴，非《草堂詩餘》之類參雜俗格者可比。又每人名之下各註字號里貫，每篇題之下亦閒附評語，俱足以資考核。在宋人詞選，要不失爲善本也。』花源真隱顧起綸更生所撰之《花菴詞選跋》云：『是編爲淳祐間黄叔暘所選，計若干卷，溯自盛唐，迄於南宋，凡七百年。詞家菁華盡於是乎！美哉富矣！猶夫不入楚宫，彌知細腰之多；不逾越海，莫測大貝之廣。昔之玉樹新聲，花間豔染，臨風一唱，遂翩翩有鵠背扶搖之想。假令我輩浮白倚瑟，解嘲度曲，固不可得而廢是編。』

《唐宋諸賢絶妙詞選》十卷本今仍存世者有明萬曆刻本、《四庫全書》本、毛晉汲古閣《詞苑英華》本。此鈔本三卷則錄六十八家詞一百七十二首，無序跋，或云此爲十卷本之初選本，或云爲十卷本之選本，尚待詳考。前人著錄屈指可數，清初始見著錄，錢曾《也是園藏書目》著錄『《花菴絶妙詞選》三卷』，應即此本。

上虞羅振常曾得此本並於民國十一年（一九二二）影印行世，羅氏跋云：『《唐宋諸賢絶妙詞選》，

宋黄叔暘昇所輯。影宋刊大字本。汲古閣别有刻本十卷。此本僅三卷，蓋叔暘初編本也。計唐（五代）人二十一家詞四十七首，宋人四十七家百二十五首。十卷本則唐詞廣爲二十六家二百四首，宋詞一百八家四百十首。所增不啻倍蓰，且尚有《中興詞選》十卷，皆南宋詞。初本或無南宋詞，或有之而毛氏未全得，均未可知。原本爲毛氏影寫宋刻，後歸汪閬源，又歸文登于氏，而「汲古閣」「藝芸精舍」兩書目中均未載。前數年得之袁潘書肆，見其字畫精整，藏印尤精絶。摩挲數月不能終。有長女莊，因重影副本置篋中。頃，偶閲十卷本，取此本相勘，粗比對其家數闋數，因濡筆書其後。時壬戌仲秋。蟫隱記。」

張元濟《涵芬樓燼餘書録》著録此本，云：「《唐宋諸賢絶妙詞選》三卷，宋黄昇編，鈔本，一册，毛子晉、汪閬源、文登于氏舊藏。題「花菴詞客編」……是本每卷各删數家，存者僅六十八，方外、閨秀無一人，且所存諸家，首數亦大有删節。前後無序跋，殆爲選中之選歟。鈔手精整，的是毛氏風格。先後經藝芸書舍、小謨山館收藏。則此毛氏精鈔之價值可知矣。」

曾經毛氏汲古閣、藝芸書舍、文登于氏、袁克文、涵芬樓遞藏。鈐有『毛晋』『毛晋私印』『汲古阁』『汲古主人』『毛晋之印』『東吴毛氏圖書』『汪振勛印』『梅泉』『振勳私印』『汪士鐘藏』『文登于氏小謨觴館藏本』『湘山心賞』等印。據沙嘉孫《文登于氏藏書考》：于氏爲山東藏書家，于昌遂、昌進藏書頗富，自稱『不夜于氏』，又榮城於清雍正十三年（一七三五）前屬文登縣，故又稱文登于氏。又有『皇二子』『寒雲鑒賞之跡』『後百宋一廛』『寒雲』『海鹽張元濟庚申歲經收』『涵芬樓』『涵芬樓藏』等印。

現藏中國國家圖書館。(向輝)　五二八

## 絶妙好詞七卷　(宋)周密輯　清初毛氏汲古閣抄本　朱孝臧跋。框高二十・四釐米,寬十四・四釐米。每半葉十二行,行二十字,白口,四周單邊。

周密(一二三二—一二九八)字公謹,號草窗,祖籍濟南(今屬山東),故自署『華不注山人』,南渡後居湖州(今屬浙江),因號蘋洲、弁陽老人、四水潛夫。理宗景定二年(一二六一)入浙西安撫司幕,度宗咸淳初爲兩浙運司掾,宋末曾爲義烏令。入元不仕,定居杭州。生平撰述甚多,有《齊東野語》《癸辛雜識》《浩然齋雅談》《志雅堂雜抄》《雲煙過眼錄》《澄懷錄》等,並傳於世。尤工於詞,有《蘋洲漁笛譜》二卷、《草窗詞》二卷。事迹見《珊瑚木難》卷五《弁陽老人自銘》、近人夏承燾《周草窗年譜》,《宋史翼》卷三十四有傳。

此書爲周密晚年所輯,始於張孝祥,終於仇遠,大體按時代先後排列,據此本總目,凡收錄南宋詞人一百三十一家三百八十一首作品。其選詞標準以婉約清麗爲主,推崇姜夔、吳文英一派詞作,入選自作詞最多,達二十二首。所選少而精,素爲學者所重。清初朱彝尊評曰『雖未全醇,然中多俊語,方諸《草堂》所錄,雅俗殊分』(《書絶妙好詞後》);厲鶚則推爲『詞家之準的』(《絶妙好詞箋》);《四庫全書總目》是書提要贊其『去取謹嚴,猶在曾慥《樂府雅詞》、黄昇《花菴詞選》之上。又宋人詞集今多不傳,併作者姓名亦不盡見於世。零璣碎玉,皆賴此以存,於詞選中最爲善本』。

是書編於宋末元初，當時已稱罕見，張炎《詞源·雜論》即惜『此版不存，恐墨本亦有好事者藏之』，可知曾經刊刻，但流傳稀少。元明兩代一度湮没無聞，清初始見記載。《讀書敏求記》卷四著録錢曾述古堂藏抄本《弁陽老人絶妙詞選》七卷，云『弁陽老人選此詞，總目後又有目録，卷中詞人大半予所未曉者。其選録精允，清言秀句，層見叠出，誠詞家之南、董也。此本又經前輩細勘批閲，姓氏下皆朱標其出處里第，展玩之，心目了然』。述古堂本爲清代各種刻本所自出。康熙二十三年（一六八四），錢曾族婿柯煜將述古堂藏本過録一部，於次年刊行，是爲小幔亭本，此書始有刻本流傳。其後清吟堂、小瓶廬皆用柯氏書版改頭换面印行。乾隆間，查爲仁、厲鶚爲此書做箋注，始風行於世。

此本後有朱孝臧跋，稱『己未歲尾，鶴逸先生出示所藏精鈔本，有「毛氏子晋」「斧季」諸印，遵王藏書半歸季滄葦，此爲毛氏所得』，以爲此即錢曾藏本，其實不然。此本見於《汲古閣珍藏秘本書目》，無錢氏藏印，亦無《讀書敏求記》所謂『前輩細勘批閲』之處，顯非錢本。與柯煜刊本相校，編次相同，殘缺處亦大多相合，是兩本同出一源之證。此本總目後有細目，殘缺之處此本留空待補；柯本則經過校訂，删除細目，殘缺處注缺詞數，不留空，調名可補則補。其餘文字異同，詳見朱孝臧跋。可知此本旨在保留底本原貌，且能校正刻本之處不少。錢曾藏抄本已佚失，與此本之關係並無確論，傳世《絶妙好詞》推此本爲最早。

鈐『元本』『甲』等汲古閣毛氏父子各印，又曾經黄丕烈、顧鶴逸遞藏，鈐『平江黄氏圖書』『顧雀逸』印。現藏中國國家圖書館。（樊長遠）

**柳洲詞選六卷** （清）錢熿 戈元穎 錢士賁 陳謀道輯 清初刻本。框高十九釐米，寬十四・二釐米。每半葉九行，行二十字，白口，左右單邊或雙邊。

柳洲，指今浙江嘉善及上海金山、松江部分地區。柳洲之名源自明清之際浙江嘉善縣治魏塘鎮之名勝柳洲亭。嘉善左連嘉興，右接華亭，明代即爲文人淵藪，明末清初重要詞派之柳洲詞派即産生於此。柳洲詞派興起於明代萬曆年間，至崇禎時大盛。沈雄《柳塘詞話》稱其時『柳洲諸公寄情於《虞美人》者，不下百家』。以曹爾堪、魏學渠、錢繼振、吴亮中等結社唱和的『柳洲八子』最爲著名。柳洲詞派以江南望族文化爲主，影響和承續作爲典型傳承方式，曹、魏、錢三大家族爲該詞派的主體，幾代綿延，兄弟子侄多爲詞人。

《柳洲詞選》爲柳洲詞派作品選編，編選者錢熿字蔚宗，戈元穎字長鳴，錢士賁字巖燭，陳謀道字心微，俱柳洲詞人。此書凡六卷，卷一至二小令，卷三至四中調，卷五至六長調。卷首目録自卷二始，卷一目録佚。序、引、凡例等皆無可考。目録之後，附所選詞人姓氏録，首爲『先正遺稿姓氏』，列元明詞人四十一家，名下有小傳，皆《柳洲詞選》編集時已過世者。次爲『名公近社姓氏』，列清初詞人一百一十七家，名下僅注字號，無小傳。凡收嘉善詞人一百五十八家，詞作五百五十二首，柳洲詞派主要人物囊括殆盡。其詞作有專集專卷者凡三四十家可考，然傳世極少，此書爲研究柳洲詞派詞人詞作之主要依據，亦爲研究明清之際江南家族文化之重要資料。

《柳洲詞選》所收詞作時間跨度大，其中元代吴鎮，明代前期孫詢、姚綬、陸埛等並非明末清初柳洲

詞派人物，《詞選》亦溯源而列入。《詞選》所收詞人以萬曆中後期較爲集中，該期著名詞人有支大倫、袁黄、沈師昌、支如玉、錢士升、魏大中等。年代最晚者應爲李炯，此人後爲康熙二十六年（一六八七）拔貢。總計該詞派活動約百年。

此爲清初刻本。順治十七年（一六六〇）所刊《倚聲初集》已大量選録《柳洲詞選》，因知《柳洲詞選》應先於《倚聲初集》成書。國家圖書館另藏有陳增新、李煒、曹鑒平、魏允枚等合輯《柳洲詩集》十卷，刻於順治十六年，《柳洲詞選》刊刻時間應與之相近。

此書原屬倫明藏書，現藏中國國家圖書館，爲傳世孤本，彌足珍貴。（汪桂海）

五三〇

## 秋水軒倡和詞二十六卷　（清）曹爾堪撰　清康熙十年（一六七一）遥連堂刻十一年增補本。

框高十八・五釐米，寬十三・六釐米。每半葉九行，行二十一字，白口，左右雙邊。

曹爾堪（一六一七—一六七九）字子顧，號顧庵，浙江嘉善籍，華亭（今上海松江）人。順治九年（一六五二）進士。博學多聞，工詩，善書畫，不輕授人，故罕有流傳。曹氏爲柳洲詞派盟主，早年善作豔詞，多有宴飲狎妓之作。與宋琬、沈荃、施閏章、王士祿、王士禛、汪琬、程可則並稱『海内八家』或『清八大詩家』。有《南溪詞》二卷傳世。《清史列傳》卷七十有傳。

『秋水軒倡和』是清初詞壇上的一件盛事。康熙十年，周在浚寓居其父周亮工友人孫承澤在京師的别墅秋水軒，一時名公賢士，無日不來，相與飲酒，嘯詠爲樂。六月二十日，曹爾堪『見壁間酬唱之

詩，雲霞蒸蔚，偶賦《賀新涼》一闋，厠名其旁』（《秋水軒倡和詞紀略》），成爲『秋水軒倡和』活動的首倡者。嗣後龔鼎孳、紀映鍾、徐倬等詞人紛紛加入其中，倡和活動持續至本年歲暮周在浚離京。康熙十一年六月，周在浚返京師，秋水軒倡和又經歷了一段短暫的繁榮，是年六月二十三日，周亮工去世，秋水軒詞人紛紛作詞悼亡，是爲秋水軒倡和最後一次成規模的倡和活動。

與同爲清初倡和活動的『江村倡和』『廣陵倡和』相比，秋水軒倡和活動的内容更爲豐富多彩。既有節日倡和、祝壽倡和，也有送别倡和、悼亡倡和、詠物倡和等題材。而經過秋水軒倡和與陽羡詞派的醞釀發展，清初詞風由花間派的婉約綺麗向蘇軾、辛棄疾式的豪放曠達轉變。

康熙十年冬至，汪懋麟撰《秋水軒倡和詞序》，稱『詞非一題，成非一境，統冠之以「秋水軒」者，大都登壇樹幟，鼓諸軍之氣，而卒以奏成功者，雪客之力爲多也』。王士祿《秋水軒倡和題詞》亦有『雪客因强余更賦，因再補作』云云，可知在秋水軒倡和活動的過程中，周在浚實爲中心人物，他既是活動的先導者之一，又是活動的參與者與推動者，更是《秋水軒倡和詞》的編刊者。

周在浚（一六四〇？—一七〇〇）字雪客，號梨莊，河南祥符（今開封）人。以貢監生考充國子監官學教習，後任職山西幕府。周在浚幼承家學，在文學和史學上都有建樹。歷經十年注《南唐書》，著有《梨莊詞》《花之詞》。

此本《秋水軒倡和詞》共收入曹爾堪、梁清標、龔鼎孳、紀映鍾、徐倬、王豸來、陳維岳、沈光裕、宋琬、王士祿、龔士稹、陳祚明、張劬、曹貞吉、吴之振、汪懋麟、杜首昌、周在浚、王槩、王蓍、宗元鼎、蔣文

焕、馮肇杞、吴宗信、黄虞稷、張芳等二十六家詞人的一百七十六闋『剪』字韻《賀新涼》詞。因其中録有悼亡周亮工的詞作，可知編成當不早於康熙十一年六月二十三日。該書按人編次，人各一卷。書口所題葉碼則接續，其中第一至七十六葉書口下端題『辛亥』，第七十七至八十四葉題『壬子』，可知此本爲康熙十年（辛亥）付刻，十一年（壬子）續刻而成。而内封鎸有『遥連堂藏板』字樣。遥連堂是周亮工早年寄居張民表家時的室名，後周氏刻書用此名，或有不忘本初之意。

書中鈐『四藏樓藏書』『景賢』『曉岑』等印記。現藏中國國家圖書館。（張燕嬰）　五三一

**詞譜四十卷**　（清）王奕清等撰　清康熙五十四年（一七一五）内府刻朱墨套印本。框高十九・五釐米，寬十二・四釐米。每半葉八行，行二十一字，小字雙行同，白口，四周雙邊，無行格。

此書由清聖祖康熙皇帝御定，陳廷敬、王奕清等奉敕編纂，故又稱《欽定詞譜》或《康熙詞譜》。書前有康熙五十四年御製序及編纂者職名。南書房總閲官爲文淵閣大學士兼吏部尚書陳廷敬，纂修官爲日講官起居注詹事府詹事兼翰林院侍讀學士王奕清等三人，另有分纂與校對官十九人。

詞發萌於唐代，盛行於宋代，但唐宋兩代皆無詞譜。如《四庫全書總目》所言『蓋當日之詞，猶今日里巷之歌，人人解其音律，能自製腔，無須於譜』。宋南渡後，宫調失傳，詞學也漸漸紊亂。至明代開始出現專門總結詞調、詞體及聲律變化的詞譜著作，如《詩餘圖譜》《嘯餘譜》等。以明代詞譜初具體格爲基礎，入清以後詞譜的創製不斷推進，至康熙年間達到了高峰。康熙二十六年萬樹所撰《詞律》已收録

唐宋金元詞六百六十調、一千一百八十餘體。但前代諸作『見聞未博，考證未精，又或參以臆斷無稽之説，往往不合於古法』，萬樹的《詞律》『析疑辨誤，所得爲多，然仍不免於舛漏』（《四庫全書總目》）。康熙帝『間覽近代《嘯餘》《詞統》《詞匯》《詞律》諸書，原本《尊前》《花間》《草堂》遺説，頗能發明，尚有未備。既命儒臣先輯歷代詩餘，親加裁定；復命校勘詞譜一編，詳次調體，剖析異同，中分句讀，旁列平仄，一字一韻，務正傳訛，按譜填詞，渢渢乎可赴節族而諧筦絃矣』（本書序）。可見，康熙皇帝於四十六年命沈辰垣等編輯《歷代詩餘》，較完備地收録自唐至明各代詞九千餘首，一千五百四十調。以此爲基礎，康熙五十四年王奕清等人受命輯成此《欽定詞譜》。

此書四十卷，共收録唐宋元詞八百二十六調，二千三百零六體。

一、在内容上廣搜博採，專主備體，且翻閲群書，互相參訂，校讎較精。如凡例所言『凡舊譜分調、分段及句讀音韻之誤，悉據唐、宋、元詞校定』，『引用之詞，皆宋、元選本及各人本集，其無名氏詞，亦注明出某書，以便校勘』。

二、在列調編排上，總體按詞調字數多寡先後排列，對於添字、減字、攤破、偷聲、促拍、近拍以及慢詞亦按字數分編。在每一詞調中，以創始之人所作詞爲『正體』，以後出變異之詞爲『變體』，用『又一體』别之，從而嚴格按照時代先後和正變體之淵源關係詳細列出。並且各詞調前附『調名考證』，皆是從群書採注『詞名原委及一調異名之故』。

三、句讀、韻叶、平仄標注明晰。句法上，『譜内以整句爲句，半句爲讀；直截者爲句，蟬聯不斷者

爲讀，逐一注明行間。至詞有拗句，尤關音律……俱一定不可易，譜内各爲注出』。韻叶上，有换韻、疊韻、句中短韻等逐一注明。每詞旁列圖譜，以虚實朱圈分别平仄，平用虚圈，仄用實圈，字本平而可仄者上虚下實，字本仄而可平者上實下虚。《四庫全書總目》綜論此書『凡唐至元之遺篇，靡弗採録。元人小令其言近雅者，亦間附之。唐宋大曲則彙爲一卷，綴於末。每調各註其源流，每字各圖其平仄，每句各註其韻叶。分刌節度，窮極窈眇，倚聲家可永守法程』。

官修《欽定詞譜》因在規模上遠勝前人，它成書於集調完備的清朝《歷代詩餘》之後，便於從詞史角度梳理詞體的時代先後及源流關係；且汲取《詞律》等作的成果，彌補前作訛誤，考證校讎較前人更加精審，故歷來被作爲最爲完備的詞譜著作。康熙帝宣稱：『是編之集，不獨俾承學之士摅情綴采，有所據依，從此討論宫商，審定調曲，庶幾古昔樂章之遺響，亦可窺見於萬一云。』（本書序）但囿於當時詞學研究的總體水平，後人進一步研究指出其所存在的不足。如清丁紹儀在《聽秋聲館詞話》中列舉多處《欽定詞譜》未採詞調。今人任二北在《增訂詞律之商榷》文中論其『失之鋪張，多一字爲一體，少一字爲又一體，殊覺無謂』。今人周玉魁撰《略論〈欽定詞譜〉的幾個問題》，指出『「同一調名」亦應弄清其實質，未可一概「長短彙列」』等諸多問題。

此本據書前序言定爲清康熙五十四年内府刻本。全書以朱墨二色套印，是清代内府刊刻套印書籍中的經典之作。此書在後代流傳較廣，據《中國古籍善本書目》著録，國内四十一家圖書館均有收藏。這次影印選用北京大學藏本，此本以開化紙印製，紙質堅韌細密，以絹爲書皮，有包角，書品精良。展

卷而閲，字體端秀清麗，有康版之韻；正文墨印，平仄圈記朱印，紙墨瑩潔，朱墨粲然。書内鈐『燕京大學圖書館』，現藏北京大學圖書館。（楊芬）

五三二

## 詞繫二十四卷調名彙辨一卷逸調備考一卷宋樂類編一卷宮譜錄要一卷詞旨叢説一卷

（清）秦巘輯　稿本。框高十八・八釐米，寬十四・五釐米。每半葉八行，行二十一字，小字雙行同，白口，左右雙邊。

秦巘（生卒年不詳）原名哲謀，字公陟，又字綺園，號玉笙，揚州人。道光元年（一八二一）恩科舉人，三年考取教習，七年補充景山官學教習，十年期滿引見以教職用。十六年後雙親年邁，朝夕侍奉，無暇公車。晚年以詩詞自娱，兼工音律。曾築室於石硯齋、小盤谷之間，曰思秋吟館，與諸名士相唱和。遺世除《詞繫》外，另有稿本《思秋吟館詩文集》不分卷、秦氏石研齋鈔本《思秋吟館詞集》五卷。其生平事迹見於《詞繫》卷前『家傳』，及清光緒九年（一八八三）刊本《江都縣續志》卷二十五列傳第五。

秦巘治詞有深厚的家學淵源。其父秦恩復（一七六〇—一八四三）號敦夫，乾隆五十二年（一七八七）進士，散館任編修。性喜填詞，曾於道光間校刻《詞學叢書》六種。秦恩復亦是揚州有名的藏書家，家藏書兩萬卷，刊刻多種古本行世。他在詞的創作、古籍校勘上都給予秦巘很大的影響。《詞繫》之成書大致在秦巘晚年。其卷二首篇詞調《更漏子》後附按語曰：『余貧且老，不能從事於斯，是所望於來

者。』卷十末按語云：『庚戌八月初六日校勘畢識於塘栖舟中。』庚戌，當爲道光三十年。另見北京大學藏本書前陳懋森序言：『方寫定未及刊行而東南之亂作。』『東南之亂』指的應是咸豐元年（一八五一）掀起的太平天國運動。由此推知，大致在道光末年《詞繫》蓋已完稿。

《詞繫》以康熙間萬樹《詞律》爲藍本編訂而成。秦巘在凡例中提到《詞律》『援據不博，校讎不審』，並指出其『四缺六失』，故其編寫目的是爲《詞律》拾遺補缺，糾謬駁訛。其以薈萃群書，尊崇精本，旁徵博引爲編纂原則，共收録詞調一千零二十九個，詞體約二千二百餘種。如此龐大的詞調詞體造就了《詞繫》不可替代的歷史地位，成爲一部空前的大型詞譜。《詞繫》的另一重要特點是其體例上採用『以時代爲序』。傳統的詞譜排列方法通常依字數多少分先後，即『計數列調』，秦巘則認爲：『與其取法於後人，莫若追蹤於作者。故本譜以自度原調爲經，其後字數增減、叶韻多寡、體格參差、調名異同者，皆列又一體爲緯。不以字數爲等差，仍以時代爲次序。』（見凡例）各卷詞譜的編排遵循『專以時代爲次序。首列宫調，次考詞名，次敘本事，次辨體裁，末附鄙見』。秦巘在搜訂《詞繫》的同時，還編成了《調名彙辨》《逸調備考》《宫譜録要》《詞旨叢説》，附在《詞繫》之後，並在凡例中對這些内容的編寫用意做了説明。

《詞繫》未刊稿在歷史變遷中幾近淹没。據《中國古籍善本書目》著録《詞繫》稿本北京大學圖書館與北京師範大學圖書館各有收藏。北師大藏稿本裝訂爲二十七册，以紅格竹紙抄寫，紙已焦黄，且多處蟲蛀。第一册和第二册字迹較潦草，凡例部分有多處空缺、勾畫和夾批，似未定稿。二十世紀八

十年代詞學家唐圭璋從北師大館藏目錄中發現此本，後經鄧魁英、劉永泰整理，於一九九六年由北京師範大學出版社出版。

此本《詞繫》全書裝訂則爲二十四册，毛裝，以緑格紙抄寫。首册印紙版式與後二十三册不同。其開本稍小，印紙爲深緑格，版心上印『詞繫卷』，首册版心下印『石研齋』。第二至第二十四册皆爲淺緑格紙，版心上印『詞繫卷』，首册版心下印小方框，框内以墨筆填寫葉數。從字體上看，第一册的字體也不同於其後二十三册。各册内容依次爲首册序、家傳及凡例；第二册總目；第三至二十二册爲正文二十四卷内容；末兩册爲《調名彙辨》等附文。首册序言落款題『歲在甲戌三月後學陳懋森拜序』。序中言及『先生抱長編奔走兵間，幸免散佚。傳子及孫以及於曾孫。今午樓兄弟力謀付梓，以公諸世而屬序於余』。甲戌即民國二十三年（一九三四）。當時此本已從秦巘傳至其曾孫，午樓兄弟籌劃將此稿刊刻。序言的綫索正好可與前輩詞家夏承燾《天風閣學詞日記》中所記關聯。從一九三一年至一九三五年，在夏先生的日記裏關於《詞繫》未刊稿的記載近二十則，記録了其與任二北、龍榆生等詞學家爲尋覓《詞繫》並謀之付印之事。其中一則曰：『秦氏後人字午樓者，欲付刊而無力，囑介紹滬上書局，當托榆生謀之。』此事後因故未如願，嗣後《詞繫》又淹没無聞。此本《詞繫》很可能就是夏承燾先生所見之稿，而非北師大藏本。因而此本首册用紙及字體皆不同，應是一九三四年謄録，將凡例重鈔整理，並補入『序』與『家傳』一篇，使全書字迹清秀工整。爲了出版起見，全書的内容亦作了進一步的校勘，第二册及第二十三册各粘有一白紙朱書校改浮籤，書内偶見某字上浮貼一白紙，亦爲校改所用。

此藏本爲『謄清稿本』，故被此次影印出版選用。

關於此本如何流入北大，今無從得知。首册封底粘有一張『北京市圖書業同業公會印製』的紙籤（此次未影印），其上注書名、册數、編號及議價七百元。書內鈐『北京大學藏書』，現藏北京大學圖書館。（楊芬）

五三三

**獅吼記一卷** （明）汪廷訥撰　清內府五色抄本。框高二十一・五釐米，寬十三・三釐米。每半葉八行，行二十一字，小字雙行同，白口，四周雙邊。

汪廷訥生平爵里、學行業績簡況，前錄明萬曆三十九年汪氏環翠堂刻本《坐隱先生精訂陳大聲樂府全集七種》時已介紹。

《獅吼記》凡三十齣，演宋陳慥妻柳氏奇妒事。據宋人《調謔篇》，並雜引荀介子、王文穆、李大壯以及某士人懼內的故事敷演而成（趙景深《獅吼記雜采諸小説》，載《小説戲曲新考》）。呂天成《曲品》謂《獅吼》『懼內從無南戲，汪初製一劇，以諷枌榆，旋演爲全本。備極醜態，堪捧腹。末段悔悟，可以風笄幃中矣』。

是本題《獅吼記》，不分卷，下題『連四齣』，每齣下題『昆腔』。傅惜華《綴玉軒藏曲志》謂：『第一齣《柳氏捽鏡》，即原本第九《奇妒》齣，今名《梳妝》。第二齣《陳慥遊春》，即原本第十《賞春》齣，今名《遊春》。第三齣《東坡明義》，即原本第十一《諫柳》齣，今名《跪池》。第四齣《季常夢怕》，即原本第

十三《鬧祠》齣，今名《三怕》。以上四齣梨園至今盛演不替者也。』（謝擁軍《傳惜華古典戲曲提要箋證》）是本彩色精抄，黄色爲題名、宮調曲牌，紅色爲作科、韻目，黑色爲齣數、曲文，緑色爲齣目、賓白。傳惜華稱『此蓋仿内府刻本《勸善金科》之例，惟無藍色耳。字效宋體，整飭謹嚴，有如精槧』（《傳惜華古典戲曲提要箋證》），故定此本爲乾隆内府故物。《獅吼記》全本最早者爲明萬曆汪氏環翠堂刻本，原爲王國維所藏，今存日本京都大學圖書館。此本雖爲四齣節本，却是梨園盛演不衰者，且抄寫精工，紙墨精良，『此本於劇中脚色之服飾扮像，一一標明，而作科排場，亦間有特爲注出者，匪惟便於梨園之搬演，更可窺見舊日典型也』（《傳惜華古典戲曲提要箋證》），亦顯珍貴。

是本鈐有『如山讀過』『畹華所藏』等印，封面題有『綴玉軒珍藏』，封面題名下有『戊午畹華生日後一日釋題』一行小字，可知此爲我國京劇名家梅蘭芳舊藏，其友齊如山亦讀過是本。梅蘭芳（一八九四—一九六一）名瀾，又名鶴鳴，字畹華，藝名蘭芳，江蘇泰州人。其綴玉軒藏有大量珍稀劇本，是本亦曾爲其插架之物。現藏中國藝術研究院。（洪琰）

五三四

## 秣陵春傳奇二卷

（清）吳偉業撰　清乾隆五十九年（一七九四）重修本。框高十九・五釐米，寬十三・一釐米。每半葉九行，行十九字，小字雙行同，白口，左右雙邊。

吳偉業生平爵里、學行業績簡況，前録清康熙七年顧湄等刻本《梅村集》時已介紹。

是書凡二卷四十一齣，敷演南唐徐適、黄展娘之遇合故事。吳梅《中國戲曲概論》中稱業『以玉杯、

古鏡、法帖作媒介，而寄慨於滄海之際，雖摹寫艷情，頗類玉茗，而整齊緊湊，可與《鈞天樂》相頡頏。……其意致新穎，實則沉痛……沉鬱感嘆，不啻庾信之《哀江南》也』。其創作時間説法不一，清顧師軾《吳梅村先生年譜》卷三認爲此傳奇作於順治九年（一六五二）；今人馮其庸、葉君遠《吳梅村年譜》根據余懷《五湖游稿·石湖》中『至婁東，吳駿公宮尹留飲廓然堂，同周子俶劇飲』詩四首之四自注『宮尹有《秣陵春》傳奇』，認爲順治八年吳梅村已完成此傳奇，後郭英德《吳偉業〈秣陵春〉傳奇作期新考》考證此傳奇作於順治七年至八年，最後完稿在順治八年秋或稍前。

是書卷端題『灌隱主人編次、寓園居士參定』，灌隱主人即吳梅村。今流傳諸本皆有灌隱主人序，即吳梅村自序，唯《暖紅室彙刻傳劇》本尚存寓園居士序，署名『癸巳（順治十年）秋七月寓園居士書於尹綴樓』。是本無寓園居士序，但其字體非康熙後盛行之軟體字，且『徐鉉』之『鉉』字不避諱，當爲清初刻本。存世尚有含『振古齋藏版』或『半竹居藏版』者，與此本爲同一版本。後該版於乾隆五十九年重修，新加内封刊『乾隆甲寅年重鐫　秣陵春傳奇　本衙藏板』。

是本鈐有『长乐郑振鐸西諦藏书』等印，原爲西諦藏書，眉間有墨筆批語，但非鄭氏手迹。現藏中國國家圖書館。（洪琰）　五三五

## 一笠庵新編占花魁傳奇二卷　（清）李玉撰　清初萃錦堂刻本　吳梅批注並跋。

框高二十·三釐米，寬十三·六釐米。每半葉九行，行二十字，白口，四周單邊。

李玉（生卒年不詳）字玄玉，因避康熙帝玄燁諱改作元玉，號蘇門嘯侶、一笠庵主人，吴縣（今江蘇蘇州）人。出身低微，其父爲明朝學士申時行長子申用懋的僕人，因此『不得應科舉』（焦循《劇説》卷四）。崇禎末年中鄉試副榜，入清後『絶意仕進』（吴偉業《北詞廣正譜·序》），潛心戲曲創作。現存劇目四十二種，其中《一捧雪》《人獸關》《永團圓》《占花魁》《清忠譜》等十九種存有全本；《洛陽橋》《埋輪亭》（與朱佐朝合作）二種存有散齣；《千里舟》僅存佚曲數句。另外，《萬民安》《武當山》《長生像》等五種，原本失傳，但《曲海總目提要》中有介紹。其餘的《三生果》《掛玉帶》《意中緣》《珊瑚屏》等僅見著録，内容不詳。李玉還精於曲律，曾協同參訂張大復《寒山堂南曲譜》及沈自晉《南詞新譜》，爲鈕少雅《南曲九宫正始》命名。他根據徐于室原稿擴充、更定而成的《北詞廣正譜》，搜列完備，版印精審，爲最完善的北曲譜。

《占花魁》由《醒世恒言·賣油郎獨占花魁》改編而來，通過賣油小販秦重和妓女莘瑶琴之間的愛情故事，反映了市民階層的審美趣味。同小説相比，劇本更多地展示了朝代更易時世人飽受亂離之苦的社會背景，豐富了原作的内容。吴梅評曰：『其《占花魁》一劇，爲玄玉得意之作。《勸妝》北詞，更爲神來之筆（世通唱不録）。其《醉歸》南詞一套，用車遮險韻，而能遊刃有餘，亦才大不可及也。』（《顧曲麈談》卷下）是劇清末崑曲舞臺上仍能演《勸妝》《湖樓》《受吐》《串戲》《雪塘》《獨占》六折，爲全劇主要情節，串連即成全本。京劇、川劇、湘劇、秦腔、滇劇、評劇等皆有改編本，至今盛演不衰。是書由吴梅後人捐贈，現藏中國國家圖書館。（白雲嬌）

**秦樓月二卷** （清）朱㿥撰 **二分明月集一卷** （清）陳素素撰 **名媛題詠一卷** 清康熙文喜堂刻本。框高二十・一釐米，寬十三・八釐米。每半葉九行，行二十字，白口，左右雙邊。

朱㿥（一六二一？—一七〇一後）字素臣，號笠庵，吳縣（今江蘇蘇州）人。明末清初蘇州作家群的主要成員之一，與朱佐朝是兄弟，二人年歲相近。朱素臣爲戲曲家，畢生致力於戲曲創作和研究，著有傳奇二十一種，今存十四種（其中四種與他人合撰），如《十五貫》《秦樓月》等，佚七種。朱素臣與朱佐朝、李玉等友善。蘇州派戲曲家喜取材於當地，顯現出鮮明的地域性特徵。此外，他還和畢魏、葉時章共同編定李玉的名作《清忠譜》；和朱良卿等合著傳奇《四奇觀》；和盛國琦等合著傳奇《定蟾宫》；協助李玉編纂《北詞廣正譜》。

該劇兩卷，二十八齣，演山東萊陽書生呂貫與青樓女子陳素素邂逅相愛，歷經坎坷後，呂貫高中狀元，與素素團聚，終成眷屬。

篇首有吳綺《序》。吳綺（一六一九—一六九四）字園次，一字豐南，號綺園，又號聽翁，有『紅豆詞人』之稱，江都（今江蘇揚州）人。詞人、劇作家。『紅鵝館』爲吳綺所購别業『藝圃』中的别墅，吳綺因之自號『紅鵝生』。吳綺曾創作有『紅鵝館』舊主人愛情故事的曲子。朱素臣在吳綺創作的基礎上，進行藝術加工，撰成了傳奇《秦樓月》。

是書留有多位名戲曲家的痕迹，從側面反映出明末清初江南文人的文化活動與思想傾向。吳綺序曰：『作者不言性而言情，此則玉茗文人奪烟花於南部，金荃才子擅月露於西崑者也。』李漁在批中

云：『通本集句俱極自然，無斧鑿痕。』吴序末署『萿栖居士吴綺題於紅鵝館』，及署『江都吴綺薗次』之《題情》套曲，注『感天水生事戲爲代賦』；附圖七幅，每幅由一人題詞，題詞者依次是後溪菊人、吴下悔菴、伊人、其年氏、眉山鈍老、廣霞山人、笠翁。末附署『竹西女子陳素素稿』之《二分明月集》及《名媛題詠》若干首。此本卷首『二分明月女子小照』落款爲『七十五叟顧雲臣摹』『鮑承勳鎸』，第一幅、第六幅『繡像』均可見『鮑承勳』之名。顧雲臣（一六〇六—一六八五後）自號『金門畫史』，太倉（今屬江蘇）人，康熙初以寫真名重於京。鮑承勳（一六二五—一六九五）名守業，旌德（今屬安徽）人，爲清初鎸圖高手。其餘幾幅署名『鮑天錫鎸』，天錫爲承勳之子。可見此本除劇情外，圖畫描摹、鎸刻之精亦是其能吸引衆人題詠之重要原因。

此本卷首有落款爲『長州吴梅』的詩，表達了讀完吴綺曲後的感想，贊譽頗多。又據書中王立承題跋，可知此本曾爲吴梅所藏，後被孝慈所得。是集鈐有『瞿安眼福』『長州吴梅字癯庵』『王立承』『鳴晦秘寶』『珠還宝藏曲記』『鳴晦廬珍藏金石書画記』『窮年弄筆衫袖烏』『國立北平圖書館藏』等印。現藏中國國家圖書館。（趙銀芳）

五三七

## 風箏誤傳奇二卷　（清）李漁撰　清翼聖堂刻笠翁傳奇十種本。框高十・二釐米，寬七・八釐米。每半葉九行，行十八字，白口，左右雙邊。

李漁（一六一一—一六八〇）初名仙侶，後改名漁，字謫凡，號笠翁、湖上笠翁、覺世稗官、隨庵主人

等，原籍浙江蘭溪，出生在江蘇如皋。少穎異，崇禎八年（一六三五）中秀才。入清後無意仕進，從事著述和指導戲劇演出。先後居於杭州、南京，廣交達官顯宦、文壇名流。著有《笠翁十種曲》（包括《風箏誤》《凰求鳳》《奈何天》《玉搔頭》等十種傳奇）及《連城璧》《無聲戲》《十二樓》等小説，還撰有《閑情偶寄》《笠翁一家言》等書。

《風箏誤傳奇》，分上下兩卷，共三十齣。寫茂陵書生韓世勳題詩風箏之上，紈袴子弟戚施放風箏，風箏綫斷，飄落他處，被詹府才貌雙全的二小姐淑娟拾到，和詩後再放之，由此引出一連串誤會與巧合，敷演韓世勳、戚施與詹府兩位小姐兩椿相互對比而又相互糾葛的婚事。該劇脉絡貫通，情節波瀾起伏，引人入勝。樸齋主人評之爲『從來雜劇未有如此好看者，無怪甫經脱稿，即傳遍域中』。

此劇創作時間不詳，順治十六年（一六五九）范驤文序《意中緣傳奇》時稱：『凡遇芳筵雅集，多唱吾友李笠翁傳奇如《憐香伴》《風箏誤》諸曲。』則《風箏誤》之作必早於此時。李漁傳奇十種之中，《鳳求凰》脱稿於康熙四至五年（一六六五—一六六六）間，《慎鸞交》成書於康熙六年，《巧團圓》至晚完成於康熙七年，故《笠翁十種曲》之刻最早在康熙間。此本中『絃』字（卷下之上葉七、葉二十）、『弦』字（卷下之上葉十）、『眩』字（卷下之下葉二十九）缺末筆，亦是其刊刻不會早於康熙年之證。

此本《中國古籍善本書目》《北京圖書館古籍善本書目》均著録爲『清刻本』。《中國古籍善本書目》又著録浙江省圖書館藏翼聖堂刻《笠翁傳奇十種》本，該本《憐香伴傳奇》書前護葉有『笠翁傳奇十種』『翼聖堂藏板』字樣，是浙圖本爲翼聖堂刻本之明證。翼聖堂爲明末清初金陵著名書坊，以刻印精

美插圖本戲曲、小説而名聲斐然，除傳奇之外，李漁《閑情偶寄》《笠翁一家言全集》也由翼聖堂版行。浙圖本框高二十・三釐米，寬十三・七釐米，每半葉九行，行二十字，白口，四周單邊，書前有圖六幅。與此本大爲不同，顯然此本並非清翼聖堂刻《笠翁傳奇十種》本，而是國圖所藏清刻本。不過國圖所藏清刻本亦版刻精雅，頗具特色。

此本鈐『壽客』印記。現藏中國國家圖書館。（張燕嬰）

五三八

**曲波園傳奇二種四卷**（清）徐士俊撰　清初徐氏曲波園刻本。框高十九・三釐米，寬十三・六釐米。每半葉九行，行二十字，白口，四周單邊。

是書内封葉題『若耶野老填詞，湖上笠翁鑒定』，『曲波園傳奇二種』，『香草吟』『載花舲』合刻。《八千卷樓書目》卷二十著録兩書，均題『不著撰人名氏』。《揚州畫舫録》卷五與《曲話》卷一則稱作者爲『耶溪野老』（『若耶』『耶溪』均當指紹興若耶溪，故兩者無别）。若耶野老其人，吴梅認爲是徐練，周妙中説是徐冶公，其名未能考出。嚴敦易《徐沁的〈曲波園傳奇〉二種》一文（收入《元明清戲曲論集》）據［乾隆］《紹興府志》、［光緒］《餘姚縣志》，鄧長風《〈香草吟〉和〈載花舲〉的作者之再探索》（收入《明清戲曲家考略》）據［康熙］《山陰縣志》、王澐《輞川詩鈔》與《漫遊紀略》等書資料考證爲徐沁，最爲可信。而國圖著録爲徐士俊，或據《今樂考證》『若耶野老二種，《載花舲》《香草吟》』。或云即徐野君』而來，不確。

徐沁（一六二六—一六八三）字野公，號水浣，别署若耶野老、蒼山子等，浙江會稽人。與李漁友善，博通經史，善考證。康熙十七年（一六七八）薦舉博學鴻詞，辭不就，退居耶溪，著書秋水堂。有《秋水堂稿》《越書小纂》《三晉紀行》《墨苑志》《楚遊錄》《謝皋羽年譜》等。著有戲曲作品多種，目前僅知《香草吟》《載花舲》二種尚存，合稱《曲波園傳奇二種》。

《香草吟題詞》末署『若耶野老題於柯山客舘』，第三十二齣『清江引』一段天頭批曰：『野老客荆南製曲，主人酬字，因卜新居，顔其堂曰秋水。』《載花舲》第三十二齣『尾聲』曰：『《曲波園七種》新編定，還有《香草吟》未曾求政，待我回到稽山續請評。』可知徐氏《載花舲》《香草吟》傳奇在荆南創作完成，其中《香草吟》最晚經人評定。是書前李漁《香草吟傳奇序》稱，『戊午春，朱子脩齡持若耶野老夔鯉並所撰《香草吟》填詞，索予言弁首以問世』，則此書作成當早於康熙十七年戊午。鄧長風考證兩書作於甲寅年，可採信。兩書天頭均有批點，《香草吟》卷端題『湖上笠翁鑒定』，《載花舲》卷端題『鹿谿居士評閲』，可知兩書批點分别出自李漁和鄭蘭之手。

此本書口下端題『曲波園』，則其當爲徐氏曲波園刻本。書中『玄』字缺筆（《香草吟》卷上葉二十一、卷下葉一、葉三、葉七、葉十一等）；『弘』字不諱（《載花舲》卷上葉四十五、卷下葉十八），是其刊刻時間在乾隆以前之證。書中有圖，《香草吟》第一幅上有『王君佐鎸』字樣，第二幅上有『王資寫』字樣，《載花舲》第三幅上有『敏脩王贊畫』字樣，第六幅上有『胡先智精刻』字樣，當爲畫工與刻工之名，其中王君佐爲清初刻工，還刻有李漁《笠翁十種曲》之《比目魚》《奈何天》《鳳求凰》等書，王贊則曾爲

《比目魚傳奇》繪圖。

此本鈐『朱希祖』印記。現藏中國國家圖書館。（張燕嬰）

五三九 **長生殿傳奇二卷** （清）洪昇撰 清康熙稗畦艸堂刻本 佚名墨筆批點。框高二十・七釐米，寬十五釐米。每半葉十行，行二十字，小字雙行同，黑口，四周單邊，兩截欄，眉欄鎸評。

洪昇（一六四五—一七〇四）字昉思，號稗畦、稗村、南屏樵者，錢塘（今浙江杭州）人。康熙七年（一六六八）國子監生。十三年，旅居北京。二十八年，因在國喪期間聚演所著《長生殿》被斥革。三十年，返浙，生計困頓。四十三年，醉酒登船，落水而死。『以詩鳴長安，交遊燕集，每白眼踞坐，指古摘今，無不心折。』（徐麟《長生殿傳奇序》）與孔尚任齊名，有『南洪北孔』之譽。一生創作戲曲四十餘種，有曲目可考者《回文錦》《錦繡圖》《鬧高唐》《天涯淚》等，現僅存《長生殿》及《四嬋娟》兩種。另有詩集《稗畦集》《續集》。《清史列傳》卷七十一、［乾隆］《杭州府志》卷九十四有傳，今人章培恒撰有《洪昇年譜》。

《長生殿》借天寶遺事敷演唐玄宗李隆基與楊玉環之愛情悲劇，與《桃花扇》並稱清初劇壇雙璧。洪昇先作《沉香亭》傳奇，後更名《舞霓裳》，又經十餘年，三易其稿而成《長生殿》。是書分上下兩卷，各二十五折。書前有徐麟序及洪昇自序。徐序云：『予友洪子昉思工詩，以其餘波填南北曲詞，樂人爭唱之。近客長安，採摭天寶遺事，編《長生殿》戲本，芟其穢嫚，增益仙緣，亦本白居易、陳鴻《長恨歌傳》，非臆爲之也。』『又好爲金元人曲子，嘗作《舞霓裳》傳奇，盡删太真穢事，予愛其深得風人之旨。』

歲戊辰先生重取而更定之，或用虛筆，或用反筆，或用側筆、閑筆，錯落出之，以寫兩人生死深情，各極其致，易名曰《長生殿》。一時朱門綺席，酒社歌樓，非此曲不奏，纏頭爲之增價。』徐麟字靈昭，長洲人，精通音律，《長生殿》《四嬋娟》皆署徐麟靈昭樂句。據徐序所云，《長生殿》定稿在康熙二十七年。

康熙三十年，洪昇携家歸杭州，於西湖孤山筑稗畦草堂，以爲吟嘯之地。孤山又稱孤嶼，草堂别稱孤嶼草堂。《長生殿傳奇》開雕於洪昇生前，未竣而卒，門人續成其事。徐麟、吴人、汪熷等陸續爲之序，訂入刻本前，存世稗畦草堂各本所附諸序，不盡相同。

卷端題『錢塘洪昇昉思填詞同里吴人舒鳧論文 長洲徐麟靈昭樂句』，則眉欄所鎸爲吴舒鳧評語，徐麟爲之審音協律。吴人字舒鳧，錢塘人，與洪昇有通門之好，曾評點其《鬧高唐》《孝節坊》諸劇。評語計五百七十五處，一萬四千餘言。洪昇自序署爲『康熙己未仲秋稗畦洪昇題於孤嶼草堂』。目錄後有《太真遺象》一葉，署『鮑同野摹』。此爲洪昇自刻本，『玄』字避諱闕末筆。國家圖書館藏本前有扉葉，鎸『錢塘洪昉思編　長生殿　稗畦艸堂藏板』，並鈐『翻刻必究』『弘道堂圖記』二木記。有汪熷序及自序，無徐序，目錄前尚有《例言》五則，署『洪昇昉思父識』。曾經莫棠、鄭振鐸舊藏。有莫棠題跋，云：『此曲本初演時，關繫康熙中一段文人公案，初刊本尤罕，非他傳奇比也，故亟取之。初僧。』

此本鈐有『顧戏亭藏書印』及『豐華堂書庫寶臧印』，曾經杭州楊文瑩、楊復父子之豐華堂舊藏。現藏清華大學圖書館。（劉薔）

**桃花扇傳奇二卷** （清）孔尚任撰　清康熙孔氏介安堂刻本。框高十七・一釐米，寬十三・七釐米。每半葉十行，行十九字，白口，四周單邊。

孔尚任（一六四八—一七一八）字聘之，又字季重，號東塘，又號岸堂、云亭山人，曲阜（今屬山東）人。孔子六十四代孫。康熙二十三年（一六八四）聖祖南巡至曲阜，授國子監博士。第二年奉命從刑部侍郎孫在豐疏濬黄河海口。還京後歷任户部主事、廣東司員外郎。康熙三十九年罷官歸鄉。著有《湖海集》十三卷、《聖門樂志》一卷、《桃花扇傳奇》二卷，與顧彩合著《小忽雷傳奇》二卷。《闕里文獻考》卷七十七有傳。

尚任此書之作先後閱十餘年，凡三易其稿，至康熙三十八年始成。一時王公薦紳，莫不借抄，而京師上演無虚日，騈集者座不容膝。乃至聲聞内廷。一夕内侍索其書甚急，尚任遂於友人處覓得一本，『午夜進之直邸』。其影響之巨，由此可見。此書以傳奇演明末侯方域與李香君事，實『借離合之情寫興亡之感』。蓋以明末黨争不已，繼以流寇，繼以遼東，北京既陷，南京將覆。天下已糜，國事如槁。當此之時，得一隅之偏安，黨則攻訐紛攘，士則花月坐談。迨明室既屋，清朝定鼎，則當日奸佞之閹、激昂之士、慷慨之伎，或戰或降，或亡或遁，不數年間世事起落如潮，而人情畢見，其氣節之終究，曾不以閹、士、伎爲準繩也。其書可謂感慨深微，寄情遠大。且能細按年月確考時地，語語可作信史。自有傳奇以來，人多以旁技末流視之，其得與詩文同其聲價者，實自此書爲始。

此書凡二卷四十四齣，卷上正文前有梁溪夢鶴居士《桃花扇序》，諸家題辭、尚任《小引》《凡例》

《綱領》《目録》；下卷末附尚任《砌抹》《考據》《本末》《小識》，諸家跋語、尚任《桃花扇後序》、吴穆識語。内封鎸『云亭山人編 桃花扇 介安堂藏板』。查清倪世臣《詩最》，載尚任有《介安堂集》，知介安堂爲尚任堂號，此爲其自刻之本。《本末》記康熙四十五年事，又載津門佟蔗村嘗『傾囊槖五十金，付之梓人。計其竣工也，尚難於百里之半』，知此版之梓在康熙四十五年之後，初刻未及其半。而卷上《題辭》各葉字體參差相異，於金埴題辭二首之後，復有其再題《東魯春日展桃花扇傳奇悼岸堂先生作》二首，則尚任卒後其家尚就書版稍加增輯補鎸。

此本文字遠較通行刻本爲勝。如卷上『題辭』第七葉第五行，王特選題詩『燕巢飛幙各紛然』句，『幙』字諸本多誤作『幞』；此葉末行『百子山樵作好仇』句，『樵』字諸本多將誤作『憔』；卷上正文第十九葉眉欄評語：『四十二折下場詩，皆用本折宫調』，『調』字，諸本多將誤作『詞』。查此版之後印本，於諸本所誤之字皆已漫漶，足證諸本之刻多未能以初印本爲據。金埴《巾箱説》載『今四方之購是書者，其家染刷無虚日』。則當時以此版刷印者雖衆，而初印本未久即如鳳毛麟角，行於世者多爲後印漫漶之本。

此書版初鎸内封署『介安堂藏板』，後内封書版佚，諸家得後印本者遂不知其爲介安堂版，而籠統著録爲康熙刻本。其後又有清西園刻本、清乾隆七年（一七四二）海陵沈氏刻本、清芬書屋刻本、嘉慶刻本、道光十三年（一八三三）刻本、光緒二十一年（一八九五）合肥李氏蘭雪堂刻本、民國間貴池劉氏暖紅室刻《彙刻傳劇》本等。

此本曾經馬廉『不登大雅之堂』收藏，現藏北京大學圖書館。（劉大軍）

五四一

**紅雪樓九種曲十三卷** （清）蔣士銓撰 清乾隆蔣氏紅雪樓刻本。框高十七・一釐米，寬十三・六釐米。每半葉九行，行二十二字，小字雙行同，白口，四周單邊。

蔣士銓生平爵里、學行業績簡況，前錄稿本《蔣清容先生遺稿》時已介紹。

《紅雪樓九種曲》收錄傳奇六種，分別爲《冬青樹》二卷三十八齣、《桂林霜》（一名《賜衣記》）二卷二十四齣、《雪中人》一卷十六齣、《空谷香》二卷三十齣、《香祖樓》（一名《轉情關》）二卷三十二齣、《臨川夢》二卷二十齣；雜劇三種，分別爲《一片石》一卷四齣、《第二碑》（一名《後一片石》）一卷六齣、《四絃秋》（一名《青衫淚》）一卷四齣。《中國古籍善本書目》原著錄《冬青樹》一卷，九種計爲十三卷。但按原書卷數統計，《冬青樹》實爲上下二卷，故總卷數應爲十四卷。

此九種曲是蔣士銓生前各個階段所作，其中《一片石》作於乾隆十六年，最早；《冬青樹》作於乾隆四十六年，最晚。其餘主要於書院講學期間完成。從各曲自序可見，蔣士銓創作的時間都很短，《雪中人》僅用八天，《四絃秋》用五天，而長達三十八齣的《冬青樹》是蔣氏五十七歲時三日而成。正如《空谷香》張三禮序稱蔣氏談及創作狀態所言：『吾甫搦管時，若有不能遏抑者，洋洋浩浩，奔注筆端，乃一決而出焉。』這些劇作大部分以褒揚忠烈節義爲內容，如《冬青樹》寫文天祥，《臨川夢》寫湯顯祖，《四絃秋》寫白居易，《桂林霜》據《馬文毅公傳》創作，《一片石》和《第二碑》描寫朱宸濠的妃子婁氏的

事迹。『以史筆填詞』是蔣士銓戲曲創作的主要特點，他自己曾言『安肯輕提南董筆，替人兒女寫相思』，並在他所填之曲上都題寫『史院填詞』。從劇中各家序言及題詞可見時人對其評價：『太史歷落嵚嵜，名山友教，跌宕於文章氣誼間，有不可一世之槩。酒闌燈灺，意有所觸，輒縱筆取古今事，作金元院本，以發揮其志趣。』（《空谷香》張三禮序）『凡此移宫换徵之清音，要皆揚烈表忠之健筆。』（《第二碑》阮龍光序）日本青木正兒在《中國近世戲曲史》中説（蔣士銓）『當可推爲乾隆曲家第一，其後無能追蹤之者，其享盛名也亦宜哉！』並在《中國文學概説》再一次言道：『乾隆間蔣士銓之《藏園九種曲》中，佳作不少，然戲曲以他爲殿軍，從此轉向衰運，没有可觀之作了。』

是書各曲前内封鎸：『史院填詞，清容外集，紅雪樓藏板。』此爲蔣氏紅雪樓原刊本。『紅雪樓』乃蔣氏辭官寓居南京時之室名，在以詩文爲正統的傳統觀念下，蔣氏將曲集另編爲外集。九種曲中收録創作最晚的爲乾隆四十六年，另據《四絃秋》秋聲館主人序『太史既收入《外集》，余復爲之序其顛末如此』，可推知此集當是在蔣氏生前刊印，故其刊刻時間可定爲乾隆四十六至五十年。在《冬青樹》張塤序中談到『心餘先生所撰院本，如《空谷香》《桂林霜》《臨川夢》若干種，流播藝苑，家艷其書』，可見蔣氏劇作流傳廣泛，在此九種合集之前，應存在各曲的單行本。而此本是蔣士銓九種曲第一次彙總刊行。各曲天頭處附蔣氏友人對劇作的『評點』『評定』『評校』，文中各類圈點是各家對曲律的『正譜』『訂譜』『正拍』。紅雪樓原刊本爲蔣氏曲集版本之源，嘉慶至清末諸家版本大都據此版翻刻。

據《中國古籍善本書目》著録，蔣氏紅雪樓刻本存世有清華大學、厦門大學、四川省圖書館等十一

家。北京大學所藏此本爲紅雪樓初刻初印本。以連史紙精印，書品極佳，書中墨色匀浄，字迹清朗，筆鋒清晰，故被此次《中華再造善本續編》選用。

書内鈐印『燕京大學圖書館珍藏』。現藏北京大學圖書館。（楊芬）

五四二

## 看山閣樂府雷峰塔二卷

（清）黄圖珌撰　清乾隆三年（一七三八）黄氏看山閣刻本。框高十七·二釐米，寬十三·四釐米。每半葉十行，行十九字，黑口，左右雙邊。

黄圖珌（一六九九—？）字容之，一作容止，號蕉窗居士，又號守真子、花間主人，華亭（今上海）人。清雍正六年（一七二八）入都謁選，任杭州府同知和湖州司馬篆，雍正十三年移衢州府同知。乾隆二十六年官河南衛輝府知府。乾隆三十年告老回鄉。黄氏善詞曲、工詩文，著有《看山閣全集》六十四卷、傳奇有《雷峰塔》《棲雲石》《夢釵緣》《解金貂》《温柔鄉》等作品。事迹見《看山閣全集》。

是書兩卷，共三十二齣。取材於明末馮夢龍話本小説《白娘子永鎮雷峰塔》（《警世通言》卷二十八），敷演白蛇爲報許宣恩，化身白娘子，經西湖斷橋借傘相遇，與許宣結爲連理，並贈其銀兩。殊不知此乃官府庫銀，累及許宣，被發配蘇州。後又因白娘子盜物，禍及許宣，最終被發配鎮江。白娘子追隨丈夫至鎮江，却被法海識破其爲蛇精所化，遂將真相告知許宣。許宣驚恐之餘，請求法海收其爲徒，收壓了蛇精，許宣也化緣建塔，修禪數年，坐化而去，最終以悲劇收場。此劇與馮氏小説，皆寫淒美姻緣故事，但黄氏塑造出一位積極大膽追求自由愛情的奇女子。黄圖珌在《看山閣全集》之《南曲》卷四

《觀演雷峰塔傳奇》中云：『余作雷峰塔傳奇凡三十二齣，自慈音至塔圓乃已。方脱稿，伶人即堅請以搬演之，遂有好事者續白娘生子得第一節，落戲場之窠臼，悦觀聽之耳目。盛行吴越，直達燕趙。』知此劇深受觀衆贊賞，故後人多有改編演出。如陳嘉言父女、方培成的《雷峰塔》傳奇。

是書内封鎸『蕉窓居士填詞，雷峰塔，看山閣藏板』，並有乾隆三年八月十二日自序。看山閣，黄圖珌室名，足證此本爲清乾隆三年黄氏看山閣自刻本。以白蛇故事爲題材的戲曲，最早可追溯至明末陳六龍的《雷峰記》，惜未能流傳，故所能見到最早的即爲此本，彌足珍貴。

是書鈐有『孫寰鏡印』『静菴』『謹慎』『杏花春雨江南』等印。前兩印印主爲孫寰鏡。孫氏生卒年不詳，字静庵，又號寰鏡廬主人、民史氏，無錫（今屬江蘇）人。清光緒三十年（一九〇四）入興中會，辛亥時期任《警鐘日報》主編，後與陳去病同創雜志《二十世紀大舞臺》。著有雜劇《鬼磷寒》《安樂窩》及小説《新水滸》等。此書現藏中國國家圖書館。（郭晶）　五四三

## 新鎸綴白裘合選四卷　題（明）鬱岡樵隱　積金山人輯　明刻清康熙翼聖堂重修本

框高二十・六釐米，寬十四・三釐米。每半葉十行，行二十字，小字雙行同，白口，四周單邊。兩截版，上欄有眉批。有圖，每幅一葉，夾在曲文中。

此書内封鎸『鬱岡樵隱、積金山人全輯』，正文卷端題『秦淮舟子審音，鬱岡樵隱輯古，積金山人採新』。此三人皆以號稱，姓名無從查考，研究者定其爲明人。

書中内封鎸『翼聖堂梓行』，旁附一段告白：『《白裘》一書，昉自醒齋，厥後至再至三，至别至廣，何啻汗牛充棟。但購諸選而玩賞者，苦於篇帙浩煩。本坊敦請先生博採歌林，詳訂數四，廣而復廣，彙千腋以成裘，精益求精，和五鯖而作膾，誠曲譜之金聲、梨園之雅奏也。弌唱弎嘆，識者珍之。』由此推知，《白裘》一書起始於醒齋本，其後出現諸家不同的選本，且醒齋及諸家選本可能也歷經多次的選集刊印，以至在社會上之流行達到了『汗牛充棟』的程度。可見，從晚明至清初就已經出現諸多以《綴白裘》冠名的選本，衹是在後世均已失傳，今僅見翼聖堂本。翼聖堂是金陵一書坊，明萬曆間即已有刻書，至清康熙間仍在開辦，李漁的一些作品多由此堂刊出。

此書由鬱岡樵隱整理古曲，積金山人採新增删，秦淮舟子審核曲律音韻，三人共同完成，名之爲《新鎸綴白裘合選》。它不僅是對以往選本的承續，而且緊密結合當時戲曲舞臺的演出狀況，從歌林流行劇目中選輯，濃縮爲四卷本，突出精華所在。正如書前序文所言：『山人咀精華而吐糟粕，去陳腐而更新穎，彙以成書……豈欲以芥子作須彌觀，正欲以一册當牙籤萬軸哉！』

書中共收録四十劇八十六齣。包含元雜劇《北西厢》四齣；南戲《琵琶記》六齣、《荆釵記》四齣、《白兔記》二齣、《草廬記》一齣、《幽閨記》四齣、《尋親記》一齣、《伍倫記》一齣、《香囊記》一齣、《採樓記》一齣、《金印記》二齣、《四喜記》一齣、《連環記》三齣、《千金記》二齣、《四節記》四齣、《南西厢》四齣、《綉襦記》三齣、《玉環記》二齣、《投筆記》三齣、《還帶記》一齣、《金丸記》二齣、《玉玦記》一齣、《明珠記》三齣；明傳奇《金釧記》一齣、《四德記》一齣、《浣紗記》五齣、《玉簪記》四齣、《春蕪記》一齣、

《紅蕖記》一齣、《紅拂記》三齣、《玉合記》一齣、《綠綺記》一齣、《紫釵記》二齣、《題紅記》三齣、《灌園記》一齣、《竊符記》二齣、《祝髮記》一齣、《青衫記》一齣、《彩毫記》一齣、《紅梨花》一齣。書前目錄未載《紅蕖記》，而在正文中於《金丸記》『搜求妝盒』後則有『垂釣關情』一齣，下面小字鎸『紅蕖』。這就造成前人研究時存在三十九種與四十種之異。另書前有華陽山人序稱『山人選六十種之絕妙以成書』，故孫楷第在《戲曲小説書錄解題》中疑其『似所選本六十種，今僅得四十種，似尚非完本也』。在標目上，此本各齣戲名均用四字，如『伯喈慶壽』，而其後的版本均改用二字。在內容上，收錄的劇目範圍僅限於元雜劇、南戲和明傳奇，還未有清傳奇和花部亂彈戲，而康熙三十三年（一六九四）聞正堂《綴白裘全集》則已收入清傳奇七種十九齣，可見此本應屬入清以前的版本系統。查《古典戲曲存目彙考》，此本所選《綠綺記》《四德記》《四節記》《金釧記》，在後世少有全本，幸在此本存其殘齣。

《綴白裘》版本衆多。國家圖書館還藏有雍正年間最樂堂刻本，收劇八十齣，卷首有雍正二年（一七二四）陳二球序。後世通行本是清乾隆年間錢德蒼十二集選本，已成爲一部集元明清傳奇、雜劇、花部散齣的戲曲選集，是古代戲曲史上最流行的折子戲文獻。此翼聖堂本是《綴白裘》版本系統中現存最早的一個版本。傅惜華在《明代傳奇全目·引用書籍解題》中著錄『明刻清康熙間翼聖堂補修本』。從書版情況看，明顯存在兩種版式和字體：一種框內有界行，字體較寬碩，此種葉數較多；一種框內無界行，字體偏瘦細。由此推測，晚明時應有翼聖堂《綴白裘合選》的初刻本，至清康熙中期，書坊再次整理舊版，修補後印。此本書前康熙二十七年序是此次修版後印時補入，故謂之『綴敘』。據《中國

古籍善本書目》著録，此書現存僅兩部，分藏於國家圖書館與北京大學圖書館，國圖所藏爲殘本，北大本則完整無缺，其珍貴程度可見。

北大所藏此本函套書籤上墨筆題『綴白裘合選　明刻清修本』，書前序首葉鈐『鄞馬廉字隅卿所臧圖書』印。此書原爲小説戲曲收藏家馬廉所藏，一九三七年北大圖書館購入馬氏藏書，此本隨之入藏北京大學圖書館。（楊芬）

五四四

**劇説六卷**　（清）焦循撰　稿本。每半葉十一行，行二十四字，無格。

焦循生平爵里、學行業績簡況，前録稿本《雕菰樓易學》時已介紹。

是書輯録漢唐以下諸家著述中論曲、論劇之語而成，每述己見。卷前焦氏題識云：『乾隆壬子冬月，於書肆破書中得一帙，雜録前人論曲、論劇之語，引輯詳博，而無次序。嘉慶乙丑，養病家居，經史苦不能讀，因取前帙，參以舊聞，凡論宫調、音律者不録，名之以「劇説」云。』則此稿成於嘉慶乙丑（十年一八〇五），似以他人舊作删改補充而成。雖謂之『雜録』，仍自有體系。或論戲曲形成歷史及角色起源，或考察戲曲故事之由來及演變，或品評南北曲之不同風格，間有曲壇掌故及作家、演員軼事。引用書目百數十種，其中頗多罕見珍本，保留了大量的戲曲史料，彌足珍貴。而部分原書今已不傳，其論曲、論劇資料，多賴是書以存。

是書諸家書目皆未著録，民國六年（一九一七）武進董康對此本加以整理，收入誦芬室《讀曲叢

刊》，並理焦氏所引書目凡一百六十六種冠於卷首，是爲該書最早刊本。其後繼有民國十年陳乃乾《曲苑》本及十四年《重訂曲苑》本、民國二十一年上海六藝書局《增補曲苑》本、民國二十八年上海商務印書館《國學基本叢書》本等，要皆由董氏《讀曲叢刊》本而來。或謂《讀曲叢刊》本較此本完整（見一九五九年中國戲曲研究院編《中國古典戲曲論著集成》第八集該書提要），實則不然。逐一核校二本，知《讀曲叢刊》本内容盡載於此本，而其所脱漏者則有六、七條之多，文字亦間有删削。此本内容實則更爲豐富完整。而此本焦氏關於體例符號之説明如『「○」入曲話，「△」入劇話，「、」入雜考』，皆爲前本所忽略。《劇説》諸本，當以此本爲善。

此本鈐『焦循手録』『里堂』『今之揚州人』『半九書塾』等焦氏私印並『徐鴻寶觀』印，曾爲近代著名版本目録學家徐森玉經眼，現藏中國國家圖書館。（陳清慧）

五四五

**慶賞昇平不分卷**　清彩色繪本。框高二十六・四釐米，寬二十一・一釐米。

《慶賞昇平》乃清昇平署戲曲人物圖譜，共九種劇目九十七幅。此圖譜既無文字記載年代，亦不著畫者姓名，一般著録爲清内府畫院處宫廷畫師繪。朱家溍先生認爲，圖中所繪人物應爲亂彈戲（今京劇）人物扮相。因嘉慶、道光之前，宫中還主要是演崑腔、弋陽腔，咸豐以後亂彈纔逐漸增多，所以圖譜不會早於咸豐。較之清末一些京劇名伶，圖譜中的扮相又顯得稍古，可以推測不會晚於同治。

昇平署是清代專司宫廷戲班的機構。清宫演劇沿襲明制，由教坊司女樂承應。順治八年（一六五

一),改爲内監承應。康熙二十年(一六八一)起,漸有南府、景山等名稱。康熙中期,南府、景山已成爲正式的演戲機構。乾隆年間,南府設内、外學。景山設總管首領,設有外學;另設新小班,成員爲乾隆帝南巡時從蘇州帶回宫中的男女優伶。内外學常年在宫中演出,總人數約一千四百五十人,盛況空前。乾隆以後,清宫戲曲演出一度陷入低潮。嘉慶帝大幅削減宫中戲曲演出機構,内外學總人數僅約五百人。道光帝即位,裁減南府内外學爲一學,將景山戲班納入南府。道光七年(一八二七),正式撤銷外學,改南府爲昇平署,主持宫内演劇事務。咸豐時,宫中演出頻繁,内學太監不能勝任,便挑選民間戲班,如三慶、四喜、春臺等徽班,輪番進宫演出。崑腔、弋陽腔日益衰落,亂彈日漸興起。

《慶賞昇平》所畫全部劇目屬於亂彈,有《普天樂》二十三幅、《千秋嶺》六幅、《蔡天化》十二幅、《反西涼》十幅、《泗州城》十二幅、《太平橋》八幅、《空城計》十幅、《玉玲瓏》六幅、《落馬湖》十幅。故宫博物院、梅蘭芳紀念館藏有若干幅昇平署戲曲人物畫,不同的是國家圖書館和梅蘭芳紀念館所藏每一齣劇的劇目之下有小楷『穿戴臉兒,俱照此樣』墨字一行,而故宫所藏却無。朱家溍先生認爲,梅蘭芳紀念館和國家圖書館所藏部分爲溥儀出宫前從宫中流散,第一個獲得此書者見畫上没有題署,也無用途説明,無法證明來源於宫中,便加上這樣一行文字,希望使人自然認爲這是宫中演戲的標準穿戴裝扮,以牟取高價。

該畫册所畫穿戴與故宫所藏戲衣、頭盔等實物相符,人物神態刻畫極爲精細,戲衣刺繡考究,繪製精工,與民間戲班穿戴絶不等同,應爲畫師根據昇平署演職人員的實際扮相繪製,並非演戲扮戲的模

版。除圖譜外，當時演戲時所據劇本、檔案散藏於國家圖書館、故宫博物院、中國第一歷史檔案館等多處，是研究戲曲舞臺人物扮像和穿着的重要史料。是本現藏中國國家圖書館。（白雲嬌）

五四六

## 聊齋志異不分卷　（清）蒲松齡撰　稿本。

存二百三十一篇。

蒲松齡生平爵里、學行業績簡況，前録清曲阜孔氏抄本《聊齋文集》時已介紹。

《聊齋志異》是一部膾炙人口的文言短篇小説集，在我國文學史上占有獨特的地位。《聊齋志異》故事内容多採自民間傳説和野史軼聞，寫作上運用了志怪和傳奇文言小説的技法，同時借鑒傳統白話小説的長處，形成了獨特的文言敘事風格。《聊齋志異》問世三百年來深受各時代、社會各階層人士喜愛，被推爲説部名著。

《聊齋志異》始作於清康熙初期，歷時四十餘年始成。蒲氏身後，家人將此手稿藏於淄川城蒲氏家祠。咸豐年間，蒲氏七世孫蒲價人携《聊齋志異》手稿遠走東北，定居盛京（今瀋陽）。光緒二十年（一八九四），價人子蒲英灝入盛京將軍依克唐阿幕府供職，時依氏商請借閲手稿，英灝先以半部借出，待還回後再以另半部相兑，岂料依氏因事病逝京師，半部手稿由此佚失。

現存《聊齋志異》半部手稿共收小説二百三十一篇。其中除庫官、酆都御史、龍無目、雙燈、捉鬼射狐等三十一篇爲他人代抄外，其餘二百篇爲蒲松齡手迹。書中眉欄上及各篇正文後間有蒲氏手録

王士禎評語及佚名校語，光緒初年，由於裝裱裁切不慎，曾致部分眉批校語受損。

蒲氏生前家境清貧，無力刊行此稿，《聊齋志異》僅以傳抄方式於世間流傳。在其故去五十餘年後，清乾隆三十一年（一七六六）始有趙起杲青柯亭本問世，此爲《聊齋志異》最早一次刻印，然其所據底本非蒲氏稿本，在內容上已與蒲氏稿本有了很大差異。如《稿本》中犬姦、牛同人、吳門畫工等二十五篇爲青柯亭本所無。在《聊齋志異》問世三百餘年中，流傳的各種版本所據底本多非蒲氏稿本，傳刻抄寫中或有文字訛誤，或有故事遺漏，或有內容篡改，或有篇目僞托。因此，半部手稿對於補正、校訂世間傳本之訛誤皆有重要價值。

一九五〇年，蒲英灝之子蒲文珊將《聊齋志異》所餘半部手稿捐獻給國家。此半部手稿用竹紙抄寫，係原手稿全部八册的一、三、四、七册。一九五一年裝裱時，改爲金鑲玉形制，並由四册析爲八册。是書《聊齋自誌》末鈐有『松齡』印記。現藏遼寧省圖書館。（劉冰）

五四七

**西湖佳話古今遺蹟十六卷** 題（清）墨浪子搜輯 清康熙金陵王衙刻五色套印本。框高十七·七釐米，寬十二·三釐米。每半葉九行，行二十字，白口，四周單邊。

墨浪子，其人未詳。

是書又名《西湖佳話》，爲擬話本小說集。卷前附西湖全圖及西湖佳景十圖，乃藍、黑、紅、黃、綠五色套印插圖，富麗精工，實屬套印本之大觀。全書依民間傳說、傳記和雜記寫成，取十六勝景，述十六

人故事：葛嶺仙蹟、白堤政蹟、六橋才蹟、靈隱詩蹟、孤山隱蹟、西泠韻蹟、岳墳忠蹟、三台夢蹟、南屏醉蹟、虎溪笑蹟、斷橋情蹟、錢塘霸蹟、三生石蹟、梅嶼恨蹟、雷峰怪蹟、放生善蹟。是書寄情於景，以景頌人，有濃郁的傳奇色彩。

是書開篇序云：『幸古人之美蹟猶存，品題尚在，則西子之面目自若也。但有其蹟，而不知其蹟之所從來，猶不足爲西子寫生。因考之史傳誌集，徵諸老師宿儒，取其蹟之最著、事之最佳者而紀之……彰彰於人耳目者，亟爲之集焉。今而後有慕西子湖而不得親覩者，庶幾披圖一覽，即可當卧遊云爾。』此乃作書緣起。此序末署『康熙歲在昭陽赤奮若孟春陬月望日古吳墨浪子題』，知是書當成康熙十二年（一六七三）。

是書内封鎸『金陵王衙藏板』，故知爲清康熙金陵王衙刻五色套印本。此本後有清乾隆十六年（一七五一）會敬堂刻本、清乾隆五十一年文奎堂刻本及芥子園刻本等。

是書乃鄭振鐸之舊藏，鈐有『长乐郑振铎西谛藏书』及『長樂鄭氏臧書之印』。現藏中國國家圖書館。（郭晶）

五四八

## 四大奇書第一種六十卷一百二十回　（明）羅本撰　（清）毛宗崗　杭永年評定　清康熙刻本

本。框高十八·九釐米，寬十一·三釐米。每半葉八行，行二十四字，白口，四周單邊。

羅本生平爵里、學行業績簡況，前錄明嘉靖元年刻本《三國志通俗演義》時已介紹。

毛宗崗字序始，號孑庵，江蘇長洲（今蘇州）人，毛綸（號聲山）之子。著有《孑庵雜録》。其生年或生活時代，歷來説法不一，大體以明末清初説爲主。陳翔華《毛宗崗的生平與〈三國志演義〉毛評本的金聖歎序問題》考證其人生於明崇禎五年（一六三二），卒年當在清康熙四十八年（一七〇九）春後或次年以後。與其父毛綸皆曾坐館課徒。平生交往先後有長洲浮雲客子、蔣燦、蔣銘、蔣之逵、蔣深、金聖歎、尤侗、褚人獲、金豫晉諸人。

杭永年，生平事迹待考。毛綸《第七才子書琵琶記總論》有云：『昔羅貫中先生作通俗《三國志》一百二十卷，其紀事之妙，不讓史遷，却被村學究改壞，予甚惜之。前歲得讀其原本，因爲校正，復不揣愚陋，爲之條分節解。而每卷之前，又各綴以總評數段，且許兒輩亦得參附末論，以贊其成。書既成，有白門快友見而稱善，將取以付梓，不意忽遭背師之徒欲竊冒此書爲己有，遂致刻事中擱，殊爲可恨。今特先以《琵琶》呈教，其《三國》一書，容當嗣出。』黄霖《有關毛本〈三國演義〉的若干問題》揣測毛綸所謂『背師之徒』，所指即是杭永年，他對毛綸父子稿本作了無足輕重之個別修改，然後以『定』本身份出現在署名地方，雙方最終以『茂苑毛宗崗序始氏評，吴門杭永年資能氏定』的妥協方式署名出版。

是書内封邊欄外刻『聲山别集』，欄内右刻『古本三國志』，左刻『四大奇書第一種』大字二行，『種』字下有『天香書屋』。首李漁序，次凡例，次總目，次繡像，次讀法，次卷次。

《三國演義》爲羅貫中力作，它以三國時期歷史爲主綫，演義從漢靈帝建寧二年（一六九）到晉武帝太康元年（二八〇）晉滅吴統一全國爲止一百餘年史事，小説『文不甚深，言不甚俗』，通過藝術構思，

以宏大場景描寫魏、蜀、吳三國約半個世紀的紛争與興衰過程，塑造了曹操、劉備、周瑜、諸葛亮、張飛、關羽等衆多栩栩如生的人物形象，情節曲折生動，引人入勝，在藝術上取得很高成就，成爲歷史演義小説的典範，對後世文學創作影響殊深。

清康熙間，毛綸、毛宗崗父子進一步修訂羅氏所作《三國演義》，在思想内容、情節、回目、文字等方面都作了加工潤飾，並附評語，成爲近代最通行版本。毛氏評人物重點，一是以綱常爲度品評是非優劣，二是重作品表現人物技巧，而較少論述人物個性。因而在評改時將李贄評本中那些表現性格複雜或矛盾的文字予以删除，同時將人物品質的某些特徵誇張化、絶對化、臉譜化，其『三絶論』就是這種做法的理論概括。他寫曹操突出誇張其奸而少雄，寫劉備則仁中無暴，寫孔明則智而無奸，寫關羽則義而不詐，如此等等。儘管這些類型化人物也能給人以單純和諧之美，但杜松柏認爲，相對於李贄評本而言，是種後退（《〈李笠翁批閲三國志〉李漁評點的價值淺探——從與毛批的差異談起》）。

『四大奇書』最早刻本是明嘉靖壬午（元年　一五二二）本《三國志通俗演義》，此後新刊本大量湧現，至明末不下二十種，它們大多以嘉靖本爲底本，衹做些插圖、音釋、文字增删及卷數、回目的整理工作。至毛評本出，版本亦是異彩紛呈。日本學者上田望將毛本《三國演義》各種版本分爲六種類型：四大奇書第一種六十卷；官板大字繡像批評三國志二十四卷；四大奇書第一種十九卷首一卷；漢宋奇書（水滸、三國合刻）；四大奇書第一種五十一卷；其他（《毛綸、毛宗崗批評〈四大奇書三國志演義〉版本目録（稿）》）。是本即爲第一種類型。

此康熙年間醉畊堂大字刊本共一百二十回，海內孤本，也是現存最早的毛評《三國志演義》刻本。與後來常見毛本不同在於書名不作『第一才子書』而作『四大奇書第一種』；題名無『聖歎外書』字樣，而作『聲山別集』；卷首之序作者不題『金聖歎』而署『康熙歲次己未十有二月李漁笠翁氏題於吴山之層園』，李漁序又僅見於此本内。

鈐『武陵郭海』『龍遊脉元里』『光國私印』『□穀堂印』『有臨』『愛古』『譚觀成』『盍齋珍藏書畫之印』『鳳池』『楊啓遵堂藏』『海朝』等印，知經譚墒、楊慶簪諸人寶藏。現藏中國國家圖書館。

（楊印民）

五四九

**脂硯齋重評石頭記八十回** （清）曹霑撰 （清）脂硯齋主人評 清抄本。無欄格，每半葉十行或十一行，行二十五至三十字。

由中國國家圖書館與中國國家博物館所藏配成五十五回：國圖一至四十、六十一至七十回；國博五十五回下半至五十九回上半。

曹霑（一七一五？—一七六四）字芹圃，號芹溪，又號雪芹。曹氏原籍河北豐潤，明末其先世遷東北，入滿洲正白旗，爲内務府包衣（奴僕），後隨清軍入關。雪芹曾祖璽、祖寅、父輩顒、頫世襲江寧織造，歷六十餘年，寅女入宫貴爲皇妃。雍正初年，頫獲罪抄家，後舉家遷居北京。雪芹有文學，工詩善畫，晚年困居北京西郊，以鬻畫及友人周濟度日，乃窮十餘年之力，著成《石頭記》（即《紅樓夢》）一書。

《紅樓夢》初以抄本行世，然『好事者每傳抄一部，置廟市中，昂其值，得數十金，可謂不脛而走者矣』（程甲本卷首），迨刻本問世，『家家喜閲，處處争購』，以至於有『開談不説紅樓夢，讀盡詩書也枉然』之謂，故其版本極爲複雜，舉凡抄本、刻本、活字本均有流傳。此本爲己卯（乾隆二十四年　一七五九）抄本，乃以書中第三十一至四十回總目上有『己卯冬月定本』題記得名。今人多以甲戌本、己卯本和庚辰本爲《紅樓夢》早期著名抄本，因書名題《脂硯齋重評石頭記》，故統稱脂評本，或脂本，屬同一版本系統，但於三本相互關係學界尚存争議。

此本原本應爲八十回本，每十回訂爲一册。每册首回第一葉録有該册十回目録，每回首行頂格題『脂硯齋重評石頭記卷之　』，第二行頂格題『第某回』，第三行低二格或三格寫回目。正文中凡『玄』『祥』『曉』字等避諱。此本第十一至二十回、第卅一至四十回、第六十一至七十回目録葉題『脂硯齋凡四閲評過』，第卅一回至四十回目録葉題『己卯冬月定本』，第卅四回末題『紅樓夢第三十四回終』。此本批注、評語豐富，多在正文内雙行書寫。書中有藍筆過録甲戌本評語及凡例，朱筆過録庚辰本批語，乃藏家陶洙手筆。

此本現存四十一回又兩個半回，其中第一至二十回、第三十一至四十回、第六十一至七十回（原缺第六十四回、第六十七回，今存此兩回係武裕庵依乾隆年間抄本抄補）等共三十八回，原爲武裕庵藏，再歸董康，後歸陶洙，現藏中國國家圖書館；第五十五回後半回、第五十六至五十八回，第五十九回前半回共三回又兩個半回於一九五九年冬在琉璃廠中國書店被發現，歸歷史博物館，現藏中國國家博

物館。此次再造即據中國國家圖書館與中國國家博物館配成五十五回：國圖一至四十、六十一至七十回；國博五十五回下半至五十九回上半配補。影印。（向輝）

五五〇 **脂硯齋重評石頭記八十回** （清）曹霑撰 （清）脂硯齋等評 清抄本。每半葉十行，行三十字不等。無格。

存七十八回：一至六十三、六十五至六十六、六十八至八十。

曹霑生平爵里、學行業績簡況，前錄清抄本《脂硯齋重評石頭記八十回》時已介紹。

此本書前襯葉有胡適民國二十二年（一九三三）一月廿二日題記：『此是過錄乾隆庚辰定本脂硯齋重評石頭記，生平所見，此爲第二最古本石頭記。』乾隆庚辰即二十五年（一七六〇），胡適定其爲過錄乾隆庚辰本的主要依據是此本第四十一至五十回目後、第六十一回至七十回目後書名下有『庚辰秋月定本』，第五十一至六十回目後、第七十一回至八十回目後書名下有『庚辰秋定本』字樣。後來研究者則簡稱之爲庚辰本，又稱脂京本。此本與己卯本應過錄自同一祖本，與甲戌本也有同源的關係。其文字爲《紅樓夢》前八十回内容，但中缺第六十四、六十七兩回；第六十八回第九和第十葉之間脱去約六百餘字，可能是漏抄一葉所致；第二十二回收結部分原闕。第十七回與十八回尚未分開，共用一個回目；第十九回、八十回無回目。總計共存七十八回，是《紅樓夢》諸抄本中抄得較早且内容較完整的一種。原裝八册，每十回一册，每册前有本册十回目録，其後題書名『石頭記』，書名下小字雙行

題『第×回至×回，脂硯齋凡四閲評過』；每回卷端題名爲『脂硯齋重評石頭記卷之　』，其後回次、回目皆另行書寫。此本抄手多人，且水平不高，抄寫匆促，訛文脱字，觸目皆是。如第十四回卷前書名下『第十回』寫作『第十四』。最後一册抄寫尤爲草率，訛脱滿紙。書中有大量對正文文字的旁改旁添，多用理校之法，不知何人所爲。

此本保存《紅樓夢》各種批語兩千餘條，有雙行夾批、眉批、側批、回前回後批等多種，批語之多爲各抄本之最。凡有脂硯齋、畸笏叟等人署名的批語，都集中在此本之上，脂批中署年、月、名號的幾乎也都存在於此本之上。這些批語包含了己卯本雙行夾批的全部，除一條單字批未録外共計七百一十六條，還另有六百二十二條己卯本所缺的雙行夾批；與甲戌本也有很大的不同。後人加批的，有署鑑堂、綺園、玉藍坡等多人。如第十九回後有題記：『此回宜分作三回方妙，係抄録之人遺漏。玉藍坡。』第十一回之前，除偶將回前總評與正文抄在一處外，都無批語，爲白文。批語有朱墨之分，墨批以正文下的雙行夾批爲主，與正文内容同時抄録；但也有眉批、回前批和回末批，筆迹多樣；朱筆批語集中在第十二回至第二十八回，有眉批、側批、回前批和回末批，基本是同一人筆迹。

此本用薄黄竹紙抄寫，紙葉周邊褐色老化，上世紀七十年代將原紙上下邊粘貼窄紙條加固，並用金鑲玉法裝襯一新，分裝四函十二册。但裝修時經過裁切，部分眉批頂端文字被裁損，致使在此次裝修前後影印出版的本子有不一致的地方。

此本原出北京北城旗人家中，徐星署（？—一九三八）一九三三年（一説一九三二年）初以八元銀

幣購於北京東城隆福寺地攤。一九四九年五月五日經魏廣洲中介，燕京大學圖書館折價黄金二兩購自徐家。一九五二年北大、燕大合併，現藏北京大學圖書館。（姚伯岳）　　五五一

**儒林外史五十六回**　（清）吴敬梓撰　清嘉慶八年（一八〇三）卧閑草堂刻本。框高十二·八釐米，寬九·五釐米。每半葉九行，行十八字，白口，四周單邊。

吴敬梓（一七〇一—一七五四）字敏軒，號粒民，晚號文木老人，又稱秦淮寓客，全椒（今屬安徽）人。小説家。吴敬梓生於世家，幼聰穎，善記誦，工詩文。稍長，補官學弟子員。性伉爽，廣結交，急施與，不數年，祖産垂盡，困窘時，至絶糧。雍正十一年（一七三三）移家金陵。雍正十三年末赴博學宏詞科試。爲諸生二十年，以賣文爲生，潦倒不堪。乾隆十九年（一七五四）客死揚州。其子吴烺（一七一八—？）字荀叔，數學家，通古算，撰有《周髀算經圖注》。吴敬梓詩文，多未付梓，有《文木山房集》十二卷，現存四卷。事迹見胡適《吴敬梓傳》及《吴敬梓年譜》。

《儒林外史》何年成書，衆説紛紜。吴敬梓友人程晉芳乾隆十三年至十五年間作《懷人詩十八首》，其中第十六首詩云：『《外史》紀儒林，刻畫何工妍。吾爲斯人悲，竟以稗説傳。』胡適認爲是書成於乾隆五年至十五年間（胡適《吴敬梓年譜》）。後人考證程晉芳詩作成書確切時間爲乾隆十四年，李漢秋先生推測是書成於乾隆十四年前。談風梁認爲吴敬梓『握筆伊始，大概在一七三五年秋後』（談風梁《〈儒林外史〉創作時間、過程新探》），何時完成未有定論。周臘生載文《重論〈儒林外史〉成書時間》認

爲，吴敬梓動筆始於一七三六年辭徵辟後，大致成於一七四一年末。

是書創作於清乾隆時期，明季遺風尚存士流，吴敬梓身爲士人，深知八股士子情形，故以功名富貴爲眼目，着意暴露士子各式醜態，名曰《儒林外史》，乃『深責儒者，儒者之所以卑劣若此者，功名富貴也』。全書五十六回，人物百態衆生，『其書所列武將、貴游、婦女、僧、道、醫、卜、農、商、方士、劍客、流民、胥役、奴婢、倡優無所不具，而士尤多。八股腐生，斗方名士，皆爲可惡；而名士多欺詐，腐生反誠實……於名士尤詆諆……而亦學爲名士，書中特著其醜』（劉咸炘《校讎述林》卷四《小説裁論》）。書中所錄人物大都實有其人，其事多作者所見所聞，如書中之馬二先生，實爲吴敬梓摯友馮粹中。是書雖無主幹，僅列各色人物，然『事與其來俱起，亦與其去俱訖，雖云長篇，頗同短製；但如集諸碎錦，合爲帖子，雖非巨幅，而時見珍異，因亦娱心，使人刮目矣』（魯迅《中國小説史略》第二十三篇《清之諷刺小説》）。書中『王冕畫荷』及『范進中舉』等名篇，廣爲流傳，婦孺皆知。

《儒林外史》被譽爲『吾國社會小説之開山』（解弢《小説話》，民國八年［1919］出版）。是書三大特色——諷刺藝術、現實主義寫照及語言之白話，在文學界産生了深遠影響。魯迅在《中國小説的歷史變遷》中贊道：『迨吴敬梓《儒林外史》出，乃秉持公心，指摘時弊，機鋒所向，尤在士林。其文又戚而能諧，婉而多諷，於是説部中乃始有足稱諷刺之書……是後亦鮮有以公心諷世之書如《儒林外史》者。』陳獨秀在《儒林外史敘》中曰：『《儒林外史》之所以難得可貴，就在他不是主觀的、理想的，是客觀的、寫實的。這是中國文學書裏很難得的一部章回小説。』

是書初刻本乃乾隆金兆燕本（金本），金本《儒林外史跋》云：『惟是書爲全椒金棕亭先生官揚州府教授時梓以行世。自後揚州書肆刻本非一。』（李漢秋《〈儒林外史〉的版本及其沿遞》）金棕亭（生卒年不詳）名兆燕，字鍾越，一字棕亭，全椒（今屬安徽）人。據李漢秋先生考證，此人於乾隆三十三年至四十四年爲揚州府教授。惜金本迄今未見。其次乃是本——嘉慶八年卧閑草堂之巾箱本（卧本），内封記曰：『嘉慶八年新鐫　儒林外史　卧閑草堂藏板。』再次乃嘉慶二十一年之清江浦注禮閣本（清本）及藝古堂本（藝本）。經李漢秋校對，清本和藝本之行款及文字皆與卧本同，卧本空缺處，清本和藝本同缺，僅内封上有挖改痕迹，實爲卧本之複本。後有同治十三年（一八七四）齊省堂增訂本及增補齊省堂本等。抄本有蘇州潘氏抄本及蘇州群玉齋抄本，兩種抄本同出於卧本。故是本爲現存最早刻本。是書現藏復旦大學圖書館。（郭晶）

五五二

# 【少數民族文字古籍編】

## 對治十五鬼護身符 （于闐文） pamjeśa-ñahya nāma rakṣa 　三至十世紀于闐文寫本。卷軸裝。

長一百七十六釐米，寬七・二釐米。首尾完整，存于闐文九十八行。多處有明顯粘合處，係取多張紙依據一定規格經過裁剪拼合而成。據于闐語佛教護經類文獻載，爲一位于闐貴婦量身定製的佩戴物。

梵語佛經集成傳統中，《五護經》最著名，並均有漢譯。其漢譯名稱分别爲：唐義浄譯《大孔雀咒王經》、唐不空譯《普遍光明清浄熾盛如意寶印心無能勝大明王大隨求陀羅尼經》、北宋施護譯《佛説守護大千國土經》、北宋法天譯《大寒林聖難拏陀羅尼經》，或者寶思惟譯《佛説隨求即得大自在陀羅尼神咒經》，以及《大護明大陀羅尼經》。此外，漢譯佛經尚保留諸多護持類經文，如北魏印度僧人菩提流支譯《佛説護諸童子陀羅尼經》等，屬於護經類文獻。這類文獻的特點，大多冠以佛説的名義，主旨在於對治世間不同的疾病以及天災人禍。但于闐語《對治十五鬼護身符》不是佛所説，而是觀自在菩薩於佛前所宣説，故應爲于闐語原創，而非譯著。原件現藏中國國家圖書館。（張鐵山）

五五三

## 因明正解藏論 （藏文） ཚད་མ་རིགས་པའི་གཏེར་ཞེས་བྱ་བའི་རབ་ཏུ་བྱེད་པ། 薩迦班智達・貢嘎堅贊撰

ས་སྐྱ་ཀུན་དགའ་རྒྱལ་མཚན་གྱིས་མཛད། 　元刻本。梵夾裝。開本高十二・八釐米，寬六十五釐米。每半葉六行，無版框，缺第一葉。

薩迦班智達・貢嘎堅贊（一一八二—一二五一），生於西藏薩迦，取名白登頓珠。自幼隨父讀書

習字，受密宗灌頂口訣，聞習醫典要訣。依止諸位至尊，敬聆密宗一切至深法，醫典八支本釋等。得受居士戒，取名貢嘎堅贊。聞習《集量論》《量抉擇論》《因明聖法》等諸因明經典。二十五歲受比丘戒。師從班智達釋迦師利敬聆《釋量論》《集量論》等量學、律經等顯宗經卷，遂爲精通聲明、量學、顯宗經典之泰斗。並與釋迦師利校訂對俄譯師前所譯因明論著，使譯本準確精煉。每日宣講《定量論》一座法與《他利品》一座法。以量理學説擊敗前來挑戰的印度卓傑等六位論師。閱讀量學之所有經典著作，並集其中一切精華，言簡意賅，著述具有藏族特色之量學論著《因明正解藏論》及其注釋。六十二歲，蒙古王闊端遣使迎請彼之信函曰：『吾執法安邊，若遣大軍，生靈塗炭，能不懼呼？爲念及佛教與衆生，當速前來。』薩班想到：自我吐蕃分裂割據以來内戰不休，一旦蒙軍侵入，將無力反抗。暫以柔克剛，若正法之繩捆住蒙軍，則吐蕃與衆生幸甚！如是，不顧年邁，不惜生命，毅然決定前往蒙古。一二四七年，闊端自蒙古返歸涼州，接見薩班。薩班與闊端暢談政教大業，闊端甚喜。著《致蕃人書》：『不遵功令，終遭覆亡，逃遁無門，仍需俯首歸降。……汗於余關切通常，故金國、蕃、畏吾兒、西夏等地之善知識大德，各地人士均曰爲奇異，前來聽經，極爲虔敬，吾等來此之人，勿勞操心霍爾將如何對待，均甚爲關切，待之甚厚，余之安全其放心勿勞關注可也。』奉勸西藏各地領主，權衡利害，歸順蒙古。爲祖國統一的大業做出貢獻。時闊端因患癬疾，爲之醫治誦水食子文殊篇並行。闊端病癒，始極信服，遂求聞大乘發菩提心等諸法，尊僧敬佛。薩班七十一歲，於涼州花園寺圓寂。

《因明正解藏論》又譯《量理寶藏論》，準確譯法應爲《因明正解藏論自注》。全文彙總《七部量論》要義，分論外境、論內心、論總別、論直觀分辨、論所能詮、論聯繫、論矛盾、論定義、論現前、論爲自、論爲他十一章。《因明正解藏論自注》不但駁斥外道學派，批評早期量理思想，樹立一切對自境不欺誑之識都是量識，現量第二刹那非現識，量識不遍於了定識之量學思想，自成體系。

《因明正解藏論自注》，無版框，烏金蘇通體，左右豎細界綫，行款疏朗，具有鮮明的藏文『元版』之特點。有題記兩則：『姓氏高貴而賢淑具慈悲心，善萬事治理之大妃察必主持始刻；其子之高貴皇妃，佛教及萬民之母闊闊真之命……藏曆木猴年十二月八日完成刊刻圓滿。』又載『貴妃卜魯罕，具天神賢德，施印《因明正解藏論自注》二百套，供講習』。可見，此版由元世祖忽必烈的皇后察必資助始刻。據《元史·后妃傳》卷一百十四記載：皇后察必『至元十八年二月崩』，後由皇妃闊闊真資助，於藏曆木猴年（一二八四）十二月八日完成。『裕宗伯藍也怯赤妃子，一名闊闊真，弘吉拉氏。至元三十一年（一二九四）尊爲皇太后。大德四年（一三〇〇）二月崩。』《郭讓巴索朗森格文集》德格刻本ㄐ字函：郭讓巴索朗森格（一四二八—一四八九）在《量理寶藏及注疏》中以『元版』爲正版校對。美國紐約西藏佛教文獻中心藏寫本《因明正解藏論自注》依據此版抄寫。此外，先後出現貢嘎版、羊卓版、郎堂版和德格版等木刻本，均別於此版。此本現藏西藏圖書館。（先巴）

五五四

四部醫典·後續醫典部注釋　（藏文）　རྒྱུད་བཞིའི་ཕྱི་མའི་རྒྱུད་ཀྱི་འགྲེལ་པ　拉宗·扎西巴覺桑

波撰　དཔྱད་ལྷ་བྱ་ཞིང་དཔལ་ཡོན་བཀོད་པ་ལས་འདྲེན།（明）朗嘎洛珠抄　རྣམ་དགའ་བློ་གྲོས་ཀྱིས་བྲིས།　明抄本。梵夾裝。開本高六・八五釐米，寬四十五・四釐米。每半葉六行，無版框，缺前四十六葉。

拉宗・扎西巴覺桑波（生卒年不詳）自幼隨父即著名北派藏醫大師彌易尼瑪統瓦端登學習藏文、藏醫。勤學《〈四部醫典〉注釋・四相莊嚴》和《瑪拉雅釋難・大小滿意》《脉經注釋・耳傳金剛詞》《親傳廣注内外密三部》《臨床學密秘二十五卷》《水仙女》等醫典。依止北派祖師法王南加直桑（一三九五—一四七五）、恰・譯師仁欽曲傑（一四四七年生）等著名譯師，學習《八支心要總集》和《根本部注釋・義顯明燈》《理論部注釋・甘露流》《後續部注釋・如意流》等理論和臨床著作。貢珠之《知識總匯》載『南傑扎桑、彌易尼瑪統瓦端登、拉宗・扎西巴桑、索南耶西等諸醫師大德，著有大量《續釋〈四部醫典注釋〉》，開創北派學説』。其醫學著作，如《論述部注釋・格言寶珠》《後續部注釋・後續寶知》和《〈四部醫典〉定相論述》等包括放血療法在内的大量醫書，臨床技術代代相傳、延綿不斷，是北派著名醫學家。長期行醫濟世，廣授徒弟。他的弟子都孜吉美是一位擅長繪製藏醫掛圖的能手，所繪藥物圖、人體解剖圖，都相當精美。

《四部醫典》全名《甘露精華八支秘訣續》，藏醫學名著，玉妥・雲登貢布編著。集中醫及古印度、大食等醫藥學之精華，對人體生理學、病理學理論以及對疾病的診斷、治療、藥物製作、衛生保健等都有詳細論述，奠定了藏醫學理論基礎。後人有百餘種注釋，歷經千年而不衰，澤被後世，影響深廣。全書共四部。第四部爲《後續部》，共二十八章，介紹脉診、尿診方法，各種方劑的配方、功效、用途以及外

治療法等。

《四部醫典·後續醫典部注釋》，題記載『鐵猴年（一五〇〇）七月，祥龍噶哇祥嘎耿桑宫，由扎西巴覺桑波圓滿完稿（撰）……藏地上部之斡喀，六十甲子之木兔年（一五〇四），爲醫學弘揚十方，善治貧苦病人衆，利己益人，郎嘎洛珠繕寫成』。《雪域醫者評傳》載：『《後續醫典部注釋》北派必修佳作，影響甚廣。』此本未見其他書目著錄，保存極佳。全文柏簇體書寫，疏密適度，筆畫剛柔有致。此本現藏西藏藏醫學院圖書館。（先巴）

五五五

## 大唐慈恩寺三藏法師傳 （回鶻文） （唐）釋慧立 釋彦悰撰 勝光法師譯 五代寫本。

梵夾裝。開本高五十二釐米，寬二十二釐米。四邊有紅框綫，每面二十七行，中間偏左有穿繩孔，左邊有小字標明葉碼。紙張厚實，雙面書寫。

此書有多種版本。其中最著名的版本，由一商人拆散出售，現分别收藏於中國國家圖書館（存二百四十八葉，一九三〇年清華大學袁復禮教授購於新疆）、俄羅斯科學院東方文獻研究所（存九十七葉）和法國魁梅特博物館［存一百二十三葉，海金（Josepf Hakin）參加錫春考察隊自敘利亞赴北京途中購得］等地。此外，德國吐魯番文獻中心尚藏有該書的别譯本或抄本。

《大唐慈恩寺三藏法師傳》簡稱《玄奘傳》，記唐玄奘法師西行求法經歷和佛學上的貢獻。回鶻文本譯自漢文。關於回鶻文本的譯者，回鶻文原文中曾記載：『又幸福、偉大的中國精通三藏經的慧立

大師受教用漢語製成。名叫彦悰法師的經師擴展之。又别失八里人勝光法師都統重新從漢語譯爲突厥語。』

關於回鶻文本的翻譯年代，原書中没有明確記載。對此，各國學者根據不同的材料提出了各種不同的看法。德人馮加班（A. von Gabain）根據譯本中將『京』『京師』譯爲『洛京』，而洛陽稱爲洛京僅限於九二三年以後一個很短時期中，因此，她考訂該書的翻譯年代爲『十世紀第二個二十五年』。我國馮家昇提出，後唐以後至北宋也稱洛陽爲洛京，故主張翻譯年代『以譯於北宋較合理』。黄盛璋認爲『京』『京師』譯爲洛京，應在自長安遷都洛陽，五代梁、唐時代最合適。耿世民根據寫本用早期回鶻文寫經體和絶不見於元代回鶻文文獻中常見的t–d、s–z、γ–q字母替换使用的情况，認爲『該書的翻譯年代應在回鶻西遷以後和元代以前，也即九至十二世紀之間』。現藏中國國家圖書館。（張鐵山）

五五六

## 吉祥遍至口合本續（西夏文）

[illegible]　枯巴拉拶藏譯　盃菩提福番（西夏文）譯。《吉祥遍至口合本續之要文》《吉祥遍至口合本續之廣義文》《吉祥遍至口合本續之解生喜解補》皆爲憒怒金剛師、集不動金剛師傳，盃菩提福番（西夏文）譯。西夏木活字印本，蝴蝶裝，白麻紙。框高二十三·八釐米，半葉寬十五·七釐米，無界格。上部以西夏文標明卷數，下部爲葉碼，葉碼有漢文、西夏文、漢夏合文三種形式。四界有子母欄，半面十行，行二十二字，每字大小一釐米左右。完本有封面、扉葉，封面左上側貼有土黄色刻印長條書簽。

存九卷，《吉祥遍至口合本續》第三、四、五卷，《吉祥遍至口合本續之要文》一卷、《吉祥遍至口合本續之廣義文》下半一卷、《吉祥遍至口合本續之解生喜解補》第一、二（殘）、三（殘）、五卷，另有零散殘葉。

《吉祥遍至口合本續》經名後有三行題款。第一行『西天大缽彌怛迦耶達羅師之面前』，『缽彌怛』梵文 Pandita 音譯，意爲『精通五明學者』。迦耶達羅（Gayadhala）別號紅毯衣人，或稱雲力論師，是吉祥護法的再傳弟子，爲十一世紀中期天竺密宗佛教大師，曾三次到西藏傳法，後圓寂於卡熱堆浦。『面前』可能爲『作』或『傳』的敬稱，表明迦耶達羅爲此經最早責任者。第二行『大寶桂路贊訛枯巴拉拶藏譯』，『大寶』爲藏族高僧稱號，『桂』爲家族地名，『路贊訛』（Lo-sta-ba）經師意，枯巴拉拶（Khug-pa-lhas-bstas）漢意爲『天救』，十一世紀藏族僧人，曾三赴天竺留學，阿底峽的弟子，藏傳佛教後弘期著名翻譯家，譯過很多密教經典，是此經的藏文譯者。第三行『報恩利民寺院副使盃菩提福番譯』，報恩利民寺院是西夏一寺院。『副使』可能是西夏佛教功德司官員，功德司有正、副之職。盃菩提福爲人名，是將此經譯爲西夏文的譯者。

此經之《要文》《廣義文》《解生喜解補》卷首經名後也有三行題款。第一行『大善知識訛憤怒金剛師集』，『大善知識』爲佛教術語，即偉大之善知識，『訛』爲家族地名。『憤怒金剛』爲藏文譯師名，即俄·協當多吉，藏族，隨其父學法，並先後依止多名譯師，善於本續講解，對許多本續作了疏釋，爲此經集者。第二行『四續善巧國師彌囉不動金剛師傳』，『四續』即四大續部、四大類經典，『彌囉』爲家族地

名，不動金剛爲藏族僧人，是此經的傳者。第三行西夏文譯者同《本續》譯者盃菩提福。此經諸本卷末有題款一行『印經勾管爲者沙門釋子高法慧』，高法慧爲總管印經者，其生平無考。

該經具有木活字印本特徵：版框欄綫交角處有缺口，版心行綫與上下欄綫不相接，同一面同一字筆鋒形態不一，欄綫及版心行綫有漏排、省排現象，經名簡稱和葉碼用字時有錯排、漏排，文字墨色以字爲單位深淺不一，特别是二、四等字有倒置現象，係排字時錯排所致，更證明其爲活字印刷。卷末題款『印經勾管爲者』爲其定爲活字印本也提供了依據。西夏文《大方廣佛華嚴經》卷第五有題記兩行，其中記『都發願令雕碎字勾管爲印者都羅慧性』。『勾管』强調活字印刷是一複雜過程，除製作活字外，還有揀字、排版、固版、印刷等工序，反映出活字印本的特點。文中很多葉面特别是空白處顯示出隔行的印痕，表明爲木活字印刷。此經及其他西夏木活字本的發現，將木活字的發明提前了一個朝代，提早了約一個世紀，對研究中國印刷史和古代活字印刷技術具有重大價值。

二〇〇五年寧夏文物考古研究所編著《拜寺溝西夏方塔》全部刊佈此經。同年史金波、陳育寧主編《中國藏西夏文獻》第十四、十五册也全部刊佈此經。此經係一九九一年寧夏回族自治區賀蘭縣拜寺溝方塔出土。現藏寧夏文物考古研究所。（史金波）

五五七

## 妙法蓮華經觀世音菩薩普門品一卷

（西夏文）[illegible]　（後秦）釋鳩摩羅什漢譯　（西夏）番（西夏文）譯　西夏刻本。經折裝，五十四頁。框高十五·五釐米，寬

八·八釐米。扉葉兩面爲版畫《水月觀音圖》，後爲經文加釋圖，上圖下文。釋圖約高四釐米，文約高十一·三釐米。圖依經文順序自右而左展開，連題圖共五十四幅。經文每半葉五行，行十字，間有九字；經末經題一行十四字，發願文兩行各十字。上下雙欄。

此經爲《妙法蓮華經》中的《觀世音菩薩普門品》單行本，西夏文本譯者不詳。據德國藏西夏文《妙法蓮華經》序載，此經西夏文本譯於夏景宗後的『今聖母子』時期，即母后專權時期。西夏毅宗、惠宗和崇宗前期皆爲母后專權。又所見西夏文譯經題名多爲惠宗和崇宗母子，此時主持譯經者應是白智光。西域龜茲國王爲白姓，後龜茲到內地傳法僧人多以白或帛爲姓。回鶻興起後，龜茲地爲回鶻所有，後稱包括白姓在內的西域僧人爲『回鶻僧』。智光可能爲回鶻僧。智光生卒年不詳。據《金光明最勝王經流傳序》稱，他有『渡解三藏安全國師』稱號。在西夏文《現在賢劫千佛名經》卷首《西夏譯經圖》中白智光高居主座，主持譯經，圖像上方的西夏文題款記爲『都譯勾管作者安全國師白智光』。圖下方繪西夏惠宗及其母梁氏皇太后親臨譯場像。在西夏文《過去莊嚴劫千佛名經》發願文中也提及『智光』是番譯者。

此經爲觀音信仰的主要經典，稱凡一心敬禮、念誦觀世音名號者，均可蒙其大威力而得救助，拔除苦厄，滿足意願。西夏文本譯文準確，比漢譯本更爲通俗易懂。西夏文譯本與漢譯本中的詞語有少量差異，佛教詞語有音譯、意譯不同，可能西夏文譯本曾與梵文本校勘。卷首《水月觀音圖》。經文上部釋文圖畫簡練，近似後世的連環畫，其中有佛、神、世俗等人物七十身，既有中原地區影響，也具有西夏

民族特點。此經爲現存最早插圖本文獻之一。經末發願文『願以此功德，一切皆回向，我等與衆生，皆當共成佛』，爲漢文本所無，反映出譯者或雕刊者的願望。西夏文字用筆遒健，結構嚴謹，清勁端莊，刻工嫻熟，頗見骨力，是西夏刻本的上品。

一九八五年在《敦煌研究》第三期中劉玉權撰寫《本所藏圖解本〈觀音經〉版畫初探》，陳炳應撰寫《圖解本西夏文〈觀音經〉譯釋》。二〇〇五年史金波、陳育寧主編《中國藏西夏文獻》第十六册全部刊布此經。一九八八年史金波在《西夏佛教史略》附錄三『西夏佛經目錄』中著錄此經。一九五九年此經發現於敦煌莫高窟宕泉河東岸最南端一座小型塔婆中，以一幅長五十釐米、寬四十釐米的米色絹包裹，一角綴一帶，帶端繫一北宋元豐通寶錢。同時發現的還有與此經不同的殘刻本，存三十一面，無扉葉。今皆藏敦煌研究院。（史金波）

五五八

**金光明最勝王經十卷**（西夏文）[illegible]（唐）釋義净漢譯（西夏）白智光番（西夏文）譯　蒙古定宗二年（一二四七）刻本。陳慧高跋。經折裝。框高十九・一釐米，寬十・二釐米。懺悔滅罪記面六行，行十七字。流傳序和經文面六行，行十六字，上下單邊，間有雙邊。

存八卷：卷一、三至六、八至十，其中卷一、四、五、六、十有複本。

西夏文譯者白智光生卒年不詳。本經流傳序稱『奉白高大夏國明盛皇帝、母梁氏皇太后敕渡解三藏安全國師沙門白智光譯漢爲番』，知白智光爲西夏文譯者，有『渡解三藏安全國師』稱號。西夏明盛

皇帝即惠宗秉常，在西夏文《現在賢劫千佛名經》卷首《西夏譯經圖》中，白智光高居主座，主持譯經。圖像上方西夏文題記爲『都譯勾管作者安全國師白智光』，圖下方繪西夏惠宗及其母梁氏皇太后親臨譯場像，知白智光爲西夏惠宗時人。在西夏文《過去莊嚴劫千佛名經》發願文中也提及『智光』是番譯者。《西夏書事》載，西夏天授禮法延祚十年（一〇四七）夏景宗建高臺寺，『貯中國所賜大藏經，廣延回鶻僧居之，演繹經文，易爲蕃字』。西域龜兹國王爲白姓，後從龜兹到内地的傳法僧人多以白或帛爲姓。回鶻興起後，龜兹地爲回鶻所有，後稱包括白姓在内的西域僧人爲『回鶻僧』。智光可能爲回鶻僧。

流傳序前有西夏文題款，譯文爲『蘭山石臺巖雲谷慈恩衆宫一行沙門慧覺集』。一行沙門慧覺（？—一三一三）爲西夏涼州（今甘肅武威）人，是西夏弘揚《華嚴經》諸師的最後一位，《大方廣佛華嚴經海印道場十重行願常遍禮懺儀》的錄傳者，元代曾於河西一帶弘法、譯經，又參與編纂《至元法寶勘同錄》，後任洛陽白馬寺宗主，被賜『護法國師』封號。

《金光明最勝王經》敘述佛在王舍城鷲峰山説種種神妙大乘法之經過，論述三身佛之妙諦，衆生懺悔之必要和方法，菩薩十地次第，解釋如何斷除十障，宣稱凡護持、流佈本經的國土都將得到護持。流傳序中追述中原五次翻譯此經，第五次爲唐義净重譯校爲十卷三十一品。義净本『文詞明清，義趣集全』，後世廣傳。西夏以此爲底本譯爲西夏文，贊此譯本『文華明，天上星月閃閃；義妙澄，海中寶光耀耀』。經題後校經題款譯文爲『奉白高大夏國仁尊聖德珠城皇帝敕重校』。『仁尊聖德珠城皇帝』爲

西夏仁宗尊號。其時集高僧大師重對細校，復譯解疏，廣泛流傳。西夏滅亡後此經沉没，沙門一行慧覺集經盛傳，並寫序行願。

此經卷十末有施主陳慧高西夏文跋曰：『番國舊印板國毀中失，因此施捨净物，令雕新字，乙巳年八月十五日始起，丁未年中刻畢。』『番國』指西夏。雕刻時間當爲尚無年號的蒙古乃馬真后稱制四年（一二四五），刊畢時間在定宗貴由二年（一二四七）。西夏文《過去莊嚴劫千佛名經》又記載『至元七年，化身一行國師，廣生佛事，俱令校有譯無，過如意實，印製三藏新經』，證明一行於元初校譯、刊印西夏文經。跋文後列『轉身者』（去世者）施主陳慧高之父陳慧寶等人名，復列施主母趙氏有緣女等親屬及僧人名。末行有漢文人名一行。

一九一七年寧夏靈武縣知事余鼎銘修城時，於城墻内掘獲一批西夏文文獻，後包括此經在内的大部分文獻於一九二九年運至北京。時北平圖書館（今中國國家圖書館）購買入藏，現藏中國國家圖書館。卷第七、卷第九（複本）兩册現存臺灣『故宫博物院』。

一九三二年《國立北平圖書館館刊·西夏文專號》刊布周叔迦《館藏西夏文經典目錄》，著錄此經；一九三三年王静如在《西夏研究》第二、三輯中曾對館藏此經的卷第一、卷第三至卷第十進行考釋，並刊布經文和譯文；一九八八年史金波在《西夏佛教史略》附錄三『西夏佛經目錄』中重新著錄包括此經的北京圖書館藏西夏文佛經。二〇〇二年國家圖書館整理、修復此經，並發現褙有漢文明刻本《靈寶無量度人上品妙經》等殘片，證明此經可能於明代修復褙。二〇〇五年史金波、陳育寧主編

《中國藏西夏文獻》第三、四册全部刊佈此經。（史金波）

五五九

## 過去莊嚴劫千佛名經一卷（西夏文）[illegible] 題西夏惠宗母梁氏 惠宗譯

元刻本。經折裝。框高二十三釐米，寬十二釐米。每半葉六行，行十七字。卷末發願文框高二十四·八釐米，面九行，行二十六字，末葉十二行。

經名後西夏文題『天生全能祿番式法正國皇太后梁氏御譯、功德主世增福正民大明皇帝嵬名御譯』。前者爲西夏惠宗母梁氏皇太后，後者爲惠宗皇帝。經末願文記西夏戊寅年（一〇三八），國師白法信及後智光等先後三十二人爲首，將佛經譯爲西夏文，知西夏文譯者實爲白法信、白智光等人。『戊寅年』爲景宗時期，知白法信爲景宗時人。西夏文《現在賢劫千佛名經》卷首《西夏譯經圖》中白智光主持譯經，圖像上方的西夏文題款記『都譯勾管作者安全國師白智光』，圖下方繪西夏惠宗及其母梁氏皇太后親臨譯場像，知白智光爲惠宗時人。其生卒年不詳。《西夏書事》載，西夏天授禮法延祚十年（一〇四七）夏景宗建高臺寺，『貯中國所賜大藏經，廣延回鶻僧居之，演繹經文，易爲蕃字』。西域龜茲國王爲白姓，後龜茲到內地的傳法僧人多以白或帛爲姓。回鶻興起後，龜茲地爲回鶻所有，後稱包括白姓在內的西域僧人爲『回鶻僧』，故白法信、白智光兩人可能爲回鶻僧。

此經爲《三劫三千佛名經》之一。經末有元皇慶元年（一三一二）西夏文發願文，概述佛教東漸及中國譯經始末，又記西夏譯、校佛經概況：『夏國風帝，新起興禮式德』，發展佛教。『風帝』即西夏開

國皇帝景宗元昊。又記白法信及白智光等翻譯西夏文佛經，於崇宗天祐民安元年（一〇九〇）用五十三年時間共譯經三百六十二函，八百二十部，三千五百七十九卷。後又記錄『奉護城帝敕，與南北經重校』。『護城帝』爲西夏仁宗稱號。後又記元代雕印西夏文佛經經過：元世祖至元七年（一二七〇）一行國師曾印製西夏文三藏新經，至元三十年於杭州路大萬壽寺刻印西夏文大藏經，成宗大德六年（一三〇二）夏雕刊完畢，『奉上敕印施十藏』。又記武宗時，其弟愛育黎拔力八達（後爲仁宗）施印西夏文大藏經五十藏，武宗至大四年（一三一一）七月至仁宗皇慶元年（一三一二）八月重印五十藏。據大德十年松江府僧錄管主八施經願文載：大德六年於杭州路大萬壽寺雕刊河西字大藏經『印造三十餘藏』。發願文記『奉敕印施共幹勾管作者御史臺侍御臣楊那爾征，奉敕印施都共幹勾管作者樞密院知院臣都羅烏良吃鐵木爾』。楊那爾征即楊朵兒只（一二七九—一三二〇），唐兀人（西夏後裔），輔佐元武宗、仁宗奪取皇位，仁宗時官禮部尚書、御史臺侍御、御史中丞、昭文館大學士、榮祿大夫，《元史》有傳。都羅烏良屹鐵木爾也是唐兀人。

卷首和卷末書名下各有千字文標號，譯爲『地』。版間接紙處有函號用字、表示經名和卷次的漢字及刻工名。

一九一七年寧夏靈武縣知事余鼎銘修城時，於城墻内發現一批西夏文文獻，後包括此經在内的大部分文獻於一九二九年運至北京。當時北平圖書館購買入藏，現藏中國國家圖書館。

一九三二年《國立北平圖書館館刊·西夏文專號》刊佈周叔迦《館藏西夏文經典目録》，著録此

經；一九三三年王静如在《西夏研究》第一輯中曾對館藏此經進行考釋，並刊佈經文和譯文；一九八八年史金波在《西夏佛教史略》附録三『西夏佛經目録』中重新著録包括此經的北京圖書館藏西夏文佛經。二〇〇五年史金波、陳育寧主編《中國藏西夏文獻》第六册刊佈此經。（史金波）

五六〇

## 仁王護國般若波羅蜜經抄 （白文）

（唐）釋不空譯　（唐）釋良賁疏　大理時期寫本。卷軸裝。大軸高二十二釐米，小軸高二十至二十一·五釐米。

存三品：　六至八。

不空（七〇五—七七四），譯名不空金剛，原籍北天竺（今斯里蘭卡）人，高僧，中國密宗創始人之一。師從金剛智。唐天寶五年（七四六）二次入唐，加號智藏國師，至代宗，皆爲灌頂國師，官至鴻臚卿，封肅國公。平生譯經多部，如《大方廣佛華嚴經》及《仁王般若經》等。良賁（七一七—七七七），俗姓郭，僧人，河中虞鄉（今屬山西）人。識鑒淵曠，學通内外。唐天寶八年登壇受戒，任長安青龍寺住持。永泰元年（七六五），肅宗帝承先聖之願，詔興譯務，不空法師奉敕重譯《仁王經》，良賁師當筆受兼潤文之職，撰新譯《仁王經疏》三卷。後移居安國寺，開設講壇，講經解義，聽者如林。大曆十二年（七七七）無疾而終，卒年六十一。事迹詳見《宋高僧傳》卷五。

《宋高僧傳》卷五之《唐京師安國寺良賁傳》載：『夫是經已當三譯……然則晉本初翻，方言尚隔，梁朝所譯隱而不行，僞秦之經傳流宇内，奈何止言波羅蜜而闕多字，則是虧其到義，是以肅宗皇帝齋心

沐德，請不空重譯。』因知此經曾被晉竺法護、姚秦鳩摩羅什、梁真諦三次翻譯，不空奉敕第四次譯此經。後『及肅皇晏駕，代宗成先聖之願言，詔興譯務，敕軍容使魚朝恩監護，于南桃園，起乎告朔，終乎望日。帝御承明殿灌頂道場，躬執舊經對譯新本，而復爲序冠於經首，仍敕賁造疏通經』。知良賁應於代宗即位初，奉敕在大明宮南桃園撰疏，即爲是書。因以所住寺爲疏目，故又曰《青龍疏》，成書應爲唐代宗初年。《宋高僧傳》卷五又載：『賁勤勤筆削三卷克成，奏乞流行，復上箋疏。』由此推知成書之時，全帙應爲三卷，但在後來的研究中，有的學者認爲乃七卷，説法不一，尚待研究。

是書首尾俱佚，僅存三品。一九五六年由費孝通、周泳先等學者於雲南省大理市鳳儀鎮北湯天村董氏宗祠發現，同時發現的還有大理時期寫經《護國司南抄》。

現存的三品，品名爲：『不忍議品第六』『奉持品第七』和『囑累品第八』。正文爲漢文大字楷書，後有草書小字作注，有的大字右方偶有朱批，白文學者趙衍遜及徐琳曾撰文，認爲小字草書乃方塊白文。也有學者如楊延福和侯沖則認爲是書中不識之字乃符號夾漢字，故很難辨識。也有學者猜測這些不識之字乃『漢字白音』。

同在董家祠裏發現的大理時期寫經《護國司南抄》卷首序云：『般若實經，義崇護國……疏主三藏，業稱内外，學洞古今。』『般若實經』即不空譯作《仁王護國般若波羅蜜經》，『疏主』即良賁。在此基礎上的現有研究表明《護國司南抄》乃《仁王護國般若波羅蜜經抄》之再註釋及校勘（侯沖撰《大理國寫經〈護國司南抄〉及其學術價值》《雲南社會科學》一九九九年第四期）。二者在字體、抄寫風格及裝

幀形式上極爲近似。故推斷是書應爲大理時期寫本。是書現藏雲南省圖書館。（郭晶）

**孝經**（蒙古文）[illegible]（元）孛羅鐵木兒譯　元刻本。綫裝。框高二十三・五釐米，寬十七・一釐米。每半葉七行，行字不等，黑口，四周雙邊。

此爲漢回鶻式蒙古文對照本，一册，卷首及次葉上端缺失，原題名和著者不明，僅據《元史》載知其蒙古文譯者爲孛羅鐵木兒。孛羅鐵木兒，生卒年不詳。《元史》對其僅記六條，而與本籍有關者僅一條，即《本紀》二十二『武宗一大德十一年（一三〇七）八月』條：『辛亥，中書右丞孛羅鐵木兒以國字譯《孝經》進，詔曰：「此乃孔子之微言，自王公達於庶民，皆當由是而行。其命中書省刻版模印，諸王而下皆賜之。」』

書中對『孝』字蒙古譯文爲『[illegible]』，故擬名曰《[illegible]》。蒙古國學者魯布桑巴拉登曾擬名爲《[illegible]》，《中國蒙古文古籍總目》中對此本做《[illegible]》，而對其他版本均做《[illegible]》。《孝經》是中國古代儒家倫理學著作，以孝爲中心，集中闡釋儒家倫理思想。全文共計十八章，此本不見漢文『開宗明義章第一』之『先王有至德要道，以順天下』，首葉始於其蒙古譯文《[illegible]》，餘文則以漢蒙對照，内容完整。

對其版本，學界説法不一。《中國大百科全書・中國歷史》定其爲元代刊刻蒙古畏兀字與漢字對譯本；《中國蒙古文古籍總目》著録爲元刻本，又附問號以示疑；《全國蒙文古舊圖書資料聯合目

錄》則著錄爲元代刻本；據翁連溪文《故宫藏〈蒙漢合璧孝經〉版本談》，故宫博物院圖書著錄定爲清初刻本。同一文獻版本著錄，差别如此之大，值得考證。中國社會科學院已故學者照那斯圖教授據明劉若愚撰《酌中志》卷十八《内板經書紀略》載『達達字孝經一本四十二葉』，推故宫博物院藏漢蒙古文《孝經》蓋亦爲明版。然就『四十二葉』説，是本爲三十八葉，加其前後無文扉葉等，亦難達四十二葉。澳大利亞國立大學羅依果博士據元代蒙古文化整體背景，斷此《孝經》最初刊印於一三〇七年，與確有載録之八思巴字蒙古文《孝經》刊佈於同一年，並曰《孝經》古蒙古文譯本實際出現更早，自一二二九年起《孝經》已是漢族儒生教育蒙古王子的教材，其中某些部分或全部必當譯成蒙古文。羅依果又擬原書名爲『Qiauging bičig』，應爲漢文『孝經』音譯。另有學者據元刻『黑口、趙字、無諱、多簡』的特點，斷其爲元刻。

元時，蒙古書籍翻譯及刊印業初顯規模，佛教經典譯本頻出，蒙譯漢文儒家經典及辭書亦不少。中書省，乃元代中央政府主事政令發佈之機構，由宰相直令，責全國政令。政府辦出版行業亦歸中書省領事，需經多層批閱方可刊印。由政府批准刊印之書籍，其前必附中書省下發公文。故宫博物院藏漢蒙古文《孝經》因封面及首葉遺失，無以斷定其前是否存過相關公文。另，所曰『國字』，據《元史》載，忽必烈命國師八思巴創製八思巴文，至元六年（一二六九），詔頒行於天下，詔曰：『特命國師八思巴創爲蒙古新字，譯寫一切文字，期於順言達事而已。自今以往，凡有璽書頒降者，並用蒙古新字，仍各以其國字副之。』故『以國字譯《孝經》』，即爲八思巴字《孝經》。八思巴字《孝經》至今未見。

此本另附民國『三十七年一月二十六日蘇使館秘書潘克福贈《蒙漢文孝經》第五葉，壹葉』證明文件。此本第五葉是爲修復後將潘克福贈葉加入其中，抑或是時前蘇聯另藏漢蒙古文《孝經》？不得而知。

元時回鶻式蒙古文文獻多爲碑銘和函件，以典籍流傳者甚少。據《中國蒙古文古籍總目》，蒙古文《孝經》多以抄本或民國間鉛印本流傳，刻本僅此一件，傳世孤罕。現藏故宫博物院。

（薩仁高娃）　五六二

## 察哈爾格西洛桑楚臣傳略七卷（蒙古文）

（清）羅布桑薩瑪如尼瑪撰　清刻本。梵夾裝。框高七·九釐米，寬四十八·四釐米。每半葉三十八行，行五字，四周雙邊。

存六卷：　卷二至七。

羅布桑薩瑪如尼瑪，察哈爾格西洛桑楚臣弟子，生卒年不詳。據此傳及《額爾德尼都西廟藍册》等相關資料，生於其師三十三歲（一七七二）後某年，察哈爾鑲白旗八蘇木人，師五十歲（一七八九）時入徒習佛。據傳略末跋記載，師在世時，著者曾與喇嘛羅布桑莫朗及羅布桑嘉木樣丹津向阿嘉格根請求爲師修傳，並得格根應允。然因無暇，延至師圓寂後七年。傳略以藏文始撰於第十四饒迴火陽牛年

（一八一七）正月初一，是年三月十五日寫就於額爾德尼都西廟，執筆者亦師弟子達日瑪・拉西、羅珠・多吉、彭措・丹達爾。次年，即土陰虎年（一八一八）譯成蒙古文並刊刻於察干烏拉廟（今内蒙古錫林郭勒盟鑲白旗境内），執筆者爲珠爾木德・丹贊。

察哈爾格西洛桑楚臣（一七四〇—一八一〇），察哈爾鑲白旗人，蒙古族著名佛學大師、藏學家，蒙藏互譯專家。精於文學、宗教、醫學、歷史、曆法等學科，傾畢生精力編著多部佛典，以駐錫地察干烏拉廟爲中心創辦蒙藏文刊印業，使其成爲有清一代著名刊印基地。

察干烏拉廟位於察哈爾鑲白旗察干烏拉山。察哈爾格西洛桑楚臣二十九歲（一七六八）時自北京回察干烏拉廟，於乾隆五十一至五十四年（一七八六—一七八九）間，主持修繕擴建此廟，新建廣茂寺大殿等六座殿堂。察哈爾格西洛桑楚臣在此實施刊印事業始於五十二歲（一七九一），是時刊其撰高僧傳記《宗喀巴傳記易知善樂之源》。後，蒙古文儀軌詩文《馬奶獻祭》《祭火儀軌歡樂之源》，蒙譯藏文《善語寶藏》《育民甘露》，編譯《善語寶藏詮釋如意鑰》《育民甘露注解如意寶飾》等均刊自此處。以藏文編纂《察哈爾格西洛桑楚臣文集》十卷二百十五篇，集佛教哲學、佛教史學、佛教星相學、佛教醫學、佛教文學等多學科，亦刊印於察干烏拉廟。

《察哈爾格西洛桑楚臣傳略》突顯大師爲蒙藏宗教及文化事業所做功績，内容豐富、語言優美，爲蒙古文學與史學史傑作。其藏文本收入《察哈爾格西洛桑楚臣文集》中，藏於中國民族圖書館。蒙古文本於國内僅以此刻流傳，存三部。完本藏於内蒙古錫林郭勒盟鑲白旗文化宫，内蒙古社會科學院圖

書館藏本缺卷一首二葉。此本缺卷一，現藏中國民族圖書館。（薩仁高娃）

五六三

## 蒙古文法詮釋蒼天如意珠（蒙古文） [illegible]

[illegible]（清）丹津扎巴撰　清雍正北京刻本。梵夾裝。框高七・七釐米，寬四十・一釐米。每半葉三十行，行字不等，四周雙邊。

丹津扎巴，生於安多藏區（今青海、甘肅、四川與西藏接壤區），十七世紀末至十八世紀初人。東烏珠穆沁旗（今内蒙古自治區錫林郭勒盟境内）喇嘛庫倫廟第四世活佛，蒙古語言學家。自幼入衛藏黄寺爲徒，學習佛法，拉薩法會上辯經悟法，獲得饒絳巴（博學士）學位，由此以饒絳巴・丹津扎巴著稱。後傳法説教至蒙古地區，長寓烏珠穆沁，曾參與蒙古文《甘珠爾》翻譯與修訂工作。於烏蘭哈拉嘎廟（今内蒙古自治區錫林郭勒盟西烏珠穆沁旗境内）圓寂。

是著同刊本存三部，此部末二葉佚缺，以一葉四十行補抄完本，然補抄時書名及跋文未遵循原文。此部封面書名『[illegible]』，其實名則見於書末題跋『[illegible]』。此名顯然爲完本跋文所曰『[illegible]』與『[illegible]』之合抄，有失原意。故本文書名取自完本跋文。

另，補抄將完本跋文簡略爲『[illegible]』（尊奉天下之主雍正皇帝令蒙古國喇嘛修行菩提道之諭旨，刊行），删減倡著人等重要信息，抄寫亦不甚嚴謹，多現漏文、錯字。

據中國國家圖書館、內蒙古圖書館藏完本跋載，著者應科爾沁台吉白音倉和喀喇沁塔布囊袞布扎布之意，總結貢噶堅贊、搠思吉斡節兒研究成果，闡述蒙古書面語原理，歸納一百二十三個蒙古字頭，提出蒙古文規範化標準。雖爲非佛教經典，然其編纂目的却爲翻譯佛經。全書約六千字，分三部分。第一部分述蒙古文沿革及佛教傳入蒙古情况。扼要介紹薩迦班智達·貢噶堅贊關於回鶻式蒙古文字母分類、八思巴創製蒙古方體字經過、搠思吉斡節兒制訂回鶻式蒙古文拼寫規則、翻譯佛經及清康熙年間以蒙古文譯《甘珠爾》史。第二部分據搠思吉斡節兒《蒙文啓蒙》要領，逐一舉例詳曰蒙古文字母分類、音節及常用語法形式。第三部分借鑒印度哲學『五大』及中國哲學『五行』概念，分析蒙古語發音生理特點。

元成宗大德十一年（一三〇七）搠思吉斡節兒編撰《蒙文啓蒙》爲史上首部蒙古文語法著作，然未能流傳至今，其原貌賴此《蒙古文法詮釋蒼天如意珠》得以保存。其後，應譯經之需，相繼産生多部語法辭典、翻譯學辭典、多文對照辭典，極大地推動了蒙古語言學發展。《善説蒙文文法語飾》《初學啓蒙明鑒》《詳解蒙文文法金鑒》等多部著作均於此著基礎上編撰而成。

《蒙古文法詮釋蒼天如意珠》國內多以抄本和民國時期鉛印本流傳，刻本僅見清雍正北京版三部。

是本現藏中國民族圖書館。（薩仁高娃）

五六四

**鐵匠書**　（察合台文）تۆمۈرچىلىك رىسالىسى　（清）伊瑪目·賈法爾·薩迪克撰　清抄本。高十四釐米，寬十一·四釐米。無版框。共八十九葉，每葉九、十行不等。正文由右至左、自上而下排列。書無封面，西式綫裝。

是書爲維吾爾傳統手工行業用書，又稱爲《鐵匠業手册》。撰寫者、撰寫時間、抄寫者、抄寫時間均不詳。此書主要敘述鐵匠業産生傳説，鐵匠行業技藝精湛的祖師——先知達烏德以及歷史上著名鐵匠的簡要情況，鐵匠業的行業規則、行業禁忌，從業者應具備的素質、師徒禮節，所用的鼓風機（羊皮袋）、砧子、鉗子、錘、銼刀、沙輪等主要工具的使用情況、注意事項，製作鐵具生活用品和生産用品時所念的經文等。作者以形象化的語言和各種表現手法，生動有趣的詞句，意義深刻的箴言、諺語等方式進行描述。可以説，這是一部以文學形式寫成的行業專著，對於瞭解維吾爾族傳統鐵匠業具有一定的參考價值。

隨着維吾爾社會的發展，産生了諸多的手工行業，有些較大的行業有流傳下來的行業用書，稱爲有經行業，而有的行業没有行書，則稱爲無經行業。維吾爾族把行業手册稱爲『risalä（日薩勒）』，此詞爲阿拉伯語借詞，是『手册』之意。每當有集會的時候由識字的人讀給從業者聽，這種習慣一直延續到二十世紀五十至六十年代。

改革開放以來在維吾爾民間陸續發現有《鐵匠手册》《木匠手册》《裁縫業手册》《築墻業手册》《農業手册》《打饢業手册》《理髮業手册》等行業手册，而有的行業書是涵蓋多個行業的《手册集》。本書現藏中國民族圖書館。（艾合買提買買提）

五六五

**納瓦依詩集**（察合台文）نوائی دیوان（十五世紀）艾里希爾·納瓦依撰　清抄本。高三十八釐米，寬二十三·五釐米。無版框。每頁十三、十五行不等。每頁包含兩節到三節詩文，每節詩句由右至左、自上而下排列。十七世紀抄本。

艾里希爾·納瓦依（一四四一—一五〇一）簡稱納瓦依，是十五世紀維吾爾族著名詩人、學者、思想家、社會活動家。《拉失德史》一書中載：『埃米爾艾里希爾來自維吾爾巴合西家族。』納瓦依以『艾里希爾伯克』『埃米爾納瓦依』聞名於世，曾擔任過呼羅珊國王侯賽因·拜卡拉的掌印官、宰相和顧問。

納瓦依生活的赫拉特城（Hirat，又稱哈烈、亦魯，今阿富汗西北部歷史名城），爲當時中亞文化中心，分裂後的帖木兒王朝呼羅珊國首府。納瓦依自幼受到良好教育，青少年時代不斷研習維吾爾、波斯、阿拉伯文化，又經一些知名學者的指點，在文化領域諸多方面取得了卓越成就。

納瓦依一生從事突厥—維吾爾民族的語言、文學、藝術及文化事業的研究與繼承，撰寫了六十三部著作，現祇有三十餘部作品傳世。納瓦依生活的時代，用詩的形式創作大型作品，被視爲才華的最高

標志。納瓦依用突厥語和波斯語進行詩歌創作，被人們譽爲『雙語詩人』『雙語大師』。他用突厥語寫的著作，署名『納瓦依』（無聲、吶喊、知心人之意），用波斯語寫的作品，署名『帕尼』（隱士之意）。

傳世的納瓦依著作可分爲八大類，即詩集類、列傳類、語言文學類、宗教倫理類、歷史類、評傳類、書信類和附件類。其主要作品有《四卷詩集》（又稱《精義寶庫》《恰哈爾迪瓦尼》）、《五卷詩集》（也稱《海米賽》）、《情之所鍾》《鳥語》《兩種語言之辯》《名人之談》《韻律準繩》等。

納瓦依留下的豐富文學遺産，是維吾爾傳統教育的必讀教材，多數詩歌成爲維吾爾古典音樂套曲《十二木卡姆》配唱的主要歌詞。納瓦依之後的突厥民族文人都把他看成自己的宗師，不僅學習、模仿他的創作風格，而且還喜歡收藏、閱讀背誦和抄寫納瓦依作品。納瓦依在維吾爾及國内外操突厥語人民的文化和藝術生活中，佔有重要地位。由於納瓦依在古典文學史上的突出貢獻，聯合國教科文組織把一九九一年命名爲『納瓦依年』。

納瓦依著作有抄本和石印本，但以抄本流傳最多。每部著作的抄本都很多，有的甚至超過幾百部。主要保存在中國的新疆及烏兹别克斯坦和土耳其，在南亞、西亞、歐洲、美洲也有保存。

此抄本《納瓦依詩集》，稱爲《四卷詩集》，又稱《四部書》《精義寶庫》《恰哈爾迪瓦尼》等，創作於一四九二至一四九九年。抄寫者、抄寫地和具體抄寫時間不詳。題目用紅色書寫，其他文字爲黑色。

《詩集》包含有格則里、柔巴依、麥斯乃維等十六種詩歌格律的抒情詩集，收錄三千一百三十二首短章。這部詩集是根據人生的四個階段用詩歌韻律和字母順序編排的。詩集主要表現了對忠貞愛情

的歌頌，對真摯友誼的贊美，對人道主義和愛國思想的宣揚，對個人知趣和自然景觀的描繪，對壓迫者和獨裁者的控訴及狡詐者和欺騙者的批判等。由於這些抒情詩有著精湛的藝術造詣，所以被稱爲《精義寶庫》。詩集充分體現了詩人的人生哲理，字體優美，字迹清晰。

《四卷詩集》對研究十五世紀維吾爾文學的基本特徵、内容和形式，以及維吾爾社會、政治、道德、哲學、宗教等具有重要的意義。《納瓦依詩集》各種抄本雖然很多，但十七世紀抄本流傳很少，洵屬珍貴。本書現藏中國國家圖書館。（艾合買提買買提）

五六六

## 伊瑪目艾山與伊瑪目玉賽音傳（察合台文）ئىمام ھەسەن ۋە ئىمام ھۈسەين تەزكىرىسى

（清）毛拉·穆罕默德·尼亞孜撰　清抄本。高十七釐米，寬十·三釐米。無版框。每頁十二、十四行不等。正文由右至左、自上而下排列。

此書爲伊斯蘭人物傳記，又稱《兩個伊瑪目傳》（ikki imam täzkirisi）。共三百零六頁，著者生平、撰寫時間不詳。伊斯蘭教曆一三〇九年（一八九一）圖爾迪阿洪·本·薩迪克·霍加在喀什書寫，題目用紅色，其他用黑色。用牛皮做封面，保存完好。後人分别於一九三四年、一九五二年和一九九一年在書中留有遺言。

伊瑪目一詞是阿拉伯語音譯，原意爲站在前列的人，即引路人和領袖。在宗教上一般用來指清真寺領拜人和伊斯蘭教大學者。伊斯蘭教什葉派專指擁有秘傳知識的伊斯蘭最高精神領袖。

此傳記主要敘述伊斯蘭教創始人穆罕默德兩外孫、第四任哈里發阿里長子艾山（六二四—六七〇）、次子玉賽音（六二五—六八〇）的成長經歷，引導人民宣傳伊斯蘭教、教授人民知識，批評與反對穆阿維葉（倭馬亞王朝的建立者）的暴政，不承認穆阿維葉及其子耶濟德的哈里發地位及被害等情況。艾山與玉賽音死後被什葉派穆斯林尊稱爲『舍希德』（即殉教者）。玉賽音及追隨者被害事件被稱爲『卡爾巴拉慘案』，玉賽音被害的伊斯蘭教曆六一年（八六〇年）一月十日被稱爲『阿舒拉』日，玉賽音的殉難成爲什葉派真正發展的起點。艾山被伊斯蘭教什葉派尊奉爲第二任伊瑪目，玉賽音尊奉爲第三任伊瑪目。

艾山和玉賽音，由於是穆聖後裔，是穆斯林的伊瑪目，在穆斯林中享有崇高的地位，他們敢於揭露批判穆阿維葉家族的暴政，教授人民知識，宣揚伊斯蘭教的事迹在穆斯林世界傳爲佳話，並以故事的形式傳播到中亞和中國的新疆。此本現藏中國民族圖書館。（艾合買提買買提） 五六七

## 勸善經

（彝文） 明刻本。綫裝。框高二十二·五釐米，寬十四·八釐米。四周單邊。存五十七葉。

是書似産生於明代（水西羅甸王國時代）。對該書的具體成書年代，馬學良先生作出考證云：『從刻本字體與今存明代金石彝文對比，文字形體相同。後世傳抄的彝文古籍，字體多由圓變方，而明代彝文多保留圓體字，文中語言用詞及語法結構也與明代彝文作品風格相同。』故是書當爲明刻本。

彝文典籍多以手抄本傳之，刻本很少，是書乃現存最早的古彝文刻本。彝文典籍多爲五言詩歌體，此書則突破五言體而以淺近流暢的文筆，宣教説理，遣詞造句，井然有序。第一部分（首三葉）乃道家經典《太上感應篇》之譯文；第二部分運用彝族傳統倫理道德觀，結合彝族風俗説教，對《太上感應篇》逐句注釋和解説。

明刻本《勸善經》國家圖書館有三種不同版本，它們的共同點是内容相同，葉面尺寸和版框尺寸相近，版面各行間距相等，字體的刻工和筆鋒完全相同。其差異在於三種版本在同一個句子中常使用不同的異體字；在同一句中的同一字，常分别用音近形異字或音同形異字；三種版本在同一地方有的有句讀符號，有的無句讀符號。各書都有不同程度的殘損和缺葉現象。此書末尾雖缺少三葉，但錯字、缺字較少。

二十世紀四十年代初，馬學良先生在雲南武定縣茂蓮鄉（現萬德鄉）土署藏書樓中發現大量彝文典籍及文物，乃老土司那靖保生前的藏書。民國三十二年（一九四三）六月，北京圖書館（今國家圖書館）從武定縣茂蓮鄉購得共五百餘册彝文典籍，是書爲其中之一。據説，這是鳳詔在武定當政時刻版印行的。現藏中國國家圖書館。（楊懷珍）

五六八

**六部經書**（彝文）　明抄本　秦光玉跋。經折裝（原爲綫裝，後改成經折裝）。開本高四十五·七釐米，寬三十六·四釐米。每半葉十二行，行序自左至右。

是書各部經尾均有落款，乃彝漢文對照的抄寫年代、抄書地點、抄書者姓名及經卷數量。如：第三葉落款『嘉靖肆十肆年白土村住居書手李芳幼年肆十陸歲抄寫土俗經書上下共陸卷俱全』。第十四葉落款『嘉靖肆十伍年丙寅朔在於三碗村山頭遺蟲書手李芳謄寫土俗此經上下共陸卷俱全』。第四十八葉落款『隆慶三年書手李芳謄寫朶喜爸祈雨經書壹卷』等。知是書由李芳所抄。李芳，生卒年不詳，雲南省昆明市西鄉（今屬西山區）白土村彝族唄耄（祭師）。

是書題名源於楊成志先生題字，云：『雲南昆明西鄉，彝文《六部經書》手抄本——《土俗經》《祈雨經》《驅蟲經》《祭火經》《祈福經》及《鎮邪經》，一九二八年秋收藏，一九八八年十二月二日於北京，楊成志。』

經整理後，是書據彝文題名意譯爲漢文依次是：《土俗經》《祭大鬼經》（楊先生譯爲《鎮邪經》）、《祭威榮神經》（李芳譯爲《遣蟲經》）、《祭龍祈雨經》（李芳譯爲《祈雨經》）、《氏族祭典獻天地祈福經》（李芳譯爲《祈福經》）、《祭火經》（李芳譯爲《火薦經》）。

原雲南省立圖書館館長秦光玉專爲此書題跋曰：『楊君近又由昆明東鄉獲手抄夷經數册，余與石屏袁君甘雨、昭通張君希魯，造楊君寓所觀之。此項夷經有用以遣蟲者，有用於祈雨者，有渾稱土俗經書者，或抄於明嘉靖四十四年，或抄於隆慶三年。考，嘉靖，明世宗年號；隆慶，穆宗年號，核計抄經書時代距今三百六十載有奇矣！近人收集古書，動輒宋槧，元槧，已迄明槧，往往數葉殘編，珍如拱璧。夫刻本如是，況抄本乎？吾滇抄經之最古者以崇聖寺唐人抄經（在大理聖塔中，乙丑地震，塔坍，

抄經出現，今大理人士藏有殘編者視如珍寶）爲首。大德寺明人抄經次之（舊藏滇垣大德寺鐵櫃，改革後移陳博物館）。楊君又獲明代夷人抄經，亦屬難得！此册係李芳所抄。李芳，昆明白土村人，所抄雖係夷字，雖係神權時代夷人遺蟲祈雨之書，然流傳三百餘年，經若干刀兵水火諸劫，依然存在，洵古本之極可寶貴者也。爰屬甘雨影印三葉存博物館中。後之考古者得以覽焉。』（楊成志《雲南昆明西山明代夷人手抄經》）故是書確爲明李芳抄本無疑。惜此跋未能與原書購藏。

是書乃民族學家楊成志先生舊藏。楊先生去世後，其家屬轉售他人，二〇〇九年國家圖書館從陳立民先生處購得，現藏中國國家圖書館。（楊懷珍）

五六九

**彝漢教典**（彝文）　清乾隆二十一年（一七五六）抄本。綫裝。開本高三十三・二釐米，寬二十四・一釐米。每半葉八行。

存一百一十三葉。

此書卷端題名《彝漢四十九位導師語録》，又稱爲《彝漢教典》，多數抄本同時存在這兩個書名，原書一册。是書總彙了彝族倫理道德、地理、歷史、社會生活、政治、經濟等多門知識。前半部分記述四十九位彝漢導師，後半部分輯録四十九位彝漢導師的有關言論及理論思想。是書既是教育培養後代的教科書，又是研究彝族教育思想和彝漢文化交流的重要文獻。書中除了對彝族歷史系統記述之外，也詳細記載了古代彝族聚居的篤德普卧（今屬云南昭通）、金哦更（今屬貴州威寧）、穀清哦更（今屬雲

南宣威)、姆哦更(今屬貴州大方)、聾楞俄勾(今屬貴州安順)、洪我照詩(今屬雲南鎮雄)、培通照矣(今屬貴州北盤江岸)等七個地區彝語古地名。對研究古代彝族社會歷史、文化教育、哲學思想和居住的地理環境等具有學術研究價值和文獻資料價值。

是書曾在雲南武定、祿勸一帶彝區廣爲流傳,因輾轉傳抄,不同抄本甚多,僅國家圖書館就藏有八種不同的抄本。雲南有關部門也有收藏,部分抄本仍在民間留存。衆多抄本中,是本抄寫工整、前後内容完整。書末著録『乾隆二十一年三月在山南莊良寫完』,可知是書的具體抄寫年代和地址,是較好的抄本之一。

二十世紀四十年代初,馬學良先生在雲南收集到兩千多册彝文典籍,建議由公藏單位收藏保存爲佳。幾經周折後,分藏於中央研究院歷史語言研究所圖書室、北平圖書館、北京大學圖書館、清華大學圖書館、南開大學圖書館。是書爲其中之一,現藏清華大學圖書館。(楊懷珍) 五七〇

**范忠貞公文集四卷** (滿文) (清)范承謨撰 (清)范時崇輯 (清)圖爾泰(Turtai)譯 清康熙四十七年(一七〇八)内府刻本。綫裝。框高二十一·六釐米,寬十四·九釐米。每半葉七行,行字不等,黑口,四周單邊。

范承謨(一六三五—一六七六)字覲公,號螺山、蒙谷、髴翁,謚號忠貞,清漢軍鑲黄旗人,清開國重臣范文程次子。年十七充侍衛,清順治九年(一六五二)中進士,順治十二年擢秘書院侍讀學士,順治

十八年陞國史院學士，康熙七年陞都察院右副都御史，巡撫浙江，康熙十一年擢福建總督加兵部右侍郎兼都察院右副都御史。康熙十二年十一月，吴三桂起兵雲南，三藩之亂始。翌年三月耿精忠在閩策應，因范承謨於密室。范被困期間，頭戴御賜之冠，身穿辭母之衣，每月朔望奉時憲書北望而拜，又以炭燼書壁以明其志。康熙十五年九月耿精忠降，因恐范泄其反叛内情，遂先將范承謨縊死並焚屍。有范之部下許鼎者素仰范之爲人，對其所存文字悉數收藏，范死後又隱其遺骨，越年負骸潛行抵京，康熙帝聞之震悼，加贈太子少保兵部尚書銜厚葬范，諡忠貞。

范時崇（一六六三—一七二一）字自牧，號蒼巖，其父范承謨死後以難蔭知遼陽州，後遷順德知府，又遷福建按察使，康熙四十五年擢廣東巡撫，四十九年陞閩浙總督，五十六年陞兵部尚書，康熙五十九年十二月卒。

圖爾泰（生卒年不詳），與范氏爲世交亦爲姻親，康熙四十六至四十七年任兩廣巡鹽御使，與范常相往還。一日范時崇出示《范承謨文集》五卷，圖爾泰後序云『捧讀之惕然心戚，宛如公之鬚眉活現。公之孤忠大節凛凛雄風，丹誠報國與皎日争光，公殆死猶生者矣』。於是圖爾泰率弟郎僖泰、子郎世蔭將《范忠貞公文集》譯爲滿文，『刊刻成册，俾滿漢家皆得家誦户讀，咸知所法云』。

漢文本《范忠貞公文集》共五卷，另加首卷總共六卷。滿文本僅四卷，卷一爲全書目録及范承謨本傳，卷二爲撫浙奏議，卷三爲督閩奏議，卷四爲范承謨畫壁遺稿自序及圖爾泰後序。《八旗通志初集》載范承謨『博學强記，善屬文，詩又有法』，漢文本《范忠貞公文集》收其詩文『吾廬存稿』『百苦吟』『畫

壁遺稿』，惜滿文本均未收錄。

范承謨謚號『忠貞』，本書滿文譯爲『tondo unenggi』，『tondo』即『忠』，據《清文鑑》『unenggi』本意爲『誠』，與『tondo』連接，可以引申爲『貞』。據國家圖書館藏康熙二十一年四月二十六日所立范承謨碑文拓片，『忠貞』滿文譯爲『tondo akdun』，據《清文鑑》『akdun』本意爲『信實』，亦可引申爲『貞』。滿語多義詞較多，特别在清早期更爲普遍。這是滿語文發展過程中的一種正常現象，今天在翻譯時應充分考慮到滿語的這一特點和當時的語境，不宜過於拘泥詞典機械呆板地理解。故此書原漢譯名《范忠誠公文集》應作《范忠貞公文集》。

《范忠貞公文集》現藏遼寧省圖書館，爲孤本。清制，凡武英殿印書，均須向盛京送奉若干部庋藏，此部文集蓋即三百年前僅存之故物，彌足珍貴。在《全國滿文圖書資料聯合目錄》及《遼寧省圖書館滿文古籍圖書綜錄》中均有收錄，但僅著錄撰者，對編校者范時崇、翻譯者圖爾泰均未提及。此次據原書所載及圖爾泰後序做了補充。（黄潤華）

五七一

**異域錄二卷**（滿文）（清）圖理琛撰　清雍正九耐堂刻本。框高二十一·八釐米，寬十五釐米。每半葉七行，無直欄，白口，四周雙邊。

圖理琛（tulišen）（一六六七—一七四〇）亦作圖麗琛，字瑶圃，號睡心主人，阿顔覺羅氏，隸滿洲正黄旗，祖居葉赫。康熙二十五年（一六八六），由監生考授内閣中書。三十六年，轉中書科掌印中書，尋

遷内閣侍讀。四十一年，監督蕪湖關税務。四十二年，授禮部牛羊群事務總管。四十四年，以缺牲被控革職。五十一年四月，特命復職，偕侍讀學士殷扎納、郎中納顔等出使土爾扈特。雍正元年（一七二三）官廣東布政使。三年晉陝西巡撫。五年任吏部侍郎，參與訂立《中俄布連斯奇界約》《中俄恰克圖條約》。乾隆元年（一七三六）任内閣學士。次年，以年老多病乞休。五年病卒，享年七十有四。

土爾扈特是衛拉特蒙古四部之一，自元初起世居伊犁河流域。後因土爾扈特部部長與準噶爾汗（綽羅斯部世襲）不睦，遷居里海以北俄羅斯境内的厄濟兒河流域。康熙年間，土爾扈特部部長阿玉氣從子阿喇布珠兒，假道準噶爾入藏，拜謁達賴喇嘛，被準噶爾汗策妄阿喇布坦挾怨扣留。康熙五十一年，阿玉氣遣使假道俄羅斯來朝進貢，清聖祖大悦，遣歸阿喇布珠兒，並命圖理琛等齎敕往諭阿玉氣汗。是年五月，圖理琛一行自京師啓程，出張家口，越興安嶺，經察哈爾哈穆虎地方，過喀爾喀，假道俄羅斯，歷時兩年，於康熙五十三年六月抵達阿玉氣汗駐地馬努托海。傳諭完畢，圖理琛一行回京復命，於康熙五十四年三月抵京。此次出使前後歷時近三年，行程數萬里，最終不辱使命。回京後，圖理琛將沿途所記彙成一書，名曰《異域録》。書中詳述道里、山川、民風、物産，以及應對禮儀。舉凡服器、飲食、林木、鳥獸蟲魚、蔬果等，靡所不備。該書的漢文本後被收入《四庫全書》史部地理類。據《四庫全書總目》是書提要云：『其體例略如宋人行記，但宋人行記以日月爲綱，而地理附見』，此則以地理爲綱而月日附見。所載大聚落，『其地爲自古輿記所不載，亦自古使節所未經』。特別是其中關於俄羅斯境内的記述，尤爲珍貴。此前，我國與俄羅斯從無正式交往，俄國情形亦爲史籍所不載。中俄兩國相

另外，此書可補經史之闕，以爲博物洽聞之備。此爲該書重要的史料價值。通，實自圖理琛始。因此，此書可補經史之闕，以爲博物洽聞之備。此爲該書重要的史料價值。另外，現存滿文古籍中，絶大多數爲譯自漢文典籍的譯作，真正以滿文原創的作品甚寥。此書即以滿文成書。該書不僅語言純正，文字優美流暢，而且還保留了一些清初的滿文詞彙和地名，在語言學和歷史地理學上，有著較高的學術價值。

該本版心下（正面）鐫『九耐堂』三字，卷首有輿圖及雍正元年自敘。敘云：『奏請此後奉命前去，沿途記載事件，俱兼書漢字進呈。』『奉旨俞允，因將出身始末，一併開載，纂成一帙，名之曰《異域錄》。爰付梓人，刊刻告成，自敘其事，以誌之。』版本據此而定。『九耐堂本』是《異域錄》版本最早，同時也是現存唯一的滿文原本，即孤本。臺灣莊吉發先生曾提到乾嘉年間有滿文抄本，除卷首無輿圖外，餘皆與刻本同，但是本未見。《異域錄》的漢文本版本很多。據莊吉發先生考證：最早的漢文本也刻於雍正元年，有蔣廷錫、顏紹祚、白潢、楊琳、年希堯、惠士奇、蔡瑜等人序跋。雍正二年續有刻本，有王國棟序、胡彦穎跋。此二版本均未見著錄。北京大學圖書館還藏有一雍正間刻本，一卷，書中有雍正三年石文焯序。大概早期的漢文本均爲一卷，四庫本始釐爲兩卷。此後該書多以叢書本行世，分爲一卷本和兩卷本兩個系統。前者有《昭代叢書》本（道光本）、《小方壺齋輿地叢鈔》本。後者有《借月山房彙鈔》本、《指海》本、《澤古齋重鈔》本、《北徼彙編》本、《叢書集成初編》本。自民國起，《異域錄》引起了海内外學者的共同關注。民國初，丁謙著有《異域錄地理考證》一卷。一九六四年，日本天理大學今西春秋教授著有《校注異域錄》。山東大學關德棟教授對《異域錄》的滿、漢文本進行了深入的比較研

究，於一九八〇年發表了《略論圖理琛〈異域錄〉滿文本對漢文本脱錯的訂補及其他》一文。一九八三年，莊吉發先生著有《滿漢〈異域錄〉校注》。近年來，該書還被翻譯成俄文、英文、法文、德文，進入西方學者的視野。

該本卷端鈐有『[illegible]』（漢譯爲『喜塔臘喜坦』）滿文篆字陽文藏印。書中有朱筆滿文校字。另有貼籤，上有藍色筆滿文校字。左側裝訂，雖爲坊刻，但氣韻古樸，刊刻精良。裝幀考究，以錦覆面並包角。紙張已泛黄變脆，且有脱落。曾經修補，内襯漢文《爾雅》。該本原爲兩册，襯紙後析爲四册。現藏北京大學圖書館。（李雄飛） 五七二

**三合便覽不分卷**（滿漢蒙三語對照）（清）敬齋輯 （清）富俊補 清乾隆五十七年（一七九二）富氏刻本。綫裝。框高二十·五釐米，寬十五·五釐米。每半葉八行，行字不等，白口，四周雙邊。

敬齋（生卒年不詳），清蒙古正黄旗人。乾隆十三年翻譯進士。授理藩院主政兼軍機處行走，乾隆二十五年督理殺虎口驛務，乾隆二十八年遷廣德州知州，乾隆三十一年任六安州知州，後署理潁州知府。

富俊（一七四九—一八三四），敬齋子，卓特氏，字松巖。乾隆四十四年翻譯進士。歷任盛京將軍、吉林將軍、黑龍江將軍，其中先後四任吉林將軍，歷十三年，對東北三省尤其是雙城堡（今吉林雙城）的

開發業績尤著。道光七年（一八二七）授理藩院尚書署理管理三庫大臣、兼鑲黄旗漢軍都統、充經筵講官、閲兵大臣，後官至太子太保、東閣大學士、内大臣充殿試讀卷官、庶吉士散館閲卷大臣。道光十四年卒，贈太子太傅，謚文誠。

《三合便覽》是清代最早按音序編排的滿漢蒙三語對照詞典。本書集語法與詞典爲一體，是滿語和蒙古語語言學的重要文獻，對其後的相關語言研究和詞書編纂産生了重要影響。全書共十二册，首册爲富俊序、十二字頭、清文指要、蒙文指要，第二册至第十册爲滿漢蒙對照詞彙集，最後兩册是增補。全書收録詞語兩萬零一百四十四個，按滿文十二字頭排列，每個詞首列滿文，下爲漢文譯文及蒙古文譯文，第四排是用滿文轉寫的蒙古語譯文。

本書序稱，敬齋未及第時即立意編輯是書，俾初學蒙古文之學子『既易得蒙古書之本體與蒙古語之本義，而尤易得蒙古語之本音』，然入仕後『案牘勞形，益無暇及』，直至殺虎口任上，『公餘多暇，乃獲從事於是書』。自驛站調任後公務繁忙，『不遑復理是書，以故新語多所未備』。未幾敬齋没。乾隆四十五年春，富俊『偕二三友人，依例增補，繕寫成帙』。

《三合便覽》刻本有三種，一是乾隆四十五年紹衣堂刻本，二是乾隆五十七年富俊家刻本，三是同年雙峰閣刻本。另有清抄本若干。此次《中華再造善本續編》底本爲國家圖書館藏之富氏家刻本，一九三三年出版之李德啓編《國立北平圖書館故宫博物院圖書館滿文書籍聯合目録》著録此書，因推此書在京師圖書館開館之初已經入藏。現藏中國國家圖書館。（黄潤華）

**御製盛京賦三十二卷**（滿漢合璧）（清）清高宗弘曆撰　清乾隆十三年（一七四八）内府寫本。框高二十二·四釐米，寬十六·八釐米。每半葉十行，行七字，白口，四周雙邊。

存二十一卷：玉箸篆、小篆、上方大篆、墳書、倒薤文、柳葉篆、芝英篆、轉宿篆、垂露篆、垂雲篆、碧落篆、龍爪篆、鳥迹書、雕蟲篆、鸞鳳書、剪刀篆、纓絡篆、懸鍼書、飛白篆、殳篆、刻符書

清高宗於乾隆八年東巡祭祖，頌贊先世創業之文治武功，追緬開國功臣之勳績，感懷舊都民物之富足，思嘆故地穀土之豐庶，即興而作《盛京賦》。體裁仿東漢班固《兩都賦》，分序、正文、頌三部分，總三千三百餘字。

盛京，滿語音『穆克敦』（Mukden），爲興盛之意。盛京城（今遼寧瀋陽），原係明瀋陽中衛城。後金天命十年（一六二五），清太祖努爾哈赤從遼陽遷都於此。天聰八年（一六三四），清太宗皇太極更名『盛京』，次年改國號爲『大清』。順治元年（一六四四），清朝定鼎北京，尊盛京爲陪都。

乾隆八年《盛京賦》始成，同年即由武英殿刊行漢文和滿文兩種版本。乾隆十一年，清宫整理交泰殿所貯璽印，訂定二十五御用寶璽。由於『寶璽印章，尚用本字』（乾隆十三年九月十二日上諭），故高宗皇帝以爲『我朝國書，音韻合乎元聲，體制本乎聖作，分合繁簡，悉協自然，惟篆體雖舊有之而未詳備』（乾隆十三年九月十二日上諭）。遂留意滿文改篆之事。乾隆十三年，高宗皇帝『指授臣工，肇爲各體篆文』（乾隆十三年九月十二日上諭），傅恒、汪由敦、阿克敦、蔣溥等儒臣謹遵聖命，廣搜載籍，援據古法，彙集歷代古漢字篆體，以成滿、漢篆文各三十二體。曰玉箸篆、奇字篆、大篆、小篆、上方大篆、墳

書篆、穟書篆、倒薤篆、柳葉篆、芝英篆、轉宿篆、垂露篆、垂雲篆、碧落篆、龍爪篆、鳥迹篆、雕蟲篆、科斗篆、鳥書篆、鵠頭篆、麟書篆、鸞鳳篆、龜書篆、龍書篆、剪刀篆、纓絡篆、懸針篆、飛白篆、殳篆、金錯篆、刻符篆、鐘鼎篆。篆體整理完成，儒臣請以高宗皇帝《盛京賦》繕寫頒行。以各體篆文繕寫全文，以成滿、漢各三十二體，各爲一册，總六十四册。滿、漢每種篆體後附此體『篆書緣起』，並於滿、漢玉箸篆前恭列高宗皇帝『上諭』，鐘鼎篆後附傅恒等人跋。乾隆十三年，篆文三十二體《御製盛京賦》由武英殿刊行。

是書爲儒臣傅恒等恭呈御覽之稿本，然亦非乾隆十三年武英殿本付梓前之定稿。因未定稿，是書無論在篆書名稱、滿漢篆文字形，還是版式上與刻本均略有差異。書中保留有若干篆文形制校改籤條，這對於研究清乾隆時期滿、漢三十二體篆書的釐定有很重要的價值。惜爲殘卷，三十二體僅存二十一體。

是書字畫工緻温婉，墨色潤濃清新，書寫、裝幀極爲考究，爲乾隆時期内府精寫原裝。諸家書目未見著録。現藏遼寧省圖書館。（劉冰）

五七四

**創世經（《祭天·崇搬薩》）**（東巴文）　舊抄本。框高九·一三釐米，寬二十八釐米。封面一頁，正文三十六頁。原名《祭天·崇搬薩》，爲納西族祭天儀式主要經典之一，通常按祭祀儀軌，對天地和人皇，或舅父舉行祭奉犧牲供物儀禮後，由主祭東巴在祭天壇前吟誦。經典重敘人類肇始時期的

歷史和祭天大典緣起。本書主要記載納西族的創世始祖在洪荒混沌時代，爲了生存繁衍，胼手砥足，不畏艱險的抗争精神。啓蒙前始祖不知祭祀，不知禮儀，不明人倫次第、天地位序，歷經種種磨難和天父的考驗，相戀相知，結婚生子，回歸人類生息的大地，創立基業，繁衍種族。始祖由於欠缺生存的經驗和知識，面對困難，不得已求助於天地間的諸多神靈，祈請動物作爲天地間的信使，往天父處求取占卜經典，學習生存的基本知識與技能，習得語言能力、健康生存法則，後嗣繼而得以繁衍，人丁興旺。

本書贊美浩茫天宇，謳歌人類生息繁衍的大地。闡揚人與天地的關係，以及以天爲舅父，以地爲母的天倫與人世關係，旨在禳除災患禍根，鎮壓鬼怪，祈求實現世間和諧、安康。爲了銘記天父及諸多智者、能者、賢者的諄諄教誨，記取洪荒時代開啓的敬天法祖之道，人類尊奉始祖的教導，銘記天恩，尊重天道，恪守祭天儀式。

納西族後代以尊奉祭天儀式而著稱，祭天成爲納西族歲時民俗中最重要的内容。納西民族以祭天的子民自稱，把舉行祭天儀式視爲族群認同的重要標志。

本經典在納西族中至今仍佔有十分重要的地位，在祭天儀式大典中依然吟誦不絶，成爲納西族後裔歌頌先祖、尊奉祭天習俗的重要依據。《祭天・崇搬薩》對於理解納西族東巴經典中藴含的多層次的歷史文化和多民族多元文化而言具有重要意義。《納西東巴古籍譯注全集》第一卷收録有該經全本。本書爲《祭天・崇搬薩》之節本。現藏中國國家圖書館。（木仕華）

**東巴舞譜**（東巴文）　舊抄本。封面一頁，封底一頁，正文十頁。封面分割爲三欄，正中上方爲火雲紋，中間欄正中方格内寫有書名《東巴舞譜·東巴什羅舞》（$t\,o^{33}$ $mba^{31}$ $ʂər$ $lo^{33}$ $ts^{h}o^{33}$ $ɣua^{31}$ me），以圖畫象形文字書寫，夾雜有部分哥巴文字符。《東巴舞譜》的葉面呈長條的貝葉經形狀，葉面分上中下三欄，按從左向右的順序書寫，左右相接接續書寫，每一個句子結束時通常在欄内以豎綫分割，以示分段。

《東巴舞譜》正文敘述跳『東巴什羅舞』的具體姿勢與動作，每一步履的方向，上下前後關係，步履的數量以及相應的舞姿，附隨的動作均有明確的分解説明。第四葉始，按舞蹈時的出場順序，先後分别載有附屬於『東巴什羅舞』的幾個重要的主題舞蹈：『恒義耿孔神舞』『達拉彌貝神舞』『金剛杵舞』（亦可譯『降魔杵舞』）、『巴烏優麻神舞』『土蚩優麻神舞』等。《東巴舞譜》對每一種舞蹈的步伐、前後左右、上下朝向，步履的數量、行動路綫等都作了細緻的説明。此外，還對作爲舞蹈道具的刀劍揮舞次數，板鈴、手鼓摇晃次數等亦有明確的規定。

《東巴舞譜》有别於以往發現的東巴舞譜。此外，有些標識具體動作和字符爲以往發現的經典所無。《東巴舞譜》所記録的上述幾種主體舞蹈的名稱多與藏傳佛教、藏族苯教的神靈名稱、法器名稱相關，有的是藏語借詞的納西語音譯，可知這類宗教法儀舞蹈的傳播和納西族藏族的文化藝術交流密切相關，堪爲納藏文化藝術交流的重要證據。

一般認爲，《東巴舞譜》類經典今存世的僅五本，具體爲雲南省玉龍納西族自治縣圖書館藏本、雲

南省社會科學院東巴文化研究院藏本，《跳神舞蹈規程》（抄寫者爲玉龍納西族自治縣塔城巴甸東巴多主，抄寫於光緒甲午馬年［一八九四］二月初四，却非著書寫作年代）、《祭什羅法儀舞蹈規程》（無作者抄者名，麗江拉市東巴楊萬勳傳本，係東巴和毛原傳本）、《舞蹈的來歷》（無作者名，抄者爲麗江魯甸東巴多嘎［清代咸豐年間人］，其侄東巴和雲章傳本）、《舞蹈的出處和來歷》（經典末尾跋語稱爲麗江太安無足比村東巴多恒書寫，多恒生活在清代，成書年代遠在清代之前）。納西族已故學者周汝誠曾對學界介紹云，在國家圖書館中亦收藏有東巴舞譜經典，但未言明具體内容。國家圖書館藏的《東巴舞譜》疑爲周汝誠提及的東巴經典。

東巴舞蹈經典《東巴舞譜》爲納西族傳統宗教東巴教祭祀教祖神東巴什羅的宗教法儀舞蹈規程的記録形式。因用圖畫象形文字書寫和傳承，獨具風采，與『敦煌德壽舞譜』，西班牙『拉班舞譜』齊名，爲世所矚目。《東巴舞譜》現藏中國國家圖書館。（木仕華）

五七六

**芒萊法典一卷**（傣文）（元）芒萊王及其後繼者撰　老傣文舊抄本。框高三十四・三釐米，寬二十九・二釐米。每頁十九行，行字不等，左右有隱約單邊綫。

芒萊王（一二三九—一三一七），是雲南省西雙版納第四代宣慰使（召片領）陶龍建仔的外孫，即元史上所稱之渾乞濫。

本法典爲芒萊王時期所制定，後經陸續補充豐富而成，有詳略多種版本。本册爲構皮紙抄本。麻

繩裝訂。芒萊王曾在景綫爲王，征服過景棟（今緬甸撣邦）、清萊、清邁、南奔、南邦等城鎮，並先後建都於清萊和清邁（今泰國北部），即我國史書上所稱之八百媳婦國。芒萊王是傣族歷史上一直被推崇的傑出人物，他所制定的法規在西雙版納一帶長期保有法律效力。本書以芒萊之名命名，當起始於芒萊所在的時代，經後人補充逐步完善。研究論文有張公瑾《傣文〈芒萊法典〉的時代及其歷史價值》（《中國少數民族文學與文獻論集》第二九八葉，遼寧民族出版社一九九七年）一文，並在張公瑾《傣文古籍見知錄》（《張公瑾文集》卷三第三六九葉，中央民族大學出版社二〇一三年）中有著錄。本書已全文收錄於《中國貝葉經全集》第四十二集，書名《帕雅芒萊》。本書封面上用傣文寫有『芒萊法典之封面。關於芒萊王處理猛巴拉納西事務之情況皆在此處。岩莊於月圓之日抄寫完畢，正當九月關門節。』但未寫是哪一年。在全書結束之後，抄寫者又曰：『芒萊法典一書由召薩利决定由善抄寫者阿章抄寫並付給八曼銀子（即八元錢）。這是召西提斷定的。九月月圓之日抄寫的。』全書内容均爲法律條文，包括家庭糾紛、婚姻矛盾、財産分配、猥褻通姦、主僕關係、偷盜案件、貨物損壞、牲口破壞莊稼等處罰規定。

此本抄本開始部分及行文中標有數字序號，這在傣文著作中甚爲少見，特别是序號的數字有的是傣文，有的却用阿拉伯數字，這是傣文早期著作中所未見。書的封面上貼著漢文的『傣族古籍圖書卡片』，寫明本書爲西雙版納景洪縣政協存書，是每千字一元請人抄寫的，合計十元七角七分。經手人是岩莊。故此書雖原作時間較早，但此抄本抄寫時間很有可能在一九四九年之後。現藏雲南省西雙版

納傣族自治州少數民族研究所。

《芒萊法典》現藏本較多，不乏時代較早的抄本，但此抄本内容比較完整，字迹清晰，無破損，又爲當地古籍部門推薦，故以此爲底本再造。（張公瑾）

五七七

**領主法典一卷**　老傣文舊抄本。框高二十七釐米，寬二十三·七釐米。共五十五葉，每葉約十三行，行字不等。

漢文直譯『召片領之法典』。『召片領』爲一九四九年前西雙版納傣族地區的最高統治者和最大封建領主。南宋淳熙七年（一一八〇）叭真在西雙版納建立統一的地方政權，即爲第一代召片領。元明以後，中央政府在邊疆推行土司制度，在西雙版納建立『車里軍民宣慰使司』，召片領受封爲世襲的宣慰使，故本書也可譯爲《宣慰使之法典》，爲歷代宣慰使司署官陸續撰寫而成。構皮紙舊抄本，麻繩裝訂。在張公瑾《傣文古籍見知錄》中有著録（見《張公瑾文集》卷三第三六九葉，第十九號，原譯名作《召片領判事條例》）。内容包括社會等級關係、經濟制度、社會風尚、財産關係、家庭糾紛、風俗禮貌等各個方面。是爲鞏固封建領主的政治統治和經濟、社會穩定而制定的最高法律規範。對瞭解和研究西雙版納封建農奴制有重要價值。此版本紙質陳舊，應是較早寫本。現藏雲南省西雙版納傣族自治州少數民族研究所。（張公瑾）

五七八

**逢井**（水文）清光緒十八年（一八九二）韋錦秀抄本。頁面高三十三・三釐米，寬二十一・五釐米。一册，綫裝，正文六十二頁。

封面左上部有水文『[水文字形]』，左中部有漢文『逢井』，爲書名。封面有漢文『韋錦秀記』，即爲抄寫者。

韋錦秀（生卒年不詳），貴州省三都水族自治縣合江鎮石奇村磨石寨人，當地有名的水書先生。

該書係水族喪葬開控儀式用的經書，是一部較全面地記載水族喪葬開控活動的文獻。『開控』是水族喪葬習俗的一種儀式，期間要請諳熟水族社會歷史和遷移路綫以及逝者生平的水書先生，頌揚逝者的一生和爲人處事，吟唱水族祖居和遷移路綫，祈祝逝者順江而下，魂歸祖先的住地。

貴州省黔南布依族苗族自治州的三都水族自治縣、都匀市、荔波縣、獨山縣等地的水族，在親人去世之後，要舉行不同規模的『開控』儀式。在具體操作上，完全是依據水族喪葬傳統習慣來安排，喪葬規模大小，主要是依據孝家經濟狀況確定『開控』等級。其等級從大到小依次被劃分爲『控臘』『控勞』『控膽』及『控低』四種。另外，『開控』又因舉辦時間的差異，分爲『控魯』『控擬』兩類。『控魯』爲逝者安葬時的開控，『控擬』爲逝者安埋數年、數十年後纔舉辦的熱墳控、立碑控，其實是對當時没有進行開控和立碑的一次彌補行爲。很多場合均採用『控魯』來進行對亡靈的祭祀。不管規模大小，都要請水書先生來爲逝者念經。

該書墨、朱二色套用，用墨色書寫，朱色填塗字元，代表吉祥。該書書寫形式很特別，一册書裏有

七種版式，極爲少見。即樹枝倒掛式、單欄、二欄、三欄、五欄、留頁面三分之一天頭、漢文水文合璧等。封面有抄録時間，『光緒十八年六月十四日』。書中有漢文『韋宣春春記』，是傳承使用該書的水書先生。

該書涉及水族古代社會歷史、宗教信仰、喪葬文化等内容，是研究水族民俗活動的寶貴資料，有重要的史料價值和版本價值。該書現藏中國民族圖書館。（吴貴飆）

五七九

## 六十龍備要（水文）

清抄本。綫裝。頁面高二十一釐米，寬十六釐米。每頁十行，行字不等，小字一至三行不等。一册，正文六十七葉。

封面左上部有漢文『六十龍備要』，以此爲書名。文圖並茂。墨、朱二色，用墨色書寫，朱色填塗代表吉祥。抄寫者不詳。

該書是水族先民創製的水族曆法用書。水曆六十甲子書，包含了水族天文曆法的諸多知識，是水族民間用以擇吉避凶、預測行事、指導農事活動等方面的曆書，反映出水族先民在生産勞動和社會實踐中對天文星象與時間的深入觀測和認識，是水族人民天文曆法認識的經驗積纍和結晶。涉及水族古代天文地理、社會歷史、宗教信仰、語言文字等多方面内容。

該書書法工整規範，是水書中的精品，是研究水族民俗活動的珍貴資料。其内容豐富，實用性强，圖符古異，在水書讀本中具有代表性。該書的文字元號、書寫風格以及運用都具有重要的史料價值和

版本價值。

該書是三都水族自治縣境内水書先生傳抄本，現藏貴州省三都水族自治縣檔案館。（吴貴飆）

五八〇

**麼破塘**（古壯文） 清光緒七年（一八八一）韋善經抄本。毛裝。開本高十・九釐米，寬十・七釐米。每半葉八行，行十字。

該書爲壯族麼經之一。麼是在自然崇拜、神話體系和雞骨占術的基礎上，由越巫發展演變而成的一種壯族民間宗教。崇奉創世神布洛陀爲至上神和教祖，形成了一整套記録法事儀式及唱辭的宗教經書，即麼經。以首句『三蓋三皇至，四蓋四皇造』（漢譯：三界是三王安置，四界是四王創造）和文中類似『批嗲布渌圖，批嗲麼渌甲。布渌圖造啥，姆渌甲造哎』（漢譯：去問布洛陀，去詢麼渌甲。布洛陀就説，麼渌甲就講）的句式爲標志。

該書編纂緣於宗教儀式需要，是壯族布麼（半職業化宗教神職人員）爲婦女舉行贖魂儀式的指導用書。此儀式主要流行於廣西右江中下游的壯族地區，壯語稱爲『麼破塘』或『麼塘降』，類似於佛教的破獄法事。其儀式對象主要有二：一是因難産而死的婦女，壯語稱『台塘』，意即『死在血塘裏』。布麼認爲其魂魄被閻羅王扣在血塘中變成離宗的野鬼，有的遭受痛苦煎熬，有的雖自得其樂，但不能享人間香火，故不時給陽間興災作難，其家人須請布麼來做破塘法事，將亡魂解救歸宗。二是命中帶有

『血塘怪』的婦女，壯語稱『邦塘』。她們雖與常人無異，但布麼認爲其靈魂已被勾引至血塘中，若不及時請布麼贖魂，待她懷孕分娩時，必將難產而死，故其家人要請布麼舉行麼法事禳解，以保平安。布麼將上述兩類歷次法事過程、方法、誦唱辭進行記錄整理，並不斷充實完善而成爲《麼破塘》，以家族和師徒相傳方式世代傳承。

書題《麼破塘》的『麼』有兩層含義：一是低聲喃誦喃唱經文；二是麼教法事儀式的總稱。『破』即破除、衝破。『塘』本義是水塘、魚塘，這裏指囚困女亡魂的『血塘』『血潭』。書題意爲做麼法事破塘堤排塘水，救出被關在血塘中的女鬼魂。

全書含造萬物、叛逆抗婚、血塘歡樂、麼唱土地神四個内容。敘唱壯族人文始祖布洛陀、麼渌甲創造天、地、人和萬物的歷史，敘述主家女兒叛逆抗婚，自沉血塘變成冤魂的故事，描述冤魂在『血塘』中拉網打魚、耕種織布、對歌談情的怡然生活，記錄布麼舉行『破塘』法事、規勸女冤魂脱離『血塘』歸宗的過程。經文宗法教條的成分極少，通篇充滿生活的情趣。對冤魂在『血塘』中生活場景的描寫和布麼與冤魂關於脱離『血塘』歸宗的對唱等内容敘述尤詳，從中可探窺壯族民間宗教經典詩化的藝術特色。

經文爲五言韻文，壓腰脚韻，上下欄，有句讀，文末附道教符籙。壯族麼經僅限於民間流傳，由少數人掌握使用，傳承方式特殊，版本遞抄頻繁，年代多不詳或所見版本多較晚，故《麼破塘》對研究壯族民間宗教史以及壯族古籍版本學有重要參考價值，也是研究壯族文字、語言、文學、藝術、民俗等的重要資料。

該抄本原由廣西百色市右江區百蘭鄉魯平村那道屯壯族布麽韋尚元收藏。二〇〇一年廣西百色市少數民族語言文字辦公室干部覃建珍搜集，現藏廣西壯族自治區少數民族古籍工作辦公室。

（韋如柱）

五八一

# 【唐宋編補遺】

**揚子法言十三卷** （漢）揚雄撰 （晉）李軌 （唐）柳宗元（宋）宋咸 吳祕 司馬光注 **音義一卷** 宋淳熙八年（一一八一）唐仲友台州公使庫刻本。框高二十三・五釐米，寬十八・六釐米。每半葉八行，行十六字，小字雙行二十四字，白口，左右雙邊。

揚雄（前五三—一八）字子雲，蜀郡成都（今屬四川）人。少而好學，博覽群書，不拘泥於章句之學，求通大義而已矣。爲人簡易佚蕩，口吃不能劇談。好深思，少嗜欲，不汲汲於富貴，不戚戚於貧賤。嘗仿《周易》而作《太玄經》，持以自守。時有嘲諷之者，雄則仿東方朔《答客難》而作《解嘲》。又仿《論語》而作《法言》十三篇，時人莫能識，唯劉歆、范逡深敬之。劉歆子劉棻、甄豐子甄尋曾因王莽稱帝事而獻符命，棻嘗從揚雄學奇字而被牽連，治獄使者來捕劉棻，雄正校書天祿閣，懼一同被捕，從閣上跳下，奈衹被摔傷，却未致死。莽後亦知與其無關，加之他又作《劇秦美新論》，以頌莽德，故在莽朝仍被召爲大夫。揚雄長於作賦，以模仿司馬相如以爲式，並因此獲成帝賞識而進身於朝。

《揚子法言》乃模擬《論語》而成的語錄體哲學之作，意在以『本道兼儒』的觀點駁難諸子之説，目的在解時惑，答人疑，故多採用問答形式。内容有學行、吾子、修身、問道、問神、問明、寡見、五百、憲知、重黎、淵騫、君子、孝至，凡十三篇。《司馬温公注揚子序》言『揚子之文簡而奥。唯其簡而奥也，故難知』，因而自漢代以來，注家蜂起，代有其人。宋王應麟《玉海》卷五十五《藝文》謂『《隋志》《揚子法言》十五卷《解》一卷，李軌注。梁有六卷，侯苞注（亡）。十三卷，宋衷注』。又謂『《唐志》《揚子法言》六卷，宋衷注十卷、李軌注三卷、柳宗元注十三卷』。篇卷釐合頗有出入。至北宋司馬光，則裒合李軌、

柳宗元、宋咸、吴祕，並增以己意，而成五臣之注。但自宋程頤謂『揚子無自得者也，故其言蔓衍而不斷，優柔而不決』（《二程遺書》卷二十五）。蘇軾在《與謝民師推官書》中復責『揚雄好爲艱深之詞，以文淺易之説，若正言之，則人人知之矣』（《東坡全集》卷七十五）。朱熹作《資治通鑑綱目》更斥揚雄爲『莽大夫』，以貶其爲人。故在程朱理學盛行時期，揚雄人品及其著作日益爲儒者所輕視。然而本書唐仲友淳熙八年所寫《揚子法言後序》則云：『子雲悟道以悔，自獨智入《法言》。』又説：『揚雄覃思《法言》《太元》……終乃肩隨孟氏，悔而思之力也。』所以當他以朝請郎權發遣台州軍州事時，便重刻此書。

北宋仁宗皇祐二年（一〇五〇），司馬光嘗疏請崇文院校正《荀子》《揚子》《文中子》，並送國子監刊行。國子監接受司馬光建議，遂將三子校正後下杭州鏤版。至神宗熙寧元年（一〇六八）三書刻成，是爲北宋國子監刻本。靖康之變，金人破汴，大肆劫掠，北宋官府所藏圖籍及圖籍版片被金人捆載北還。宋室南渡後，特别是中興以後，經濟繁榮，可書籍奇缺，北宋舊刻版片又無由用以重印，故祇好搜求北宋刻書傳本藉以重刊。南宋孝宗淳熙八年（一一八一）唐仲友在浙江台州重刻《荀子》《揚子》《文中子》及《韓子》便是一例。唐仲友在台州重刊四子，以熙寧本爲祖本，並在版式規制等方面『悉視熙寧之故』，所以台州本四子歷來爲藏書家和版本家所珍重。台州本四子中的《文子》《韓子》久已失傳，難以言狀。上世紀五十年代，在周恩來總理關懷下國家圖書館購回香港陳清華的藏書中，有宋版《荀子》一部，多認爲即是台州本，但經認真考證，乃爲台州本的翻刻本，於是台州本四子的面貌再次成爲人們

探求而又無緣可得的遺憾。遼寧省圖書館發現的台州本《揚子法言》，不但填補了人們遺憾的空白，也證明唐仲友在台州刻四子是一件不爭的歷史事實。

淳熙八年台州本《揚子法言》，非但祖於北宋熙寧監本，且蔣輝等十八名刻工亦頗多高手。蔣輝乃四明（今浙江寧波）名工，因指尖通靈，刀法嫺熟，被人利用僞刻東南楮幣，因而犯法，被發配台州管制。唐仲友不但不管，反而威逼利誘蔣輝，繼續爲他僞刻假幣，並爲其鎸雕《荀子》等四子，並將所刻之書大部分運回婺州（今金華）市門巷他家書鋪發賣，銷售所得，中飽私囊，因而遭到時爲兩浙東路茶鹽司提舉朱熹的交章彈劾。今據以影印之台州本《揚子法言》，主刻之人唐仲友雖貪贓枉法，却對揚雄的思想有獨到見解；犯人蔣輝雖被脅迫操刀，却指法通靈，刀法高超，爲後世留下了難得一見的版刻精品。現藏遼寧省圖書館。（李致忠）

五八二

**重刊邵堯夫擊壤集七卷邵堯夫先生詩全集九卷** （宋）邵雍撰　宋刻本。框高十七·六釐米，寬十二·一釐米。每半葉十二行，行二十字，白口，左右雙邊。詩全集框高十八至十九釐米，寬十二·四釐米。每半葉十二行，行二十字，白口，左右單邊或雙邊。

邵雍生平爵里、學行業績簡況，前錄明初刻本《伊川擊壤集》時已介紹。

邵雍是宋代理學象數體系的開創者，又是理學詩派的創始人。宋晁公武《郡齋讀書志》卷四謂雍『邃於《易》數』，『歌詩蓋其餘事』。《四庫全書總目》引證朱國楨《湧幢小品》曰『佛語衍爲寒山詩，儒

語衍爲擊壤集』。邵雍主張作詩不必苦吟，隨口成章，直抒胸臆。他在《無苦吟》中曰『平生無苦吟，書翰不求深』；在《閑吟》中又曰『句會飄然得，詩因偶爾成』，正是他對詩歌主張的自然流露。『弄假像真終是假，將勤補拙總輸勤。』（《代書寄前洛陽簿陸剛叔秘校》）詞淺義深，飽含哲理。河南程顥久識其人，謂『堯夫，内聖外王之學』（《宋史》卷四百二十七《邵雍傳》）。雍卒，洛人哭吊者不絶於途。親朋故舊聚謀其葬，雍子邵伯温則説：『昔先人有言，志於墓者，必以屬吾伯淳。』伯淳，程顥之表字。因知邵雍與程顥交遊甚密，相知甚深。著有《皇極經世》《觀物内外篇》《漁樵問對》，皆其理學之作。閒適則寫詩，古風、律詩號約兩千篇。

程顥《邵堯夫先生墓誌銘》謂『先生有書六十二卷，命曰《皇極經世》；古、律詩二千篇，題曰《擊壤集》』（宋程顥《二程文集》卷四）。宋范祖禹《范太史集》卷三十六《康節先生傳》亦説邵堯夫『有書六十二卷，曰《皇極經世》；詩二千篇，曰《擊壤集》』。臺灣『中央圖書館』藏有南宋末期刻本《伊川擊壤集》二十卷《集外詩》一卷，卷前有邵堯夫自序，謂『《擊壤集》，伊川翁自樂之詩也』。並云『志士在畎畝則以畎畝言，故其詩名之曰《伊川擊壤集》。時有宋治平丙午中秋日也』。丙午，即治平三年（一〇六六），表明在他去世前十一年已將其自編的詩集序而傳之。

傳世《伊川擊壤集》多保存有宋邢恕後序，曰：『恕嘗從先生學，而奉親從仕南北，未之卒業，然於講聞其文章，而次第其本末，則或能之。其子伯温裒類先生之詩凡若干篇，先生固嘗自序矣，又屬恕以系其後，義可辭乎！元祐六年辛未夏六月甲子十有三日，原武邢恕序。』這時距邵雍謝世已有十四年，

因推知《擊壤集》可能到元祐六年纔有刻本行世。《擊壤集》在宋代有兩個版本系統，一爲二十卷本，一爲十五卷本。《郡齋讀書志》《直齋書錄解題》著錄的均是二十卷。

清楊紹和《楹書隅錄》卷五著錄『北宋本《康節先生擊壤集》十五卷，六册一函』。並曰：『此本《内集》十二卷《外集》三卷，前有治平丙午中秋自序，編次與各本迥異。序後有蔡氏弼題語一則，蓋由公手訂二十卷本重編爲此本。卷一前後有木記，題「建安蔡子文刊於東塾之敬室」。細行密字，鐫印至精。』《增訂四庫簡明目錄標注・續錄》更説此本爲『宋蔡弼子蔡子文刊本，題《康節先生擊壤集》，分内（外）集，與世行本迥異』。

一九七五年，江西九江星子縣橫塘鄉修灌溉排澇水渠，從陶桂一墓中出土之《重刊邵堯夫擊壤集》，卷端第二行上鐫有『内集』二字，下題鐫有『敬室蔡弼重編』字樣。證明在出土本之前確曾有過分内、外集的傳本，並表明出土本《擊壤集》很有可能就是重編這個傳本所由生。但内、外集十五卷本書名爲《康節先生擊壤集》，出土本書名則爲《重刊邵堯夫擊壤集》；楊《錄》本爲每半葉十三行，行二十二三字不等，而出土本則是每半葉十二行，行二十字；楊《錄》本爲《内集》十二卷《外集》三卷，凡十五卷，而出土本則衹有七卷。這些不同，證明出土本可能是在《内集》十二卷《外集》三卷基礎上又重新加以編纂而成的另一個版本。

出土本《擊壤集》七卷，收詩二百一十九首。詩題多帶『吟』字，似有類分之意。此本之改編，很有

可能以蔡弼重編《内集》十二卷《外集》三卷的傳本爲祖本，故卷端第二行上端仍題有『内集』，下端仍題有『敬室蔡弼重編』字樣。二十卷本《伊川擊壤集》收詩一千三百零七首，此纔二百十九首；《内集》十二卷《外集》三卷本《康節先生擊壤集》由於世無傳本，其收詩多少不得而知，但由於它是在二十卷本基礎上加以重編而成，估計收詩也不會太少。而此出土本《重刊邵堯夫擊壤集》祇有七卷二百十九首詩，顯然是重編的重編，絶非蔡弼所初編者。而這位重編的重編者爲誰，推想很可能仍是閩建書坊，而最大可能就是蔡氏的後人。

書坊所得《康節先生擊壤集》蓋祇剩内集七卷二百十九首詩的規制，卷帙太小，難以立世獨行，故祇好再編一部《邵堯夫先生詩全集》，以擴其卷帙和收詩容量。然《邵堯夫先生詩全集》（以下簡稱《詩全集》）也祇有九卷，收詩三百二十八首。邵堯夫一生有詩兩千篇，僅收三百二十八首詩，就敢以《邵堯夫先生詩全集》名之，這也是南宋閩建書坊刻書常用的虚誇説法。

之所以推定此兩書爲南宋書坊所編刊，除上述原因外，還有些現象也是書鋪刻書常有的特徵：一是兩書均無序跋，這與官府刻書、私宅刻書不大相同；二是兩書均無刻工，與官刻私雕也很不相類；三是兩書諱字較少，與官刻私雕也不盡相同；四是南宋，特别是南宋後期，坊肆刻書多用簡體、俗體、異體字，原因無它，就是這些字筆畫少，結體簡單，寫樣、刻字都可以節時省工，降低工本，壓低售價，赢得市場，以便獲利。兩書在這一點上表現得十分突出，如万、齐、渊、尽、争、蛮、与、离、变、献、挤、乱、厉、迁、爰、号、厘、数、执、尔、刘、楼、栾、弃、归、战、庙、国、举、递、体、学、宁、辞、兴等字，非俗即簡，這是

南宋後期，特別是元代閩建書鋪刻書的常見現象。上述表明，南宋陶桂一墓所出土的兩部邵堯夫詩集，可能是陶氏謝世前若干年福建書鋪子所編刻。陶桂一，世居南康軍星子鎮長岡里，陶淵明二十二代孫。淳祐七年（一二四七）進士，多次授官，均堅辭不赴。終生廉儉自守，安貧樂道。景定二年辛酉（一二六一）正月十六日卒。因知這兩部邵氏詩集的付梓，絕不會晚於景定二年。

（李致忠）

五八三

# 書名筆畫索引

## 五畫

## 六畫

## 七畫

## 八畫

## 十畫

## 十一畫

十二畫

## 十三畫

十四畫

十五畫

## 十六畫



## 十七畫

續方言二卷 六六二
臞仙神奇秘譜三卷 二六九
讀易備忘四卷 四
讀易餘言五卷 三
讀書錄十卷續錄十二卷 一九五

讀畫錄四卷 八二一
［正德］瓊臺志四十四卷 一二九
鹽政志十卷 一七七
鹽鐵論十卷 一九〇
靈棋經一卷 二五三

# 著者筆畫索引

## 五畫

六　畫

## 七畫

## 八畫

## 九畫



## 十畫

## 十一畫

## 十二畫

## 十三畫

十四畫

## 十七畫

## 二十一畫及以上

# 《中華再造善本續編》書名、ISBN號對照表

| 序號 | 書名 | ISBN 七—五〇一三 |
| --- | --- | --- |
| | 明代編・經部 | |
| 〇〇一 | 讀易餘言 | 三三四四—八 |
| 〇〇二 | 讀易備忘 | 五〇一九—三 |
| 〇〇三 | 會通館校正音釋書經 | 四九六二—三 |
| 〇〇四 | 尚書考異 | 四九九三—七 |
| 〇〇五 | 詩説解頤總論 正釋 字義 | 四七六〇—五 |
| 〇〇六 | 毛詩正變指南圖 詩經金丹彙考 詩經難字 | 五二〇一—二 |
| 〇〇七 | 詩外傳 | 三三四五—五 |
| 〇〇八 | 周禮 | 三三四六—二 |
| 〇〇九 | 儀禮 | 三三四七—九 |
| 〇一〇 | 大樂律呂元聲 大樂律呂考註 | 四九七九—一 |
| 〇一一 | 樂律全書十五種 | 四七九七—一 |
| 〇一二 | 春秋國華 | 三三四二—四 |
| 〇一三 | 春秋孔義 | 四七七一—一 |
| 〇一四 | 春秋存俟 | 四一一二—二 |
| 〇一五 | 孝經列傳 | 三三四三—一 |
| 〇一六 | 刪微 | 四七六六—七 |
| 〇一七 | 釋名 | 五〇九五—七 |
| 〇一八 | 廣雅 | 五〇九三—三 |
| 〇一九 | 埤雅 | 四八六五—七 |
| 〇二〇 | 干祿字書 | 四五一一—三 |
| 〇二一 | 汗簡 | 四一〇九—二 |
| 〇二二 | 佩觿 | 四五四四—一 |
| 〇二三 | 古文奇字 | 四八五四—一 |

| 序號 | 書名 | ISBN 七—五〇一三 |
| --- | --- | --- |
| 〇二四 | 華夷譯語 | 四五六四—九 |
| 〇二五 | 高昌館課 | 四一〇八—五 |
| 〇二六 | 洪武正韻 | 四五一三—七 |
| 〇二七 | 西儒耳目資 | 四五六三—二 |
| | **明代編·史部** | |
| 〇二八 | 新唐書糾謬 | 四五三五—九 |
| 〇二九 | 元史 | 五二八二—一 |
| 〇三〇 | 前漢紀 後漢紀 | 四五四〇—三 |
| 〇三一 | 三朝北盟會編 | 四五〇七—六 |
| 〇三二 | 元史續編 | 四五四九—六 |
| 〇三三 | 聖政記 | 四九四九—四 |
| 〇三四 | 華陽國志 | 四五〇九—〇 |
| 〇三五 | 貞觀政要 | 四四九四—九 |
| 〇三六 | 吴越備史 | 四四九一—八 |
| 〇三七 | 靖康孤臣泣血錄 | 四五五二—六 |
| 〇三八 | 黑韃事略 | 四一二九—〇 |
| 〇三九 | 吾學編 | 四五五一—九 |
| 〇四〇 | 今言 | 一九八六—三 |
| 〇四一 | 弇山堂别集 | 四四九七—〇 |
| 〇四二 | 皇明馭倭錄 | 四四九九—四 |

| 序號 | 書名 | ISBN 七—五〇一三 |
| --- | --- | --- |
| 〇四三 | 遜國君紀抄 | 四九四三—二 |
| 〇四四 | 建文朝野彙編 | 四一三二—〇 |
| 〇四五 | 新刊金文靖公前北征錄 後北征錄 新刊楊文敏公後北征記 | 四一三三—七 |
| 〇四六 | 甲申紀事 | 四七七〇—四 |
| 〇四七 | 皇明祖訓 | 一九八四—七 |
| 〇四八 | 張文忠公奏疏抄 | 四四九三—二 |
| 〇四九 | 天聖令 | 五〇一三—一 |
| 〇五〇 | 列女傳 | 五一九八—五 |
| 〇五一 | 歷代臣鑒 | 五一九九—二 |
| 〇五二 | 歷代君鑒 | 五〇二〇—九 |
| 〇五三 | 宗藩訓典 | 四五五六—四 |
| 〇五四 | 殿閣詞林記 | 四一三一—三 |
| 〇五五 | 晏子春秋 | 五〇一七—九 |
| 〇五六 | 聖蹟圖 | 五一一八—三 |
| 〇五七 | 新刊真楷大字全號縉紳便覽 | 四一三〇—六 |
| 〇五八 | 寰宇通志 | 五二八四—五 |
| 〇五九 | 大明一統志 | 三三四八—六 |
| 〇六〇 | 廣輿圖 | 四八三〇—五 |
| 〇六一 | 皇明職方兩京十三省地圖表 | 四一三六—八 |
| 〇六二 | [洪武] 平陽志 | 四五六七—〇 |

| 序號 | 書名 | ISBN 七—五〇一三 |
| --- | --- | --- |
| 〇六三 | 長安志 | 四七六九—八 |
| 〇六四 | ［正德］瓊臺志 | 五〇一一—七 |
| 〇六五 | ［景泰］雲南圖經志書 | 四一五三—五 |
| 〇六六 | ［弘治］貴州圖經新志 | 四一五五—九 |
| 〇六七 | 黔記 | 四五三三—五 |
| 〇六八 | 中吳紀聞 | 四五〇八—三 |
| 〇六九 | 籌海圖編 | 四四八九—五 |
| 〇七〇 | 蜀中廣記 | 五一一一—四 |
| 〇七一 | 河防一覽 | 四一三八—二 |
| 〇七二 | 西湖遊覽志 | 四一三五—一 |
| 〇七三 | 吳中水利通志 | 四一三七—五 |
| 〇七四 | 汴京遺蹟志 | 四一三四—四 |
| 〇七五 | 洛陽伽藍記 | 四一六三—四 |
| 〇七六 | 殊域周咨錄 | 四四九〇—一 |
| 〇七七 | 職方外紀 | 四一三九—九 |
| 〇七八 | 宣和奉使高麗圖經 | 四一四三—六 |
| 〇七九 | 翰苑群書 | 四一七一—九 |
| 〇八〇 | 皇明太學志 | 四七五九—九 |
| 〇八一 | 南廱志 | 五〇一四—八 |
| 〇八二 | 大明會典 | 四一二八—三 |
| 〇八三 | 六部纂修條例 | 五三一七—〇 |
| 〇八四 | 大明集禮 | 四一五四—二 |
| 〇八五 | 皇明典禮 | 五二六五—四 |
| 〇八六 | 絲絹全書 | 四五一九—九 |
| 〇八七 | 漕運通志 | 四一五六—六 |
| 〇八八 | 鹽政志 | 四五三四—二 |
| 〇八九 | 大明律釋義 | 四九八四—五 |
| 〇九〇 | 天工開物 | 四一七〇—二 |
| 〇九一 | 宋應星四種 | 五二八六—九 |
| 〇九二 | 金薤琳琅 | 五〇七八—〇 |
| 〇九三 | 集古印譜 | 四九四五—六 |
| 〇九四 | 史通 | 四五三八—〇 |
| | **明代編・子部** | |
| 〇九五 | 鹽鐵論 | 一九七二—三 |
| 〇九六 | 申鑒 | 四一五九—七 |
| 〇九七 | 宋司馬温國文正公家範 | 四九四二—五 |
| 〇九八 | 讀書錄 | 四一七二—六 |
| 〇九九 | 困知記 | 四八二四—四 |
| 一〇〇 | 涇野子内篇 | 四七九六—四 |
| 一〇一 | 兵垣四編 | 五三一一—八 |
| 一〇二 | 孫子參同 | 一九八三—九 |

| 序號 | 書名 | ISBN 七—五〇一三 |
|---|---|---|
| 一〇三 | 司馬灋集解 | 四一六八—九 |
| 一〇四 | 諸葛孔明心書 | 四九四七—〇 |
| 一〇五 | 紀效新書 | 四九八九—〇 |
| 一〇六 | 武備志 | 四五三一—一 |
| 一〇七 | 耕餘剩技 | 一九九〇—一 |
| 一〇八 | 射史 | 四五〇六—九 |
| 一〇九 | 農書 | 五〇〇九—四 |
| 一一〇 | 泰西水法 | 四四九二—五 |
| 一一一 | 東垣十書 | 四五三九—七 |
| 一一二 | 重廣補注黄帝内經素問 | 四五一四—四 |
| 一一三 | 類經 圖翼 | 四九九六—八 |
| 一一四 | 難經本義 | 四九三二—六 |
| 一一五 | 履巉巖本草 | 五二八一—四 |
| 一一六 | 本草綱目 | 五三〇八—八 |
| 一一七 | 仲景全書 | 五三〇九—五 |
| 一一八 | 金匱要略方 | 四九八三—八 |
| 一一九 | 重訂丹溪心法 | 五三一〇—一 |
| 一二〇 | 名醫類案 | 五〇〇六—三 |
| 一二一 | 渾蓋通憲圖説 | 四九九五—一 |
| 一二二 | 回回曆法 | 四五三二—八 |
| 一二三 | 西洋新法曆書□□種 | 四七五八—二 |

| 序號 | 書名 | ISBN 七—五〇一三 |
|---|---|---|
| 一二四 | 九章詳注比類算法大全 乘除開方起例 | 四五四七—二 |
| 一二五 | 幾何原本 | 四七四三—八 |
| 一二六 | 三易洞璣 | 四九九〇—六 |
| 一二七 | 靈棋經 | 四七六八—一 |
| 一二八 | 珊瑚木難 | 四一六七—二 |
| 一二九 | 廣川書跋 | 四五四八—九 |
| 一三〇 | 書法鈎玄 | 四一六六—五 |
| 一三一 | 書史會要 | 四九四〇—一 |
| 一三二 | 廣川畫跋 | 四五六五—六 |
| 一三三 | 吴姬百媚 | 一九七七—四 |
| 一三四 | 水滸葉子 | 四七四五—二 |
| 一三五 | 臞仙神奇祕譜 | 四九九二—〇 |
| 一三六 | 風宣玄品 | 五二九三—七 |
| 一三七 | 新刻文會堂琴譜 | 四五一〇—六 |
| 一三八 | 奕藪 棋經注 | 四一八七—〇 |
| 一三九 | 周君建鑒定古牌譜 | 四五三〇—四 |
| 一四〇 | 程氏墨苑 人文爵里 | 四一九七—九 |
| 一四一 | 遠西奇器圖説録最 新製諸器圖説 | 四一五〇—四 |
| 一四二 | 飲膳正要 | 四五一六—八 |

| 序號 | 書名 | ISBN 七—五〇一三 |
|---|---|---|
| 一四三 | 茶書二十七種 | 五〇〇五—六 |
| 一四四 | 墨子 | 四一六一—〇 |
| 一四五 | 鶡冠子 | 四七六四—三 |
| 一四六 | 淮南鴻烈解 | 四一六四—一 |
| 一四七 | 劉子 | 三〇三〇—一 |
| 一四八 | 封氏聞見記 | 四四九六—三 |
| 一四九 | 南部新書 | 四五四六—五 |
| 一五〇 | 春渚紀聞 | 四五〇五—二 |
| 一五一 | 習學記言序目 | 四五一五—一 |
| 一五二 | 蘆浦筆記 | 四五〇四—五 |
| 一五三 | 焦氏筆乘 | 四五〇二—一 |
| 一五四 | 珊瑚林 金屑編 | 五〇八〇—三 |
| 一五五 | 世説新語 | 二三六七—四 |
| 一五六 | 涑水記聞 | 四五〇三—八 |
| 一五七 | 茅亭客話 | 四一九四—八 |
| 一五八 | 新編分類夷堅志 | 四一六五—八 |
| 一五九 | 北堂書鈔 | 四二九〇—七 |
| 一六〇 | 龍筋鳳髓判 | 四一八二—五 |
| 一六一 | 金剛般若波羅蜜經 | 五二六六—一 |
| 一六二 | 佛説摩利支天菩薩經 | 四一八〇—一 |
| 一六三 | 道德經講義 | 四五四五—八 |

| 序號 | 書名 | ISBN 七—五〇一三 |
|---|---|---|
| 一六四 | 金丹正理大全 | 五三一六—三 |
| 一六五 | 陽山顧氏文房小説四十種 | 二三六四—X |
| | 明代編·集部 | |
| 一六六 | 楚辭 楚辭疑字直音補 | 四二五〇—一 |
| 一六七 | 賈長沙集 | 四九七五—三 |
| 一六八 | 蔡中郎文集 | 四二四九—五 |
| 一六九 | 阮嗣宗集 | 四二七二—三 |
| 一七〇 | 謝宣城詩集 | 五〇二一—六 |
| 一七一 | 梁江文通文集 | 四二八一—五 |
| 一七二 | 梁昭明太子文集 | 二三六一—五 |
| 一七三 | 庾開府詩集 | 四二四〇—二 |
| 一七四 | 楊盈川集 | 五二六四—七 |
| 一七五 | 王勃詩 | 二〇〇二—〇 |
| 一七六 | 盧照鄰詩 | 一九七〇—七 |
| 一七七 | 宋之問集 | 四二七八—五 |
| 一七八 | 張子壽文集 | 四二八二—二 |
| 一七九 | 顔魯公文集 | 四二八七—七 |
| 一八〇 | 李文 | 四二五九—四 |
| 一八一 | 樊川詩集 | 四二八九—一 |
| 一八二 | 温庭筠詩集 | 四二八八—四 |

| 序號 | 書名 | ISBN 七—五〇一三 |
|---|---|---|
| 一八三 | 唐皮日休文藪 | 四二七三—〇 |
| 一八四 | 唐甫里先生文集 | 四二五七—〇 |
| 一八五 | 忠愍公詩集 | 四二四三—三 |
| 一八六 | 伊川擊壤集 | 五〇八一—〇 |
| 一八七 | 石湖居士集 | 四二五八—七 |
| 一八八 | 遺山先生文集 | 四二四八—八 |
| 一八九 | 草廬吳先生文粹 | 四二六四—八 |
| 一九〇 | 楚國文憲公雪樓程先生文集 | 四二八〇—八 |
| 一九一 | 秋聲集 | 四二四一—九 |
| 一九二 | 鴈門集 | 四二四二—六 |
| 一九三 | 青陽先生文集 | 四二七四—七 |
| 一九四 | 蜕庵詩 | 四二七一—六 |
| 一九五 | 僑吳集 | 四二一五—〇 |
| 一九六 | 倪雲林先生詩集 | 四九五九—三 |
| 一九七 | 鐵崖先生古樂府 | 四九三六—四 |
| 一九八 | 宋學士文粹 | 四二三九—六 |
| 一九九 | 覆瓿集 | 四七五七—五 |
| 二〇〇 | 犂眉公集 | 四二七九—二 |
| 二〇一 | 蒲山牧唱 | 五〇九四—〇 |
| 二〇二 | 槎翁文集 | 五一〇五—三 |
| 二〇三 | 清江貝先生文集 | 四九七〇—八 |

| 序號 | 書名 | ISBN 七—五〇一三 |
|---|---|---|
| 二〇四 | 缶鳴集 | 四九六九—二 |
| 二〇五 | 西菴集 | 四二八三—九 |
| 二〇六 | 海叟集 | 五一一四—五 |
| 二〇七 | 蚓竅集 全菴記 | 四九三三—三 |
| 二〇八 | 解學士先生集 | 四二六五—五 |
| 二〇九 | 遜志齋集 | 四九四六—三 |
| 二一〇 | 楊文定公詩集 | 五〇〇三—二 |
| 二一一 | 誠齋錄 | 四二七七—八 |
| 二一二 | 菉竹堂藁 | 四九八一—四 |
| 二一三 | 白沙先生全集 | 四七四九—〇 |
| 二一四 | 篁墩程先生文集 | 五〇〇二—五 |
| 二一五 | 吳文定公詩稿 | 四二八四—六 |
| 二一六 | 石田稿 | 四二五四—九 |
| 二一七 | 李氏弘德集 | 四九六八—五 |
| 二一八 | 空同集 | 五二五八—六 |
| 二一九 | 渼陂集 | 五一〇六—〇 |
| 二二〇 | 王文成公全書 | 五一〇七—七 |
| 二二一 | 對山集 | 五一一三—八 |
| 二二二 | 何氏集 | 五一一九—〇 |
| 二二三 | 鈐山堂集 | 四二四七—一 |
| 二二四 | 鳥鼠山人小集 | 五二〇二—九 |

| 序號 | 書名 | ISBN 七—五〇一三 |
| --- | --- | --- |
| 二二二五 | 太史升菴文集 | 四四九八—七 |
| 二二二六 | 太師張文忠公集 | 五〇九六—四 |
| 二二二七 | 林屋集 | 五〇二二—三 |
| 二二二八 | 遵巖先生文集 | 五〇八三—四 |
| 二二二九 | 重刊校正唐荆川先生文集 | 四五五四—〇 |
| 二二三〇 | 龍谿王先生全集 | 五二八三—八 |
| 二二三一 | 陳子兼文稿 | 四二四六—四 |
| 二二三二 | 何翰林集 | 五二五七—九 |
| 二二三三 | 白雪樓詩集 | 五三〇七—一 |
| 二二三四 | 弇州山人讀書後 | 五三四八—四 |
| 二二三五 | 歸先生文集 | 五〇二三—〇 |
| 二二三六 | 樵雲詩集 | 五〇〇一—八 |
| 二二三七 | 越吟 | 四二五五—六 |
| 二二三八 | 園居雜詠 | 四八五五—八 |
| 二二三九 | 焦氏澹園集 | 四五五五—七 |
| 二二四〇 | 四印堂詩稿 | 四九四一—八 |
| 二二四一 | 高子遺書 | 四二七六—一 |
| 二二四二 | 汲古閣集 | 四九五八—六 |
| 二二四三 | 唐百家詩一百種 唐詩品 | 五一〇八—四 |
| 二二四四 | 唐詩絶句類選 | 五〇二四—七 |
| 二二四五 | 玉臺新詠 | 二三六二—三 |

| 序號 | 書名 | ISBN 七—五〇一三 |
| --- | --- | --- |
| 二二四六 | 古歌謡殘稿 | 四二六六—二 |
| 二二四七 | 瀛奎律髓 | 四二六三—一 |
| 二二四八 | 詩紀 | 四二三六—五 |
| 二二四九 | 篋中集 | 四二三八—九 |
| 二二五〇 | 國秀集 | 四二三七—二 |
| 二二五一 | 唐御覽詩 | 四二七五—四 |
| 二二五二 | 極玄集 | 四九八〇—七 |
| 二二五三 | 雅音會編 | 四二四五—七 |
| 二二五四 | 西崑酬唱集 | 四二八五—三 |
| 二二五五 | 雅頌正音 | 四二六〇—〇 |
| 二二五六 | 鎸翰林考正國朝七子詩集注解 | 四七六七—四 |
| 二二五七 | 女中七才子蘭咳集 | 四七五六—八 |
| 二二五八 | 名家詩法 | 四八二五—一 |
| 二二五九 | 劉子文心雕龍 | 五〇二五—四 |
| 二二六〇 | 鍾嶸詩品 | 四二三三—四 |
| 二二六一 | 石門洪覺範天厨禁臠 | 四二五三—二 |
| 二二六二 | 剡溪詩話 歲寒堂詩話 | 四九五七—九 |
| 二二六三 | 精選古今名賢叢話詩林廣記 | 四二三五—八 |
| 二二六四 | 妙集吟堂詩話 | 四九九九—九 |
| 二二六五 | 詩源辯體 | 五〇三六—〇 |
| 二二六六 | 鍾伯敬先生硃評詞府靈蛇 | 四二三四—一 |

| 序號 | 書名 | ISBN 七—五〇一三 |
|---|---|---|
| 二六七 | 幽蘭草 | 四九五六—二 |
| 二六八 | 宋元名家詞七十種 | 五〇二六—一 |
| 二六九 | 宋名家詞六十一種 | 四二六一—七 |
| 二七〇 | 風雅遺音 | 四九一〇—四 |
| 二七一 | 桂洲詞 | 四三三九—三 |
| 二七二 | 尊前集 | 四五五七—一 |
| 二七三 | 碧雞漫志 | 四三三八—六 |
| 二七四 | 詞海評林 | 四三一三—三 |
| 二七五 | 古本董解元西廂記 | 四五二八—一 |
| 二七六 | 新刊合併董解元西廂記　新刊合併王實甫西廂記 | 四五二九—八 |
| 二七七 | 古今雜劇二百四十二種 | 四八二三—七 |
| 二七八 | 元曲選一百種　論曲　元曲論 | 四二八六—〇 |
| 二七九 | 古雜劇二十種 | 四三三四—八 |
| 二八〇 | 盛明雜劇 | 四三一一—九 |
| 二八一 | 盛明雜劇二集 | 四五〇〇—七 |
| 二八二 | 新校注古本西廂記　彙考 | 二三六〇—七 |
| 二八三 | 張深之先生正北西廂秘本 | 四三一〇—二 |
| 二八四 | 西廂記　解證　會真記 | 四三三三—一 |
| 二八五 | 誠齋雜劇 | 四七五五—一 |
| 二八六 | 徐文長四聲猿 | 四三三二—四 |
| 二八七 | 新刊重訂出相附釋標注拜月亭記 | 四三三〇—〇 |
| 二八八 | 琵琶記 | 四三三一—七 |
| 二八九 | 新刻出像音注增補劉智遠白兔記 | 四三〇九—六 |
| 二九〇 | 古本荊釵記 | 四三二三—二 |
| 二九一 | 新編林沖寶劍記 | 四三二八—七 |
| 二九二 | 繡襦記 | 四三二二—五 |
| 二九三 | 玉茗堂四種傳奇 | 四三二七—〇 |
| 二九四 | 李卓吾先生批評紅拂記 | 四三〇五—八 |
| 二九五 | 新鐫女貞觀重會玉簪記 | 四三〇八—九 |
| 二九六 | 石巢傳奇四種 | 四三〇七—二 |
| 二九七 | 新鐫全像藍橋玉杵記 | 四三二一—八 |
| 二九八 | 綠牡丹傳奇 | 四三〇四—一 |
| 二九九 | 八義記　明珠記　鳴鳳記 | 四八二六—八 |
| 三〇〇 | 彩筆情辭 | 四三一四—〇 |
| 三〇一 | 雲莊張文忠公休居自適小樂府 | 五〇三五—三 |
| 三〇二 | 沜東樂府 | 四三三六—二 |
| 三〇三 | 坐隱先生精訂陳大聲樂府全集七種 | 四三三七—九 |
| 三〇四 | 四詞宗合刻 | 四三三五—五 |

| 序號 | 書名 | ISBN 七—五〇一三 |
| --- | --- | --- |
| 三〇五 | 詞林摘艷 | 四三一二—六 |
| 三〇六 | 雍熙樂府 | 五一〇四—六 |
| 三〇七 | 新鐫歌林拾翠 | 四三〇三—四 |
| 三〇八 | 曲律 | 四三二〇—一 |
| 三〇九 | 中原音韻 | 四七四四—五 |
| 三一〇 | 遠山堂劇品 | 四三二六—三 |
| 三一一 | 遠山堂曲品 | 四三〇六—五 |
| 三一二 | 錄鬼簿 | 四三二五—六 |
| 三一三 | 虞初志 | 四二六八—六 |
| 三一四 | 新增補相剪燈新話大全 新增全相湖海新奇剪燈餘話大全 | 四二六七—九 |
| 三一五 | 幽怪詩譚 | 五二八五—二 |
| 三一六 | 西湖二集 西湖秋色一百韻 | 五一〇一—五 |
| 三一七 | 雨窗集五種 欹枕集七種 | 五一〇二—二 |
| 三一八 | 三國志通俗演義 | 四八六三—三 |
| 三一九 | 新刊校正古本出像大字音釋三國志通俗演義 | 五〇九八—八 |
| 三二〇 | 新刻考訂按鑑通俗演義全像三國志 | 二三六八—二 |
| 三二一 | 新刊大宋宣和遺事 | 四三四〇—九 |
| 三二二 | 李卓吾先生批評忠義水滸傳 | 二三六三—一 |

| 序號 | 書名 | ISBN 七—五〇一三 |
| --- | --- | --- |
| 三二三 | 第五才子書施耐菴水滸傳 | 四九六六—一 |
| | 清代編・經部 | |
| 三二四 | 鄭學十八種 | 四一〇七—八 |
| 三二五 | 周易集傳 | 四九四八—七 |
| 三二六 | 周易本義辨證 | 四九五五—五 |
| 三二七 | 雕菰樓易學 | 四一一一—五 |
| 三二八 | 十翼後錄 | 五三〇六—四 |
| 三二九 | 毛詩稽古編 | 四一一八—四 |
| 三三〇 | 儀禮疏 | 五〇九七—一 |
| 三三一 | 儀禮蠡測箋注 | 四四八七—一 |
| 三三二 | 禮記訓纂 | 四八六四—〇 |
| 三三三 | 大戴禮記補注 | 五〇一五—五 |
| 三三四 | 五禮通考 | 四八二七—五 |
| 三三五 | 律呂正義 | 四五九三—九 |
| 三三六 | 古今樂府聲律源流考 | 四九三七—一 |
| 三三七 | 左氏古義 | 四七七四—二 |
| 三三八 | 論語古訓 | 四五四三—四 |
| 三三九 | 六藝論 | 四一一四—六 |
| 三四〇 | 九經古義 | 四九五四—八 |
| 三四一 | 古經解鈎沉 | 四五六〇—一 |

| 序號 | 書名 | ISBN 七—五〇一三 |
| --- | --- | --- |
| 三四二 | 通雅 | 四一一七—七 |
| 三四三 | 續方言 | 五〇〇七—〇 |
| 三四四 | 説文解字注 六書音均表 | 四七四七—六 |
| 三四五 | 説文解字段注考正 | 四九八七—六 |
| 三四六 | 五經文字 | 四一〇〇—九 |
| 三四七 | 類篇 | 四九五三—一 |
| 三四八 | 班馬字類補遺 | 四〇九九—六 |
| 三四九 | 字鑑 | 四〇九八—九 |
| 三五〇 | 重續千字文 | 四〇九六—五 |
| 三五一 | 回回館譯語 | 四一一五—三 |
| 三五二 | 西番譯語 | 四一一三—九 |
| 三五三 | 譯語 | 四七六一—二 |
| 三五四 | 高昌館譯書 | 四一〇六—一 |
| 三五五 | 聲韻考 | 四九三八—八 |
| | 清代編·史部 | |
| 三五六 | 史記考證 | 四一四八—一 |
| 三五七 | 史記志疑 | 四四八八—八 |
| 三五八 | 東觀漢記 | 四七五四—四 |
| 三五九 | 後漢書補註 | 五〇三四—六 |
| 三六〇 | 三國志注補 | 四七五〇—六 |

| 序號 | 書名 | ISBN 七—五〇一三 |
| --- | --- | --- |
| 三六一 | 西夏書 | 四一四二—九 |
| 三六二 | 遼史拾遺 | 四一七三—三 |
| 三六三 | 金史補闕 | 五二〇〇—五 |
| 三六四 | 元史新編 | 五二九〇—六 |
| 三六五 | 明史稿 | 五〇一二—四 |
| 三六六 | 蒙古通鑑長編 | 五二八九—〇 |
| 三六七 | 靖海紀 | 四五六一—八 |
| 三六八 | 大金國志 | 五〇七九—七 |
| 三六九 | 元朝祕史 | 四一四九—八 |
| 三七〇 | 明季野史三十四種 | 四七五三—七 |
| 三七一 | 靳文襄公奏疏 | 五三三九—二 |
| 三七二 | 南陵無雙譜 | 四一四六—七 |
| 三七三 | 方輿考證 | 四七五一—三 |
| 三七四 | 元和郡縣圖志 | 四五三七—三 |
| 三七五 | 歷代宅京記 | 四一四七—四 |
| 三七六 | 内府輿地全圖 | 四一五七—三 |
| 三七七 | 海國聞見錄 | 四一四〇—五 |
| 三七八 | [康熙]臺灣府志 | 四九三四—〇 |
| 三七九 | [乾隆]西藏志 | 四一四一—二 |
| 三八〇 | 欽定滿洲源流考 | 五二六〇—九 |
| 三八一 | 金遼備考 | 四一四五—〇 |

| 序號 | 書　　名 | ISBN 七—五〇一三 |
|---|---|---|
| 三八二 | 六朝事迹編類 | 四一六〇—三 |
| 三八三 | 夢粱錄 | 五三四七—七 |
| 三八四 | 關中勝蹟圖志 | 四五五〇—二 |
| 三八五 | 唐兩京城坊考 | 五〇三三—九 |
| 三八六 | 欽定河源紀略 | 四五三六—六 |
| 三八七 | 徐霞客遊記 | 四五二七—四 |
| 三八八 | 坤輿圖説 | 四九三五—七 |
| 三八九 | 中興館閣錄 | 四九三九—五 |
| 三九〇 | 祕書監志 | 四五六二—五 |
| 三九一 | 翰林記 | 五〇一〇—〇 |
| 三九二 | 館閣舊事 | 四五二六—七 |
| 三九三 | 皇朝詞林典故 | 五二六一—六 |
| 三九四 | 蘇州織造局志 | 四九八六—九 |
| 三九五 | 大元聖政國朝典章　新集至治條例 | 四一一〇—八 |
| 三九六 | 大唐開元禮 | 四一五八—〇 |
| 三九七 | 大金集禮 | 四三一五—七 |
| 三九八 | 四譯館考 | 四一五二—八 |
| 三九九 | 敖波圖説 | 四五二五—〇 |
| 四〇〇 | 慶元條法事類　開禧重修尚書吏部侍郎右選格 | 五二八八—三 |
| 四〇一 | 營造法式 | 五二六二—三 |
| 四〇二 | 也是園藏書目 | 五〇八四—一 |
| 四〇三 | 籀史 | 四一四四—三 |
| 四〇四 | 西清古鑑　錢錄 | 四一九九—三 |
| 四〇五 | 寶刻叢編 | 四一六九—六 |
| 四〇六 | 寶刻類編 | 四一五一—一 |
| 四〇七 | 秦漢瓦當文字 | 五〇三二—二 |
| | 清代編・子部 | |
| 四〇八 | 孔子集語 | 四七七五—九 |
| 四〇九 | 小學五書 | 四一〇五—四 |
| 四一〇 | 黄梨洲先生明夷待訪錄 | 四一八八—七 |
| 四一一 | 武經七書 | 四一〇四—七 |
| 四一二 | 商君書新校正 | 四一八五—六 |
| 四一三 | 韓非子 | 四九七二—二 |
| 四一四 | 農書　蠶書　耕織圖詩 | 四一九八—六 |
| 四一五 | 方星圖解 | 四二六二—四 |
| 四一六 | 天學闡微 | 四八五三—四 |
| 四一七 | 歷代長術輯要　古今推步諸術考 | 四一八六—三 |
| 四一八 | 庚子銷夏記 | 四一九六—二 |

| 序號 | 書　　名 | ISBN 七—五〇一三 |
|---|---|---|
| 四一九 | 式古堂書畫彙考 | 四二四四—〇 |
| 四二〇 | 凌煙閣圖 | 四一六二—七 |
| 四二一 | 讀畫錄 | 四一九三—一 |
| 四二二 | 繪事發微 | 四一九二—四 |
| 四二三 | 南宋院畫錄 | 四一八四—九 |
| 四二四 | 太平山水圖畫 | 二〇二一—七 |
| 四二五 | 耕織圖 | 四二五一—八 |
| 四二六 | 白嶽凝煙 | 四七七六—六 |
| 四二七 | 古歙山川圖 | 四一九一—七 |
| 四二八 | 印存玄覽 | 四一八三—二 |
| 四二九 | 賴古堂印譜 | 四一七九—五 |
| 四三〇 | 陽關三疊 | 四一九〇—〇 |
| 四三一 | 絃索十三套琵琶譜 | 四二〇〇—六 |
| 四三二 | 飛鴻堂硯譜 墨譜 瓶譜 鼎鑪譜 | 五〇〇四—九 |
| 四三三 | 瑤琨譜 筆 | 四一八一—八 |
| 四三四 | 金樓子附校 | 四七六二—九 |
| 四三五 | 雞肋編 | 四一〇三—〇 |
| 四三六 | 茶餘客話 | 四一九五—五 |
| 四三七 | 雲自在龕隨筆 | 一九八〇—四 |
| 四三八 | 日知錄 謫觚十事 | 四二〇一—三 |
| 四三九 | 陶廬雜錄 | 四五〇一—四 |

| 序號 | 書　　名 | ISBN 七—五〇一三 |
|---|---|---|
| 四四〇 | 使黔雜記 | 四一八九—四 |
| 四四一 | 道餘錄 | 四九〇九—八 |
| 四四二 | 天方典禮擇要解 | 四九八八—三 |
| | 清代編・集部 | |
| 四四三 | 楚辭 | 四一〇一—六 |
| 四四四 | 離騷圖 | 四三二四—九 |
| 四四五 | 鮑氏集 | 四〇九七—二 |
| 四四六 | 高常侍集 | 四一〇二—三 |
| 四四七 | 唐秦隱君詩集 | 四一二一—四 |
| 四四八 | 臺閣集 | 四一二二—一 |
| 四四九 | 昌黎先生詩集注 | 一九七八—二 |
| 四五〇 | 李商隱詩集 | 四九七四—六 |
| 四五一 | 李群玉詩集 | 四一一九—一 |
| 四五二 | 禪月集 | 四九七三—九 |
| 四五三 | 碧雲集 | 四一二〇—七 |
| 四五四 | 拙齋文集 | 四九五〇—〇 |
| 四五五 | 平齋文集 | 五〇九一—九 |
| 四五六 | 漁墅類稿 | 四三一九—五 |
| 四五七 | 敝帚稿略 | 四三〇二—七 |
| 四五八 | 剪綃集 | 四一二三—八 |

| 序號 | 書名 | ISBN 七—五〇一三 |
| --- | --- | --- |
| 四五九 | 梅花衲 | 四一二四—五 |
| 四六〇 | 劉蕺山先生集十種 | 四九九四—四 |
| 四六一 | 千山詩集 | 五〇〇〇—一 |
| 四六二 | 張子文粃 詩粃 | 五〇八二—七 |
| 四六三 | 梅村集 | 五三〇一—九 |
| 四六四 | 南雷文定 | 四九六四—七 |
| 四六五 | 楊園先生未刻稿 | 五三一三—二 |
| 四六六 | 德藻堂詩集 | 四九四四—九 |
| 四六七 | 安雅堂詩 | 四九五一—七 |
| 四六八 | 越游艸 | 四五一二—〇 |
| 四六九 | 堯峰文鈔 | 五二五九—三 |
| 四七〇 | 呂晚村先生文集 | 二〇二六—八 |
| 四七一 | 古夫于亭稿 | 一九七九—〇 |
| 四七二 | 西陂類稿 | 五〇七七—三 |
| 四七三 | 憺園文集 | 五〇九二—六 |
| 四七四 | 有懷堂文稿 詩稿 | 五三四九—一 |
| 四七五 | 陳檢討集 詩鈔 詞鈔 | 五三一二—五 |
| 四七六 | 聊齋文集 | 五〇三一—五 |
| 四七七 | 御製避暑山莊詩 | 四七六三—六 |
| 四七八 | 敬業堂詩集 | 四九七八—四 |
| 四七九 | 潛虛先生文集 | 五一一五—二 |

| 序號 | 書名 | ISBN 七—五〇一三 |
| --- | --- | --- |
| 四八〇 | 板橋集 | 五二〇三—六 |
| 四八一 | 御製圓明園詩 | 二〇一三—六 |
| 四八二 | 鮚埼亭集 | 五〇三〇—八 |
| 四八三 | 于文襄公手札 | 四三一八—八 |
| 四八四 | 戴東原先生文 | 五〇二九—二 |
| 四八五 | 朱笥河先生詩稿 | 五一二〇—六 |
| 四八六 | 蔣清容先生遺稿 | 四七七八—〇 |
| 四八七 | 秋農詩草 | 四九八五—二 |
| 四八八 | 簡學齋詩 | 四九五二—四 |
| 四八九 | 定公破戒草 | 五〇二八—五 |
| 四九〇 | 半巖廬遺詩 | 四三〇一—〇 |
| 四九一 | 趙悲盦詩文稿 | 四三〇〇—三 |
| 四九二 | 張香濤詩稿 | 五三〇二—六 |
| 四九三 | 十家宮詞 | 五一一六—九 |
| 四九四 | 汲古閣景抄南宋六十家小集 | 四九七七—七 |
| 四九五 | 唐中興閒氣集 | 四一二七—六 |
| 四九六 | 寒瘦集 | 四三一七—一 |
| 四九七 | 坡門酬唱 | 五〇九〇—二 |
| 四九八 | 增廣聖宋高僧詩選 | 五〇八五—八 |
| 四九九 | 列朝詩集 | 四二九九—〇 |
| 五〇〇 | 沈氏三先生文集 | 四九六三—〇 |

| 序號 | 書名 | ISBN 七—五〇一三 |
| --- | --- | --- |
| 五〇一 | 全宋詩話 | 四九七一—五 |
| 五〇二 | 歷代賦話 續歷代賦話 復小齋賦話 | 五二八七—六 |
| 五〇三 | 校補金石例四種 | 五三一五—六 |
| 五〇四 | 國朝名家詩餘 | 四三一六—四 |
| 五〇五 | 百名家詞鈔 | 四三二九—四 |
| 五〇六 | 醉翁琴趣外篇 | 五〇八八—九 |
| 五〇七 | 晁氏琴趣外篇 | 五〇八七—二 |
| 五〇八 | 閑齋琴趣外篇 | 五〇八六—五 |
| 五〇九 | 酒邊集 | 四二五六—三 |
| 五一〇 | 酒邊詞 | 四一二六—九 |
| 五一一 | 稼軒詞 | 五一一二—一 |
| 五一二 | 虛齋樂府 | 四一二五—二 |
| 五一三 | 可齋雜稿詞 | 五〇七六—六 |
| 五一四 | 山中白雲 | 四五二四—三 |
| 五一五 | 天籟集 | 四五二三—六 |
| 五一六 | 玉琴齋詞 | 四九九八—二 |
| 五一七 | 蘋香詞 | 四五四一—〇 |
| 五一八 | 納蘭詞 | 四二九八—三 |
| 五一九 | 迦陵詞稿 | 五三一四—九 |
| 五二〇 | 秋林琴雅 | 四五二二—九 |
| 五二一 | 玉壺山人詞稿 泖東夏課 | 四九六五—四 |
| 五二二 | 定盦詞 | 四五五八—八 |
| 五二三 | 疏影樓詞 | 四九六七—八 |
| 五二四 | 苦海航 | 四五二一—二 |
| 五二五 | 冷紅詞 | 四九九七—五 |
| 五二六 | 樵風樂府 | 五〇〇八—七 |
| 五二七 | 茗雅 | 四五二〇—五 |
| 五二八 | 唐宋諸賢絶妙詞選 | 四一一六—〇 |
| 五二九 | 絶妙好詞 | 二二三〇—九 |
| 五三〇 | 柳洲詞選 | 四五九五—三 |
| 五三一 | 秋水軒倡和詞 | 四五五九—五 |
| 五三二 | 詞譜 | 五一〇三—九 |
| 五三三 | 詞繫 調名彙辨 逸調備考 宋樂類編 宮譜錄要 詞旨叢説 | 五〇九九—五 |
| 五三四 | 獅吼記 | 五三〇〇—二 |
| 五三五 | 秣陵春傳奇 | 一九八九—八 |
| 五三六 | 一笠庵新編占花魁傳奇 | 二〇三七—三 |
| 五三七 | 秦樓月 一分明月集 名媛題詠 | 一九八一—二 |
| 五三八 | 風箏誤傳奇 | 一九九五—二 |
| 五三九 | 曲波園傳奇二種 | 一九六六—九 |
| 五四〇 | 長生殿傳奇 | 五三〇五—七 |

| 序號 | 書名 | ISBN 七—五〇一三 |
|---|---|---|
| 五四一 | 桃花扇傳奇 | 五〇二七—八 |
| 五四二 | 紅雪樓九種曲 | 五一一〇—七 |
| 五四三 | 看山閣樂府雷峰塔 | 四五四二—七 |
| 五四四 | 新鐫綴白裘合選 | 五一一七—六 |
| 五四五 | 劇説 | 四五一七—五 |
| 五四六 | 慶賞昇平 | 二五三六—七 |
| 五四七 | 聊齋志異 | 四七五二—〇 |
| 五四八 | 西湖佳話古今遺蹟 | 四九七六—〇 |
| 五四九 | 四大奇書第一種 | 四七四八—三 |
| 五五〇 | 脂硯齋重評石頭記八十回 | 四七六五—〇 |
| 五五一 | 脂硯齋重評石頭記八十回 | 五一〇九—一 |
| 五五二 | 儒林外史五十六回 | 四七九九—五 |
| | **少數民族文字古籍編** | |
| 五五三 | 對治十五鬼護身符 | 五二九八—二 |
| 五五四 | 因明正解藏論 | 五三四〇—八 |
| 五五五 | 四部醫典・後續醫典部注釋 | 五三三八—五 |
| 五五六 | 大唐慈恩寺三藏法師傳 | 四九六〇—九 |
| 五五七 | 吉祥遍至口合本續 | 五二九九—九 |
| 五五八 | 妙法蓮華經觀世音菩薩普門品 | 五三〇三—三 |
| 五五九 | 金光明最勝王經 | 四七七二—八 |

| 序號 | 書名 | ISBN 七—五〇一三 |
|---|---|---|
| 五六〇 | 過去莊嚴劫千佛名經 | 四七七三—五 |
| 五六一 | 仁王護國般若波羅蜜經抄 | 五二七一—五 |
| 五六二 | 孝經 | 五二六三—〇 |
| 五六三 | 察哈爾格西洛桑楚臣傳略 | 五二九五—一 |
| 五六四 | 蒙古文法詮釋蒼天如意珠 | 五二九四—四 |
| 五六五 | 鐵匠書 | 五二九七—五 |
| 五六六 | 納瓦依詩集 | 五三四一—五 |
| 五六七 | 伊瑪目艾山與伊瑪目玉賽音傳 | 五二九六—八 |
| 五六八 | 勸善經 | 四七七七—三 |
| 五六九 | 六部經書 | 四九〇八—一 |
| 五七〇 | 彝漢教典 | 五〇一六—二 |
| 五七一 | 范忠貞公文集 | 五二五五—五 |
| 五七二 | 異域錄 | 五一〇〇—八 |
| 五七三 | 三合便覽 | 四七四六—九 |
| 五七四 | 御製盛京賦 | 四五五三—三 |
| 五七五 | 創世經 | 四九六一—六 |
| 五七六 | 東巴舞譜 | 四九八二—一 |
| 五七七 | 芒萊法典 | 五二六七—八 |
| 五七八 | 領主法典 | 五二六八—五 |
| 五七九 | 逢井 | 四七七九—七 |
| 五八〇 | 六十龍備要 | 五三〇四—〇 |

| 序號 | 書名 | ISBN 七—五〇一三 |
| --- | --- | --- |
| 五八一 | 麽破塘 | 五二六九—二 |
| | 唐宋編補遺 | |
| 五八二 | 揚子法言 | 五二五六—二 |
| 五八三 | 重刊邵堯夫擊壤集 邵堯夫先生詩全集 | 五二九一—三 |